美国国防采办管理概览

刘林山 等编著

国防工业出版社
·北京·

内 容 简 介

美军在长期的国防采办实践中,不断改革,多次调整,逐步形成了较为完备的管理制度和管理体系,其很多做法在美国乃至世界范围都产生了巨大影响。本书以美国国防采办发展过程为主线,以国防采办管理涉及要素和重要内容为单元,对美国国防采办管理体制、需求生成、资源分配、国防研发、采办程序、项目管理、合同订立、合同履行、系统工程、经费管理、质量管理、试验鉴定、维修保障、绩效评估、采办监督、策略方法、人员队伍、法规政策和工业基础等多方面内容进行了较为系统的研究,同时对美国国防部相关指令指示以及国防采办术语进行了介绍。本书结构合理、内容丰富、资料详实、信息量大,可供政府和军队相关管理部门、与国防采办相关的专家学者以及热心于国防科技与武器装备发展的爱好者参考。

图书在版编目(CIP)数据

美国国防采办管理概览/刘林山等编著. —北京:国防工业出版社,2017.12
 ISBN 978-7-118-11518-5

Ⅰ. ①美… Ⅱ. ①刘… Ⅲ. ①国防建设-管理-研究-美国 Ⅳ. ①E712.1

中国版本图书馆 CIP 数据核字(2018)第 008695 号

※

国防工业出版社出版发行

(北京市海淀区紫竹院南路23号 邮政编码100048)
三河市腾飞印务有限公司印刷
新华书店经售

*

开本 787×1092 1/16 印张 57¼ 字数 1357 千字
2017年12月第1版第1次印刷 印数 1—2000 册 定价 268.00 元

(本书如有印装错误,我社负责调换)

国防书店:(010)88540777	发行邮购:(010)88540776
发行传真:(010)88540755	发行业务:(010)88540717

撰写人员名单

刘林山	吕　彬	王　磊	张代平	魏俊峰	谢冰峰
张玉华	程享明	赵超阳	李杏军	朱　斌	李宇华
董齐光	刘　同	曾繁雄	李鹏程	靳　飞	李　维
周　磊	王　阳	海　碧	齐卓砾	李晓松	曾　昊
卢胜军	刘文平	陈　龙	强　癹	欧　渊	唐　荣
杨慧莉	蔡文君	汤珊红			

前　言

　　国防采办(Defense Acquisition)是国防建设的重要内容,是输出武器装备等的系统活动,是形成军事能力和作战优势的强大支撑。美国国防部对国防采办的官方定义是:军方为满足国防部军事任务或保障军事任务的需要,就武器和其他系统、物品或劳务(包括建造)提出方案、计划、设计、研制、试验、签订合同、生产、部署、后勤保障、改进及处理的过程。国防采办管理(Defense Acquisition Management)是国防采办工作所开展的领导、计划、组织和控制等活动,既包括宏观层次的决策与调控,又包括具体项目的组织与管理,为国防建设提供重要制度保障,为获得军事优势奠定坚实基础。

　　美国作为世界唯一的超级大国,在长期的国防采办实践中,不断改革,多次调整,逐步形成了较为完备的管理制度和管理体系,其中包括需求生成、资源分配、国防研发、采办程序、项目管理、合同订立、经费管理、质量管理、试验鉴定、维修保障、评估监督、策略方法、人员队伍、法规政策和工业基础等多方面内容。美军国防采办管理的经验和做法很多都具有开创新和引领性,在美国乃至全球范围产生了巨大的辐射作用,并为许多国家所效仿。以国防资源分配为例,1961年时任国防部长麦克纳马拉引入规划计划预算系统(PPBS),2003年调整为规划计划预算执行系统(PPBES),美军开创性地将国防战略规划、中期计划和国防预算紧密结合,提高了国防资源管理和经费使用效益,被美国其他一些联邦行政部门和英国等国所借鉴。在项目管理领域,发源于第二次世界大战期间"曼哈顿计划"的美军项目管理制度,实现了对采办项目全寿命过程的精细化管控,有效提升了国防采办管理的效率和效益,被称为美军对世界管理理论与实践的13项重大贡献之一,已成为英、法、德、日等国国防采办普遍采用的基本管理制度。在前沿创新领域,国防高级研究计划局以其独具特色的扁平化决策、高流动团队、全过程竞争、开放式创新等管理模式,孕育出互联网、隐身飞机等划时代高科技成果,不仅被美国能源部、国土安全部、国家情报部门借鉴,也被俄罗斯、日本、印度等国效仿。当前,我国正在深化国防和军队改革,借鉴美国国防采办管理的有益做法和经验,必将助推我国国防科技和武器装备创新发展。

　　多年来,我们中心对美国国防采办管理进行了广泛跟踪研究,在需求管理、规划计划管理、国防科技管理、项目管理、经费管理和采办队伍等方面形成了一系列研究成果。近期还成立了专门课题组,在前期研究成果基础上,经过两年多的广泛调研、深度研讨、集智攻关,反复修改,撰写完成本书,供相关管理部门、专家学者以及国防采办爱好者参考。

　　本书以国防采办发展过程为主线,以国防采办管理涉及要素和重要内容为单元,共列十九章。第一章是国防采办管理概况,主要介绍美国国防体制、国防部体制、国防采办管理体制和国防部决策支持系统,为更好认识理解美国国防采办管理提供体制框架和宏观背景。第二章是需求生成机制,主要介绍美国国防部三大决策支持系统之一的能力集成与开发系统,阐述美军军事需求生成的组织体系、运行程序和方法工具等。第三章是国防资源分配机制,主要介绍美国国防部三大决策支持系统之一的规划计划预算执行系统,阐述国防资源分配的组织体系、运行程序和主要特点等。第四章是国防科学与技术管理,主要阐述美军国防科学与技术管理的组织体系、规划计划、项目管理和相关重要机构等。第五章是国防采办程序,主要介绍美国国防部2015年版国防采办程序的类型和工作内容。第六章是国防采办项目管理,主要介绍采办项目管理的组织体系、运行过程以及管理案例。第七章是合同订立管理,主要介绍国防采办合同订立前的准备、订立的程序、合同类型和合同谈判等。第八章是合同履行管理,主要介绍国防采办合同管理体制、工作开展、人员关系和管理法规等。第九章是系统工程管理,主要介绍国防采办中系统工程管理体系和系统工程活动等。第十章是国防采办经费管理,主要介绍经费管理体系、经济可承受性分析和全寿命成本估算等。第十一章是国防采办质量管理,主要介绍国防采办质量管理的工作体系、法规标准、工作制度以及外包质量管理等。第十二章是试验鉴定管理,主要介绍采办过程中试验鉴定管理体系、研制试验鉴定、作战试验鉴定和实弹射击试验鉴定等。第十三章是装备维修保障管理,主要介绍维修保障管理机构、维修保障管理机制以及战时维修保障管理等。第十四章是国防采办绩效评估,主要介绍美国国防采办绩效评估概况、绩效评估机构、绩效评估过程和绩效评估方法等。第十五章是国防采办监督,主要介绍国防采办过程中监督的机构、内容和方法等。第十六章是国防采办策略方法,主要介绍竞争性采办策略、渐进式采办策略、基于仿真的采办策略和采办管理信息化策略等。第十七章是国防采办队伍建设,主要介绍国防采办队伍的规模与结构、管理、培训、工资与福利等。第十八章是国防采办法规体系,主要介绍国防采办法规体系基本构成、特点与主要作用、主要法规简介等。第十九章是国防工业基础建设,主要介绍国防工业发展历程、规模结构、国防工业管理的主要做法、国防资产管理等。为便于读者进一步详细了解美国国防采办管理相关情况,我们结合全书内容,把美国国防部5000.01指令(国防采办系统)、5000.02指示(国防采办系统运行)以及国防采办术语附在后面,作为附录,供大家参考。

本书由军事科学院军事科学信息研究中心主任刘林山研究员策划并牵头撰写,刘林山、吕彬负责总体设计、框架拟定、重点问题研讨把关、部分章节撰写和全书审定。第一章由刘林山、王磊、张代平、赵超阳撰写;第二章由程享明、谢冰峰、王磊撰写;第三章由刘林山、张代平、张玉华、谢冰峰撰写;第四章由刘林山、魏俊峰、谢冰峰、齐卓砾、蔡文君、汤珊红撰写;第五章由吕彬、张代平、李维、王磊撰写;第六章由吕彬、王磊、李宇华撰写;第七章由董齐光、王阳、张玉华撰写;第八章由王磊撰写;第九章由曾繁雄、李鹏程、靳飞撰写;第十章由张玉华、王阳、董齐光、海碧撰写;第十一章由程享明撰写;第十二章由李杏军、欧洲、唐荣、杨慧莉撰写;第十三章由朱斌、陈龙、强弢撰写;第十四章由吕彬、刘同、谢冰峰、李晓松撰写;第十五章由赵超阳、曾昊、卢胜军、刘文平撰写;第十六章由王磊、张代平、李宇华撰写;第十七章由刘林山、王磊、张代平、谢冰峰撰写;第十八章由王磊、张代平、魏俊峰撰写;第十九章由李宇华、董齐光、谢冰峰撰写。刘林山、吕彬、赵超阳、张代平、魏俊峰对全书进行了修改统稿。李洁、张成鲁、冯靖、蔡超、田志锋、许儒红、张翔、陈敬一、刘登、万礼赞、白舸、詹鸣、孟彬彬、郝俊磊等同志为写作提供了大量资料和工作帮助。

写作过程中,史秉能、真溱、赵相安、栗琳、周开郅、陈玉石、丁仕民,以及王斌、丁树伟、曾天翔、于晓伟等专家都对撰写工作提出了宝贵意见。同时,我们还收集研读了许多资料,学习借鉴了国内外相关专家学者的有关研究成果,在此表示衷心感谢。

因时间仓促,本书难免存在疏失之处,敬请各位读者批评指正。

作 者

2017 年 11 月

目　　录

第一章　国防采办管理概况 …………………………………………… 1
　第一节　国防体制 …………………………………………………… 1
　第二节　国防部体制 ………………………………………………… 3
　第三节　国防采办管理体制 ………………………………………… 13
　第四节　国防部决策支持系统 ……………………………………… 24
第二章　需求生成机制 ………………………………………………… 28
　第一节　需求生成机制概述 ………………………………………… 28
　第二节　联合能力集成与开发系统的组织体系 …………………… 32
　第三节　联合能力集成与开发系统的运行程序 …………………… 39
　第四节　联合能力集成与开发系统中的方法和工具 ……………… 77
　第五节　联合能力集成与开发系统的主要特点 …………………… 79
　第六节　联合能力集成与开发系统运行情况及案例 ……………… 81
　第七节　联合能力集成与开发系统的外部关系 …………………… 89
第三章　国防资源分配机制 …………………………………………… 94
　第一节　国防资源分配机制的历史沿革 …………………………… 94
　第二节　规划计划预算执行系统的组织体系 ……………………… 96
　第三节　规划计划预算执行系统的运行程序 ……………………… 102
　第四节　规划计划预算执行系统的主要特点 ……………………… 113
第四章　国防科学与技术管理 ………………………………………… 118
　第一节　国防科学与技术管理概况 ………………………………… 118
　第二节　国防科技规划计划的制定 ………………………………… 133
　第三节　国防科技项目管理与成果转化 …………………………… 137
　第四节　国防技术信息中心 ………………………………………… 145
　第五节　国防高级研究计划局 ……………………………………… 156
　第六节　国防创新试验小组 ………………………………………… 168
第五章　国防采办程序 ………………………………………………… 172
　第一节　国防采办程序的发展沿革 ………………………………… 172
　第二节　现行国防采办程序的总体情况 …………………………… 177
　第三节　通用型采办程序各阶段的主要工作 ……………………… 181
　第四节　里程碑的决策评审 ………………………………………… 192
第六章　国防采办项目管理 …………………………………………… 218
　第一节　国防采办项目管理概述 …………………………………… 218

第二节　国防采办项目管理的组织体系 …………………… 222
　　第三节　国防采办项目管理的运行过程 …………………… 228
　　第四节　案例分析——"福特"级航母的项目管理 ………… 233

第七章　合同订立管理 ……………………………………………… 251
　　第一节　合同订立前的准备工作 …………………………… 251
　　第二节　合同订立方式和程序 ……………………………… 258
　　第三节　合同类型 …………………………………………… 263
　　第四节　合同谈判 …………………………………………… 269

第八章　合同履行管理 ……………………………………………… 285
　　第一节　合同履行管理概述 ………………………………… 285
　　第二节　合同履行管理的主要工作 ………………………… 290
　　第三节　合同履行管理的人员与派驻 ……………………… 294
　　第四节　合同履行管理的法规政策 ………………………… 300

第九章　系统工程管理 ……………………………………………… 305
　　第一节　系统工程概述 ……………………………………… 305
　　第二节　系统工程组织管理体系 …………………………… 308
　　第三节　系统工程过程 ……………………………………… 314
　　第四节　采办过程中的系统工程活动 ……………………… 333

第十章　国防采办经费管理 ………………………………………… 360
　　第一节　国防采办经费管理的组织体系 …………………… 360
　　第二节　经济可承受性分析 ………………………………… 366
　　第三节　全寿命成本估算 …………………………………… 370
　　第四节　软件成本估算 ……………………………………… 381
　　第五节　国防采办项目成本监控 …………………………… 389
　　第六节　国防采办项目经费支付 …………………………… 396

第十一章　国防采办质量管理 ……………………………………… 401
　　第一节　质量管理的组织体系 ……………………………… 401
　　第二节　质量管理的法规标准 ……………………………… 403
　　第三节　质量管理的工作制度 ……………………………… 409
　　第四节　全寿命各阶段质量管理 …………………………… 420
　　第五节　可靠性、维修性、保障性管理 …………………… 425
　　第六节　外包质量管理 ……………………………………… 434
　　第七节　质量管理的技术方法 ……………………………… 445

第十二章　试验鉴定管理 …………………………………………… 453
　　第一节　试验鉴定概况 ……………………………………… 453
　　第二节　试验鉴定管理体制 ………………………………… 455
　　第三节　研制试验鉴定 ……………………………………… 461
　　第四节　作战试验鉴定 ……………………………………… 463

第五节　实弹射击试验鉴定 ……………………………………………… 469
　　第六节　试验鉴定规划计划 ……………………………………………… 472
　　第七节　试验鉴定的报告 ………………………………………………… 475
　　第八节　特殊试验问题 …………………………………………………… 477

第十三章　装备维修管理 ………………………………………………………… 481
　　第一节　装备维修管理机构 ……………………………………………… 481
　　第二节　装备全寿命维修保障管理 ……………………………………… 486
　　第三节　战时装备维修保障管理 ………………………………………… 498

第十四章　国防采办绩效评估 …………………………………………………… 511
　　第一节　国防采办绩效评估概述 ………………………………………… 511
　　第二节　国会国防采办绩效评估 ………………………………………… 521
　　第三节　国防部国防采办绩效评估 ……………………………………… 527
　　第四节　智库国防采办绩效评估 ………………………………………… 540
　　第五节　国防采办绩效评估案例分析 …………………………………… 543

第十五章　国防采办监督 ………………………………………………………… 567
　　第一节　国会监督 ………………………………………………………… 567
　　第二节　国防部内部监督 ………………………………………………… 570
　　第三节　媒体与社会公众监督 …………………………………………… 579
　　第四节　采办监督中的奖惩机制 ………………………………………… 581
　　第五节　美空军采办助理部长常务帮办朱云腐败案 …………………… 582

第十六章　国防采办策略方法 …………………………………………………… 585
　　第一节　竞争性采办策略 ………………………………………………… 585
　　第二节　渐进式采办策略 ………………………………………………… 592
　　第三节　基于仿真的采办策略 …………………………………………… 598
　　第四节　采办业务管理信息化策略 ……………………………………… 605

第十七章　国防采办队伍建设 …………………………………………………… 618
　　第一节　国防采办队伍的规模与结构 …………………………………… 618
　　第二节　国防采办队伍的管理 …………………………………………… 624
　　第三节　国防采办队伍的培训 …………………………………………… 627
　　第四节　国防采办队伍的工资与福利 …………………………………… 635

第十八章　国防采办法规体系 …………………………………………………… 642
　　第一节　国防采办立法历史沿革与组织管理 …………………………… 642
　　第二节　国防采办法规体系的基本构成 ………………………………… 646
　　第三节　国防采办法规体系的特点与主要作用 ………………………… 650
　　第四节　规范国防采办活动的主要法律 ………………………………… 654

第十九章　国防工业基础 ………………………………………………………… 660
　　第一节　国防工业发展历程 ……………………………………………… 660
　　第二节　国防工业体系与规模结构 ……………………………………… 663

第三节　国防工业管理的主要做法 …………………………………… 666
　　第四节　国防部政府资产管理 ………………………………………… 679

附录1　国防部5000.01指令 …………………………………………… 685
　　附件1　其他政策 ……………………………………………………… 687

附录2　国防部5000.02指示 …………………………………………… 691
　　附件1　采办项目类别与规范要求 …………………………………… 711
　　附件2　项目管理 ……………………………………………………… 743
　　附件3　系统工程 ……………………………………………………… 747
　　附件4　研制试验鉴定 ………………………………………………… 753
　　附件5　作战试验鉴定和实弹射击试验鉴定 ………………………… 758
　　附件6　全寿命保障 …………………………………………………… 768
　　附件7　人-系统一体化 ……………………………………………… 772
　　附件8　经济可承受性分析与投资限制 ……………………………… 774
　　附件9　备选方案分析 ………………………………………………… 777
　　附件10　成本估算与报告 …………………………………………… 778
　　附件11　信息技术项目要求 ………………………………………… 783
　　附件12　国防业务系统 ……………………………………………… 787
　　附件13　能力快速部署 ……………………………………………… 789
　　词汇表 ………………………………………………………………… 796

附录3 ……………………………………………………………………… 797
　　国防采办术语 ………………………………………………………… 797

第一章　国防采办管理概况

美国作为世界上头号经济、技术和军事强国,经过长期的发展,目前已经建立起一套相对完备、独具特色的国防采办管理制度。美国国防采办管理融于国家国防体制,嵌于整个国防部管理体制,基于国防部集中统一领导、军种分散实施的国防采办管理体制,涵盖支撑需求生成的"联合能力集成与开发系统"(JCIDS)、支撑规划计划与预算论证的"规划计划预算与执行系统"(PPBES)以及支撑国防采办运行实施的"国防采办系统"(DAS)。

第一节　国防体制

为确保国家安全,美国总统、国会以及联邦行政部门不同程度地参与国防管理工作,并设立国家安全委员会等跨部门决策咨询机构,推动美国国家安全与国防政策的制定与落实。

一、总统

总统是美国政治舞台上权力最大的人物,集国家元首、政府首脑和武装部队总司令三职于一身。总统是武装部队总司令,有权委任军官,统帅和指挥三军,所有重大的军事决策都是由总统做出或认可的。美军作战指挥链的顶端是国家最高指挥当局。国家最高指挥当局由总统和国防部长及其授权的代表组成,经由参谋长联席会议主席给联合作战司令部下达作战计划或命令。

为有效支撑总统的决策,在国会的动议下,美国政府根据1947年《国家安全法》设立了国家安全委员会,作为总统的国家安全咨询机构,负责就政治、外交和军事政策向总统提出建议,使国防部与其他政府部门更有效地合作,并就涉及与国家安全有关的事务和政策,向总统推荐可行的方案。美国国家安全委员会由四部分成员组成,包括法定成员、法定顾问、非法定成员以及国家安全委员会工作人员。其中:"法定成员"必须是出席国家安全会议、对国家安全政策决定起重要作用的成员,包括总统、副总统、国务卿、国防部长;"法定顾问"包括参谋长联席会议主席(军事顾问)、国家情报总监(情报顾问);"非法定成员"是由总统根据具体决策问题的需要,邀请出席或列席国家安全委员会会议的成员,包括财政部长、驻联合国代表、美国贸易代表、白宫办公室主任、行政管理预算局局长、总统科学顾问等,其他官员根据需要参加会议。国家安全委员会的日常工作由总统国家安全事务助理、总统国家安全事务副助理和一名行政秘书负责,领导"国家安全委员会工作人员"的工作,就美国国家安全与外交政策为总统和国家安全事务助理提供咨询和服务。

二、国会

国会是美国最高立法机关,根据美国宪法的规定,国会拥有的权力有两大类:立法权和监督政府的权力。具体来说,与国防采办相关的权力可以细分为以下三种。**一是立法权**,多年来,国会已通过了许多法律,规范美国国防采办管理工作。如1809年,国会通过了第一部政府采购法,任命了"合同官"并规范其责权;又如在第一次和第二次世界大战期间,国会通过法案禁止不法承包商向政府漫天要价。多年来,国会已通过了多部重大的国防采办法律,如《1984年签订合同竞争法》《1986年戈德华特-尼科尔斯国防部改组法》《1990年国防采办队伍加强法》《1996年克林杰-科恩法》《2009年武器系统采办改革法》等。此外,国会每年都要通过授权和拨款法案,先对国防预算进行授权,规定能够花多少钱,再由拨款委员会进行拨款。**二是人事任命权**,根据宪法和法律的规定,总统提名任命的高级官员须征询参议院意见和经参议院批准。1993年底国防部长阿斯平离职后,克林顿提名退休海军上将鲍比·艾曼任国防部长,但在参议院没有通过,后来又提名当时的副部长佩里才在参议院通过。**三是调查权**,国会可以成立特别委员会对相关问题进行调查,在国防采办方面这种委员会相当多,如1934年参议院成立的"调查弹药工业特别委员会",1941年参议院成立的国防调查特别委员会,1949年成立的胡佛委员会等。综上可以看出,国会的权力和决策实际上是国防采办决策链条中的一个重要组成部分,因此有必要对国会的相关情况进行介绍。

国会由参议院和众议院组成。参议院现有议员100名,各州不论面积大小、人口多少一律两席。参议员代表本州,任期6年,可连选连任,每两年改选1/3。参议员的当选资格条件是:年满30岁,为合众国公民9年以上,当选时必须是本州的居民。众议院现有议员435名,其议席分配的原则是按各州人数占全国人数的比例分配到各州,但每个州至少应有一个议席,任期2年,每两年选举一次,众议员差不多都要参加重新竞选。

国会中的委员会一般分为四种:常设委员会、协商委员会、专门委员会、联合委员会。①"常设委员会"是国会基本的工作单位,具有立法权限,每个常设委员会下设若干小组委员会。一项议案在送交全院大会讨论或投票之前,必须提交常设委员会审议,而常设委员会通常会根据议案的不同将其分送有关小组委员会,实际上,审议工作是在小组委员会进行的。如果某个常设委员会或者小组委员会赞同某个议案,他们通常采取举行听证等方式收集有关信息,以修正案的形式完善议案,并提交到全院大会进行辩论,全院大会通过之后,议案被送到协商委员会。②"协商委员会"由两院议员组成。协调参众两院对议案达成一致意见。议案在协商委员会进行协调,有可能附加新的、两院议员都能接受的修正案,如果两院议员在协商委员会能够就议案文本达成妥协,议案将被返回两院全体会议讨论是否通过,在此阶段不能再对议案进行修改,要么通过,要么不通过。如果议案在这一环节获得通过,则该议案将送交总统签署成为法律。如果总统否决了议案,需要参众两院2/3多数通过才能推翻总统的否决,议案仍能成为法律。协商委员会是临时为了协调两院对同一议案的差异而临时成立的,在问题解决之后就解散了。③"专门委员会"是为专门任务而设立的。④"联合委员会"由参议员和众议员参加的常设机构,经常用来协调日常事务。

国会还有相关工作机构,这些机构为国会和社会服务,这里重点介绍三个机构。

（1）**政府问责办公室**。它是一个独立的、不分党派的审计机构，其职责是调查、监督联邦政府如何花费纳税人的钱。该办公室会应某些国会委员会或国会小组委员会的请求而进行某些调查，也会根据法律要求或特定的委员会报告主动展开调查行动，还会在总审计长的授权下进行某些独立的研究工作。在监督方面，它对联邦政府机构的支出进行审计，以保证资金被运用到适当的地方，如果有人指控联邦政府出现了不合法或不适当的行为，就会展开调查，为国会分析、设计新的政策选项，签发关于政府机构行为及法规的合法性意见书。该办公室主任由美国总审计长担任，任期长达15年，先由国会提名候选人，再由总统任命，并经参议院认可。该办公室每年都要发布许多报告，揭示包括国防部在内的联邦政府项目超支现象，对于该办公室的建议，国防部必须回应，若不予采纳，应当说明理由。

（2）**国会预算办公室**。其职责是支持国会开展与预算有关的工作，包括提供客观的、无党派偏见的分析报告，阐明与联邦预算有关的经济和政治问题。具体工作包括对各种期限的联邦预算问题进行研究，对总统提交国会的预算案进行分析等。该办公室主任人选由两院的预算委员会酝酿提出，共同任命。

（3）**国会研究服务处**。主要职责是为两院委员会以及议员提供政策、法律方面的研究咨询与决策支撑，该机构主任由国会图书馆馆长任命。国会研究服务处对美国国防部采办改革进行了大量研究，这些报告在国会决策中发挥了重要作用。

三、联邦行政部门

美国联邦行政部门设有15个部和多个专门机构，负责贯彻执行法律，并开展相关领域的管理工作。与国防安全有关的联邦行政部门主要包括国防部、国务院、能源部、国土安全部、国家航空航天局等，其中：国防部是国防事务的主管部门；国务院是美国主管外交并监管部分内政事务的行政机构；能源部负责美国核武器相关事务；国土安全部负责美国国内安全和防止恐怖活动相关事务；国家航空航天局负责航天技术与装备相关事务。为有效整合联邦行政部门在国家安全事务中的角色及有关政策，美国设立了国家安全委员会，上述相关联邦政府行政部门的首脑都是该委员会的法定成员。

同时，联邦政府还设立独立行政机构，负责行使某些特殊行政职权。如中央情报局负责公开和秘密地收集和分析海外情报，并为总统执行秘密行动，向国家情报主管汇报日常工作。

此外，总统办公室还设有行政管理与预算局、科技政策办公室等部门。其中：行政管理与预算局负责统筹管理美国联邦预算；科技政策办公室负责协调联邦政府各部门的科学技术工作，向总统提供科学技术方面的建议、制定统一的科学技术政策等。

第二节 国防部体制

美国国防部是1949年根据《国家安全法》修正案组建的联邦政府部门，由国家军事部（1947年组建）更名改组而成，后又经过1958年和1986年两次较大调整才形成当前基本架构。国防部是由国防部长办公厅及其领导的业务局与直属机构，参谋长联席会议与联合参谋部及其领导的联合作战司令部，以及三军种部组成，如图1.1所示，主要职能包

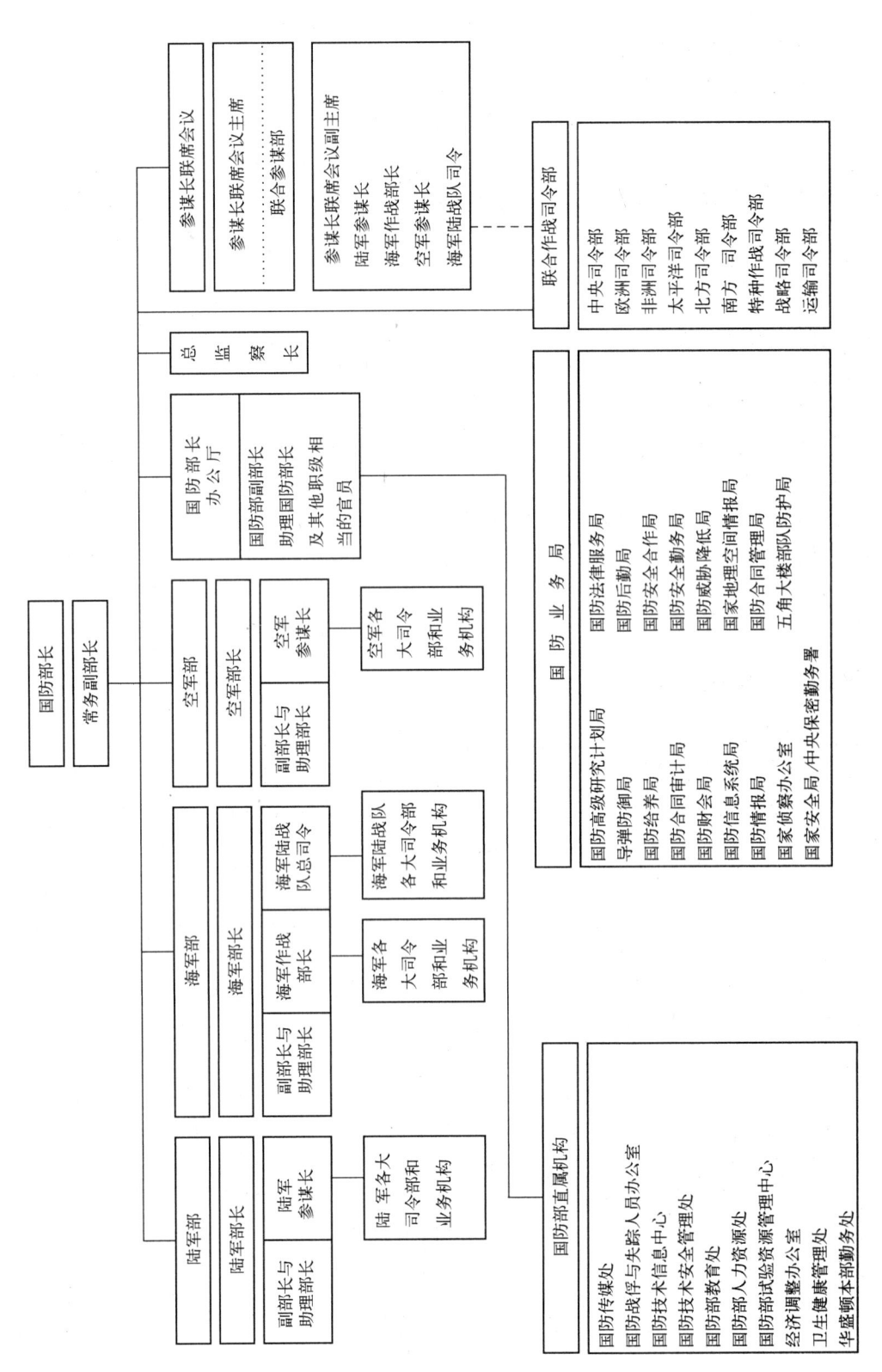

图 1.1 国防部组织机构图

括：①维持和使用美国武装力量，为支撑和捍卫美国宪法而应对国内外所有敌人；②为确保美国及其属地和利益攸关区域的安全采取及时而有效的军事行动；③维护和强化美国国家政策和利益。

一、国防部长办公厅

国防部长办公厅是国防部的本部机关，负责国防政策的制定、规划、资源管理，以及经费与项目的评估与监督，并通过正式或非正式渠道，与美国政府其他部门以及外国政府和国际组织开展合作交流。国防部长办公厅成员主要包括：国防部常务副部长、国防部各副部长、国防部总监察长、国防部法律总顾问、国防部各助理部长、国防部各部长助理，以及根据法律和国防部长授权确定的人员等。此外，国防部长办公厅还负责监管各国防业务局和国防部直属机构的工作，相关业务局与直属机构的主要职能是为整个国防部系统提供各军种部无法满足的补给或服务。目前，国防部设常务副部长1人，分管不同事务的副部长5人，助理部长14人，国防业务局17个，以及直属机构10个。

（一）常务副部长

国防部常务副部长，也称为第一副部长，是国防部长的全权代表，依法对国防部长负责的所有事务行使权力。

作为国防部首席管理官，常务副部长的主要职责包括：①确保国防部具备实施国防战略计划支撑国家安全战略目标的能力；②确保国防部核心业务与作战使命相一致；③确立改进和评估国防部总体运行效率和效益以及监督和衡量国防部进展的绩效目标和标准；④编制国防部业务转型战略计划；⑤按照国防部长指示参加国防部各管理委员会工作；⑥在参谋长联席会议副主席协助下主持常务副部长工作会议。

（二）国防部副部长、助理部长及同级官员

国防部副部长协助国防部长和常务副部长分管不同领域工作，向国防部长汇报。助理部长在职级上低于副部长，有些在副部长之下开展工作，有些则直属国防部长领导。助理部长是国防部长办公厅的高级行政职位，作为国防部长和常务副部长在某一领域的首席顾问参谋，直接向国防部长和常务副部长汇报。副部长下设若干副部长帮办，职级低于助理部长，作为副部长在某一具体领域的顾问参谋，分管相关领域工作。助理部长一般也下设若干助理部长帮办作为助理部长的顾问参谋，具体分管下一层级各领域的工作。下面介绍部分国防部副部长、助理部长及同级官员。

1. 采办、技术与后勤副部长

采办、技术与后勤副部长负责与武器装备研发、生产、后勤保障、设施管理、军事工程建设、环境安全及核生化等有关的事务，领导国防高级研究计划局、导弹防御局、国防合同管理局、国防后勤局、国防威胁降低局和经济调整办公室等。

2. 政策副部长

政策副部长负责制定国家安全与防务政策，并管督落实，领导国防安全合作局和国防战俘与失踪人员办公室。

3. 主计长兼首席财务官

主计长兼首席财务官是国防部长和常务副部长在预算与财政事务、国防部项目分析与评估及综合管理改进项目等方面的主要顾问和助手，领导国防合同审计局和国防财会

局。其中,预算和财政事务包括财政管理、会计政策和体制、预算制定及执行,以及合同审计的管理和组织。领导国防合同审计局和国防财会局。

4. 人员与战备副部长

人员与战备副部长是国防部长和常务副部长在与战备有关的全军管理、国民警卫队和预备役事务、卫生事务、训练以及人员需求和管理方面的主要助手和顾问,领导国防给养局、国防部教育处、国防部人力资源处、军种卫生保健大学和教育与职业发展指挥官办公室等机构。

5. 情报副部长

情报副部长是国防部于2003年3月首次设置的职位,负责监督国防情报机构的工作,提供政策、计划和预算等方面的指导,领导国防情报局、国家侦查办公室国家地理空间情报局和国家安全局。

6. 全球战略事务助理部长

全球战略事务助理部长负责规范和协调全球战略事务相关的国防部战略和政策,包括核威慑、导弹防御政策、空间政策、网络空间政策和防止大规模毁伤性武器政策等。

7. 立法事务助理部长

立法事务助理部长负责协助国防部长和常务副部长处理与国会和其他政府部门的关系,履行国防部立法事务职责。

8. 公共事务助理部长

公共事务助理部长负责协助国防部长和常务副部长处理国防部的公共信息、内部信息、与民间团体的关系、新闻训练和视听材料等方面的事务。

9. 情报监察事务部长助理

情报监察事务部长助理在国防部长的直接领导下,负责监督国防部系统内的情报和反情报工作,确保情报部门的工作和非情报部门的情报工作符合法律、行政命令和总统令以及国防部指令。

10. 国防部首席信息官

国防部首席信息官主要职责包括:制定信息系统运行与防护的战略与政策;制定国防部体系结构与信息技术标准,确保国防部信息系统的互联互通;负责信息资源管理与共享,以及业务信息系统建设(业务管理现代化);领导国防信息系统局,负责国防部信息与通信网络的运行与防护,为国防部军事行动与任务提供信息技术支持;制定电磁频谱、定位导航与授时等方面的政策,并监管落实等。

11. 国防部总监察长

国防部总监察长负责对国防部的各项计划和活动进行指导、监督、调查和检查,并对行政管理方面存在的问题和不足以及所要采取的措施向国防部长和国会及时报告。

12. 国防部法律总顾问

国防部法律总顾问是国防部的首席法律顾问,兼任国防法律服务局局长,为国防部各单位提供法律政策、监督和指导。

13. 作战试验鉴定局长

作战试验鉴定局长是国防部长和常务副部长在作战试验鉴定方面的主要助手和顾问。

14. 成本评估与计划鉴定局长

成本评估与计划鉴定局长负责提供独立成本分析和建议,确保对国防部采办项目的费用评估和分析程序提供准确信息和真实预估。

15. 行政与管理主任

行政与管理主任受国防部常务副部长的直接领导,是国防部长和常务副部长在国防部所有部门的行政管理方面的主要助手和顾问,负责管理五角大楼部队防护局。

16. 净评估主任

净评估主任是国防部长在净评估方面的主要助手和顾问。

（三）国防部业务局及直属机构

国防部下设17个国防业务局和10个直属机构。其中,担负作战支援和作战勤务支援职能的业务局统称为作战支援局,其作战职能由参谋长联席会议负责,包括国防信息系统局、国防情报局、国防后勤局、国家地理空间情报局、国防合同管理局、国防威胁降低局和国家安全局/中央保密勤务署等。

1. 国防高级研究计划局

国防高级研究计划局由国防部采办、技术与后勤副部长管辖、指导和控制,是国防部的核心高新技术研发管理机构,主要任务是确保美国的技术优势。具体工作包括:从事具有巨大军事用途的革新性研发项目;管理并指导基础项目及应用项目的研发工作;加强国防系统内的原型设计。

2. 国防给养局

国防给养局组建于1990年,由国防部人员与战备副部长领导,直属部队管理政策助理部长,受供应工作委员会监督,负责对世界各地的美国军人、军人家庭等提供食品等日常用品保障。

3. 国防合同审计局

国防合同审计局组建于1965年,由国防部主计长管辖、指导和控制,负责国防部的合同审计工作,为国防部所有采购和合同任务部门提供会计和财务咨询服务。国防合同审计局还可根据需要,为政府其他部门提供合同审计服务。

4. 国防合同管理局

国防合同管理局组建于2000年,由国防部采办、技术与后勤副部长管辖、指导和控制,负责为国防部、其他政府部门、外国政府、国际机构以及其他授权机构提供合同履行监管与服务。

5. 国防财会局

国防财会局组建于1991年,由国防部主计长管辖、指导和控制,负责使国防财会工作符合标准,确保国防财会信息准确、全面、及时。

6. 国防信息系统局

国防信息系统局组建于1960年,由国防部首席信息官管辖、指导和控制,负责在平时和战时确保指挥、控制、通信和信息系统满足国家指挥当局的需要,为国防部各部门就指挥、控制、通信和信息系统的技术与使用问题提供指导和支持,确保国防部通信系统、战区与战术指挥与控制系统、北约与盟国的C3系统,以及与国防信息系统局任务有关的商用系统的互通。

7. 国防情报局

国防情报局组建于1961年,由国防部情报副部长管辖、指导和控制,主要职责是:为国防部长和国防部各部门收集、编制并提供军事及与军事有关的情报;收集并分发有关外国的军事情报和反情报,协调国防部的情报收集需求;管理国防武官系统,向参谋长联席会议主席提供有关外国情报与反情报的支援;管理国防情报总规划。

8. 国防法律服务局

国防法律服务局组建于1981年,负责向国防部各机构提供法律咨询和服务,局长兼任国防部法律总顾问。具体职责包括:为国防部制定立法规划提供技术支持和援助;协调国防部在立法与总统行政命令之间的立场;保存国防部历史上的立法档案;为国防部的行为标准制定政策并监督标准的执行情况;管理国防工业保密调查审查计划。

9. 国防后勤局

国防后勤局由采办、技术与后勤副部长领导。具体职责包括:在平时和战时为军种部和联合作战司令部提供后勤支援;为国防部各机构、某些政府部门、外国政府和国际组织提供后勤支援;按照既定计划及临时需求,为国防部各机构提供军需物资和补给;提供与补给管理直接相关的后勤服务及其他支持;维持特定物资的批发系统;为各军种部、国防部其他部门、其他政府机构和外国政府提供合同管理服务。

10. 国防安全合作局

国防安全合作局组建于1971年,由国防部政策副部长领导,直属国际安全事务助理部长。具体职责包括:制定并执行安全援助计划和项目,管理主要武器的销售和技术转让、预算与财政、立法事务、政策和其他安全援助事务;领导并管理国防部在别国负责安全援助项目的机构与人员等。

11. 国防安全勤务局

国防安全勤务局作为国防部负责工业安全的认知安全办公室,由国防部情报副部长领导,主要负责国防工业安全项目与国防部相关部分的行政和管理,提供安全教育和训练,以及国防部人员安全项目有关工业的部分,实施授权的反情报活动,管理和使用项目相关的信息技术系统等。

12. 国防威胁降低局

国防威胁降低局组建于1998年,由国防部采办、技术与后勤副部长领导,具体职责包括:削弱对美国及其盟国的核、生、化、其他特殊兵器和常规兵器的威胁,具体措施包括技术安全措施、合作危机削减计划、监督军控条约的执行和现场核查、部队防护、核生化防护及反扩散;确保美国的核威慑;对国防部内有关大规模毁伤性武器的工作提供技术支持。

13. 导弹防御局

导弹防御局直属采办、技术与后勤副部长领导,负责研制、试验并准备部署导弹防御系统。

14. 国家地理空间情报局

国家地理空间情报局由国家影像测绘局改组更名,由国防部情报副部长领导,负责及时、准确地提供图像、图像情报和空间地理信息,并根据需要,就上述内容向国防部长和常务副部长、情报副部长、参谋长联席会议主席、联合作战司令部司令、中央情报局局长和其他政府官员提供建议和咨询。

15. 国家侦察办公室

国家侦察办公室是一个国防业务局,由情报副部长领导,接受国家情报主任的监督,负责顶层侦察系统和相关数据处理设施的研发、采办、发射、部署和运行,以收集情报和信息,支援国家和国防部及政府其他部门的任务。

16. 国家安全局/中央保密勤务署

国家安全局/中央保密勤务署分别组建于1952年和1972年,是国家密码系统建设的牵头单位,由情报副部长领导,主要负责信号情报和信息保证,向国防部和国家用户提供指导和协助。其中,中央保密勤务署的任务是收集、处理、分析、生产和分发密码产品。

17. 五角大楼部队防护局

五角大楼部队防护局成立于"9·11"事件发生后的2002年,受行政与管理主任领导,负责以各种预防、准备、探测及反应措施应对各种潜在威胁,保障五角大楼及首都区内国防部各机构和设施的安全。

国防部直属机构有:

1. 国防传媒处

国防传媒处由国防部公共事务助理部长管辖、指导和控制,主要职能是通过既有媒体向国防部内部和外部受众提供广泛的信息产品,传达国防部高级领导和处于指挥链上的其他领导的信息和意图,以支援和改进生活质量、提振士气、增加感知,及时提供部队防护信息和保持战备,提供公共教育手段等。

2. 国防战俘与失踪人员办公室

国防战俘与失踪人员办公室由国防部政策副部长领导,直属国际事务助理部长,负责统计、寻找和送返在军事行动中被俘或失踪的国防部军职人员、文职人员和承包商。

3. 国防技术信息中心

国防技术信息中心由国防部采办、技术与后勤副部长领导,直管国防研究与工程主任,主要负责科学、研究和工程信息的服务,以及数据库采办、存储、修复和分发,以支持国防部研发、测试、评估和研究项目。

4. 国防技术安全管理处

国防技术安全管理处由国防部政策副部长领导,直属国际安全政策助理部长,主要职能是根据美国国家政策、国家安全战略目标、联邦法律法规和国防部技术安全政策,管理国防相关物资、服务和技术转让,确保美国关键军事技术得到有效保护,与友好国家开展健康合作,防止敏感技术和装备流入敌对国家。

5. 国防部教育处

国防部教育处由国防部人员与战备副部长领导,负责通过对国防部国内子女中小学校和国防部子女学校进行有效的计划、指导、监督、管理和运行,为美国军职人员和文职人员的子女提供良好的教育环境。

6. 国防部人力资源处

国防部人力资源处由人员与战备副部长管辖、指导和控制,主要职能是提供人力资源相关政策和服务,开展相关研究和分析,支援战备和部门调整,管理人员数据,开发项目培训未来文职领导,支援征召和留用,为作战人员及其家庭提供福利和服务等。

7. 国防部试验资源管理中心

国防部试验资源管理中心由采办、技术与后勤副部长管辖、指导和控制,主要职能是研究和评估主要靶场和试验设施的可用性,并提供相关试验资源,以支持防务系统的采办、列装和保障等。

8. 经济调整办公室

经济调整办公室由采办、技术与后勤副部长领导,直属设施与环境副部长,主要职能是与国防部其他机构合作,向受到因国防计划变动导致基地关闭、调整或扩展,国防工业削减,人员减少或增加等带来的影响的社区、地区和国家提供援助。

9. 卫生健康管理处

卫生健康管理处由国防部人员与战备副部长领导,直属国防部卫生事务助理部长,主要职能是管理和执行"国防健康项目分配"和"国防部统一医疗项目",支援"军职人员服务",以实施"卫生健康项目"、"文职人员健康项目"和"军职人员服务医疗项目"。

10. 华盛顿本部勤务处

华盛顿本部勤务处由国防部长管辖、指导和控制,主要职能是管理指定的作战项目,根据国防部各组成部分和非国防部实体的需要,提供作战支援和行政勤务。该处于2011年8月成立了空海一体战办公室,由各军种抽调人员专门进行未来空海一体概念的深化研究和应用开发。

二、参谋长联席会议、联合参谋部及联合作战司令部

参谋长联席会议是国防部长的军事参谋机构,无作战指挥权,负责传达国家最高指挥当局的战斗指令。参谋长联席会议的组织机构包括参谋长联席会议主席办公室、联合参谋部、以及军种参谋长。参谋长联席会议由以下成员组成:主席、副主席、陆军参谋长、海军作战部长、空军参谋长、海军陆战队司令。在参谋长联席会议主席的指导下,联合参谋部对参谋长联席会议的工作提供保障。其组织机构图如图1.2所示。

(一)参谋长联席会议主席

参谋长联席会议主席是总统、国家安全委员会、国土安全委员会和国防部长的首席军事顾问。参谋长联席会议主席在总统和国防部长的管辖、指导与控制下,主要负责:为总统与国防部长履行军事指挥职能提供建议和协助;在总统或国防部长与联合作战司令部司令之间传递信息,发布相关政策;为总统与国防部长制定武装部队战略指南,包括为联合作战司令部司令作战指南提供建议和协助、为国防部各部局制定具体规划提供所需的军事指南,并评估相关风险;制定战略规划,包括符合国防部长既定资源水平的其他规划,确保这些规划在实施期内能获得足够的资源;为国防部长审查和制定军事行动与应急任务计划提供建议与协助;管理联合人事事务;评估指挥、控制和通信方面的联合军事需求,提出改进建议,并对联合作战有关事项提供指导等。

(二)联合参谋部

联合参谋部是参谋长联席会议的常设机构,由参谋长联席会议主席全权领导。参谋长联席会议及其下属的联合参谋部本身并不具备指挥职能,联合参谋部编制员额只有不足2000人。

联合参谋部下设8个职能部门,其中:人力与人事局(J1)负责规划、管理和运用部队

```
                    ┌─────────────┐
                    │  国防部长    │
                    ├─────────────┤
                    │ 常务副部长   │
                    └──────┬──────┘
            ┌──────────────┴──────────────┐
   ┌────────────────────┐
   │ 参谋长联席会议主席  │
   ├────────────────────┤
   │ 参谋长联席会议副主席│        ┌──────────┐
   │ 海军陆军参谋长      │────────│ 联合参谋部│
   │ 海军作战部长        │        │   主任    │
   │ 空军参谋长          │        └──────────┘
   │ 海军陆战队司令      │
   └────────────────────┘
```

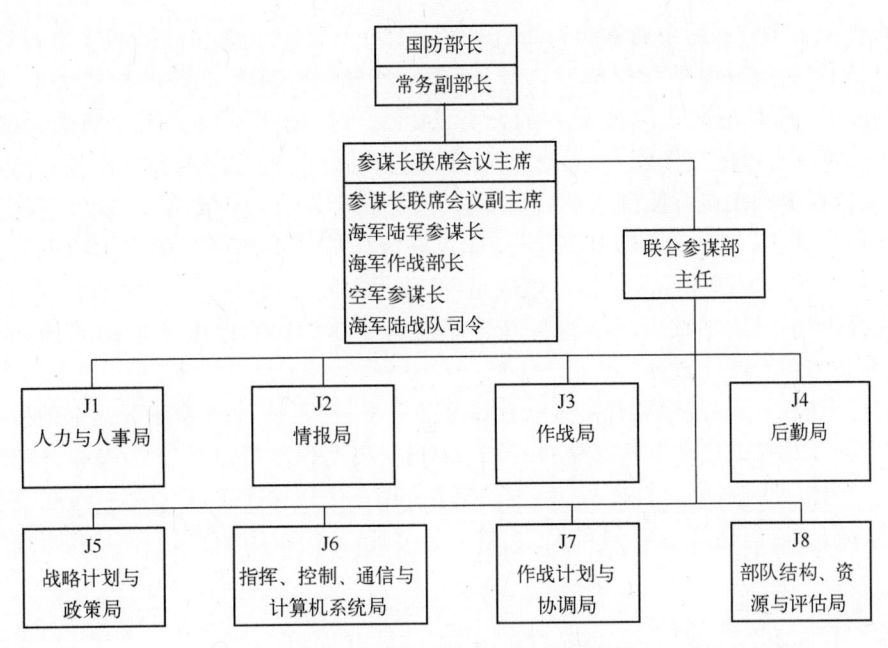

图 1.2 参谋长联席会议组织机构图

（J1人力与人事局、J2情报局、J3作战局、J4后勤局、J5战略计划与政策局、J6指挥、控制、通信与计算机系统局、J7作战计划与协调局、J8部队结构、资源与评估局）

人力资源；情报局(J2)负责提供全源情报；作战局(J3)直接负责作战行动,是各联合作战司令部与国家指挥当局联系的纽带；后勤局(J4)负责后勤和装备保障；战略计划与政策局(J5)负责从作战计划和对外联络上保障；指挥、控制、通信与计算机系统局(J6)负责通信保障；作战计划与协调局(J7)负责部队的联合训练；部队结构、资源与评估局(J8)负责从作战资源上进行保障。

（三）联合作战司令部

联合作战司令部通过参谋长联席会议领受总统和国防部长下达的命令,对美军作战部队实施指挥,并直接向国家指挥当局负责。如图1.3所示,美军目前共有9个联合作战司令部,其中：6个联合作战司令部按地区设置,分别为非洲司令部、欧洲司令部、太平洋司令部、北方司令部、中央司令部和南方司令部；3个联合作战司令部按职能设置,分别为战略司令部、特种作战司令部和运输司令部。

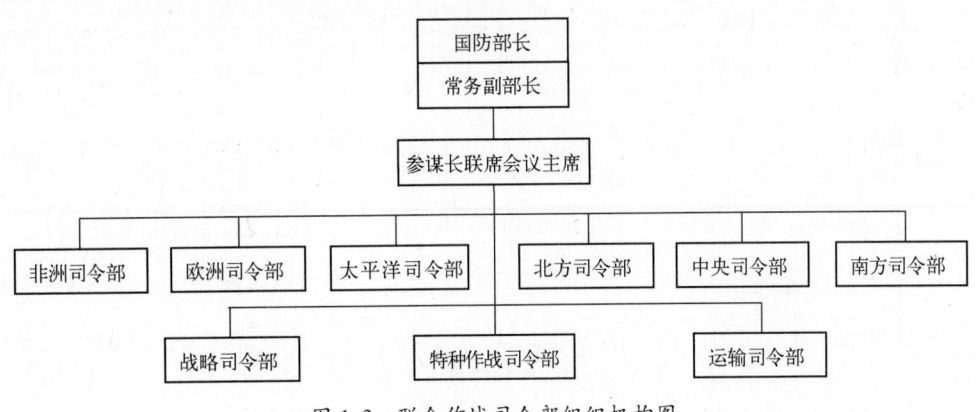

图 1.3 联合作战司令部组织机构图

11

联合作战司令部司令通常履行下述职责：①对下属司令部和部队的军事行动、联合训练、后勤等所有方面进行权威性指导；②确定所辖司令部和部队的指挥关系；③必要时，组建司令部和部队以完成受领的任务；④必要时，使用所属部队完成受领的任务；⑤为下属指挥官分配指挥职责；⑥协调和批准行政管理、支援保障和完成任务所必需的纪律；⑦根据美国法典行使挑选下级指挥官、挑选联合作战司令部参谋、剥夺下属人员的部分权利、召集军事法庭等权力。此外，如果联合作战司令部司令觉得他所拥有的权力不足以对所属司令部和部队实施有效的指挥，他可以随时通过参谋长联席会议主席向国防部长报告，请求增加权力。尽管各联合作战司令部负责的地区和承担的任务不尽相同，但编制体制大体一致。

联合作战司令部司令拥有实施联合作战的全部权力，战区司令部下辖军种战区司令部，司令可以对整个战区下辖部队进行指挥调配，根据作战任务建立二级联合部队及其司令部。当需要完成临时性任务时，国防部长、联合作战司令部司令和二级联合作战司令部指挥官可以组建联合特遣部队，由在行动中起主要作用的军种部队指挥官担任指挥官。

三、军种部

军种部是各军种的最高行政领导机关，由部长办公厅、参谋部（海军为作战部）及其下属业务机构和一级司令部组成，如图1.4所示。平时各军种部进行军队建设，负责各军种行政管理、军事训练、拟定作战和动员计划；战时负责向各联合作战司令部提供作战部队。

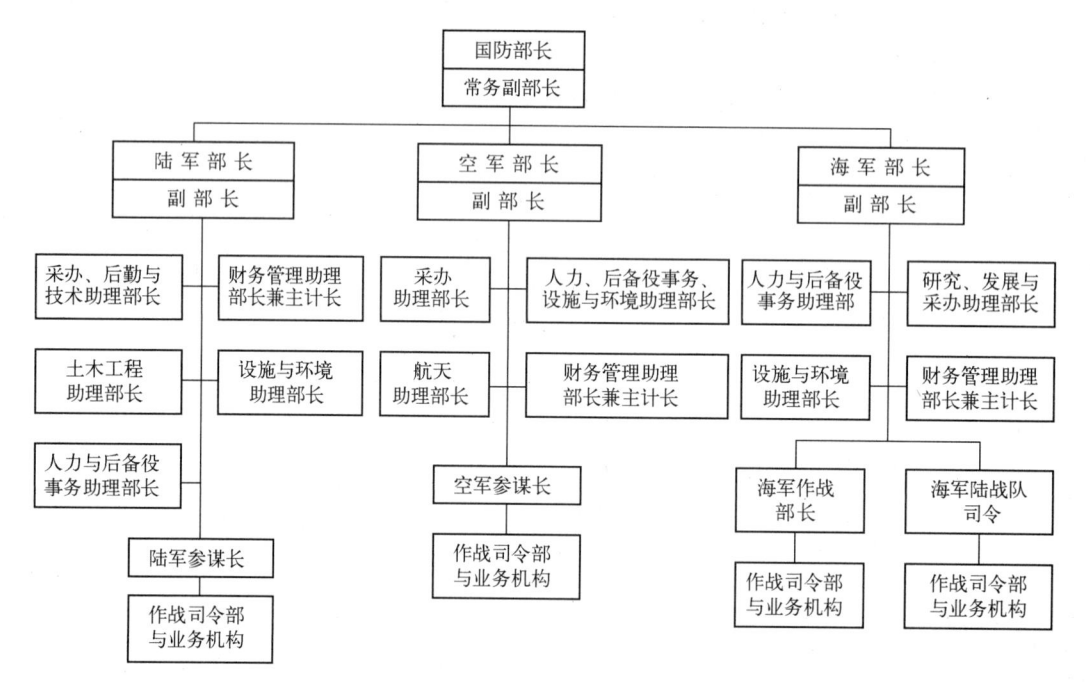

图1.4 军种部组织机构图

（一）陆军

陆军部长是陆军最高文职行政长官，他是陆军部主管，由国防部部长领导。陆军部长办公厅由部长、副部长、助理部长、帮办、审计长、监察长、法律总顾问、立法联络主任、公共事务主任等组成。

陆军参谋部是协助陆军部长履行职能的执行机构。陆军参谋长是陆军最高军职首长，是四星上将并为美军参谋长联席会议成员。陆军参谋长并不直接管理部队。陆军参谋部平时主要负责陆军部队的行政管理和军事训练、拟定作战和动员计划、制定装备发展计划和各种条令条例；战时负责向各联合作战司令部提供作战部队。

（二）海军

海军部是美军最大的一个军种部，由部长办公厅、海军作战部、海军陆战队司令部和海军一级司令部等组成。海军部长办公厅由部长、副部长、助理部长（分别负责财务管理、人事与后备役事务、设施与环境、研究发展与采购）、法律总顾问办公室和各直属业务局组成。

海军作战部是海军最高军事职能部门（相当于陆军、空军的参谋部）。虽然名为海军作战部，但它并不直接指挥部队作战。海军作战部平时主要负责海军部队的行政管理与军事训练、编制作战概念与作战条例等，并领导其下属的系统司令部与研究机构，开展国防科技研发与采办工作等；战时则负责向各联合作战司令部提供海军作战部队。海军部队的作战指挥由其所在的联合作战司令部组织实施。海军作战部长是海军上将军衔的现役军官，是美国海军最高军事首长，直接对海军部长负责，并在参谋长联席会议主席和海军部长领导下负责海军的建设、战备与作战运用。

（三）空军

空军部长是空军最高文职长官，负责所有空军部的事务，包括训练、军事行动、内部管理、后勤支援及维护，以及空军成员的福利政策，为确保部队战备及空军武力的有效运用。空军部长由总统提名，经参议院同意后任命。空军部长办公厅还包括1名副部长、4名助理部长、2名助理部长帮办以及审计长、监察长、法律顾问、公众事务主任等。

空军参谋部是协助空军部长履行职能的执行机构，主要包括空军参谋长、副参谋长、助理副参谋长、总军士长、4个代理参谋长、美国空军总卫生长、军法署署长、空军预备队长和其他部长认为有必要配置的人员。空军参谋长是空军的最高军职长官，由总统从空军将领里提名，经参议院同意后任命。空军参谋长主要职责包括：协助空军部长领导、管理空军部队；制定空军建设计划大纲、进行人员补充训练，拟定作战和动员计划，研究平时与战时空军部队的组织机构，领导与指挥空军部队的作战、训练、侦察活动，制定各种条令等；领导其下属的空军装备司令部开展国防科技研发与采办工作。

第三节　国防采办管理体制

美军采取国防部集中统管与各军种分散实施有机结合的采办管理体制。国防部层面，主要由采办、技术与后勤副部长领导美军国防采办管理工作，国防部主计长、政策副部长、成本评估与计划鉴定局长、作战试验鉴定局长及其领导下的机构等参与采办管理工作；军种层面，主要由军种负责采办的助理部长牵头各军种的采办管理工作，各军种装备司令部(海军为系统司令部)组建项目管理办公室负责具体项目的采办实施工作。

一、国防部采办管理机构

采办、技术与后勤副部长是美军国防采办的最高直接领导,国防部其他高层领导与部门从不同角度参与国防采办管理,如国防部主计长负责美军预算编制、合同审计和合同支付等工作;成本评估与计划鉴定局负责评估审查国防采办计划与预算草案;作战试验鉴定局负责制定作战试验鉴定政策,并指导和监管项目管理机构开展试验鉴定工作。

(一) 采办、技术与后勤副部长

采办、技术与后勤副部长是国防部长在国防采办领域的首席参谋助理,兼任国防采办执行官,主要职责是:监管国防部采办系统的运行;制定和颁布指导国防部采办系统运行政策、计划和程序;主持国防采办委员会的工作;作为国家军备主管,代表国防部出席北约军备会议和其他多国军备会议;协调整个国防部的研究发展计划;与政策副部长共同与国外签署军品采办协定;制定增强美国国防工业能力的政策;会同人员与战备副部长制定国防部采办人员管理及教育培训和职业发展的政策和计划;制定并管理三军联合研究与发展计划。

采办、技术与后勤副部长领导着庞大的工作体系(图1.5),下属机构主要分为两类。第一类是政策制定与公共管理类,不直接参与具体的国防采办管理工作,例如:国防采购与采办政策局主要负责制定国防采办政策与指令指示;国际合作局主要负责制定国际合作政策,并代表采办、技术与后勤副部长开展国际合作方面的谈判;制造和工业基础政策助理部长帮办主要负责制定国防工业政策;小企业计划局主要负责制定国防部小企业管理政策,推动小企业有效参与国防采办活动;国防定价局主要负责制定国防采办价格管理政策,指导项目管理机构开展定价工作;人力资源倡议局主要负责采办领域人员政策制定以及晋升与评价管理。第二类为职能机构,负责某一类国防采办管理工作,并开展对军种国防采办的监管,包括其下设的5名助理部长与1名副部长帮办等,其中:5个助理部长分别为负责采办、负责研究与工程、负责后勤与装备战备、负责核化生国防计划、负责作战能源规划与计划的助理部长;副部长帮办为设施与环境副部长帮办。

1. 采办助理部长

采办助理部长下设首席助理部长帮办,战术作战系统助理部长帮办,空间、战略与情报系统助理部长帮办,C3、网络与业务系统助理部长帮办,绩效评估和根源分析主任。

采办助理部长主要职责是:制定战略与战术系统、空间和情报系统、指挥控制通信与网络系统等的采办政策,并监管上述系统的采办实施工作,对相关重大项目实施里程碑节点审查;制定绩效评估和根本原因分析方面的政策、规程和指南,并开展重大国防采办项目的绩效评估,开展对"拖、降、涨"问题的根本原因分析,发布《国防部国防采办系统绩效》报告;负责全军采办合同的履行监管工作;制定采办队伍建设政策,并开展全军国防采办队伍的教育与培训;管理国防采办大学与国防合同管理局。

2. 研究与工程助理部长

研究与工程助理部长下设首席助理部长帮办,研究助理部长帮办,系统工程助理部长帮办、新兴能力与样机助理部长帮办、研制试验鉴定助理部长帮办,研究与工程助理部长领导国防高级研究计划局、国防技术信息中心等机构开展工作。

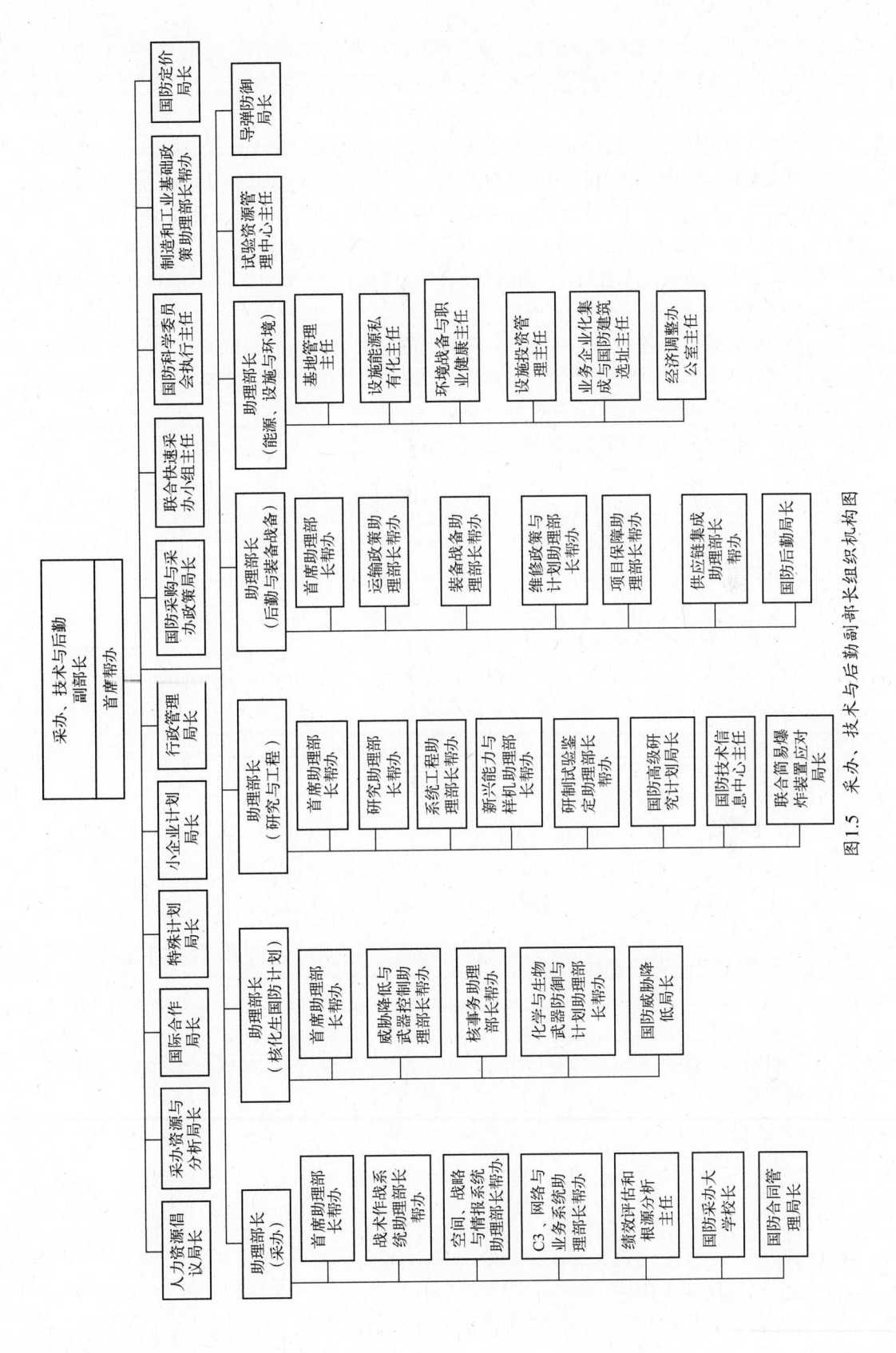

图1.5 采办、技术与后勤副部长组织机构图

研究助理部长帮办主要负责统一管理和协调全军的基础研究、应用研究、先期技术发展等工作,制定相关国防科技计划,监督和审查相关计划的实施,并管理军内研究实验室。

系统工程助理部长帮办主要负责系统工程(技术管理)管理,为国防采办部门提供系统工程理论、技术和方法的相关支持,为系统工程过程提供设计和评估监督。

新兴能力与样机助理部长帮办主要负责管理国防部技术转移和预研成果转化应用工作,下设快速反应技术办公室、联合能力技术演示办公室和比较技术办公室。三个办公室分别负责管理快速采办计划、联合能力演示验证计划、国防采办挑战计划和国外比较试验计划等技术转移工作。

研制试验鉴定助理部长帮办主要负责制定国防部内管理研制试验鉴定的相关政策,按照不同的专业领导、指导和评审国防部重大采办项目的研制试验鉴定活动,下设试验鉴定能力与开发办公室和5个系统办公室。

此外,研究与工程助理部长还下设技术净评估办公室、联合储备办公室、国防技术信息中心等,其中:技术净评估办公室负责根据其他机构提供的世界技术发展情报,采用净评估方法,与其他国家进行对比分析,评估美国军事技术能力和潜力、趋势以及未来前景,以预测未来威胁和发展机遇;联合储备办公室负责收集国防部以外的科学、技术、工程信息和知识情况;国防技术信息中心主要负责国防科技信息资源的收集、分析、服务等工作。

3. 后勤与装备战备助理部长

后勤与装备战备助理部长负责制定美军后勤与装备战备的政策与计划,协助采办、技术与后勤副部长管理美军的后勤与装备战备工作,下设首席助理部长、运输政策助理部长帮办、装备战备助理部长帮办、维修政策与计划助理部长帮办、项目保障助理部长帮办、供应链集成助理部长帮办等,并领导国防后勤局等机构开展工作。

4. 核化生国防计划助理部长

核化生国防计划助理部长办公室是美军核武器、化学武器和生物武器的研制及防御管理部门,下设首席助理部长帮办、威胁降低与武器控制助理部长帮办、核事务助理部长帮办、化学与生物武器防御与计划助理部长帮办,并领导国防威胁降低局等机构开展工作。

5. 能源、设施与环境助理部长

能源、设施与环境助理部长负责从美军能源使用的角度,制定能源发展政策与规划计划,确保美军相关能源使用的绿色环保、标准统一,管理国防基础设施,并负责美军的安全与健康保障管理,下设基地管理主任、设施能源私有化主任、环境战备与职业健康主任、设施投资管理主任、业务企业化集成与国防建筑选址主任,并领导经济调整办公室等机构开展工作。

6. 国防科学委员会

国防科学委员会是国防部有关国防科学和采办事务的独立研究咨询机构,负责就国防科研、发展、军品采办及其他重大防务问题进行调查研究,分析研究国防科研的方针、政策和科技发展趋势,向国防部长和采办、技术与后勤副部长等提供咨询和建议。

(二)国防部主计长

国防部主计长兼任首席财务官,负责财务计划拟定、财务预算编制、财务管理、财务部门行政管理以及整个国防部资源管理体系的设计和安排,监督和审查国防预算的编制和执行情况,安排制定和颁布有关财务工作的方针政策和程序,管理国防部、参谋长联席会议和其他有关部门的日常财务工作,并向总统行政管理与预算局、国会政府问责办公室和其他有关部门通报有关经费管理的情况。

(三) 成本评估与计划鉴定局

2010年,国防部在原主计长办公室下设的计划分析与鉴定局基础上组建成本评估与计划鉴定局。成本评估与计划鉴定局主要职责是:在国防资源分配方面,对规划计划预算与执行系统(PPBES)中规划与计划阶段的工作进行分析并提供建议,参与编制PPBES文件和指南,评估国防部经费支出对美国经济的影响等;在需求生成方面,编制重大国防采办系统备选方案分析指南,分析与需求有关的资源问题,对备选方案进行经济性分析,向需求生成的主管部门(联合需求监督委员会)提供建议;在国防采办方面,制定国防采办项目成本估算与分析的政策与程序,审查、分析与评估项目的采办策略与政策,就重大项目的成本估算和成本分析提供指导,审查所有与重大项目的成本估算和成本分析,对采办、技术与后勤副部长任里程碑决策当局的重大项目进行独立的成本估算和成本分析,审查各军种部和国防部业务局的成本估算、成本分析和档案;在业务能力建设方面,开发和改进能够提升管理效益的工具、数据与方法,定期审查和更新国防部成本指数,确保该指数满足实际成本估算需要。

与其前身机构的职责相比,成本评估与计划鉴定局职责更多,如要对重大国防采办项目和自动化信息系统项目进行独立的成本估算,对军种备选方案分析提供指导,且具有更大权限获取成本数据,加强与国会之间的联系。这次重组使国防部能够更早识别采办项目的成本风险,为采办项目制定更为合理的成本与进度基线安排,确保更为严密的备选方案分析,并确保军种部为项目的研发与采购提供充足的资金,引导军种改进成本评估与分析绩效。

(四) 作战试验鉴定局

作战试验鉴定局是1983年由国会设置的一个独立的机构,负责组织管理武器系统的作战试验鉴定工作。设立该局的主要目的是,通过由军方独立的作战试验鉴定机构开展专门的作战试验鉴定,更加客观公正地评价新武器系统的作战效能和作战适用性(包括可靠性、通用性、协同性、可维修性与可保障性),增强作战试验的充分性和真实性,达到对采办机构制衡的目的。作战试验鉴定局长须由总统任命并经参议院批准,直接向国防部长及常务副部长报告工作,且具有无须征得国防部同意即可直接向国会报告工作的特权。作战试验鉴定局长负责监督国防部的作战试验工作,主要负责制定政策和起监督作用,实际的试验由各军种通过本军种内建立的类似机构来完成。

二、军种采办管理组织体系

美军国防采办工作实行专业化的组织管理体系,一般采取"国防采办执行官—军种采办执行官—计划执行官—项目主任"4级管理模式,其中:国防部采办、技术与后勤副部长兼任国防采办执行官;各军种负责采办的助理部长作为军种采办执行官,在国防采办执行官指导和监管下,统一领导军种采办管理工作;各军种按照采办专业门类,在军种参谋长(海军为作战部长)领导下的装备司令部(或系统司令部)设立计划执行官体系;每个计划执行官办公室下设若干项目管理办公室。计划执行官体系在装备司令部（或系统司令部）内部设立，其人事、行政等受装备司令部（或系统司令部）的领导与管辖，在采办业务管理上向军种负责采办的助理部长汇报工作。美军建立计划执行官体系的根本目的是理顺各军种负责采办的助理部长与装备司令部（或系统司令部）之间的关系，实现采办管理部门与作战使用部门的有机协调配合。

（一）陆军国防采办管理组织体系

美国陆军国防采办由陆军部长统一领导，采办、后勤与技术助理陆军部长具体管理。采办、后勤与技术助理陆军部长兼任陆军采办执行官，对陆军参谋长下属的装备司令部内的计划执行官办公室直接进行业务指导。

1. 采办、后勤与技术助理部长

采办、后勤与技术助理部长办公室是陆军国防采办政策、计划的统一管理机构，负责执行国防部采办、技术与后勤副部长办公室有关政策和计划，制定陆军研究、发展和采购政策，编制国防采办的规划计划和年度预算，协调陆军国防采办计划，并统一管理有关经费。采办、技术与后勤助理部长下属官员包括常务帮办、采办职业管理常务军事帮办、首席信息官、6名助理部长帮办等。其中，6名助理部长帮办包括采办政策与后勤助理部长帮办、国防出口与合作助理部长帮办、研究与技术助理部长帮办、采购助理部长帮办、采办与系统管理助理部长帮办和规划、计划与资源助理部长帮办。

2. 陆军参谋部

陆军参谋部领导装备司令部负责陆军国防采办的具体实施。目前装备司令部下辖10个业务司令部：研究、工程与开发司令部，保障司令部，安全援助司令部，合同签订司令部，联合弹药司令部，通信与电子设备全寿命管理司令部，航空与导弹全寿命管理司令部，坦克装甲车辆与军备全寿命管理司令部，联合弹药与致命武器全寿命管理司令部，军事地面部署与配送司令部。

（1）研究、工程与开发司令部负责陆军装备与技术的研究与开发，与美国大学、高技术企业等开展合作与联合技术攻关，并开展相关技术的转化应用。

（2）保障司令部负责在全球范围内为陆军部队提供装备与后勤物资方面的保障，并提供装备维修与后勤保障的解决方案。

（3）安全援助司令部是美国陆军军品对外销售和军事援助的统一组织实施机构，负责向盟国的盟友国家和地区提供安全援助，包括军品出口、联合生产、技术服务、出口许可证管理，并支持美国政府的紧急援助工作和人道主义援助活动。

（4）合同签订司令部负责为陆军装备司令部各二级司令部以及陆军采办、后勤与技术助理部长直属的计划执行官办公室及其项目管理办公室提供专业化的合同签订服务。该司令部共有6000多名工作人员。

（5）联合弹药司令部负责美军常规弹药的生产管理、储存、运输、分发以及非军事化处置。

（6）通信与电子设备全寿命管理司令部负责为陆军研制、提供一体化的C4ISR系统，并对相关系统进行管理和运行维护，以保证C^4ISR系统的战备完好性及其有效互联互通。

（7）航空与导弹全寿命管理司令部负责陆军航空武器及导弹的研制、生产与采购等,并与合同签订司令部和研究、开发与工程司令部等配合,完成陆军航空与导弹装备的采办全寿命各项工作。该司令部目前共有8800名工作人员。

(8) 坦克装甲车辆与军备全寿命管理司令部负责陆军单兵和地面装备的研制、采购、部署、维护等工作。该司令部目前共有超过19000名工作人员。

(9) 联合弹药与致命武器全寿命管理司令部,主要负责常规弹药和致命武器的研究、开发、生产等工作。

(10) 军事地面部署与配送司令部是美国运输司令部的组成部分,为美军提供全球部署和运送能力。该司令部目前共有2400名工作人员。

3. 计划执行官办公室

如图1.6所示,陆军共设立了11个计划执行官办公室,其中:采办、后勤与技术助理部长下设3个计划执行官办公室;陆军装备司令部下设8个计划执行官办公室。每个计划执行官办公室分别下设1个或多个项目办公室。

(二) 海军国防采办管理组织体系

美国海军国防采办由海军部长统一领导,由研究、发展与采办助理海军部长具体管理。研究、发展与采办助理海军部长兼任海军采办执行官,对海军作战部长下属的5个系统司令部内的计划执行官办公室直接进行业务指导。

1. 研究、发展与采办助理海军部长

研究、发展与采办助理海军部长办公室是海军国防采办政策、计划的统一管理机构,负责执行国防部采办与技术副部长办公室有关政策与计划,制定海军研究发展与采购的方针政策,编制国防采办规划计划和年度预算,协调海军国防采办计划,并统一管理有关经费,同时还管理海洋和海运工程方面的工作。该办公室有8名助理部长帮办协助工作,分别负责舰船、航空、C^4I与空间系统、管理与预算、综合作战系统、远征作战、采办与后勤管理、国际事务等领域的计划,还设有首席系统工程师和法律顾问助理,协助研究、发展与采办助理海军部长工作。

2. 海军作战部

海军作战部下设30多个司令部,其中5个系统司令部具体组织实施海军国防采办计划,分别负责各领域国防采办工作。这5个系统司令部分别是海上系统司令部、航空系统司令部、空间与作战司令部、供应系统司令部和设施工程系统司令部。

(1) 海上系统司令部是最大的系统司令部,共有采办人员1万多人,不仅负责各种舰船和大部分舰载设备的研制、生产、采购、维修、改造和维修保障工作,也是舰船防护器材和核动力装置的安全设备、燃料、传动装置、爆炸物安全、爆炸物处理的主要技术管理机构。海上系统司令部下设4个海军船厂,负责维修和改装舰艇。

(2) 航空系统司令部负责海军所有航空系统及有关军械、装备、器材的研制、采购和供应工作,包括海军和海军陆战队的飞机、机载武器、电子设备、水下声探测系统、机载水雷对抗设备、无人驾驶和拖曳式靶机系统、摄影设备、气象设备、飞机/导弹靶场和鉴定装置、训练与地面设备、弹射器、拦阻装置等。该司令部共有采办人员9000多人。

(3) 空间与作战系统司令部负责管理海军的战略核潜艇和电子战计划,发展海军航天系统,将海军航天系统、飞机、军舰组成一体化力量,并负责海军与其他军种以及盟国军队的协调工作。

19

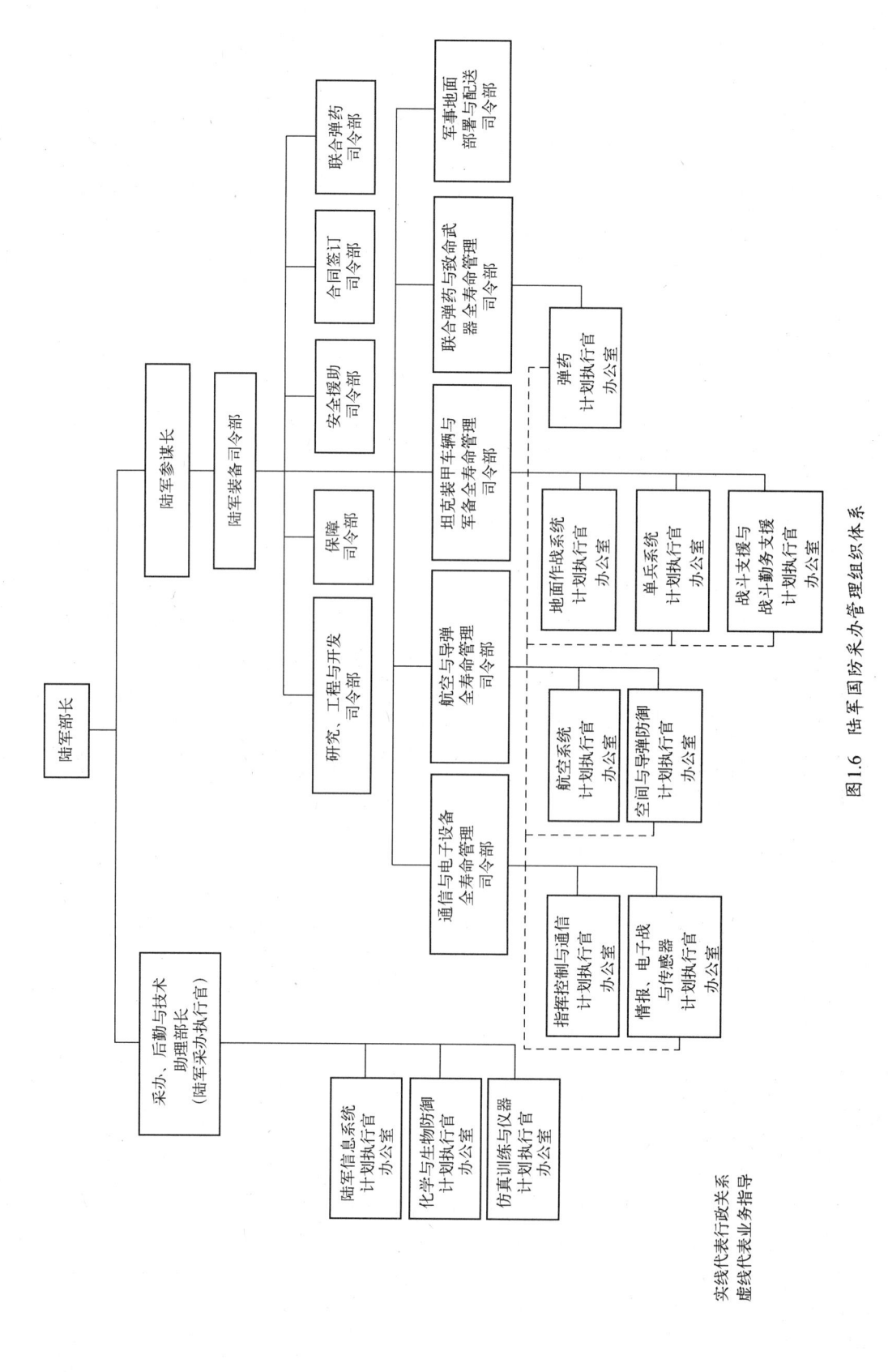

图 1.6 陆军国防采办管理组织体系

实线代表行政关系
虚线代表业务指导

20

（4）供应系统司令部负责向海军提供各种保障,管理海军和海军陆战队的器材装备,如设备管理以及器材的处理、包装、运输、储存、分配、清理等,并协助器材供应、分配事务、海军军事采购系统、海军给养计划和其他供应、预算和估算等。该司令部共有采办人员 1000 多人。

（5）设施工程司令部是海军设施工程系统发展和维修的综合性机构,负责为海军和海军陆战队及其他有关部门提供海岸设施、工程器材和设备,如公共工程、浮吊、两栖浮桥设备、舰队系泊用具、浮坞、固定式水下海洋建筑、辅助设备、可移动地面设备。该司令部共有采办人员 3000 多人。

3. 计划执行官办公室

如图 1.7 所示,海军共设有 13 个计划执行官办公室,其中:研究、发展与采办助理海军部长下设 1 个计划执行官办公室和 1 个战略系统直接汇报办公室,后者由项目主任组成,类似计划执行官办公室层级,直接向研究、发展与采办助理部长汇报工作;海上系统司令部下设 4 个计划执行官办公室;航空系统司令部下设 4 个计划执行官办公室;空间与作战系统司令部下设 3 个计划执行官办公室。每个计划执行官办公室分别下设一个或多个项目办公室。

（三）空军国防采办管理组织体系

美国空军国防采办由空军部长统一领导,由采办助理空军部长具体管理。采办助理部长兼任空军采办执行官,对空军参谋长下属的装备司令部的计划执行官直接进行业务指导工作。

1. 采办助理空军部长

采办助理空军部长办公室是空军国防采办的政策、计划管理部门,负责执行国防部采办与技术副部长办公室有关政策和计划,制定空军研究、发展和采购的方针政策,并协调空军国防采办计划。

2. 空军参谋部

空军参谋部下设 10 个一级司令部,其中国防采办工作主要由装备司令部负责,具体承担空军研究、发展、采购、部署、维护等工作,下设全寿命管理中心、设施与任务保障中心、试验鉴定中心、核系统管理中心、保障与后勤中心等 5 个中心和 1 个空军研究实验室。

（1）全寿命管理中心负责为美国及其盟国提供"从摇篮到坟墓"的可支付的持续打赢能力,是唯一对所有空军飞机、发动机、军需产品和电子系统实行全寿命管理的中心。该中心共有 26000 人。

（2）设施与任务保障中心负责为所有空军的设施与任务保障部门提供最佳实践经验和标准,从而减少成本、提高效益。

（3）试验鉴定中心负责对空军的航天、空间和网电系统实施研制试验鉴定管理,为决策者提供及时、客观和精确的信息。

（4）核系统管理中心负责为空军部队提供安全、可靠、有效的核能力,及时提供适合的核解决方案。

（5）保障与后勤中心负责保障空军武器系统形成空中作战能力,为作战部队提供远征打赢能力,进行供应链管理和设施报障。

3. 计划执行官办公室

如图 1.8 所示,空军共设 15 个计划执行官办公室,其中:采办助理部长下设 4 个计划

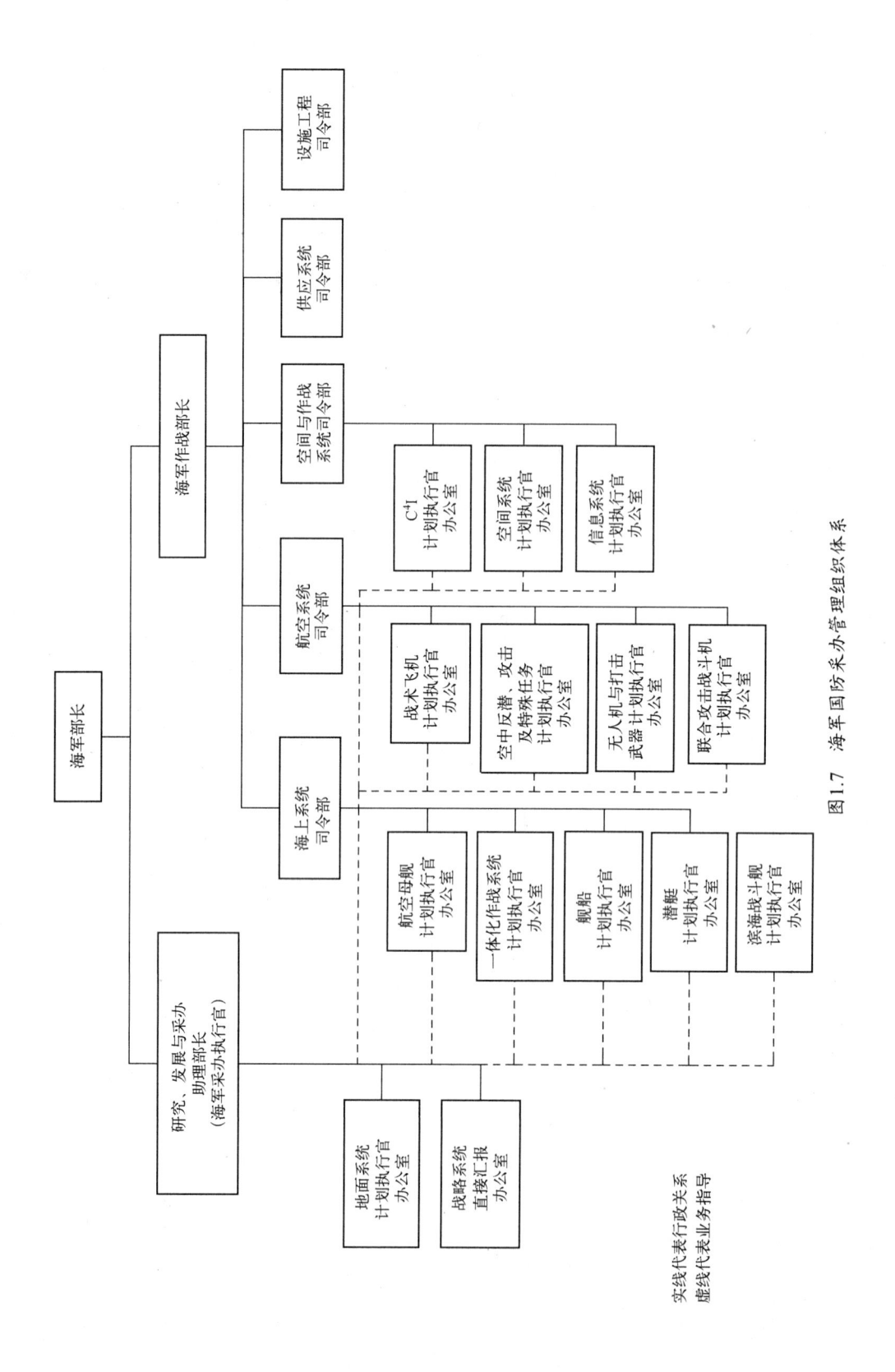

图 1.7 海军国防采办管理组织体系

实线代表行政关系
虚线代表业务指导

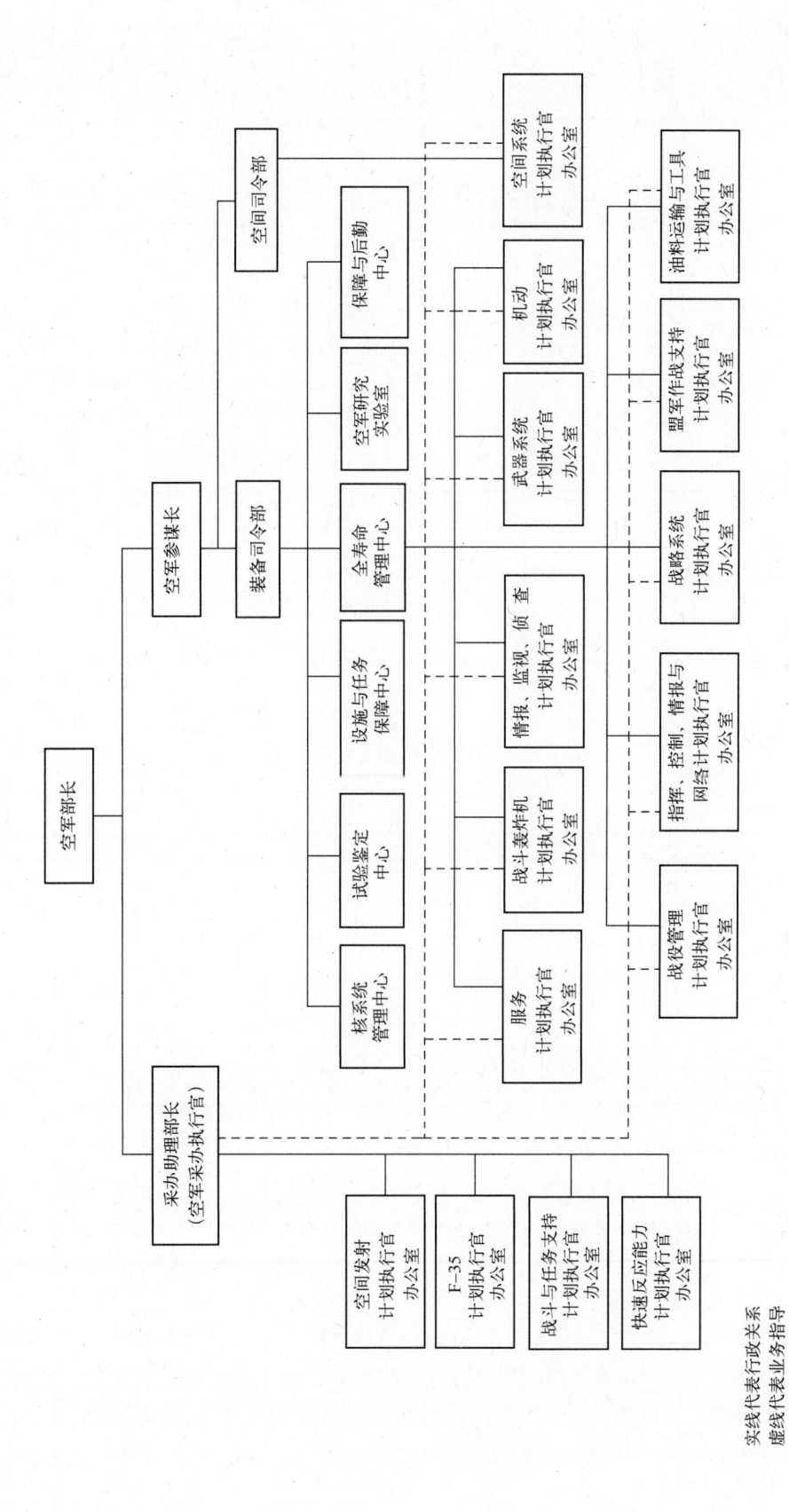

图 1.8 空军国防采办管理组织体系

实线代表行政关系
虚线代表业务指导

执行官办公室;空军装备司令部下设10个计划执行官办公室;航天司令部下设1个计划执行官办公室。每个计划执行官办公室下设一个或多个项目办公室。

第四节 国防部决策支持系统

国防采办关乎军队建设全局,涉及采办管理部门、作战使用部门、资源管理部门等。基于此,美军提出了"大采办"的概念,包括需求生成、规划计划与预算论证、采办实施等工作。美军为推动上述工作的有效运行,建立了三套决策支持系统,具体包括支撑需求生成的"联合能力集成与开发系统"(JCIDS)、支撑规划计划与预算论证的"规划计划预算与执行系统"(PPBES)和支撑国防采办运行实施的"国防采办系统"(DAS),如图1.9所示。美军上述三大系统虽然由不同部门牵头,但在具体实施过程中,三大系统是有效参与和协调配合的。因此,美军强调三大系统"有效互动"是美军采办顺利实施的关键所在。

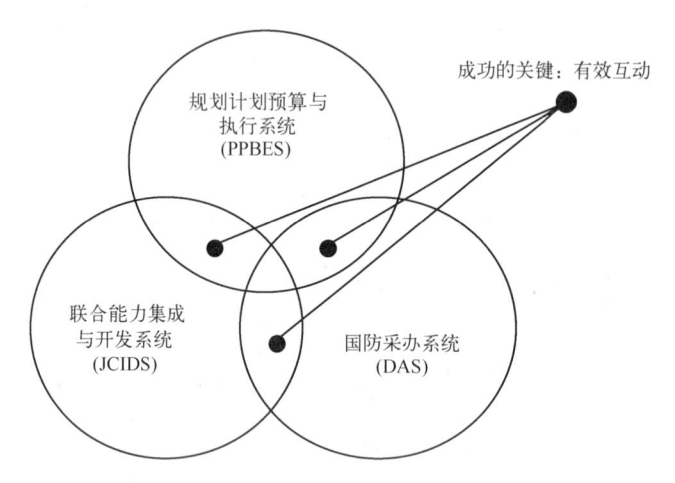

图1.9 美国国防采办的三大决策支持系统

一、支撑需求生成的"联合能力集成与开发系统"

"联合能力集成与开发系统"(Joint Capability Integration and Development System,JCIDS),是美军确定发展需求的管理制度,负责论证和审定发展需求。

美军于1986年初步建立需求生成系统。苏联解体后,美军不再宣称新的战略对手,"基于威胁"的发展思路面临重大转型。"9·11"事件后,美军在威胁不确定、战略对手不明确的背景下,推行"基于能力"的部队转型。在此背景下,美军提出了"基于能力"的顶层设计方法,提出联合作战所需的8种能力概念(联合训练、联合防护、兵力管理、战场感知、指挥与控制、网络中心战、兵力应用、聚焦后勤),在此基础上进一步细化提出21种能力领域,并以能力框架为牵引,编制顶层战略文件与发展路线图,指导美军各领域建设工作。2003年美军贯彻基于能力的部队转型要求,推出"联合能力集成与开发系统",旨在从能力建设的角度,统筹美军发展需求,加强国防部对三军需求的评估与审查,形成"自上而下"的需求生成机制。

美军"联合能力集成与开发系统"包括实施需求审查的"联合需求监督委员会"和8个"功能能力委员会"以及一系列的需求论证与编制机构,制定了规范的需求分析程序,包括"能力领域分析""能力需求分析""能力方案分析"等过程,即:根据国防部顶层文件分析未来作战所需的能力,评估现有作战能力,确定相关领域的能力差距、能力冗余以及中长期能力发展目标,进而提出弥补能力差距的解决方案。此外,美军还强调需求牵引贯穿采办全寿命过程,不仅在装备立项之前就以需求文件为牵引,还在装备研制和生产阶段进一步细化并形成新的需求文件,牵引装备研制和生产活动。

二、支撑规划计划与预算论证的"规划计划预算与执行系统"

"规划计划预算与执行系统"(Plan Program Budget and Execution System,PPBES),是美军确定中远期规划、发展计划与预算的工作制度,负责将美军的发展战略转化为中远期规划、发展计划以及配套的预算。该制度是在美军原"规划计划预算系统"(PPBS)的基础上发展而来的。

1961年,美军为解决国防经费按比例切块给三军、三军各自为政、重复浪费的弊端,建立了规划计划预算系统,实行国防部集中领导的规划、计划和预算一体化制度,把军事战略、国防采办和经费预算有机地结合起来。2003年规划计划预算系统改革为规划计划预算与执行系统,进一步强化国防部对美军规划、计划和预算集中领导和综合审查,计划与预算并行编制,强化预算执行评审,以提高经费使用效益。

美军规划计划预算与执行系统由国防部常务副部长领导,在规划、计划和预算阶段分别由政策副部长、成本评估与计划鉴定局、主计长分别牵头,各相关业务部门参与论证。国防部设立了高级领导评审小组、三星小组,负责PPBES各阶段评审和决策支撑。

规划计划预算与执行系统的运行分为规划、计划、预算和执行4个阶段。

(1) 规划阶段,由国防部政策副部长领导,参谋长联席会议、各军种、联合参谋部、联合作战司令部、国防部长办公厅参加,分析国家安全形势和面临的威胁,依据《国家安全战略》和《国家军事战略》,制定《联合规划文件》《战略规划指南》和《联合计划指南》,确定国防和军队建设战略目标、指导方针和未来优先发展能力。

(2) 计划阶段,由成本评估与计划鉴定局总体协调,国防部长办公厅、联合参谋部、联合作战司令部、各军种和业务局参与,开展3项工作:①各军种和国防部业务局编制《计划目标备忘录》,提出各类项目的6年计划,涉及军事力量水平、人力、采购、拨款(在财政限额内的额度)等内容,并有计划风险评估、军事力量、战略状态和现代化、人力、经费表和主要采办计划项目等6个附件;②国防部办公厅(成本评估与计划鉴定局汇总)、参谋长联席会议分别从业务和作战能力角度进行计划评审;③三星小组和高层领导审查小组综合评审后,报国防部常务副部长批准形成《计划决策备忘录》,同时,成本评估与计划鉴定局汇总制定《未来年份国防计划》(FYDP),按照三维结构提出未来6年国防建设计划。

(3) 预算阶段,由主计长总体协调,国防部长办公厅、联合参谋部、联合作战司令部、各军种和业务局参与,开展4项工作:①各军种和国防部业务局编制《预算估计提案》,提出未来2年预算及其支撑材料;②国防部主计长办公室、行政管理与预算局举行联合听证会评审各部门预算,常务副部长批准形成《计划预算决定》,各部门签署《重大预算问题书》,对部分项目预算进行微调;③主计长办公室预算汇总后提交总统行政管理与预算局,形成《总统预算》,报国会审批;④总统签署形成《国防授权法》和《国防拨款法》。

(4)执行阶段,由国防部主计长牵头对预算执行情况进行评审,评审结果报高级领导评审小组。

美军规划计划预算与执行系统把国防建设看作一个大系统,国防采办、人员工资、基地建设、后勤保障等均纳入 PPBES 系统中,运用系统工程方法按军事功能分为 11 大类来编制计划和预算,而不是按照军种切块来编制计划和预算,不同军种的同一类项目均纳入同一大类计划,强化了国防部综合平衡,减少了由于各军种分别安排而造成的重复交叉和浪费。此外,美军采取两年一度滚动制定规划计划预算,把中期计划与近期安排较好地结合起来,偶数年为预算年,编制新的六年计划和两年预算,奇数年为非预算年,对计划和预算进行调整,使计划和预算程序性与灵活性结合,如 DARPA 项目,对一些发展变化的项目及时在计划和预算中予以补充或调整。

三、支撑采办实施全寿命过程的"国防采办系统"

"国防采办系统"(Defense Acquisition System,DAS),是美军规范采办全寿命过程的工作制度,即美军所谓的"小采办"制度。美军通过国防部第 5000.01 号指令《国防采办系统》和第 5000.02 号指示《国防采办系统的运行》规范了美军的"小采办"制度。国防部第 5000.01 号指令规定了国防采办系统的政策和原则,国防部第 5000.02 号指示则规定了贯彻实施这些政策和原则的管理框架和采办程序。

国防采办系统将采办项目进行了严格分类,项目经费额度越大,受关注度越高,对它的控制监督就越严格。其中,经费额最大的采办项目称为Ⅰ类项目,包括重大国防采办项目和重大自动化信息系统项目。对这些重大项目,美军实行最严格的管理,并按要求向国会报告相关项目的进展情况。上述Ⅰ类项目,主要在国防部采办、技术与后勤副部长的监管下开展工作,具体的采办实施工作由各军种组织管理,相关项目的里程碑决策当局一般由采办、技术与后勤副部长担任,这类项目称为国防部Ⅰ类项目。也有少量Ⅰ类项目划归军种负责采办的助理部长担任里程碑决策当局,这类项目称为军种Ⅰ类项目。此外,美军还设有Ⅱ类和Ⅲ类项目,具体由军种负责采办的助理部长和计划执行官负责担任里程碑决策当局,指导相关项目管理办公室开展采办工作。

美军国防采办项目的最高决策机构是国防采办委员会,主席由采办、技术与后勤副部长担任,副主席由参谋长联席会议副主席担任,成员包括国防部其他 4 名副部长、国防部首席信息官、作战试验鉴定局长、成本评估与计划鉴定局长以及各军种部长等,负责重大项目的里程碑节点审查与监管。采办、技术与后勤副部长下设的助理部长和副部长帮办以及各军种计划执行官与项目主任都可根据需要列席会议。国防采办委员会在一个下属小组的支持下开展工作,该小组设在国防部长办公厅内部,称为顶层一体化产品小组。该小组的任务是推动沟通,并竭力在国防采办委员会会议前解决有关问题。顶层一体化产品小组根据任务需要,组建若干工作层一体化产品小组,就项目采办实施中的问题进行协调解决,并就里程碑节点评审中遇到的问题进行解决。

四、美军采办三大系统的关系

美军从大采办的角度建立三大决策支持系统,主要基于以下考虑:①专业化管理,三大系统都建立了成熟的管理制度,运行情况科学顺畅;②相互制衡,即三大系统从不同的角度对国防采办产生影响,保证国防采办有效瞄准需求,且符合美军的资源限制要求;③协调配合,美军强调制衡的目的并不是相互扯皮,而是强调科学分工基础上的有效协调配合。

美军强调三大系统的协调配合是美军采办顺利进行的根本保证。其中:"联合能力集成与开发系统"提出的军事需求,受到规划计划预算与执行系统从资源条件上和国防采办系统从技术条件上的审议和认可;"规划计划预算与执行系统"的计划、预算编制,必须以另外两大系统对军事需求和计划进展情况的审定结论为依据;"国防采办系统"在决定采办计划是否向前推进时,不仅要考虑技术的成熟程度,同时还要考虑需求是否有变化、经费是否有保障。

在三大系统中,"联合能力集成与开发系统"处于发起端,提出的需求是规划计划与采办的基本依据;"规划计划预算与执行系统"与"联合能力集成与开发系统"的过程基本并行,两者所参照的顶层战略指南文件是相同的,规划与计划的内容要参照有关的需求文件,其制定的主要依据是需求发起部门提出的《初始能力文件》以及项目管理部门提出的具体计划情况;"国防采办系统"的采办实施过程,以具体的需求文件为指导,且必须列入计划并获得资金支持。

美军需求生成、规划计划预算等都是由各军种依据国防部顶层战略指南提出,采办实施也由军种负责,而国防部主要负责需求与规划计划的评估与审查,并对采办实施工作进行里程碑评审。这种制度设计与分工,保证了国防部集中统管与各军种分散实施制度的落实。三大系统的基本成员都包括国防部长办公厅、参谋长联席会议和军种部的主要负责人,以便于各个系统之间随时交换意见和协商。

第二章　需求生成机制

美军在长期发展过程中,逐步建立起一套较为完善的需求生成机制,通过国防部对军种需求的顶层设计和指导审查,充分发挥了军事需求对包括国防采办在内的整个国防建设的牵引作用,有力促进了美军军事能力的快速发展。

第一节　需求生成机制概述

一、需求生成机制的相关概念

(一) 需求与军事需求

电气和电子工程师协会(IEEE)对需求从三个方面进行了定义:①用户解决问题或达到系统目标所需要的条件;②为满足一个协约、标准、规格或其他正式制定的文档、系统或系统构件所需要满足和具有的条件或能力;③对上述条件或能力的文档化描述。

根据这一定义,结合军事领域的特点,军事需求可以大致定义为:①为遂行军事任务或达到军事目标,用户所需要满足和具有的条件或能力;②为遂行军事任务或达到军事目标,用户要求军事系统应具备的条件或能力;③为满足合同、标准、规范或其他正式文档,军事系统或系统构件所需要满足和具有的条件或能力;④满足上述条件或能力的文档说明。

(二) 需求生成机制

机制原指机器的构造和工作原理,或有机体的构造、功能及其相互关系,后逐步延伸拓展在其他领域。管理领域的"机制"是指管理系统的结构及其运行机理,其本质上是管理系统的内在联系、功能及运行原理,是决定管理功效的核心问题。

需求生成机制是指需求工作系统各个部门相互联系、相互作用,并最终形成明确的、可指导相关建设工作的需求描述的一整套过程,主要包括需求工作的组织体系、运行程序及其相关制度。美军当前需求生成机制的载体是联合能力集成与开发系统,该系统通过美国参谋长联席会议、各军种以及国防部长办公厅(OSD)的合作,通过修改训练和作战条令、补充人员、加强补给、改变装备设施部署、升级或新研装备等多种有效可行的分析方法和技术,生成未来一体化联合作战所需要的各种能力,并充分实现各军种之间的互联互通和互操作性。可见,美军需求生成是联合能力集成与开发系统的重要功能之一。

二、美国需求生成机制的改革历程

第二次世界大战以来,随着联合作战的产生和发展,美军现代意义上的需求生成机制逐渐形成并不断完善,大体经历了各军种分散管理、国防部初步统管和国防部强化统管3个历史发展阶段。

(一) 各军种分散管理时期

第二次世界大战前,美军只有陆军和海军两个独立军种,作战样式主要采取单军种独立作战。军种部长作为内阁成员和军种的最高长官,既负责本军种的作战指挥,又负责本军种的需求和国防采办管理。

第二次世界大战中,逐渐出现了联合作战的作战样式,为此美军成立了联合参谋部,实现了作战指挥的集中统一领导。但是,美军需求与采办由军种分散管理与实施的状况没有发生任何变化,造成由某一军种研制的武器装备无法与其他军种在作战中联合使用,大大限制了联合作战的有效开展。美军在第二次世界大战中进行两栖作战时,海军陆战队与陆军无法获得海军有效火力支持,就是一个生动的例子。

第二次世界大战结束后,美军开始尝试在需求生成工作中开展各军种的合作。1947年,国会颁布《1947年国家安全法》,根据该法设立"国家安全委员会"作为国家安全问题的最高决策咨询机构,将陆军航空兵从陆军脱离出来成立独立的空军部,成立国家军事部(1949年改名为国防部)对三军实施指导、管理与控制,同时在国家军事部内正式成立参谋长联席会议作为总统和国防部长的顾问机构。国家军事部的成立,美军在组织形式上首次有了全军统一的统帅机构,但国家军事部不是内阁部,3个军种部反而是内阁部,再加上只有少量工作人员,难以充分行使统帅机关的职责。同时,长期以来各个军种各自为政、竞争大于合作的传统,造成美军联合提出需求的工作难以有效开展。1948—1949年,空军B-36轰炸机与海军航空母舰的竞争,就是一个典型的案例。军种之间的冲突以及国会无休止的干涉,使美军第一任(1947—1949年)国防部长詹姆斯·福雷斯特尔(前海军部长)自杀身亡。

为了克服军种各自为政的状况,杜鲁门总统(1945—1953年)推动出台了《1949年国家安全法修正案》,成立国防部,加强了国防部长的权力,把3个军种部降格为国防部的下属机构,军种部长不再是国家安全委员会和内阁的成员。同时,美军大力倡导"联合"理念,试图加强军种之间的合作。但是在各军种看来,军种的自身利益远远高于国防部的整体利益,军种之间相互争夺利益空间,改革最终收效甚微。

艾森豪威尔总统任职期间(1953—1961年),为了解决军种权力过大的问题,推动出台了《1958年国防重组法》,以加强国防部、参谋长联席会议以及联合作战司令部的权力,希望以此加强军种之间的联合。但是,当时国会并没有接受改革动议,最终通过的法案做了较大改动,没有对美军组织管理体制产生实质性的影响。

肯尼迪总统任职期间(1961—1963年),授权国防部长麦克纳马拉对美军需求生成工作与资源分配工作实施改革。国防部借助兰德公司等机构,构建了规划计划预算系统(PPBS),在资源管理领域的改革取得重大突破。但由于肯尼迪总统的遇害与接任的约翰逊总统关注点的转移,以及越南战争的干扰,美军需求生成机制的改革没有取得实质性进展。

尼克松总统(1969—1974年任职)同样深陷越南战争,对国防系统的改革无暇顾及。福特总统(1974—1977年任职)在任的时间只有短短两年,在需求管理工作中也没有取得任何进展。其后的卡特总统(1977—1981年任职)虽然曾在海军任职,但是由于他未把军事需求管理问题列为优先解决的问题,需求管理工作基本仍然保持三军分散管理的状况。

（二）国防部初步统管时期

里根总统任职期间(1981—1989年)，随着伊朗人质事件及其军种联合实施的"沙漠一号"任务的失败，以及美军入侵格林纳达中表现出联合作战能力严重不足，美军高层以及国会议员都认识到改革国防部与参谋长联席会议的重要性，开始大刀阔斧地对美军的组织机构进行改革。1983年开始，国会就上述事件进行大量的调查和听证。1985年，里根总统委派帕卡德委员会对国防部装备采购工作进行了调查，国会的部分议员作为帕卡德委员会成员参与了该项调查。虽然各军种尤其是海军及其国会的支持者们进行了强烈的抗议，最终国会中支持国防部改革的议员占据了上风，采纳了帕卡德委员会提出的采办改革建议，出台了《1986年国防重组法》(也称《戈德华特-尼科尔斯法》)。

根据《戈德华特-尼科尔斯法》，国防部设立了参谋长联席会议副主席的职位，领导联合需求监督委员会，负责"需求生成系统"的工作。联合需求监督委员会的成员包括各军种副参谋长或作战部副部长以及海军陆战队副司令，主要负责审批重大国防采办系统(国防部Ⅰ类采办项目)的需求文件，审查所需发展的装备是否与其他军种存在重复，是否充分考虑国防部/参谋长联席会议层次联合作战的需要。另外，参谋长联席会议副主席同时兼任国防采办委员会的副主席。设立参谋长联席会议副主席这一职位，提高了国防部/参谋长联席会议对需求生成以及采办管理系统的影响力。

在"需求生成系统"的实际运行过程中，联合需求监督委员会出现了许多困难与争议，联合需求监督委员会会议被称为"充满仇恨、各军种为维护自身利益进行战斗的战场"。据媒体报道，当时的参谋长联席会议副主席威廉·欧文(1994—1996年任职)对联合需求监督委员会中各军种毫不妥协的立场以及难以协调发展需求的状况深感失望和无能为力。由于工作处处受挫，同时军种对欧文的工作提出了各种严厉批评，欧文主动拒绝了继续连任参谋长联席会议副主席的机会。欧文的困境是由军种强大势力造成的，当时军种负责进行国会答辩，应对国会的审查，很大程度上拥有采办项目的所有权。由于需求是从军种到联合需求监督委员会"自下而上"制定的，国防部对需求的统管仍然无法正式落实，难以适应联合作战的需要。

（三）国防部强化统管时期

随着信息技术的飞速发展，一体化联合作战成为未来主要作战样式，这对美军"需求生成系统"提出了更高的要求，而美军军种各自提出需求、国防部统管力度不足等问题却一直无法得到根本性的解决。小布什总统时期，由于"9·11"事件的发生，美国军事战略做了重大调整，开始从"基于威胁"向"基于能力"转变，基于能力的思想逐步贯穿于美国军队和国防建设各个方面，"自下而上"、"基于威胁"的"需求生成系统"与美军国防战略与军队建设不相适应的矛盾日益突出。

因此，国防部长拉姆斯菲尔德开始实施"需求革命"，从"基于能力"出发，推动联合需求监督委员会"自上而下"地制定需求，确保装备"生而联合"。2003年7月，国防部发布了第3170号参谋长联席会议指示与手册，对需求生成机制实施重大改革，以"联合能力集成与开发系统"(JCIDS)取代了"需求生成系统"(RGS)。基于这次改革的重要性及其对美军装备建设与军队建设可能产生的重大影响，美军高层将此次改革称为"需求革命"。

三、联合能力集成与开发系统建立的背景

(一) 美国国防战略转型的必然要求

"9·11"事件后,工业时代可预见的威胁开始让位于信息时代的不确定威胁,美国也因此放弃了"基于威胁"的旧战略,提出了"基于能力"的新举措。这种新的战略思想将注意力放在"美国军队为威慑和打败敌人需要具备何种能力"上,放弃了过去"同时打赢两场大规模战区战争"的作战指标。其本质不是通过扩军来增强实力,而是通过提高军队的适应能力,打造"全能型军队",形成"全谱优势",从而实现美军慑止威胁产生和先发制人的战略目的,确保美国免遭未知的和意想不到的攻击。国防部长拉姆斯菲尔德曾2002年1月31日在美国防大学演讲时称,"基于威胁"的战略曾经非常适合冷战后的国际形势。但在21世纪的挑战面前如果还延续这一战略,就可能会导致美国准备好了打赢两场特定战争,却对同时发生的突发事件束手无策。因此,"基于能力"的国防战略强调的是军事上的绝对优势和慑止战争的能力。

美国国防战略的转型,必然导致装备建设落足点由"基于威胁"向"基于能力"进行转变。需求确定过程作为国防建设的第一环,也是最关键的一环,更应该迅速适应战略环境的改变,采用"基于能力"的需求确定方法,为美军今后的国防建设提供更加有力的保障。

(二) 美国军事转型的重要手段

美国的军事转型是20世纪末由克林顿政府提出、21世纪初随布什政府上台而全面展开的,现已成为美国国防建设的最大动向和世界新军事变革的最新潮流。世界新军事变革的实质是把工业化时代的机械化军队改造成信息时代的信息化军队。随着新军事变革的进一步深入发展,其必然结果就是实现军队转型。美国军事转型的根本目的就是尽快建成信息化军队,利用美国率先进入信息社会初级阶段的信息技术优势,寻求新的军事力量增长点,实现军事能力的超常规发展和跨越式提升,使美国成为令对手望而生畏、具有超强实力的军事强国。

美国军事转型的重中之重,是积极推行联合作战能力建设。其中,发展一体化联合作战需要的信息化武器装备将是能力建设中的关键一环。因此,通过建立科学合理的需求生成系统,明确一体化联合作战的需要就显得十分必要。美军联合能力集成与开发系统的运作流程,按照军事转型实现路线进行设计,即"从战略到概念到能力"。这既可开发出一体化联合作战所需的能力,还可保证军事转型的顺利进行。

(三) 美军一体化联合作战的客观需要

美国军事转型的长远指导理论是"网络中心战",近期指导理论则是一体化联合作战。其中,作为信息时代的联合作战,一体化联合作战是"网络中心战"的初级阶段;而"网络中心战"又是一体化联合作战的发展方向和最终归宿。

一体化联合作战表现在体系与体系的对抗,系统配套越来越成为武器装备建设的内在要求,否则再先进的武器也发挥不出应有的效能。因此,武器装备的发展不仅要注重某些军种的需求,而且更要注重诸军种的一体化联合作战需求,使装备得到协调发展。一体化联合作战的特点是陆、海、空、天各个作战空间的高度融合,各种作战力量的协调一致,以实现作战效益的最大化。因此,一体化联合作战要求打破军种界限使用武装力

量,这显然使强调军种特性的传统武器装备体系受到了挑战。近期的几场高技术战争也已反复凸显了一体化联合作战的重要性。如在海湾战争中,美军不但使用了巡航导弹在内的精确制导武器、装备了先进的综合信息系统的主战平台、预警机、电子战飞机等大批信息化武器装备,而且还利用部署在空间的70多颗卫星监视战场。这是美军能够取得压倒性胜利的关键。而伊拉克军队,尽管拥有大量飞机、坦克等机械化武器装备,但雷达、电子战装备、指挥自动化装备及飞机和坦克上的电子信息系统落后,导致战争失败。如今,一体化联合作战已成为现代作战和未来作战的基本表现形式,是信息化战争的主要形式以及夺取未来战争胜利的必然选择。

联合能力集成与开发系统正是顺应一体化联合作战的要求而建立的。该系统在美国国防部顶层战略和各项联合作战概念的指导下,以发展面向一体化联合作战的军事能力为核心,形成了一整套成体系的军事能力需求生成方法和流程,为作战部队提供有效的能力,以更好地适应未来一体化联合作战的需要。

(四) 美军需求生成系统发展的必然结果

长期以来,美军一直利用"基于威胁"的需求生成系统来确定需求,其中的需求确定方法越来越不适应新的军事环境和现代战争的要求,主要表现在:

(1) 各军种的需求是由各军种根据自身作战需要提出的,没有充分考虑一体化联合作战的要求;

(2) 缺乏从概念到能力的顶层设计指导和作战目标指导,尤其是缺乏一体化联合作战的概念指导;

(3) 军事需求分析不够深入细致,需求存在重复、重叠等现象,尤其在一些小项目的军事需求方面更是如此;

(4) 对于一体化联合作战能力需求没有按照优先级别进行排序,致使一体化联合作战能力发展主次不分,重点不明;

(5) 在寻求能力解决方案时,仅将注意力集中于装备方案,忽略了非装备因素对一体化联合作战能力提高的影响。

正是这些不相适应的地方严重阻碍了美军武器装备体系建设。为此,美国国防部于2003年掀起了一场"需求革命",由参谋长联席会议负责开发"基于能力"的新需求确定系统,即联合能力集成与开发系统,以保证需求的"先天联合性",进而确保联合部队具备完成全谱军事任务和应对未来挑战所必需的能力,确保美军武器装备现代化建设的顺利进行。

第二节 联合能力集成与开发系统的组织体系

美军需求生成机制的组织与管理主要涉及参谋长联席会议和国防部各部局(主要是三军种),如图2.1所示。参谋长联席会议副主席领导的联合需求监督委员会是需求生成机制组织与管理的最高审查与决策机构。联合需求监督委员会下设初审官、功能能力委员会和联合能力委员会等机构,作为其辅助决策和办事机构,履行需求审查与决策职能。国防部各部局的需求主办部门,对内负责各部局内部的需求管理,对外负责向联合需求监督委员会提交需求草案。

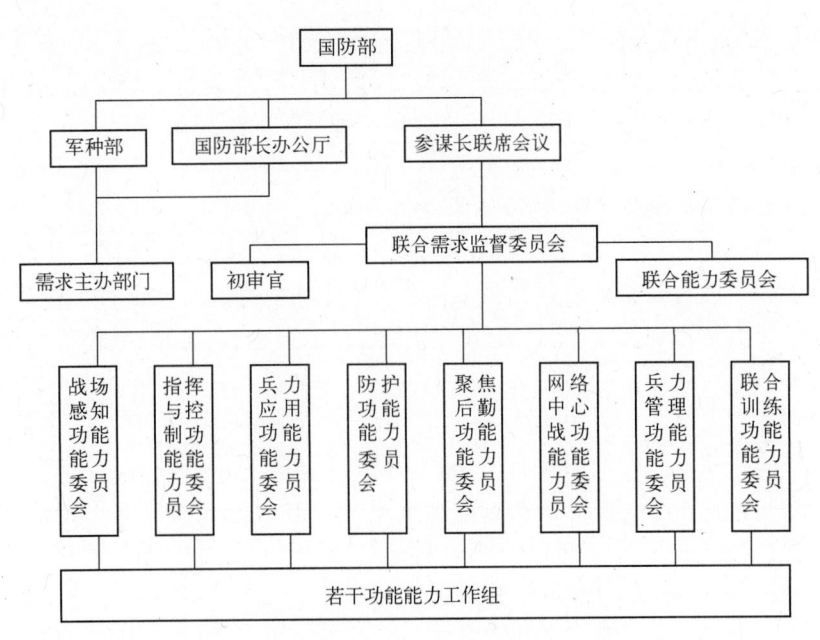

图 2.1 联合能力集成与开发系统的组织体系

一、初审官

初审官（Gatekeeper）是联合需求监督委员会领导下的评审官员，由联合参谋部 J8 局的副局长担任。初审官的主要职责是在各功能能力委员会的支持下，对能力发展需求实施初审，并对相关的能力需求实施分类。初审官在需求评审过程中，对于不符合国防部有关顶层政策文件的提案，或者直接否决，或者要求军种修改；对于通过审查的能力提案，依据国防部采办项目等级标准和对一体化联合作战的影响，将评审项目分为联合需求监督委员会关注的重大项目、联合一体化项目、联合信息项目、各军种独立项目，分别由不同部门审查、确认和批准。此外，初审官还负责：存档能力需求文件/数据和验证备忘录，供今后工作参考；管理用于保障联合能力集成与开发系统过程及联合需求监督委员会活动相关的知识管理/决策支持系统和相关的站点；记录与联合能力集成与开发系统过程相关的指标，提交到知识管理/决策支持系统用作支撑信息；协调负责系统和资源分析的国家情报副主任（ADNI/SRA），通过情报界能力需求（ICCR）或联合能力集成与开发系统，共同组织落实军事情报计划（MIP）和由情报界（IC）投资的国家情报计划（NIP）能力的相关工作；协调副首席管理官，促进与国防业务系统相关需求的常用初审官功能，保证协调好各个过程。

二、联合需求监督委员会

联合需求监督委员会（JROC）成立于 1986 年，是美军原"需求生成系统"和当前"联合能力集成与开发系统"组织体系中的最高决策机构，主席由参谋长联席会议副主席担任，成员包括陆军副参谋长、海军作战部副部长、空军副参谋长、海军陆战队副司令。其主要职能是审查和批准重大装备项目的发展需求，根据功能能力委员会和联合能力委员会的建议，审批相关的能力文件，确定装备项目的关键性能参数。

在美军进行"需求革命"之后,联合需求监督委员会本身的人员构成并未发生变化,只是其职能从以往被动地监督审查各军种需求以防止各军种装备重复建设,转变为从美军联合作战的高度制定政策和规划,主动管理和审查装备的发展需求。

（一）组织构成

联合需求监督委员会由主席、成员和秘书处构成。

联合需求监督委员会主席由参谋长联席会议副主席（VCJCS）担任,其职责包括:①监督联合能力集成与开发系统过程及相关组织,监督相关阶段性审查和进展,支持联合需求监督委员会的各项工作;②代表联合需求监督委员会,与各军种、作战司令部和其他国防部各部门保持联系。

联合需求监督委员会成员包括军种部和作战司令部的上将级军官。其中,军种代表必须参加联合需求监督委员会的所有活动,人选需向国防部长报告后,经本军种推荐并且获得参谋长联席会议主席批准。联合需求监督委员有时会主席会要求和鼓励作战司令部代表参加相关活动,该司令部的相关功能能力领域需要联合需求监督委员会做出考虑。作战司令部代表通常是司令或副司令。

联合需求监督委员会设有秘书和秘书处。负责部队结构、资源和评估的联合参谋部J8局长（DJ8）担任联合需求监督委员会秘书。联合参谋部J8/联合能力部（J8/JCD）秘书处的分支机构作为联合需求监督委员会的秘书处,履行联合需求监督委员会指导或指定的管理职责。其具体职责包括:制定召开联合需求监督委员会会议、组织联合需求监督委员会工作和保证促进联合需求监督委员会业务经营的议程;协调联合参谋部的活动,为联合需求监督委员会主席提供支持;对各军种、作战司令部和其他国防部各部门简要报告需要联合需求监督委员会的决议或建议的问题;任命一名联合需求监督委员会记录员,记录联合需求监督委员会的措施,维护联合需求监督委员会的历史记录;发布相关的联合需求监督委员会备忘录（JROCM）,记录和实施联合需求监督委员会的决定和建议;负责所有内部报告和外部报告;制定和建立联合需求监督委员会与联合能力委员会的管理规程;为联合需求监督委员会提供必要的连续性以及联合参谋部联系人。

（二）具体职责

联合需求监督委员会是国防部范围内最高级别的委员会之一,其职责包括:组织进行联合能力集成与开发系统过程活动,根据相关规程进行年度能力差距评估（CGA）,确定能力需求验证、整理能力需求文件的先后次序;参与参加联合概念开发（JCD）过程;协助参谋长联席会议主席准备主席的计划建议（CPR）、主席的计划评估（CPA）和主席的风险评估（CRA）;接受国防部长或参谋长联席会议主席的指令,对国防部的计划、基础设施、保障功能、人力和生活质量问题进行联合评估;协助参谋长联席会议主席起草供作战司令部司令、现役军官和联合参谋部使用的年度战略指南;执行监督委员会级别的任务领域评估,审查和批准能够修正联合作战缺陷或作战司令部冗余,同时保证互操作性、减少平行和重复的发展工作以及提高规模经济的计划与建议;进行风险评估,在关键作战与支持领域制定重点;验证联合能力技术演示（JCTD）提案中说明的任务需求,然后提交负责采办、技术与后勤的国防部副部长审批;与作战司令部定期召开会议,保证现在和未来的作战缺陷和能力能够符合联合能力和纲领性优先级要求,并及时得到确定、妥善定义和重视;履行其他指定的职责,支持参谋长联席会议主席对总统、国家保密局、国防部长、国会或其他人的建议。

三、联合能力委员会

联合能力委员会比联合需求监督委员会低一级，也是联合需求监督委员会的辅助决策机构。

（一）组织构成

联合能力委员会由主席、成员和秘书处构成。

联合能力委员会主席由联合参谋部J8局局长担任联合能力委员会主席主要职责包括：为联合需求监督委员会提供支撑，履行联合需求监督委员会赋予的职责，包括与海陆空军、作战司令部和其他国防部各部门的联系；协调对联合能力集成与开发系统过程的监督工作，处理需要联合需求监督委员会审查的其他问题；将相关问题预先报告给联合需求监督委员会，对相关问题讨论做好准备。

联合能力委员会成员由与陆海空军和作战司令部的将级军官或同级的文职官员组成。其中，军种代表由联合需求监督委员会的军种官员指定，代表军种利益，针对联合能力委员会验证过的能力需求，具有做出重要决策的权限。有时，联合需求监督委员会主席会要求和鼓励作战司令部代表参加相关活动，该司令部的相关责任领域或功能问题都需要联合需求监督委员会作出考虑。作战司令部代表是该司令部指定的指挥官。

联合能力委员会设有秘书处，由联合参谋部J8局/联合能力处主管担任联合能力委员会的秘书。联合参谋部J8联合能力处秘书处分支机构作为联合能力委员会的秘书处，履行由联合能力委员会下令或指定的联合能力委员会管理职责。具体职责包括：向陆海空军、作战司令部和其他国防部各部门简要报告，需要联合能力委员会的决议或建议的问题；通过联合需求监督委员会的备忘录，记录联合能力委员会的决定和建议；负责所有的内部报告和外部报告；为联合能力委员会提供必要的连续性以及联合参谋部联系人。

（二）具体职责

联合能力委员会，为联合需求监督委员会就能力需求文件内的问题提出建议，以辅助联合需求监督委员会做出决策。具体职责包括：执行进行联合能力集成与开发系统过程工作，参加年度能力差距评估；在联合需求监督委员会进行验证前，审查和批准能力需求文件，对简单问题进行修正；按照相关要求，与联合能力委员会的联合参谋指定人员一起验证能力需求文件；确定需要联合需求监督委员会需要讨论的问题，对需要联合需求监督委员会进行审查的问题提出建议；履行其他指定支持参谋长联席会议主席和联合需求监督委员会的职责。

四、功能能力委员会

功能能力委员会是一系列委员会的统称，它们是美军需求生成机制组织体系中的核心评审机构，与美军划分的"战场感知"、"指挥与控制"、"兵力应用"、"兵力防护"、"聚焦后勤"、"网络中心战"、"兵力管理"和"联合训练"8个联合能力领域相对应，每个委员会专注于各自领域的工作。经过整合，目前共有6个功能能力委员会（其中有2个委员会分别负责2个能力领域）（如表2.1所列）。

表 2.1 联合需求监督委员会批准的功能能力委员会和功能能力委员会主席

联合能力领域	功能能力委员会名称	功能能力委员会主席
1,8	部队支持(FS) (负责兵力管理和联合训练)	联合参谋部 J8/负责部队管理、运用和支持的副局长
2	战场感知(BA)	联合参谋部 J2/战场感知副局长
3	部队应用(FA)	联合参谋部 J8/负责部队管理、应用和支持的副局长
4	后勤(LOG)	联合参谋部 J4/战略后勤副局长
5,6	指挥、控制、通信与计算机与网络	联合参谋部 J6/负责指挥、控制、通信与计算机/网络的副局长
7	防护	联合参谋部 J8/负责部队防护的副局长

（一）人员构成

功能能力委员会由主席、成员、秘书处、功能能力委员会将级军官/海军将官(GO/FO)综合组以及功能能力委员会还设有上校(O-6)级综合组构成。

功能能力委员会主席由联合需求监督委员会指定,一般由联合参谋部下属业务局(J1~J8)的局长或联合作战司令部的有关领导担任,通常为上校以上的将级军官或相应级别的文职官员。具体职责包括:协调其他有关功能能力委员会,管理分配给功能能力委员会并且与联合能力领域相关的能力需求文件;代表功能能力委员会,为联合需求监督委员会和其他部门提供功能能力委员会的建议和文件评估;参加功能能力委员会将级军官/海军将官综合组会议;协同联合参谋部 J8/特许计划协调员(J8/SAPCOORD),处理特许计划/需求的相关事务;协调联合参谋部初审官和主管部门组织,处理替代补偿控制措施的相关工作;在必要时,确定额外的功能能力委员会成员,保证联合参谋部和其他利益相关组织能够有效参与审查工作,并提供功能能力委员会审查的主题内容;确定功能能力委员会下属工作组(WG)的人员组成;推荐能够给功能能力委员会分配的能力需求档案提供最佳价值的替代方案。如有需要,功能能力委员会可设立联合主席,目前,有2个功能能力委员会决定保留联合主席,负责供应链一体化的助理国防部长帮办(DASD)受邀成为后勤功能能力委员会的联合主席,联合参谋部 J8/联合一体化防空和导弹防御组织副主任(J8/DDJIAMDO)担任负责综合防空和导弹防御事务的防护功能能力委员会的联合主席。

功能能力委员会成员包括常设人员和临时人员。常设人员主要是委员会对应的联合参谋部 J1~J8 局的人员以及联合部队司令部人员。非常设人员是根据评审项目的不同临时加入的,主要是来自各军种、各联合作战司令部、采办技术与后勤副国防部长办公室、情报副国防部长办公室、空军空间副部长办公室、网络与信息一体化助理国防部长办公室、主计长办公室、计划分析与鉴定局以及国防情报局等部门的上校(O-6)级别军官或相应级别的文职官员,对本部门需求文件的相关问题进行说明。

功能能力委员会设有秘书处,由 O-5 级军官或同级别文职官员担任秘书。秘书处由功能能力委员会主席指定,功能能力委员会秘书处会履行功能能力委员会秘书指示或指定的管理职责。具体职责包括:履行功能能力委员会主席或领导指派的管理职责;参加功能能力委员会和功能能力委员会工作组的会议;安排会议、记录会议记录、跟踪活动项目以及处理活动项目;根据功能能力委员会的日程表、文件和简报等更新知识管理/决策支持系统相关信息;维护功能能力委员会的网站,发布功能能力委员会信息;协调联合需求监督委员会和联合能力委员会秘书处,保证在准备会议时或正式讨论会之前72小时内收到联合能力委员会和联合需求监督委员会的简报和文件;为联合能力委员会提供必要的连续性以及联合参谋部联系人。

功能能力委员会下设将级军官/海军将官(GO/FO)综合组。联合参谋部J8/负责需求的副局长担任功能能力委员会将级军官/海军将官综合组主席,成员包括功能能力委员会主席、联合参谋部J8/负责资源和采办的副局长(J8/DDRA)和联合参谋部J7/国防信息局局长(J7/DDI),或其指定代表。海陆空军和联合需求监督委员会的顾问受邀派出将级军官/海军将官/SES级别的代表,给将级军官/海军将官综合组提意见。综合组保证了联合能力领域间的综合能力;确定能力区之间的潜在联系;评估功能能力委员会核心功能的有效性和潜在发展;为联合能力委员会和联合需求监督委员会提供建议。

功能能力委员会还设有上校(O-6)级综合组,由联合参谋部J8/联合能力局局长担任主席,成员包括功能能力委员会领导、联合参谋部J8/负责需求的副局长(J8/DDR)、联合参谋部J8/负责资源和采办的副局长(J8/DDRA)和联合参谋部J7/国防信息局局长(J7/DDI),或其指定代表的部门领导。海陆空军和联合需求监督委员会的顾问受邀派出O-6/GS-15级别的代表,为O-6综合组提供相关建议。功能能力委员会O-6综合组保证了联合能力领域间的综合能力;确定能力区之间的潜在联系;评估功能能力委员会核心功能的有效性和潜在发展;为功能能力委员会将级军官/海军将官综合组提供建议。一般来说,功能能力委员会将级军官/海军将官综合组与功能能力委员会上校(O-6)级综合组每两周进行一次交互。

(二) 具体职责

功能能力委员会比联合能力委员会低一级,主要职能是对需求提案进行审查和确认,对联合需求监督委员会的审查提供支持,为联合能力委员会和联合需求监督委员会就能力需求档案内的问题提出建议,组织联合能力委员会或联合需求监督委员会指示下的其他活动。具体职责包括:执行联合能力集成与开发系统过程的相关活动,参加年度能力差距评估;在联合能力委员会进行审查前,提供能力需求文件管理,审查和评估能力需求文件,对文件中存在的简单问题进行修正;参与联合概念开发;确定需要联合需求监督委员会或联合能力委员会需要讨论的主题,对需要联合需求监督委员会或联合能力委员会进行审查的问题提出建议;履行支持参谋长联席会议主席、联合需求监督委员会和联合能力委员会的指定其他职责;按照任务需要,联系和组织联合参谋部、海陆空军、作战司令部和国防部其他部门有关专家提供支持。

五、功能能力委员会工作组

功能能力委员会工作组是功能能力委员会的下一级组织,工作组就能力需求文件中的问题给功能能力委员会提出建议并完成功能能力委员会指示的其他活动。功能能力工作组是功能能力委员会对能力文件进行评估的实施机构,每个功能能力委员会都有若干功能能力工作组协助工作。

功能能力委员会工作组组长由上校(O-6)级军官或者同等级文职官员担任。工作组的设置由功能能力委员会主席确定。组长职责包括:协助功能能力委员会主席,管理分配给职能能力工作组、与联合能力领域有关能力需求文件;协同联合参谋部J8/特许计划协调员(J8/SAPCOORD),处理特许计划/需求的相关工作;监督功能能力委员会工作组会议;对功能能力委员会工作组的内容简报和主管部门的问题陈述进行审查和确认,以更好地向功能能力委员会、联合能力委员会和联合需求监督委员会进行陈述;保证吸收整个国防部的各方观点,包括联合参谋部和其他利益相关者组织;参加功能能力委员会上校(O-6)级综合组会议。

功能能力委员会工作组成员包括军人、文官,以及承包商服务保障领域的专家,这些人来自联合参谋部、陆海空军、作战司令部以及其他国防部各部门和组织,也是能力需求文件的主办部门代表。

功能能力委员会工作组的具体职责包括:完成联合能力集成与开发系统过程中的相应工作,参加年度能力差距评估;在功能能力委员会进行审查前,对能力需求文件和相关问题进行初始审查和评估;参加联合概念开发;执行功能能力委员会主席下达的其他指令。

六、需求主办部门

需求主办部门(Sponsor),是指各军种、国防部各业务局、国防部各直属机构中对某一具体能力建议负责通用能力文件起草、定期汇报、提供经费支持能力发展和采办过程的机构。三军需求主办部门主要包括:陆军训练与条令司令部、海军作战部长办公室和海军分析中心、海军陆战队战斗发展司令部、空军的某些作战司令部(如空中战斗司令部、空中机动司令部等)。另外,联合需求监督委员会的各功能能力委员会,也可以提出联合能力需求,并指定某一部门作为需求主办部门。需求主办部门对所制定的能力文件负有重要责任,在提交评审与最终进入采办过程之前,都需要需求主办部门进行签字确认。需求主办部门同时还负责与联合需求监督委员会以及功能能力委员会保持密切沟通,确保需求管理工作的顺利进行。

七、其他机构

除以上联合能力集成与开发系统中的主要组织外,还有一些机构也发挥了一定的辅助作用。

(一) 独立的评估组织

主要指联合参谋部J8局内得到3个部门,可评估所有的功能能力委员会和领导特别感兴趣的主题,并发挥专业知识为功能能力委员会、联合能力委员会和联合需求监督委员会提供支撑:联合参谋部J8/联合需求评估部(J8/JRAD)完成与需求相关的评估;联合参谋部J8/能力与采办部(J8/CAD)完成与采办计划相关的评估;联合参谋部J8/计划与预算分析部(J8/PBAD)完成与预算相关的评估。

(二) 联合武器安全技术顾问团(JWSTAP)

顾问团主要为联合参谋部J8/负责部队防护的副局长(J8/DDFP)提供武器安全方面的建议。顾问团主席由全体顾问团成员提名,报联合参谋部J8/负责部队防护的副局长的批准。顾问团的成员来自采办技术与后勤副国防部长下属机构、作战试验鉴定局、国防部炸药安全委员会、军种部、特种作战司令部、海岸警卫队(如需要)等机构中,军事作战(在联合作战环境中的部署概念)、武器安全(处理、存储和运输)以及采办(设计、部署、实验和鉴定)等领域的资深专家。顾问团具体职责包括：作为项目主管部门和联合参谋部 J8/负责部队防护的副局长的专家咨询来源，提供在联合作战环境（JOE）中的武器安全需求方面的建议；审查关于武器和弹药的每个能力需求文件，保证根据全寿命周期管理解决武器安全需求，全寿命周期管理包括作战、存储、处理、运输和毁坏/去军事化；协调项目主管部门和联合参谋部 J8/负责部队防护的副局长（J8/DDFP），制定解决武器安全需求问题的可行性解决方案。

（三）联合需求监督委员会咨询支撑组织

为更好地对能力需求进行审查和验证，美军在联合能力集成与开发系统中借助了联合参谋部之外的专家力量，根据联合需求监督委员会的指令，鼓励顾问通过各自组织的代表向联合需求监督委员会提出建议。主要包括顾问和参加机构。担任联合需求监督委员会的法律顾问有采办技术与后勤副国防部长、主计长、负责政策的国防部副部长、成本评估与计划鉴定局局长、作战试验鉴定局局长。国防部长还指定了其他国防部官员作为顾问，主要有负责情报的国防部副部长、负责人事与战备的国防部副部长、国防部首席信息官、副首席管理官、空军部长（负责采办、技术与后勤的国防部副部长针对空间项目指派）。参加机构可以申请参加与联合需求监督委员会相关的会议，针对解决当前或未来联合作战能力方面的问题，为联合需求监督委员会主席、联合能力委员会主席或功能能力委员会主席提供建议。这些机构主要包括：国家地理空间情报局、国防信息系统局、国家安全局/中央安全署、国家侦查局、导弹防御局、国防威胁降低局、国防情报局、国防安全合作署、国防后勤局、国防高级研究计划局、国防合同管理局、国民警卫局、国家安全局、国家情报主任办公室、管理与预算办公室、国务院、国土安全部等。

第三节 联合能力集成与开发系统的运行程序

"联合能力集成与开发系统"根据国防部战略指南以及联合作战概念、联合能力概念和一体化体系结构，结合部队的实际作战需要，确定装备的需求。"联合能力集成与开发系统"的工作流程是《联合能力文件》《初始能力文件》《能力发展文件》《能力生产文件》4种能力文件的制定、确认和审批过程，而每一种能力文件的制定和审批的程序大致相同，都要经过以下 3 个步骤：①需求的分析过程，由需求主办部门分析制定能力文件草案；②初审官初步审查过程；③确认和批准过程，各类能力文件草案经过各级组织正式审查、确认和审批后，形成正式能力文件，分别进入知识管理/决策支持数据库和相应的采办程序。

一、需求分析

需求主办部门根据联合作战概念、联合能力概念和一体化体系结构等国防部顶层文件的规定，结合实际作战需要，进行功能领域分析、功能需求分析以及功能方案分析，最终形成《联合变更建议文件》《初始能力文件》等需求文件（如图 2.2 所示）。功能能力委员会及其功能能力工作组的部分成员往往也参与该阶段的工作，为需求主办部门提供必要的支持。

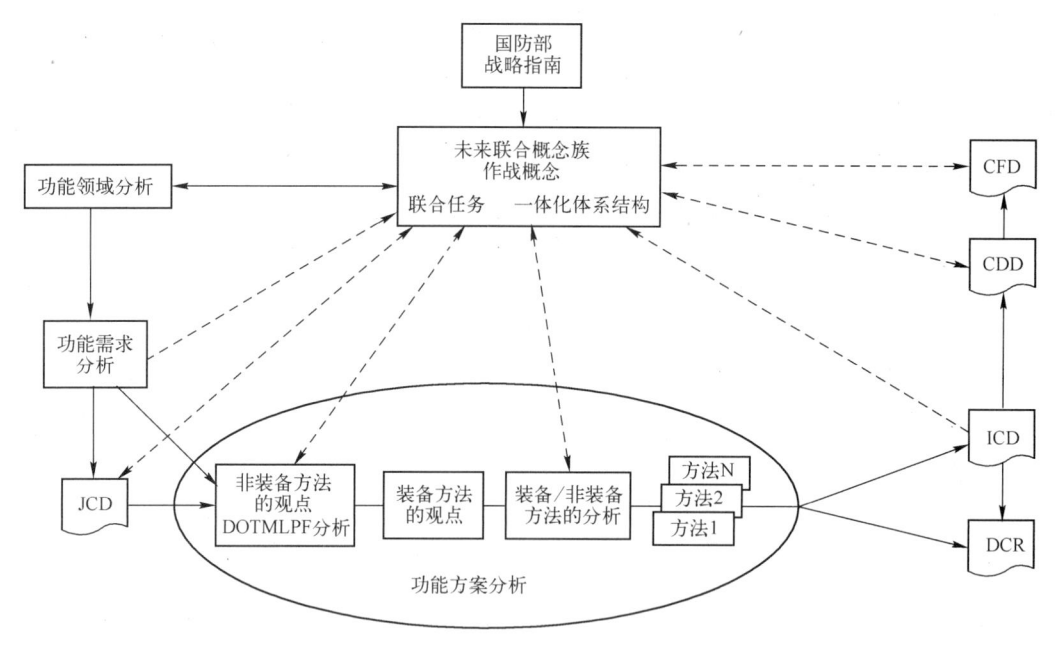

图 2.2 联合能力集成与开发系统的分析过程

(一) 功能领域分析

功能领域分析是"联合能力集成与开发系统"分析程序的第一步,目的在于确定实现军事目标所需的作战任务、条件和标准,提供一套通用的作战属性,为每个联合能力领域(JCA)的能力定义提供共同基础。以便后续进行基于能力评估(CBA)、其他分析工作和初始能力文件(ICD)的编写时,有统一的描述标准。该步骤的工作依据作战概念或联合作战概念体系,在联合需求监督委员会的指导下实施。

功能领域分析的依据是国家战略、联合作战概念体系、作战概念、联合任务与能力清单(例如通用联合能力清单)、敌方的能力范围和所拥有资源的情况,分析结果是确定所需发展的能力领域及其相应任务与特征的清单。其中,能力领域应与联合作战概念中定义的关键特征相关联;相应的任务与特征(条件和标准)应该达到后续功能需求分析所要求的水平。在分析过程中,它还确定了用于评估这些能力及其特征所依据的设想,而设想的来源是国防部长办公厅发布的国防规划设想。

例如,一台探测器可能会"在一个特定的时间段内具有一个区域范围",这是探测器视野和主平台移动速度/海拔高度共同决定的。但视野或平台速度/海拔高度都不可能是有效的作战属性,因此,需求主办部门应该将重点放在"某个具体时间段内的区域范围"这一平台/探测器的作战属性上,从而提供要求的能力,同时使后续的具体参数能够追溯到这些作战属性。

整个分析过程需要联合作战司令部、功能能力委员会、军种和国防部各机构开展有效的合作,同时还需要得到美国国防情报局国防预警办公室采办保障处的协助。

(二) 功能需求分析

功能需求分析是"联合能力集成与开发系统"分析的第二步,主要应用基于能力评估(CBA)方法和国防部一体化体系结构框架,目的是在全维作战环境和给定标准下,对当前和计划中的联合能力进行评估,分析确定相关领域存在的能力差距、能力冗余以及能力发展的优先顺序。

1. 主要工作

功能需求分析以功能领域分析中确定的能力及其任务为主要依据,具体完成下述工作：

（1）通过推断所需的作战能力和功能,并依据现有的作战理论、编制体制、部队训练、武器装备、指挥管理和人员设施方面的解决方案以及对能力差距、重复及其起因的分析,将所需的和现有的作战能力和功能进行对比,进而描述能力差距、重复或在作战或作战效果方面存在的问题,并提出一个有关能力差距的优先顺序。整个过程要充分考虑初始威胁预警评估所描述的未来敌方的威胁能力和科学技术的发展；

（2）说明存在能力差距、重复和风险的功能领域与受其影响的现有和未来能力在执行联合任务方面的关系；

（3）根据目的、任务和条件,对解决问题所需的一种或多种能力的关键性能进行描述。具体描述的内容是时间、空间、效果及要克服的障碍。

（4）确定功能领域衡量方法,具体说明功能领域分析所确定的能力发展情况,即能力是提高了还是倒退了,同时制定适当的有效性测量方法。功能需求分析中使用的有效性测量能够对当前的或计划中的能力如何完成特定的任务进行评估,是确认差距、评估提议方案所需的一个关键环节,同时还支持关键性能参数的提出。在条件允许的情况下,需求主办部门将综合运用有效性测量和其他形式的评估方法(如建模和仿真、战争博弈等),以更加清晰地描述能力差距及其关键因素和相对重要性。

功能需求分析结束后,将生成一份需要解决的能力差距清单,即一系列需要"填补"的能力差距及其相对优先顺序,并给出解决的时间顺序表。

对于涉及联合作战的能力领域,通过功能领域分析形成过程文件《联合能力文件》。虽然该步骤由需求主办部门独立负责,但还是需要来自作战司令部、功能能力委员会以及其他机构的通力协助,旨在确保对能力进行联合分析。

2. 基于能力评估及其主要程序

基于能力评估(CBA)是对某个具体的任务领域或者相关活动进行的评估,以便评估联合部队成功执行任务或完成活动的能力与实力。

基于能力评估主要有以下一些程序：

1）研究启动通知

在开始以基于能力的评估(CBA)之前,需求主办部门首先要向联合参谋部初审官发出一份研究启动通知。这就确保了评估活动的透明度,有助于其他利益相关者参与评估工作并提供有价值的输入信息,或者可以将评估工作的成果用于其他正在进行的活动。

2）确定基于能力评估的重点

基于能力评估(CBA)的重点是根据需要检查的战略环境、任务和场景、考虑的时间框架以及相关威胁而确定的。

（1）战略环境。基于能力评估(CBA)必须与文件中包含的国防战略和其他战略指南的需求相关,比如国防战略(NDS)、四年防务评估(QDR)、国家军事战略(NMS)、国防规划指南(DPG)和部队部署指南(GEF)。参谋长联席会议负责制定的联合战略能力计划(JSCP)也提供了其他重要数据,用于描述战略环境的宽度和选择适当的场景示例。

（2）任务和场景。基于能力评估（CBA）应该使用适当的作战计划（OPLAN）或者概念计划（CONPLAN）。另外，在某些远期能力评估中，要考虑更多战略分析的相关成果，如确保对国防战略相关的全频谱作战局势进行检查，包括其他美国政府机构/部门、盟军/合作伙伴国家以及联合活动机构。

（3）吸取以往联合作战的经验教训。国防部根据参谋长联席会议指示 CJCSI 3150.25E 建立了联合教训吸取信息系统，基于能力评估（CBA）应该使用该系统，以便为基于能力评估（CBA）的关注领域提供其他相关的信息。

（4）使用国防部结构框架（DODAF）视图。国防部结构框架（DODAF）视图以及相关数据为记录 CBA 相关的数据提供了一种结构化的方式，而且在后续开发能力需求文件时，可以更容易的使用和更新数据，如图 2.3 所示。

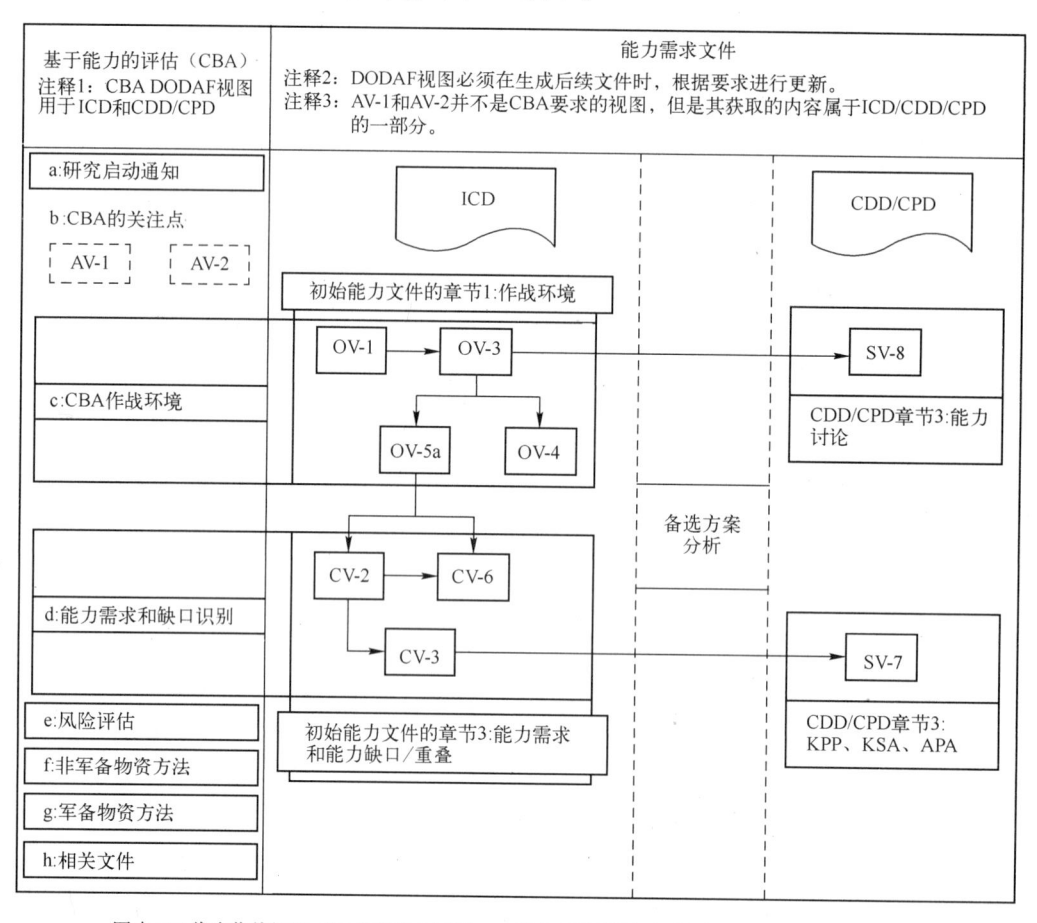

基于能力的评估（CBA） 注释1：CBA DODAF视图用于ICD和CDD/CPD	能力需求文件 注释2：DODAF视图必须在生成后续文件时，根据要求进行更新。 注释3：AV-1和AV-2并不是CBA要求的视图，但是其获取的内容属于ICD/CDD/CPD的一部分。	
a：研究启动通知	ICD	CDD/CPD
b：CBA的关注点 AV-1　AV-2	初始能力文件的章节1：作战环境	
c：CBA作战环境	OV-1 → OV-3 ↓ OV-5a　OV-4	SV-8 CDD/CPD章节3：能力讨论
d：能力需求和缺口识别	CV-2 → CV-6 ↓ CV-3	备选方案分析 SV-7
e：风险评估 f：非军备物资方法 g：军备物资方法 h：相关文件	初始能力文件的章节3：能力需求和能力缺口/重叠	CDD/CPD章节3：KPP、KSA、APA

图中 OV 代表作战视图、CV 代表能力视图、SV 代表系统视图，相关详细情况可参照后文内容

图 2.3　从 CBA 到能力需求文件的国防部结构框架（DODAF）流程

国防部结构框架（DODAF）视图以及相关数据的目的是说明基于能力评估（CBA）的实施环境，随着 CBA 的不断深入，相关视图需要进行修订更新。图 2.3 中给出的相关视图要在 CBA 期间生成，以便视图和相关数据可以在 JCIDS 和国防采办系统（DAS）程序中明显提高效率，节省时间和资源。在 CBA 期间生成的 DODAF 视图的详细程度并不要求使用复杂的体系结构工具和相关人员，除非主办部门另有规定。相关数据只需要使用

Microsoft Excel 或类似电子制表程序制作成表格形式,便于生成能力需求文件,并提交相关 DODAF 视图进行审核。由于开发阶段内的资料和知识有限,在 CBA 期间的 DODAF 视图数据也会受到限制,但是在 JCIDS 和 DAS 后续阶段内,随着工作开发出来更多的细节,应该对这些数据进行更新。图 2.3 中的系统视图并不是在 CBA 期间生成的,而只是为了显示其环境。在进行备选方案分析之前,主办部门无法提供这些系统视图所要求的系统层面上的细节,主要是从 CBA 期间生成的作战视图和能力视图中衍生出这些细节。

3) 考虑作战环境

CBA 中的第 3 个步骤是要考虑时间框架、适用的威胁、相关的服务和联合概念、作战概念(CONOPS)、目标以及需要完成的相关工作。

(1) 时间框架。CBA 中考虑的时间框架具有重要作用,有助于确定任务实施时的条件与威胁,而且需求主办部门和采办团体在确定要求的初始作战能力(IOC)和全面作战能力(FOC)日期时,将其作为一个关键的讨论内容。初始作战能力(IOC)和全面作战能力(FOC)日期表明了联合作战人员什么时间需要一个或多个能力解决方案来提供初始和全面能力。从该 CBA 步骤开始的 IOC 和 FOC 时间安排以及后续 CBA 步骤中确定需要的能力,为后续国防部体系结构框架的全视图的开发提供了支持(当考虑分阶段的满足能力需求时),而且在编制 ICD 作战环境章节内容时,可以支持重新使用上述时间安排与要求的能力。

(2) 威胁。正在分析中的任务威胁应该来自国防情报局或军种批准的威胁成果,包括但不限于顶层威胁评估(CTA)、多种部队部署(MSFD)以及联合国家部队评估。如果需要其他协助,可以与国防情报局(DIA)的国防技术与远期分析(DIA/TLA)办公室以及采办威胁支持部门联系。DIA/TLA 为 JCIDS 提供的支持包括多类国防情报局和军种验证的威胁成果所提供的数据。

在 CBA 过程中,需求主办部门与情报界的交互是非常密切的。特别是在制定能力解决方案的全过程中,需求主办部门要与情报、反情报(CI)、需求和采办部门之间协作,以便使新装备能够具备超越敌对力量能力的技术优势。该类协作包括确定敌对力量的威胁能力(表明了预期作战环境)、预期能力以及敌对力量可能用来对抗正在审核的能力的作战概念(CONOP)。该类协作评估被用作主办部门研究、分析以及其他需求开发工作中的输入数据。

对于研究或其他分析中确定的作战任务、条件和标准,应该将其提交给国防技术与远期分析(DIA/TLA)办公室,以便进行初始威胁环境评估(ITEA)。初始威胁环境评估(ITEA)确定了预期的敌对威胁能力,而且这也是在设定能力需求和初始目标值时需要考虑的因素,包括具体影响能力需求确定和能力解决方案开发的科学技术开发。国防技术与远期分析(DIA/TLA)办公室将根据需要继续为主办部门提供协助,并在剩余的能力解决方案生命周期内对威胁评估进行更新,直到被国家情报局或军种批准的威胁成果所取代,其中包括但不限于系统威胁评估报告(STAR)。

敌对威胁能力的特征是在确定能力需求和相关初始目标值时所需要考虑的一个因素,而且应该记录在关键情报参数(CIP)中。这就使情报界(IC)能够在能力解决方案的整个生命周期内对威胁变化进行更加稳健的监控。

(3) 概念和作战概念(CONOPS)。作为 CBA 一部分的概念和作战概念(CONOPS)

必须以文件的形式予以记录,从而审核人员和验证机构可以了解已确定能力的识别与评估所使用的环境。对于 CBA 中使用的概念或作战概念,并没有一个严格的格式要求,但是至少应该描述以下内容:①正在解决的问题;②预计执行的任务;③指挥官的意图;④在全方位军事作战中的作战概述;⑤需要实现的目标任务;⑥组织机构的作用与职责等。概念和作战概念(CONOPS)必须要进行清晰的说明:在发生了或暴露于化学、生物、放射与核能(CBRN)环境之后;在 GPS 或网络态势降级的情况下;或者在受到其他潜在敌对压力影响的情况下,是否要求进行作战。对于用作 CBA 基础的任何作战概念(CONOPS),至少必须得到实施 CBA 的主办部门批准。对于已批准的服务和联合概念或作战概念(CONOPS),应该进一步进行细化,说明如何使用条令方法并通过当前或计划的部队力量来实现目标。

对图 2.3 的几点说明:

① 国防部体系结构框架(DODAF)的作战视图(OV)-1——高水平作战概念图形。OV-1 为利益相关者提供了一个有关高水平概念或作战概念(CONOPS)的图形视图,以便对概念或作战概念(CONOPS)进行整体理解。在 CBA 期间细化的 OV1 将重新用于能留需求文件和其他后续工作。

② 国防部体系结构框架(DODAF)的作战视图(OV)-3——作战资源流矩阵。OV-3 将 OV-1 图形转化为一套完整的节点、活动和互联关系,并在此基础上形成剩余的架构。这就为利益相关者提供了更详细的作战互动,而该类互动必须发生在节点/概念或作战概念执行参与者与涉及到的任何能动/支持能力之间,包括确定那些可能涉及的组织机构。该视图必须将重点放在执行概念或作战概念所需要的作战活动/效应上,并避免对将后续 CBA 阶段内探索的特定能力解决方案做出提前假设。OV-3 将在 CBA 期间进行细化,并以此主要依据从能力需求文件中的其他国防部体系结构框架(DODAF)视图和内容追溯到适用于概念和作战概念的作战活动/效应。需要注意的是,DODAF OV-2——作战资源流描述;将有助于生成 OV-3。

③ 国防部体系结构框架(DODAF)的作战视图(OV)-4——组织机构关系图。OV-4 为利益相关者提供了一个用于满足概念和作战概念(CONOPS)的组织机构的初步描述。这就为备选方案分析(或类似研究)期间和之后的短途旅行考察提供了一个基线,因为还需要制定更加详细的潜在能力解决方案和相关组织机构。

④ 确定作战任务。作战计划(OPLAN)、概念计划(CONPLAN)和战略分析支持(SSA)相关结果中规定的军事目标(包括任务结果和期望的相关效果)为编制要求的任务清单提供了来源。适用的概念和作战概念(CONOPS)以及 CBA 中考虑的变更为制定要求的任务清单提供了框架,从而用于完成提议的和备用的作战概念(CONOPS)。参谋长联席会议发布的《通用联合任务手册》也为通用联合任务列表(UJTL)也提供了指导框架,以协助确定和组织任务、条件和要求的能力。如果通用联合任务列表(UJTL)并没有为服务和联合概念或作战概念(CONOPS)确定适当的任务,则要根据《通用联合任务手册》相关的规定,将更新内容提交到通用联合任务列表(UJTL)中。

图 2.3 的相关说明:国防部体系结构框架(DODAF)的作战视图(OV)-5a 是作战活动分解树,在 CBA 期间经过逐步细化得出。主办部门要在 OV-5a 中明确分解结果,该结果同时也说明了 OV-3 作战活动/效果与相关通用联合任务列表(UJTL)之间的关系。

⑤ 掌握详细程度。CBA 要求的概念和作战概念(CONOPS)分析使主办部门能够更好的理解作战环境和那些必须执行的作战任务,并为 CBA 期间的进一步细化和短途旅行考察提供了支持。在 CBA 的早期阶段,与能力相关的 DODAF 视图必须与概念或作战概念(CONOPS)相一致,但应该避免达到具体详细的程度,从而在开展后续备选方案分析或类似研究时可以确保最大的灵活性,而且在 JCIDS 和 DAS 过程中做出其他决定和生成数据时,可以再将 DODAF 视图逐步细化。

4) 识别能力需求和能力缺口

CBA 主办部门依照 DODAF OV-3 和 OV-5a 视图和通用联合任务列表(UJTL),通过对当前和计划的部队力量的评估,识别出每个场景下的任何相关能力缺口和潜在部队力量冗余。要需要注意的是,虽然有一些冗余是为了确保适度弹性而特意提供的冗余,但还是要尽量减少那些不必要的冗余。识别出的能力需求和能力缺口,必须按照前期分析工作的统一口径进行描述。能力缺口可能无法在不同分析成果中保持一致性,因此需要将已确定的能力缺口与其作战环境相关联,以方便分析人员进行识别。对于信息系统(IS)提供的能力,CBA 还必须使用新制定的指导文件,比国防部信息企业架构(DODEA)。在描述系统对军事作战的贡献和特征时,要将国防部数据框架与联合指挥控制(JC2)参考框架用于保密级别及以下的系统,将国防情报信息环境(DI2E)用于情报系统。

在 CBA 过程中,需求主办部门要解释在确定能力需求和相关能力缺口时所使用的方法,以确保能力需求和战略指南之间存在清晰的联系。要确保从战略指导、作战任务/场景和威胁追溯到具体能力需求和通用联合任务(UJT)相关条件的分解中,就必须使用一些框架结构工具,美军较为常用的如图 2.4 中给出的能力任务晶格(CML)。框架工具要将能力需求与之前投入使用的或者计划在列的联合部队能力解决方案相比较,以便后续确定与能力缺口相关的作战风险。

美军参谋长联席会议备忘录《2014 联合能力领域的细化》中,规范了联合能力领域(JCA)框架,通过该框架所提供的结构,可以在某一部门范围内将能力需求和相关能力缺口进行统一,从而可以将类似的需求联系起来,并使相关的活动实现同步化。主办部门要至少要确定三个层次的联合能力领域(JCA)内的能力需求,但是如果较低层次的 JCA 更够更清晰的说明能力需求的话,则建议使用较低层次的 JCA。

CBA 过程进行到该步骤时,还需要联系图 2.3 的国防部一体化体系结构。

国防部体系结构框架(DODAF)的能力视图(CV)-2—能力分类。主办部门在确定了能力需求和相关的能力缺口后,可以生成 CV-2 并具体规定与这些能力相关的分类,并注意与前面分析过程中确定的作战属性相一致,而且应该使用作战有效性(而并非使用假定的能力解决方案的性能)进行表达。必须为每个能力需求确定任务成功的定量标准,从而在后面对潜在装备解决方案在多大程度上满足能力需求进行评估时提供支持。在大多数情况下,该类标准并不是简单的通过-未通过标准,而是代表了连续价值。

国防部体系结构框架(DODAF)的能力视图(CV)-3—能力分阶段。主办部门在对已确定的能力需求进行分阶段时的主要依据是 CV-2,能力分阶段主要是为渐进式采办策略服务。在一个能力集合中,各能力子集的进度时间不同,能力分阶段可以确保在正确的时间内引入最需要的能力。

能力任务晶格

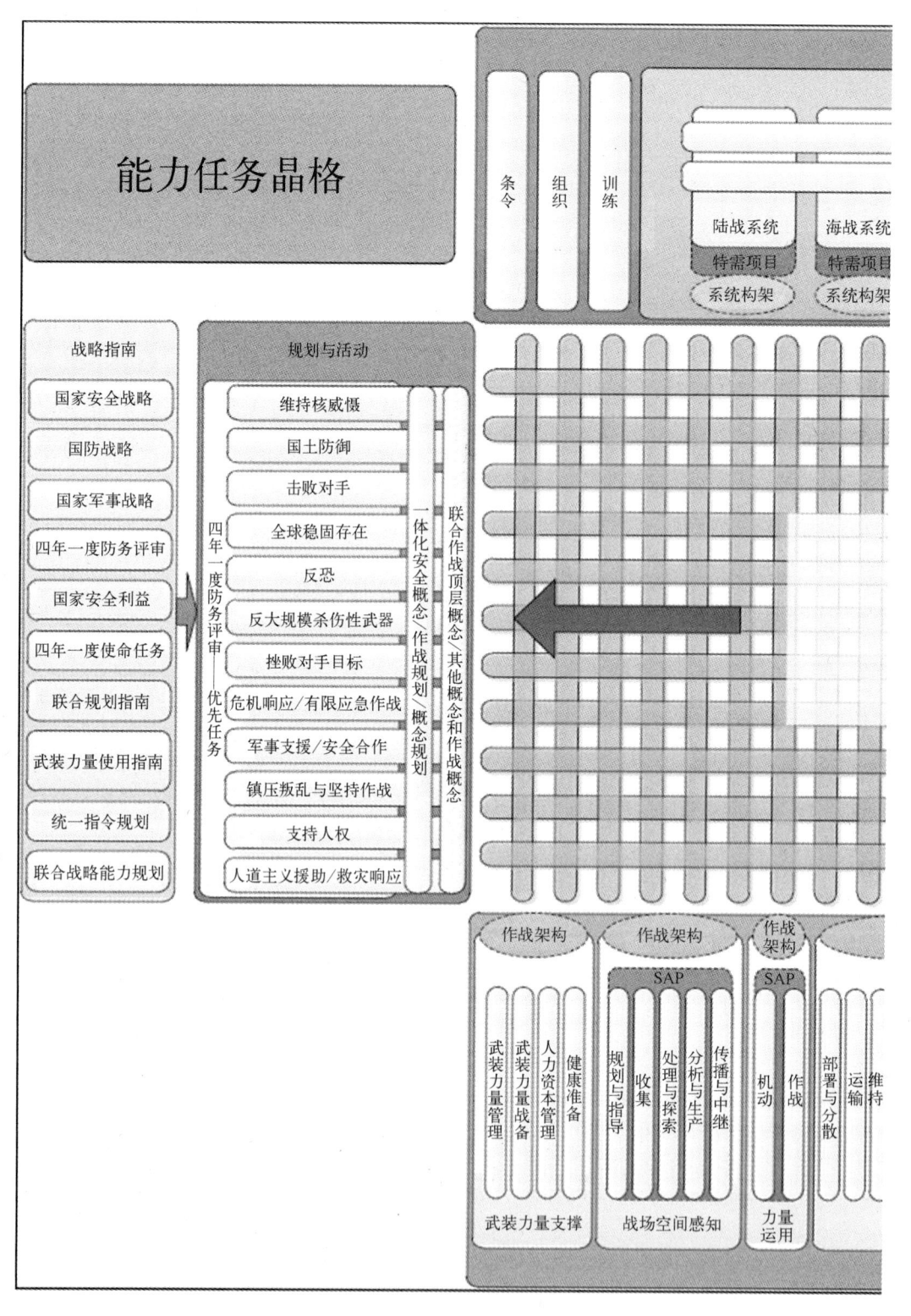

条令 组织 训练

陆战系统 海战系统
特需项目 特需项目
系统构架 系统构架

战略指南
- 国家安全战略
- 国防战略
- 国家军事战略
- 四年一度防务评审
- 国家安全利益
- 四年一度使命任务
- 联合规划指南
- 武装力量使用指南
- 统一指令规划
- 联合战略能力规划

规划与活动
- 维持核威慑
- 国土防御
- 击败对手
- 全球稳固存在
- 反恐
- 反大规模杀伤性武器
- 挫败对手目标
- 危机响应/有限应急作战
- 军事支援/安全合作
- 镇压叛乱与坚持作战
- 支持人权
- 人道主义援助/救灾响应

四年一度防务评审——优先任务

一体化安全概念/作战规划/概念规划

联合作战顶层概念/其他概念和作战概念

作战架构

SAP

武装力量管理 武装力量战备 人力资本管理 健康准备 | 规划与指导 收集 处理与探索 分析与生产 传播与中继 | 机动 作战 | 部署与分散 运输 维持

武装力量支撑 | 战场空间感知 | 力量运用

图 2.4　能力任务

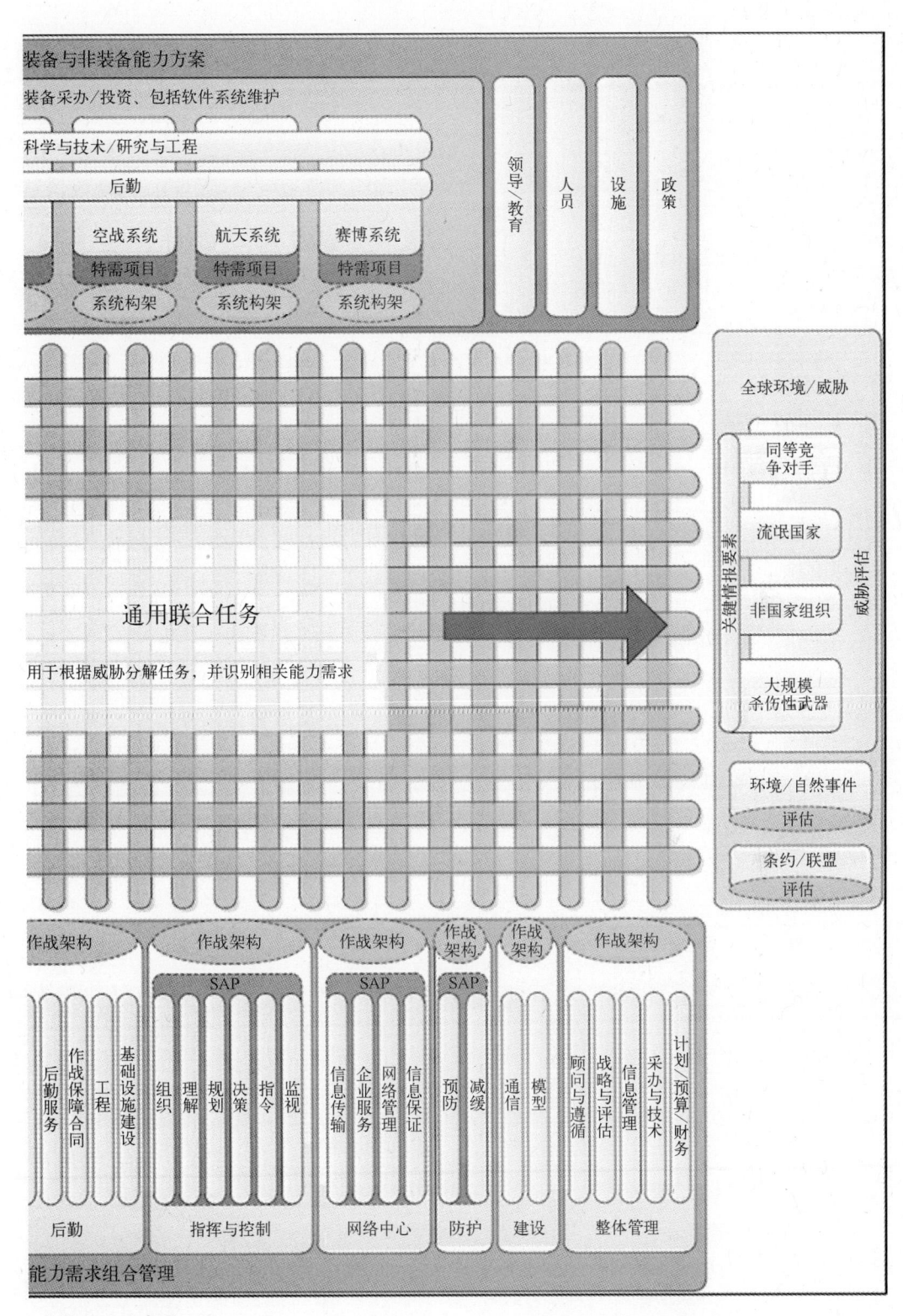

晶格工具示意图

国防部体系结构框架(DODAF)的能力视图(CV)-6—作战活动映射能力。主办部门通过使用CV-6确保在CV-2规定的能力需求和OV-5a确定的作战活动之间保持可追溯性。这就降低了交付的能力与期望实施的作战活动之间出现偏差的风险。

一旦在上述步骤中确定了能力需求,当前或计划的部队力量中存在的任何缺陷均被认为是能力缺口。可以根据以下一些条目对其进行描述:

① 缺乏熟练度(在特定条件下无法达到相关的效果);
② 缺乏充分性(由于部队力量的短缺或其他承诺,无法为能力部队提供支撑);
③ 缺乏任何已投入使用的能力解决方案;
④ 由于已投入使用的能力解决方案出现老化(疲劳寿命、技术陈旧等)而需要进行更换;
⑤ 政策限制(由于政策限制而无法根据需要使用部队力量)。

5) 风险评估

在识别能力需求和能力缺口后,主要部门要根据敌对力量的威胁对能力缺口进行评估,可以从以下方面实施:任务风险(实现特定场景下的目标的能力)、部队力量的存在的风险(由于能力缺口而存在潜在的损失)以及其他重要的考虑因素,如资源风险和对盟国的影响、伙伴关系国家及美国的其他政府机构/部门。此外,为相关作战任务制定的条件和标准也是风险评估的重要参考。

能力需求文件的验证机构将最终决定哪个能力缺口是重要的,从而制定新的能力解决方案,所以能力缺口必须直接与作战态势和无法满足目标所导致的结果相关联。表2.2中给出了一个对特定能力缺口相关的风险和后果进行评估的方法示例。能力缺口的评估是以能力缺口对下述几个领域的影响为基础:实现目标的能力;作战时间轴;资源;未预测到的需求;部队供应商的资源以及部门职能、部队管理和机构能力。

表2.2 风险评估方法示例

风险	标准	低	中等	显著	高
CCMD"任务风险" 使用可接受的人力、材料、财务和战略成本执行分配任务的能力	达到目标(当前作战)	很有可能(80%~100%)	可能(50%~80%)	有疑问(20%~50%)	不可能(0%~20%)
	达到目标(紧急作战)	很有可能(可以击败)	可能(可以否认)	有疑问(必须保持获胜n)	不可能(无法保持)
	权利	为所有目标提供的完整权利	为实现大多数目标所提供的权利	实现关键目标的权利不充分	没有对任务有害的权利
	计划	等级Ⅲ或Ⅳ计划	等级Ⅰ或Ⅱ计划	CCDR CONOPS(预期事件)	启动计划(复杂危机)
	资源满足要求的时间轴	按照计划	有限延迟(可接受成本)	延长的延迟(大量成本)	极端延迟(不可接受的成本)

(续)

风险	标 准	低	中 等	显 著	高
服务/JFP"部队风险"招募、配置、训练、装备和维持部队力量并满足战略目标的能力	满足 CCMD 要求（当前作战）	进行采购并满足所有要求的完全能力	适合于大多数要求的世界范围内的解决方案	关键要求中存在缺陷	没有适用于关键要求的解决方案
	满足 CCMD 要求（紧急作战）	进行采购并满足所有要求的完全能力	存在的缺陷导致与计划存在较小的偏差	存在的缺陷导致与计划存在较大的偏差	存在的缺陷致使无法执行计划
	DOTMLPF-P 能力 vs 威胁	支配	优越	同等	低等
	成熟度	全频谱任务的战略深度	当前作战的战略深度	下一个需要部署的部队力量"刚好"准备就绪	部署的部队力量尚不可执行任务
	动员（预备役部队的驻留时间（DT））	总统撤销（DT>1:5）	有限的部分动员（1:5>DT>1:4）	部分动员（1:4>DT>1:3）	完全动员（DT<1:3）
	对部队的压力（现役部队的驻留时间）	有限压力（DT>1:2）	增加的压力（1:2>DT>1:1.5）	连续压力（1:1.5>DT>1:1）	极端压力（DT<1:1）
	制度上	部队开发和工业基础满足所有的任务要求	部队开发和工业基础满足优先性要求	部队开发和工业基础满足一些优先性要求	部队开发和工业基础无法满足基本的要求

经过功能领域分析和功能需求分析之后，"联合能力集成与开发系统"的分析流程就会面临两种分析途径的选择。一种是经过《联合能力文件》进入功能方案分析，另一种是不经过《联合能力文件》而直接进入功能方案分析。其中，《联合能力文件》描述了存在于联合作战能力中的差距，将联合作战概念体系所定义的关键性能同功能领域分析确定的能力联系在一起，作为《初始能力文件》或《联合变更建议文件》的前身，同时也为功能方案分析奠定基础。途径的选择关键取决于之前两个步骤的分析结果。如果所确定的能力没有涉及对联合作战方面的影响，选择第二种途径；否则，选择第一种途径。《联合能力文件》形成之后，需求主办部门将在适当的功能能力委员会的协助下，决定是否在进入功能方案分析之前将该文件提交联合需求监督委员会进行确认和批准。

（三）功能方案分析

这是"联合能力集成与开发系统"分析的第三步，在作战司令部的支持和功能能力委员会的监督下，由需求主办部门负责。该步骤以上一步确定的一种或多种能力差距为依据，对现有的作战理论、编制体制、部队训练、武器装备、指挥管理、人员设施以及政策方案进行基于作战的综合评估，从中找到最有可能的解决方案或方案的组合，从而消除或缩小这些差距。功能方案分析由非装备方案生成、装备方案生成、装备与非装备方案分析三部分组成。

1. 非装备方案生成

功能方案分析的第一步是分析判断非装备方案（包括条令、组织、训练、装备、领导与教育、人员与设施方面）能否弥补功能需求分析中确定的能力差距。如果需求主办部门确定其可以弥补部分能力差距，则结合各种潜在的装备方案对其进行评估，并在确定其可行性之后制定一份有关条令、组织、训练、装备、领导与教育、人员与设施方面的《联合变更建议文件》；如果需求主办部门确定其可以消除全部能力差距，则制定一份《联合变更建议文件》来替代《初始能力文件》。

主要可以从以下 7 方面提出变更建议：

（1）使用非条令方法的备用概念和作战概念（CONOPS）。基准评估只应该考虑条令性的作战概念（CONOPS），非装备方法的评估可以考虑非条令性的备用方法，尤其是记录在批准的服务或联合概念中的备用方法。在适用的情况下，备用方法还必须考虑涉及到盟国/伙伴关系国家或美国其他政府机构/部门参与的作战概念（CONOPS）。

（2）备用组织机构和人员。CBA 无法对部队力量进行重新设计，但是它可以推荐一些方法，通过这些方法来强化特定职能，从而消除缺口并指出部队力量可用性与部队需求之间的不匹配性。最后需要注意的是，在本质上不相同的组织机构或人员假设情况下操控计划中的部队力量时，一般会要求制定备用的作战概念（CONOPS），以便为这些假设提供支持。对于该活动期间确定的组织机构，也应该通过对 DODAF OV-4 视图进行更新的方式记录在文件中。

（3）备用培训。CBA 应该考虑培训方面的变化是否可以提高现有能力的有效性，或者使用现有的装备引入新的作战能力。

（4）选择性的使用之前已投入使用的装备。CBA 应该考虑如何以一种新的或非传统的方式在一个组织机构内使用现有的装备，从而消除或缩减能力缺口，并降低作战风险。CBA 还应该考虑将已投入使用的装备用于国防部的其他部门、其他政府机构/部门、盟国/伙伴关系国家、联盟伙伴等。

（5）领导力和教育方面的备选方法。CBA 应该考虑领导力和教育方面的变化是否可以提高现有能力的有效性，或者使用现有的装备来引入新的作战能力。

（6）备用设施。CBA 应该考虑如何以一种新的或非传统的方式在一个组织机构内使用现有的设施，从而消除或缩减能力缺口，并降低作战风险。CBA 还应该考虑使用那些当前在某个组织机构内尚不可用的设施，但是该类设施已经被其他国防部部门、其他美国政府机构/部门、盟国/伙伴关系的国家、联盟伙伴等所用。CBA 还可以考虑新设施和/或位置对消除或缩减已确定的能力缺口和降低作战风险有什么样的帮助。如果在此确定的备用设计影响到任何作战节点/活动，则也应该通过对 DODAF OV-3 和 OV-4 视图进行更新的方式，将该活动期间确定的设施记录在文件中。

（7）备用政策。在考虑备用政策时，CBA 必须以文件的形式记录那些对能力缺口有帮助的政策以及在何种情况下有帮助。如果政策发生了变化，从而允许使用之前已经投入使用的能力或者为了增加威慑力而更改了兵力态势，则该类政策变更就可以被认为是有益的，故而应该予以考虑。备用政策应该识别发生的变化，以便在与非国防部的部队力量进行交战时提供支持（主要包括其他美国政府机构/部门、盟国/伙伴关系国家和联盟伙伴），从而强调相关服务和联合概念、作战概念（CONOPS）与 SSA 成果。

2. 装备方案生成

装备方案的生成，需要美国国防部、政府机构和工业部门专家的积极参与。以开发出各种潜在的一体化方案（包括系统族或各种系统体系），从而反映联合作战司令部司令的未来需求。这些一体化方案能用不同的方法来填补能力差距，以不同的方式考虑并权衡各种作战要素。

在生成装备方案的过程中，①充分考虑如何改进现有的和规划中的装备项目来满足未来能力需求，以避免重复建设；②充分考虑与装备方案密切相关的条令、组织、训练、装备、领导与教育、人员与设施等因素。对于每一个涉及新装备概念的方案，或是对现有的和计划中的装备项目进行改造的方案来说，方案的描述不必具体到使用哪个"系统"或"部件"，因此这些装备方案只落实到装备类型即可，不必具体到型号。如为了实现某种能力，其方法可能是简单地描述为"利用一种载有炸弹的无人机"，而没有必要详细说明使用哪种无人机或哪种炸弹。

3. 装备与非装备方案（AMA）分析

装备与非装备方案分析根据能力差距、军事行动的具体范围及其环境等因素，利用有效性测量方法来分析哪一种方案或哪几种方案的组合能提供所需的能力，这些方案如何同现有的一体化体系结构和能力以及未来能力联系在一起，从而得出一系列可行的装备与非装备方案及其相关的条令、组织、训练、装备、领导与教育、人员与设施等因素，并按优先级别对其排序。该分析步骤主要包括以下8部分内容：

（1）需求主办部门把从前几个步骤中获取的信息进行整理。此时，可能有许多方案都能提供所需能力。为此，需求主办部门要在联合参谋部J8局能力与采办处和相关的功能能力工作组的支持下，决定是否将这些信息提交给一个合适的研究机构，进行客观、独立的评估；否则，需求主办部门将自行实施装备与非装备方案分析。

（2）分析所有装备与非装备方案对未来作战能力需求的满足程度，也就是能全面消除能力差距还是部分弥补能力不足，弥补的程度有多大；根据需要，确定出非装备方案与用于交付所需能力的新装备项目的组合方案。

（3）利用评估分析过程中得到的数据评价每一个方案的技术成熟度、技术风险度、保障性、生存能力以及经济可承受性。

（4）评估每一个方案的作战风险及其条令、组织、训练、装备、领导与教育、人员与设施等因素。

（5）评价各方案对功能和跨功能领域的影响。

（6）评估方案提供的能力与现有能力相比是否有相对改进。

（7）对提出、实现并维持这些方案所需的费用与维持现有能力的费用进行对比和评价。

（8）必要时对附加方案进行市场调查，确定用商业项目或非专门研制项目能否满足所需能力，或经改进后能否满足所需能力；如果不能，就要重新评价需求，看需求是否能重新定义，以使这两种项目能够满足所需能力。

功能方案分析的结果得出各种潜在的弥补能力差距的方案，包括（按优先顺序排列）调整改革条令、组织、训练、领导与教育、人员与设施等的非装备方案；改进现有装备或设施；通过跨机构协作或与国外合作发展装备；以及启动新的装备项目。

在完成之后，主办部门要将CBA的结果或者为了识别能力需求和相关能力缺口而完成的其他研究的结果提供给联合参谋部初审官，以确保这些结果的可见性，并用于支持后续能力需求文件的审查。因为CBA是主办部门用于识别能力需求和相关能力缺口的手段以及用于确定能力需求文件中要求提交的其他信息的手段。因此，CBA不会通过

JCIDS 程序进行验证。在提交给联合参谋部初审官之前,主办部门将自行确定实施 CBA 并对其结果进行审批。

功能方案分析的结果(非装备的解决方案或装备的解决方案)是"联合能力集成与开发系统"分析过程最重要的成果。解决方案将以草稿的形式存入知识管理/决策支持数据库,并进入"联合能力集成与开发系统"审查过程。相关解决方案将根据审查过程中初审官、功能能力委员会等部门提出的意见,由需求主办部门进行进一步的修订与完善。

(四) 需求文件生成和细化

在主要分析过程结束后,将形成能力需求文件,主要有以下 5 类:

1. 初始能力文件

概况地讲,初始能力文件从功能领域、军事行动的相关范围、预期的效果和时间等角度出发,主要描述作战能力、能力差距、威胁、现有系统的缺陷、有效性评估、一体化的作战理论、编制体制、部队训练、武器装备、指挥管理、人员设施和政策对能力的影响以及限制条件等内容,将联合作战概念体系中确定的关键性能与功能领域分析中确定的能力紧密地联系在一起。

具体地说,初始能力文件概括了"作战理论、编制体制、部队训练、武器装备、指挥管理和人员设施分析"的结果,确定了用来消除能力缺陷的、在美国或联盟作战理论、作战概念、编制体制、部队训练和政策方面的变动;记录了对提供所需能力的装备和非装备方案的评估,并通过分析多种可行性方案及其作战理论、编制体制、部队训练、武器装备、指挥管理、人员设施以及政策因素,推荐一个关于装备和非装备方案的优先顺序清单,据此提出一系列基于相关成本、效能、可持续性、环境、人力因素和风险分析的解决途径;描述了这些方案如何提供所需联合能力以及如何将所需能力与联合作战概念体系或作战概念确定的关键性能联系在一起。

初始能力文件指定一个或更多的能力需求与相关的能力差距,如果遗留的差距不予缓解,有不可接受的作战风险。初始能力文件还建议,部分或完全地缓解所确定的非装备能力解决方案、装备能力解决方案,或者两者的结合的能力差距。对于每个"装备发展决策"(MDD),经确认的初始能力文件是必须的准入标准。

《初始能力文件》的格式与内容要求

初始能力文件

密级

能力名称:

可能的采办类别:

确认当局:

批准当局:

里程碑决策当局:

分类:联合需求监督委员会关注/联合一体化/联合信息/独立

为方案精选决策服务(或指明其他的采办决策点)

注:《初始能力文件》的每一段文字都应标上序号,以便于审查机构审查时进行查找或确定每段内容的关联关系。《初始能力文件》必须以微软 word 文档的形式提交。所有的《初始能力文件》必须清晰地注明版本号、提交日期,以及提交部门的范围(非保密的能力文

件也应注明提交范围),其目的是为了便于盟国或工业部门在采办过程的适当时间能够了解美军所需发展能力的情况。一体化体系结构产品应作为文件附件提交,以便于后续审查工作的开展。《初始能力文件》主体的内容(不包括附件的内容)理论上应不超过 10 页。

(1) 任务概念概述。描述文件所涉及能力有关的联合任务概念、作战概念与(或)联合司令部大纲指定的任务;在作战方面能提供怎样的结果;产生这样的作战结果必须达成什么样的影响;它如何向一体化联合作战部队提供支持;达到规定的作战结果需要发展什么样的能力。如果《初始能力文件》不是基于之前批准的作战概念制定,该作战概念的内容必须作为文件的附件提交,以供后续评审进行参考。

(2) 联合功能领域。指明适用的功能领域、作战应用的范围,以及适用的时间阶段。同时表明该《初始能力文件》所涉及的国防规划设想的内容。

(3) 所需发展的能力。描述功能领域分析确定的需要发展的能力及其时间节点。描述《初始能力文件》中所涉及的联合任务概念,并指出所需发展的能力对于实现联合作战司令部作战目标的重要性。指明相关能力遵守国防部、国家与国际政策与法规的必要性。确定《初始能力文件》所指的能力对联合能力领域的直接贡献。指明联合能力领域所确定的能力,并在《初始能力文件》中注明哪些能力内容是联合能力文件中所确定的。

(4) 能力缺陷、重复或冗余。

① 从作战的角度描述不能开展的使命、任务与功能,或受限的使命、任务与功能,或这些使命、任务与功能的开展何时及如何变得受限。确定能力缺陷的造成是由于现有能力缺乏有效的利用,或是不具备相关的能力,还是需重新调整现有能力的发展结构。确定存在重复建设或冗余的能力。

② 描述所需发展的能力的特征。对所需能力进行广泛的描述,有助于保证能力不仅仅限于某一特定的具体装备系统。确定能力的多种特征,并对其进行优先排序,有助于能力方案的审批机构更清晰地了解所需发展的能力。

③ 当存在多个能力缺陷时,需对这些能力缺陷进行优先排序。

④ 为了更清晰的反映出所需发展的能力,应对所有能力缺陷、性能参数以及相关的衡量标准进行制表。指出能力有效的门限值,同时指明能力缺陷的优先排序,及其关键的特征。这些是后续的《能力发展文件》与《能力生产文件》中建立能力与采办系统联系的基础。

⑤ 对于能力存在重复建设或冗余的领域,评估重复建设是否可以接受,或能力重复的情况是否广泛存在,并指明重复的能力是否应该取消,用于弥补能力的缺陷。

⑥ 对能力的定义应遵守以下两条规定:

规定①对能力的定义必须以量化的参数与度量标准对所需的性能特征进行描述,如时间、距离、效果、需要克服的障碍以及保障性等。

规定②对能力的定义必须兼具宏观性与具体性,宏观性描述应注意不因具体的描述而影响决策的制定;具体性描述应确保能够对所发展的能力实施备选方案评估。

能力描述表(举例)

优先顺序	联合任务顶层概念的特征	描述	联合能力领域	性能参数	最低值
		能力 1			

(续)

优先顺序	联合任务顶层概念的特征	描述	联合能力领域	性能参数	最低值
		特征 1		描述	最低值
		特征 n		描述	最低值
		能力 2			
		特征 1		描述	最低值
		特征 n		描述	最低值
		能力 n			
		特征 1		描述	最低值
		特征 n		描述	最低值

（5）威胁与作战环境。

① 描述作战环境,包括联合作战环境。

② 概述为能力开发提供保障的组织资源。概述当前与未来可能遭遇的威胁。参考当前国防情报局的威胁档案,以及军种情报生产中心提供的数据或资料,以支持基于能力的评估工作。

（6）功能方案分析概要。

① 非装备方法的设想。描述非装备分析的结果。指出美国或其盟国在条令、作战概念、战术、组织、训练、装备、领导与教育、人员、设施或政策方面的变化。

② 装备方法的设想。如果需采用装备方法弥补能力缺陷,应列出可能的所有装备方案。应利用国防部各部局、研究所、工业部门的经验,提供多样的装备方案,包括但军种方案、多军种方案、多业务局方案、盟国方案以及其他适当的系统体系或系统族方案。指出需要进行方案精选研究的领域。

③ 装备/非装备方法分析。概述装备方案与非装备方案如何弥补能力缺陷。在可能的情况下,使用联合需求监督委员会批准的功能领域一体化体系结构关键参数与衡量标准,以及美国批准的国际标准化协议。指出分析部门确定的所有方案。

（7）最终建议。

描述功能方案分析确定的最佳装备与/或非装备方案,应包括装备与非装备结合的方案。

① 描述非装备方法的建议。

② 描述装备方法的建议,该建议将在方案精选和技术开发阶段进行进一步的分析。

法定附件:

附件 A. 一体化体系结构产品。包括根据一体化体系结构制定的体系结构框架视窗产品。

附件 B. 参考文献。

附件 C. 缩略语列表。

其他附件:主文件中没有提供的支撑信息。

2. 联合变更建议文件

联合变更建议文件的全称是,联合"条令、组织、训练、装备、领导和教育、人员、设施,以及政策(DOTmLPF-P)变更建议"(DCR)文件,其目的是提议非装备能力解决方案,作为装备能力解决方案的替代或者补充。联合 DCR 文件建议,通过改变 8 个领域中的 1 个或多个,部分或完全地缓解一个或多个确定的、有非装备能力解决方案的能力需求,以及相关的能力差距。在联合 DCR 文件不是作为先前确认的初始能力文件的后继文件而生成的情况下,也指定能力需求和相关的能力差距,用于进行评估与确认。对于只涉及主办部门自身的非装备解决方案,DOTmLPF-P 变更建议无需纳入 JCIDS 程序,由国防部各部门自主管理,各部门可自行决定 DOTmLPF-P 变更建议,支持非装备能力解决方案。对于影响超出主办部门范围的需要起草联合 DOTmLPF-P 变更建议,由联合需求监督委员会或者联合能力委员会进行联合审查标。

联合 DOTmLPF-P 按照领域指定不同机构(见表 2.3),在起草和审查期间,向联合 DCRs 的主办部门,以及受影响的功能能力委员会提供与其特定的功能领域相关的建议。

表 2.3 联合 DOTmLPF-P 的"功能程序所有者"

DOTmLPF-P 领域	功能程序所有者
联合条令	联合参谋部/J7 局
联合组织	联合参谋部/J8 局(有 J1 局和 J5 局支持)
联合训练	联合参谋部/J7 局
联合装备	联合参谋部/J8 局
联合领导与教育	联合参谋部/J7 局
联合人员	联合参谋部/J1 局
联合设施	联合参谋部/J4 局
联合政策	联合参谋部/J5 局

3. 能力发展文件

在初始能力文件生成以后,武器装备发展即正式进入采办阶段。随着采办阶段的逐步深入,需求文件需要根据诸多新情况、新环境进行不断细化,以指导后续各阶段的采办工作。

能力发展文件包含了开发武器系统的关键性能参数、关键系统属性和"其他性能属性",详细规定能力需求,以及对于支持一个或多个装备能力解决方案增量的开发所必要的其他相关信息。在一体化体系结构、初始能力文件、备选方案分析和科技发展战略的指导下,能力发展文件概要说明了军事上有用、后勤上可保障、技术上成熟、经济上可承受的能力递增式发展过程,规定了包含可保障性和互操作性等在内的关键性能参数。由于这些性能参数可供试验鉴定机构在预期的联合环境下对拟议系统进行评估,因此它们对于采办机构来说非常重要,能辅助其设计拟议系统,并逐一纳入采办计划基线(APB)[①]。在进入里程碑

[①] 是一种包含采办计划最重要的成本、进度及性能参数(目标值和门限值)的文件,由阶段决策当局批准,并由计划主任和其直接的监督体系签署。

决策点 B 之前,能力发展文件必须完成更新、补充以及审批过程。

《能力发展文件》的格式与内容要求

能力发展文件

密级

能力名称:

可能的采办类别:

确认当局:

批准当局:

里程碑决策当局:

分类:联合需求监督委员会关注/联合一体化/联合信息/独立

为里程碑 B 决策服务(或指明其他的采办决策点)

注:文件的每一段文字都应标上序号,以便于审查机构审查时进行查找或确定每段内容的关联关系。《能力发展文件》必须以微软 word 文档的形式提交。所有的《初始能力文件》必须清晰地注明版本号、提交日期,以及提交部门的范围(非保密的能力文件也应注明提交范围),其目的是为了便于盟国或工业部门在采办过程的适当时间能够了解美军所需发展能力的情况。文件的草稿提交时应注明版本号。一体化体系结构产品应作为文件附件提交,以便于后续审查工作的开展。《能力发展文件》主体的内容(不包括附件的内容)理论上应不超过 35 页。

执行概要(不超过 2 页)

修订记录

内容列表(包括列表、数字与附件)

(1) 能力阐述。引用相关的《初始能力文件》与/或《军事效用评估》,以对相关的能力缺陷进行进一步的总结。对《初始能力文件》中关于预期的联合作战环境的内容进行更新。描述项目所提供的能力,及其如何与未来联合部队及一体化体系结构相联系。对能力的定义必须使用联合能力领域的通用语言描述。阐述渐进式采办的增量如何提供所需的能力。

① 阐述系统的操作环境。指明能力如何部署及其在何处部署。

② 如果《能力发展文件》是系统体系或系统族方案的组成部分,指明其源头的《联合能力文件》或《初始能力文件》,并阐述相关的其他《能力发展文件》、《能力生产文件》。

③ 指出与系统相关的批准的"联合能力集成与开发系统"文件。

④ 指出《能力发展文件》相关的联合能力领域。

(2) 分析概要。描述所进行的确定系统性能与关键性能参数的所有分析工作(如备选方案分析与/或其他保障性分析),包括备选方案、目标、标准、假设、建议与结论。分析方案与分析结果将在附件中提供。

(3) 任务概念概要。描述与该《能力发展文件》有关的联合任务概念、任务概念与/或联合司令部大纲规定任务的内容,指出相关能力将提供怎样的作战效果,产生什么影响,它如何与一体化联合作战部队相结合,产生预期的作战效果还需要什么能力。

(4) 威胁概要。概述预想的威胁环境,以及可能遇到的具体的威胁能力,包括威胁的本质、威胁的战术以及预期的威胁的能力。I 类或 ID 类采办项目必须参考当前国防情报局的威胁。其他项目可以参考军种情报生产中心提供的数据或资料。

（5）项目概要。对项目达到其完整能力的策略以及国防部当前确定的能力增量与项目其他增量的关系进行概述。项目能力增量采办的时间是非常重要的。应仔细制定能力增量采办的计划。应阐述各能力增量的采办策略,采办策略应反映出从前一增量采办中获得的经验教训,以及联合任务概念、任务概念或一体化体系结构或其他相关信息的变化。另外,应提供前一增量采办的最新状况。

（6）采办增量所需的系统能力。

① 对每一增量的特征进行描述,包括相关的发展理论与分析的参考资料。适当时,上述描述应包括系统的特定使用环境。应向项目主任提供其需要考虑的其他信息。

② 对每一增量采用基于结果的、可测量、可验证的方式进行描述。提供每一增量的门限值与目标值。当存在多个能力增量时,如果能力增量的门限值发生变化,应清晰地指出相关的变化情况。项目主任应使用这些信息向承包商提供激励措施,或在门限值与目标值之间进行能力权衡。对能力的这种描述方式将推动项目的系统工程工作,便于采办最优的产品。如果项目的目标值与门限值相同,应在文件中专门做出说明。

③ 对于使用递增式方法采办的信息技术系统,《能力发展文件》应描述 5 年内产品的发展目标,应指出 5 年后系统采办应达到的门限值与目标值。

④ 对增量的关键性能参数、关键系统特性与其他的性能特性的门限值/目标值列表进行描述。对于每一关键性能参数,确定联合任务顶层概念中未来联合部队应用的特征。

关键性能参数表（举例）

联合任务顶层概念的特征	关键性能参数	开发门限值	开发目标值
	关键性能参数 1	门限值	目标值
	关键性能参数 2	门限值	目标值
	关键性能参数 3	门限值	目标值

关键系统特性表（举例）

联合任务顶层概念的特征	关键系统特性	开发门限值	开发目标值
	关键系统特性 1	门限值	目标值
	关键系统特性 2	门限值	目标值
	关键系统特性 3	门限值	目标值

其他性能特性表（举例）

特　　性	开发门限值	开发目标值
特性	门限值	目标值
特性	门限值	目标值

⑤ 对于武器系统,所需的联合作战环境特性与性能参数必须作为武器系统安全性的基础进行说明。尽可能明确地确定能力的相关需求,以为武器系统全寿命过程的存储、处置、运输与使用提供保证,包括有关性能及特性的定性与定量的描述。

⑥ 根据一体化体系结构,制定《能力发展文件》网络战备关键性能参数。对于任何人工操作系统(与无人系统相对应)或用于提高人员生存能力的系统,必须提交部队防护

与可生存性关键性能参数。对于所有联合需求监督委员会关注类型的《能力发展文件》，必须提交系统持续能力关键性能参数。

⑦ 如果需求主办部门认为规定的关键性能参数不适用，需求主办部门应提供证明。

(7) 系统族与系统体系的同步。对于系统族与系统体系方案，《能力发展文件》的主办部门负责确保它与其他《能力发展文件》与《能力生产文件》中的解决方案协调一致，并且同步制定。这些相关的解决方案应与一个通用《联合能力文件》或《初始能力文件》相联系。《联合能力文件》的主办部门与相关的功能能力委员会，共同确保《能力发展文件》准确描述《联合能力文件》所提出的能力。

① 阐述该《能力发展文件》中所描述的系统与该能力其他系统的关系。阐述确保系统族/系统体系有效所需的顶层 DOTMLPF 与政策的变更。

② 制表简要描述该《能力发展文件》对《联合能力文件》与《初始能力文件》相关能力的贡献，及其与其他保障该能力的《能力发展文件》、《能力生产文件》的关系。

能力描述表（举例）

能　　力	《能力发展文件》的贡献	相关的《能力发展文件》	相关的《能力生产文件》	联合能力领域1和2
《初始能力文件》能力描述1（源文件）	简要描述该《能力发展文件》的贡献	《能力发展文件》标题	《能力生产文件》标题	
《初始能力文件》能力描述2（源文件）	简要描述该《能力发展文件》的贡献	《能力发展文件》标题	《能力生产文件》标题	
《联合能力文件》能力（源文件）	简要描述该《能力发展文件》的贡献	《能力发展文件》标题	《能力生产文件》标题	

(8) 信息技术与国家安全系统的保障性。对于接收或传输信息的系统，估算其带宽及其服务质量需求，以对其能力提供支持。《能力发展文件》中关于信息技术与国家安全系统保障性的描述来源于《信息安全规划》。

(9) 情报保障。明确并制定采办全寿命过程的情报保障需求。

(10) 电磁环境效应与频谱保障。确定电磁频谱需求。描述系统操作及其与美军、盟军、政府与非政府系统互操作的电磁环境。明确电磁干扰方面可能存在的问题。特别要明确电磁辐射对弹药、油料及人员的影响。

(11) 获得初始作战能力所需的资源。描述获得初始作战能力所需资源的种类及数量，并明确部署和使用初始作战能力的作战部队。

(12) 进度与初始作战能力、全面作战能力的定义。确定哪些工作将推动初始作战能力及全面作战能力的实现。明确获得初始作战能力的时间进度安排。

(13) 其他 DOTMLPF 与政策方面的考虑。阐述系统相关的 DOTMLPF 与政策方面的规定。重点阐述 DOTMLPF 与/或政策方面的考虑，并介绍两者可能的变化。阐述人-系统集成方面的考虑，它对系统有效性、适应性与可承受性具有重要影响。描述关键性后勤标准，如系统可靠性、可维护性、运输性、保障性等方面的标准。

(14) 其他系统属性。适当的情况下，确定与系统设计、成本及风险相关的属性，包括人-系统一体化、信息保护标准、信息保证及战时储备模式需求等。

(15)项目可承受性。经济可承受性是基于能力的评估方法中成本评估的重要内容。成本的内容将包含在《能力发展文件》中,包括系统相关的 DOTMLPF 及政策变更成本。《能力发展文件》中包含成本方面的内容,使需求主办部门对项目的可承受性更加重视。

法定附件:

附件 A. 网络完备关键性能参数。包括根据一体化体系结构制定的体系结构框架视窗产品。

附件 B. 参考文献。

附件 C. 缩略语列表。

其他附件:主文件中没有提供的支撑信息。

4. 能力生产文件

能力生产文件包含了生产的关键性能参数、关键系统属性和"其他性能统属性",以及其他的相关信息,规定能力的需求,以支持单个增量的装备能力解决方案的生产。对于每个里程碑 C 采办决策,经确认的能力生产文件是一个必需的准入标准。为了确保生产行动满足确认的需求,在里程碑决策当局放弃里程碑 C 的情况下,在"低速率初始生产"(LRIP)决策之前,或者在"低速率初始生产"不适用时的全速率生产决策之前,能力生产文件必须是确认的。

能力生产文件生成主要包括对以下内容的描述:作战能力,威胁,信息技术(IT)和国家安全系统(NSS)的可支持性,与一体化体系结构的相关性,所需能力,兵力结构以及有关作战理论、编制体制、部队训练、武器装备、指挥管理、人员设施以及政策方面的影响以及限制条件等。

能力生产文件与能力发展文件之间最大的区别在于,前者能够对后者提出的关键性能参数进行门限值和目标值的精炼和修订。以经提炼的关键性能参数为指导,采办机构能够对一项经济上可承受、技术上可支持的增量进行生产、确认与部署三方面的规划,从而形成相关的采办策略。这对于采办机构来说非常重要,能辅助其生成实现该增量的具体系统。与能力发展文件一样,能力生产文件要注意具体参数的标准化,且只有最重要的属性才能成为具有门限值和目标值的性能参数。

《能力生产文件》的格式与内容要求

能力生产文件
密级
能力名称:
可能的采办类别:
确认当局:
批准当局:
里程碑决策当局:

分类:联合需求监督委员会关注/联合一体化/联合信息/独立

为里程碑 C 决策服务(或指明其他的采办决策点)

注:文件的每一段文字都应标上序号,以便于审查机构审查时进行查找或确定每段内容的关联关系。《能力生产文件》必须以微软 word 文档的形式提交。所有的《能力生

产文件》必须清晰地注明版本号、提交日期,以及提交部门的范围(非保密的能力文件也应注明提交范围),其目的是为了便于盟国或工业部门在采办过程的适当时间能够了解美军所需发展能力的情况。文件的草稿提交时应注明版本号。一体化体系结构产品应作为文件附件提交,以便于后续审查工作的开展。《能力生产文件》主体的内容(不包括附件的内容)理论上应不超过30页。

执行概要(不超过2页)

内容列表(包括列表、数字与附件)

(1) 能力阐述。引用相关的《初始能力文件》、《能力发展文件》以及/或《军事效用评估》,以对相关的能力缺陷进行进一步的总结。描述项目所提供的能力,及其如何与未来联合部队及一体化体系结构相联系。阐述渐进式采办的增量如何提供所需的能力。对能力的定义必须使用联合能力领域的通用语言描述。

① 阐述系统的操作环境。指明能力如何部署及其在何处部署。

② 如果《能力生产文件》是系统体系或系统族方案的组成部分,阐述其源头的《联合能力文件》或《初始能力文件》,并阐述相关的其他《能力发展文件》、《能力生产文件》。

③ 指出与系统相关的批准的"联合能力集成与开发系统"文件。

④ 指出《能力生产文件》相关的联合能力领域。

(2) 分析概要。描述所进行的确定系统性能与关键性能参数的所有分析工作(如备选方案分析与/或其他保障性分析),包括备选方案、目标、标准、假设、建议与结论。分析方案与分析结果将在附件中提供。

(3) 任务概念概要。描述与该《能力生产文件》有关的联合任务概念、任务概念与/或联合司令部大纲规定任务的内容,指出相关能力将提供怎样的作战效果,产生什么影响,它如何与一体化联合作战部队相结合,产生预期的作战效果还需要什么能力。

(4) 威胁概要。概述预想的威胁环境,以及可能遇到的具体的威胁能力,包括威胁的本质、威胁的战术以及预期的威胁的能力。ID类采办项目必须参考当前国防情报局的威胁。其他项目可以参考军种情报生产中心提供的数据或资料。

(5) 项目概要。对项目达到其完整能力的策略以及当前《能力生产文件》确定的生产增量与项目其他增量的关系进行概述。项目能力增量采办的时间是非常重要的。应仔细制定能力增量采办的计划。

(6) 采办当前增量所需的系统能力。

① 对每一增量的特征进行描述,包括相关的发展理论与分析的参考资料。适当时,上述描述应包括系统的特定使用环境。

② 对每一增量采用基于结果的、可测量、可验证的方式进行描述。提供每一增量的生产门限值与目标值。当存在多个能力增量时,如果能力增量的门限值发生变化,应清晰地指出相关的变化情况。项目主任可以使用这些信息向生产承包商提供激励措施,以使承包商通过生产改进提高性能。

③ 对增量的关键性能参数和其他的性能特性的门限值/目标值列表进行描述。对于每一关键性能参数,确定联合任务顶层概念中未来联合部队应用的特征。

关键性能参数表(举例)

联合任务顶层概念的特征	关键性能参数	生产门限值	生产目标值
	关键性能参数1	门限值	目标值
	关键性能参数2	门限值	目标值
	关键性能参数3	门限值	目标值

关键系统特性表(举例)

联合任务顶层概念的特征	关键系统特性	生产门限值	生产目标值
	关键系统特性1	门限值	目标值
	关键系统特性2	门限值	目标值
	关键系统特性3	门限值	目标值

其他性能特性表(举例)

特性	生产门限值	生产目标值
特性	门限值	目标值
特性	门限值	目标值

④ 对于武器系统,联合作战环境特性与性能参数必须作为武器系统安全性的基础进行说明。尽可能明确地确定能力的相关需求,以为武器系统全寿命过程的存储、处置、运输与使用提供保证,包括有关性能及特性的定性与定量的描述。

⑤ 根据一体化体系结构,制定《能力生产文件》网络战备关键性能参数。对于任何人工操作系统(与无人系统相对应)或用于提高人员生存能力的系统,必须提交部队防护与可生存性关键性能参数。对于所有联合需求监督委员会关注类型的《能力生产文件》,必须提交系统持续能力关键性能参数。

⑥ 如果需求主办部门认为规定的关键性能参数不适用,需求主办部门应提供证明。

⑦ 系统族与系统体系的同步。对于系统族与系统体系方案,《能力生产文件》的主办部门负责确保它与其他《能力发展文件》与《能力生产文件》中的解决方案协调一致,并且同步制定。这些相关的解决方案应与一个通用《初始能力文件》相联系。《能力生产文件》的主办部门与相关的功能能力委员会,共同确保《能力生产文件》准确描述《联合能力文件》所提出的能力。

① 阐述该《能力生产文件》中所描述的系统与该能力其他系统的关系。阐述确保系统族/系统体系有效所需的顶层 DOTMLPF 与政策的变更。

② 制表简要描述该《能力生产文件》对《初始能力文件》相关能力的贡献,及其与其他保障该能力的《能力发展文件》、《能力生产文件》的关系。

能力描述表(举例)

能 力	《能力发展文件》的贡献	相关的《能力发展文件》	相关的《能力生产文件》	联合能力领域1和2
《初始能力文件》能力描述1(源文件)	简要描述该《能力发展文件》的贡献	《能力发展文件》标题	《能力生产文件》标题	

(续)

能　　力	《能力发展文件》的贡献	相关的《能力发展文件》	相关的《能力生产文件》	联合能力领域1和2
《初始能力文件》能力描述2(源文件)	简要描述该《能力发展文件》的贡献	《能力发展文件》标题	《能力生产文件》标题	
《联合能力文件》能力(源文件)	简要描述该《能力发展文件》的贡献	《能力发展文件》标题	《能力生产文件》标题	

(8) 信息技术与国家安全系统的保障性。对于接收或传输信息的系统,估算其带宽及其服务质量需求,以对其能力提供支持。在《能力生产文件》中的估算应当来源于里程碑C和重大改进后最新更新的《信息安全规划》。

(9) 情报保障。尽可能明确的制定采办全寿命过程的情报保障需求。

(10) 电磁环境效应与频谱保障。确定电磁频谱需求。描述系统操作及其与美军、盟军、政府与非政府系统互操作的电磁环境。明确电磁干扰方面可能存在的问题。特别要明确电磁辐射对弹药、油料及人员的影响。

(11) 获得全面作战能力所需的资源。描述获得全面作战能力所需资源的种类及数量,并明确部署和使用全面作战能力的作战部队。

(12) 进度与初始作战能力、全面作战能力的定义。确定哪些工作将推动初始作战能力及全面作战能力的实现。明确获得全面作战能力的时间进度安排。

(13) 其他DOTMLPF与政策方面的考虑。阐述系统相关的DOTMLPF与政策方面的规定。重点阐述DOTMLPF与/或政策方面的考虑,并介绍两者可能的变化。阐述人-系统集成方面的考虑,它对系统有效性、适应性与可承受性具有重要影响。描述关键性后勤标准,如系统可靠性、可维护性、运输性、保障性等方面的标准。

(14) 其他系统属性。适当的情况下,确定与系统设计、成本及风险相关的属性,包括人-系统一体化、信息保护标准、信息保证及战时储备模式需求等。

(15) 项目可承受性。经济可承受性是基于能力的评估方法中成本评估的重要内容。成本的内容将包含在《能力生产文件》中,包括系统相关的DOTMLPF及政策变更成本。《能力生产文件》中包含成本方面的内容,使需求主办部门对项目的可承受性更加重视。

法定附件:

附件A. 网络完备关键性能参数。包括根据一体化体系结构制定的体系结构框架视窗产品。

附件B. 参考文献。

附件C. 缩略语列表。

其他附件:主文件中没有提供的支撑信息。

5. 应急需求文件

应急需求文件包括"联合紧急作战需求""联合突发作战需求",以及国防部部门"紧急作战需求"等。此类文件记录和规范了由正在进行的,或者预期的应急作战所驱动的能力需求,如果没有实现,会导致能力的差距,导致不可接受的生命损失或者关键任务的失败。经确认的"联合紧急作战要求""联合突发作战要求",以及国防部部门"紧急作战要求",或者其他经确认的能力需求,对于启动快速采办工作,是必要的前提,尽量在不到两年的时间内提高部署能力。

能力需求文件作为需求主办部门的一种手段,以记录新的或改进的能力需求与相关的能力差距,以及有关的其他信息,用于审查和确认。能力需求文件通常只有在需求主办部门认定,未缓解的能力差距的作战风险是不可接受的情况下才会提交。

(五) 关键性能参数、关键系统属性和其他性能属性的确定

关键性能参数、关键系统属性和其他性能属性都是项目采办所需的技术性能参数,包含在三个能力文件中,并逐步细化,为相关的里程碑决策当局对项目实施审查,决定其是否进入下一阶段的采办工作提供了依据,为采办工作提供指导。

1. 相关概念

关键性能参数(KPP)。关键性能参数是指对有效军事能力开发具有关键作用或至关重要的系统性能属性。如果系统未能满足验证的关键性能参数阈值,会触发验证机构对系统的审核,而且如果无法满足关键性能参数阈值的话,需要对相关系统的作战风险和/或军事公用设施进行审评估。该审核可能会导致对更新的关键性能参数阈值进行验证、对生产增量进行修改或者建议取消项目。

关键系统属性(KSA)。关键系统属性是指对实现系统的平衡解决方案/方法具有重要作用的系统性能属性,但是其关键作用程度尚不足以分配一个关键性能参数。

其他性能属性(APA)。其重要性尚不足以被认为是关键性能参数或关键系统属性的系统性能属性,但是仍旧适合包含在能力发展文件(CDD)或能力生产文件(CPD)中,该类系统性能属性被认为是其他性能属性(APA)。

关键性能参数(KPP)、关键系统属性(KSA)和其他性能属性(APA)要使用阈值/目标值的格式进行表达,并将关键性能参数(KPP)完全包含在采办计划基线(APB)中。上述表达所使用的参数反映了系统的性能测量(MOP),而并非是执行任务时的有效性测量,因为有效性测量应该根据初始能力文件(ICD)和DODAF CV-3中确定的能力需求进行评估。上述表达的选择应该具有可测量性和可测试性,而且能够为高效和有效的试验鉴定(T&E)提供支持。应该尽量减少主办部门具体规定的关键性能参数(KPP)、关键系统属性(KSA)和其他性能属性(APA),以维持计划的灵活性。

其中,阈值也就是门限值,未达到阈值的性能不具有作战有效性或适合性,或者可能无法提高当前的能力。如果性能低于阈值水平的话,必须通过背景环境说明哪些作战影响或风险是无法接受的。按照预期的生命周期成本、计划和技术,关键性能参数(KPP)、关键系统属性(KSA)和其他性能属性(APA)必须能够达到规定的阈值,这种情况才属于中低风险,否则将提高风险级别。目标值指的是可以实现的期望的作战目标,但是在生命周期成本、计划和技术方面存在较高的风险。当较高水平的性能在作战公用设施中出现明显提高的话,目标值是可以适用的。如果性能将达到目标值的话,必须通过环境背景说明哪些作战影响或风险可以进一步缓解。如果适用的话,高于目标值的性能不能成为额外支出的理由。

权衡空间是指阈值与目标值之间的差值,它为多个关键性能参数(KPP)、关键系统属性(KSA)和其他性能属性(APA)的平衡设定了区间,但是仍保持在阈值水平以上。技术进步或者批准服务和联合概念的变化,可能会导致在未来增加能力解决方案时提议更

改阈值和目标值。

强制性关键系统属性(KSA),主要包括以下7个方面:

① 部队保护(FP)关键性能参数(KPP)。部队保护关键性能参数旨在确保为居住者、使用者或者可能受到系统不利影响或对系统有威胁的其他人员(除了敌对力量之外)提供保护。尽管部队保护关键性能参数可能包含许多与系统可生存性KPP相同的属性,但是部队保护关键性能参数的目的是强调对系统操作者或者其他人员提供保护,使其免受动能和非动能火力、CBRN(化学、生物、放射与核)和环境效应的侵害,而不是保护系统本身及其能力。部队保护关键性能参数适用于能力发展文件(CDD)和能力生产文件(CPD),强调通过系统装备或设计来提高人员的可生存性。

② 系统可生存性(SS)关键性能参数(KPP)。系统可生存性关键性能参数旨在确保系统能够在适用的威胁环境下维持其关键能力。系统可生存性关键性能参数可能包括:通过速度、可操纵性、可探测性和对抗措施等属性来降低系统受到地方炮火攻击的可能性;通过装甲和关键部件冗余等属性来降低受到敌方攻击时的系统可生存性;实现在恶化的EM、空间或网络环境中作战;如要求的话,使系统能够在曝露于CBRN(生物、化学、放射与核)环境后仍然能够生存和继续使用。在系统之系统方法中,可能还包括与整体架构完成任务的能力相关的弹性属性(尽管会失去个别的系统)。系统可生存性关键性能参数适用于所有的能力发展文件(CDD)和能力生产文件(CPD)。

③ 可维持性关键性能参数(KPP)。可维持性KPP旨在确保具有可用于任务派遣的足够数量的能力解决方案,应以支持作战任务。支持可靠性关键系统属性(KSA)以及使用与保证(O&S)成本关键系统属性(KSA)可以确保可维持性KPP在其作战环境中具有可实现性和可负担性。同时,关键性能参数(KPP)和支持性关键系统属性(KSA)确保可以在早期进行可维持性规划,从而促使需求与采办团体能够使用可负担的生命周期成本,为作战人员提供具有最佳可用性和可靠性的能力解决方案。可维持性KPP适用于所有的能力发展文件(CDD)和能力生产文件(CPD)。

④ 网络就绪(NR)关键性能参数(KPP)。网络就绪关键性能参数旨在确保新的和修订的信息系统(IS)能够在最大实际程度上与国防部架构和基础设施相适合。NR KPP适用于信息系统-初始能力文件以及所有强调了信息系统的能力发展文件(CDD)和能力生产文件(CPD),而无论信息系统(IS)处理的数据保密级别或敏感性如何,除非在参考内容rrrr中被界定为非DODIN信息技术。

⑤ 能源关键性能参数(KPP)。能源关键性能参数旨在通过实现系统能源性能平衡和提供作战指挥官在适用威胁环境下要求的系统/部队维持所需要的能源,确保部队的战斗能力。能源关键性能参数包括但不限于在作战人员所需能源后勤供应的背景环境下,对能力解决方案中的燃料和电力需求进行优化,因为这直接影响到部队提供和保护关键能源供应品的责任。能源关键性能参数包括系统中的燃料和电力需求考虑,其中包括在延长时间内进行必要的"离网"运行所需要的燃料和电力,而且要与战略分析支持(SSA)成果相一致。如果能源需求降低是不切实际的或者不足以满足预期的能源供应,则必须在文件中对能源供应链做出补充性的DOTmLPF-P变更,以满足增加的能源需求和能源关键性能参数。能源关键性能参数适用于所有的能力发展文件(CDD)和能力生产文件(CPD)。其中,系统能源性能和系统能源供应的平衡(包括燃料和电力)影响了作

战范围或者要求对后勤供应链中的能源基础设施或能源资源进行保护。

⑥ 训练关键性能参数。训练关键性能参数旨在确保将培训能力中的装备方面包含在能力发展文件(CDD)和能力生产文件(CPD)所规定的能力解决方案开发中(如适用的话)。训练关键性能参数中的非装备方面要作为能力发展文件(CDD)和能力生产文件(CPD)中 DOTmLPF-P 章节的一部分。例如,潜艇作战中的较长任务期限可能需要作战人员使用训练关键性能参数,具体规定需要整合到武器系统中的特定训练和模拟能力。任务期限较短的其他武器系统可能具有更大的灵活性,因此具体的训练方法不需要由作战人员口授,而是由训练专家确定最有效的训练方法。训练关键性能参数适用于所有具有装备训练要求的能力发展文件(CDD)和能力生产文件(CPD),并口述能力解决方案的具体作战性能特性。

⑦ 强制性关键性能参数要求的认证或许可。在对能力发展文件(CDD)和能力生产文件(CPD)进行验证之前,评估机构要将关键性能参数认证或许可提供给主要功能能力委员会(FCB),并在许可中同意不要求强制性关键性能参数或者主办部门必须做出变更,以接收认证或许可。

如果要放弃强制性关键性能参数,一般要求所有的强制性关键性能参数,除非在对能力需求文件进行验证之前已经有具体规定。如果主办部门认为某个强制性关键性能参数不适合于某个能力解决方案的作战环境,则主办部门应该说明该关键性能参数不适合的理由。

2. KPP、KSA 和 APA 的制定

主办部门根据系统性质及其预定能力将适当的属性指定为 KPP、KSA 和 APA。对于具有 JROC 或 JCB 利益的,JCB 或 JROC 可以将其他属性指定为 KPP、KSA 或 APA,或者根据 FCB(功能能力委员会)的建议对阈值或目标值进行修订。

(1) 初始问题。对于我们正在确定的增量,在选择某个性能属性作为 KPP、KSA 或 APA 之前,要将以下问题研究清楚:

① 性能属性能否追溯到以及某个必要的成分是否能够满足初始能力文件(ICD)中验证的能力需求的一个或多个作战属性或者能力发展文件(CDD)或能力生产文件(CPD)中记录的其中一个系统强制性 KPP?

② 如果在无法满足阈值的情况下对项目继续进行的价值产生怀疑时,性能属性的阈值是否有助于大大提高作战能力、作战有效性和/或作战适合性?

③ KPP、KSA 和/或 APA 的必要组合及其阈值/目标值的确认方式是否允许对作战环境下实现任务成功的能力进行评估? KPP、KSA 和/或 APA 组合是否与作战概念(CONOPS)和/或作战模式汇总/任务概述(OMS/MP)文件相一致? 例如:如果某个单独的系统包含了 KPP、KSA 和/或 APA,比如射程、有效载荷和留空时间,系统不同的任务可能要求 KPP、KSA 和/或 APA 以不同的方式进行组合。单独满足每一个 KPP、KSA 和/或 APA 可能不会带来任何任务价值,也不会使作战与作战模式汇总/任务概述(OMS/MP)相一致。即在没有任何弹药或留空时间的情况下满足要求的射程,在没有任何射程或留空时间的情况下满足要求的有效载荷或者在没有任何射程或有效载荷的情况下满足留空时间。在没有单独任务环境下,使用任何任务要求的最大值满足每个 KPP、KSA 和/或 APA 组合时,可能允许作战与作战模式汇总/任务概述(OMS/MP)相一致,但是会导致过于昂

贵的或者无法实现的能力解决方案。即将短期超重任务要求的有效载荷与空运航行任务要求的范围以及轻型装甲的监督任务所要求的留空时间相组合,不能适当反映出系统的能力要求,也不能反映出测试实施的条件。

④ KPP、KSA 或 APA 的推荐阈值和目标值是否能够反映出合理的作战风险、适用的技术成熟度、要求的能力时间表和分析支持?

⑤ 考虑到预期生命周期成本以及服务和国防部预期总支付授权(TOA)对未来几年国防计划(FYDP)和 30 年计划的限制,KPP、KSA 或 APA 的阈值是否是可实现和可承受的?

(2) 试验鉴定(T&E)要考虑的因素。主办部门必须以可测量和可测试的方式创建 KPP、KSA 和 APA,而且其定义方法应该支持进行有效和高效的试验鉴定(T&E)。如,在测试中需要达到的某种高耐受性;类似于 0%/100%、所有探测器、全天候、所有时间/没有时间、无/每个情况等一般不可能达到的值,都要避免涉及。

在具体规定 KPP、KSA 和 APA 时,其他选项可能要求更高的或更低的试验鉴定(T&E)资源。如概率度量的测试成本是比较昂贵的,因为要求使用较大的样品尺寸来确保试验结果的可信度。但是,如果可以派生出与概率度量相关的其他有意义的连续性度量,则试验鉴定(T&E)资源可能会大大减少。

在 KPP、KSA 和 APA 的开发期间,主办部门和试验鉴定(T&E)团体之间的互动作用可以帮助确定具有更加可测试性的备选方案。

(3) 样品开发方法。下述程序步骤是进行 KPP、KSA 和 APA 开发的一个方法:

① 根据能力发展文件(CDD)或能力生产文件(CPD)的描述,列出每项任务或者每个功能的能力需求。该审核工作应该包括 CDD/CPD 所述系统需要满足的所有能力需求,包括与系统系列(FoS)或系统之系统(SoS)相关的能力需求。还应该包括初始能力文件(而且 CDD/CPD 为初始能力文件提供了一项能力)中确定的所有相关性能度量。

② 对每个联合功能相关的性能属性列表进行审核,以确定其潜在适用性。编制一份有关潜在性能属性的清单,而且该清单中应该包括:对满足初始能力文件(ICD)中验证的能力需求的作战属性和相关值具有至关重要作用的任何其他性能属性。

③ 对于每个关键任务或功能,每个上一步骤中所述的清单作为起始点,至少创建一个可测量的性能属性,但是不要将其指定为 KPP、KSA 或 APA。

④ 确定对系统最具有关键性或重要性的性能属性,并将其指定为关键性能参数(KPP)。其他重要的性能属性可以指定为关键系统属性(KSA)或者其他性能属性(APA)。需要注意的是,不需要为系统的所有任务和功能创建关键性能参数(KPP),因为可以在没有顶层关键性能参数(KPP)的情况下使用关键系统属性(KSA)或者其他性能属性(APA)。相比之下,有一些特定的任务和功能可能要求两个或多个关键性能参数(KPP)。

⑤ 以文件的形式记录:关键性能参数(KPP)、关键系统属性(KSA)和其他性能属性(APA)如何追溯到初始能力文件(ICD)和相关国防部体系结构能力视图 3(DODAF CV-3)或者其他前继文件中确定的能力需求的作战属性和相关值。这确保了关键性能参数(KPP)、关键系统属性(KSA)和其他性能属性(APA)在支持任务成果和相关期望效果方面的一致性。

⑥ 为关键性能参数(KPP)、关键系统属性(KSA)和其他性能属性(APA)设定阈值和目标值。阈值应该以实现要求的作战效果所需要的最低性能为基础,尽管可以通过系统可承受的生命周期成本并使用当前的技术水平来实现。技术可实现性是以性能交付后的技术已经达到了里程碑 B 阶段的成熟度为基础的;或者正在使用的系统或子系统性能在里程碑 B 阶段之前已经达到了 6 级技术成熟度或更高。如果增加的性能水平导致作战效应明显增加或降低(使用系统可承受的生命周期成本来增加或降低该作战效应),则应该界定目标值。并不是每个 KPP、KSA 或 APA 都必须有一个与阈值不同的目标值。

(4) 阈值和目标值的细分。KPP、KSA 或 APA 的阈值和目标值可能会在能力发展文件(CDD)和能力生产文件(CPD)之间发生变化。在工程与制造开发(EMD)期间,能力发展文件(CDD)中具体规定的 KPP、KSA 或 APA 的开发阈值和开发目标值可以为采办团体提供指导。

在工程与制造开发(EMD)期间,考虑到增量所需要的可用技术以及将子系统合并到整体系统时产生的竞争需求,要实现阈值和目标值之间的权衡,以便确保性能最优化。

如果特定的 KPP、KSA 和 APA 可能对生命周期成本、性能、计划和数量审核方面的较小有利偏差具有不敏感性,则在阈值和目标值时(以及近似值),通过探索增量投资回报对成本能力权衡进行更深入的分析可能会对决策者有益。

在完成关键设计审查(CDR)之后,这些权衡决策已经基本上完成,因而需要在能力生产文件(CPD)中更加准确的确定可接受的性能。

对于每个生产阈值,应该根据采办工作的工程与制造开发(EMD)阶段的具体情况进行评估。能力生产文件(CPD)中的 KPP、KSA 和 APA 阈值一般意味着具有与相应能力发展文件(CDD)中的阈值相当的或更高的性能。如果能力发展文件中的 KPP、KSA 或 APA 阈值可能会在能力生产文件(CPD)中降低,则必须在能力生产文件(CPD)中解决下述问题:

① 性能低于原始阈值会对军事公用设施和作战风险带来什么影响?②如果计划使用新的能力解决方案替代已投入使用的能力解决方案的话,是否依旧能够提供比原来的能力解决方案更多的整体军事公用设施?③降低能力解决方案的性能是否依旧是一个满足能力需求和缩小相关能力缺口的好方法?或者是否应该考虑使用一个不同的装备或非装备性的替代方法?④降低的能力解决方案性能是否值得为了继续完成项目而进行额外的投资?⑤为了维持原来的阈值性能,可能需要将投资增加到什么程度?如果需要增加投资的话,在保持低于预期总支付授权(TOA)的情况下需要从何种渠道获取额外的资金?而且在额外资金来源方面存在什么样的作战风险?

对于采办所用增量方法中的早期增量,增量的生产目标值降低于开发阈值,并在后期增量中提供相当于或高于阈值的性能。在这种情况下,必须制定早期增量的升级计划,以满足阈值,或者使用早期增量来支持较少的需求任务,并使用后期增量来支持更多的需求任务。

只要那些要求进行重新验证的作战环境或威胁没有发生变化,主办部门还可以在 KPP、KSA 和 APA 的阈值和目标值之间规定一个权衡空间,以便为能力解决方案的后期升级提供支持,而且不需要对能力需求文件进行重新验证。

3. 降低关键性能参数要求

在对军事需求进行验证时,联合需求监督委员会(JROC)鼓励需求主办部门与阶段决策当局(MDA)进行协调,从而当成本效益分析表明之前验证的关键性能参数(KPP)可能会导致成本与交付给作战人员的能力不相称时,要求验证机构降低需求。主要有以下几种情况:

随着时间而发生的环境变化。虽然能力需求文件中记录和验证的关键性能参数(KPP)(以及 KSA 和 APA)代表了验证机构在某个瞬间提供的最佳军事建议,但是根据采办活动获取的知识、战略指南的变更、外部威胁、任务需求或者预算现实,可能会适当的降低之前已验证的关键性能参数(KPP)。

考虑的预算因素。因为在要求降低需求时并没有限制,所以应该在降低关键性能参数(KPP)时应该适当的考虑,尤其是当明显的成本节省可能会对作战能力带来边际影响时。即如果阈值降低时涉及到的作战风险最低的话,可以花费 15%的项目预算来获取至少 3%的关键性能参数阈值。

关键性能参数(KPP)验证后的变更权一般由验证机构拥有,并将关键系统属性(KSA)和其他性能属性(APA)的变更权分配给主办部门,除非验证备忘录中另有具体规定。

4. 潜在的 KPP、KSA 或 APA 性能属性

对于联合能力为基础的系统来说,下述清单可以帮助识别该系统的潜在 KPP、KSA 和 APA。对每个特征都进行了定义,并提供了一份有关潜在性能属性的清单。该清单并没有覆盖全部内容,而且主办部门可以确定其他的性能属性,开发 3 类性能属性程序的一部分。

(1) 指挥与控制(C2)。C2 指的是指挥官在完成任务的过程中对分配和派遣的部队力量行使权力和命令,主要有以下一些方面:

① 联系-探测范围/时间、甄别时间、分类时间以及确定为敌对力量/非敌对力量所需要的时间。

② 信息-创建、存储、发现、访问、修改或重新进行配置的能力。

③ 精确的交战决策/交战顺序。

④ 自动化任务规划-质量、及时性和可用性。

⑤ 初始报告-精确度和速度。

⑥ 在采用移动/非移动手段时的通信吞吐量。

⑦ 相互适应性-与新的和/或遗留的系统。

⑧ 网络就绪。

⑨ 与特定的探测器/装置进行联网。

⑩ 波形兼容性。

⑪ 内部增长。

⑫ 支持的广播类型/可扩展性。

⑬ 数据-传播-分配速率/更新速率。

⑭ 在同一网络中的多信道路由/转发/操作。

⑮ 可变数据速率能力。

⑯ 编码消息错误概率。

⑰ 频率范围。

⑱ 传输数据的精确度。

⑲ 指挥与控制数据的安全性。

(2) 战场感知(BA)。通过利用所有信息来源(包括情报、监测、侦察和海洋水文气象(METOC)),对部署与意图以及作战环境的特点和条件进行理解的能力,而且该类能力对国家和军事决策产生影响,主要有以下一些方面:

① 覆盖区域/焦点区域。毗连的区域(视野较宽和狭窄区域),同步区域和天气图覆盖区。

② 监测系统/探测器/通信等的范围,包括平台范围和作战特性(作战海拔高度、中途加油和不加油时的航程、无人机飞行(TOS)等);在不同的天气状况下,所有机载探测器距离目标的有效范围;要求的基础设施(地面站、继电器、卫星通信(SATCOM)等)。

③ 持久性,包括目标驻留时间,一旦确定目标后的持久性,易受自然环境影响性－日间/夜间/不利天气状况,易受对抗策略的影响性－拒绝或反对访问,重访频率或间隔。

④ 及时性,包括探测器定位或重新定位的时间,汇报时间(一旦收集到数据,发送给请求用户的时间)。

⑤ 探测器性能,包括收集到的带宽范围,定位精度,国家图像解译度分级标准(NIIRS)或者地面采样间距(GSD),探测器搜集所覆盖的频谱。

跟踪探测器,最低可探测到的速度,定位精度,保持跟踪的能力－时间、目标类型和多目标跟踪能力。

⑥ 处理和利用,包括每小时处理的图像,图像质量,图像判读性,地理空间精度,数据标记和分类标记的精度。

⑦ 分析、预测和生产,包括对各个来源的知识和信息进行集成、评估、解读和预测的能力,以便开发情报和预测未来状况;数据融合－能够融合到一起的数据源数量、能够融合到一起的JNT的类型以及融合数据的精确度;数据挖掘时间 vs. 数据分析、预测和生产时间。

⑧ 战场感知(BA)数据发布与中继,包括对所有适当数据来源的信息进行发现和检索的能力－信息检索时间以及检索信息的质量;对用户和机械进行认证的能力,并就其信息访问做出授权决策;通过媒体链路将数据从数据收集者发送到处理站的能力;通过适当的能力、连续性和可靠性为数据中继提供支持的能力。

⑨ 气象与海洋学,包括空间气象与宇宙地球物理学,大气垂直水分廓线(制作该廓线的时间以及该廓线的精确度),全球海面风(制作该廓线的时间以及该廓线的精确度),大气温度垂直廓线(制作该廓线的时间以及该廓线的精确度),影像和影像质量,海洋表面温度水平分辨率,土壤水分(表面)探测深度,海面状况 － 波浪高度、海流、雷暴效应,海洋测深学、海底山、其他航行危险。

⑩ 情报任务数据(IMD)。为了对战场(白色、红色、灰色和蓝色)进行准确的特征描述、识别和响应而要求的情报和其他数据:地理空间情报(GEOINT)数据类型、区域或全国范围内的相关规范;特点与性能(C&P)数据类型、区域或全国范围内的相关规范;签字数据类型、每个平台的发射器参数数据以及区域或全国范围内的相关规范;作战序列(OOB)类型、区域或全国范围内的相关规范;电子战综合重组(EWIR)情报数据类型、每个平台的发射器参数数据以及区域或全国范围内的相关规范。

(3) 火力(使用可用的系统而对目标造成特定杀伤性或非杀伤性效果),主要包括:
① 武器,发射器上的发射发射包线/发射重量/发射数量。
② 平台,系统/发射器/发射存储容量。
③ 武器,离轴发射角、离轴瞄准角、不利天气状况、日间-夜间。
④ 拦截/圆概率误差。
⑤ 可接受的作战序列时间。
⑥ 任务响应时间,包括提升攻击力/发射/重射/武器发射率,战斗出动强度生成/维持/增加,飞行中的武器重新设定目标。
⑦ 探测作战场景。
⑧ 预计局部破坏。
⑨ 杀伤概率/任务击杀概率-击中概率、最大可容许的圆概率误差(CEP)或者任务距离。
⑩ 武器射程。
⑪ 哑弹或未爆炸武器(UXO)出现的几率。

(4) 运动和机动,在开始作战行动之前确保位置优势和利用战术成功来安排联合部队开展活动、主要作战任务和其他紧急任务,以确保实现作战和战略目标。主要包括:
① 飞行器,地面起飞距离/船上起飞-返回参数/甲板位置因素。
② 飞行器,爬升率-爬升梯度/过载能力。
③ 飞行器,垂直短距离起飞和降落/空中加油/空域类型/海拔高度(最大-最小-空中待命-拦截)。
④ 潜水载具-地面起飞位置/与其他潜水载具的兼容性。
⑤ 陆地车辆-可操作性、稳定性、涉水深度。
⑥ 平台范围-最大/最小/作战任务半径。
⑦ 潜水载具-吃水深度/重量/稳定性/电力装机容量/试验深度/海面状况限制。
⑧ 在飞机/航空母舰/舰船上的兼容性;与其他平台/系统/子系统/弹头/发射器的物理兼容性。
⑨ 平台速度-最大/最小/巡航/侧翼/可持续/加速/陆海空。
⑩ 与预计搭载平台相适合的重量/体积。
⑪ 运输飞机/车辆/货物/燃料/乘客/军队/机组人员的能力。
⑫ 承载能力。
⑬ 平台可运输性。
⑭ 自身部署能力-范围、准备/返回所需要的时间。
⑮ 货物驳运速率。
⑯ 平台具体规定的时间表。

(5) 防护,通过积极的防御措施、被动的防御措施、技术与程序应用以及紧急管理和响应来保持联合部队的战斗潜力,主要包括:
① 访问和控制。
② 威胁挑战-应解决方案略/雷达目标有效截面尺寸/多重数量。
③ 抵抗打击/爆炸/洪水/震动/CBRN效应的能力。

④ 保证与国家、导弹防御、和核力量的通信。

⑤ 屏蔽,辐射噪声/活动目标强度/雷达目标有效截面/电磁静态/无线电频率信号。

⑥ 网络安全,通过信息可用性、完整性、认证、机密性和不可否认性来保护或确保和防御信息和信息系统的能力。这些措施包括通过合并保护、探测与反应能力来恢复信息系统。

⑦ 困境阻力,在作战过程中试图抵御或对抗任何破坏或毁坏我方系统的敌对活动的能力。

⑧ 战术、技术和程序/应解决方案略。

⑨ 干扰能力-降低敌方的跟踪时间以及侦测范围。

(6) 可支持性—提供必要的后勤与人员服务,以保持装备可用性和支持作战,直到完成任务。

① 后勤足迹,有效的保持战场系统所要求的装备、机动性和空间。持久作战,在没有后勤补给或支持的情况下,在给定时间框架内的作战环境下使用系统的能力。

② 时间,系统为作战后勤考虑因素提供支持的能力,比如限制性作战和全规模作战的后勤关闭率。

③ 可维修性,将系统恢复到正常功能或使用状况的能力。一般表示为平均不可用时间、平均维修时间或者易于维护性计算。可以考虑作为 KSA 或 APA 的从属属性为:修复性维护,在出现故障之后,为了将系统、子系统或组件恢复到要求的状况所实施的所有行动;任务维修性,将系统保持在或恢复到具体规定的任务状况的能力;维修压力,与系统需要的维修人力相关的可维修性措施。

④ 可支持性,在给定的准确度百分数下,系统在特定子系统等级下对故障进行识别和/或预测的能力。潜在属性包括健康管理、预测与诊断能力、以条件为基础的维护+使能器、支持性设备和部件通用性。可以考虑作为 KSA 或 APA 的从属属性为:嵌入式测试(BIT)故障检测——种记录的嵌入式测试(BIT)指示措施,用于指明确认的硬件故障;嵌入式测试(BIT)故障隔离——种记录的嵌入式测试(BIT)指示措施,用于正确的识别故障可更换装置,而且通过直接识别的方式或者通过规定的维修步骤;嵌入式测试(BIT)误报警——种记录的嵌入式测试(BIT)指示措施,在没有发生故障的情况下显示存在故障;

⑤ 成本,作为使用与保障(O&S)成本的关键系统属性(KSA)的一部分,一般表示为总使用与保障(O&S)成本,且无论能力解决方案在预期生命周期内的融资来源如何(以基准年美元金额)。

⑥ 可运输性和可部署性,在部门运输基础设施内对系统进行移动和部署的能力。

二、需求审查

"联合能力集成与开发系统"审查是指对"联合能力集成与开发系统"过程中生成的主要需求文件——《初始能力文件》、《能力发展文件》以及《能力生产文件》的草案进行的审查,目的是确保其正确性和有效性。评估的结果直接关系到该文件能否得到相关部门的批准,从而用于指导采办活动。

据图 2.5 所示,以✖符号为节点,本文将"联合能力集成与开发系统"的评估流程分为审查前的准备工作、具体的审查过程以及审查后的确认与批准工作 3 个部分。

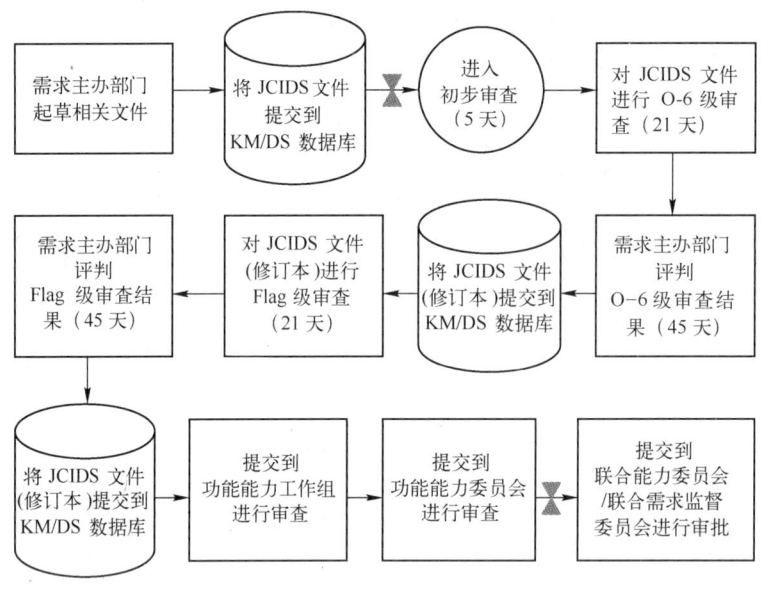

图注：KM/DS—"知识管理/决策支持"系统；
　　　JCIDS—联合能力集成与开发系统；
　　　O-6级—上校级；
　　　Flag级—将官级。

图 2.5　联合能力集成与开发系统文件的基本评估流程

（一）审查前的准备工作

在正式审查之前，需求主办部门要先起草相关的需求文件草案。联合部队司令部等功能领域部门将帮助需求主办部门做好准备工作，以确保需求文件草案中联合需求的正确性、有效性以及与联合作战概念的一致性。

接下来，需求主办部门将需求文件草案提交至国防部的"知识管理/决策支持"系统。该系统是一种能够支持功能能力评审的数据库，主要用于向联合参谋部各上校级和将官级的成员递交需求文件草案，待其审查后将审查意见返回到需求主办部门；同时还能储存文件、寻找有关文件的历史信息并及时跟踪文件的发展情况。不同类型的需求文件草案，其输入数据库的方式也互不相同。

密级低于"机密"级的需求文件草案（包括"机密"级）应该以微软 word 6.0 版本或更高版本的电子文档形式输入数据库，并作为永久记录被保留下来的；

密级为"最高机密"的需求文件草案要做特殊处理，输入数据库时要以占位符的形式记录其位置，而不宜直接标识；

高度敏感项目的需求文件草案应遵循相应的分级指南和操作流程，通过硬拷贝的形式交给联合参谋部 J8 局能力与采办处；

通过特殊途径获取的需求文件草案不会在该数据库中记录。

此外，所有准备由联合需求监督委员会审批的需求文件草案，提交时最低要由需求主办部门的三星级将军或同等级别的负责人签字认可，联合需求监督委员会才予受理审批。

（二）具体的审查流程

需求主办部门将需求文件草案递交到"知识管理/决策支持"系统之后，审查过程正式开始。在具体展开的审查流程中,需求文件草案将接受全方位审查,以确保草案中的需求建议能在最大限度上弥补分析流程所确定的能力差距,同时满足未来作战的联合需求。该过程分为初步审查、广泛审查以及功能能力委员会审查三个部分。

1. 初步审查

在联合部队司令部、作战计划与协调局(J-7局),功能能力委员会功能能力工作小组和联合参谋部J8局能力与采办处等机构的协助下,初审官将对文件进行初步审查,评估需求文件草案中所提出的建议对联合作战的影响,并将文件草案分派给适当的人员进行详细审查。

如图2.6的实线图所示,当联合参谋部通过"知识管理/决策支持"系统收到一份需求文件草案(每周二)时,初审官将通过联合能力标识过程,依据草案内容对联合作战的影响,对照国防部采办项目等级的划分方法,利用联合能力标识符对文件草案进行标识。联合能力标识符分为四类:"联合需求监督委员会关注"类、"联合一体化"类、"联合信息"类和"独立"类。经标识的需求文件草案也分为相应的四类。具体的分类标准如下:

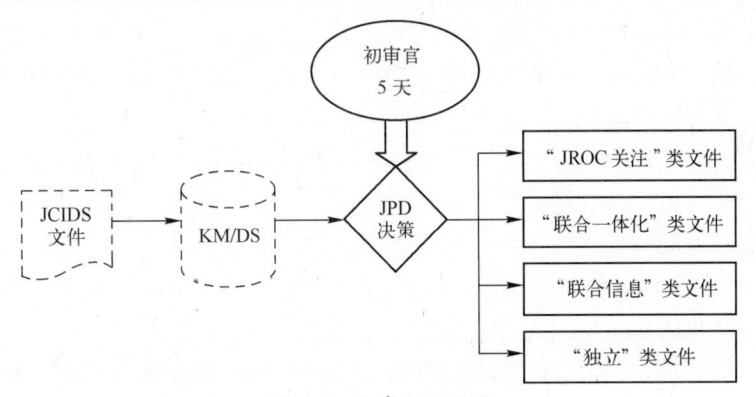

图 2.6 初审评估流程

1)"联合需求监督委员会关注"类文件

文件中的需求建议涉及对联合作战具有重大影响的Ⅰ类、ⅠA类、Ⅱ类及Ⅱ类以下项目的采办。这类文件都要经过威胁确认,信息技术和国家安全系统的互操作性和保障性认证,情报认证和非敏感弹药认证。

2)"联合一体化"类文件

文件中的需求建议涉及对联合作战没有重大影响、但对互操作性、联合能力要求较高的Ⅱ类及Ⅱ类以下项目的采办。该类文件要经过威胁确认和适当的认证(包括信息技术和国家安全系统的互操作性和保障性认证、情报认证与非敏感军品认证)。所需证明完成后,文件将送交功能能力委员会进行审查。

3)"联合信息"类文件

文件中的需求建议涉及对联合作战没有重大影响、但对军种或业务局之间具有潜在影响的Ⅱ类及Ⅱ类以下项目的采办。认定为"联合信息"类的文件,参谋审查重点对信息方面的能力实施审查,必要时功能能力委员会将对文件实施审查。联合信息类文件由需求主办部门最终进行确认和批准。

4)"独立"类文件

文件中的需求建议涉及对联合作战没有重大影响的Ⅱ类及Ⅱ类以下项目进行立项

采办。该类文件无需进行复杂评审,必要时功能能力委员会对文件实施审查。独立类文件由需求主办部门最终进行确认和批准。

将文件草案标识完毕后,初审官将根据标识结果为文件草案指定实施确认和批准权力的机构:标识为"联合需求监督委员会关注"类的文件草案都要通过联合能力委员会或联合需求监督委员会的确认和批准;标识为"联合一体化"类的文件草案要经参谋长联席会议J2、J4或J6局审查后,通过需求主办部门的确认和批准;标识为"联合信息"与"独立"类的文件草案要通过需求主办部门的确认和批准。

初步审查过程大约需要5天的时间。此后,文件草案就进入广泛审查过程。联合参谋部J8局将利用"知识管理/决策支持"系统对初审官处理过的文件草案进行维护。

2. 广泛审查

广泛审查过程分为以下4个连续的步骤:

O-6级审查

在美军的军衔里,O-6指的是上校级军官。所谓O-6级审查,就是在各军种、作战司令部和相关国防部机构的协助下,由联合参谋部情报局(J2局),指挥、控制、通信与计算机系统局(J6局)以及J8局中上校级官员对"联合需求监督委员会关注"类和"联合一体化"类文件草案进行的审查。

首先,联合参谋部J8局能力与采办处要对指定类别的文件草案进行格式校验,目的是保证其正确性和完整性;此后,由联合参谋部J8局兵力保护处副处长负责组织对文件草案的非敏感弹药认证,同时通过"知识管理/决策支持"系统将文件草案分发至联合参谋部J2局和J6局,分别进行威胁确认和情报认证,以及信息技术和国家安全系统的互操作性与保障性认证。如果上述认证当局认为文件草案的内容不能充分支持所需的认证,需求主办部门将与认证当局协商,对文件草案的内容进行适当的增减;如果修改后的文件草案仍不够充分支持所需认证,需求主办部门则请求更高级别的认证机构进行二次认证。

1)威胁确认和情报能力认证

该工作由联合参谋部J2局负责完成,分为威胁确认和情报能力认证两个部分。其中,威胁确认工作交给美国国防情报局去完成,旨在确定能力所处的威胁环境;情报能力认证工作由联合参谋部J2局负责,帮助确定情报能力的潜在缺陷,并针对未来情报能力的实用性、适宜性以及充足度方面向国防部和情报机构提出建议,旨在阻止采办不具备情报支持的系统。

在情报能力认证过程中,联合参谋部J2局将完成以下工作:

(1)审查情报保障需求,以保证联合情报战略、政策和体系规划的完整性与保障性;

(2)根据安全标准和情报互操作标准,对与情报相关的信息系统进行审查;

(3)审查信息保障计划所记录的情报需求、缺陷及其解决方案。

对于未能解决的情报问题,联合参谋部J2局将依照《联合军事情报认证要求》规定的程序送交恰当的功能能力委员会进行处理。

2)非敏感弹药认证

非敏感弹药的认证过程由联合参谋部J8局兵力保护处副处长负责。根据《美国法典》第10篇第2389条,美国防部长应当确保正在开发或采办的非敏感弹药在其整个开发和部署阶段的安全性。一份文件草案是否要进行非敏感弹药认证,由联合能力委员会和联合需求监督委员会来确定。

当联合能力委员会和联合需求监督委员会确定有必要进行该项认证时,联合参谋部J8局兵力保护处副处长将在需求主办部门的帮助下,依据非敏感弹药标准对所有涉及弹药项目建议的《能力发展文件》草案和《能力生产文件》草案进行认证。

当联合能力委员会和联合需求监督委员会确定无需进行该项认证,或者需求主办部门认为弹药不符合非敏感弹药标准时,需求主办部门就会提出"撤消非敏感弹药认证"的请求;请求提出后,既要提交到功能能力委员会进行审查,又要提交到联合参谋部联合参谋部后勤局(J4),接受其连同联合军种非敏感弹药技术组、负责采办、技术和后勤的国防部副部长以及各军种在内的审查;审查结束后,该项请求一方面由功能能力委员会转交给兵力保护处副处长,另一方面连同对《能力发展文件》草案和《能力生产文件》草案的审查结果一起交给联合需求监督委员会秘书处;兵力保护处副处长根据功能能力委员会的审查结果,向联合需求监督委员会提出"是否予以批准"的建议,联合需求监督委员会根据此建议和联合参谋部J4局的审查结果做出最终的批准决定。

3) 信息技术和国家安全系统的互操作性与保障性认证

联合参谋部J6局将根据联合信息技术和国家安全系统政策,通过与相关机构进行协商,对所有指定类别的《能力发展文件》草案和《能力生产文件》草案进行信息技术和国家安全系统的互操作性与保障性认证。其中,"联合需求监督委员会关注"类文件草案的认证结果要提交到功能能力委员会;其他类文件草案的认证结果提交给需求主办部门。未通过该项认证的互操作问题要交给军事通信电子局,由其负责将问题转交给功能能力委员会,再由国防部首席信息官进行审查,最后将审查结果提交联合需求监督委员会做决策。

O-6级审查产生意见分为"重要"、"主要"和"普通"三类:"重要"意见指出了文件草案中不正确的地方;"主要"意见指出了文件草案中不必要、不正确、容易让人产生误解或与其他部分不一致的内容;"普通"意见则是纠正印刷、格式和语法上的错误。其中,审查当局在给出"重要"和"主要"意见的同时,要给出充分的理由,并加以说明。

O-6级审查过程从文件草案的分发之日算起,通常需要21个工作日。该审查并不是最终的审查,但其地位非常重要,是后续审查的基础。

4) 需求主办部门的审查

O-6级审查结束后,联合参谋部J8局能力与采办处将O-6级审查产生的所有审查意见进行编辑,整理成审查意见解决方案矩阵,用该矩阵体现O-6级审查得出的"重要"和"主要"意见以及相关认证的结果,并通过"知识管理/决策支持"系统转交给需求主办部门,由其进行评判。在评判过程中,一方面O-6级审查方将协助需求主办部门的评判工作;另一方面功能能力工作组将帮助需求主办部门处理其不能做出评判的意见。评判结束后,需求主办部门会做出大致如下的三种反馈:

(1) 完全赞同并接受审查意见,并将其写入文件草案中。

(2) 不完全赞同,仅能接受部分审查意见,并加以解释;将同意部分的内容写入文件草案中。

(3) 不赞同并不接受审查意见,也不作解释。

需求主办部门的意见及具体的解释说明都必须写入审查意见解决方案矩阵的"需求

主办部门"一栏中。

需求主办部门完成该过程的时间期限为45天,如果确需延期,可向负责的功能能力委员会申请15天左右的延长时间。需求主办部门必须对文件草案中所有的变动予以强调,以方便后续的审查。

5) Flag 级审查

需求主办部门对 O-6 级审查意见进行评判之后,根据评判结果对文件草案做出修订;修订后的文件草案将同 O-6 级审查的审查意见解决方案一并送交到"知识管理/决策支持"系统。

在美军的军衔里,Flag 级代表将官级。所谓 Flag 级审查,其实就是在各军种、作战司令部和相关国防部机构的协助下,由联合参谋部 J2 局、J6 局以及 J8 局中将军级别的官员对"联合需求监督委员会关注"类和"联合一体化"类文件草案进行的审查。Flag 审查的方式与 O-6 级审查相类似,同样包括威胁确认和情报能力认证、非敏感弹药认证以及信息技术和国家安全系统的互操作性与保障性认证。唯一不同的是,处理 Flag 级审查意见的机构级别要高些。

从递交修订的文件草案之日起,整个审查时间一般是 21 个工作日。

6) 需求主办部门的再次评判

Flag 级审查完成之后,联合参谋部 J8 局能力与采办处将通过"知识管理/决策支持"系统把所有的审查意见递交给需求主办部门做评判。与评判 O-6 级审查意见的过程一样,评判结束后需求主办部门会做出三种反馈,并在审查意见解决方案矩阵的"需求主办部门"一栏填写相应的内容:

(1) 完全赞同并接受审查意见,即填写"同意(A)",并将其写入文件草案中。

(2) 不完全赞同,仅接受部分审查意见,即填写"部分同意(P)",并加以解释;将同意部分的内容写入文件草案中。

(3) 不赞同并不接受审查意见,即填写"拒绝(R)",也不作解释。

需求主办部门必须尽可能对所有的 Flag 级审查意见做出评判,不能评判的意见将在功能能力委员会的帮助下做出相应处理;如仍不能对该意见做出评判,则连同功能能力委员会的建议一同写入提交给联合能力委员会和联合需求监督委员会的文档中,以期得到解决。

在结束对 Flag 级审查意见的评判之后,需求主办部门将负责根据其接受的审查意见对文件草案进行修订并提交"知识管理/决策支持"系统,以方便后续审查的进行。同时针对文件草案中的更改部分向功能能力委员会做专门汇报,并通过"知识管理/决策支持"系统向联合需求监督委员会主席提出汇报申请,确定汇报的具体时间。

7) 最终认证

根据 Flag 级审查意见的评判结果以及提交给"知识管理/决策支持"系统的最终修订版文件草案,联合参谋部 J6 局、J2 局和美国国防情报局将利用满意度审查方法,对所提交的"联合需求监督委员会关注"类和"联合一体化"类文件草案及其审查意见解决矩阵进行最终的情报认证和互操作性认证。这一步的认证结果不会导致文件产生变动。

3. 功能能力委员会审查

这一审查过程包括功能能力工作组的审查和功能能力委员会的审查。

对于"联合需求监督委员会关注"类文件和"联合一体化"类文件来说,在最终认证结束之后,功能能力工作组将对前期审查过程中未处理的意见进行整理,并提交给功能能力委员会。而功能能力委员会不仅要对此做出回应,还要对前期的审查结果进行审查,并向联合需求监督委员会提出建议,以帮助其考虑文件的审批问题。

"联合信息"与"独立"类文件不需经过上述过程,可直接接受功能能力委员会的审查。

三、需求确认

功能能力委员会对所提交的文件草案进行审查之后,会向联合能力委员会提交一份摘要,说明其所发现的相关功能领域、军事行动范围以及时间进度等方面的重要问题,并提出自己的解决意见。根据摘要提供的信息,联合能力委员会要决定是由自己还是联合需求监督委员会对该文件草案进行确认和批准。确认和批准工作的结果是,或审批通过所提交的需求文件草案(文件由此生效,成为正式文件),或返回给需求主办部门,要求其对文件草案进行完善。

正式生效的需求文件将返回知识管理/决策支持系统,以备日后查询与更新。

第四节 联合能力集成与开发系统中的方法和工具

美军的需求研究、审查离不开数据库和信息系统的支撑,其中比较重要的是体系结构设计方法(Architecture Framework)、知识管理/决策支持数据系统(KM/DS)和能力开发追踪与管理系统(CDTM)。

一、体系结构设计方法

美军采用体系结构设计方法开展需求的分析与论证。体系结构设计方法指采用体系结构框架,为开发、描述和沟通体系结构提供指南、模型和规则。

从20世纪80年代开始,美国开始引入体系结构设计方法,最初应用于信息系统的体系设计。新世纪以来尤其是发布以《国防部体系结构框架》2.0版(DoDAF2.0)以来,体系结构框架逐步成为支撑全军各领域建设的核心模型工具。DoDAF 2.0详细阐述了以数据为中心的方法,将高效决策所需数据的采集、存储和维护放在第一位,特别强调利用标准术语的方式收集数据(见图2.7)。

美军将国防部体系结构框架分为多个层面,从作战视角、系统视角、数据和信息视角、作战视角、计划视角、服务视角、标准视角和系统视角等多个层面收集美军的有关数据,构建相关模型,并勾画映射关系(见图2.8)。

美军定期对其顶层战略、作战概念、能力规划进行修订,以指导美军的长远发展。相关的战略规划内容及时更新和反映到体系结构内容之中,同时动态更新作战视角、服务视角、技术视角、计划视角等内容,并通过集成大量以往数据并利用计算机辅助建模技术,预测某一视角调整可能带来的各方面连带影响,并将相关结果提供给需求分析部门、作战部门、采办实施部门使用,同时各部门实际工作中获得的数据及时反馈到体系结构之中,不断对既有体系结构进行动态完善。

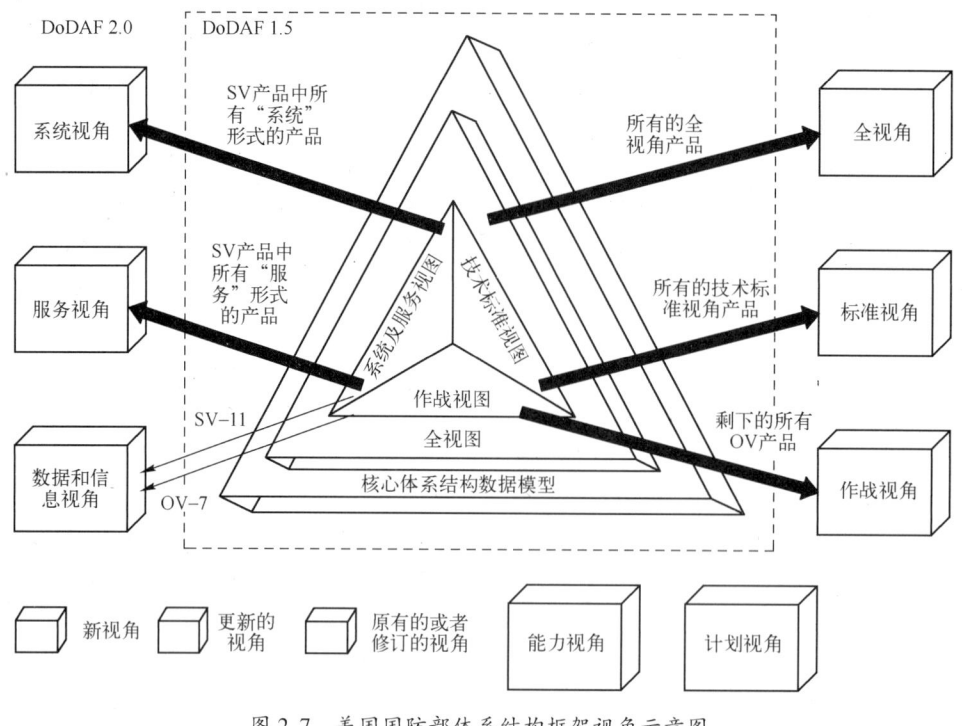

图 2.7 美国国防部体系结构框架视角示意图

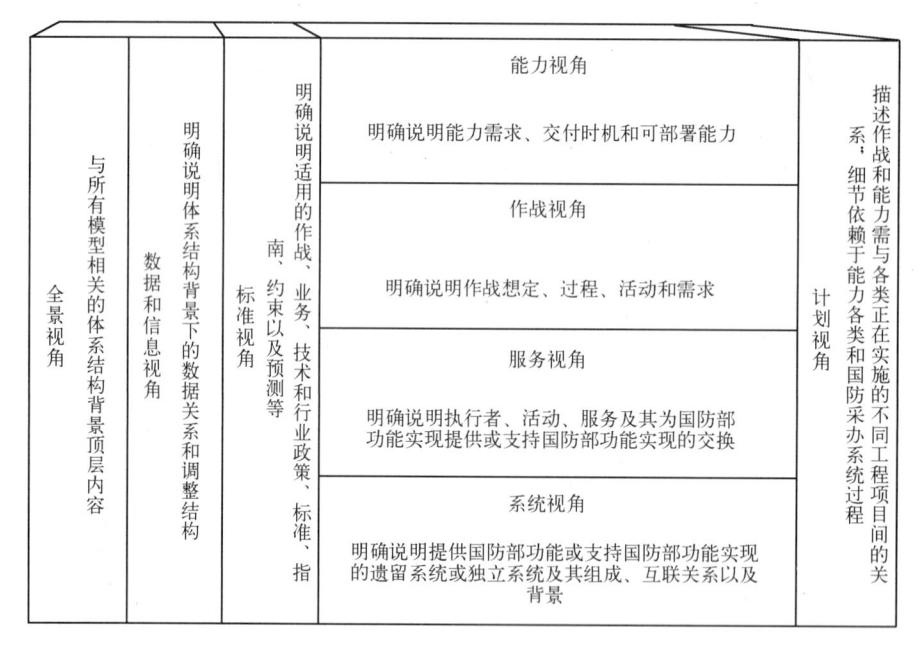

图 2.8 美国国防部体系结构框架 2.0 版确定的 8 个视角及其相互关系

二、知识管理/决策支持数据系统

根据美军参谋长联席会议 3170 指令的要求,在需求生成过程中,应当采用联合能力集成与开发系统(JCIDS)和信息化管理手段,对需求生成过程实施管理。为此,美军建立

78

了知识管理/决策支持数据系统(KM/DS)对各阶段需求文件及其过程文件的分发、传递过程等实施电子化管理,提高了需求管理的有效性。目前,该系统在美军需求生成管理工作中发挥着重要的作用。

该知识管理/决策支持数据系统存储了美军指导需求论证的一系列顶层文件,主要包括《国家安全战略》《国家军事战略》《国防战略》《联合设想》联合行动概念、联合作战概念、联合功能概念以及军种作战概念等内容,为国防部和各军种开展需求论证工作提供依据。美军各军种需求论证的过程稿也定期存入该知识管理/决策支持数据系统,并向需求文件初审官以及更高层的需求评审部门汇报;联合需求监督委员会(JROC)及其下属的功能能力委员会、联合能力委员会及其初审官对需求文件的评审意见也通过该系统向需求文件起草部门反馈,上述多个部门可以借助该系统就相关问题进行沟通;另外,该信息系统也可对相关需求文件的生成过程进行详细的记录,跟踪记录文件的进展情况,并提供对需求文件的检索。美军在需求文件的起草、传递、评审、意见反馈以及开展采办里程碑决策评审过程中,通过知识管理/决策支持数据系统(KM/DS)对各类需求信息实施信息化管理,提高了需求管理的工作效率。

三、能力开发追踪与管理系统

2011年6月6日由参谋长联席会议副主席签署备忘录,能力开发追踪与管理系统正式启用。该系统是一个网络应用,旨在将"以文件为中心"的JCIDS过程转变为"以数据为中心"过程,以加强JCIDS的数据共享和系统互操作性,帮助相关人员更好地制定各需求文件。2011年6月30日以后,美军强制规定所有的《初始能力文件》《能力开发文件》和《能力生产文件》等都必须采用CDTM系统格式才能够录入知识管理与决策支持系统。

第五节 联合能力集成与开发系统的主要特点

"联合能力集成与开发系统"是在"需求生成系统"的基础上构建,两者一脉相承,有着一些共同特点:①两者在美军装备建设中担任的角色相同,都是以需求为牵引推动国防采办工作的顺利进行。②两者的核心机构与人员相同,两个系统的核心机构——联合需求监督委员会的人员构成基本没有发生变化。但是,"联合能力集成与开发系统"与"需求生成系统"相比,在指导思想、需求模式、需求分析过程、需求审查过程,以及需求文件的数量、名称和内容等方面差别显著,有着"革命性"变化。

一、指导思想从"基于威胁"转变为"基于能力"

"9·11"事件后,美军认识到21世纪美国所面临的挑战已经同以往大不相同,在"冷战"时期所面临的固定和可以预见的威胁不复存在,取而代之的是更加复杂和不可预见的威胁。因此,美军放弃了"基于威胁"的国防战略,提出了"基于能力"的新型国防战略。这种新的战略思想放弃了过去"同时打赢两场大规模战区战争"的作战设想,将注意力放在"为威慑和打败敌人需要具备的能力"上面。其实质不是通过扩军来增强实力,而是通过实施军队转型,打造"全能型军队",形成"全谱优势",从而实现慑止威胁和先发制人的战略目的,确保美国免遭未知的和意想不到的攻击。

美国国防战略的转变致使装备建设出发点由"基于威胁"向"基于能力"转变。需求确定过程作为装备建设的源头,必须迅速适应国防战略的转变,采用"基于能力"的需求确定方法。2003年的"需求革命"正是在国防战略发生重大变化的背景下进行的,在"联合能力集成与开发系统"中"基于能力"的思想体现得非常充分。"联合能力集成与开发系统"根据《国家安全战略》《国家军事战略》《作战概念》《一体化体系结构》等顶层文件,由联合能力委员会和8个功能能力委员会从"基于能力"的角度统筹谋划装备建设的需求,改变了以往由各军种根据作战任务确定需求的做法,改变了美军需求管理中任务导向性过强、长远谋划不足的缺点,国防部对需求的统管力度加强。

二、需求模式从"自下而上"转变为"自上而下"

美军"联合能力集成与开发系统"与"需求生成系统"重大的区别还在于需求生成机制的需求模式发生了根本变化。"需求革命"后,国防部主导的"自上而下"的需求模式取代了原有军种为主导的"自下而上"的需求模式(见图2.9)。

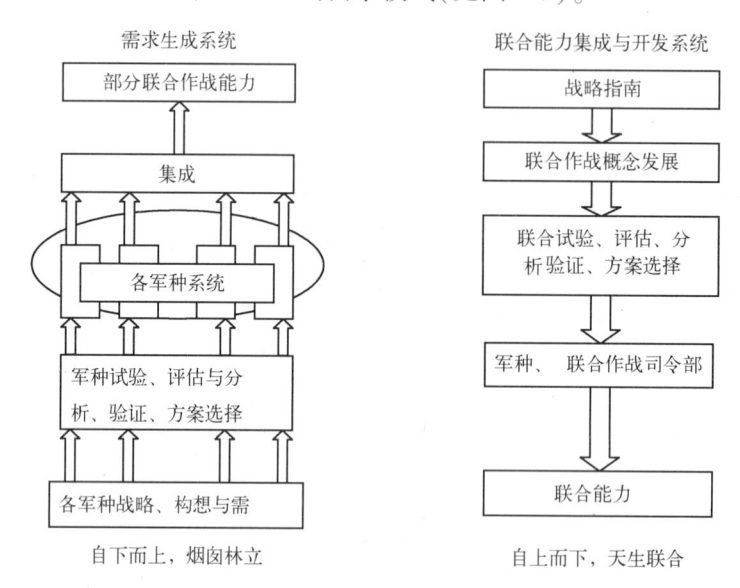

图2.9 "需求生成系统"与"联合能力集成与开发系统"需求模式比较

在"需求生成系统"中,美军采取的是"自下而上"的需求模式,各军种根据各自战略构想提出需求,经联合需求监督委员会认可后由军种进行试验、评估、分析、验证和方案选择,各军种的装备生产出来以后,国防部再考虑装备的集成与联合作战问题。这样只能形成部分的联合作战能力,经常出现各军种装备无法实现互联、互通、互操作,难以适应信息化条件下一体化联合作战的需要。"联合能力集成与开发系统"采取的是"自上而下"的需求模式。首先,国防部制定《国家军事战略》与《联合设想》等顶层的战略指南。其次,由国防部高层包括参谋长联席会议制定联合作战概念等顶层文件,指导"联合能力集成与开发系统"的功能领域、功能需求与功能方案分析,确定能力发展的解决方案,并通过军种和联合作战司令部的实施,最终形成联合能力。需求生成机制的需求模式从"自下而上"转变为"自上而下"后,国防部/参谋长联席会议占据着需求管理的主导地位,各军种降为从属地位,使得联合需求监督委员会能够站在国防部层次,从一开始就考虑联合作战的问题,所生产出来的装备"具有天生的联合性",能够满足一体化联合作战的需要。

三、需求分析过程更加注重寻求各种可能的解决方案

"联合能力集成与开发系统"与"需求生成系统"相比,需求的分析过程发生了较大变化,分析过程更为全面、具体和完备,更加注重寻求各种可能的解决方案。

"需求生成系统"的需求分析过程主要有两个步骤,即任务领域分析和任务需求分析。在"需求生成系统"中,需求文件主要以具体武器型号为目标制定,或从作战任务出发制定。在以具体武器型号为目标的需求生成过程中,需求部门往往提出需要什么样的装备,并详细规定战术技术性能,甚至提出初步设计设想,这无异于直接进入了方案拟定阶段。虽然"需求生成系统"在20世纪90年代后期逐渐加强了对任务需求的分析,但是显得不够全面和深入。

第六节 联合能力集成与开发系统运行情况及案例

自2003年建立以来,联合能力集成与开发系统相继应用于美军的项目研发工作中。如2004年,联合能力集成与开发系统帮助美陆军确定其在防空和导弹防御能力方面的能力需求;美国国防部于2005年为无人机的研制工作启动了联合能力集成与开发系统计划,目的在于增强无人机对各军种的通用性,从而一体化联合作战环境下发挥最大效能;同年,为获得能够更快地对地面目标进行探测和攻击的能力,美国海军提出了要在军舰、潜艇以及飞机上发射一种联合高速武器的需求,联合能力集成与开发系统就美海军是否需要这种能力进行了需求分析与评估;2006年,美海军陆战队作战开发司令部为了更好地保证新型无人机系统的军种互操作性和协同性启动了联合能力集成与开发系统评估等。事实证明,美国联合能力集成与开发系统适应了新的军事环境和现代战争的要求,为所应用的项目很好地确定了未来联合需求,充分发挥了其决策支持[①]的作用,推动了美国的联合军事转型。

下面以"斯瑞克"旅为例,具体介绍"联合能力集成与开发系统"分析过程。

所谓"斯瑞克"旅,就是装备了"斯瑞克"8×8轮式战车的陆军旅。该旅是美军在1999年后组建的部队,以"斯瑞克"轮式战车为核心战斗平台,拥有3600多名官兵,配备有309辆"斯瑞克"装甲车、12门155mm口径榴弹炮、陶式反坦克导弹以及高科技的指挥、控制、通信、计算机和情报系统。"斯瑞克"旅是美陆军向着"目标部队"转型的一支轻型部队,机动性强,杀伤力大,具备快速机动的作战能力,可满足陆军向着"目标部队"过渡的各项需求,是美陆军转型的关键内容之一,也是美国陆军当前优先发展的重头戏。

第一支"斯瑞克"旅是驻扎在华盛顿州福特路易斯的第2步兵师第3旅,由重型机械化步兵旅改编而来。在进行初始作战能力试验1年后,该旅在伊拉克表现十分出色,充分利用其速度和态势感知能力成功消灭和俘虏了大量敌军。与履带式装甲战车相比,

---

① 联合能力集成与开发系统与国防采办系统、规划-计划-预算-执行系统是美国国防部的三大决策支持系统。这三个系统通过有序互动,使得高级决策人员(如国防部长、负责采办、技术与后勤的国防部副部长及其他高级官员)在作相关的采办决策时,能够互通信息,统筹安排,从而有效地利用好有限的资源,采办最需要的武器装备系统。

"斯瑞克"轮式车辆不但提高了速度,而且行驶时噪声较低,因此第2步兵师第3旅在当地赢得了"幽灵骑士"的绰号。

为了支持美军2005—2006年的陆战计划,美国陆军训练与条令司令部(TRADOC)的分析中心——白沙导弹试验基地以及陆军士兵项目管理机构使用了"联合能力集成与开发系统"分析方法,对"斯瑞克"旅的未来联合能力进行了分析。

该项分析工作范围很大,覆盖了多种战场作战系统和多种单兵技能等级(从组长、班长到排长),就单兵系统而言,考虑的任务就有100个,同时还考虑了士兵的非技术属性,如士兵对信息的运用等。同时,为了避免出现相互对立的分析结果,要求实施方保持该分析与相关、相类似的分析保持同步。这些分析包括:单兵系统的需求分析,美国理想单兵作战武器和联合部队轻武器计划的"联合能力集成与开发系统"分析,以及海军陆战队的"联合能力集成与开发系统"分析。在充分考虑上述问题的基础上,分析实施方利用了25周时间进行功能领域分析、功能需求分析和功能方案分析,基本流程图如图2.10所示。

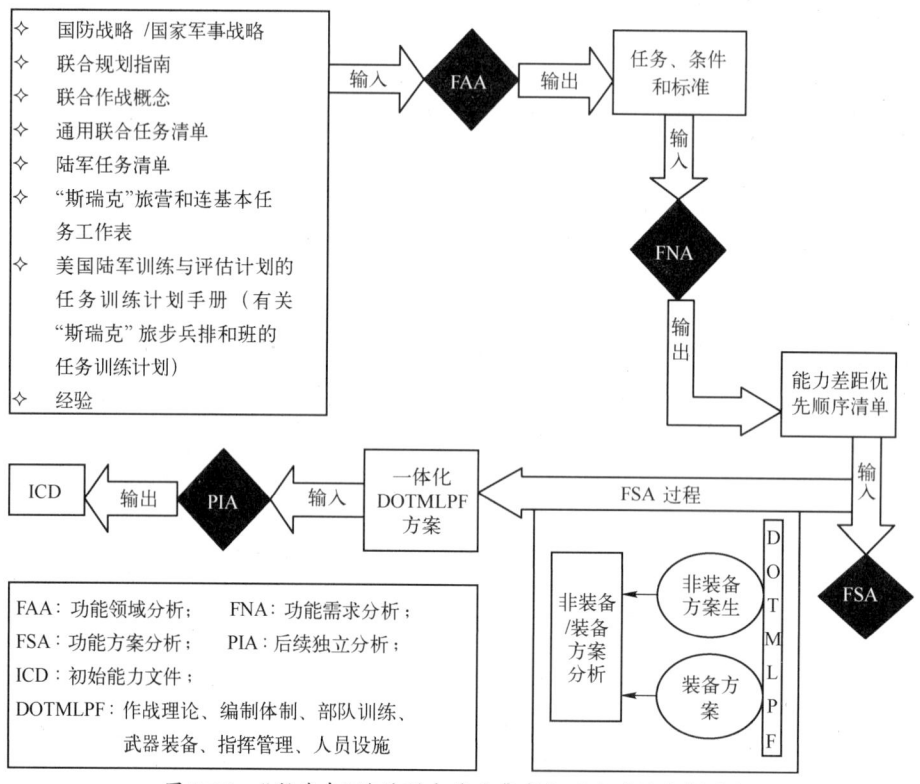

图 2.10 "斯瑞克"旅的联合能力集成与开发系统分析流程

一、功能领域分析

该分析利用了"自下而上"的方法,确定了"斯瑞克"旅的使命和任务以及完成这些任务所需的条件和标准。所谓"自下而上",就是先确定排和班的任务条件与标准,再以类似的方法确定出营和连乃至整个旅的作战任务、条件和标准。

该分析以通用联合任务清单、陆军通用工作清单、"斯瑞克"旅营和连基本任务工作表、美国陆军训练与评估计划的任务训练计划手册(有关"斯瑞克"旅步兵排和班的任务训练计划)为分析对象,由领域专家(SME)组分两条路径进行同步分析:

(1) 评估步兵排和班的所有 69 项任务训练计划,确定排和班的集体任务,以直接支持营和连的基本任务工作表;通过分析哪些任务及其标准对于执行集体任务具有重要影响,将集体任务及其标准进行细分;

(2) 通过评估美陆军条令和联合条令,确定营和连基本任务工作表所支持的通用任务;将确定的通用任务和通用联合任务清单、陆军通用工作清单进行对照,找出其中适应的作战环境(329 种),并对其进行评估,以确保路径(1)中确定的任务能有效执行。

随后,单兵系统一体化概念小组将上述分析结果进行评估,并给出建议。在根据建议进行相应修改之后,排和班实现未来作战目标所需的任务、条件和标准就得到确定:

(1) 151 项任务及其相应标准。表 2.4 列出了某一项任务及其标准。

表 2.4　某一项任务及其标准

任　　务	标　　准
对过往车辆/人员进行检查	根据标准作业程序和先后顺序对过往的人员和车辆进行检查;防卫队要时刻注意观察,并与待检人员和车辆保持适当的距离;开始检查时,检查人员要与待检人员和车辆保持足够的距离;定期转换检查人员,以确保检查质量

(2) 确定了 12 种最能影响排和班执行任务的外部环境,低光照、突发性(恶劣)天气、过度疲劳、过于浓密的植被、多山地形、有限的实施时间及其他环境隐患等。

二、功能需求分析

该步骤的目的是确定"斯瑞克"旅在完成预期任务和使命方面存在的能力差距。

以功能领域分析的结果为依据,首先对该结果进行初始分析,确定能力差距的存在。初始分析的依据是领域专家组对是否存在差距的投票结果、该旅在伊拉克战争的经验总结以及对其作战需求的评估结果;证明能力差距存在之后,根据上一步骤确定的任务及其条件和标准,通过对比当前的和计划的能力,由领域专家组给出一个有 26 种备选能力差距的清单;由单兵系统一体化概念小组,乔治亚州本宁堡步兵学校高级军事教程、军士基础教程和步兵旅上尉课程的研究人员合作,利用定量调查和定性评论相结合的方法对 26 种备选能力差距进行审查,剔除多余的能力差距,保留 20 种;根据细化后的能力差距清单,确定难以达到的任务如下:

① 领导指挥员要具有并保持对环境的感知度和了解度。
② 利用间接火力资源消灭或遏制敌方的人员和车辆。
③ 利用单兵直接火力消灭或遏制敌方的人员和车辆。
④ 执行语音通信。
⑤ 步兵与装甲车辆协同作战。
⑥ 接收、处理并报告战术信息。
⑦ 与相邻作战单位的协作。
⑧ 实施以班为单位的快速防御。
⑨ 直接使用烟雾弹。
⑩ 利用可视手段放置地雷和诡雷指示器,等等。

以第5项任务为例,其任务标准是装甲车与地面士兵在火力和部署方面要协作,不能出现相互损伤的情况。但几乎在所有环境中,士兵在完成这项任务时都与标准存在着差距。在低照明或几乎没有照明、暴风雨和突发天气情况、过度疲劳、战场上非作战人员数量较多、浓密的植被以及中度和高度发展的城市化环境中,这种差距会更大。通过功能需求分析得知,造成这种能力差距存在的原因是,地面士兵与装甲车人员之间的直接语音通信很少,甚至没有这种通信,严重制约了装甲车与地面士兵之间的相互支持。

三、功能方案分析及结果

该步骤的目的是确定是否有必要利用一项装备方案去填补所确定的能力差距。

针对所存在的能力差距,首先要确定非装备方案,其具体步骤如下:

(1) 在为每一种能力差距确定条令、组织、训练、装备、领导与教育、人员与设施等的非装备解决方案时,先向领域专家组进行询问。

(2) 方案确定后,由领域专家组根据作战风险和保障性对非装备方案进行可行性评估,并确定条令、组织、训练、装备、领导与教育、人员与设施等各要素对这些方案的影响,之后进行方案修订。

(3) 美陆军门罗堡未来中心、美国陆军情报中心和美国海军陆战队对修订方案进行评估。

通过上述分析,得出了两种结果:①有一部分能力差距能够通过非装备方案的实施来弥补;②还有一些能力差距必须用装备方案才能弥补。因此,功能方案分析的结果是一套一体化的装备与非装备的综合方案。以功能需求分析确定的第5项任务为例,解决其能力差距的一体化方案如下:

1) 作战理论方案

根据从近期作战中得出的经验,对负责地面作战的步兵团(与装甲车协同作战)进行评估,并对条令进行修订。

2) 编制体制方案

为每一个轻型师、空降师和空袭师提供一个坦克营。

3) 部队训练方案

(1) 现有的训练程序不能保证各班的火力控制和部署与坦克相匹配,需要提出一个坦克作战程序,实现与地面步兵的共同作战。

(2) 建立经常性的现场训练项目,如在不同环境下,地面士兵和装甲车相互支持和相互配合的训练,有利于更好地了解对方的战术,并使各作战单位能够解决通信问题。

4) 指挥管理方案

在所有军士和军官的院校教育中都要使其精通装甲车辆各方面的知识。

5) 武器装备方案

(1) 提供一台轻型班级无线电通信装置,以利于同一系统(如装甲车辆)间的相互通信。

(2) 在每一辆装甲车外部安置一部电话,方便车内外的语音通信。

在人员设备方面没有确定方案。

美军需求生成系统流程如图2.11所示。

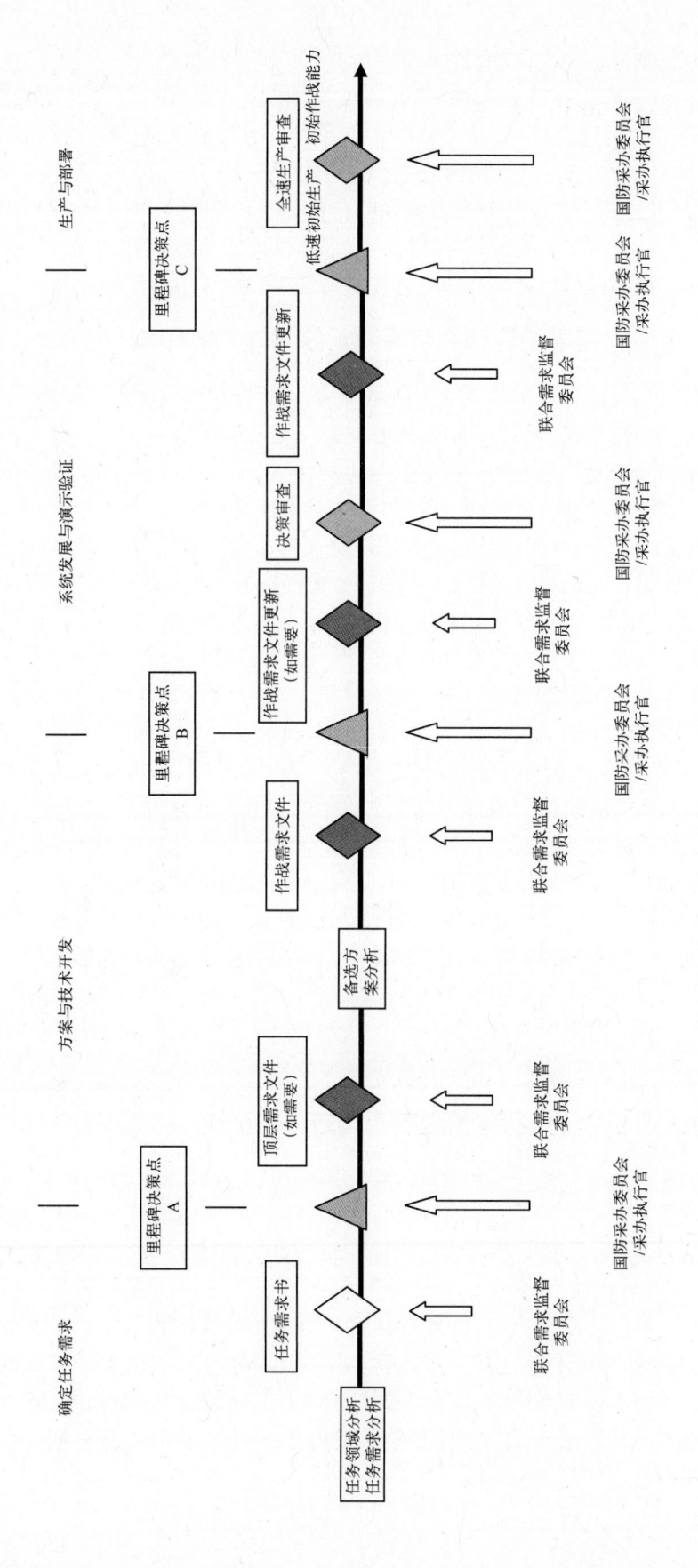

图2.11 美军需求生成系统流程示意图

"联合能力集成与开发系统"的需求分析主要以发展某种能力为导向,通过功能领域分析、功能需求分析、功能方案分析,对现有的条令、组织、训练、装备、领导与教育、人员与设施进行基于作战的综合评估,从中找到最有可能的解决方案或方案的组合,为确定装备备选方案留有多种选择,从而消除或缩小这些能力差距(见图2.12)。

由此可见,"联合能力集成与开发系统"相对"需求生成系统",需求分析的程序更加全面,摒弃了以往以具体型号的装备为目标的需求分析模式,转为以能力分析为核心,通过寻求各种可能的解决方案,更快、更好、更省地满足作战需求。

四、需求审查过程更加注重初步审查和联合能力的审查

"需求革命"以后,美军需求的审查更加完善,通过新设初审官增加了初审环节,新设联合能力委员会加强了联合能力的审查,同时加强了对联合需求监督委员会关注的项目的广泛审查(见图2.13)。

① 新增了初审官,加强了初步审查。初审官由参谋长联席会议 J-8 局的副局长担任,主要负责对能力文件进行初步审查,确定所提交的能力文件是否符合国防部的战略规划与政策指南,以及规定的格式要求,并对符合规定的能力提案实施分类,包括联合需求监督委员会关注提案、联合一体化提案、联合信息类提案和独立类提案。这样经过初审后,能力提案后续评审的针对性进一步提高,评审力度也得到加强。

② 增设联合能力委员会,加强了联合能力审查。联合能力委员会也是"联合能力集成与开发系统"的评审机构,委员会主席由参谋长联席会议 J-8 局局长担任,该委员会依托功能能力委员会建立,根据联合能力所涉及的功能能力领域,抽调相关功能能力委员会的人员组成,负责对涉及两个或两个以上功能能力领域的能力提案实施审查,对联合需求监督委员会的最终决策提供支持。联合能力委员会进一步加强了参谋长联席会议对联合能力提案的审查,对确保装备的"生而联合"具有重要的推动作用。

③ 加强了广泛的审查。针对联合需求监督委员会关注的项目,"联合能力集成与开发系统"还增加了上校级军官与将级军官的审查。这些官员由参谋长联席会议业务局的成员担任,主要负责对能力提案进行威胁确认、情报能力认证、非敏感弹药认证、信息技术和国家安全系统的互用性与保障性认证。上校级军官与将级军官的评审时间均为21天。这种有针对性的审查,提高了能力提案的规范性和科学性。

五、需求文件的数量、名称和内容都有较大的变化

"联合能力集成与开发系统"与"需求生成系统"相比,在需求文件的数量、名称和内容都有较大变化。

"需求生成系统"的需求文件主要有三种,即《任务需求书》、《顶层需求文件》和《作战需求文件》。《任务需求书》说明为什么要发展相关系统,它不对新系统本身进行过多描述,仅对系统应解决的问题、系统发展目标以及限制条件进行说明。对于在发展由多个相互关联的系统组成的大系统时,还必须制定《顶层需求文件》,对整个系统的总体需求进行描述,并为制定各个系统的《任务需求书》与《作战需求文件》奠定基础。《作战需求文件》对系统的总体需求及其如何与其他系统相互作用进行描述,分析现有系统存在缺陷,并对新系统设定性能发展目标。

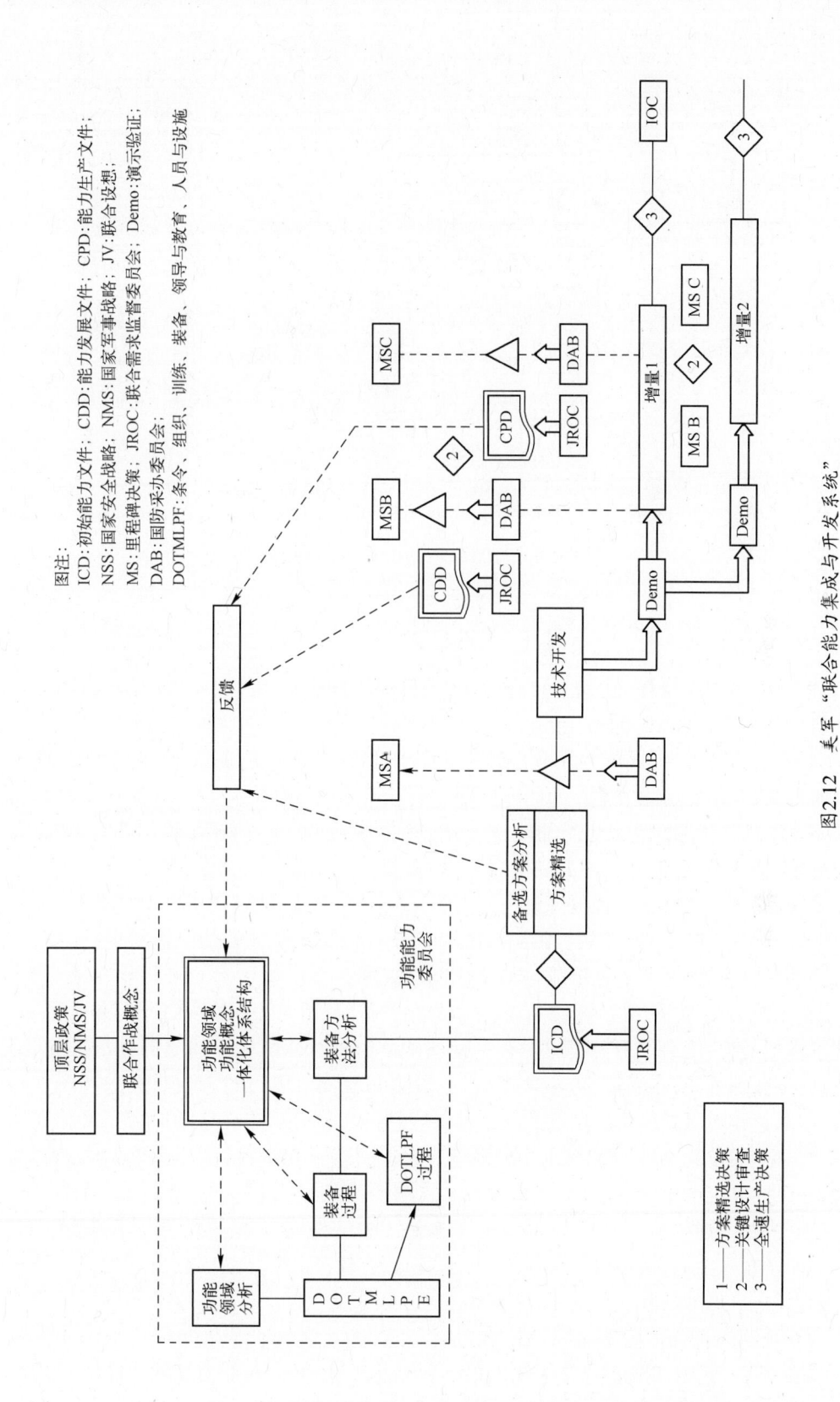

图 2.12 美军"联合能力集成与开发系统"

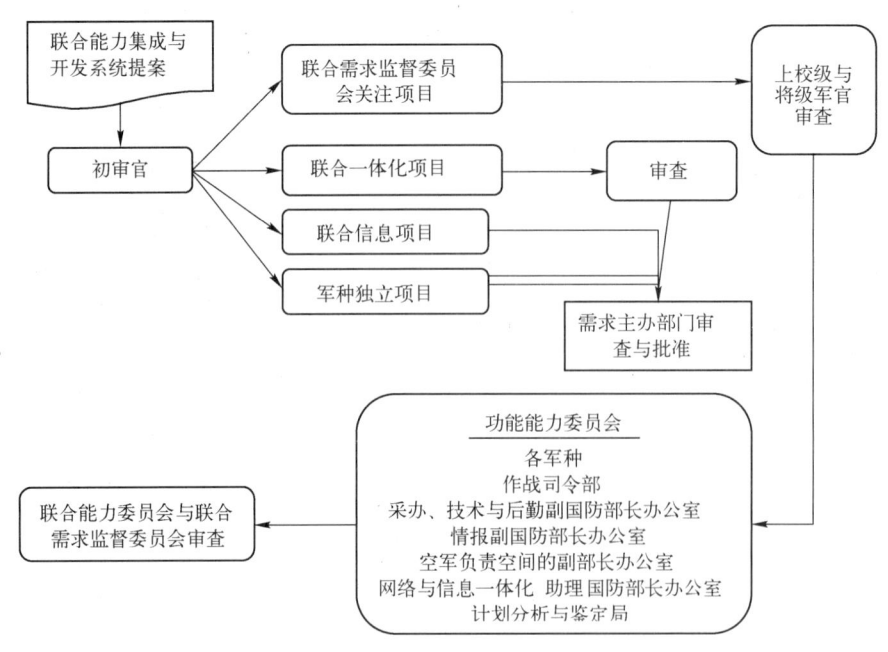

图 2.13 需求生成机制需求审查过程变化示意

"联合能力集成与开发系统"的需求文件有四种,即《联合能力文件》、《初始能力文件》、《能力发展文件》和《能力生产文件》。

《联合能力文件》是功能领域分析和功能需求分析的产物,它确定对于联合作战最重要的能力、联合作战功能中存在的能力差距、相关的作战范围和所考虑的时间框架,以及所需能力的优先顺序。它是进行功能方案分析和制定《初始能力文件》或《非装备解决方案变更建议》的依据,但不能用来制定《能力发展文件》和《能力生产文件》。当作战概念或指定的任务发生变化时,必须对它进行更新。从一定意义上说,它相当于"需求生成系统"中的《顶层需求文件》,不过《顶层需求文件》描述的是系统体系的总体需求,而《联合能力文件》描述的则是某一任务领域的总体能力需求。

《初始能力文件》从功能领域、军事行动的相关范围、预期的效果和时间等角度出发,描述了作战能力、能力差距、威胁、现有系统的缺陷、有效性评估、一体化的作战理论、编制体制、部队训练、武器装备、指挥管理、人员设施和政策对能力的影响以及限制条件等内容,将联合作战概念体系中确定的关键性能与功能领域分析中确定的能力紧密地联系在一起。"初始能力文件"与"需求生成系统"中的"任务需求书"的作用大体相当,但"初始能力文件"从能力的角度考虑,涵盖的内容比"任务需求书"更多。

《能力发展文件》在一体化体系结构、《初始能力文件》、备选方案分析等的指导下,概要说明了军事上有用、后勤上可保障、技术上成熟、经济上可承受的能力递增式发展过程,规定了包含保障性和互用性等在内的关键性能参数。由于这些性能参数可供试验鉴定机构在预期的联合环境下对拟议系统进行评估,因此它们对于采办机构来说非常重要,能辅助其设计拟议系统,并逐一纳入采办项目基线(APB)。《能力发展文件》与"需求生成系统"的里程碑决策点 B 前制定的第一份《作战需求文件》大体相当,与《作战需求文件》相比,其制定过程中强化了一体化体系结构、联合作战概念等的顶层指导,同时增加了互用性等适合一体化联合作战的关键性能参数。

《能力生产文件》是《能力发展文件》在里程碑决策点 C 前的进一步细化,在《能力发展文件》的基础上,对提出的关键性能参数的门限值和目标值进行进一步修订,是采办策略的重要基础,指导采办生产和部署阶段的工作。《能力生产文件》与"需求生成系统"中支持里程碑决策点 C 的《作战要求文件》大体相当,其差异主要还是体现在更加强调联合能力和体系建设。

第七节 联合能力集成与开发系统的外部关系

美军"联合能力集成与开发系统"从来不是单独存在的,它与规划计划预算与执行系统以及国防采办系统,构成美军"大采办"三大决策保障系统。"联合能力集成与开发系统"与规划计划预算与执行系统及国防采办系统相互联系、相互作用,是美军国防采办工作顺利进行的根本保证。

一、"大采办"三大决策保障系统的相互关系

2007 年 2 月,在美国国防部负责采办、技术与后勤的副部长致国会的《国防部采办转型倡议》报告中,将国防采办区分为"大采办"与"小采办"。所谓"小采办",即狭义的采办,主要是指采办、技术与后勤副部长领导的国防采办系统。所谓"大采办",即广义的采办,包括"联合能力集成与开发系统"、"规划计划预算执行系统"和"国防采办系统"。美军也将"大采办"称为"战略级采办",将"小采办"称为"战术级采办"。

"大采办"三大决策保障系统(见图 2.14),即"联合能力集成与开发系统"、"规划计划预算与执行系统"以及"国防采办系统",三者既相互独立、相互制约,同时紧密联系、相互作用。这三个系统之间的关系主要体现在以下几个方面:"联合能力集成与开发系统"提出的军事需求,要受到规划计划预算与执行系统从资源条件上和国防采办系统从技术条件上的审议和认可;"规划计划预算执行系统"的计划、预算编制,必须以另外两大系统对军事需求和计划进展情况的审定结论为依据;"国防采办系统"在决定武器装备计划是否向前推进时,不仅要考虑技术的成熟程度,同时还要考虑需求是否有变化、经费是否有保障。三大决策保障系统的基本成员都包括国防部长办公厅、军种部和参谋长联席会议的主要负责人,以便于各个系统之间随时交换意见和协商。

二、"联合能力集成与开发系统"与"规划计划预算与执行系统"的关系

"联合能力集成与开发系统"制定的需求文件是规划计划预算与执行系统制定装备发展规划计划与国防预算的基础。在规划阶段,国防部各部局利用参谋长联席会议制定的作战概念等文件,共同或单独编制装备发展规划。在计划与预算阶段,国防部各部局以能力文件及其过程稿为基础,参考国防部顶层战略文件以及联合作战概念等,编制《计划目标备忘录》与《上报概算》。"联合能力集成与开发系统"制定的文件,包括需求主办部门起草的能力文件,以及功能能力委员会、联合能力委员会、联合需求监督委员会审查提出的能力差距、能力发展建议、风险评估的内容,将作为规划计划预算与执行系统的重要输入内容,为其制定装备发展规划计划提供支持。

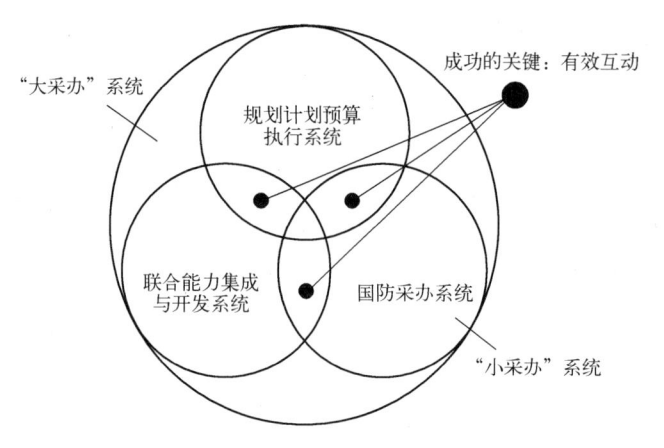

图 2.14 美军"大采办"三大决策支持系统的关系

在规划阶段,国防部各部局在《国家安全战略》、《国家军事战略》以及功能能力委员会制定的作战概念等的基础上,起草制定《联合规划文件》(JPD)。《联合规划文件》由联合参谋部和各军种、联合司令部、国防部各业务局等部门,根据《国家军事战略》中的主要防务设想,同时参考"联合能力集成与开发系统"部分成果的基础上制定。该文件既是装备发展规划的重要内容,也反映了"联合能力集成与开发系统"的成果,阐述了各个领域内的需求,及其优先顺序。其后,国防部长办公厅和参谋长联席会议一起,根据《联合规划文件》制定《战略规划指南》(SPG),提出国家的国防政策、目标以及战略方针,确定未来防务规划的目标、政策和规划安排的一般指导方针,并提出优先发展的计划和项目。在国防部长办公厅制定《战略规划指南》的同时,参谋长联席会议对《联合规划文件》进行评审,并提出《参谋长联席会议主席计划建议》(CPR)。联合作战司令部提出的作战能力以及优先发展的计划则通过《参谋长联席会议主席计划建议》反映在《联合计划指南》之中。最终国防部长办公厅连同参谋长联席会议、联合作战司令部、军种总部等部门共同制定《联合计划指南》(JPG)。

"联合能力集成与开发系统"与"规划计划预算系统"的关系如图 2.15 所示。

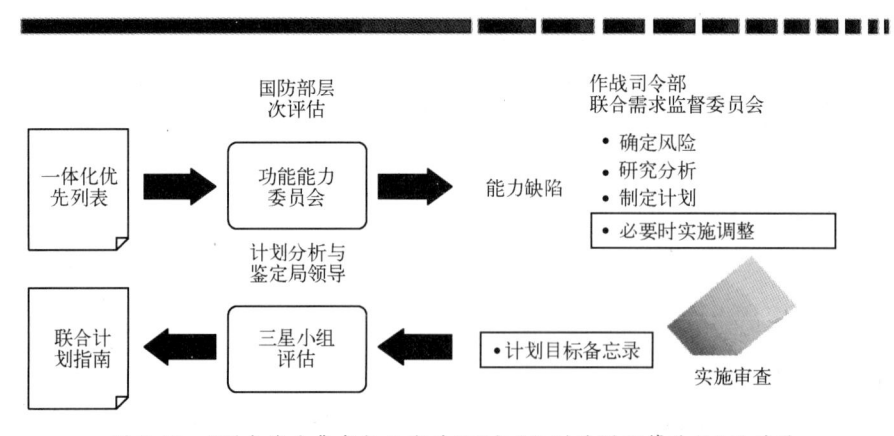

图 2.15 "联合能力集成与开发系统"与"规划计划预算系统"的关系

《联合计划指南》是规划计划预算与执行系统规划阶段制定的最终指导性文件,确定了美国未来的主要国防计划和优先发展的能力,为计划阶段的工作提供指导。规划计划预算与执行系统规划阶段工作流程如图 2.16 所示。由于该规划文件一般指导未来六年以上的装备建设工作,对"联合能力集成与开发系统"中需求主办部门分析和起草能力文件具有重要的指导意义。

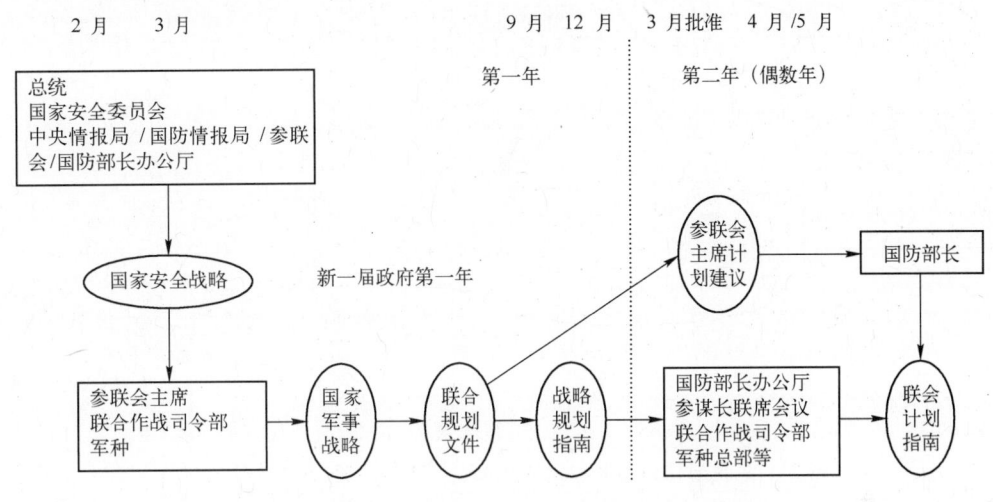

图 2.16 规划计划预算与执行系统规划阶段工作流程

在规划阶段的成果以及"联合能力集成与开发系统"制定的《初始能力文件》的基础上,采办执行部门(主要是三军种)将制定《计划目标备忘录》(POM)。《计划目标备忘录》说明未来六年的计划项目、进度安排和经费需求,内容按国防部内部使用的格式编写,按照战略力量,常规力量,指挥、控制、通信、情报与空间(C^3IS)等 11 大类项目编写。在《计划目标备忘录》的基础上,参谋长联席会议主席包括高级领导评审小组(SLRG,取代了原来的国防资源委员会 DRB,负责规划、计划、预算、执行系统)对《计划目标备忘录》进行评审,最终提出《计划决策备忘录》,该备忘录作为规划计划预算与执行系统计划阶段的最终成果,其内容涵盖未来六年的装备发展计划,并包含了预算的部分内容。该《计划目标备忘录》连同预算阶段制定的《计划预算决定》,由主计长代表国防部长办公厅进行综合,提出国防部的总体预算,并于预算年(在美国偶数年为预算年)的 2 月提交总统签署,再经国会审批后即生效。生效后的计划项目,以《初始能力文件》中确定的项目指标为基础,对项目实施采办。规划计划预算与执行系统预算年的计划/预算工作流程如图 2.17 所示。

三、"联合能力集成与开发系统"与"国防采办系统"的关系

"联合能力集成与开发系统"制定的能力文件为采办工作的实施提供了技术支持。经过规划计划预算与执行系统的分析,项目立项后,项目即进入采办程序。随着采办全寿命过程的开展,"联合能力集成与开发系统"根据遇到的各种采办实际情况(技术、经费、作战任务等变化因素)反复、多次地进行分析,依次在不同的采办阶段生成三份需求文件——《初始能力文件》《能力发展文件》和《能力生产文件》,以对需求主办部门的需求进行不断地调整,并做进一步细化,进而指导着采办全寿命过程的开展。

需求通过其在采办全寿命过程中的不断细化,指导采办全寿命工作的进行。具体地

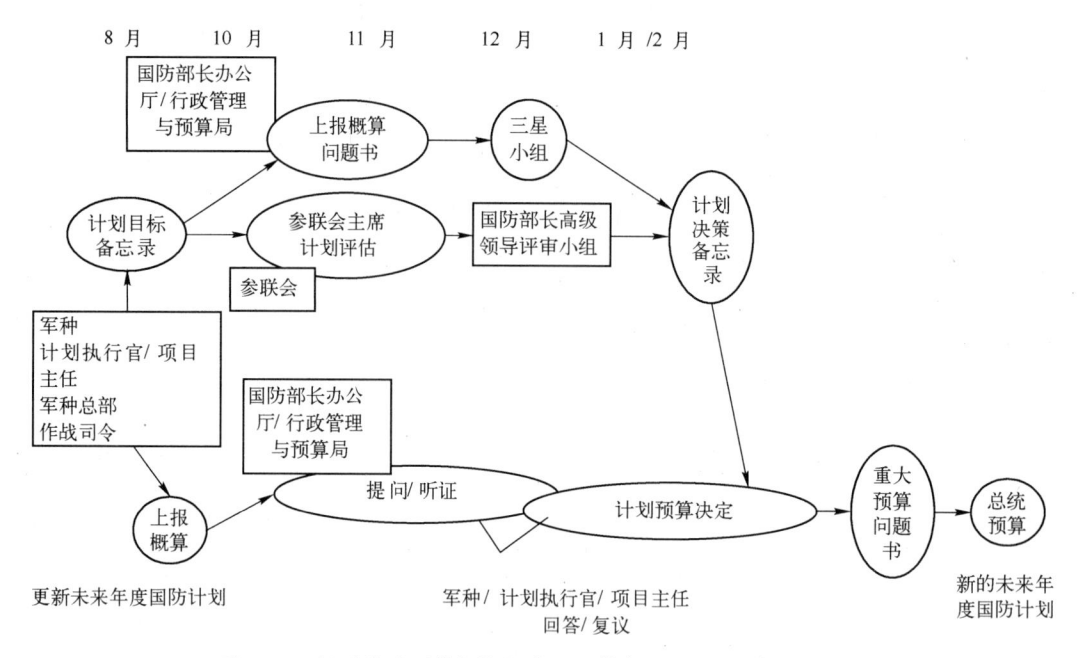

图 2.17 规划计划预算与执行系统预算年的计划/预算工作流程

讲,"联合能力集成与开发系统"通过三份需求文件分别对里程碑决策点 A、B 和 C 采办决策活动进行支撑,实现了二者的密切联系。

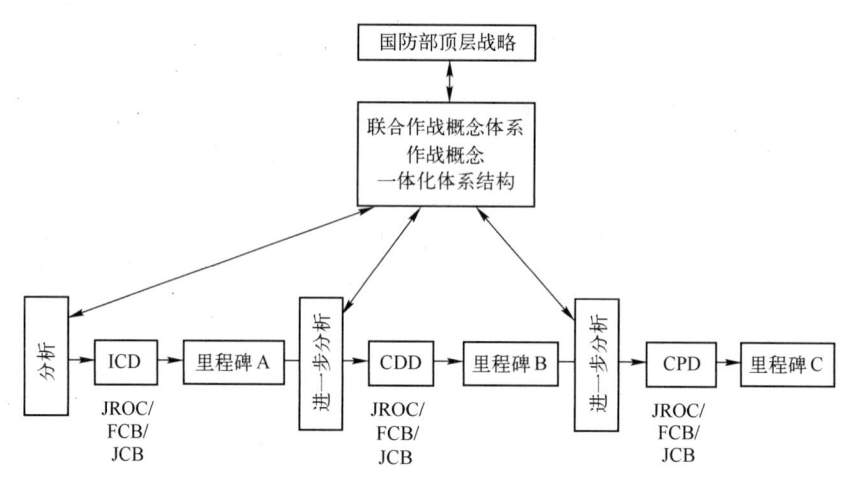

图注:JCIDS:联合能力集成与开发系统;
　　　ICD:初始能力文件;JCB:联合能力委员会;
　　　CDD:能力发展文件;FCB:功能能力委员会;
　　　CPD:能力生产文件;JROC:联合需求监督委员。
图 2.18 "联合能力集成与开发系统"与"国防采办系统"的关系

首先,需求主办部门根据国防部顶层战略、顶层概念以及一体化体系结构,进行第一轮需求分析,形成第一份需求文件——《初始能力文件》草案。草案经相关部门审批后,进一步修订完善,形成正式的《初始能力文件》,为采办执行官进行里程碑 A 的决策提供支撑;同时,第一轮分析结果通过知识管理/决策支持数据库进行反馈,修订顶层概念,即作战概念以及联合作战概念体系中的联合作战顶层概念及其下属的联合行动概念、联合功能概念和联合一体化概念。

其次,在技术开发阶段,根据遇到的实际问题,需求主办部门进行第二轮需求分析,调整并细化需求,形成第二份需求文件——《能力发展文件》草案。草案经相关部门批准后,支持采办执行官进行里程碑 B 的决策。采办项目经过里程碑 B 的决策审查,即宣告采办前期活动的结束,采办项目正式启动。

最后,需求主办部门根据系统开发与演示认证的情况,进行第 3 轮需求分析,调整并细化需求,形成第 3 份需求文件——《能力生产文件》草案。同样,草案经相关审批后,形成正式的《能力生产文件》,支持采办执行官进行里程碑 C 的决策。

这 3 个能力文件,包含了项目采办所需的技术性能参数,包括关键性能参数(KPP),为相关的里程碑决策当局对项目实施审查,决定其是否进入下一阶段的采办工作提供了依据,为采办工作提供指导。

第三章 国防资源分配机制

美国国防资源分配机制是规划计划预算执行系统(PPBES),是美国国防部三大决策支持系统之一,主要负责制定国防战略规划、中期计划,确定国防预算经费。规划计划预算执行系统的运行,直接关系到国防资源分配的效益,直接影响国防科技发展和武器装备建设的方向和重点,对国防科技创新发展与武器装备长远建设有重要意义。

第一节 国防资源分配机制的历史沿革

美国国防资源分配机制历经多次重大改革,大体经历了基数预算制度、规划计划预算系统(PPBS)和规划计划预算与执行系统(PPBES)三个阶段。

一、基数预算制度阶段

20世纪60年代初以前,美国一直实行以基数预算为主的预算制度。其基本特征是分散决策制,各军种的预算自主权极大,全军没有一个集中统一的机构对各军种的计划项目进行综合审查、分析,并进行合理的调整。当时国防部长办公厅主要负责审定各军种的年度预算限额,国会也只是通过拨款授权法来控制国防预算总额。至于各部门预算具体用于什么项目,主要由各军种和国防部各部局自己决定。当陆、海、空三军在战略方针、发展计划和军队编制等重大问题上发生分歧时,各军种参谋长均有权面见总统并列席国会有关会议,提出本军种的计划并要求批准。由于国防部统管不足,各军种之间常常发生预算额度分配的意见分歧。为平息这种资源之争,在1945—1960年的15年期间,美国国防预算资金分配一直采取分块的办法,即国防部每年将军费按一定比例分摊给三军。据有关资料显示,除朝鲜战争期间和少数年份外,国防部对预算分配额的比例一直比较固定:空军约占47%,海军约占29%,陆军约占24%[①]。

随着冷战时期美国、苏联两大军事集团对峙形势的发展,基数预算制度在美国开始暴露出国防资源分配效率低下的问题。据统计,1951—1958年,美国国防开支总额为3439.4亿美元,而同期苏联国防开支只有2062.6亿美元,两者相比,美国国防开支是苏联国防开支的1.7倍。美苏两国投入差别很大,而开支效果却未能达到美国的军事战略要求。经过周密的研究和调查,美军发现,美国国防建设落后的重要原因之一是国防预算制度效率低下。

在传统的预算体系中,各军种和国防部各部局的预算都是相互隔离和封闭的。在预算决策过程中,各军种提出的预算额仅仅是依据本系统的发展需要,而并没有考虑到整个国防系统的发展要求,国防预算的结果与国家安全委员会制定的战略计划严重脱节。

---

① 姜鲁鸣:中国国防预算制度的创新[M]. 经济科学出版社,2004.

因此,庞大的国防预算,规模无法形成具有统一目标的国防力量。缺乏系统规划的国防预算,必定导致重大军事科研项目发展的严重滞后,所形成的军队战斗力缺乏强大的系统功能。

由于缺乏系统协调,装备供需严重脱节,还造成了惊人的浪费。1961年调查发现,陆军仓库里堆积着超过需要量1.7倍的105毫米榴弹炮,超过需要量2倍的4.26英寸迫击炮,以及超过需要量9倍的2.75英寸火箭炮。当时三军仅战术导弹就研制了20多种型号。由于重复投入,在1957—1959年间,三军共取消了31种武器系统发展计划,浪费高达35亿美元。与此同时,最需要发展的重大战略项目却又未能及时研发,以致美国国防资源配置整体效率日趋低下。这种多头分散造成的低效率状况,强烈呼唤着国防预算制度的改革与创新。

二、规划计划预算系统阶段

1961年,国防部长麦克纳马拉作为系统决策分析的提倡者,对国防部管理体系进行了重大调整改革,国防建设和管理突出体现出效率优先、重视绩效、系统协调等理念,并强化了行政管理方面的调整改革,加强了国防部对规划计划预算的管理权限,加强国防部对各军种规划计划预算工作的统筹管理与控制。在麦克纳马拉的倡导下,在兰德公司相关研究成果的基础上,国防部引入了规划计划预算系统(PPBS)。

规划计划预算系统根据国家军事战略和财政预算限额,采用规划、计划和预算一体化编制程序,制定国防和军队建设长远战略规划、中期计划和年度预算。规划计划预算系统的主要特点是:把军事战略、国防预算、部队需求和武器研制有机地联系起来,把远期、中期、近期计划和年度预算紧密地衔接在一起,形成一种完整而统一的国防规划-计划-预算制度;按军事功能来编制计划和预算,同一类任务的各军种项目纳入同一类计划,加强国防部的综合平衡,减少重复浪费。规划计划预算系统分为规划、计划和预算三个阶段:在规划阶段,主要是确定长期战略规划,根据美国未来5~20年所面临的威胁,提出应具备的军事力量,制定相应的国防和军队建设规划文件;在计划阶段,各军种和国防部各部局根据规划文件以及国防资源的限制情况,制定相应的武器装备发展计划,确定优先发展的国防和军队建设项目;在预算阶段,主要是依据所确定的国防和军队建设计划项目,编制国防和军队建设经费预算。

由于长期以来各军种之间装备重复建设问题严重,为此美军开始加强国防部尤其是参谋长联席会议在需求和采办管理中的权力。1986年国会通过《国防部改组法》,加强了参谋长联席会议的权力,由参谋长联席会议副主席担任联合需求管理委员会的主席,成员包括各军种副参谋长,主要负责审批重大国防采办系统的需求文件。参谋长联席会议副主席同时兼任国防采办委员会副主席,提高了国防部/参谋长联席会议对需求生成以及采办管理系统的影响力。规划计划预算系统加强了参谋长联席会议和联合作战司令部在规划计划和预算编制实质性审查中的作用,要求国防计划和经费预算与作战需要紧密结合。此外,国会授权实行两年一次的预算编制制度,要求国防部试行预算年和非预算年编制,但在总统预算的签署与国会的审批过程中,国防部提交的计划和预算仍然采取每年一次的编制方式,规划计划预算系统没有发生根本性变化。

三、规划计划预算执行系统阶段

2003年5月22日,国防部发布了"管理倡议决定913"文件(Management Initiative Decision 913),着手对"规划计划预算系统(PPBS)"进行重大改革,提出采用新的"规划计划预算执行系统"取代"规划计划预算系统",并于2005财年开始实施。规划计划预算执行系统的出台主要有以下原因:

(1) 适应军事战略调整和部队转型的需要。小布什政府上台后,基于对国际安全环境的重新认识,全面调整了军事战略和军队建设方针,加紧推进部队转型,对作战理论、装备、部队编制及业务工作等方面开展了一场全方位的变革,努力建设一支灵活的、以网络为中心的、能够有效打击所有潜在对手的"全能部队",以巩固美国在世界格局中的超级霸主地位。为适应军事战略调整与部队转型的需要,国防部全面推进业务转型,"规划计划预算系统"作为业务工作的重要内容,其改革势在必行。

(2) 更好地满足联合作战的需要。小布什政府上台后,美国国防部提出了"基于能力"的军队建设思想,提出要实现"战场感知""指挥与控制""兵力应用""防护""聚焦后勤""网络中心战""训练""部队管理"8种作战能力,强化了国防部对作战能力需求的统筹管理,要求规划计划预算的编制应更好地体现"作战能力"需求,满足联合作战的需要。规划计划预算系统虽然也考虑了规划计划与预算的编制与作战能力需求的结合,但总体上讲,结合的力度还不够,没有有效地将军事能力需求融入国防规划计划与预算的编制过程中,特别是在美军更加强调一体化联合作战的大背景下,这方面的问题暴露得更加明显。

(3) 提高计划和预算工作效率的需要。为适应当时美军快速反应的作战需要,国防部进一步改革工作模式和工作方法,要求规划计划预算系统建立起一套更加灵活、快捷且富有创新的工作程序,缩短决策和审批周期,提高办事效率。虽然规划计划预算系统建立了具体的规划、计划和预算的申报、评审、复议和批准程序,严格规范了工作行为,但一年一滚动的计划和预算编制制度工作量大,周期较长,每循环一次在国防部运行要24个月,国会审批要8个月,耗费了大量的人力和物力,很不适应当时美军快速反应和快速采办的要求。

(4) 提高国防采办经费使用效益的需要。随着武器系统的复杂性日益提高,武器系统研制生产投入的经费越来越多,提高经费使用效益已成为国防部关注的重要问题。在原规划计划预算系统中,大量的时间和精力用在资源分配上,而对已投入经费的执行情况和成效评估不足,直接影响到国防采办经费的使用效益。

第二节 规划计划预算执行系统的组织体系

规划计划预算执行系统涵盖立法、战略制定、规划计划、需求分析、国防科技、国防采办、财务与预算管理等诸多领域的工作,涉及诸多部门和单位,如国会、总统及其行政部门、国防部和军种相关部门。在国防部组织体系中,规划计划预算执行系统由国防部常务副国防部长领导,政策副部长、主计长、成本评估与计划鉴定局长分别牵头组织实施,如图3.1所示。

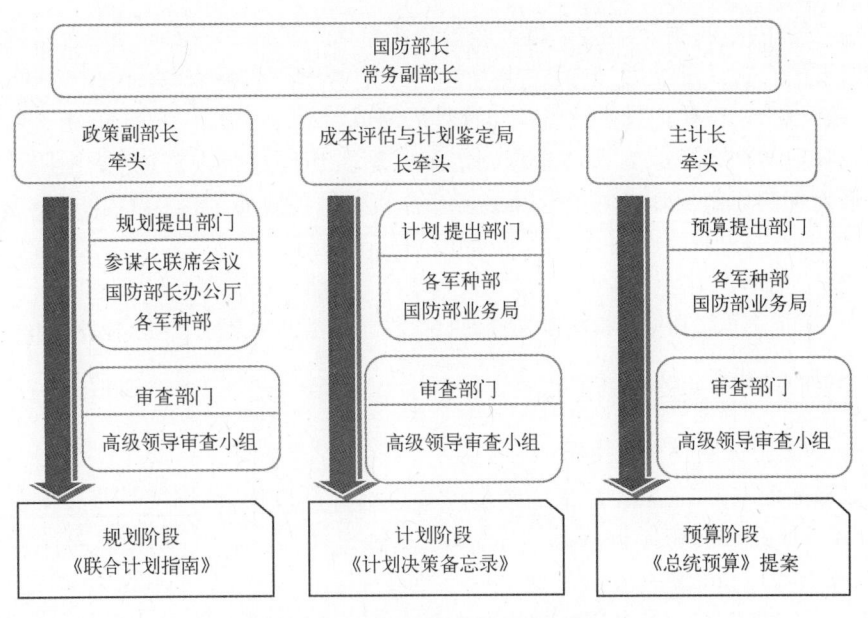

图 3.1 规划计划预算执行系统组织体系

（1）规划阶段由政策副部长牵头（具体由战略、规划、武装力量副部长帮办实施），参谋长联席会议、国防部长办公厅、各军种等参与此阶段工作，由高级领导评审小组和三星小组负责评审。

（2）计划阶段由成本评估与计划鉴定局长牵头，参谋长联席会议、国防部长办公厅、各军种等参与此阶段工作，由高级领导评审小组和三星小组负责评审。

（3）预算阶段由财务副部长（主计长）牵头（具体由规划与预算副部长帮办实施），参谋长联席会议、国防部长办公厅、各军种等参与此阶段工作，由高级领导评审小组和三星小组负责评审。

一、国会和政府宏观决策审批机构

（一）国会及其相关委员会

国会是美国最高立法机构，总统的国防预算提案要经国会批准，才予拨款。国会参议院和众议院都设有军事委员会、预算委员会和拨款委员会，由它们审查、批准国防和军队建设规划、计划和预算。两院军事委员会负责审议国防和军队建设以及武器装备采办计划，并通过国防授权法案；两院预算委员会负责审议国防预算，并通过预算报告；两院拨款委员会负责审议和通过国防拨款法案，并经总统批准签署后实施。

为协助国会有关委员会做出立法决策，评审国防预算执行情况，国会还设有立法咨询与辅助机构，如政府问责办公室与国会预算办公室等。政府问责办公室负责对国防预算的实施进行监督和评估，向国会汇报相关评估情况，确保国防预算的透明化和高效性。国会预算办公室负责分析研究国家财政情况，预测可行的财政政策，配合国会审议联邦预算（包括国防预算）。

（二）总统及其相关机构

总统在美国国防预算编制与审批过程中发挥着重要作用。国防预算编制完成后，必须先交由总统审批,再提交国会审批。经过总统签署后的预算提案成为"总统提案",总统提案经过国会审议批准后,最后还要由总统再次签署后才能生效和正式拨款。总统审批、汇总政府预算,主要依托行政管理与预算局完成。

行政管理与预算局负责辅助总统制定和管理联邦计划与预算(包括国防计划与预算),为政府部门编制预算提供指导,汇总、综合和协调各政府部门(含国防部)上报的预算,负责评估政府预算的实施绩效,促进部门间的协调与合作。

财政部负责制定美国国内外财政政策并为联邦行政机构提供财政服务,包括资金的发放、借贷、税收等,负责与联邦行政机构共同管理财务数据,确保中央财务与报告制度的落实。

二、国防部相关管理部门

(一)国防部领导审批组织

高级领导评审小组(SLRG)是国防部核心评审决策机构,由国防部常务副部长担任主席,参谋长联席会议主席担任副主席,成员包括主计长,成本评估与计划鉴定局局长(任执行秘书),政策副部长,采办、技术与后勤副部长,人事与战备副部长,参谋长联席会议副主席,各军种部长。高级领导评审小组取代原规划计划预算系统中的"资源审查委员会",负责规划、计划和预算阶段的最终综合审查。

三星小组(3-Star Group)是高级领导评审小组的下属执行组织,由成本评估与计划鉴定局局长担任主席,成员由国防部长办公厅、联合参谋部J8局、军种和国防部业务局的三星级官员组成。三星小组大约每周开会一次,负责具体承办计划与预算审查工作,向高级领导评审小组汇报工作。

(二)国防部相关实体职能机构

1. 政策副部长办公室

政策副部长办公室负责规划阶段的相关文件编制的领导工作。为实现国家安全目标,在国家安全与防御政策和国防部政策与计划的整合和监督方面,国防部政策副部长是国防部长和国防部副部长的首席助理和顾问,其主要职责是:

(1)代表国防部处理关于国家安全委员会(NSC)以及国务院和其他负有国家安全政策责任的联邦部门、机构和跨机构团体的事项。

(2)充当国家安全委员会助理委员会和危机管理助理委员会成员,为国防部长提供关于危机预防和管理的建议,包括主要关注地区的应急计划。

(3)制定国防部防御相关的国际谈判政策,并代表国防部出席谈判。

(4)为军备控制实施和/或遵守问题的国际谈判,制定国防部政策并协调相关职位。

(5)制定关于外国政府、军事机构和国际组织联盟和防御关系的政策,整合、监督联盟和防御关系进行的计划和项目。

(6)制定并协调监督实施国际安全战略和政策、国防部对外国政府及其防御机构利益问题的政治军事政策(包括美国军事设施部署、使用权及兵力地位)以及战俘和失踪人员政策。

(7)制定国防部防御安全援助政策和计划,并协调监督其实施。

(8)制定并协调监督实施国防部政策,以减少和反击大规模杀伤性武器以及其他核心军事技术与武器装备对美国、美军和盟国的威胁,包括不扩散政策、军备控制政策和安全政策。

2. 成本评估与计划鉴定局

成本评估与计划鉴定局负责对规划计划预算执行系统中规划和计划阶段的相关事务提供分析和建议,对各军种和国防部业务局提交的计划草案进行评审,并发布计划阶段的正式文件。其主要职责包括:

(1) 支持规划计划预算执行系统规划阶段的分析。成本评估和计划鉴定局作为国防部长办公厅的主要分析机构,还应负责上级指派的其他分析工作。

(2) 在与国防部财务副部长(主计长)/国防部首席财务官的协调下,制定《未来年份国防计划》的计划性指南及制定财务指南。

(3) 管理规划计划预算执行系统计划评审阶段,担任负责监督该阶段工作和进展情况的三星小组领导,并将计划审查阶段的决定编辑成《资源管理决定》文件,提供给国防部长或常务副部长审批。

(4) 与国防部政策副部长和参谋长联席会议主席共同主持战略分析保障(SSA)活动监督管理团队,并作为该团队的执行秘书。其他职责包括:维护和发布国防部第8260.05号指令《战略分析保障(SSA)》;确认和核准战略分析保障基准数据;建立和维护一个知识库,用于协助管理和分配战略分析保障的相关产品和数据,以及国防部机构为支持国防战略、计划、规划的制定实施和资源发现而进行的研究和分析。

(5) 为讨论"联合需求监督委员会"有关的资源和能力提供分析和建议。其他职责包括:执行已批准战略和政策的项目有关的审查、分析和鉴定,并保证与项目有关信息的准确和完整;评估国防采办计划的备选方案、计划和政策;评估国防部开支对美国经济的影响。

(6) 向国会提交年度报告,总结上一年的国防部成本估计和成本分析活动,并评估国防部在改善成本估计和分析准确度方面的进展和成效。

3. 财务副部长(主计长)办公室

国防部财务副部长(主计长)/首席财务官是国防部长在预算和财务事项方面的首席参谋助理和顾问。国防部财务副部长(主计长)/首席财务官关注的事项包括:预算制定与实施;财务管理与监督;国防部财务管理工作人员改善;绩效和财务信息的改进融合以及审计准备度的实现;财务系统;会计政策;合同审计管理;财务管理改进。其主要职责是:

(1) 利用成本评估与计划鉴定局长(DCAPE)和国防部管理副主任(DCMO)提供的建议,管理国防部规划计划预算执行系统的预算和执行阶段并提供分析和建议,并向国防部政策副部长和成本评估与计划鉴定局长提供国防部规划计划预算执行系统规划计划阶段相关的分析、建议和推荐。

(2) 编制和报告国防部预算,领导行政管理与预算局(OMB)和国会就预算和财务事项进行互动,并核准预算的执行和控制。维持对国防部所有财务资源使用的有效控制和问责制度。与管理副主任进行协调,开展国防开支效率分析。

(3) 提供关于国防部财务管理工作人员招聘、留用、培训和职业发展方面的指导和监督,包括建立职能体系管理办公室,由负责该职能的高级执行官担任领导。

(4) 管理国防部有效财务信息改进,制定得出财务信息无保留审计意见的政策,酌情与管理副主任协调使用。与管理副主任共同担任财务改进与审计达标(FIAR)管理委员会,并监督对国会的财务改进与审计达标问题报告。

(5) 与管理副主任进行协调,提供国防部内财务系统的设计、开发和安装,以及管理改进项目,尤其是与财务管理相关的改进项目。建立和维护国防部管理者内部控制项目,以控制非财务经营、财务报告和财务系统的浪费、欺诈、管理不当和效率低的问题。建立并主持高级评估小组,报告财务报告内部控制情况。提高会计和经营数据的准确性和可靠性。制定、宣传国防部合同审计管理以及财务管理改进的季度、年度和长期绩效目标,并监督其实施,包括措施和里程碑。确保达到年度绩效计划和国防部战略计划《四年防务评估报告》中确定的年度和长期目标。维护将国防部战略和结果联系起来的度量项目,以改进财务管理绩效。

(6) 建立统一的国防部财务政策、原则和程序,并监督其实施,主要包括以下政策:预算编制、报告和执行;财务管理项目和系统;财务改进和审计准备、会计和支出系统,包括非专用基金系统;适用于非专用基金退休计划;现金和信贷管理;收账;财务进度与统计报告;与合同审计相关的技术、组织和行政事项。

(7) 充当国防部的首席财务官,主要职责是:监督国防部项目和经营的所有财务管理活动,监督国防部综合会计和财务管理系统的开发和维护,包括财务报告和管理控制;领导、管理国防部财务管理人员、活动和运作,提供政策指导和监督,包括实施国防部资产管理系统的现金管理、信贷管理、收账以及财产和存货管理控制系统;监控国防部实际债务、支出和发生成本预算的财务执行情况;与国家情报主任办公室磋商,监控国防部在国家情报项目方面的执行情况。

(8) 审查、评价和管理支持国防部信息管理和全寿命项目的财务系统,包括数据标准的开发、改进和维护。建立相关政策和程序,确保会计、财务和资产管理系统及其他相关的国防部信息解决方案的设计、开发、维护和使用遵守法律法规规定。

(9) 充当财务战略计划制定、整合、实施和维护,财务实践再造工程,财务管理相关商业信息系统架构以及相关战略方面的首席参谋助理,审查、批准和监督财务国防业务系统的计划、设计、采购、部署、经营、维护和现代化,确保经济分析的编制和验证,以支持财务系统。

(10) 在适当的情况下,与参谋长联席会议主席协调,评估国防部财务管理绩效,以及预算、会计和管理改进产品与服务对国防部下属部门需求的响应性,并给予国防部长相应建议。

(11) 确保设计和管理预算、会计和综合管理改进政策与项目,以提高绩效标准、经济性和效率,并确保国防部财务副部长(主计长)/首席财务官管理、领导和控制所有国防业务局和国防部现场活动机构关注国防部内外组织客户的需求。

4. 参谋长联席会议

参谋长联席会议主席作为总统、国防部长和国家安全委员会的主要军事顾问,为总统和国防部长提出战略规划和发展方向,提出经作战司令部指挥官确认的需求、项目和预算优先次序的建议。参谋长联席会议的主要职责有:

(1) 在战略规划方面,制定并向国防部长提交《国家军事战略》,就武装部队实现国家安全目标的战略方向提出建议;制定战略规划,包括符合国防部长预计在计划有效期限内可以获得的资源水平的计划;开展美军能力评估,以确定与潜在对手相比,美国及其盟国武装部队的能力;制定联合后勤和机动计划,以支持这些战略计划,并建议武装部队的责任分配。

(2) 在应急规划方面,为准备和审查符合总统和国防部长指南的应急计划提供条件;准备和审查后勤与机动计划支持的应急计划,并建议武装部队后勤与机动方面的责任;就部队的能力(包括人力资源、后勤与机动支援等)的关键缺陷和优势,向国防部长提出建议;建立和维持统一的、用以评估各个作战司令部执行任务准备程度的系统,如《参谋长联席会议主席风险评估》。

(3) 在需求、项目和预算方面,就联合作战司令部和特种作战司令部指挥官确认的优先事项,向国防部长提出建议;就军种部和其他国防部组成部门的项目建议和预算草案与战略计划确定的优先事项,以及为作战司令部确定的优先事项的符合程度,向国防部长提出建议;根据预计的资源水平和国防部长提供的指南,提交关于作战司令部指挥官活动的备选项目的建议及预算草案;审查战略规划指南和计划指南草案,并将意见提供给国防部长;制定并向国防部长提交《参谋长联席会议主席计划建议》(CPR),提供参谋长联席会议主席对发布规划和计划指南提出建议;制定并向国防部长提交《参谋长联席会议主席计划评估》(CPA),提出参谋长联席会议主席对通过计划/预算过程来改进国防计划和预算的替代项目建议和预算提案的个人评价;准备并向国防部长提交《参谋长联席会议主席风险评估》(CRA),当风险涉及作战司令部指挥官执行任务的能力和军种以现有部队提供支援的能力时,提供风险评估;作为成员,参加国防部长的小组会议;就"重大预算问题"(MBI)向国防部长提出建议。

三、各军种相关机构和国防部业务局

各军种与国防部业务局负责编制和上报本部门的计划与预算文件。各军种和国防部业务局都设有负责规划、计划和资源分配的部门,军种负责需求论证和采办管理的部门也参与规划计划预算执行系统工作,例如:军种研究办公室参与国防基础研究计划和预算编制;各计划执行官和项目办公室参与装备采办项目的计划和预算编制。各军种负责和参与规划计划预算执行系统工作的相关部门和机构较多,主要包括规划计划预算编制机构、国防科技管理部门、装备采办管理部门等。

1) 各军种的机构

(1) 海军国防采办经费管理机构是财务管理与主计助理部长,下设的主要机构有财政管理与预算办公室(FBM)、财务运行办公室、成本分析中心等。其中,财政管理与预算办公室是海军负责预算的机构,承担海军和海军陆战队准备预算的职责。财政管理与预算办公室由6个机构组成:拨款事务局负责与国会、国防部和军种相关部门联络;作战局负责人事、作战和维持经费;投资和发展局负责投资、装备采购、研究与开发经费;规划与预算协调局负责预算指南制定和程序协调工作;商业与民用资源局负责周转金管理;预算与程序局负责制定预算政策和指南。

(2) 空军国防采办经费管理机构是财务管理与主计助理部长,下设的主要机构有:预算助理部长帮办,成本与经济助理部长帮办,财务运行助理部长帮办,服务、通信与人力发展主管,空军预算办公室等。其中,空军预算办公室由5个局组成,包括预算投资局(负责装备研发和采购、军队建设、军人住房等经费预算、执行)、预算和拨款联络局(负责

国会联络)、预算管理与执行局(负责财务政策和程序制定)、作战预算局(负责人事、作战与维持)、预算计划局(负责 PPBES、预算协调)。

(3)陆军国防采办经费管理机构主要包括:①预算助理部长帮办,主要负责陆军预算的编制、审查、执行、分析、调整等工作;②财务信息管理办公室,主要负责陆军财务管理系统的建设与维护,陆军部队财务信息服务保障等工作;③财务运行助理部长帮办,主要负责制定陆军财会政策、程序、计划等,以及陆军财务内部控制、审查、评估等工作;④陆军预算办公室,负责预算管理工作,主要由作战与保障局(负责人事、作战和维持)、投资局(负责装备研发、采购和军队建设)、商务资源局(负责周转金、对外军售、信息技术与规划计划预算执行系统)组成。

2)国防部业务局

国防高级研究计划局(DARPA)、导弹防御局、国防威胁降低局、国防合同管理局等国防部业务局都有专门负责规划及计划预算执行系统工作的机构。例如国防高级研究计划局有主计长办公室,负责管理本部门规划计划预算执行系统工作,负责本部门综合财务管理和审计监督,每年编制和提交年度预算。

第三节 规划计划预算执行系统的运行程序

规划计划预算执行系统可分为规划、计划、预算和执行评审四个阶段。计划、预算编制同时进行,两年滚动一次。偶数年为预算年,编制新的未来 6 年计划和预算;奇数年为非预算年,根据形势任务变化和预算执行情况,对未来 5 年的计划和预算进行调整。需要说明的是,规划计划预算执行系统编制周期与总统 4 年任期有密切的关系,其目的是规划计划预算执行系统更好地支持和实施新一届总统的执行政策和战略措施。

一、规划阶段

在新一界总统任期的第一年(如 2009 年、2017 年),开始启动新一轮规划编制工作。规划阶段的主要任务是分析未来国家安全形势和面临的威胁,制定军事战略,明确未来所需的作战能力,确定国防和军队建设目标、政策和指导方针,提出军事力量规模与部署思路、发展规划和财政限额,为各军种和国防部业务局编制计划和预算提供指导和依据。规划阶段工作由政策副部长牵头,国防部长办公厅、参谋长联席会议、各军种、联合参谋部、作战司令部等部门参加。规划阶段流程见图 3.2。

1. 制定《国家军事战略》

参谋长联席会议连同作战司令部和各军种,根据《国家安全战略》,共同制定《国家军事战略》(National Military Strategy,NMS),分析未来全球安全环境,明确国家军事战略目标,制定实现国家安全目标的战略原则,提出未来作战的联合构想和军事力量结构和规模。2004 年版《国家军事战略》目录见表 3.1。

```
2月        3月         9月        12月     3月批准    4月/5月
```

总统
国家安全委员会
中央情报局/国防情报局/
参联会/国防部长办公厅

第一年 | 第二年（偶数年）

国家安全战略

新一届政府第一年

参谋长联席会议主席作战司令部军种 → 国家军事战略 → 联合规划文件 → 战略规划指南

参谋长联席会议主席计划建议 → 国防部长

国防部长办公厅 参谋长联席会议 作战司令部 军种总部等 → 参谋长联席会议计划指南

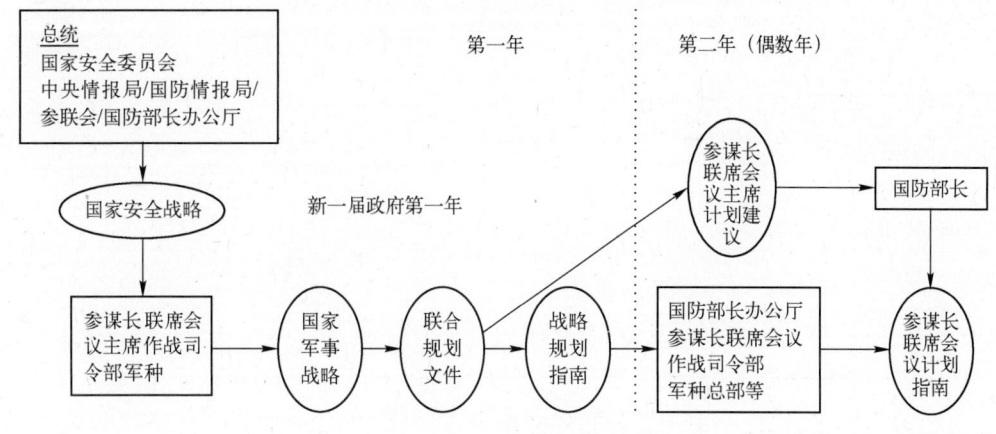

图 3.2　规划阶段流程

表 3.1　2004 年版《国家军事战略》目录

执行概要
Ⅰ　引言
A　战略指南
国家安全战略
国防战略
B　国防军事战略的作用
C　安全环境的关键方面
对手更加宽泛
更加复杂和分散的作战空间
技术扩散与可获取性
D　战略原则
敏捷性
决策性
一体化
Ⅱ　国家军事战略目标
保护美国
防止冲突和技术突袭
战胜对手
Ⅲ　任务成功的联合部队
A　特征
B　功能与能力
应用部队
部署与维护军事能力
保护战场

(续)

执行概要	
	获得决定性优势
Ⅳ	部队设计与规模
A	部队设计与规模
B	风险与部队评估
Ⅴ	未来作战的联合构想
A	全谱优势
B	倡议
Ⅵ	总结

需要说明的是,根据美国正式公布的战略文件,美国的战略体系自上而下主要有《国家安全战略》《国防战略》和《国家军事战略》。其中,《国家军事战略》主要负责落实高层次战略文件在武装力量运用方面的要求,由参谋长联席会议负责制定。美国最早公开发表的《国家军事战略》可追溯到1995年。《2004财年国防授权法案》规定,参谋长联席会议应每两年对国家军事战略进行一次评估,并于双数年的2月向参众两院提交。但此后参谋长联席会议只在2004年、2011年和2015年公开发布过《国家军事战略》。2015年《国家军事战略》针对当时大国军事挑战日趋严峻、美国实力相对下降、地区形势复杂多变等新情况,提出了"强化同盟网络、兼顾各种威胁"的"一体化"军事战略,将战略重心由反恐调整为应对"大国挑战"。2015年版《国家军事战略》目录见表3.2。

表3.2 2015年版《国家军事战略》目录

2015年美国国家军事战略
——美国军事对国家安全的贡献
参谋长联席会议主席序言
一、战略环境
二、军事环境
三、"一体化"军事战略
美国持久的国家利益
国家安全利益
国家的军事目标
(一)威慑、拒止并击败对手国家
(二)瓦解、削弱并击败暴力极端组织
(三)强化全球同盟网络
(四)推进全球一体化作战
(五)为战略提供必要资源
四、联合部队倡议
(一)人员与军队的专业化:提升我们最大的优势
(二)部队管理:捕捉创新和效率
(三)能力建设:保持我们质的优势
五、结论

2. 制定《联合规划文件》

联合参谋部和各军种、联合作战司令部、国防部业务局等部门,根据《国家军事战略》制定《联合规划文件》(Joint Planning Document,JPD),明确未来联合作战能力要求,说明现行和未来作战能力的差距,阐述各领域国防需求和各项计划的优先顺序,提出开展重大科研、系统采办活动和装备使用、维护、升级改造、维修的机会。该文件一般在 9 月发布。

《联合规划文件》发布后,联合需求监督委员会组织联合作战司令部开展一年一度的联合作战能力评估,形成《一体化优先需求清单》(IPL),提出各作战司令部所需的作战能力和优先排序,评估结果支持《参谋长联席会议主席的规划建议》(CPR)。

3. 制定《战略规划指南》

在联合参谋部和联合作战司令部开展作战能力评估和参谋长联席会议主席规划建议(CPR)的同时,国防部长办公厅组织相关部门,以《联合规划文件》为基础,开展《战略规划指南》(Strategic Planning Guidance,SPG)编制工作。《战略规划指南》是《联合计划指南》编制的依据(Precursor),它提出国防政策和战略、兵力和资源规划,明确制定《计划目标备忘录》的财政问题,确定未来防务规划的目标、政策和规划安排的指导方针,提出优先发展的计划和项目。其主要内容包括:①确定战略目标与能力发展优先安排。该指南对近期与远期的战略环境与目标分别进行分析,确定部队的规模与部署思路、部队快速反应所需的时间、设想以及战场作战与业务能力发展的优先安排。②确定资源规划方面的资金限制条件。该指南明确国防部顶层的投资规划设想,包括人员方面的限制、作战方面的设想等,指导规划工作的进行。③确定优先安排与风险可承受程度。该指南明确军队建设的优先安排,确定各能力领域发展可承受的风险范围。④建立联合作战能力目标。该指南通过长期的战略规划研究与当前情况的分析,确定联合作战能力目标,充分考虑各种能力的发展方案,同时应包括能力目标的评审标准,以便于能力发展过程中的评估。⑤确定未来业务发展规划的战略目标。该指南确保业务工作与作战规划紧密联系,确保人力资源、基础设施、管理工作的优化发展。⑥确定未来联合作战与组织体系发展的概念。该指南制定部队训练、演习、科学技术发展、能力安排的组织管理体系,推动新型作战概念的实现。

4. 制定《联合计划指南》

国防部长办公厅、联合参谋部、军种部和国防部业务局等部门通过联合评审和研究讨论,依据《战略规划指南》和《参谋长联席会议主席计划建议》,在总统任期第 2 年 5 月制定《联合计划指南》(Joint Programming Guidance,JPG),在规划计划预算执行系统中称为《国防规划指南》。《联合计划指南》作为规划阶段的正式文件,详细阐述了美军面临的威胁和机遇、政策、战略、未来主要国防计划和优先发展的能力,论述具体项目和经费限额,为计划和预算阶段的工作提供指导。

在非预算年,如果国防部长或常务副部长没有做出特别指示,则不再发布新的《战略规划指南》和《联合计划指南》。

二、计划阶段

在总统任期的第二年(如 2010 年,2018 年)和第四年(偶数年,也称为预算年),开始同步启动新一轮计划和预算编制工作。预算年计划阶段的主要任务是制定未来6年国防和军队建设(包括国防科技和装备发展)中期计划,并提出人力和财力需求。在总统任期的第一年和第三年为非预算年,计划阶段的主要任务是对预算年编制的未来5年计划进行调整。该阶段工作由成本评估与计划鉴定局总体协调和负责,国防部长办公厅、参谋长联席会议、各军种和业务局参与。预算年的计划阶段流程如图3.3所示。

1. 编制《计划目标备忘录》

在预算年,陆军、海军(含海军陆战队)、空军、国防部业务局、各联合作战司令部等部门都有一套《计划目标备忘录》(Program Objective Memorandum,POM)编制、论证和审批计划文件的程序,具体包括以下步骤:

(1) 确定基准[①]。各司令部和计划项目监督人员根据上年度的《联合计划指南》《战略规划指南》《计划决策备忘录》及预算情况编制《计划决策文集》(Program Decision Package)。《计划决策文集》是各军种和国防部各业务局领导使用的决策性文件,主要内容包括各军种和国防部各业务局现有的计划项目和新提出的建议(新上项目),因经费短缺、军事力量调整和政府变更而造成的中止计划,以及需要调整和补偿的计划等。同时,计算出新的基准,包括计划项目的经费额度、性能和进度标准值。

(2) 修改基准。各司令部和计划项目监督人员将《计划决策文集》呈交各军种、国防部各业务局和各联合作战司令部,由它们发给有关的"专业评审小组"来修订,使之符合《联合计划指南》与《战略规划指南》的基准。计划评审委员会根据《联合计划指南》与《战略规划指南》对计划进行调整。修改后的基准由计划评审委员会向各军种参谋部委员会汇报,各大司令部代表列席,然后各军种参谋部委员会再向军种委员会汇报。

(3) 提出新的计划项目建议。各专业评审小组对《计划决策文集》按轻重缓急进行排序。在排序时,新上项目要比目前已拨款的计划项目靠前,计划评审委员会对专业小组的排序进行审查,然后再对整个军种的计划项目进行排序。

(4) 计划演示。演示是在军种参谋部等部门内部通过一个正式程序来验证计划项目费用估算的准确性。演示工作由军种计划与评审主任和预算主任负责。对新上计划和调整后计划核实经费后,先按《联合计划指南》与《战略规划指南》规定的额度基准,确定计划取舍,再将结果逐级上报到军种参谋长(海军为作战部长)和军种部长。

(5) 形成各部局《计划目标备忘录》。各军种和国防部各业务局在完成上述工作后,开始制定本局《计划目标备忘录》,并提交国防部长办公厅。《计划目标备忘录》应按照国防部的规范进行编制,内容包括正文和6个附件,其中:正文部分依据国家和国防部财政指南,提出中期计划建议和经费需求总额,未来6年的装备项目经费计划,以及未来8年的兵力结构计划,如2014财年《计划目标备忘录》提出2014—2019财年装备项目经费计划和2014—2021财年兵力结构计划;6个附件分别是计划风险评估、军事力量、战略状态和现代化、人力、经费表和主要采办计划项目,提出军事力量水平、人员规模、装备项目、经费表、拨款额度等,并对重要兵力结构、新上重点装备项目进行说明。

在非预算年,各军种和国防部业务局提出《计划变更建议书》。各军种根据经费开支、进度、履约情况、外部环境和需求的变化情况,按照相关的要求,评估上一财年计划及

---

① "基准"是指计划项目的经费额度、性能和进度标准值。

预算的合理性,并根据评估结果提出计划和预算的调整方案,7-8月提出《计划变更建议书》(代替预算年的《计划目标备忘录》)。《计划变更建议书》只用于解决当年出现的紧急问题,计划变更一般要遵循归零原则(Zero-sum),即如果某个项目增加一定数额的预算经费,则要对其他项目削减等额经费,以求得预算经费的总量平衡。

2. 上报《计划目标备忘录》

各部局《计划目标备忘录》提交到国防部长办公厅成本评估与计划鉴定局后,成本评估与计划鉴定局汇总后制定《未来年份国防计划》(Future Years Defense Program)。《未来年份国防计划》按照三维结构构成:①主要兵力计划(Major Force Program),由11类计划组成(见表3.3);②国防拨款类别,主要包括研究、发展、试验鉴定,采购,使用维护,军事建筑等6大类;③部门构成,包括陆军、海军、空军、国防部业务局和其他部门。《未来年份国防计划》的数据单位是项目单元(Program Element),它是国防部所有装备、设施、使用保障、人员预算编制的统一单位,确定了预算项目的兵力计划、拨款类别和组织机构,其编号由7位数字组成。例如,海军F/A-18项目的项目单元编号为0204136N,其中:02表示主要兵力计划中的第二类常规力量;04表示预算拨款类别中的第四类科研费;136表示F/A-18飞机的项目编号;N表示海军。目前的《未来年份国防计划》共包括3600多个项目单元。

表3.3　11类主要兵力计划

序号	计划名称	计划内容
1	战略力量	战略进攻力量;战略防御力量;民防;与战略力量有关的指挥机构
2	常规力量	没有列入到"战略力量"类的其他力量及其有关的指挥机构;后勤和保障部队
3	指挥、控制、通信、情报与空间(C3IS)	指挥、控制、通信、情报与空间(C3IS);航空航天救援和回收
4	运输部队	为工业或非工业的运输机构提供的资金;水运码头;交通管理
5	国民警卫与预备役部队	国民警卫与预备役部队
6	研究与发展	基础研究、应用发展、先期技术发展、工程发展、管理和保障、作战系统发展
7	中央物资供应与维护	中央物资供应与维护
8	训练、医疗及其他人员活动	训练、医疗及其他人员活动
9	行政管理与保障	主要管理司令部、野战司令部、国防合同审计局
10	外援	对盟国的支援、军事援助计划
11	特种作战部队	特种作战部队

3. 开展计划评审

国防部对各部门(包括军种、国防部业务局和联合作战司令部)上报的计划文件,主要从两个方面同时进行评审。

(1)成本评估与计划鉴定局(原计划分析与鉴定局)代表国防部长办公厅对《计划目标备忘录》进行评审,并发布《计划目标备忘录问题书》,提出计划方案。各军种、联合参谋部和国防部办公厅对《计划目标备忘录问题书》中的具体问题进行讨论和复议,然后三星小组①(3-Star Group)对《计划目标备忘录问题书》进行进一步评审。

(2) 参谋长联席会议从作战需求的角度对《计划目标备忘录》进行评审,形成《参谋长联席会议主席计划评估》(CPA),为国防部计划决策提供决策依据。高层领导审查小组(SLRG)(取代原规划计划预算系统中的"资源审查委员会")对《计划目标备忘录问题书》和《参谋长联席会议主席计划评估》进行综合评审。

4. 签署《计划决策备忘录》

《计划目录备忘录》经高层领导审查小组综合评审后,向国防部长上报《计划决策备忘录》(Program Decisions Memorandum,PDM),并由国防部长签署生效《计划决策备忘录》作为计划阶段最重要的文件,提出国防部和各军种的6年资源分配计划。

三、预算阶段

预算阶段与计划阶段的工作同时进行。在总统任期的第二年和第四年(偶数年,也称为预算年),开始启动新一轮预算编制工作。预算年预算阶段的主要任务是确定未来6年的预算(第1年为实际预算,第2年为接近实际预算,后4年为预测性预算,国会只讨论审批第1年预算金额)。在总统任期的第一年和第三年为非预算年,非预算年预算阶段的主要任务是对未来5年的预算进行调整。该阶段工作由国防部主计长牵头,各军种、国防部业务局、国防部长办公厅、总统行政管理与预算局等参加。预算年的预算阶段流程见图3.3。

1. 编制《上报概算》

在预算年,各军种、国防部业务局和联合作战司令部等部门,依据《战略规划指南》《联合计划指南》以及《计划目标备忘录》中的项目和财务指南,编制《上报概算》(有时译为《预算估计提案》(Budget Estimate Submission,BES))。各军种和国防部各业务局基层业务机构(也称为预算申请单位),如海军大西洋舰队和太平洋舰队、医药局、海军人事局、海军教育和训练局、海军海上司令部、海军航空系统司令部等,以及负责装备采办项目的计划执行官或项目管理办公室、负责预研项目的科研主管部门等,在前一年秋季开始,采用类比法、参数法、工程法、外推法、征求专家意见等方法,根据装备采办项目所处在的阶段,编制某型装备的预算估计,在预算年3月向军种部或国防部业务局预算管理机构递交《上报概算》,预算管理机构审查预算,再报军种部长或国防部长审查批准。

《上报概算》包括前几个财年、现财年和预算财年的预算情况,内容按国会要求的拨款类别进行编写,主要包括:①研究、发展、试验鉴定费(RDT&E),也称为科研费,包括基础研究、应用研究、先期技术发展、研制、演示、试验鉴定和科研管理保障费;②采购费,用于小批量和大批量生产阶段的装备采购;③使用和维护费,用于文职人员薪金、差旅、小型建筑工程、部队管理、训练与教育、后方维修、库存基金和基地保障开支;④军事人员费,根据最终实力,用于现役和退役军事人员以及预备役部队的薪金和其他报酬;⑤军事建筑费,用于重大军事工程,如基地、学校、导弹贮存设施、维修设施、医疗/牙科医院、图书馆和军队家庭住房等。其中,研究、发展、试验鉴定费又分为7类预算活动(Budget Ac-

---

① 三星小组由国防部长办公厅计划分析与鉴定局局长任主席,成员包括办公厅主要成员、参谋长联席会议兵力结构、资源与评估处官员和各军种计划人员。

tivities);BA-1为基础研究经费;BA-2为应用研究经费;BA-3为先期技术发展经费;BA-4为先期部件发展与原型经费(主要用于装备技术开发阶段);BA-5为系统发展与演示经费(主要用于装备型号研制阶段);BA-6为国防科研管理保障经费(主要为装备科研工作的管理费);BA-7为作战系统发展费(主要用于装备使用保障阶段的科研与改进工作)。

2. 联合开展预算评审

各军种、国防部业务局和联合作战司令部把各部门领导批准的本部门《预算估计提案》或《预算变更建议书》提交到国防部长主计长办公室后,主计长办公室和行政管理与预算局于8-10月对提交的预算文件进行联合评审(俗称"秋季审查"),主要评审各部门上报的预算项目和经费与国防部相关文件的一致性、装备项目定价的合理性、项目目标的可行性以及装备预算的执行情况等内容。

在评审过程中,预算分析专家将审查出的问题记录为《预先质询》文件,要求各军种、国防部业务局和联合作战司令部的相关单位(如装备的计划执行办公室和项目办公室等)做出书面回复。收到回复后,预算分析专家还可以根据需要举行听证会,审查各军种的预算,对军种所确定的经费额度做出审定。

3. 发布《计划预算决定》

国防部主计长办公室的预算分析专家根据综合评审和听证会的结果,针对某个装备项目或事项制定一个或系列《计划预算决定》(Program Budget Decision,PBD),其内容主要包括对该项计划项目预算的论述、存在的问题,并提出各种备选方案。每份《计划预算决定》在正式发布前,要公布一些草案或预行版本,供各军种和国防部业务局讨论和申请复议(Reclama)(仅有4天复议时间),提出反对和修改意见。同时,国防部相关机构和行政管理与预算局也可以提出修改意见,如采办、技术与后勤副部长办公室可以对重大装备采办项目提出修改意见,国防研究与工程署可以对国防基础研究项目提出修改意见。

在收到各方面提交的复议意见后,主计长办公室经过综合权衡,采取三种方式处理:①撤销《计划预算决定》;②各部门修改《计划预算决定》后上交;③原《计划预算决定》直接上交。每份《计划预算决定》要配备一份包括各种支撑材料和各方面复议意见的概要文件,提交给国防部常务副部长做出最终决策。

4. 解决重大预算问题

在国防部常务副部长签署《计划预算决定》之前的12月底,各军种和国防部业务局还有最后一次机会提出修改意见,这次机会称为解决重大预算问题(Major Budget Issue,MBI),通过会议的辩论和协调,各军种和国防部业务局就被国防部《计划预算决定》削减的但对本部门"绝对关键"(absolutely essential)的某些项目(一般不超过5~6个项目)提出增加经费的意见,但增加的经费只能从本部门其他项目中调配。国防部主计长和常务副部长做出综合平衡,形成最终《计划预算决定》,并按预算栏目(军事人员费、采购费、使用维护费、研究与发展费以及军事建筑费等)将《计划预算决定》汇编成国防预算表,形成上报的总统预算提案。

5. 签署《总统预算》并提交国会

国防部通过行政管理与预算局把预算结果提交总统,总统根据计划阶段形成的《计划决策备忘录》和预算阶段形成的《计划预算决定》,签署《总统预算提案》(President

Budget,PB)。《总统预算提案》每年2月的第一个星期一提交国会审议。

6. 国会审议、授权和拨款

《总统预算提案》提交国会后,国会于2—9月对预算进行审查,按照预算决议(Budget Resolution)、授权(Authorization)和拨款(Appropriation)三个步骤,完成预算审查,9月15日前提交总统签署《国防授权法》和《国防预算法》,再由总统签署两个法案。国会预算过程连接"规划、计划、预算和执行"过程的"预算"阶段和"执行"阶段。国会预算工作和程序主要包括以下内容:

(1)在总统预算提交之后,预算委员会举行听证会,审查经济预期和开支的优先次序,为起草第一个共同决议案做准备。1974年经过修订的《国会预算和截留控制法》经过修订,给国会提供了确定每年适当的支出和收入水平的程序。国会预算决议规定了财政"蛋糕"的整体规模和各个部分的具体规模。该决议设置了新的预算授权水平以及支出、收入和债务水平。预算决议在国会辩论后,提交协商委员会。

① 与会者调和众议院和参议院的分歧并产生最终协议。众议院和参议院对最终协议投票,一经通过即形成共同预算决议案。共同预算决议案是国会内部控制文件,不送给总统签字。预算法案要求国会在每年4月15日前完成共同预算决议案。

② 虽然预算委员会试图通过预算决议,但授权委员会和拨款委员会就在其管辖下的计划举行听证会。授权法案和拨款法案通常在夏季和秋季通过,为新财年的开始做准备。

(2)召开 委员会/小组委员会。当一项法案被提出,它就涉及一个委员会。该委员会会要求国防部对这项法案提供书面意见。

① 举行听证会,收集来自国防部官员信息和意见,如国防部长、参谋长联席会议主席、作战司令部司令、军种首长、军种部长、国民警卫局长和其他官员的证词。举行听证会的委员会是参议院军事委员会(SASC)、众议院军事委员会(HASC)、参议院拨款委员会国防小组委员会(SAC-D)和众议院拨款委员会国防小组委员会(HAC-D)。其他几个委员会和小组委员会也可能会举行听证会。在提供证词后,国防部官员可能需要以书面形式回答其他问题,以便备案。

② 在提出该法案的听证会之后,委员会开会"定稿"法案。法案通常在3~6月定稿。

这些会议的目的是决定该法案是否应修正、是否提交众议院或参议院进行全体表决。国防部经常在定稿之前与国会成员或工作人员讨论相关问题。当然,修正可以或大或小。

如果委员会投票提出某项法案,也将提交一份文件("委员会报告"),说明该法案的宗旨和条款。

(3)影响立法。为了影响该法案的内容,各种消息被送给国会领导人。某委员会一旦提出法案,准备工作就开始进行。其目标可能是在国会辩论期间,促进该法案的修改,请求立法机构通过协商委员会来影响该法案决定,或避免其他错误。

① 申诉。众议院和参议院通过的法案包含了国防部在法律术语上称为"申诉"的正式程序和/或拨款条款。申诉程序在国防部审计副部长控制下,可以在定稿后开始。总的目标是影响国会对该法案的辩论。

② 除了正式的申诉程序,国防部会联系国会成员和工作人员,或者由国防部长或国防部其他高级官员与他们书面交换意见。需要注意的是,行政管理与预算局必须批准所有送给国会的有关立法的书面意见。

③ 总统的立场。一般情况下，白宫可以用"政府政策声明"或 SAP 书面文件表达其对众议院或参议院进行辩论的法案的意见。行政管理与预算局将代表总统与国防部协商准备这份文件。

（4）国会投票。委员会向全体会议提出该法案后，将对该法案进行辩论，并由国会成员修改。一般情况下，众议院先通过该法案，然后提交给参议院辩论。

（5）协商会议。在总统签署之前，该法案不能成为法律。总统只能签署已经由众议院和参议院通过的完全相同的法案。"协商会议"是旨在解决类似法案之间分歧的参众两院会议，目标是产生一个两院都能通过的单一法案。参众两院都有许多"与会者"代表，他们几乎都是来自最初提出该法案的委员会。

（6）总统行动。法案可能来自国会两院；然而，拨款法案和筹集收入的法案来自众议院。当参众两院就一项法案商定了完全相同的形式，而参议院没有提出修正案，或者众议院没有与参议院一起提出修正案，或者两院都同意了协商会议的报告，对该法案进行备案并提交给总统。一经总统签署，这项法案就成为公法。

① 如果众议院和参议院通过完全相同的法案，该法案将被提交给总统。总统有权在 10 天之内签署这项法案。如果总统"否决"该法案，国会可能会通过众议院和参议院 2/3 多数的投票推翻总统的决定。

② 国防拨款法案成为法律之后，国防部可能会提议取消某些开支或重新调整用于其他用途。国会的监督委员会必须在收到提案后 45 个日历日之内批准撤销，或必须依职责提供资金。

③ 如果拨款的立法在财政年度运行开始时没有及时获得通过，一个"连续决议机构"（CRA）可以授权有关机构继续运行，直到拨款法案获得通过。

此外，国会还有补充拨款，也称为追加拨款（Supplemental Appropriations），用于应急作战而不走正常拨款渠道的经费。

国防预算按照科研费、采购费、使用与维护费、军事人员费、家庭住房费、军用建筑费和国防流动资金、造船与转型费等拨款类别（Appropriations Categories）进行拨付。

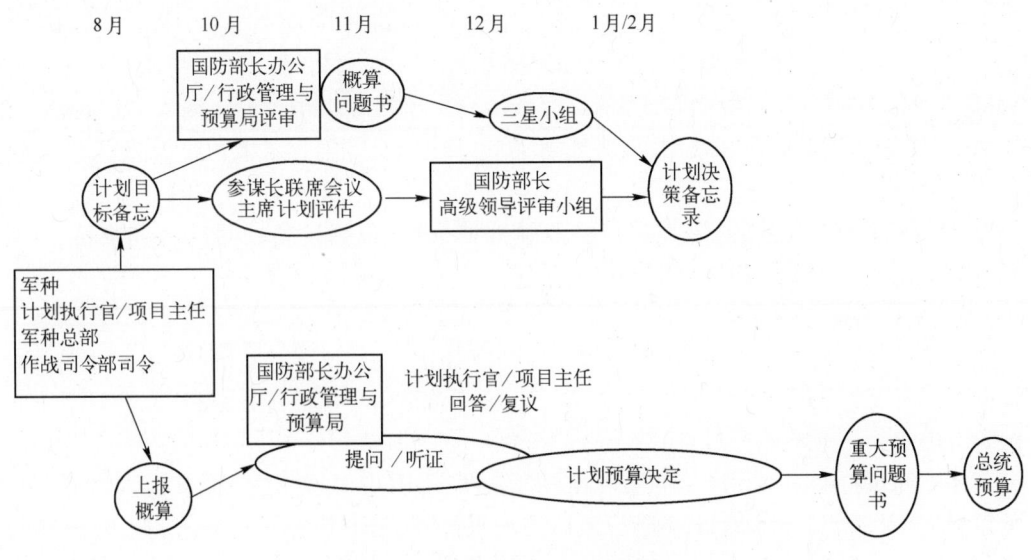

图 3.3 预算年的计划/预算阶段流程

四、执行评审阶段

在预算执行评审阶段的主要任务是拨付装备经费、执行预算和评审经费预算,并根据预算执行评审结果,调整相关的国防资源分配方案。

1. 拨付经费和执行预算

《国防拨款法案》签署后,财政部发布《国库付款命令书》(Treasury Issues Warrants),行政管理与预算局将国会批准的款项拨付给国防部。国防部主计长办公室将资金分配给各军种、国防部各业务局、联合作战司令部等部门。各军种、国防部业务局、联合作战司令部从10月1日开始执行新财年预算,可以使用相关经费。各类国防经费的开支有效期限见表3.4。

当需求过于紧迫,又不能推迟到下一次正常拨款法案时,补充拨款法案将提供正常拨款水平以外的资金。补充拨款经常在紧急情况下出现,如抢险救灾、应急作战行动或战争。

表3.4 各类国防经费的开支有效期限

经费类别	有效期限
科研费	2年
采购费	3年
活动与维持费	1年
军事人员费	1年
军人家庭住房费	5年
军用建设费	5年
国防流动资金	5年
造船与转型费	5年

2. 制定业绩评估标准

行政管理与预算办公室制定业绩评估工具(Performance Assessment Rating Tool),构建一个金字塔业绩评估标准(Performance Metrics Pyramid)体系,按照"战略目标—结果目标—结果评价指标—输出目标—输出评价指标—项目和组织单元—输入"的分级评估体系,主要评估计划目标和设计、战略规划、项目管理、项目执行结果和履行职责等内容。国防部主计长和成本评估与计划鉴定局(原成本评估与计划鉴定局)按照行政管理与预算办公室的要求,制定国防预算执行的业绩评估标准,包括装备项目的合同定价、合理性、执行情况、性能指标和目标的完成情况等。

3. 开展预算执行评审

国防部主计长和成本评估与计划鉴定局长对预算执行情况进行评审,依据业绩评估标准,评估拨付资金的使用成效、相关项目的完成情况和实现预定计划目标的情况,并向国防部高层领导汇报前一财年的资金使用效益。

在预算执行期间实行严格的监督和报告制度:①国防部长办公厅负责监督和报告财务活动,至少每个季度向行政管理与预算局汇报经费支出情况;国防部长办公厅和各军种负责评估各部门实现目标的情况,采用评估考核标准,每季度至少审查一次项目执行情况。②在财年中期,国防部和各军种预算办公室要对预算资金的主要申请单位所有业绩指标进行综合审查,并对部分项目做出调整。③在财年末期,国防部长办公厅和各军种完成年底财务清账(closeout),年度拨款在每年9月30日前用完,第四季度收回未使用的款项,用以满足其他需求。

4. 调整资源分配方案

国防部和各军种根据预算执行评审结果,调整相关的国防资源分配方案,修改或微调《计划决策备忘录》《计划预算决定》(非预算年形成《计划变更建议书》和《预算变更建议书》),调整资源分配方案,以实现预定的业绩目标。

第四节 规划计划预算执行系统的主要特点

规划计划预算执行系统是在规划计划预算系统基础上发展起来的,继承了规划计划预算系统诸多好的做法(如加强远期、中期和近期安排的结合),按照不同领域制定计划和预算,实行程序化、规范化管理等。同时,在一体化联合作战的时代背景下,规划计划预算执行系统发生了一些重要变化,表现出一些鲜明的特点。

一、编制周期与总统任期关系密切,以实现总统执政目标

两年一度的规划计划预算执行系统编制周期与总统四年任期有着密切的对应关系(见表3.5),其目的是规划计划预算执行系统更好地支持和实施新一届总统的执政政策和战略措施,更好地实现总统执政目标。

表3.5 编制周期与总统四年任期的对应关系

总统任期第一年(审查与修改完善)
制定新的《国家安全战略》《国家军事战略》
受约束的财政指南
制定《联合规划文件》和《战略规划指南》
对上届政府的预算进行修改
按照往年《联合计划指南》对计划-预算-执行进行评审
执行上届政府的预算
总统任期第二年(进入正式程序)
发布《四年一度防务评审报告》(QDR)
发布新一届政府的财政指南
制定《联合计划指南》
上报《计划目标备忘录》和《上报概算》
计划—预算—执行评审
提交总统预算(PB)和国会辩论
总统任期第三年(执行指南)
受约束的财政指南
对前一年的预算进行修改

(续)

总统任期第三年(执行指南)
按照往年的《联合计划指南》对计划—预算—执行进行评审
提交总统预算(PB)和国会辩论
总统任期第四年(确保转接)
发布财政指南
上报《计划目标备忘录》和《上报概算》
计划—预算—执行评审
提交总统预算(PB)和国会辩论

新一届总统任期第一年,总统批准新版《国家安全战略》,明确世界范围内对国家安全至关重要的利益、目的和目标;制定对外政策,明确对全世界的承诺,确定实现国家安全目的和目标所需的国防能力。任期内新版《国家安全战略》一经确定,国防部长征询参谋长联席会议主席的意见,着手领导制定《四年一度防务评审报告》,全面阐述为实现国家安全战略需要确立的国防政策和战略措施,再根据《国防战略》制定兵力结构计划、军队现代化计划、工作方针计划和保障性基础设施计划以及所需资源(经费和人力)计划。《四年一度防务评审》报告在总统任期第二年提交国会。

总统任期第一年执行前一总统任期的预算。总统任期第二年,则按正常年度行事,编制战略规划指南和联合计划指南,编制计划和预算。总统任期第三年,与第一年的工作相似;总统任期第四年与第二年的工作相似。

二、实行基于能力的资源分配机制,满足联合作战的需要

规划计划预算执行系统同规划计划预算系统相比,实现了从"基于威胁"变为"基于能力"的资源分配机制(Capabilities-based Resource Allocation)的转化,强化了规划计划预算与联合作战能力的结合。

(1) 强化战略指导和满足联合作战能力需要。在规划阶段,联合作战司令部更早地介入规划制定过程,规划阶段的成果由《联合计划指南》代替了原规划计划预算系统中的《国防规划指南》,强化了国防部顶层战略指导。与《国防规划指南》相比,《联合计划指南》从内容上更多考虑了一体化联合作战的需要,更注重从提高美国联合作战能力的角度开展战略规划,使规划阶段的成果更多地满足"战场感知""指挥与控制""兵力应用""部队防护""聚焦后勤""网络中心战""联合训练""部队管理"8种联合功能概念和作战能力的需要。

(2) 加强作战部门对规划、计划、预算的全方位评审。在规划阶段,参谋长联席会议对《联合规划文件》进行评审,根据评估结果制定《参谋长联席会议主席计划建议》(CPR),为制定《联合计划指南》提供依据,使制定的规划文件更好地反映出作战部门的作战需求。在计划阶段,参谋长联席会议从联合作战需求的角度对《计划目标备忘录》进行评审,形成《参谋长联席会议主席计划评估》(CPA),为制定《计划决策备忘录》提供依据,使制定的中期计划更好地为实现8种联合作战能力提供资源保障。在预算编制和执行阶段,作战部门要介入预算执行过程的绩效评审,评审其是否满足联合作战能力的需要。

(3) 采用基于能力的方法,更加关注武器装备体系建设。国防部采用基于能力的方法,站在更高的国防战略层次上分析,对联合作战需求的描述更加清晰,更加关注武器装备体系建设而非具体的武器系统和平台。对于基于能力的方法而言,每一种能力都可以从装备方案与非装备方案的角度进行分析,分解成条令、组织、训练、装备、领导、人员与设施等要素,从上述多个要素的角度进行能力规划。这种方法改变了以往将各军种武器系统与平台采办出来后再进行后期联合能力集成的传统做法,可较好地克服过去联合能力先天不足问题,有利于形成武器装备体系和联合作战能力。

三、强化与需求生成和国防采办系统的结合,注重装备建设的总体谋划

长期以来,国防部一直重视资源分配与需求生成和国防采办系统的结合,制定了国防采办、技术与后勤一体化寿命周期框架,对三大系统的关系予以规范。规划计划预算执行系统更加强化了三大系统之间的有机衔接。

(1) 与需求生成系统的关系更加紧密。规划计划预算执行系统制定战略规划、计划项目以及预算方案,需要以联合能力集成与开发系统制定的能力需求文件为基础。规划阶段与需求生成过程联系十分紧密,规划阶段的《国家军事战略》《联合规划文件》《战略规划指南》等文件都是在联合参谋部的主导下制定的,充分反映了联合作战需求问题,规划阶段与需求生成阶段的战略分析过程是一体的,《国家军事战略》和联合作战概念等顶层文件在两个系统中共同起作用,确保了需求生成与规划计划预算制定过程在顶层文件上的统一。在计划与预算阶段,各军种提交的《计划目标备忘录》和《预算估计提案》都要以相关的需求文件为基础,没有需求文件支撑的项目将无法列入计划和预算文件。

(2) 与国防采办系统的联系更加紧密。进入国防采办系统的项目,必须通过规划计划预算执行系统进行立项,并确定经费数量。规划计划预算执行系统与国防采办系统共同对武器系统实行分段决策和全寿命费用管理,重大装备采办项目通常分为"方案精选-技术开发-系统集成与演示验证-生产与部署"5个阶段,从上一阶段进入下一阶段设置有里程碑决策点或评审点;在一个阶段结束时,必须进入规划计划预算执行系统,从经费、时度、性能等方面进行评审,从横向与其他同类项目进行比较,并根据轻重缓急确定是否继续往下进行。这种分阶段决策、步步为营的采办程序,既可避免盲目发展和浪费经费,又可及时调整和纠错,便于对重大装备项目发展进行宏观控制。

四、优化规划计划与预算编制程序,提高编制工作效率

(1) 计划与预算阶段并行进行,大大缩短计划和预算编制周期。在规划计划预算系统中,计划和预算阶段是先后进行的,即在计划阶段的工作完成后,再开展预算阶段工作。在规划计划预算执行系统中,计划和预算阶段同时进行,各军种和国防部业务局同时从预算年3、4月开始编制计划和预算,都在8、9月向主计长办公室提交组合的计划和预算结果——《计划目标备忘录》和《预算估计提案》。国防部由不同小组同时进行计划和预算评审,其中:成本评估与计划鉴定局负责评审计划,11月份完成《计划决策备忘录》;主计长负责评审预算,12月完成《计划概算决定》。为加强计划与预算的衔接,国防部要根据计划文件对预算文件进行调整,这样既可以缩短编制周期,也可发挥计划对预算的指导作用,加强中期和短期的结合。

(2) 实行两年一度的计划与预算滚动编制制度，把中期计划与近期安排较好地结合起来。虽然1986年国会授权国防部实行两年滚动的预算编制制度，但规划计划预算系统实际工作中仍然实行一年一度的编制方式，计划和预算编制的工作量较大，而对预算执行情况的评估相对较弱。在规划计划预算执行系统中，国防部真正实行两年一度的预算编制制度，在预算年制定计划和预算，在非预算年微调计划和预算。例如，在预算年2014年开始编制规划（2016—2020财年计划和2016—2017财年预算），2015年2月向国会提交总统预算，国会2015年9月批准拨款，从2015年10月（即2016财年开始）起执行2016财年预算；在非预算年2015年，不再重新编制新的计划和预算，只在8~9月提交计划和预算变更建议书，对计划和预算进行有限的微调。总之，为适应外部环境和国防建设任务不断变化的需要，规划计划预算执行系统每年都要制定一个6年计划和两年预算，续补上一个新的第6年。预算年编制新的6年计划和两年预算，非预算年对计划和预算进行调整，使计划和预算程序性与灵活性结合，及时在计划和预算中对一些发展变化的项目，予以补充或调整。

五、加强对计划和预算的执行评审，提高经费使用效益

长期以来，美国实行行政、立法、司法三权分立的政治制度，注重对包括国防部在内的所有政府部门各项工作的评审和监督，规划计划预算系统也不例外。从规划计划预算系统改革为规划计划预算执行系统后，其最大的不同是增加了"执行"（Execution），把"执行"作为规划计划预算系统的一个正式阶段，进一步强化对计划和预算的执行评审。对于规划计划预算执行系统，国防部要求财务管理、装备采办和作战等部门，都要直接参与计划和预算的执行评审，从装备建设、财务管理和联合作战等角度对计划和预算的执行情况进行严格评审，为国防部制定后续规划计划与预算提供重要支撑，既提高了经费管理信息的透明度，也便于改进经费使用管理，提高装备经费使用效益。

为做好预算执行评审，国防部实施了资金账户倡议，目的是为装备项目研发工作提供固定的经费，防止装备项目经费的较大波动，以稳定项目投资。资金账户倡议对作战搜寻与救援直升机（空军）、联合高速海上运输船（陆军/海军）、普通资金企业化业务系统（陆军）的三个项目进行试点，为这些项目提供稳定的经费支持，强化对经费使用情况的评审和纠错，完善装备经费管理，有助于以较短的采办周期形成作战能力。

六、建立一体化的管理信息系统，提高管理总体效能

规划计划预算执行系统吸收了信息技术发展的最新成果，加强了全军统一的信息系统管理，信息化管理水平不断提高。近年来，国防部建成了国防计划数据库（Defense Programming Database - Data Warehouse，DPD-DW），由成本评估与计划鉴定局建设和维护管理，实现了美军从分散数据库向一体化的管理信息系统转变，实现计划与预算数据的一体化管理。国防计划数据库主要包括1994年以来的相关计划和预算数据、未来年度国防规划计划数据、各军种和国防部业务局的《计划目标备忘录》（POM）与《预算估计提案》（BES）等数据，以及2005年以来装备采办及预算相关的所有报告与信息。该系统包括4类数据：①计划阶段的相关数据，包括《未来年份国防计划》《计划目标备忘录》（POM）；②预算阶段的相关数据；③采办管理的相关数据，包括选择性采办报告（SAR）、

国防采办执行概要(DAES);④人力资源方面的相关数据,即国防人力数据中心的数据,如国防采办队伍的规模、结构等数据。

  国防计划数据库全军联网,可以为国防部、军种、联合作战司令部等相关部门提供方便的查询和使用服务,为国防部高层审批决策部门、各军种和国防部业务局计划预算编制部门建立了良好的信息交流平台。该数据库可以为各部局提供方便的查询和使用服务,为国防部高层审批决策部门以及各军种和国防部业务局计划预算编制部门建立了良好的信息交流平台,各部局所编制的《计划目标备忘录》(POM)与《预算估计提案》(BES)均上传到该平台实施审批,并最终形成《计划决策备忘录》和《总统预算》,这些信息均存入数据库并长久保存。一体化管理信息系统的建立,改变了以往计划与预算的数据分开管理、各系统之间信息不互通、难以有效进行决策支持的状况,有助于实现各部门间的信息沟通与共享,简化规划计划预算程序,快捷高效地调整计划与预算结果,提高工作效率和总体效能。

第四章 国防科学与技术管理

国防科学与技术简称为国防科技,是构建军事实力的重要基础,也是衡量国防现代化水平的重要标志,对推动国防和军队长远发展具有重要的战略意义。国防科技成果可促进新的采办项目立项、催生新的能力,还可通过各种技术转移计划服务作战、组织、训练等各个方面,也辐射到国防采办全寿命周期各阶段。长期以来,美国国防部在国防科技管理方面积累了丰富的经验,形成了较为完善的管理制度和方法,为奠定美军军事领先优势提供了重要支撑。

第一节 国防科学与技术管理概况

美国拥有居世界前列的国防科技创新能力。第二次世界大战后,美国高度重视国防科技管理工作,产生了众多高科技成果,有效服务和保障了国防和军队建设,为美军保持军事领先优势奠定了重要基础。

一、相关概念

国防科技是国家科技的重要组成部分。一般而言,先进的科学技术和原理方法通常首先产生于国防科技,其重大突破往往开拓出广阔的科技和产业发展空间,使国际军事力量对比和安全战略格局发生转变,并可能带来作战理论、作战样式及作战观念的根本性变革。一些国防科技成果还可应用于民事领域,为经济繁荣、科技振兴和社会稳定带来帮助。

(一) 国防科技与国防科技管理内涵

在美国,国防科技是国防科研的前期部分。在国防预算分类中,国防科研属于第6大类,内涵是研究、开发、试验鉴定,英文简称为 RDT&E,具体分为7个小类:6.1 基础研究;6.2 应用研究;6.3 先期技术开发;6.4 先期部件开发与样机;6.5 系统开发与演示验证;6.6 管理保障;6.7 作战系统开发。其中,6.1、6.2 和 6.3 三个阶段工作均被纳入美国国防科技计划。

"基础研究"是指以国家安全为目的进行的探索新概念、新原理、新方法的科学研究活动,为解决研制中的技术问题提供基本知识。基础研究项目一般为面向未来10年左右的远期研究项目,不要求直接解决当前和近期的具体军事应用问题。其成果形式主要是科学论文或专著、研究报告等。基础研究一般包括物理、化学、数学、计算机科学、电子学、材料科学、力学、地球科学、海洋科学、大气与空间科学、生物科学以及认知与神经科学等12个领域,以及生物工程学、人体效能科学、多功能材料、信息控制、纳米科学和推进与能源科学等6个战略研究领域。

"应用研究"是指探索基础研究成果在军事上应用的可能性和技术可行性的科学研

究活动。应用研究项目一般为面向未来5年左右的中期研究项目。其成果形式包括可行性分析报告、试验报告,以及供试验用的部件样品、原理样机之类的实物和软件等。"基础研究"与"应用研究"合在一起又称为"技术基础"。

"先期技术开发"是指通过实物试验和演示,验证基础研究和应用研究的成果在采办研制中的可行性和实用性的科学研究活动,包括"先期技术演示"(ATD)、"联合能力技术演示验证"(JCTD)等工作,为研制新型武器提供实用的技术成果。先期技术开发项目一般为近期研究项目,是从"技术基础"通向武器型号研制的桥梁。其成果形式一般是部件/分系统原型、示范性工艺流程、验证/鉴定性试验报告等。

国防科技具有重要的地位和作用。恩格斯指出,"一旦技术上的进步可以用于军事目的并且已经用于军事目的,他们便立刻几乎强制地,而且往往是违反指挥官的意志而引起作战方式上的改变甚至变革"(《马克思恩格斯全集》第20卷第187页)。国防科技不仅能够为国防工业部门提供先进的技术和工艺,研制和生产各种武器装备,改造和完善国防工业的产业结构和产品结构,促进国防经济发展,而且还对军事思想、战略战术和军队建设产生重大影响。鉴于国防科技的重要性,长期以来,美军非常重视国防科技管理工作。

国防科技管理,一般涵盖制定国防科技发展战略与规划计划,以及在国防科技发展计划下达后,通过专门的管理组织,对国防科技计划实施工作进行组织、指挥、协调和控制等一系列活动。国防科技管理活动包括:①根据国家安全目标和军事发展战略确定国防科技项目需求的需求管理活动;②依照一定程序,通过权衡国防需求和经济技术能力,统筹安排资源投入的规划计划预算编制活动;③按照国防科技发展计划的要求,组织实施国防科技项目以实现既定项目目标的项目执行活动。

(二) 国防科技管理的基本原则

第二次世界大战结束后,美国为在冷战竞争中赢得先机,大力发展国防科技,推动了国防科技的蓬勃发展。美国国防科技呈现出研究领域宽、前瞻性强、技术风险高、项目数量多、应用潜力大、成果通用性强等特点。为加强美国国防科技管理,美军在多年实践中遵循以下原则。

1. 集中领导、统筹协调

现代军事技术的发展和信息化条件下的诸军兵种联合作战,要求合理安排国防科技项目布局和优先次序。为此,需要在决策层次上加强集中统一领导与统筹规划,而不能任由各军兵种按各自的战略观点分头发展,各搞一套。目前,美军对国防科技管理实行国防部集中统一领导,并重视与国防采办项目的协调和衔接,重视国防科技成果转化应用于武器装备。在国防科技计划管理层次上,美军加强了有关管理机构的横向协调和配合;在国防科技项目实施层次上,通过项目管理办公室等管理机构,对国防科技项目实行有效管理。

2. 公平竞争、经济高效

提倡竞争是美军开展国防科技管理的基本原则,也是美军激励技术创新、降低成本的主要手段。根据美国国防部要求,所有国防科技项目都应当尽可能地实施竞争,即使在不具备竞争条件的情况下,也应当考虑替代办法来获得竞争效益。为保障竞争的充分展开,美军采取了许多措施,如公开发布需求信息、竞争选择承研单位、为竞争创造适宜的环境和条件、提供必要的法规政策和适当的机构人员等。

3. 灵活高效、促进创新成果转化

美军在国防科技管理中强调,促进创新成果转化、实现项目目标并不是只有一种最好的管理方法和程序。项目主任应当根据不同项目的具体情况,灵活高效地实施管理,并按照适用的法律、法规和能力需求的紧迫程度,修订项目策略和监督程序,以适应该项目发展的具体需要。这样做的目的是以尽可能合适的方法和最短的时间把创新成果应用到可生产的各种系统中去,并以尽可能快的速度把嵌有先进技术的武器系统部署部队。

4. 依法管理、严格执行标准

美军认为,要保证国防科技项目的成功,必须在管理中贯彻依法管理、严格执行标准的原则。美国国防部要求,所有国防科技项目主任,都应当依据法律、法规、国防部指令和指示等文件要求来管理各个项目。每个项目主任都要制定项目目标,及时发现和识别各类问题,并采取措施及时纠正。

二、国防科技管理的历史沿革

长期以来,美国始终把技术创新和技术领先作为基本国策。早在建国之初,美国一些有识之士就预见到科学研究的巨大作用,第三任总统托马斯·杰佛逊曾指出:"科学对维护我们的共和政府是非常重要的,对防止外国强权也是不可缺少的。"1820年,陆军在马萨诸塞州建立一个以研究火药为主的实验室,成为美军研究实验室建设的起源。1883年,美国物理学家、美国物理学会第一任会长亨利·奥古斯特·罗兰在美国科学促进会(AAAS)年会上做了题为《为纯科学呼吁》的演讲,该演讲被誉为"美国科学的独立宣言",使科学研究受到政府和学界的关注。[①]

一战后,美国政府开始关注的一个重要问题是,如果未来美国被拖入类似的大规模战争,美国军队能否胜任其职责?为确保拥有强大的军事力量来保护国家安全,发明家托马斯·爱迪生公开表示,致力于军事应用和技术领先的科学研究工作将会解决美国政府所关心的问题。他的言论在美国产生了很大反响,1916年美国国会通过议案建立海军研究实验室,职责是开展军事科研工作以建立美国海军的军事技术优势。1923年,海军研究实验室正式运行,下辖无线和声学两个研究机构。同时,陆军也建立了弹道研究等实验室。美国系统开展国防科技管理工作的序幕由此展开。

1940年6月,欧洲爆发的第二次世界大战开始进入紧张阶段。为加快军事技术发展,卡内基研究院院长、国家航空咨询委员会主席布什向总统罗斯福提交了一份题为"国防研究委员会"的动员军事技术计划,罗斯福总统很快批准了该计划,成立国防研究委员会,并任命布什为该委员会主席。国防研究委员会的主要任务是协调、支持军事装备科学研究(不包括国家航空咨询委员会管辖的领域),海军研究实验室主任和陆军副参谋长作为军种代表参与其中。

随着欧洲和太平洋战争形势不断恶化,美国国防研发的压力与日俱增,成立一个正

[①] 田华. 美国国防部基础研究管理体制分析[M]. 北京:北京大学出版社,2012:1;亨利·罗兰. 为纯科学呼吁[J/OL]. [2006-03-19]. http://www.yangtzefloods.net/Ia_AEN-PoOOo.doc。

式的研发机构迫在眉睫。1941年6月,美国总统罗斯福发布8807号行政令,批准建立科学研究与发展局,布什任局长。该局为联邦政府机构,经授权"在决定和授予合同方面获得了空前的自主性",不仅可以自行决定研究项目而不必征得军方同意,还可以小批量制造研究人员研发的武器装备。重组后的国防研究委员会成为科学研究与发展局的主要执行单位。

1943年10月,科学研究与发展局新建战场服务办公室,目的是让科学家和工程师更靠近实际的战场,以便更好地提供新的武器以及完成分析任务。科学研究与发展局及先前的国防研究委员会号召了一大批科学家为政府服务,包括美国国内75%的一流物理学家和50%的一流化学家,帮助建立了辐射实验室、爆炸引信实验室、喷气推进实验室等许多大型实验室。例如,设在麻省理工学院的辐射实验室研制出多种型号雷达,这些雷达在战争中发挥出巨大威力,刚开始实验室仅有十几名工作人员,到战争结束时已接近4000名,总经费预算超过15亿美元。研制原子弹的"曼哈顿"计划前期研制工作也由它负责,1942年6月才交给了陆军。为提高"曼哈顿"计划管理效率,陆军把分散在军队、大学和各研究机构的人员汇集起来,组建了一个专门的组织机构,由陆军格罗夫斯少将任项目总负责人,著名物理学家奥本海默任技术总顾问。美国政府赋予该计划管理特别的优先权,对其实行集中统一管理。"曼哈顿"计划取得了显著成功,仅用4年就制造出3颗原子弹,成为项目管理的第一个成功范例,开创了科学、军事和工业三位一体的"大科学"典范。1946年,在原子弹成功研制一周年之际,美国通过《1946年原子能法令》,将原"曼哈顿"计划的全部财产和权力移交原子能委员会。1947年年底,科学研究与发展局解散。

二次世界大战期间,美军研究实验室进入快速发展阶段。在强烈军事需求牵引下,美军研究实验室规模及研究领域不断扩大,预算也迅速增长,取得了很多重要研究成就,如海军研究实验室雇员总数从1941年的396名迅速扩张至1946年的4400名,年度预算从170万美元增至1370万美元,陆续新建了光学、冶金、化学、机械、电学等研究机构,增加了核科学和宇宙射线、电子对抗、太阳能物理学等新的研究领域,发明了实战用声呐、雷达等装备。

第二次世界大战结束后,美国全面开展国防科技工作。为建立超越其他国家的军事技术优势,时任美国科学研究与发展局长的布什向杜鲁门总统建议,由联邦政府提供资金资助以高等院校为主要力量的研究机构,从事国防科技领域的研究。1945年,美国陆军航空兵、美国海军与英国航空部联合建立空军文献研究中心(ADRC),后改称为空军文献部(ADD),以更好地搜集、开发和利用科技信息资料为研究工作服务。1946年7月,美国国会批准成立原子能委员会(AEC),作为核物理学研究和其他基础研究的一个重要资助者。同月,美国还成立国家精神卫生研究所(NIMH)资助大学医学研究,后更名为国家卫生研究院(HIN)。稍后,美国还成立了海军研究办公室,先前成立的海军实验室转隶海军研究办公室管理。为了争取科学界的支持,该办公室将繁文缛节减少到最小程度,允许科学家自由研究和发表文章,不仅支持与海军相关的项目,甚至还资助与海军无多大关联的、不同类别的、大部分由科学家自己提出的基础研究项目,成为当时美国支持、资助"纯"科学的单位。海军研究办公室管理科学研究的方式对美国国防部管理科学研究起到了非常重要的示范作用。

1947年,根据《国家安全法》,美国设立国家军事部和空军,并成立研究与开发委员会,负责美国国防科研(不包括工程开发)方面事务。1948年,空军文献部改组为中央空军文献局(CADO),之后又调整为美国武装部队技术情报局(ASTIA),其核心任务是收集、处理和分发科技报告,为保障和推进国防科技发展服务。1949年,根据《国家安全法修正案》,国家军事部更名为国防部,其下属的研究与开发委员会继续行使职能。1951年,美国陆军成立了陆军研究办公室(ARO),1952年空军成立了空军科学研究办公室(AFOSR),这两个办公室分别负责本军种的基础研究工作。

1952年,美国受朝鲜战争拖累,国内经济低迷,军事实力发展落后于苏联。艾森豪威尔就任总统后,发起"新面貌战略",即第一次抵消战略,利用美国在核武器领域领先于苏联的技术优势,设计了基于核武器和"大规模报复"核战略的作战体系,并大力发展核技术和各类核武器。1953年,艾森豪威尔总统改组国防部,新增了6个助理部长职位,其中包括应用工程助理部长和研究与开发助理部长。不久,应用工程助理部长更名为工程助理部长。1957年3月,国防部合并工程助理部长与研究与开发助理部长,设立研究与工程助理部长。

1958年,根据《国防部改组法》,研究与工程助理部长的相关职能移交给新成立的国防研究与工程署,统管全军包括国防科技在内的国防科研工作。同年,美国还成立了总统科学顾问委员会,负责协助总统加强对科学的决策能力;成立了国防部高级研究计划局,负责组织与国家安全相关的高风险、高回报项目的研究开发工作;成立了国家航空航天局,负责制定美国国家航天与空间发展计划。

20世纪60年代,国防部推行规划计划预算系统,包括国防科技预算在内的军费预算统一纳入该系统。1963年,国防部对美国武装部队技术情报局进行改组,成立国防文献工作中心(DDC),并将其由空军划归国防部供应局(DSA)管辖,其职能扩展至收集国防部各部门的全部科技资料。1969年,国防研究与工程署归由常务副部长领导。

1977年10月,美军将研究与工程署长调整为研究与工程副部长,进一步加强全军国防科研统管,并由其担任国防采办执行官,成为国防部内除国防部长和常务副部长外的第三号人物。1979年,国防文献工作中心(DDC)正式改名为国防技术信息中心(DTIC)。20世纪70年代末,受越南战争拖累和经济危机影响,美国经济实力明显下降。在军事上,美国在核武器和常规武器数量上与苏联相比均明显处于劣势。面对这一困局,国防部长哈罗德·布朗和副部长威廉·佩里发起第二次抵消战略,设立了"长期研发规划"项目,竭力发展和形成美国在精确制导、信息系统、隐身武器和空间领域的技术优势,制造先进作战系统,并将这些新系统、新技术与新的战略作战概念相结合,有效抵消苏军常规兵力的数量优势。

1986年,美军根据《军事改革法》,设立采办副部长,加强对全军国防采办的统管力度。研究与工程副部长调整为国防研究与工程署长,并置于采办副部长领导之下。

1992年7月,国防部第一次颁布《国防科学技术战略》,明确由国防研究与工程署长负责全军国防科技计划的指导方针、总体构想和重点方向,并在1996年完善了国防科学技术战略规划体系。《国防科技战略》由《基础研究计划》《国防技术领域计划》和《联合作战科学技术计划》三大计划作为支撑。

冷战结束后,美军研究实验室进入大规模兼并重组阶段,规模效应逐步显现。1992

年,海军将海洋学与大气研究实验室并入海军研究实验室,使海军研究实验室成为海军唯一的综合性实验室,研究项目扩展至海军所有科学领域。1992年10月,陆军将装备司令部下属的7个研究实验室和其他相关陆军研究机构合并组成陆军研究实验室,为陆军提供科学、技术和分析服务,目前该实验室已成为陆军组织开展国防科技工作的重要机构之一。

1997年10月,为加强空军科研工作的统一管理,空军将位于俄亥俄州赖特-帕特森空军基地的4个空军实验室和空军科学研究办公室等相应机构合并成立空军研究实验室,空军将其他科研单位作为空军研究实验室的研究分部纳入其框架下进行管理。空军研究实验室是一个全面综合性实验室,领导美国空军作战相关技术的研究、开发与一体化。

1998年,在《国防改革倡议》指导下,为进一步加强对国防科技信息工作的集中领导,国防部对国防技术信息中心做出机构调整,将其交由国防信息系统局(DISA)管理。

进入21世纪,美军研究实验室主要研究领域更多从工程研制转向科学技术研究,以获得技术创新发展的原动力,推进军事转型。2004年,为促进技术机构与科技信息的紧密结合,国防技术信息中心从国防信息系统局中分离,升级为美国国防部直属机构,由采办、技术与后勤副部长直接领导,国防研究与工程署进行具体管理。

2011年1月,奥巴马总统签署《2011财年国防授权法》,对国防部多个职位进行调整,其中就包括将国防研究与工程署长升级为研究与工程助理部长,并明确该助理部长所属机构作为国防科技主管部门的地位。

2014年8月,国防部常务副部长在国防大学毕业演讲中提出第三次抵消战略,提出着眼于技术研发与创新,应对潜在对手威胁。同月,国防部研究与工程助理部长调整下属机构,将技术转移助理部长帮办调整为新兴能力与样机助理部长帮办,进一步强化技术转移工作的快速反应与实施,为美军作战部门提供有力支撑。11月,国防部长在一次公开发言中提出作为抵消战略重要组成部分的"国防创新倡议",旨在预算紧缩的时代保持美国的军事技术优势,该倡议包含"研究与发展长期计划"。12月,国防部发布"研究与发展长期计划",希望将私营部门和学术界的新思考和新思路注入到国防科技发展与武器投资计划中。

2016年12月23日,国会审议通过《2017财年国防授权法》,并经总统签署后正式生效,要求国防部拆分采办、技术与后勤副部长职能,分设研究与工程副部长和采办与保障副部长,新体制将于2018年2月1日正式运行(截至2017年3月初,国防部具体改制方案尚未出台,因此本章相关管理组织体系仍沿用改革前组织架构进行研究)。

三、美国国防科技管理组织体系

美国国防科技实行国防部统一领导与三军分散实施相结合的管理体制,如图4.1所示。国防部作为国防科技集中统管部门,负责制定部门规章、政策和规划计划。三军和国防部业务局在落实国防部规章政策的过程中,从自身需求出发,制定部局规章和计划,并对所属项目实施具体监管。美国国防科技管理体系如图4.1所示。

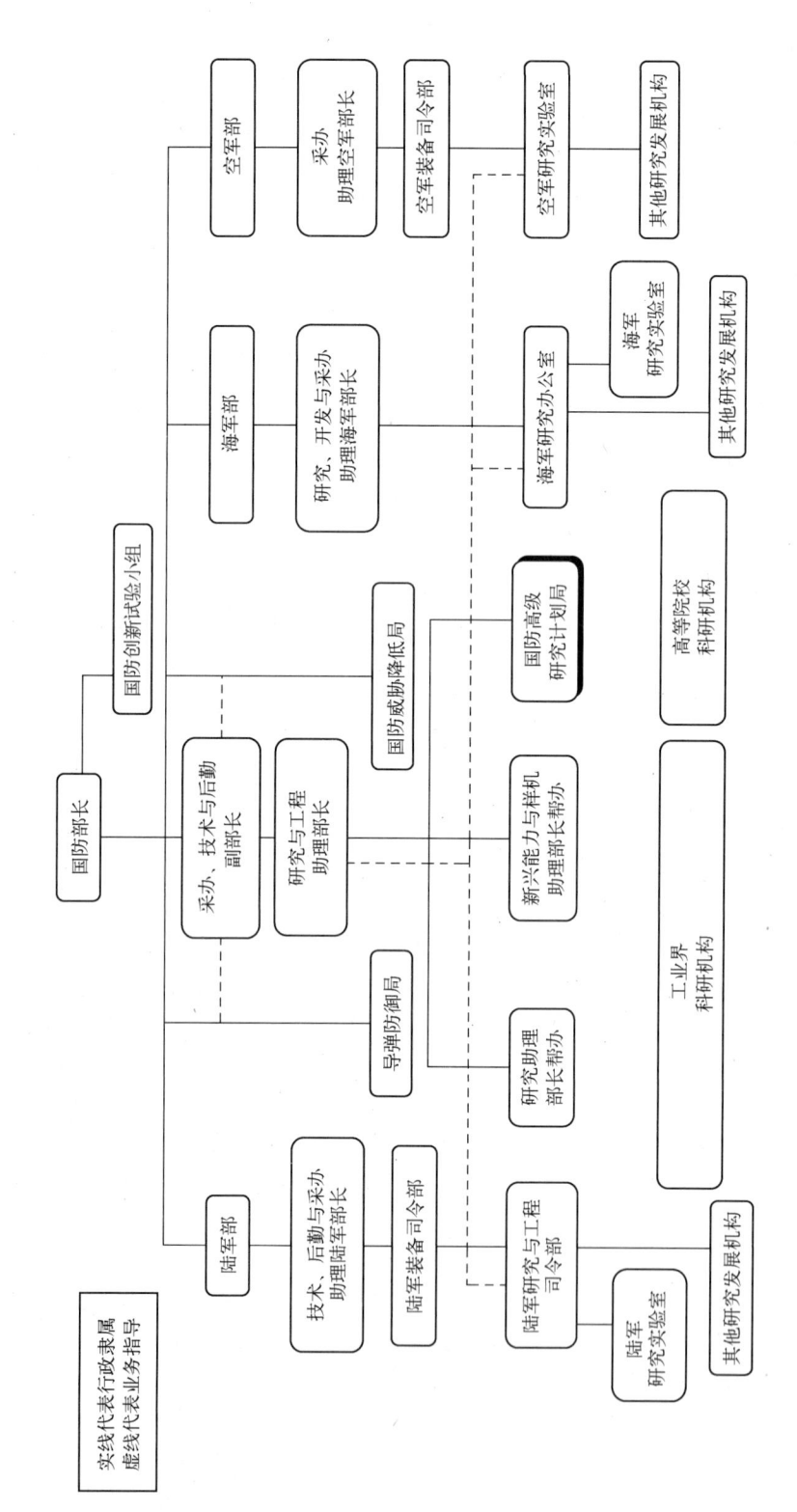

图 4.1 美国国防科技管理体系示意图

（一）国防部决策主管部门

在国防部，国防科技纳入采办、技术与后勤副部长的顶层统筹管理，具体由研究与工程助理部长统一领导，国防科学委员会从专家角度提供高技术发展的相关建议，"信赖21"组织协助研究与工程助理部长办公室制定相关技术领域发展的路线图、审查相关计划等。

1. 采办、技术与后勤副部长

采办、技术与后勤副部长是美军国防科技事务的统管者，负责组织制定和颁布指导国防科技发展的总体政策；协调国防部各研究发展计划；组织制定增强美国国防工业能力的政策等。其办公室下设分管国防科技、采办、政策法规、设施环境、采办队伍、工业事务、后勤保障等事务的机构。

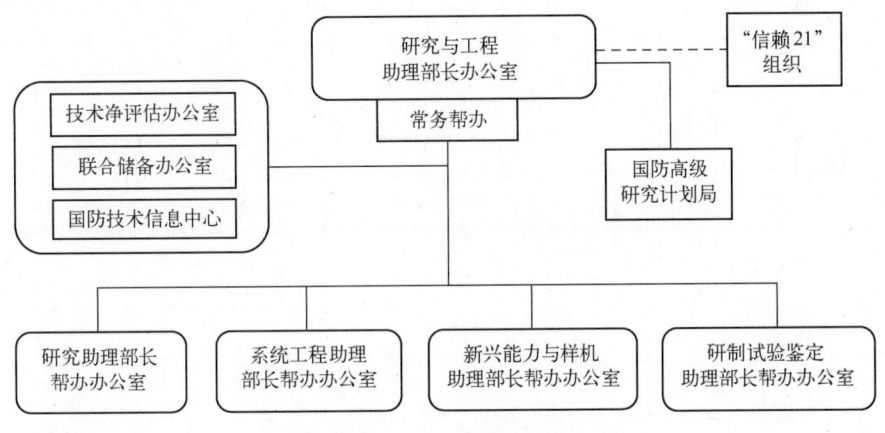

2. 研究与工程助理部长

研究与工程助理部长负责具体领导国防科技工作，制定国防科技战略、国防科技政策和规划、计划、预算，组织跨军种国防科技项目，统管美国军内科研机构。研究与工程助理部长办公室的下属机构可以划分为3个支撑机构、4个职能部门和国防高级计划研究局（DARPA）（图4.2）。此外，研究与工程助理部长及其所属机构还依赖"信赖21"组织对相关技术领域发展实施管理。

图4.2 研究与工程助理部长组织体系

支撑机构是研究与工程助理部长办公室的辅助机构，但对整个美国国防科技发展具有非常重要的作用，主要包括技术净评估办公室、联合储备办公室和国防技术信息中心3个支撑机构。技术净评估办公室通过采用净评估方法（即集多种学科和分析方法为一体的一套系统分析框架），评估美国相对其他国家的军事技术能力和潜力、趋势和未来前景，并预测未来威胁和发展机遇。联合储备办公室负责建设一个超越国防部的知识网络，全面储备国防部以外的科学、技术、工程领域的信息和知识，使美军可以方便地使用军外研究与工程实验室、高等院校和企业的技术资源。国防技术信息中心负责搜集所有国防部研究、开发、试验、鉴定计划工作范围内产生的信息，迅速、准确和可靠地提供必要的技术研究、开发、试验和鉴定信息。

职能部门包括研究助理部长帮办办公室、系统工程助理部长帮办办公室、新兴能力与样机助理部长帮办办公室、研制试验鉴定助理部长帮办办公室4个职能部门。研究助理部长帮办办公室负责统一管理和协调全军的基础研究、应用研究、先期技术开发、微电子研究等工作,制定相关研究计划,并监督和审查这些计划的实施,管理军内研究实验室。系统工程助理部长帮办办公室主要负责系统工程(技术管理)管理,为国防采办部门提供系统工程理论、技术和方法的相关支持,为系统工程过程提供设计和评估监督。新兴能力与样机助理部长帮办办公室主要负责管理国防部技术转移和国防科技成果转化应用工作,包括联合能力演示验证(JCTD)计划、快速采办计划、国外比较试验计划等。研制试验鉴定助理部长帮办办公室负责制定国防部研制试验鉴定管理的相关政策,并按照不同的专业领导,指导和评审国防部重大采办项目的研制试验鉴定活动。

研究与工程助理部长办公室主要依靠名为"信赖21"(Reliance 21)框架组织,对国防部科学技术业务实施管理,确保国防部各部局对国防科技领域发展优先顺序、需求和机遇等具有一致的理解和认识,促进各部局沟通交流,探索合作并寻找新的契机。"信赖21"组织由研究与工程执行委员会、科学技术与技术执行委员会、科学技术工程与数学(STEM)委员会、国防基础研究顾问小组(DBRAG)、实验室质量提高小组(LQEP)以及重要相关团体组成,如图4.3所示。其主要职责是协助国防部对关键科技资源进行管理,深化科技团体对军事能力差距和防御需求的理解,协调相关科研力量有效持续地加强对作战人员的支持。国防部科技管理部门利用该组织协调相关科技活动,促进沟通交流。

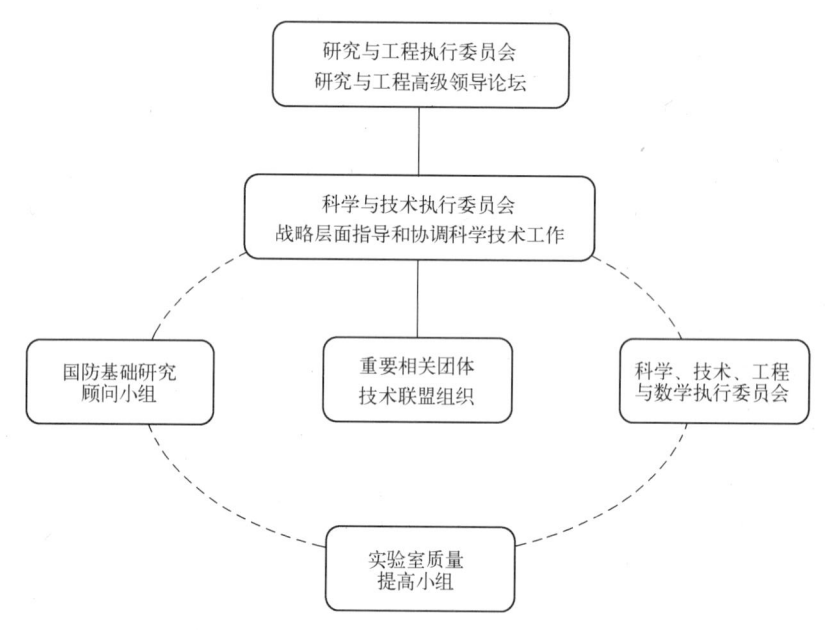

图4.3 "信赖21"组织构成示意图

(1) 研究与工程执行委员会主要负责协调和解决超出科技领域范围的相关问题。研究与工程助理部长可以根据需要召集研究与工程执行委员会,该委员会成员主要为国防部高层领导,还包括军种采办执行官。

(2) 科学与技术执行委员会(S&T ExCom)由研究与工程助理部长任主席,国防部主要的科技组织机构相关领导组成(参见表4.1)。该委员会负责资源优先排序,以及为整个科技队伍、实验室和设施建设提供战略监督和指导。

表4.1 科学与技术执行委员会成员

国防部长办公厅
国防部研究与工程助理部长
国防部研究助理部长帮办
国防部新兴能力与样机助理部长帮办
国防部军队健康保护与战备助理部长帮办
国防部制造与工业基地政策助理部长帮办
国防部生化防御助理部长帮办
军事部门
空军科学技术工程助理部长帮办
陆军研究与技术助理部长帮办
海军研究办公室主任
联合参谋部J8部下属的资源与采购局副局长
国防部业务局
国防高级研究计划局副局长
导弹防御局先进技术项目执行办公室
联合简易爆炸装置控制组织快速能力交付副局长
国防威胁降低局研发副局长

(3) 国防基础研究顾问小组(DBRAG) 主要协调国防部基础研究计划,为相关问题和政策提供建议。国防基础研究顾问小组成员包括来自于各部门和国防部研究与工程助理部长办公室的高级领导官员。

(4) 实验室质量提高小组(LQEP) 负责研究当前国防部实验室的计划需求,对实验室进行顶层指导。该小组每季度召开会议,小组成员包括国防部各实验室领导,以及来自各军种科技工作具体实施部门的代表。

(5) 科学、技术、工程与数学(STEM)执行委员会 负责监督国防部发展科学、技术、工程与数学相关领域的方法,以满足国家安全需求,具体包括:指导科学、技术、工程与数学投资;选择高水平科学、技术、工程与数学候选项目;招聘科学、技术、工程与数学人力资源;开发科学、技术、工程与数学人力资本;留住稳定、高效的科学、技术、工程与数学人才等。该委员会和科学与技术执行委员会共享多名成员,其成员还包括来自国防部各部门代表。

(6) 重要相关团体(COI),如图4.4所示,在科学与技术执行委员会领导下形成了一个由若干技术小组组成的技术团体,美军统称为重要相关团体。这些技术小组涵盖国防部跨领域科技范畴的17个技术领域。

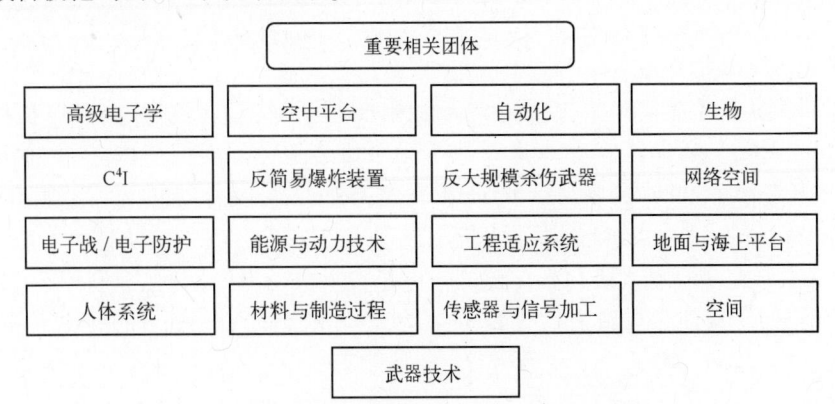

图4.4 重要相关团体(COI)组成示意图

（二）军种组织管理部门

国防部相关业务局和军种都设有国防科技项目管理与执行机构,具体负责本部门国防科技项目的组织实施,以及全寿命管理等工作。

1. 陆军科技管理体系

陆军国防科技工作由采办、后勤与技术助理陆军部长统一领导,如图4.5所示。该助理部长下设研究与技术助理陆军部长帮办,具体负责指导陆军的国防科技工作。其下属的陆军装备司令部下设陆军研究与工程司令部,负责管理和组织陆军16个机构的具体工作。陆军航空、航天、通信、坦克、生化、单兵、医疗等装备和技术领域都分别设有专门的科研机构。

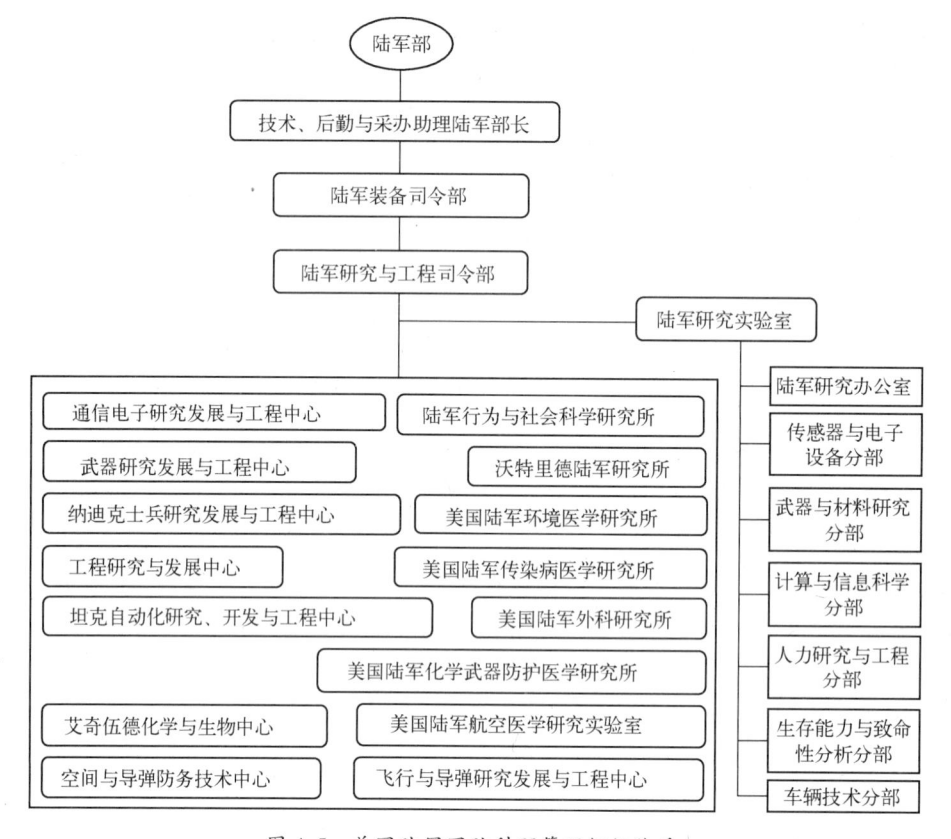

图4.5 美国陆军国防科研管理组织体系

陆军研究实验室是陆军最主要的综合性国防科研机构,其任务是向陆军提供关键技术及其分析保障,使美国陆军在未来作战中处于优势地位。根据美国陆军2016年统计数据,该实验室共有2980名雇员,包括现役军人、文职人员及合同制人员,其中1849名文职人员涉及科研工程人员1316名、博士后研究人员150名。每年国防科研经费4亿美元左右[①]。陆军研究实验室主要包括传感器与电子设备分部、计算与信息科学分部、人力研究与工程分部、生存能力与致命性分析分部、武器与材料研究分部、车辆技术分部、陆军

---

① 美国陆军研究实验室网站. US. Army research laboratory homepage [EB/OL]. [2015-03-27]. http://www.arl.mil/about.

研究办公室。

陆军研究实验室主要业务包括基础研究领域、应用研究领域和技术转化。

(1) 在基础研究领域,陆军研究实验室拥有6个相互联系的研究领域,包括生物仿真、纳米科学、智能装备与结构、致密能源、微型多功能传感器、装甲装备的设计。

(2) 在应用研究领域,陆军研究实验室确定了8个应用研究领域,以推动陆军的转型,包括生存能力、武器致命性、机动性、传感设备、C^4I装备、作战保障、战争中的人力因素、装备生存能力/致命性模拟与仿真。

(3) 陆军研究实验室还负责技术转化方面的工作,将某些具有商业价值的军用技术转为民用。

陆军研究实验室的实验设施分布在阿德尔斐实验中心、阿伯丁试验场、白沙导弹试验场以及兴旺研究中心等4个机构。

2. 海军科技管理体系

海军国防科技工作由研究、开发与采办助理海军部长统一领导,如图4.6所示。与陆军不同,该助理海军部长下设海军研究办公室,负责海军的国防科技工作,并管理海军各科研机构。海军研究办公室下属的海军研究实验室承担海军大部分国防科技工作,海军海上系统司令部下属的水面战中心和水下战中心、海军航空系统司令部的空战中心也承担小部分国防科技工作。

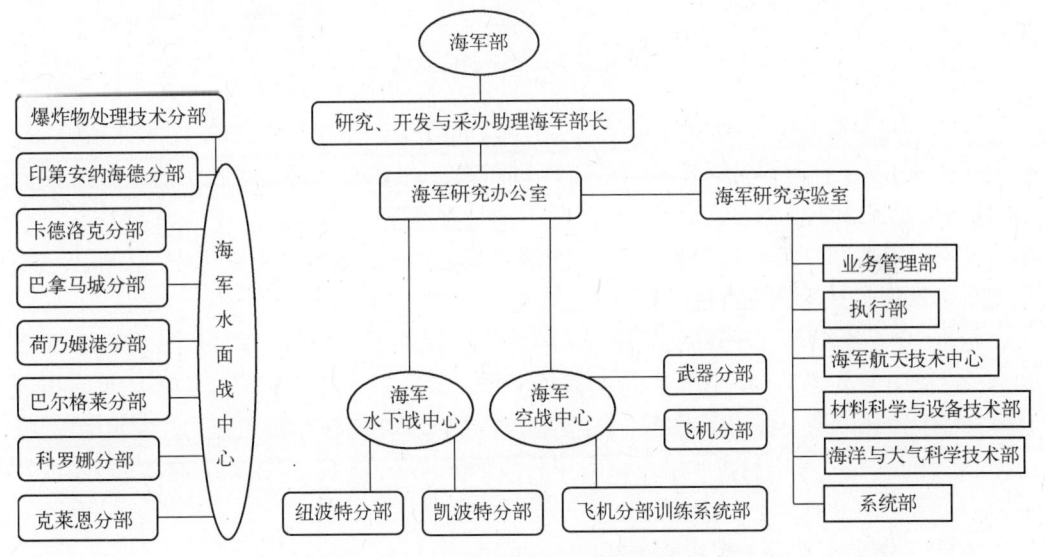

图4.6 海军国防科技管理组织体系

海军研究实验室是海军多种装备和技术的研发机构,研究领域涉及海军新型装备、技术、作战系统的基础研究、应用研究、先期技术开发等,涉及学科包括海洋学、大气学、空间科学以及其他相关学科。海军研究实验室同时也是美军物理、工程、空间与环境科学的重要研究机构,它根据海军的需求进行基础研究、应用研究与先期技术开发,并对海军各系统司令部提供广泛的研究保障。其中,空间及空间系统技术的研究与开发是该实验室的一大优势研究领域。

海军研究实验室根据研究领域下设海洋和大气科学技术部、系统部、材料科学与设备技术部以及海军航天技术中心。根据海军2016年统计数据,海军研究实验室共有各类人员约2600名,其中科研工程人员1567名(包括870多名博士和170多名博士后研究人员)。每年国防科研经费超过6亿美元[①]。

3. 空军科技管理体系

空军国防科技工作由采办助理空军部长统一领导,如图4.7所示。该助理空军部长下设科学、技术与工程助理空军部长帮办,负责指导空军的国防科技工作。其下属的空军装备司令部下设空军研究实验室,负责管理和组织空军国防科技的具体实施。与陆军和海军不同,空军研究实验室总部是空军国防科技的组织管理部门,实验室总部下属的各分部和空军科学研究办公室是国防科技工作的实施部门。

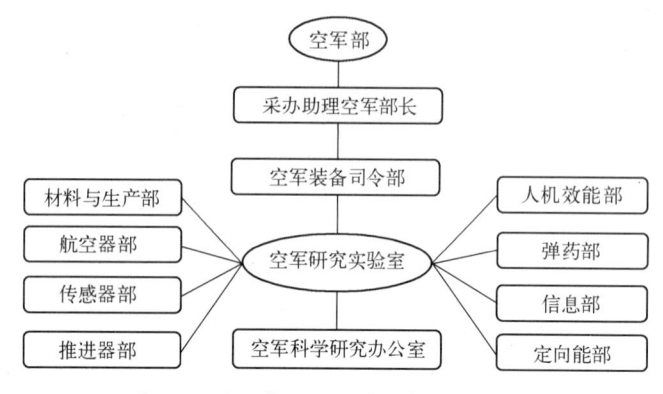

图4.7 美国空军国防科研管理组织体系

空军研究实验室是一个全面综合性实验室,领导美国空军作战相关技术的研究、开发与一体化,以及空军科学与技术项目的计划和执行。空军研究实验室在全世界范围内与政府、工业界和学术界建立合作关系,牵头进行众多领域的创新技术研究与发展。空军研究实验室提供了广泛的、具有领先优势的作战能力,为美国空军在空中、空间和网络空间等领域保持技术领先提供了重要保证。

根据2016年空军统计数据,空军研究实验室共有各类人员10099名,其中军职人员1434名,文职人员4759名,其余为合同制或兼职人员。在实验室3573名研究人员和工程师中,有1096名博士和1694名硕士,专业范围涵盖37种核心技术能力。每年经费超过20亿美元[②]。空军研究实验室下设空军科学研究办公室、航空器部、定向能部、人机效能部、弹药部、信息部、材料与生产部、推进器部和传感器部。

(三) 国防部业务局组织管理部门

国防部业务局负责全军综合性、战略层次及特定领域的国防科技项目,例如:导弹防御局和国防威胁降低局等分别主管导弹防御研发项目和核生化研发项目;国防高级研究计划局(DARPA)主要负责高风险高回报的颠覆性技术项目等。国防部各业务局下设有国防科技相关管理部门。

---

① 美国海军研究实验室网站. US. Navy research laboratory homepage [EB/OL]. [2015-02-23]. http://www.nrl.mil/about.

② 美国空军研究实验室网站. US. AF research laboratory homepage [EB/OL]. [2015-01-23]. http://www.afrl.mil/factsheet.

1. 导弹防御局

导弹防御局是导弹防御系统的采办主管部门,其前身为管理"星球大战计划"的"战略防御计划局",1984年成立,1993年更名为弹道导弹防御组织,其研究工作重点是改进现有防御系统,开发能提高弹道导弹防御能力的新技术。2001年,弹道导弹防御组织更名为导弹防御局,全面负责研制能拦截助推段、中段和再入段来袭导弹的弹道导弹防御系统,并对原来三军负责的机载激光器、天基激光器等项目实行集中统管,以加强导弹防御系统的体系建设。由于地位特殊,该局直属采办、技术与后勤副部长领导,必要时可直接向国防部长甚至总统报告工作。导弹防御局设有先进技术项目执行办公室,负责领导和管理导弹防御局的科研工作,开发和验证导弹防御领域的新一代技术,以确保美军导弹防御系统的有效性。该办公室下设识别技术办公室、运载工具毁伤通用技术办公室、高级概念与绩效评估办公室、大学研究项目管理办公室、小企业创新研究项目管理办公室、小企业技术转化项目管理办公室,分别管理不同领域的具体工作。

2. 国防威胁降低局

国防威胁降低局成立于1998年,整合了原国防部现场检验局、国防特种武器局、国防技术安全局以及负责核和负责化学与生物防御计划的助理部长的有关业务,负责减少核、生、化武器和其他常规武器的威胁,对国防部的大规模杀伤性武器有关事务提供技术支持,并负责相关技术装备的采办管理。国防威胁降低局在执行局长下设有研究与开发副局长,主管国防威胁降低局的科研工作,确认、组织研发和向国防部交付能够防止大规模杀伤性武器的创新性科学技术,使美军具备应对大规模杀伤性武器的能力。该副局长下设生化技术办公室、核技术办公室、反大规模杀伤性武器技术办公室、基础与应用科学办公室和首席科学家办公室,分别管理不同领域的具体工作。

3. 联合简易爆炸装置控制组织(JIEDDO)

联合简易爆炸装置控制组织是美军在世界范围对抗简易爆炸装置(IED)的首要力量,2006年2月成立。该组织的主要工作就是通过向士兵积极提供、发展和传达各种反简易爆炸装置技术及能力来支持前线军事行动。在阿富汗和伊拉克等中东战场,简易爆炸装置是恐怖分子首选的致命性武器,已经对美军造成了重大伤亡,并且已经向全世界蔓延。美军认为,简易爆炸装置的泛滥,将有可能对美国国家意志和自信形成威胁,削弱美国在西方国家中的影响。因此,该组织受到美军重视,由参谋长联席会议主席亲自签署命令成立。该组织在行政上直属陆军部长领导,在业务上为整个美军相关部门提供指导和支撑。为应对反恐战场中简易爆炸装置的威胁,美军加强该组织的快速采办能力,一旦作战部门提出的需求得到确认批准,该组织可以在最短3~4个月内提供战场应对方案和相关装备,采办周期比常规采办过程缩短约75%。该组织设有快速采办与技术主任帮办,负责管理科研工作。在阿富汗和伊拉克战场上,很多技术被应用于防地雷和反伏击装备中。

(四) 决策咨询机构

决策咨询机构是美国国防科技管理体系的重要组成部分。美军很多重大政策和计划的制定,都离不开决策咨询机构的紧密参与。

1. 国防部咨询机构

国防部一级的咨询机构主要有国防科学委员会和国防创新咨询委员会。

(1) 国防科学委员会。采办、技术与后勤副部长下设国防科学委员会。它是国防部有关国防科技和采办事务的独立研究咨询机构,负责就包含国防科技管理在内的重大问题展开调研,分析研究国防部相关方针、政策和科技发展趋势,向国防部长,采办、技术与后勤副部长,研究与工程助理部长等提供咨询建议。国防科学委员会工作人员包括两类:一类是正式成员,在职时间为1~4年;另一类是临时特聘人员,主要为国防科学委员会特定专题组的研究工作提供支撑,多为某领域的专家,专题工作组的任务结束后聘期即告终止。委员会主席由采办、技术与后勤副部长提名并由国防部长任命,副主席及其他正式成员由采办、技术与后勤副部长根据委员会主席的提议来确定,主席和副主席的任期为两年,期满后可续任。国防科学委员会通过组建调查组和举办专题研讨会等方式,分析研究国防科技及采办的方针政策与科技发展趋势,指导美军的国防科技和采办工作。调查工作一般由国防部助理部长或更高级别的官员来主持。在调研中,各军种、参谋长联席会议、国防部长办公厅及国防部其他机构都应给予全力支持。国防科学委员会每年召开春、秋、冬季的季度会议和为期两周的夏季研讨会。

(2) 国防创新咨询委员会。为吸收借鉴蓬勃发展的高科技企业的创新思想和管理经验,不断更新国防科技发展理念,有效增强创新活力,2016年3月2日,美国国防部成立国防创新咨询委员会。阿尔法贝特公司执行总裁埃里克·施密特担任委员会主席,12名成员由具有成功领导大企业或公共组织经验、擅于接纳新技术概念的研发和管理精英组成,包括亚马逊(Amazon)、IBM等世界顶级企业高管,委员会成员任期两年,可续任。其主要任务是为国防部提供关于创新和实现创新方法的独立建议,应对未来组织和文化挑战,具体包括项目管理流程和方法简化、原型机快速制造、迭代产品研发、商业决策中的复杂数据应用、移动设备与云计算的应用,以及组织内的信息共享等。2016年8月4日,美国防部常务副部长要求国防创新咨询委员会成立分委会,聚焦美军科技生态系统提出建议。分委会的主要任务是:评估国防部承担基础研究、应用研究、技术试验及其他科技研究相关职能,分析创新在其中所起的作用;评估国防部科技生态系统,并评估研发机构的作用,明确国防部科技生态系统、科技研发部门和最终用户的关系;评估美军科技部门与政府其他部门、学术界和私营部门的科技人员的合作情况,评估美国国防部战略、政策、体制、机制、投资和合作能力等情况;评估美国防部的科学研究战略,并确定科学研究战略与国防部创新活动的关系;评估国防部如何将科学研究应用于业务流程、国防采办、战场和作战中;确定有关国防部资助研究项目决策的管理模式,并就改进决策过程提出建议。该委员会提出设立国防部首席创新官职位的建议,已得到国防部的支持。2017年,美国新一届政府执政后,国防创新咨询委员会的生存发展面临很大不确定性,截至2017年3月,国防创新咨询委员会仍在履行使命,为国防部建设发展提供创新性建议。

2. 军种咨询机构

美国三军在长期发展过程中都建立了符合自身发展要求的国防科技咨询机构。

(1) 陆军科学委员会。陆军科学委员会职责是对陆军重要武器装备发展计划进行技术审查和提供管理决策支持,帮助陆军各级领导及时掌握工业界最新科技发展动态,向陆军部长、副陆军部长、陆军参谋长、采办、技术与后勤助理陆军部长、陆军参谋人员和主要科学技术主管就陆军国防科技事务等提出咨询建议。陆军科学委员会设主席、副主席各1名,成员由工业界、学术界和科技界杰出人物或专家组成,每届任期2年,可连任3

届,成员人数不超过100名。该委员会设有武器系统,指挥、控制、通信与情报,人才与资源,后勤与保障系统,研究与改革新措施5个小组。该委员会每年春季和秋季各召开一次成员大会,讨论有关问题。该委员会接受陆军高级领导人委托的科研课题,组织研究,每年完成5~10篇研究报告。

(2) 海军研究咨询委员会。 海军研究咨询委员会职责是向海军部长、海军参谋长和海军陆战队司令提出科学、技术和研究领域以及海军和海军陆战队发展路径的建议。海军研究咨询委员会所提出的建议对海军部长和关心海军建设的国会议员影响很大。海军研究咨询委员会的成员由海军部长联合国防部长办公厅进行任命,任期一般不超过两年。为了保持海军研究咨询委员会的连续性,各成员的任期是错开的,不会一次性更换所有成员。某些成员可能会受海军部长指派继续连任,但最多不能超过6年。该委员会成员基本保持在20名左右,主要是来自科学、研究和发展等领域的精英。委员会成员可以分为两类:一类是联合成员;另一类是专门小组成员。联合成员的任务是向海军咨询委员会和海军部提供未经过筛选的、可供执行的军队和政府部门的专家意见,同时他们可以快速组成专业小组来应对突发性研究任务。联合成员是一个接近10名的常任小组,由海军部长任命。专门小组成员由海军部长指派的专家组成,一般只在特定的研究期间担任,不超过一年。

(3) 空军科学咨询委员会。 空军科学咨询委员会职责是在科学与技术领域向空军部提出独立的建议,以增强美国空军能力,同时,对空军各实验室和科学技术项目实施独立评估。空军科学咨询委员会成员一般不超过60名,由来自科学和技术团体、工业界和学术界的精英组成。成员由国防部长指定,空军部长再从成员中任命空军科学咨询委员会主席。空军科学咨询委员会设有指导委员会,由空军科学咨询委员会主席、副主席、军人主任和空军首席科学家组成,负责监督委员会的所有活动,对委员会提供政策和法规指南,把握委员会的发展方向。委员会设有三类执行机构:①科学与技术质量评估小组,主要负责对空军研究机构的技术工作、相关的近期计划、未来影响和资源情况进行评估,提交一份简要的正式报告;②咨询小组,主要负责向空军各司令部和其他组织提供建议;③研究委员会负责空军科学咨询委员会的研究工作,每年空军部长和空军参谋长都会给该委员会指派课题。此外,空军科学咨询委员会还设有委员会顾问,由委员会以外的文职科学家和工程师担任,负责在部分特殊研究活动中向委员会提供帮助。

第二节 国防科技规划计划的制定

美国国防科技项目同国防采办项目一道纳入规划计划预算执行系统(PPBES)编制,其制定过程主要分为规划、计划和预算三个阶段。

一、规划阶段的主要工作

规划是合理调配资源、统筹长远发展的重要基础,规划阶段的主要工作是制定国防科技发展的战略和目标。

(一) 提出国防科技的基本政策和总体设想

研究与工程助理部长办公室负责牵头组织国防部各部局、军种和业务局有关部门,一起制定国防部包括基础研究、应用研究和先期技术开发在内的"科学技术计划"的"战略指导文件"——《国防科技战略》,提出国防科技发展的基本政策和总体设想,作为国防科技发展的指导文件。

制定《国防科技战略》时,美军以国家安全战略和军事战略为指导,以能力发展为主线,重视将科学技术快速转化为军事实力。20世纪90年代中期,随着美军"联合作战"思想不断成熟,军事能力建设转向以建设信息时代联合作战能力为导向的道路上。为此,在参谋长联席会议的主持下制定了《2010年联合设想》,随后又出台了《2020年联合设想》,勾画信息时代联合作战能力需求,统一各军种的思想和行动。为了使国防科技适应军事能力需求,美国国防部根据国家安全战略和军事战略(如《联合设想》《四年一度防务评审报告》等战略性文件)、科技发展态势及中远期军事需要,制定《国防科技战略》,为随后制定的《基础研究计划》《国防技术领域计划》和《联合作战科学技术计划》提供顶层指导。图4.8所示为美国国防科技战略体系。

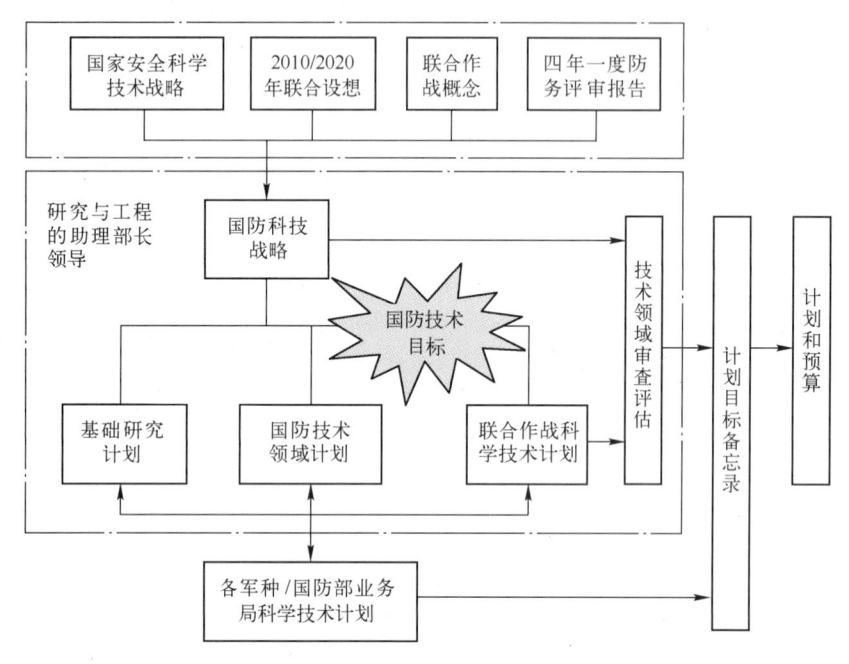

图 4.8　美国国防科技战略体系

近年来,国防部通过不断调整组织机构和工作关系,构建了"信赖21"框架组织,协调统筹国防部科学技术(S&T)发展,确保科学和技术投资产生最大价值。在研究与工程助理部长领导下,"信赖21"框架组织中的科学与技术执行委员会主要负责研究、评估和组织制定《国防科技战略》。科学与技术执行委员会会在每个财年第二季度召开为期2天的战略评审会,制定(每4年一次)或审查《国防科技战略》,公布关于国防科技领域发展和优先排序的信息,明确关键能力差距和跨部门机会。

(二) 编制国防科技各领域战略和路线图

在《国防科技战略》指导下,"信赖21"框架组织中的重要相关团体(COI)接受科学与技术执行委员会分配的任务,针对技术目标和任务影响,出台时间跨度为10年的战略规划和路线图。这些战略规划和路线图分析确定科技需求,指导长期预算决策。

其中,基础研究领域主要由"信赖21"框架组织中的国防基础研究顾问小组协调,组织制定国防基础研究计划,为相关问题和政策提供建议。国防基础研究计划提出了国防部基础研究的目标和投资战略,包括物理、化学、数学、计算机科学、电子学、材料科学、力学、地球科学、海洋科学、大气与空间科学、生物科学以及认知与神经科学等12个国防基础研究领域,仿生学、纳米科学、智能材料与结构、信息技术、人本系统和致密能源等6个战略研究领域以及多学科大学研究倡议。

(三) 开展投资组合审查

"信赖21"框架组织的重要相关团体负责投资组合审查,审查的主要内容如表4.2所列。在详细评估期间,重要相关团体将明确优先领域技术差距、问题和机会,描述其将对作战人员和广泛防御需求产生什么影响,并向国防部科技领导层提出行动建议。简要汇报后,重要相关团体将广泛公开信息,以便各部门制定工作计划。例如,2013年,6个重要相关团体进行了投资组合审查,包括先进电子设备、航空平台、反简易爆炸装置、能源与动力技术、材料与制造工艺以及武器技术;2014年,17个重要相关团体进行了投资组合审查,其中科学与技术执行委员会要求8个小组提供更详细的路线图,要有具体与军事能力相关的可测量目标。

表4.2 投资组合审查的主要内容

	主要目标
投资组合审查 主题细分、范围、各子主题近似投资	有哪些技术挑战、机遇和预期结果? 这些计数挑战、机遇和预期结果如何与作战能力需求保持一致? 有什么潜在影响?
投资计划 制定当前和计划项目; 转型机遇; 关键绩效、关键能力和设施; 有哪些优先差距?	投资组合健康评估 有哪些问题、风险和减轻措施? 有哪些优势?

二、计划阶段的主要工作

计划阶段主要制定国防科技发展的中期计划。

(一) 上报计划

军种和国防部业务局的国防科技主管部门根据国防部的指导方针,编写《计划目标备忘录(POM)》,报国防部主计长汇总后,形成总的《计划目标备忘录》,说明未来6年的计划项目、进度安排和经费需求。《计划目标备忘录》内容按国防部内部使用的格式编写,把计划项目分为战略力量,常规力量,情报与通信,空运与海运,警备队与预备役部队,研究与发展,物资供应与维护,训练、医疗及其他人员保障活动,管理与保障,援外,特种部队11大类(研究与开发列为第6类,其中6.1,6.2,6.3为国防科技计划,主要由军种科技主管部门和国防高级研究计划局等国防部业务局编写)。

各部局通过每年的战略评审会,分享其规划项目相关的详细信息,展示每个部门制定下一年国防科技《计划目标备忘录》的工作。在规划周期末制定项目计划备忘录决策后,各部门将向国防部研究与工程助理部长简要描述其计划和战略的主要变更,并进行互动。

（二） 评审计划

国防部两个部门对各部局拟订的科学与技术计划进行评审。

（1）成本评估与计划鉴定局（代表国防部长办公厅）对《计划目标备忘录》进行详细的评审，并发布《计划目标备忘录问题书》。其中，研究与工程助理部长办公室参与审查各部门拟订的科技计划，提出计划方案。各军种、联合参谋部和国防部办公厅对《计划目标备忘录问题书》中的具体议题进行讨论和复议，再由三星小组对《计划目标备忘录问题书》进行进一步评审。

（2）参谋长联席会议从作战能力需求的角度对《计划目标备忘录》进行评审，形成《参谋长联席会议主席计划评估》，为国防部计划决策提供决策依据。

国防部组织高层领导审查小组对《计划目标备忘录问题书》和《参谋长联席会议主席计划评估》进行综合评审。

（三）审批计划

综合评审后，高层领导审查小组向国防部长或者常务副部长上报最终审查结果（《计划决策备忘录》初稿），国防部长或者常务副部长决策并签署《计划决策备忘录》，成为计划阶段的最终文件。

三、预算阶段的主要工作

预算阶段与计划阶段同时进行，任务是制定具体的科技项目预算。

（一） 上报预算

各军种和国防部有关业务部门依据《基础研究计划》《国防技术领域计划》和《联合作战科学与技术计划》及相关文件，编制各自的《预算估计提案》，经研究与工程助理部长办公室汇总后，形成总的《预算估计提案》。《预算估计提案》包括前几个财年、现财年和预算财年的预算情况，按国会的拨款格式（科研费、采购费、使用与维护费、军事人员和军用建筑等）编写，而不是按照国防部内部使用的11大类编写。

（二） 评审预算

国防部主计长同白宫行政管理与预算局联合举行听证会，审查各军种的预算，并同研究与工程助理部长办公室对《预算估计提案》进行审查和评价，对各军种所确定的经费额度进行核审，平衡、协调各部局的项目预算，综合各军种和国防部业务局的意见，提出《计划预算决定》建议。

（三） 形成国防部预算

《计划预算决定》建议，经采办、技术与后勤副部长和国防部主计长认可后，报国防部兼任国防资源委员会主席的常务副部长审定。在国防部常务副部长签署《计划预算决定》之前，各军种和国防部业务局还有最后一次机会提出修改意见，这次机会称为解决重大预算问题（Major Budget Issue，MBI），通过会议的辩论和协调，各军种和国防部业务局就被国防部《计划预算决定》削减的但对本部门"绝对关键"（absolutely essential）的某些项目（一般不超过5~6个项目）提出增加经费的意见，但增加的经费只能从本部门其他项目中调配，最后由主计长和国防部常务副部长做出综合平衡，由常务副部长签署发布《计划预算决定》。

《计划预算决定》是国防部批准和调整军种预算的决策文件,反映主要项目的预算情况。它包括现财年和预算财年(即下两个财年)的预算决定,以及 6 年计划中其余 4 个财年的经费概算。

在发布《计划预算决定》之后,国防部将根据决定编制的预算申请呈送给白宫行政管理与预算局,经协调、修改后,由总统签署《总统预算》,最后提交国会审议,并最终确定国防科技项目的年度预算。

第三节　国防科技项目管理与成果转化

美军组织开展国防科技研究工作普遍采用项目管理方式,通过资助、合作协议或合同等方式实施差异化管理,采取多种举措推动科技成果转移转化。

一、国防科技项目管理

国防科技计划的类别不同,项目管理的方式也不相同。一般而言,基础研究项目实行资助(Grants)方式管理;应用研究和先期技术开发项目主要实行合同(Contract)或合作协议(Cooperative Agreement)方式管理。

(一) 资助类项目管理

美军基础研究项目主要由大学、军内科研机构、工业界、非营利机构等单位承担。其中,大学承担的基础研究项目经费占基础研究总经费的 50%以上。

美军对大学基础研究的资助分为项目资助和保障条件资助两种方式:①项目资助是通过《多学科大学研究倡议(MURI)》《科学与工程研究训练提高奖计划》《国防科学与工程研究生奖学金》《空军热电子研究倡议》《空军制造科学倡议》《空军航空推进技术计划》等数十种计划的实施,与大学从事相关学科研究的个人、课题组或者单位签订资助协议,完成某一个或多个学科领域的国防基础研究任务,并培养人才。例如,《多学科大学研究倡议》,主要资助仿生学、致密能源、纳米技术等跨学科研究领域,研究周期一般为 3~5 年,每年资助金额为 50 万~100 万美元。②保障条件资助是通过实施《大学研究设备资助计划》,采用竞争的方式,资助从事国防科技工作的大学,用于购买仅靠项目资助经费无力承担的 5 万美元以上的大型研究设备、改造实验室工作条件等。

对于资助类项目,美军基础研究主管部门拟定并公开发布《综合性部局公告》(BAA),详细说明研究项目的相关信息,感兴趣的研究机构提交一份不超过 5 页的白皮书,标明课题名称、完成期限、单位地址、联系方法、要达到的目标和技术要点等内容。军方按照事先公布的评审标准对"白皮书"进行评审,被初步选中的机构在规定期限内提交一份正式的"研究建议书"(也称"技术及经费建议书")供审议,并根据评审结果选择合适的科研单位予以资助。

美军基础研究主管部门每半年要对相关项目进行抽查,要求抽查到的课题组提供简要研究进展报告;每年要对所有项目进行检查,要求大学研究课题组提供更详细的研究进展报告,同时提供相关研究论文、实验报告和装置图片等附件。美军组织军内外同行专家,组建专家评估咨询小组,并按照事先规定的一系列评估指标体系和标准,对项目研究进展、研究成果、研究质量、技术转化等情况进行绩效评估。在项目结束时,基础研究主管部门要组织项目验收组对项目进行评估和验收。

(二) 合作协议类项目管理

美军对应用研究和先期技术开发项目,主要由工业界、军内科研机构等单位承担。

军内科研机构主要承担外界不愿或不便承担的某些特定领域的科研项目,或者投资多、风险大、收效慢的一些特殊项目。国防部和三军国防科技主管部门或项目办公室与军内科研机构的合作协议主要有两种方式:①军方提供技术成果(如专利、技术使用许可证等),由另一方提供资金,通过双方合作使成果得到进一步深化;②军方提供研发保障(如专用设备、研发人员等),另一方提供其他必要物资,通过合作协议共同促进成果的进一步深化应用。

国防部和三军国防科技主管部门或项目办公室通过定期召开会议、听取汇报、到各科研机构检查工作、各科研机构提交汇报材料等方式,对军内科研机构的项目研究进展、研究质量进行监督检查,开展工作绩效评价。

(三) 合同类项目管理

美军与工业界主要采用签订合同的方式,管理其承担的先期技术开发和应用研究项目。军方建立项目办公室,负责签订合同、监督合同执行、组织合同评价和验收等工作。

1. 合同签订程序

国防科技项目的合同签订和管理一般由项目办公室负责。鉴于国防科技技术性强、不定因素多、技术风险大等特点,美国通常采用"谈判竞争法"签订国防科技项目合同,主要由5个步骤组成:

(1) 发布公告。为使更多高等院校能够积极参与政府投资的国防科技项目,军方国防科技管理部门拟定《项目研究发展公告》,其内容类似于采办项目的"招标书"或"建议征求书"(与以后要签订的合同内容相近),提出研究项目的技术性能、进度和成本等要求。国防科技管理部门将把公告刊登在《商务日报》、联邦资助网和国防部商业机遇网站上,想要申请研究项目的个人或单位可以通过多种方式检索到这些公告,公告上会详细列出项目编号、投资部局、申请截止日期、资助项目说明等内容,同时标明项目申请评审标准和程序。申请者可通过网站提供的申请表单提交申请。

(2) 提交申请。建议提交方(承担研究任务的单位)提交一份不超过5页的"白皮书",标明课题名称、完成期限、单位地址、联系方法、要达到的目标和技术要点等内容。

(3) 初审。军方按照事先公布的评审标准对"白皮书"进行评审,初步挑选出一些单位进入下一轮竞争。

(4) 提交正式的"研究建议书"。被军方初步选中承担研究任务的单位(也称建议提交方)在规定期限内提交一份正式的"研究建议书"(也称"技术及经费建议书")供军方审议,同时,未被选中的单位也可自愿提交一份研究建议书供军方审议。研究建议书要标明课题名称、研究进度、经费使用、单位地址、联系方法、要达到的目标、完成的技术方案、技术途径、研究条件、组织管理、职责分工和风险分析等具体内容。

(5) 详审、谈判和签订合同。军方组织评审小组,按照事先公布的评审标准和程序,对收到的全部建议书进行评审,综合评价项目的科技价值、军用潜力、主要研究人员的资历能力与成就、承担者的设备条件、管理计划的合理性和经费预算的现实性等因素,根据评审结果选择合适的科研单位进行谈判,并根据双方谈判的结果和经费的实际情况,与最合适的科研单位最终签订合同。

2. 过程控制与验收

对于国防科技项目合同,军方项目办公室依据合同条款,对研究过程进行合同管理、过程控制、评价和验收。

美军国防科技主管部门根据项目验收结果,对承担项目的研究单位和项目负责人实施奖惩。对验收结果为优秀的项目承担单位和负责人,在今后的研究项目竞争中优先考虑;对验收结果不合格的项目承担单位和负责人,给予一定的处罚。例如,对研究项目不合格的单位或项目负责人亮黄牌,如果连续两年亮黄牌,该项目负责人在5年之内都不能申请相关的课题。

二、技术成果转化

在美国,国防科技成果的转化应用主要是指把国防科技成果转化应用到其他领域的活动,包括:基础研究成果向应用研究转化;应用研究通过先期技术开发阶段,向型号研制阶段乃至装备全寿命各阶段的转化应用。此外,还包括向民用科研生产领域的转化应用。先期技术开发阶段是国防科技成果转化的重要枢纽,基础研究和应用研究成果正是通过先期技术开发,逐步向武器系统全寿命各阶段转化,为武器系统全寿命发展提供技术支撑。美军为推动国防科技成果转化,在先期技术开发阶段采用了多种技术转化手段,主要包括"先期技术演示"(ATD)、"先期概念技术演示"(ACTD)、"联合能力技术演示"(JCTD)等。

(一) 先期技术演示

先期技术演示是指在先期技术开发阶段,对基础研究和应用研究阶段的成果进行实验、试验或演示,以评审其技术可行性、作战适应性和经济承受能力的科研活动。

先期技术演示的作用主要有:①验证新开发的技术是否成熟、可用。通过在比较逼真的环境中的实物试验、演习,验证新技术的成熟程度与效能,从中发现问题或疑点,并设法加以解决,从而减少在实际应用时的风险。②帮助武器研制部门选择最合适的技术应用于新武器系统。通过研制多种样机,分别试验,相互对比,最后根据战术技术等综合因素择优选择最合适的技术用于新武器系统。③加强研究人员同未来用户的关系。演示过程由于有未来用户的参与,增加了研究人员与他们交往以及直接听取他们对国防科技工作意见的机会,加速技术发展向实际使用转化的进程。④揭示和解决技术以外的其他问题。先期技术演示往往是多项技术部件/分系统的综合试验,有时甚至可能是整个系统的试验。演示项目规模越大,各个部件之间、系统与分系统之间的接口就越多;在多种技术综合试验过程中,有可能意外发现其他问题,如各个分系统的接口问题、各项技术的兼容性问题、使用方案问题和经济承受能力问题等。

(二) 先期概念技术演示

先期概念技术演示是在先期技术演示基础上形成的一项综合工程,其目的是加速将实验室中的新技术转化为战场上的实用装备。先期概念技术演示计划所列的,都是可望转入型号研制的项目,是在广泛的先期技术演示项目中精选出来的项目,这些项目通过综合试验,可很快转化为新的武器系统。

与一般先期技术演示项目相比,先期概念技术演示具有如下特征:①与重点军事需求关系更密切,项目都是重中之重,费用最为优先;②型号背景更明朗,目标更具体、更集中,重点是三军联合作战所需的综合性、集成性、应急性强的项目;③潜在用户(特别是作战部队)对它们的兴趣更浓,参与程度更深,发言权也更大;④技术更加成熟,包含的子项目或相关项目更多,综合性与系统性更强;⑤试验规模更大,环境更逼真,更符合实战要求,因而能更生动更有效地揭示新技术项目的作战效果。先期概念技术演示项目经过2～4年的演示,其中许多可进入工程研制阶段或生产阶段,有的可以直接交付作战部队使用。

国防部新兴能力与样机助理部长帮办不仅为先期概念技术演示计划的编制拟订提供指导方针,还为项目的实施提供具体监督保障。提出的候选演示项目在经有关方面审议后,由先期技术副部长帮办做出取舍决定,其间强调高层领导的参与。

先期概念技术演示项目的实施结果按三种情况处理:①如果用户发现项目不能满足预期的军事需求或效费比不理想,可以决定终止演示,或暂且搁置起来,或根据演示所发现问题调整演示计划;②如果用户对演示结果满意,按其建议可将演示项目正式转入武器型号研制计划;③如果所演示的项目效果非常理想,稍加改进甚至无需改进即可使用,便可将其直接转交给作战部队使用。

先期概念技术演示作为快速的技术转移手段,在促进研究成果的转化应用方面发挥了重要作用。如美军在阿富汗战争中使用的温压弹(Thermobaric Weapons),被列入先期概念技术演示计划,组建了由美国海军、空军、能源部和工业界专家组成的快速应对研究小组,加速项目的研究与试验,仅用了3个月的时间就实现了技术成果向武器的转化。

(三) 联合能力技术演示验证(JCTD)

联合能力技术演示验证是在先期概念技术演示基础上改进而来的,于2005年开始实施,逐步取代ACTD。JCTD是指采用技术演示方式将成熟技术快速转化为联合作战能力的一种技术转移机制,通常适用于能够满足作战部队联合能力建设急需、跨军种、跨部门、经费不超过5000万美元的综合集成项目。其基本做法是:通过国防部征集项目建议、各军种和业务局提出项目建议书、国防部和国会审批项目等程序,每年经过两轮评选,从100多项建议书中评选出10多个项目。每个项目由技术研发部门、试验部门、采办部门与作战部门一起,对相关的新技术进行试验、演示和综合集成,并根据演示结果,将技术成果快速转化于装备研制或采购阶段,或交付作战部队使用,或中止项目。

JCTD有4项主要任务:①通过演示验证,使联合作战司令部(用户)和独立作战评估人员早期评估技术的军事效用,制定切实的作战方案;②积累联合采办经验,为以后国防采办提供科学的决策依据;③建立快速技术转移机制,缩短装备研发和演示周期,加速技术成果向装备研制和使用阶段转化应用;④演示结束后为联合作战部门提供临时性作战能力,即提供若干具有作战能力的剩余产品(包括样机、硬件、软件等),满足作战部门的急需。

JCTD是对ACTD的继承和改进,两者在目的任务、组织体系、运行机制、法规制度、实施措施等方面存在较大的延续性,如要求联合作战司令部参与、提倡采用成熟技术、强调技术成果的快速应用等。另外,在一体化联合作战和能力建设的时代背景下,JCTD又表现出一些新特点:

(1) 在指导思想上,从"基于威胁"向"基于能力"转变。JCTD坚持"能力牵引"原则,可以避免项目重复,增强多军种、多国之间的联合和协同作战能力,主要体现在:①在立项和评审时,要求候选项目能够提供联合作战能力,满足"战场感知""指挥与控制""兵力防护"等8种能力建设的需要;②在具体操作上,每种能力又细分为若干领域,如"兵力防护"又分为战略威慑、国土防御、航空控制战、航天控制战、海上和海岸控制战、陆地控制战、非传统作战、信息作战等领域,要求候选项目紧贴这些领域的需要;③在演示和转移过程中,联合作战司令部更深地介入JCTD研发、演示、试验和演习工作,开展军用效用分析,提供针对联合作战能力的反馈修改意见;④在军事效用评估上,从单项评估转变为真实战场作战评估,重视互操作能力等指标评估。

(2)在组织体系上,建立跨部门协同工作模式。JCTD涉及国防部长办公厅、参谋长联席会议、各军种、各联合作战司令部等诸多部局,为提高工作效率,国防部建立了跨部门协同工作模式。在宏观层次上,由国防部长办公厅、联合作战司令部、军种部和联合参谋部相关领导组成的监督小组,协调和确定JCTD重大事项,且形成跨部局协同工作模式,新兴能力与样机助理部长帮办办公室,各功能能力委员会和需求监督委员会(FCB/JROC),各联合作战司令部,各军种和业务局经常性召开协调工作会议,在项目立项、论证、审批、管理等方面发挥整体功效。在操作层次上,完全依靠作战、技术、转移三类一体化项目小组,还定期召开由三类人员共同参加的综合小组会议,并建立信息通报机制,如转移部门《转移计划》摘要要发给作战和技术部门,互通有无,协调相关事项,提高工作效率。

(3)在运行机制上,建立全寿命快速技术转移机制。同ACTD相比,JCTD可以建立起一套全寿命更快的技术转移机制,主要表现在:①实行灵活的立项和快速启动机制,增强滚动和年中项目启动的数量,可以快速启动新的项目,而不必等一年启动一次;②采用渐进式采办和螺旋式发展方式,把研发和演示项目分为若干阶段,根据目前拥有的成熟技术,要求快速(在1年内)完成第一阶段螺旋研发工作,后续各阶段的工作不断完善,要求在2年内完成全部演示工作(而ACTD需要3~4年),在3~4年内完成项目转化应用等工作;③新增转移经费,支持转移成功的JCTD项目,而不用挤占各军种其他科研项目的经费,调动了军种的积极性,也有利于缩短转移周期;④新设国防采办执行官(DAE)试点项目,采用范围更宽的科研费、采购费、使用与维护经费予以支持,避免项目交付部队后成为无人管理的"孤儿"。

(4)在具体实施上,实行信息化和规范化管理。采用知识信息管理系统(KIMS)①,实行信息化管理,在立项、审批、演示、军事效用评估、转移等全过程均实行网络化管理(如所有项目建议书提交、评审均在KIMS系统中完成),实现联合作战司令部、军种部、国防部长办公厅、国防部业务局、研究实验室、工业界、试验中心等部门之间的信息共享和传递,增强跨部局协同工作能力,提高了工作效率。

(四) 国防采办挑战计划

国防采办挑战计划(Defense Acquisition Challenge Program)于2003财年开始实施。

---

① 知识信息管理系统(KIMS)的主要功能是:方便新兴能力与样机助理部长帮办办公室监督所有JCTD项目;为新兴能力与样机助理部长帮办办公室提供跟踪项目进展的工具;为项目建议提交者提供跟踪其建议进展的工具;方便作战部队向新兴能力与样机助理部长帮办办公室提供需求;为联军盟友、军事部门、军种、工业部门参与JCTD开发、开展良好合作提供一个交流中心;方便JCTD项目财务管理者更好地监督项目的预算和开支情况。

国防采办挑战计划目的是寻找、确定和应用有创新性和节约成本的新技术,将这些技术快速转化应用于国防采办项目中,满足部队作战需要。该计划主要资助对象为工业企业,特别是中小企业。

国防采办挑战计划由国防部快速反应技术办公室负责指导和监督,陆军、海军、海军陆战队、空军和特种部队司令部负责具体实施。该计划面向部件、分系统和武器系统各个层次,每个项目执行周期不超过3年。为了将最适合的技术应用到国防领域,国防采办挑战计划项目评审极为严格。国防采办挑战计划评估标准是技术项目能提高武器系统、分系统的技术性能、经济可承受能力、制造能力和作战能力。各单位在提出项目申请时技术成熟度(TRL)至少要达到6~7级,完成国防采办挑战计划的试验与演示验证之后,要求技术成熟度(TRL)要达到8~9级,确保技术能够快速转化。

国防采办挑战计划的任务是提高作战部队装备系统的作战能力,迅速部署高质量的军事装备,减少重复研究、开发、试验鉴定,降低装备全寿命成本,提高标准化和互操作性能力,扩大竞争范围,改进美国国防工业基础。其主要作用表现为在:①提高武器装备的作战能力,包括作战效能(破坏力,精确度,耐久性)、生存能力(防护力,灵活性,隐身性,医疗)、武装防护(防御系统,侦察,装甲,生化武器防御);②为作战部队提供后勤保障,包括后勤保障、监视和跟踪能力;③增强作战部队装备系统的计划编制和协同能力。

三、国防科技成果向采办各阶段转化的主要做法

2015年版国防部第5000.02号指示文件将国防采办程序划分为7种类型,下面以较为常用的硬件密集型项目采办程序为例,介绍国防科技成果向国防采办各阶段转化的主要情况。

(一) 成果转化于装备方案分析阶段

装备方案分析阶段主要工作是进行多种备选方案论证,选择最佳方案。该阶段主要涉及一体化设计技术、虚拟现实技术、数字化仿真与建模技术等。在这一阶段,美军主要采用先期技术演示验证、联合能力技术演示验证等技术转移计划。军内科研机构、高等院校、企业等国防科技成果持有方,将技术成熟度达到1~3级的技术成果转化到装备方案论证单位——军内科研单位、工业企业和武器方案论证单位。例如,海军航天与作战系统中心,主要从事指挥、控制与通信技术和海洋监视技术的研发工作,将多项国防科技成果转化应用到海军海上系统司令部和纽波特纽斯造船厂海军CVN21航空母舰的早期方案论证工作中,为航空母舰武器平台的方案设计提供了技术支撑。

(二) 成果转化于技术成熟与风险降低阶段

技术成熟与风险降低阶段主要工作是开展技术开发,进行分系统和关键技术的演示验证,解决关键技术难题,提高技术成熟度。该阶段一般需要建模与仿真技术、专业技术、风险控制技术等。在这一阶段,主要采用先期技术演示验证、联合能力技术演示验证等技术转移计划,高等院校、企业、军内科研机构等国防科技成果持有方,将技术成熟度达到2~4级的技术成果转化应用到装备技术开发单位——工业企业和军内装备技术开发单位。在这一阶段,国防科技成果供需双方合作紧密,往往建立起双方人员组成的一体化项目小组,共同完成技术攻关任务。

例如,海军航空系统司令部开发了一种更新陈旧硬件的软件——C结构的可配置处

理器,利用这种软件可以快速经济、有效地将芯片处理器和系统按任何给定的指令集进行配置,并把该项技术成果转化应用于通用动力公司F-16战斗机技术成熟与风险降低工作,提高了F-16战斗机可编程显示发生器技术性能,推进了F-16战斗机火控雷达现代化进展,并节省了1.5亿美元研发经费。

(三) 成果转化于工程与制造开发阶段

工程与制造开发阶段主要工作是进行武器系统的研制,开展分系统的综合集成,在相关环境下开展原型样机的演示验证,降低分系统集成和制造风险。该阶段涉及系统工程技术、建模与仿真技术、制造工艺技术、系统集成技术。在这一阶段,美军主要采用联合能力技术演示验证等技术转移计划,高等院校、企业、军内科研机构等国防科技成果持有方,将技术成熟度达到5~7级的技术成果转化应用到装备研制单位——工业企业,包括主承包商和分承包商。

例如,空军研究实验室与通用电气飞机发动机公司合作,开发出了一种激光冲击喷射工艺技术,该技术能够提高钛合金风扇叶片寿命,改善钛合金风扇叶片疲劳特性和韧性。空军研究实验室将此项技术成果转化于多项装备项目的型号研制阶段,如转化到B-1B"兰斯"、F-16"福尔肯"和F/A-22"拉普特"飞机发动机叶片上,降低了涡轮发动机故障率和发动机叶片的更换费用,节省了5900多万美元研发经费,提高了飞机发动机的安全性能。

(四) 成果转化于生产与部署阶段

生产与部署阶段主要工作是生产武器装备,开展作战试验鉴定,确保武器系统的互操作性和有效性,满足部队作战使用需要。该阶段主要涉及生产技术、制造工艺技术、质量控制技术等。

在生产与部署阶段,美军主要采用联合能力技术演示验证、《国防生产法》第三篇计划、制造技术计划、国防采办挑战计划等技术转移计划,企业、军内科研机构等国防科技成果持有方,将技术成熟度达到6~8级的技术成果转化应用到装备生产单位——工业企业,包括主承包商和分承包商。

例如,空军研究实验室开发出一种加工生产碳—碳复合材料的制造工艺技术。空军研究实验室与古德里奇航空航天公司通过签署合作研究与开发协议,将该项技术成果转化到古德里奇航空航天公司飞机制动器材料生产过程中,生产时间缩短为原来的5%~25%,制造成本为原来的10%~50%,并提高了产品质量。此外,空军研究实验室与波音公司圣路易斯分公司合作,开发出一种新的复合材料加工技术,波音公司已将这项加工技术转化C-17飞机的生产过程中,提高了飞机复合结构的加工质量,降低了制造成本,并缩短了生产周期。

(五) 成果转化于使用保障和退役处置阶段

使用保障和退役处置阶段的主要工作是对交付部队的武器系统进行使用维修、升级改造、在退役时进行非军事化处置,包括回收利用和报废。该阶段主要涉及维修保障技术等。

在使用保障和退役处置阶段,美军主要采用国防制造技术计划、国防采办挑战计划、《国防生产法》第三篇计划等技术转移计划,高等院校、企业、军内科研机构等国防科技成果持有方,将技术成熟度达到7~9级的技术成果转化应用到装备使用保障单位(包括工业企业和军队维修保障单位)。

例如,陆军研究实验室开发的一种安全状况监测模块技术,转化应用于陆军特种部队使用的 MH-47D 和 MH-47E 直升机上,为直升机提供嵌入式诊断安全状况的监测模块能力,进行旋翼的同锥度状态与平衡、性能监测、超载量检测和振动监测,大大减少了直升机安全状况监测的时间,节省了安全监测工作的人力和经费。

四、保障国防科技成果顺利转化的措施

为顺利实施各类技术转移计划,美军通过专利激励、合作研究与开发协议、合作伙伴中介组织、技术转移信息系统等激励与推动措施,促进科技成果快速转化。

(一) 加强对发明人的专利激励

专利技术含量较高,知识产权归属明确,便于国防科技成果转化的利益分配。美国《联邦技术转移法》提倡采用专利与专利许可制度促进技术转化应用,规定将不低于 15% 的专利权使用费奖励给发明人,其余 85% 的专利权使用费由发明人所在的科研单位支配。在实际工作中,一些军内科研单位还加大了对发明人的激励力度,如海军航天与作战系统中心 2001 年将发明者获得的专利权使用费比例提高到 40%,较好地调动了发明人的积极性,更好地促进了国防科技成果的转化。

进入 21 世纪,军内科研单位和大学都很重视采用专利与专利许可制度促进技术转化应用,实施专利战略,制定专利实施计划,提高专利数量,通过申请专利保证科研单位和发明人的权益。例如,海军水下作战中心新港分部实施了专利战略,2001 财年就提出了 100 项专利申请,获得批准的专利达 78 项;海军水面作战中心卡德卢克分部发明的防水隔板密封垫技术被国防部评为对海军有重大影响的专利技术,目前已转化应用于太平洋航空达因公司以及海军舰队和海岸警卫队使用的装备项目中。

(二) 签订合作研究与开发协议

合作研究与开发协议是美军在国防科技成果转化工作中广泛采用的一种方式。其主要做法是,军内科研单位与军外科研单位或工业企业签订一份合作研究与开发协议,共同开展研究与开发活动,促进国防科技成果向企业装备科研生产转化应用。根据这种协议,军内科研单位提供研究人员、技术和设备,军外科研单位或工业企业提供资金、人员、设备,通过双方合作研究与开发,促进技术成果的转化应用。

例如,空军研究实验室定向能办公室与洛克希德·马丁航空系统公司签署了合作研究与开发协议,共同研究、设计、试验和转化高功率的激光武器。空军研究实验室定向能办公室长期研发激光武器和微波武器等定向能技术,拥有定向能技术优势和国防科技成果,洛克希德·马丁航空系统公司主要从事战斗机使用的激光武器与微波武器的独立研究与开发工作,以及激光武器技术与飞机系统的综合集成。通过合作研究与开发协议,空军研究实验室获得 F-16、F-22 等飞机的设计细节、热学分析以及在战斗机上安装激光武器的相关技术,洛克希德·马丁航空系统公司获得空军研究实验室的定向能国防科技技术成果,并把相关技术成果转化应用于战斗机的科研生产中,提高了战斗机的性能和作战能力。

(三) 建立技术转移信息系统

国防部国防技术信息中心代表国防部,与各军种和国防业务局合作,建立了国防技

术转移信息系统(DTTIS),储存技术转移方面的信息,包括国防部和军种的各类技术转移计划、合作研究与开发协议和专利许可证协议等。之后,国防技术信息中心又建立了知识产权管理信息系统(IPMIS),汇集了各单位提供的专利等知识产权信息,能够方便地与国防技术转移信息系统进行共享共用。

国防部长办公厅、各军种和国防业务局分别建立了各类技术转移计划网站,及时公布技术转移法规、技术转移培训信息、技术转移成功案例、技术转移工作机制,合作研究与开发工作、技术转移活动、各单位的技术成果等,使公众能够全面了解各部门技术转移情况。国防技术信息中心还建立了虚拟技术博览会(VTE)网站,汇集了国防部和军种资助开展的各类技术转移活动信息。国防采办部局可全面掌握国防部和军种开发的最新技术成果,有助于技术成果的转化。

(四) 设立合作伙伴中介组织

美国国防部和军种通过与军外单位签订合作伙伴中介协议,设立了各类技术转移中介组织,帮助军内科研单位(各军种研究实验室等)寻找潜在的国防科技成果应用单位,寻找军内科研单位的合作研究与发展协议及专利许可证合伙人,促进军内国防科技成果的转化工作。如2001年国防部与蒙大拿州立大学签署的合作伙伴中介协议,规定在该大学建立博兹曼技术联络中心,帮助军内科研单位寻找和确定技术成果的应用单位、共同开发技术的合作伙伴、专利许可证发放对象,促成军内科研单位技术成果的转化。在协议实施的第一年,博兹曼技术联络中心为70家单位提供了技术转移援助,使军内科研单位与多家工业企业达成了15项专利许可证协议,较好地沟通军种研究实验室与工业企业的关系,促进了军内技术成果的转化。

(五) 建立技术转移的评价与奖励机制

为推动国防科技成果转化,美军建立起有效的技术转移评价与激励机制。国防部、业务局、各军种和科研单位负责技术转移的机构,负责对本部门国防科技成果进行评价,推动其转变应用。导弹防御局每年开展2~5次技术应用评审,由15~20名投资、知识产权、战略合作伙伴等领域的专家组成评审委员会,就技术成果的转化提出评审和咨询意见,并在技术转移工作中发挥纽带作用。例如,导弹防御局2003年开展了3次技术应用评审,促进了16项技术成果的转化。军内实验室的技术与应用办公室,则对本单位完成的所有科技成果进行评价,评价项目是否适合转化、能否申请专利等,为技术转移工作提供支撑服务。

国防部和军种都设立了各类技术转移奖励。如国防部设了立国防部技术转移优秀奖和国防制造技术成就奖,前者主要奖励在国防科技成果转化应用工作中做了突出贡献的管理人员和组织,后者主要奖励对制造技术转移工作成绩突出的单位和个人。

第四节 国防技术信息中心

美国国防技术信息中心(DTIC)的前身是美国陆军航空兵航空技术服务处所属的航空文献部。第二次世界大战末期,美军组建国防技术信息中心,主要负责战时科学技术文献的搜集和编目。经过约70年的发展,国防技术信息中心已成为美国国防科学技术信息工作的核心机构。

一、机构概况与职责

国防技术信息中心作为美国科技信息服务保障体系的核心,通过信息管理、共享和服务,可以加速国防技术的传递,架起国防部内科研机构和作战人员之间的桥梁,为保持美国国防科技领先优势起到了重要作用。

(一) 地位作用

美国国防科技信息工作采取"顶层统管,各级分工"的组织管理体系(图4.9),由采办、技术与后勤副部长统管,由其下属的研究与工程助理部长办公室进行职能管理,由国防技术信息中心负责具体实施,各军种、国防部业务局和各直属单位设立专门的"高级科技信息主任或主管",负责管理本系统、本部门的国防科技信息工作。在整个国防科技信息工作体系中,国防技术信息中心是国防科技信息计划的参与制定者,是国防科技信息工作的业务指导与总体牵头单位,是保障国防部研究、工程和科研计划实施的重要机构。

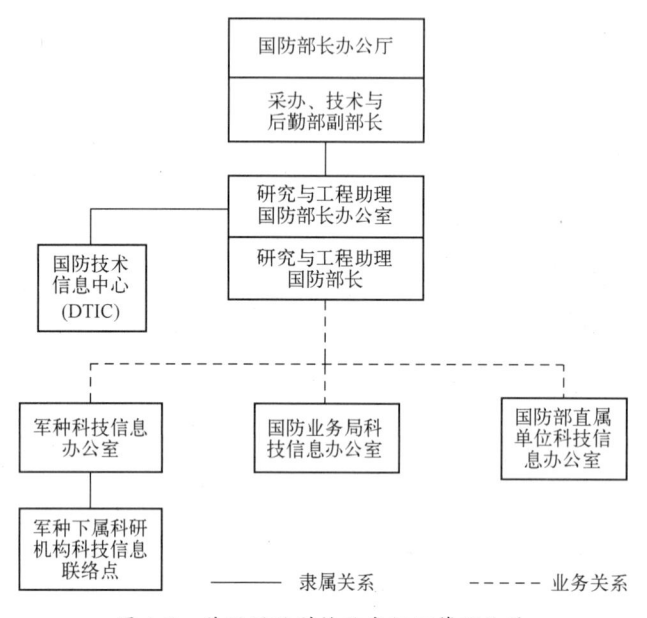

图4.9 美国国防科技信息组织管理体系

(二) 组织体系

国防技术信息中心总部设在美国弗吉尼亚州贝尔沃堡,有400多名工作人员,设有一名主任和两名副主任。主任由采办、技术与后勤副部长指定,一名副主任主要负责信息资源的管理与服务以及信息分析中心(IAC)计划管理,另一名副主任主要负责信息技术的研发与服务。如图4.10所示,国防技术信息中心共设有5个处和1个信息分析中心计划管理办公室,各部局职责分工如下:

(1) 国防单位信息支持处主要负责维护国防部各部局的网站,并提供必要的信息技术支持;

(2) 业务处主要负责国防技术信息中心内部的日常管理,如人员管理、后勤管理等;

(3) 信息系统支持处主要负责为国防技术信息中心内部单位和人员提供信息技术支持;

(4) 用户服务处主要负责解决用户在使用国防技术信息中心信息资源中遇到的困难,并主动对用户开展资源推介、信息检索及下载、专题等类型的服务;

(5) 资源管理处主要负责国防部各部局的科技信息资源收集、管理、加工等工作;

(6) 信息分析中心计划管理办公室主要负责国防部与信息分析中心之间的合同管理,监督和指导信息分析中心的业务工作,促进其产品开发与服务。

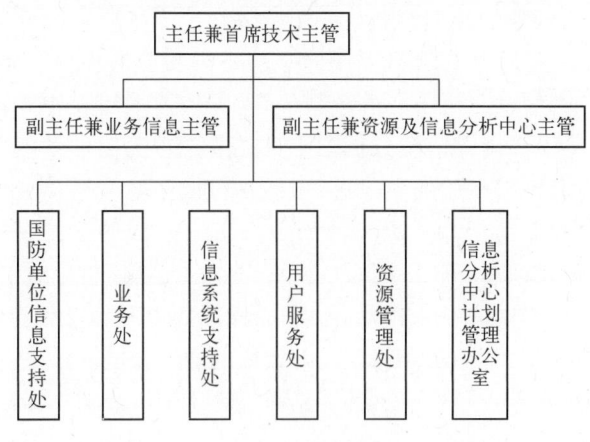

图 4.10 国防技术信息中心组织机构

二、职责任务

目前,国防技术信息中心主要履行以下三项职责任务。

(一) 归口统一管理美国自产装备科技信息

为了确保装备科技信息的统一归口管理,美军规定,只有在科研信息、项目管理信息得到存档并提供给既定的信息管理机构后,才能认定装备研究与工程项目相关研究工作真正完成。同时,在不触及国家利益和安全的前提下,各有关部门应最大程度公开国防部研究、开发、试验鉴定等相关项目概况,并通过国防部技术工作与管理系统(TEAMS)提交给国防技术信息中心。这种强制性措施和要求确保了所有装备科研信息的统一归口管理。

美国在《国防部科技信息计划》及《实施原则和工作纲要》中明确了装备科技信息的具体工作程序和步骤,大致分为5个阶段:①装备科研管理部门通过合同等方式明确需要提交的信息类型、格式要求和时间期限等。②项目承担单位产生、提交并审查信息,项目承担单位根据合同、协议要求,按照规定格式及渠道撰写和提交项目成果信息。同时,信息提交单位还需要根据有关信息安全规定,在提交信息前对信息的敏感性进行判断,并对密级、知识产权、专利信息进行适当的标记和处理。③装备科研管理部门对提交上来的信息进行审查,科研管理部门对提交的信息的密级、分发限制、格式等进行审查,并确保信息按要求提交到本系统或本部门信息机构。④项目信息由国防部各有关部门直接提交到国防技术信息中心,成果信息由各承担单位提交给本系统或本部门信息机构或相关国防信息分析中心,同时提交给国防技术信息中心。⑤由国防技术信息中心对所有信息进行永久集中管理和服务,并根据装备科研全过程信息的分发限制,按照一定的安全利用制度在不同使用范围内提供服务。

(二) 管理信息分析中心

国防技术信息中心下属信息分析中心(IAC)计划管理办公室,是国防部19个信息分析中心的中心联络点和管理机构,主要职责是对10个由国防技术信息中心出资的信息分析中心和其他机构负责的信息分析中心进行合同管理和行政管理指导;监督信息分析中心的运作,确保其工作在总体上与国防部信息分析中心计划的总体目标相一致。

信息分析中心是依据1998年2月11日颁发的国防部第3200.12号指令《国防部科学技术计划》和1997年5月13日颁发的国防部第3200.14号指示《国防部科学技术信息计划实施原则和纲要》设立的政府机构,是国防部为支持在国防研究与工程领域有专长的研究人员、科研人员、工程师和项目主任建立的研究与分析机构。国防部长办公厅、研究与工程助理部长负责信息分析中心的政策监督,国防技术信息中心负责IAC的运营和管理,在国防技术信息中心内设信息分析中心计划管理办公室。所有信息分析中心都委托给工业界和学术界有技术专长的单位进行技术管理,信息分析中心是根据国防部作战和采办需要动态建立和撤销。

信息分析中心计划管理办公室设在国防技术信息中心,是信息分析中心的信息枢纽和中心联络点。有关信息分析中心的一般性问题,可联络信息分析中心计划管理办公室;有关某一特定领域的技术专业问题,可咨询覆盖特定专业领域的信息分析中心。信息分析中心计划管理办公室主要工作是管理信息分析中心合同,监督信息分析中心运行,提升信息分析中心产品与服务,进行行政管理指导,提出采办有关要求及评估技术领域任务(TAT)。

信息分析中心建有特定专业领域专家数据库,这些专家由政府、学术界和工业界的顶级专家组成。信息分析中心的技术与信息专家及专业领域专家,通过分析、综合和信息分发,帮助用户适应不断的发展变化。信息分析中心除了拥有大量数据库外,还编写手册、参考资料,开发文摘和索引等产品,出版最新报告,进行技术评论与评估,为领导提供现场咨询,并主持不同学科之间的信息交流及为用户推荐著名专家等。更重要的是,信息分析中心收集、维护与开发模型、仿真以及其他分析工具与技术,为开展技术分析提供重要的工具和环境。

用户只要与自己研究领域相同的信息分析中心联系,就可以得到信息分析中心科学家、工程师、研究人员和技术专家团队提供的知识。用户询问有关问题与项目,占用时间在4小时以内的是免费服务。对所需保障时间超过80小时的分析与技术活动,一般安排技术领域任务方式进行。无论是任务拓展、咨询服务或技术领域任务,提供的最初4小时服务都不收费。

(三) 承担以自产信息为主体的信息资源体系的开发利用

美军每年产生大量科技信息,对这些信息的开发利用是国防技术信息中心的重要工作之一。

1. 信息资源搜集情况

国防技术信息中心针对不同的信息来源和内容,采取不同的获取手段和方法。

(1) 国防领域自产信息,主要通过信函和网络方式提交。这部分资源大多是与国防部研究、开发、试验鉴定(RDT&E)项目有关的技术报告,项目进展情况,预算与规划信息,标准、指令与指南等。《国防部科技信息计划》及《实施原则和工作纲要》明确,承担国防研究与工程项目的国防部各相关部门、国防承包商、分承包商、受资助单位或其他类似商业伙伴,必须根据信息的审批和发行限制要求,将项目研究过程中产生的信息向相应机构缴送或由相应机构搜集。国防技术信息中心负责武器装备科研项目信息和科研信息的汇总，提供科研项目信息和科研信息的搜集、存储、检索和传播服务。在《实施原则和工作纲要》中对项目信息和项目成果信息的提交、保管、分发和服务等做出明确规定和要求，便于国防技术信息中心操作和实施。

技术报告主要包括技术报告（TR）数据库和信息分析中心通过整体电子迁移系统（TEMS）收藏的技术报告库。项目进展情况主要包括生物医学研究数据库、全球技术知识库、独立研发（IR&D）数据库、研究和发展概要数据库等。预算和规划信息主要包括研发描述概要、国防科技计划、国防部国会预算数据等。标准、指令和指南主要包括军事关键技术列表、国防部安全分类指南等。

这些资源，国防技术信息中心规定了不同的格式要求并编制了相应的表格，各单位或个人需要严格按照规定的格式通过信函和网络提交相应资料。

(2) 其他政府资源，采取共建共享模式。 国防技术信息中心在信息资源获取时，十分注重资源共享问题。国防技术信息中心作为合作共建美国政府"科学"网站信息共享平台的单位，可方便有效地利用"科学"网站的所有资源。"科学"网站将美国联邦政府每年约800亿美元研究开发经费的96%左右所产生的科技信息通过单一门户网站的形式加以整合，解决了科技信息孤岛的问题，打破了学科专业、部门和地域的界限，使分散在各部门数据库中、人们通常难以通过Google和Yahoo检索到的大量科技信息、或难以通过查询引文索引（其中包含数千种期刊的著者目录）检索到的海量科技信息可以被人们检索，易于查询。国防技术信息中心作为国防系统的参建单位，可以共享政府其他部门的科技信息，在国防技术信息中心门户网站上提供了这一平台检索入口。

(3) 商业数据库，采取购买引进方式。 除了自建、共建信息以外，国防技术信息中心对具有重要价值的商业数据库，采取购买引进方式。国防技术信息中心通过谈判，每年花较多经费购买一些商业数据库，主要是OCLC、Dialog、ProQuest等机构提供的商业数据库。

(4) 相关机构资源，采取合作方式为用户提供获取途径。 国防技术信息中心通过与其他机构合作，将相关机构资源纳入到自身保障体系范围。这部分资源主要是提供检索入口，为用户提供获取资源的途径。目前，国防技术信息中心在期刊和会议录方面，主要是利用空军大学图书馆军事期刊索引和参谋学院自动军事期刊索引。此外，还提供英国图书馆、其他学术团体合作，为用户提供这些机构网站的检索入口，可以方便地获取这些机构的资源。

除了获取途径不一样，国防技术信息中心获取的资源载体类型也多种多样，包括印本资源、多媒体资源、电子资源和在线网络资源等。尤其是最近几年，国防技术信息中心加强数字资源的获取，鼓励提交单位按指定格式和要求提交电子资源，每年新增资源绝大部分都是数字资源，每年新增资源中印本资源递减趋势明显。

国防技术信息中心对获取的文献有较严格的控制，收录的文献范围包括采办寿命周期文献；来自国防部实验室的年度报告；会议录和会议论文；国防部相关的议会文献；研究、开发、试验鉴定报告；科技计划文献；国防部指令、规范和指示；北约研究和技术组织文献、会议备忘录、通告和国防部相关的专利及专利应用。

不收录的文献包括广告/推广材料；蓝图；小册子、目录和海报；会议计划和日程；合同文献和材料；决策报告；文献解密清单；备忘录；操作说明书；草案报告/进展报告等。

经过多年的发展和战略调整，国防技术信息中心已建立了以科技信息资源为主的数字信息资源保障体系,基本满足国防部官员、合同商、盟国及有关机构人员的信息需求。

2. 国防技术信息中心信息资源加工组织情况

随着信息技术的发展,国防技术信息中心非常重视信息资源的加工组织和信息资源的长期保存。一方面对过去收藏的印本、平片和胶卷采取回溯性扫描,另一方面,对新接收的本型资料当年全部完成扫描。同时,采取先进技术和方案对资源进行加工组织,形成有利于各种服务的信息产品。

(1) 针对不同类型的资源,采取相应的数字化加工方案。 国防技术信息中心针对大量传统资源需要数字化加工的现状,投入数百万美元购置了多台高速扫描仪和信息处理设备,建立了高水平的数字化加工环境,制定了明确的数字化加工方案,对于不同类型载体的资源,采取了不同的数字化策略。针对平片和胶卷,采取回溯性数字化方案。为了将记载在平片和胶卷中的研发成果长期保存下来,国防技术信息中心对于要老化的平片进行复制,鼓励将胶卷外包给商业机构进行数字化处理,大宗的平片由国防技术信息中心自行扫描处理,在2012年完成全部平片和胶卷的复制或数字化。对于印本资源,从2005年开始,新增资源全部数字化,2005年大部分资源是黑白扫描,到2008年开始全部采取彩色扫描。对于新增电子资源,TIFF和PDF格式都接收。但最终会将所有TIFF格式文件(新增和回溯)都全部转化为PDF格式文件。对于印本资源,不仅扫描,还进行OCR识别,主要是为了元数据自动抽取。

(2) 开展海量信息的自动化处理,自动抽取元数据。 原来,国防技术信息中心获取到印本资源或电子资源后都是人工创建元数据,虽然也能存储并提供检索,但浪费时间和资金。国防技术信息中心意识到面对海量信息,光靠人工是远远不够的。2006年国防技术信息中心开始了自动元数据抽取尝试,和弗吉尼亚大学计算机系合作开发了元数据自动提取软件工具,可以自动提取电子文档标题、作者和报告日期等元数据;2007年进一步深化元数据自动抽取工作,定制开发自动索引、自动分类和自动标引软件,基本实现了海量信息组织的自动化,大大增长了海量信息的组织水平和开发利用效率。国防技术信息中心计划在未来不断完善信息组织自动化系统,同时加大可视化技术在海量信息资源组织方面的应用,并开发相应的服务系统。

(3) 细化信息资源的组织加工粒度,对电子资源进行参考链接。 参考链接能了解到电子资源之间互相引证的关系。通过作者、引文之间的关系,可以了解到哪些学者对某一领域研究感兴趣,可以了解到哪些报告或论文之间有相关度或相似度。DTIC已经开始对电子资源的引证关系进行置标,对电子资源进行深度揭示,让用户可以通过文献、作者、机构之间的引证关系,发现或挖掘更深层次的信息。

(4) 注重资源的开放性,支持第三方对公开信息资源元数据的搜索。 DTIC信息资源采用的元数据主要有科技信息委员会元数据(COSATI)、都柏林核心集(DC)、MARC 3种格式。国防技术信息中心采用开放文档协议(OAI)标准,将公开不涉密信息资源的元数据提供给多个服务商,包括商用搜索引擎,如Google、Yahoo和MSN;OCLC、大学和联邦政府机构。OAI合作成员,如OAIster和"科学共同体"等,用户可直接在上述服务提供方的联合目录中进行信息检索,可查询到国防技术信息中心的元数据,需查看详细信息就连接到国防技术信息中心,这推动了国防部系统外用户对信息的访问和利用,促进了国防技术信息中心与外界资源的联接和共享。

3. 数据库产品建设情况

美国认识到建立完善、规范和及时更新装备科技信息资源体系对装备科技信息工作具有重要意义,在以国防部科技报告(AD报告)建设为核心的基础上,加强其他装备科技信息的搜集与服务。多年来,美国国防技术信息中心对集中保管的自产信息进行规范处理,并建成了相应的数据库。美国国防技术信息中心自建的装备科技信息相关的数据库有5个:①技术报告数据库,目前已有近200多万份报告,这些报告主要是在国防部资助的研究、开发、试验和鉴定项目中产生的研究成果,包括技术报告、期刊论文、会议论文等。这些报告中公开非限制发行的占40%,公开限制发行的占51%,秘密的占4.8%,机密的占4.4%;②科研项目进展情况数据库,反映了项目技术内容、项目承担人及承担机构、项目资金来源等信息,目前已有近30万条记录,包括已经结束和正在进行的项目,收录范围是美国国防部从1965至今资助的所有科研项目;③独立研究与开发数据库,该数据库收录的是国防部合同商自身开发研究的项目,并未受国防部资助,建此数据库的目的是为了防止军方重复投资类似的项目,目前已达17万多条数据;④研究和发展概要数据库,该数据库提供有关国防部的研究、开发、试验、鉴定项目及其项目内容的总体情况摘要信息;⑤国防技术转移系统数据库,储存国防部大量技术转移信息,包括"合作研究与开发协议"和"专利许可证协议"的信息资料,技术转移专业人员可注册使用保密网网址查阅此类数据资料。

这5个数据库形成了较完备的装备科技信息体系,前三个数据库非常有价值,可使美国国防部系统及与国防部合同单位的人员充分了解国防科研项目的进展情况和国防技术发展现状,避免重复投资项目,产生不必要的浪费。目前这5个数据库和DTIC的其他资源都集成到新的统一研究与工程数据库(Unified R&E Database)中。

4. 信息服务情况

国防技术信息中心经过多年的发展,针对不同的用户群,建立了一套完整的信息服务机制和服务体系。

(1) 根据信息涉密程度在不同的网络服务平台上提供服务。 由于国防科技信息涉及较多敏感和秘密领域,国防技术信息中心在高度重视信息和网络安全的基础上,根据信息涉密程度,向不同级别的用户提供安全受控服务,搭建了3个快速、安全的网络平台。

① 公开科技信息网(PUBLIC STINet):任何人都可无条件、免费访问公开科技信息网。公开科技信息网提供国防技术信息中心收藏的公开非限制发行的技术报告文摘,这些报告有很大一部分已有全文电子版,可免费下载。此外,通过公开科技信息网还可访问研究和发展概要数据库、空军大学图书馆军事期刊文摘库、参谋学院自动军事期刊文摘库以及国防部规范和标准文摘库。

② 内部科技信息网(PRIVATE STINet):敏感科技信息网除在线提供公开科技信息网上的所有信息外,还提供公开限制发行的技术报告文摘,访问国防技术信息中心自建的科研项目进展情况数据库(包括在研的和已完成的研究项目)和独力研究与发展数据库,同时还可免费访问ProQuest公司完整版研究数据库、加拿大科技信息研究院资源数据库及英国国家图书馆的电子信息内容等。虽然内部科技信息网上的信息很丰富,但用户必需通过国防技术信息中心严格的注册和审查制度,方可访问上述信息。

③ 机密网(SIPRNet):从 2003 年开始,国防技术信息中心逐步将公开和内部科技信息网上的信息和功能移植到 SIPRNet 上,SIPRNet 除提供公开和内部科技信息网上提供的所有功能和信息外,通过 SIPRNet 还可访问国防技术信息中心收藏的秘密和机密文献、军事关键技术列表及国防系统图书馆等信息内容。SIPRNet 的用户只限于授权的美国政府雇员和政府合同商,所有授权用户都必需经过注册,即便通过注册,不同的用户访问权限也不一样。对于国防部工作人员,如果只想获取公开非限制发行的或公开限制发行的技术报告信息,通过 WEB 页面申请即可,如果想获取秘密和机密科技信息,还需再填写 1540 号表格,得到相关部门的批准才能得到相关信息服务。国防技术信息中心针对不同的用户建立了一套严密的审查和批准制度,有效地防止了用户的非法进入,保证了信息的安全。

(2) 根据用户职能和任务的不同提供相应的信息服务。DTIC 的主要职能之一就是为国防部及相关部门、机构、军工企业等提供科技信息服务。针对用户的需求和特点,国防技术信息中心目前提供的信息服务主要包括以下类型:

① 信息检索及获取服务:这是国防技术信息中心的主要服务内容,通过总述 3 种网络为用户提供种类丰富的、涉密程度不同的信息服务。

② 动态通报服务:国防技术信息中心主要通过内部科技信息网为注册用户提供免费的科研信息动态通报服务。用户在定制该服务时,可以根据自己的实际情况选择重点关注的领域,国防技术信息中心会定期将各数据库中与这些领域相关的更新内容信息发送给用户。如果用户想要跟踪研究某科研项目,可以在国防技术信息中心定制项目检索服务,由系统定期(每 2 周/月/季度一次,由用户选择)检索该项目的进展情况,并通过电子邮件将相关信息及文献资料的有效链接发送给用户。

③ 数据分析服务:国防技术信息中心各 IAC 以一个特定的技术领域为重点,通过收集、分析、整合和分发专业领域或主题领域的各国科技信息,解答技术咨询,撰写最新报告、手册和参考资料,进行技术评估。中心工作人员明确需求后,应用其在数据分析方面的技能和专长,提出解决国防关键问题所需的定制化解决方案。

④ 用户帮助与培训服务:国防技术信息中心网站为用户提供了完备的使用指南和工具书,服务部的工作人员可解答用户提出的问题。此外,国防技术信息中心还可为注册用户提供免费的培训,培训内容包括科技信息网(STINET)的使用、数据库的检索方法、国防科技信息管理、文献保存与交流等内容。

⑤ 网站建设与管理服务:国防技术信息中心为国防部负责研究与工程的助理部长办公室和国防部下属的多个机构开发建设了 100 多个网站,并负责这些网站的主机管理和日常维护。

(3) 基于新技术的应用开展系列新型服务。国防技术信息中心借助网络技术、维基、博客等 Web2.0 时代的工具和内容管理方法,推出了许多新的服务。

① 虚拟参考咨询服务:国防技术信息中心提供了在线参考咨询服务,可为用户提供实时咨询。主要是以网络为基础,连接用户和信息专家,采用 E-mail、Web 表格、在线交流、视频会议等方式向用户提供参考咨询服务。当某个问题提出时,根据具体的学科加以分类,由相应学科背景的馆员在最快的时间回答问题。

② 基于 web2.0 理念的服务:一是 2008 年 10 月,创建了国防部科技维基(DoDTechipedia),所有参与人员都必须实名注册。创建国防部科技维基的目的是增加国防部科学家、工程师、采办人员、作战人员之间的交流和协作,为美国联邦政府雇员及合同商提供与国防部科技界人员交流的机会,促进人员之间的知识共享,确保大家共享在设计、试验、制造和维修方面的技术信息和经验教训。(2)开发了亚里士多德(Aristotle)网络,为国防部科技领域开发的工具,可以找到相关的人员、项目和感兴趣的话题。(3)创建了国防部技术空间(DoDTechSpace),类似于 Facebook,专在机密网上为战区司令部科技领域人员开发的协同工具。

③ 国防问题解决方案服务:2009 年 2 月,国防技术信息中心建立了 DefenseSolutions.gov 网站,主要是邀请当前还没法向国防部直接提交咨询意见的技术专家、工程师、发明家以及机构等,针对战场上出现的挑战,在线协商讨论,出谋划策,提出问题解决方案,目前已经提交了 50 多条建议。

(4)为军演和实际行动提供信息支持拓宽服务范围。国防技术信息中心这两年积极响应美国国防部的信息战略规划,参与国防部信息共享活动,将相关人员派往战场或实际行动场地提供信息帮助,发挥自身在国防科技信息领域内的优势。

① 举办作战指挥官(COCOM)研讨会:从 2007 年开始至今,每年都召开一次。由负责研究与工程的助理部长和国防技术信息中心共同主办,与会人员有来自欧洲中央司令部,联合部队司令部,太平洋司令部等战区的作战指挥官以及国防技术信息中心的研究人员。会上对国防技术信息中心的产品和服务进行了介绍、演示和宣传,增进了国防技术信息中心与作战指挥官之间的联系和交流,对作战部队广大指战员的需求有了充分了解。

② 参加各战区的军事演习和真实行动:从 2008 年首次参与太平洋司令部(PACOM)演习,目前已陆续参与各战区的军演。每次军演,都安排科学与技术单元部分,主要是对如何在内部科技信息网和机密网检索查找信息进行演示,并对如何有效利用国防技术信息中心信息资源进行了培训,对指战人员提供"回溯性"信息保障服务,确保演习过程中对信息的需求。此外,还参加搜索 NASA 航天飞机等实际行动。

③ 召开计划执行官(PEO)会议:国防技术信息中心 2008 年开始召开计划执行官(PEO)会议。邀请国防部、陆军、空军、海军及海军陆战队计划管理办公室的相关人员参与会议,目的是让广大项目管理人员认识到,国防技术信息中心和信息分析中心可以为项目的实施提供可能的、可靠的信息保障。

三、国防科技报告制度

国防科技报告(又称 AD 报告)制度是美国为加强国防科技储备、促进军民科技资源共享、加快武器装备发展而采取的一项重要措施。长期以来,美国国防部有关部门在军事科研工作中,强势推进这项制度,严格要求科研项目承担者认真编写、及时上交国防科技报告,并由专门机构统一保管,有序开发利用——向国内外广大用户提供服务,取得了显著成效。

在长期的实践中,美国逐步建立起一套完善的国防科技报告工作法规制度和管理体系。目前,国防科技报告由国防技术信息中心负责统一管理和提供服务,平均每年收藏 3.3 万篇,累计已达 200 多万篇。

(一) 建立完善的法规制度

美国国防部将国防科技报告工作统一纳入国防科技信息工作计划,严格遵循国会、联邦政府和国防部颁布的有关法规文件实施管理。这些法规文件涵盖了军品采办、信息管理、安全保密与信息交流等多个领域,从不同角度解决了国防科技报告生产与管理的问题,形成一套完整的国防科技报告工作的法律规范见图4.11。主要包括:①《联邦采办条例》及《联邦采办条例国防部补充条例》。这两个条例系统规定了美军武器装备的采办政策和实施程序,明确了国防科技报告工作的基本方针政策。条例规定:研究与开发合同应规定承包商必须提供符合要求的国防科技报告,并将其上交指定部门,以作为该项目完成情况的永久记录。国防部各业务局应在遵守国家安全、数据保密和新技术推广政策等法规的前提下,允许政府其他部门和私营厂商查阅国防科技报告。②《国防部科技信息计划》及《实施原则和工作纲要》。这两个指令规定了国防部科技信息工作的方针政策,明确国防科技报告工作的管理体系、工作程序和内容要求等。指令要求:所有国防科研项目,不论在其实施中是否获得成功的结果,都应编写并提交国防科技报告。国防科技报告编写及发行工作被认为是这些项目不可分割的一部分,是项目完成的必要条件之一。

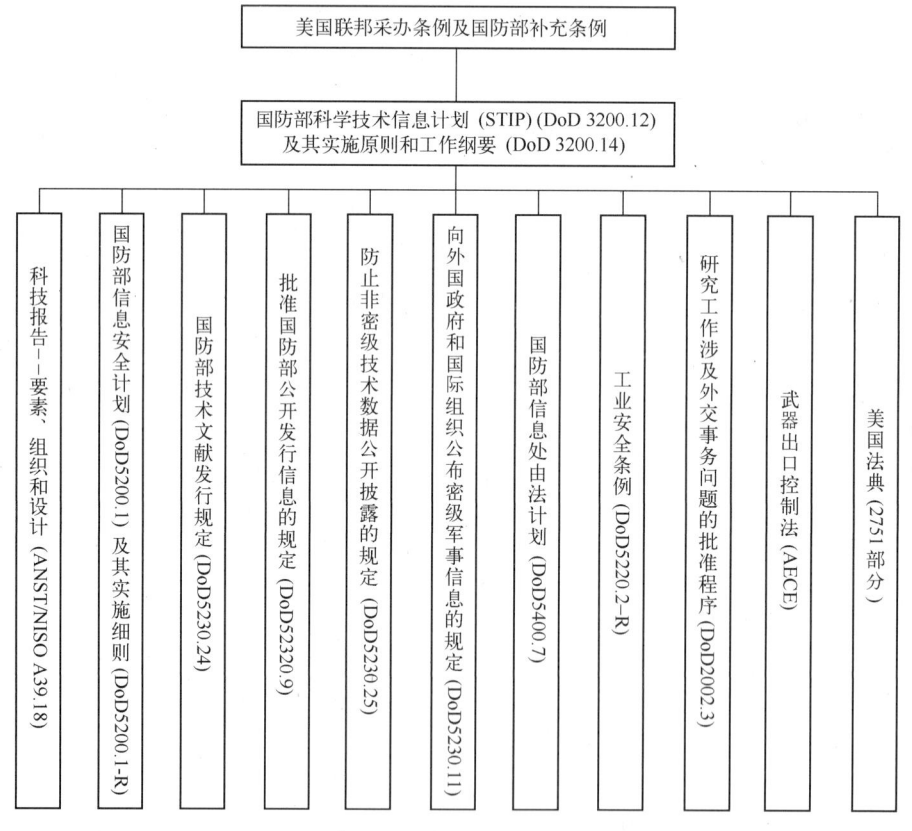

图4.11 美国国防科技报告法规文件体系图

(二) 建立完善的组织管理体系

在国防部负责采办、技术与后勤的副部长领导下,国防科技报告工作按照科研管理和信息管理两条主线展开,二者互有补充,协同进行。

科研管理方面,由国防部负责采办、技术与后勤的副部长、国防部各业务局以及各下属单位,逐级提出编写和提交国防科技报告的要求并监督执行,确保国防部各项科研成果都以国防科技报告的形式进行记录并提交给国防技术信息中心。国防部各业务局及下属单位要有专人负责本单位国防科技报告工作。为方便国防技术信息中心开展报告征集工作,国防部各业务局要将其与项目承担者所签合同的信息,特别是有关国防科技报告上交数量、类型和时限等方面的信息及时通报给该中心。

信息管理方面,由国防技术信息中心统一负责国防科技报告的征集、管理和开发利用。该中心可向国防部各业务局索取国防科研项目的有关信息,据此实施报告征集和核查工作。对于未按要求提交国防科技报告的项目承担者,国防技术信息中心要及时把有关情况通报给国防部相关业务局进行处理。

(三) 建立严格的工作程序

国防科研项目从申报、研制到结束,各个环节对国防科技报告的要求都有明确规定。国防科研项目承担者在项目启动后 6 个月,必须着手编写和提交国防科技报告;项目开展过程中所产生的各类科技文献都属于国防科技报告的提交范围,包括最终技术报告和中期技术报告、技术札记、技术备忘录、技术论文、专题报告、会议论文、期刊论文和试验报告等;报告编写必须符合《科技报告——要素、结构和设计》的要求;项目承担者完成报告编写后,应将其提交本单位负责国防科技报告工作的管理人员,由其协调出版印刷、公共事务、数据管理、安全、知识产权审议和合同签定等方面的工作人员,做好国防科技报告的发行标记和编辑出版工作。美国国防技术信息中心是国防科技报告首次发行的接收机构。国防科研项目承担者必须及时将国防科技报告上交该中心,以期刊论文、会议论文或者刊登在互联网上等任何形式发表,都不能代替将国防科技报告提供给该中心。对未按要求提交国防科技报告的项目承担者,国防部各业务局根据具体情况,或减少对其后续拨款,或取消其承接延续项目的合同,严重者还可能被诉诸法律。

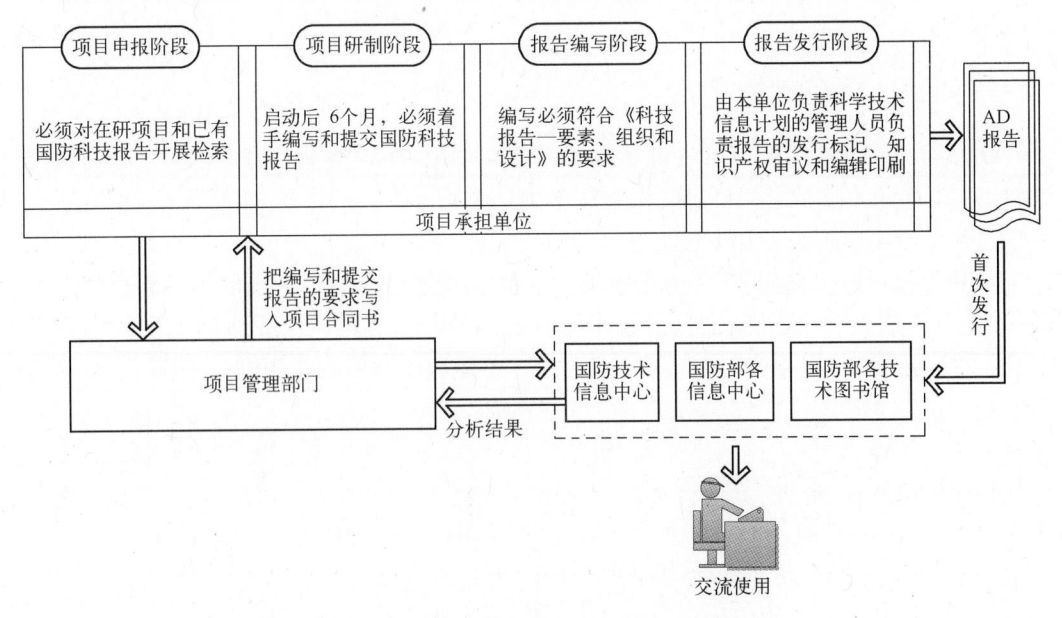

图 4.12 国防科技报告产生程序和要求

(四) 强化信息安全控制

国防科技报告记载了国防科技领域的尖端成果,国防部对国防科技报告的管理与使用进行了十分严格的安全控制。首先,将国防科技报告中需要保护的信息分为两类:国家秘密信息和非密但使用范围受限制的信息。其次,根据国防部有关安全保密和信息交流方面的指令以及报告的具体内容,规定了每篇报告的发行范围。该范围共分7级,必须以显著字体标识在报告封面上。另外,根据科研人员的工作内容和工作需要为其颁发相应的证件,在证件上注明其可以使用何种发行范围等级的国防科技报告,并在服务过程中严格进行验证审查。通过这些多重控制手段,确保了国防科技报告的安全保管和使用。

(五) 实施有效的开发利用

国防部非常重视国防科技报告的开发利用,每年下拨专款,要求用最有效的手段,最大限度地利用计算机技术存储、处理和开发利用国防科技报告。在这一方针指导下,美国国防技术信息中心形成了400多名员工的加工处理和开发利用队伍,开展了卓有成效的工作:①定期对符合条件的密级报告进行降密和解密处理,对非密受限制的报告降低和解除限制,以促进对国防科技报告的利用。②建立有关专业信息分析中心,使用户能迅速了解国防部技术信息和需要的报告。③开发和提供多种信息产品和服务,建立和维护国防研究、开发、试验和鉴定联机系统(DROLS),定期出版《国防科技信息中心文摘》《资料降密、解除限制发行通报》和《技术文摘通报》等。

第五节 国防高级研究计划局

国防高级研究计划局(DARPA)是美国国防部重大科技攻关项目的组织、协调和管理机构,主要为美国武装部队形成"革命性"优势培育先进的技术和部件。自1958年成立以来,DARPA在国防科技领域取得了一系列举世瞩目的成就,不仅加速了美国国防科技和装备建设的发展进程,而且已形成了独具特色的"DARPA模式",受到美国政府和世界主要国家的密切关注。

一、DARPA的使命任务

2013年4月,DARPA发布《推动技术突袭:DARPA在变化世界中的使命》战略框架文件,明确DARPA主要目标包括:①为保障国家安全开发突破性能力;②催生差异化、超强的技术基础;③确保DARPA目前和未来的健康与活力。

2013年5月,国防部指令DoDD 5134.10"国防高级研究计划局"修订版细化了DARPA主要职责:①开拓新的国防技术领域,为解决中、远期国家安全问题提供高技术储备;②研究分析具有潜在军事价值的新技术、高技术在军事上应用的可能性;③对国防部长批准的跨军种的重大先期研究项目进行管理;④对各军种基于某些原因(风险过大、军种需求不明确)不愿支持的高投入、高风险、高回报项目进行先期研究和技术验证。

DARPA致力于开展"基础性创新",为国防部增强未来军事能力"提供技术解决方案",充当"防务转型的技术引擎"。DARPA坚持创新管理理念、改进管理方式,在尖端科技项目的攻关、推动科技研究向军事应用转化、保持本国军事技术领先地位、增强国防实力的各种活动中发挥着重要作用。

二、DARPA 的组织管理体系

DARPA 作为美国国防部直属业务局之一,在行政上直接受国防部领导,在业务上由美军科研业务主管部门——负责研究与工程的助理国防部长直接管理。DARPA 局长为文职官员,属国防部高级官员。DAPPA 组织结构如图 4.13 所示。

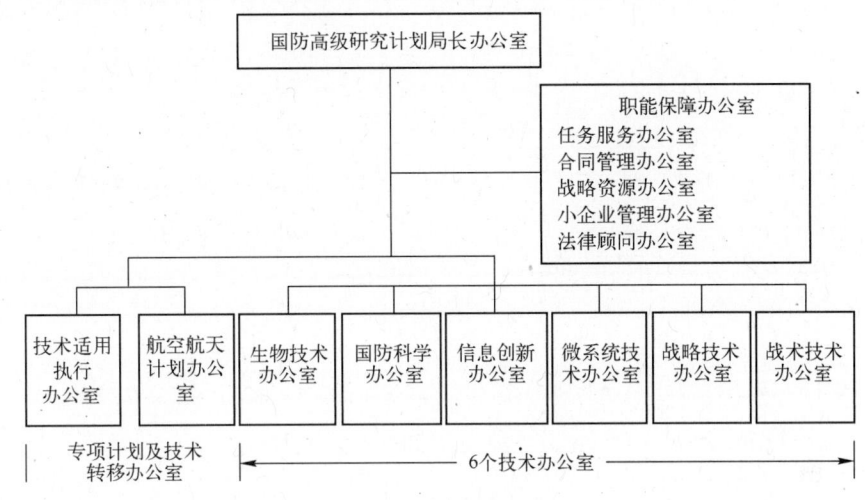

图 4.13 DARPA 组织结构

(一) 总体架构与局长办公室

DARPA 局长办公室设局长和副局长各一名。国防部对局长和副局长人选有很高要求:①多为学者型官员,拥有深厚的专业知识背景和从业经验;②优先选择在 DARPA 有成功的任职资历或成功完成过 DARPA 项目的人员;③管理经验丰富,有多年的政商经验,工作内容与国防科技发展密切相关。局长的主要职责是监督 DARPA 全部技术领域的发展和行政事务管理。副局长的职责是就 DARPA 所有工作向局长提供专业建议和保障,并承担局长交办的其他工作。DARPA 的局长办公室聘请专家团队对 DARPA 整体发展提出咨询意见,协助编制战略规划、确定项目需求等。

(二) 技术办公室、专项计划及技术转移办公室、职能保障办公室

技术办公室、专项计划及技术转移办公室和职能保障办公室是 DARPA 的三类主体职能部门,主要负责组织开展项目研究和机构运营。

1. 技术办公室

技术办公室是 DARPA 的核心部门,负责谋划和推动 DARPA 各技术领域发展、聘用和管理所属项目主任,指导帮助项目主任开展项目立项、信息发布、建议书审查等工作。至 2017 年初,DARPA 技术办公室包括国防科学办公室、战略技术办公室、战术技术办公室、微系统技术办公室、信息创新办公室、生物技术办公室[①]。

1) 国防科学办公室(DSO)

国防科学办公室是 DARPA 很多重大前沿技术的发源地,同时也孕育出很多新的

---

① 依据 2017 年 1 月 DARPA 官方网站所公布信息,下同。

DARPA 部门(如生物技术办公室等)。国防科学办公室的任务重点是通过跟踪和识别科学与工程领域的新思想,在基础科学与实际应用之间架设桥梁,并将这些新思想转化为新军事能力。该办公室的重点研究领域包括物理科学、数学、革命性材料技术、新型传感与探测技术等。

截至 2017 年 1 月(以下各技术办公室统计截止日期相同),办公室设有主任、副主任、助理主任、项目分析师、项目安全师各 1 名,项目主任 12 名(共计 17 人),管理着"原子到产品"、"下一代社会科学"、"开放制造"、"超快激光科学与工程"、"量子辅助传感与读出"等 40 个项目。

2) 战略技术办公室(STO)

战略技术办公室是主导国防部重大战略技术发展的重要机构。它的任务重点是研发具有全球或战区级影响力的、或涉及多个军种的高新技术,以执行国防部在战略领域的新任务,包括发现高难度目标、通信战、电子战和网络战等。该办公室的重点研究领域包括作战管理、指挥与控制,通信与网络,情报监视与侦察,电子战,定位导航与授时技术等。

办公室设有主任、副主任、助理主任、项目分析师各 1 名,项目主任 18 位(共计 22 人),管理着"100GB 射频骨干网"、"自适应导航系统"、"移动热点"、"深海导航定位系统"等 29 个项目。

3) 战术技术办公室(TTO)

战术技术办公室是面向军种、引领军种高技术发展的技术办公室,它的任务重点是研发接近工程研制阶段的航空、航天、海上和地面武器系统或子系统,通过跟踪高风险、高回报的战术技术,为高级武器系统、作战平台和空间技术开发提供快速响应、灵活移动的战斗能力,从而在战术层面上避免外来技术突袭和谋求对敌技术突袭。该办公室的重点研究领域包括定向能系统、精确打击、空间作战、无人系统和陆海空天平台等。

办公室设有主任、副主任、助理主任、项目安全官、项目分析师各 1 位,项目主任 18 名(共计 23 人),管理着"机器人挑战赛"、"小精灵"、"地面 X 车辆"、"凤凰"、"空间监视望远镜"、"垂直起降实验飞机"等 27 个项目。

4) 微系统技术办公室(MTO)

微系统技术办公室任务重点是开发和利用微电子器件、光子器件和微机电系统技术,开展集成微系统方面的开拓性研究。集成微系统的主要目的是在战场上采集、处理并应对实时数据,以使美军在战斗中具备非对称优势。其在相控阵雷达、高能激光、红外成像等领域的应用,将使美军未来武器系统的性能或功能取得革命性进步。为实现国防部对于微系统的要求,MTO 需要克服在化学、生物学、电磁波及光波检测、模拟数字混合信号处理、各种新奇设备和电路间的数字通信、供电等方面大量的技术挑战。该办公室的重点研究领域包括电子学、光学、微机电系统、微系统体系结构和先进算法等。

办公室设有主任、副主任、助理主任、项目保障助理各 1 位,项目主任 14 位(共计 18 人),管理着"多样化异类集成"、"神剑"、"芯片内/芯片间增强冷却"、"频谱协作挑战赛"、"可信集成电路"等 42 个项目。

5) 信息创新办公室(I2O)

信息技术是 DARPA 长期关注的重要技术领域。信息创新办公室的任务重点是探索信息科学领域的革命性技术,特别是在网络空间等新兴领域,通过新概念、新工具的开发与利用,提高作战人员决策的速度和精度,确保美军在决定战争胜败的信息技术领域保持领先优势。主要研究领域包括智能技术、监控技术、侦察技术、指挥控制系统、通信技术、大规模计算、网络技术、决策支撑、计划支撑、训练系统、模拟演练及军事行动支撑等。此外,它还包括新出现的基于信息支撑的技术和应用领域,如社会科学、人类学、文化和行为模式,社交网络和人类集群的发展模式,自然语言处理,知识管理,计算机自学习及推理,医药及生物情报学,信息确认和计算机安全等。

办公室设有主任、副主任、助理主任、项目安全官、项目分析师各1位,项目主任20位(共计25人),管理着"大机制"、"洞察"、"网络空间X计划"、"透明计算"等47个项目。

6)生物技术办公室(BTO)

近年来,生物技术逐步成为科技界的热门研究领域。生物技术办公室的任务重点是融合生物学、工程学、计算机科学、传感器设计和神经系统学等研究领域,探究生物系统的力量,探索自然过程的复杂机制,并论证如何将其应用到国防任务中,设计出受生命科学启发的下一代技术,发展革命性的新能力,保障美国的国家安全。该办公室的重点研究领域包括恢复和保持作战人员的能力、利用生物系统开发新技术与新材料、探索生物复杂性的应用等。

办公室设主任、副主任、助理主任各1位,项目主任8位(共计11人),管理着"电子处方药"、"神经工程系统设计"、"可靠神经接口"、"革命性假肢"、"安全基因"、"勇士织衣"等28个项目。

2. 专项计划及技术转移办公室

专项计划及技术转移办公室主要从事临时性专项计划和技术转移工作。其中,临时性专项计划是为加快某些领域先进能力的协调、开发和部署工作而设立,其管理的专项计划对美国国家安全有重大影响,项目管理方式与DARPA传统项目不同。专项计划及技术转移办公室现主要包括技术适用执行办公室和航空航天计划办公室。2015年以前,技术适用执行办公室属于技术办公室类别。2015年,该办公室与新成立的航天计划办公室一并纳入专项计划及技术转移办公室类别。

1)技术适用执行办公室(AEO)

DARPA始终重视技术成果的转化应用。技术适用执行办公室的任务就是更快、更有效地把DARPA"改变游戏规则"的技术转化为实战能力。该办公室的重点工作是规划与实施DARPA在研项目的技术演示验证活动,同时通过加强与作战部门的沟通交流,推进DARPA相关科技成果尽快转化为战斗力。

技术适用执行办公室的最高官员是办公室主任,他除领导办公室为DARPA项目技术转移服务、制定DARPA技术转移框架外,还负责牵头向空军的技术转化和最终用户的快速需求响应。技术适用执行办公室设有经济与财务主任,负责办公室内部的财务监督和所有业务活动,包括财务分析、预算编制与执行。他还负责监控办公室内部的合同与项目进程,参与项目转化策略开发和执行等工作。技术适用执行办公室设有4个处。北方司令部、航天司令部和战略司令部服务处,负责牵头向北方司令部、航天司令部和战略司令部的技术转化工作,重点是空中优势项目、海军特种项目,以及海军空中作战应用项目等;此外,还负责DARPA的军种参谋长项目。陆军、太平洋司令部、网络空间司令部服务处负责牵头向陆军、太平洋司令部、网络空间司令部的技术转化。海军、中央司令部和南方司令部服务处负责牵头向海军、中央司令部和南方司令部的技术转化;此外,还负责跟踪 DARPA 技术的转化情况。空军、非洲司令部和欧洲司令部服务处负责牵头向空军、非洲司令部和欧洲司令部的技术转化工作,此外,还负责空军特种项目的技术转化应用。

2) 航空航天计划办公室

为响应美国国防部提出的航空航天创新倡议(AII),确保美国在未来竞争环境下持续保持空中优势。2015 年,DARPA 设立航空航天计划办公室(APO)。目前,该办公室主持 AII-X 项目,负责设计和验证先进的飞机技术,推进美国新一代飞机技术发展。AII-X 项目除投资平台技术外,还关注于缩减未来系统的前期准备工作时间,加强对美国至关重要的国防工业基础设计团队的实力。在这一项目中,DARPA 将与空军和海军合作,开发和验证能够抵御未来风险、具备经济有效的空中作战能力的尖端技术。

3. 职能保障办公室

DARPA 的职能保障办公室经常调整变动。目前,主要包括任务服务办公室、合同管理办公室、战略资源办公室、小企业管理办公室和法律顾问办公室等。

1) 任务服务办公室

任务服务办公室主要任务涉及到 DARPA 任务的各个方面,包括为研究计划及其运行提供支持,监督机构业务运作,为 DARPA 提供创新、风险管理、任务响应的各类服务,包括安全、情报、反情报、保密、信息技术、设备、差旅、档案管理和信息自由法案响应等。办公室主任是 DARPA 的首席信息官、首席保密官、国际合作主管,属于高级行政官员(SES)类别。

2) 合同管理办公室

合同管理办公室主要负责监管内部合同履行,有权参与和管理 DARPA 内各种研究和开发项目合同、授权书、合作协议以及其他所有交易事务。合同管理办公室扮演 DARPA 采购顾问的角色,并在精选的、关键的技术领域给予建议。大多数 DARPA 合同都会有军方参与,为 DARPA 向军队的技术转移提供必要帮助。

3) 战略资源办公室

战略资源办公室主要负责管理和监督 DARPA 内部的资金与预算,以及人事管理工作,具体包括协调编制预算、资金控制、资金转移、流程审计、人员雇佣和任命、人事调配、薪资福利管理、绩效评价等工作。

4) 小企业管理办公室

小企业管理办公室主要负责管理 DARPA 的小企业创新研究计划(SBIR)和小企业技术转移计划(STTR)。在美国国防部,负责采办、技术与后勤的副国防部长下设小企业事务办公室,负责制定小企业参与国防事务的相关政策和计划,统筹管理全军小企业计划,牵头组织实施国防部小企业创新研究计划(SBIR)和小企业技术转移计划(STTR)。各军种及业务部局具体负责实施本部门的 SBIR、STTR 计划。小企业创新研究计划(SBIR)主要做法:美军小企业管理部门通过全社会公开招标,资助小企业开展前期技术研发创新,为武器装备提供技术储备。其主要目的是,激励高技术小企业创新;利用中小企业蕴藏的技术力量,满足美军对新技术的军事和商业需求;扶持社会弱势和经济弱势群体。小企业技术转移计划(STTR),主要任务是通过招标,采用小企业与私营企业、非营利研究机构合作等方式,资助小企业将成熟的技术转化应用到装备研制等部门。

5) 法律顾问办公室

法律顾问办公室负责提供法律咨询建议,确保 DARPA 业务工作符合适用的法规要求。法律顾问办公室的律师提供众多领域的咨询建议,主要包括采办、职业道德、知识产权、国际计划、员工离职后的法律事务等,协助技术办公室招募顶级科学家、工程师和技术专家担任项目主任。

(三) 支撑部门

DARPA 人数有限,它的有效运行,需要很多机构提供支撑帮助。

1. DARPA 国防科学研究委员会

"国防科学研究委员会",其前身为 1968 年的"材料研究委员会"[①]。DSRC 由全美最顶尖的 20~30 位科学家和工程师,外加 20 位左右来自技术办公室的项目主任共同组成,每年夏季 7 月份,召开为期近一个月的夏季会议,会议的目的是"运用集体的智慧,研讨和审查未来国防科学中的研究领域"。每年夏季会议的主题由 DSRC 的 7 名代表组成的指导委员会与 DARPA 管理层协商确定。

DSRC 成员积极参与走访基地、观察训练演练、参与作战演习等多项活动,以更好地了解美军所面临的军事挑战。夏季会议后,DSRC 将针对特定专题组建小型工作组,其工作时间持续到年底。夏季会议及随后的工作组引领全美顶尖的技术专家明确军事挑战,组织头脑风暴寻求解决挑战的新技术以及潜在的技术方向。同时,这些会议还成为 DARPA 项目主任了解和确定未来投资方向的重要参考之一。

2. 局长办公室支撑机构

美国海军水面作战中心印第安海德分部(Indian Head Division, Naval Surface Warfare Center)[②]负责向 DARPA 局长办公室提供包括科学、工程、技术与管理(SETA)等领域的专职保障服务。为更好地履行职责,印第安海德分部向社会招标,寻找合适的分包商为 DARPA 局长办公室提供后勤、行政、公共事务、通信、媒体关系、国会及国际事务、国家安全等领域的保障服务。

3. 技术办公室支撑机构

除局长办公室雇用专业机构提供保障外,各技术办公室也雇用了专业机构提供从战略、规划计划预算制定到会务、差旅等事务的保障。如国防科学办公室和技术适用执行办公室雇用了成立于 1986 年的战略分析公司提供专业保障。为方便服务,战略分析公司距离 DARPA 总部所在地只有 15 分钟行程距离。该公司根据技术办公室业务需要,还与各类数据库管理公司、专业咨询公司等签订分包合同,确保为技术办公室提供全方位服务。

DARPA 具有较强的独立性,基本上能做到不受干扰地运作。DARPA 的体制几十年来变化不大,历届局长都力图保持 DARPA 组织针对外部世界的相对自由性和灵活性。国防部高层也认识到 DARPA 不受传统观念局限与束缚、灵活超前地开展研发的重要性。

---

① 参见 Erica R. H. Fuchs. The Road to a New Energy System: Cloning DARPA. Issues in Science and Technology. [EB/OL][2015-03-25] http://issues.org/26-1/fuchs.

② 参见 MODIFICATION OF CONTRACT/ORDER NO. N00178-04-D-4080-FG01. DOD[R]P7 1.1Introduction, 2014.

因此也注意保持 DARPA 的相对独立性,而不是将 DARPA 牢牢地束缚在官僚机构的关系中。

三、DARPA 的项目管理

准确把握美军未来需求是 DARPA 开展各项研究工作的重要出发点。相对而言,美国各军种的关注重心主要是现实作战需求,而 DARPA 作为国防部内具有特殊作用的部门,其关注对象是长远未来的军事能力,远远超出当前已知的需求。与其他国防部科研机构相比,DARPA 的项目管理独具特色。

(一) 获取需求

DARPA 获取需求的来源广泛,总体上,它的需求来源主要有 5 类:国会指定、联邦政府计划、国防部要求、DARPA 自主提出、公开倡议征集等。这 5 类来源中,DARPA 自主提出和公开征集倡议确定的研究领域占有很大比重。

(1) 国会指定。国会拥有对政府公共开支(包括国防预算在内)的审核权,在 DARPA 项目安排上,国会有权行使权力。如 2013 年,DARPA 曾发起"北极行动"项目 (Arctic Operations,寻求开发新技术来监视北极地区军事活动),但 2014 年并未实际投入资金,2015 年这一项目基本已被 DARPA 放弃。但在国会干涉下,2016 年预算中"北极行动"项目得到追加款项(Congressional Add),得以延续。

(2) 联邦政府计划。白宫科技政策办公室是美国联邦政府重要的科技事务主管部门,为凝聚全国各方面资源、全面推进跨领域研究工作,近年科技政策办公室经常发起全国性重大科研计划,如 2013 年科技政策办公室启动"脑计划"[1],并将其确定为美国最重要的科技发展计划之一,参与的联邦机构有 5 家,包括:国家卫生研究院、DARPA、科学基金会、情报高级研究计划局以及食品和药品管理局。2015 财年计划预算为 2 亿美元,2016 财年增至 3 亿美元,增加的投资将支持广泛领域的跨学科研究项目,发展并应用前沿技术以创造大脑活动的动态图像,为治疗大脑疾病的新途径提供关键知识。此外,"脑计划"还将进一步支持政府以外的合作方,各主要的基金会、私营研究院所、患者权益组织等已承诺投资 2.4 亿美元。在 2016 年预算中,DARPA 主要支持开展"脑的定量模型"、"辅助人类神经中枢设备"、"损伤后脑功能恢复"、"神经系统科学技术"等项目研究。

(3) 国防部要求。国防部在国防科技发展中十分倚重 DARPA,经常将一些重大研究任务交付 DARPA。如 2013 年,国防部授权 DARPA 参与第六代战机的概念研究,同时开展类似研究的还包括海空军研究部门。为此,DARPA 在 2013 年投入 500 万美元,开展"下一代空中优势计划"项目的相关研究工作。

(4) DARPA 自主提出。自主模式是 DARPA 获取研究需求的最主要方式,具体可分为两种模式:一种是借助 DARPA 的专业支撑机构来获取需求,另一种方式是借助广泛的调研和交流来获取需求。在第一种模式中,DARPA 国防科学研究委员会每年 7 月都召开夏季会议,作为 DARPA 自选需求的集中渠道。会议采用头脑风暴的方式,广泛讨论和辩论,形成最重要的若干方向,会后成立若干工作组,由项目主任进一步细化和讨论会议

---

[1] 参见美国白宫网站 www.whitehouse.gov。

确定的题目,尽可能从大的方向拆解成技术群而不是单一的技术。委员会的成员也可以自行召开各类小型研讨会或项目评议会议,发现夏季会议未能提出的需求并提供给项目主任,或由项目主任直接召开。

在第二种模式中,DARPA注重并保持与军方用户、情报部门、国会和私有工业部门的密切联系,特别关注未来军事指挥官希望部队具备什么样的能力,并通过加速这种能力的生成,确保美军将最先进的技术应用于军事并对任何对手保持绝对的军事和技术优势。

(5) 公开征集倡议。公开征集是DARPA获取需求的一个重要补充。DARPA主要采用两种形式广泛征求需求,一种是举办工业日或开放日活动,另一种是发布综合性部局公告(BAA)。发布综合性部局公告(BAA)是DARPA向社会各界征求创意的最常见形式,如2014年6月16日,DARPA国防科学办公室为发展重要的新型军事能力,发布了一份综合性部局公告)[①],征询与国家安全和国防相关的物理学和工程领域的开拓性研究(包括基础研究与应用研究)概念,以便从中确定并发展高风险/高回报的研究项目。

表4.4 综合性部局公告示例

综合性部局公告示例:
I部分:综述信息
- **联邦部局名称**——国防高级研究计划局(DARPA),国防科学办公室(DSO)
- **投资机会名称**——国防科学研究与技术
- **通告类型**——初始通告
- **投资机会编号**——综合部局通告(BAA)DARPA-BAA-11-65
- **联邦国内援助编目号**(CFDA):12.910研究与技术开发
- **日期** 公布日期:2011年8月10日
  建议书摘要截止至2012年8月9日美东时间下午4点
  完整建议书截止至2012年8月9日美东时间下午4点
  公告截止日期,2012年8月9日美东时间下午4点
- **简要说明投资机会**——DARPA DSO的任务是寻求和探索国防领域的基础科学与创新。为此,DSO征集多种赋能技术领域先期研究与开发的建议书摘要和完整建议书。
- **预期的个人回报**——预期有多种个人回报。
- **可能的授予类型**——采购合同、资助、合作协议或其他协议类型。
- **部局联络方式**
  联系:
  BAA技术联络官为乔恩·毛戈福德,他主管DARPA-BAA-11-65@darpa.mil信箱
  可通过以下方式联系本项BAA主管:
  E-mail: DARPA-BAA-11-65@darpa.mil
  DARPA/DSO

(二) 选择项目主任

DARPA项目运行的很大权限交付项目主任,因此项目主任成为项目能否成功的关键因素之一。为了找到和使用这些科研领军人才,DARPA采用多种方式寻找合适的项目主任,主要6种方式:①各技术办公室根据领域方向和确定的研究项目,在网站上发布招聘广告,在全美范围寻找合适人选并聘任为项目主任;②直接将提出新概念或新想法的人聘任为项目主任,在此方面,DARPA通常对提出好想法的人先给予一定资金支持,并发给特别通行证,由其到军方等部门进一步调研需求,广泛寻找专家论证可行性,最后向DARPA报告有关情况,经审查认可后,即可聘任为项目主任;③根据各技术办公室现有项目主任的资历及特长从中任命;④特别推荐,即由现任或前任DARPA项目主任、专

---

① http://go.usa.gov/9cWW;Defense Sciences Office: at the Edge of Science and National Security. [EB/OL][2014-06-17]http://www.darpa.mil/NewsEvents/Releases/2014/06/16.aspx.

业人士、国防部官员等推荐人选;⑤专业猎头公司遴选,DARPA 希望专业猎头公司能够找到符合 DARPA 项目主任标准的优秀人才;⑥从承担或参与 DARPA 项目的科研人员中择优遴选,如 2012 年,在美国西北大学工作了 27 年的电子工程和计算科学教授普莱姆·库马(Prem Kumar)因在 DARPA 项目研究与管理方面有出色表现,得到 DARPA 的认可并被任命为项目主任。

DARPA 还在领英(www.linkedin.com)等网站组建了"DARPA 毕业生"群,"毕业生"可自由加入,探讨感兴趣的话题,提出"毕业生"座谈会的讨论议题。"毕业生"还可以通过 alumni@darpa.mil 信箱向 DARPA 提出问题。

(三) 拟定科研项目

DARPA 高层管理人员通过项目主任,针对不同渠道的需求信息征求多领域专家的建议,"自下而上"地形成完成研究项目的新思想和新方案。(这些智囊包括:①项目主任所在的技术机构;②国防科学委员会、各军种科学委员会等国防部咨询机构;③国防高级研究计划局资助的技术团体,如信息科学和技术研究机构、国防科学研究委员会等;④工业和学术界,它们主要通过对国防高级研究计划局发布的项目公告或对该局组织召开的技术会议等做出响应来提供建议)。

在这个过程中,项目主任采取措施,不断使技术构想更加明确、更加清晰,最后形成具有"DARPA 难度"的技术选项,即所谓"不可能的技术",主要特征如表 4-5 所列[①]:

表 4.5 技术项目特征说明

特　征	说　明
技术挑战性(Technically Challenging)	目标在技术上来说几乎是"不可能的",可称作是令人痛苦的项目
可行动性(Actionable)	可以找到合适的人才实施研发并且可以立即行动,取得进展
多学科交叉性(Multidisciplinary)	没有一个公司或者研究团队能够单独实现技术突破,必须要求多方参与
深远影响性(Far-Reaching)	该技术方向具有长期和广泛的复杂性,以不断叠加升级的方式产生深远影响

DARPA 主要采用两种方式使技术构想更加清晰:一种是专家研讨,即只采用邀请方式,组织小团体讨论(在 DARPA 之外的场地进行),目的是获得对研讨主题的反馈意见;另一种是概念验证,即开展小型可行性研究,以提交报告或演示验证结束,目的是预先测试构想或对可能的选题进行验证。两种方式如图 4.14 所示。

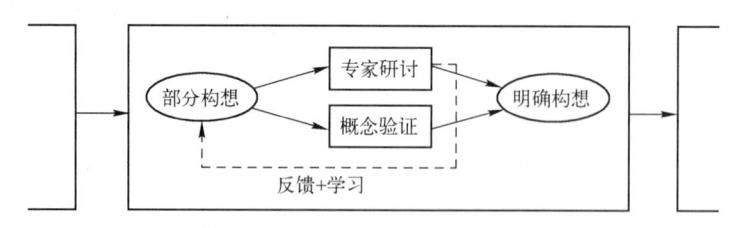

图 4.14 DARPA 技术构想形成过程[②]

专家研讨一般由 DARPA 项目主任负责选择讨论组成员,展开集体讨论的必要谈话,

---

① 参见 Tamara Carleton. DARPA's Model of Innovation[R]. Tekes seminar. 2011. P12.
② 参见 Tamara Carleton. DARPA's Model of Innovation[R]. Tekes seminar. 2011. P13.

并确定必要的新的研究方向。

明确技术发展构想后,接下来就是快速的决策制定过程,用于确定是否推进技术构想付诸实施。在DARPA,决策制定过程并不采用大多数研究机构使用的同行审查模式(DARPA是在立项前的决策过程不采用同行审查,并非其他阶段。如在项目管理中,项目主任也可能采用同行审查方式评定项目),这是因为,DARPA认为,同行审查模式能够确保永远不资助傻瓜,但它却永远无法保证资助有远见的人。DARPA工作人员相信,这种做法可能是DARPA最重要的成功要素。

技术构想获得DARPA正、副局长和技术办公室主任等人肯定后,DARPA将通过发布综合性部局公告的方式,广泛征集具体的技术解决方案。项目主任通过DARPA信息发布渠道(包括DARPA的网站、平面媒体等)向全社会发布综合性部局公告,通告的内容类似采办项目的"招标书"或"建议征求书"(与以后要签订的合同内容基本相似),提出研究项目的技术性能、进度和成本等要求。包括技术目标和评估标准;通常一年半至三年的工作计划,制定里程碑和研究进度(含继续/终止标准);提交摘要/方案的说明等。

DAPPA技术项目立项过程。

以战术技术办公室(TTO)为例①,通过为期长达1年的通告发布,寻找最有能力胜任研究任务的团队和解决方案。

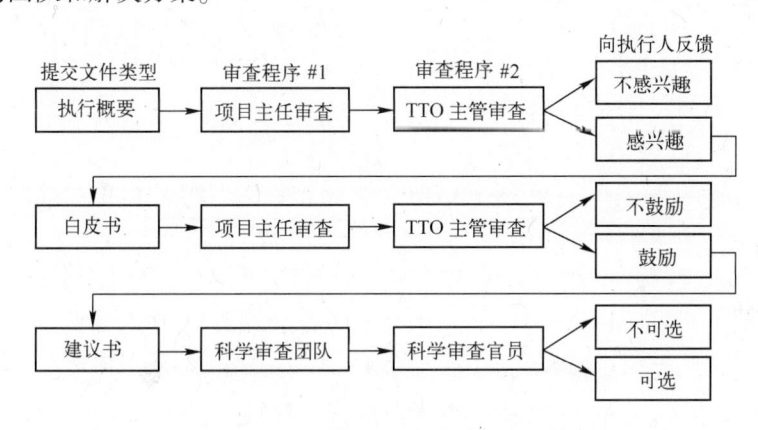

图 4.15 DARPA技术项目立项过程②

注:科学评审官一般由技术办公室主任担任,如果因为利益冲突原因不能担任,则由他的授权代表担任;
科学评审团队是由技术办公室主任牵头组织的团队,包括科学评审官、项目主任、主题事务专家等。

通告发布后,一般情况下,项目办公室可能会收到全国乃至全世界很多份执行概要(相当于简要的方案说明书)。项目办公室辅助人员对这些文件做第一轮的初步筛选,余下的文件送交项目主任,由项目主任亲自组织咨询,对方案作进一步筛选。筛选后送交技术办公室主任,主任感兴趣的方案,由项目主任向提案人发出通知,要求呈交白皮书(更详细的方案)。在得到新的方案之后,项目主任、技术办公室主任再次展开一轮审查,对鼓励开展的提案,要求提交更为具体的建议书,并由相关科学审查团队和审查官员组

---

① 参见 Bradford C. Tousley, Ph. D., Director, Briefing prepared for TTO Office Wide BAA Proposers' Day April 23, 2013.

② 参见 Tamara Carleton 所著"DARPA's Modelof Innovation"一文第13页。

织更严格的论证,针对每份建议书制定书面的评价报告,最后中标的提案方将获得合同。

DARPA很少支持单项技术,而是尽量支持有助于实现目标的技术群。例如,对于计算技术而言,DARPA支持的领域涉及材料、处理工具、芯片设计、软件和系统架构等。项目主任会将属于同一课题领域不同方案的优点集合起来,形成项目组合,然后安排经费。因此,DARPA的项目通常由多家大学、研究机构或者公司共同承担,每家单独负责或合作完成一个具体研究项目。

(四) 项目的过程管理

作为以成功为导向的研发组织机构,DARPA的项目过程管理公开透明、全程竞争,有利于技术推进的动态调整随时可能发生。

1. 组建团队

前沿技术研发具有高风险、高收益特性,其核心在很大程度上取决于尖端人才的配备。DARPA在实践中构建了一套较为成熟的人才遴选制度,为开展创新工作奠定了基础。

DARPA的项目团队主要分为两类,一类是管理团队,通常包括多名合同商工作人员,提供系统工程与技术支持,协助项目主任开展项目实施管理工作;一般还有一名军方实验室人员提供技术与合同支持,其费用由项目资金支付。

另一类是项目的研发团队,通常由5~10个合同商和多所大学构成,负责完成一个特定的目标任务。DARPA有些项目可能仅有100万美元,很少有项目达数亿美元,但项目管理过程是相同的。且不管项目规模如何,最终都只有一名项目主任全权负责项目的研发工作。

在寻找合适的研究团队过程中,DARPA采用被称为"终局"(end-game approach)的逆向方法[1],确定需求的开发团队类型及其应具备的能力,即首先明确预期的产品、工作程序和技术需求,将预期产品或技术需求进一步分解,寻找适合的工作伙伴,通过多个团队分工协作的方式完成某一技术方向的研究任务。在这种模式中,未来的研究成果和对研究人员的需求联系起来,为选人用人确立了标尺。DAPPA技术需求逆向分解过程如图4.16所示。

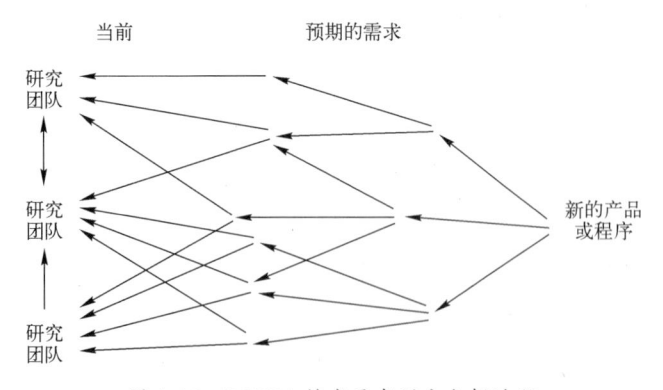

图4.16 DARPA技术需求逆向分解过程

---

[1] Lawrence H. Dubois. DARPA's Approach to Innovationand Its Reflection in Industry. SRI International[EB/OL] [2014-08-10]http://www.nap.edu/catalog/10676.html

明确人员需求后,项目主任主要通过3种方式寻找和组建研发团队:①通过技术办公室发布项目招标公告,招募团队进行攻关,这一工作由项目主任主导完成。②从项目主任自己掌握的人才资源中进行挖掘。DARPA的项目主任每年参加大量学术会议和活动,一方面了解和掌握技术发展动态,另一方面就是寻找有能力的研发人员。有时,项目主任直接向相关科研人员予以资助,而不通过评审程序。此外,与项目主任合作的机构、DARPA"毕业生"也可根据要求推荐合适的人选。③通过科学计量方法分析发现。DARPA拥有自己的大数据搜索工具。项目主任如果发现有两位科学家同时在攻克同一课题,但采取的技术路线不同,会对他们分别给予资助,从而防止两人今后潜在的重复研究,而两人也省去了反复的经费申请。

2. 项目实施及验收

DARPA主要采用合同和其他协议方式分派任务,其中,DARPA 90%的研发工作通过合同方式授予,合同招标和履行管理严格遵守"联邦采办条例"、"联邦采办条例国防部补充条例"规定。[1]

在项目启动时,管理团队会为每个项目制定一系列关键的技术成果"里程碑",作为项目在各个研究阶段是否达到预期目标的评估标准。此外,DARPA会采用回答问题的评估方式开展项目评估。(问题包括:项目的目的是什么;目前是如何进行的;有何种限制;所采取克服限制和提高性能的方法的创新点是什么;能够获得多大的进步;如果成功将会引发何种改变;检验假设的中间技术环节的节点是什么;技术转化策略是什么;需要多少投资,项目的详细规划是否清晰合理等)。

在2009年发布的战略规划文件中,DARPA有一套严格的结构化程序来评估其计划的进展。在每个计划启动之初,DARPA会精心制定一系列"通过/不通过"(GO/NO-GO)的里程碑节点,这是计划评估的关键。"通过/不通过"里程碑节点的内容规定了计划在进入下一阶段前所必须要完成的技术指标。"通过/不通过"的规定若没有实现,将可能导致整个计划的失败。

DARPA的计划资金是按照"通过/不通过"的里程碑节点分阶段划拨的,这意味着计划只有在经过了"通过/不通过"评审后才能得到下一阶段的计划资金。这种做法可敦促项目主任和承包商充分重视各阶段要完成的"通过/不通过"目标。

"通过/不通过"评审可能会有几种结论:①计划(或计划内的项目)通过评审,并获得下一阶段资金;②计划未能通过评审,并被取消;③计划从下一阶段返回,额外追加部分资金以使当前的"通过/不通过"评审目标更完善;④修正计划的总体目标以反映目前所掌握的情况变化,使计划更现实可行地继续下去。设置"通过/不通过"评审节点的目的是:对计划的进展进行细致的强制性技术评估,避免仅仅因为相信或期望那些关键的技术需求终将实现而持续投资。

只有完成当前阶段工作并取得预期成果的项目才会继续资助下一阶段的研究。DARPA项目主任一般通过每周内部讨论会、每月子系统碰头汇报会、每季度联席会议,主导着项目有条不紊地推进。DARPA项目主任要求获得DARPA资金的研究人员在研讨会上彼此介绍,这样进一步增加了研究早期的知识流动。此前从未合作过的专家在同

---

[1] GSA strives to become the civilian DARPA.

一场合相互介绍其研究工作,既促进了对技术背景的了解,又加强了不同团队间的竞争。DARPA项目主任在资助过程中,不断促进科学家之间的知识共享。联席会议的主要内容是DARPA项目主任听取各个研究组的汇报,然后制定出下一阶段的研究计划。项目主任有权在联席会议上当场砍掉一个子项目,也可以新增一个子项目,还可以当场挪动各个工作组的预算。

DARPA项目主任还积极寻求外界对研究方向的认可并鼓励其开展后续研究。例如Intel曾关注过DARPA的某一计划,但其后停止内部资助。DARPA此后数次游说Intel说明这一计划的重要性,甚至使董事会都知道了这一计划。最后Intel成立了一个部门来实施这项计划。很多美国研究人员认为,DARPA开启了某些研究的大门。在它资助后,NSF(美国科学基金会)等研究机构才开始跟进。因此,一些研究人员在完成DARPA项目后继续申请NSF资助。

DARPA项目实施是开放式的,初期方案的选定和资助对象落实以后,项目依旧是开放的,随时吸纳更新的技术方案。只要新的技术方案的水平超过现有的方案,更有利于项目目标的实现,就会立刻取消原来的。DARPA每年有20%资金用于新项目,有些项目会遭到末位淘汰。只要没有太大进展,就被停掉,这也是一种有力的激励机制。项目主任每个季度要有报告,每年有详细报告,这样保证DARPA局长能够全面了解所有项目的进展,给出进一步的指示。

一般而言,项目主任根据最初的"综合性部局公告"和合同确立的标准,组织开展最后的验收工作。其间,项目管理办公室的保障机构,以及DARPA聘请的专家将提出评审建议,项目主任最后做出评审决定。

第六节 国防创新试验小组

国防创新试验小组(DIUx)是美国国防部于2015年设立的新机构,旨在将商业领域的先进技术快速引入到军事领域,寻求巩固军事技术领先优势,为第三次抵消战略提供支撑。

一、成立背景

尽管科技创新日益受到美国国防部和各军种的关注,但是,受制于有限国防经费、繁复办事程序和冗杂规章政策,美国国防科技发展内生动力有所削弱,国防科技创新主体积极性不高。

① 拥有创新成果的民用企业参军意愿不强。新世纪以来,随着民用技术的快速发展,诸多领域国防科技研发效率及创新能力逐步滞后于民用领域。在这种情势下,如何将企业的创新成果高效应用于国防部的军事需求中,显得尤为迫切。然而,受军队各种规章的约束,以及国防科技研发任务投资回报周期较长的影响,一些企业参与国防科研的积极性并不高。这就需要对相关军事管理制度进行调整,采用更加市场化的运行模式,吸引更多的企业参与到国防科研活动中来。

② 军事技术需求迫切,但国防预算支出有限。近年来,因应财政紧缩,美国严格控制国防支出规模,在一定程度上影响到国防科技的发展。军方虽希望尽可能压缩新技术应

用于装备的周期,而传统上由政府主导、官僚化的管理模式却难以快速、有效地满足军事作战需求,急需调整投资策略,引入新的管理模式,为国防科技创新发展提供支持。

二、发展历程

国防创新试验小组是国防部从高新技术企业获取前沿技术的前哨和桥梁,前后经历了1.0和2.0两种工作模式转换。

1) 1.0工作模式。2015年8月,美国时任国防部长卡特在硅谷宣布建立国防创新试验小组首个办公室——国防创新试验小组1.0。成立后不久,国防创新试验小组发现两项极具军事应用前景的项目,但在实践中发现需经过反复的会议程序才能最终决策是否签订合同。传统的研发合同签订后还要再经历重重测试、审批,而样机开发也需要几年时间。最终,初步选定的两个项目没有任何进展,无疾而终。

2) 2.0工作模式。美国国防部吸取教训后,调整形成2.0工作模式,继硅谷后陆续在波士顿和奥斯汀建立两个新的"国防创新试验小组"办公室。在选址上,三处办公地点均位列美国十大创新科技中心之中,分布于美国的东、西、中部,其影响范围辐射美国大部分地区。截至2016年10月,"国防创新试验小组"已授出12项合同,总价值3630万美元,包括终端查询解决方案(1270万美元)、高速无人机(1260万美元)、博弈沙盘(580万美元)等。目前,国防创新试验小组已为军方多个部门与企业搭建了缔约平台,缔约方包括美国战略司令部和战略能力办公室、国防信息系统局、陆军情报和安全司令部、空军国民警卫队和陆军特种作战司令部等。

三、组织架构

国防创新试验小组直属国防部长办公厅,直接向国防部长汇报,采取扁平化的、类似于合伙制的领导体制,主要由领导层、实施层和技术审查小组组成。

(一) 领导层

其领导层由管理合伙人以及少数合作伙伴组成,成员人数在6~10之间,身份多样,包括文职人员、现役军人、国民警卫队人员和预备役人员等。管理合伙人由国防部长任命,经过国防部长同意,管理合伙人任命其他合作伙伴。管理合伙人和合作伙伴一起作出关键决策,管理合伙人的职责包括:①行使监督权力,监督所有国防创新试验小组分支机构的运行;②决定机构的人员聘用,在采办及研发方面做决策;③定期向国防部长办公室以及国防部常务副部长汇报进度和规划;④通知联合需求监督委员会所有国防创新试验小组的活动,配合军种迅速采办系统;⑤出席国防创新委员会所有的重大会议;⑥每年对国防创新试验小组的绩效进行评估;⑦执行国防部长以及常务副部长分配的其他任务。

2.0工作模式国防创新试验小组成立后,管理合伙人拉吉·沙阿取代了前主任乔治·杜查克的职位,沙阿曾担任F-16战斗机飞行员和国防部长办公室特别助理,现任沙阿帕洛阿尔托网络公司战略部高级主管。新的团队包括首席科学官伯纳黛特·约翰逊和波士顿军事长官迈克·迈金尼上校,约翰逊是麻省理工学院林肯实验室的前任首席技术官,迈金尼上校是一位专门研究网络安全问题的律师,同时就职于空军预备役网络部队。

(二) 实施层

在实施层,目前国防创新试验小组主要设有3个小组作为运行机构。①商业机遇小组,主要职责是识别新兴商业技术,并挖掘出这些新兴商业技术在战场上的应用潜能;②技术成形小组,主要根据军种和国防部有关部局提出的需求,对经过开发和调整可以适用于军事应用的技术,进行确认和排序;③沟通联络小组,主要作为军队和企业家之间的桥梁,促进军队和创新者之间的相互了解和沟通。

(三) 技术审查小组

技术审查小组由国防部常务副部长担任主席,并任命技术审查小组的全职成员和长期兼职成员,成员均为政府雇员或军职人员。全职成员将会出席技术审查小组的所有会议,长期兼职成员根据指示只参加与其职责相关的会议。技术审查小组的主要职能是根据国防部指令 5105.18 评估由国防创新试验小组提出的项目,①召开项目评估以及为国防创新试验小组领导层提供指导的会议;②确保国防创新试验小组全力配合国防部各部局的活动,尤其是军种部门和国防部业务局。

四、职责及运行

(一) 主要职责

国防创新试验小组职责主要涉及 3 个方面:①加强并构建国防部与企业之间的联系,帮助国防部获取前沿的商业技术和人才,如通过国防创新试验小组,私营公司可选派技术人员到国防部工作 1~2 年;②简化企业参与国防科技发展的途径;③利用合同、竞赛等手段解决国防部面临的问题,同时维持企业家和投资者应对美军技术挑战的兴趣。

(二) 工作流程

国防创新试验小组 2.0 推出"商业领域方案征集"(CSO)工作流程,以快速跟踪获取商业领域前沿技术。"国防创新试验小组"首先在其官方网站上发布军事领域需求,涵盖各种不同的技术挑战。如 3D 打印微型无人机或解决网络漏洞等,然后运行以下程序:

1. 方案概要评估

提案方按要求提交一份不超过 5 页、简略的书面解决方案概要,国防创新试验小组从 3 个方面对材料进行初步评估:①技术价值,即政府应用的可行性;②概念/技术/方案与政府应用领域的相关性,以及提议的创新性、独特性和可利用性;③公司实力、生存能力,以及提出方案的商业可行性。

初评通过的方案,提案方采用当面说明、演示等方式向"国防创新试验小组"展示更多的方案内容及技术、商业上的可行性。国防创新试验小组则要评估方案概要可能增强国防部任务能力的情况、大致进度表、是否具备开发原型机的条件、粗略估算价格的可接受程度,以及企业是否是非传统承包商或小企业,是否能够承担 1/3 的研发费用等。

2. 提案评估

通过上述方案概要评估后,创新试验小组要求提案方提交完整的提案,包括技术细案和价格细案两部分。其中,技术细案需重点标明方案的目标、方法、预期成果等内容,并提供详细的项目进度计划,概述两年内不同阶段的工作;价格细案需提出完成原型机的总价格。这一阶段"国防创新试验小组"根据更加具体的内容进行评估,评估标准:细案是否能推动国防能力大幅提升,形成颠覆性影响,创新方案的技术优势,细案的现实性和充分性,价格的现实性和合理性。

3. 签订合同并履行

通过评估的公司将被授予固定价格合同,采用"其他交易协议"(OTA)的方式签订。

"其他交易协议"是国防部的一种合同签订方式,采用这种方式签订的合同可以不受绝大部分政府采购法规和规章束缚,允许政府更快速、更简便地与企业达成协议,从而避免部分最具创新性的商业公司因手续烦琐不愿承担国防部研发工作。

  国防创新试验小组获取技术与产品的方式与美军以往有较大差异。①投资模式不同。国防创新试验小组采用与国防部用户部门共同投资的模式(国防创新试验小组出资比例在 25%~50% 之间),投资有军事应用前景的商业技术,虽风险较高但收益也可能很大,并允许相关投资的失败;②要求投资回报周期短。该小组的投资周期与商业领域的周期相似,从提案提出到合同签署,平均周期仅为 59 天,与传统数以年记的技术采办周期有较大差异;③管理方式灵活高效。摆脱了传统繁琐模式的约束,军方工作人员和企业沟通联系紧密,便于开展合作和协调。

第五章 国防采办程序

国防采办程序是规范采办对象"从生到死"全寿命过程的规程,包括武器系统方案论证、技术开发、型号研制、试验鉴定、生产部署、使用保障以及退役处置等全寿命管理活动。本章主要介绍国防采办程序的历史发展过程、阶段划分和各阶段的主要工作,以及里程碑决策评审的组织管理。

第一节 国防采办程序的发展沿革

美国国防采办程序始于20世纪70年代,近50年,主要经历了以下5个发展阶段:初步建立阶段、全寿命管理阶段、灵活快捷运行阶段、强化过程管制阶段和多样化管理阶段。

一、初步建立阶段(20世纪70年代)

为适应重大武器装备采办项目管理的需要,进一步规范和加强重大装备采办管理,1971年国防部发布首份文件——国防部第5000.01号指令《重大国防系统的采办》,将国防采办程序划分为项目启动、全面研制、生产与部署等3个阶段,并设置阶段审查点,开始装备采办项目的程序化管理工作,对武器装备实行分阶段管理、逐段推进的项目管理。

1977年,为加强采办项目前期研究与管理,在国防部第5000.01号指令《重大国防系统的采办》之外,增加了国防部第5000.02指示《重大系统采办程序》,将项目启动阶段拆分成方案探索、验证与确认两个阶段,把国防采办程序划分为方案探索、验证与确认、全面研制、生产与部署等4个阶段,进一步强化采办前期的方案论证工作,以降低风险,避免以后反复。

二、全寿命管理阶段(20世纪八九十年代)

随着武器装备的发展,武器装备交付部队的使用和保障越来越重要,为此,美军开始强调项目管理办公室对重大武器装备"从生到死"的管理,着眼于武器装备的作战能力,提出武器装备的综合保障必须从武器装备研制过程的初期抓起,关注武器装备的战备完好率和持续作战能力,把武器装备的保障性要求与可靠性、维修性放在同等重要的位置。在国防采办程序上,加强了对使用和保障的一体化、全寿命管理。

1987年,为加强使用和保障工作,国防部修订第5000.02号指示,把国防采办程序改为方案探索与定义、方案验证与确认、全面研制、生产与部署、使用与保障5个阶段,设里程碑决策点0、Ⅰ、Ⅱ、Ⅲ、Ⅳ。

1993年2月,国防部在修订的第5000.02号指示中,将重大武器装备采办项目(包括重大自动化信息系统)划分为方案探索、验证确认、工程与制造开发、生产与部署、使用与保障5个阶段,设里程碑决策点0、Ⅰ、Ⅱ、Ⅲ、Ⅳ,如图5.1所示。其中,里程碑决策点Ⅳ是在必要时进行重大改进的决策。

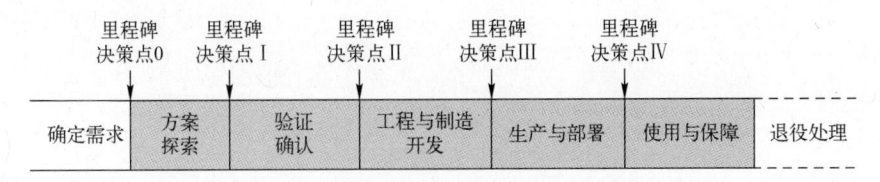

图5.1 美国1993年版国防采办程序

1996年3月,国防部再次修订国防采办程序,将采办过程仍分为方案探索,确定计划与降低风险,工程与制造开发,生产、部署、使用与保障等4个阶段,但里程碑决策点则减为4个(即0、Ⅰ、Ⅱ、Ⅲ里程碑),取消了原来在生产部署后进行重大改进的里程碑决策点Ⅳ,如图5.2所示。

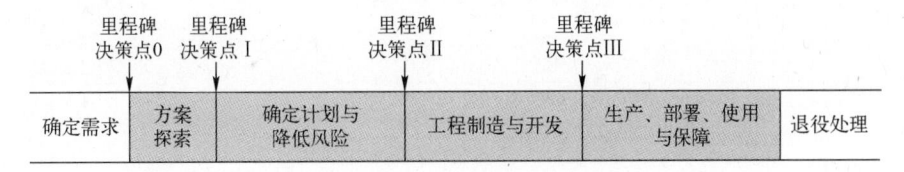

图5.2 美国1996年版国防采办程序

三、灵活快捷运行阶段(2001—2007年)

1. 2001年版国防采办程序

2001年1月,国防部颁布新的武器装备采办指令,废止1996年版的国防采办程序,将采办过程分为方案与技术开发、系统开发与演示验证、生产与部署、使用与保障4个阶段,里程碑决策点进一步减为里程碑A、B、C,全过程分为系统采办前期、系统采办、持续保障三类活动,如图5.3所示。在采办程序运行中,有两个重大变化:①采办项目可以从里程碑决策点A、B、C(或者在各阶段中间)进入采办程序,特别是鼓励采取成熟的民用技术和现货产品,除从里程碑A进入采办程序外,成熟的技术或产品可以直接从里程碑B或者C进入采办程序,以鼓励充分利用民用技术或产品,缩短采办周期,适应高新技术快速发展的节奏;②可以选择性地采用渐进式采办或者一步到位的采办方式。

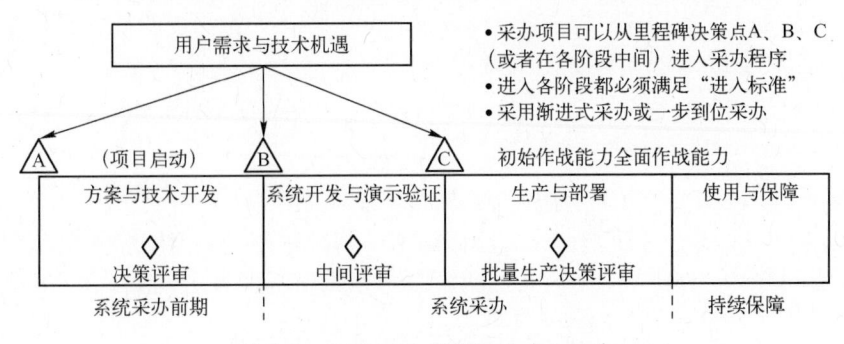

图5.3 美国2001年版国防采办程序

2. 2003 年版国防采办程序

2003 年,为了加强风险控制,在采办项目的早期阶段就把各种潜在的风险问题提前解决,2003 年版第 5000.02 号指示《国防采办系统的运行》将国防采办程序分为方案精选(方案论证)、技术开发、系统开发与演示验证、生产与部署、使用与保障等 5 个阶段,并分别在第二、第三、第四阶段前设 A、B、C 三个里程碑决策点,如图 5.4 所示。在采办程序运行中,主要有一个重大变化,就是把过去的方案与技术开发阶段分为方案精选和技术开发两个阶段,以进一步加强方案论证的工作。

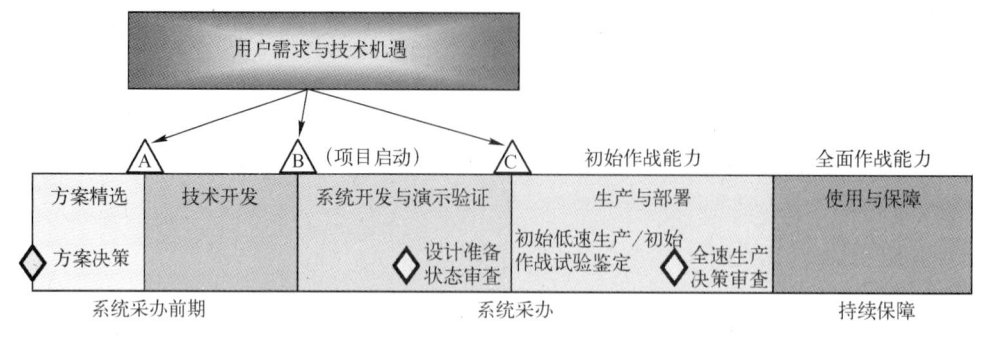

图 5.4 2003 年版国防采办程序

(1) 方案精选阶段主要任务是进行多种方案研究,评审备选方案的可行性和优缺点,选择最佳方案。

(2) 技术开发阶段主要任务是研制并演示验证分系统或部件,开展系统方案及技术演示验证。

(3) 系统开发与演示验证阶段主要任务是对经演示验证的分系统和部件进行系统集成,开展系统研制工作,并进行工程研制模型的演示验证和联合研制与作战试验。

(4) 生产与部署阶段由低速初始生产和全速生产与部署组成。低速初始生产的主要任务是进行生产准备,并生产供初始作战或实弹试验鉴定用的有代表性的装备系统;全速生产与部署的主要任务是进行批量生产,组织后续作战试验鉴定,并部署装备系统。

(5) 使用与保障阶段由系统维持和最终处置组成。系统维持的主要任务是进行作战保障与改进;最终处置的主要任务是对使用寿命结束后的装备进行退役处理。

里程碑决策点 A 的任务是控制进入技术开发阶段;里程碑决策点 B 的任务是控制开始新的采办计划,进入系统开发与演示验证阶段;里程碑决策点 C 的任务是控制进入生产与部署阶段。采办项目可根据技术的成熟程度,从里程碑决策点 A、B、C,或者从各阶段中间评审点进入采办程序,可采用渐进式采办或一步到位采办。但在进入各阶段前,必须满足预定的"进入标准"。

3. 主要变化

2003 年版国防采办文件调整了文件的框架结构,修改了采办政策和程序,提出了一些新的采办思想和方法。与 2001 年版国防采办文件相比,修订之处主要表现在:

(1) 精简了文件数量和内容。文件数量从原来的 3 个减为 2 个,文件篇幅从原来的 300 多页压缩为 46 页,大幅删除了规范采办项目管理的具体内容,以增强采办管理的灵活性。同时,修订了国防采办政策和原则,更加强调灵活性、快捷性、创新性、纪律性和管理高效性。

（2）调整了国防采办程序。新版国防采办程序由方案精选、技术开发、系统开发与演示验证、生产与部署、使用与保障5个阶段组成，加强了方案论证在装备采办工作中的作用。把原"方案与技术开发"阶段分为"方案精选"和"技术开发"两个阶段，并在方案精选阶段后设立里程碑决策点，加强对方案选择的审查、评价，充分强调了方案论证的重要性。文件规定，在进入"方案精选"阶段前，要制定并批准一份"初始能力文件"，并以此为依据对多种可能方案进行全面分析、遴选。项目一旦批准进入"方案精选"阶段，则将由国防部主管部局组织论证和精选，批准"备选方案分析"计划，评估各方案的技术成熟度和技术风险，进行必要的技术成熟性演示验证等，并提出最佳方案。这对于确定系统全寿命期采办管理最佳方案，使采办工作不走或少走弯路，具有重要意义。

（3）充实了渐进式采办策略的内容。针对复杂武器系统研制、采购周期过长的难题，尽快将先进、成熟的技术转化为武器系统并交付作战部队使用，美军在2001年版国防采办文件中提出"渐进式采办"的策略。基于实施"渐进式采办"策略的实践经验，2003年国防部将"螺旋式发展"和"递增式发展"概念吸纳为"渐进式采办"策略的新内涵。"螺旋式发展"是指为实现逐步增强的能力而进行的反复迭代开发的过程；"递增式发展"是指通过逐次深入的"递增式"研制，分阶段地满足适应不同技术成熟程度的作战能力需求。在"螺旋式发展"和"递增式发展"过程中，作战用户、试验部门和研制部门会有更多的机会加强协调、沟通，综合利用试验、风险管理和信息反馈等，不断完善武器装备的作战能力。

（4）肯定了"基于能力"的需求和采办模式。2003年版国防采办文件在总结"基于能力的采办"经验的基础上，及时提出了联合一体化能力体系结构和能力文件等概念，并对采办各阶段和评审点的能力要求做出了相应的规定。文件规定：由国防部采办、技术与后勤副部长和指挥、控制、通信与情报助理部长与联合参谋部、各军种部以及其他国防部机构合作，制定联合一体化能力体系结构。联合一体化能力体系结构必须从作战、系统和技术等方面进行规范表述。其中，作战体系用于描述用户所追求的"能力"，由联合参谋部（或各业务领域的主管官员）主持制定；系统发展体系用于描述现有技术和系统能力的情况，确定作战能力所需要的武器系统及武器系统体系，由国防部采办、技术与后勤副部长主持制定；技术体系用于阐明各个系统的技术需求，由军种部和国防部业务局主持制定。此外，新版国防采办文件还要求国防部采办、技术与后勤副部长应借助一体化体系结构，主持制定一体化规划或路线图。国防部应利用这些路线图来进行能力评估、指导系统研制和确定有关的投资规划，并作为调整资源、制定国防规划指南和计划目标备忘录、进行计划与预算审查的基础。

四、强化过程管制阶段（2008—2014年）

2003年版国防采办程序以"放权"和增强采办灵活性为主线，简化了采办程序，扩大了采办人员和承包商自主权。2003年版国防采办程序实施以来，较好地调动了采办人员和承包商的积极性，但由于削弱了对采办过程的管控力度，加之采办需求变化较为频繁、技术管理和项目管理不够完善等，导致装备采办项目"拖进度、降指标、涨费用"的状况日益加剧。美国政府问责办公室（GAO）2008年5月报告称，美国2007财年重大装备采办项目总体成本超概算 26%,其中研发成本超支 40%,72 个重大采办项目成本超支多达 2950 亿美元,研制进度平均推迟 21 个月。究其原因,主要在于:①高新技术大量涌现并应用于装备研发,装备复杂程度和采办难度不断提高;②国防部第 5000.02 号指示和国防采办程序已不能适应当前国防采办管理的需要,必须针对形势和任务的要求,对国防采办程序和运行过程进行调整。

2008 年,为遏制日益严重的"拖、降、涨"问题,国防部以"收权"和强化采办过程管控为主线,国防部出台了 2008 年版第 5000.02 号指示《国防采办系统的运行》,其中明确了新版国防采办程序(见图 5.5)。该程序包括装备方案分析、技术开发、工程与制造开发、生产与部署、使用与保障等 5 个阶段,在技术开发、工程与制造开发、生产与部署阶段前分别设 A、B、C 里程碑决策点,还设三个决策点:①里程碑 A 之前的装备开发决策点,②里程碑 B 和 C 之间的关键设计后审查;③生产与部署阶段中间的全速生产决策审查点(大批量生产决策点)。

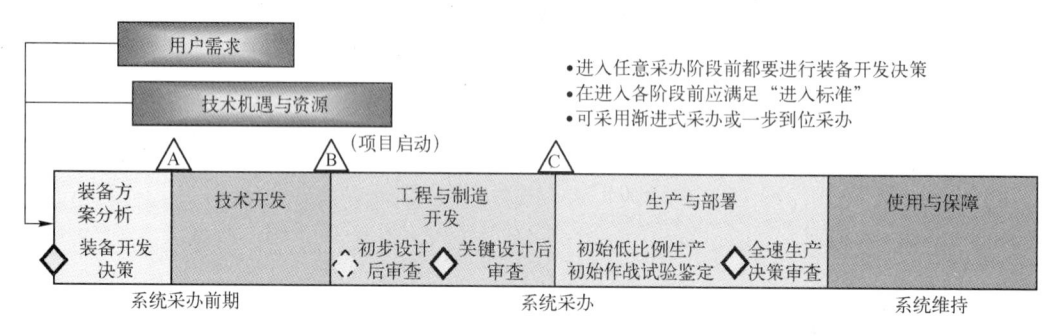

图 5.5　2008 年版国防采办程序

2008 年版第 5000.02 号指示和国防采办程序主要调整了以下内容:

(1)调整了国防采办程序。将原"方案精选"阶段拓展为"装备方案分析"阶段,其工作内容在原方案精选的基础上进行了扩展,将装备需求生成中的"解决方案分析"工作纳入该阶段,使采办工作与需求生成工作联系更为紧密;扩展了"技术开发阶段"的工作内容,该阶段虽然名称未发生变化,但将原来里程碑 B 之后进行的样机研制工作前移到技术开发阶段,加大了技术开发阶段的经费投入,有利于提高技术的成熟度和稳定性;将原"系统开发与演示验证"阶段改为"工程与制造开发"阶段,将样机演示验证工作提前,型号研制阶段的中心任务转为完善样机设计方案,改进制造工艺,为进入小批量生产做好准备。

(2)优化了装备需求和方案论证机制。长期以来,美军在装备需求生成机制中,主要强调了作战部门的主导,而忽视了装备部门的有效参与。作战部门既负责提出所需发展的作战能力,又提出达到相关能力所需发展的装备建设方案,而装备部门仅负责进行装备建设方案的细化与优选。这种分工,使装备部门在需求论证中所起的作用非常有限,难以发挥其装备技术方面的优势,容易造成装备需求论证的结果不够准确。针对这种情况,2008 年版第 5000.02 号指示对装备需求生成机制中作战部门与装备部门的分工制定了新的规范,改变了以往作战部门既负责论证所需发展的能力,又负责论证装备建设方案的情况。此次改革明确规定,装备建设方案的论证工作由装备部门负责实施,作战部门对装备部门论证的结果进行审核,确保装备方案满足作战部门提出的能力需求。

这种分工既加强了装备部门对需求论证过程的参与程度,又提高了作战部门与装备部门的工作协调性,使两方面都能有效参与,提高了装备需求的科学性和有效性。

(3) 加强了技术成熟度管理。2008年版第5000.02号指示将样机演示验证工作由型号研制阶段前移到技术开发阶段,加大了对技术开发阶段的投入力度,提高采办项目的技术成熟度和技术牵引的有效性。经验表明,项目技术问题发现得越早、解决起来越容易。过去装备采办项目一般在研制阶段制造样机,以便验证技术的成熟度。这样做的问题在于发现重大技术问题的时间晚,解决起来难度大,容易导致性能达不到要求,进度拖延和费用超支。2008年采办改革,对样机演示验证工作提出了新要求:①重大装备采办项目必须有两个以上的承包商制造样机,相互竞争;②样机演示验证工作提前到进入研制阶段之前进行,只有在近似作战条件下对系统关键技术、关键部件、关键系统、制造工艺进行演示验证后,项目才能进入研制阶段。

(4) 改进了项目评审方式。2008年版5000.02号指示严格实施项目立项评审,拓宽里程碑决策评审范围,增设里程碑节点以外的评审,加强对装备全寿命过程的管控力度。按照规定,美军装备采办项目全寿命过程要通过国防部或军种的多次审批,对具体项目要进行阶段性审查把关。2003年国防采办进行"放权"改革之后,项目主任需要向高层汇报和送审的事项大为减少,导致审批方对项目实际情况了解不清,监管作用发挥有限,一些实际不满足转阶段要求的项目也得以放行,使得"拖降涨"状况加剧。2008年采办改革针对该问题做出了以下调整:①加强情况掌握,项目管理办公室必须在项目阶段性审批时提供更详细的项目情况报告,有关决策咨询组织必须对项目进度、费用、技术成熟度情况等进行专业评审,确保审批方了解项目实情、掌握项目风险,以提高阶段性审查决策的科学性;②增加审查内容,首次明确强调将武器系统之间的互操作性、联合作战能力、"核化生"防护能力等列为重要审查内容,从而强化了对装备能力的审查要求。

五、多样化管理阶段(2015年1月至今)

随着信息技术的飞速发展和多样化应急作战任务的日益增多,软件密集型项目和应急作战项目在装备采办中占比越来越高。主要针对硬件的传统国防采办程序,难以满足信息技术和应急作战项目采办持续改进、灵活快捷的采办需要。为体现不同类型装备采办的特殊性,2015年1月7日,国防部颁布了2015年版第5000.02号指示,对2008年版同名文件进行了重大修订:①在采办程序上,将原来一种国防采办程序改为6种采办程序;②在经费管控上,突出强调了装备经济可承受性分析,加强装备采办全寿命成本控制;③在采办策略上,强调竞争、风险管控和知识产权保护策略,进一步加大竞争力度;④在试验鉴定上,进一步强化和细化研制试验鉴定和作战试验鉴定管理;⑤在信息技术管理上,强化网电安全策略,整合国防部数据中心资源,强调数据保护和安全保密要求,最大限度地降低信息和技术风险。

第二节 现行国防采办程序的总体情况

2015年版国防采办程序提出一种完整的"经典"型国防采办程序——通用型国防采办程序,并在此基础上,针对不同类型的装备,衍生出其他5种采办程序。2015年版第

5000.02号指示通过6种类型的国防采办程序,针对武器装备项目和信息系统项目,采用不同的阶段和里程碑决策评审,以更好地满足不同类型装备的需要,也更好地满足信息技术快速发展和应急作战对应急装备和技术的需要。

一、通用型国防采办程序

通用型国防采办程序,也称硬件密集项目采办程序,主要适用于航空母舰、飞机等武器系统和平台。如图5.6所示,通用型国防采办程序由5个阶段构成:装备方案分析、技术成熟与风险降低(原技术开发)、工程与制造开发、生产与部署、使用与保障。该程序不仅设3个里程碑决策点A、B、C,还设4个决策点:里程碑A之前的装备开发决策点;里程碑A和B之间的2个决策点,即能力发展文件确认和研制征求建议书发布决策点;生产与部署阶段中间的全速生产决策点(大批量生产决策点)。

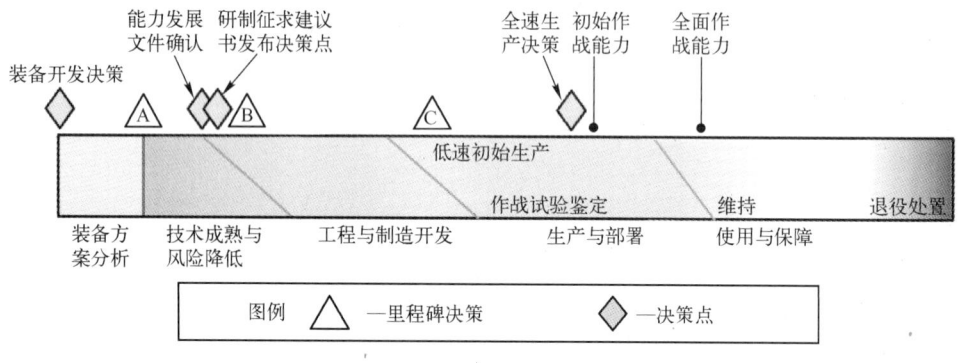

图5.6 2015年版硬件密集型采办程序

通用型国防采办程序基本沿用2008年版国防采办程序的总体框架,针对2008年版主要变化有:①原技术开发阶段改为技术成熟与风险降低阶段,突出强调技术成熟度管理和各种风险控制,以降低风险;②里程碑阶段划分线由直线改为斜线,以提前开展一些下一阶段的工作,并通过并行工作,缩短采办周期;③原关键设计后审查决策点改为能力发展文件确认决策点和研制征求建议书发布决策点,并前移到里程碑B之前,以提高技术成熟度,更好地控制风险。

二、国防专用软件密集项目采办程序

国防专用软件密集项目采办程序适用于军事专用指挥控制系统、战术飞机作战系统升级等软件为主的项目。如图5.7所示,该程序由5个阶段构成:装备方案分析、技术成熟与风险降低、工程与制造开发、生产与部署、使用与保障。该程序不仅设3个里程碑决策点A、B、C,还设4个决策点:里程碑A之前的装备开发决策点;里程碑A和B之间的2个决策点,即能力发展文件确认和研制征求建议书发布决策点;生产与部署阶段中间的全面部署决策点。

与通用型国防采办程序相比,国防专用软件密集项目采办程序主要变化有:①在工程与制造开发阶段,开发不断升级的多个软件版本;②在生产与部署阶段,主要开展有限部署工作,减少生产环节;③在生产与部署阶段中间,设立全面部署决策点,而不是全速生产决策点。

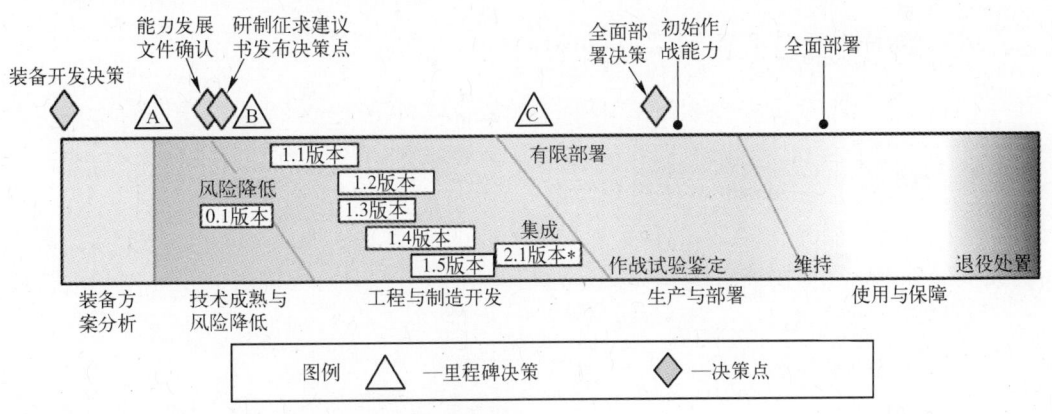

*整个项目过程中实际的版本数量和类型将取决于系统类型。

图 5.7 2015 年版国防专用软件密集型采办程序

三、渐进式部署软件密集项目采办程序

渐进式部署软件密集项目采办程序适用于软件现货产品项目。该程序按照渐进式采办策略,由多个递增升级的小程序组成。如图 5.8 所示,第一个小程序由 4 个阶段构成:装备方案分析、风险降低、开发与部署、使用与保障。该程序不仅设两个里程碑决策点 A、B,还设 5 个决策点:里程碑 A 之前的装备开发决策点;里程碑 A 和 B 之间的两个决策点,即能力发展文件确认和研制征求建议书发布决策点;开发与部署阶段中间的两个决策点,即有限部署决策点和全面部署决策点。

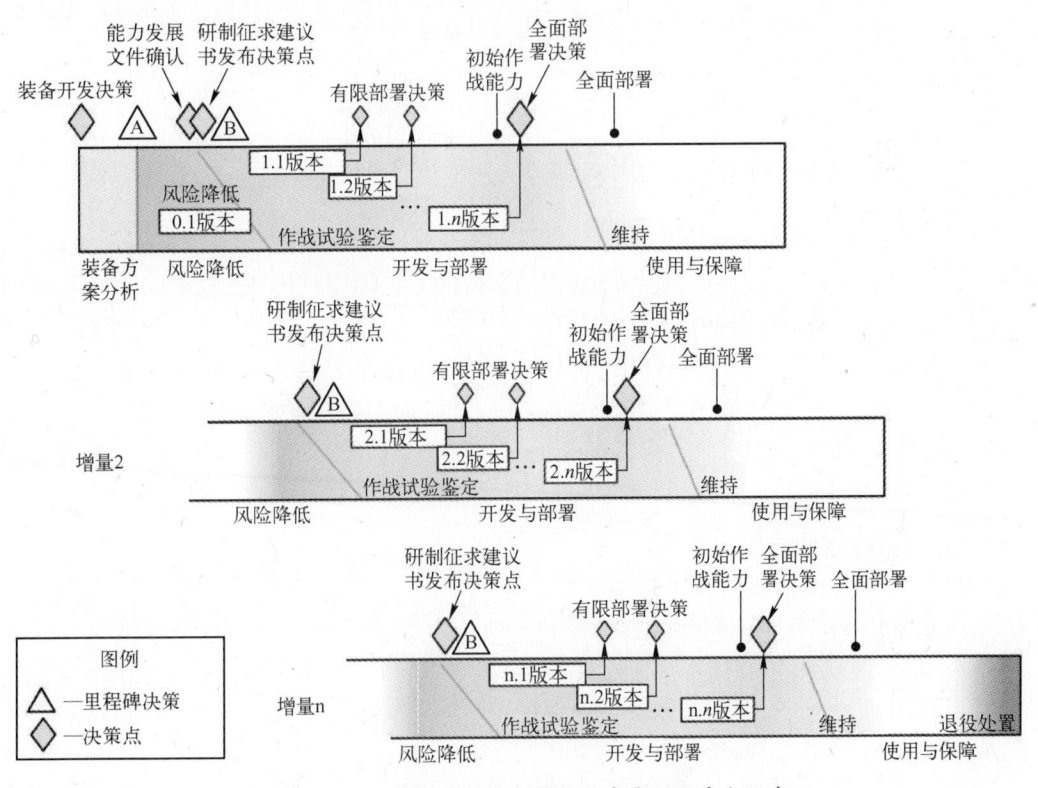

图 5.8 2015 年版渐进式部署软件密集项目采办程序

四、偏硬件混合型项目采办程序

偏硬件混合型项目采办程序适用于采办装备硬件为主、并行开发软件的项目。如图5.9所示,该程序由5个阶段构成:装备方案分析、技术成熟与风险降低(原技术开发)、工程与制造开发、生产与部署、使用与保障。该程序不仅设3个里程碑决策点A、B、C,还设4个决策点:里程碑A之前的装备开发决策点;里程碑A和B之间的2个决策点,即能力发展文件确认和研制征求建议书发布决策点;生产与部署阶段中间的全速生产决策点(大批量生产决策点)。

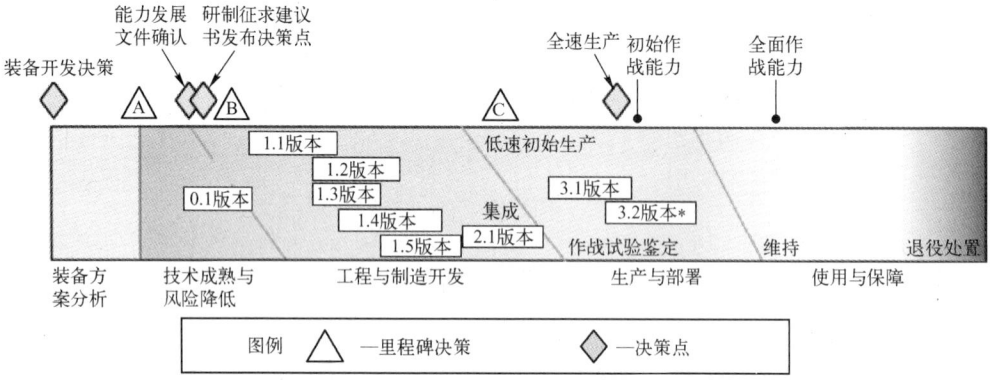

*整个项目过程中实际的版本数量和类型将取决于系统类型。

图5.9　2015年版偏硬件混合型项目采办程序

该程序在运行过程中,在技术成熟与风险降低阶段研发软件1.0版本,在工程与制造开发阶段软件不断升级为多个更新的版本。此外,在里程碑B和C决策时,对软件功能能力开发成熟度进行审查。

五、偏软件混合型项目采办程序

偏软件混合型项目采办程序适用于软件开发为主、需要与硬件集成的项目。该程序按照渐进式采办策略,由2个递增升级的小程序组成。如图5.10所示,第一个小程序由5个阶段构成:装备方案分析、技术成熟与风险降低、工程与制造开发、生产与部署、使用与保障。该程序不仅设3个里程碑决策点A、B、C,还设4个决策点:里程碑A之前的装备开发决策点;里程碑A和B之间的两个决策点,即能力发展文件确认和研制征求建议书发布决策点;生产与部署阶段中间的全面部署决策点。该程序要求高度关注软件与硬件集成所带来的风险。

六、快速采办程序

快速采办程序适用于战时急需采办项目、对抗潜在对手技术突袭的高技术采办项目。如图5.11所示,该程序由4个阶段构成:装备方案分析,并行技术成熟、风险降低与开发,并行生产与部署,使用与保障。该程序不仅设两个里程碑决策点A/B、C,还在A/B里程碑决策点之前设有装备开发决策点。

该程序在运行过程中,将里程碑A和B合并,将技术成熟与风险降低阶段和工程与

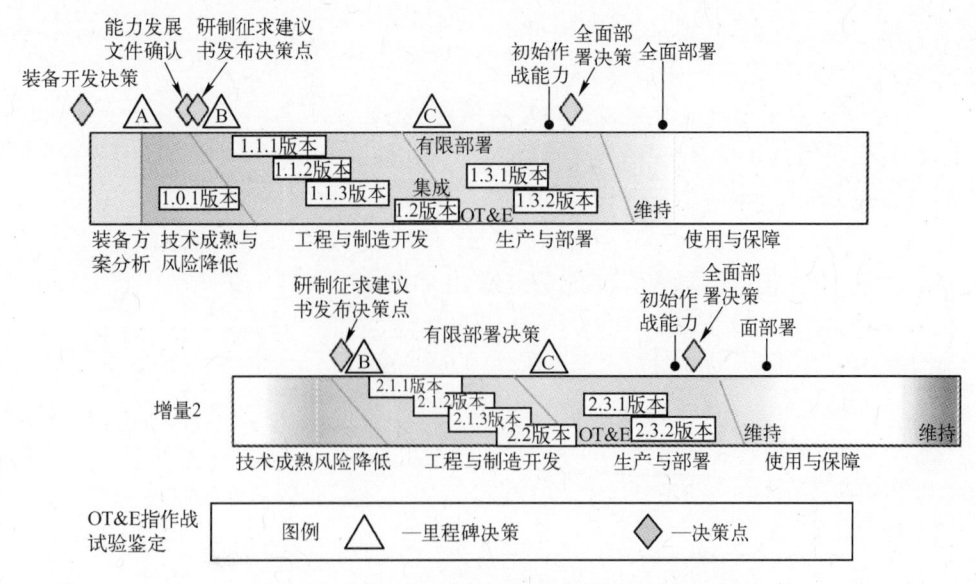

图 5.10　2015 年版偏软件混合型项目采办程序

研制开发阶段合并,同步进行生产与部署。此外,针对 4 种快速需求,采用 5 种快速采办方式,大幅缩短采办周期。

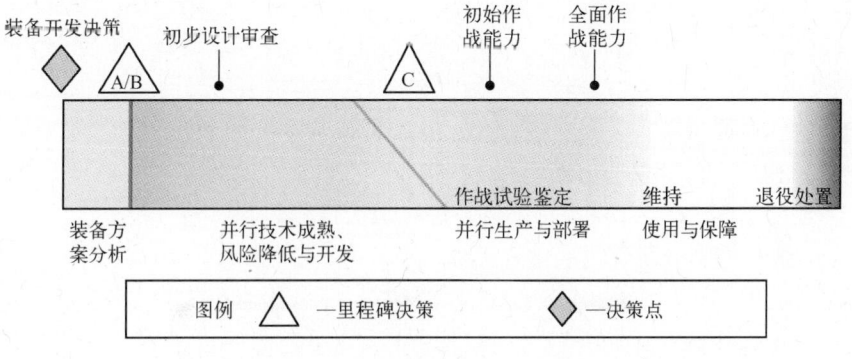

图 5.11　2015 年版快速采办程序

第三节　通用型采办程序各阶段的主要工作

通用型国防采办程序由装备方案分析、技术成熟与风险降低(原技术开发)、工程与制造开发、生产与部署、使用与保障等 5 个阶段构成,每个阶段的主要任务和主要工作各不相同,体现了各阶段的特点和要求。

一、装备方案分析阶段

装备方案分析阶段,原来曾称为方案论证阶段或方案精选阶段,是装备正式进入采办程序之前的前期论证准备阶段,主要任务是开展各类方案的比较研究,并选择最佳方案。近年来,美军越来越重视装备方案分析阶段的工作,且前期工作越来越细致、扎实,其主要目的是努力降低各类风险,确保论证工作充分,避免进入正式采办程序后出现大的反复。进入装备方案分析阶段必须经过一个重要的决策点——装备开发决策点,这也是国防采办程序中的第一个决策点。

(一) 装备方案分析阶段的装备开发决策点

装备开发决策的依据,是经过验证的初始能力文件(ICD)或同类需求文件、备选方案分析研究指南、备选方案分析研究计划的最终稿。装备开发决策用以指导备选方案分析工作的执行,并授权国防部部局开展装备方案分析工作。该决策点是所有国防采办产品采办进程的进入点,但直到里程碑 B 或里程碑 C(直接在里程碑 C 进入的项目),"采办项目"才算正式启动。

在装备开发决策点,成本评估与计划鉴定局局长(或国防部同级别下属部门)将提交备选方案分析研究指南,备选方案分析牵头部门将提交备选方案分析研究计划。同时,成本评估与计划鉴定局将备选方案分析研究计划下达给工作人员,并为下一个决策点(通常为里程碑 A)的相关准备活动提供资金,如合适时也包括工业企业进行的、用来确定备选方案的相关研究。

一旦装备开发决策获得批准,里程碑决策当局将指定牵头的国防部部局,决定采办项目进入哪一采办阶段,并确定初始的评审里程碑。里程碑决策当局的决策将记录在"采办决策备忘录"中,"采办决策备忘录"应附上经过批准的备选方案分析研究指南和备选方案分析研究计划。

(二) 装备方案分析阶段的主要任务

装备方案分析阶段的主要任务是:①将经过验证的能力差距转化成系统特定需求,包括关键性能参数(KPP)和关键系统属性(KSA);②制定采办计划,为产品采办策略决策提供支持;③开展备选方案分析,评估潜在的装备方案能否满足获得批准的初始能力文件所规定的能力要求,并选出成本效益好且能满足预期能力需求的最佳方案,开展成本、进度和性能之间的关键性权衡,以及经济可承受性分析和风险分析。

(三) 装备方案分析阶段的主要工作

装备方案分析阶段开展的工作很多,主要包括:①获得资金支持;②开展备选方案分析;③制定准备作战概念/作战模式概要/任务概要;④任命项目主任并组建项目管理办公室;⑤编制采办策略和采办计划;⑥编制试验鉴定主计划;⑦开展经济可承受性分析。这一阶段工作的主要目的是加强装备采办的前期论证工作,使以后开展的各项工作都有所计划,且准备充足,以最大限度地降低各类风险。需要说明的是,依据采办产品技术成熟度及其所需的工作,装备方案分析阶段工作完成后,进入里程碑 A 决策评审。评审通过后,可以进入技术成熟与风险降低阶段,也可以进入工程与制造开发阶段,甚至可以直接进入生产与部署阶段。

1. 获得资金支持

在装备方案分析阶段,项目负责人要论证采办项目所需经费,努力获得军种、国防部、总统办公室和国会的资金支持。通常情况下,本阶段所需的资金下限应能够保障装备开发备选方案的分析和选择,以及为支持进入下一阶段决策而必须完成的活动,同时技术开发、方案分析及设计工作也应在此阶段得到资金支持。

2. 开展备选方案分析

装备方案分析阶段开展的最核心工作,就是项目负责人组织承包商开展备选方案分析,并选择最佳方案。经过验证的初始能力文件和备选方案分析研究计划,将用于指导备选方案分析和装备方案分析阶段的工作。方案分析工作着重确定和分析各种备选方案、有效性测量方法、成本和能力之间的重要权衡、全寿命成本、进度、作战概念和总体风险。备选方案分析将与可承受性分析、成本分析、保障考虑、早期系统工程分析、威胁预测和市场研究相互联系。

3. 制定准备作战概念/作战模式概要/任务概要

装备方案分析阶段完成前,国防部部局(包括军种和国防部直属业务局)作战开发人员将制定作战概念/作战模式概要/任务概要(CONOPS/OMS/MP),包括作战任务、事件、持续时间、频率、作战条件以及建议装备方案执行每次任务各个阶段的环境。作战概念/作战模式概要/任务概要将提供给项目主任,并告知其下一个阶段需要制定的计划:采办策略、试验计划和能力需求权衡。作战概念/作战模式概要/任务概要也会作为下一个阶段建议征求书的附件,提供给工业部门。

4. 任命项目主任并建立项目管理办公室

在装备方案分析阶段,部局采办执行官要为每个采办项目任命一名项目主任。项目主任必须是国防采办领域的职业化管理人员,必须具备工程研制或技术开发相关的管理工作经验,掌握合同签订、工业企业和用户需求等知识。项目主任应具有类似采办项目的经验,并通过《国防采办队伍加强法》Ⅲ级项目管理认证。Ⅰ类或ⅠA类采办项目的项目主任,应在启动某一采办阶段的重要里程碑或决策点前(提前约6个月)到任。新的项目主任应负责领导转阶段评审的准备工作,确保通过评审,并负责管理后续阶段的采办执行工作。项目主任绩效考核的指标是成功执行其计划且获得里程碑决策当局的批准。项目主任任职时间应至少为4年,或在距离4年任期最近的采办阶段工作全部工作完成后结束任职。

5. 编制采办策略和采办计划

项目主任牵头组织力量编制采办策略和采办计划,并获得里程碑决策当局的批准。采办策略是项目主任实施武器采办计划时所遵循的总原则,它贯穿整个研制与生产过程,并随着计划的推进反复修订、逐步完善。每个采办计划都应该建立一个采办计划基线,即在计划开始启动时以书面形式确定该计划的费用、进度和性能的目标值和限值。其中:目标值是指使用部门希望得到和项目主任力图达到的值;限值是指按用户判断能满足其需要的最低值。对于重要采办计划,除非另外规定,否则性能限值就是目标值,进度限值是目标值加上6个月(Ⅰ类采办计划)和目标值加上3个月(ⅠA类计划),成本限值是目标值再加目标值的10%。采办计划基线由项目管理办公室负责制定。

6. 编制试验鉴定主计划

试验鉴定主计划是规划试验鉴定的总体结构和目标的文件,它阐述了有关试验鉴定计划的进度和资源等内容,具体编制工作由项目主任牵头,相关试验鉴定部门参与。项目主任采用试验鉴定主计划作为一体化试验项目的主要规划和管理工具。只要可行,采办项目应以一体化的方式开展试验,允许所有的利益相关方使用试验数据来证实各自的功能。一体化试验要求协同规划和实施各个试验阶段和事件,为利益相关方提供共享数据支持其进行独立分析、鉴定和报告,特别是系统工程、研制(承包商和政府)和作战试验鉴定机构。项目主任要建立一个一体化试验规划小组,其成员包括经授权的试验数据提供方代表和使用方代表(包括所有恰当的利益相关方),以确保通力合作,并制定完善、高效的试验战略来支持采办全寿命周期内的系统工程、鉴定和认证。

7. 开展经济可承受性分析

项目主任通过一体化产品小组开展采办项目的全寿命经济可承受性分析,全寿命经济可承受性和费用分析主要是弄清楚费用增长的因素,比较各竞争方案的费用差异,为进入里程碑决策点 A 提出基本的费用估算。

(四) 装备方案分析阶段的完成标志

装备方案分析阶段的完成标志是:①国防部部局完成了支持进入下一个决策点(里程碑决策点 A)和采办阶段所需的分析和活动;②威胁评估和新武器性能指标已经核实、验证;③研究结果证明新武器确有必要;④新项目的环境后果已经分析清楚,其解决办法也已明确;⑤预期的全寿命费用和年度经费需求未超出长期投资计划的承受能力范围;⑥人力财力充足,能保证新武器得以列项。

二、技术成熟与风险降低阶段

技术成熟与风险降低阶段,原来称为技术开发阶段,此阶段主要目的是增加技术成熟度,避免和降低各类技术风险,为进入型号研制做好技术准备。

(一) 技术成熟与风险降低阶段的主要任务

技术成熟与风险降低阶段的主要任务是降低技术、工程、集成和全寿命成本风险,以便在确信项目生产、制造和保障能够顺利进行的前提下,做出签署工程与制造开发合同的决策。在本阶段,能力需求成熟并通过验证,并确定经济可承受性的若干上限要求。

(二) 技术成熟与风险降低阶段的主要工作

技术成熟与风险降低阶段增加了两个决策点——能力发展文件确认和研制征求建议书发布决策点,主要目的是加强相关部门对能力发展文件和研制征求建议书等重要工作的评审,避免和降低各类风险。

1. 开展技术成熟(含样机研发)和风险降低工作

本阶段工作通常包括参与竞争的供应商开展的技术成熟和风险降低工作,以及初步设计工作。初步设计活动是指初步设计审查(PDR)(选择工程与制造开发阶段供应商之前开展)之前(含初步设计审查)的设计工作。如果为降低风险而开发的原型样机确实能够降低工程和制造开发风险,且经济可接受,那么风险降低工作中应包括在整机、分系统或部件层次开发原型样机。

里程碑 B 之前的竞争样机、单个样机(如果样机竞争不可行)、关键分系统样机的相关内容必须是采办策略的一部分,这对重要国防采办项目来说是法令性要求,对其他所有项目来说则是规章性要求。若出现下列情况,里程碑决策当局可以在里程碑 A 或在此之前免除竞争性样机的相关要求:生产竞争性样机的成本超出了预期的生产竞争性样机的全寿命周期效益(定值美元),如在提高性能、提升技术和设计成熟度等方面;成本超出了通过样机竞争可能获得的效益。如果不免除上述要求,国防部的某些国家安全目标可能无法实现。

2. 开展技术成熟度评估(TRA)

本阶段工作的方法很多,应选取特定方法,降低与所采办产品相关的特定风险。在本阶段,应使用技术成熟度评估(TRA)指南中的技术成熟度等级作为技术风险基准,针对优选设计相关的实际风险进行深度分析,并将分析结果和建议的风险降低措施提交给里程碑决策当局。

采办策略将指导本阶段工作的开展。采办策略中明确规定,在作战用户和装备开发商证实优先方案是可行的、经济可承受的、可保障的、满足验证过的能力需求的、技术风险可接受的之前,进行多轮技术开发演示验证是有必要的。关键项目信息应在本阶段得到明确,应同步实施项目保护措施,防止泄露关键信息。本阶段应对拟采办产品的工程与制造开发、生产、研制与作战试验、全寿命保障等工作进行规划。政府将更新项目知识产权策略,确保能够完成采办策略中提出的后续保障工作,并将备品和大修竞争包括在内。

在本阶段以及能力发展文件(或其同类文件)验证前,项目主任应进行系统工程权衡分析,说明成本和能力作为主要设计参数的函数,如何随其变动而发生变化。该分析将支撑能力发展文件中优化调整关键性能参数/关键系统属性的相关评估工作。能力发展文件(或同类需求文件)中提出的能力需求应符合项目经济可承受性目标。

3. 进一步开展需求细化分析

能力发展文件验证后,项目主任将进行附加需求分析,包括:需求分解和分配、内外接口定义以及进入初步设计审查的设计工作。除非里程碑决策当局免除,将在里程碑 B 前进行初步设计审查。

4. 更新采办策略

在技术成熟与风险降低阶段,项目主任将对项目的平衡性进行计划,准备后续决策点和阶段,并向里程碑决策当局提交一份更新后的采办策略。更新后的采办策略将描述获得能力的总体方法,包括项目进度、风险、投资和商业策略。商业策略将描述合同签订方法原理,以及如何在项目的全寿命周期内保持竞争,并细化合同激励措施,保障国防部目标的实现。为了避免重新计划和项目中断,应在准备下一阶段最终的建议征求书前,及时将更新后的采办策略提交给里程碑决策当局批准。

5. 制定全寿命保障计划

技术成熟与风险降低阶段要制定全寿命保障计划,考虑全寿命管理工作。本阶段应着手进行保障阶段的计划工作,此时需求权衡和早期设计决策依然在进行过程之中。项目主任负责确定最终版本的保障需求,并将其分解成更为详细的需求,以便为初步设计审查及后续工作提供支撑:支撑系统与产品保障集的设计权衡;支撑试验鉴定计划;为产品保障合同和组织保障需求提供性能标准定义;提供后勤需求、工作量估算和后勤风险评估。此外,项目主任将把产品保障设计集成到总体设计进程中,并评估提高保障性的有利因素,例如诊断和预测,以便列入系统性能规范。随着设计的不断成熟,项目主任将确保全寿命周期的经济可承受性作为工程与保障权衡因素之一。

6. 开展能力发展文件确认决策

(1) 能力发展文件确认。在技术成熟与风险降低阶段,需求确认当局将确认项目能力发展文件(或同类需求文件)。该确认将在研制征求建议书发布决策点前进行,并为初步设计工作和初步设计审查提供依据,除非里程碑决策当局免除,上述工作将在里程碑 B 之前进行。在需求权衡提议的制定和审查过程中,采办领导层(包括里程碑决策当局)和需求领导层(包括需求确认当局,对于重要国防采办项目和重要自动化信息系统项目,具体是指联合需求监督委员会)之间应开展切实有效的合作,以确保经过确认项目的相关需求,能够以划算和经济可承受的方式持续满足国防部部局和联合部队的优先需要。里程碑决策当局和部局采办执行官(当里程碑决策当局是国防采办执行官时)将参与确认当局在确认前的能力发展文件(或同类需求文件)评审和人员调配工作,确保需求是技术可实现的、经济可承受的、可以进行试验确认的,并且需求权衡建议要全部基于项目主任或国防部部局完成的系统工程权衡分析。

经过确认的初始能力文件中包含的关键性能参数和关键系统属性将指导初步设计审查之前的工作,并明确研制征求建议书发布决策点。在环境条件有保证的情况下,可以向应用能力需求确认当局提出对关键性能参数和关键系统属性进行修改的请求。所有非关键性能参数需求(能力需求确认当局制定时)都需要进行成本性能权衡和调整,以满足经济可承受性限制。成本性能权衡(针对非关键性能参数需求)工作应与相关的能力需求确认当局进行协调。

(2) 组建技术状态指导委员会,负责需求变化管理。 对于 I 类和 IA 类采办项目,随着能力发展文件确认工作的开展,每个国防部部局的采办执行官都将主持并组建一个技术状态指导委员会。该委员会的成员包括国防部采办、技术与后勤副部长办公室的高层代表(包括采办助理部长)、联合参谋部代表(J8 局部队结构、资源与评估主任)、国防部首席信息官的高级代表、来自军种参谋长办公室和相关军种部审计办公室的授权代表、来自其他军种部(如必要)的代表、国防部部局采办执行官的军事帮办、计划执行官和其他来自国防部长办公厅和国防部部局的高级代表(如必要)。国防部部局还应为较低层次的采办项目建立适当等级和人员构成的技术状态指导委员会。

技术状态指导委员会至少每年召开一次会议,如能力需求或内容权衡需要,将频繁召开会议,以审查处于研制、生产和保障阶段的 I 类和 IA 类采办项目的所有需求变化和重大技术状态变化,这些变化有可能对项目成本和进度产生影响。技术状态指导委员会将审查潜在的能力需求变化,并向需求确认当局提议实现生产和保障成本经济可承受性限制目标所需的调整和变化,或能够生产高成本效益产品的相关变化。增加成本的变化将不予批准,除非有资金支持而且对项目进度影响不大。技术状态指导委员会将在收到经过确认的初始能力文件或其他经过确认的需求文件后,或在研制征求建议书发布决策点前认定项目需求。国防部部局采办执行官也可以决定在项目早期阶段建立技术状态指导委员会。

项目主任应至少每年与计划执行官、需求主办部门协商一次,确定一批拟建议的需求变化,并提供给技术状态指导委员会,包括降低项目成本的措施以及响应威胁发展的稳缓的需求变化。在向技术状态指导委员会提交上述方案时,应附支撑材料说明作战影响。技术状态委员会主席将向国防部部局需求当局、确认当局和国防采办执行官(如为 ID 类采办项目或重要自动化信息系统项目,且关键性能参数受到影响)建议采纳其中的某项方案并予以实施。

7. 开展研制征求建议书发布决策点

该决策点授权发布工程与制造开发(EMD)建议征求书,通常也作为低速初始生产(LRIP)或有限部署的方案选择。该决策点审查是采办项目中的关键决策点。项目成功实现部署能力或失败,将取决于能力要求的合理性、项目的经济可承受性和采办策略的可执行性。在该决策点,通过邀请企业提交符合采办策略的标书来实施采办策略。工程与制造开发征求建议书的发布启动了所有后续工作。这是最后一个可以在不出现大的中断情况下做出重大调整的节点。

研制征求建议书发布决策点的目的是确保在工程与制造开发征求书发布前,使用合理的商业技术方法,完成可执行且经济可承受的项目计划编制工作。该决策点的一个目标是在已经完成来源选择即将签订合同时,避免在里程碑B发生任何重大项目延误。因此,在发布最终建议征求书前,应确保:招投标项目需求是稳定且叙述清楚的;研制和生产的风险已经或将在合同签订和/或方案实施前得到充分降低;项目结构、内容、进度和资金是可行的;业务方法和激励措施既能为政府提供最大价值,又能公平合理对待企业。

在研制征求建议书发布决策点,项目主任将对技术成熟与风险降低阶段的进展和结果进行总结,并审查工程与制造开发阶段的采办策略。应特别关注:总体经济可承受性;竞争策略和激励机制;利用小企业的规定;包括任何"最佳值"确认的来源选择标准;框架构想;工程与可保障性权衡及其与已确认能力需求的关系;适合系统的威胁预测;应计成本目标;风险管理计划;项目进度依据。

研制征求建议书发布决策点所需的文件应在审查前至少45天内提交。这些文件可能需要进行更新,以便在里程碑B之前获得相关当局的最终批准。依据来源选择结果,可授予相关的工程与制造开发合同。如果项目的国防采办执行官是里程碑决策当局,则工程与制造开发征求建议书及其附件的相关部分将由支援本决策点的国防部长办公厅相关参谋人员,在获得有管辖权的合同签订官书面授权后进行审查。

对于重要国防采办项目和重大装备系统而言,里程碑决策当局将在研制征求建议书发布决策点决定初步低速初始生产数量(或重要自动化信息系统项目的有限部署范围)。低速初始生产数量将为作战试验鉴定(OT&E)提供最低需求数量的生产试验样品(重要国防采办项目或特别关注项目应由作战试验鉴定局长决定),以建立系统初始生产基础、在全速生产前逐步提高效率,并在作战试验结束前保持生产的连续性。在生产数量确定后提交给国会的首份选择性采办报告中,必须包含重要国防采办项目的最终低速初始生产量(如该数量超过采办策略文件规定的总生产量的10%,则要说明理由)。

在研制征求建议书发布决策点做出的决策将记入采办决策备忘录。采办决策备忘录将记录获得里程碑C批准所需的特定标准,包括所需的试验成果、低速初始生产量、经济可承受性要求和《未来年份国防计划》资金需求。

(三) 技术成熟与风险降低阶段的完成标志

技术成熟与风险降低阶段完成的主要标志是:成功地完成了利用样机演示系统、分系统、部件的工作;制定了确定计划与降低风险阶段的任务范围和系统的性能要求;确定了最佳的技术途径;综合权衡了系统的成本、进度、性能、风险等主要指标;对把所提议的武器系统的成本同其他具有竞争力的备选系统进行比较,确信所提的系统是最佳的;对下一阶段的成本和进度做出了可信且可接受的估计;承诺一旦完成工程研制即可进入生产阶段;阶段决策当局批准并签署了确定计划与降低风险阶段的采办决策备忘录。

三、工程与制造开发阶段

工程与制造开发阶段,原来称为系统开发与演示验证阶段,此阶段主要目的是开展型号研制和试验鉴定,为进入生产阶段做好准备。

(一) 工程与制造开发阶段的主要任务

工程与制造开发阶段的主要任务是研制、制造和试验一种产品,以证实:已经满足所有作战和衍生需求,以及支持生产或部署决策;完成所有所需的硬件和软件详细设计;系统地消除任何暴露出的风险;制造并试验样机或首批产品,以证实满足能力需求;准备进行生产或部署。

(二) 工程与制造开发阶段的主要工作

1. 开展详细设计工作

工程与制造开发阶段完成所有所需的硬件和软件详细设计;系统地消除任何暴露出的风险;制造并试验样机或首批产品,以证实满足能力需求;准备进行生产或部署。包括为所有技术状态项目建立初始产品基线。开展系统设计工作,包括试验品制造和/或软件组件或增量编码前的一系列标准设计审查,多次设计迭代可能是必要的,由此融合为最终的生产设计。开展里程碑 B 后初步设计审查。如免除了里程碑 B 前的初步设计审查,项目主任将在项目启动后尽快做出初步设计审查计划安排。初步设计审查对每一个技术状态项目的审查,以评估选定的设计方法的进展、技术充分性和风险消除情况,确定其与发展规范的性能和工程要求的适应性,并确定这一项目装备、设施、计算机程序和人员与其他项目间的物理和功能接口的情况和兼容性。

2. 开展研制试验鉴定

研制试验鉴定为项目主任提供设计过程进展和产品符合合同要求情况的反馈。研制试验鉴定活动还将鉴定系统性能以提供有效作战能力,包括:满足经确认及衍生的能力要求的能力;验证系统实现关键性能参数和关键系统属性的能力;初始系统生产与部署和作战试验鉴定能够得到支持。需要根据试验鉴定主计划完成研制试验鉴定活动。使用生产或部署代表性样机试验品成功完成充分试验,通常是进入低速初始生产或有限部署的主要依据。

3. 开展早期作战试验鉴定

由部局作战试验机构进行的独立作战评估通常在工程与制造开发阶段进行。这些活动可能采取对研制试验结果的独立鉴定或单独的专用试验活动形式,如有限用户试验。在可行时,研制和作战试验活动应尽可能彼此结合起来进行计划,以提供一个有效的总体试验项目。

4. 开展生产、部署和维持准备

在工程与制造开发阶段,项目主任将最终确定产品保障元件的设计,并将其集成到综合产品保障包中。在工程与制造开发阶段早期,项目主任的初始产品保障性能要求分配将根据工程审查结果确定。在工程与制造开发阶段后期,项目将通过试验演示验证产品的保障性能,确保系统设计和产品保障包满足在里程碑 B 建立的经济可承受性上限范围内的维持要求。

5. 同步开展型号研制和生产

在大多数硬件密集型产品项目中,初始生产和研制试验完成存在一定程度的并发性,一些设计和开发工作尤其是软件完工安排在初始生产决策后进行。开发和生产同时进行,尽管可以缩短部署系统的交付时间,但也会增加生产开始后设计变更和昂贵改型的风险。项目规划人员和决策当局应根据一系列因素,确定可接受或理想的并行程度。但一般而言,应根据全尺寸工程与制造开发样机的研制试验提出合理预期,即设计稳定且不会在进入生产决策后发生重大变化。在里程碑 B,将确定在里程碑 C 进行初始生产或部署的特定技术活动标准,并记录在里程碑 B 采办决策备忘录中。

6. 多年采购生产项目的提前采购

在可获得资金条件下,里程碑决策当局可以在工程与制造开发阶段内的任何时点,或在研制征求建议书发布决策点或里程碑 B 授权长周期生产项目。为了提供向生产阶段更高效的过渡,应在里程碑 C 生产决策点之前采购这些项目。指定项目的长周期拨款数额取决于所采办产品的类型。产品目录显示了为顺利实施生产,而提前采购所选部件或子系统的需求。长周期授权应记录在采办决策备忘录中,并规定授权采办决策备忘录中仅列入有限的内容(例如,列出项目的相关条目信息)和/或美元值。

此外,应明确政府和主系统集成商(LSI)的职责和任务分工。在承包商履行采办相关活动时,项目主任应强调适度检查和权衡的重要性,并确保政府切实履行职能。如果某个重要系统的采办策略要求采用一个牵头的主系统集成商,在牵头的主系统集成商重要系统范围内、研制或建造单个系统或系统体系组成部分过程中,不应将合同授予拥有或预期获得直接财务利益的报价人。根据《美国法典》第 10 篇第 2410p 节规定,里程碑决策当局可以批准例外情况,但需要向参议院和众议院武装部队委员会提供证明。

(三) 工程与制造开发阶段的完成标志

工程与制造开发阶段完成的主要标志是:设计稳定时;系统满足试验鉴定主计划规定的、经研制和初始作战试验验证的能力要求;制造工艺得到有效验证并处于控制之中时;软件确认程序就绪并正常发挥作用时;工业生产能力合理实现时;系统已经满足或超出所有指定的工程与制造开发阶段放行标准和里程碑 C 进入标准时。工程与制造开发通常将继续通过初始生产或部署决策,直到所有工程与制造开发活动完成和所有需求已经得到试验验证。

四、生产与部署阶段

生产与部署阶段主要负责小批量生产和大批量生产,开展作战试验鉴定工作,并将武器装备部署部队。

(一) 生产与部署阶段的主要任务

生产与部署阶段的主要任务是小批量生产和大批量生产,并向军事接收单位(装备使用部门)交付满足要求的武器装备和相关产品。在本阶段,当指定作战机构完成装备和训练且被确定有能力执行任务作战时,相关作战当局将宣布具备初始作战能力。

(二) 生产与部署阶段的主要工作

生产与部署阶段的主要工作也比较多,主要包括低速初始生产与有限部署、作战试验鉴定、全速生产决策或全面部署决策、全速生产或全面部署。

1. 开展低速初始生产与有限部署

低速初始生产(小批量生产)的主要工作是为系统或能力增量建立初始生产基础,提供作战试验鉴定试验样品,为进入全速生产提供产能高效提升基础,并在作战试验鉴定完成前保持生产的连续性。对于Ⅰ类采办计划,低速初始生产数量由国防部采办、技术与后勤副部长决定,但一般不超过采办总量的10%。对于舰艇和军用卫星计划项目,低速初始生产就是保持动员的最低数量和生产速度,其生产数量由里程碑决策当局(Ⅰ类采办计划由国防部采办、技术与后勤副部长)会同作战试验鉴定局长商定后决定。

虽然本阶段持续时间应进行限定,以便尽快且尽可能以低成本实现高效生产,但仍应留出充足时间进行全速生产前的缺陷鉴定与消除。软件开发有限部署的主要目的是支持作战试验鉴定,以及能够根据项目策略,用于在全面部署前尽早向用户提供经过试验的作战能力。

2. 开展作战试验鉴定

相关作战试验机构将在现实威胁环境中进行作战试验。威胁环境将以项目系统威胁评估报告和适当场景想定为基础。对于重要国防采办项目、重要自动化信息系统项目和列于作战试验鉴定主任监督清单上的其他项目,作战试验鉴定主任应在里程碑决策当局做出继续低速初始生产后续活动的决策前提供一份报告,阐明作战试验鉴定主任对项目是否具有作战有效性、适合性和可生存性的判断和观点。对于列入作战试验鉴定主任监督清单上的项目,应按照经过批准的试验鉴定主计划和作战试验计划进行作战试验。如作战试验鉴定主任监督清单上的项目没有进行低速初始生产,必须至少提供生产样品,以便进行所需的作战试验。

3. 开展全速生产决策或全面部署决策

生产与部署阶段期间,低速初始生产完成后,里程碑决策当局将进行审查,评估初始作战试验鉴定、初始制造和有限部署的结果,并确定是否批准进入全速生产或全面部署。继续进行全速生产或全面部署,要求制造工艺验证可控、性能和可靠性可接受,并建立适当的维持和保障系统。

在做出全速生产决策(大批量生产决策)或全面部署决策时,里程碑决策当局应考虑可能影响作战效能、新的经确认的威胁环境,并应与需求确认当局协商,以此作为决策制定程序的一部分工作,确保能力需求适合当前情况。

除获得里程碑决策当局特别批准外,在进行低速初始生产或有限部署后续活动前,应消除试验中发现的关键缺陷。后续试验鉴定应检验补救措施。

进入全速生产或全面部署的决策将记入《采办决策备忘录》中。

4. 开展全速生产与全面部署

开展武器装备向作战用户全面部署。在此期间,开展后续作战试验鉴定。旨在进一步完善作战试验鉴定期间所作的估计,评定变更情况和重新鉴定武器系统,监督系统的性能和质量,以确保系统仍符合作战要求,而且在新的环境中或对付新的威胁时仍然有效。

(三) 生产与部署阶段的完成标志

生产与部署阶段完成的主要标志是:生产的武器系统已经满足或超出所有指定的生产与部署阶段放行标准,且作战试验鉴定合格。

五、使用与保障阶段

使用与保障阶段主要开展装备交付部队后的维修保障以及退役处置工作。

（一）使用与保障阶段的主要任务

使用与保障阶段的主要任务是实施产品保障策略，满足装备的战备和作战保障性能要求，并在系统整个寿命周期内维持系统，开展装备维修保障和装备退役处置工作。

（二）使用与保障阶段的主要工作

使用与保障阶段有两项主要工作是：①维持，负责制定保障计划，开展维修保障，开展后续作战试验鉴定；②退役处置，即装备结束服役后的处置。

1. 维持

(1) 制定全寿命保障计划。在本阶段，项目主任要制定和完善全寿命保障计划，使用产品支持包，并监控其效果。全寿命保障计划应包括商业、成建制及合作的产品保障提供商之间分期过渡。项目主任应确保对资源进行规划，获得必要的知识产权可交付成果和相关的许可权、工具、设备和设施，保障用来提供产品保障的各级维修，并应根据法规和全寿命保障计划建立必要的成建制基地级维修能力。

(2) 降低后勤保障成本。一个成功的项目将满足维持性能要求，保持经济可承受性，并在整个使用与保障阶段，通过实施应计成本管理和其他技术，持续寻求成本降低。做到这一点，需要与作战部门（用户）、资源管理部门和装备部门等利益相关方密切合作，有效管理保障协议与合同。在使用与保障阶段，项目主任应使用维持指标测量、评估和报告系统战备情况，并对偏离采办项目基线和全寿命保障计划中确定的绩效指标趋势实施纠正措施。

(3) 开展后续作战试验鉴定。后续作战试验鉴定是在批准武器装备进入生产和部署阶段后进行的一种试验鉴定，旨在进一步完善作战试验鉴定期间所进行的估计，评定变更情况和重新鉴定武器系统，监督系统的性能和质量，以确保系统仍符合作战要求，而且在新的环境中或对付新的威胁时仍然有效。后续作战试验鉴定包括武器系统和后勤保障系统的后续作战试验鉴定。

2. 退役处置

系统有效寿命结束时，应按照安全（包括爆炸物安全）、保密和环境相关的所有法律法规要求和政策，对系统进行去军事化和报废处置。美军大型装备退役后主要有6种处置方式，即：封存储备、出售租赁给他国、用于训练或试验、在博物馆供参观、建造暗礁以及回收再利用等。

(1) 封存储备。封存储备是美军处置退役装备优先考虑的方式，可以节约大量的使用和维护费用。此外，性能较为先进的退役装备作为战略储备，一旦需要可以快速启封，迅速恢复作战性能并投入使用。美海军建立了"国防预备役舰队"制度，由退役封存的战斗舰船、军辅船以及商船组成，主要驻泊在加利福尼亚州贝尼西港、弗吉尼亚州尤斯迪斯堡和得克萨斯州博蒙特，可在战时重返现役。

(2) 出售租凭给他国。退役装备经过改装后进入国际军火市场，以出售、租赁、无偿转让等方式，提供给其他国家和地区，达到政治、军事、经济目的。退役装备在出售前往往要经过改装，有的则是加装先进部件提升其性能，有的则是拆卸某些部件进行技术保护。

(3) 用于训练或试验。将退役装备作为训练靶标、试验模拟目标、运载工具等，继续挖掘其"剩余价值"，是美军装备退役处置的一种常用做法。美空军退役飞机大多改装为无人机的候选机，主要用于侦察与情报收集、电子干扰、新技术验证、飞行训练及训练靶机。

(4) 在博物馆供参观。对于参与过重大历史事件或具有重要纪念价值的主战装备，美军一般选择送入各类博物馆或教育基地。此外,将退役装备捐赠给教育或科研机构作为教学研究之用。

(5)建造暗礁。将退役装备沉入海底,使其成为人工暗礁是美军处置退役装备的一种新方式,这种方式耗资少,收益高且过程简单。美军在执行海外部署或作战时,如果把报废坦克等"铁甲垃圾"运回本国进行切割、投炉销毁成本过高,因此会派大型舰船将其倾倒至指定海域。

(6)回收再利用。回收再利用是指对装备进行拆卸,拆卸后的部分部件经处理后再用作他处,其余则进行回收再生。例如,核动力潜艇由于受核不扩散条约限制,退役后不能卖给其他非核国家,而且由于技术先进、政治敏感等因素,美国也不会选择将其出售,因此大多采取拆解处理的方式。

第四节 里程碑的决策评审

美军通用采办程序设有里程碑 A、里程碑 B 和里程碑 C 3 个里程碑决策点。**里程碑 A,又称为风险降低决策点**,是寻求特定产品或设计方案的投资决策点,确定实现技术成熟和/或降低风险所需的资源,相关风险必须在做出研制投资决策前得以降低。其主要任务是评审项目的方案选择工作以及选定方案的技术开发草案,决定项目是否进入技术成熟与风险降低阶段,并发布技术成熟与风险降低阶段的最终版建议征求书。负责该项目的国防部部局可以决定内部开展技术成熟和风险降低工作,或授予本阶段相关的合同。**里程碑 B,又称为研制决策点**,授予研制合同,通常是采办项目的正式启动点。里程碑决策当局将批准采办项目基线(APB),将资源授予具体的项目,制定预算安排,选择供应商,明确合同条款与进度安排,确定进入生产部属前的一系列事件。其主要任务是对技术开发阶段的技术风险降低及成熟度提高工作进行评审,审查系统集成方案,确定低速初始生产量,进行最终演示验证,确保技术、工程、集成、制造、维持和成本风险等各类风险已经充分降低,要求能力需求经过确认,《未来年份国防计划》有充足投资,以及通过独立的成本估算(ICE)证明生产与维持阶段经济可承受性目标合规,最终决定项目是否进入工程与制造开发阶段。**里程碑 C,又称为小批量生产决策点**,授予小批量生产合同,其主要任务是根据研制试验鉴定的结果评审工程与制造开发阶段工作的完成情况,决定项目是否进入低速初始生产阶段。

国防采办管理层在采办项目里程碑决策点处做出的决策,称为里程碑决策,是项目是否按照采办程序继续执行的关键控制要素,直接决定着项目是否启动、继续、调整或中止。美军的里程碑决策点审查制度基于采办全寿命管理理论和采办程序的阶段划分,采办管理和执行部门可以通过正式的阶段审查逐步明确各阶段的费用、性能、进度目标和采办策略,评审已完成工作的效果,及时发现潜在的技术风险和成本增长隐患,协调采办工作与需求和资源的关系,保证项目在需求明确、技术成熟、成本可承受的前提下继续进行。同时,里程碑决策点审查制度强化了国防部、军种和项目管理办公室之间的联系与沟通,提高了项目信息的真实性和时效性,扩大了成本、性能和进度等指标的权衡空间,对于提升美军装备采办效益发挥了重要作用。

里程碑决策点评审具备制度设计的系统性和连贯性特征,因此,3 个里程碑决策点的任务虽然各异,但在评审主体、评审程序和评审结果处理等方面均有共性。本节重点介绍3个里程碑决策点在上述方面的共性内容,并适当说明在审查内容方面的主要区别。

一、里程碑决策评审主体

在美军的装备采办管理组织体系中,国防采办执行官、军种采办执行官、计划执行官、项目主任共同构成独立的、由上至下的采办指挥链条。里程碑决策点审查组织体系也围绕这一采办指挥链展开,呈现出明显的层次化特征,其总体结构如图5.12所示。

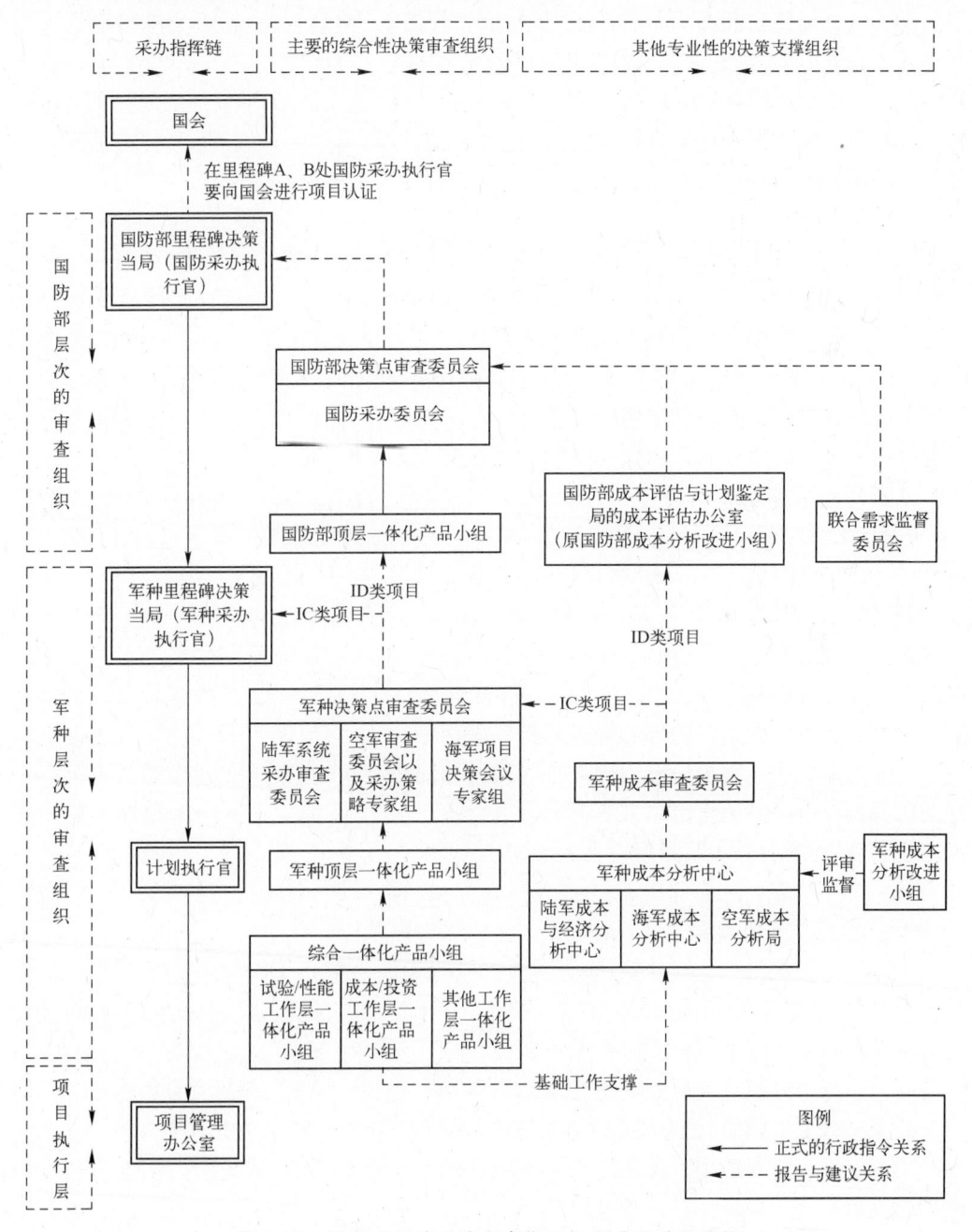

图5.12 美军里程碑决策点审查组织体系的总体结构

（1）纵向上，审查组织体系主要分为国会、国防部和军种3个层次。IC类项目的审查工作主要由军种层次审查组织完成；ID类项目要经过军种和国防部两个层次的审查；国会对重大项目具有监督职能，重大国防采办项目的里程碑A评审和里程碑B评审在开始审查前必须获得国会的准许。

（2）横向上，审查组织体系可分为主要的综合性决策审查组织和专业性的决策支撑组织2个序列。主要的综合性决策审查组织是指决策点审查委员会和一体化产品小组，其审查活动构成里程碑决策点审查的主线。鉴于需求和成本的重要性及特殊性，美军设置专业组织进行独立审查。需求方面，主要由联合需求监督委员会对I类项目进行里程碑决策点的需求审查；成本方面，IC类项目的成本审查由军种成本审查委员会、军种成本分析中心等完成，ID类项目则要在此基础上经过成本评估与计划鉴定局的独立审查，两类项目的独立成本审查结果分别提交给军种和国防部的决策点审查委员会，为里程碑决策提供依据。

（一）国会

为了进一步防止重大国防采办项目"拖、降、涨"现象的发生，国会不断加强其对国防采办项目的监督职能，除了以往要求国防部向其提交重大国防采办项目的基线报告、《选择性采办报告》和《采办单位成本报告》以外，还要求重大国防采办项目在里程碑A评审之前，由里程碑决策当局向其提交有关备选方案分析工作完成情况、成本评估和可支付情况、投资到位情况、需求稳定情况等重要信息的认证，确保项目在风险可控的条件下通过里程碑审查。

（二）里程碑决策当局

里程碑决策当局是项目能否通过某一里程碑决策点的最终决定者。对于ID类项目，里程碑决策当局是国防采办执行官，即国防部采办、技术与后勤副部长；对于IC类项目，里程碑决策当局是军种采办执行官。在里程碑A，IC类项目的审查工作主要由军种层次审查组织完成，并由军种采办执行官做出里程碑决策；ID类项目在经过军种层次的审查后，还要由国防部层次的审查组织进行审查，最后由国防采办执行官做出决策。国防采办执行官可以授权国防部部局首脑担任里程碑决策当局，国防部部局首脑可以进一步授权部局采办执行官担任里程碑决策当局。国防采办执行官在认为合适时，也可以授权国防部长办公厅其他官员担任里程碑决策当局。由于里程碑决策的重要性和决策过程的复杂性，通常设立决策点审查委员会辅助决策，并且里程碑决策当局就是该审查委员会的主席。

（三）国防采办委员会（DAB）

在国防部层次，负责里程碑决策点审查的常设组织主要是指国防采办委员会。该委员会针对ID、IAM类项目向国防部采办、技术与后勤副部长提出建议。国防采办委员会的前身是国防系统采办审查委员会（DSARC），1995年国防部发布第5000.49号指令，正式将国防系统采办审查委员会变更为国防采办委员会，并明确了该组织的职能任务。国防采办委员会是ID类项目全寿命周期内的审查和决策主体，负责在里程碑决策点、全速生产决策点以及临时的项目评审点处开展正式的监督评审活动，辅助国防采办执行官做出相应决策。

在里程碑决策点评审过程中，国防采办委员会在每个里程碑决策点处召开评审会，审查项目前一阶段任务的完成情况,评估进入下一阶段的准备情况,解决成本增长、进度拖延、突破技术指标基线等问题,综合考虑采办策略、试验鉴定计划、联合研制与军种间合作、作战效能和保障性等方面的调整与权衡。国防采办委员会采用"面向问题"的工作思路,旨在解决军种层次和顶层一体化小组未解决的问题,并根据问题解决的情况形成通过与否的决策,整理为采办决策备忘录,由国防部采办、技术与后勤副部长签字确认。如果国防部顶层一体化小组会议或国防采办委员会预备会议已解决所有问题,则无需召开国防采办委员会评审会议,直接签署采办决策备忘录即可。需要指出的是,国防采办委员会不能直接参与资源分配过程,即项目通过国防采办委员会审查,仅意味着项目在技术、成本、进度等方面符合进入下一阶段的标准,其风险可以承受,但并不意味下一阶段资金的直接拨付。

国防采办委员会由国防部采办、技术与后勤副部长领导,具有批准项目是否进入下一阶段的权力,同时负责向国会汇报项目的成本、技术和进度情况,并解释相关问题。国防采办委员会实质上是一体化小组,其委员中既有国防部官员也有军种首长,既有需求部门负责人也有负责政策、审计、试验鉴定的领导,形成了纵向、横向两个维度的一体化,其中采办资源与分析局长是国防采办委员会的执行主任,负责会议的行政管理。除了自身的委员以外,国防采办委员会还配备有一个扩展组织——顾问团。与内部成员相比,顾问来自于更多的部门和组织,负责为国防采办委员会提供作战需求、系统工程、成本评估、后勤保障、工业政策、环境等方面的咨询服务,并且可以根据项目实际情况和委员们的要求随时调整顾问团的构成。国防采办委员会构成如图 5.13 所示。

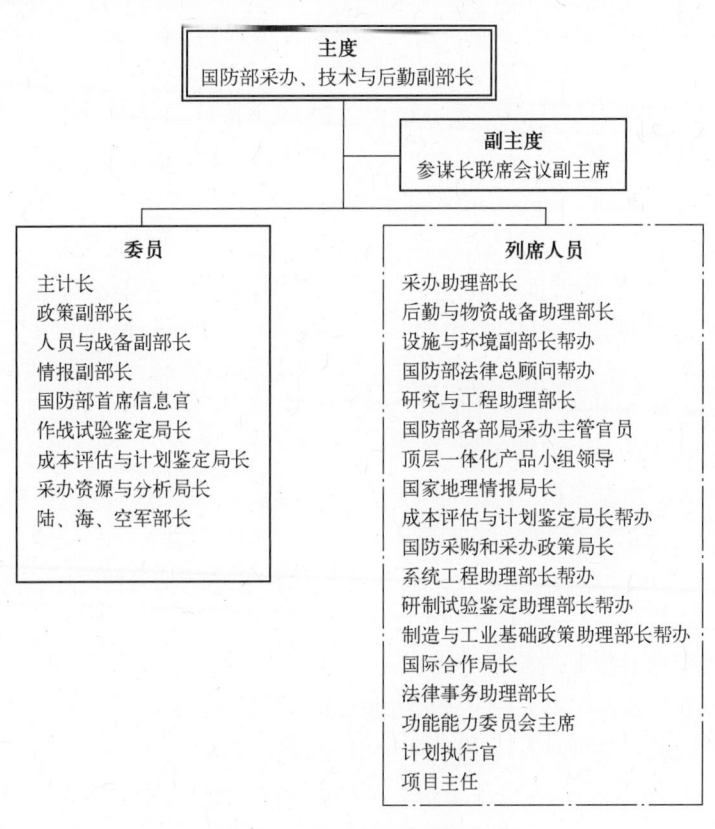

图 5.13 国防采办委员会构成

(四) 军种层次的决策点审查委员会

对于 ID 类项目,在国防采办委员会审查之前,必须经过军种层次决策点审查委员会的评审;对于 IC 类项目,则直接由军种层次决策点审查委员会辅助军种采办执行官做出里程碑决策。

美陆军、空军、海军、海军陆战队分别设置了本军种的里程碑决策点审查组织。陆军内部,负责里程碑决策点审查的顶层组织是陆军系统采办审查委员会(ASARC)。空军内部,负责里程碑决策点审查的组织有空军审查委员会和采办策略专家组,这两个组织的前身是空军系统采办审查委员会,其中:空军审查委员会由空军采办执行官任主席,负责除空间和服务采办项目以外的其他项目的里程碑审查工作;采办策略专家组主要负责在决策点处对项目备选方案中的采办策略进行评审,确保空军采办执行官或项目主任能够获得最佳采办策略建议。海军和海军陆战队通过项目决策会进行本军种内部的里程碑决策点评审,该会议的参与成员也构成了一个常设组织,履行集中决策的职能。

下面以陆军系统采办审查委员会为例,详细介绍军种层次的里程碑决策点审查组织。陆军系统采办审查委员会是陆军内部审查 I 类、IA 类以及陆军采办执行官决策的 II 类项目的顶层组织。陆军系统采办委员会协助 ID 类项目管理办公室为准备国防采办委员会审查制定行动计划,并在国防采办委员会之前审查准备情况,并就是否提交国防采办委员会审查申请向陆军采办执行官提出建议;IC 类项目则直接由陆军系统采办委员会进行审查,陆军采办执行官(即负责采办的助理陆军部长)在其审查结果的基础上做出里程碑决策。

在实际操作过程中,陆军系统采办审查委员会的委员们先针对某个项目从自己单位中选择代表共同组成"ASARC 一体化产品小组",该小组在项目主任的领导下,辅助项目管理办公室完成国际采办委员会审查的准备工作。"ASARC 一体化产品小组"是项目管理办公室与 ASARC 以及陆军部各行政单位之间沟通的重要媒介。准备工作结束后,ASARC 将召开正式的评审会,用户、研制方、测试方以及成本审查方均需在会上进行汇报,委员们将根据汇报情况和相应文档做出综合评判,供负责采办的助理陆军部长参考。

ASARC 由采办、技术与后勤助理陆军部长领导,其委员或是陆军主要职能部门负责人,如负责财务和审计的助理陆军部长、作战需求部门的负责人,又如陆军常务副参谋长以及 G1-G8 的陆军副参谋长,除图 5.14 所列出的委员之外,采办、技术与后勤助理陆军部长还可根据项目的实际需要吸收新委员。

在陆军里程碑审查过程中,项目管理办公室、ASARC 以及为他们服务的一体化产品小组等组织内部以及相互之间的沟通配合尤为重要,因此陆军在 ASARC 内外部均设有协调人员,以便于审查任务的顺利完成。

(1) 在 ASARC 内部,执行主任是采办、技术与后勤助理陆军部长的联系人,负责向其提供 ASARC 及其一体化产品小组的活动情况,并撰写活动计划、会议日程以及采办决策备忘录,此外还负责为 ASARC 委员提供指导、建议、培训以及最新的政策信息以及最优的评审案例。

(2) 在 ASARC 外部,项目主任会选择一名项目管理办公室成员作为 ASARC 的联系

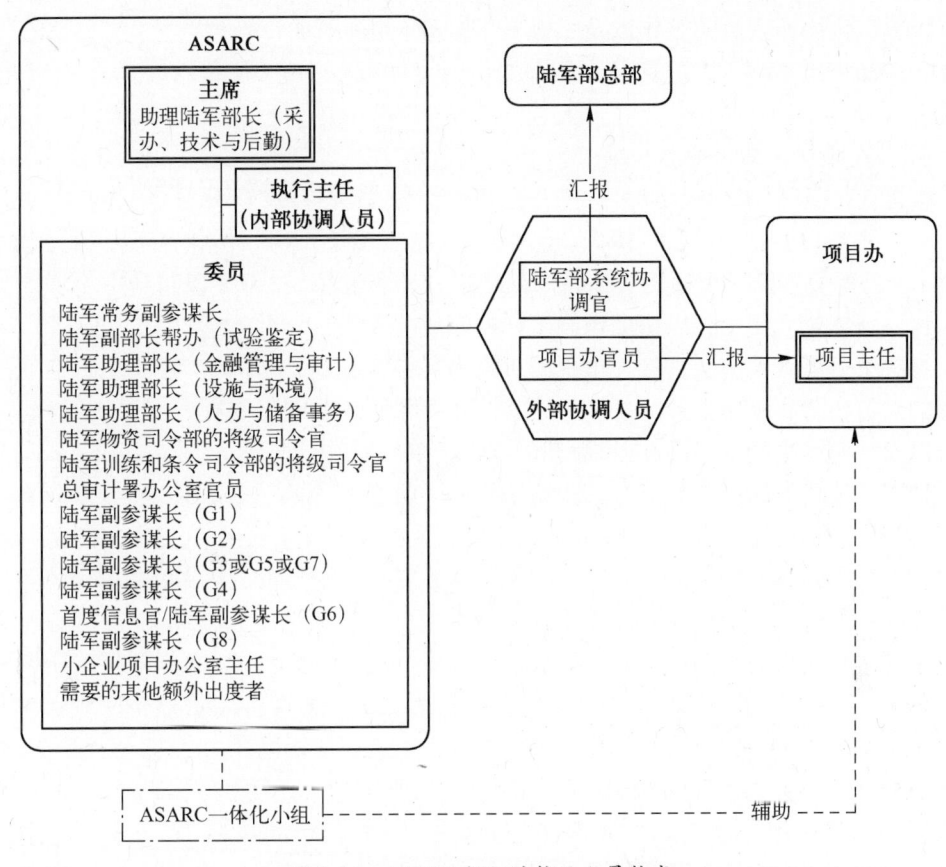

```
                    ┌─────────────────────────┐
                    │         ASARC           │
                    │   ┌─────────────────┐   │
                    │   │     主席        │   │
                    │   │ 助理陆军部长（采 │   │
                    │   │ 办、技术与后勤） │   │              ┌─────────┐
                    │   └─────────────────┘   │              │陆军部总部│
                    │   ┌─────────────────┐   │              └─────────┘
                    │   │    执行主任     │   │                   ▲
                    │   │ （内部协调人员）│   │                   │汇报
                    │   └─────────────────┘   │              ┌────┴────┐
                    │   ┌─────────────────┐   │              │陆军部系统│         ┌─────────┐
                    │   │      委员       │   │              │ 协调官  │         │ 项目办  │
                    │   │陆军常务副参谋长 │   │─────────────▶│─────────│         │┌───────┐│
                    │   │陆军副部长帮办（试验鉴定）│         │项目办官员│──汇报──▶││项目主任││
                    │   │陆军助理部长（金融管理与审计）│     └─────────┘         │└───────┘│
                    │   │陆军助理部长（设施与环境）│       外部协调人员            └─────────┘
                    │   │陆军助理部长（人力与储备事务）│
                    │   │陆军物资司令部的将级司令官│
                    │   │陆军训练和条令司令部的将级司令官│
                    │   │总审计署办公室官员│
                    │   │陆军副参谋长（G1）│
                    │   │陆军副参谋长（G2）│
                    │   │陆军副参谋长（G3或G5或G7）│
                    │   │陆军副参谋长（G4）│
                    │   │首度信息官/陆军副参谋长（G6）│
                    │   │陆军副参谋长（G8）│
                    │   │小企业项目办公室主任│
                    │   │需要的其他额外出席者│
                    │   └─────────────────┘   │
                    └─────────────────────────┘
                              │
                    ┌─────────────────┐
                    │ ASARC一体化小组 │ - - - - - - - - - - 辅助 - - - ┘
                    └─────────────────┘
```

图 5.14 ASARC 组织结构及人员构成

专员,这名专员将掌握项目的进度信息,构建并管理项目资料库,创建人员联系表,起草与 ASARC 相关的信函,他是项目管理办公室与 ASARC 联系沟通的主要负责人,也是项目主任开展审查准备工作的主要帮手。

(3) 陆军研究、开发与采办副参谋长还要为重要项目任命陆军部系统协调官(DASC)。陆军部系统协调官是陆军部总部[①]在项目管理办公室的代表,负责及时向总部汇报项目进展和里程碑审查的准备情况,与项目主任共同负责 ASARC 一体化产品小组的管理工作,记录一体化产品小组发现的问题并跟踪其解决过程,提前预防和消除影响 ASARC 审查进度的隐患,确保小组内的参谋人员能够真正辅助项目主任完成审查的准备工作。陆军部系统协调官是项目主任与国防部沟通的中间人,充当项目主任在国防部内的耳目,协助解决项目主任在准备国防部层次审查过程中遇到的问题。陆军部系统协调官与上述其他两位协调官员保持着密切的合作:他与 ASARC 联系专员协商制定重要审查活动的时间安排,并就日常工作进行信息沟通和互换;他与 ASARC 执行主任协商制定陆军顶层一体化产品小组审查以及 ASARC 审查的进度安排,确定评审会的与会人员名单,及时从 ASARC 执行主任那里得到采办政策、程序方面的调整信息和最近审查实践中的经验教训。

---

① 陆军部总部是陆军最高层的行政机构,由陆军部长办公室、陆军参谋长办公室、陆军参谋部以及其他参谋保障单位等组成,在整个陆军范围内履行指导和监控职能。

以上三位协调官员的工作以及相互间的配合,促进了项目管理办公室、ASARC 及其一体化产品小组、陆军总部,乃至国防部之间信息的顺畅沟通,使得审查活动计划合理,实施有效,记录完善。

(五) 顶层一体化产品小组

根据 2013 年版美国国防部《国防采办指南》,对于所有 ID 和 IAM 类项目,在项目管理办公室之上必须设立顶层一体化产品小组(OIPT)和工作层一体化产品小组(WIPT),每个 I 类项目只接受一个顶层一体化产品小组的监督和审查,但可以组建多个职能领域的工作层一体化产品小组以协助审查工作的完成。

与决策点审查委员会直接为里程碑决策当局服务相比,一体化产品小组旨在通过更广泛的人员参与和更加细致的领域分工,辅助项目主任完成审查准备工作,并预先进行审查以发现并解决问题,从而支持后期的委员会审查工作。

顶层一体化产品小组的前身是为国防采办委员会服务的三个分委员会:常规武器分委会,战略武器分委会,指挥、控制和通信系统分委会。三个分委会负责在国防采办委员会之前进行本领域系统的预审,确定需要在国防采办委员会审查中解决的问题,并就项目是否准备好进入下一阶段向国防采办委员会提出意见和建议。1995 年,在项目管理办公室内部一体化产品小组模式试验成功的背景下,国防部采办与技术副部长卡明斯基发布以"国防采办审查监督过程再设计"为题的备忘录,开始在采办审查监督领域引入一体化产品小组模式,1996 年顶层一体化产品小组便正式取代国防采办委员会分委会,被写入第 5000.01 号指令和第 5000.02-R 号指示文件中。

顶层一体化产品小组的主要职能与分委会类似,但不同点在于:分委会完全由国防部官员构成,且只在里程碑节点前的 180 天才开始审查活动;而顶层一体化产品小组由国防部多个职能部门官员、军种主管采办的官员、相关的计划执行官以及项目主任等组成,打破了国防部、军种、项目管理办公室之间的界限,并在项目即将启动时便开始介入日常工作,持续跟踪项目情况,实际上扩展了审查的时间范围,有更充足的时间了解项目。顶层一体化产品小组完全改变了原来分委会仅作为审查者的角色,转而辅助项目管理办公室及时发现并解决问题,以使其更好地完成审查准备工作。在国防部层次顶层一体化产品小组建立后,陆军、海军等也在本军种内建立类似组织,以提高审查效率。

国防部长办公厅内设有"采办与技术顶层一体化产品小组"和"网络与信息集成顶层一体化产品小组"等,前者负责 ID 类的武器系统项目,后者主要负责 IAM 类的信息技术采办项目以及部分 ID 类项目。在国防部各部局(主要是各个军种部)提出立项申请的同时,国防部长办公厅便根据项目类型指定其中一个顶层一体化产品小组辅助项目管理办公室开展工作,主要负责确定项目所需的工作层一体化产品小组及其人员构成,并向项目管理办公室提供采办策略上的指导。里程碑决策点审查过程中,顶层一体化产品小组将在国际采办委员会审查的两周前召开评审会,进行独立的项目评估。项目主任和工作层一体化产品小组的领导要在会上汇报项目进展情况以及未解决的问题,顶层一体化产品小组将讨论问题的解决方案并按照精简实用的原则确定下一个里程碑决策点需要审查哪些文件和信息。顶层一体化产品小组的设立,减少了国际采办委员会审查会上的报告和相应准备工作,并使得大部分问题在国际采办委员会审查之前得到解决,便于里程碑决策当局更快地做出决策,缩减了审查成本。

国防部长办公厅的顶层一体化小组由来自国防部和军种的职能部门主官和参谋人员代表组成。"采办与技术顶层一体化产品小组"由能力集合系统采办主任(Director, Portfolio Systems Acquisition)领导,"网络与信息集成顶层一体化产品小组"由负责C3ISR与信息技术采办的助理国防部长帮办领导。空间项目的顶层一体化产品小组工作已经交由空军负责,国防部长办公厅的空间与情报能力主任也可以与空军有关人员共同担任其顶层一体化产品小组的领导。两个顶层一体化产品小组的成员中都包含有项目主任、计划执行官、军种的采办官员和参谋人员、联合参谋部代表以及国防部长办公厅的相关参谋人员。此外,根据项目的具体特性和要求,还需增加一些成员,以提供更为全面和切题的决策支撑。国防部长办公厅采办与技术顶层一体化产品小组构成如图5.15所示。

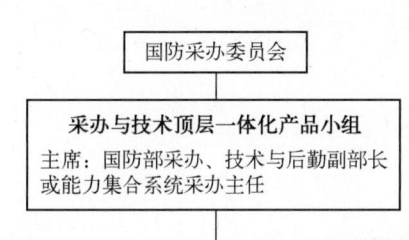

```
                    ┌─────────────────┐
                    │  国防采办委员会  │
                    └────────┬────────┘
                             │
          ┌──────────────────┴──────────────────┐
          │     采办与技术顶层一体化产品小组      │
          │ 主席:国防部采办、技术与后勤副部长     │
          │       或能力集合系统采办主任          │
          └──────────────────┬──────────────────┘
                             │
```

首席成员	候选成员
参谋长联席会议副主席	助理国防部长(应急事务)
国防部副部长(审计)	助理国防部长(健康事务)
助理国防部长(指挥、控制、通信和情报)/国防部首席信息官	国防部副部长(人员与战备)
国防采购局长	国防部副部长(政策)
作战试验鉴定局长	国防部长助理(核、化学与生物)
计划分析与鉴定局长	国防部副部长帮办(采办改革)
系统采办主任	国防部副部长帮办(先进系统概念)
研制试验鉴定局副局长	国防部副部长帮办(环境安全)
成本分析改进小组组长(仅ACAT ID)	国防部副部长帮办(后勤)
互操作性主任	国防部副部长帮办(科学与技术)
相关的军种采办执行官	总审计署长帮办(采办与后勤)
相关的计划执行官	国防研究与工程署长
相关的项目主任	弹道导弹防御局长
	国防情报局长
	国防信息系统局长
	采办资源与分析局长
	特别项目主任

图5.15 国防部长采办与技术顶层一体化产品小组构成

在国防部层次设立顶层一体化产品小组,目的是降低国防采办委员会审查的复杂度,提高审查效率,控制审查成本。军种参考此种做法,为尽量减少军种决策点审查委员会的大规模审查或减少其审查工作量,设立了本军种的顶层一体化产品小组。

陆军顶层一体化产品小组为陆军的ID、IC及II类采办项目提供2星级的审查监督服务。陆军顶层一体化产品小组将在陆军系统采办审查委员会之前召开评审会,讨论出问题解决方案后将指导工作层一体化产品小组和项目管理办公室进行实施,如果所有问题在评审会中得到解决,那么只需进行名义上的ASARC审查即可做出里程碑决策(对于

IC 类项目)或交由国防部审查(对于 ID 类项目)。若存在陆军顶层一体化产品小组不能解决的问题,可由其领导在 ASARC 评审会上进行汇报,通过 ASARC 解决。对于 ID、IC 及 II 类项目,陆军顶层一体化产品小组由采办、后勤和技术助理陆军部长的采办与系统管理帮办领导,如表 5.1 所列。

表 5.1 陆军顶层一体化产品小组构成

主 席
采办、后勤和技术助理陆军部长的采办与系统管理帮办
成 员
管理、采办和首席知识官办公室信息技术主任
采办、后勤和技术助理陆军部长采办政策与后勤帮办
采办、后勤和技术助理陆军部长规划、计划和资源帮办
采办、后勤和技术助理陆军部长研究与技术帮办
采办、后勤和技术助理陆军部长采购帮办
采办、后勤和技术助理陆军部长出口和合作帮办
陆军试验鉴定司令部司令官
财政管理与审计助理陆军部长办公室陆军预算主任
财政管理与审计助理陆军部长办公室成本经济主任
陆军试验鉴定执行办公室代表
设施与环境助理陆军部长办公室代表
人员与战备事务助理陆军部长办公室代表
陆军装备司令部代表
训练条令司令部代表
法律总顾问办公室代表
G-1 副参谋长办公室人力和人员整合部门代表
G-2 副参谋长办公室代表
G-3/5/7 副参谋长办公室能力集成、优先排序和分析部门代表
G-4 副参谋长办公室代表
G-8 副参谋长办公室兵力发展部门代表
G-8 副参谋长办公室计划评估与分析部门代表
陆军战备中心司令官
小企业项目管理办公室代表

在海军内部,采办协调团队(ACT)发挥着"海军顶层一体化产品小组"的作用;及早地发现并解决问题;与项目主任协商制定简洁高效的采办策略;在里程碑决策点处审查项目文件和信息,根据其审查结果,就是否进行正式的"项目决策会议"审查以及文件信息要求的调整向里程碑决策当局提出建议。海军的 IC 类和 II 类项目必须经过采办协调团队的审查。采办协调团队由海军助理部长帮办和项目主任共同领导,成员来自采办、需求生成、试验鉴定、规划计划及预算等部门,采办协调团队成员必须得到授权才能够代表本职能部门的观点,并且及时将项目进展情况汇报给本部门主官。采办协调团队的设立,在一定程度上减小了海军"项目决策会议"的审查压力,提高了审查效率。

(六) 工作层一体化产品小组

工作层一体化产品小组设在国防部各部局或者军种部,根据项目各方面管理的需要,可以组建不同职能的一体化产品小组,例如试验策略一体化产品小组、成本/性能一体化产品小组等。工作层一体化产品小组通常由项目主任(或项目主任的代表)和一名国防部长办公厅的官员共同领导,小组成员来自于国防部长办公厅和军种内部与小组职能相关的部门,也包括顶层一体化产品小组成员、合同官、系统司令部代表等。工作层一体化产品小组主要职能包括：辅助项目主任制定采办策略和项目计划；向顶层一体化产品小组建议需要精简的里程碑审查文件和多余的要求；监督里程碑审查中本小组职能领域所涉及文件的起草过程并对草稿进行评审；小组中的各部局代表负责及时向本部门主官汇报项目进展情况，提交相关的文件草稿征求主官同意。

在众多工作层一体化产品小组中，有一个综合一体化产品小组（IIPT），其主要任务是就本项目工作层一体化产品小组的设置问题（工作层一体化产品小组的分类和人员构成）向顶层一体化产品小组提出建议，并协调各工作层一体化产品小组的审查活动，尽量保证各小组审查内容不重叠。项目主任或其指定的负责人担任小组领导，里程碑审查准备过程中综合一体化产品小组能够在采办策略制定、成本评估、备选方案评价、后勤管理、成本/性能权衡等方面辅助项目主任解决问题。

陆军依照国防部政策指令，从20世纪90年代开始在武器装备采办过程中实践工作层一体化产品小组、综合一体化产品小组等组织模式，并沿用至今。在陆军内部，综合一体化产品小组具体是指"陆军系统采办审查委员会一体化产品小组"（ASARC IPT）。ASARC IPT由项目主任、计划执行官、ASARC和陆军顶层一体化产品小组成员所在部门的代表以及国防部和陆军其他部门的代表等构成。ASARC IPT将与项目主任共同商讨工作层一体化产品小组的结构与人员构成问题。在确定工作层一体化产品小组结构时，ASARC IPT要尽量保证各工作层一体化产品小组的任务不重叠；在确定人员构成时，ASARC IPT本身就是工作层一体化产品小组的专家库，按照职能领域，ASARC IPT的成员被分到各个工作层一体化产品小组中，大多数成员可能参与多个工作层一体化产品小组的工作。在ASARC IPT的协调下，各工作层一体化产品小组任务不重叠，人员有交叉，使得联系沟通顺畅，审查效率较高。此外，ASARC IPT在里程碑审查过程中会定期召开会议，各WIPT的领导均要参加，汇报本领域的项目进展情况。ASARC IPT成员综合决策并集中解决问题，并向各自部门主官报告负责领域的问题和进度情况，既有利于问题的快速解决，又有利于审查准备工作的协调开展。

陆军工作层一体化产品小组由陆军部官员或项目主任指定的项目管理办公室官员领导，或者由二人共同管理。由于项目管理办公室人员对项目较为了解，因此有人认为由项目管理办公室代表担任领导会方便管理，也有人认为陆军部官员担任领导较好，因为陆军部官员方便与国防部有关部门协商，而且减少了项目管理办公室官员在项目管理办公室与工作层一体化产品小组之间的奔波往来。陆军工作层一体化产品小组的职能大致与一般的工作层一体化产品小组相同，重点是对文件草稿的审查，利用工作层一体化产品小组较早地发现并解决问题，可有效避免后期出现返工现象。

二、里程碑决策评审内容

美军为每个项目设定成本、技术和进度等方面的基线要求，采办项目基线也成为后续管理工作的纲目，基线目标的实现成为采办项目管理的核心任务。因此，里程碑A、B、C决策评审的内容应以采办项目基线为中心而展开。

如图5.16所示，围绕采办项目基线，里程碑A、B、C决策评审共有7种审查内容，又可分为3类：第1类是基线制定的依据，包括"为什么采办"和"采办什么"，主要指需求的必要性和合理性，以及实现需求的具体方案；第2类是基线目标实现的控制要素，包括"怎样采办"、"成本"和"技术","怎样采办"是指采办策略,为总体控制要素,"成本"和"技术"就是基线的主要内容,为直接控制要素。第3类是基线目标实现的保障要素,包括"既定协议"和"管理",分别为基线目标的实现提供法律协议和组织管理方面的保障。

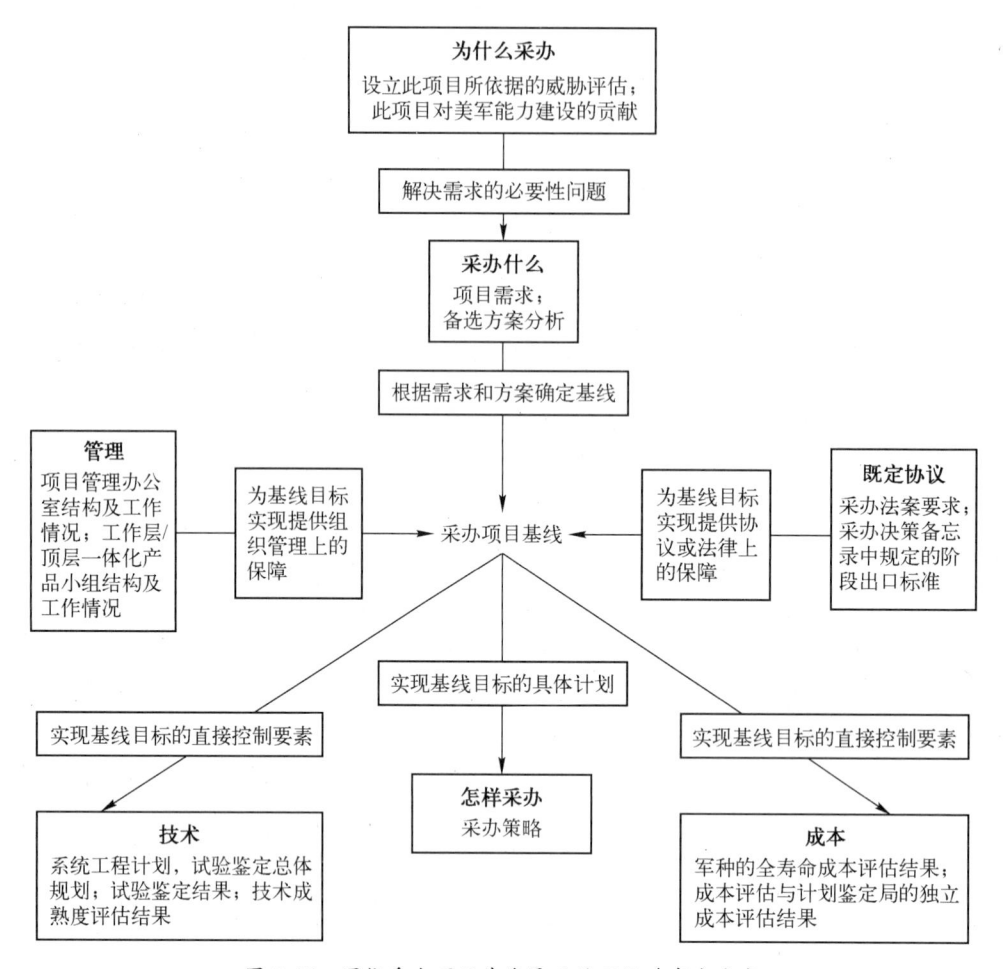

图 5.16 围绕采办项目基线展开的里程碑审查内容

(一) 对基线制定依据及基线本身的审查

1. 对基线制定依据的审查

基线制定的依据主要是指项目需求和方案。需求方面,里程碑审查的重点在于核实需求的必要性、合理性、稳定性(其中包括需求生成方面的应变能力,即在需求发生变化时的相关措施考虑)。方案方面,里程碑审查的重点则是论证方案选择工作的充分性,评价优选方案的质量。

里程碑审查的主要需求文件包括《能力发展文件》《能力生产文件》《作战概念/作战模式概要/任务概要》《系统威胁评估报告》。对于《能力发展文件》和《能力生产文件》,在里程碑 A 审查该文件的草案,在研制征求建议书发布决策点需要审查经过联合需求监督委员会验证的《能力发展文件》,并将审查结果通知里程碑 B 审查组织。如没有变化,可以提交经过重新验证的《能力发展文件》作为里程碑 C 审查的《能力生产文件》。对于《作战概念/作战模式概要/任务概要》,该文件是根据经过验证/批准的能力需求文件制定的,描述了作战任务、事件、持续时间、频率以及装备方案预期执行每个任务和每个任务阶段的环境。里程碑决策当局会在里程碑 A 首次审查该文件,在里程碑 C 审查该文件的更新版。对于《系统威胁评估报告》,该文件以装备开发决策点审查的《威胁环境评估》报告为基础,根据预判的形成初始作战能力时可能存在的威胁,为能力开发者和项目主任提供评估任务需要和能力缺口的条件。里程碑决策当局在里程碑 A 审查初始报告,在里程碑 C 审查该报告的更新版。ID 类或 IAM 类采办项目系统威胁评估报告由国防情报局验证;对于 IC 类或 IAC 类及以下类别项目,系统威胁评估报告由国防部部局验证。

里程碑审查的主要装备方案文件包括《备选方案分析研究指导》《备选方案分析研究计划》《备选方案分析最终工作报告》。里程碑决策当局在里程碑 A 审查备选方案分析的相关文件,在里程碑 C 审查相关文件的更新版,若无里程碑 C,则在里程碑 B 审查更新后的文件。

需求文件和装备方案文件的审查要点如表 5.2 所列。

表 5.2 基线制定依据的主要审查内容

需 求	方 案
必要性: • 威胁评估是否有效 **合理性:** • 需求文件是否经过联合能力一体化与开发系统的全面分析和验证; • 《作战概念》文件与能力需求生成过程存在明确联系,任务需求、目标和对外部系统的依赖性表述清晰; • 《初始能力文件》是否清晰表达了能力差距和装备方案是最好选择的理由,并对所需能力的分阶段实现进行了规划; • 所需的能力特性要配有合适的有效性度量手段,特性要用时间、距离等可测量或测试的指标表示。 **稳定性:** • 作战概念中能够及时反映作战、威胁和后勤等环境的变化; • 能力需求方面的变动是否经过联合需求监督委员会的审查; • 对于复杂且多变的需求要有系统设计和后勤保障方面的考虑	**备选方案研究工作的充分性:** • 《备选方案研究计划》内容完整,必须包括有效性和成本分析方法、完成方案选择工作的进度安排,以及方案选择工作与能力需求、系统要求和评估系统有效性的措施之间的联系; • 其他 2 份文件与《备选方案分析研究指导》的一致性; • 各种方案在作战能力方面的优、劣势分析; • 各方案军事价值的评价标准的建立过程; • 对"联合作战"的考虑; • 备选方案的数量和可行性。 **优选方案的质量:** • 关键的假设、变量以及对环境变化的灵敏度; • 对成本、进度和性能的权衡; • 在满足任务需求和成本效能要求的前提下,改进能耗的备选方法; • 是否有系统操作的培训方案,以及维修、供应链管理等后勤保障方案

2. 对基线本身的审查

采办项目基线是里程碑审查的核心内容,对成本、进度和性能等方面的关键指标定义了预期目标和可接受的底线,目标和底线之间就是权衡空间,这样的设计能够方便实现项目采办成效的整体最优。里程碑决策当局会在里程碑 B 首次审查并批准《采办项目基线》,在里程碑 C 审查更新后的基线。里程碑审查中重点关注的是基线目标设置的明确性、合理性和权衡性,具体审查内容如表 5.3 所列。

表 5.3 采办项目基线的审查内容

分类	审查内容要点
总体	➢ 如果一个项目(Program)包括很多工程(Project),那么是否对每项工程都有明确的成本、进度和性能基线要求 ➢ 该采办基线是否适用于增量式研发过程 ➢ 采办基线的修改记录中是否真实反映了全部改动 ➢ 性能、成本和进度指标是否都有门限值和目标值,每个指标必须只有一个门限值
性能	➢ 《采办项目基线》中的性能指标是否源自其他需求或技术类文件(如《能力发展文件》《试验鉴定主计划》等) ➢ 关键性能指标是否代表了在研系统的关键作战性能 ➢ 关键性能指标的选取是否充分考虑了作战、技术以及保障方面的要求 ➢ 关键性能指标是否可以计量或测量 ➢ 关键性能指标的数量是否达到了监控项目所必须的临界值(过多还是过少)
进度	➢ 是否包含以下关键事件的进度指标:系统需求审查(SRR)、里程碑B、初始设计评审、关键设计评审、生产就绪状态审查、里程碑C、初始作战试验鉴定、具备初始作战能力、后续作战试验鉴定、实现全部作战能力等 ➢ 是否按照工作分解结构建立了分层的一体化项目任务进度表 ➢ 进度指标是否与项目收益值管理中"系统进度"的内容相一致,若不一致是否解释了差异产生的原因 ➢ 进度指标的安排是否与《采办策略》《试验鉴定主计划》等文件相一致,若不一致是否解释了差异产生的原因
成本	➢ 成本是否用当年美元值和基年美元值同时表示 ➢ 是否可以根据《独立成本评估》或者《全寿命周期成本评估》等文件对成本指标进行度量 ➢ 成本指标的安排是否与《采办策略》《成本利益分析》等其他文件一致,若不一致是否解释了差异产生的原因

(二) 对基线目标实现的控制要素的审查

1. 对基线目标实现的计划控制要素的审查

《采办策略》是项目"怎样采办"的正式文件体现,是指导性的计划文件,由项目管理办公室起草。在里程碑 A,项目管理办公室首次向里程碑决策当局提交《采办策略》,并在里程碑 C 提交该文件的更新版。项目管理办公室提交的《采办策略》中必须包含如下内容:

(1) 收益分析与确定。确定打包式采办项目的合同需求合并是否必要或者有正当理由(打包式合同定义为:通过合同要求打包,使一个合同成为满足多种要求的合同)。

(2) 对技术问题的考虑。促进、监控和评估项目的技术数据交流与交换。Ⅱ类以下采办项目或在研制征求建议书发布后不需要使用。对于应急作战需求,应在行动方案分析过程中对技术问题加速研究进行审查。

(3) 合同类型确定。当采办项目需要使用特定合同类型时,采办策略中需包括此项内容。里程碑决策当局可以在研制征求建议书发布决策点,有条件地批准研制项目所选的合同类型,并在里程碑 B 做出最终批准。研制合同类型必须与项目风险等级一致,可以是固定价格或成本类型合同。

(4) 合作机遇。在采办策略大纲中的国际干预部分写明合作机遇。

（5）通用装备评估。确认合同可交付军事装备、非军事装备和其他可交付项的项目说明，包括确保所有要求资本化的可交付装备依次得到确认和计价的计划。仅需在里程碑 C 提交的采办策略中包含此方面内容。

（6）工业基础能力考虑事项。总结工业基础能力分析结果。

（7）知识产权策略。知识产权策略必须根据具体情况进行更新，以支持和说明整个系统寿命周期内，与所有合同的授予和管理相关的不断变化的知识产权考虑事项。

（8）市场调查。装备开发决策点的独立管理规范，需要在里程碑 A 和研制征求建议书发布决策点进行法定更新(作为采办策略的一部分)。进行市场调查的目的是减少现有技术和产品的重复浪费，了解潜在装备方案、技术成熟度和潜在来源，以确保小型企业的最大限度参与，以及收购小型企业的可行策略。

（9）小企业创新研究（SBIR）/小企业技术转移（STTR）计划。项目主任应设定在项目中采用小企业创新研究/小企业技术转移计划的目标，并制定满足这些目标的激励措施。

（10）终止责任估算。对于潜在终止责任预计可能超过 1 亿美元的重大国防采办项目的任何研制或生产合同，此项内容必须列于采办策略中。估算必须包括履约期内终止责任可能增加或减少的金额。项目主任在建议进入或终止上述合同前，必须考虑上述估算。

在里程碑决策评审中，对采办策略中上述内容的评审要点如表 5.4 所列。

表 5.4　基线目标实现的计划控制要素的审查内容

对采办计划的审查	具体内容
注重审查组织间利益与任务的协调分配	➤ 大型项目不免涉及军种间的联合采办。处理好各军种在各阶段任务和利益的分配问题，协调好项目管理办公室与国防部各部局、与承包商之间的关系，都将会直接关乎到基线目标的顺利实现
注重审查渐进式采办方面的规划	➤ 多数重大项目均采用渐进式采办的方法，各增量的投资、研发、试验以及增量之间的过度均是采办策略需要重点解决的问题
注重审查对风险的识别和规避	➤ 检查计划对成本投资、技术工程、系统整合、生产制造等风险的识别和预判，以及如何运用样机试制、合同管理和数据管理等策略规避相应风险
注重审查促进竞争方面的考虑	➤ 计划中如何处理进度安排与充分竞争的矛盾，如何在全寿命周期内培育和维护竞争环境，这些竞争问题必须在计划中提前明确
注重审查对重要活动的统筹安排	➤ 里程碑审查、系统工程以及合同签订等活动的安排是否参考了以往类似项目的经验，是否按照项目特点尽量精简采办环节

2. 对基线目标实现的技术控制要素的审查

技术性能指标是基线的重要组成部分，对技术的审查是基线目标实现的直接控制要素。目前美军采办过程中对技术的审查和控制主要有 3 条路径：①系统工程；②技术成熟度评估[①]；③试验鉴定。在里程碑节点，需要审查的上述方面的文件和信息如表 5.5 所列。

---

① 技术成熟度评估原是系统工程技术审查中的一项，近年来伴随着受关注度的不断提升，逐渐独立出来成为一项专门的技术审查机制。

表 5.5　基线目标实现的技术控制要素的审查内容(a)

领域		具体的文件或信息名称
系统工程	计划	➤《系统工程计划》 里程碑 A 首次审查,里程碑 B、里程碑 C 审查更新版文件
	技术审查	➤ 里程碑 A 之前的技术审查: 初始技术审查、备选系统审查 ➤ 里程碑 A 之后里程碑 B 之前的技术审查: 系统需求审查、系统功能审查、软件说明审查、初始设计审查 ➤ 里程碑 B 之后里程碑 C 之前的技术审查: 关键设计审查、试验成熟度审查、功能配置审计/系统验证审查、生产成熟度审查、物理配置审计
	技术风险与机遇管理	➤《技术目标选择风险评估》 由国防部部局情报分析中心根据国防指示准备,构成相关项目保护计划中的反情报评估分析基础。国防情报局应验证 ID 类和 IAM 类采办项目的报告;对于 IC、IAC 及以下类别采办项目,国防部部局应作为确认当局。仅在里程碑 A 审查此文件,后续里程碑节点不再审查
	项目保护	➤《项目保护计划》 项目主任将根据系统安全工程实践的要求,制定项目保护计划,管理重要项目信息、关键任务功能和项目相关部门的风险。项目保护计划将说明关键的项目信息和任务功能、项目面临的威胁及漏洞,以及降低相关风险的应对计划。此外,对于信息技术项目,网络安全策略也必须是项目保护计划的一个附件,并经过里程碑节点审查。 里程碑 A 首次审查,里程碑 B、里程碑 C 审查更新版文件
	项目唯一标识	➤《项目唯一标识实施计划》 里程碑 A 首次审查,里程碑 B、里程碑 C 审查更新版文件
	频谱可保障性	➤ 频谱耐受性风险评估(里程碑 A、B、C 的审查内容)、频率分配应用(里程碑 A、B、C 的审查内容)、频带宽度要求审查(里程碑 B、C 的审查内容)
技术成熟度评估		➤ 技术成熟度评估 研制征求建议书发布决策点需要进行初步评估。国防部研究与工程助理部长(ASD(R&E))应对项目主任进行的技术成熟度评估和其他因素进行单独审查和评估,以决定项目使用的技术已经在相关环境中完成演示验证。评估结果应报知里程碑 B 的认证备忘录。里程碑 C 作为项目启动节点时,技术成熟度评估也是里程碑 C 的审查内容
试验鉴定		➤《试验鉴定主计划》(TEMP) 里程碑 A 首次审查,里程碑 B、里程碑 C 审查更新版文件

这里进一步概括出技术方面主要的审查内容,如表 5.6 所列。

表 5.6　基线目标实现的技术控制要素的审查内容(b)

对技术的审查	具 体 内 容
技术审查和试验鉴定的规划	➤ 技术审查分为系统和子系统 2 个等级,具体形式多达 18 种,且不同阶段审查的重点不同 ➤ 里程碑 B 之前的试验鉴定工作包括研制试验的准备和作战试验的早期评估 ➤ 里程碑审查的重点是验证相关计划文件对上述多项审查和试验活动目标、形式、标准、路线图、资源分配的定义和设计是否合理,并且关注技术审查与试验鉴定之间的协调配合
技术控制与项目管理的结合	技术控制的三条路径如何与项目的研制管理、合同管理、维修保障等相融合; 技术风险控制如何与项目整体风险控制相协调
各阶段技术状态基线审查结果的复核	技术状态基线是系统工程技术审查的重要内容,也是基线目标实现过程中技术控制的核心。 里程碑审查组织会对其结果进行复核,验证基线是否满足需求的要求、是否表述清晰且便于理解、在现有预算条件下是否可行

(续)

对技术的审查	具体内容
技术成熟度评估过程的审核	➢ 技术成熟度等级已经成为里程碑评审的固定标准，里程碑 B 明确要求技术成熟度达到 6 级以上，因此确保评估过程的客观独立和科学合理至关重要 ➢ 技术的分解、关键技术的选取、成熟度等级的定义以及团队的独立性等都要得到里程碑审查组织的复查
技术类文件对需求和关键性能指标的理解	➢ 需求理解不对，所有技术工作都会偏离方向，因此确定《系统工程计划》等文件对需求和性能指标有正确的理解，会为基线目标的实现提供源头上的技术保证

3. 对基线目标实现的成本控制要素的审查

在 A、B、C 三个里程碑决策点审查中，都要进行经济分析和成本评估，其过程和结果是里程碑审查的重要内容，也是保证成本基线目标实现的直接控制因素。主要审查的文件和信息如表 5.7 所列。

表 5.7　基线目标实现的成本控制要素的审查内容(c)

文件或信息名称	里程碑审查要求	说　明
成本分析要求说明(CARD)	里程碑 A、B、C	➢ 由项目管理办公室起草，包含项目技术描述和特征信息，为成本评估提供成本要素构成方面的参考
国防部部局成本估算	里程碑 A、B、C	➢ 国防部部局将编制本部门成本估算，包括所有重大国防采办项目在里程碑 A、B 和 C 审查以及全速生产决策之前计划的整个全寿命成本估算，以及在任何恰当的时间进行的所有重人自动化信息系统的经济分析
国防部部局成本情况	里程碑 A、B、C	➢ 国防部部局根据成本评估结果起草的部局成本情况(Service Cost Position)，该文件是各部局在综合比较项目管理办公室和各部局成本分析中心的成本评估结果的基础上，正式提交给国防部的全寿命周期成本评估报告，也是各军种提出未来财年预算申请的重要依据，国防采办执行官和军种的首席财政官将按照该文件确定未来财年需要保证投资全部到位的项目
经济分析	里程碑 A、B	➢ 对重大自动化信息系统的法定要求，可以在里程碑 A 与备选方案分析结合起来。在与里程碑 B 或全面部署决策同等的任何审查节点也需要使用该要求
独立成本估算	里程碑 A、B、C	➢ 当国防部采办、技术与后勤副部长为重大国防采办项目的里程碑决策当局时，在其他重大国防采办项目的里程碑决策当局提出申请时，成本评估与计划鉴定局应针对上述重大国防采办项目开展独立的成本估算和成本分析。成本估算报告中包括成本风险的各个要素、如何进行评估以及有哪些可用的风险降低措施。成本评估与计划鉴定局应评估拟定的项目基线以及有关项目的预算能力，以确定可以在无需对未来项目预算进行显著调整的情况下完成项目
应计成本目标	里程碑 A、B、C	➢ "应计成本"是用于主动进行项目目标成本降低和推动生产力提高的监管工具
经济可承受性分析	里程碑 A、B、C	➢ 装备开发决策前，分析应得出估计费用目标和存货目标；对里程碑 A，分析应得出经济可承受性目标；对研制征求建议书发布决策点、里程碑 B 及之后，分析应得出经济可承受性上限

207

(续)

文件或信息名称	里程碑审查要求	说　　明
资金充分使用的证明备忘录	里程碑 A、B、C	➢ 在里程碑 A、B、C 评审以及全速生产决策或全面部署决策评审时,国防部部局必须根据当前的《未来年份国防计划》确定的部门成本情况向项目提供全部资金,或者承诺由下一个《未来年份国防计划》为成本情况提供资金,并识别出当前《未来年份国防计划》存在的资金短缺的特定偏差。部门采办执行官和国防部部局首席财务官必须在全额拨款认证备忘录中签字,并证明《未来年份国防计划》对符合国防部部局成本情况的项目提供了或应会提供全额的资助

里程碑审查组织针对上述文件的审查内容如表 5.8 所列。

表 5.8　基线目标实现的成本控制要素的审查内容(d)

成本评估	具　体　内　容
准备工作的充分性	➢ 是否为同时竞争的各个样机准备了专门的《成本评估需求文件》 ➢ 是否明确了设备、软件、人力等所有必需的资源,是否从种类、性能、物理特性以及工程量等角度对上述资源进行了详细说明 ➢ 是否为全寿命周期成本评估准备了使用、保障、退役、去军事化和销毁等计划和方案
过程的科学性	➢ 是否在评估过程中引用参考系统和历史数据,需要说明理由 ➢ 评估过程中的假设条件和估值范围的选取是否有充分的依据 ➢ 评估过程是否给予工作分解结构、成本元素结构等成熟的评估框架 ➢ 数据源标注是否明确可信 ➢ 评估过程记录是否详尽以便于后期审计
结果的合理性	➢ 是否包括了所有拨款类型的相关成本(如研究、开发与试验鉴定成本,采购成本,使用保障成本等) ➢ 该结果是否建立在综合比较项目管理办公室、军种成本分析中心和国防部成本评估与计划鉴定局评估结果的基础上

4. 对基线目标实现的后勤保障要素的审查

武器装备采购和配发部队之后,认真做好武器装备的维护修理、专业培训、器材筹备及修理能力和维修设施配套建设和管理工作,保障武器装备的在位率和完好率,最大限度地发挥武器装备的使用效能,是武器装备采办管理的一个重要组成部分,也是里程碑决策点决策评审的重要内容。后勤维修保障工作,对于技术、成本等方面基线目标的实现发挥着重要的控制作用,前美国海军采办执行官曾指出,保障成本占全寿命成本的比例可以达到 70%。在里程碑决策点决策评审中,主要审查的后勤维修保障方面的文件和信息如表 5.9 所列。

表 5.9　基线目标实现的后勤保障要素的审查内容(e)

文件或信息名称	里程碑审查要求	说　　明
全寿命保障计划	里程碑 A、B、C	➢ 所有项目的项目主任应负责从里程碑 A 开始制定并维护与产品保障策略一致的全寿命周期保障计划。该计划应说明保障对系统设计和技术、业务及管理部门产生的影响,同时开发、实施并交付一个产品保障一揽子计划,用于在整个系统生命周期维持可支付得起的系统作战效能,同时寻求在不必牺牲必要的项目保障水平的情况下降低成本的方法

(续)

文件或信息名称	里程碑审查要求	说　明
核心的后勤决定/核心的后勤与维修工作量估算	里程碑 A、B、C	➢ 在里程碑 A 之前,国防部相关部局应在全寿命周期保障计划中记录他们关于核心基地级维修和保养能力要求的适用性的决定。在里程碑 B,项目主任应在全寿命周期保障计划中附上项目在维护、维修和相关后勤能力和工作量方面的预计要求。项目的维护计划应根据《美国法典》第 10 篇第 2464 节的要求,确保在达到初始作战能力后的 4 年内建立起核心基地级保养和维修能力。项目主任应在关键设计评审之后 90 天内确定一个保养仓库。在签订低速初始生产合同之前,保障性分析必须包括有关核心基地级维修和保养能力的详细规定,以及支持这些规定所需的相关保障工作量
替代系统维修计划	里程碑 A、B	➢ 可能需要尽早在里程碑 A 提交,但不能晚于里程碑 B。当主要国防采办项目替代现有项目,且在新系统外场应用和转移期间,仍然需要使用旧系统的能力时需要提交该计划。该计划必须提供适当水平的旧系统维修预算、开发和外场应用新系统进度表,以及现有系统维持应对相关威胁任务能力的分析
独立后勤评估(ILA)	里程碑 B、C	➢ 国防部部局将在里程碑 B 和 C 以及做出全速生产决策之前针对所有重大武器系统开展独立的后勤评估,以评估产品保障策略的充分性、确定可能推动未来使用与保障成本的特征、有助于降低成本的系统设计变更,以及管理成本的有效战略。这些评审的重点是保障计划的实施和执行,包括核心后勤分析以及机动战斗能力的形成
信息保障计划(ISP)	里程碑 C	➢ 适用于所有信息技术,包括国家安全系统。研制征求建议书发布需要草案 4;在里程碑 B 获得批准。除非豁免,应在关键设计审查节点更新。里程碑 C 前需要提供信息保障计划文件;使用与保障阶段可能需要更新信息保障计划文件
专用工具的保存与保管计划	里程碑 C	➢ 全寿命周期保障计划的一部分。里程碑决策当局必须在里程碑 C 批准前批准该计划;此后在必要时进行更新。计划必须说明在最终产品使用寿命结束前,保存和保管与生产重大国防采办项目硬件相关专用工具所需的合同条款、设施和资金

(三) 对基线目标实现的保障要素的审查

1. 分阶段的协议保障

采办团队与承包商之间的总体的协议就是基线目标,但基线目标不可能一步实现,因此将其分解后得到的各阶段出口标准会为总目标的实现提供分阶段协议保障。在 I 类采办项目的里程碑审查过程中,里程碑决策当局都会审查项目主任提交的下一阶段的出口标准,批准后该出口标准将写入采办决策备忘录,作为下一阶段里程碑决策当局和项目管理办公室的阶段性采办协议,在下一个里程碑节点处将根据这一出口标准审核项目管理办公室工作。

2. 持续的法律保障

为了保证重大项目基线目标的顺利实现,有效利用国防采办资源,美军的保障措施并不停留在协议层次,而是上升到法律高度,专门出台《纳恩—麦克科迪法案》辅助管理。项目管理办公室对该法案的遵守情况自然成为里程碑审查的重要内容。《纳恩—麦克科迪法案》规定,如果成本超支和进度拖延超过既定基线的一定比例,则考虑中止该项目。既定基线分为初始基线和当前基线,见表 5.10。项目主任可以根据实际情况申请修改项目基线,里程碑决策当局在确认项目重构资金已经到位,或者突破基线是出于项目管理办公室所不能控制的原因等情况后会批准修改申请,修改前后的基线分别称为"初始基线"和"当前基线"。法案据此定义了两类基线突破现象,如表 5.10 所列。在里程碑审查过程中,各级审查组织首先判断项目是否触及《纳恩—麦克科迪法案》的超支限,若发生明显突破基线现象,军种部长要在 45 天内向国会提交单位成本报告,国防部要提交包含必要单位成本超支信息的《选择性采办报告》。若发生严重突破基线现象,里程碑决策当局将会同国防部采办、技术与后勤副部长以及联合需求监督委员会调查根本原因,评估修改基线后的预期成本,做出是否中止项目的决定。

表 5.10 基线突破的定义

	明显突破基线	严重突破基线
当前基线	超过当前基线 15%	超过当前基线 25%
初始基线	超过初始基线 30%	超过初始基线 50%

此外,对所有信息技术采办项目,里程碑决策当局还要重点审查《克林杰—科恩法》的遵守情况。在国防部相关部门负责人或项目主任认为该项目达到了《克林杰—科恩法》针对该采办阶段的具体要求,且已经向里程碑决策当局和国防部部局首席信息官或相关指定人员报告了项目与《克林杰—科恩法》的相符情况之前,里程碑决策当局不得启动项目或能力增量,或批准项目进入采办里程碑正式批准的任意采办阶段,国防部部局也不得授予采办合同。在里程碑决策评审中,对于《克林杰—科恩法》遵守情况的具体审查事项以及引用文件如表 5.11 所列。

表 5.11 《克林杰—科恩法》符合性表

《克林杰—科恩法》(《美国法典》第 40 篇第Ⅲ分篇(引用文件(p)))要求事项	适用的项目文件
确定采办项目支持国防部的核心和优先职能	初始能力文件、信息系统初始能力文件、国防业务系统问题说明,或应急作战需求文件
建立与战略目标相联系的基于结果的性能度量标准	初始能力文件、信息系统初始能力文件、能力发展文件、能力生产文件、备选方案分析、采办项目基线
重新设计该采办系统所支持的采办过程,以降低采办成本、提高采办效能并最大限度地利用商业现货技术	初始能力文件、信息系统初始能力文件、作战概念、备选方案分析、业务进程重建
确定没有私营部门或政府来源能更好地支持这一职能	采办策略、备选方案分析
开展备选方案分析	备选方案分析
进行经济分析,包括计算投资收益;为非自动化信息系统项目进行全寿命周期费用估算	部局成本估算、重大自动化信息系统项目的项目经济分析
为项目进展制定明确的衡量标准和经管责任	采办策略、采办项目基线、试验鉴定主计划
确保采办项目符合国防部信息企业政策和体系结构,涵盖了相关标准	能力发展文件网络就绪关键性能参数、能力生产文件网络就绪关键性能参数、信息交换要求
确保该项目拥有符合国防部政策、标准与体系结构的网络安全策略,涵盖了相关标准	网络安全策略、项目保护计划、风险管理框架安全计划

(续)

《克林杰—科恩法》(《美国法典》第40篇第Ⅲ分篇（引用文件(p)))要求事项	适用的项目文件
尽可能确保已采用模块化合同,且以分阶段逐步增加的方式实施项目,每次能力增量都能满足部分任务需要,并交付可衡量的利益,而且不受未来能力增量的影响	采办策略
与国防部首席信息官协调,对任务关键和任务必要系统进行登记①	国防部信息技术组合数据库

①**任务关键信息系统**。系指符合《克林格—科恩法》(《美国法典》第40篇第Ⅲ分篇(引用文件(p))中"信息系统"和"国家安全系统"定义的系统,损失此种系统会阻碍作战行动或对作战行动的直接任务支援("任务关键信息系统",应由部局领导、联合作战司令官或其指派人员来指定。经国防部副部长(主计长)(USD(C))认定,财务管理信息技术系统也应作为任务关键信息系统)。"任务关键信息技术系统"与"任务关键信息系统"含义相同

任务必要信息系统。系指符合《美国法典》第44篇第3502节(引用文件(aw))中"信息系统"的定义,且国防部部局领导或其指定人员确认它对完成本单位任务是基本和必需的系统(对完成任务必要的信息系统应由部局领导、联合作战司令官或其指派人员指定。经国防部副部长(主计长)认定,财务管理信息技术系统,可被认为是任务必要信息系统)。"任务必要信息技术系统"与"任务必要信息系统"含义相同

3. 组织管理保障

项目的组织管理是达到预期采办目标的重要保障,因此对于重大国防采办项目,里程碑决策当局要对项目管理办公室内部一体化产品小组的设置及人员构成、工作层一体化产品小组的专业设置以及人员构成以及顶层一体化产品小组的人员构成进行审查,以确保:技术、成本、进度等重要把关内容由专门的一体化产品小组负责;各一体化产品小组分工明确,职能交叉较少;工作层一体化产品小组的专业设置突出项目特点,参与人员能够代表其部门主官发表意见;顶层一体化产品小组成员包括与待解决问题有关的所有部门的高级代表等。此外,里程碑审查组织还可以通过《选择性采办报告》《国防采办执行状况概要》、政府问责局的"年度选择性采办报告"等文件及时了解项目的运行和管理情况。

三、里程碑决策评审程序

美军里程碑决策点审查耗时长,参与组织多,审查内容广泛,审查流程具有明显的多阶段性。项目分类等级越高,里程碑节点审查的程序越复杂,因此,ID 类、IAM 类项目的审查程序是最为全面的,其他类别的项目会依据决策当局级别的降低而进行适当简化。图 5.17 为 ID 类、IAM 类项目的里程碑审查流程,可分为分领域审查、预审查、正式审查和跟踪问效等 4 个阶段。分领域审查阶段以启动会议为开始标志,活动以各个领域的工作层一体化产品小组评审为主,并对后续审查活动做出计划,大约持续 9 个月;预审查阶段开始于正式审查 90 天前,不仅包括军种顶层一体化产品小组会议、军种决策点审查委员会会议、国防部顶层一体化产品小组会议和国防采办委员会预备会等综合性预审会议,还包括国防部负责试验鉴定、需求生成和成本评估等专门机构和组织的预审会议;正式审查阶段的活动就是国防采办委员会评审会,会议召开两天后通过采办决策备忘录公布审查结果;跟踪问效阶段则主要针对未通过审查的项目,审查组织会监督项目管理办公室是否按照审查意见和建议进行调整,并安排复审以验证调整效果。

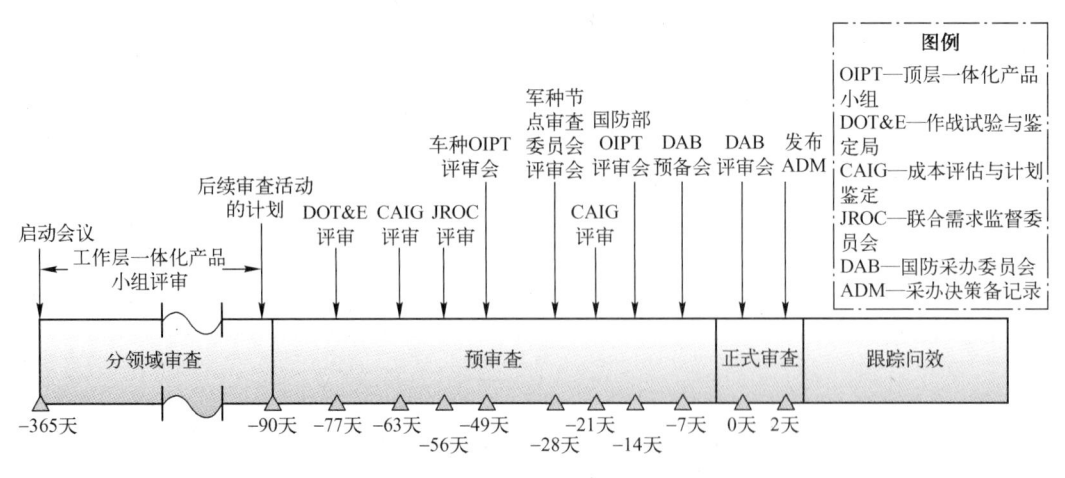

图例
OIPT—顶层一体化产品小组
DOT&E—作战试验与鉴定局
CAIG—成本评估与计划鉴定
JROC—联合需求监督委员会
DAB—国防采办委员会
ADM—采办决策备记录

图 5.17 美军里程碑审查总流程

多年以来,美国国防部、军种以及项目管理办公室等各个层次的审查组织不断调整上述 4 个阶段的审查任务,优化每个阶段内各层次组织的工作安排,使得审查流程日趋合理,提高了里程碑审查的效率和效益。

(一) 分领域评审阶段

本阶段有三项任务:召开启动会议;组织成立工作层一体化产品小组并开始审查工作;由军种层次顶层一体化产品小组牵头制定后续阶段的审查活动计划。

由计划执行官会同项目管理办公室召开启动会议,确定本项目的军种层次顶层一体化产品小组成员以及里程碑决策当局。以海军为例,其军种层次的顶层一体化产品小组称为"采办协调团队",该团队的主席、主管资源配置的代表、主管需求的代表、试验鉴定和需求协调代表、采办保障代表、审计代表、合同代表、法律代表、主信息官、首席工程师代表、财务主任、项目主任等都要在启动会议上得到明确。会议还将草拟出军种顶层一体化产品小组的工作章程,包括其职责、权力以及工作的指导原则和步骤。

启动会议后,项目主任将与军种层次顶层一体化产品小组共同协商该项目工作层一体化产品小组的构成。各工作层一体化产品小组成立后,将按月召开小组研讨会,会议目的有:①检查项目在成本、进度和技术性能等方面的进展情况并发现和解决问题;②审查各类采办文件的完成情况;③商讨下一阶段的出口标准。负责需求的工作层一体化产品小组主要审查《初始能力文件》《能力发展文件》等需求文件;负责系统工程和试验鉴定的工作层一体化产品小组则辅助项目管理办公室制定《技术开发策略》《系统工程计划》《试验鉴定主计划》等文件并进行监督;成本小组则需要协助项目管理办公室进行成本评估,审查资金供给情况。

军种层次的顶层一体化产品小组将在工作层一体化产品小组的工作成果基础上,初步确定里程碑 A、B 正式审查的具体日期,计划后续的预审和正式审查,列出里程碑审查中应该解决的关键问题以及应关注的重点领域。

(二) 预审查阶段

(1) 国防部专业组织的专项审查。对于 ID 类、IAM 类项目,国防部层次的审查从预审阶段开始,参与审查的组织主要有联合需求监督委员会、作战试验鉴定局以及成本评估与计划鉴定局。在国防采办委员会正式审查前的 194 天,项目管理办公室需向成本评估与计划鉴定局提交《成本评估需求文件》,并在正式审查的两个月前提交全寿命周期成本评估的草稿。正式审查的 77 天前,作战试验鉴定局审查《试验鉴定主计划》。正式审查的 63 天前,成本评估与计划鉴定局将召开正式的《全寿命周期成本评估》评审会。正式审查的 56 天前,联合需求监督委员会对需求文件以及负责需求的工作层一体化产品小组的结论进行核查。正式审查的 24 天前,项目管理办公室要向成本评估与计划鉴定局提交根据其评审建议修改的全寿命周期成本评估报告。正式审查 3 周前,成本评估与计划鉴定局会再次召开评审会,讨论最终的独立成本评估报告,并于会后提交给国防采办委员会。以上国防部专业职能组织的专项审查对前一阶段的工作层分领域审查起到了补充、总结和监督的作用。

(2) 军种顶层一体化产品小组评审会。评审会总结"分领域审查阶段"的工作,审查项目管理办公室起草的里程碑 A/B 的工作报告以及采办决策备忘录的草稿,了解后续阶段的准备情况,针对阻碍下一阶段启动的问题拟定解决方案,就里程碑 A/B 的通过与否达成军种层次的一致。以陆军顶层一体化产品小组会议为例,持续时间为 90 分钟,主要内容为各利益相关方的汇报:装备研制方的汇报应该包含最新进展以及对工作层一体化产品小组建议的贯彻执行情况,并阐述其对未来问题和风险的预判;试验鉴定部门汇报试验或评估结果,评价系统的作战有效性、可保障性和适用性;成本与经济助理陆军部长帮办汇报《陆军成本定位文件》的制定过程和内容,国防部成本分析与计划鉴定局代表汇报项目的可支付性;用户汇报近期的威胁以及对敌人计划实现能力的预测。陆军采办系统协调官负责汇总所有未解决问题。如果陆军顶层一体化产品小组已解决所有问题,则取消陆军系统采办审查委员会的正式审查,只需委员们书面签字即可。

(3) 国防部顶层一体化产品小组会议。对于 IC 类项目,其预审阶段只有军种层次顶层一体化产品小组的评审会,该会议结束后便准备进入军种节点审查委员会的正式评审会。对于 ID 类项目,预审阶段除了要经历军种顶层一体化产品小组评审会以外,还要经过国防部顶层一体化产品小组的审查。该会议要在国防采办委员会的正式评审会的两周前召开。除了审查与基线有关的程式化内容外,会议评审的重点是在能力领域内部或者跨越多个能力领域评估系统族的作战能力,检验系统的互操作性和可保障性,分析 CAIG 成本评估、技术成熟度评估等独立评估活动的结果。如果项目中包含试点计划,如总拥有成本缩减计划,国防部顶层一体化产品小组会根据既定目标对其进行评估。

(4) 国防采办委员会预备会。为了明确需要国防采办委员会解决的具体问题并获得必需的关键数据,国防采办委员会的常务秘书会在正式评审之前召开预审会,会议成员包括国防部层次顶层一体化产品小组领导、军种领导以及提交待国防采办委员会决策的问题的有关组织代表。预备会将明确正审会的目的,讨论项目存在的突出问题,分析项目进入正式审查的时机是否成熟。根据会议讨论的结果,国防采办委员会的行政秘书将决定是按计划正审还是推迟正审,并进一步搜集信息。如果需要国防采办委员会做出决策的问题都已经在预审会中得到解决,行政秘书可以取消正式评审会,直接由里程碑决策当局做出书面决策即可。

(三) 正式审查阶段

IC 类项目的正式审查是指军种节点审查委员会的评审会,ID 类项目的正式审查是指国防采办委员会的评审会。正式评审会结束后的两天内,里程碑决策当局将会在采办决策备忘录中发布最终的审查结果。

(1) 军种决策点审查委员会正式评审会。以陆军为例,陆军系统采办审查委员会(ASARC)会议安排在陆军顶层一体化产品小组会议之后,旨在解决后者未解决的问题。图 5.18 所示为陆军 ASARC 会议总体流程图,需要说明的是在确定时间地点和参加人员后,通常会有两种形式的提前沟通过程:①计划执行官、项目主任将组织一个汇报团队提前向陆军副参谋长进行汇报,汇报团队不超过 4 人,其他人员从陆军顶层一体化产品小组主席、训练条例司令部能力主任、陆军部系统协调官、负责系统同步的 G-8 陆军副参谋长等官员中选取;②多个部门的主管通过其代表在正式会议前向项目主任提出沟通请求,项目主任向 ASARC 行政秘书汇报后,由行政秘书负责组织相关部门主官和项目主任进行提前沟通。

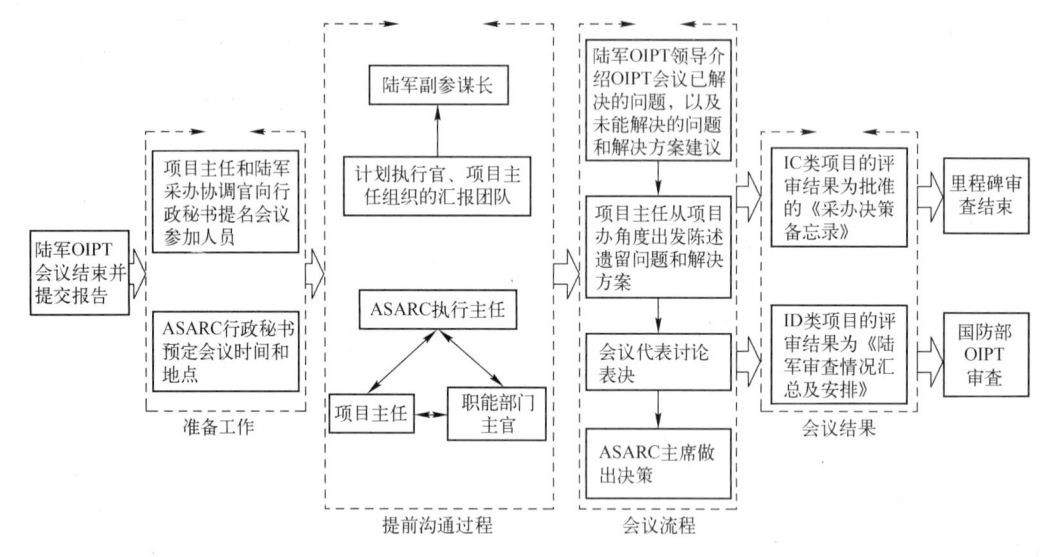

图 5.18 陆军系统采办审查委员会会议总体流程

(2) 国防采办委员会正式评审会。如果需要召开国防采办委员会正式评审会,那么国防部顶层一体化产品团队领导将根据预备会的讨论结果,重新整理其汇报内容,包括更新未解决的问题及解决方案建议、出口标准的清单,以及待审查文件的准备情况。正式评审会的与会人员为国防采办委员会的正式成员、部分顾问团成员以及项目管理办公室人员,任何一个还没有完全实现的出口标准、没有提交的里程碑审查文件都是正式审查的重要议题。

(四) 跟踪问效阶段

本阶段有 3 种表现形式:①对于未通过某里程碑的正式审查,但并不下马,且存在严重问题的项目,会专门指定一段时间进行整改,并由顶层一体化产品小组进行跟踪问效;②对于通过正式审查但存在少量问题的项目,其跟踪问效阶段的工作则与下一阶段的采办工作同时进行;③在审查过程中的各层次一体化产品小组评审会议之后也会有短期的跟踪问效,监督项目管理办公室进行及时的整改。

在跟踪问效环节,如图 5.19 所示,将审查的发现分为 3 类:正面发现、中性发现和负面发现。对风险和问题进行深入分析,包括其产生的根本原因以及对性能、成本和进度的影响,而后提出规避风险、解决问题的相关建议。项目管理办公室按照审查组织的改进建议进行调整,审查组织会在规定时间内进行小规模复审,通过后则进入下一审查环节。同时,审查组织还会根据对相关发现的系统分析,向国防部采购采办政策办公室提交改进采办政策的相关建议。

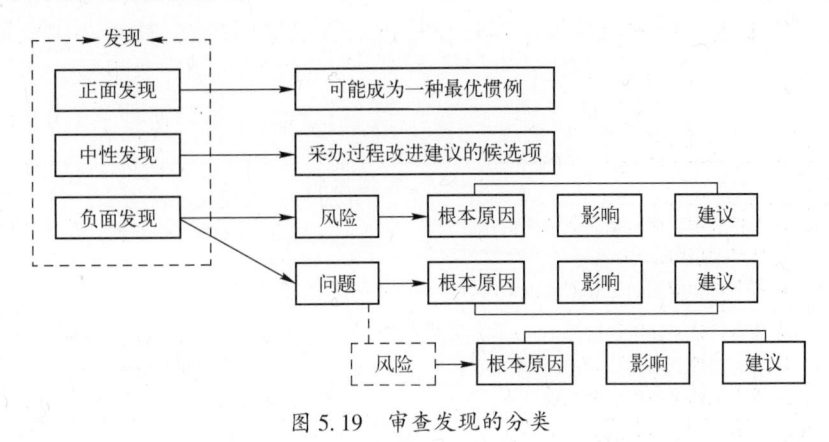

图 5.19 审查发现的分类

四、里程碑决策评审结果处理

里程碑节点审查结束后,通常有 4 种结果:①准许项目通过里程碑审查,进入下一阶段;②判定项目实际指标不合格,放行进入下一阶段并对基线和标准进行修改;③不准许项目通过里程碑审查,或是通过短期调整后放行,或是对上一阶段任务进行返工,而后重新组织里程碑审查;④项目成本超支和进度拖延情况严重,按法规要求需要中止该项目。

(一) 项目通过里程碑决策审查

当里程碑决策当局经过审查后认为项目已经具备进入下一阶段的必要条件,便对该项目予以放行。如果未完全实现既定的出口标准,但是能够详细说出客观理由,且经决策当局裁定后,认为该理由与项目管理办公室的工作态度和努力程度无关,某些不符之处可以在后续阶段得到弥补,也可以考虑放行该项目。但即使通过审查,项目管理办公室还是会接到各级里程碑审查组织的众多改进建议,对相关建议的采纳与执行情况将成为下一里程碑审查的重要内容。

(二) 项目通过里程碑审查且需要对基线和出口标准进行调整

有时项目情况不符合既定审查标准的原因是标准定的不合理,因此就会出现第二种结果,即修改既定基线和出口标准后放行。无论基线标准是否合理,在对基线或出口标准进行修改之前,里程碑决策当局都需要再次确认该项目所对应的能力需求非常迫切,并且项目资源的到位情况正常,才能调整本阶段和后续阶段的基线和标准。去除过高的要求,并将相应的调整反映在本阶段或后续阶段的需求文件(如《能力发展文件》《能力生产文件》等)中,这实际上也是一个通过采办实践修正需求的过程。

(三) 项目未能获许通过里程碑决策审查

这种结果主要出现在本阶段项目目标部分实现,成本、技术、进度方面存在明显风险的情况下。但依据项目目标实现程度和潜在风险的大小,会有两种进一步细化的结果:①项目目标大部分均已实现,技术实体和成本情况均已明确,只是相关文件内容和管理环节需要调整,则由里程碑决策当局责令项目管理办公室进行限期调整,凭其调整效果决定是否在本次里程碑审查中放行;②项目进行情况已经偏离初期计划,技术风险较大或成本超支和进度拖延问题明显,需要重新组织人员返工,返工完成后要重新进行里程碑审查。造成项目不能通过里程碑审查的原因较多,这里将主要原因列于表5.12。

表5.12　项目不能通过里程碑审查的原因

领　域	具　体　原　因
成本	➤ 军种成本评估结果和成本评估与计划鉴定局的独立成本评估结果差别较大,需再次进行成本评估(限期协商修改) ➤ 对全寿命周期内主要的成本动因分析不够全面(限期修改)
技术	➤ 成本评估未超限的前提下,技术成熟度不够 ➤ 有关键性能指标(采办项目基线规定的)未达标,且不能超过关键性能指标总数的50% ➤ 因以上两个原因而禁止项目通过审查时,通常要对上一阶段工作进行返工,重新进行里程碑审查
合同	➤ 市场与工业基础调查工作不到位(限期修改) ➤ 竞争策略、合同签订方法、激励手段等不明确(限期修改)
综合管理	➤ 重要采办文件中有未完成或未达标的(《初始能力文件》《能力开发文件》《采办项目基线》《技术开发策略》《采办策略》《系统工程计划》《试验鉴定主计划》《采办决策备忘录》等文件出现不达标的情况,必须对相关准备工作进行返工后,重新提交里程碑决策当局审查,严重时要重新执行全部里程碑审查程序 ➤ 存在不符合《纳恩—麦克科迪法案》《克林杰—科恩法》等国会法案、国防部政策法规之处(限期修改) ➤ 对成本、技术和进度的主要风险要素估计不足,且风险规避计划不完善(限期修改)

(四) 项目中止

根据《纳恩—麦克科迪法案》的规定,若在里程碑审查中发现项目成本和进度严重突破基线,即超过当前基线的25%或超过初始基线的50%,国会和国防部将考虑中止该项目。除非国防部采办、技术与后勤副部长在60天内向国会提供以下证明:

(1) 该项目对国家安全至关重要;
(2) 对此项作战能力需求,没有更加省钱的备选方案;
(3) 有理由进行新一轮的单位成本评估;
(4) 项目的管理结构可以控制单位成本的增长。

在提交以上证明后,国防部采办、技术与后勤副部长将会同联合需求监督委员会、成本评估与计划鉴定局分析造成基线突破的根本原因,并进行以下评估:

(1) 在不改变现有需求的条件下项目的预期成本;
(2) 在适当改变需求的条件下项目的预期成本;
(3) 任何可选方案或作战能力的成本排序;
(4) 此项目成本增长对其他项目投资的影响。

如果国防部采办、技术与后勤副部长、联合需求监督委员会、成本评估与计划鉴定局在进行相关评估后认为可以不中止该项目,则需要根据基线突破根本原因对项目进行重构,重启最近一次的里程碑审查程序,并在项目获得里程碑通行批准后,进行至少半年一次的定期成本进度审查。

如果不能在规定时间内提交证明,或在后续的评估中发现该项目成本增长确实难以控制,此项需求并非当前迫切需要,且其成本增长对其他项目的影响颇为严重,则要履行项目中止程序:军种或国防部提出中止意向——国防部和总统批准中止计划——国会审查和批准中止计划。其中最为重要的环节是国会的审查,国防部长将会向国会提交报告,陈述中止该项目的全部原因,解决项目问题的相关参考方案,以及中止该项目后国防部实现此种作战能力需求的计划,为国会做出中止决策提供参考。

第六章 国防采办项目管理

国防采办项目管理制度是美军不断总结"曼哈顿"工程等重大项目的管理经验而提出的管理制度与方法,经过多年不断的改革优化,现在已成为管理科学的重要分支,在美军国防采办中发挥了重要作用,引起了世界各国各部门的高度重视,广泛应用于国防、民用与商业领域,被称为美军对世界管理理论与实践的13项重大贡献之一。

第一节 国防采办项目管理概述

项目管理制度经过了长期的发展演变,目前已经成为美国国防采办管理的基本制度形式。美军通过组建项目管理机构,作为项目采办的管理主体与责任主体,对项目实施全寿命专业化管理,有效保证了采办项目的顺利实施。

一、概念及特征

项目是指为了达到特定目标而临时组织到一起的一批人员及各种其他资源的组合,它必须满足以下一些条件:①具有明确的目标,且这些目标是可以描述的;②具有明确的期限,且有明确的开始和结束时间限制;③具有资金限制;④消耗一定资源(如人员、设备、时间等)。国防采办项目是指在既定的资源和要求的约束下,为达到某种目的而相互联系的装备与系统的论证、研制、生产和后勤保障等工作任务。

国防采办项目管理是指军方管理部门以一个或若干个相同专业领域的项目任务为对象,通过组建专门的项目管理机构,对项目实施组织、领导、协调与控制,实现对项目全寿命过程的有效管控,确保项目管理目标实现的活动。国防采办项目管理具有以下基本特征:

(1) **管理主体责权对等**。项目管理机构(即项目管理办公室)负责项目全寿命过程的采办管理,项目办与项目主任责任明确,同时拥有较大的管理权限,包括人事、财务、技术状态等方面的管理权。项目办作为国防采办的管理主体,责权相对对等,便于其调动各方资源开展相关的采办管理工作,有助于采办管理目标的实现。

(2) **实行矩阵式管理**。项目管理机构由常设与非常设人员组成,常设人员为核心管理人员,相关业务部门可根据需要加入,并在完成项目有关工作后退出,形成矩阵式组织模式。该模式是一种跨部门协调的组织方式或工作机制,项目办通过矩阵式的组织模式吸收相关领域的专业人员参与工作,有助于加强部门间的协调配合,提高国防采办项目管理的科学性与有效性。

(3) **推行全系统全寿命管理**。项目管理制度是国防采办推行全寿命管理的主要组织模式。由于采办管理部门一般是按管理要素(计划、成本、质量、风险)或管理阶段(预研、科研、采购、保障)设立机构,项目全寿命过程的管理主体需要另行构建,目前世界主要国家都是通过推行项目管理的方式实现采办的全寿命管理。另外,项目办及其上级管理部门通过加强国防采办体系顶层设计以及采办管理机构内部的分工与协作,实现装备体系的互联互通与协调配套,有效推行装备的全系统管理。

(4) **加强专业化管理**。项目办通过矩阵式的组织模式吸收相关领域的管理与技术人员参与,提高了部门协调的有效性,有助于提高管理决策的科学性,并通过采取科学的项目管理方法,进一步提高项目的专业化管理水平。

二、国防采办项目的分类

美军国防采办项目按照经费额度、重要程度等分为Ⅰ、Ⅱ、Ⅲ三个等级,如表 6.1 所列。Ⅰ类采办项目是指经估算用于研究、开发、试验与鉴定所需的费用总额超过 4.8 亿美元,或者用于采购的费用总额超过 27.9 亿美元(2014 财年定值美元)的项目,以及国防采办执行官特别关注的项目,如美军联合攻击战斗机项目等。对于Ⅰ类采办项目,美军又分为 ID 类采办项目和 IC 类采办项目,其中:ID 类采办项目是指由国防部监管的重大项目,里程碑决策当局由国防采办执行官担任,上述联合攻击战斗机项目就是 ID 采办类项目;IC 类项目是指由军种监管的重大项目,里程碑决策当局由军种采办执行官担任,如海军 DDG1000 驱逐舰项目。Ⅱ类采办项目是指经估算用于研究、开发、试验与鉴定的最终开支总额超过 1.85 亿美元,或用于采购的费用总额超过 8.35 亿美元(2014 财年定值美元)的项目,以及里程碑决策当局指定为Ⅱ类的采办项目;Ⅲ类就是采办项目是除去Ⅰ类和Ⅱ类以外的其他采办项目。

美军将国防采办项目分为一般的武器系统与自动化信息系统两大类。对于自动化信息系统,美军按照经费额度和重要性也是分为三大类,分别为ⅠA、ⅡA 和ⅢA,其中的字母 A 就是指自动化信息系统项目。ⅠA 类项目是指在任何单一财年,对于所有采办增量,相关系统采办支出超过 4000 万美元(2014 财年定值美元),或自动化信息系统的论证、设计、开发和部署直接相关的所有支出超过 1.65 亿美元(2014 财年定值美元),或自动化信息系统的论证、设计、研制、部署、使用和维修直接相关的所有开支超过 5.2 亿美元(2014 财年定值美元),或里程碑决策当局指定为特别关注的项目。ⅠA 类采办项目又按照里程碑决策当局的不同,分为ⅠAM 和ⅠAC 两类项目,ⅠAM 的里程碑决策当局由国防采办执行官或其指定人员担任,ⅠAC 的里程碑决策当局由军种或国防业务局等国防部部局领导或部局采办执行官担任。ⅡA 类采办项目是指没有达到ⅠA 类采办计划标准,由军种采办执行官确定的自动化信息系统项目;ⅢA 类采办项目是除去ⅠA 类和ⅡA 类以外的其他自动化信息系统项目。

表 6.1 美军 2015 年版采办程序对Ⅰ~Ⅲ类采办项目及其里程碑决策当局的规定

项目类别	确定采办项目类别的理由	里程碑决策当局
Ⅰ类采办项目	● 重大国防采办项目 　○ 项目所有增量的美元值:国防采办执行官估计,用于研究、开发、试验与鉴定所需的最终费用总额超过 4.8 亿美元,或者用于采购的费用总额超过 27.9 亿美元(2014 财年定值美元) 　○ 里程碑决策当局指定为Ⅰ类的项目 ● 里程碑决策当局指定为特别关注的项目	ID 类采办项目:国防采办执行官或其指定人员 IC 类采办项目:国防部部局领导,或经指定的部局采办执行官

219

(续)

项目类别	确定采办项目类别的理由	里程碑决策当局
ⅠA类采办项目	• 重大自动化信息系统 ○ 里程碑决策当局指定为重大自动化信息系统项目。 ○ 估算金额超过： 　在任何单一财年，对于所有采办增量，与自动化信息系统的定义、设计、研制、部署和维持直接相关的所有支出超过4000万美元（2014财年定值美元）； 　对于所有采办增量，从方案分析到部署整个过程，与自动化信息系统的定义、设计、开发和部署直接相关的所有支出超过1.65亿美元（2014财年定值美元）； 　对于所有采办增量，从方案分析到系统估算使用期限的维修保障，与自动化信息系统的定义、设计、研制、部署、使用和维修直接相关的所有开支超过5.2亿美元（2014财年定值美元）。 • 里程碑决策当局指定为特别关注的自动化信息系统项目	IAM类采办项目：国防采办执行官或其指定人员 IAC类采办项目：国防部部局领导或经指定的部局采办执行官
Ⅱ类采办项目	• 不符合Ⅰ类或ⅠA类采办项目的标准 • 重要系统 ○ 美元值：国防部部局领导估算用于研究、开发、试验与鉴定的最终开支总额超过1.85亿美元，或用于采购的费用总额超过8.35亿美元（2014财年定值美元） ○ 里程碑决策当局指定为Ⅱ类的项目	部局采办执行官或其指定人员
Ⅲ类采办项目	• 不符合Ⅱ类采办项目或以上标准 • 属非重大自动化信息系统的自动化信息系统项目	部局采办执行官指定人员

此外，美军国防采办项目还可按照涉及部门的多少划分为跨部门项目和军种或者国防部业务局单独管理的项目。美军大部分项目都是军种或国防部业务局单独管理的项目，少量为跨部门项目。跨部门项目一般由两个以上的军种或业务局采取联合采办的方式共同管理，大部分情况下国防部会责成一个军种或业务局牵头，其他军种或业务局作为项目管理办公室成员参加，如美军的全球导航定位系统（GPS）就是陆、海、空三军的联合采办项目，由空军牵头，项目管理办公室设在空军。也有的跨部门项目的项目主任由各军种或业务局轮流担任，如联合攻击战斗机项目就是海军与空军联合实施采办。

三、国防采办项目管理改革历史沿革

美国国防采办项目管理制度在第二次世界大战期间进行初步探索与实践，20世纪80年代进行制度化设计，形成了较为稳定的项目管理组织体系与规章制度，冷战结束至今相关制度内容仍在不断优化和完善。总体来讲，美军国防采办项目管理的历史发展过程可以分为形成、发展和完善三个阶段。

（一）形成阶段

国防采办项目管理创立于第二次世界大战期间。为加速"法西斯"的灭亡进程，美国陆军于1942年开始实施研制原子弹的"曼哈顿"计划。为提高计划管理效率，陆军把分散在军队、大学和各研究实验室的原子弹研制单位的相关人员汇集起来，组建一个专门的组织机构，由陆军格罗夫斯少将任项目总负责人，著名物理学家奥本海默任技术总顾问，美国政府赋予该计划管理特别的优先权，对项目实行集中统一管理。"曼哈顿"计划管理取得了显著成效，仅用4年就成功地完成了原子弹的研制，首次制造出3颗原子弹，

成为国防采办项目管理的第一个成功典范。

"曼哈顿"计划的成功使国防采办项目管理得到更加广泛的应用。20世纪50年代中期，美国海军和空军把项目管理应用于装备的研制、采购管理中，海军组建了特种计划办公室，空军组建了西方发展部，分别对本部门的采办工作实行项目管理。20世纪50年代后期，美国在"北极星"导弹研制计划中应用计算机管理，在项目管理中应用计划评审技术(PERT)，合理安排人力物力，使"北极星"导弹研制周期缩短了20%以上，提前2年完成了研制任务。计划评审技术的应用被认为是现代项目管理的起点，也是美国较早把项目管理技术应用于国防采办管理中的典范。

20世纪60年代，美国在"阿波罗"登月计划中实行了以项目管理小组为核心的项目管理，开发了矩阵管理技术，采用了图形评审技术(GERT)，取得了巨大成效。

1967年，美国国防部在借鉴民用项目成本进度控制成功经验的基础上，总结了多年来项目管理的经验和教训，编制了"成本进度控制系统"的基础性文件——《成本进度控制系统准则》，并以国防部第7000.02号指令的形式颁布实施，在国防采办项目管理中规范和提倡采用成本进度控制方法，较好地克服了国防采办中存在的超概算和拖进度问题。

（二）发展阶段

20世纪70年代，为适应重大采办项目管理的需要，美国国防部颁布了第5000.01号指令《重大国防系统的采办》，将采办项目全寿命周期分为三个阶段，并设立若干里程碑决策点，对国防采办实行分阶段管理、逐段推进的项目管理。国防采办项目管理主要采用职能型或项目型组织结构，大型采办项目管理办公室人员数量多，规模庞大，多数为专职项目管理人员，项目办上级主管部门多，汇报层次多，项目管理效率较低。

20世纪80年代，国防采办项目管理得到了进一步发展。1983年，美国国防部国防系统管理学院组织编写了《系统工程管理指南》，从系统工程管理的角度，对国防采办项目管理的相关工作进行了规范。1984年，美国项目管理协会推出《项目管理知识手册》，规范和促进了项目管理的职业发展，对国防采办项目管理也产生了重要影响，美国国防部也出台了《国防部项目管理知识手册》，促进了国防采办项目管理的发展。

1986年，根据帕卡德委员会的建议，美国国防部进一步改革国防采办项目管理体制，建立以采办执行官为首的项目管理体系，形成"国防采办执行官–军种采办执行官–计划执行官–项目主任"四级项目管理指挥线，实现了对国防采办项目的专业化管理，提高了采办管理的效率。

（三）完善阶段

随着技术复杂性不断提高以及采办成本的持续攀升，美军对国防采办项目管理制度进行了进一步的改革完善，以适应新时期高新技术尤其是信息技术快速更新换代的需要，不断提高国防采办项目管理的水平和效益。

20世纪90年代，美军两次修订国防部第5000.02号指示《国防采办系统的运行》，对国防采办程序进行了优化，对采办全寿命阶段划分与里程碑节点设置进行了优化，适应了冷战结束后加强采办过程控制的要求。新世纪以来，在"基于能力"转型战略的指导下，美军为有效提升美军体系作战能力，尝试推行联合采办模式，构建了一定数量的联合采办项目管理办公室，如联合攻击战斗机、联合战术无线电系统、联合战术无人机、联合致命打击武器等项目管理办公室,相关项目办完成项目采办后提供给三军的用户,有效提升了项目采办的批量,降低了单位采办成本。此外,美军还正在论证构建与三军采办机构并列的联合采办执行官体系,进一步加强联合采办管理的科学性与有效性。

2001年以来,美军对国防采办项目采办程序又进行了四轮调整,尤其是2015年最新一轮调整,适应信息技术发展及软件密集程度不断提升的特点,设立了6种采办程序,大大提高了项目管理的有效性与针对性。近年来,美军认识到民用信息技术与产品的发展速度越来越快,民用产品的创新程度不断提高,同时现货产品的成本远低于军方研制与采购的价格,因此,更加注重现货产品的采办。为此,美军为有效采办商业现货产品,逐步建立和完善了有针对性的项目管理机构与方法,改革以往以过程管控为主的项目管理模式,转而采用更多风险管理的思路与模式,提高美军引入现货技术与产品的效率与效益。

第二节 国防采办项目管理的组织体系

1986年,美军建立完善了国防采办项目管理组织体系,形成"国防采办执行官-军种采办执行官-计划执行官-项目主任"4级项目管理指挥线(图6.1),形成国防部有效统管与各军种分散实施相结合的采办管理体制。此外,在项目主任领导的项目管理办公室还下设若干一体化产品小组,负责项目某一领域的管理工作。

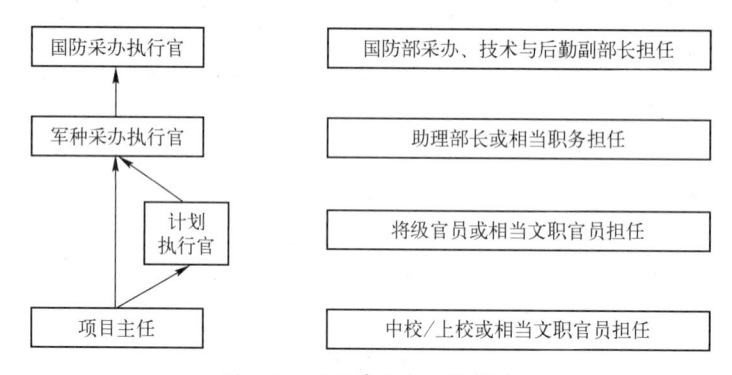

图 6.1 项目管理专业指挥线

一、国防采办执行官

国防采办执行官,由国防部采办、技术与后勤副部长担任,是国防部采办管理的最高长官,也是美军采办项目管理的最高决策当局。国防采办执行官的职责是制定国防采办政策,监督全军采办系统,并作为ID类采办项目和IAM类采办项目的里程碑决策当局,批准ID类采办项目和IAM类采办项目的采办项目基线。

为有效开展国防采办决策与管理,美军设立国防采办委员会协助国防采办执行官开展工作。委员会主席由国防部采办、技术与后勤副部长担任,副主席由参谋长联席会议副主席担任,成员包括4名副部长、作战试验鉴定局长以及各军种部长等,负责重大项目的里程碑节点审查与监管。如图6.2所示为国防采办委员会成员示意图。

```
                    ┌─────────────────────────────┐
                    │           主席              │
                    │ 国防部采办、技术与后勤副部长 │
                    └──────────────┬──────────────┘
                                   │
                    ┌──────────────┴──────────────┐
                    │          副主席             │
                    │   参谋长联席会议副主席      │
                    └─────────────────────────────┘
```

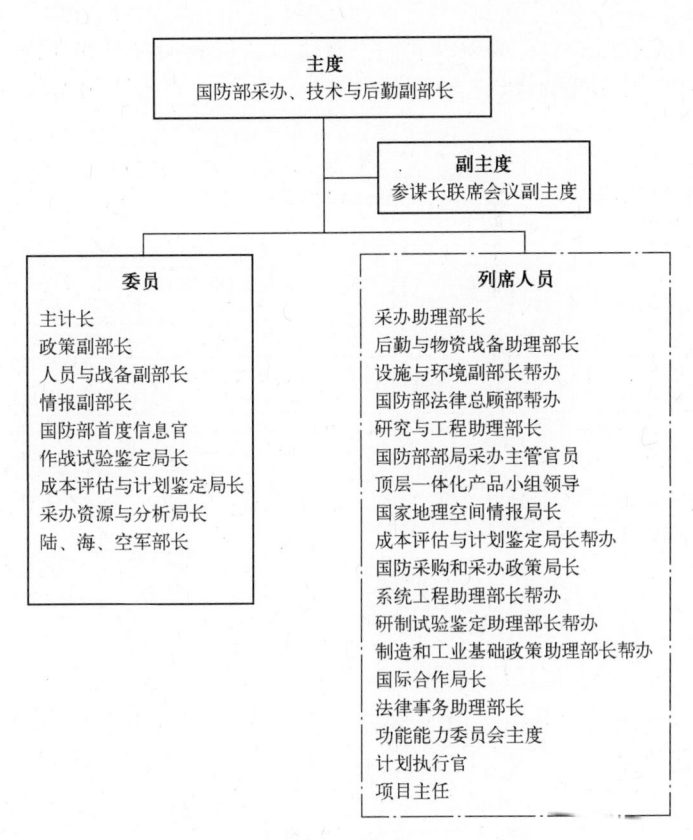

委员	列席人员
主计长	采办助理部长
政策副部长	后勤与物资战备助理部长
人员与战备副部长	设施与环境副部长帮办
情报副部长	国防部法律总顾部帮办
国防部首席信息官	研究与工程助理部长
作战试验鉴定局长	国防部部局采办主管官员
成本评估与计划鉴定局长	顶层一体化产品小组领导
采办资源与分析局长	国家地理空间情报局长
陆、海、空军部长	成本评估与计划鉴定局长帮办
	国防采购和采办政策局长
	系统工程助理部长帮办
	研制试验鉴定助理部长帮办
	制造和工业基础政策助理部长帮办
	国际合作局长
	法律事务助理部长
	功能能力委员会主席
	计划执行官
	项目主任

图 6.2　国防采办委员会成员示意图

二、军种采办执行官

各军种都设立采办执行官，领导和监管军种自身的采办管理工作，负责落实国防采办执行官的有关政策和计划，制定军种研究、发展和采办政策，编制国防采办的规划计划和年度预算，监管军种采办项目的采办实施过程。军种采办执行官接受双重领导，既向国防采办执行官报告项目采办事宜，又向军种部长报告行政管理及本军种国防采办进展情况。

陆军采办执行官由采办、后勤与技术助理部长担任，领导陆军系统采办评估委员会，负责陆军Ⅰ类和Ⅱ类采办项目的里程碑节点评审。陆军系统采办评估委员会主席由陆军负责采办、后勤与技术助理部长担任，副主席由陆军副参谋长担任。

海军采办执行官由研究、发展与采办助理部长担任，领导海军项目决策会议，负责海军ⅠC和Ⅱ类采办项目的里程碑阶段评审。海军项目决策会议由海军研究、发展与采办助理部长主持，采办成员包括海军作战部长办公室代表以及其他高级采办官员。

空军采办执行官由采办助理部长担任，领导空军评审委员会，负责空军ⅠC和Ⅱ类采办项目的里程碑阶段评审。空军评审委员会由空军采办执行官任主席，副主席由空军副参谋长担任。

三、计划执行官

美军各军种都设立一系列计划执行官，由将军或同级文职官员担任，作为所有Ⅲ类采办项目的里程碑决策当局，少量Ⅱ类采办项目经军种采办执行官批准，也可由计划执行官担任里程碑决策当局。计划执行官向军种采办执行官汇报采办计划的实施情况。

陆军目前设有12个计划执行官(图6.3),每个执行官负责某一领域装备的采办管理工作。

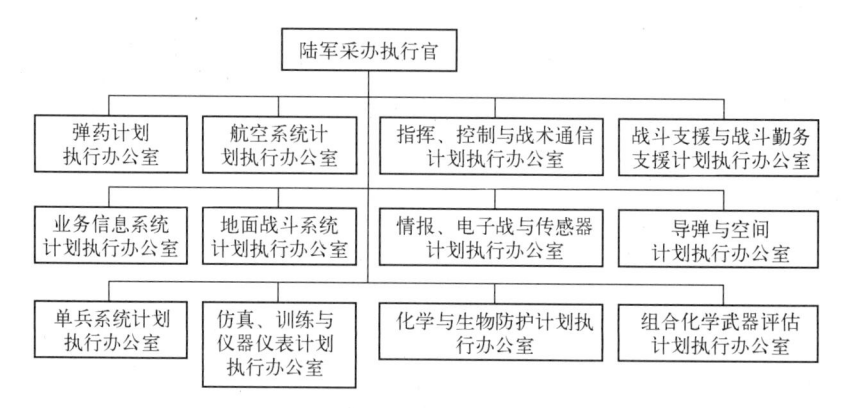

图 6.3 陆军计划执行官的组成情况

海军目前设有13个计划执行官和1个直接报告项目主任(战略系统项目直接报告主任),分管相关领域装备的采办管理工作,如图6.4所示。其中,联合攻击战斗机项目由于是联合项目,因此计划执行官由海军人员和空军人员轮流担任。

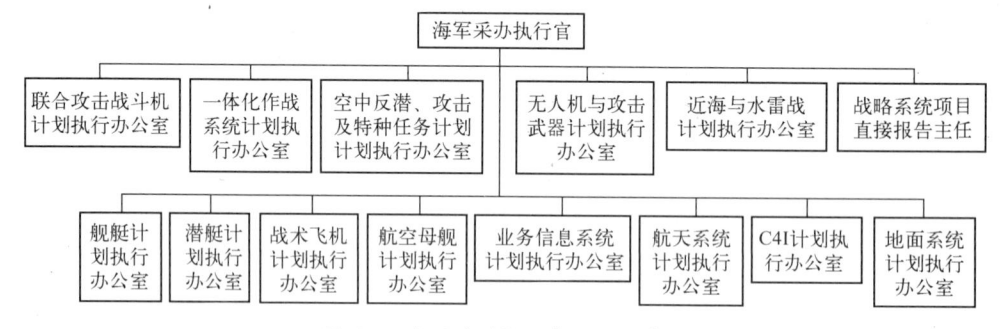

图 6.4 海军计划执行官的组成情况

空军目前设有16个计划执行官(图6.5),负责空军各领域国防采办管理工作。

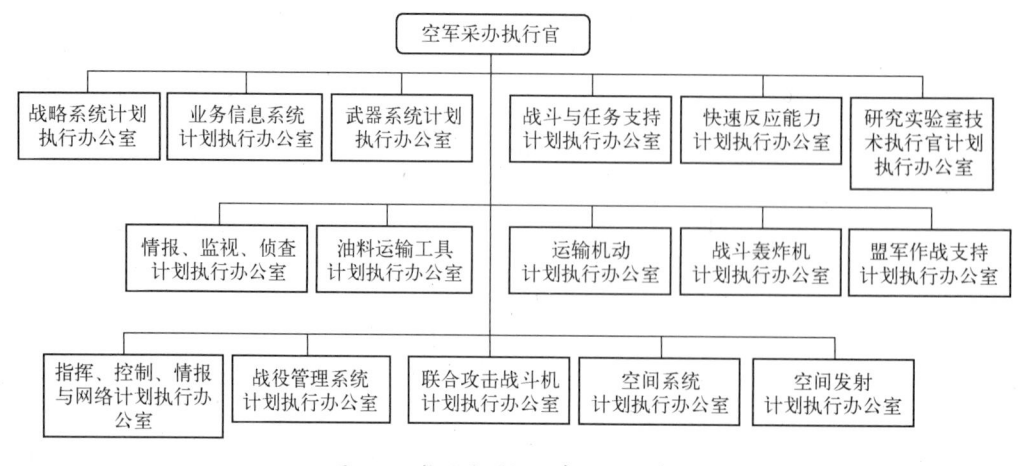

图 6.5 空军计划执行官的组成情况

四、项目主任和项目管理办公室

项目主任的主要职责是负责项目的全系统全寿命管理。项目主任的任期根据项目大小、进度等的不同,任职时间有长有短,平均任期为36.4个月。项目主任领导的项目管理办公室是实施项目管理的基本组织形式,负责组织采办项目从方案论证、研制、生产到使用保障全过程的管理工作,具体职责包括:制定项目采办策略与实施计划;实施项目的全寿命管理,制定进度安排并根据实际情况及时调整;制定招标书或征求建议书,组织项目招投标,选择承包商并签订合同;委托合同管理机构开展合同的履行监督和质量控制;参与项目各阶段评审,监督合同经费执行情况;组织项目的质量管理;组织项目的技术状态管理;组织项目的试验鉴定;评定承包商的产品是否满足既定的功能与要求。

美军项目管理办公室设项目主任、副主任,下设计划、合同、质量、财务、系统工程、成本价格、试验鉴定、维修保障、系统集成等部门,人员主要来自各军种装备司令部(海军为系统司令部),并在采办各个阶段吸收相关部门人员参加。如图6.6所示为美军典型项目管理办公室组成示意图。

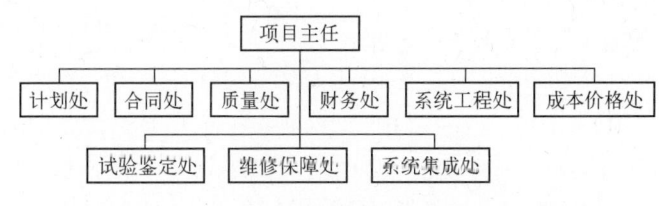

图6.6 美军典型项目管理办公室组成示意图

美军项目管理办公室采取矩阵型的组织管理模式,除项目主任、副主任等专职领导外,项目管理办公室其他大部分人员通过兼职或组建联合工作组等模式,有效参与项目管理工作。项目管理办公室可根据需要从各职能部门(如美军装备司令部或系统司令部的技术、计划、合同、财务、后勤等部门)临时抽调大量人员,这些人员接受双重领导,既对项目管理办公室负责,又要向原单位汇报工作。美军通过矩阵式的组织管理模式(图6.7),形成多部局共同参与、有效形成合力的管理格局。

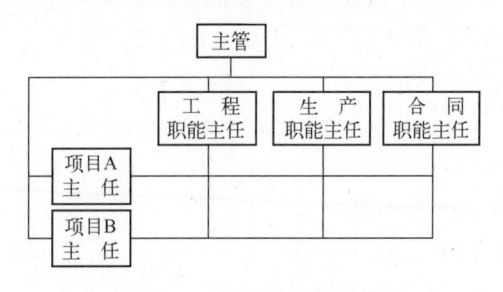

图6.7 矩阵型组织结构

矩阵型组织结构具有显著的优点:①有专职人员全权负责管理整个项目;②项目办的兼职人员来自多个职能部门,有助于形成有效的部门协调工作机制,有助于加强对配套协同的管理,并避免分段式的管理模式;③执行力强,能够快速响应作战使用部门的需求。但矩阵式组织管理也存在一定的不足:①对项目主任能力的依赖性很强,多个部门矩阵式参与项目办工作,需要项目主任具有较强的组织协调与管理能力;②矩阵型组织采取双头管理模式,当项目主任与职能部门负责人的命令有分歧时,项目办相关成员人员的工作将难以有效开展。

美军项目管理办公室成员人数依据项目规模从十几人到数百人不等,最多时甚至超过300人(如F-22项目管理办公室最多时为333人)。同时,在国防采办的不同阶段,项目管理办公室人员数量和构成也各不相同:早期重点配备系统工程等方面的人员,项目管理办公室总体人数较少;中期重点配备财务管理、试验鉴定、系统工程、制造、采办后勤等方面的人员,这时项目管理办公室人数较多;后期项目管理办公室人数再一次减少,重点配备试验、采办后勤和用户保障等方面的人员。

五、一体化产品小组

一体化产品小组(IPT)是美国国防部借鉴商业管理的成功经验,从20世纪90年代开始在国防采办项目管理中开始推广的一种管理模式。这种管理模式是把与项目相关的各个部门、各个专业的人员组合到一起,为了项目的成功共同努力,从而帮助决策者在正确的时间做出正确的决策。

根据最新的美国国防部《国防采办指南》,对于所有国防部ID类和IAM类采办项目,在项目办之上必须设立两个层次的一体化产品小组,即顶层一体化产品小组(OIPT)和工作层一体化产品小组(WIPT)。每一个重大Ⅰ类采办项目只接受一个顶层一体化产品时组的监督和评审,但一个项目可以组建多个工作层一体化产品小组协助其开展工作,工作层一体化产品小组并不属于项目办,而是独立于项目办。对于其他Ⅱ、Ⅲ类采办项目,项目主任可以根据需要设立工作层一体化产品小组和其内部的项目层一体化产品小组。

(一)顶层一体化产品小组

顶层一体化产品小组设在国防部,每一个ID类和IAM类采办项目都要指派一个顶层一体化产品小组对其管理进行监督。顶层一体化产品小组的首要职责就是为项目提供战略指导,并帮助解决项目在全寿命阶段的早期出现的问题。重大武器系统的顶层一体化产品小组由国防部采办、技术与后勤副部长领导,重大自动化信息系统项目的顶层一体化产品小组由国防信息系统局长领导,成员主要包括项目主任、计划执行官、军种代表、国防部采办、技术与后勤副部长办公室代表、参谋长联席会议代表以及其他与项目相关的国防部部局代表。顶层一体化产品小组会议根据需要召开或者在里程碑决策点评审前两周召开,主要对项目进展情况进行评估,并将项目相关信息提交里程碑决策当局。

(二)工作层一体化产品小组

工作层一体化产品小组设在国防部各业务或者军种部,根据项目各方面管理的需要,可以组建不同职能的工作层一体化产品小组,如试验策略一体化产品小组,成本/性能一体化产品小组等。小组会议根据需要适时召开,主要帮助项目主任进行项目规划或者为接受顶层一体化产品小组的评审做好准备工作,并解决相关问题。工作层一体化产品小组通常由项目主任或者其代表领导。

(1)试验策略一体化产品小组。组建这个小组的目的主要是协助项目主任制定重大项目的试验鉴定主计划,目标是通过在采办程序的早期确认和解决相关问题,找出问题出现的根本原因,从而为项目制定一份高质量的各部局均能接受的试验鉴定主计划。

(2) 成本/性能一体化产品小组。要降低项目成本,就必须通过成本/性能权衡分析,并且必须要在确定采办计划之前结束,因此降低项目成本的最佳时间是在采办程序的早期。所以,美国国防部规定,每一个Ⅰ类和ⅠA类采办项目都必须设立一个成本/性能一体化产品小组,而且小组成员必须包含用户部门的代表。

项目主任还可以自行组建和领导一种工作层一体化产品小组,称为综合一体化产品小组(IIPT),其成员来自各个不同职能的工作层一体化产品小组,例如后勤、工程、制造、试验鉴定、财务以及合同等,其主要职能是支持采办策略制定、成本估算、方案评估、后勤管理、成本性能分析等。综合一体化产品小组与其他工作层一体化产品小组相互配合,确保项目采办过程中出现的一些问题能够在正式评审之前得到很好地解决(如图6.8所示)。

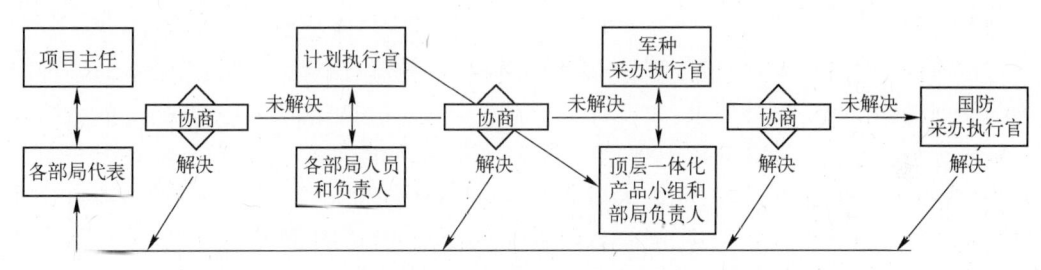

图6.8 项目发展过程中问题解决程序

(三) 项目层一体化产品小组

在项目管理办公室内部,项目主任还可以根据项目具体情况组建各种一体化产品小组,实施一体化产品和过程开发。以F-22战斗机为例,其项公室目管理办公室组建飞行器、发动机、培训系统和保障系统等4个一体化产品小组,每个小组又细分成若干分组,如飞行器一体化产品小组分为武器、动力系统、机体、航空电子系统、座舱系统、通用系统和飞行器管理系统等7个分组(如图6.9所示)。

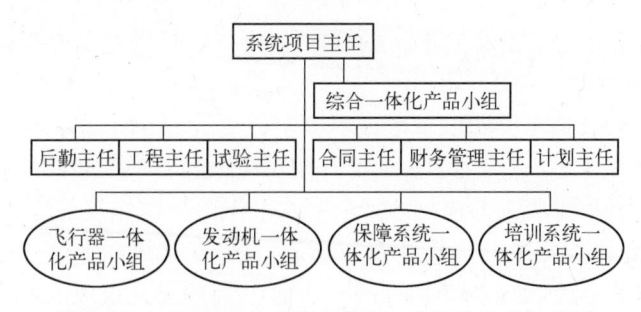

图6.9 F-22项目办及其内部的一体化产品小组示例

各一体化产品小组组长作为该领域负责人,负责该领域的计划安排和管理工作,及时沟通、协调各业务部门之间以及与承包商之间的关系,并就本领域事宜向项目主任提供咨询意见。目前,美国项目办基本上都采用了一体化产品小组的管理方式,并在节省经费、缩短周期等方面取得了显著成效。

第三节 国防采办项目管理的运行过程

美军国防采办项目管理办公室对采办项目实施全寿命管理,包括方案论证、技术开发与样机研制、工程研制、生产与采购、维修保障等过程,并涉及采办管理各要素,包括合同签订、成本与价格管理、合同履行管理、试验鉴定等。

一、任命项目主任并组建项目管理办公室

项目启动进入方案分析阶段后,采办部门书面任命一位项目主任,由项目主任负责组建项目管理办公室。对于新上项目,项目主任在方案分析阶段组建项目管理办公室雏形,一般为一个工作小组,负责方案分析,并开展相关工作;在技术开发阶段,不断完善项目管理办公室,增加相关人员。对于延续项目,在方案分析阶段就形成相对完整的项目管理办公室。

在项目主任任命与项目管理办公室组建过程中,美军对项目管理人员具备的管理能力与管理经验作出强制性要求,如项目主任需要经过采办队伍培训三级认证(最高的任职资格等级),且需具备5年以上项目管理经验,但并不明确其行政职级,各职级的项目管理(含技术管理、成本管理等)的人员均可参与项目管理办公室的工作。美军项目管理办公室采取矩阵式的构建方式,吸收合同签订、系统工程、成本价格、试验鉴定等部门的人员参加,由项目主任根据项目任务需要牵头组建。

二、参与需求论证并开展装备方案分析

国防采办必须以需求为牵引,明确的需求是国防采办有的放矢的根本保证,而装备方案分析是由需求向具体型号转化的论证过程。因此,美军需求论证与装备方案分析工作是紧密结合在一起的。

在需求论证过程中,项目管理办公室往往还没有正式成立,只成立项目方案论证工作小组,这一小组在需求的论证与细化中,发挥重要的技术专家作用。对于一些常规项目,其项目管理办公室是长期存在的,这种情况下,项目管理办公办在需求论证中,直接发挥技术专家的作用。

在需求论证方面,美军长期以来形成了一套较为完整的工作机制,需求发起部门开展需求文件编制,并通过"联合能力集成与开发系统"进行需求文件的审核。

以美国海军为例,重大采办项目的需求生成工作由海军作战部能力与资源一体化副部长领导的一体化作战部提出。如图6.10所示,一体化作战部下设C^4ISR处、海洋学处、水面战处、潜艇战处、空战处与特种项目处,分别作为各相关领域的发起部门,组织提出作战需求。各发起部门根据国防部的统一要求,经过功能领域分析、功能需求分析、功能方案分析,初步拟制出能力需求文件(2003年前为《任务需求书》,2003年后为《初始能力文件》),提交海军初审官(海军作战部能力与资源一体化副部长领导的能力分析与评估部的联合需求审查处处长,N810)审查,然后提交海军能力委员会、资源与需求审查委员会逐步审查。海军审查通过后,再提交国防部审查。

在需求论证与需求文件编制过程中,项目管理办公室充分参与其中,协助需求发起

部门从技术的角度论证需求,并提供需求的技术解决方案,并在此基础上,进行具体采办方案的论证与细化,在获得需求管理部门以及国防部采办部门的认可后,由项目管理办公室启动后续的采办工作。

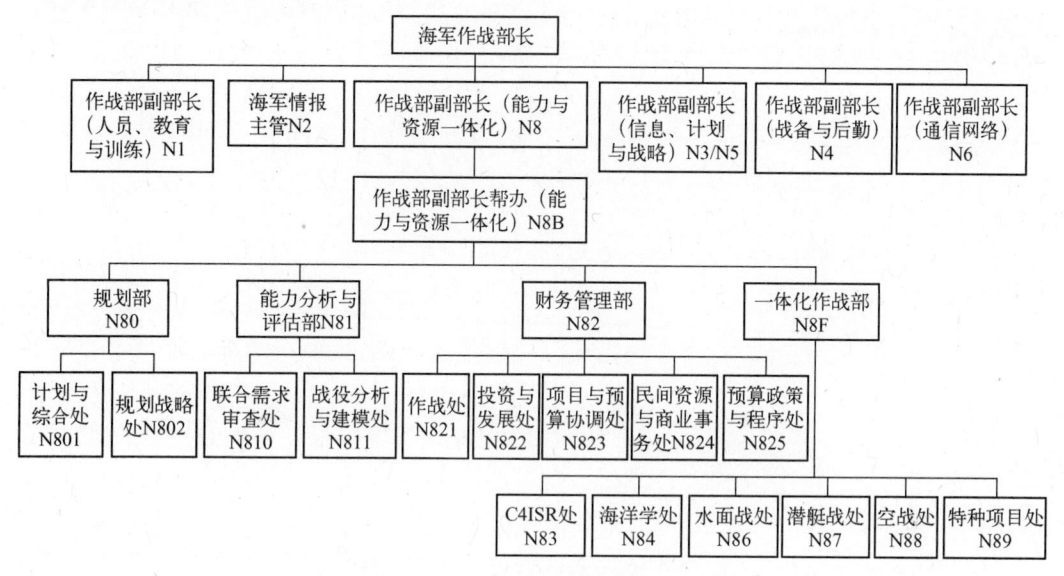

图 6.10 美国海军需求生成机构

三、编制采办项目的规划、计划与预算草案

美军在国防采购规划计划与预算的编制方面,采取国防部集中统管与各军种分散实施相结合的组织形式,在具体的编制过程中,采取"自上而下"与"自下而上"相结合的工作模式。项目办作为采办实施机构,充分参与规划计划与预算的编制过程。

所谓"自上而下"是指国防部通过制定《国防战略》《国家军事战略》《四年一度防务评审》等战略文件,并从联合作战能力建设的角度评估作战需求,指导各军种与业务局进行相关规划计划及预算的编制;所谓"自下而上"是指各军种、业务局依托国防采办的实施机构(主要指项目办),参照国防部的相关顶层战略、需求文件,结合项目的技术状态与实际进展情况,提出采办项目的规划、计划与预算草案,其后提交计划执行官办公室审定与综合平衡,其后由军种负责采办的助理部长审定后,提交国防部审批。

美军在国防采办规划计划与预算的论证与编制过程中,采办项目管理体系在其中发挥核心作用。根据国防部手册 5000.4M《成本分析指南与程序》的规定,项目办负责项目成本的估算,并制定详细的《成本分析需求描述》报告(CARD),由计划执行官对其实施评审。项目办具体负责提出项目的初步概算,充分发挥项目办对采办项目的技术状态、进度、性能最为熟悉的优势。

项目办一般通过组建费用一体化产品小组的方式,开展成本估算与预算编制。如航空母舰由航空母舰项目办的费用管理官员牵头,成立费用一体化产品小组,成员包括海上系统司令部航空母舰费用分析与工业工程组、纽波特纽斯造船厂革新中心办公室、海军费用分析中心舰船费用分析组等相关人员。

随着信息技术的快速发展,国防采办体系化建设趋势更加明显,采办项目及系统之间的互联互通与协调配套问题更加突出。复杂系统,尤其是航空母舰这样的大型复杂系统,其建设是一项复杂系统工程,涉及到平台、舰载机、武器系统、指挥控制通信系统等,其建设需要多个项目办的有效协同。对于航空母舰平台及其配套系统,其计划与预算的提出往往需要由相关项目办联合组建一体化产品小组,如航空母舰工作层一体化产品小组,成员涉及航空母舰项目办、武器系统项目办、信息系统项目办、舰载机项目办等,并由主体项目的项目办人员担任一体化产品小组组长。如果相关一体化产品小组无法协调一致,则提交上级采办主管部门或顶层一体化产品小组加以协调解决,最终确定航空母舰采办体系研制总要求、发展计划、总体预算,并提交计划与预算管理部门审定。

四、制定采办策略有效统筹采办全寿命过程

需求文件审批通过并进入方案分析阶段后,项目主任随即组织编制国防采办策略,即项目采办的目标与主计划,内容包括项目关键技术指标、采办全寿命各阶段的基本安排与工作内容、各阶段里程碑节点评审的转阶段要求与放行标准、采办的批量与批次、采办竞争的基本要求与工作计划、采办的成本进度要求、各阶段采办管理的主要方法等,并编制试验鉴定主计划、维修保障计划等。这样在采办项目进入研制阶段之前,就可以明确采办后期维修保障等的工作计划,以此保证项目办对采办全寿命过程的有效统筹。

以联合攻击战斗机为例,美军在该项目启动时编制了详细的采办策略,总篇幅超过3万字,内容包括:①项目需求,详细梳理项目需求文件的有关内容,明确项目的关键技术指标;②采办计划,明确了项目的进度安排,采办各阶段的主要工作内容,包括方案精选、演示验证、工程与制造开发、低速初始生产、全速生产等相关阶段的工作安排,同时明确项目主要系统的采办要求,包括飞行系统与推进系统的采办计划与承包商来源选择情况,此外还明确了采办各阶段的放行标准及里程碑节点审查的有关安排;③管理方法,明确采办各阶段的主要管理方法,包括收益值管理系统、建模与仿真、技术成熟度管理、费用作为独立变量、并行工程、商业惯例、国外的参与等;④试验鉴定,制定试验鉴定主计划,规定一体化试验鉴定、作战试验鉴定、实弹试验鉴定工作的开展要求;⑤环境、安全与健康考虑事项,明确项目采办涉及的危险性物质,评估环境的合规性,规定污染防治、减轻飞机噪声等的手段,明确提升系统安全与飞行员健康的基本要求;⑥风险管理,通过风险评估明确项目技术、成本、进度等的风险;⑦合同签订策略,包括工业基础能力评估,分析承包商来源范围,推行合同竞争的基本方法,签订合同时的考虑,可能存在的争议及解决方案等;⑧财务管理策略,包括全寿命费用估算,总拥有费用估算,成本报告事项等;⑨自动化后勤与维修保障,包括相关任务规划、人力与资源要求、工作方法等。

五、开展采办项目成本估算并确定价格

项目办一般设有专门的成本与价格管理机构,组织开展项目费用估算与定价,加强对项目费用与定价的管理。

以航空母舰采办为例,在初步方案论证阶段,项目办成立费用一体化产品小组,由海上系统司令部航空母舰费用分析与工业工程组、海军费用分析中心舰船费用分析组等组成。费用一体化产品小组对备选方案分别估算总费用,为方案分析决策提供了重要依据。在授予设计合同前,项目办要同步进行费用估算,主要目的是为合同定价参考、监督

合同的成本发生情况,项目办的费用一体化产品小组分解后的合同工作内容,以各部件的费用估算为基础,逐步汇总得到合同的总费用。项目办估算完成后,提交海军费用分析中心审查,海军费用分析中心独立进行估算并审查项目办提交的费用估算报告,再上报国防部成本分析改进小组审批。

六、组织开展合同签订

合同订立是项目管理的重要内容,也是项目办的重要职责。美国航空母舰项目办设有合同处,在具体的合同签订中,由合同处具体负责,美国合同管理人员充分参与其中,有效发挥其对承包商情况全面掌握的优势,确保航空母舰采办合同的科学性、有效性。

美军根据国防采办工作性质、任务与内容的不同,将采办人员分为14个职业领域。其中,合同职业领域的人员包括合同谈判专家、合同终止专家、合同管理人员、采购分析人员、合同签订官、合同价格与费用分析人员等,主要职责是:制定、管理、监督并履行产品与服务采购程序;制定采办规划;进行费用与价格分析;准备合同、合同谈判和授予合同;对合同进行全程管理;终止和处理合同。

以美国海军海上系统司令部合同部为例。合同部的合同签订官具有签订合同的权利,其他合同人员协助合同签订官进行合同定价、承包商审查等事务。合同签订官隶属于海上系统司令部的合同部,但在业务工作方面接受项目主任的领导。2009年,海上系统司令部合同部共有1158名军人和文职人员(如图6.11所示),共签订54412项合同,总价290亿美元,其中总部签订5947项合同,价值210亿美元。

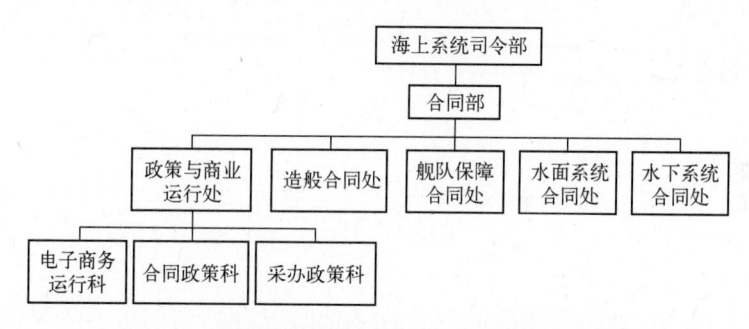

图6.11 美国海军海上系统司令部合同部组织机构

美国只有诺斯罗普·格鲁曼公司纽波特纽斯船厂能够建造核动力航母,因此,美国海军航母的采购方式只能为单一来源采购方式,通过谈判授予合同,其过程可分为发出建议征求书、评估投标书、选择合同类型、合同定价谈判、起草并签订合同、合同履行管理等步骤。在合同签订过程中,海军监造官办公室、国防合同审计局等参与合同签订过程。

七、授权合同管理办公室开展合同履行管理

项目办与承包商签订合同后,项目办一般通过委托的方式,将合同履行监督工作交由合同管理办公室负责,充分发挥合同管理办公室对承包商情况最为了解的优势,开展专业化的合同履行管理工作。项目管理与合同管理形成了授权委托基础之上的协作与制衡关系,项目管理办公室是采办项目全寿命管理的责任主体,合同管理部门为项目管理部门提供专业化的合同履行管理服务。

项目管理办公室与合同管理办公室签订合同履行管理委托协议,协议内容非常详细,主要包括:协议目的、适用范围、应用于哪些合同和承包商、用户目标、重要联系方式、项目管理办公室要求监督的项目、禁止合同管理部门开展的工作、项目管理办公室委托的其他职责、监督计划、承包商绩效目标等。此外,协议还包括附件,对有关问题进行具体说明,列举合同管理办公室相关人员及职责、作用和联系信息、项目管理办公室和主承包商组织机构的相关联系人及详细资料、监督计划详细情况、合同管理部门详细工作职责、规程及相关活动开展的计划步骤等。

签订委托协议的主体代表主要有:国防合同管理局或地区司令部主管领导,项目管理办公室负责人,合同管理办公室负责人。对于涉及多个地区的项目,如委托任务无法由某一合同管理办公室完成,则根据地理位置和任务需要,指定一个合同管理办公室牵头负责,其他多个合同管理办公室提供支持。

具体而言,不同类别的采办项目,委托协议的签字人各不相同。根据采办项目类型和涉及承包商工厂的地区范围,Ⅰ类与Ⅱ类项目的委托协议由国防合同管理局(运行部领导)或地区司令部领导签字确认,Ⅲ类项目由合同管理办公室负责人签订,无须上报。例如,战区高空区域防御(THAAD)项目涉及洛克希德·马丁公司分布在三个不同地区的工厂,协议签字双方分别是战区高空区域防御项目管理办公室和洛克希德·马丁桑尼维尔市国防合同管理办公室,最后由国防合同管理局西部地区司令部司令官签字确认,该委托协议共32页。

对于出现合同争议问题,如果项目管理办公室、合同管理办公室与承包商难以达成一致,一般上诉到国防合同管理局合同纠纷处理中心进行解决。

八、组织开展试验鉴定

试验鉴定贯穿于国防采办的全过程,项目办一般设有试验鉴定一体化产品小组,且该小组的组长一般担任项目办的副主任或主任助理,协助项目主任编制试验鉴定主计划,并组织开展项目的研制试验鉴定、作战试验鉴定,并监督承包商自身的试验活动。

采办项目在方案论证阶段,项目办就要根据能力目标和性能需求,完成《试验鉴定策略》文件,这是一份试验鉴定的初步计划。《试验鉴定策略》将在采办的下一个阶段——技术开发阶段内不断完善和充实,在技术开发阶段结束前(里程碑B)最终发展成为《试验鉴定主计划》,成为在采办周期内指导试验鉴定工作的纲要性文件。在后续的项目研制与批生产过程中,项目办要根据《试验鉴定主计划》完成有关的研制试验鉴定与作战试验鉴定工作。

需要说明的是,美军作战试验鉴定管理部门不隶属采办部门,主要负责作战试验鉴定政策制定,并监督项目办作战试验鉴定的开展情况。美国作战试验鉴定局每年制定《作战试验鉴定报告》,上报国防部长与国会,同时提交国防部采办、技术与后勤副部长,一方面反映作战试验鉴定的开展情况,提出存在的问题,另一方面也对国防采办部门尤其是项目办的采办管理工作及试验鉴定组织实施进行影响,规范和促进项目办的采办管理行为。这种制度设计,使项目办成为项目全寿命管理包括试验鉴定组织实施的管理主体。试验鉴定主计划的制定以及具体开展情况,需要作战试验鉴定管理部门审批,但在项目实施层面,由项目办开展一体化管理。

以美军航空母舰试验鉴定为例,在方案细化阶段,航空母舰项目管理办公室监督承包商验证方案的技术可行性、作战效能,编制《研制试验鉴定报告》;海军作战试验鉴定部队实施早期作战评估,评估系统、分系统以及部件的技术风险与作战能力。评估完成后,由海军作战试验鉴定部队编制《作战试验鉴定报告》。在详细设计与先期建造阶段,项目管理办公室配合海军作战试验鉴定部队进行作战试验鉴定工作。在建造与部署阶段,项目管理办公室、海军作战试验鉴定部队和承包商共同对舰船各分系统进行作战试验鉴定,监督系统的性能和质量,确保符合作战要求。

九、协调开展维修保障

项目管理办公室下设维修保障一体化产品小组,统筹考虑项目全寿命过程中的维修保障工作。为加强项目科研、采购与维修保障的衔接,美国国会在《2009财年国防授权法》中正式要求在项目管理办公室设立"维修保障副主任"一职。改革后,项目主任是实现项目全寿命管理目标的总负责人,维修保障副主任是实施项目全寿命周期保障的核心领导,直接对主任负责,制定和实施全面的维修保障策略。同时,维修保障副主任还要协助项目主任制定全面的采办策略,在项目采办方案阶段就全面参与,充分考虑项目可靠性、维修性与保障性。在装备采办全寿命周期内,每次调整保障策略之前,都要经维修保障副主任批准。维修保障副主任必须由经验丰富的军官或国防部文职官员担任。2009年,美国国会审议通过《武器系统采办改革法案》,把大型武器系统、子系统、部件的保障列为方案分析阶段的考虑要素,还要求各项目管理办公室利用预测性建模工具改进维修保障规划,确保在维修保障规划中选择合适的维修实施方。

在具体项目的采办实施过程中,项目办维修保障一体化产品小组在方案论证及编制项目采办策略的初始阶段,就制定维修保障策略与工作计划。在采办的初始阶段,一方面统筹考虑部署使用中的维修保障工作,开展维修性设计,确保项目具备较好的可靠性、维修性与保障性,另一方面明确实施维修保障的具体单位,即由承包商实施维修还是由军方维修保障力量实施维修,或者由两者共同实施维修。项目办在维修保障过程中,发挥核心的组织管理与协调作用,确保维修的精确性、及时性与有效性。

第四节 案例分析——"福特"级航母的项目管理

"福特"级航母是美国国防部重大国防采办项目,经费额度高、体系复杂、管理难度大,在项目管理方面具有一定的代表性。本节重点介绍美国"福特"级航母项目管理的组织体系、运行程序及各阶段项目管理的组织实施情况。

一、"福特"级航母项目管理组织体系

美军在航母的建设与管理中,建立了较为完善的项目管理组织体系,明确了项目办的外部工作关系,注重项目办与相关部门的协调配合,有效推动了采办的顺利进行。美军项目管理体系从上至下可分为4层,分别为国防采办执行官、军种采办执行官、计划执行官和项目主任,其中项目主任及其领导下的项目办是项目管理的主体和核心。

(一) 设立航母项目管理办公室,赋予其航母全寿命管理主体的职能

为了明确航母项目管理主体,美国海军在航母计划执行官办公室下设了专门的航母

项目管理办公室,对航母项目进行全寿命管理。当前,美军设两个航母项目管理办公室,即现役航母项目管理办公室(PMS 312)和"福特"级航母项目管理办公室(PMS 378)。现役航母项目管理办公室主要负责现役的"尼米兹"级及"企业"号航母的使用、保障等工作。虽然美军"尼米兹"航母已不再建造,但由于其仍将长期服役,且是未来较长时期美军的主力型航母,因此其现役航母项目办仍将长期存在,负责相关的维修保障工作。即使未来所有的"尼米兹"航母退役,现役航母办公室也将存在,只是其工作内容由"尼米兹"级航母转移到其他服役的航母上。"福特"级航母项目管理办公室负责采办新一代福特级航母,负责首艘福特级航母的研制与采购以及第二艘"福特"级航母的设计与技术开发工作,并在首艘"福特"级航母服役后,负责其使用保障工作。

项目管理办公室负责组织项目从研制、生产到使用保障全过程的管理工作,具体职责包括:

(1) 制定采办策略和采办规划;

(2) 制定招标书或征求建议书,组织项目招投标,对承包商资质进行审查,选择承包商并签订合同;

(3) 组织项目的全寿命管理,制定项目总的进度安排以及各阶段具体日程表,并随着项目的进展不断修订;

(4) 参加设计审查与生产准备审查;

(5) 审批承包商按合同规定拟定的工作计划,参与项目各阶段评审,监督合同和经费执行情况;

(6) 组织项目的质量管理;

(7) 组织项目的技术状态管理;

(8) 组织项目的试验鉴定;

(9) 提供有关技术和设施方面的综合保障等;

(10) 评定承包商的产品是否满足既定的功能与结构要求;

(11) 项目办在合同签订后,为避免权利过于集中,充分利用各方资源,一般通过签订协议的方式,委托合同管理机构代为开展合同的履行监督和质量控制。

(二) 航母项目管理办公室内部组织体系涵盖采办管理所有要素

美军具体项目办的内部组织体系,从形式来看,差异较大,一般由项目主任根据实际工作需要来构建。以"福特"级航母项目办为例(如图 6.12 所示),该办公室设有项目主任(上校)一名,下设一名副主任(文职)及 4 名主任助理,分别负责全寿命周期保障(文职)、设计建造一体化与工艺开发(中校)、试验鉴定(文职)及采办与合同(文职)。其中,负责全寿命周期保障的项目主任助理下设综合后勤主管与海军供应系统主管,管理航母的综合后勤保障的相关工作;负责设计建造一体化与工艺开发的项目主任助理下设第一阶段采办(方案论证与技术开发阶段)主管、科技融合主管与航空系统采办主管,管理航母关键技术评估、新技术应用、采办第一阶段,促进航母的设计一体化与工艺开发,保证航母建造进度;负责试验鉴定的项目主任助理下设试验鉴定主管,管理航母的试验鉴定工作;负责采办与合同的项目主任助理下设第二阶段采办(研制与采购阶段)主管、计划风险主管、系统采办主管与 C4I/互操作性主管,管理航母研制与采购、采办风险控制、工程技术等工作。

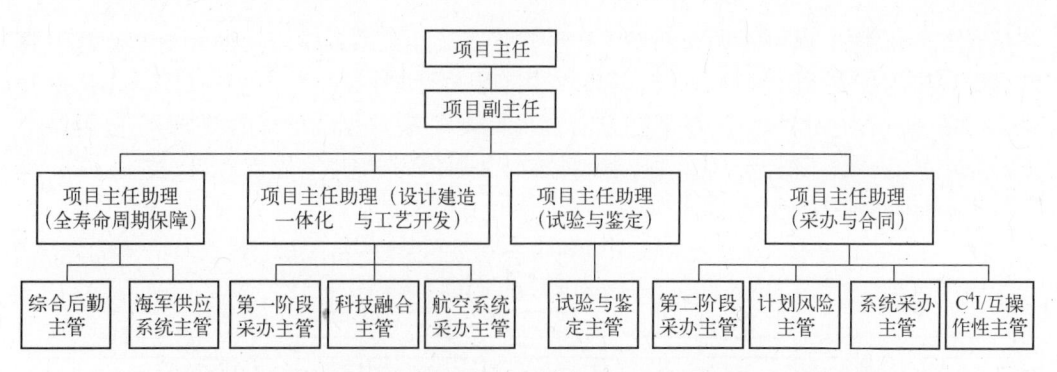

图 6.12　美国海军福特级航母项目管理办公室(PMS 378)组织机构

（三）航母计划执行官办公室对航母项目管理办公室实施领导和监督审查

根据美军项目管理要求,航母属于重大国防采办项目,重大节点决策均需由国防部国防采办执行官审批,因此采用国防采办执行官—海军采办执行官—航母计划执行官办公室—"福特"级航母项目管理办公室等 4 层项目管理体系,如图 6.13 所示。

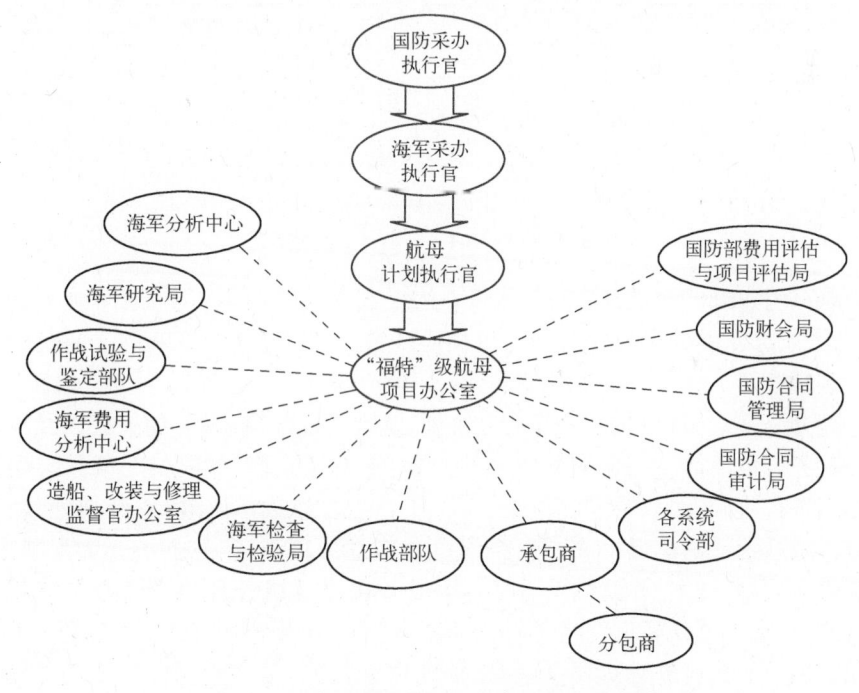

图 6.13　美国海军航母项目管理体系示意图

国防采办执行官负责采办总体政策的制定与指导,以及国防部重大国防采办项目的里程碑关键节点评审。军种(海军)采办执行官负责根据国防采办执行官的决策,指导军种采办管理部门开展全寿命管理,并开展军种重大项目的里程碑决策点评审。计划执行官办公室主要负责监管某一领域采办项目的实施。目前美国海军共设有 13 个计划执行官办公室和 1 个直接报告项目主任,分别为 C^4I、业务信息系统、航天系统、无人机与攻击武器、舰艇、潜艇、近海与水雷战、空中反潜攻击与特种任务、地面系统、战术飞机、航母、一体化作战系统、联合攻击战斗机(如图 6.14 所示),其中航母计划执行官直接管理航母

235

采办工作，下设两个项目管理办公室。其他与航母采办关系较为密切的计划执行官主要包括 C^4I、战术航空、综合作战系统、联合攻击战斗机计划执行官。计划执行官办公室分别设在海军各系统司令部内，在采办方面直接接受海军采办执行官的领导，在使用保障方面接受系统司令部领导。各系统司令部向计划执行官办公室提供人员、技术、试验及后勤等方面的保障。

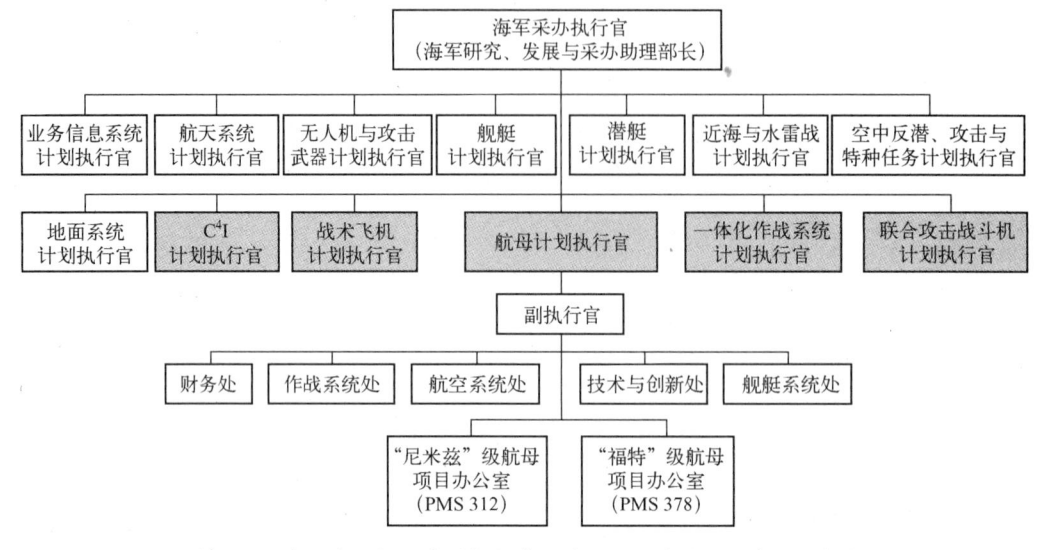

图 6.14 美国海军航母计划执行官体系及航母计划执行官组织机构
注：深色框图为与航母采办相关的计划执行官

美国海军的航母计划执行官办公室设在海上系统司令部内，负责管理美军的所有航母项目，并就航母发展相关事务与其他机构协调，指导下属的 2 个项目开展航母项目管理工作。航母计划执行官为少将级军官，该计划执行官办公室共有 74 人（包括下属的 2 个项目管理办公室），下设财务处、作战系统处、航空系统处、技术与创新处以及舰艇系统处，其中：财务处负责指导制定航母项目的规划、计划与预算，并就相关事务与海军计划与预算部门进行协调；作战系统处负责制定、实施综合作战系统规划、计划，并就相关事务与综合作战系统计划执行官及相关系统司令部进行协调；航空系统处负责制定、实施舰载航空设备规划、计划，并就相关事务与联合攻击战斗机计划执行官及航空系统司令部进行协调；技术与创新处负责将各种预研技术引入航母研制中，并就相关事务与海军研究局及其他科研机构进行协调；舰艇系统处负责制定、实施船、机、电系统规划、计划，并就相关事务与海上系统司令部进行协调。

需要指出的是，由于航母计划执行官及下属的项目管理办公室管理的航母项目极其复杂，管理工作量很大，在实际工作中，美国海军主要通过两种方式来弥补管理人员的不足：①从各相关部门（如各系统司令部、作战试验鉴定部队等）抽调人员来兼职工作；②与承包商签订合同，由其为计划执行官及项目办的工作提供支持，承包商人员在军方人员的领导下，全面参与项目管理业务工作。如美国海上系统司令部（航母计划执行官）于 2003 年与 Anteon 公司签署了一份价值 1959 万美元的技术服务合同，由 Anteon 公司于 2003 年 10 月 27 日至 2005 年 2 月 2 日间派出管理人员，参与航母计划执行官办公室及下属两个项目管理办公室的管理保障工作。

（四）航母项目管理机构对配套系统项目办具有指导与管理职能

由于航母是一个极其复杂的大系统,配套系统众多,且许多重大分系统的发展原本并不是与航母配套开展,发展进度也不同步,因此,美国海军对这些配套系统实施单独管理,分别建立相应的项目管理机构,并注意加强与航母项目管理办公室的配合,在海军采办执行官的协调下,由航母计划执行官办公室及其领导下的项目管理体系筹考虑航母大系统的发展。

1. 设立航母配套系统项目管理办公室

美国海军对航母重大分系统均作为独立的采办项目单独管理,并由相应的计划执行官办公室(或项目管理办公室)承担。航母电磁飞机弹射与拦阻系统由于项目技术难度极大,经费数额庞大,对航母发展起关键作用,被列为与航母平台同级的 ID 类采办项目,由国防采办委员会统一领导,由战术飞机计划执行官办公室下属的飞机起飞与回收设备项目管理办公室直接管理,设在航空系统司令部内;航母 C^4I 系统的采办管理由 C^4I 计划执行官办公室下属的航母 C^4I 项目管理办公室直接管理,设在航天与海战系统司令部内;航母核动力系统由海军核动力办公室(SEA 08)直接管理,设在海军海上系统司令部内,但可直接向海军部长与能源部长汇报工作;航母舰载战斗机由联合攻击战斗机计划执行官办公室下属的联合攻击战斗机项目管理办公室直接管理,设在海军航空系统司令部内;航母舰载电子战飞机由战术飞机计划执行官办公室下属的 F/A-18(EA-18G)项目管理办公室直接管理,设在海军航空系统司令部内;航母舰载直升机由空中反潜、攻击与特种任务划执行官办公室下属的 MII-60R/S 项目管理办公室直接管理,设在海军航空系统司令部内;未来搭载的舰载无人战斗机机由无人机与攻击武器计划执行官办公室下属的无人战斗机项目管理办公室直接管理,设在海军航空系统司令部内;航母的作战系统由一体化作战系统计划执行官办公室下属的一体化作战系统项目管理办公室(负责航母自防御系统)、水面传感器项目管理办公室(负责双波段雷达)、水面舰艇武器项目管理办公室(负责"增程海麻雀"舰空导弹系统)直接管理,设在海军海上系统司令部内。

2. 航母计划执行官办公室与航母项目管理办公室指导配套系统项目的采办

航母重大分系统的采办主要涉及 3 个系统司令部、8 个计划执行官办公室以及几十个项目管理办公室(如图 6.15 所示),因此,有效协调这些配套系统管理机构,加强航母大系统的统一管理,对于航母发展至关重要。

图 6.15 航母计划执行官与/项目办与配套系统项目办的关系示意图

根据美国海军工作文件,航母项目管理办公室在航母计划执行官办公室的领导下,牵头管理航母配套系统,协调各相关项目管理办公室的工作,将航母平台与配套系统综合集成,牵头组建一系列联合工作组或协调委员会,包括配套系统集成委员会(PMC-SI)、航母网络工作小组、海军综合信息网络工作小组(NIIN)、上层建筑工作小组(TWG)、航母技术研发工作小组(CARTECH)。这些协调委员会或工作小组在航母项目计划执行官办公室或航母项目办的协调下开展工作,如有必要,还可请更高层次的主管领导参加,如海军采办执行官或助理海军部长帮办,以协调各部门关系。通过这些协调委员会或工作小组,各项目管理机构可以充分交流,查找问题并讨论解决问题的方法,如有分歧则进一步报请海军采办执行官或国防采办执行官协调。

此外,航母计划执行官办公室或航母项目办还与相关配套系统项目办互派工作代表,相互参加其工作,密切工作关系。如航母计划执行官办公室的航空系统处派出人员,作为航空系统处长的代表到联合攻击战斗机计划执行官办公室工作,全面参加与航母相关的各项工作,参加所有有关舰机一体化的工作会议,并负责与航空系统司令部、一体化产品小组等机构的沟通协调;同样,作战系统处也派出人员到综合作战系统计划执行官办公室工作,技术与创新处派出人员到海军研究局等单位工作,加强与各系统司令部、核动力办公室、造船厂的工作关系。通过各相关机构的交叉工作,使得航母项目管理办公室能够掌握各配套系统的技术状态与发展进度,及时解决出现的问题,如仍有分歧则提请上级领导协调。

需要强调的是,这种协调工作组(委员会、一体化产品小组)或互派代表的工作模式,是美军项目管理的重要组织形式,在国防采办中广泛采用,并发挥重大的作用。这种协调工作组不是务虚的议事机构,而是重要的实体性工作机构。

二、"福特"级航母项目管理过程概述

航母的全寿命过程涵盖航母从采办前的需求提出、进入采办后的方案分析直至建造、服役、使用的全过程以及采办后的退役处理。近年来,美军大力推进采办改革,对采办文件进行了多次修改,采办阶段划分及工作内容均有较大变化。"福特"级航母1996年正式启动研制工作,采办过程中经历了采办文件的多次调整,采办阶段划分也不尽相同。

(一)"福特"级航母采办流程演变

为了便于管理,美军根据工作内容,将航母的采办管理过程划分为若干个阶段,每个阶段都有明确的工作内容,并在每个采办阶段的工作完成后进行里程碑审查,以确认项目是否完成该阶段的全部工作,决定是否可进入下一阶段。

从1996年航母论证开始,美国海军先后进行了3次采办改革,制定了不同的采办阶段和审查点,因此"福特"级航母的采办阶段划分和审查点也随着采办制度改革而不断变化。

1. 1996—2001年美国海军采办全寿命周期的流程

根据当时采办项目的全寿命过程和管理程序,海军重大项目的全寿期发展分为6个阶段:需求确定阶段、方案探索阶段、确定计划与降低风险阶段、工程建造阶段、生产部署和使用保障阶段、退役处理阶段。除第1阶段和第6阶段外,中间4个阶段纳入采办管理,前4个阶段结束后分别进行里程碑审查,即里程碑0、Ⅰ、Ⅱ、Ⅲ审查点(图6.16)。

2. 2001—2003年美国海军采办全寿命周期的流程

2001年,美国国防采办程序进行了重大改革,根据新的采办文件,海军重大项目的全寿期发展分为6个阶段:需求确定阶段、方案与技术开发阶段、系统研制与演示验证阶段、生产与部署阶段、使用与保障阶段、退役处理阶段。除第1阶段和第6阶段外,中间4

个阶段纳入采办管理,前3个阶段结束后分别进行里程碑审查,即里程碑A,B,C审查点(图6.17)。

	里程碑0 审查点	里程碑Ⅰ 审查点	里程碑Ⅱ 审查点	里程碑Ⅲ 审查点	
需求确定	方案探索	确定计划与降低风险	工程建造	生产部署和使用保障	退役处理
宏观能力需求论证,编制《任务需求书》	深化需求。评估方案,确定可行方案,形成《作战需求书》	设计系统/演示关键过程与技术	批准建造,进行系统的试验与鉴定	全面建造、部署、升级改造	装务退役,按要求处理

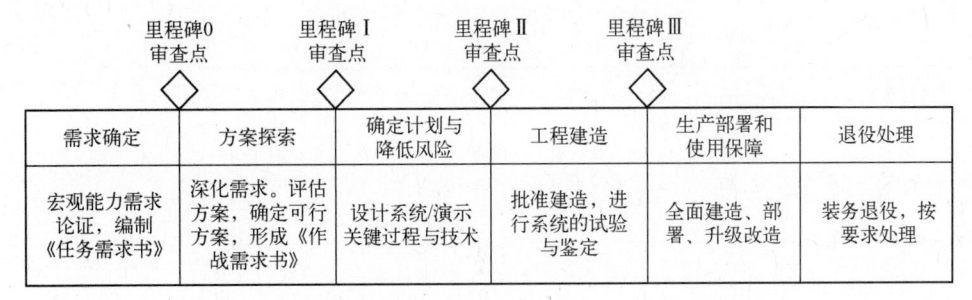

图6.16 1996—2001年美国海军重大项目全寿命期发展阶段

	里程碑A 审查点	里程碑B 审查点	里程碑C 审查点		
需求确定	方案与技术开发	系统研制与演示验证	生产与部署	使用与保障	退役处理
宏观能力需求论证,编制《任务需求书》	细化需求,方案探索,部件先期开发,形成《作战需求书》	系统集成和系统演示验证	初始低速生产、全速生产与部署	服役后的保障与升级维护	装备退役,按要求处理

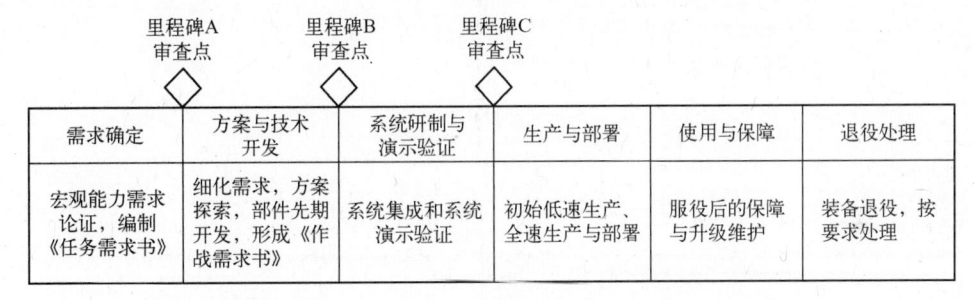

图6.17 2001—2003年美国海军重大项目全寿命期发展阶段

3. 2003—2008年美国海军采办全寿命周期的流程

2003年,美国国防采办程序进行了调整,根据新的采办文件,海军重大项目的全寿期发展分为6个阶段:任务及需求分析阶段、方案与技术开发阶段、系统研制与演示验证阶段、生产与部署阶段、使用与保障阶段、退役处理阶段。除第1阶段和第6阶段外,中间4个阶段纳入采办管理,前3个阶段结束后分别进行里程碑审查,即里程碑A,B,C审查点(图6.18)。

	里程碑A 审查点	里程碑B 审查点	里程碑C 审查点		
任务及需求分析	方案与技术开发	系统研制与演示验证	生产与部署	使用与保障	退役处理
生成作战需求,编制《初始能力文件》	细化需求,评估方案,形成《能力发展文件》	系统集成与系统演示验证,形成《能力生产文件》	低速初始生产、全速生产与部署	服役后的保障与升级维护	装备退役,按要求处理

图6.18 2003—2008年美国海军重大项目全寿命期发展阶段

4. 2008年至今美国海军采办全寿命周期的流程

2008年,美国国防采办程序进行了改革,根据新的采办文件,海军重大采办项目的全寿期发展分为7个阶段:任务及需求分析阶段、装备方案分析阶段、技术开发阶段、工程与制造开发阶段、生产与部署阶段、使用与保障阶段、退役处理阶段。除第1阶段和第7阶段外,中间5个阶段纳入采办管理,第2~4阶段结束后分别进行里程碑审查,即里程碑

A,B,C审查点(图6.19)。

任务及需求分析	装备方案分析	技术开发	工程与制造开发	生产与部署	使用与保障	退役处理
生成作战需求,编制《初始能力文件》	备选方案分析评估,制定技术开发策略	确定装备项目方案,形成《能力发展文件》	系统演示验证,形成《能力生产文件》	初始低速生产、全速生产与部署	服役后的保障与升级维护	装备退役,按要求处理

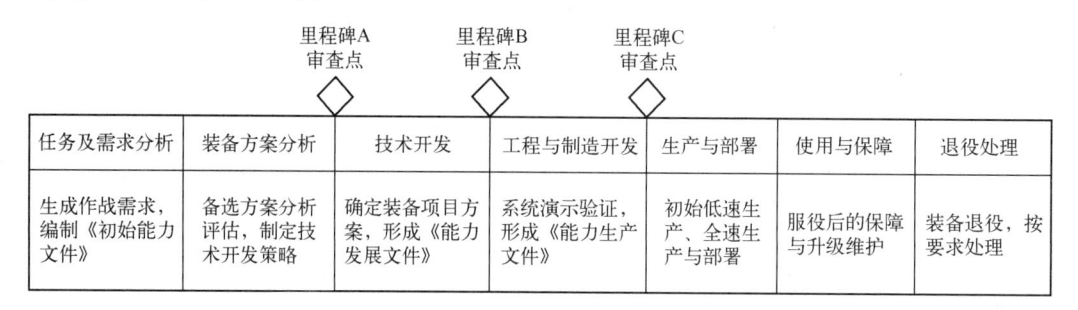

里程碑A审查点位于装备方案分析与技术开发之间;里程碑B审查点位于技术开发与工程与制造开发之间;里程碑C审查点位于工程与制造开发与生产与部署之间。

图6.19 2008年采办改革后美国海军重大项目全寿命期发展阶段

(二)"福特"级航母全寿命管理阶段划分

由于近年来美国海军采办阶段划分不断调整,里程碑审查的名称也有变化,先称里程碑0,Ⅰ,…,后调整为里程碑A,B,…,因此在"福特"级航母的全寿命管理流程中,形成了里程碑0、Ⅰ和B、C等审查点并存的情况(图6.20)。

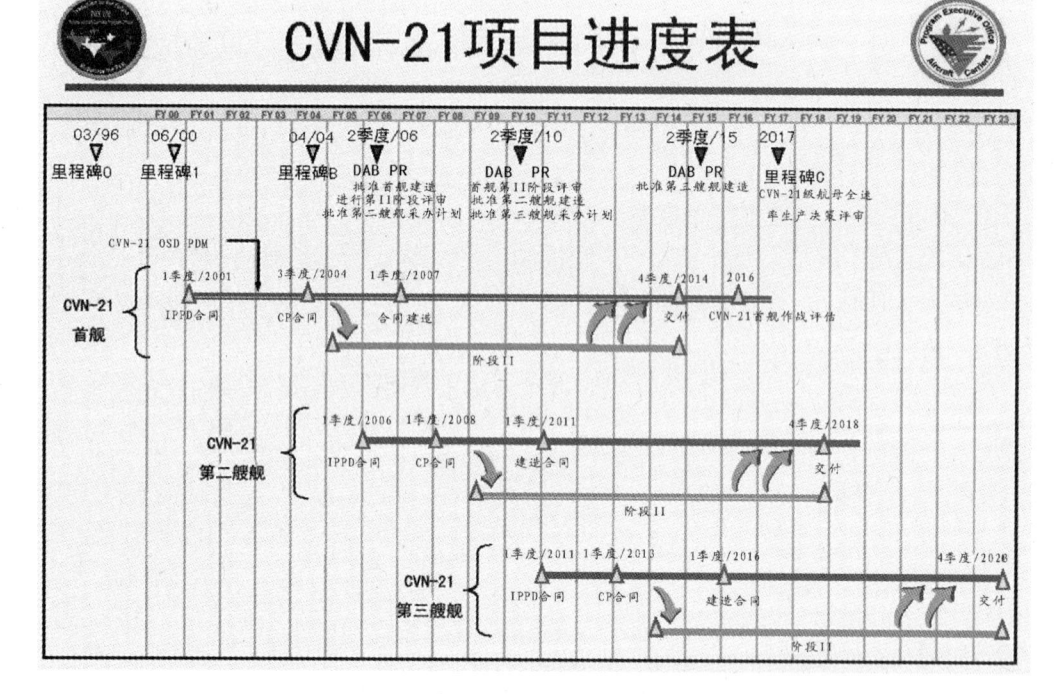

图6.20 美国海军福特级航母项目进度
DAB—国防采办委员会;PR—生产评审;AP—采购计划批准;CP—承包商合同;
PDM—项目决策备忘录;OS—国防部长办公厅;IPPD—一体化产品与过程开发。

(1)宏观需求论证阶段主要任务是开展"福特"级航空母舰立项前的宏观发展需求论证,以里程碑0审查点为阶段结束标志。

(2)初步方案论证阶段是"福特"级航空母舰采办正式开始的第一个阶段。此阶段主要任务是制定采办文件,细化项目需求,进行备选方案分析,制定经费投资方案,以里程碑Ⅰ审查点为阶段结束标志。

(3) 方案细化阶段是"福特"级航空母舰采办正式开始的第二个阶段。此阶段主要任务是细化总体方案，编制舰艇规格书，以里程碑 B 审查点为阶段结束标志。

(4) 详细设计与先期建造阶段是"福特"级航空母舰采办正式开始的第三个阶段。此阶段主要任务是采用一体化设计与工艺开发（IPPD）方法，全面展开首舰设计工作。该阶段与下一阶段（建造与部署阶段）的工作可并行。

(5) 建造与部署阶段是"福特"级航空母舰采办正式开始的第四个阶段。此阶段主要任务是全面展开后续舰设计建造工作展开，以里程碑 C 审查点为阶段结束标志。

(6) 使用与保障阶段是"福特"级航空母舰采办正式开始的第五个阶段。

(7) 退役处理阶段。

（三） 美国航母的需求论证过程

需求生成过程是确定军事需求、明确目标能力的过程，是进行采办的前提。航母需求的具体工作由海军作战部长办公室负责，此时航母项目尚未进入采办阶段，项目管理办公室还未成立，尚未实施项目管理，因此，需求生成的工作均由海军作战部长办公室实施。

"福特"级航母的初步方案论证阶段起始于 1996 年 3 月的里程碑 0 审查（即开发审查），终止于 2000 年 6 月的里程碑 I 审查。

1. 宏观需求论证的主要工作内容和成果形式

美国海军对于重大项目的能力需求论证均在进入采办流程前进行，这一阶段完成的能力需求论证文件在 2003 年前称为《任务需求书》，2003 年后称为《初始能力文件》。具体到"福特"级航母，该阶段形成的成果是《21 世纪海基战术航空平台任务需求书》。

《任务需求书》从作战角度论证分析了美国海军重大装备的缺陷以及对于该类装备的新需求，而不是从具体型号的角度分析论证，其篇幅较少。从《任务需求书》格式上看，需求论证的主要内容包括：

(1) 国防计划指南要求，指出该类重大装备需要满足现行《国防计划指南》中提出的能力要求。

(2) 任务和威胁分析，指出该类重大装备的任务、能力、威胁、现有该类装备的不足、新装备的意义。

(3) 宏观层面的考虑因素，指出在作战理论、作战概念、战术、组织和训练等方面，对该类装备的能力以及经济可承受性提出的新要求。

(4) 具体实施层面的考虑因素，指出为满足能力需求能够采取的具体方案，包括现役装备改进、研制新型装备等，并确定是否研制新型装备。一般对于重大装备论证而言，在任务需求书里均明确指出要研制新型装备。

(5) 约束条件，包括主要约束条件和作战约束条件。对重大平台而言，主要约束条件是结构、设计、人员、适用性。作战约束条件是比较宏观的，指出该装备需具备何种能力。

2003 年后，美军认为，《任务需求书》直接从装备角度分析需求，而不是着重于从能力角度分析需求，因此，将论证的切入点放在了能力论证上，能力需求论证形成的《初始能力文件》涵盖的内容比原《任务需求书》中丰富得多。从《初始能力文件》格式上看，重大装备宏观论证的主要内容包括：

（1）任务概念概述，描述联合任务概念、作战概念中与海军某一能力有关的作战任务，这些任务对于完成联合作战起到什么作用和影响，为达到这种作用和影响海军需要发展何种能力。

（2）联合功能领域，指明《初始能力文件》涉及的国防规划设想内容，并指明本文件适用的功能领域和作战领域。

（3）所需发展的能力，确定《初始能力文件》所涉及的联合任务领域需要发展的能力，这些能力对于联合作战所需的哪些功能有直接贡献，并指出需要发展的这些能力对于实现联合作战目标的重要性。

（4）能力缺陷、重复或冗余，指出当前能力领域的缺陷，分析这些缺陷形成的原因以及需要发展新的能力，并对新能力特征进行分析，但不指出特定的具体装备系统。

（5）威胁与作战环境，概述当前与未来可能遭遇的威胁，并描述《初始能力文件》重点论证的能力需求适用的作战环境。

（6）功能方案分析概要，分析《初始能力文件》重点论证的能力需求解决方案，包括非装备方案、装备方案等。

（7）最终建议，描述功能方案论证分析的结论，并建议在后续方案分析和技术开发阶段进一步细化所需装备的指标要求。

通过比较《初始能力文件》和《任务需求书》规定的主要内容，可发现2003年前后能力需求论证主要内容的不同主要在于：《任务需求书》指出的是某类装备的宏观能力需求，涉及到了该类装备的结构设计总体描述；《初始能力文件》关注的是实现某类能力的宏观能力需求，对于具体装备的描述则放在后续采办阶段论证完成。

2. 宏观需求论证的组织过程

当前美国海军需求的生成是"由上而下"程序展开，即：联合需求监督委员会在国防部的主导下，制定政策和规划，完成《联合能力文件》；海军根据《联合能力文件》的总体精神，由作战部牵头拟制海军的能力需求文件《初始能力文件》；《初始能力文件》经过海军的逐级评审后，提交联合需求监督委员会、国防采办委员会审查和批准。《初始能力文件》从能力的角度，分析海军在联合作战中的一种或者多种能力差距，并提出弥补差距的解决方案，解决方案分为非装备方案、装备方案、装备与非装备方案等。如果《初始能力文件》提出，为弥补海军的某项能力缺陷，必须要发展新型重大装备，则这种海军新型重大装备进入采办流程。

在"福特"级航母项目中，需求生成工作按照"由下而上"的程序开展的，即：由海军作战部根据海军的战略构想提出装备发展需求，牵头组织需求论证，编制《任务需求书》；海军批准《任务需求书》后，报请联合需求监督委员会批准。自批准之日起，该装备项目成为正式采办项目，转入采办进程，按照采办流程开展后续工作。

1996年3月，"福特"级航母项目通过国防采办委员会的里程碑0审查，即装备开发审查，确定研制"福特"级航母，以替换现役"尼米兹"级航母。国防部采办与技术副部长批准在海军海上系统司令部内成立未来航母项目管理办公室（PMS 378），并负责组织"福特"级航母的概念研究。经过里程碑0审查后，美国海军"福特"级代航母项目正式进入采办进程。

三、航母初步方案论证阶段的项目管理

里程碑 0 审查后,"福特"级航母项目正式进入采办过程,航母项目管理办公室开始行使职能,组织采办管理工作。初步方案论证阶段是采办过程的第一个阶段,项目主任组织编写主要采办文件、编写《作战需求书》、征集备选方案,通过技术性能、费用分析、试验鉴定等综合比较,进行备选方案分析,选择最优方案,提出初步的性能、费用和进度指标,同时进行试验、仿真与建模,评估主要分系统与部件的能力(图 6.21)。该阶段的主要工作完成后,由国防采办委员会组织里程碑审查,确定是否完成所有工作,是否可进入下一阶段。

"福特"级航母的初步方案论证阶段起始于 1996 年 3 月的里程碑 0 审查,终止于 2000 年 6 月的里程碑 I 审查。

(一) 项目管理办公室的主要工作

在初步方案论证阶段,项目管理办公室的主要工作为:

(1) 组织编写主要"采办策略"、"采办计划基线",与海军作战试验鉴定部队共同编写"试验鉴定主计划";

(2) 编制《作战需求书》;

(3) 组织备选方案的技术评估,综合费用估算与试验评估结果,选择最优方案;

(4) 编写各种里程碑审查文件。

(二) 编写主要采办文件

在初步方案论证阶段,项目管理办公室组织编写主要采办文件,确定航母项目采办的基本原则、进度安排、费用目标等。其中最重要的采办文件为"采办策略"、"采办计划基线"和"试验鉴定主计划"。这些主要采办文件也是后续各阶段里程碑审查的重要依据。

"采办策略"由项目主任组织编写,各一体化产品小组共同参与,是实施国防采办计划时遵循的总原则,也是制定规划、实施指导、签订合同及合同管理的基本框架,为项目的研究、开发、试验、生产、部署、改进等活动规定总体进度,贯穿于项目研制与生产的全过程,并随着项目的推进反复修订,逐步完善。

"采办计划基线"由项目主任组织编写,各一体化产品小组共同参与,是包含采办项目最重要的成本、进度及性能参数的文件,明确项目的费用、进度和性能的目标值(理想值)和门限值(最小值)。

"试验鉴定主计划"由项目主任组织编写,试验鉴定一体化产品小组参与编写,包括研制试验鉴定、作战试验鉴定两大部分,其中由海军作战试验鉴定部队、国防部作战试验鉴定局编写其中的作战试验鉴定部分。该计划是用于规划试验鉴定的总体文件,为制定详细的试验鉴定计划提供框架。

(三) 编写《作战需求书》

项目管理办公室依据宏观需求论证确定的《任务需求书》,进一步细化航母的作战需求,在各一体化产品小组的协助下编制《作战需求书》。《作战需求书》是阐述项目主要技术需求的主要文件,是方案层面和技术层面的论证结果,阐明该方案要求或希望达到的目标值和门限值。

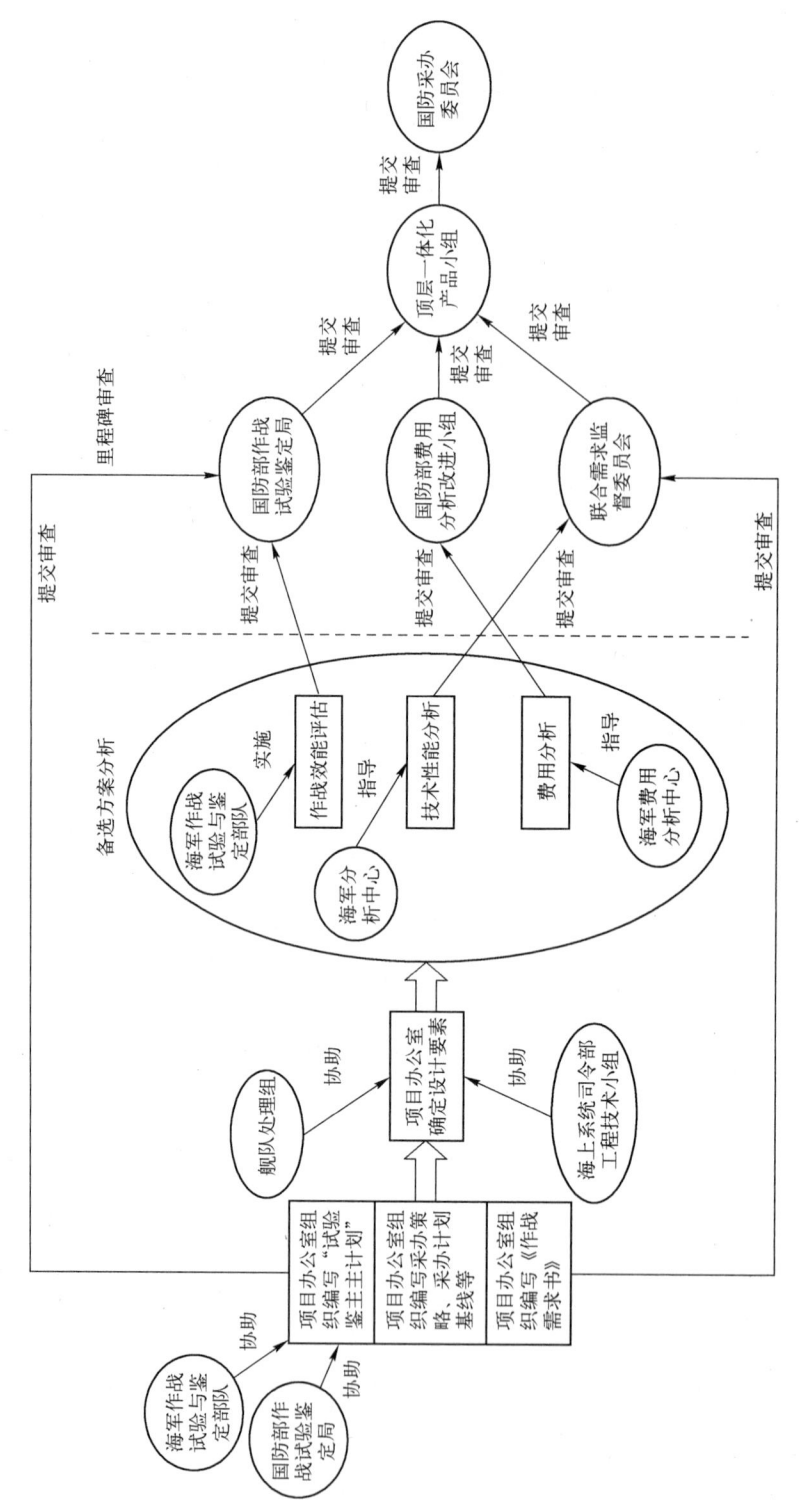

图 6.21 美国航母初步方案论证阶段的工作

根据航母的任务需求分析结果，"福特"级航母项目管理办公室于1998年7月开始编写《作战需求书》，并于2000年2月通过联合需求监督委员会的审查。随后，《作战需求书》正式发布，成为航母详细设计的依据。

（四）备选方案分析

备选方案分析工作主要由项目管理办公室组织，由于项目主任与试验鉴定、费用、合同等部门均已组成一体化产品小组，因此，这部分工作由这些一体化产品小组协同实施。

1. 备选方案分析之前的工作

在备选方案分析之前，美国海军必须明确航母的任务与能力属性。这项工作通常由项目管理办公室组织完成，但鉴于航母的重要性，美国海军海上系统司令直接负责。

为了明确航母的任务领域，美国海军海上系统司令部牵头成立舰队处理组（FPT），项目管理办公室参与其中，专门研究航母的任务领域。舰队处理组类似于一体化产品小组，共有77人，包括6位航母舰长、大西洋海军航空兵司令部代表、第2舰队司令部代表、海军陆战队总部代表、航母打击大队代表、海军特种作战大队代表、航母部门长、太平洋舰队海军陆战队代表、作战试验鉴定部队代表。舰队处理组依据参谋长联席会议颁布的《联合作战任务明细表（UJTL）》，确定了航母的6大任务领域（机动作战、情报获取、火力投送、作战支援、指挥控制、救援），然后进一步细分为63项最低层级的使命任务，并对这些任务的重要度进行排序。

为了明确航母的任务领域，海上系统司令部组织由设计生产部门、海军研究局、项目管理办公室等人员组成的工程技术小组，研究提出了一系列的航母特征属性。舰队处理组将航母特征属性缩减到37个，并将这些属性划分等级。

2. 项目管理办公室组织的工作

在完成航母的任务与能力分析后，海上系统司令部将舰队处理组与工程技术小组的研究结果移交给项目管理办公室。项目管理办公室开始组织备选方案分析工作。

项目管理办公室指定下属的设计保障部的海军造船小组进行备选方案分析工作。海军造船小组根据航母属性以及任务属性排序，确定了最需分析的8项设计因素，即航母"外部型线决定要素"，然后依据这些要素分析各种设计方案。备选方案分析工作总的来看可分为两部分：

（1）分析作战效能，由项目管理办公室在海军分析中心的指导下实施。在分析作战效能时，在海军分析中心的指导下，项目管理办公室的海军造船小组对75种设计方案进行了对比分析。分析时，海军作战试验鉴定部队配合备选方案分析工作，在实验室进行仿真与建模，分析各种技术方案的可行性，评估作战效能，为选择设计方案提供依据。

（2）估算航母的总费用，由海军海上系统司令部设计小组和海军费用分析中心实施。在分析全寿期费用时，项目管理办公室成立了费用一体化产品小组，该产品小组由项目管理办公室、海上系统司令部航母费用分析与工业工程组（NAVSEA 017）、纽波特纽斯造船厂革新中心办公室、海军费用分析中心舰船费用分析组等组成。费用一体化产品小组建立了全面确定影响航母费用因素和费用作为独立变量的权衡分析框架的一套方法和数据库，对75种备选方案分别估算总费用，为方案分析决策提供了重要依据。

经过方案分析，项目管理办公室认为"福特"级航母应选用大型航母方案、采用核动力和综合电力系统、配备常规起降飞机，并确定了关键性能参数。方案分析工作于1999

年 10 月完成。

（五）里程碑审查

初步方案论证阶段的工作结束后要进行里程碑审查。审查时，项目主任提交所有采办文件，主要包括任务需求书、采办策略、采办计划基线、试验鉴定主计划、费用分析报告、技术可行性、各类试验结果、备选方案分析结果等。里程碑审查对采办项目进行全面审查，以确定采办项目是否已完成该阶段所有工作、是否达到预期目标，并批准是否进入下一阶段。整个里程碑审查时间持续约 1~2 个月。

航母的里程碑审查通常需经国防部作战试验鉴定局、联合需求监督委员会、国防部费用分析改进小组、顶层一体化产品小组、国防采办委员会预备会议、国防采办委员会正式会议逐级审查。2000 年 6 月，航母项目完成方案分析阶段的工作，通过里程碑 I 审查，由国防部采办、技术与后勤副部长批准进入研制阶段，开始进行初步设计。

四、航母方案细化阶段的项目管理

里程碑 I 审查后，航母项目进入方案细化阶段，也是采办过程的第二个阶段，主要工作为细化前一阶段选择的方案，授予承包商初步设计合同。该阶段的主要工作完成后，由国防采办委员会组织里程碑审查，确定是否完成所有工作，是否可进入下一阶段。

"福特"级航母的方案细化阶段起始于 2000 年 6 月的里程碑 I 审查，终止于 2004 年 4 月的里程碑 B 审查。

（一）项目管理办公室的主要工作

在方案细化阶段，项目管理办公室的主要工作为：

（1）细化前一阶段选择的方案；
（2）授予承包商初步设计合同；
（3）配合进行早期作战评估；
（4）编写各种里程碑审查文件。

（二）修订《作战需求书》

美国航母的《作战需求书》已于 2000 年 2 月通过联合需求监督委员会的审查并正式发布，但随着航母项目的调整，任务要求与采办策略都发生了变化，因此需重新修订原来的《作战需求书》，进一步确定航母的技术和任务要求。《作战需求书》的修订过程与编写过程基本一致。"福特"级航母项目管理办公室于 2004 年修订完成《作战需求书》，明确了航母的任务需求。

（三）授予初步设计合同

由于美国只有诺斯罗普·格鲁曼公司纽波特纽斯船厂能够研制、建造核动力航母，因此，美国海军"福特"级航母项目管理办公室直接指定诺斯罗普·格鲁曼公司纽波特纽斯船厂为主承包商，通过谈判授予其初步设计合同。关于合同的订立过程，美国国防部及海军有详尽的规定，对海军采办合同的签订方式、合同类型、签订人员、谈判过程、文本起草都有明确的规定。

授予初步设计合同前，项目管理办公室要同步进行费用估算，主要目的是为合同定价参考、监督合同的成本发生情况，以及项目管理办公室费用一体化产品小组分解后的合同工作内容，以各部件的费用估算为基础，逐步汇总得到合同的总费用。项目管理办公室完成合同费用估算后,提交海军费用分析中心审查,海军费用分析中心独立估算并审查费用估算报告,再上报国防部费用分析改进小组审批。

在2004年的里程碑B审查前,美国海军费用分析中心对"福特"级航母采办费用进行初步预测分析,认为"福特"级航母的研制、采购费用为125亿美元,而国防部费用分析改进小组的独立费用预测结论为138亿美元,负责采办的国防部副部长在批准首舰建造时采取了一个折中的方案,将2007财年的舰船采购预算设定为131亿美元。

(四) 早期作战评估

在方案细化阶段,承包商验证方案的技术可行性、作战效能,编制《研制试验鉴定报告》。海军作战试验鉴定部队实施早期作战评估,评估系统、分系统以及部件的技术风险与作战能力。评估完成后,由海军作战试验鉴定部队编制《作战试验鉴定报告》。

"福特"级航母的早期作战评估(EOA)于2001年进行,由美国海军作战试验鉴定部队、海军各系统司令部研究机构专家、舰队用户代表组成的评估小组检查航母设计文件以及船厂进行的所有试验,并于2002年3月提交了评估报告,以供里程碑B审查。随着航母项目的调整,海军作战试验鉴定部队又于2003年10月~2004年2月重新组织进行了早期作战评估,由来自海上系统工程部、舰艇部队以及研究机构的专家审查了初步设计、技术成熟度评估、程序、模型、仿真和电磁弹射系统等10个关键领域,在评估报告中提出了关于设计过程的51条改进建议,并提交里程碑审查。

(五) 里程碑审查

在完成修订《作战需求书》、明确航母技术要求、承包商进行初步设计等工作后,国防采办委员会组织里程碑审查,确定是否可以进入详细设计阶段。"福特"级航母项目于2004年4月2日通过国防采办委员会组织的里程碑B审查。

五、航母详细设计与先期建造阶段的项目管理

里程碑B审查后,航母项目进入详细设计与先期建造阶段,也是采办过程的第三个阶段,主要工作为编写《舰船规格书》,明确设计要求,授予详细设计、先期建造合同,监督承包商严格履行合同等(图6.22)。该阶段的主要工作完成后,不再进行里程碑审查,将正式建造航母首舰。

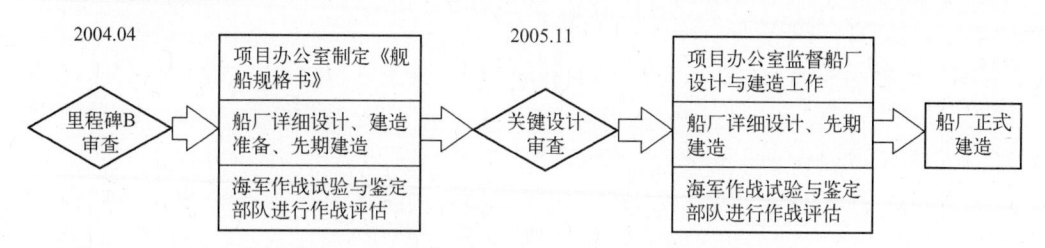

图6.22 美国航母详细设计与先期建造阶段的工作

"福特"级航母的详细设计与先期建造阶段起始于2004年4月的里程碑B审查,终止于2009年11月的"福特"号正式建造。

(一) 项目管理办公室的主要工作

在详细设计与先期建造阶段,项目管理办公室的主要工作为:

(1) 授予研制合同,包括初步设计合同、详细设计与先期建造合同、正式建造合同等;

（2）组织编写《舰船规格书》；

（3）与海上系统司令部监造官办公室、国防合同审计局等机构保持密切联系，并通过这些机构监督承包商的合同履行情况。

（二）编写《舰船规格书》

进入详细设计与先期建造阶段后，为了细化航母设计要求、明确关键设备与技术、规范全舰特性（噪声、振动等），由项目管理办公室组织编写《舰船规格书》。为了吸收各方面的意见，编写人员来自舰船及各分系统的管理部门、技术部门及承包商。《舰船规格书》的确定是舰船初步设计进程中的一个重大节点，该规格书确定了航母最终必须满足的技术要求，是技术状态管理的依据。《舰船规格书》一经批准，就处于严格监控之下，项目管理办公室与承包商都不能随意更改，必须经过海军高层批准才能更改。

"福特"级航母项目管理办公室从2005年开始组织100多名工程师编写《舰船规格书》，编写人员来自海上系统司令部、航空系统司令部、航天与海战系统司令部、海军研究局、纽波特纽斯船厂、海军水面战中心达格伦分部与卡德洛克分部等多个部门。《舰船规格书》于2006年8月由航母计划执行官和海上系统司令部海上系统工程部长共同批准，作为详细设计与建造的重要依据。

（三）承包商详细设计与先期建造

《舰船规格书》批准后，航母开始详细设计与先期建造，军方不再承担设计工作，而是通过授予承包商详细设计合同，由承包商完成航母的详细设计工作。授予合同前，项目管理办公室的费用一体化产品小组根据合同工作内容，估算合同费用，为合同定价提供参考。在承包商进行详细设计时，项目管理办公室与合同管理部门、合同审计部门等机构保持密切关系，监控承包商的合同履行情况。在详细设计接近结束时，国防采办委员会进行关键设计审查，审查承包商的详细设计方案是否合理、航母分系统的关键技术是否成熟，并确定是否可开始正式建造。

"福特"级航母的《舰船规格书》批准后，美国海军于2003年7月授予诺斯罗普·格鲁曼公司价值1.076亿美元的详细设计合同。诺斯罗普·格鲁曼公司进行详细设计时，全部采用计算机辅助设计。项目管理办公室负责对各设计模型进行阶段性审查，并于2005年11月组织关键设计审查，再由国防采办委员会全面审查详细设计方案，批准是否开始建造。2009年11月24日，诺斯罗普·格鲁曼公司纽波特纽斯船厂完成航母的所有详细设计。

在密切监控承包商的详细设计工作的同时，为了加快研制进度，在充分吸收已有研究成果的基础上，美国海军决定采用一体化设计与工艺开发（IPPD）方法，即"边设计、边建造"。因此，在诺斯罗普·格鲁曼公司开始详细设计的同时，美国海军决定让其开始先期建造，于2004年5月授予其价值13.86亿美元福特级航母的建造准备合同，合同内容包括进行舰船详细设计、先期采购大件设备（如动力装置）、先期建造、后续研究与开发工作。经过一年多的建造准备，诺斯罗普·格鲁曼公司于2005年8月11日开始切割航母的第一块钢板，开始了航母的先期建造工作，并于2009年11月13日在船厂铺设龙骨，标志着"福特"号开始正式建造。

（四）作战试验鉴定

在详细设计与先期建造阶段，作战试验鉴定工作由项目管理办公室配合海军作战试验鉴定部队进行，目的是独立评估舰船及主要系统的技术风险，以及作战效能是否能够达到设计要求。美国海军在"福特"级航母研制及建造期间需进行多次作战试验与鉴定,鉴定结果在里程碑审查时上报国防部作战试验鉴定局审批。

六、美国航母建造与部署阶段的项目管理

航母正式建造后,进入建造与部署阶段,这是采办过程的第四个阶段,主要工作是监督承包商的航母建造过程,保证承包商按照合同要求施工。"福特"级航母的建造与部署阶段起始于2009年11月的"福特"号正式建造。

(一) 项目管理办公室的主要工作

在建造与部署阶段,项目管理办公室的主要工作为:

(1) 通过合同管理部门(即造船、改装与修理监督官办公室,以下简称监造官办公室)监督航母建造合同履行情况,保证航母建造的进度、质量、费用等符合合同要求;

(2) 协调人员训练、后勤保障等事务。

(二) 航母监造管理

项目管理办公室授予承包商航母建造合同后,主要工作就是监督承包商按照合同的进度、质量、成本要求履行合同。项目管理办公室对承包商的监督主要是通过监造官办公室实施。

监造官办公室隶属于海上系统司令部后勤、维修与工业部,是负责管理建造、维修、改装合同履行的专职机构。美国海军共设有4个监造官办公室,均设在主要承包商厂内,便于及时与承包商沟通。负责监督航母建造的纽波特纽斯监造官办公室设在诺斯罗普·格鲁曼公司纽波特纽斯船厂内,约有40名军人和380名文职人员,管理纽波特纽斯船厂与周边船厂的建造、改装与维修合同。

为了便于监造官办公室开展工作,加强与项目管理部门及采办管理部门之间的协调,海上系统司令部成立了专门的协调机构——计划执行官/后勤、维修与工业部/监造官理事会、监造官委员会和副监造官战略管理委员会。其中,计划执行官/后勤、维修与工业部/监造官理事会成员包括后勤、维修与工业部、监造官、舰船计划执行官、潜艇计划执行官和航母计划执行官的代表,其目的在于促进计划执行官与后勤、维修与工业部的合作,促进监造官与计划执行官就共同关注的问题进行交流。

监造官办公室通常包括监造官、副监造官、法律顾问、环境与健康主管、安全主管、业务审查参谋、指挥评估与审查参谋、人员管理参谋、行政管理参谋等人员,下设工程部、质量保证部、合同部、预算与财政部等职能部门,分别负责监造官办公室的工程管理、合同管理、财务管理等事务(图6.23)。

为了加强对航母工程的质量管理,监造官办公室专门设立了航母工程办公室。工程办公室负责审查承包商是否遵守项目管理办公室和合同规定的技术要求,监督舰船建造中的图纸审查、技术数据审查、质量保证、项目进度审查、试验试航,并及时解决影响质量和进度的问题。

项目主任与监造官办公室就成立航母工程办公室达成书面协议,明确航母工程办公室的职责、工作内容与权力,共同商定人员配置。项目主任任命航母工程办公室主任为其代表,全面监督合同履行情况。航母工程办公室是监造官办公室的核心机构,按照监造官和项目主任所达成的协议开展工作,接受项目主任与监造官的双重管理,航空母舰工程办公

室主任行政上受监造官领导,同时也向项目主任汇报工作。航母工程办公室通常包括主任、副主任、全舰试验主任(下设作战系统试验主任、舰艇系统试验主任)、工程师、生产监督员、舰艇督察等人员,如图6.24所示。航母工程办公室成员由监造官和项目主任共同指派,人员数量并不固定,随着合同的执行阶段和舰船建造进度的变化而不断调整。

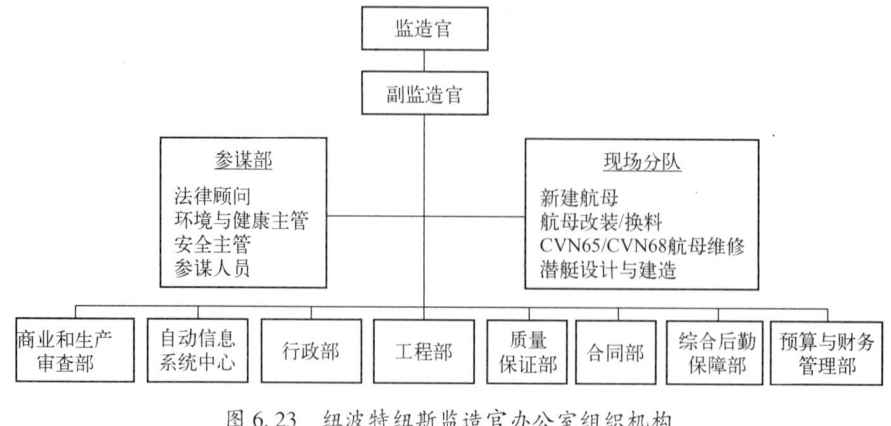

图6.23 纽波特纽斯监造官办公室组织机构

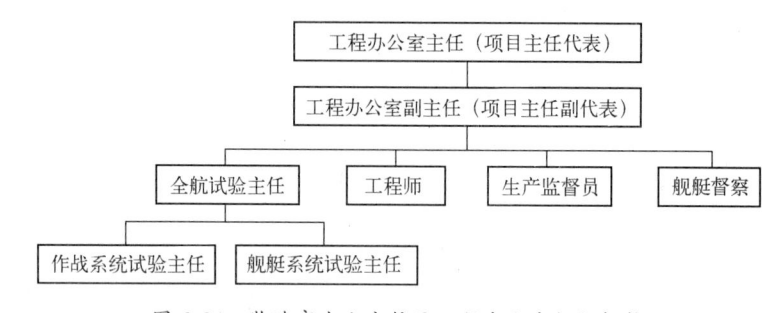

图6.24 监造官办公室航母工程办公室组织机构

建造合同签订后,项目管理办公室作为项目管理的主体单位,并不直接与承包商发生关系,而是书面委托海上系统司令部下辖的监造官办公室管理合同履行情况,委托书中明确监造官办公室的职责与权限。监造官办公室根据委托书,履行合同管理职能,定期向项目管理办公室汇报合同履行管理情况。此外,国防合同管理局向监造官办公室提供合同管理指导;国防合同审计局作为项目管理办公室和监造官办公室的合同顾问,查审承包商的财务状况,审计监督合同履行情况;国防财务会计局按照合同约定的付款节点,向承包商拨付合同款。

合同履行过程中,为了促进与承包商的互信和合作,监造官办公室与承包商定期召开会议,审查合同履行过程中出现的问题并制定解决问题的时间表,及时解决争议。承包商要定期(通常为一个月)向监造官办公室和项目管理办公室汇报成本和进度情况,主要汇报内容有:计划工作的预算成本、完成工作的预算成本、完成工作的实际成本、完成时的预算、完成时的估算等。同时,承包商不定期向项目管理办公室提交合同管理报告,主要有:承包商成本数据报告、成本实效报告、成本进度状况报告、合同资金状况报告等。项目管理办公室在收到承包商的报告后,对承包商的进度和成本进行审查,如果承包商的进度和成本与合同差异太大,则逐级上报,直至负责采办的国防部副部长。

第七章 合同订立管理

在国防采办工作中,合同订立是一项非常重要的工作,依法订立合同是合同生效的前提,是履行合同义务、解决合同纠纷和获得法律保护的依据。为了降低国防采办的交易费用,规范交易双方的行为,早在独立战争时期,美军就以合同订立形式进行国防采办。经过历年不断的发展与改革,目前美军在法规上和组织形式上已形成了一个独立完整的合同订立管理体制。当前,合同订立管理在流程上大致分为合同订立前的准备工作、确定合同订立的方式和程序、拟定合同订立的类型以及合同订立中的谈判沟通直至合同正式订立等过程,基本保证了国防采办合同订立管理的完整性与严谨性。

第一节 合同订立前的准备工作

合同订立前的准备工作是合同订立的关键一环,直接关系到合同订立与履行。准备工作主要包括制定采办策略、编制采办计划、承包商资格审查与选择等。

一、制定采办策略

采办策略是在规定的资源限度内,为实现计划目标所采取的一种业务管理和技术管理策略。它概述了系统采办的总体方案和合同订立的总体框架。制定采办策略,可通过合同方式为获得供应品和服务项目提供指导。

采办策略由项目主任制定,一体化产品小组和作战试验与鉴定机构受项目主任邀请可参与采办策略的制定。内容包括采办的总体设想和目标,以及对研究、发展、试验、生产、部署、改进和其他各项活动的管理策略。采办策略的首要目标是使国防采办项目耗费的时间和费用最少,在项目全寿命周期内有最好的经济可承受性,并满足有关技术、质量与可靠性等方面的要求,达到全寿命费用、性能、风险和质量等要素的最佳平衡。

采办策略应在项目启动的准备过程中或项目启动决策之前制定,并在所有重大项目决策之前、出现经批准的项目更改时、系统方法和项目组成部分有更完善定义时进行更新。采办策略随项目发展逐步演变,并越来越详尽地说明项目各基本要素间的关系。在制定采办策略过程中,项目主任将考虑所有相关政策和原则,并为协调和批准采办策略文件的决策者提供关于采办策略的全面说明。里程碑决策当局将在正式招标之前批准采办策略。

二、编制采办计划

采办计划是指为确定采办所要采取的具体措施,进而为采办合同的订立提供指导而制定的计划。它以已批准的采办策略为依据,是一种正式的书面文件。

采办计划由合同订立、财务、法律和技术等方面的人员组成的工作组编制,工作组将审阅以往类似的采办项目,并与曾参加类似采办项目的主要人员进行讨论。在采办计划中规定的重要日期或在采购工作发生重大变化时,采办计划制定者要对采办计划进行审查(每年至少一次),并在必要时做出修改。

在制定采办计划初期,采办计划制定者将征询负责确定产品类型、质量、数量和交货进度的需求和后勤人员的意见。制定采办计划时,采办计划制定者要与合同订立官进行协调,并确保取得合同订立官的同意。如果采办计划建议采用非充分和公开竞争的做法,还要与主管竞争的倡议人进行协调。

采办计划将阐明所有能影响到采办的技术、业务、管理以及其他一些重要考虑事项,采办计划的具体内容根据采办项目的性质、情况和所处的阶段有所不同,书面采办计划的主要内容包括采办的背景、目标和活动计划。

(一) 采办的背景和目标

采办的背景和目标主要包括8个部分:采办需求书;阐明影响采办的所有重要情况;成本;性能或特性;交货或完成期限的要求;各项成本、性能及进度目标之间预期的权衡比较结果;风险;采办革新方法等。

(二) 采办活动计划

采办活动计划包括以下内容:供货来源;竞争方式;来源选择程序;订立合同的考虑事项;预算和拨款计划;产品或服务的表述;紧急情况时的优先处理办法;承包商履行合同与政府履行合同的比较;政府的内在职能;管理信息要求;自制或外购考虑事项;试验鉴定计划;后勤方面的考虑;政府提供的资产;政府提供的信息;环境和能源节约目标;安全方面的考虑;合同管理方法;采办全过程的重要步骤;确定参加采办计划拟订的人员等。

三、承包商资格审查与选择

1. 承包商资格审查

美国建立了以注册制度、名录制为主体的承包商资格审查制度体系(图7.1):首先政府层建立承包商中央注册系统(CCR),那些希望向承包商购买产品和服务的政府部门和

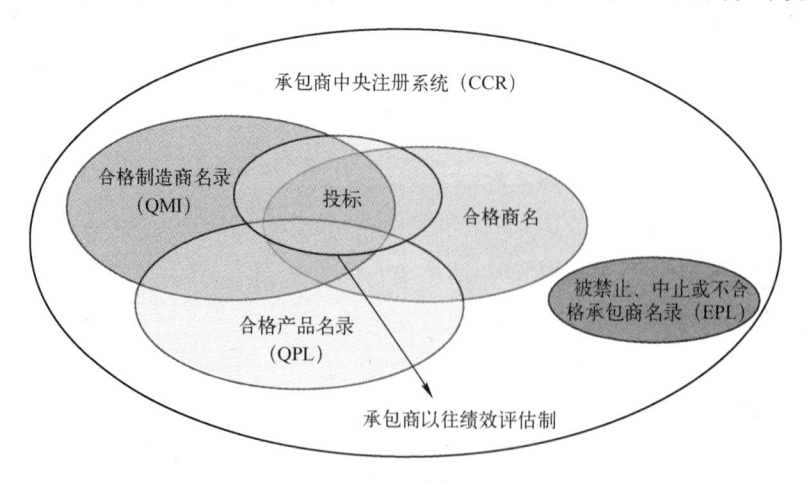

图 7.1 美国承包商资格审查制度体系

那些想向美国联邦政府部门供给产品的企业,都必须到承包商中央注册系统注册;然后,在承包商中央注册系统注册的范围内,经相关部门审核认证后列入合格制造商名录(QML)、合格产品名录(QPL)和合格投标商名录(QBL),以供国防部、各军种和承包商在采办过程中使用,并通过建立"被禁止、中止和不合格承包商名录(EPL)"惩罚和淘汰不合格的承包商;最后,针对具体的采办项目通过承包商以往业绩评估制度对承包商进行审查。承包商资格审查制度体系中各制度之间的关系如表7.1所列。

表7.1 美国承包商资格审查制度体系中各制度之间的关系

制度	作用	是否强制	涉及范围(承包商数量)
中央承包商注册系统(CCR)	建立供需双方的身份信息,保证承研承制单位身份的可追溯性	强制(允许个别例外)	非常广
合格制造商名录(QML)合格产品名录(QPL)合格投标商名录(QBL)	为国防采办部门提供承包商选择参考,保证承包商及其产品的基本合格性	非强制(作为参考)	很广
被禁止、中止或不合格承包商名录(EPL)	惩罚和淘汰不合格承包商	强制(允许个别例外)	较小
承包商以往业绩评估制度	对于具体项目,保证承包商及其产品所应满足的特殊性	门限值以上强制(允许个别例外)	较小

美国联邦政府和国防部分别针对承包商中央注册系统(CCR),合同制造商名录/合格产品名录、被禁止、中止或不合格承包商名录以及承包商以往业绩评估制度等都建立了规范的步骤和程序。

1) 承包商中央注册系统注册程序

2011年,美国联邦总务署发布最新版本《承包商中央注册系统用户注册指南》,明确规定CCR的注册分为3个步骤:①登录CCR的官方注册网站,点击新注册,获得一个编码,称为邓氏码;②创建一个新的账户;③在线提交相关注册信息。一般情况下,注册信息提交3~5天内,会得到注册是否通过审核的信息。

审核通过以后,用户的信息如果发生改变,必须及时登录CCR网站进行修改。平均每12个月,用户必须对注册信息进行一次更新和核实,如果未及时更新,用户的邓氏码及相关信息将被注销。目前CCR的注册用户达25万之多。

2) 承包商被列入EPL的程序

对于承包商被列入EPL的具体程序,《联邦采办条例》中有非常详细和明确的规定,具体来讲,包含四个环节。

(1) 调查和提交仲裁。部局首脑如果发现承包商存在《联邦采办条例》中所列出的可能被列入EPL的有关违规行为时,首先要对承包商行为进行调查,并依据相关法律对承包商提起刑事或民事诉讼。

国防部可以提起诉讼的部局首脑主要包括:①陆军法律服务局司令;②海军部总顾问;③空军负责承包商工作的副总顾问;④国防高级研究计划局局长;⑤国防信息系统局总顾问;⑥国防后勤局合同订立一体化特别助理;⑦国家图像与测绘局总顾问;⑧国防威胁降低局局长;⑨国家保密局局长;⑩弹道导弹防御局总顾问。

（2）提出禁止或中止的建议。仲裁机构根据部局首脑和承包商提供的相关证据材料,初步提出禁止或中止承包商订立合同的建议。

（3）通知承包商。部局首脑将建议禁止或中止订立合同的通知,以有回执的挂号信形式通知承包商,具体信息包括:正在考虑做出禁止或中止合同的决定;建议禁止或中止的理由及依据;建议禁止或中止的具体原因。承包商收到通知30天内,当面或以书面形式或通过代表对建议禁止或中止的做法提出反对的理由,包括对重要事实引起严重争议的具体情况。

（4）作出最终禁止或中止合同的决定。在根据刑事或民事判决或对重要事实没有严重争议的诉讼中,提起诉讼的部局首脑将根据行政记录中的所有信息(包括承包商所提交的任何材料)做出禁止或中止合同的决定。如果承包商存在争议,且有重要事实需要另外提起申诉的诉讼情况下,应对事实提出书面的结论。部局首脑根据所认定的事实以及承包商所提交的任何信息与不同意见和行政记录的任何其他信息做出决定。

在建议的禁止不是根据刑事或民事判决进行的诉讼中,必须要有说服力的证据来说明提出禁止的理由。

禁止的期限视禁止原因的严重程度而定,一般不超过3年。中止的期限一般为12个月,提起诉讼的部局首脑应在12个月的期限结束前30天将是否取消中止的决定通知司法部,以使司法部有机会考虑是否延期。

被列入EPL后,承包商在规定期限内不得承担各部局合同或转包合同,也不得作为其他承包商的代理人或代表与政府进行交易。

2. 承包商以往业绩评估程序

承包商以往业绩评估制度是美军项目管理制度的一部分,其组织机构由决策层、管理层和执行层三个层次组成,如图7.2所示。决策层主要是指国防部以往业绩评估一体化产品小组;管理层包括承包商选择总监以及向其提供咨询建议的承包商选择咨询委

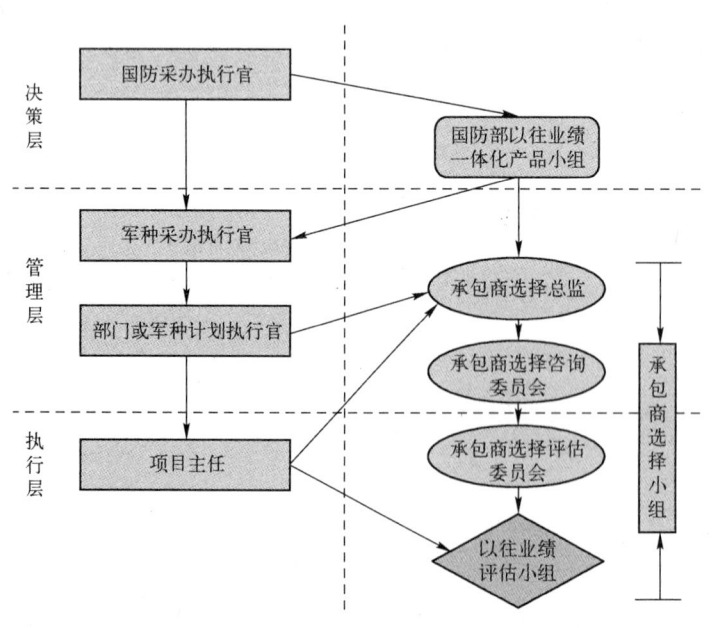

图7.2 承包商以往业绩评估组织机构

员会;执行层主要是指承包商选择评估委员会及其下属的以往业绩评估小组。其中,承包商选择小组由承包商选择总监、承包商选择咨询委员会和承包商选择评估委员会组成。在执行层,美军承包商以往业绩评估工作是采取"一事一评"的方式,并没有设立专门的机构专职负责,而是根据具体采办项目的特征和要求,由项目管理办公室按照相关的法规政策邀请相关人员组成承包商选择小组,委托该小组具体负责承包商的选择和评估工作。

承包商以往业绩具体评估程序包含6个步骤(图7.3):

(1) 确定评估对象。美国国防部并非对所有的承包商都要进行评估,而是针对不同的采办合同内容将承包商分为9类,并针对每一类承包商分别制定了不同的门限值,详情见表7.2。凡采办合同金额超过门限值的,除非合同订立官能够给出不需要进行承包商以往业绩评估的正当理由,否则必须对承包商以往合同履约情况进行评估;合同金额低于门限值的,如果有条件,国防部也鼓励对其进行评估。此外,美军承包商业绩评估的范围不仅限于主承包商,对于在合同中履行关键任务的分承包商也会进行评估,评估结果最终在主承包商的业绩评估结果中体现出来。

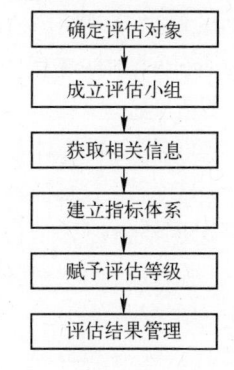

图7.3 美军承包商以往业绩评估过程基本流程图

表7.2 美国国防部承包商以往业绩评估门限值

合同类型	门限值/美元
系统(包括新研发的系统和经过重大改进的系统)	5 000 000
服务	1 000 000
作战保障	5 000 000
燃料	100 000
卫生	100 000
信息技术	1 000 000
建筑	500 000
构造工程	25 000
科学技术	根据实际情况而定

(2) 成立评估小组。确定项目需要进行以往绩效评估之后,项目主任组织成立以往绩效评估小组,小组成员来自不同的领域,具有不同的技能,且具有一定的承包商业绩评估经验。通常情况下,评估小组的成员主要包括合同订立官、项目主任、合同订立官代表、质量保证评估人员以及其他负责合同监督的技术人员,共同负责对承包商进行以往业绩评估。

(3) 获取相关信息。评估小组有多种获取承包商履约信息的渠道,如联邦政府或国防部有关承包商业绩记录的数据库(如PPIRS、CPARS、PPIMS、CPS等)、军方合同管理机构提供的反映承包商履约情况的各种报告、正式出版的商业评估报告、承包商投标书中所提供的各种相关信息、评估人员对承包商进行书面问卷调查或口头电话访谈所得到的各种信息等。

评估小组收集信息时必须保证所选信息的真实性、相关性和时效性。评估小组应选择信誉好、可靠性高的信息渠道;必须要确保所用信息与预期合同之间具有紧密的联系;还必须具备一定的时效性,一般必须是承包商完成合同后三年以内的(建筑或工程设计方面的信息有效期为六年),超过该时限的信息被视为是无效的。如果评估对象从未与军方合作过,则承包商可主动向评估小组提供其主要管理人员或主要子承包商的相关以往业绩信息。

(4) 建立指标体系。对于评估过程来说,制定出合理的评估指标体系是非常关键的一个环节。为了保证评估指标的可行性与合理性,美军成立了一个跨学科的小组专门负责制定评估指标。承包商以往业绩评估小组在实际评估过程中,针对合同自身的特殊性,可适当加入一些其他必要的评估指标,如地理位置、特殊经验、专业技术能力、承担某一类型工程的能力等。图 7.4 所示为美军承包商以往业绩评估指标体系建立流程图。

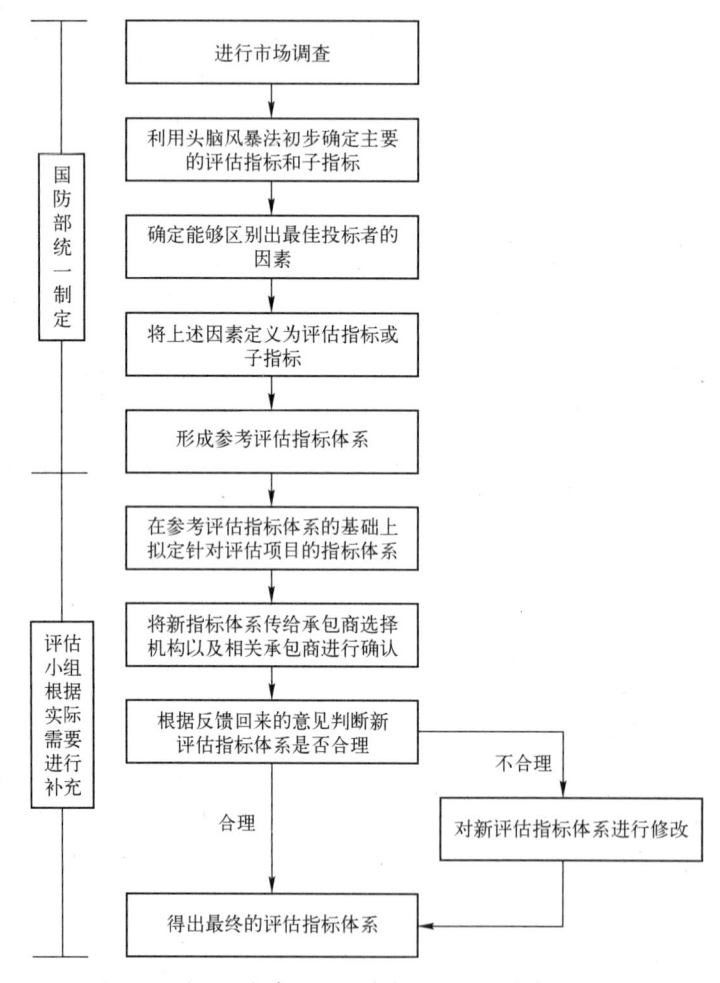

图 7.4 美军承包商以往业绩评估指标体系建立流程图

(5) 赋予评估等级。以上工作完成后,评估小组接下来就要对所有参与竞争的承包商进行评估,并对他们履行合同的情况赋予相应的等级。最终评估小组根据所掌握的信息,参考相关标准对承包商以往业绩给出评估等级,并通过不同的颜色体现出来,具体见

表7.3。评估小组得出的评估结果正式定稿前,须向承包商提供一份报告的草案,如果评估小组和承包商意见存在分歧,可将评估小组的评估报告以及承包商的意见一起上交给审查人员,由其做出最终评论。最后,审查人员将评估小组的评估报告、承包商的意见以及审查人员自己的评论结果一并上交给承包商选择总监。

表7.3 美军常用的承包商以往业绩评估等级划分标准

等 级	说 明
深蓝色/杰出的	承包商的业绩表现达到了合同要求,许多方面甚至超出了合同的要求,给军方带来较大的益处;所评估的指标和子指标都基本没有出现大的问题,对于仅有的一些小问题承包商也都采取了非常有效的方式及时予以纠正
紫色/非常好的	承包商的业绩表现达到了合同要求,一些甚至超出了合同的要求,给军方带来一定的益处;所评估的指标和子指标仅存在一些小问题,对此承包商也都采取了有效的方式及时予以纠正
绿色/满意的	承包商的业绩表现达到了合同要求;所评估的指标和子指标存在一些小问题,对此承包商也都采取了令人满意的方式予以纠正
黄色/合格的	承包商的业绩表现没有达到合同要求;所评估的指标和子指标出现了一些问题,且承包商对此没有找到正确的解决方法;承包商所承诺的目标没有完全实现
红色/不满意的	承包商的业绩表现大多数都未达到合同要求,且不能及时弥补;所评估的指标和子指标出现了一系列的问题,且承包商对此没有找到有效的解决方法

(6)评估结果管理。评估小组的最终工作成果是承包商以往业绩评估报告(见表7.4),国防部对该报告有以下要求:篇幅适中,目标明确、合理;承包商的反馈意见作为报告的一部分记录下来;完成后的以往业绩评估报告及时输入国防部的自动化信息系统,以供其他采办机构参考等。

表7.4 承包商以往业绩评估报告式样

承包商以往业绩评估报告	
承包商名称	××××××
评估等级	××××××
正面信息	反映承包商能够成功完成预期合同的信息
负面信息	反映承包商不能成功完成预期合同的信息
结 论	简单描述得出评估结果的理由;如果在存在负面信息的情况下仍给出"深蓝色"或"紫色",需要说明这些信息不会影响到评估结果的原因;如果在没有明显的正面或负面信息的情况下给出较低的评估等级,需要说明原因;如果给出的评估等级是"黄色"或"红色",需要列出充分的、合理的理由进行说明

四、发布采办信息

美军国防采办合同管理要求合同订立官适时公布合同信息,以增强采购合同的竞争性、扩大工业界的参与范围、帮助弱小企业获得合同和转包合同,使部局需求能够得到最大程度地满足。

1. 发布信息的方法

按照美军有关规定,对预计超过2.5万美元的预期合同,合同订立官将在政府商务信息网访问点公布概要。对预计超过1万美元但不超过2.5万美元的预期合同,合同订立官将在公共场所或网络上公布符合特定要求的、非保密的招标书通告或招标书副本。此外,合同订立官还可通过以下几种方式发布合同信息:定期编写并发布免费广告材料;协助地方商业协会向其会员通报信息;在无需政府承担费用的情况下,向报纸、商业刊物、杂志或其他大众传媒发布预期合同的简要情况等。如果采用其他方式将难以实现有效竞争,合同订立官会考虑在报纸或其他新闻媒体上刊登付费广告。

下列情况下,合同订立官可不通过政府商务信息网发布招标书:①公开招标书的内容将危及国家安全(例如泄露国家机密)或有其他风险;②文件大小、格式等通过政府商务信息网获取既不经济也不切合实际;③军种采办执行官认为,通过政府商务信息网提供招标书不符合政府利益;④合同订立办公室无法访问政府商务信息网等。

2. 合同信息的公布与答复时间

通常情况下,合同订立官要确定招标书的答复期限,以便潜在的投标商能根据招标书的内容来确定应标时间。在确定答复期限时,合同订立官应考虑采办项目的复杂性、商业性和紧迫性等一些具体情况。除商品项目外,对超过简化采办限额(一般为10万美元)的一般合同,军方要在发放招标书到接到投标或建议之间留出至少30天的答复时间;对超过简化采办限额的研究和开发类合同,军方应在通告之日起至接到投标或建议之间,至少留出45天的答复时间。

此外,对于需遵守《北美自由贸易协定》或《贸易协定法》的采办项目,公布概要通告和接收报价之间的时间不得少于40天。但如果该项目属于年度预报中确定的一般类别,合同订立官可以将该时间期缩短至10天。当由合格或指定的国家提出申请,且申请符合军方要求时,允许至少有45天的答复时间。

3. 合同信息的内容

递交给政府商务信息网或《商务日报》的合同信息应包含下列内容:①合同代码;②日期;③年份;④政府出版局的账号;⑤合同订立办公室的邮政编码;⑥分类码;⑦合同订立办公室地址;⑧主题;⑨预期的招标书编号;⑩答复的开始及结束日期;⑪联系人或合同订立官;⑫合同订立及招标书编号;⑬订立合同的美元额度;⑭合同册列项目编号;⑮合同订立日期;⑯承包商;⑰情况说明;⑱合同履行地;⑲保留项目情况。

第二节　合同订立方式和程序

美军针对不同的国防采办项目,可采用"公开招标""谈判"和"小额项目简化采办"等方式选择承包商。美国绝大部分重大国防采办项目(如航空母舰、舰艇、飞机、导弹、坦克和其他一些复杂武器系统)均采用谈判招标方式。

一、公开招标

公开招标是一种通过投标竞争、当众开标和决标来订立合同的方法。公开招标通常分为正式招标法和两步正式招标法两种方式。

(一)正式招标法

正式招标法通常包括以下5个步骤:

(1)军方拟制招标书。在招标书中,军方要清楚、准确和全面地阐明技术要求、时间要求以及其他各种要求,但要避免那些可能会限制投标商数量的不必要的限制条件,以利于竞争。公开招标的招标书一般采用统一格式,由内容要求、合同条款、文件和正表,以及其他附件的目录、陈述与说明4部分组成。每一项招标书在公布前都要进行彻底的审查,以便发现和纠正可能出现的矛盾和意义不清之处,从而防止对竞争的限制和避免不符合要求的投标。

(2)公布招标书。军方采购部门把拟订好的招标书张贴在公共场所,或登载在《商务日报》和政府商务信息网上,或以其他方式分发给预选的承包商。军方在公布招标书时应留出充足时间,以使预选投标商有时间进行准备和提交投标书。

(3)提交投标书。各承包商收到招标书后,按规定填写好相关内容,并在招标书要求的投标书截止时间前,提交密封的投标书,送达投标地点。

(4)评估投标书。在当众开标后,军方根据要求评审、选择竞争获胜承包商。在评审时,军方主要考虑哪家承包商提出的价格对军方最有利,因为其他条件基本上都已确定了。

(5)订立合同。选出竞争获胜的承包商后,即可订立合同。

采用正式招标法时,一般使用不变固定价格合同或随经济价格调整的固定价格合同。在这种情况下,承包商承担主要的成本风险,而军方则要在技术性能方面冒较大的风险,因为武器装备的性能好坏,关键是取决于军方能否清楚、准确、完整地提出技术要求。

(二)两步正式招标法

两步正式招标法是美国从20世纪60年代开始采用的。从那时起,由于研制和采购的武器装备越来越复杂,有些武器装备在一开始军方无法明确、详细地提出性能要求,采用这种方法比采用正式招标法更有利。

采用两步正式招标法的条件:①现有的技术规范或对采购项目的说明尚不够明确或完善,或者尚须对需求项目的技术方面进行技术评价和展开必要的讨论,才能保证企业和政府对该项目有统一的理解,否则就会有可能限制开展充分自由的竞争;②已制定有确定各种技术建议方案的评价标准;③预计将有一家以上技术条件合格的企业参加竞争;④有充分时间来准备采用这种两步公开招标法;⑤可采用确定的固定价格合同或带有经济价格调整条款的固定价格合同。

两步正式招标法通常包括以下两大步骤:

(1)征求承包商的技术建议。在这一阶段,军方首先发布技术建议征求书,并按要求写出技术建议征求书摘要。征求书的内容包括:对所需产品或服务项目的说明,对采用两步公开招标法原因的陈述,对技术建议的要求,评估标准的说明,应收到技术投标书的日期或日期与时间,以及其他必要说明。另外,技术建议征求书还可列入有关交付或履约要求方面的信息,以帮助投标商确定是否提出技术投标书,但这种信息仅供参考,对政府并无约束力。实际的交付或履约要求,将在第二步招标书内加以确定。

征求建议书拟就后,发给预选的投标商。各投标商收到技术建议征求书之后,根据要求提出各自的技术建议,内容包括能解决技术要求的技术途径、特殊的制造方法、特殊的试验手段等。军方收到技术投标书后,将采取措施,防止将建议方案泄露给未经批准的人员,并按要求接受和处理相关数据资料,删去任何与价格或成本有关的部分。同时,军方还确定评估技术建议的时间期限,期限的长短可根据建议方案的复杂性与数量来确定。

评估工作将根据技术建议征求书中规定的标准尽快完成,评估结果可将投标书分为可以接受的投标书、考虑可以接受的投标书、不可接受的投标书。如果可以接受的技术投标书比较多,足以确保充分的价格竞争,那么军方就可以直接进行第二步的工作,否则军方将要求其投标书可以考虑接受的投标商提供说明性或补充性资料。

若投标书被认为是不可接受的,军方应立即将做出这一决定的依据通知投标商,并告知将不再考虑对其建议做出修正。军方将根据未中标投标商的书面请求,听取其提出的具体问题。如果必须中止使用两步正式招标法,军方要把对有关事实和情况的陈述书列入合同档案文件内,并以书面方式通知各投标商。在第一步工作结束后,如果没有可接受的技术投标书,或只有一份可接受的技术投标书,则可通过谈判的方式继续进行项目采办。

(2)解决价格问题。首先,由军方拟订招标书,其内容与正式招标书相同。然后,把招标书发给第一步选定的投标书可以接受的投标商,由其进行报价,并提交密封的定价投标书。这一阶段的定价招标书将不在政府商务信息网上公布,也不公开张贴相关广告。但出于合同转包考虑,通过第一步评审的投标商名称,可通过政府商务信息网公布出来。军方在评估投标书后,将按正式招标程序订立合同。

采用两步正式招标法,承包商承担主要成本风险,因为采用的合同是固定价格合同。而技术风险则由军方和承包商共同分担。对军方来说,其主要风险是能否很好地拟订出征求建议书,能否正确地评审各投标商的技术建议,选出合格的承包商。对承包商来说,主要的技术风险是能否按军方的要求提出可靠的技术建议。

二、谈判招标

美国《联邦采办条例》中规定采用谈判招标的主要条件如下:①国家急需时,如国会或总统宣布国家处于非常时期;②无法通过正式招标法进行竞争的项目,如所需采购项目只能从一家厂商那里获得等;③以利于实验性、试验性或非军事化性的项目,如进行科研领域的理论分析、探索性研究等;④教育机构开展的服务性工作,如培训工作、试验、研究和分析工作等;⑤一开始就需要大量投资或需作长期生产准备的项目,如采购飞机、坦克、雷达、导弹等。

谈判招标分为"竞争性谈判招标"和"单一来源采办"两种方式。

(一)竞争性谈判招标

竞争性谈判招标的工作程序通常有以下四个步骤。

1. 准备谈判及编写建议征求书

武器计划批准后,即由有关军种发布《建议征求书》(即招标书),工业部门据此提出各种建议方案(即投标书)。项目管理部门负责拟定承包商选择计划,概述项目采办策略、竞争程度、评审方法和承包商选择安排。在这一步,军方必须做好以下几项工作:

(1)编写采办计划。采办计划主要包括以下内容:采办的背景和目标,军方对国防采办合同的基本要求,采办项目的性能、进度、成本等总体要求,采办方式和承包商选择程序等。美军鼓励在工业部门、项目主任、合同订立官以及其他参与采办过程的人员间尽早开展信息交流,以便及早确定和解决有关采办策略的一些问题。

(2)编写建议征求书(招标书)。由项目主任领导一个专门编写小组(其中有合同管理办公室的专业人员参加)负责编写建议征求书,阐明武器装备的技术、性能和设计要求等。对投标书的评估方法通常不在建议征求书内公布,但要阐明评估过去业绩情况的一般做法。该招标书至少还应该说明,当将所有因素综合起来考虑时,除成本或价格之外的其他所有评估因素是否远比成本或价格因素重要得多,或大致等同于成本或价格因素,或远没有成本或价格因素重要。

(3)制定评审标准。评审标准通常包括技术、管理和成本三方面评审指标,评审标准要写在建议征求书中告知参与竞争的承包商。

(4)进行成本估算。由编写采购工作计划的专业技术人员负责武器项目的成本估算。

(5)挑选参加竞争的承包商。项目管理办公室负责起草承包商选择计划,经批准后执行,其内容包括承包商选择小组的组成和职责以及承包商评审标准和评审程序,并在有关合同管理办公室人员协助下,选出若干家比较合适的承包商参加竞争。

2. 征求建议及提交建议书

项目办公室把建议征求书寄给有资格参加竞争的承包商,同时要在《商务日报》或国防部商业信息网等媒体上公布建议征求书的内容概要,其他公司也可以申请建议征求书的复印件,并参与竞争。承包商在规定期限内向军方提交建议书,提出技术、成本、管理方面的建议。

3. 评审建议书及选择承包商

承包商来源选择工作一般由来源选择主管负责,在选择承包商时,合同订立官或其他指定人员作为来源选择主管,须完成以下几项工作:①根据特定的采办要求成立评估小组,其成员包括负责订立合同、法律、后勤、技术及其他事务方面的专家,以确保对报价进行全面评估;②如果可能,在发布招标书之前批准来源选择策略或采办计划;③确保招标书要求、发给投标商的通知、投标书拟订注意事项、评估因素、招标书条文或合同条款以及数据要求之间的协调性;④确保根据招标书中所规定的因素对投标书进行评估;⑤考虑顾问委员会或小组(如果有的话)的建议;⑥选出建议对政府最有价值的一家或多家承包商。

在每一次来源选择过程中,军方采办官员都要对投标商提出的价格或成本做出评估,同时还要考虑非成本评估因素(如过去的业绩、是否符合招标书的要求、技术上的长处、管理能力、人员素质以及过去的经验等)的情况。对于预计金额超过100万美元的竞争性谈判合同,除非合同订立官确证投标商过去的业绩并不是评估该项采办的恰当因素,否则都要对过去的业绩做出评估;对于在1999年1月1日或其后发布的、预计金额超过10万美元的竞争性谈判合同,在所有的来源选择过程中都要对过去的业绩做出评估。

4. 谈判及订立合同

完成上述工作后,接下来就是合同订立官与能满足军方要求的承包商进行谈判,其中,价格谈判是谈判工作的重要内容之一。双方的价格谈判,并不要求在每一个成本要素上都取得一致,也不强求将商定的价格限定在合同订立官最初确定的谈判价格范围内。价格谈判开始前,合同订立官要确定好谈判目标。当需要进行成本分析时,合同订立官要确定待商谈的有关问题、成本目标以及利润或酬金目标等。

当投标商的投标书被排除在竞争之外或在竞争中被淘汰时,合同订立官应立即以书面方式通知该投标商。在通知书中,军方应说明做出这一决定的依据等。被排除在竞争范围之外或在订立合同前遭淘汰的投标商,可以要求在订立合同前听取情况汇报。

订立合同前听取情况汇报的内容至少应包括采办部门对投标商投标书中重要因素的评估,投标商在竞争中遭淘汰的主要原因,对相关问题的合理答复等。

(二) 单一来源采办

单一来源采办是指采办部门仅与一家供货来源征求建议和谈判,并订立采购产品或服务合同。对于不超过简化采办限额(一般简化采办程序的最高限额为10万美元。对于支援紧急行动、人道主义援助或维和行动所订立的合同,其简化采办程序的最高限额为20万美元)的采购,如果合同订立官认定某项合同只有一家承包商可以合理地利用,那么就应向该承包商征求报价。

对于金额超过10万美元但不超过50万美元的合同,除非根据有关规定需要由更高层次批准,否则合同订立官便可批准该项目进行单一来源采办。

对于金额超过50万美元的预期合同,必须由采购单位的竞争倡议人审批。对于价值在1 000万美元以上、5 000万美元以下的合同,一般由采购部门负责人审批,或由指定的将军或文职16级以上的官员审批。对价值超过5 000万美元的合同,由国防部采办、技术与后勤副部长审批。

单一来源采办可以采用意向建议征求书。采用意向建议征求书时,合同订立官仍须遵守《联邦采办条例》的要求。意向建议征求书应尽可能地完整,并至少包括以下内容:①建议征求书的编号和日期;②合同订立官的名称、地址及电话号码;③合同类型;④项目数量、情况说明及交付日期;⑤证明书和陈述书;⑥合同条款与条件;⑦投标书的截止日期和时间;⑧其他有关信息。

三、小额项目简化采办方式

对总经费不超过一定限额的产品和服务项目,美国政府规定了特殊的简化采办程序,以减少管理费用,增加弱小企业获得政府合同的机会,提高订立合同的效率和经济性。目前,美军主要采用以下简化采办方式。

(一) 政府商业采购卡

当采购的产品或服务项目价款等于或少于小额采购限额(2 500美元)时,通常采用政府商业采购卡。在特殊情况下,对超过小额采购限额但不超过25 000美元的某些商品项目(在美国本土以外采购和使用),也可使用政府商业采购卡。在执行应急行动或维和行动时,合同订立官还可酌情使用政府商业采购卡,以便能迅速地采购到超过小额采购限额但不超过简化采办限额(10万美元)的产品或服务项目。

(二) 购货订单

军方采购部门可通过发布购货订单的方式简化采购程序。购货订单规定了订购的产品数量或服务项目的范围、产品或服务项目的交付或完成日期、检验方法等,并通过电子资金通汇的方式进行付款。

购货订单大多按固定价格发布,但如果在发布订单时产品或服务项目的价格尚未确定,则可发布未标价的购货订单。未标价的购货订单可以书面或电子方式发布,每一个未标价的购货订单一般都注明金额限制。合同订立办公室将跟踪每一个购货订单,以确保及时确定产品的价格。合同订立官或其指定人员还将审查发票价格,如果价格合理,即按发票付款。

(三) 一揽子采购协议

在使用一揽子采购协议时,一般通过与合格供应来源建立"赊账账户"来满足军方对产品或服务项目的重复需求。一揽子采购协议由负责采购产品的军方机构订立,适用于需要的品种很广,但事先并不知道确切需要的品种、数量和交货要求,并且还有可能在这些方面出现很大变化的产品和服务项目。

一揽子采购协议通常包括:①对协议的陈述;②责任范围,即政府按照一揽子采购协议承担实际批准的采购范围内的责任;③采购限额,即对一揽子采购协议中每一笔采购项目资金的限额;④授权按一揽子采购协议进行采购;⑤交货凭证;⑥发票。

负责订立一揽子采购协议的合同订立官每年至少对一揽子采购协议审查一次,并在必要时对协议做出修改。合同订立官还要密切注意市场情况、供应来源和其他有关因素的变化,以保证能与不同的供应商达成新的协议或修改现有的协议。

第三节 合同类型

美国防部所采取的合同种类很多,但就合同所涉及的费用要素看,主要分为两大类:凡着眼于价格因素的一类合同,称为固定价格合同;而着眼于成本因素的一类合同,称为成本补偿合同。

一、固定价格合同

固定价格合同,通常是指按事先确定的固定价格完成规定工作的一类合同。固定价格合同主要包括不变固定价格合同、随经济价格调整的固定价格合同、固定价格加奖励合同、逐段定价合同、结算定价合同、工作量不变固定价格合同等。

(一) 不变固定价格合同

不变固定价格合同(Firm Fixed-Price Contract)是比较简单的一类合同。通常,合同价格由美国政府与承包商双方通过谈判确定。合同价格一经确定,在合同执行期间将始终固定不变。按价格构成关系式——"成本+利润=价格"可以看出,在价格不变的情况下,成本的降低数等于利润增加数,但政府并不因此获利;反之,若成本增加,利润就会降低,当成本超出固定价格时,还会使承包商亏损,政府也不补贴。因此,不变固定价格合同的成本增减对政府没有影响,仅与承包商有关。不变固定价格合同的风险分配比例为0/100,军方承担的风险为0,承包商承担的风险为100,因此风险全在承包商一方。

不变固定价格合同适于采购标准型或改进型的民用产品,以及容易定价的军品,其采用的主要条件是:①订立合同时就能确定价格;②产品的性能要求和设计要求容易达到,不确定因素较少,能估测其对成本的影响,风险较小。

(二) 随经济价格调整的固定价格合同

采用随经济价格调整的固定价格合同(Firm Fixed-Price Contract with Economic Price

Adjustment)的做法是,在订立合同时确定价格,并估计到执行合同期间可能会出现的一些偶然事件,允许对价格进行上下调整。其目的是:①保护政府和承包商避免由于工资和原材料的经济波动而带来的损失;②在承包商确定的产品价格发生变化时进行价格调整。

随经济价格调整的固定价格合同的调整通常有三种基本类型:①按确定的价格调整,即按每种具体产品的确定的价格,或按最终产品的确定的价格进行调整;②按人工工资和原材料的实际成本进行调整;③按人工工资和原材料预估成本的变动情况进行调整。

随经济价格调整的固定价格合同的适用条件是:①在合同执行期间市场价格和人工工资极不稳定;②可把估计到的一些偶然事件,分别列在合同的价格调整条款中。

随经济价格调整的固定价格合同的使用条件是:在合同开始时就能确定固定指标和分配比例,以便对承包商有效地控制成本给以公平合理的奖励。政府在一定范围内承担一部分风险,超过价格上限的部分,完全由承包商负担。

(三) 固定价格加奖励合同

固定价格加奖励合同(Fixed-Price Incentive Contract)又分为两种形式:固定指标定价加奖励合同和渐定指标定价加奖的合同。

1. 固定指标定价加奖励合同

通过谈判首先确定下面4个因素(在不变固定价格合同中只要确定价格一个因素就可以了):①成本指标——预先估算的执行合同所耗用的成本。

②利润指标——按成本指标完成合同时应付给的利润。

③分配比例——双方对成本的增减应承担的比例。

④价格上限——确定的最高价格。

在合同结束后,最终消耗的实际成本由双方通过共同核算而定。计算出实际成本与成本指标的差额,再使用分配比例,通过利润指标计算出实际利润。当实际成本低于成本指标时,实际利润就大于利润指标,反之,当实际成本高于成本指标时,实际利润就小于利润指标。如果成本超出价格上限,则会造成承包商亏损。所以,承包商一般都积极有效地控制成本,以便获取更多的利润。

例如:某个固定指标定价加奖励合同有下列指标:

    成本指标   1 000 万美元
    利润指标   85 万美元
    (价格指标   1 085 万美元)
    分配比例   70/30
    价格上限   1 150 万美元

在合同完成后,可按双方核算确定的实际成本进行估算。如果实际成本为1 050 万美元,则成本的增加数为实际成本减去成本指标,即50 万美元。按分配比例,承包商应分担50 万美元的30%,即15 万美元,于是实际利润就要比利润指标少15 万美元,即70 万美元。所以,对承包商来说,多耗了成本,减少了利润。

由此可见,上述案例多耗了成本,对承包商来说是减少了利润,对政府来说是提高了价格,双方都受到损失。反之,若降低了成本,双方都得到好处,但还有一个价格上限,如成本超过这个上限,对承包商来说就会亏损。所以价格上限这部分相当于固定价格合同。

2. 渐定指标定价加奖励合同

通过谈判首先确定下列6个因素:①初步成本指标——比固定指标的成本指标更不准确,因为不定因素更多;②初步利润指标——达到初步成本指标而确定的利润指标;③分配比例;④价格上限;⑤固定利润指标上限——付给利润的最高限额;⑥固定利润指标下限——付给利润的最低限额。此外,还要选个固定指标的确定时间。此时,根据所耗成本以及初步指标各因素关系确定出固定指标(固定成本指标和固定利润指标)。通常,这个时间是定在第一批产品交货以前。

下面举例说明渐定指标定价加奖励合同,其各项指标为:

初步成本指标	1 500 万美元	价格上限	1 950 美元
初步利润指标	120 万美元	固定利润指标上限	135 万美元
初步价格指标	1 620 万美元	固定利润指标下限	105 万美元
分配比例	95/5		

如果在固定指标的确定时间进行核算,双方协商定出以后用的固定成本指标为1450万美元,那么固定利润指标按下述方法求出:

初步成本指标	1 500 万美元	承包商增加利润(按5%)	2.5 万美元
固定成本指标	1450 万美元	初步利润指标	120 万美元
差额(减少)	50 万美元	固定利润指标	122.5 万美元

如果认为以后的风险不大,双方可通过谈判订立一项固定价格合同,其价格为成本加利润,即1 572.5 万美元;如果认为不定因素仍很多,可谈判订立一项固定指标定价加奖励合同。这里可重新确定一个新的分配比例,如60/40。价格上限一般不变,如果固定成本指标少于初步成本指标,也可以通过谈判减少价格上限,如减至1 670 万美元。这样,此固定指标价格加奖励合同的各项指标为:

成本指标	1 450 万美元	分配比例	60/40
利润指标	122.5 万美元	价格上限	1 670 万美元
价格指标	1 572.5 万美元		

这种合同适用于新研制项目的第一批或第二批产品,生产周期长的产品在设计和生产达到稳定之前的情况。在开始不能定出固定指标定价加奖励合同的成本指标和利润指标,但能提出初步指标,并可在合同执行的初期确定成本指标和利润指标,从而为订立固定价格合同或固定指标定价加奖励合同打下基础。总之,这种合同相对复杂,管理起来也较麻烦,要求条件较多,但它能适合于不定因素较多的情况。

(四) 逐段定价合同

逐段定价合同(Prospective Price Redetermination at a Stated Time or Times During Performance)是在谈判的初期确定一个固定价格,并确定一个或几个再议价的日期,以便对价格进行复议再定。必要时,也可以定个价格上限。

这种合同适于采购大量产品,或获得长时期的服务。在合同初期,可定个公平合理的价格,但此价格不宜长期固定,需要逐段再定价。再定价的日期间隔的长短视具体情况而定,通常不得少于12个月。这种合同在美国的飞机发动机合同中已广泛采用,这是因为发动机的制造特点和成本计算方法都较为适宜采用这种合同。

随经济调整的固定价格合同与逐段定价合同都属于固定价格合同,在合同执行期间都有价格的变化,但两者又有明显区别。前者是在产品生产过程中按经济波动对价格进行调整,按调整好的价格付款,实付款价格只有一个;后者是采购长期生产的大量产品,可以分段交货,定价一段,了结一段,实际付款价格有多个。

(五) 结算定价合同

结算定价合同(Retroactive Price Redetermination After Completion)是指开始时通过谈判确定价格上限,在合同完成后再结算定价。由于价格是最后定的,这种合同(除价格上限以外)不能使承包商有效地控制成本。

这种合同适用于在开始谈判时不能确定合理的固定价格,产品的数量很少,或生产时间很短,致使使用任何其他合同都不适合的情况。此外,还必须具备下列条件:①承包商的会计制度适于再定价;

②能确定价格上限;③有采购主管的书面批准。

一般情况下,只有在研究与发展采购项目的估计成本少于10万美元时才可采用此类合同。

(六) 作量不变固定价格合同

工作量不变固定价格合同(Firm Fixed-Price Level of Effort Term Contract)是指合同要求承包商在规定的日期内做出一定努力,完成一定的工作量,政府付给固定的费用。通常,合同要求承包商提交一份报告,说明通过做一定的工作所得到的成果,但付款是按其工作量而不按成果。这种合同特别适用属于研究和探索性发展阶段的项目。因为处于这一阶段的项目,有些研究工作的成果不能清楚地确定,而所要求做的工作量是能确定的,并可在报告合同以前通过谈判商定。

二、成本补偿合同

与固定价格合同不同,成本补偿合同不是按价格而是按承包商执行合同所消耗的成本,再加上一定形式的补偿费(相当于利润)计算。付款标准和条件依不同的合同分别确定。采用成本补偿合同一般要估计出总成本,以便于确定费用如何支付和确定承包商不可超出的上限。

成本补偿合同适用于不定因素较多,不能充分合理地估计成本,因而也不能确定价格,不能使用任何固定价格合同的情况。这种合同特别适于采购大量的产品,即估计成本在10万美元以上的情况。此外,采用这类合同还必须具备下列条件:①承包商的成本会计制度适于确定合同中用到的成本;②政府人员要给以适当的监督,以保证承包商不使用无效的方法。

一般来说,成本补偿合同可分为下列5种形式。

(一) 成本合同

成本合同(Cost Contract)只付给承包商成本,不给利润。可用于下列情况:①非盈利教育机构和其他非盈利机构的研究与发展工作;②为承包商提供器材的合同,器材专指用于生产、维修、研究与发展和试验的器材,不包括材料、特种工具、军事器材等。

(二) 成本分担合同

在与承包商订立基础研究和应用研究科研项目时,一般使用成本分担合同(Cost-

Sharing Contract)。双方通过谈判商定政府承担成本的比例。承包商也同意承担一部分成本,指望从科研工作中得到某些利益,如加强技术能力、提高专业水平、培训人才、提高其在商业市场上的竞争能力等。科研机构和承包商一般承担 1%~5% 的成本,有时甚至承担 50% 左右。

(三) 成本加奖励金合同

对于成本加奖励金合同(Cost-Plus-Incentive-Fee Contract)通过谈判首先确定 5 个因素,即成本指标、奖励金指标、奖励金上限、奖励金下限、分配比例。合同完成后,核算出实际成本,再按上述各因素计算出实付奖励金数。例如,假定某合同的各项指标为:

成本指标	1 000 万美元
奖励金指标	75 万美元
奖励金上限	135 万美元
奖励金下限	30 万美元
分配比例	85/15

如果最终结算的实际成本是 900 万美元,则可根据上述各因素计算如下:

成本指标	1000 万美元
实际成本	900 万美元
差额(减少)	100 万美元
承包商分配(15%)	15 万美元
奖励金指标	75 万美元
实际奖励金	90 万美元(承包商比预计多得利润 15 万美元)

再看政府分配数。原应付款为成本指标+奖励金指标=1075 万美元,

实应付款数为实际成本+实际奖励金=990 万美元,结果比预计少付款 85 万美元,恰是节余成本 100 万美元的 85%,符合分配比例。

这种合同主要用于研制、试验,并可适当地结合工作质量奖励条款使用。其限制条件是,奖励金上限不得超过成本指标的 10%,特殊情况不超过 15%。

固定价格加奖励合同与成本加奖励金合同都是奖励型合同,其主要区别是:前者有价格上限,进入价格上限范围后等于是个固定价格合同,实际成本超出价格上限就造成承包商亏损;而后者没有价格上限,只有奖励金下限,不管承包商实际耗用成本,总可以获得最小利润即奖励金下限。所以在这两种奖励合同中,前者承包商承担风险大些,后者政府承担风险大些。

(四) 成本加定酬合同

成本加定酬合同(Cost-Plus-Fixed-Fee Contract)规定付给承包商固定酬金,酬金相当于利润。酬金数目通过双方谈判确定,一旦定下来,就不再随实际成本的变化而改变。与其他成本合同一样,不管承包商耗用多少成本,美国政府都要照数付给。所以,这种合同对承包商控制成本没有奖励,风险全在政府一方,分配比例是 100/0。

这种合同适用于研究、探索性发展和试验阶段,以及工程研制阶段和定型生产阶段中的辅助系统的采购,一般是耗用成本数比较稳定的项目。重要武器系统的研制不采用此种合同,而且合同规定的酬金一般不应超过估计成本的 10%(最多不超过 15%)。

这种合同还可细分为两种形式:完成形式和定期形式。完成形式有明确的任务和目

标,有明确的最终产品,承包商交付最终产品,即可得到定酬。定期形式则需要经协商,明确承包商在规定日期内完成一定的工作量,政府对其工作结果满意,即按预先商定的定酬在规定日期向承包商支付定酬。然后,双方再商议下一阶段工作的完成日期,重新商谈定酬数额。

(五) 成本加定酬加评奖合同

对于成本加定酬加评奖合同(Cost-Plus-Award-Fee Contract),除了成本外,补偿金由两部分组成:①固定酬金,不随合同执行情况而变;②评奖酬金,根据承包商完成合同情况给鼓励性奖励,奖励标准视具体情况而定,如产品质量、交货及时性、创造性和节约成本等。

评奖工作由军方人员组成小组进行,评奖标准写进合同内,使承包商从执行合同一开始就知道,以便按标准提高工作质量。但各项的加权因素在评审以前并不告知承包商,不使其知道各项标准在评审中占多大比重,以避免其侧重一些项目而忽略另一些。

这类合同适用于劳务性合同,任务可行性是确定的,但衡量其成果往往不是通过对某些指标的直接测量,而主要是根据实际情况进行评定。

需要指出的是,凡有条件采用成本加定酬合同、成本加奖励金合同的情况,不鼓励选用成本加定酬加评奖合同,工程研制和定型生产的主要项目也不用这种合同。

三、合同类型的选择

在美国,选择何种合同,是军方和工业部门各管理层次都十分关注的一个问题,因为合同类型本身就决定了对定价的安排,同时也限定了各方应承担的财务风险。

美国国防部在选择合同类型的基本原则和政策的规定是:究竟采用什么样的合同类型,应取决于履行合同的风险程序。假如风险极小或预计在能接受的范围之内,则最好用固定价格合同。然而,假如不确定的因素很多,则为了把不确定因素考虑进去,并避免使承包商在成本上承担过大的风险,就应采用其他类型的固定价格或成本合同。

固定价格合同是最适合于利用利润机制的合同,因为这类合同的承包商承担整个成本责任,且对成本控制和利润额度之间的关系在订立合同时就已确定下来了。因而,只要存在有不变固定价格的合理基础,就应采用固定价格合同,因为在这种情况下采用这类合同,可以使承包商对控制履约成本具有最大的激励作用。

在订立研究和发展合同时,在没有价格竞争的情况下,当现有的成本或定价数据不足以对履约的概算成本进行切合实际的估算,且合同所含的不确定性尚无法充分确定,故难以评估其对价格的影响,这时就应考虑采用固定价格以外形式的合同类型。

选择适当的合同类型的最后责任落在合同订立官身上。然而,在研究与发展阶段,由于考虑技术因素比较多,在选择合同类型时,必须听取主管技术人员的意见和建议。一般说来,在选定合同类型时,还应与预定的承包商进行商讨。

对于研制计划,特别是重大防御系统的研制计划,最好是采用成本补偿合同。在使风险降到可以做出实际的定价时,例如当研制计划进到最后发展阶段、技术风险已经很小的情况下,应采用固定价格合同。

研究表明,选择合同类型,与对成本估算所能达到的正确程度有着直接的关系,其情况大体为:

成本估算正确程序	合同类型
95%~100%	不变固定价格合同
85%~95%	固定价格加奖励合同
70%~85%	成本加奖励金合同
70%以下	成本加定酬合同

第四节 合同谈判

一、谈判准备工作

（一）谈判知识入门

许多谈判专家认为,生活本身就是一个持续不断的谈判过程。人们或许每天都要面对各种不同的合同谈判:在工作中,或许经常和上司、下级或同事商讨涉及个人或专业方面的问题,这些问题小到决定谁将冲下一杯咖啡,大到年度业绩评估;在生活中,人们可能有许多问题经常与家人探讨,这些问题小到用餐时间,大到居住地的选择。

1. 影响谈判成功的因素

一项成功的谈判受诸多因素的影响,其主要因素有以下几个:

（1）每次谈判的具体情况。谈判的具体情况可看作是谈判双方讨价还价的杠杆。例如政府为急需采购短缺产品进行谈判时,整个谈判情况往往对承包商有利。同样,当几家企业出售只有政府独家需要的产品时,整个谈判情况对政府有利。

（2）谈判者的技巧。有较高谈判技巧的谈判者,其谈判成功的机率要比缺乏技巧的谈判者高。优秀的谈判者往往能在不利的情况下达成有利的交易。相反,缺乏谈判技术的谈判者,即便是在有利的情况下也很难达成令人满意的协议。

（3）双方的动机与公正性等。双方有较好的动机,且谈判也比较公正,这样就很容易达成令人满意的协议。在谈判中,如果一方或双方都愿意做出公正的让步,就很有可能取得成功的结果;当一方动机不纯或缺乏公平性,谈判成功的机会就会减少;当一方不愿意妥协时,想获得谈判的成功就很困难。

2. 谈判者应有的谈判能力

在谈判中,最好的谈判者应表现出以下能力:

（1）认真地制定计划。在谈判前,双方都要制定详细的谈判计划,其内容包括市场研究情况、准备招标书以及评估投标建议等。谈判者还必须要了解产品特性、谈判规则以及各种方案等。在谈判中,双方参加谈判的人员都必须认真地执行谈判计划。

（2）获得管理部门的支持。作为一名谈判者,管理部门的支持对谈判成功是至关重要的。如果承包商的谈判代表了解到管理部门不支持谈判目标,他们就可能会简单地应付一下,直至使谈判引起管理部门的注意。

（3）有效地利用谈判技巧。优秀的谈判者会使用各种谈判技巧来促使谈判成功。

（4）有效的交流。在与承包商的谈判代表进行交流时,优秀的谈判者必须做到:①在谈判中要发音清楚、充满自信且富有企业家的风范,这样才能说服对方改变谈判立场。②即使不同意对方的观点,也要表现出一种友好平和的态度。③认真地倾听对方发言。在谈判中,有些谈判者只想听对方的答案,结果失去了交流的真正意义。

(5) 在谈判中要允许争执。毕竟,没有两个人在任何时候都对每一件事持有相同的意见,因此,大多数的谈判都会发生争执。这就要求谈判者做到:①要以一种礼貌和尊重人的方式表达自己的不同意见。②要坚持自己的观点,否则不能保证获得令人满意的结果。

(6) 表现出诚意。优秀的谈判者不但是诚实的,而且也会让别人相信他们富有诚意。有诚信才能确保取得双方都满意的结果,否则就很难让对方做出让步。

(7) 培养团队合作精神。谈判小组的所有成员,不可能在每一个问题上都有一致意见。如果在谈判中有分歧,必须以能促进团队合作和表现团队团结的方式解决。

(8) 应用良好的商业判断力。

(二) 可能的谈判结果

总的说来,每一项谈判都可能有三种结果:"赢/赢""赢/输"和"输/输"。

1. "赢/赢"的结果

在合同谈判中,"赢/赢"也称为"双赢",即双方都对谈判结果十分满意。一般来说,谈判强调的是要取得双方互惠的协议。例如,以公平、合理的价格订立的合同,一般符合承包商和政府双方最大的利益。

商业企业由于注重长期的业务关系,一般要开展"赢/赢"谈判。每一方都是将注意力放在双方都能长期满意的结果上。

政府的谈判者努力争取"赢/赢"的谈判结果的原因有以下几点:

(1)《联邦采办条例》强调,要利用最佳值、公平合理的价格、公平调整以及已完成工作的合理报酬等来取得双方满意的结果。同时还强调,政府在谈判中不应以牺牲或损害承包商的利益来取胜。

(2) 政府可以从承包商的长期成功和生存中获取既得利益。

(3) "赢/赢"的谈判往往能取得较好的结果。如果谈判的一方表现出自私和猜疑,另一方就不太可能做出让步和表示信任。

(4) "赢/赢"的谈判很少有对抗性,它会促进较好的长期合作关系。

(5) "赢/赢"的谈判通常会表现出高度的信任和合作,这样会促进谈判的顺利进行。

2. "赢/输"的结果

当谈判最终结果为"赢/输"时,通常被认为是一方以牺牲另一方利益而获胜。这样的谈判往往具有竞争性,双方在很大程度都互不信任。

在商业企业中,当谈判者没有预料到最初交易之外的其他商业机会时,往往会产生"赢/输"的谈判结果。这样,对另一方来说就没有确保长期令人满意的合作动机。"赢/输"谈判具有以下特点:

(1) 在"赢/输"谈判中,由于谈判充满了竞争和猜疑,双方都会认为自己是失败者。

(2) 在谈判结束时,失败方可能会感觉好一些,因为他们认为在那样的情况下获得了最好的结果。

(3) 从长期来看,失败方会对协议感到后悔,因为他们终究会发现这不是一项好的交易。

(4) 失败方会对获利方更加不信任,从而不愿意继续进行任何形式的商业合作。

3. "输/输"的结果

当双方不能达成最终协议时,谈判便陷入了僵局,这时会产生"输/输"的谈判结果。鉴于谈判双方都对谈判的成功寄予很大希望,如果谈判出现僵局,那么双方都是失败者。

当谈判出现僵局时,政府方面会遭受到巨大损失,因为政府不能及时地获得所需要的商品或服务。当与单一来源承包商进行的谈判出现僵局时,便无法获得特殊的产品或服务。

4. 谈判结果的比较

谈判结果比较如表 7.5 所列。

表 7.5 谈判结果比较

特　　点	"赢/赢"结果	"赢/输"结果
谈判目标	获得双方都满意的结果,包括公平合理的价格	不论对方的结果如何,为自己获得最好的谈判结果
重点	解决共性问题	击败对方
谈判的气氛	合作与信任	不信任并使花招
谈判的特点	①谈判者不攻击对方;②重点放在长期满意的结果上;③考虑到现有的各种替代方案;④依据客观标准得出结果;⑤注重用积极的策略来解决问题	①策略是提高或强调相对实力;②注重谈判立场,而不是长期满意的结果;③争论点;④不愿做出任何有意义的让步;⑤极富竞争性

(三) 政府的准备工作

全面而细致的准备工作,是进行有效谈判的最重要的前提。无论是谈判者的经验、谈判技巧,还是谈判者的说服力,都无法弥补没有全面而细致的准备工作所带来的损失。一般而言,全面而细致的准备工作将大大提高双赢谈判的可能性,从而订立一份高质量的合同,并为及时有效地履行合同奠定基础。

政府在准备谈判工作时,必须借鉴承包商的一些成功经验。政府的谈判准备工作包括以下几点:

(1) 进行市场调研,以了解产品情况、影响承包商履约的技术因素以及影响产品价格的市场因素等;

(2) 应按照当前的市场情况,准备或审查有关合同文件(例如招标书,合同或合同修改);

(3) 应根据当前的市场情况和具体的合同要求,分析承包商的投标建议;

(4) 必要时,利用磋商来澄清从承包商那里所得到的信息;

(5) 根据上述分析制定谈判计划。

(四) 谈判小组的组成

通常,应根据合同和工作的复杂性来确定谈判小组的组成(见表 7.6)。对于规模较小、不太复杂的合同来说,合同订立官或合同专家可能是唯一的参与谈判的政府代表;当合同价款和复杂性增加时,将可能需要得到其他专家的帮助。总的来说,谈判小组的规模应尽可能的小,否则对谈判小组的管理将更加困难,同时小组间的沟通也变得不顺畅,谈判费用也将增加。

表 7.6 谈判小组的组成

小组中的角色	潜在的小组成员
• 小组负责人	• 合同订立官 • 合同专家
• 技术分析员	• 工程师 • 技术专家 • 计划或需求主管 • 最终用户 • 商品专家 • 库存主管 • 运输主管 • 资产主管 • 后勤主管
• 定价分析员	• 审计员 • 成本/价格分析员
• 商务条款分析员	• 法律顾问 • 合同管理官 • 行政管理专家

1. 小组负责人

在合同谈判中,主要的谈判小组负责人是负责合同订立工作的合同签订官。由于只有合同签订官才有权代表政府订立合同,因此他对谈判负主要的责任。

合同签订官可以是日常的小组负责人,或在考虑到以下因素后,将这一职责交由合同专家来负责:

(1) 合同金额;

(2) 谈判问题的复杂性;

(3) 合同工作的重要性;

(4) 合同订立单位的政策;

(5) 指派的合同专家的经验。

2. 首席谈判代表

首席谈判代表是在合同谈判期间的政府代表,主要负责谈判工作。小组负责人一般都是首席谈判代表,因为他对主要的谈判问题最了解。在合同谈判中,也可委派在分析和谈判工作方面有特长的其他人员为首席谈判代表。

为利用不同技术专长的谈判人员,可以使用不同的首席谈判代表来商讨不同问题。例如,工程师可以谈判技术问题,而价格分析员可以商谈间接费用率问题。采用这种方法时,小组负责人必须特别小心,以确保不同谈判代表都能为相同的目标共享信息和分担工作。

(五)确定谈判的先后次序及折中方案

1. 谈判的先后次序

在谈判中,应依据问题对政府的相对重要性,对可能的谈判问题排序。然后,确定各问题是否是:

(1) 无商量余地的问题或"必然点"。由于许多问题对政府都十分重要,不能对此做出让步。

（2）有让步余地的问题或"让步点"。有些问题对政府不是太重要,但对承包商却可能很重要。因此,在谈判期间准备对这些问题做出可能的让步。希望在这些问题上的让步,将能赢得承包商做出相应的让步。

（3）谈判期间要避免的问题或"避免点"。有些问题不希望在合同谈判期间讨论。例如,这些问题可能在政府方面还有争议或处于薄弱环节。

（4）有商量余地的问题或"议价点"。为回报承包商做出的合理让步,政府有可能做出相应合理的让步。例如,在非竞争性谈判中,价格就是一个协议点。政府和承包商通常在两个起始价位之间就合同金额达成一致。

2. 价格上的折中原则

在合同谈判中,价格是一个必须要考虑的重要问题。许多合同订立单位都将价格上的折中原则看得很重要,在所有大型非竞争性合同谈判开始前,合同的最低价、目标价和最高价都要得有关管理部门的批准。

（1）目标价。目标价是根据价格/成本分析对最佳公平合理价格的一种估算,也是希望通过谈判确定的价格。

（2）最低价。在双赢谈判中,最低价格应当是最低的公平合理价格。当将最低价作为最初的买方报价时,应为谈判提供一定的余地。千万不要报出低于最低价的价格,因为这种报价是不合理的。

（3）最高价。在双赢谈判中,最高价应当等同于最高的公平合理价格。

（六）准备谈判计划

1. 起草计划

谈判计划的内容可以根据机构及合同单位的要求而有所不同,但一般谈判计划应包括如下信息：

（1）背景（例如合同、承包商以及谈判情况）;

（2）主要的和次要的谈判问题及目标（价格和非价格的）;

（3）谈判的先后次序及在关键性问题上的立场（包括价格的最低价、目标价和最高价）;

（4）谈判方法。

2. 审查计划

与谈判小组成员一起审查谈判计划。审计计划的主要工作包括：

（1）向工作小组介绍该计划;

（2）鼓励小组其他成员提出意见,指出计划中的不足之处,通常应特别注意经验丰富的组员提出的意见;

（3）必要时修改计划;

（4）确定每位成员在计划实施中将要发挥的作用;

（5）确保谈判立场及整个计划是公平合理的。

（6）在准备谈判计划时,应鼓励谈判小组的其他成员都制定个人计划,以此来支持整个谈判计划的实施。

（七）准备谈判议程

谈判期间最重要的一项任务,是讨论与合同有关的重要问题,避免谈论不相干的问题。只要可能,应在合同谈判开始之前,准备好一份谈判议程草案供承包商审议。这样,可以使承包商对政府认为重要的谈判内容有一个大概的了解,并为承包商提供修改建议的机会。

谈判议程应包含如下项目:
(1) 有待讨论的问题以及讨论的先后次序;
(2) 谈判会议的日程安排;
(3) 谈判会议的场所;
(4) 政府及承包商小组成员的姓名与职称,必要时包括机构代号及电话号码。

二、非语言沟通

优秀的谈判者首先应该是一位优秀的沟通者。遗憾的是,许多谈判者都认为沟通只是口头或书面的语言交流。其实在沟通中语言交流只占人们传送和接收信息的一小部分。研究表明,整个沟通中有 70%～90% 是非语言交流。因此,在谈判会议期间,谈判人员可能会遇到各种不同的非语言沟通形式。

虽然人们不断地发送和接收非语言信息,但大多数人对非语言的沟通方式并不完全了解。尽管如此,如果仔细观察,就会看到一流的专业人员,例如医生、律师、政治家、公司首席执行官以及合同谈判代表,多数都是卓越的非语言沟通者。有些人还将非语言沟通称为个人魅力,而另外一些人则将此称为风度。

(一) 各种非语言沟通形式

在合同谈判中,如果只懂得谈判者的语言信息,就可能会将沟通的最主要部分遗漏掉。了解语言信息和非语言信息两个方面,将会给参与谈判的人员带来很大益处。

1. 非语言沟通形式

非语言沟通是指不通过说或写就能表达意思的一种沟通形式。最有可能影响合同谈判的三种非语言沟通形式如下:
(1) 利用面部表情、身体动作、手势或姿态的肢体语言(身势语言沟通);
(2) 利用现有空间、与他人距离的远近等(空间关系沟通);
(3) 个人特征,如身体外观、声音提示、接触(尤其是握手)。

2. 有意识的或潜意识的信息

非语言沟通可以包括有意识的或潜意识的信息。

(1) 有意识的非语言沟通。有意识的非语言沟通信息的传递者知道他们正传递信息以及该信息的大致含义。例如,做出拥抱的人知道他们正拥抱某个人,而这个动作通常被认为是友好的象征。有意识的非语言沟通的接收者意识到他们接受了传递方的信息和意图。例如接受拥抱的人通常认为该信息是友好的象征。

(2) 潜意识的非语言沟通。有时,潜意识的信息被发送到接收者的潜在意识中,潜意识信息的接收者并没有意识到该信息的内容。下面就是几种潜意识的非语言沟通:①警察和军人的制服潜意识地传递着其穿着者的权威;②穿着考究的主管人员显现出成就及信誉感;③破衣烂衫则传递出失败及缺乏可信度的信息;④广告中常见的青春亮丽的人物所传递的信息是广告产品同青春及美丽有关;⑤许多公司支出一大笔钱以使其产品在电影中出现,虽然这些出境并不是典型的产品广告,但仅仅将产品同电影联系起来,就会传递影响观众潜意识的信息。

3. 自觉或不自觉的信息

一般来说,在非语言沟通中,有意识及潜意识的信息都可能被自觉或不自觉地发送给接收者。

(1) 不自觉的非语言沟通。大多数非语言信息都是不受意志力控制的。事实上,许多谈判者并未意识到他们进行了非语言沟通。肢体语言是非语言沟通的一个特别明显的例子。每天,人们通过他们的面部表情、手势以及体态,不自觉地传递着非语言的信号。例如,说谎的人通过频繁地眨眼,不自觉地向听者传送着一个泄漏隐情的非语言信息。

(2) 自觉的非语言沟通。有经验的专家可以控制非语言沟通。知道说谎者经常眨眼的人,在说谎时会特别留意不眨眼睛;知道拥抱意味着友谊的人,可以设骗局有意识地拥抱他/她最大的敌人,以使其放松警惕或改善他们之间关系。

在发送或接受非语言信息时,要尽可能考虑到文化差异。在一个社会内有着特定含义的信息,在另一个社会中可能会有完全不同的含义。例如,在美国,人们鼓励进行目光接触,以此作为诚实和感兴趣的一种表示。而在其他一些国家,人们认为在对其他人讲话时应当目光下垂,以表示顺从和尊敬。对他们来说,直接的目光接触可能被认为是冒犯和无礼。

(二) 肢体语言对谈判的影响

1. 肢体语言和姿势

研究表明,手势以及面部、头部和身体等肢体语言可分为 135 种。在这些肢体语言中,有 80 种是面部及头部的姿态,其中包括 9 种不同的微笑方式。

谈判期间通过非语言方式传递的常见的态度可以分为两大类——积极的态度和消极的态度。

(1) 积极的态度。肢体语言所表示的积极态度,可以表明谈判者要通过真诚的努力达到双赢结果。

以下列出了表现积极态度的主要特征:

发言者通过将目光集中在听者的眼睛上来显示出尊敬与诚实。

表示有信心的方式为:手插在口袋里而大拇指在外;手放在外套翻领上;手指或手成尖塔型;优雅的身体姿态(例如放平肩膀、背部挺直)。

表示感兴趣的方式为:将头斜对着演讲者;坐在凳子边缘;上身倾斜成赛跑选手的姿势;将目光集中在演说者身上。

表现出对内容的评价的方式为:越过镜片凝视对方;拇指和其他手指圈成杯型托住下颚;手架在鼻子上;抚摸下颚。

表现出渴望的方式为:摩擦双手;过多的微笑;频繁地点头。

(2) 消极的态度。肢体语言表达出的消极态度,可以显示谈判者的不诚实或采取了赢/输的谈判方式。以下列出了消极态度常见的一些特征:

欺骗或不诚实往往表现为:频繁地眨眼;说话时用手遮嘴;总是咳嗽;说话时转移目光;迅速向侧面扫视。

采取防御态势表现为:手臂在胸前高高交叉;双腿交叉;食指指向另一个人。

心情不安往往表现为：双手完全插在口袋里；总是烦躁不安；咬铅笔；不断地咳嗽；咬手指甲；扭动双手。

有挫折感通常表现为：紧收下颚；搓揉颈后部；皱眉头。

听者感到厌倦或不关心通常表现为：目光没有集中在讲话人身上或向别处看；用手抱住头；随便或不拘礼节的身体姿态；专心于其他事情。

2. 姿态

在解释或使用姿态时要特别注意。在一个社会具有某种含义的姿态，而在另一个社会所表示的可能是完全不同的含义。当与世界其他国家的人进行谈判时，就很有可能会遇到对姿态的不同解释。即使都是美国人，其中也有些区别。

（1）在美国，上下点头意味着"同意"，而左右摇头则意味着"不同意"。但在世界的某些地区，这些含义则恰好相反。

（2）在美国，表示同意的手势，在一些社会则是猥亵的手势。

（3）在世界大多数国家中，大拇指向上是一种肯定的手势，但在其他一些文化背景的国家中，则被认为是粗鲁的手势。

（4）在美国，食指和中指摆出的V型手势意味着胜利或和平，但在一些国家中，则被理解为是猥亵的手势。

（三）自然环境对谈判的影响

自然环境可以传递对谈判代表极为重要的信息。自然环境主要包括谈判会议的设施、会议桌的外形、大小及座位安排、谈判代表间的自然距离、谈判代表间的相对目标角、视听设备等。

1. 谈判会议设施

谈判会议设施可以显示出谈判人的身份、己方机构的规模以及谈判的重要性。

一般来说，整个会议室的设施都可以传递信息。一间肮脏或不合规格的休息室，实际上可以传递出比不合规格的会议室更为强烈的信息。

即使谈判代表可能没有意识到潜意识信息的存在，他们也将可能对与会议设施相关的潜意识信息做出反应。高级的谈判设施传达出有关主办方对谈判比较重视的积极信息，这些信息可以增强主办方的自信，并降低来访谈判代表的信心。不合规格的谈判设施传达出坦率的非语言信息，这些坦率的信息可能会降低主办方的信心，而提高对方谈判代表的自信心。谈判代表会受到舒适的地毯或昂贵的家具的影响，但身体上的舒适感给他们的影响更大。只要能使参与谈判的每个人都感到有足够的舒适感，旧一些或不太吸引人的政府设施也可以产生积极的效果。身体的不适感将可能会给处于压力中的谈判人员的态度带来消极的影响。如果来访小组对主办方采取赢/输策略感到不愉快的话，不适感对他们的态度可能会产生显著的影响。

2. 谈判桌的布局

尽管对每次谈判会议并没有标准的谈判桌布局要求，但谈判桌的布局会传递出重要的有意识和潜意识的信息。在越南战争的停战谈判期间，因与会各方对谈判桌的布局争论不休而使谈判推迟了将近一年的时间。这个例子可以说明谈判桌布局的重要性。

对任何谈判来说，谈判桌的最佳布局都将取决于谈判的实际情况。不过，传递出诚信的谈判桌布局，能够促使产生双赢的谈判结果。与此相反，传递出谈判双方之间不一致或不信任的谈判桌布局,将会促使产生赢/输的谈判结果。

图 7.5 所示为每种谈判桌的布局传递出不同的信息。

(1) A 布局是合同谈判的一种典型布局。谈判双方坐在一起,显示并促进双方的团结。各组坐在桌子的不同一侧,彼此面对面,这样每个成员都可以清楚地听到另一方成员的谈话。

(2) B 布局是谈判一方凌驾于另一方之上,因为这种安排暗示谈判只有一位重要人物,即坐在垂直伸长部分的谈判者。

(3) C 布局显示谈判双方需有一定的距离。这种距离可能意味着更多的形式或更少的信任。

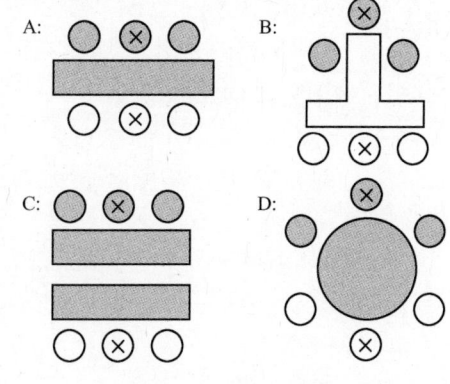

图 7.5 谈判桌布局

(4) D 布局可能最有益于双赢谈判,因为圆形通常与平等联系在一起。

在合同谈判中,谈判会议桌应当足够大,能够舒适地坐下双方的与会者,并能放下他们的工作文件、参考材料以及公文包等。依据谈判的复杂性以及可能的期限,如果有专家或观察员加进来,可能需要有更多的座椅。

3. 首席谈判代表的位置

首席谈判代表的位置,通常是在谈判小组的中央。图 7.5 所示的各种布局中,首席代表的理想位置是在中间的座位,两侧就座组员。

(1) 中央位置传递出一种权威的信息,并给人以谈判小组团结一致的形象。例如,在内阁会议期间,美国总统总是坐在会议桌的中央。

(2) 将首席谈判代表的位置安排在小组中心以外的其他位置,除传递出消极的非语言信息外,还会产生其他后果。特别是将首席谈判代表安置在末座,将会使一些小组成员难以小声地提出建议、提供线索或向首席谈判代表传递便条等。

(四) 个人特征对谈判的影响

在合同谈判中,谈判者应知道自己的身体外观可能对非语言沟通产生的影响,尤其是应认识到自身缺点对谈判可能产生的重大影响。

1. 个人衣着的影响

"穿向成功"这句俗语,显示了穿衣方式的重要性。研究发现,衣着能够影响一个人的可信度、可爱程度、魅力等,尤其是对可信度具有很大影响。遗憾的是,许多在其他方面本是很优秀的谈判者,在谈判时忽略了个人衣着的重要性。这种疏忽对他们获得相互满意的谈判结果会带来消极的影响。在谈判时,个人衣着应注意以下几点:

(1) 应确保衣着适合于谈判环境。通常,谈判的穿着应与晋升或工作面试时的穿着一样。这种类型的穿着强调的是可信性和职业素养。应记住,比较随意的穿着将可以减少以非语言的方式来强调自身的可信度与职业素养。除非在建筑工地或类似地点进行谈判,否则牛仔裤之类的穿着永远都是不合适的。

(2) 如果穿制服,就应着装整齐。通常,人们认为穿制服的人要比一个不穿制服的人更有权力。不得体地穿着制服,会被认为是对自己、自己所在的机构以及其他谈判代表的不尊重。

2. 声音提示对谈判的影响

人的声音所传递的非语言信息,在谈判期间能够提供极有价值的信息。在谈合同谈判期时,应注意以下问题:

(1) 音量。没有足够的音量就无法让人听到,但大声叫嚷或刺耳的声音,可能被认为是扰乱人心或无礼的。在许多情况下,音量降低到近乎耳语的程度,将有助于获得比叫嚷更好的效果。

(2) 音调。在实际沟通中,多数都有音调的适度变化。单调的声音、很少或没有音调上的变化,可能被认为是冷漠或厌烦。高声调可能被认为是兴奋,而低声调则可能被认为是愤怒。

(3) 语速。缓慢的语速会打击听众的兴趣。渐增的语速可能会被认为是在感情逐步加强。飞快的语速会被认为是紧张,还会难以让人听明白。

(4) 音质。这是一种将一种声音与其他声音区分开的显著特征。

(5) 规律性。有规律或有节奏的声音,通常可使人们感到自信和具有权威。根据语言或其他非语言信息,不规律的演讲可能被认为是更富有思想性或不确定性。

(6) 清晰度。说话时吐词清晰,更容易被人理解。

(7) 发音。为了能让人听懂,在每个词的发音中都必须使用正确的语音和重读。对单词的错误发音,会被认为是无知或无能的表现。

(8) 沉默。没有声音也可以传递出强烈的信息。沉默给人们提供了听人说话的机会。通过倾听承包商谈判小组的发言内容及表述方式,能够获得有用的信息。

3. 握手提示对谈判的影响

多数谈判都以握手作为开始或结束,而每次握手都向参与谈判的各方传递了潜意识的非语言信息。这些信息能够对他们的感知或彼此印象产生重大影响。

(1) 利用最初的握手来传递积极的第一印象。例如:通过握手发出积极的信息;沉着有力的握手或行政式的用力握手传达出积极的信息(例如权力、信心或真诚);漫不经心的握手可以传递出坦率的信息(例如脆弱或不安),有些人甚至在某些人漫不经心地握手或只是抓住他们的手指时,会觉得是受到了侮辱;老虎钳般的握手,很少能够传递出积极的信息,这种握手方式可能被认为是在试图胁迫对方,并引起疼痛,它不利于双赢谈判的开始;微笑并直视对方可以表示诚实友善;握手时轻微地上下晃动可以加强相互关系,但是不要将对方的手猛力地上下摆动,这种握手方式通常被认为是过分之举,并可能引起痛感。

(2) 达成协议之后,利用握手来象征性地表示对协议的认可,并为建立积极永久的合作关系打好基础。例如,可以通过双手紧握对方的手、握手时抓紧对方的前臂、肘部或甚至上臂等方式来提高关系的重要性;用微笑和肯定的言词来消除谈判人员的紧张情绪。

需要注意的是,由于文化等差异,在不同国家和地区,握手是有区别的。在中东及亚洲地区一些国家的文化中,相比行政式握手,人们更倾向于文雅的握手方式。在一些亚洲国家的文化中,握手时不提倡用直接的目光接触。在伊斯兰的文化中,男人决不愿意与女人握手,不相干男女之间的接触是被禁止的。在美国,有些女性伸出手的时候手掌向下,她们愿意只握住手指而不愿意采用行政式的握手方式;但大多数的商业女性在同男士或女士握手时更喜欢行政式的握手方式,当某人只是抓住她们的手指时,她们中的许多人就会感到不愉快。

三、谈判技术

在合同谈判时,如果想取得双赢的结果,谈判者应遵循基本谈判规则。这样,谈判成功的机会就会增多。谈判规则是一种包括了该做什么、不该做什么的最重要的指导原则。

(一) 准备

成功的谈判者,通常是准备得最充分的谈判者。即便谈判者具有很丰富的谈判经验、技能或口才,也应预做准备。

在合同谈判中,政府的谈判者应做好充分的谈判准备,这一点十分必要。当承包商比政府的谈判者准备得更充分时,他们就会占有重要的谈判优势。尽管与政府相比,承包商谈判小组成员在合同谈判上花费的时间可能并不多,但是他们在出售同样产品上花费的准备时间比较多,这样可能使他们比买主占有优势。

大多数的谈判准备工作,包括仔细研究双方谈判立场的优势与劣势,以及对方的需要和为满足那些需要的方法。成功的谈判者认识到,在以上方面进行充分准备是非常值得的。事实上,作好谈判前的准备,要比谈判的其他方面都更有价值。反之,准备不好反倒会影响谈判成功的机会。因此,如果没有做好充分的准备,千万不要匆忙开始谈判。

(二) 目标高

"目标高"这一口号与成功的谈判者有很大关系,因为谈判者的期望值与谈判的结果密切相关。期望值是人们衡量其工作业绩的标准。一般来说,期望值越高,任务最终完成得也就越好。其原因是期望值影响到行为,而行为又会影响到谈判结果。

因为期望值和工作业绩间的密切关系会影响到人们生活的许多方面,所以它并不令人惊奇。如果你认为你将能做好,你成功的机会就大。相反,如果你认为你不会成功,你通常也就做不好。这个道理在日常的生活中已屡见不鲜。例如,体育运动的教练都是这样来激发其团队的,即强调只要该团队能发挥出潜力,它就能获胜。如果该教练说,"他们比你们强大,因此上阵比赛尽量不要受伤",结果又会是怎样呢?

各种经验表明,在同等情况下,期望其产品收益高的卖主(卖主期望值高),通常比期望值低的卖主卖的价格高。同样,期望支付较低价格的买主(买主期望值高),通常要比同样压力下期望值低的买主支付的价格低。

确定比较高期望值的关键,是要对谈判做出积极的假设。积极的假设会带来高期望值,而消极的假设带来低期望值。研究表明,高目标与双赢的谈判方法并不矛盾。高期望值包括质量好、交货及时及长期互利关系。

(三) 留出折中余地

折中对成功谈判非常重要。即便是最有技巧的谈判者,也必须做出让步才能获得成功。然而,许多谈判者由于他们开始的立场就非常接近其期望值,而无法做出重大的牺牲。因此,他们这种不能让步的做法,往往使双方有一种挫折感,进而影响双方达成相互满意的协议。但如果在开始时确定一个既可以做出让步又能达到预定目标的立场,就可以很容易地遵循这一原则。

在谈判合同价格时,政府的谈判代表通常会确定低于他们期望的最终价格的立场,以便在达成最终价格协议之前做出让步。与之相反,承包商通常要求高出他们的预期值,从而使对方将仍在政府可接受的结果范围内对让步感到满意。

有些谈判者认为,快速成交的最好办法就是使最初价格接近或达到目标价格。这样他们就不再做任何让步。实际上这种立场的后果可能将拖延谈判,甚至导致双输的结局。

(四) 给承包商施加压力

由于每次谈判中都存在有压力,成功的谈判大多是由于谈判者能在努力限制对自身压力的同时,给对方施加压力。通常,只要遵循一些简单的做法,即在降低自身压力的同时,可以增加对方的压力。

(五) 不要自报缺点

在合同谈判中,千万不要自报能削弱谈判地位或抬高承包商谈判代表地位的信息。虽然这可能只是一种常识,但往往却被很多人忽视。

为了避免自报缺点,通常应在陈述时注意用词或避免直接回答问题。例如,在卖汽车时,人们通常会问卖主,"你为什么要卖你的汽车呢?",卖主很可能主动说出一个缺点,"我的汽车耗油"。相反,一位不想说耗油的人可能会避免透露这个缺点,而且仍然很诚实地说"我想再买一辆车",或者"我只是想开一辆不同的车",或者"我就想卖掉我的车"。

以下合同谈判代表自报缺点的几个例子。

(1) 在谈判过程中,一位空军工程师在对方没有问他的情况下便承认承包商的350万美元报价太低,因为军方很需要该合同,并且这项合同已得到1 000万美元的拨款。由于他的陈述,合同订立官认为谈判下来的合同价格比需要的高出好几千美元。

(2) 在谈判过程中,一位海军谈判代表无意中透露了按时完成一项建筑合同的重要性信息。由于泄密了该信息,承包商的谈判代表正确地断定政府的规定期限很短,并且不会有足够的时间征求其他竞争承包商的报价。这个消息严重地削弱了政府的谈判地位,导致合同价格比预期的高。

(六) 聪明地运用让步

由于让步是合同谈判工作中非常重要组成部分,因而大部分成功的谈判者都懂得在何时和怎样做出让步。在做出让步时,何时做出让步以及怎样做出让步,都将会对谈判结果产生重大影响。

在让步时,不要显得太大方或急于做出让步。应该慢慢地让步,并且是以小数额地让步。让步太大或让步太快可能会带来以下不良后果:

(1) 无形中提高对方谈判者的期望值。这样不是让双方向一起靠拢,相反,对方谈判者的期望值升高,可能导致双方谈判者离得更远。

(2) 会给对方谈判者留下一种印象,即让步并非太重要或者非常希望达成一致。与大幅度的让步相比,小幅度的让步将更能证明其公正性和合理性。

(3) 使进一步让步的余地很小。

(4) 非常有必要达到双方满意的结果。

(七) 言词恰当

"不在于你说什么,而在于你怎么说"这句古话,非常适合于成功的谈判者与其他谈判者的沟通方法。良好的人与人之间关系的重要性,怎么强调都不会过份。其实,道理很简单。谈判双方都是在想取得一个双方都满意的结果。当承包商感到被轻视或冒犯时,即便是最慷慨的出价也可能会遭到拒绝。

(八) 满意解决非价格问题

如果价格和非价格问题都不能令人满意,多数谈判最终将不会达成一致。然而,许多谈判者只谈双方都关心的价格问题,而不提承包商认为重要的非价格问题。反之,成功的政府谈判代表,能够找出对方的非价格要求,并确定满足那些要求的方法。

常见的非价格问题包括技术要求、资料要求、合同开始、合同类型、合同筹资、交货、政府提供的资产等。

(九) 要有耐心

在合同谈判中,耐心似乎是很显然的事。不过,由于每次合同谈判时所固有的压力,保持耐心往往比说起来要难。

有耐心的谈判者,往往要花费大量的谈判时间来换取成千甚至上百万元钱的额外让步。在一个案例中,政府的谈判代表没有按政府项目办公室的要求同意其合同价格,而是等了两天,结果一项价值5亿美元的合同就降了4 000万美元。

(十) 乐于离开或返回谈判

在合同谈判中,陷入僵局总是不可避免的。事实上,当交易对双方不公平或不合理时往往就会出现僵局。即使都是最好的谈判者,有时也无法达成一致的协议,并且也会可能陷入双输的结局。不过,优秀的谈判者一旦认识到不可能达成较好的协议时,一般不会傲慢到不返回谈判桌上来。

在合同谈判过程中,在有利的情况下可以运用退出或者威胁退出的做法,但这会有一定的风险,并很可能使谈判很难重新开始。如果退出或威胁退出谈判而使对方做出了让步,那就是一种成功的做法。如果这种退出没有使对方让步,谈判地位就会削弱,再重新开始谈判就比较困难。

四、谈判策略

在合同谈判中,策略十分重要。许多策略可以促使取得赢/赢(又称双赢)的谈判结果,但也有一些策略可以取得赢/输的谈判结果。

(一) 双赢策略

1. 克制

克制是一种强忍或不愿采取行动的行为。在谈判中,克制可以使双方在不做任何承诺的情况下承认存在有分歧,并继续谈判下一个问题。

(1) 在双赢谈判中的使用。当政府谈判代表和承包商的谈判代表在某个问题上发生分歧时,可以使用克制的态度来防止在该问题上陷入困境。

(2) 在赢/输谈判中的使用。赢/输谈判者可以利用克制来拖延对任何一个问题达成协议的时间,并给对方增加做出让步的压力。

(3) 在赢/输谈判中使用的对策。当表示对有分歧的方面愿意做出相应的让步时,可以在某个问题上先做出让步,以取得承包商做出同等重要的让步。

2. 询问

询问就是利用问题来试探对方的立场。

（1）在双赢谈判中的使用。可以询问一些可达到双赢目的的问题。

（2）在赢/输谈判中的使用。采用赢/输策略的谈判代表，为了能获得有关谈判信息，也会向对方谈判代表进行询问。例如，对方的谈判代表可能会问"这个合同有多少钱？"如果诚实地回答，在以后的谈判中，他就有可能用回答的价格作为承包商的谈判目标。

（3）在赢/输谈判中使用的对策。如果怀疑对方是利用询问来获得赢/输的结果，可采用下列某种方式来对付：对其的提问不予回答；在不损害谈判立场的情况下，回答对方的问题；通过其他方式来问答；只听不说。

3. 试探性语言

试探性语言的目的是为试探对方的反应。可通过向承包商的谈判代表提出一个以"如果……怎么样"等的试验性假设来报价。可在不做任何承诺的情况下，有礼貌地提出一个供讨论的解决方案，并使承包商的谈判代表可在不做出肯定承诺的情况下，有权接受、反对或提出其他备选方案。例如，可以说："贵公司对这一方案的看法如何？"

（1）在双赢谈判中的使用。使用这一策略，有助于提出一个双赢的解决方案。如果能将试探性语言用在鼓励承包商谈判代表提出其他解决方案上来，其效果就更好。

（2）在赢/输谈判中的使用。采取赢/输策略的谈判者，也会用试探性语言作圈套。例如，其谈判代表可能会提出一个结算价格。如果接受此价格，他就会找出一个不接受该价格的理由。他是想在不放弃任何条件的情况下，更详细地了解谈判目标。

（3）在赢/输谈判中使用的对策。当怀疑对方是用试探性语言发问时，就需要花一点时间来系统地回答他的问题。试探性语言往往需要很多时间来回答，一般都无法当场做出分析。

4. 赞同时间

赞同时间是谈判的一方不得不接受另一方提出报价的限定时间。采取这一策略不是要迫使对方迅速做出决定，而是为了使承包商的谈判代表有更多时间来领会政府的解决方案或想法。

（1）在双赢谈判中的使用。可在一天的谈判临近结束时报出一个价格，随后提出休会直至第二天，通过这样方式来延长赞同时间。对方的谈判代表将有一整个晚上的时间来考虑报价，或许还要与高层管理部门商讨此事。

（2）在赢/输谈判中的使用。采取赢/输策略的谈判者，有可能将赞同时间作为一种拖延策略。当时间很紧或谈判似乎有利的紧要关头时，这一策略就显得更为有用。

（3）在赢/输谈判中使用的对策。不要留有太多时间来答复出价，因为那样就可能不会对方很快同意。留出太多时间，也会使采取赢/输策略的谈判代表有机会制定进一步的拖延策略。

5. 渐进策略

采取这一策略的谈判者，每次都是先提出一个要求，而不是一次就将所有的要求都提出来。

（1）在双赢谈判中的使用。采取渐进策略，可以使复杂的问题分解成较为容易理解的问题。它就像是一个复杂的数学题。多数人都不能解决该问题并求解答案。他们必须完成所需的各项单独计算后，才能找到那个答案。

（2）在赢/输谈判中的使用。采取赢/输策略的谈判代表，可能会在刚刚意识到究竟存在有多少问题之前，便使用这一策略来寻求对方在许多问题上让步。

（3）在赢/输谈判中使用的对策。当怀疑对方是采取赢/输策略的谈判者时，最好的对策是在做出最初的让步之前，让对方谈判代表将所有要求一起说出来。

6. 一揽子策略

一揽子策略，正好是与渐进策略相反。它的做法是在谈判一开始，便将所有的问题都摆到桌面上。采用一揽子策略的谈判者，在谈判一开始便一股脑儿地将他们的所有要求都端了出来。

（1）在双赢谈判中的使用。当该策略为双赢的谈判者所使用时，他们会将所有问题都摆到谈判桌上来，从而使每一位与会者都了解整个谈判任务的重要性。但另一个方面，这种做法有可能将大量的时间浪费在一些琐碎的问题上，而一些重要的问题则被留到最后匆忙地去解决。

（2）在赢/输谈判中的使用。采取赢/输策略的谈判者，可能会利用许多要求使对方一时无法回答，并无法找到关键的问题，等找到也晚了。

（3）在赢/输谈判中使用的对策。在做出任何让步之前，应先将有关问题按先后次序列出，以确定对另一方来说真正需要的是什么，以及对政府来说各问题的重要性又如何。

（二）赢/输策略及相应对策

谈判策略通常都被认为是赢/输策略，因为它们都是通过欺骗对方来促使实现其谈判目标的谈判手法或方式。由于赢/输谈判策略所固有的欺骗性，一般不建议希望达成双赢结果的谈判者使用。

然而，通过了解这些谈判策略，可以更好地防止对方运用它们。另外，当面对一个采取赢/输策略的谈判者时，持双赢态度的谈判者有时可能也需要使用一些赢/输策略。

1. 出其不意的事情

在谈判过程中，谈判代表有可能在意想不到的时刻提出问题或目标。

（1）在谈判中的使用。一般说来，出其不意的策略都是在中断谈判时使用，并使对方脱离谈判计划。采取赢/输策略的谈判者，希望对方对这种出其不意的做法产生强烈的情感反应（例如表示愤怒、震惊、甚或恐惧）。愤怒可促使你猛烈抨击对方，并发表一些后来可以证明是不讲道理的言论。震惊或恐惧可能会促使你在某个问题上屈服，以避免进一步的、可能为更强烈的冲突。

（2）对策。知识与经验是最好的对策。有些谈判者以使用出其不意的策略（如愤怒的爆发）而闻名。如果事先没有预料到这一点，这种表现就可能会使对方感到惊恐。如果对他有所防备，可能会觉得很有趣。无论感到意外与否，在做好准备之前都不要有任何反应。必要时，召开一个核心小组会，以确保反应是合乎情理的，而不是感情冲动。

2. 暗中破坏

采用这一策略的谈判者，试图利用威胁、侮辱或最后通牒的手段将对方置于被动地位。尽管这种策略往往会因多数人对口头攻击产生反感而适得其反，但当用来对付一个容易被恫吓的谈判者时，有时还是能起到一定的作用。

（1）在谈判中的使用。采用这种冒险策略的谈判者，希望利用威胁对方的手段来迫使对方让步。

（2）对策。针对暗中破坏的对策包括：①如果对方的威胁是不道德的、非法的或邪恶的，应声明你要将这种威胁报告有关当局（如谈判代表的高层管理部门）。②如果承包商执意要推行威胁策略，应说明该策略将会带来危险及付出沉重的代价。③假装不明白对方的威胁，继续进行下一个问题的谈判。④当威胁策略采用侮辱的形式时，不必震惊或感情冲动。应予以重视，但仍然要认真工作并有礼貌。

3. 声东击西

声东击西是采用虚假的言行来迷惑对方。在谈判中，这一策略通常都涉及采用合法的手段来达到谈判目的。

（1）在谈判中的使用。声东击西的做法，会给对方的谈判者一种错误印象，或蒙蔽对方使之相信一些不真实的东西。例如，承包商说某建筑工程已经开工了，而实际上只是清理了一些小树。事实上，该承包商不可能开工，因为所需的推土设备正在用于另一项工程。

（2）对策。可以试探性地问一些问题，以确定真实情况或引出被隐瞒的话题。在上例中，明显的问题是"目前已完成了多少工作量？"

第八章 合同履行管理

国防采办具有风险高、周期长、不定因素多、经费数额大等特点,为保证在规定的时间内、以合理的价格采办到满足军方需求、质量可靠的装备、产品与服务,美军国防采办部门通常委派一定的专业人员对承包商履行合同情况进行监督,监督承制单位合同履行情况,进行产品检验验收,组织协调服务保障,美军称之为合同管理人员。美国防部设立国防合同管理局,具体承担合同履行管理工作。

第一节 合同履行管理概述

美军高度重视合同履行管理工作,早在20世纪20年代就初步构建了合同履行管理制度,为国防采办工作提供强有力的合同履行管理服务与支撑,并经过长期的调整改革,于2000年组建国防合同管理局,作为国防部业务局,专职负责合同履行管理。

一、国防合同管理改革历史沿革

美军早在20世纪20年代就建立了合同管理制度。1921年,美国合同管理机构的名称是驻厂检验办公室(Plant Inspection Office)。1926年,驻厂检验办公室改名为驻厂代表办公室(Plant Representative Office,PRO)。第二次世界大战结束后,美国国防合同管理经历了由各军种分散管理到国防部集中统管的发展历程,如图8.1所示。

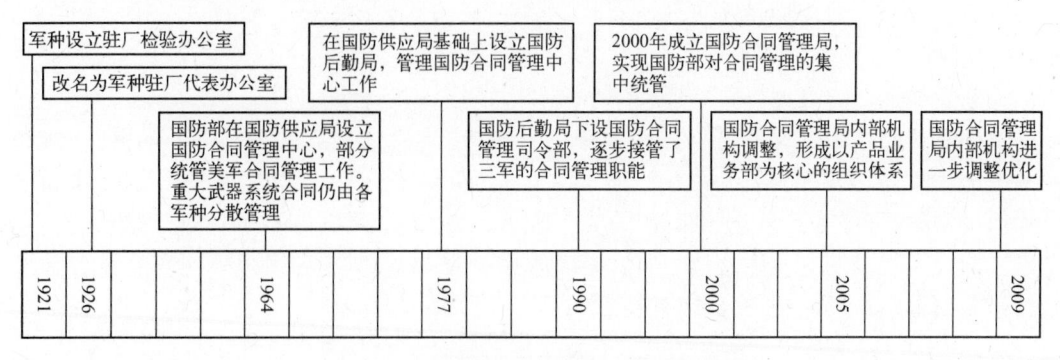

1921	军种设立驻厂检验办公室
1926	改名为军种驻厂代表办公室
1964	国防部在国防供应局设立国防合同管理中心,部分统管美军合同管理工作。重大武器系统合同仍由各军种分散管理
1977	在国防供应局基础上设立国防后勤局,管理国防合同管理中心工作
1990	国防后勤局下设国防合同管理司令部,逐步接管了三军的合同管理职能
2000	2000年成立国防合同管理局,实现国防部对合同管理的集中统管
2005	国防合同管理局内部机构调整,形成以产品业务部为核心的组织体系
2009	国防合同管理局内部机构进一步调整优化

图 8.1 美国国防合同管理发展演变过程

(一) 军种分散管理时期

20世纪60年代之前,国防合同主要由各军种分散管理,三军分别建立了各自的驻厂代表办公室,其名称是陆军/海军/空军驻厂代表室(Army/Navy/Air Force Plant Representative Office)。各军种分管各自的驻厂代表室,并向承包商分散派驻合同管理人员。各军种在合同管理方面政出多门,全军没有统一的合同管理法规,管理上较为混乱。此外,各军种存在严重的重复派驻问题,对承包商也造成了很大的负担,合同管理效率较低。

（二）国防部加强集中统管时期

1964年起，美国国防部在国防供应局（Defense Supply Agency，DSA）设立国防合同管理中心（Defense Contract Administration Services，DCAS），部分统一全军合同管理工作，驻厂代表办公室被称为国防合同管理中心驻厂代表室（DCAS Plant Representative Office），主要负责对全国2万多家小企业承包商合同进行统管，部分重大项目合同仍由各军种分散管理。

1977年，国防供应局改称国防后勤局（DLA），国防合同管理中心隶属国防后勤局管理。1990年，国防合同管理中心改组为国防合同管理司令部（Defense Contract Management Command，DCMC），逐步接管了三军驻厂代表室的管理，美军主要合同管理工作交由国防合同管理司令部统一管理。1996年，国防合同管理司令部将原来的驻厂代表室统一改名为国防合同管理司令部合同管理办公室（DCMC Contract Administration Offices，CAO）。

（三）深化改革时期

2000年，为提高合同管理部门的权威性，国防部将合同管理司令部从国防后勤局中独立出来，升格为隶属国防部直管的国防合同管理局，实现了国防部对全军合同履行管理的集中统管。国防合同管理局下设东部、西部、国际三个地区司令部，形成了以地区为中心的管理模式（图8.2），保证了合同管理的"一厂一室"制。

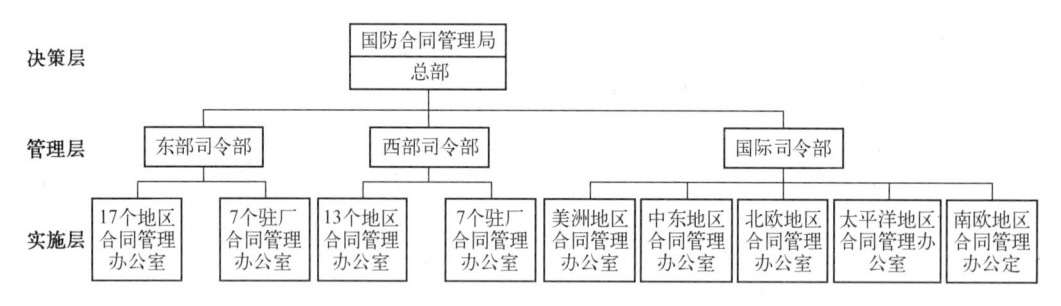

图8.2 国防合同管理局组织体系（2000—2004年）

基于加强合同管理与项目管理体系的有效衔接，国防合同管理局从"以地区为中心"的管理模式改革为"以采办项目为中心"的管理模式，撤销东部与西部司令部，设立航空系统部、海军海上系统部、地面系统和军械部、空间和导弹系统部、国际司令部改名为国际部，特殊项目部等产品业务部，如图8.3所示。"以采办项目为中心"的管理模式，突出了合同履行管理的专业性及其与项目管理体系对应关系，但这种模式下各产品业务部都可以派出合同管理人员，又再次重复出现了"一厂多室"的问题。

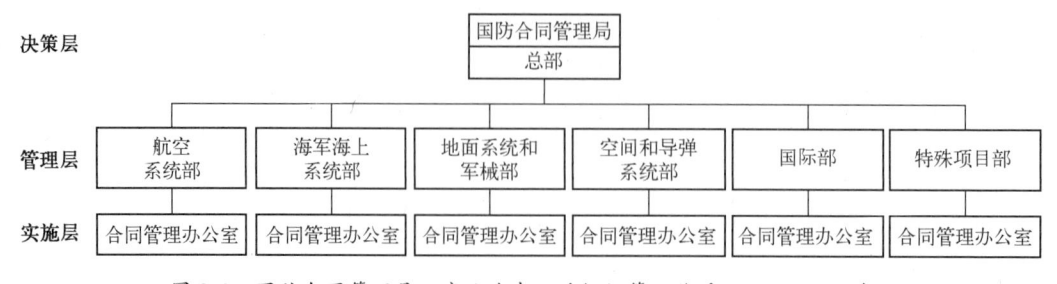

图8.3 国防合同管理局以产品为中心的组织管理体系（2005—2009年）

2009年底以来,为解决合同管理人员重复派驻问题,国防合同管理局对其组织体系再次实施调整,设立运行部领导三大地区司令部,通过运行部统筹解决按地区派驻和专业化管理之间的矛盾,形成"地区派驻、兼顾专业"的合同管理新模式,如图8.4所示。

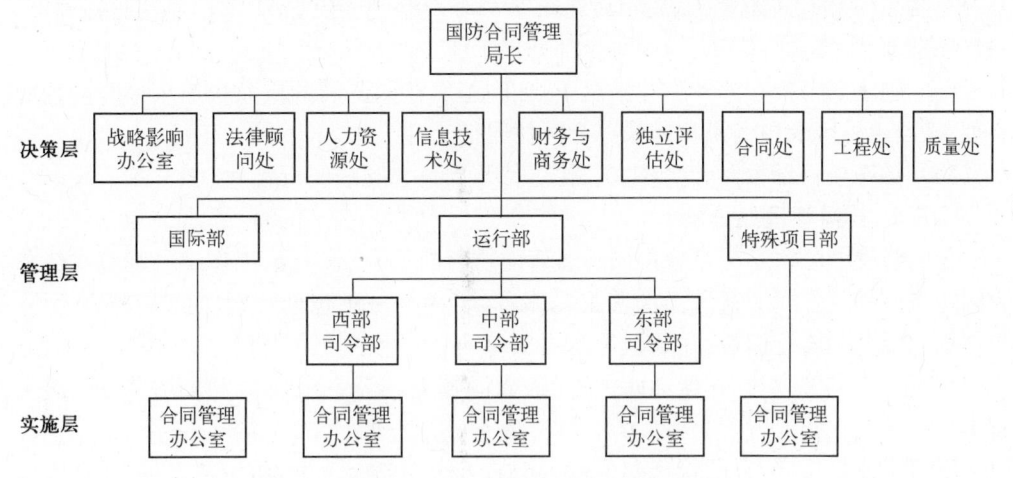

图 8.4 国防合同管理局组织体系(2013 年年底)

经过几十年的改革,美国国防部成立国防合同管理局,实现了国防部对国防合同的集中统管。在国防部集中统管体制下,合同管理的政策标准由国防合同管理局统一制定,合同管理办公室由国防合同管理局统一派驻,合同管理人员出国防部合同局统一管理。这从根本上克服了各军种分散管理、重复派驻带来的政策标准不统一、"一厂多室"和机构人员庞大等问题,极大地提高了合同管理的规范化、专业化、集约化水平。

二、国防合同管理局组织体系

目前,国防合同管理局由总部、管理层各部门及其领导下的地区司令部、合同管理办公室等组成。

(一) 国防合同管理局总部

总部是国防合同管理局的主管机关,下设战略影响办公室、法律顾问处、人力资源处、信息技术处、财务与商务处、独立评估处、合同处、工程处、质量处等部门。

总部主要职责包括顶层战略规划、法规政策制定、人员招募与培训、基础条件建设等,并对国防合同管理局下属机构的运行实施监管。其中:战略影响办公室主要负责评估美军合同管理领域存在的问题,并进行顶层战略的制定;法律顾问处负责编制国防合同管理局的法规、规章与政策,并对合同管理局下属部门提供法律援助;人力资源处主要负责合同管理人员的招募与培训;信息技术处主要负责国防合同管理局的信息基础设施建设、信息系统安全等事务;财务与商务处主要负责财务监管、内部审计;独立评估处主要负责评估与监管国防合同管理局下属机构的运行情况;合同处、工程处、质量处等主要负责制定国防合同管理局合同、工程、质量等领域的基本政策,并监管下属合同管理部门落实政策情况。

(二) 管理层各部门

管理层包括运行部(下设东部司令部、中部司令部、西部司令部)、国际部和特殊项目部。

（1）运行部是2009年底新组建的机构,下设合同处、工程处、质量处、任务支持办公室、后勤与安全处等综合管理部门,并针对合同履行的采办领域,设立混合翼飞机、地面系统军需品与C^4I、海军装备、旋转翼与航空系统、空间与导弹、维修6个专业管理部门,并领导东部、中部、西部三大地区司令部开展工作。

（2）国际部负责在海外作战情况下,在驻军所在国开展的应急快速采办合同的履行管理,以及由外国承包商承担的采办合同的履行管理。

（1）特殊项目部主要负责核、生、化等特殊项目合同的履行管理。

（三） 合同管理办公室

合同管理办公室是美军合同履行监管的执行机构,下设若干工作组。其基本任务是为国防采办提供合同履行方面的监督与服务,发挥其对承包商情况全面了解的优势,对具体承包商合同履行监督,在项目管理办公室与承包商之间发挥重要的桥梁纽带作用。合同管理办公室编制50人至200人不等,合同管理办公室主任为上校军官或同级文职官员。

按照工作量排序,合同管理办公室承担的工作任务大致为:质量监督(35%)、合同执行监督(19%)、工程与生产服务(17%)、成本与定价(11%)、重大项目保障(5%)、收益值管理系统审查(3%)、资产管理与设施处理(3%)、小企业保障(2%)、运输服务(2%)、合同中止(1%)以及其他一些职能(2%)。

截至2014年4月,国防合同管理局下设46个合同管理办公室,下设工作小组,遍布700多个工作地点。东部、中部、西部地区司令部下设37个合同管理办公室,其中21个按地区设置,12个按驻厂设置,4个按产品设置(分别为飞机发动机合同管理办公室、飞机一体化维修合同管理办公室、海军特种作战项目合同管理办公室、国家航空航天局产品运行合同管理办公室);国际部下设6个合同管理办公室;特殊项目部下设3个地区合同管理办公室。驻地区合同管理办公室负责对某一地区所有承包商的军品合同实施监管;驻厂合同管理办公室派驻到大型军工企业,如洛克希德·马丁公司等,负责该企业所有军品合同的履行管理;产品型合同管理办公室则负责对美军4类特殊产品合同实施履行管理。

三、国防合同管理职能定位

美国国防合同管理局的工作,体现了美军采办管理制度的监督制衡原则,并着力提高合同管理的专业化水平,为项目采办提供强有力的支撑与服务。

（一） 强化采办管理制度上的监督与制衡

美军在国防采办管理中,在注重加强协作的同时,强调机构间的监督与制衡,从制度上避免权力的过分集中。因此,在国防采办管理工作中,合同签订、合同管理、合同审计、合同支付分别由4个不同的部门实施管理,如图8.5所示。采办管理指挥线与合同管理指挥线都隶属于国防部采办、技术与后勤副部长,其中:合同签订由采办管理指挥线负责,具体由项目管理办公室实施;合同履行监督由国防合同管理局负责,具体由国防合同管理局下设的合同管理办公室实施。

根据美国《联邦采办条例》及《联邦采办条例国防部补充条例》的规定,国防合同管理局是在项目管理部门的授权和委托下开展合同管理工作的。这种委托是一种强制性委托,主要基于以下考虑:①从制度上避免合同签订与履行监督部门的重合,防止滋生腐败;②有利于合同管理部门对合同履行监督实施专业化管理。

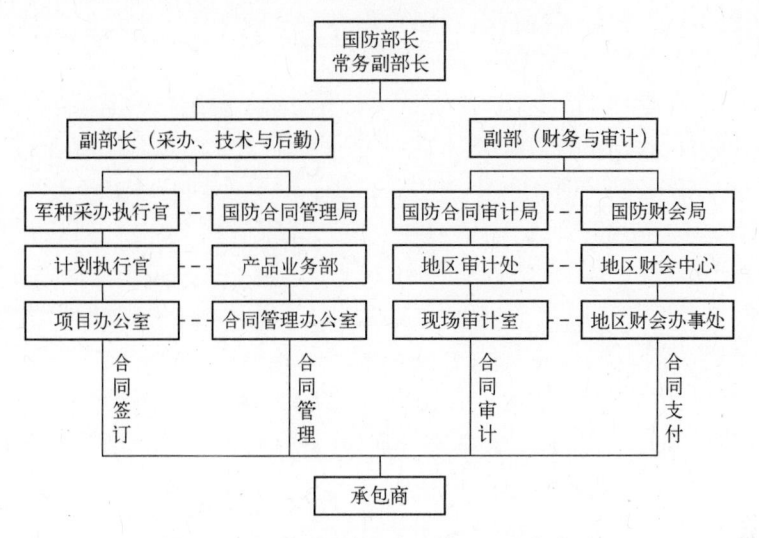

图 8.5 美国国防采办合同管理与监督体系

(二) 为采办合同提供强有力的合同管理与服务

国防合同管理局的基本任务是为国防采办提供合同履行方面的监督与服务,发挥其对承包商情况全面了解的优势,在项目管理办公室与承包商之间发挥重要的桥梁纽带作用,合同管理办公室受项目管理办公室委托开展合同履行监管工作。按照工作量排序,合同管理办公室主要承担以下职能:质量监督、合同执行监督、工程与生产服务、成本与定价、重大项目保障、收益值管理系统审查、资产管理与设施处理、小企业保障、运输服务、合同中止等职能,如图 8.6 所示。

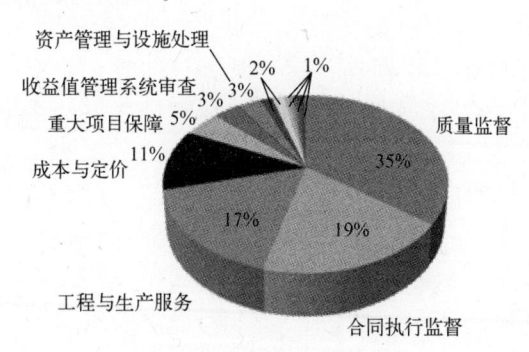

图 8.6 合同管理办公室职能任务(2013 财年数据)

国防合同管理局在采办全寿命各阶段的职能是不同的,每个阶段的工作量也各不相同。在方案分析和技术开发阶段,由于这两个阶段的工作是在型号立项与研制之前,合同管理办公室的主要工作是协助项目管理办公室制定采办策略,评估承包商的工业能力,根据承包商以往绩效开展招投标工作,开展相关合同定价工作,并起草合同文本。合同管理办公室在上述两个阶段的工作量逐渐增加,在实施里程碑决策点 B 评审时,其工作量达到最大。在系统开发与演示验证阶段(相当于我军型号研制)和生产阶段,合同管理办公室的主要职责是实施收益值管理(成本、进度、性能等综合管控)、系统评审、风险管理、协助实施合同定价、软件与系统工程、质量保证、产品接收、生产进度安排、资产管理、合同支付等。在使用与保障阶段,合同管理办公室的主要职责是监督承包商维修保障、备件管理、供应商管理、合同验收、设施清除等。

为有效开展合同管理工作,合同管理部门应当全面了解用户的需求。国防合同管理局主要通过合同的接收与审查过程,了解和掌握用户需求。国防合同管理局建立了完善的合同文本管理制度,其中:对于低于10万美元的合同,合同管理办公室要求保留合同副本;对于高于10万美元的合同,则要求建立更为详细的档案,对合同的背景及可能存在的问题进行记录。美国国防合同管理局建立了一套电子文档工作流程(EDW),对合同文本进行电子化管理,扫描后存入EDW数据库。该系统根据合同的进展情况及时更新,能够清晰地反映合同各阶段文本的调整变化情况及其依据。合同文本及内容的修改都要接受数据完整性审查,美军规定了合同审查的时限,数据完整性审查一般不超过20天。对于需要进行调整的合同,一般需要更长的时间,且需要在合同管理办公室的参与下,与项目管理办公室和承包商协商后修改。

第二节　合同履行管理的主要工作

美军将国防合同管理局定位为项目管理部门与承包商沟通与联系的"桥梁与纽带",是全面掌握承包商情况、实施专业化合同履行管理的"信息掮客"。项目管理部门是采办项目的管理主体与责任主体,合同管理办公室在项目管理部门的委托授权下开展工作,两者签订委托协议书,并依据协议书内容开展相关工作。

一、合同管理部门接受采办项目管理部门的委托授权

美国国防合同管理局的合同履行管理任务,主要来源于项目管理部门的委托授权。合同管理办公室根据项目管理办公室与其签订的委托协议开展工作。美军项目管理与合同管理的工作关系简而言之是授权委托基础之上的协作与制衡关系。项目管理部门是采办全寿命过程的管理主体与责任主体,合同管理部门负责提供专业化的合同履行管理服务,对于出现的质量问题,合同管理部门仅承担合同监管方面的次要责任。

项目管理部门与合同管理部门都在国防部采办、技术与后勤副部长的领导下开展工作。项目管理与合同管理各层级的管理部门之间相互协调、有机配合(图8.7):军种采办执行官与合同管理局总部之间进行联系,明确各自的管理政策与思路做法,并开展必要的协调;各计划执行官办公室与合同管理局运行部及地区司令部进行联系与协调,明确各采办领域对应的合同管理机构有关情况,确保合同管理机构的专业化派驻,对采办项目管理提供有效的支撑;项目管理办公室与合同管理办公室是实施层面的核心机构,合同管理办公室在项目管理办公室的授权委托下开展工作,两者签订委托协议,合同管理办公室一方面为项目管理办公室提供专业化的合同管理服务,另一方面对项目管理办公室的工作形成制衡关系。

```
                    ┌─────────────┐
                    │国防部采办、技术│
                    │与后勤副部长  │
                    └──────┬──────┘
        ┌──────────────────┴──────────────────┐
┌──────────────┐  联系与协调  ┌──────────────────┐
│军种采办执行官│─────────────│国防合同管理局总部│
└──────┬───────┘              └─────────┬────────┘
       │          联系与协调              │
┌──────┴───────┐              ┌─────────┴────────┐
│计划执行官办公室│─────────────│运行部与地区司令部│
└──────┬───────┘              └─────────┬────────┘
       │          授权与委托              │
┌──────┴───────┐              ┌─────────┴────────┐
│项目管理办公室│─────────────│合同管理办公室   │
└──────────────┘              └──────────────────┘
```

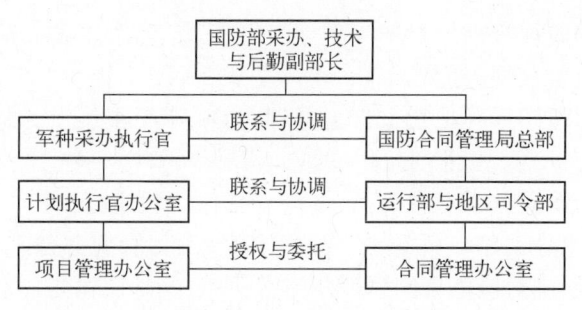

图 8.7 项目管理与合同管理的工作关系示意图

美军国防采办项目按照经费额度重要程度等，分为Ⅰ、Ⅱ、Ⅲ类，其中：研制费超过 4.8 亿美元或批量采购费超过 27.9 亿美元的项目为 8.35 类项目(也称重大项目)；研制费超过 1.85 亿美元或批量采购费超过 8.35 亿美元为Ⅱ类项目(也称重要项目)；其他项目为Ⅲ类项目(也称一般项目)。对于Ⅲ类项目，一般由合同管理办公室与项目管理办公室直接签署协议，开展合同履行管理工作。对于Ⅰ类和Ⅱ类项目，合同管理办公室要组建合同管理小组(CMT)，评估合同主要条款和内容。合同管理办公室上报国防合同管理局首席运行官(COO,即运行部负责人)，首席运行官要指派领导小组，对相关业务进行指导把关。在领导小组指导下，合同管理办公室设立一位项目协调官，并组建包括合同签订行政人员、合同管理人员、成本价格分析人员、资产管理人员等在内的项目保障小组，负责对接项目管理办公室，完成相关工作。

在前期工作完成后，项目管理部门与合同管理部门签订委托协议，协议内容非常详细，主要包括：协议目的、适用范围、应用于哪些合同和承包商、用户目标、重要联系方式、项目管理办公室要求监督的项目、禁止合同管理部门开展的工作、项目管理办公室委托的其他职责、监督计划、承包商绩效目标等。此外，协议还包括附件，对有关问题进行具体说明，如列举合同管理办公室相关人员及职责、作用和联系信息、项目管理办公室和主承包商组织机构的相关联系人及详细资料、监督计划详细情况、合同管理部门详细工作职责、规程及相关活动开展的计划步骤等。

签订委托协议的主体主要有国防合同管理局或地区司令部主管领导、项目管理办公室负责人、合同管理办公室负责人。对于涉及多个地区的项目，如委托任务无法由某一合同管理办公室完成，则根据地理位置和任务需要，指定一个合同管理办公室牵头负责，其他多个合同管理办公室提供支持。

具体而言，Ⅰ、Ⅱ、Ⅲ类项目委托协议的签字人各不相同。根据采办项目类型和涉及承包商工厂的地区范围，Ⅰ、Ⅱ类项目的委托协议由国防合同管理局(运行部领导)或地区司令部领导签字确认，Ⅲ类项目由合同管理办公室负责人签订。例如，战区高空区域防御(THAAD)项目涉及洛克希德·马丁公司分布在 3 个不同地区的工厂，协议签字双方分别是战区高空区域防御项目管理办公室和洛克希德·马丁桑尼维尔市国防合同管理办公室，最后由国防合同管理局西部地区司令部司令官签字确认，该委托协议共 32 页。

二、合同管理工作贯穿采办全寿命过程

委托协议签订生效后，对于Ⅰ、Ⅱ类采办项目，合同管理办公室的项目协调官及其项

目保障小组负责合同履行管理。对于一般项目,合同管理办公室不设项目协调官,由办公室安排相关人员负责合同管理工作。

合同管理办公室按照采办项目全寿命过程,为项目管理办公室提供合同管理服务,如图 8.8 所示。

在装备方案分析阶段,由计划执行官办公室指派项目主任,并初步组建项目管理办公室,开展方案分析论证工作。相关的计划执行官及项目管理办公室与合同运行部及地区司令部进行沟通,明确对应的合同管理办公室,协助项目管理办公室制定采办策略,评估承包商的工业能力与承包商以往业绩,为项目管理办公室后续的招投标工作做好准备。

在技术开发、工程与制造开发和生产与部署阶段,项目管理办公室进一步充实完善,在工程与制造开发阶段形成完整的项目管理办公室。项目管理办公室与合同管理办公室签署委托协议,合同管理办公室协助项目管理办公室开展合同定价、招投标与合同签订工作,并依据采办合同开展质量管理、风险管理、产品检查验收、资产管理等,评估是否具备合同支付条件,并将相关信息提供给项目管理办公室。

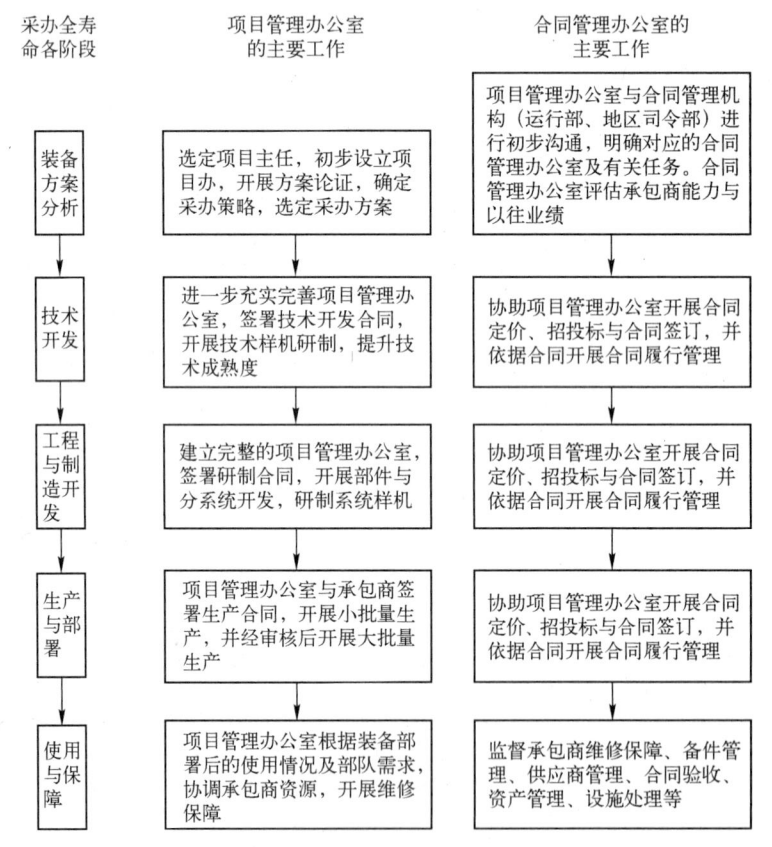

图 8.8 采办各阶段项目管理办公室与合同管理办公室的主要工作内容

在维修保障及退役处置阶段,合同管理办公室主要负责监督承包商维修保障、备件管理、供应商管理、合同验收、资产管理、设施处理等。

三、合同管理部门对采办质量问题的处理与售后服务

项目管理部门对质量、进度、费用等所有问题负总责。根据项目管理办公室与合同管理办公室的委托协议,为有效开展合同管理工作,合同管理办公室要制定质量保证计划,明确规定质量保证监督的任务、质量检查验收的时间和地点,以及质量保证方法。

(一) 质量问题分类

在合同履行中,合同管理办公室要对承包商履约过程进行日常跟踪检查与监督,发现并处理质量缺陷。质量缺陷分为3类:①严重缺陷,即给产品用户或维修者造成危险和不安全隐患、妨碍作战部门执行关键任务的严重问题;②较大缺陷,即可能造成产品失效或降低其适用性的一般问题;③较小缺陷,即对产品预期效用和目的没有较大影响的缺陷。

(二) 质量问题处理权限

美国国防部针对不同类型的产品质量缺陷,规定了不同的处理权限。

(1) 对于较小缺陷的项目,可由合同管理办公室自行决定是否拒绝接收该项目。在具体操作上,合同管理办公室可与承包商共同组建一个联合质量检查小组,对质量缺陷较小的项目进行检查,得出验收与否的结论。

(2) 对于较大缺陷和严重缺陷的项目,合同管理办公室报项目管理办公室和合同管理上级部门,由项目管理办公室决定如何处理,如要求承包商限期纠正或更换不符合要求的产品或服务。合同管理办公室制定相应的质量管理计划、方法与措施,并监督承包商开展问题整改,整改完成后由合同管理办公室开展整改情况验收,并将相关情况报告项目管理办公室。

(三) 质量责任认定与处理

交付后发现严重质量问题时,美军一般采取行政裁决或由仲裁的方式认定质量问题责任。首选的是行政裁决方式,既由项目管理办公室或其上级管理部门对质量责任进行认定。对于该责任认定,承包商有权提出异议,并向美国武装部队合同申诉委员会(ASBCA)申请仲裁。该委员会成立于1962年,代表国防部长处理合同争议问题,负责询问、调查并做出裁决。该委员会是一个跨部门组织,成员涵盖采办管理部门、经费管理部门、作战试验鉴定部门、监察部门等,并吸收使用部门代表参加。如果承包商仍无法接受仲裁结果,还有权向联邦法院提出诉讼。

如果承包商屡次交付存在质量缺陷的产品或服务,项目管理办公室可将承包商质量方面的履约情况记入承包商资信档案,并把相关信息存入相关数据库信息系统等,以督促承包商及时纠正各类质量缺陷。

(四) 售后服务处理

产品交付使用部门后,项目管理办公室根据部队实际、承包商保修期限以及所拥有的维修保障资源情况,制定项目维修保障计划,并组织开展维修保障工作。保修期内由承包商根据保修承诺及合同要求开展维修保障工作。保修期外,维修保障工作主要由承包商和部队维修保障单位承担。对于部队维修保障单位承担的维修保障工作,主要通过计划与指令方式下达任务,由项目管理办公室进行协调;对于承包商开展的维修保障工作,项目管理办公室与其签订维修保障合同,合同管理办公室对维修保障合同的履行情

况进行监管,监管方式及程序方法上与研制采购阶段大体相同。

四、合同管理相关工作制度

按照与项目管理办公室牵动的委托协议,合同管理办公室要定期向项目主任汇报项目合同履行工作情况,分析合同履行管理中出现的各类问题,并提醒项目主任关注在未来数周内对项目成本、进度和性能产生影响的重大问题。为推动相关工作的开展,国防合同管理局建立了以下工作制度。

(1) 合同管理办公室信息报告制度。 合同管理办公室每个季度要按照电子文档工作流程(EDW)要求,向地区司令部报告其项目合同履行情况;各地区司令部汇总后,向国防合同管理局总部报告本地区所有项目合同履行情况。

(2) 合同管理督导检查制度。 国防合同管理局总部每季度定期召开执行任务委员会会议(EMB),指定或选取风险度高或国防部长办公厅关注的重大项目,在会上进行汇报(每个项目30分钟),总部人员通过讨论和提问,对项目进展情况和合同管理情况进行评审。

(3) 合同管理工作质量反馈制度。 采办合同签订后,合同管理办公室作为承包商与项目管理办公室之间联系的纽带,及时向项目管理办公室报告合同履行过程中存在的质量问题,并提供详实的质量信息以及质量问题初步分析结果。项目管理办公室联合合同管理办公室对相关质量问题开展进一步综合分析,并制定质量问题补救措施,要求承包商进行整改。合同管理办公室进一步跟踪和监督承包商质量整改的落实情况,并向项目管理办公室及国防合同管理局机关汇报有关情况。

第三节 合同履行管理的人员与派驻

国防合同管理局人员众多,总数超过1万人,并通过建立完善资格认证与人员培训管理制度,使合同管理人员具有丰富的实践经验和较高的专业素质。

一、合同管理人员规模与结构

国防合同管理局人员以文职人员为主,军职人员数量较少,目前总人数约为11 300人,文职人员约10 750人,军职人员约550人(主要集中在特殊项目部),文职人员与军职人员的比例接近20∶1。

在国防合同管理局11 300人中,除总部管理人员及服务保障人员外,有8 700人划入采办专业体系,其中:4 026人为生产、质量与制造专业人员,负责工厂一线的产品质量检验和管理;2 574人为合同签订人员,包括合同谈判员、合同专家、合同终止专家、合同定价或费用分析员;915人为系统工程管理人员,负责合同技术状态的控制;341人为项目管理人员;282人为工业与合同资产管理人员。

采办合同数量大、专业性强,要求国防合同管理人员具有丰富的工作经验和较高的能力水平。美军采办队伍包括合同管理人员实行职业化制度,任职年限较长,正常情况下可工作至退休。如表8.1所列。截至2010年年底,国防合同管理人员平均年龄高达51.5岁,其中:工作20年以上的人员总数为6042人,约占人员总数的65.4%;工作30年以上的人员总数约 1618 人,约占人员总数的 17.5%。

表 8.1 美国国防合同管理人员年龄结构与任职年限情况(单位:人)(2010 年 12 月数据)

年龄/岁 \ 工作年限/年	0~4	5~10	11~15	16~19	20~24	25~29	30~35	36~40	41~45	46~50	>51	总计
62+	29	46	28	84	329	241	174	79	39	7	3	1059
60~61	18	22	17	47	209	177	154	73	14	0	0	731
55~59	66	96	51	107	476	513	489	110	1	0	0	1909
50~54	150	177	69	128	586	639	392	20	0	0	0	2161
46~49	161	142	68	119	531	307	63	0	0	0	0	1391
40~45	240	136	96	209	334	63	0	0	0	0	0	1078
<40	478	308	51	49	19	0	0	0	0	0	0	905
总计	1142	927	380	743	2484	1940	1272	282	54	7	3	9234

二、资格认证与人员培训

美军国防采办队伍的建设目标是"建立一支专业、灵活和有动力的队伍。他们能够一贯地做出精明的采办决策,以道德的行为行事,为作战人员提供及时的和经济可承受的产品及服务"。美国国防部在《国防采办系统》中明确指出,"为确保这个目标的实现,国防部采办、技术与后勤副部长应当为各个采办岗位设定教育、培训与经验标准"。国防合同管理人员任职资格制度正是建立在这样的目标和要求之下,它作为"国防采办队伍教育、培训与职业发展计划"的组成部分,根据工作内容及承担职责的不同对所有岗位进行了分类分级,并分别设定了任职资格标准,要求国防合同管理局人员只有达到相应的资格要求才能担任相应岗位的工作。为帮助国防合同管理局人员达到资格要求,美军又以国防采办大学为依托提供了相应的培训服务。

国防合同管理人员任职资格制度实行国防部统一制定政策和程序进行集中管理、相关部门分散实施的管理体制。该制度目前已在美军国防合同管理领域得到了全面实施,并取得了巨大成功,为国防合同管理工作一线培养造就了一大批优秀的专业人才。

(一) 任职资格管理

国防合同管理局与国防部其他相关部门负责组织对本部门国防合同管理人员的任职资格进行评定,只要参评人员满足相应职种职级各项要求,即可就任相应岗位。

美军原则上要求就任某等级采办岗位人员必须获得相应任职资格等级,并接受拟就任岗位要求的特殊培训。特殊情况下,也可以在未获得相应任职资格等级的情况下就职,但在就任时应列出个人发展计划,确保在未来 24 个月或部门采办执行官规定的时间内满足相应任职资格要求。若在这个时间后还未达到标准,就必须通过相关程序获取相应授权,否则必须离职。

美军鼓励国防合同管理人员向最高领导者的职位奋斗。因此在对国防合同管理人员的日常管理中,为使他们获取不同岗位和领域的知识、技能与经验,为担任更高职务打下基础,美国非常注意他们的流动就职问题,不仅在本领域为他们安排不同的工作和岗位,还鼓励他们在不同领域、不同项目和不同地区间进行流动。

为了使国防合同管理人员与不断变化的采办环境保持同步,同时也为了增强其专业能力、领导能力和跨专业能力,美军要求合同管理人员制定个人继续教育计划,通过国防采办大学互联网继续教育体系持续开展继续教育活动。他们同时鼓励国防合同管理人员参加自己所在专业的职业资格培训与认证,将其优先于其他继续教育内容。

美军以国防合同管理人员所在领域的任职资格标准为牵引,实现对其整个职业生涯发展的规划和管理。国防合同管理人员通过不断获得更高的任职资格实现专业技能进步,从入门者逐步成长为重要岗位领导人员。

美军认为国防合同管理人员应当具备领导能力、核心采办能力和专业能力等多种能力。领导能力由所在部门在日常工作中负责培养,核心采办能力和专业能力则将作为任职资格标准的基础固化在标准之中。

国防合同管理人员任职资格标准包括教育、经验和培训三部分内容。每部分内容又分为强制性标准和期望性标准,强制性标准是必须达到的标准,而期望性标准只是对本级人员更高的期许,不作为评判的依据。教育部分用于对人员所接受学历教育的层次和专业做出要求;经验部分用于对人员在专业领域的工作经历做出要求;培训部分则用于对人员参加国防采办大学的课程培训情况做出要求。

对应于职级的三级划分,各领域任职资格标准也分为三个等级。美军在设定每个等级标准时,除考虑能力要求外,还有更为重要的指导思想。基础级标准的设定要突出人员对专业基本技能的掌握,除通过教育培训课程外,还要引导他们通过在职工作获得更多的经验;中间级标准的设定核心是除要求人员在本专业领域有深入的发展外,还要在其他相关领域获取一定的知识和能力,为将来担当更为重要的职责打下基础;高级标准的设定则要以胜任关键岗位为原则,并为成为核心领导岗位人选做好准备。

(二) 人员培训

为了全面提高国防合同管理人员的整体素质,美军把专业化培训和继续教育放在重要位置,并建立起完备的教育培训体系,强化对合同管理人员的专业化培训,加速人才成长。

国防采办大学,是国防采办系统从业人员的任职教育机构。为满足各类各级国防采办人员的培训与职业发展需求,使他们达到各自专业领域的任职资格要求,实现职业生涯的成长与进步,国防采办大学构建起了一个综合的、功能强大的、具有世界级水平的学习环境,该环境以能力学习模式为核心,能够确保向国防采办人员提供优质的课程与职业生涯学习资源,满足他们随时随地的学习需求。

国防采办大学建立的能力学习模式具体包括课程培训、业绩支持、继续教育、知识共享4种方式。

(1) 课程培训。国防采办大学所提供的课程分为资格认证课程和特定工作课程两种。资格认证课程是为了满足任职资格对各职种职级人员提出的培训要求而设定的,这些课程形成了一个完整的课程体系,横向上涵盖了所有的职业领域,纵向上层层深入,能够满足不同等级人员的需要;特定工作课程面向特定的工作岗位,是为满足他们的特殊需求,向他们提供特殊知识而开设的。

(2) 业绩支持。业绩支持包括咨询、目标培训和快速普及培训三项内容。国防采办大学拥有一支具有广泛经验,接受过良好教育和培训的咨询队伍,能够为解决采办活动中出现的各种问题提供咨询服务;目标培训是针对某个组织或一体化产品小组的特殊需求而展开的培训;快速普及培训是为了应对不断变化的采办政策、程序和方法而开设的。当出现新的采办政策或对采办活动具有重大影响的方法后,国防采办大学可以在最短的时间内向最多的人员进行普及培训,使他们获得最新的知识。

(3) 继续教育。国防采办大学通过互联网提供涵盖了国防采办各领域重要内容的继续教育课程。为了创造更多的继续教育机会,国防采办大学还经常组织形式多样的公共活动,如研讨会、座谈会、展览等。

(4) 知识共享。国防采办大学突破传统的知识共享方式,通过互联网络搭建起交互式的交流平台,使培训对象获取他们所需要的资料和工具。国防采办大学的知识共享通过三个网络系统实现:采办、技术与后勤知识共享系统,该系统是一个信息资源网,包含了众多有关国防采办的资料和工具,并向国防采办人员提供专家咨询服务;采办队伍互联系统,是国防采办人员在互联网上交流的平台,包括专业实践和特别兴趣两个部分;大卫·D·埃克虚拟图书馆,拥有完整的在线书目查询功能,并提供大量书籍、杂志与研究报告的下载服务。

能力学习模式突出强调了"电子学习"的重要性,即充分利用先进的通信技术和计算机技术,开辟多种新的学习模式与方法。事实充分证明,新的技术不仅可以提高学习的效果,还能够提高学习的效益和效率。

合同管理工作需要丰富的工作经验与多专业的能力素质。国防合同管理局高度重视所属人员的多岗位锻炼和工作经验。一是重视内部人员的岗位轮换,使所属人员具备多部门的工作经历与经验,并将岗位轮换情况作为人员职级晋升的重要参考指标。二是广泛吸收具有丰富管理经验的外部人员加入,为国防合同管理局带来新的管理经验与文化。截至2010年年底,国防合同管理局45岁以上的工作人员中,任职不足10年的人员高达907人,不足5年的达424人,这些都是外部调入的人员,其中50岁以上调入的人员超过200人。

三、工资福利与激励措施

为解决高水平专业合同管理人员缺乏的难题,美军采取了多种激励措施,吸引和保留各类优秀的合同管理人才,特别是紧缺的专业人才。

(一) 提高工资等物质待遇

近年来,美军逐步提高合同管理人员的工资和其他物质待遇,定期增加工资和补贴,力争使合同管理人员特别是高层合同管理人员的工资不低于私人企业同类人员的水平。建立与工作业绩挂钩的各项激励制度,工作业绩突出的合同管理人员在晋级、工作分配选择、专业培训和教育机会等方面,享受各种优待。此外,美军还制定基于业绩的工资制度和特殊岗位特殊津贴制度,在工资构成上增加与业绩挂钩的收入,使工作业绩好的人员取得相应的回报,且使掌握特殊技能和从事特种工作的人员获得特殊的待遇和津贴补助。

国防合同管理的人员工资福利遵从联邦政府与美军的通用标准,按照职级和服役年限确定的工资福利标准发放,一般来讲军职人员工资略高于同级文职人员工资。

1. 军职人员福利待遇

按照国防部规定,国防合同管理局军职人员工资福利由三个部分组成:①正式报酬(Regular Military Compensation,RMC),约占军人工资福利及退役待遇的70%;②特殊和激励性津贴(Special and Incentive Pays),即各类勤务津贴和补贴,约占军人工资福利及退役待遇的15%;③其他福利(Benefit),约占15%。

军人正式报酬由基本工资(Basic Pay)、基本生活补贴(Basic Allowance for Subsistance)、基本住房补贴(Basic Allowance for Housing)和联邦税收减免(Federal Tax Advantage)等组成,其中,基本工资占其正式报酬的72%;美军基本生活补贴也称为基本伙食补贴,是指对美国军人伙食的一种现金补助,基本保持在每月200美元左右;基本住房补贴是指对美国军人住房的一种现金补助,约占军人正式报酬的18%。美国通过两种方式解决军人住房:①居住营区公寓房。目前,居住在营区公寓房的军人约占现役军人的1/3。按照美军规定,凡已婚军官和军龄超过两年的下士以上的已婚士兵,都有权申请营区公寓房。按标准,美军将级军官住房使用面积通常为195米^2,校级军官为130~158米^2,尉级军官为134~140米^2。②租住民房或私房。租住民房或私房的军人每月都可领取一定数额的基本住房补贴。

另外,国防合同管理局军职人员还可以享受一系列特殊津贴,包括外语熟练津贴、艰苦地区服役津贴、特殊任务津贴、家庭分居津贴等,每种津贴数额一般在200至500美元不等。除此之外,美国现役军人凭军队身份证可在任何军队医院享受免费医疗,包括住院、药费、定期体检和牙科治疗。现役军人家属、21岁以下子女和退役军人及家属,也可享受大部分免费医疗。

2. 文职人员福利待遇

国防合同管理局文职人员按照联邦政府文职雇员的标准发放工资,国防合同管理局绝大多数人员都为文职人员,除国防合同管理局长、副局长等最高层领导属于高级白领外,其余均为普通文职人员。

普通文职人员工资按"一般工资体系"发放。根据工作难度与职责不同,"一般工资体系"(General Schedule,GS)分为15级,每一级又分为10档。各级前9档根据工作时间依次调升,前3档一般在上一档满一年后调升,第4~6档一般在上一档满两年后调升,第7~9档一般在上一档满3年后调升。第10档通常要求比较严格,其调升不仅决定于前一档次的时间,更重要的是取决于文职人员的能力。另外,工作能力较强的文职人员,可以提前调升工资档次。

美国幅员辽阔,各州的经济发展水平不同,从而造成了各州的消费指数与货币购买力水平的差异。为了使同一工资水平的文职人员具有大致相同的实际购买能力,各州政府均给予"一般工资体系"一定比例的补贴。各州对"一般工资体系"的补贴比例从11.72%到26.39%不等。

(二)营造良好的工作环境

营造良好的工作环境,让合同管理人员充分施展才华,调动其工作积极性,是美军吸引和保留优秀合同管理人才的重要措施。

(1)给合同管理人员相当自主权。美军很重视发挥各级合同管理人员的作用,特别是关键合同管理人员的作用,以法律、法规和指令的形式,明确规定项目主任、合同签订官等关键合同管理人员在采办管理中的职责和权限。美军5 000系列采办文件强调"向底层放权"的管理思想,授予项目主任更大的权力,允许项目主任按照最佳商业惯例、法规制度以及用户需求的紧迫程度,因地制宜,灵活地管理采办项目。

(2)实施周期性轮休倡议(Sabbatical),该倡议允许合同管理人员工作7年后可向所在单位申请一次为期 3~12 个月的轮休时间。在这段时间内,合同管理人员可以选择与所从事的合同管理工作相关的其他工作或者脱产进修学习,享受全额工资和津贴待遇,但这期间必须取汲一份与合同管理工作相关的研究成果。

(三) 采取各种精神激励措施

在上述工资福利和良好工作环境之外,美国还采取各种精神激励措施,吸引和保留合同管理人员。

(1) 重视职业道德教育和文化娱乐活动,调动人员的积极性。美国国防部第 1015.2 号指令《军队的士气、福利与文化娱乐》和第 1015.8 号指令《国防部文职雇员的士气、福利与文化娱乐》,对相关人员的道德教育、士气提出了具体的要求,国防部第 1015.10 号指令《国防部文职与军职官员的荣誉牌》,提出了相关人员各种精神激励措施。

(2) 实行各种奖励,对工作业绩突出的团队或个人予以表彰。例如,美国国防部设立了"戴维·帕卡德采办杰出成就奖",表彰在国防采办工作业绩突出的团体和个人,激发合同管理人员的工作热情。

(3) 加强团体的沟通和交流,增强凝聚力。美国国防合同管理局通过发布新闻信息、期刊、手册、电子邮件告示牌、放映电视节目、进行非正式的交谈等方式,增强合同管理办公室的凝聚力。

四、人员派驻与后勤保障

合同管理办公室以产品为中心、构建专业化的派驻队伍,实现对国防合同的专业化管理,在人员派驻方面坚持"一厂一室"的派驻模式。美国国防合同管理局历经多次改革,其重大合同管理办公室的数量已经基本稳定,维持在 50 个左右。在这 50 个重大合同管理办公室之下,设有驻厂管理办公室或产品小组,这是实施合同履行监督的基层单位,这种基层单位的数量超过 740 个。这 740 多个基层的合同管理机构,有的直接驻厂,有的则在承包商所在城市,基本实现了"一厂一室"的派驻模式。

总体来讲,合同管理人员的派驻只是手段,国防合同管理的核心是加强对合同的有效管控,美军采取的是一种按需派驻模式。不管是驻厂还是驻扎在承包商所在城市,美军合同管理都要求保持业务经费的独立,所有的业务经费由国防合同管理局直接划拨。

国防合同管理强调其独立性,严格杜绝合同管理办公室及相关人员接受承包商的礼金、礼品,不能接受承包商提供的住房。国防合同管理局拥有独立的业务经费与有力的后勤保障,这是合同管理工作保持其独立性的根本保证,同时美国完善的法规制度要求以及强有力的内外部监督,是避免合同管理人员贪污腐败的根本保证。

国防合同管理局年均业务经费均在 10 亿美元以上;人均约 10 万美元。如表 8.2 所列,2013 财年国防合同管理局经费总额为 12.93 亿美元,其中合同管理业务费 12.24 亿美元,管理运行费 0.55 亿美元,培训与招聘费 0.14 亿美元,确保合同管理工作的正常进行。

表 8.2 国防合同管理局 2013 财年预算 单位:千美元

合同管理与总部运行费(1 278 740)		培训与招聘(14 456)			预算总额
合同管理	总部的管理运行	专业技能培训	职业发展	基础保障	
1 223 781	54 959	3 335	2 801	8 320	1 293 196

在办公设施与生活用房方面,国防合同管理局的下属机构遍布全国740多个地区,这些办公场所与设施都由国防合同管理局自行设立和维持,是美军开展合同管理的物质基础。这些资产与设施属于军产,其维持费从业务费中列支。驻厂合同管理人员的生活住房,主要通过租住或购买私人住房的方式解决,每月都可领取规定数额的基本住房补贴。根据级别、有无家属同住以及所在地区消费水平的不同,补贴数额每月从1000至1800美元不等。此外,军职人员也可申请居住工作地的营区公寓房,不再领取住房补贴。

此外,美国建立了较为完善的监督体系与制度,在国会及其领导下的政府问责办公室(GAO)对国防采办及合同履行管理进行严格的监督与评估,并定期发布评估报告;国防部总监察长等内部监督部门,也高度重视对国防采办包括合同管理行为的监督审查;国防部采办、技术与后勤副部长办公室内部也设有内部审查评估机构,如国防采办绩效与根源分析办公室,负责对国防采办系统的运行情况进行评估。上述评估监督机制也为国防合同管理局工作的独立性提供了重要保证。

第四节 合同履行管理的法规政策

美国高度重视法规制度建设,在国防采办合同履行管理方面,美国通过《联邦采办条例》、国防部指令指示等法规政策文件,对相关工作进行规范,提高合同履行管理的法治化、正规化水平。

一、《联邦采办条例》对合同履行职能的规范

根据美国《联邦采办条例》第42.302部分以及《联邦采办条例国防部补充条例》第242.302部分的规定,美军合同管理履行以下81种职能(图8.9):

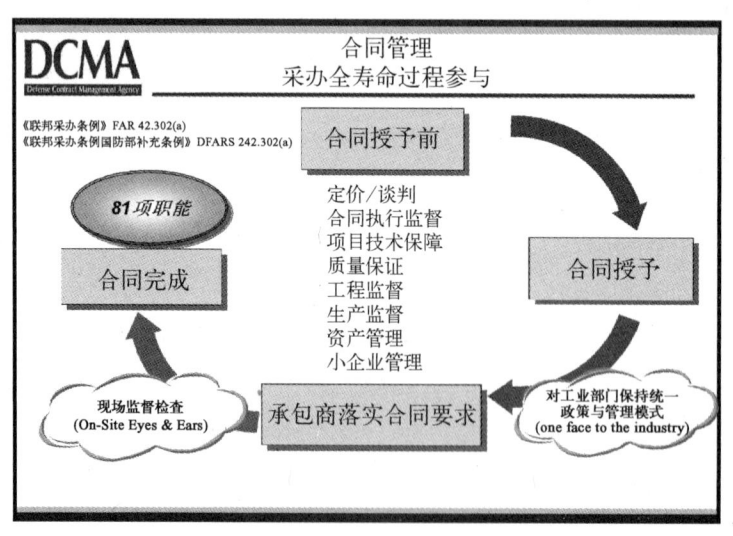

图8.9 国防合同管理局的详细职能

(1) 检查承包商的职工报酬结构。
(2) 检查承包商的保险计划。
(3) 举行合同授予后的工作指导会议。

（4）评估承包商招投标建议，向合同签订官提出承包商选择建议。

（5）参与合同定价谈判。

（6）商定委托管理合同的费用。

（7）必要时确定是否可允许支付业已暂停支付或未获准支付的费用。在有理由认为应该停止或不准支付这些费用时，发出停止或不准支付的指示，并且核准最后的记账凭单。

（8）发出《关于不批准或不承认某些费用的通知书》。

（9）确定承包商间接成本。

（10）为解决合同争议问题，准备事实材料，并根据争议条款发布争议解决决定。

（11）在成本会计标准方面：①确定承包商的公开报表是否适当；②确定公开报表是否符合"成本会计标准"的规定；③确定承包商是否遵守"成本会计标准"和符合它所公布的财务报表；④根据"成本会计标准"条款，协商合同的价格调整并签订补充协议。

（12）根据按进度支付或按履约情况支付条款，做出合同支付的决策。

（13）按部局采办条例的规定，支付所委托合同的费用。

（14）管理特定的银行账户。

（15）保证承包商及时就成本补偿合同估算成本的预期超支或节余做出通告。

（16）监督承包商的财务状况，在情况危及合同履行时，提醒合同签订官注意。

（17）按季度分析合同支付限额，并从承包商收回超出限额的合同款。

（18）颁发免税报表。

（19）处理和签发进口免税证明。

（20）对保密合同来说，管理委托给合同管理办公室的工业安全计划。

（21）签发维护、大修和改装合同的工作需求文件。

（22）通过物资供应程序进行备件等产品的价格谈判，并签订相应的补充协议。

（23）为了政府利益，商谈和签订关于合同部分或全部终止的协议。

（24）商谈和签署有关多年期合同费用削减的协议。

（25）处理和实施合同更名的事宜。

（26）进行资产管理。

（27）根据"特殊测试设备"条款，批准承包商采购或制造特殊的测试设备。

（28）对承包商库存物资进行必要的清查、重新分配和处理。

（29）签发合同修改通知书，要求承包商对多余的政府资产提供包装、装箱和搬运服务。

（30）在有关设施合同方面：①评定承包商关于设施和改变现有设施的要求，并对合同签订官提供适当的建议；②在承包商采购之前对设施项目进行必要的检查；③批准设施的使用；④保证承包商支付相关的设施租用费。

（31）进行生产保障、监督和情况通报，包括及时通报在合同交付进度方面的延误情况。

（32）开展合同授予前的调查。

（33）帮助和建议承包商确定优先任务及工作职责。

（34）监督承包商按合同要求处理工业劳动关系问题，并协助处理劳动关系争议问题。

(35) 提供交通管理服务,包括签发和管理政府装货单及运输单据。

(36) 检查承包商的运输活动是否适当。

(37) 检查和评定产品保存、包装和装箱情况。

(38) 保证承包商符合合同规定的质量保证要求。

(39) 保证承包商符合合同规定的安全要求。

(40) 实施工程监督,以评估承包商在设计、研制和生产方面是否符合约定的进度、费用和技术性能条款。

(41) 评定承包商的工程与管理工作是否充分与适当,包括设计、研制、生产、工程改变、转包商、试验、工程资源管理、可靠性与维修性、数据控制系统、技术状态管理和独立的研究与开发等方面的工作。

(42) 检查和评估承包商后勤保障、维修和改装等方面的技术可行性。

(43) 向合同签订部门报告在承包商技术规范方面所存在的不足。

(44) 对承包商提出的费用建议进行工程分析。

(45) 检查和分析承包商的工程与设计研究成果,必要时向合同签订部门提出意见建议。

(46) 审查承包商提出的工程更改建议,评估其必要性、技术可行性、可生产性及其对质量、可靠性、进度和费用的影响,并就此向合同签订部门提出意见建议。

(47) 协助评估是否接受免责条款或更改部分合同条款,并提出建议。

(48) 评估监督承包商遵守数据标记规定程序的情况。

(49) 监督承包商的价值工程计划。

(50) 评估、审批和监督承包商采购工作制度。

(51) 检查、评定和批准合同分包主计划。

(52) 同意转包合同的签订。

(53) 索取承包商内部产品转包的计划安排,协助合同签订官评价上述计划。

(54) 协助合同签订官评定承包商提出的同小企业、残疾人及妇女所有的小企业签订转包合同的计划,包括以往合同执行同类转包计划的记录。

(55) 定期监督转包合同的执行情况,记录承包商履行合同的情况。

(56) 保持对飞行作业的监督。

(57) 对合同管理工作提供保障。

(58) 及时提交相关报告。

(59) 纠正在合同管理中出现的问题,如文件书写错误、承包商地址、邮政编码、合同经费计算等方面的错误或遗漏。

(60) 根据装运通知单,允许从承包商工厂启运货品。

(61) 审批承包商因运输计划调整导致的合同价格调整。

(62) 根据需要,协商确定产品包装或运输工作的转包协议/转包商。

(63) 在承包商产品不可接受时,取消采购订单,并通知合同签订官。

(64) 对重要性等级为 C(见 42.1105)的合同,商定和执行关于规定合同期限延长最多 90 天的一次性补充协议。应向合同签订官发出延长合同期限的通知。此后任何个别合同的延期,只有经过合同签订官的同意才能获准。

(65) 合同结束后,执行合同终止程序。

(66) 审查承包商是否制定"工作场所禁毒计划"与"禁毒宣传计划"(见第23.5小部分)。

(67) 支持计划办公室、产品办公室和项目办公室的工作。

(68) 监督承包商的环境保护工作,确定其是否遵守合同规定的环境要求。合同管理官的职责包括:①必要时,提出环保技术援助要求;②监督承包商遵守有关环保技术规范的情况,要求承包商使用对环境有利的产品、节能型产品和材料,并要求承包商将环保内容纳入质量保证计划;③按照合同规定,保证承包商遵守利用可回收材料的通报要求(见第23.4小部分)。

(69) 监管承包商财务安全状况,确保其持有充足的资金,可随时支付未偿清的款项。

(70) 商定合同价格,取消超出定价之外的资金的使用。

(71) 协助合同签订官,与承包商协商合同变更条款。

(72) 协助合同签订官协商未定价条款的合同定价问题。

(73) 商定有关改变合同交付进度的补充协议。

(74) 商定关于合同结余经费收回的协议。

(75) 签发装运通知单补充协议。

(76) 商谈对临时订单价格的调整。

(77) 协商因经济价格调整而进行的合同价格调整问题。

(78) 发布船舶建造、改装和修理合同的修改单,并商定和实施相应的补充协议。

(79) 针对固定价格合同,如果承包商因故客观原因需要削减产品数量,在承包商提交书面申请后,协助合同签订官审查解决相关问题。

(80) 在对政府利益有利的情况下,签发修改合同的补充协议,以允许改变检验地点。

(81) 对承包商履约情况进行审查和评价。

二、国防部第5105.64号指令对国防合同管理局及其局长的规范

国防部第5105.64号指令由国防部采办、技术与后勤副部长签署与批准,规范了国防合同管理局及其局长的职权。

该指令规定,国防合同管理局作为国防部的一个作战保障局,由国防部采办、技术与后勤副部长进行授权、领导与控制。国防合同管理局负责为国防部及其他授权的联邦机构、外国政府、国际组织以及其他授权机构提供合同管理服务。

国防合同管理局局长的职责包括:组织、领导与管理国防合同管理局以及分配给该局的资源;制定政策、规划与程序,并编制资源需求;对该局的文职人员进行招募、指导与管理,确保国防合同管理局的人员遵守安全规定;对国防合同管理局的海外机构实施管理和指导;直接与各国防部部局、其他行政部门和机构以及适当的非国防部机构沟通合同管理服务方面的事务,必要时可与上述机构签订保障与服务协议;牵头组建咨询委员会,雇佣专家或顾问,为国防合同管理局履行职能提供咨询;在相关的职责领域,从军种

部及其他国防部部局获取支持,以便完成指定给该局的职责与任务;负责向参谋长联席会议主席提供作战保障,并在适当情况下提供其他服务,参谋长联席会议可以在与国防部采办、技术与后勤副部长的协调下,直接向国防合同管理局局长分配任务。

该指令还规定,为有效开展合同履行工作,各军种部可根据规定权限与程序,向国防合同管理局派驻军事人员以执行相关的联合任务。在可行的情况下,国防合同管理局应使用国防部以及联邦政府其他部门的现有设施与服务,以避免重复建设,并取得现代化、战备、持续保障、效率与经济性之间的适当平衡。

三、《国防合同管理局指南》对合同接受与审查的规范

有效的合同管理应基于对用户需求的正确理解,这主要通过对接收的合同实施审查而达成。《国防合同管理局指南》规定,国防合同管理局及其下属的合同管理办公室及相关工作小组收到合同后,都要建立正式的合同文档。对于低于10万美元的合同,合同管理办公室要求保留合同副本;对于高于10万美元的合同,则应该建立更为详细的档案,对合同的背景及可能存在的问题进行记录。

合同管理办公室必须确保将所有接收的原始合同文本扫描输入到电子文档工作流程系统,并进行归档。电子文档工作流程系统根据工作流程表格,将合同及相关的修改内容分发给相关的合同专家。

所有新合同及修改部分都要接受数据完整性审查和需求审查。从合同信息输入电子文档工作流程系统时算起,所有的合同文件要在20个工作日之内完成数据完整性审查。每个合同管理办公室都要建立数据完整性审查程序,验证合同数据的准确性。

国防合同管理局在合同授予后发现的合同缺陷,应在适当时与承包商进行讨论,并向项目主任或合同签订官汇报,以形成正式的解决方案。

第九章 系统工程管理

系统工程贯穿国防采办全寿命过程,是采办过程技术工作或技术活动的主体。系统工程管理是以系统工程基本原理为指导,全面考虑影响项目的各个要素,在项目全寿命的各阶段对性能、费用、进度和风险进行权衡分析,使系统的设计、生产和使用达到最优化,从而不断提高装备作战效能和作战适用性的一种综合性管理活动。本章主要分析系统工程和系统工程管理的基本概念,梳理美国国防部的系统工程管理体制,重点介绍系统工程过程和采办过程中的系统工程活动。

第一节 系统工程概述

一、系统工程

系统工程的定义多种多样。就美国国防部而言,1974年以来先后使用过三种定义:①1974—1994年,使用美军标 MIL-STD-499A 中给出的定义;②1994年,在时任国防部长佩里发起采办改革和美军标改革,废止 MIL-STD-499A,又不批准 MIL-STD-499B 的草案,转而要求采用非政府标准的情况下,使用(美国)电子工业协会标准 EIA 632 中给出的定义;③2013年,使用美国国防部《国防采办指南》(DAG)中给出的定义。

MIL-STD-499A 将"系统工程"定义为"致力于获得下述结果的科学和工程工作:①运用定义、综合、分析、设计、试验鉴定这一反复迭代过程,将作战需求转化为对系统性能参数和系统技术状态的描述;②从优化系统的总体规定和总体结构出发,综合各相关技术参数,确保所有的功能接口、物理接口和程序接口的兼容性;③将可靠性、维修性、安全性、生存性、人的因素以及其他诸如此类的要素融入整个工程工作,达到费用、进度和性能三大目标。"

EIA 632 将"系统工程"定义为"一种涵盖下述全部技术工作的多学科途径,逐步形成和验证一种综合的,满足客户需求的,在全寿命周期始终保持平衡的,由人员、产品和过程组成的一套系统解决方案。系统工程是与系统的研制、制造、验证、部署、作战(使用)、保障、用户培训和寿命周期过程相关的所有技术工作的综合手段。系统工程充分发挥技术信息对项目管理决策过程的支持作用。"

2013年版《国防采办指南》将"系统工程"定义为"对系统进行说明、设计、研制、采购、技术管理、使用和退役处置的一种规范化的方法性途径。"

上述定义从不同角度描述了装备系统工程,涵盖了三个要点:①装备系统工程的对象是武器系统和自动化信息系统,旨在将作战能力或使用能力需求逐步物化为满足该需求的一种武器系统和自动化信息系统;②在物化过程中,把系统及其寿命周期过程作为一个整体通盘考虑,综合权衡各方要求和各种约束条件,使利益相关方都能接受,使系统整体和系统所有要素得到优化,始终保持均衡性和一致性,使寿命周期各个阶段保持协调性;③为实现上述目的,需要组织多学科团队,同时进行产品和过程研制。

二、系统工程管理

美国国防部下属的国防系统管理学院1999年出版的《系统工程基础》(Systems Engineering Fundamentals)将"系统工程管理"定义为通过综合下述三大类活动(图9.1)实现的一种管理:

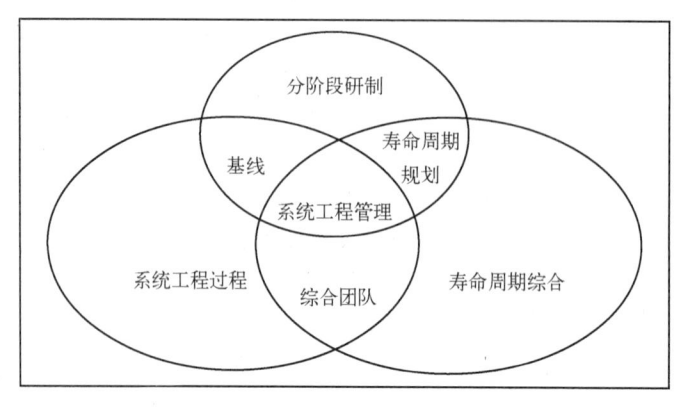

图9.1 系统工程管理的三大类活动

(1)分阶段(分层级)研制,这类活动控制设计过程,建立技术管理工作和整个采办工作的重要联系。

(2)系统工程过程,这类活动建立解决设计问题和跟踪整个设计过程中各类要求来龙去脉的框架。

(3)寿命周期综合,这类活动促使客户参与设计过程,确保所研制的系统在其整个寿命周期始终富有生命力。

上述三大类活动都是正确管理研制工作必不可少的。分阶段研制,通常沿着不同的层级或阶段进行,通过建立各种基线(方案研制说明、功能基线、分配基线和产品基线)(图9.2)来控制设计工作,通过规定设计工程中评定设计方案生命力的若干重要事件来建立技术管理工作与采办管理工作之间的联系。系统工程过程是系统工程管理的核心,是一种自上而下、全面综合、反复迭代、循环递进解决问题的过程,依次用于各个阶段。系统工程过程旨在建立一个结构化的但又具灵活性的过程,将要求转化为规范、体系结构和各种基线。这种过程的各种规定成为控制和跟踪那些满足客户需求的研制方案的手段。寿命周期综合是确保设计方案在系统整个寿命周期都具有生命力的一类必不可少的活动。它策划相关的产品和过程的研制,将各个职能部门的关切或执行寿命周期8大任务(即研制、试验、生产、部署、训练、使用、保障、退役处置)的客户的关切纳入设计和工程过程,集中体现为一体化产品与过程开发(IPPD),从而降低产品设计的循环次数,使需要的重新设计和返工大大减少。

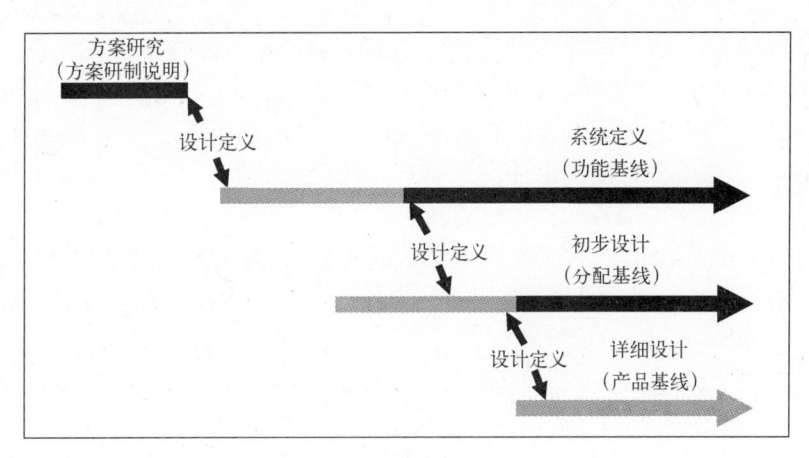

图 9.2 分阶段研制

三、系统工程的目标与作用

（一）系统工程的目标

系统工程的固有目标包括：确保系统的确定和设计反映系统所有要素（即设备、软件、人员、设施和资料）的技术要求；综合设计队伍中各方专家的技术成果，形成一种优化平衡的设计；提供一种全面的具有从属关系的系统要求框架，作为性能、设计、接口、保障、生产和试验的准则；为拟定技术计划和合同工作说明提供原始资料；为进行后勤分析、综合后勤保障的权衡研究和后勤文件的编制提供系统框架；为进行生产工程分析和生产性权衡研究以及拟定生产/制造文件提供系统框架；确保设计过程的各个阶段充分考虑寿命周期费用和经济可承受性的问题和要求。

系统工程的最终目标是确保采办项目获得成功，使军事能力需求物化为满足该需求、经济上能承受、具有作战效能的系统，进而使参与项目采办的各方实现"共赢"，从中获得相应的价值。在采办项目获得成功上，由于参与采办的各方所处地位或立场不同，具体的涵义也不尽相同。就项目主任而言，采办项目获得成功意味着系统在规定的时间和经费内交付，并满足对其提出的技术要求。就用户而言，成功意味着系统具有良好的作战效能，并便于操作、维护和保持。就国防部长办公厅的参谋人员而言，成功意味着项目达到国家安全目标要求，保持兵力结构平衡，没有引起国会的过分监督。就国会而言，成功意味着防务需求和社会需求之间达到平衡，各州/各行政区合理分担防务费用，没有出现任何丑闻。就企业而言，成功意味着项目促进企业资金快速流动，企业获得满意的投资回报，并保住承包商在企业界的竞争地位。

（二）系统工程的作用

系统工程贯穿于采办的全过程，是技术工作或技术活动的主体，是决定其他技术工作或技术活动的基础。它为实施全系统和全寿命管理提供框架，为确保项目成功提供支持。

（1）系统工程通过使用综合、规范和始终一致的系统工程活动和过程，以及对费用、进度、性能和风险进行平衡的途径，确保有效地开发和交付能力。

（2）系统工程通过系统工程计划确定一条从确认能力需求，以最高效率和最好效果到达能力交付和能力维持的能力开发路径。通过事件牵引的技术审查和技术审核评定项目达到的成熟程度,评定与项目费用目标、进度目标和性能目标相关的风险所处的状态。

(3) 系统工程支持实现联合能力集成与开发系统(JCIDS)文件、采办项目基线、技术开发策和采办策略等文件所确证的费用目标、进度目标和性能目标;在系统全寿命周期内,提供首尾相连、全面综合的技术活动和技术过程,包括将所研系统融入更大的系统系(SOS)结构;充分应用综合的、一致的和可重复的过程来降低风险,管理系统基线,促使系统基线成熟;用来更全面深入地了解和分析系统寿命周期内的资源要求以及系统对人员健康和环境的影响。

总之,系统工程对采办项目的成败起着至关重要的作用。系统工程工作做得越多越好,项目成功的概率越大;反之,项目失败的概率就越大。

第二节 系统工程组织管理体系

一、国防部层面

国防部层面的系统工程组织管理体系如图9.3所示。

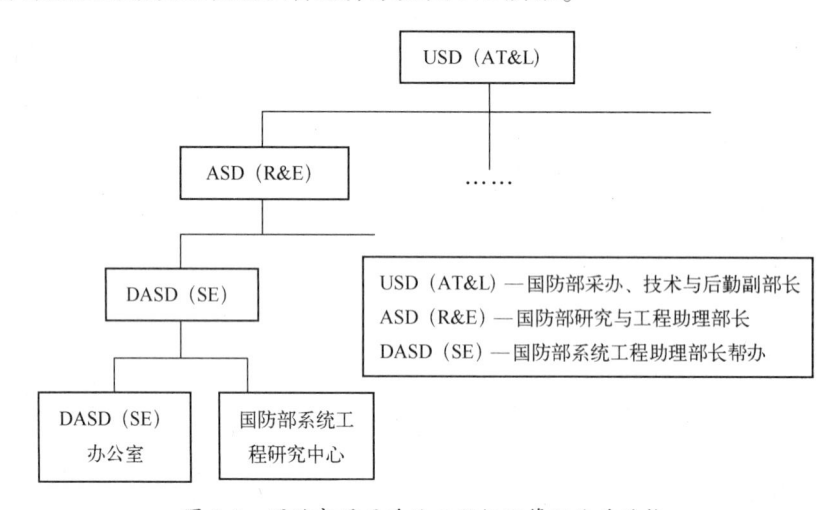

图9.3 国防部层面系统工程组织管理体系结构

1. 国防部采办、技术与后勤副部长

国防部采办、技术与后勤副部长的主要职责是担任国防部长的系统工程首席参谋助理和顾问,管理国防部的系统工程工作。

2. 国防部研究与工程助理部长

国防部研究与工程助理部长的主要职责是管理系统工程工作,在系统工程方面向国防部采办、技术与后勤副部长负责,在国防部采办、技术与后勤副部长和系统工程助理部长帮办之间发挥桥梁作用。后者通过他,向国防部采办、技术与后勤副部长汇报工作。

3. 国防部系统工程助理部长帮办

国防部系统工程助理部长帮办的主要职责包括:①出任国防部长和国防部采办、技术与后勤副部长的系统工程首席顾问。②制定下述工作的政策和指导原则:运用系统工程、研制策划和最佳惯例;运用系统工程途径,提高重大国防采办计划(MDAP)和重大自动化信息系统采办计划(MAIS)项目的可靠性、可用性与维修性;制定 MDAP 和 MAIS 项目的系统工程计划;系统工程支持寿命周期管理和维持应考虑的因素;将系统工程与可靠性增长的相关条款纳入建议征求书。③就系统工程和研制策划以及这些活动在国防采办项目及各国防采办项目之间的执行向国防部长和国防部采办、技术与后勤副部长提供咨询和建议。④审批 MDAP 和 MAIS 项目的系统工程计划。⑤监督和审查 MDAP 和 MAIS 项目的系统工程活动和研制策划活动。⑥作为国防采办委员会和其他重要采办团体的顾问成员,就 MDAP 和 MAIS 项目的系统工程、研制策划、技术执行情况和风险提出独立评定结果。⑦向负责系统工程、研制策划和寿命周期管理与维持的采办人员提供咨询,给予帮助和指导。⑧出任系统策划、研究、研制和过程/系统工程(SPRDE)的职能领导,以及 SPRDE/项目的系统工程师。

4. 国防部系统工程助理部长帮办办公室

国防部系统工程助理部长帮办办公室的主要职责是制定系统工程的政策、指导方针,推广系统工程最佳惯例。

5. 国防部系统工程研究中心

国防部系统工程研究中心的主要职责是研究系统工程的方法、过程和手段。

二、军种和国防部业务局层面

各军种和国防部业务局采办执行官应配备一名主任系统工程师或系统工程总师。各军种和国防部业务局主官应制定并实施相应的计划,确保能够为系统工程和研制策划组织配备足够数量的训练有素的人员。

主任系统工程师/系统工程总师的主要职责是:审查指定项目的系统工程计划,并监督计划的执行;与项目执行官、项目主任一起考核/评定项目层的主任系统工程师/系统工程总师的业绩。

三、项目层

每个项目管理办公室设项目主任系统工程师或项目系统工程总师,或负责系统工程的项目总师或主任工程师,负责实施系统工程,如图9.4所示。项目管理办公室还有负责项目系统工程过程的参谋人员,从事项目系统工程活动计划、执行和/或管理的人员。

国防部要求项目系统工程组织以外的人员(如项目办公室的产品保障主任、试验鉴定的牵头人、工作层一体化产品小组(WIPT)等)以及项目办公室以外的人员(如作战人员、维修人员、利益相关方、各技术部门或职能部门负责人)参加和支持系统工程的相关活动。可以说,与项目有关的绝大多数人员都应是系统工程过程的参与者。

系统工程还通过系统工程工作层一体化产品小组(SE-WIPT)介入一体化产品与过程开发框架,为一体化产品小组(IPT)成员的相互沟通提供共同基准,而一体化产品小组的所有成员都支持系统工程,并将系统工程用于他们的专业领域。

系统工程通常通过一体化产品小组和系统工程工作层一体化产品小组实施。系统工程工作层一体化产品小组将用户定义的能力要求转化为符合费用、进度和性能等约束条件要求的系统规范。

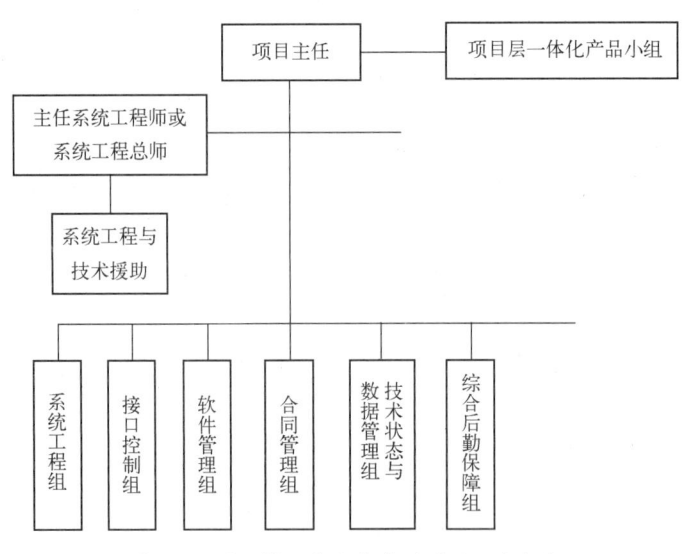

图 9.4　项目管理办公室中的系统工程组织

在系统的寿命周期过程中,项目主任和项目主任系统工程师/系统工程总师的角色关系见表 9.1。

表 9.1　项目主任和项目主任系统工程师/系统工程总师的角色关系

寿命周期过程	项目主任	项目系统工程总师
利益相关者的管理	主角	配角
技术策划	配角	主角
决策分析	主角	配角
技术评定(包括技术进展情况、进度管理和费用管理)	共担	共担
技术状态管理	主角	配角
数据管理	主角	配角
要求管理	配角	主角
合同管理	主角	配角
要求分析	配角	主角
体系结构设计	配角	主角
实施	配角	主角
风险管理	主角	配角
接口管理	配角	主角
集成	配角	主角
验证	配角	主角
确认	共担	共担

四、承包商层面

承包商的组织结构取决于项目的规模与性质、政府项目办公室的结构以及承包商自身的构成与文化。承包商较为典型的项目组织结构如图 9.5 所示,较为典型的系统工程组织结构如图 9.6 所示。

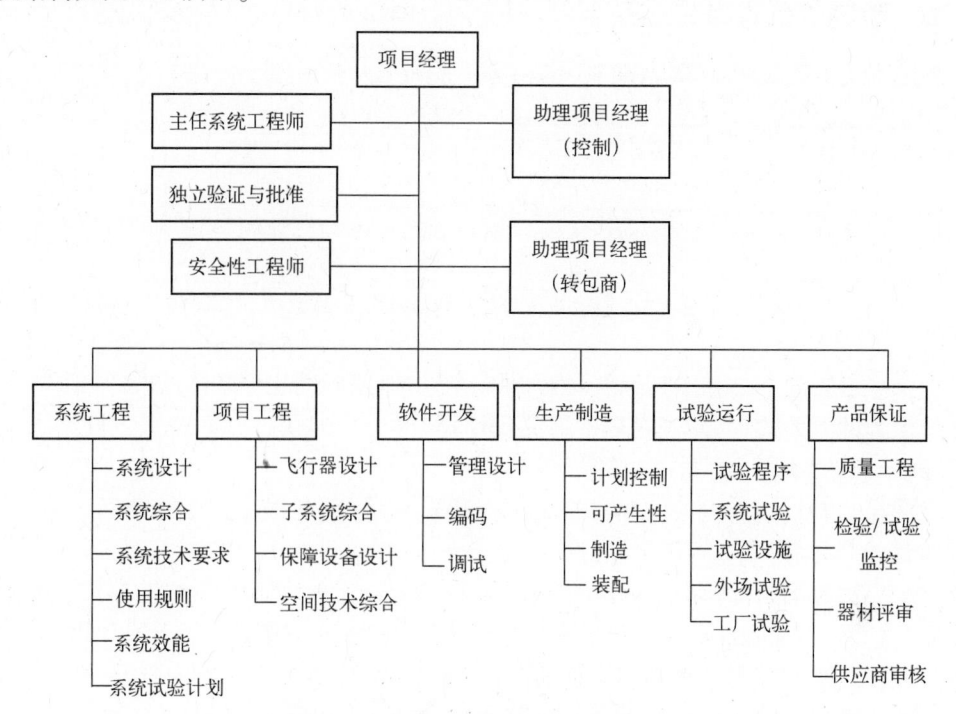

图 9.5 承包商项目管理组织结构(示例)

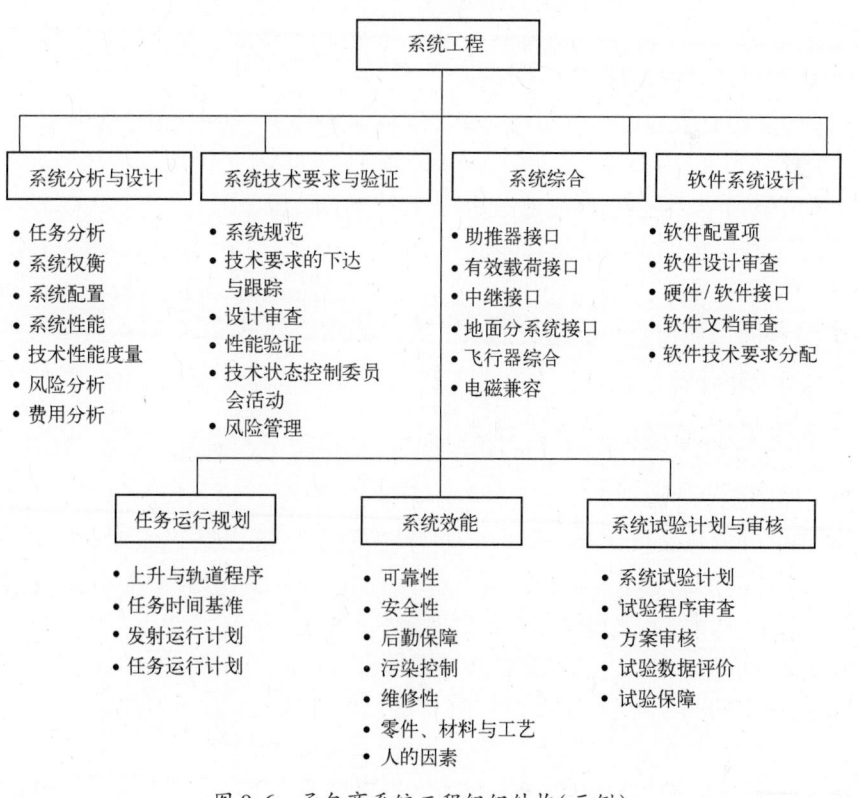

图 9.6 承包商系统工程组织结构(示例)

311

五、各层系统工程组织在采办项目中的相互关系

各层系统工程组织在采办项目中的相互关系如图9.7所示。

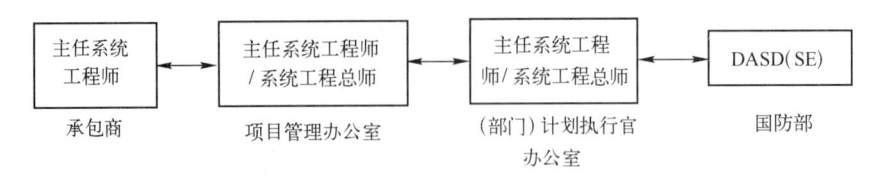

```
┌─────────┐     ┌──────────────┐     ┌──────────────┐     ┌─────────┐
│ 主任系统 │ ←→  │ 主任系统工程师│ ←→  │ 主任系统工程  │ ←→  │ DASD(SE)│
│  工程师  │     │/系统工程总师 │     │师/系统工程总师│     │         │
└─────────┘     └──────────────┘     └──────────────┘     └─────────┘
   承包商         项目管理办公室       (部门)计划执行官       国防部
                                          办公室
```

图 9.7 各层系统工程组织相互之间的关系

(1) 项目管理办公室主任系统工程师/系统工程总师的主要职责是:贯彻国防部有关系统工程的方针政策,编写项目系统工程计划,提交计划执行官办公室主任系统工程师/系统工程总师(对 ID 类和 IAM 类以外项目)或系统工程助理部长帮办(对 ID 类和 IAM 类项目)审批;执行批准的项目系统工程计划;编写系统工程方面的合同内容,参与合同签订。

(2) 军种和国防部业务局计划执行官办公室主任系统工程师/系统工程总师的主要职责是:贯彻执行国防部有关系统工程的方针政策,审批项目系统工程计划(ID 类和 IAM 类项目除外);监督项目系统工程计划的执行;审批系统工程计划的重大更改。

(3) 系统工程助理部长帮办的主要职责是:制定国防部有关系统工程的方针政策,审批 ID 类和 IAM 类项目系统工程计划,监督 ID 类和 IAM 类项目系统工程计划的执行,审批 ID 类和 IAM 类项目系统工程计划的重大更改;指导系统工程合同内容的编写;参加 ID 类和 IAM 项目的关键设计审查。

(4) 承包商按要求开展系统工程活动。美国是一个典型的市场经济国家,企业自主经营,自负盈亏。在市场上,政府和承包商是两个平等的主体,国防部的政策和要求不能通过行政手段强加于承包商,只能通过合同谈判,纳入合同中。对于系统工程的任何要求,包括系统工程管理的组织结构在内,也是如此。因此,制定好建议征求书(RFP)和合同,纳入系统工程的要求,成为承包商按项目管理办公室要求开展系统工程活动的重要手段。为此,系统工程师要参与建议征求书的制定和合同的签订,确保将系统工程要求纳入建议征求书和合同。

六、系统工程师在合同签订中的作用

系统工作师参与建议征求书和合同的制定签订,确保系统工程的相关活动纳入建议征求书和合同,并放在建议征求书和合同的合适范围,以确保最终系统满足最终用户的要求。系统工程师的职责是保证技术文件准确明了地传达政府的要求,包括必须执行的设计、建造、试验、认证、审批和接受判定标准,确保承包商了解一切过程以及所需提供的客观质量证据(OQE)。此外,项目主任还要向所有建议者提供项目的综合总计划与顶层综合总进度、预期的业务协调、当前的风险评定以及作为建议征求书组成部分的系统工程计划。

在建议征求书制定团队中,系统工程师负责建议征求书的技术方面,发挥下述作用:核对现行的作战文件和系统性能规范;确定系统工程过程要求(如要求管理、技术状态管

理和风险管理等);确定设计考虑因素(包括生产,可靠性与维修性,环境、安全与职业建康、人因系统整合,保密等);确定承包商产生的、政府要求提交的数据权;列出并说明技术评定证据和事件,包括技术审查、技术审核、认证以及相关的准入/准出判定标准;规定数据保护、系统系和系统试验与验证要求;提供要求核对追溯性数据库(包括要求与试验方法);规定项目办公室和承包商之间的会议和技术文件交流制度;进行提交品(数据种类、详细程度、数据权、提交时间)审查;领导或支持货源选择评价,包括对制定货源选择标准提供输入;实施进度风险评定,并将此作为货源选择评价的组成部分;支持建议征求书发放前的独立管理审查(Peer审查);确定外部接口,确保技术接口需求和任务范围明确无歧义。

建议征求书/合同的统一格式见表9.2,建议征求书/合同中的典型技术内容及系统工程师的职责见表9.3。

表9.2 建议征求书/合同的统一格式

节	标题
	第Ⅰ部分　内容要求
A	征求书或合同形式
B	供应品或服务项目和价格或成本
C	技术要求或技术规范或工作说明
D	包装和标记
E	检查和验收
F	交货或履约
G	合同管理所需数据
H	特殊的合同要求
	第Ⅱ部分　合同条款
I	合同条款
	第Ⅲ部分　文件、证件和其他附件和清单
J	附件清单
	第Ⅳ部分　身份合格证明和须知事项
K	建议者或报价者的身份合格证明、证明书和其他说明
L	建议者或报价者应遵守的规定、须知和注意事项
M	决定签订合同所需考虑的因素

表9.3 建议征求书/合同中的典型技术内容及系统工程师的职责

节　号	典型技术内容	系统工程师的相关职责
C	• 工作说明书(SOW); • 系统性能规范; • 作战文件(作战方针、系统系、要求等); • 工程过程	• 提出项目技术要求和工作说明书的技术内容; • 制定系统性能规范; • 确定系统工程过程应用; • 确定适宜的技术规范和技术标准
H	• 重要人员; • 政府提供的设备或信息(GFE或GFI); • 过时品管理; • 保证书; • 软件提交方案; • 奖励	• 对统一合同格式其他各节未含的合同特殊要求做出明确而无歧义的说明

(续)

节号	典型技术内容	系统工程师的相关职责
J	• 系统工程计划; • 项目工作分解结构; • 综合总计划(IMP); • 项目顶层进度安排; • 合同数据要求清单(CDRL); • 合同保密分级详细说明; • 数据权附件	• 支持制定工作分解结构(WBS)、综合总计划、项目顶层进度安排、合同保密分级详细说明; • 确保在发放建议征求书之前安排足够的时间制定高质量的规范和计划
K	• 数据权	• 确定要求建议者提交身份说明书、证明书和其他说明文件的条款; • 考虑包括下述内容的条款,要求建议者在签订合同后标识建议者向政府提交的任何数据或计算机软件
L	• 系统工程解决方案; • 系统工程管理过程; • 技术基线管理; • 技术审查和审核; • 风险管理过程和已知风险域; • 必须考虑和建议考虑的设计考虑因素; • 技术组织; • 合理化寿命周期评定所需要的技术数据	• 充分定义建议者的设计; • 提供建议者方案的技术背景和来龙去脉; • 说明建议者的系统工程技术过程和管理过程; • 保证工作说明书与系统性能规范之间的一致性; • 证实与政府过程的一致性
M	• 技术:技术方案、支撑数据、性能规范; • 管理:工作说明书、承包商的系统工程管理计划、综合总进度、风险计划; • 环境目标; • 质量保证或产品保证; • 过去的业绩; • 向政府的报价; • 建议者的数据权附录中的权利满足政府要求的程度	• 定义技术评价因素,提出系统工程用来评定建议的具体判定标准; • 参加或领导技术评价团队; • 配备技术人员参加各个评价因素团队; • 保证工作说明书与系统规范之间的一致性; • 对照技术要求、门限值要求、管理(如系统工程管理计划、工作分解结构和项目进度)评价 RFP 响应书与建议书的一致性; • 确定并评定每份建议的技术风险,包括进度风险和相关的风险缓解计划

第三节 系统工程过程

一、系统工程过程模型的演进

随着系统工程的应用和发展,美国国防部不断总结和推广相关经验教训,改进系统工程过程模型。仅从国防系统管理学院的《系统工程基础》教材中就可以看出,国防部先后使用过 3 种系统工程过程模型,不妨称之为 3 个不同版次的模型:第一版模型是 1994 年以前实施 MIL-STD-499A 时采用的模型;第二版模型是 1999 年国防系统管理学院在其出版的《系统工程基础》中提出的系统工程模型;第三版模型是 2006 年在《国防采办指南》中提出的一种与原有模型相关联,并用于替代原有模型的系统工程综合模型。如图 9.8 所示,该综合模型由 8 个技术管理过程和 8 个技术过程组成,比较充分地体现了系统工程既是一种管理过程又是一种技术过程。

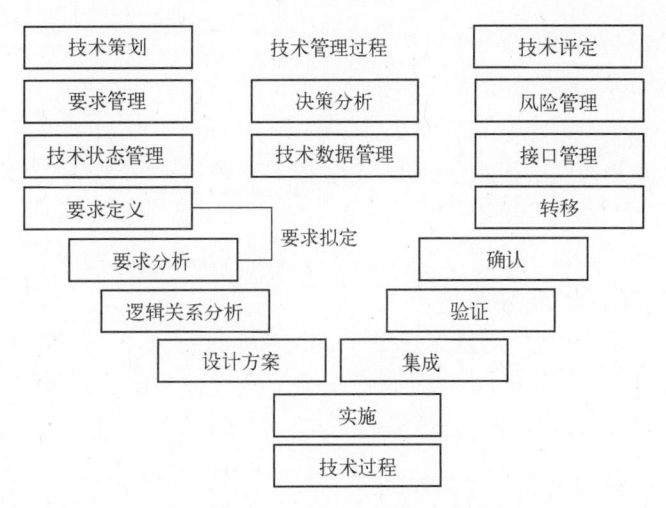

图 9.8 系统工程过程综合模型(2006 年)

2013 年,国防部又对第三版模型进行了改进,如图 9.9 所示。

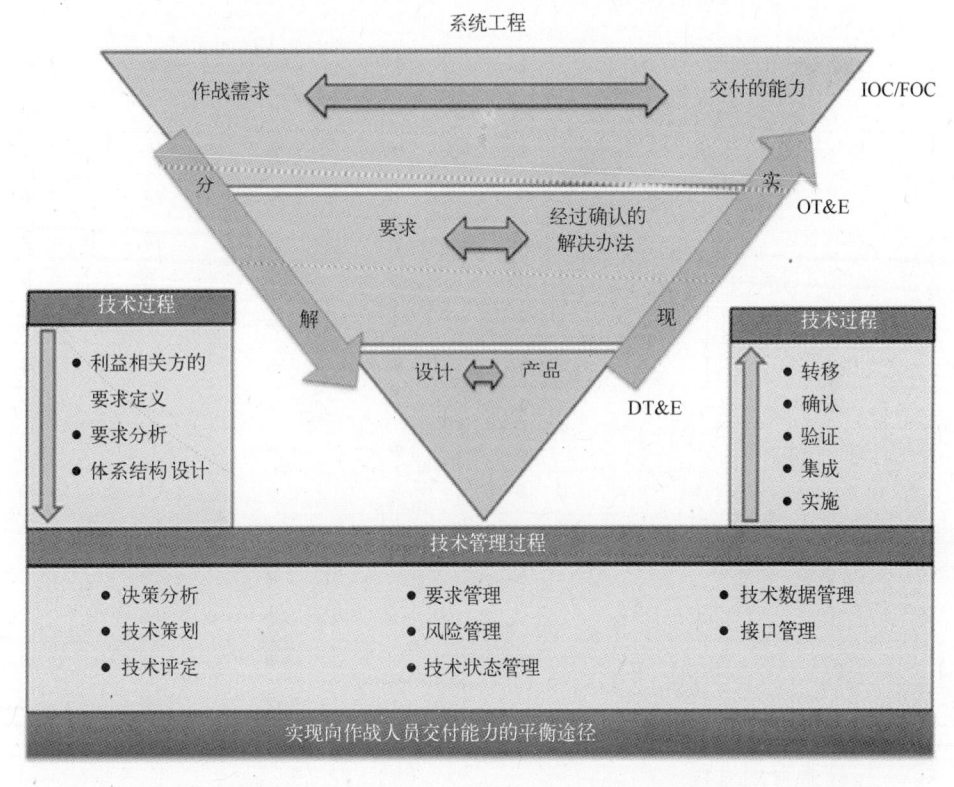

图 9.9 系统工程过程综合模型改进版(2013 年)
DT&E—研制试验鉴定;OT&E—作战试验鉴定;IOC/FOC—初始作战能力/全面作战能力。

二、系统工程过程综合模型改进版

系统工程过程提供一种框架和方法,供承包商和政府机构计划、管理和实施整个采办过程中的技术活动。成功运用系统工程的最终结果,是得出相应的综合能力解决方

315

案,该方案符合用户的需求,使多种要求、设计考虑因素以及项目的费用和进度之间达到平衡,并能在复杂的系统系环境下按照要求运行。

在将所确定的能力需求转换为解决方案的整个寿命周期中,项目主任和系统工程师需反复地、递归地、并行(运用时)地应用8个技术管理过程和8个技术过程。利用技术管理过程,在采办全寿命周期内了解控制整个技术开发活动;利用技术过程,设计、建立和分析系统、系统要素,以及为实现系统和系统要素的生产、集成、试验、部署、使用、保障和退役处理所必需的系统保障要素。

在组织实施系统工程时,需依据在研产品或系统的类型,系统的成熟程度、规模和范围,寿命周期阶段以及相关考虑因素,调整系统工程过程实施的强度。国防采办全寿命周期内系统工程过程实施的理论强度见表9.4。

表9.4 国防采办全寿命周期内系统工程过程实施的理论强度

实施强度标记 ● 大 ★ 中 ○ 小		系统工程技术管理过程和技术过程——各个采办阶段关注的内容					
		装备研制决策准备	装备解决办法分析	技术开发	工程与制造研制	生产与部署	使用与保障
技术管理过程	决策分析	●	●	●	●	●	●
	技术策划	●	●	●	●	●	●
	技术评定	★	●	●	●	●	●
	要求管理	★	●	●	●	●	●
	风险管理	★	●	●	●	●	●
	技术状态管理	○	★	●	●	●	●
	技术数据管理	○	●	●	●	●	●
	接口管理	★	●	●	●	●	●
技术过程	利益相关者的要求定义	★	●	●	★	○	○
	要求分析	★	●	●	●	○	○
	体系结构设计	★	●	●	●	○	○
	实施	○	★	★	●	★	○
	集成	○	★	★	●	●	○
	验证	○	★	★	●	●	★
	确认	○	★	★	●	●	●
	转移	○	○	★	●	●	●

(一) 技术策划过程

1. 含义与作用

技术策划过程作用主要体现在:①确定研制、部署和维持在研系统所需技术工作的范围;②为项目策划和项目的寿命周期费用估算提供重要的定量输入,确保系统工程在系统的整个寿命周期内都得到合适的应用;③为项目主任和系统工程师完成相关技术活动、从总体上提升产品的成熟程度、了解项目进展情况、降低技术风险提供框架。

其中,技术工作范围的确定,旨在:为进行项目的费用估算和进度估算,形成费用独立估算(ICE)、费用分析要求说明(CARD)和采办项目基线(APB)等文件提供准确依据；为确定风险，进行风险管理奠定基础；为支持技术评定过程确定系统的成熟度提供定量度量；为支持获得值的测定提供结构和信息准确的综合总进度(IMS)。此外，技术策划过程还要确定对项目进行技术审查和技术审核的计划，考虑系统研制、试验、生产、部署和维持所必需的资源(技能人员、保障设备/工具、设施等)。

2. 职责

在进行技术策划时，项目主任和系统工程师的职责是：使技术策划与系统工程的其他所有过程一同进行，确保项目的技术计划具有综合性和协调性；确保技术策划在整个采办中始终保持最新有效状态。

项目主任对项目的各种计划负最终责任。系统工程师负责制定、维护和执行项目的系统工程计划(SEP)，跟踪研制者的系统工程管理计划(SEMP)的调整情况，并向项目的其他计划提供重要技术输入，确保系统工程计划与这些计划协调一致。

3. 活动

技术策划包括下列活动：确定技术工作的范围和目标；确定约束条件和风险；确定角色和职责；将项目的范围和目标划分为若干独立要素；明确技术审查和技术审核及其时限；确定进度和费用；制定或更新策划文件；依据项目/系统的范围和复杂性调整系统工程过程实施的强度；明确可实施剪裁的领域或方面，提交里程碑决策当局(MDA)审批。

系统工程师完成技术策划需考虑以下因素：组织自身的环境；需遵循的相关政策；约束技术任务及其安排顺序，以及资源估算和经费概算的一切条件；随着项目进展和系统成熟而随时间变化的输入；一切其他约束条件；能力需求(要求、能力缺口、威胁、作战背景、作战方针)；系统方案或装备解决办法；现行的或拟需确定的重要接口和相互依存性；考虑商务和合同两方面要求的采办途径和采办策略；所选定的工程途径和研制策略；试验鉴定的途径与策略(包括研制试验鉴定和作战(使用)试验鉴定)；项目管理途径，包括组织、过程和产品；外部相关性，包括与其他系统或组织的协定；所需确定的日期；可用资源，包括资金、人员、设施等；项目风险；风险缓解和规避策略。

4. 输出

技术策划成果可用于支持系统工程计划、工作分解结构(WBS)、综合总计划(IMP)、综合总进度等文件的制定。

系统工程计划旨在帮助项目主任制定、传播和管理系统工程的总体途径，指导项目的所有技术活动。系统工程计划要与采办项目基线、技术开发策略(TDS)、采办策略(AS)、试验鉴定策略(TES)、试验鉴定主计划(TEMP)、项目保护计划(PPP)、寿命周期维持计划(LCSP)、项目的其他计划等文件保持协调一致，并对这些文件做出补充。系统工程计划和建议征求书一起用作建议指南，指导研制者制定研制者的系统工程管理计划，供研制者执行、管理和控制系统工程工作的计划。

工作分解结构(WBS)是以系统和产品的分解为基础来组织系统研制活动的一种方法，是用来确定组成整个系统的硬件、软件、服务、资源和设施等各种要素，并显示这些要素相互之间以及它们与最终产品之间逻辑关系的一种面向产品的家族树，是规定项目目标，安排项目活动计划，将活动安排同项目目标与资源估算联系起来的一种框架。工作分解结构既是系统工程过程的一种产物，又是组织和协调系统工程过程的一种重要工具。工作分解结构分为项目工作分解结构和合同工作分解结构。其中,项目工作分解结构是整个系统的工作分解结构,即描述系统体系结构的工作分解结构,包括系统物理体系结构部分(即交付给最终用户的主任务产品)的工作分解结构和保障产品(即为研制、生产、试验、部署、试验和保障主任务产品所需要的产品、服务、设施和技术资料)的工作分解结构;合同工作分解结构是项目工作分解结构的一部分,是为签订系统研制工作合同而制定的,与具体合同的交付产物和任务相关,包括承包商按照政府指令和合同工作说明书自行扩展到各个低层次的工作分解结构。项目主任应在项目的早期,会同系统工程师,按照 MIL-STD-881C 规定的要求,制定一个综合性的工作分解结构。通常,项目办公室制定项目顶层三个级别的工作分解结构,承包商制定第三级以下的各个级别的工作分解结构。

综合总计划是一种由事件牵引的政府文件,提供据以完成所有工作的框架。它有助于确定和确证定义、研制和交付系统所需要的任务,也便于在系统整个寿命周期内的使用和保障系统。综合总进度是一种由事件牵引的、主要关注产品和过程开发的文件。综合总进度对综合总计划进行补充,并以工作分解结构为依据,使项目主任更好地认识各种活动之间以及支持这些活动的那些资源之间的连接和相互关系。项目主任和系统工程师要确定合适的综合总计划的详细程度。对于低风险项目,制定过于详细的综合总计划,可能难以示出关键任务路径。对于高风险项目,应制定尽可能详细的综合总计划,以促进风险管理/风险缓解工作,但通常会给跟踪进展情况和更新状态带来更大的费用;监督研制者制定综合总计划,确保活动的的持续时间和所需资源具有合理性;审查综合总计划和综合总进度的完整性、协调性与一致性,评价持续时间和逻辑关系,确保它们实现项目目标,确定风险,使之达到所要求的降低程度;确定功能输入和寿命周期输入,用以整合系统工程过程和产物,提供可供检查的任务安排顺序和任务安排进度,用来度量费用和进度执行状况。

(二) 决策分析过程

1. 含义与作用

决策分析过程是将一个基本确定的决策机会,转化为一个可追溯、可保护和可行动的计划的过程。它包括在一个或多个低层次(如系统要素)上进行一个或多个独立分析,然后将这些独立分析汇总为与决策者和其他利益相关方相对应的较高层级的意见(如以系统"得分卡"表示)。决策分析过程在寿命周期的任何一点上都是形成、管理和执行一个高效率和高效果项目的中心过程。

良好的决策分析或权衡研究,有助于项目主任和系统工程师认识各种不确定性的影响,确定一个或几个行动路线来平衡各个竞争目标,客观地传递决策者的决策结果。总之,良好的决策分析或权衡研究是从多个被考虑的备选方案中选择一个可行而又有效的备选方案的基础。

2. 适用范围

决策分析过程适用于各个层级的技术决策,从评价顶层体系结构方案,到估计系统各个重大要素的情况,再到选定设计细节。决策分析的深度和广度要与决策范围和决策需求以及决策者的期望相称。

3. 活动与输出

决策分析由决策分析团队组织实施,其人员组成通常包括:会合理使用合适分析工具的主任分析师;熟悉相关模型和分析工具的专门事务专家;最终用户和其他利益相关方的代表。

决策分析通常包括下述步骤:审查确定总体决策背景的要求和假设;确定支持项目目标的决策框架/决策结构;确定决策分析所用的方法和工具;制定决策准则(目标和衡量标准)和准则权重,提出相关的理论依据;提出和跟踪假设;寻找并确定备选方案进行评价(就高层分析而言,这些备选方案通常是指定的,尽管补充的备选方案在分析过程中可能提出);依据准则分析和评定备选方案;分析结果;进行敏感度分析;编写决策简要说明和相关行动计划/实施计划;按期望/要求向决策者提出合适建议。

决策分析过程的输出是合理、完善、可行的建议和行动计划。

(三) 技术评定过程

1. 含义与作用

技术评定过程是系统工程师将实现的结果与确定的准则进行比较,依据事实了解产品当前进展情况、技术成熟度、项目状况和技术风险的过程。

技术评定过程的作用主要体现在:对照计划(资源、进度和实效)规定,给出项目进展情况结论;为确定和量化技术风险提供依据;为采取所需纠正措施,处理和解决所确定的技术风险提供严谨的方法。总之,技术评定可以更好地了解项目的进展情况和项目的成熟程度,为项目主任进行项目决策提供确实的技术依据。

2. 要求

严谨的技术评定要能支持各种基线的建立和系统实现程度的验证。从系统寿命周期的初期开始,就要实施严谨的技术评定活动;在装备解决办法分析阶段,技术评定要检查研制策划活动的进展情况和成果;在技术开发阶段、工程与制造研制阶段,技术评定要为跟踪系统的研制和系统低层要素的设计提供依据。

技术评定用于生产与部署阶段的制造与生产活动和整个使用与保障阶段,以支持可靠性增长与维持工程工作。

3. 方法

项目主任和系统工程师在采办全寿命周期内各种关键事件牵引的技术审查和技术审核中评价技术成熟度,支持项目决策。为此,要运用各种度量办法和衡量标准,对照所计划的目的、目标和要求来量测技术进展情况,其中包括技术性能度量。此外,还要使用项目支持审查(PSR)进行评定。项目支持审查也是一种评定,目的是在即将到来的里程碑审查之前,发现和解决策划与执行中出现的问题。

4. 活动

项目主任应确保在整个寿命周期内都开展技术评定,确保项目管理办公室人员和独立的专门事务专家参与技术评定所需的相应资源,需要时批准实现情况度量基线(PMB),以便按工作分解结构进行分时段度量。

项目主任和系统工程师应联合制定事件牵引的技术审查和技术审核计划,使审查标准(如用于技术审查的全部基线文件和制品)能对技术进展情况、成熟度和风险进行各种客观评定。

系统工程师应协助项目主任策划并实施技术评定过程,其中包括提出技术审查和技术审核建议,确定用作每次技术审查和技术审核的技术文件和制品,确定技术性能度量(TPM)。一些具体的活动包括:制定事件牵引的技术计划;确定合适的度量和衡量标准;确定项目健康进展和技术进展实现情况的度量办法;进行风险分析,确定风险,制定风险缓解策略;评定技术成熟程度、过程的健康状况与稳定性以及风险,在关键决策点向利益相关方和各有关部门发布项目进展情况信息;就项目进入下个工作阶段的技术准备情况向项目主任提出建议;聘请合适的、独立的专门事务专家参与技术审查和技术审核。

5. 输入与输出

技术评定过程的输入包括:已批准的项目计划(如采办项目基线、系统工程计划、技术性能度量等);工程产物(即图样、规范与报告、样机、系统要素、工程研制模型);衡量当前完成情况的标准。

技术评定过程的输出包括各种报告和结论,如技术审查报告、纠正措施、项目支持审查结论、实验报告等。

6. 技术度量和衡量标准

技术度量是按照预定的决策时间间隔收集项目信息,并向项目主任和系统工程师提供项目信息的方法。衡量标准设定适合于改进需要(即过程完成的实际情况和趋势)所需的数据,并为评定这些改进情况提供依据。相关的活动与产物包括:

(1) 标识、排序和选定一套跟踪与监督系统工程活动及系统工程计划执行情况的衡量标准的策略。这种度量/衡量标准策略包括:对适用于既定寿命周期阶段的度量策划过程和衡量标准选择过程的总体看法;监督既定计划实施的途径;角色、职责和权力的确定。系统工程计划需要确定两种类型的衡量标准:①帮助评定产品成熟度的衡量标准,从关键性能参数(KPP)和关键系统属性(KSA)导出的技术性能度量;②度量系统层和系统要素层的技术进展情况,获取产品信息的衡量标准,随寿命周期阶段的不同而变化。

(2) 除技术性能度量和产品度量外,项目主任和系统工程师要确保技术策划为评定相关系统工程组织实施系统工程过程的效果确定度量办法和衡量标准。

(3) 宜受监控的度量和衡量标准包括但不限于:软件的衡量标准(如规模、复杂性、重用性、缺陷、生产性);硬件的衡量标准(如体积、重量与能力,作业范围,轴向裁荷,可达到的可靠性、可用性和维修性等);技术人员配备;技术成熟性;经济可承受性;进度;质量/制造/生产度量(如缺陷、首次合格率、过程遗漏);基础设施度量(如设施与设备的能力、可用性、利用率);设计/研制过程度量(如图样发放、软件模块、分系统集成任务、接口的确定/验证、偏离、让步等)。

7. 技术性能度量

技术性能度量(TPM)是技术度量和衡量标准的一个子集,用来评价技术进展情况(即产品的成熟度)。技术性能度量得出的数据可在各个关键节点(如各种技术审查与技术审核,以及里程碑决策)上支持基于证据的决策。技术性能度量对实际和计划的技术开发与设计进行比较,从系统性能要求得到满足的程度报告进展情况。相关的活动与产物包括:

(1) 政府和研制者的系统工程师同最终用户商定有限数量的参数进行技术性能度量。这通常作为体系结构设计的一部分,与确定物理体系结构和向系统各要素分配要求一起进行。随着系统逐渐成熟,技术评定过程和风险管理过程会使项目主任和系统工程师了解风险降低措施执行的进展情况以及新出现的风险,后者可能成为补充属性,构成将中风险或高风险映射到技术性能度量清单的依据。

(2) 项目主任同系统工程师和研制者协调、审批所选定的技术性能度量。

(3) 系统工程师定义、收集和分析所有技术性能度量的性能度量数据,用来对照门限值和目标值评定一个时段内的性能。每次技术审查和技术审核,系统工程师都应评定所有的技术性能度量。

(4) 系统工程计划所纳入的技术工作应反映技术性能度量报告所必需的事件和度量活动。跟踪技术性能度量是研制者技术策划的一个有机组成部分,因而承包商应将跟踪技术性能度量纳入其系统工程管理计划。

(5) 技术性能度量报告应以相对于计划进展要求的实际进展情况来表示,按时间变化和已安排的项目进度关键节点(如技术审查)描绘变化曲线。持续地描绘每个技术性能度量的计划值与实际值、收益值管理系统(EVMS)数据以及项目的策划信息,以便实现性能趋向(即在门限值和目标值这两个方面的进展情况-计划的关系曲线)的评定。

8. 项目支持审查

项目支持审查(PSR)像其他的独立审查一样,也是一种技术评定工具,它可以用来预防早期识别出来的风险产生问题,并确定缓解措施。早期就进行项目支持审查,有助于项目主任在重大项目做出决策之前很好地确定和解决项目的策划和执行问题。相关的活动与产物包括:

(1) 初次的项目支持审查在里程碑决策审查之前的9~12个月内进行,后续的审查(里程碑审查前2~3个月)评定重要建议和风险缓解的执行情况,以改进项目的策划和执行。项目支持审查通常用2~3天的时间视察项目管理办公室和研制者(需要时)。

(2) 项目支持审查关注运用于寿命周期阶段的所有系统工程过程,但考虑采办管理各个方面的范围更为广泛,包括资源策划、管理方法与管理手段、后勤及其他方面。

(3) 项目支持审查得出的结论有助于项目的系统工程计划和建议征求书的制定,并确保这些文件对系统工程的公正性做出充分说明。

(四) 要求管理过程

1. 含义与作用

要求管理过程是在整个采办过程中建立和维护系统上下级要求之间相互追溯性的过程,包括:从最终用户需求到系统最低层要求,即从上至下要求之间的追溯性;从最底层要求到最终用户需求,即由下至上要求之间的追溯性。在实施利益相关方要求定义过程和要求分析过程中,最终用户的需求通常以系统级的作战用语表示。通过要求管理过程,系统工程师跟踪要求的更改,维护从最终用户需求到系统性能规范再到最终交付能力的追溯性。随着系统的设计向低层展开,系统工程师从高层要求向下追溯到系统要素,直至最底层的设计。同时,要求管理过程还提供从所导出的任何底层要求向上至导出该要求的相应出处(系统级要求)的追溯性。

上述双向的追溯性对有效管理系统的要求具有重要作用,具体体现在:确定一个既定系统要素的要求更改对系统全局产生的影响。合理更新要求文件,则承认批准的更改所产生的影响,确保批准的更改不致产生"无父母"的任何低层要求(即更改之后,相应系统层要求由下而上的所有关系仍然有效),高层要求正确地向下层要求和系统要素的设计传递,从而不致使高层要求成为"没有孩子的父母"。也就是说,每项高层要求最终都要通过低层要求和系统要素的设计加以实现;与项目的技术状态管理过程相结合,并通过制定严谨的系统性能规范,帮助项目主任避免更改产生不良的或预计不到的后果;周密分析和管理要求,有助于为系统的经济可承受性打下基础。

2. 活动与输出

项目主任要坚持领导,使所有利益相关方及时了解相关的要求更改和要求增加给费用、进度和性能带来的影响。

系统工程师建立并维护要求追溯性矩阵表(RTM),将所有要求载入系统性能规范,同时记载这些要求的分解/导出和分配的来龙去脉,以及所有表列值和所有更改的根本原因。

所有受到影响的利益相关方和决策者,在接受更改建议并将其纳入设计之前,要全面了解这些更改建议给系统或系统级要素的要求所带来的影响。

(五) 风险管理过程

1. 含义与作用

风险是在既定的费用、进度和性能的约束条件下,对实现项目目标的未来不确定性的一种度量。风险与项目的各个方面(如威胁环境、硬件、软件、人机接口、技术成熟度、供应商能力、设计成熟性和相对于计划的执行情况等)相关,也与工作分解结构和综合总进度相关。风险由三个部分组成:①未来根源(尚未发生),它是风险存在的最根本原因,如若得到清除或纠正,便可避免潜在后果的发生;②评定当前根源和未来根源发生的可能性;③未来根源发生所导致的有害后果(或有害影响)。

风险管理过程是囊括项目风险的识别、分析、缓解策划、缓解计划执行和跟踪的总过程。风险管理过程是减少项目不确定性的基本方法,因而对实现寿命周期内各个阶段的费用目标、进度目标和性能目标具有至关重要的作用。有效地管理风险,有助于项目主任和系统工程师确定和维护系统的技术性能,确保寿命周期费用和进度得到真实评估。

(1) 风险识别。风险识别的目的是回答"什么可能出错? 理由是什么?"的问题。风险识别需要采取的活动包括:检查当前和所建议的人员配备、过程、设计、供应商、作战部署、资源、相依性等;监测试验结果,尤其是试验失败情况;依据期望审查潜在的不足;分析负面趋势;进行系统安全和环境方面的分析。

(2) 风险分析。风险分析的目的是回答"风险有多大? 风险发生的概率多大? 发生的后果是什么?"的问题。风险分析需要采取的活动包括:推断根源发生的可能性;从性能、进度和费用方面确定可能产生的后果;应用风险报告矩阵确定风险等级。

(3) 风险缓解策划。风险缓解策划的目的是回答"项目处理其潜在根源或有害后果的途径(费用、进度和技术)是什么?"的问题。风险缓解策划需要采取的活动包括:清除根源和/或其有害后果,以规避风险;控制根源或其有害后果;承担风险等级,继续执行项目当前的计划。

(4) 风险缓解计划的执行。执行风险缓解计划的目的是回答"所计划的风险缓解如何才能实现? 怎样才能确保风险缓解成功实现?"的问题,确保风险缓解计划得到执行。

风险缓解计划执行过程需要采取的活动包括:确定策划、预算、进度、任务、要求和合同需做哪些更改;提供与管理者和其他利益相关方相协调的手段;指导相关团队执行既定的和批准的风险缓解计划。

(5) 风险跟踪。风险跟踪的目的是回答"风险缓解计划正在如何进行?"的问题,确保风险缓解计划成功实现。风险跟踪需要采取的活动包括:将风险传达给受影响的所有利益相关方;监控风险缓解计划的执行;定期审查状态更新;跟踪风险报告矩阵中的风险状态,显示风险管理动态等。

2. 活动与输出

项目团队的所有成员及所有利益相关方都有识别风险并向项目主任和系统工程师报告风险的责任。利益相关方要应邀参与风险分析和风险缓解活动。系统工程师负责对识别的技术风险进行排序,并制定风险缓解计划。项目主任审批风险排序和风险缓解计划,确保执行风险缓解计划获得所需要的资源。

(六) 技术状态管理过程

1. 含义与目的

技术状态管理过程是深入了解系统各个层次的情况,建立和维护系统全寿命周期内系统的功能、性能和物理属性,并使之与系统的要求、设计与作战(使用)信息保持一致的过程。技术状态管理的目的是建立和维护功能基线、分配基线,特别是产品基线,实现向最终用户成功生产、交付和维持其所需的能力。

2. 技术状态管理构架

技术状态管理按国防部采纳的 ANSI/EIA-649《技术状态管理标准》进行。ANSI/EIA-649 规定的构架包括下述 5 项相互关联的工作任务:技术状态管理策划与管理;技术状态标识;技术状态更改管理;技术状态状况记实;技术状态的验证与审核。

(1) 技术状态管理策划与管理。技术状态管理策划与管理工作需考虑以下几个基本问题:做什么、谁做、何时做;规定管理系统或部件的功能特性、物理特性、接口和文件的方法与程序的组织与职能结构;有关职责与权力、控制方法、审核或验证方法、里程碑和进度安排方面的规定。

(2) 技术状态标识。技术状态标识由正式批准的基线文件组成,包括:选定技术状态项目(CI);确定每个技术状态项目所需的技术状态文件类型;确证每个技术状态项目的功能特性与物理特性;制定接口管理办法,建立接口管理组织,规定接口管理文件;给出与系统/技术状态项目技术状态结构相关的编号和其他标识符;分发技术状态项目的标识和相关的技术状态文件。

(3) 技术状态更改管理。技术状态更改管理是在系统/技术状态项目的基线正式建立后,确保技术状态基线的更改被准确标识、记录、评价、审批、纳入相关技术状态文件、执行和验证的过程。更改通常通过工程更改建议提出,具体的管理办法可参见 MIL-HDBK-61A。

(4) 技术状态状况记实。技术状态状况记实是对记录和维护产品全寿命周期内报告有效管理产品技术状态所需产品技术状态信息进行管理的过程,包括:业已批准的技术文件清单;建议更改的状况,对技术状态标识的偏离和退让的状况;已批准更改的执行情况;包括库存在用品等在内的所有产品的技术状态。

(5) 技术状态的验证与审核。技术状态的验证和审核过程包括：①确定技术基线所规定的性能和功能要求是否已通过设计实现；②确定设计是否是基线文件所确证的。也就是说，通过技术状态的验证和审核，可以确定系统及其部件的实际情况与技术状态文件是否相互一致，即是否文实相符。审核包括功能审核和物理审核。

3. 作用

技术状态管理活动支持或保证：设计对要求的回溯性；准确标识和确证系统的要素、接口和相关性；全面及时地检查和处理问题；控制和确证对基线所批准的更改；及时准确地将经过验证的更改纳入所有受到影响的技术状态项目和文件中；工程更改建议（ECP）的有关条款与相关合同措施相符；产品与其支撑文件相符；对设计决策和设计改进保持完整的审核和追溯；持续地确保系统的保障性和互操作性符合批准的采办策略和寿命周期维持策略的要求；通过建立技术基线（包括功能基线、分配基线和成品基线），在各种技术审查和审核中评定和核准这些技术基线，保证系统研制的有序进行。

技术基线描述产品在某个时间点上的属性，并将这些属性作为其后更改的基准。基线一旦批准，便置于正式的技术状态控制之下。借助于技术状态管理、项目标识、控制或对系统基线的跟踪，确保更改只在评定其对性能、费用和进度的影响及其相关风险之后进行。下述三类技术基线是实施技术状态管理的核心。

(1) 功能基线。功能基线主要描述系统的功能特性、互操作性和接口特性等性能，描述证实这些规定的特性是否实现所需的验证。功能特性应能追溯到初始能力文件所规定的作战要求。项目主任通过系统功能审查（SFR）建立政府控制的功能基线，并通过功能技术状态审核（FCA）及其引出的系统级功能技术状态审核或系统验证审查（SVR）来验证功能基线。功能基线的特征包括：在费用和进度约束条件内拟实现的估计值；规定功能段之间接口的文件；业已确证的、需追溯至能力发展文件（草案）要求的性能要求；设计考虑因素和系统系背景下的联系所带来的影响；已确证的验证要求。

(2) 分配基线。分配基线描述所有系统要素各自的功能特性和接口特性（所分配下来的特性和从上一层次产品结构体系导出的特性），描述所要证实的这些规定的特性是否实现所需的验证。各低层系统要素（硬件和软件）的分配基线一般通过初步设计审查（PDR）建立，并置于技术状态控制之下。对每个系统要素反复进行该过程，直至通过系统级初步设计审查完成分配基线而终结。然后，项目主任通过功能技术状态审核和/或系统验证审查来验证分配基线。分配基线的特性包括：被分解到（或直接分配到）低层次（系统要素的技术状态项目）规范的所有系统功能的性能要求；规范最低层标识的所有系统要素的独立技术状态项目；接口控制文件所确证的所有内部（要素技术状态项目之间）接口和外部（在研系统同其他系统之间）接口；证实所规定的所有功能性能特性是否实现所需要的验证要求；所确证的并已纳入设计的设计约束条件。

(3) 产品基线。产品基线描述生产、装备/部署以及使用与保障所用的详细设计，规定所有必需的物理（形状、配合与功能）特性，选定适用于生产验收试验和生产试验要求的功能特性。产品基线应能上溯到能力发展文件所确定的系统性能要求。初始产品基线包括用作制造硬件依据的硬件规范（产品规范、过程规范、材料规范）和用作制造软件依据的软件规范（软件模块设计-编码规范）。系统要素的初始产品规范通过系统要素的关键设计审查（CDR）建立，从关键设计审查开始置于技术状态控制之下，并通过其后的物理技术状态审核进行验证。产品基线的特性包括:完整的要求追溯性矩阵;满足能力发展文件或可用的能力生产文件草案以及相应设计考虑因素等方面要求的(硬件和软件的)详细设计,其中包括接口说明;对系统性能、装配、费用、可靠性、环境、安全与职业健康(ESOH)和维持性有重大影响的产品关键特性;完整的硬件、软件和接口文件;从设计文件到系统的验证要求与验证方法,再到系统要素的验证要求与验证方法的完整追溯性;对业已确定的关键特性,以及对业已确定满足设计公差带的能力产生影响的制造过程。

4. 活动与输出

项目管理办公室和研制者共同负责策划、实施和监督技术状态管理过程及其支持活动。它们之间的职责分配随着系办策略和寿命周期阶段的不同而变化。

项目主任审批技术状态管理计划(CMP),确保全寿命周期内实施技术状态管理有足够的资源可用;审批系统基线;审批关键设计审查后对产品基线提出的I类更改。审批工作通常依靠技术状态控制委员会(CCB)完成。

系统工程师确保技术状态管理策划完整周全,并将细节和活动列入项目的系统工程计划和技术状态管理计划(适用时)。

(七) 技术数据管理过程

1. 含义与作用

数据是以各种介质、以各种形式或方式记录的信息。技术数据管理过程是指依据法律法规和政策,标识、获取、管理、维护和利用项目技术数据和计算机软件,以便在采办全寿命周期内管理和保障系统的过程。

有效地获取、改进和管理技术数据,以确保:提供在全寿命周期内了解和评价系统所必需的信息;形成在各种环境下使用和维护武器系统的能力;形成产品采购、升级和维持活动相互竞争的能力,使政府拥有产品数据和/或数据权,便于同原制造商以外的制造商签订合同,从而形成政府降低所有权总费用(TOC)的能力。

2. 数据分类

具有代表性的各类数据如图 9.10 所示。

3. 活动与输出

项目主任和系统工程师应与产品保障主任合作,确保对武器系统相关数据产品和数据权的要求尽早确定下来,并将其纳入合同条款中,以实现这些数据产品的交付。如图 9.11 所示,技术数据管理包括确定数据要求,获取数据,接收、检查和接受数据,储存、维护和控制数据,使用和交换数据,数据保护等活动。

(1) 确定数据要求。确定项目的技术数据权策略(TDRS)和技术数据管理途径,其重点是产品在其全寿命周期内所必需的技术数据和产品数据。应确保数据要求为技术开发策略所确认,并纳入技术开发策略(TDS)、采办策略和寿命周期维持计划,确保数据在签订下一个寿命周期阶段合同之前的里程碑提交。既要考虑获取技术数据和数据权需在近期立即花费的费用,也要考虑形成下述两种能力所带来的费用长期节省:①使生产活动和后勤保障活动实行竞争的能力;②降低所有权总费用的能力。

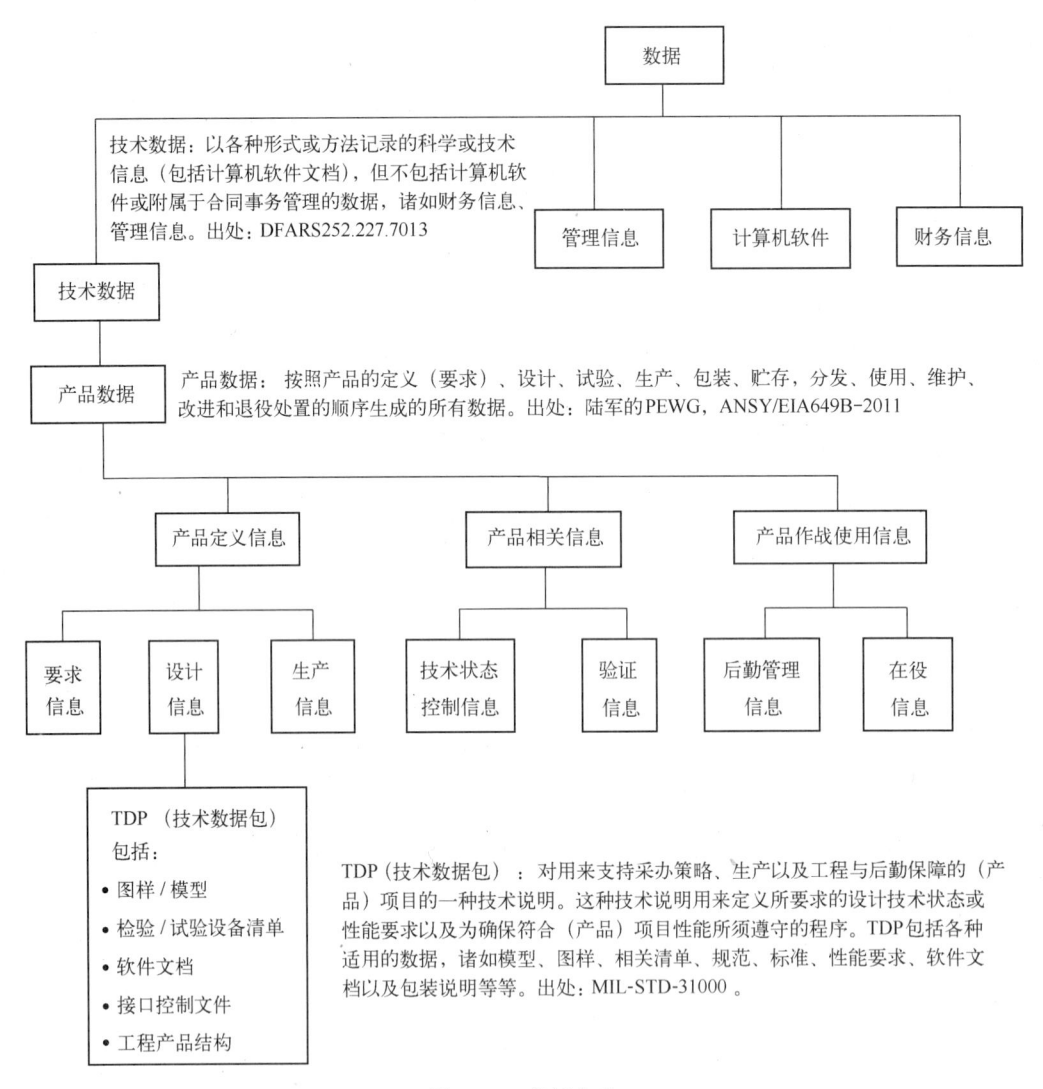

```
                                    ┌──────┐
                                    │ 数据 │
                                    └──┬───┘
          ┌────────────────┬───────────┼──────────────┬──────────────┐
技术数据：以各种形式或方法记录的科学或技术
信息（包括计算机软件文档），但不包括计算机软
件或附属于合同事务管理的数据，诸如财务信息、
管理信息。出处：DFARS252.227.7013
                                  ┌────────┐   ┌──────────┐   ┌──────────┐
                                  │管理信息│   │计算机软件│   │ 财务信息 │
┌────────┐                        └────────┘   └──────────┘   └──────────┘
│技术数据│
└───┬────┘
    │
┌────────┐  产品数据：按照产品的定义（要求）、设计、试验、生产、包装、贮存、分发、使用、维护、
│产品数据│  改进和退役处置的顺序生成的所有数据。出处：陆军的PEWG, ANSY/EIA649B-2011
└───┬────┘
```

图 9.10 数据分类

（产品数据分支：产品定义信息 — 产品相关信息 — 产品作战使用信息；
产品定义信息下：要求信息、设计信息、生产信息；
产品相关信息下：技术状态控制信息、验证信息；
产品作战使用信息下：后勤管理信息、在役信息。
设计信息下 TDP（技术数据包）包括：
- 图样/模型
- 检验/试验设备清单
- 软件文档
- 接口控制文件
- 工程产品结构

TDP（技术数据包）：对用来支持采办策略、生产以及工程与后勤保障的（产品）项目的一种技术说明。这种技术说明用来定义所要求的设计技术状态或性能要求以及为确保符合（产品）项目性能所须遵守的程序。TDP包括各种适用的数据，诸如模型、图样、相关清单、规范、标准、性能要求、软件文档以及包装说明等等。出处：MIL-STD-31000。）

（2）获取数据。通过合同工作说明书明确任务，要求研制者开展工作，生成所需数据，并通过合同规定数据的内容、格式和质量要求。合同要使用现行有效的数据项说明（DID），列出合同数据要求清单，使研制者交付所需要的技术数据和计算机软件。

（3）接收、检查和接受数据。检验所有产品相关数据的内容、格式和质量。检查按合同约定交付的数据，确保标记符合相关数据权协定和《联邦采办条例国防部补充条例》，确保交付的数据注明相应的分发说明和/或出口控制说明。

（4）储存、维护和控制数据。为全寿命周期内产品数据的维护和管理提出预算，并提供经费。综合数据环境（IDE）或产品寿命周期管理（PLM）系统要便于项目的每项活动生成、储存、访问、处理和交换数字数据。要使项目最大限度地使用现有的综合数据环境/产品寿命周期管理基础设施。应确保数据的更改及时，并纳入项目的综合数据环境或产品寿命周期管理系统。

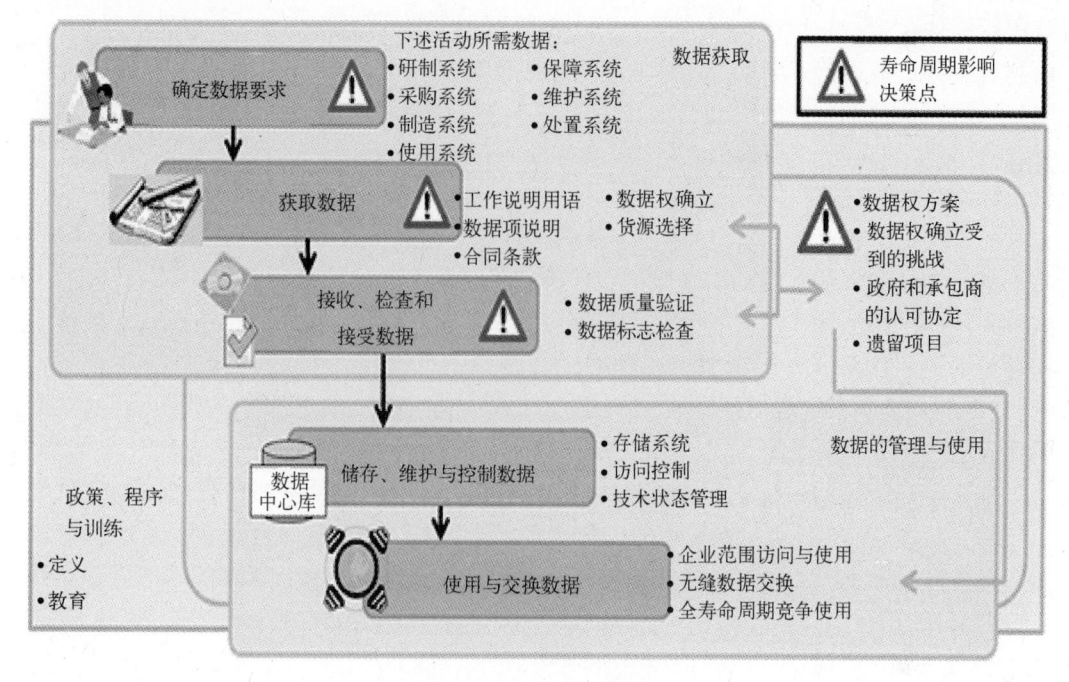

图 9.11　数据管理活动

（5）使用和交换数据。为从事寿命周期保障活动的所有人员和组织制定使用和重复使用产品数据的计划,规定使用和重复使用产品数据的办法。为支持政府对技术数据包(TDP)的要求,项目主任还要考虑产品相关的所有数据(如技术手册、修理说明书以及设计/分析数据等),以方便后勤保障活动,更好地实现维持工程,并适应、实施和管理产品的升级换代。

（6）数据保护。项目主任负责保护系统数据,不管这些系统数据是由政府保管的,还是由承包商保管的。按国防部的相关政策开展数据的保护、标记和发放,按相应的指南、合同或协定保护标有限制发行信息的数据。对交付的所有数据都应注明分发说明,对含有关键技术信息的数据、需控制发行范围的数据、知识产权数据或专利数据,要制定保护办法,使其在整个寿命周期内得到妥善保管。数字数据应明显地显示适用的限制性标志、图标和分发说明。在开发或采购国防部信息系统之前,应按照公法 107-347 和国防部的保密影响评定(PIA)指南,进行保密影响评定。

（八）接口管理过程

1. 含义与作用

接口管理过程是指保证接口得以定义,并确保系统的各要素之间以及系统与其他系统之间协调的过程。

接口管理过程有助于确保系统的各要素之间以及系统与其他系统之间协调;确保研制者确证所有内部接口和外部接口的要求,按照技术状态管理计划更改接口要求;研制者向受到影响配对的系统和配对系统要素的责任研制者传递接口信息,制定试验协调计划,验证期望的性能和最终的作战性能。

2. 活动与输出

接口管理过程是一种反复迭代的过程。随着设计活动的开展,对系统和系统要素的认识逐渐加深,需要对可验证的低层要求和接口进行定义与重新定义。在这个过程中,研制者应评定拟进行定义和/或修改的接口对原定义的能力与接口、性能参数的门限值与目标值以及整个系统的影响。项目主任和系统工程师应确保项目的接口管理计划能够:确证系统的内部与外部接口及其要求规范;确定优先的和自选的接口标准及其剖面;提供理由,说明选定正在改进的接口技术标准及其程序的合理性;说明适用于各接口或标准的合格证明和试验;与项目的技术状态管理计划协调一致。

项目主任和系统工程师应确保研制者确证系统的所有接口要求,并使这些验证的要求纳入相应层次的技术状态管理,为利益相关方所能获得。这些经确证的要求,在整个寿命周期内用作系统各层次的重要功能,包括:确定功能特性与物理特性;促进竞争投标;实现各系统和系统各低层要素的集成;支持系统的维护,未来的提高和升级;向持续的风险管理工作输入数据。

负责接口管理的系统工程师在整个寿命周期内肩负着大量重要任务,包括:定义和制定接口规范;评定组成系统或系统系的技术状态项目之间接口的协调性;监控系统内接口的生存性和完整性;制定接口管理计划,评定现行和新生接口标准与剖面,更新接口,淘汰过时的接口。

项目主任应组建接口控制工作组(ICWG)。接口控制工作组由从事接口活动的技术代表和利益相关方的代表组成,研究提出接口要求,关注细部接口定义,及时解决有关问题。

8个技术过程:

(一) 利益相关方的要求定义过程

1. 含义与作用

利益相关方的要求定义过程是牵头的军种部、国防部业务局或被任命的项目管理办公室接收利益相关方提出的要求,并将这些要求转化为技术要求的过程。该过程与要求分析过程和体系结构设计过程互补,递归地用于系统各个层次的规范,并在整个研制的各个层次上迭代。该过程的目标是通过要求分析获取更多的信息,使利益相关方的要求可行、平衡和充分综合。该过程关注的重点是将用户需求转化为项目和系统的下述要求:性能参数的门限值和目标值;经济可承受性约束条件;进度约束条件;技术约束条件。

利益相关方的要求定义过程有助于确保从采办角度,了解各利益相关方的要求、期望和所能提出的约束条件。利益相关方要求的权威出处是联合能力集成与开发系统文件,如初始能力文件(ICD)、能力发展文件(CDD)和能力生产文件(CPD)。周全的利益相关方的要求定义过程可以避免对要求的了解不周全、不透彻,可以避免因误解最终用户的需求而返工,对合同做出不必要的修改,并导致费用增加、进度拖延。

2. 活动

项目主任和系统工程师支持利益相关方的要求定义过程,同最终用户确定和细化联合能力集成与开发系统文件提出的作战需求、特性、性能参数和约束条件。在采办全寿命周期内都要进行利益相关方要求的定义活动,这些活动包括:

(1) 明确利益相关方的能力目标。确定与系统有利害关系的利益相关方,并在系统的整个寿命周期内保持同这些利益相关方的联系,并明确以什么系统达到利益相关方的目标,以及如何很好地达到这一目标。

(2) 定义利益相关方的要求。定义当前对系统解决方案所能提出的约束条件；定义用来分析系统作战可能用到的相关环境和支持背景；定义所有利益相关方都尚未正式提出的潜在要求。

(3) 分析和维护利益相关方的要求。分析要求的特殊性、完整性、相容性、可度量性、可试验性和可行性；与利益相关方就解决要求相互矛盾的问题进行协商，对要求做出必要的修改；在系统的整个寿命周期内确认、记录和维护利益相关方的要求；支持要求分析过程，建立并维护追溯性矩阵，说明如何使系统要求满足利益相关方目标和如何实现利益相关方协定的计划。

（二）要求分析过程

1. 含义与作用

要求分析过程是将用户需求分解成最明确的、可实现的和可验证的高层要求的过程，是随着系统设计的推进，将分配的要求和导出的要求分配到系统最底层要素的过程。作为分析结果而产生的系统要求，在采办全寿命周期内进行技术审查和技术审核时都会涉及，并作为相应项目和系统工程的技术文件。良好要求的特征包括：必需的；独有的；无歧义的，即清楚、简明扼要、不含糊；相容的；技术上可行/可实现/可获得的；可追溯的；可度量的/可量化的；可验证的，如可试验的；能得到确认的；具有作战效力的；单一的。

要求分析过程的作用包括：将用户需求（通常以作战用语说明）转化为无歧义、可验证和可实现的系统性能规范要求；整合设计约束条件，包括法律法规等约束条件；确证系统级规范分配给系统最底层要素和系统实现要素的要求；提供规定规范要求及其分解/分配的基本理由；提供相关机制，支持要求之间的权衡分析，在费用和进度的约束条件之内，为履行使命提供最大保证；为整个寿命周期内准确评定系统的性能提供框架。

2. 目标

要求分析过程的目标包括：定义这样一种能力，将用户需求和拟进行设计和部署的系统、系统要素以及系统实现要素联系起来；定义满足用户作战使命需求、满足规定费用和进度要求等约束条件的系统；深入了解各种功能之间的相互关系和作用，依据用户目标实现一组平衡要求。

3. 步骤

要求的定义、导出和细化，可按下述步骤进行：分析用户需求；将用户需求转化为基本功能；依据提供的作用和特性，确定系统的功能边界，制定一套量化的性能要求；确定需要系统执行的各项功能；确定实施的约束条件（利益相关方的要求或解决办法的局限性）；将性能要求转化为具体的技术设计要求。

（三）体系结构设计过程

1. 含义

体系结构设计过程是一种由项目主任和系统工程师将利益相关方的要求定义过程和要求分析过程的输出输入到备选设计方案中，确定备选设计方案的体系结构的综合权衡过程；同时，它还是一种寻求费用、进度、性能和风险平衡，满足利益相关方要求的迭代过程和竞争过程。这里的备选设计方案包括硬件要素、软件要素和人因要素，以及它们的系统实现要素、相关的内部接口和外部接口等。体系结构设计过程与利益相关方的要求定义过程、要求分析过程相结合,了解采办寿命早期的风险,为制定早期的风险降低策略提供依据。体系结构设计过程支持分析设计考虑因素,为考虑系统的关键性能和关键属性(如可靠性、维修性、生存性、维持性、性能和所有权总费用等)提供依据。

2. 体系结构类型

通过体系结构设计过程,可建立以下3种体系结构:

(1) 功能体系结构。功能体系结构通过将功能和子功能分配给硬件/软件、数据库、设施和人的操作,为定义系统体系结构奠定基础。功能体系结构是功能基线的组成部分。

(2) 物理体系结构。物理体系结构由一种或多种产品结构构成,而产品结构则可由方案设计图、简图和/或框图组成,它们确定系统的形状、系统要素的排列以及相关的接口。物理体系结构的建立是一个迭代和递归的过程,同功能要求和功能体系结构一同演进。物理体系结构是分配基线和产品基线的组成部分。

(3) 系统体系结构。系统体系结构确定支持系统所必需的产品,也确定支持研制、生产/制造、部署、使用、保障、退役处理、训练和验证等一系列活动所必需的过程。建立系统体系结构要实施健全的系统工程,要符合有关的工业标准。系统体系结构要置于技术状态控制之下,并采用健全的系统信息中心库进行维护。

3. 活动

体系结构设计过程的主要活动包括:分析和综合物理体系结构和相应的分配;分析约束条件要求;确定并定义物理接口和系统要素;确定并定义系统要素的特性,包括设计预算(如重量、可靠性)和开放系统原则。项目主任监督体系结构设计工作,了解和维护用来评价备选体系结构、执行和处理途径的进度主导因素及费用主导因素。系统工程师依据体系结构设计过程中的决策,进行市场调查,分析有无在研系统可用的现有产品和技术,并确保系统体系结构在采办全寿命周期内的一致性。

4. 输出

体系结构设计过程的输出主要有以下几种。

(1) 系统分配基线,包括:说明系统物理体系结构的文件;说明组成系统的各个技术状态项目和接口的功能与性能要求规范。

(2) 系统体系结构及据其形成的设计文件,这两者要充分细化到便于:证实要求的向上和向下追溯性;证实互操作性和开放系统的性能要求;有足够的产品和过程的定义支持系统的实现、验证和确认;确定可实现的各种备选方案,供主要利益相关方做出科学决策。

(3) 更新过的工作分解结构。

(4) 更新过的其他技术策划文件。

体系结构设计过程的最终结果是获得这样一种体系结构:满足要求管理过程所提出的用户最终需求;将所有规定的要求和导出的要求分配给系统的较低层要素;有可能达到费用、进度和性能的目标;便于同用户和设计工程师沟通;其详细程度与系统的复杂程度和保障策略相称,足以约束被交付系统的费用与进度,并定义接口。

(四) 实施过程

1. 含义

实施过程是计划、有序地提高成熟度,降低风险,确保系统为集成、验证和确认做好准备的重要过程。实施过程涉及两大工作,即设计与实现。依据技术成熟的程度,实施过程可能需要研制、采购或重用系统要素来组成系统。

设计始于装备解决办法分析阶段。在该阶段,需要分析备选设计方案的提供情况,确定入选的装备解决办法是研制、采购装备还是重用现有的装备。设计活动可包括:确定并分析这样一些约束条件,使技术、设计与实现技术影响设计方案;制定系统要素的样机和解决办法的设计方案与实施方案;分析候选系统要素的设计方案与实施方案,进行变异性研究,发现矛盾,确定解决办法的备选方案,确保系统的完整性;确定制造程序和质量管理办法,记录系统最终要素的图样或技术数据包中的假设和决策。

实现是采用规定的材料和设计期间所确定的制造与生产工装/工艺流程来建造系统要素的过程。早期的制造和生产策划是成功实现和交付所需能力的关键。系统要素按产品基线建造,并且应符合质量标准。实现活动可包括:获取建造系统要素所需使用的材料与工装;获取外面提供的系统要素(适用时);按实施的工艺流程、公差以及适用的环境、安全与职业健康(ESOH)、安全和保密规定建造系统要素;按照规定的产品质量特性确定系统要素的功能度;记录制造和生产中的问题及其纠正措施;提交所实现的系统要素,供集成和后续的验证使用。

2. 活动与输出

按照最佳惯例,系统工程师制定实施计划,包括实施办法、制造过程、制造设备与工装,以及实施偏差和验证不确定性。

实施过程的输出是产品基线所确定的物理系统要素,包括制造和生产方法。

（五）集成过程

1. 含义与作用

集成过程是按照物理体系结构,有序地将系统较低层要素装进系统较高一层要素的过程。该过程与验证过程反复迭代,直至形成系统。集成过程对提高系统的成熟性、降低费用以及把系统交付给作战部队都是非常重要的。

2. 与接口管理过程之间的关系

接口管理过程对集成过程的成败至关重要。因此,应尽早确定接口控制规范,并将其置于严格的技术状态控制之下。项目的所有外部接口和/或相依性都应纳入项目的系统工程计划。具有外部相关性和/或接口的所有项目都应按照系统工程计划大纲的要求制定协议备忘录(MOA),以正式制定约定和管理办法。显示所有协议备忘录状态的现行目录必须作为项目系统工程计划的组成部分加以管理,并在每个阶段进行更新。

3. 活动

项目主任和系统工程师负责策划、管理和执行集成过程,制定集成计划,规定集成阶段,使系统要素成功集成为系统的较高层要素,最终集成为产品。系统集成计划应考虑集成备选途径,对所需的系统集成实验室或其他设施、人员、试验台、吊带、测试软件以及对集成进度的安排应做出说明。

（六）验证过程

1. 含义

验证过程是提供证据,说明系统或系统要素能否实现其预定功能、是否符合系统性能规范、功能基线和分配基线所列全部性能要求的过程。它回答的问题是"系统的建造是否正确？"。

2. 验证活动

验证可以降低系统实施和集成的重大风险,确保在项目入下一个层次的集成之前发现系统要素的缺陷,防止因排除故障和返工而付出沉重代价。

(1) 起始时间。验证始于要求分析期间,即将利益相关方的顶层性能要求进行分解,并分配到最初的系统性能规范和接口控制规范的各个系统要素。在这个过程中,需确定每项要求何时进行验证、如何进行验证、需要做什么工作、需要那些资源(即试验设备、时间和人员安排)。最终形成的验证矩阵表和支持文件也要作为项目功能基线和分配基线的组成部分。

(2) 验证方法。验证可以采用演示、检查、分析、试验等方法及它们的任意组合来完成。验证活动及其结果通过功能技术状态审核和系统验证审查的结果进行确认。对实施过程提供的各个系统要素,采用研制试验鉴定(DT&E)、验收试验或合格鉴定试验进行验证。在集成过程中,成功的较高层系统要素可在其进入下一个层次的集成之前进行验证。系统作为一个整体的验证,在集成完成后进行。发生设计更改时,为评定设计更改对已鉴定合格的基线的可能影响,缓解性能降级的风险,要重复进行部分验证。

3. 活动与输出

项目主任和系统工程师管理验证活动以及功能基线与分配基线规定的验证方法,审查验证结果。

验证过程的输出是经过验证的产品代表件,以及支持初始作战(使用)试验(IOT&E)的文件。系统验证审查确定系统满足系统性能规范的程度。

(七) 确认过程

1. 含义

确认过程是提供客观证据,以确定系统是否符合利益相关方的性能要求,是否具备在预定的作战(使用)环境下实现预定用途的能力的过程。确认回答的问题是"解决问题的办法正确吗?"确认包括评价系统在实际作战环境下的作战效能、作战适用性、维持性和生存性。

2. 确认活动

(1) 确认活动在预定的作战(使用)环境或批准的相似环境下进行。

(2) 早期的项目确认活动有助于作战方针(CONOPS)、系统性能规范、应用案例、功能与物理体系结构以及试验案例的形成,可采用建模、仿真、全尺寸模型和样机进行。

(3) 确认用于初始产品基线,可确保正在出现的新设计满足最终用户的需求。

(4) 通过早期进取性的确认,可以在前期就暴露一些作战(使用)问题,进而极大地缓解项目风险,以很小的代价解决问题。

(5) 最终确认是在实际作战环境下对具有生产代表性的系统进行作战(使用)试验。

3. 活动与输出

项目主任和系统工程师负责保障确认过程。通常而言,确认过程由独立试验者按照试验鉴定主计划执行,系统最终用户和其他利益相关方介入确认活动。

确认过程的输出是经确认而进入全速生产(FRP)和/或全面部署(FD)决策审查的系统和系统实现要素。

(八) 转移过程

1. 含义

转移过程是使系统的任何要素向系统物理体系结构的下一个层次转移的过程。对最终系统产品而言,转移过程是向用户交付系统,并进行安装和部署的过程。需在作战环境下与其他系统实行集成的最终系统产品,其转移过程需同集成过程与接口管理过程联合进行,以便转移平顺进行。

转移过程包括已部署系统及其系统实现要素的维修性活动和保障性活动,以及报告和处理故障的过程。

2. 转移的策划

(1) 系统转移的早期策划有助于降低风险,促进系统的平顺交付和最终用户的快速接收。

(2) 转移需考虑用户和维修人员的要求、训练、部署性、保障任务,以及包装、装卸、储存和运输(PHS&T)等因素。

(3) 转移活动随着寿命周期阶段、规模和技术复杂程度的不同而不同。

3. 活动

项目主任、系统工程师和产品保障主任监督一切转移计划和活动的执行,确保将最终产品系统和系统实现要素安装或部署到相应的作战环境中。项目主任要确保收到承包商业的所有交付品,特别是文件(图样、技术手册等)。系统工程师进行在役审查,指导所有工程纠正转移中发现的缺陷。

第四节 采办过程中的系统工程活动

国防部第 5000.02 指令构建了采办项目的寿命周期构架,将寿命周期分为若干阶段,并以里程碑决策为分界点。不同版本的国防部第 5000.02 指令对寿命周期阶段的划分不尽相同,本节以图 9.12 所示的国防采办全寿命周期(2008 年版)为代表,介绍美国国防部在采办各阶段开展的系统工程活动。

一、采办各阶段的系统工程活动

(一) 装备发展决策准备阶段

装备发展决策准备阶段(Pre-MDD)的主要目标是:弄清用户需求,确定技术上可行的候选装备解决办法途经的范围,考虑近期能有条件做出快速响应的机遇,制定下一个采办阶段的计划,包括所需要的资源。这些资料支持里程碑决策当局做出是否采取装备解决办法、是否批准进入装备采办寿命周期的决定。

1. 输入与输出

与装备发展决策准备阶段相关的输入见表 9.5。

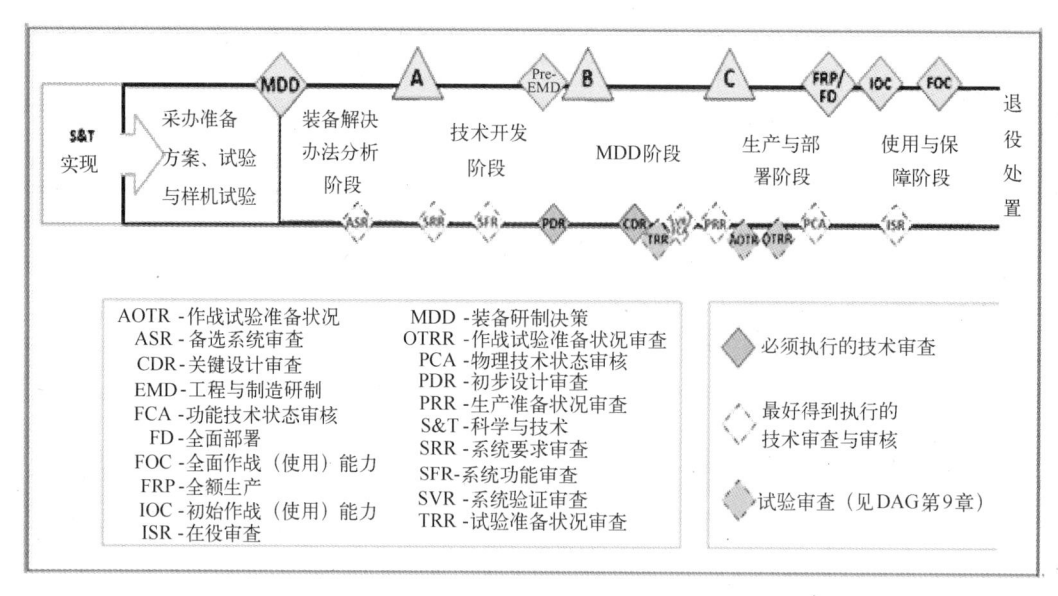

图 9.12　国防采办全寿命周期(2008 年版)

表 9.5　与装备发展决策准备阶段相关的输入

装备发展决策准备阶段的输入
初始能力文件草案 • 基于能力评定（CBA）的产物或其等效物，见 CJCSI3170.01
其他分析成果 • 科技界提供的分析成果、试验成果、样机试验成果或其他文献

装备发展决策准备阶段的工作在成功通过装备发展决策审查、由里程碑决策当局批准进入国防采办系统时结束。该决策以采办决策备忘录(ADM)的形式签发。装备发展决策准备阶段的输出见表 9.6，此外还包括经批准的备选方案分析(AoA)指南和备选方案分析计划。

表 9.6　与装备发展决策准备相关的技术输出

装备发展决策准备阶段的技术输出
对初始能力文件的建议
对备选方案分析指南和备选方案分析研究计划的建议
对下个阶段计划与预算的建议,包括对准备启动里程碑审查工作进行支持所需要的备选方案分析或非备选方案分析工作的建议
对采办决策备忘录的建议

2. 系统工程活动

在装备发展决策准备阶段开展系统工程活动的主要目的是：深入了解初始能力文件中提出的作战能力差距，查找能力差距的源头；确定候选装备解决办法的相关范围；确定近期对能力需求做出更快响应的可能性；同科技界以及其他合作者合作，为备选方案分析指南中的候选装备解决办法建立数据库；分析权衡空间，确定可行的装备解决办法的性能与费用之间的关系；策划下一个阶段所需要的技术工作。

3. 职责

在装备发展决策准备阶段,项目主任或系统工程师通常还没有任命,一般由指定的军种部代表来组织开展相关的工作。指定的军种部代表要利用模型与仿真来获取装备发展决策所需的证据,也可利用征求信息书(RFI)从工业界获取有助于确定和说明候选解决办法的信息。

(二) 装备解决办法分析阶段

装备解决办法分析阶段(MSA)的目标是选定和充分描述入选的装备解决办法,这种办法满足里程碑决策当局规定的某个阶段的具体准入准则。这里的"某个阶段"通常是但不限于技术开发阶段。

装备解决办法分析阶段的活动从装备发展决策审查通过开始,到项目下一个里程碑的阶段准入准则得到满足时结束。这些活动包括:进行备选方案分析;进行支持入选的装备解决办法的分析;对入选的装备解决办法进行作战分析;对入选的装备解决办法进行工程和技术分析;构建项目框架和制定项目策略等。

1. 输入与输出

与装备解决办法分析阶段相关的输入和技术输出见表9.7和表9.8。

表9.7 与装备解决办法分析阶段相关的输入

装备解决办法分析阶段的输入
初始能力文件 • 基于能力评定的产物或其等效物,见 JCIS3170.01
备选方案分析指南和备选方案分析研究计划
采办决策备忘录(ADM)(可能包括补充指示)
其他分析结果 • 其他先前的分析结果、样机试验和/或科技界进行技术演示的结果;寿命周期内的任何时间点上的技术引入/技术转移

表9.8 与装备解决办法分析阶段相关的技术输出

装备解决办法分析阶段的技术输出
对能力发展文件草案的建议
对备选方案分析报告的建议
对入选的装备解决办法的建议 • 入选的装备解决办法载入采办决策备忘录
对里程碑决策当局的建议
系统工程计划(SEP)
可靠性、可用性、维修性和费用合理性(RAM-C)报告,按DTM11.003的规定,作为系统工程计划的附件
可靠性增长曲线(RGC)
项目保护计划(PPP)
权衡研究结果 • 研究结果可能包括敏感度曲线拐点分析和产品选择等
环境、安全与职业健康(ESOH)策划
技术风险评定

(续)

装备解决办法分析阶段的技术输出
技术问题的考虑因素
最初确定的关键技术
相关性/接口/协议备忘录 • 对项目特有的相关性、接口和相关协议备忘录的认识
系统规范草案
其他技术信息,诸如本阶段形成的体系结构、系统模型和仿真结果等
样机制造策略 • 系统规范草案与竞争性样机制造目标之间建立的关系,以及下个阶段的计划与竞争性样机制造和系统初步设计计划的一致性 • 包括里程碑 B 之前拟作为样机制造的系统关键要素的标识 • 依据 DTM09-027 的规定纳入技术开发策略(TDS)
对经济可承受性评定的建议 • 经济可承受性目标在里程碑决策当局为项目确定的下一个里程碑建立,并作为关键性能参数处理 • 确定下一个阶段对类似设计性能进行权衡分析的时间点 • 价值工程结果(适用时)
对寿命周期维持计划(LCSP)的建议
对试验鉴定策略(TES)的建议
对研制试验鉴定(DT&E),包括早期作战评定(EOA)的建议
对建议征求书的建议 • 包括对系统规范、工作说明书、合同数据要求清单以及货源选择标准的建议
对技术开发策略的建议 • 对工程途径与策略、外部相关性、资源要求、进度和风险的建议

2. 系统工程活动

在装备解决办法分析阶段开展系统工程活动的主要目的是:运用系统工程过程,分析研究各备选方案,从作战生命力、满足履行使命任务的能力、费用等方面对各备选方案进行技术评价,找出各备选方案的优缺点,提出具体的装备解决办法建议。该阶段系统工程活动的产物包括系统模型和/或体系结构、初步的系统性能规范,以及系统工程师就什么样机、何时研制和如何研制向项目主任提出的建议等。

3. 职责

在装备解决办法分析阶段,项目主任除承担一般职责外,还应关注下述依靠并支持系统工程工作的活动:准备并支持货源选择活动,为即将到来的阶段编制建议征求书和签订合同,选择货源作准备;支持要求提出部门制定能力发展文件草案;若下一个阶段为技术开发阶段,则制定技术开发策略,纳入必要的风险降低活动;给项目办公室备配训练有素、经验丰富的系统工程师。

系统工程师除充当一般角色、承担一般职责外,在装备解决办法分析阶段还负责:指导和管理本阶段技术活动的执行;度量和跟踪项目的技术成熟度;确定用于评定技术风险的技术;进行平衡研究;支持编写建议征求书;制定系统性能规范,并将项目专用的规范命名规则纳入系统工程计划及其他计划与过程;确保系统性能规范纳入重要的设计考虑因素;制定技术途经和计划,并将其纳入系统工程计划;确保本阶段的技术产物与下个阶段的目标一致,并支持下一个阶段的目标。

（三）技术开发阶段

技术开发阶段(TD)的主要目标是降低技术风险,加深对装备解决办法的认识,并对下述两种审查提供支持:①在工程与制造发展准备阶段对工程与制造发展投资决策的审查;②关于项目是否正式启动的里程碑 B 审查。该阶段的工作包括:确定一套全系统适用的技术;促使技术成熟,包括在相应环境下演示和评定这些技术;对系统和/或系统要素实行竞争性样机制造策略;进行权衡研究,简化要求,改进设计;开展初步设计,包括制定功能基线与分配基线、规范,绘制接口图样/编制接口文件,制定体系结构,研制系统模型;适时开展研制试验。

1. 输入与输出

与技术开发阶段相关的输入和技术输出见表 9.9 和表 9.10。

表 9.9　与技术开发阶段相关的输入

技术开发阶段的输入
能力发展文件草案
备选方案分析报告和备选方案分析充分性报告
入选的装备解决办法 • 入选的装备解决办法已列入采办决策备忘录
采办决策备忘录(可能包括补充指示)
系统工程计划
可靠性、可用性、维修性和费用合理性(RAM-C)报告
可靠性增长曲线
项目保护计划
权衡研究结果 • 研究结果可能包括敏感度曲线拐点分析、产品选择等
假设和约束条件 • 所有假设、约束条件和权衡依据的合理性
环境、安全与职业健康(ESOH)策划
风险评定结果
关于技术问题的考虑因素
关键技术的初步确定 • 装备解决办法分析阶段可能已标识在关键技术初步清单
相关性/接口/协议备忘录
系统性能规范草案
其他信息,如装备解决办法分析阶段生成的模型与仿真等
样机制造策略 • 包括对里程碑 B 之前进行样件制造的关键系统要素的标识 • 经济可承受性目标推动技术开发阶段关于能力优先序的工程权衡分析和敏感度分析
技术开发策略
寿命周期维持计划
试验鉴定策略
对研制试验鉴定评定的建议 • 包括早期作战评定

(续)

技术开发阶段的输入
建议征求书草案和最终稿
密级分类指南
其他分析成果 • 科技界先前的其他分析、样机制造和/或技术演示等工作的成果。 • 在系统寿命周期任何时刻都可能发生的技术纳入/转移

表 9.10 与技术开发阶段相关的技术输出

技术开发阶段的技术输出
对能力发展文件的建议
对采办决策备忘录的建议
初步系统设计 • 已更新的功能基线和分配基线 • 包括设计决策和管理决策在内的其他相关技术产物
系统工程计划(已更新) • 若项目从里程碑 B 进入采办寿命周期,则该系统工程计划为项目初始的系统工程计划
更新过的综合总计划、综合总进度和协议备忘录/谅解备忘录
可靠性、可用性、维修性和费用合理性(RAM-C)报告(已更新) • 若项目从里程碑 B 进入采办寿命周期,则该 RAM-C 报告为项目初始的 RAM-C 报告
更新过的可靠性增长曲线
项目保护计划(已更新) • 若项目从里程碑 B 进入采办寿命周期,则该项目保护计划为项目初始的项目保护计划
权衡研究结果 • 研究结果可能包括敏感度曲线拐点分析、产品选择等
假设和约束条件 • 权衡所用依据、所有假设和约束条件的基本理由 • 所定义的相关性
环境、安全与职业健康(ESOH)分析 • 项目 ESOH 执行 NEPA/EO12114 的进度安排
技术风险评定结果
对技术问题的考虑
技术成熟度评定(TRA) • 技术成熟度评定计划 • 技术开发阶段证实,关键技术已在相应环境下进行了演示 • 装备发展决策准备审查所需要的初步技术成熟度评定 • 技术成熟度评定最终报告
相关性/接口/协议备忘录 • 对项目特有的相关性、接口和相关协议备忘录的认识
更新过的系统规范
包括功能基线和分配基线在内的系统初步设计
其他技术信息,如技术开发阶段形成的模型与仿真等
样机制造策略和技术开发样机制作活动的结果
包括标识在工程与制造研制阶段进行样机制造并纳入采办的关键系统要素

(续)

技术开发阶段的技术输出
初步设计审查报告和初步设计审查后评定(见 DoDD 5134.16、DTM09-025 等)
对采办项目基线(APB)的建议 ● 采办项目基线输入包括系统工程经济可承受性分析、进度输入和性能输入
确定用作费用分析要求说明和人力评定依据的技术信息
对经济可承受性评定的建议 ● 经济可承受性目标在里程碑 B 仍按关键性能参数处理;工程权衡分析的结果表明,项目是如何为费用/经济可承受性主导因子确定效费设计点的 ● 里程 B 为实现效益、控制非生产性支出,又不牺牲对产品经济可承受性的正常投资而定义的应计费用目标 ● 价值工程成果
对采办策略(AS)的建议 ● 对工程途径与策略、外部相关性、资源要求、进度与风险提出的建议
对寿命周期维持计划的建议(已更新) ● 已确定的系统保障和维修性目标;寿命周期维持计划中更新过的实际可能发生的费用价值目标和经济可承受性目标,包括对人力评定的建议
初始的信息保障计划(ISP)
对试验鉴定主计划(TEMP)的建议
早期研制试验鉴定评定,包括早期作战评定
对建议征求书草案和最终稿的建议 ● 包括对系统规范、工作说明书、合同数据要求清单和货源选择标准的建议

2. 系统工程活动

在技术开发阶段开展系统工程活动的主要目的是在各种技术活动中贯彻实施系统工程过程,确保更好、更快地实现该阶段的目标。系统工程活动要和技术开发阶段具体的试验鉴定、后勤与维持等活动结合进行,并以初始能力文件、技术开发策略、系统工程计划和能力发展文件草案为指导。在技术开发阶段,系统工程活动的顺序和特征依技术开发策略的性质而定,主要涉及下列活动:

(1) 实施竞争性样机制造(CP),以竞争的方式来获得更具价值、更富有创新意义的解决方法。竞争性样机制造可包括样机制造关键技术和系统要素、系统要素集成或全尺寸的样机。

(2) 促使技术成熟。技术成熟涉及设计、研制、集成和试验,可能有一个或多个与硬件、软件或信息相关的风险域,因而可能需要多家合同企业/多个政府部门的共同努力来实现。

(3) 进行系统权衡分析。系统工程师从性能、费用、进度和风险等方面评定备选方案,并向项目主任提出建议。

(4) 制定系统体系结构。

(5) 制定功能基线。

(6) 制定分配基线。

(7) 制定分配基线的技术性能度量办法。

(8) 开展初步设计。

(9) 完成初步设计审查报告,并将该报告提交给里程碑决策当局。

(10) 支持工程与制造研制前审查(Pre-EMD)。里程碑决策当局开展这一级审查的目的是:评定采办策略、建议征求书和相关的重要策划文件;确定项目计划是否经济可行,是否反映正常的业务安排。

(11) 确定最终文件。系统工程师更新系统工程计划和项目保护计划,向更新寿命周期维持计划、试验鉴定主计划以及项目的其他文件提供输入。

(12) 开展系统要求审查、系统功能审查、软件规范审查、初步设计审查等技术审查活动。

(13) 开展系统和/或系统要素样机的研制试验鉴定,以及早期作战评定等试验活动。

3. 职责

在技术开发阶段,项目主任着重于依靠并支持系统工程的下述技术开发活动:签订技术开发阶段的合同;提供技术审查所需的资源;计划和执行技术成熟度评定;对能力发展文件的制定施加影响;支持研制前审查;确保政府按照寿命周期采办策略和保障策略的规定保护其必须保护的权利。

系统工程师的主要职责是:指挥和管理系统工程计划中所列技术活动的执行;计划和执行技术审查,包括系统要求审查、系统功能审查和初步设计审查;使用技术性能测量、要求稳定性和综合进度度量来跟踪项目的成熟度;按需要支持签订技术开发阶段的合同;平衡并综合需考虑的关键设计因素;维护系统工程计划,包括生成更新版,支持里程碑 B 审查;指挥系统的初期研制,其中包括功能分析、功能基线和分配基线的定义、初步设计等;支持基线的技术状态管理,以满足随后的技术审查与审核以及试验活动对基线的需要;进行支持研制前审查的技术活动;对技术风险进行持续的、严格的评定,决定风险缓解计划,协助项目主任分配风险缓解计划的资源;支持技术成熟度评定,包括制定计划,进行工程与制造研制阶段前的初步的技术成熟度评定和提出技术成熟度评定最终报告;支持要求管理,监督不必要要求的增长;管理接口和相关性。

(四) 工程与制造研制阶段

工程与制造研制阶段(EMD)的主要目标是制定产品基线,验证产品基线是否满足功能基线和分配基线,使初步设计向生产设计转移,并保证它们均处于项目费用和进度的约束条件之内。

1. 输入与输出

与工程与制造研制阶段相关的输入见表 9.11。

表 9.11 与工程与制造研制阶段相关的输入

工程与制造研制阶段的输入
能力发展文件
采办决策备忘录(可能包括补充指令)
系统工程计划 • 如若项目从里程碑 B 进入采办寿命周期,则该系统工程计划为项目初始的系统工程计划
可靠性、可用性、维修性和费用合理性(RAM-C)报告 • 如若项目从里程碑 B 进入采办寿命周期,则该 RAM-C 报告为项目初始的 RAM-C 报告
可靠性增长曲线

(续)

工程与制造研制阶段的输入
项目保护计划 • 如若项目从里程碑 B 进入采办寿命周期,则该项目保护计划为项目初始的项目保护计划 • 包括密级确定指南(SCG)、情报对抗计划、危害度分析、反窃密计划和采办信息保证(IAC)策略
权衡分析结果 • 分析结果可能包敏感度曲线拐点分析,产品选择等
假设和约束条件 • 所有假设、约束条件和权衡标准的基本理由 • 已定义过的相关性
环境、安全与职业健康(ESOH)分析 • 项目 ESOH 执行 NEPA/EO12114 的进度安排
技术风险评定
需要考虑的技术问题
技术成熟度评定 • 对关键技术在相应环境下业已得到证实的证明
相关性/接口/协议备忘录
包括验证矩阵表的系统性能规范
其他技术信息,如技术开发阶段生成的模型与仿真等
样机制造策略
系统的威协评定报告(STAR)
采办项目基线
经济性可承受性分析 • 作为关键性能参数的经济可承受性指标,工程权衡分析的结果示出以经济可承受性主导因子为中心的费用/性能权衡空间 • 用来实现效益、控制生产费用,又不牺牲对产品经济可承受性正常投资的应计费用目标
采办策略
寿命周期维持计划(已更新)
初始的信息保障计划
试验鉴定主计划 • 系统试验目的
对研制试验鉴定(包括作战评定)的建议 • 系统试验的目的
对建议征求书草案和最终稿的建议
密级确定指南(已更新)
其他分析成果 • 科技界先前进行分析、样机制造和/或技术演示工作的成果;在寿命周期的任何时刻发生的技术引入/技术转移

  与工程与制造研制阶段相关的技术输出见表 9.12,其中的一些输出是支持生产与部署阶段系统工程活动所必需的输入。这些输出支持里程碑 C 的技术建议,使制造过程足以成熟到可以进行初始小批量生产(LRIP),生产出具有代表性的样品进行作战试验鉴定。

表 9.12　与工程与制造研制阶段相关的技术输出

工程与制造研制阶段的技术输出
对能力生产文件的建议
对采办决策备忘录的建议
验证过的系统 ● 更新过的功能基线、分配基线和产品基线,验证过的生产过程和验证结果/验证决议 ● 相关技术产物,包括相关的设计决策与管理决策
更新过的系统工程计划
更新过的综合总计划、综合总进度和协议备忘录/谅解备忘录
可靠性、可用性、维修性和费用合理性(RAM-C)报告
更新过的可靠性增长曲线
更新过的项目保护计划
权衡研究结果 ● 研究结果可能包括敏感度曲线拐点分析、产品选择等
假设和约束条件 ● 所有假设、约束条件和权衡依据的基本理由 ● 更新过的相关性
环境、安全与职业健康(ESOH)分析 ● 更新过的 ESOH 执行 NEPA/E.0.12114 的进度安排
对确定接受下述活动风险的风险缓解计划的风险评定结果:允许项目启动生产、部署和作战试验鉴定等
对技术问题的考虑
制造准备状况 ● 支持里程碑 C 和启动生产的制造准备状况评定结果 ● 在试生产环境下证实过的制造过程
相关性/接口/协议备忘录 ● 对项目特有的相关性、接口和相关协议备忘录的认识
包括验证矩阵表的系统性能规范(必要时进行更新) ● 包括验证矩阵表的系统要素规范
产品基线
其他技术信息,如工程与制造研制阶段形成的模型与仿真等
工程与制造研制样机制造活动的结果
支持生产与部署阶段制造方面的样机制造活动结果
关键设计审查后(Post-CDR)的评定结果
对采办项目基线的建议 ● 对采办项目基线和采办策略中费用价值和经济承性目标的更新
确定作为费用分析要求说明和人力评定更新依据的技术信息
对经济可承受性分析的建议 ● 为实现效益,控制非生产性支出,又不牺牲对产品经济可承受性的正常投资而更新过的应计费用指标 ● 价值工程结果(适用时)
对同项目成功至关重要的制造、性能和质量方面的衡量标准做出的标识与跟踪 ● 已完成制造图样的 30%、60%、100%
为支持初始小批量生产和全速生产而考虑的生产预算/费用模型确认和资源 ● 向里程碑 C、初始小批量生产和全速生产的输入

(续)

工程与制造研制阶段的技术输出
对采办策略的建议 ● 对工程途径与策略、外部相关性、资源要求、进度和风险的建议
对更新过的寿命周期维持计划的建议 ● 已确定的系统保障目标、维修目标与要求 ● 对寿命周期维持计划所列费用价值目标和经济可承受性目标,包括人力评定要求的更新 ● 对后勤需求与维持需求(即设施、训练、保障设备)和实施初始部署保障工作的确认
已获得的信息保障计划
对更新过的试验鉴定主计划的建议 ● 系统试验目标
对研制试验鉴定的建议 ● 系统试验目标
对初始小批量生产、建议征求书草案和最终稿的建议 ● 包括对系统规范、工作说明书、合同数据要求清单和货源选择标准的建议

2. 系统工程活动

工程与制造研制阶段的系统工程活动旨在降低系统级风险,支持开展详细设计,验证是否已达到相应的要求,评定开始进行生产和/或部署的准备状态。系统工程的核心活动是支持工程与制造研制阶段规定的两项工作:集成系统设计;系统能力与制造过程证实。

(1)系统工程支持集成系统设计工作的活动包括:实现系统体系结构;实现系统要素权衡;使用样机使系统设计成熟;制定初始产品基线,使设计在费用、进度和性能方面稳定地符合项目的相应要求;支持器材准备和后勤保障工作;明确关键制造过程、产品关键特性和各种制造风险,为生产作准备。

(2)系统工程支持系统能力与制造过程证实工作的活动包括:建造、集成和试验系统要素;按产品基线建造和装配系统要素和系统;确定积极管理寿命周期未来阶段制造源减少和器材断档(DMSMS)问题的过程;集成系统,并通过研制试验鉴定工作验证系统是否符合功能基线和分配基线;找出问题产生的根本原因,制定纠正措施,并对执行纠正措施进行管理;使用诸如故障报告、分析与纠正措施系统(FRACAS)的综合数据收集途经来处理问题/提出故障报告;改进初始产品基线,支持能力生产文件的制定;完成支持制造准备的生产性活动或实施信息系统初始部署的活动;支持启动装备完好性活动和后勤保障活动,包括装备部队的方案和训练开展;实施环境、安全与职业健康风险管理分析和环境、安全与职业健康风险接受活动;形成执行 NEPA/EO12114 的文件;进行腐蚀风险评定;完成认证。

(3)在工程与制造研制阶段,通常需开展关键设计审查(必须进行,建立初始产品基线)、系统验证审查/功能技术状态审核、生产准备状态审查等技术审查和审核活动。

(4)在工程与制造研制阶段,依靠系统工程和涉及系统工程的试验活动包括试验准备状态审查、研制试验鉴定和作战评定等。

3. 职责

项目主任在工程与制造研制阶段主要负责依靠和支持系统工程工作的下述活动:支持工程与制造研制合同签订活动;寻求货源,进行事件牵引的关键设计审查、功能技术状态审核、系统验证审查和生产准备状态审查,评定是否达到审查合格判定标准;确认和管理通过关键设计审查所建立的初始产品基线;确定基线的重大更改(Ⅰ类更改)要执行的流程;接受系统交付品。

系统工程师在工程与制造研制阶段负责:管理系统设计,使其在费用和进度的约束条件内满足作战要求,评价系统设计,发现缺陷,提出纠正措施建议;进行或支持技术评价,支持货源选择,支持签订工程与制造研制合同;维护要求的追溯性,保持同初始产品基线的联系;进行事件牵引的技术审查,就审查合格判定标准的宽严程度向项目主任提出建议;指挥技术审查的准备与进行;按技术状态管理过程实施更改流程,跟踪和报告重大基线更改(Ⅰ类更改);支持确定生产率和交付进度;支持试验鉴定活动:按项目试验鉴定主计划的要求,确定牵引系统研制的评价目标,以及支持作战评定的评价目标;根据试验鉴定过程所确定使用的系统工程过程、方法和工具调整系统工程计划和试验鉴定主计划;分析作战评定(研制试验鉴定)和验证发现的缺陷,制定并实施解决办法;支持寿命周期维持计划所列的后勤活动和维持活动;维护系统工程计划,包括为支持里程碑C而生成的更新;确保制造过程研制,并使制造过程成熟;确定验证成熟建造过程和制造过程的途径与计划,确定制造成熟度;进行严格的生产风险评定,确定风险缓解计划;确定提高生产性的系统设计特征(工作通常聚焦于设计规范、制造公差和避免使用有害材料);进行生产性权衡研究,确定效费最好的建造过程和制造过程;评定初始小批量生产在项目的约束条件下的可行性(可能包括评定承包商和主要分包商的生产经验与能力,制造新技术、专用工装和生产人员的素质要求);确定生产周期长的产品和关键材料;支持将生产费用作为寿命周期费用管理的一部分进行管理,予以不断改进;持续支持技术状态管理过程,控制试验和部署过程中更改产品基线。

(五) 生产与部署阶段

生产与部署阶段(P&D)的主要目标是确认产品设计,交付形成全面作战能力所需数量的系统,包括交付所有的系统实现要素、保障器材和服务。

1. 输入与输出

与生产与部署阶段相关的输入见表9.13。

表9.13 与生产与部署阶段相关的输入

生产与部署阶段的输入
能力生产文件
与里程碑C、初始小批量生产、全速生产决策审查和全面部署决策审查相关的采办决策备忘录 • 采办决策备忘录可能包括补充指令 • 里程碑C不得与初始小批量生产重合 • 与全速生产决策审查和全面部署决策审查相关的采办决策备忘录在生产与部署阶段发布
系统工程计划 • 更新过的功能基线、分配基线和产品基线,验证与确认过的生产过程,以及确认结果/决策 • 更新过的技术产物,包括相关的设计决策和管理决策
可靠性、可用性、维修性与费用合理性(RAM-C)报告
可靠性增长曲线
项目保护计划 • 在全速生产决策审查和/或全面部署决策审查时更新过的项目保护计划

(续)

生产与部署阶段的输入
权衡研究结果 ● 研究结果可能包括敏感度曲线拐点分析、产品选择等 ● 生产与部署阶段的权衡研究支持制造或系统的其他方面(技术引入、技术更新等)
假设与约束条件 ● 所有的假设、约束条件和权衡依据的主要理由
环境、安全与职业健康(ESOH)分析 ● ESOH 评价和执行 NEPA/E.O.12114 的进度安排
风险评定 ● 风险缓解计划 ● 为达到初始作战能力和全面作战能力而接受的风险 ● 更新改过的风险管理计划,它反映直至部署和启动维持活动时的更改
关于技术问题的考虑
制造准备状况 ● 对支持里程碑 C 和生产启动的制造准备状况做出的评定结果
相关性/接口/协议备忘录 ● 对项目特有的相关性、接口和相关协议备忘录的认识
包括验证矩阵表在内的系统性能规范(需要时也可更新) ● 包括验证矩阵表在内的系统要素规范(需要时也可更新)
对同项目成功至关重要的制造、性能与质量等方面的衡量标准做出的标识与跟踪 ● 已完成制造图样的 30%、60%和 100%
初始产品基线
产品验收试验
其他技术信息,如工程与制造研制阶段形成的模型与仿真等
工程与制造研制阶段样机制造活动的结果
支持生产与部署阶段制造方面的样机制造活动的结果
系统威胁评定报告
采办项目基线
经济可承受性分析 ● 经济可承受性目标作为关键性能参数处理 ● 用来实现效益,控制非生产性支出的应计费用指标 ● 寿命周期维持计划中更新过的实际可能发生的费用价值和经济可承受性目标,包括对人力评定的建议 ● 价值工程结果
供应链货源
更新过的制造过程
确认过的生产预算/费用模型,以及经充分考虑用来支持初始小批量生产和全速生产的资源
采办策略
寿命周期维持计划
人因系统整合(HIS)分析结果 ● 人力、人员和训练(MPT)要求的更新结果 ● 输入给规范、人因系统接口设计、多域验证、试验和使用性评价的经过细化的人因系统综合分析结果
试验鉴定主计划 ● 系统试验目标
研制试验鉴定 ● 系统试验目标

(续)

生产与部署阶段的输入
建议征求书的草案和最终稿
密级确定指南
已获得的信息保障计划
其他分析成果 • 科技界先前进行分析、样机制造和/或技术演示工作的成果;在寿命周期的任一时刻发生的技术引入/技术转移

与生产与部署阶段相关的技术输出见表 9.14,其中的一些输出是支持使用与保障阶段系统工程活动所必需的输入。

表 9.14 与生产与部署阶段相关的输出

生产与部署阶段的技术输出
对更新能力生产文件的建议 • 证明系统增强和生产与部署阶段的改进具有合理证据时,可能需要更新能力生产文件
对采办决策备忘录的建议
更新过的综合总计划、综合总进度和协议备忘录/谅解备忘录
更新过的系统 • 更新过的功能基线、分配基线和产品基线;验证和确认过的过程,以及确认结果/决策 • 相关技术产物,包括相关设计决策和管理决策
更新过的项目保护计划 • 在全速生产决策审查和/或全面部署决策审查时做过的更新
权衡研究结果 • 生产与部署阶段的权衡研究可用来支持制造方法或系统的其他方法(技术引入、技术更新等)
假设和约束条件 • 所有假设、约束条件和权衡依据的根本理由
环境、安全与职业健康(ESOH)分析 • 更新过的 ESOH 评价和执行 NEPA/E. O. 12114 的进度安排
技术风险评定结果(已更新) • 确定风险缓解计划,接受实现全面作战能力风险的风险评定结果 • 更新过的风险管理计划(RMP),它反映从采办至维持的更改
相关性/接口/协议备忘录 • 对项目特有相关性、接口和相关协议备忘录的认识
包括验证矩阵表在内的系统性能规范(可按需要进行更新)
包括验证矩阵表在内的系统要素规范(可按需要进行更新)
制造和生产的衡量标准
物理技术状态审核(PCA)结果和更新过的产品基线
评定产品符合性的验收试验数据
其他技术信息,如生产与部署阶段形成的模型与仿真等
作为更新费用分析要求说明和人力评定依据的技术信息
工业基础能力,更新过的制造过程和供应链货源
对寿命周期维持计划的建议 • 在全速生产决策审查和/或全面部署决策审查时做过的更改 • 寿命周期维持计划中更新过的价值目标和经济可承受性目标,包括对人力评定的建议 • 价值工程结果

(续)

生产与部署阶段的技术输出
人因系统整合分析 ● 对人力和人员的最终要求 ● 训练科目的实施 ● 参与工程更建议(ECP)过程的人因系统整合
对试验鉴定主计划的建议 ● 系统试验目标
对作战试验鉴定的建议 ● 系统试验目标
供支持使用与保障活动的生产与系统工程用的建议征求书草案和最终稿

2. 系统工程活动

在生产与部署阶段开展系统工程活动的主要目的是:提供经作战试验确认的最终产品基线,支持部署,支持将作战能力移交给所有的最终用户、作战部队和保障组织,确保成功形成全面作战能力;促使用于制造、生产和部署的技术成熟;处理发现的缺陷,制定纠正措施;支持确认与作战试验鉴定相关的系统性能;确认全速生产/全面部署之前的生产技术状态。

整个生产与部署阶段的系统工程活动包括:为使用与保障阶段做准备,进行审查,以及向维修途径、采办策略、训练和技术手册编制输入等提供技术支持;确定问题产生的根源,制定纠正措施,对措施执行情况实施管理;分析作战试验鉴定、验收试验、生产和部署过程中发现的缺陷;采用类似故障报告、分析与纠正措施系统的综合数据收集途径提出处理问题/故障的报告;管理和控制产品基线技术状态的更新;重新验证和确认生产技术状态。此外,在生产与部署阶段,依靠并支持系统工程的试验活动包括初始作战试验鉴定、后续作战试验鉴定(FOT&E)以及实弹试验鉴定(LFT&E)等。在生产与部署阶段,通常需进行作战试验准备状况评定(AOTR)、作战试验准备状况审查(OTRR)和物理技术状态审核等技术审查活动。

3. 职责

项目主任主要负责生产与部署阶段中依赖并支持系统工程工作的下述活动:支持生产合同签订活动;配备资源进行事件牵引的技术审查;管理并控制最终产品基线;接受系统交付品。

系统工程师主要负责:分析作战试验鉴定、验收试验、生产报告和维修报告发现的缺陷,提供纠正措施;进行严格的生产风险评定,为有效地采取风险降低措施制定计划,配备资源;持续进行生产风险评定,为有效地采取风险降低措施制定计划,配备资源;持续进行生产性权衡研究,确定效费最好的建造/制造过程;制定确认建造过程/制造过程的途径与计划;评定全速生产在项目约束条件下的可行性;确定生产准备时间长的产品和关键器材;计划处理即将过时的产品和技术的办法,执行应对制造源减少和器材断档问题的措施,减少对生产和维持的影响;更新作为寿命周期费用管理组成部分的生产费用;支持更新生产进度安排;支持技术审查和生产决策;支持器材准备和后勤活动,其中包括外场支持和训练;更新和维护系统认证,以及与外部系统的接口。

(六) 使用与保障阶段

使用与保障阶段(O&S)的主要目标是:①实施保障,使项目满足作战保障性能要求;

②以最大的效费比,在整个寿命周期间维持系统。

1. 输入与输出

与使用与保障阶段相关的输入和技术输出分别见表 9.15 和表 9.16。

表 9.15 与使用与保障阶段相关的输入

使用与保障阶段的输入
与里程碑 C 和全面部署决策审查相关的采办决策备忘录 ● 采办决策备忘录(可能包括补充指令) ● 使用与保障(如软件)可能早于里程碑 C 启动而与生产与部署阶段相重叠 ● 全面部署决策审查可能涉及使用与保障
权衡分析结果 ● 生产与部署阶段的权衡研究可能支持制造或系统的其他改进(技术引入、技术更新等)
环境、安全与职业健康(ESOH)分析结果(已更新) ● ESOH 分析在使用与保障阶段继续进行,包括有害物分析以及支持改进和退役处置执行 NEPA/E.0.12114
风险评定结果
相关性/接口/协议备忘录
系统性能规范
外场故障
其他技术信息,如生产与部署阶段形成的模型与仿真等
寿命周期维持计划
试验鉴定主计划 ● 作战试验鉴定局长备忘录
供系统工程支持使用与保障使用的建议征求书
项目保护计划
其他分析成果 ● 最终用户的意见反馈和故障报告 ● 科技界先前进行分析、样机制造和/或技术演示的成果 ● 可能在寿命周期的任一时刻发生的"技术引入/技术转移"

表 9.16 与使用与保障阶段相关的技术输出

使用与保障阶段的技术输出
既满足作战需求又安全可靠的系统
权衡研究结果 ● 使用与保障阶段支持系统改进和/或退役处置工作的权衡研究结果
技术风险评定结果
相关性/接口/协议备忘录
在役期间的性能数据与故障数据
价值工程结果
工程更改建议包

2. 系统工程活动

在使用与保障阶段开展系统工程活动的主要目的是:评定已装备部队的系统和系统实现要素能否安全、持续不断、高效费地提供所需能力;采用数据收集、评定和纠正措施的循环方式来维持系统的作战适用性和作战效能;在寿命周期维持过程中评定环境、安全与职业健康,处理技术更新、功能度改进和延寿等方面的问题,并评价制造源短缺和器材断档问题带来的影响,从而制定计划,采取应对措施。

使用与保障阶段的系统工程活动与本阶段的试验鉴定活动、后勤与维持活动一起进行。

(1)系统工程师参与的使用与保障活动包括:确定产生问题的根本原因,确定纠正措施,管理纠正措施的实施;使用类似故障报告、分析与纠正措施系统的综合数据收集途径提出处理问题/故障的报告;分析处理使命任务数据;管理预规划产品改进(P3I);制定并执行技术更新日程表;依据维持或改进系统性能的需要改进技术引入;更新系统的安全评定;进行工程分析,调查制造货源短缺和器材断档问题的影响;同卖方和基础技术界合作,确定引入技术来提高可靠性和经济可承受性的可能性。

(2)系统工程师参与的退役处置活动包括:支持对系统进行去军事化活动和处置活动,执行安全、保密和环境方面的法律法规和政策;总结经验教训;数据归档保存。

此外,在使用与保障阶段开展的技术审查活动主要是在役审查(ISR)。

3. 职责

项目主任主要负责使用与保障阶段中依赖和支持系统工程工作的下述活动:同用户合作,确定执行工作协定的性能要求和维持要求,据以规定目标成果、度量办法和利益相关方职责,做出资源承诺;利用有效的"基于性能的寿命周期产品保障"进行实施和管理;维持战备完好性;采用采办项目惯例进行系统的重大改进和延寿。

系统工程师主要负责:改进维修计划,既实现寿命周期总费用最小化,又实现战备完好性目标和维持性目标;评定最终用户的反馈意见,并按需要进行工程调查;带领项目团队将最终用户的反馈意见转化为纠正措施和技术更改建议;实施所批准的系统更改建议,确保最终用户的需求持续得到满足;进行环境、安全与职健康评定,对关键安全件的供应链管理实施监督;进行分析,确定并降低逐渐过时的产品和技术可能产生的影响;支持开展后继研制工作,以便依据正式决策延长武器系统使用寿命或启动重大的改进改型(可能作为一个单独的采办项目进行采办);更新和维护系统的合格证书和外部接口。

二、系统工程决策:重要设计考虑因素

系统工程的一项核心任务是综合权衡各方要求和各种设计考虑因素,获得各种要求的最佳平衡。在重要的设计考虑因素中,有些因素因法律的规定而成为强制性的,其他则是非强制性的;有些是最基本的,本应适用于每个系统/每个项目而成为约束性的、有边界的或受限制的、需要实行权衡管理的,有些可能需要根据项目的具体情况而定,需要剪裁或协商。无论是哪个设计考虑因素,都需要项目主任和系统工程师根据项目的具体情况进行评价,并做出规定或选择。

(一)开放系统设计

开放系统是指采用模块化理念设计的系统,其关键接口遵循广泛接受的协商一致标准,具有开放性。所谓开放系统设计,是指研制经济上可承受的、充分开放的系统时所采用的设计方法。开放系统设计应作为项目总体技术途径的组成部分,须纳入项目的系统工程计划。

项目主任应在认真分析研究能力需求、技术开发、采办、试验鉴定、产品等方面的策略，以及信息保证、系统安全性、保密性、民用货架产品可用性及其他设计考虑因素的基础上，确定是否采用开放系统设计。开放系统设计的5条原则如下：

(1) 创造适合的环境。该条原则是成功贯彻其他原则的基础。要贯彻这项原则，项目主任就必须规定保障要求、业务惯例以及技术开发、采办、试验鉴定和产品保障等方面的策略，明确划分模块化开放系统方法的实施职责，不断积累模块化开放系统方法的实施经验，开展培训，进行市场研究，辨明并排除有损甚至破坏模块化开放系统方法的障碍或阻力。

(2) 运用模块化设计。要按下列4条主要设计原则来开展模块化设计，使设计的模块便于更改，尽可能减少接口定义对模块内部工作的影响，便于实现模块接口的标准化：①模块的一致性(有明确的中心，形成明确界定的功能)；②模块的封闭性(模块内部工作状况均呈封闭状态)；③模块的自成一体性(不约束其他模块)；④模块的高适配性(模块定义覆盖面广，能实现通用性，能反复使用)。

(3) 指定关键接口。一个系统往往包含成百上千个接口，要有效管理这么多的接口，需要设计人员将它们区分为关键接口和非关键接口，即区分：技术上稳定的模块接口与容易变化的模块接口；高可靠性模块接口与常出故障的模块接口；对网络核心起基本作用的模块接口和不起作用的模块接口；对传递信息的互操作性起关键性作用的模块接口和对互操作性影响不大的模块接口。

(4) 选用公开标准。要选用规定合理的、成熟的、得到广泛应用的、易被市场接纳的、易于引入新技术的并且可以获取的接口标准。选用标准的一般规则是：公开接口标准首选，事实接口标准次之，政府接口标准和有产权的接口标准再次之。

(5) 符合性认证。要采用严格的、科学合理的评估机制，准确定义接口，对接口实施严格的控制和管理。此外，还要采用积极的符合性测试，使系统的开放性得到验证、确认和保证。项目主任应与用户协调建立确认和验证机制，保证系统及其部件模块符合外部和内部的公开接口标准，使模块能够即插即用，实现以网络为核心的信息交换以及面向任务能力的技术状态重构，以应对新的威胁和适应技术的发展进步。

（二） 互操作性

所有采办项目在寿命周期内都要正确处理互操作性和集成性问题。信息技术(IT)采办项目和国家安全系统(NSS)采办项目，在互操作性和保障性上要符合国防部第4630.5号指令、国防部第4630.8号指令、参谋长联席会议主席第3170.01号指令、参谋长联席会议会主席第3170.01号细则、参谋长联席会议主席第6212.01号指令、公法104-106(1996)和美国法典44U.S.C.3506的规定。

（三） 标准化

标准化支持零件和过程实现通用性，支持实现本国部队之间以及本国与盟国之间的互操作性。通过使用标准接口、标准产品和开放系统，促进安全，提高寿命周期维持能力，便于以高效费的方式快速引入技术。标准化是实现向部队提供安全可靠、可互操作、具有维持性和经济可承受性的系统和设备的一种有力手段。

国防部第4120.24-M号工作细则的第3章"采办过程中的标准化"中规定，项目主任应优化决策，确保所采用的标准化的协定、惯例、产品、零件、过程、接口和方法，与所要求的能力、作战使用环境、技术可行性与发展以及效费之间达到平衡。此外，该细则还规定了采办过程中哪些环节、何时以及如何实施标准化，并对如何剪裁标准化文件提供了相应的政策、指南和方法。

此外，零件管理也是项目主任需要使用的一种标准化设计策略，相关的要求和指南包含在 MIL-STD-3018 和 SD-19 中。

（四）民用货架产品

鉴于民用工业基础日益稳固，采用民用项目的机遇增多。采用民用货架产品（COTS）（含非研制产品），可以缩短研制时间，加快新技术的应用，降低寿命周期费用。无论民用产品在系统中占多大比重，项目主任都要始终负责全系统的工程化、研制、集成、试验、鉴定、交付、维持和管理。要特别注意预定的使用环境，分析其与民品使用环境的异同。

在采办民用货架产品时，项目主任要自始至终坚持实施系统工程过程，将多种民用货架产品部件集成为一个可部署系统或者集成为一件民用货架产品。无论属于哪种情况，项目主任都要确保系统适应作战原则的重大改变（对作战系统），适应重构的业务过程（对作战保障和信息技术系统），并在以下方面应用民用项目最佳惯例：与民用业务惯例"接轨"；民用货架产品评价；寿命周期策划；处理与销售商的关系；民用货架产品的试验鉴定。

（1）与民用业务惯例"接轨"。在使用民用货架产品时，项目主任要采用相应的民用业务惯例。至于国防部的业务惯例需在多大范围内向支持民用项目的业务惯例"靠拢"，则要看该民用产品在多大程度上符合国防部的需求。

（2）民用货架产品评价。评价民用货架产品的中心任务是判断其执行任务的能力和满足系统要求的能力。项目主任要计划并实施强有力的审查，借以吃透民用能力，选择体系结构和设计，判断新签的合同是否仍然符合要求，并确保民用货架产品与系统其他部件链接后能够发挥预期功能。此外，审查还可以成为权衡研究的关键信息源，帮助在系统能力要求、系统体系结构及系统设计三者之间进行权衡，确保充分利用民用能力。对使用电磁频频谱的民用货架产品（如频谱依赖产品），要按美国电磁频谱管理的政策和程序实施频谱管理。

（3）寿命周期策划。项目主任应制定严格的更改管理办法，用于寿命周期保障。集成多种民用货架产品的系统需要做大量工作，才能及时引入计划内的民用新技术。这需要在寿命周期内做好总体策划，避免出现预期之外的更改，导致重新考虑工程决策。此外，还要处理民用货架产品的更改和市场变化，否则可能造成系统无法维修。

（4）处理与销售商的关系。项目主作应尽可能地了解关键民用货架产品销售商的产品优势并对其施加影响。由于承包商和转包商的销售商各不相同，因此需要采取不同的做法，与之建立不同的关系。销售商是对市场做出反应的，而非专门适应国防部项目独家需求的。要想与销售商愉快共事，项目主任就要将自己置于与市场上其他买主同等的地位，采取同样的做法，与销售商建立合作共赢的友好关系。

（5）民用货架产品的试验鉴定。项目主任要制定合适的民用货架产品试验鉴定策略。可行时，可在系统试验台上试验有潜质的民用货架产品。用试验台集中开展高风险项目的试验，测试民用货架产品升级对安全性、可靠性和性能的未知影响。要将该试验策略融入到寿命周期策划中。

（五）制造能力

1. 生产性

生产性是指系统设计便于及时、经济可承受、质量最佳地制造和组装成系统的能力乃至交付给用户的能力。生产性要优先列入研制工作。设计工程要同时实现可生产可测试的设计方案、有能力的制造过程和必要的过程控制，从而既满足要求，又最大限度地降低制造费用。要尽可能利用现有的制造过程。

系统的全面生产要有稳定的设计、经过考验的制造过程、可用的或已列入设计的生产设施和设备。

2. 工程与制造准备水平

工程与制造准备水平是表明一项技术在可生产、可靠、经济可承受等特性的一项指标。在项目采办的早期，就应考虑这一指标，统筹工程、制造和维持问题。工程与制造成熟度的评定要和其他各项技术审查紧密结合进行。

（六）质量

产品或服务的质量是指产品或服务以可承受的费用达到（或优于）用户要求并使用户满意的程度。质量是多种客观属性的混合体。成功的关键在于将系统工程/设计质量引入产品，从一开始就规定产品或服务的质量要求，同时尽可能地给承包商留出满足这些要求的活动空间。

承包商对其产品或服务的质量负责。项目主任应允许承包商建立并运行其偏好的质量管理体系，只要它满足项目的质量管理要求即可。国际质量标准 ISO 9001-2000《质量管理体系　要求》或反映航空航天行业要求的 AS 9100:2001《质量管理体系》规定了基于过程的质量管理体系。这些标准已被《联邦采办条例》所采纳，用于具有高等级合同质量要求的复杂项目合同或关键项目合同。

承包商的质量管理体系应可完成下列关键活动：监视、测量、分析、控制和改进各种过程；减少产品变化；测量/确认产品的符合性；建立产品性能反馈意见处理机制；贯彻有效的致因分析和纠正制度。

（七）可靠性、可用性和维修性

项目主任应在采办周期的早期就确定可靠性、可用性和维修性（RAM）目标，并将其作为一项设计参数，贯穿采办过程始终。项目主要依据初始能力文件或能力发展文件以及所有权总费用，提出系统的可靠性、可用性和维修性要求，制定可量化、可操作的规定，并在研制试验鉴定、作战试验鉴定中进行度量。系统的 RAM 要求涵盖系统的所有要素，包括保障和训练设备、技术手册、备件和工具。这些要求源自用户的系统战备完好性目标，又转而支持这些目标。可靠性包括任务可靠性和后勤可靠性，前者指无关键任务故障地完成任务的概率；后者指系统在使用环境和规定时间内无故障工作的能力。可用性表示系统的战备完好性，它是系统无故障（可靠）工作的能力与迅速恢复工作状态（即维修性和保障资源可获性水平）的函数。维修性是指服务、预防性维修和纠正性维修（活动）可以达到的可行性和有效性，即系统由具备规定技能等级的人员按规定程序使用规定资源维修时系统的修复能力和恢复工作的能力。

在设计、研制和维持等各阶段，如何实施可靠性、可用性和维修性活动和生产性活动主要取决于对作战行动原则、任务剖面(指功能和环境剖面)以及理想能力等的一致理解。这种理解对于如何开展可靠性、可用性和维修性活动和生产性活动以及实施这些活动的优先次序,具有极大的价值。此外,还要强调系统的加工和组装,它们是生产和制造复杂系统的关键要素。

项目主任应计划并实施可靠性、可用性和维修性设计、制造过程确定和试验等活动,使系统所应用的诸要素(包括软件)在生产决策前证实系统性能,说明设计是否已经成熟。初始作战试验鉴定采用对生产具有代表性的系统,按照实际使用程序,由具备代表性技能等级的人员进行。为降低试验费用,可行时,项目主任应利用建模与仿真来验证可靠性、可用性和维修性要求。

可靠性、可用性和维修性带来的另一个挑战是性能参数的随机性。在项目完成服役任务前,项目的真实可靠性始终是无从确知的,只能用置信区间来表示。因此,在提出可靠性、可用性和维修性要求及相关验证方法时,要将这些参数的随机性考虑在内。

（八）保障性

保障性是系统的设计特性和计划的后勤资源,满足系统平时战备及战时使用要求的程度。它包括可靠性与维修性设计、技术保障资料与维修程序,并涉及故障诊断、预测、检测、隔离、修理/更换,缩小保障规模、减轻和预防腐等方面的问题。项目主任在做权衡研究和项目决策时,应充分考虑保障性,使保障性、寿命周期费用、性能和进度相互协调。

1. 保障性分析

项目主任应进行保障性分析,并将其纳入整个寿命周期的系统工程过程。要根据保障性分析结果提出相关要求,并将这些要求纳入系统性能规范和后勤保障计划。保障性分析结果亦可支持后续的各项决策,使系统在整个寿命周期获得又好又省的保障。这里的"系统",包括按初始生产合同采购的系统、子系统、部件、备件和服务,以及系统的重大改型和升级。项目主任应在建议征求书和合同中允许承包商以充分的灵活性来实现项目的保障性目标。

2. 保障方案

项目主任应在项目早期就制定后勤保障方案,并在整个研制过程中不断进行修改完善。要将所有权总费用作为整个(货源)选择过程的关键要素加以考虑。各种系统的保障方案都应采用高效费的方式实现全寿命的后勤保障。

保障方案包括:嵌入式诊断和预测;嵌入式训练和测试;系列化项目管理;自动识别技术;迭代性的技术更新;数据的语法和语义。

3. 保障资料

合同的交付品保障和保障资料应符合保障方案的要求,这是在全寿命维修内采用高效费比手段维修已部署系统、推动保障货源竞争的最基本要求。项目主任应协调政府各职能单位对保障资料的要求,以尽量减少保障资料的重复和不一致。

4. 保障资源

系统整个预期寿命内所需的保障资源都要计入"全额经费",因此保障资源要求是项目审查和决策的重要内容。在项目研制过程中,提供后勤保障产品和服务的货源都要通过竞争选定。项目主任应考虑使用嵌入式训练和维修技术来提高用户的能力,降低寿命周期费用。

项目主任一般采用自动测试系统族或满足既定自动测试能力的民用货架产品,来满足自动测试设备硬件和软件的所有采办需求。

项目主任应在系统全寿命费用和效益分析的基础上,选用具有诊断、预测、系统状况管理等综合能力的自动检测系统,尽量减少国防部外场、仓库和制造工序中的专用自动检测系统的数量。

(九) 人因系统整合

国防部第 5000.01 号指令规定,项目主任应采取人因系统整合(HSI)措施,优化全系统性能,尽量降低所有权总费用。为此,项目主任要与主管人力、人员、训练、安全性、人员健康、宜居性、生存性、人素工程等工作的单位一道,将能力文件中人因系统整合的门限值和目标值转化为可量化、可度量的系统要求。在此基础上,根据适用性情况,再将这些要求写进规范、试验鉴定主计划和项目的其他文件,纳入工作说明乃至合同。系统的保障策略要在人因系统整合方面划清职责,制定满足人因系统整合要求的管理办法,同时要归纳相关训练系统的主要组成部分,有关规定可参见MIL-STD-1472。

人因系统整合涵盖以下内容:人素工程;宜居性;人力;人员;训练;生存性;等。

(十) 环境、安全与职业健康

为降低整个系统的费用、进度和性能风险,项目主任应尽量避免发生环境、安全与职业健康事件。如果这类事件无法避免,则要对其进行管理。

国防部第 5000.02 号指令明确要求,项目主任要在系统寿命周期内管理环境、安全与职业健康方面的风险,要在里程碑 B 之前(或项目开始启动前)编制一份项目环境、安全和职业健康评定文件,规定以下事项:如何运用 MIL-STD-882D 或与其等效的非政府标准规定的方法,将环境、安全与职业健康考虑因素纳入系统工程风险管理过程中;贯彻国家环境政策法(NEPA)和第 12114 号行政令的时间安排;将项目环境、安全和职业健康评定纳入采办采略;自里程碑 B 开始,项目环境、安全和职业健康评定文件即成为环境、安全与职业健康风险的顶层管理文件;辨识、评估、降低、接受剩余风险,随时评定风险降低的效果以及国家环境政策法的执行情况。

1. 项目环境、安全和职业健康评定

项目环境、安全和职业健康评定没有固定格式。项目主任应书面记录项目环境、安全和职业健康评定,清楚地向决策者通报在环境、安全与职业健康方面有哪些问题会对项目产生影响。项目环境、安全和职业健康评定在里程碑 B 是一份初始计划,随着项目逐渐成熟而演化成环境、安全和职业健康的风险管理工具。

项目环境、安全和职业健康评定包含以下内容:将环境、安全与职业健康考虑因素纳入系统工程过程的方法;明确负责实施环境、安全与职业健康策略的责任者;辨识、降低乃至消除环境、安全与职业健康风险的途径,若此类风险确属无法避免,则写明风险管理控制方法;辨识、降低、接受环境、安全与职业健康风险以及接受风险者、接受风险等级的权限;环境、安全与职业健康风险管理和降低(措施)的跟踪办法和环境、安全与职业健康风险控制效果的度量方法;贯彻执行国家环境政策法(NEPA)和第12114 号行政令的时间安排;系统所用有害物质(HAZMAT)(包括高能物质)的标识;如何将有害物质、高能物质和其他环境、安全与职业健康方面的事项纳入系统去军事化计划和退役处置计划,如

何逐步推进这项活动;如何将环境、安全与职业健康纳入试验鉴定计划和报告,如何推进这项活动。

项目主任最好将环境、安全与职业健康方面的信息一并纳入项目环境、安全和职业健康评定,避免形成一系列相互搭接的、重复的文件。人因系统整合亦需处理许多环境、安全与职业健康方面的问题。项目环境、安全和职业健康评定要将环境、安全与职业健康和人因系统整合联系起来,避免工作重复。项目主任应将贯彻执行国家环境政策法/第12114号行政令的时间安排详尽地写入项目环境、安全和职业健康评定,并将其摘要写入采办策略。

网络和自动化系统项目,包括使用民用货架产品的项目,均须遵守法律法规关于管理环境、安全与职业健康的要求。要把这项管理工作纳入系统工程过程,把所有要做的管理工作写入项目环境、安全和职业健康评定。自动化信息系统项目的项目主任应根据采办项目的内容(如软件、硬件采办、设施安装、光缆、无线电天线等),开展环境、安全与职业健康分析。对主要涉及新的或改版的软件应用程序的自动化信息系统项目,在项目环境、安全和职业健康评定中应着重写明软件系统的安全过程、程序和结果。对同时也涉及软件和/或设施的自动化信息系统项目,在项目环境、安全和职业健康评定中也要写明环境、安全与职业健康的相关内容,如人-机接口、有害物质的标识、编制贯彻制定国家环境政策法的必要文件、去军事化计划以及按有关法律法规对有害物质进行退役处置的计划等。

2. 环境、安全与职业健康风险管理

环境、安全与职业健康风险是项目风险的重要组成部分。项目主任应从总体上掌控环境、安全与职业健康风险,必要时,应采取有效措施降低风险或将风险控制在可接受的范围之内,避免造成人员伤亡、设施或设备严重损坏、执行使命的能力严重下降或丧失、环境严重破坏、社会影响恶劣、经济损失惨重。

环境、安全与职业健康风险管理过程要利用环境、安全与职业健康风险分析衡量指标,按 MIL-STD-882D 的指导原则进行。风险衡量指标用风险发生的概率和风险发生所造成的后果界定,并用来对环境、安全与职业健康风险进行分级。项目主任可以建立单一的、综合的环境、安全与职业健康综合风险矩阵,也可以按环境、安全和职业健康分别建立考核指标。

通过有效的环境、安全与职业健康风险管理,可以辨明系统特有的环境、安全与职业健康风险,从而有效地贯彻执行国家环境政策法/第12114号行政令的各项要求。项目主任应将这些(风险)数据与特定的环境条件结合起来考虑,形成贯彻执行国家环境政策法的正式文件。此外,还应负责向其他活动主持单位提供系统的环境、安全与职业健康风险数据,支持它们对国家环境政策法进行分析,从而使整个国家环境政策法/第12114号行政令的分析过程更趋合理,减轻其对费用和进度的影响。

项目主任应监督和评估风险降低措施的效果,以决定是否需要采取更多的控制措施,并将风险降低措施的效果纳入项目环境、安全和职业健康评定。

(十一) 生存性和敏感性

在项目早期,项目主任至少应在项目进入系统研制和验证阶段之前,全面评估系统和机组在各种预期威胁和冲突水平下的生存性。如果作战试验鉴定局长确定系统或项目需要接受实弹试验鉴定监督,则项目主任应将机组生存性试验鉴定纳入实弹试验鉴定计划,支持国防部长向国会提交的实弹试验鉴定报告。

项目主任应明确核、生、化和高空电磁脉冲的高效费比的生存性技术,并对这种生存性制定确认和认定计划。

项目主任应制定并维护系统全寿命周期生存性计划,在早期加大对生存性强化工作的投入,以改善系统的战备完好性和任务效能。具体来说,应做到以下几点:形成对威胁的"不敏感"能力(低敏感性);通过设计,形成加固对威胁的"可接受"性(低易损性);最大限度地提高战时可用性和出动率;通过设计,减少飞机损毁造成的人员伤亡(减少损失);尽量减少生存性计划对整个项目费用和进度的影响;确保关键部件的生存力得到威胁对抗措施的保护,得到安全应用;确认对系统生存性的威胁,包括常规武器和核武器,核、生、化污染和电子战威胁。

项目主任应确保状态敏感性成为一项设计考虑因素,应针对预期的作战使用环境及其对系统可能产生的影响来处理电磁兼容性问题和电磁干扰问题;应考虑对全系统范围内的电磁兼容性/电磁干扰问题进行控制,避免在各种使用和维修状态下系统部件间产生意外电磁耦合。MIL-STD-461或类似标准可以作为电磁兼容性/电磁干扰技术设计与验证的依据。

(十二) 腐蚀预防和控制

项目主任应制定并执行腐蚀预防和减轻计划,以便在系统寿命周期内尽量减轻材料腐蚀损坏所带来的影响(参见《腐蚀预防和控制策划指南》)。腐蚀的预防和减轻方法包括但不限于应用有效的设计惯例、材料选用、防护涂层、生产工艺、包装、存储环境、装运防护以及维修程序等。

项目主任应建立并维护一项报告腐蚀预防和减轻活动的制度,以便进行数据采集和情况反馈,以及运用这些数据来正确处理腐蚀预防和减轻所带来的后勤问题及战备完好性问题。腐蚀预防和减轻问题要执行国防部第5000.01号指令关于基于性能的后勤的下述规定:"项目主任应制定并执行基于性能的后勤策略,做到既优化整个系统的可用性,又尽量降低费用,缩小后勤规模。凡涉及费用、使用寿命和效能的权衡决策,均应考虑腐蚀预防和减轻问题。维护策略应确定如何通过政府/工业界合作伙伴倡议,依据法律要求充分发挥公营和民营能力。"

(十三) 非军事化和退役处置

项目主任的职责之一是运用系统工程过程进行系统全寿命管理,因此装备的非军事化和退役处置是项目主任必须考虑的问题之一。项目主任应与国防部各部门主管后勤和爆炸物安全的单位(适当时还要与国防后勤局)进行协调,按国防部第4140.01和国防部第4160.21-M-1的规定,确定并执行相关要求,消除装备的军用能力,确定系统及其副产品的再利用和危险品的退役处置要求。

对于弹药项目,项目主任应在有关文件中规定系统的哪些部分需要进行非军事化和退役处置。该文件的主要内容包括:消除危险恢复安全程序——弹药分析拆卸程序,使弹药拆至可以触摸或搬运高能物质和危险物质;说明所有高能物质和危险物质要优先采用何种方法处理其废料;不得将公开焚烧或引爆作为非军事化和退役处置的主要方法。

(十四) 信息保证

项目主任应按照国防部第5000.01指令的规定,将信息保证(IA)要求纳入项目设计活动,确保系统关键信息的可用性、完整性、真实性、可信性和不可修改性。国防部关于信息技术(含国家安全系统)信息保证的政策规定和实施要求见国防部第5000.01号指令、国防部第8580.01号指令和国防部第8580.02号指令。信息保证要求因项目的不同而差别很大,因此项目主任应认真确定适用的信息保证要求。

(十五) 钝感弹药

弹药设计决策的最终目标是研制部署即使发生意外操作也不会引起不良反应的弹药。所有的弹药和武器,无论属于何种采办类别,均需符合钝感弹药(意外操作)要求。要使用符合安全性和互操作性要求的器材,要将联合能力集成与开发系统确认提出的钝感弹药要求贯穿整个采办过程。弹药钝感性按参谋长联席会议主席第3170.01号指令的规定进行验证。凡申请豁免此项要求的弹药/武器,无论属于何种采办类别,均应经过联合需求监督委员会的批准。

(十六) 防窃密

系统工程过程中的防窃密活动是指预防窃取美国系统关键技术的活动或迟滞美国系统使用关键技术的活动。这项活动要覆盖系统的整个采办过程,包括防窃密措施的研究、设计、开发、试验、实施和确认。正确采用防窃密措施,有助于延长关键技术的使用寿命。防窃密措施包括策反(敌方)工程技术人员,针对某个系统或系统部件开发、制定对抗措施。

项目主任应依据里程碑决策当局的决定以及相关手册中的规定,制定并实施防窃密措施。如果确定系统需要具备防窃密能力,则应将此项要求写入系统规范、综合后勤保障计划及项目的其他文件,并列入设计活动。项目主任在制定防窃密措施、将防窃密作为一项设计考虑因素进行权衡之前,应进行审慎的风险分析,明确系统有哪些关键技术和薄弱环节,并在反谍报部门的协助下,对这些关键技术进行威胁分析,找出对项目的性能、费用、进度和风险都能起到最佳效果的防窃密措施。

项目主任还应制定防窃密确认计划,确认最终产品停产后的防窃密能力。国防部防窃密执行官授权人员亦可向里程碑决策当局和部门采办执行官提交确认计划和结果报告。

防窃密活动与许多其他设计考虑因素(如民用货架产品、腐蚀预防与控制、去军事化和退役处置、开放系统体系结构等)有关。在制定系统工程计划时,项目主任、系统工程和产品保障主任对此应予以考虑。

(十七) 系统安保工程

系统安保工程(SSE)是一种综合过程,旨在缓解和管理下列因素给先进技术与系统的使命任务关键功能所带来的风险:外国采集;设计脆弱性或供应链的应用/引入;战场损伤;采办全寿命周期内未经授权的批露或无意中的泄露。

系统安保工程过程确保将安(全)保(密)要求纳入工程分析,将分析结果纳入项目保护计划,在每次系统工程技术审查时予以审查,并纳入与系统工程技术审查相关的系统工程要求以及功能基线、分配基线和产品基线。项目保护计划在各里程碑决策审查以及全速生产/全面部署审查的基础上,由里程碑决策当局审批。

项目主任负责制定项目保护计划,确保项目符合相应的安保政策和系统要求。系统工程师和/或系统安保工程师负责安保要求的设计与试验,并确保将风险管理纳入相应的权衡空间。

（十八）产品唯一标识

正确使用对序列化产品管理(SIM)有效的产品唯一标识(IUID)，有利于在产品寿命周期内探测、控制、评价和管理国防部的资产。产品唯一标识是一种分类过程，它可以在全球范围内，将一个产品与国防部购买或拥有的其他产品清楚地区分开来。使用对序列化产品管理有效的产品唯一标识，可以为国防部进行下述活动提供标准方法：持续不断地评价国防部采购/拥有的全部单独产品；跟踪使用过程中的产品；防范伪造零件；借助自动化识别技术和自动化信息系统的连接，在产品全寿命周期内，使有价值的商务情报同该产品联系起来。

项目主任和产品保障主任应把对序列化产品管理有效的产品唯一标识列为 MIL-STD-130 中活动的有机组成部分，开展相应的预算、计划和执行活动。

系统工程师在形成设计决策时应考虑做什么标记，如何将 MIL-STD-130 中的产品唯一标识标记综合为产品的标记要求；哪方面的产品和维护信息需要保存，以及如何将产品寿命周期的数据用于技术状态管理和产品保障系统。

（十九）关键安全件

关键安全件(CSI)是指若其发生故障，就会导致人员受到严重伤害、致残甚至死亡，系统损毁或设备严重受损的零件、组件或保障设备。

分析关键安全件的目的，是确保项目主任只能同关键安全件的设计控制单位(DCA)批准的货源签订涉及关键安全件的合同。按法律规定，设计控制单位是指军种部内专门负责系统(装有关键安全件)适航性的系统司令部。

有关法律、法规和政策(如公法108-136 和公法109-364)中包含很多与关键安全件有关的强制性要求，这些规定涉及三个方面：①规定设计控制单位负责确定和管理采购、改进、修理与大修航空系统和舰船系统所用的关键安全件；②要求国防部在涉及关键安全件的合同方面，只与设计控制单位批准的货源打交道；③要求关键安全件交付品和进行的服务必须符合设计控制单位批准的所有技术要求和质量要求。

（二十）软件

软件系统的下述最佳惯例适用于任何系统：里程碑 B 之前审查软件的"内容"，尤其是审查复杂的算法和功能流，使技术达到所要求的成熟度，使风险降到所要求的水平；开发基于体系结构的软件系统，支持开放系统方案；利用民用货架计算机系统产品；使用基于模块式的、可重用的、可扩充的软件实现渐进改进；可行时，应先调查有无可重用的政府和民用的软件，再决定是否开发新软件；根据系统的背景和影响系统性能、寿命周期总费用、风险和互操作性潜力的软件工程要素来选用编程语言；采用国防部的标准数据，执行国防部第8320.1号指令规定的数据管理政策；选择有开发类似软件系统经验、有良好履约记录、具备成熟软件开发能力和方法的承包商；采用诸如项目支持审查之类的手段评定信息运行风险(参见国防部第3600.01号指令)；根据所计划的保障方案，自行开发或采办必要的文档、宿主系统、测试台以及计算机辅助软件工程工具，做好寿命周期软件保障和维护的准备；跟踪货架产品软件采购和维护许可。

项目主任应构建一种软件开发过程，以适应这样的认识：在整个寿命周期内提出的能力要求和任务可能需要不断修改软件。此外，在软件设计和管理中，项目主任还应考虑下述安全性问题:编写影响分析说明,讲清软件的可靠性、非开发软件附加功能以及随之对国防部现有软件所做的修改;软件质量保证人员监督软件更改过程;独立的验证团队和确认团队进行补充审查;分析研究软件的技术风险和易损性,制定应对策略;制定更改控制办法,规定其他国家能否以任何方式参与软件的开发、修改或修补;凡承包商/转包商利用国外开发、修改或修补的国防部专用软件代码的,均需实施安全许可证管理;国防部合同的主销售商,只有在经过查验的或可靠的环境下,才能与经过审批的国外分包商合作(参见国防部第8510.01号指令);国防部软件在国外环境下编码,或由国外编码的,需由软件质量保证人员进行恶意编码审查;采用民用软件或货架产品软件时,应优先选用没有外国人参与开发、修改或修补的民用货架产品软件,以消除安全风险;对国防部或其承包商不能直接控制的地方开发的转而提供给国防部承包商使用的软件,软件质量保证人员要进行恶意代码审查。

第十章　国防采办经费管理

国防采办经费是指用于国防采办项目的科研、采购、使用与保障、处理等各项有关经费的总称。开展国防采办经费管理，并对其进行严格的监督、控制，对于防止项目超概算、提高国防采办经费使用效益，具有十分重要的意义。

第一节　国防采办经费管理的组织体系

一、国防部层次的国防采办经费管理机构

（一）国防部财务副部长

目前，国防部下设财务副部长（主计长），统一领导全军的国防费管理工作，主要管理机构由财务副部长办公室、国防财会局、国防合同审计局等组成。据《2015 财年美国防预算报告》统计，目前美军从事经费管理工作的人员为 5.4 万名。

1. 财务副部长办公室

财务副部长办公室（图 10.1）为美军经费管理的中央机关，下设预算与拨款副部长帮办、计划与预算副部长帮办、主财务官帮办、人力与资源管理主任等，主要负责汇总编制全军预算，并对预算进行审查、上报、执行、监督、调整，参与相关计划的审查与决策，制定经费管理政策、法规等工作。

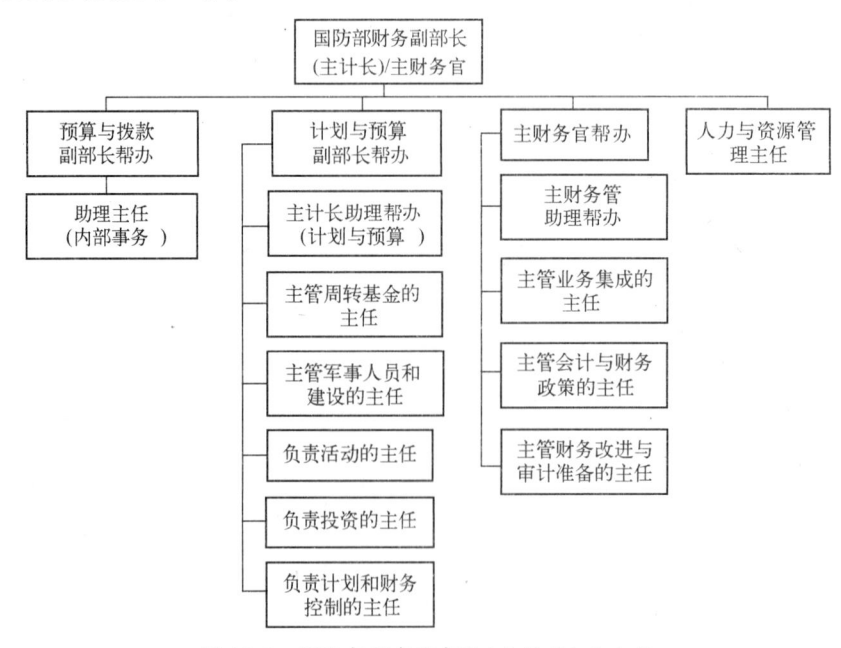

图 10.1　国防部财务副部长（主计长）办公室

2. 国防财会局

国防财会局是国防部财务副部长(主计长)的直属业务机构,下设局机关和克利弗兰、哥伦布、丹佛、印第安纳波利斯和堪萨斯城等5个国防财会中心,如图10.2所示。其中,局机构的主要职责是指导所有国防预算资金、非预算资金、业务经费、周转和信用基金的财会需求和运行,制定和实施军队财会法规制度,编制规定的财务报告,对国防部财务副部长(主计长)指定的各部门和其他联邦政府机构提供财务和会计服务,以及指导国防部内部财务、会计和预算等工作;5个财务中心主要负责全军所有经费的支付工作。

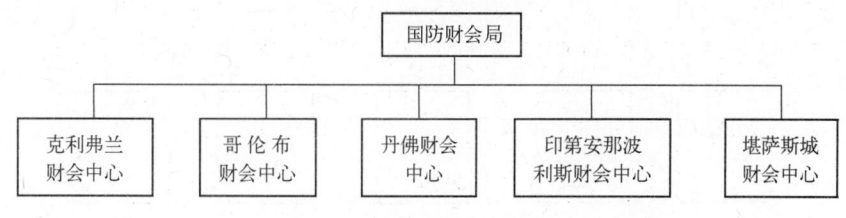

图10.2 国防财会局支付中心

(1) 克利弗兰财会中心。克利弗兰财会中心的前身是1942年成立的供应和会计局,1955年改名为海军财务中心,1991年1月更名为国防财会局克利弗兰财会中心,并纳入三军财务保障体系。克利弗兰财会中心下设克利弗兰、查尔斯顿、日本、彭萨克拉、圣迭哥等5个地区财会办事处,主要负责海军现役与预备役部队的日常帐务处理及经费支付,海军医学院学员、后备军官训练队学员的经费支付,以及陆军、海军陆战队、海军和空军退休军人、养老金领取人员及军人遗孀的经费支付。

(2) 丹佛财会中心。丹佛财会中心成立于1991年1月,下设代顿、奥马哈、圣安东尼奥等3个地区财务办事处,是美军在世界范围内最大的支付机构,集中管理退役人员及承包商的财务会计、报告,负责向空军和国防部其他业务局提供集中的财会服务及报告等工作。

(3) 印第安纳波利斯财会中心。印第安纳波利斯财会中心的前身是陆军财会中心,1991年1月更名为国防财会局印第安纳波利斯财会中心,并纳入三军财务保障体系,下设印第安纳波利斯、欧洲、奥兰多、罗克岛、圣路易斯等5个地区财务办事处,主要负责驻在上述地区的陆军和预备役军人及其家属的经费支付业务。

(4) 堪萨斯城财会中心。堪萨斯城财会中心的前身是海军陆战队财会中心,1991年1月更名为国防财会局堪萨斯城财会中心,并纳入三军财务保障体系,主要负责海军陆战队和其他相关国防部和非国防部机构的财会服务、经费支付及编制报表任务,同时还负责海军陆战队财会系统的研发及维护工作。

(5) 哥伦布财会中心。哥伦布财会中心的前身是成立于1988年的国防后勤局财务中心,1991年1月更名为国防财会局哥伦布财会中心,并纳入三军财务保障体系,下设印第安纳波利斯、俄亥俄州克利弗兰—哥伦布、缅因州莱姆斯通、罗马、纽约、欧洲、日本、得克萨斯州特克萨卡纳、俄亥俄州克利弗兰—布拉提纳河尔、弗吉尼亚州别洛沃尔堡等10个地区财务办事处,主要负责国防合同经费的支付工作,同时还承担国防部各业务局和军种的差旅费支付任务。

3. 国防合同审计局

国防合同审计局是国防部财务副部长(主计长)的直属业务机构,成立于1965年,目前拥有5181名工作人员,其中审计人员4492人,行政管理人员689人。如图10.3所示,国防合同审计局下设欧文、士麦拉、洛厄尔、费城和拉米拉达等5个地区审计办事处,管理着美国各地300多个现场审计室。

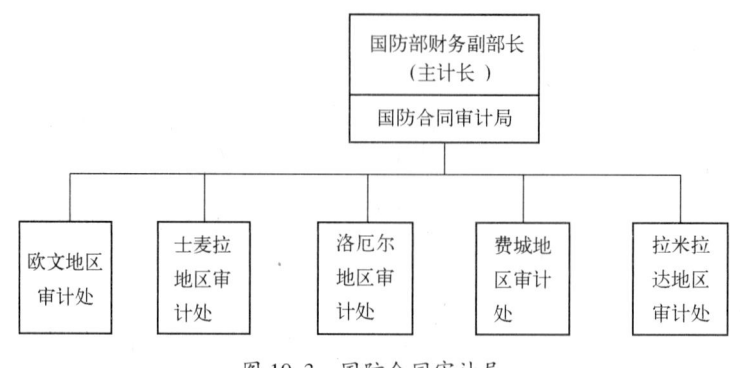

图 10.3 国防合同审计局

(二) 成本评估与计划鉴定局

国防部一级的成本管理机构经历了两个发展阶段,即计划分析与鉴定局和成本评估与计划鉴定局。

1. 计划分析与鉴定局

为强化国防采办项目成本估算、评估、分析工作,尤其是重大国防采办项目的独立成本估算工作,国防部设立了统管全军国防采办项目成本的专职机构——计划分析与鉴定局(图10.4),下设经济与人力分析处、武器系统成本分析处、力量与基础设施成本分析处、使用分析与采购计划处和规划与财年经济处等,并于1972年1月在该局设成本分析改进小组(Cost Analysis Improvement Group,CAIG),主要负责组织全军国防采办项目经济可承受性分析、计划评估、成本估算和评审、成本监控等工作。

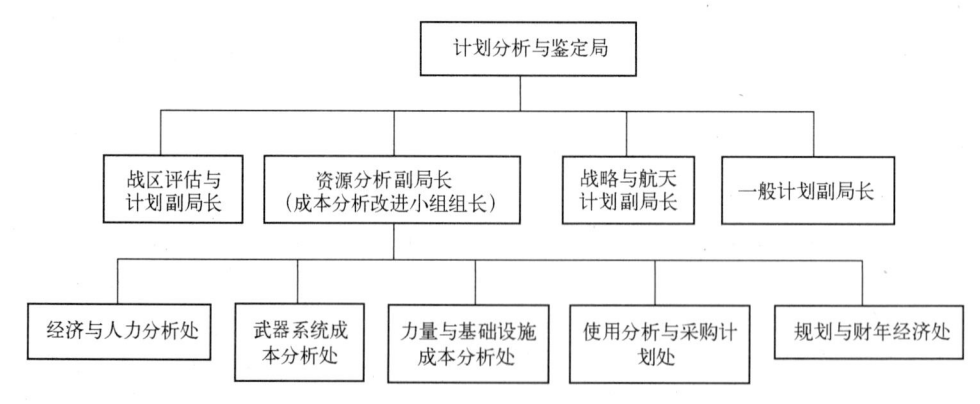

图 10.4 计划分析与鉴定局

2. 成本评估与计划鉴定局

2003年5月,为满足反恐作战对国防采办的需要,国防部开始对国防采办制度和方式等进行改革,以"放权"和增强采办灵活性为主线,简化了采办程序,扩大了采办人员和承包商的自主权。改革实施以来,国防部较好地调动了采办人员和承包商的积极性,但由于削弱了对采办过程的管控力度,加之采办需求变化频繁、技术管理和项目管理不完善等诸多因素,导致了国防采办项目成本超支问题日益严重。据美国政府问责办公室2008年5月报告称,美国2007财年重大国防采办项目总体成本超支26%,其中研发成本超支40%,72个重大国防采办项目成本超支高达2950亿美元。为此,2009年5月,美国在原计划分析与鉴定局的基础上组建了成本评估与计划鉴定局,并设立成本评估副局长办公室,代替原成本分析改进小组。新设立的局长为助理国防部长级别,在国防部享有很高权力,无需获得其他官员批准即可同国防部长、常务副部长就成本管理等方面的事务进行直接沟通。

根据《2009年武器系统采办改革法》的规定,新成立的成本评估副局长办公室主要负责以下工作:①在国防资源分配方面,负责对规划、计划、预算与执行系统中规划与计划工作进行分析并提出建议,协助国防部财务副部长(主计长)编制规划、计划、预算与执行文件及其指南,评估国防费支出对美国经济的影响等。②在需求生成方面,编制重大国防采办系统备选方案分析指南,分析与需求有关的资源问题,对备选方案进行经济性分析,向联合需求监督委员会提出有关建议。③在国防采办方面,制定国防采办项目成本估算与分析的政策与程序,审查、分析与评估国防采办项目的采办策略与政策,指导重大国防采办项目和重大自动化信息系统以及重要国防项目的具体成本估算和成本分析工作,审查所有与重大国防采办项目和重大自动化信息系统有关的成本估算和成本分析,对采办、技术与后勤副部长任里程碑决策当局的重大国防采办项目和重大自动化信息系统进行独立的成本估算和成本分析,审查各军种和国防部业务局的成本估算、成本分析及有关档案。

二、军种层次的国防采办经费管理机构

与国防部层次的国防采办经费管理机构相对应,美军在陆、海、空三军分别设立了主管财务管理与主计工作的助理部长,负责各军种包括国防采办经费在内的国防费管理工作。

(一) 陆军国防采办经费管理机构

陆军国防采办经费管理机构受财务管理与主计助理部长领导,下设的主要机构有预算助理部长帮办办公室、财务信息管理办公室、成本与经济分析中心、财务运行助理部长帮办等,如图10.5所示。

图 10.5 陆军国防采办经费管理机构

在图10.5中,预算助理部长帮办办公室主要负责陆军预算的编制、审查、执行、分析、调整等工作;财务信息管理办公室主要负责陆军财务管理系统的建设与维护、陆军部

队财务信息服务保障等工作;财务运行助理部长帮办办公室主要负责制定陆军财会政策、程序、计划等,以及陆军财务内部控制、审查、评估等工作;成本与经济分析中心是陆军国防采办经费管理最重要的机构,受陆军财务管理与主计助理部长领导(如图10.6所示),主要负责制定、指导和实施陆军成本与经济性分析计划,制定成本与经济性分析政策、方法和程序,制定武器和信息系统独立成本估算和部门成本分析要求,开展独立的成本审查和经济性分析等。

成本与经济分析中心下设采办成本核算处、成本审查委员会和计划与策略处。其中,采办成本核算处下设3个部门:①C^4ISR成本核算部,主要负责估算重要的自动化信息系统和电子通信系统的全寿命成本,审查所有自动化信息系统的经济性分析,在重大自动化信息系统里程碑决策之前协调与成本评估副局长办公室和项目办公室的工作,为备选方案分析提供成本数据或评估成本数据,收集和管理历史成本数据等;②武器系统成本核算部,主要负责对重要的陆军武器系统进行全寿命成本估算,在重要武器系统的里程碑决策之前协调与成本评估副局长办公室和项目办公室的工作,为备选方案分析提供成本数据或评估成本数据,收集和管理历史成本数据等;③成本政策与研究部,主要负责制定成本与经济性分析政策,开发成本分析模型和工具等。

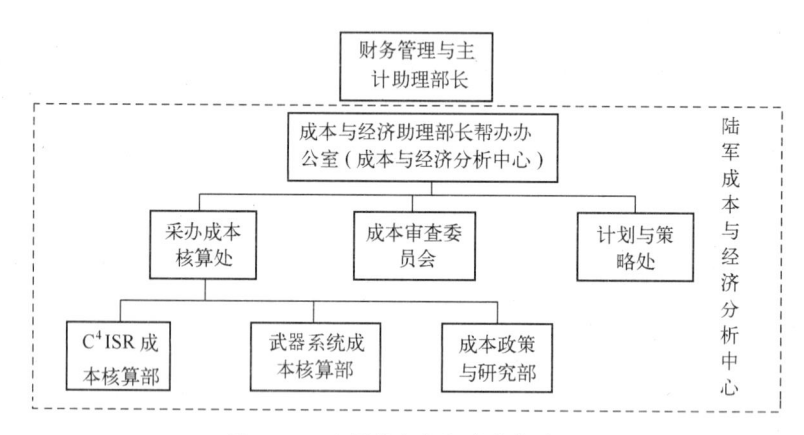

图10.6 陆军成本与经济分析中心

(二) 海军国防采办经费管理机构

海军国防采办经费管理机构是财务管理与主计助理部长,下设的主要机构有预算办公室、成本分析中心、财务运行办公室等,如图10.7所示。

图10.7 海军国防采办经费管理机构

在图10.7中,预算办公室主要负责海军和海军陆战队预算的编制、审查、执行、分析、调整以及监督等工作;财务运行办公室主要负责海军和海军陆战队财会政策、程序、计划等的制定以及财会系统建设与维护,并向海军和海军陆战队部队提供财会信息服务等工作;成本分析中心是海军国防采办经费管理的最重要机构,受海军成本与经济助理部长帮办领导(如图10.8所示),主要负责海军和海军陆战队国防采办项目成本与经济性分析政策的制定,以及海军和海军陆战队国防采办项目成本独立估算、成本审查、过程成本监控等工作。

成本分析中心下设文职副主任办公室、军职副主任办公室和技术主任办公室。其中,文职副主任办公室由IT估算处、航空处和舰艇/武器处组成,分别负责相关国防采办项目的成本分析、过程成本监控等工作;军职副主任办公室由业务运行处、经济与特别分析处和成本研究与工具处组成,负责海军国防采办项目成本管理的相关保障和支持工作;技术主任办公室负责向中心各办公室提供技术支持与咨询。

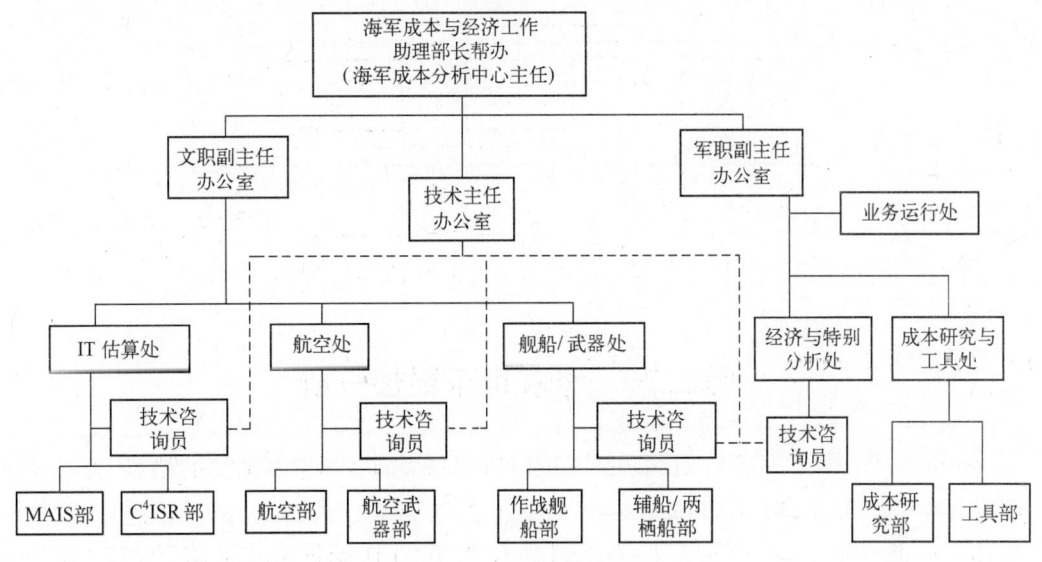

图10.8 海军成本分析中心

(三) 空军国防采办经费管理机构

空军国防采办经费管理机构是空军助理部长财务管理与主计,下设的主要机构有:预算助理部长帮办,成本与经济助理部长帮办,服务、通信与人力发展主管,财务运行助理部长帮办等,如图10.9所示。

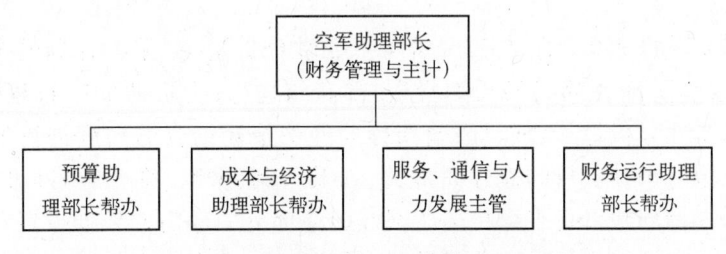

图10.9 空军国防采办经费管理组织结构

在图10.9中,预算助理部长帮办主要负责空军预算的编制、审查、执行、分析、调整以及监督等工作;财务运行助理部长帮办主要负责空军财会政策、程序、计划等的制定,向空军部队提供财会信息服务等工作;服务、通信与人力发展主管主要负责空军财务系统队伍建设、通信以及相关服务工作;成本与经济助理部长帮办是空军国防采办经费管理的最重要机构,下设经济与业务管理处、成本分析局、专业性财务管理中心。如图10.10所示,成本分析局成立于1986年,下设飞机与武器部、航天项目部、信息技术部、兵力分析部以及资源部等部门,分别负责飞机与机载武器、航天飞行器、信息系统、空军兵力建设等方面的成本估算、分析和审查,过程成本监控,以及空军相关建设资源分析等工作。

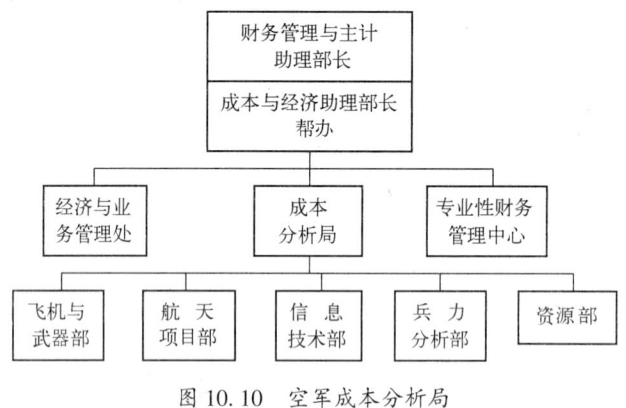

图10.10 空军成本分析局

第二节 经济可承受性分析

20世纪80年代以来,针对国防采办项目研制和采购费用急剧上涨的趋势,为继续保持国家军事优势,美国提出了经济可承受性思想,并将其作为制定国防发展和国防科技发展政策的重要因素。国防部采办副部长雅克·甘勒斯在《国防转型》(*Defense Conversion*)一书中指出:"在国防科研与开发管理中,目前急需同时解决两个问题:①保持军事优势只能靠保持技术优势来实现;②必须控制费用的过快增长。解决后一个问题的核心是提高经济可承受性,而经济可承受性不仅与投资多少有关,而且与技术先进性和各种费用的降低有关。"

一、经济可承受性分析的内涵

根据《国防采办辞典》的定义,经济可承受性分析是指"采办计划的全寿命周期费用与国防部或国防部各部门的长期投资、部队结构、人力资源的一致程度"。通俗地讲,经济可承受性分析是从效能、战技指标与经济指标结合的角度进行经济技术可行性分析,预测国防采办项目的总经费概算,以及研制、采购、维修等各阶段所需的经费投入,分析采办计划项目是否满足国防部或国防部有关部门的长期投资和部队结构计划的要求,以此来指导国防采办项目设计、研制和生产,实现有效控制项目研制和生产成本的目的。

根据上述定义,经济可承受性具有以下两层含义:

(1)当项目全寿命费用与可提供给它的资源达到最佳匹配时,其经济可承受性是最好的,而不是项目全寿命费用越低,经济可承受性就越好。如果项目全寿命费用超过预期资源的承受能力,显然经济上是不可承受的;同样,如果国家资源充足,而过度压缩项目全寿命费用,必然导致其他性能指标(尤其是技术指标)不能达到最佳,同样在经济上不具有可承受性。

(2) 经济可承受性是一项综合性度量参数,受多方面因素制约。从美军实施经济可承受性的结果来看,这些因素至少包括可靠性、维修性、保障性、测试性等。

二、经济可承受性分析的类型

目前,美军经济可承受性分析大致上分为论证阶段经济可承受性分析和研制阶段经济可承受性分析两种。

(一) 论证阶段经济可承受性分析

在项目论证阶段,由参谋长联席会议副主席任主席的联合需求监督委员会统一领导包括经济可承受性分析在内的全部需求论证工作。其中,经济可承受性分析由高级领导评审小组[①]中国防部财务副部长(主计长)负责,由隶属于成本评估与计划鉴定局的成本评估副局长办公室(重大国防采办项目和重大自动化信息系统)或军种成本管理机构(由国防部采办、技术与后勤副部长指定的重大国防采办项目和重大自动化信息系统以及一般国防采办项目)具体实施。

该阶段的经济可承受性分析结束后,联合需求监督委员会要确定项目各阶段和各节点的成本目标值和成本限值,并与进度、性能的目标值和限值等指标组成项目需求论证的关键性文件——关键性能参数(KPP)。根据论证的规定,与项目其他参数一样,成本参数必须有目标值和限值。当缺乏成本限值时,成本限值应是成本目标值加上成本目标值的10%。经济可承受性分析的论证结果与国防采办项目的性能指标和进度指标一起均包括在《能力发展文件》和《能力生产文件》中。

(二) 研制阶段的经济可承受性分析

在项目研制阶段,在各里程碑决策点对该阶段和以后各阶段的经济可承受性进行分析,以审查完成该项目所需的经费是否超过论证阶段所确定的规模。项目研制阶段的经济可承受性分析,由成本评估副局长办公室(重大国防采办项目和重大自动化信息系统)或军种成本管理机构(由国防部采办、技术与后勤副部长指定的重大国防采办项目和重大自动化信息系统以及一般国防采办项目)具体实施,而后提交给国防采办委员会或军种采办最高管理机构所属的有关里程碑决策当局进行详细审查。

三、经济可承受性分析方法

根据美军最新的《国防采办指南》的规定,通常使用"计划年度投资方法""单位成本方法"等经济可承受性分析方法。

(一) 计划年度投资方法

计划年度投资(Projected Annual Funding)方法是美军广泛使用的经济可承受性分析

---

① 高级领导评审小组,是由原国防规划与资源委员会和国防资源委员会演变而来的,是装备采办有关规划、计划、预算和资源配置等问题的联合审查机构。组长由国防部常务副部长担任,成员包括有关副部长(采办、技术与后勤,政策,人力与战备,财务,情报)、成本评估与计划鉴定局长、参谋长联席会议主席和副主席、3个军种部长。

方法,它全面考虑了国防采办项目研制进度、成本费用、技术性能、人力资本等各个要素,从项目能力聚类的更高角度,在较长的时间跨度内,对项目经济可承受性进行评估。美军使用的计划年度投资方法一般以 6 年为规划年限,在投资规划方案中,需要对项目整体经费、人员使用情况等内容进行说明,并详细解释投资规划在经费和人力方面做出调整的原因等。

假定一个机动力量①的采办项目已经到达采办里程碑 B 点,对该项目进行经济可承受性分析的第一个步骤就是描绘投资规划方案的计划年度现代化投资(包括研究、开发、试验与鉴定经费和采购经费),首先制定的是 6 年期投资计划,紧接着制定为期十二年的长期投资规划。投资规划的内容包括同一领域其他采办项目的投资规划。图 10.11 是经济可承受性分析的第一阶段,邻近里程碑 B 审批的采办项目标注为"Mobility MDAP #3"。投资规划包括相同能力领域的其他采办计划,包括 3 个主要的国防采办项目、3 个其他计划(ACAT Ⅱ),以及 1 个综合类的小型采购计划。在图 10.11 中,出现一个投资大幅增加的"冲击波",起点在 2018 年附近。这里的"冲击波"是指需要大量的资金投入,远超出计划编制阶段的投资。图中标注的黑色箭头(标有"0%"实际增长)表示的是项目投资费用的基准线。

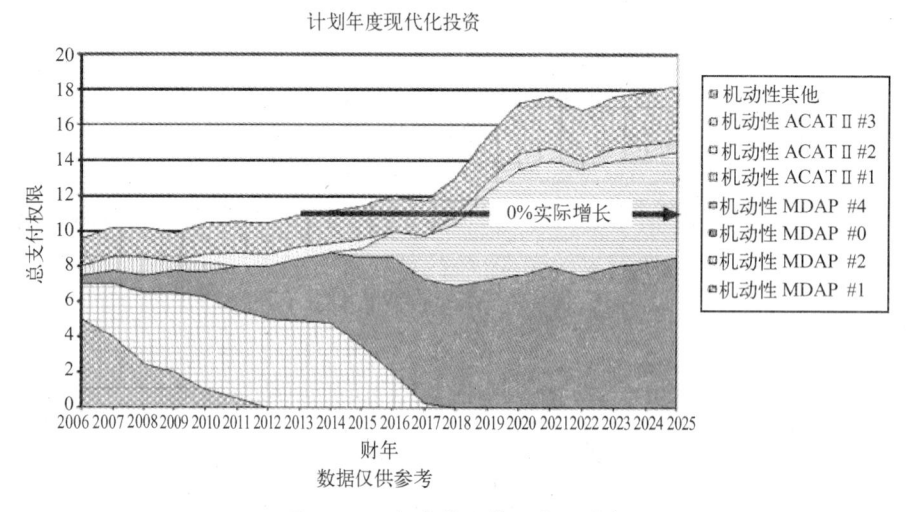

图 10.11 投资费用第一阶段图表

经济可承受性分析的第二个步骤,就是根据项目所属的能力领域,描述国防部投资费用的分配情况。依据当前的需求和外部环境,对不同能力领域进行规划分配,如图 10.12 所示。需要注意的是,此处的规划分配并不是按照项目进行投资费用分配。通常情况下,由一个独立的国防部部局进行采办能力领域的划分,并为各个能力领域分配投资费用和进行经济可承受性分析。对于某些任务领域单一的情况,需要进一步划分出子能力领域,再进行投资费用分配和经济可承受性分析。以陆军为例,它投资项目的任务领域都是为了完成单一的任务(例如,加强陆军力量),那么任务领域就需要更加细致和专业的划分,例如作战部队建设、航空作战、增强机动能力、战斗可持续能力等。此处

---

① 机动力量是指用于运输军事人员和物资的空中、海上和地面系统。

的投资费用分配需要重视现实的装备发展要求,按照美军能力需求而非项目需求的角度,进行投资分配。

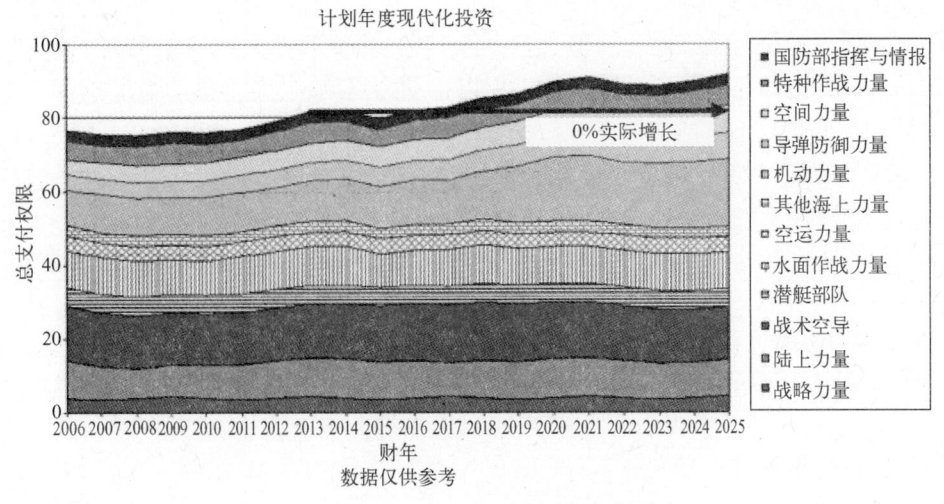

图 10.12 依据任务领域的投资费用图表

如图 10.12 所示,投资费用在 3 个不同领域(空间力量、导弹防御力量、机动力量)有所增长,每个领域都按照现实需求做出投资规划。这种规划投资费用的增长,相对于国防部部局整体资金安排是否可以承受、实际可行,这就需要通过经济可承受性分析的第三个步骤来评定。经济可承受性分析的第三个步骤依然是依据任务领域描述年度投资费用。与第二个步骤不同的是,评定的标准是国防部预期最高标准的投资比例,这就将装备发展的需求与可能的国防投资相结合,保证规划的现实可行性,因此评定标准采用国防部最高投资标准,具体分配比例如图 10.13 所示。

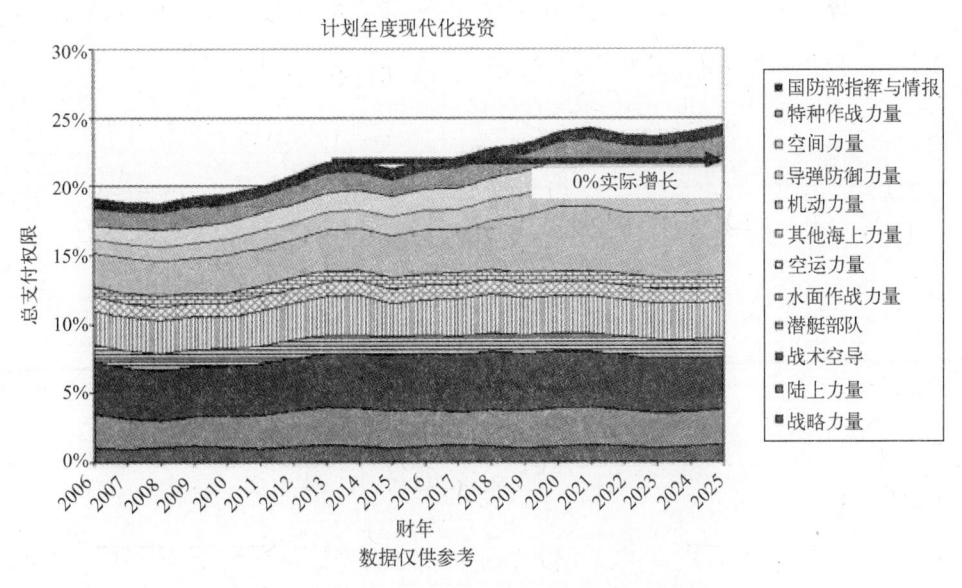

图 10.13 依据任务领域的投资费用图表

从图 10.13 可以看出,在国防部对 3 个不同领域(空间力量、导弹防御力量、机动力量)的最高投资比例下,机动力量可以获得投资增长的最高限度,这是国防部对机动性能增长的上限,是在制定规划时需要考虑的内容。

经济可承受性分析的第四个步骤,是以百分比的形式展示最高标准的项目经费,描绘出国防部各部门的年度投资费用计划。仍以机动力量为例,对于机动力量投资费用的需求是随着发展阶段不断增加的,国防部相关部局认为这种需求是合理和现实可行的,就通过重新分配整体的投资费用,降低其他相对需求较低的项目投资费用,或者通过改进流程和进行改革节省下费用,在最高投资标准范围之内,给予机动力量以更高比例的投资。通过以上四个步骤,综合考虑需求与现实情况,做出了给予机动性更高比例投资的规划。

(二) 单位成本方法

单位成本经济可承受性分析考查的对象是具体项目的经济可承受性。按照单位成本方法的规定,处于采办里程碑 B 处的采办项目,需要向国会提交项目可行性认证书,以证明该项目在经济上可行的。

由于在一些复杂工程中,子系统的研制价格十分昂贵,国防部需要考查该项目是否在经济上是可行的,包括项目总体经济可承受性和子系统的经济可承受性。这就需要考查每个项目的费用和整体采办费用在所有可用资源中所占的比例。在项目层级对单位成本进行的可行性分析,通常采用的方法是将评估项目与之前的类似项目进行比较,根据已有项目的研制成本,估算出新项目的研制成本,再评定是否有能力负担得起这样的成本。在某些项目中,新项目的单位成本费用直接参考退役的类似项目的研制成本。表 10.1 所列为单位成本经济可承受性分析评定示例。

表 10.1 单位成本经济可承受性分析评定示例

成本比较因素	C-X 新系统	C-Y 原始系统
单位采购成本	175.0	75.0
系统年度保障成本	5.8	3.8
能力得分	0.060	0.024
平衡指数	1.0	2.5
单位采购成本(同等能力标准)	175.0	187.5
系统年度保障成本(同等能力标准)	5.8	9.4

注:以 2008 财年百万美元为基准

第三节 全寿命成本估算

在美军国防采办过程中,在选择承包商前,成本评估副局长办公室(重要国防采办项目)或军种成本分析中心或经济分析中心(一般国防采办项目)和军方项目办公室要进行成本估算,制定项目研发各阶段和重大节点的成本基线。

一、全寿命成本估算概述

（一）全寿命成本分类

根据美军国防部手册 5000.4-M《国防部成本分析指南与程序》的规定，全寿命成本主要包括 4 类：研究与发展成本、投资成本、使用与保障成本和处理成本，如图 10.14 所示。

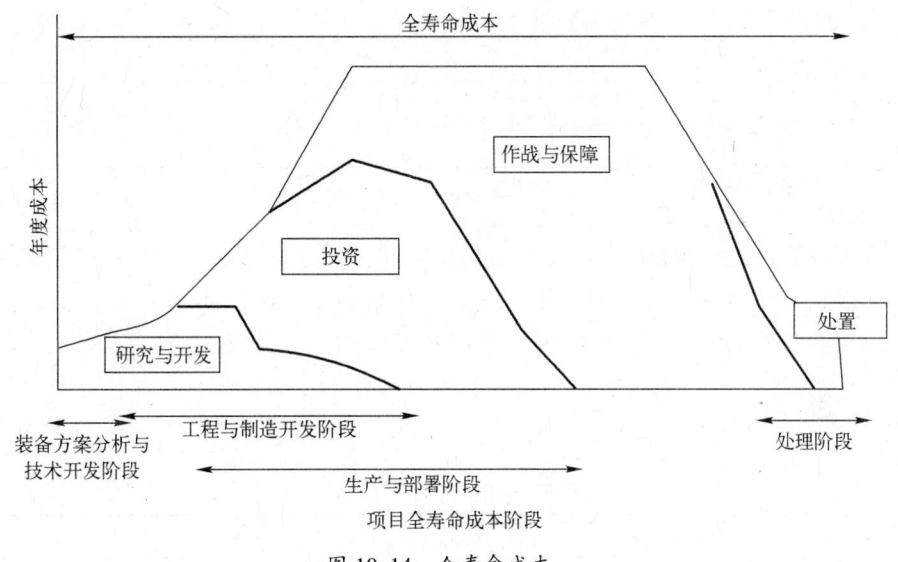

图 10.14 全寿命成本

1. 研究与发展成本

根据美军《国防采办指南》的规定，研究与发展成本是指从装备方案分析阶段开始到工程与制造阶段（EMD）结束这个时期承包商和军方实际发生的研发成本，其中"与低速初始生产阶段"有关的成本不包括在研究与发展成本中。研究与发展成本通常包括装备方案权衡研究和先期技术发展成本，系统设计与集成成本，研制、制作和装配以及样机软硬件试验成本，系统试验鉴定成本，系统工程与计划管理成本，与样机或工程发展模型有关的产品保障单元成本等。一般来说，研究与发展成本按照表 10.2 所列的成本类别进行估算并提交给相关部门。

表 10.2 研究与发展成本类别

装备方案分析阶段
技术发展阶段
工程与制造发展阶段
主要任务产品
结构、集成、总装、试验与检验
推进设备
已装设备（硬件/软件）
系统与应用软件
系统试验鉴定

(续)

装备方案分析阶段
系统工程/计划管理
特殊保障装备
一般保障装备
培训
技术文档与数据
初始备件和修理备件
工厂设备
其他

2. 投资成本

根据美军《国防采办指南》的规定,投资成本是指从项目低速生产阶段开始到部署完毕所发生的生产和部署成本。投资成本通常包括最初硬件生产和部署成本、系统工程和计划管理成本、产品保障单元成本、军事工程建设成本、与生产和部署阶段有关的使用与修理等方面的成本。一般来说,投资成本按照表 10.3 所列的成本类别进行估算并提交给相关部门。

表 10.3 投资成本类别

采购
主要任务产品
结构、集成、总装、试验与检验
推进设备
已装设备(硬件/软件)
系统与应用软件
系统试验鉴定(如果需要)
系统工程/计划管理
工程变更
特殊保障装备
一般保障装备
培训
初始备件和修理备件
工厂设备
指挥与发射装备
军事建设
使用与修理(在生产与部署阶段和采办有关的)

3. 使用与保障成本

根据美军《国防采办指南》的规定,使用与保障成本是指从初始系统部署到系统使用结束这个阶段所发生的维持性成本。使用与保障成本通常包括装备使用、修理和保障的全部成本,尤其是还包括与美国国防部目录中的装备使用、改装、修理、供应、训练及保障有关的人员、设备、软件、服务等成本。另外,使用与保障成本还可以划分为直接成本和间接成本。其中,直接成本是指直接与武器系统使用单元有关的资源,间接成本是指向武器系统(包括使用装备的人员或设备)提供直接保障的资源。例如,维修技术人员的工资和津贴为直接成本,但是同样技术人员的医疗保障成本为间接成本。一般来说,使用与保障成本按照表10.4所列的成本类别进行估算并提交给相关部门。

表10.4 使用与保障成本类别

任务人员工资与津贴
使用
维修
其他任务人员
单位消耗
油料/能源消耗
消耗的物资/修理备件
基地级恢复
训练用品
其他
中继维修
维修
消耗物资/修理备件
其他
基地维修
检查
其他
承包商保障
临时承包商保障
承包商后勤保障
其他
持续保障
保障装备更换
成套改装器材采购/安装
其他经常性投资
持续工程保障
软件维护/保障
模拟器使用
其他
间接保障
人员保障
安装保障

4. 处理成本

根据美军《国防采办指南》的规定,处理成本是指装备寿命结束后与其非军事化和处理有关的成本。处理成本通常包括装备解体、处理成本,有害物质的收集、存储和处理成本,安全防护成本以及运出和运入处理地成本等。一般来说,处理成本按照表10.5所列的成本类别进行估算并提交给相关部门。

表 10.5 处理成本类别

解除现役
非军事化
有害物质的移动与处理
部件回收
存储
最后处理

(二) 全寿命经费估算的种类

目前,美军全寿命费用估算主要有国防部层次的独立成本估算、军种层次的独立成本估算和军方项目管理办公室成本估算等三种。所谓独立成本估算,是指由不受直接负责完成某项国防采办项目的国防部有关部门监督、指导或控制的某个机构或其他部门所进行的全寿命成本估算。

1. 国防部层次的独立成本估算

国防部层次的独立成本估算由国防部成本评估与计划鉴定局下属的成本评估副局长办公室组织完成。根据《国防采办指南》的规定,在批准进行技术发展、系统研制与演示(即工程与制造阶段)和生产与部署阶段前,即进入里程碑A、里程碑B前以及在进入低速生产或者全速生产前,国防部成本评估与计划鉴定局下属的成本评估副局长办公室必须对重要国防采办项目进行独立的成本估算。另外,当某一重要国防采办项目发生重大的成本差异时,同样也要求进行国防部层次的独立成本估算。在编制国防部层次的独立成本估算时,成本评估副局长办公室根据论证阶段的经济可承受性分析结果,不仅要估算完成某一国防采办项目所需的全寿命成本并制定各阶段和里程碑决策点的基线成本(目标成本),而且还要对军种和项目办公室提交的成本估算进行审查。

通常,重要国防采办项目的独立成本估算完成后,成本评估与计划鉴定局长把独立成本估算报告呈报给国防部长,国防部采办、技术与后勤副部长(国防采办委员会所属的里程碑决策当局),国防部财务副部长(主计长),有关的军种部长以及国防部有关部局领导(国防采办委员会所属的里程碑决策当局)等国防部高级领导,以确保审查国防采办项目重大里程碑决策点(里程碑A、里程碑B、里程碑C或者全速生产决策审查点)的需要。另外,国防采办委员会所属的里程碑决策当局还可以在任何时候请求成本评估与计划鉴定局进行其他的成本估算。

2. 军种层次的独立成本估算

军种层次的独立成本估算由各军种成本分析中心或经济分析中心组织完成。根据《国防采办指南》的规定,在里程碑A、里程碑B、里程碑C和全速生产决策阶段,军种成本分析中心或经济分析中心必须对由国防部采办、技术与后勤副部长指定的重要国防采办项目以及 ACAT Ⅱ 和 ACAT Ⅲ 类计划进行独立的成本估算。

这类独立的成本估算是针对一般国防采办项目。在编制独立的成本估算时,军种成本分析中心或经济分析中心根据论证阶段的经济可承受性分析结果,对具体国防采办项目的全寿命费用以及各阶段和里程碑决策点(里程碑 A、里程碑 B、里程碑 C 或者全速生产决策审查点)成本支出进行详细的估算,并确定各阶段和里程碑决策点(里程碑 A、里程碑 B、里程碑 C 或者全速生产决策审查点)的基线成本(目标成本),以确保审查国防采办项目重大里程碑决策点(里程碑 A、里程碑 B、里程碑 C 或者全速生产决策审查点)的需要。

一般国防采办项目的独立成本估算完成后,由军种成本分析中心或经济分析中心上报给成本评估副局长办公室,而后再报国防部长,国防部采办、技术与后勤副部长,国防部财务副部长(主计长),有关的军种部长以及国防部有关部局领导。

3. 军方项目管理办公室成本估算

国防采办项目正式上马后,负责具体项目管理的军方项目管理办公室,还要对具体项目的全寿命费用以及各阶段和里程碑决策点(里程碑 A、里程碑 B、里程碑 C 或者全速生产决策审查点)成本支出进行详细的估算,并确定各阶段和里程碑决策点(里程碑 A、里程碑 B、里程碑 C 或者全速生产决策审查点)的目标成本以及目标价格,以确保审查国防采办项目重大里程碑决策点(里程碑 A、里程碑 B、里程碑 C 或者全速生产决策审查点)的需要。

项目管理办公室成本估算完成后,上报成本评估副局长办公室(重要国防采办项目)或军种成本分析中心或经济分析中心(一般国防采办项目)以及国防采办委员会或军种采办最高管理机构审查。

二、全寿命经费估算程序

综合国防部和各军种国防采办项目研制项目的成本估算,其过程大致分为以下几个部分。

(一) 编制计划项目的说明书

在美军国防采办项目研制管理中,编制计划项目说明书,不仅有助于军方项目管理人员对计划项目的采办策略、技术性能和特点、设计特征和方法进行全面、充分的了解,而且对编制比较准确、可靠的成本估算报告也具有十分重要的作用。

目前,美军国防采办项目研制管理部门使用的计划项目说明书主要包括"成本分析要求说明书(CARD)""计划技术说明书"等。其中,"成本分析要求说明书"是军方进行成本估算的主要依据,内容主要包括国防采办项目的综合性数据资料,这些数据资料既有定量的,也有定性的。表 10.6 所列为成本分析要求说明书结构。

表 10.6　成本分析要求说明书结构

典型的"成本分析要求说明书"
☆系统说明
☆系统工作分解结构

(续)

典型的"成本分析要求说明书"
☆详细的技术说明
☆分系统说明
☆关键部件的技术成熟度
☆系统的质量因素
☆可靠性/可维修性
☆项目主任对计划项目的风险评估
☆系统使用方案
☆组织结构
☆部署说明(平时、应急和战时)
☆系统保障方案
☆系统后勤方案
☆硬件维修和保障方案
☆软件保障方案
☆分阶段的系统数量要求
☆系统人力要求
☆系统里程碑进度安排
☆采办计划或策略
☆CSDR 计划草案

(二) 编制项目工作分解结构

根据美军国防采办项目成本估算程序,接下来的任务是编制"工作分解结构(WBS)"。工作分解结构也称为"成本分解结构(CWS)"或"成本要素结构(CES)",包括项目工作分解结构和合同工作分解结构。

所谓工作分解结构,是指根据树形图将一个项目先分解为几个子项目,再逐级分解成若干个相对独立的工作单元,并确定每个工作单位的任务及其从属关系,以便更有效地组织项目管理。工作分解结构是国防采办项目全寿命管理中使用的一种有效的项目管理工具,是军方和承包商制定技术计划、编制采办策略、签订合同、进度安排、后勤保障、成本估算及预算、跟踪项目进展及完成情况、报告项目进展及分析存在的问题等的基础。

1998年,国防部制定了 MIL-HDBK-881A《国防装备项目工作分解结构》军用手册。在该手册中,美军将整个武器系统分为 8 类:航空系统、电子/自动化软件系统、导弹系统、军械系统、海上系统、航天系统、军械系统、水面运输系统、无人机系统等。相应地,军方和承包商也按照这 8 个类别编制工作分解结构。图 10.15 所示为战斗机工作分解结构。

(三) 明确假设和约束条件

明确假设和约束条件,是国防采办项目成本估算中的一项关键性工作,它可以使成本估算人员清楚地知道,哪些费用应包括或不包括在当前的估算中。按照美军有关规定,在国防采办项目成本估算前,必须明确某些假设和约束条件,以避免出现不准确的或容易误解的估算结果。目前,美军国防采办项目成本估算的假设和约束条件主要包括:估算的基年和货币单位、通货膨胀率、部署方案、使用和保障方案、维修要求、使用年限、有关采办里程碑的限制和范围、采办策略(竞争性或单一来源、合同类型及激励方式)、生产数量、研制和样机数量、进度信息(研制和生产的开始和结束时间、初始作战能力时间等)、政府提供的设备、主承包商和重要的分承包商、现有的设备和新设备需求、技术假设和要研发的新技术,等等。

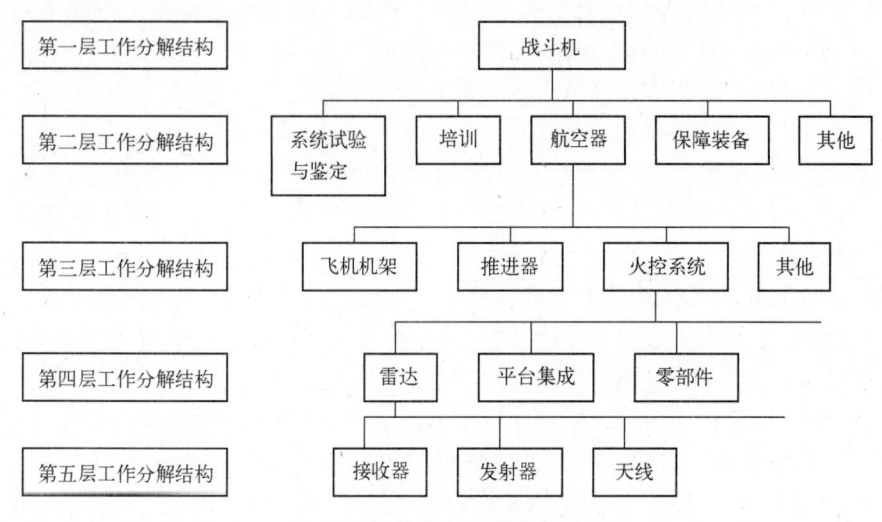

图 10.15　战斗机工作分解结构

(四) 选择成本估算方法

目前,美军根据国防采办项目研制的不同阶段、工作分解结构的详细程度以及"成本分析要求说明书"中的数据资料,采用"类推法""参数法""工程法"等对国防采办项目项目进行成本估算。表 10.7 说明美军国防采办项目不同阶段可使用的成本估算方法及适用范围。

表 10.7　美军国防采办项目不同阶段的成本估算方法

阶　段	方案精选	技术开发	系统开发与演示验证	生产与部署	使用与保障
类推法	★	★	☆	☆	☆
参数法	★	★	☆	☆	★
工程法	☆	★	★	★	☆
注:★表示适用;☆表示不适用。				

1. 类推法

当要发展的项目的功能、结构及性能与现有某个项目类似时,可利用现有项目的成本数据,并考虑到它们的差异予以相应的修正,对要发展的项目的成本进行估算,这种方法就是类推法。使用这种成本估算方法时,成本估算人员将要发展的项目各系统和部件(或工作分解结构各单元)与现有项目各系统和部件(或工作分解结构各单元)进行详细比较。

类推法适用于国防采办项目研制的早期阶段,如"方案精选"和"技术开发"阶段,因为在早期阶段要发展的项目的实际成本数据较少,也可能缺乏大量类似项目的资料。这种方法的缺点在于工程技术人员和成本分析人员的评定带有很大的主观色彩,尤其是成本分析人员很难客观、准确地将技术上的差异转换为成本上的差额,因而成本估算的准确度不高。

2. 参数法

参数法是利用类似项目的历史记录和统计数据,根据某些选定的项目性能或设计特征(如速度、重量和推力等),通过统计回归法与武器系统成本之间建立起成本估算关系式(Cost Estimating Relationship,CER),计算出新国防采办项目所需经费。

一般说来,推导成本估算关系式时要遵循以下 6 个步骤:

(1)确定因变量(例如成本、时数等)。确定该成本估算关系式究竟是用于估算项目全寿命费用、人工费用、工时、材料费用还是其他某种费用,是用于估算产品总成本还是估算某个部分或某些部分的成本。因变量确定得越准确,就越容易获得推导成本估算关系式的可比性数据。

(2)选择待检验的自变量。在选择推导成本估算关系式使用的自变量时,要注意以下几点:①自变量在数量上应是可计量的。例如,可维修性参数在数量上很难计量,因此一般不能作为自变量;②自变量可以是性能特性和物理特性,其中性能特性通常是较好的一种选择,因为性能特性通常在设计特性之前就已经明确。

(3)收集因变量和自变量间关系的数据。收集数据通常是在推导成本估算关系式中最困难和最费时的。其中,最重要的工作是核对所有数据,以确保所有观察值都是相关的、可比的。

(4)研究因变量和自变量间的关系。在这一步骤,一般应确定自变量和因变量间的关系强度。在推导成本估算关系式时,可能还牵涉到从简单的图解分析到复杂的数学分析等各种分析技术。简单比率分析、移动平均数和线性回归是在分析中较常用的定量技术。

(5)选择最能预测因变量的关系。在研究各种关系后,应选择一种最能用于预测因变量的关系。正常情况下,它将是最能预测因变量值的一种关系。一个可能的自变量和因变量间的高度相关(关系),通常表明该自变量将是一个可靠的预测工具。

(6)记录调查结果。成本估算关系文件,是使参与估算过程的其他人员能追踪在推导该关系式时使用的一些步骤所必不可少的。成本估算关系文件应包含有对自变量的检验、收集到的数据、数据来源、数据时间期限以及对数据进行的任何调整。

参数法通常适用于项目研制的早期阶段,如"方案精选"、"技术开发"和"使用与保障"阶段。这种方法的主要缺点有:①不能用于一个全新的系统或新技术含量很高的系统。由于参数成本模型是建立在所收集样本数据的基础上的,因而只有在成本驱动因子取值范围内进行预测时,才有可能得到可信的成本预测结果。全新系统与旧系统全寿命成本影响因素、取值范围、成本发生规模有较大差异,因此,该方法无法可靠地应用于一个新技术含量很高的或全新设计的系统。②参数法一般用于系统级的成本估算,也可用于组成系统的分系统级,但一般不宜用于分系统以下各级的成本估算。

3. 工程估算法

工程估算法又称为技术分析法,其主要做法是根据项目的工作分解结构,在对各个独立部分和系统零部件的料、工、费进行详细估算的基础上,再将各单项估算值综合为总成本。因而,这种方法亦称为组合法或"自下而上"法。采用工程估算法,首先要层层分解产品,编制项目的工作分解结构。成本估算/分析人员根据分解结果,从工程图纸和技术规格的最低层工作着手,分析和确定完成工作所需的每项任务、模具制造、材料等成本。然后,再根据所估算的直接人工与直接材料成本,加上应分摊的间接费用和其他一些应有的但尚未估算的费用,如质量保证、系统工程和仓库保管等费用,即可估算出项目的总成本。

工程估算法通常适用于"技术开发"、"系统开发与演示验证"和"生产与部署"等阶段。在项目的概念阶段,特别是项目研制立项综合论证中,系统本身并不确定,若采用这种方法,凭工程技术人员的经验往往不能对项目各子系统成本做出较正确的估算。但随着项目的进行,工程估算法估算的质量将越来越高。

工程估算法本身也存在着一些缺点:①该方法对各种数据要求较高,而在项目研制阶段这些数据往往比较缺乏,因而在一定程度上会影响到它的广泛应用和推广。②在使用这种方法时,不但需要各种充足的数据资料,而且还需要工程技术人员和成本分析人员对项目进行结构分解,比较费时、费力,且得出的估算结果有时也很难进行评价与鉴定。

(五)收集数据

数据的重要性在国防采办项目全寿命成本估算中无论怎么强调都不过分。如果缺乏完整、准确的数据支持,那么国防采办项目全寿命成本估算都将成为无源之水。

在美军国防采办项目成本估算中,估算人员通常要收集以下数据:①成本数据,主要包括人工(工时和直接及间接费率)、材料成本和间接成本、利润等;②进度数据,主要包括项目进度安排、开始和持续时间、交货日期等;③技术数据,主要包括项目的技术描述、物理特性、性能特性、性能参数、重要的设计更改等。

早在20世纪70年代,美军就要求收集国防采办项目研制和生产成本数据,建立了承包商成本数据报告(Contractor Cost Data Report,CCDR)系统。经过几十年的发展,目前美军根据国防部手册5000.4-M,分别建立了各自的数据管理系统,如海军的使用和保障成本可视化及管理(The Visibility and Management of Operating and Support Costs,VAMOSC)数据库系统、空军的空军总拥有费用(The Air force Total Ownership Costs,AFTOC)数据库系统、陆军的使用和保障管理信息系统(Operating and Support Management Information System,OSMIS)等。

需要特别指出的是,近年来,美国国防部牵头开发了全军通用的国防采办执行综合报告(Defense Acquisition Executive Summary,DAES)数据库,将美军已完成和正进行的国防采办项目的性能指标、进度指标、成本指标等录入该数据库,供国防部和各军种在项目经济性分析、成本估算时使用。

(六)选择和建立成本估算模型

根据成本估算的假设和约束条件及工作分解结构等,选择适用的或建立成本估算模型,以进行国防采办项目的成本估算。

(七)编写成本估算报告

根据国防部手册5000.4-M《成本分析指南与程序》的规定,目前美军成本估算人员按照《国防装备项目工作分解结构》编制寿命周期成本估算报告,如表10.8所列。

表10.8 美军成本估算报告结构

国防采办项目全寿命成本类别
研发
工程与制造发展阶段
主战任务装备
结构、集成、总装、试验与检验
推进设备
已装设备(硬件/软件)
系统与应用软件
系统试验鉴定
系统工程/计划管理
保障装备(特殊的和普通的)
训练
数据
初始备件和修理备件
工厂设备
应急/风险因素
其他
投资
生产与部署阶段
主战任务装备
结构、集成、总装、试验与检验
推进设备
已装设备(硬件/软件)
系统与应用软件
系统工程/计划管理
指挥与发射装备
保障装备(特殊的和普通的)
训练
数据
初始备件和修理备件
工厂设备
其他采购
使用与保障
任务人员工资与津贴

(续)

国防采办项目全寿命成本类别
使用
维修
其他任务人员
单位消耗
油料/能源消耗
消耗的物资/修理备件
基地级恢复
训练用品
其他
中继维修
维修
消耗物资/修理备件
其他
基地维修
检查
其他
承包商保障
临时承包商保障
承包商后勤保障
其他
持续保障
保障装备更换
成套改装器材采购/安装
其他经常性投资
持续工程保障
软件维护/保障
模拟器使用
其他
间接保障
人员保障
安装保障

第四节　软件成本估算

目前,随着信息化装备不断快速发展,软件在美军国防采办工作中的地位更加突出。因此,软件成本估算的准确性成为软件采办中的核心和重点。经过多年的发展,美军在软件成本估算方面形成了基本固定的流程和方法。

一、软件成本估算的程序

软件成本估算的流程是一系列关键步骤反复迭代的过程。目前,美军的软件成本估算大致可分为11个步骤。其中每一个步骤都可能因软件在性能、成本、时间等方面的约束条件而反复迭代执行,或者可能会因软件的某些特殊性质而乱序执行,甚至跳过了某些步骤,但是总体上这些步骤具有通用性与一般性。表10.9简要列举了软件成本估算的11个步骤,包括每一步骤的简要描述和责任人。

表10.9 软件成本估算步骤一览

步 骤	描 述	责任人
步骤1:收集和分析软件功能要求和程序要求	分析软件需求,确定软件的体系架构,明确程序约束条件	软件项目经理;系统工程师;认知工程师①
步骤2:确定工作单元与采购计划	确定软件工作单元以及所需外购的软件	软件项目经理;系统工程师;认知工程师
步骤3:估算软件规模	以软件逻辑行代码行数为单位计算软件规模	软件项目经理;认知工程师
步骤4:估算软件工作量	将软件规模转换成软件开发工作量,并确定每一个工作单元的工作量大小	软件项目经理;认知工程师;软件评估人员
步骤5:开发进度安排	确定软件开发所需要的全部时间,并为每一个工作单元分配时间,设定里程碑节点	软件项目经理;认知工程师;软件评估人员
步骤6:计算软件成本	计算软件项目所需的全部成本	软件项目经理;认知工程师;软件评估人员
步骤7:确定风险影响因子	分析软件项目风险,评估风险可能带来的影响,并基于风险列表检查前几个步骤所确定的估算结果	软件项目经理;认知工程师;软件评估人员
步骤8:通过模型和类推法调整并验证估算结果	采用其他方法对软件的规模、开发工作量以及成本进行估算,校验第一次估算结果的正确性并提高估算的准确性	软件项目经理;认知工程师;软件评估人员
步骤9:核对估算、预算和进度安排情况	审查步骤8中输出的软件规模、开发工作量以及软件成本估算结果,并与项目的预算和时间期限比较,解决可能发生的各类矛盾	软件项目经理;软件工程师;软件评估人员;赞助商
步骤10:审查和批准估算结果	审查后批准以上步骤的估算结果	以上全部人员;具备类似估算经验的软件工程师
步骤11:跟踪和报告估算结果	比较估算结果与实际情况,跟踪报告估算结果的准确性,保持每一个里程碑节点的实际数据与估算数据的一致性	软件项目经理;软件工程师;软件评估人员

---

① 认知工程师也称软件产品系列工程师(Product Family Engineer),是某专用产品或领域的首席技术工程师,该工程师不独属于任何一个软件项目,但可为多个项目提供技术支撑。

(一) 收集和分析软件功能要求和程序要求

软件成本估算的第一个步骤是收集和分析软件功能要求和程序要求,具体的工作包括:分析和提炼软件所需的功能模块;确定软件开发所受技术和各个方面的约束条件;明确软件在估算环节中的所有需求等。美军认为,只有在明确以上内容后,才能够更好地对软件进行工作单元分解,进而开展后续的估算工作。

在该步骤中,具体需要分析和明确的需求如下:

(1) 从最基本的软件功能模块入手,分析和明确软件所需要的功能。对难以明确的软件需求,开展适当的风险分析。如果软件采用渐进式的开发方法,那么必须在软件的每一次渐进中开展需求分析。

(2) 基于软件的功能需求,分析并确定软件的物理结构。明确软件的体系结构和软件模块,并将每一个软件模块分解到最小的功能模块。

(3) 通过对软件项目和软件计划的分析,挖掘包含在预算、进度、利润以及买卖决策环节中的各类约束条件。

该步骤的输出有:技术和程序的约束及需求;对约束及需求的假设内容;界定软件功能需求所使用的方法;详细的软件功能需求列表;软件的体系结构以及对应的功能。

(二) 确定工作单元与外购软件

软件成本估算的第二个步骤是确定工作单元与所需的外购软件,具体的工作包括:

(1) 使用工作分解结构规划工作单元和所需外购的软件。基于与该软件项目相关的工作分解结构表找寻额外的工作单元。工作分解结构是以层次的形式将完成一个项目所需要执行的任务层层细分所形成的项目结构,是制定项目进度计划、资源需求、成本预算、风险管理计划和采购计划的重要基础。

(2) 确认每一个工作单元的属性,以便加快软件规模和开发工作量的估算速度。该步骤结束后,可以得到一个初始的风险列表。

(三) 估算软件规模

软件成本估算的第三个步骤是估算软件的规模。在成本估算模型中,软件规模是一项重要的输入参数,也是最难准确预测的参数。对软件规模的估算越精准越有利于提高软件成本估算的准确性,同样有助于提高对软件开发工作量预测的准确度。

在工业界,统计软件规模最为常用的方法是计算软件的代码行数(SLOC)。软件代码行数的单位主要有物理行和逻辑行两种,两种单位的代码量计算方法都忽略了软件代码中注释与空白的部分。物理行代码量的统计方法较为简单,软件代码中每一个以回车键结束的语句就算一个物理行。而逻辑语句则是一条简单的软件指令,该条指令有一个明确的开始语句与结束语句,并且与物理行的数量没有必然的联系。逻辑语句可能由多条物理行组成,包括执行语句、声明语句、编译程序指令等。物理行数量统计方法虽然简单,但是会因软件开发所使用编程语言的不同而产生较大差别,而逻辑行计算方法与程序的物理结构相独立,因此,大部分商业软件成本估算模型都采用逻辑行数量作为输入参数。

目前,美军所使用的代码行估算方法是计算软件代码中逻辑行数量,并在统计代码行数时去除其中无关的数据信息、注释语句与空白信息等。详细的软件规模估算步骤如下:

（1）通过分析工作分解结构中各个工作单元的属性信息，对工作单元的类别进行划分，并根据类别的不同将工作单元分别存放到不同类别的目录，包括：全新设计、新编写的代码；类似的设计、新编写的代码；类似的设计、重用了部分以前的代码；类似的设计、重用了大部分以前的代码等。

（2）估算每一个软件功能模块的大小，同时估算上一步骤中每一类别目录所包含工作单元的软件规模大小。在该步骤中，可能采用的估算方法有类推法和统计法。

（3）如果软件规模的估算基于历史数据，且使用物理行作为代码量的统计单位，那么需要将物理行转换为逻辑行，单位转换的规则见表10.10。

表10.10 物理行转换到逻辑行的规则

语言类型	得到的逻辑行代码量
汇编和Fortran语言	逻辑行＝物理行
第三代编程语言（C，Cobol，Pascal，Ada83）	逻辑行＝物理行×75%
第四代编程语言（SQL，Perl，Oracle）	逻辑行＝物理行×60%
面向对象编程语言（Ada95，C++，Java，Python）	逻辑行＝物理行×70%

软件程序中的部分代码是自动生成的，由于这部分代码的生成也需要花费一定的工作量，因此同样需要对其进行成本估算。但是，就工作量而言，代码自动生成的工作量要远远低于手动开发代码的工作量，因此，对这部分代码也需要进行转换（见表10.11）。从表10.11不难看出，编程语言越高级，代码自动生成的工作量就越小，转换时乘以的参数就越低。

表10.11 自动生成代码转换表

编程语言	转换到逻辑行代码所需要乘以的参数		
	最小	适中	最大
第二代编程语言		1	
第三代编程语言	0.22	0.25	0.4
第四代编程语言	0.04	0.06	0.13
面向对象编程语言		0.09	0.17

（4）将所有工作单元的逻辑行代码量进行叠加，计算总的软件逻辑行代码规模。

（四）估算软件工作量

1. 将软件代码规模转换为软件开发工作量

软件开发工作包括软件系统工程、软件测试工程、软件工程[①]等，涵盖了软件从需求分析到软件集成与测试的各阶段工作。如果没有软件规模的完整信息，则可以通过类似软件的历史开发数据预测软件的开发工作量。

---

① 软件系统工程是一门综合处理软件设计与开发（包括需求获取和分析、系统设计与构建）的学科；软件测试工程是一门研究利用测试工具按照测试方案和流程对软件产品进行功能和性能测试的学科；软件工程是一门用工程化方法构建和维护有效的、实用的和高质量的软件的学科。

在对软件的规模进行估算后,就可以根据估算的数据预测软件的开发工作量,包括为工作分解结构中每一个工作单元计算开发的工作月。将软件规模转化为软件开发工作量的步骤如下:

(1) 计算软件开发工作量。使用以下公式计算软件开发工作量:

软件开发工作量＝逻辑代码行量/软件开发效率

美军通常比较类似软件项目的历史数据来确定软件的开发效率。如果没有可用的历史数据信息,则使用表 10.12 所列的数据确定初步的软件开发效率。同时,软件开发的效率也会因开发团队的素质、选用的开发方法以及开发工具的不同而产生较大变化。

表 10.12 软件开发效率的均值表

软件类别	软件开发效率(SLOC/WM)
传统软件	130~195
使用渐进式开发方法的软件①	244~325
新的嵌入式飞行软件	17~105

(2) 根据软件的开发类别,对软件的开发工作量进行调整。调整因子见表 10.13。

表 10.13 根据软件开发类别对软件开发工作量的调整

软件开发类别	工作量调整因子
新设计、新代码	1.2
相似设计、新代码(基本不存在)	1.0
相似设计、重用了部分代码	0.8
相似设计、重用了大量代码	0.6

美军发现,造成软件成本超支的一个主要原因是过于乐观地估计了软件的开发类别。因此,任何因软件开发类别而提高软件开发效率(降低工作量调整因子)的行为都必须小心谨慎。如果一个软件项目采用新的设计方案,并重新编写了软件代码(未采用新技术),开发工作量通常会增加 20%以上。此外,如果一个软件项目使用了新的技术,软件的开发工作量可能还会增加 50%~200%。因此,美军更为重视使用成熟技术控制软件的成本与进度,而不会冒险采用新技术。

(3) 计算最终软件开发工作量。在考虑以上各种因素对软件开发工作量的影响后,将每一个软件功能模块生成的软件开发工作量进行累加,就可计算出最终的软件开发工作量。

2. 推算并完善工作量的估算

这一步的主要工作是估算工作分解结构中未被估算的工作单元的开发工作量。到目前为止,开发工作量的估算范围仅仅包括软件开发过程中的软件系统工程、软件工程和软件测试工程的所有活动。此外,美军非常重视软件管理、软件质量保证等方面工作,并将这部分工作单元产生的工作量也纳入到软件的总开发工作量中。

---

① 渐进式方法不适用开发过于复杂的软件,例如不适用于开发飞行器系统。

表10.14列举了因软件管理、软件质量保证等工作因素而引起的软件开发工作量的增值表。

表10.14 因其他工作因素而引起的软件开发工作量增长(基于工业数据)

工作分解结构工作单元		开发工作量的增幅
软件管理		增加 6%~27%
系统级测试支持(包括开发测试床、系统级测试支撑环境、系统级集成与测试支撑环境)		增加 34%~112%
软件质量保证		增加 6%~11%
独立的检验与确认		增加 9%~45%
补充的活动	项目配置管理	增加 3%~6%
	项目管理	增加 8%~11%
	采办管理	增加 11%~22%
	软件加工	增加 17%~22%
	前5年的软件维护工作	每年增加 22%

(五)开发进度安排

软件成本估算的第五个步骤是根据软件开发目标、时间要求和技术力量情况,确定各项具体开发工作所需要的时间、开始日期与完成日期以及相互之间的前后衔接关系等。在进行软件开发进度安排时,通常使用网络图法。

(六)计算软件成本

软件成本估算的第六个步骤是计算软件项目的总成本,包括工作分解结构中的每一个工作单元的成本以及所需要外购软件的成本。估算成本的步骤如下:

(1)确定外购软件及其相关成本。该项成本包括:基础保障及服务成本(办公区开销、测试床与模拟器成本、地面保障设备开销以及网络及话费等);外购软件的成本(操作系统、编译器、软件使用许可证号码以及开发工具等);差旅费用。

(2)确定软件项目培训计划的成本。

(3)确定人员的工资及工资水平。

(4)将软件开发的总工作量、工资水平、外购软件的成本输入软件成本模型,计算软件的总成本。

在软件成本估算过程中,还需考虑各种因素,例如通货膨胀率等。目前,美国国防部首选的软件成本测算模型为COCOMOⅡ。

(七)确定风险影响因子

软件成本估算的第七个步骤是确定软件开发中可能面临的各类风险,评估风险可能对软件成本估算带来的影响。同时,根据对风险的认知,修改软件成本估算值。

评估风险的步骤如下:

(1)基于软件成本估算的第二个步骤输出的风险列表,确定其中可能带来较大影响和不确定因素的条目。

(2)评估风险项目可能会对软件成本估算的准确性带来的影响。

(3)根据风险因素调整软件成本估算结果。调整方法有两种:①简单调整。在简单调整的过程中,将每一个风险因素可能造成的期望成本影响值进行相乘,再与软件成本估算结果相乘,就得到经过风险因素调整的软件成本估算结果。例如,风险因素 A 和 B 所引起的期望成本影响值分别为 1.1 和 1.2,软件成本估算结果是 200 万美元,那么经过调整的软件成本估算结果为 C=(1.1×1.2)×200=264 万美元。②基于专家的调整。专家根据自身经验估算每一个风险因素 Impacti 可能带来的成本增幅 Likelihood_of_Occurrencei,然后将成本增幅与软件成本估算值(假设为 200 万美元)相加得到最终经过调整的软件成本估算值,即 C=∑i(Impacti×Likelihood_of_Occurrencei)+200。

(4)基于风险因素调整其他需要调整的数值。

(八)通过模型和类推法调整并验证估算结果

软件成本估算的第八个步骤是验证以上七个步骤的评估结果。在该步骤中,为了验证以上估算结果的准确性,需要评估人员使用不同种类的评估方法重新对软件项目进行估算,这些方法包括:

(1)替换法。使用一个类似的软件项目团队,再次进行独立的成本、进度评估,该团队必须与之前的评估团队具备类似的软件开发经验。

(2)类推法。通过历史数据,比较本次估算结果与历史数据的差异。

(3)基于模型的方法。基于模型的方法是将影响软件成本的各类因素进行分析汇总,并判定其对成本的影响程度是可加的、乘数的还是指数的,以期得到最佳的模型算法表达形式。

(九)核对估算、预算和进度安排情况

软件成本估算的第九个步骤是核对估算、预算和进度安排,以确定是否满足项目在经费和时间上的要求,并解决可能产生的矛盾。估算人员必须从全局的角度考虑每一个功能点的成本、资源分配情况以及功能点之间的相互关系。核对步骤如下:

(1)计算经费差值、进度差值。将估算费用与预算费用相减,即可得到经费差值。用同样的方法计算进度差值。

(2)计算经费差值百分比、进度差值百分比。将经费差值除以预算费用即可得到经费差值百分比。用同样的方法计算进度差值百分比。

(3)如果经费、进度差值百分比较大,则需要进行调整。

(十)审查和批准估算结果

软件成本估算的第十个步骤是审查以上步骤得出的估算结果,并获得项目管理人员的认可。

审查内容主要包括:工作分解结构和软件的体系结构;在计算软件规模、开发工作量、进度和成本所使用工具的合理性;进行估算所做的一些假设和输入数据是正确的;估算的合理性和精确度。

(十一)跟踪和报告估算结果

软件成本估算的最后一个步骤是随着时间的推移,检验软件估算结果的正确性,并将结果进行记录以备以后软件项目所用。

二、软件成本估算的主要方法

美军软件成本估算程序的第六个步骤中,软件成本估算人员将软件的相关参数输入

到成本估算模型中,计算软件的总成本。在实际运作中,美军将软件成本估算方法分为基于算法模型的方法、非基于算法模型的方法和组合方法,并根据软件的特性、基础数据的完整性等因素确定采取何种方法。

(一) 基于算法模型的软件成本估算方法

基于算法模型的软件成本估算方法,通过成本估算关系把系统特征与工作量、进度的估算值联系起来,得到成本估算的一系列规则、公式,如线性模型、乘法模型、分析模型、表格模型以及复合模型等,将软件成本估算为一系列主要成本驱动因子变量的函数。

该方法的基本思想是:找到软件工作量的各种成本影响因子,并判定它对工作量所产生影响的程度是可加的、乘数的还是指数的,以期得到最佳的模型算法表达形式。当某个因子只影响系统的局部时,则认为它是可加性的。例如,如果给系统增加源指令、功能点实体、模块、接口等,大多只会对系统产生局部的可加性的影响。当某个因子对整个系统具有全局性的影响时,则认为它是乘数的或指数的,例如增加服务需求的等级或者不兼容的客户等。

最为典型的算法模型包括 SDC 模型(1965)、Halstead 模型(1977)、普特纳姆(L. H. Putnam)模型(1978)、构造性成本模型(COnstructive COst Model,COCOMO)(1981)、COCOMOII 模型。其中,SDC 软件成本估算模型是由美国空军委托 SDC 公司研制的,是美军使用的第一个软件成本估算模型。当前美军主要使用 PRICE 模型、COCOMOII 模型等。

基于算法模型的方法的优点是比较客观、规范、高效、可重复,并能够利用以前的项目经验进行校准,可以很好地支持项目预算、权衡分析、规划控制和投资决策等;缺点是它们难以用在没有前例的场合,不能处理异常情况,也不能弥补不准确的规模输入和成本驱动因子级别的问题。

(二) 非基于算法模型的软件成本估算方法

非基于算法模型的软件成本估算方法是相对于基于算法模型的方法而言的,采用除数学算法以外的方法进行软件成本的估算。比较典型的非基于算法模型的方法有专家估算法和类比估算法。

1. 专家估算法

专家估算包括从毫无辅助的直觉到有历史数据、过程指引、清单等支持的专家判断。这是一个比较宽泛的定义,其主要判断标准是:估算工作由任务专家来控制,并且估算过程的很大一部分是基于不清晰、不可重复的推理过程,也就是"直觉(Intuition)"。

对于某一个专家自己所用的估算方法而言,经常使用工作分解结构(WBS),通过将项目元素放置到一定的等级划分中来简化预算估计与控制的相关工作。WBS 方法帮助估算者确定究竟哪些成本是所要估算的。如果对每个元素的成本设定一个相应的概率,就可以对整个开发的费用得到一个自底向上的全面期望值。

当仅有的可用信息只能依赖专家意见而非确切的经验数据时,专家方法无疑是解决成本估算问题的最直接的选择。专家可以根据自己的经验对实际项目与经验项目的差异进行更细致的发掘,甚至可以洞察未来新技术可能带来的影响。但是,其缺点也很明显,就是专家的个人偏好、经验差异与专业局限性都可能为估算的准确性带来风险。

2. 类比估算法

使用类比(Analogy)的方法进行估算是基于实例推理的一种形式,即通过对一个或多个已完成的项目与新的类似项目的对比来预测当前项目的成本与进度。在软件成本估算中,当把当前问题抽象为待估算的项目时,每个实例是指已完成的软件项目。

类比估算要解决的主要问题是:①如何描述实例特征,即如何从相关项目特征中抽取出最具代表性的特征;②通过选取合适的相似度/相异度的表达式,评价相似程度;③如何用相似的项目数据得到最终估算值。特征量的选取是一个决定哪些信息可用的实际问题,通常会征求专家意见以找出那些可以有助于确认出最相似实例的特征。当选取的特征不够全面时,所用的解决方法也是使用专家意见。

类比估算最主要的优点是比较直观,并能够基于过去实际的项目经验来确定与新的类似项目的具体差异以及可能对成本产生的影响。其主要缺点是:①不能适用于早期规模等数据都不确定的情况;②应用一般集中于已有经验的狭窄领域,不能跨领域应用;③难以适应新的项目中约束条件、技术、人员等发生重大变化的情况。

表 10.15 简要总结了专家估算法与类比估算法的概念、优缺点。

表 10.15 专家估算法与类比估算法比较

方法名称	概　念	优　点	缺　点
专家估算	专家依据自身的经验,对软件成本进行估算	测算速度快,测算成本低,适用于早期阶段	误差较大;个人偏好、经验差异与专业局限性对估算的结果产生较大影响
类比估算	通过已完成的项目与新的类似项目的对比,预测当前项目的成本与进度,测算的准确度依赖于能否找到用于比较的项目范例	直观、精准度相对较高	不适用于早期规模等数据都不确定的情况、不适应新的项目中约束条件、技术、人员等发生重大变化的情况

3. 组合方法

目前并没有一个适用于各种类型软件和软件开发各阶段通用的软件成本测算方法。美军认为,尽管通过模型方法对软件成本的估算要比人工估算的方式更为准确、迅速和节省开支,但仍然不存在尽善尽美的评估工具,错误的存在是不可避免的。因此,在实际的软件成本估算中,针对待测软件的类型和软件项目进展阶段,都是综合运用多种方法对软件成本进行估算。

所谓软件成本估算的组合方法,就是在估算技术上综合运用了多种技术与分析方法,这是目前软件成本估算的趋势,也是综合各种估算方法利弊,适应不同估算场合与要求的最好选择。例如,美军指出,对软件成本进行计算的最好办法是结合软件成本评估工具,外加软件项目管理工具,并在具有丰富经验的软件项目管理人员和评估专家的指导下进行。事实上,COCOMO 模型在算法模型使用过程中就结合了专家估算法。

第五节　国防采办项目成本监控

经过多年尝试与创新,国防部对国防采办项目成本采取了全系统、全流程的监控手段,并对最终成本超支结果的认定与处罚进行规范,在一定程度上降低了国防采办项目成本的超支水平。

一、成本监控方法概述

自国防采办项目成本控制方法产生以来,美军主要使用了计划评审技术/成本法、成本/进度控制方法、收益值管理方法等成本控制方法。下面对收益值管理方法进行简要介绍。

收益值管理方法是在成本/进度控制方法的基础上改进而成的,主要包括3个国家标准和指南。

(1)《收益值管理系统》(EVMS)。该国家标准是收益值管理方法的核心内容,编号为ANSI/EIA-748-A,其主要内容分为5部分共32项标准。其中:①组织机构,包括5条标准,主要介绍国防采办项目的工作分解结构和承包商的机构分解结构及其职责;②计划、进度安排与预算,包括10条标准,主要介绍国防采办项目的进度安排、里程碑和指标确定、履约考核基线制定、成本估算和分配方法等内容;③会计,包括6条标准,主要介绍国防采办项目的直接成本、间接成本、材料成本等各种成本的记录、汇总、归集等;④分析,包括6条标准,主要介绍国防采办项目成本过程控制中的成本差异确定、成本差异分析、间接成本分析、完工成本估算等内容;⑤修改,包括5条标准,主要介绍对国防采办项目计划、预算、进度、基线等的调整和修改。

(2)《收益值管理系统实施指南》(EVMIG)。该指南是对《收益值管理系统》国家标准的细化,主要包括:①收益值管理概念与指南,主要介绍收益值管理的概念、有关要求及其他说明等;②收益值管理的使用程序,主要介绍国防部和各军种在使用收益值管理中的职责及相互关系等、合同签订前的工作、合同授与后的工作——系统确认和维护、合同授与后的工作——一体化基线审查、其他合同授与后的工作。

(3)《国防装备项目的工作分解结构》(WBS)。该文件是美军使用的成本控制方法中的基础军用手册,编号为MIL-HDBK-881A,其主要内容包括5个部分,将整个武器系统分为航空系统、电子/自动化软件系统、导弹系统、军械系统、海上系统、航天系统、水面运输系统、无人机系统等,并根据每个系统的具体特点规定了最高三层的工作分解结构。

二、成本监控的主要参数

收益值管理方法主要包括"计划工作的预算成本"(BCWS)、"完成工作的实际成本"(ACWP)、"完成工作的预算成本"(BCWP)等。

(一)计划工作的预算成本

"计划工作的预算成本"(BCWS),又称作"计划值"(PV),是指截止到分析日期为止计划要完成工作任务的预算成本的总和,通常可以用货币值、工时等可计量的单位表示。该数据既可以是一个月的数字,也可以是累积数字。当该数据为一个月数字时,它表示这个月计划要完成工作的预算成本。当该数据为累积数字时,它表示迄今为止计划要完成工作的所有预算成本。累计的"计划工作的预算成本",也称作"履约考核基线"(PMB)。"计划工作的预算成本"曲线的终点也称作"完工预算"(BAC)。

"计划工作的预算成本"可以通过项目计划工作的预算计算出来,或者通过把整个预算乘以截止分析日的项目完成时间计算出来。一般来说,"计划工作的预算成本"在项目研制过程中应保持不变,除非合同有变更。"计划工作的预算成本"的计算公式为

$$\text{BCWS} = \sum_{t=1}^{T}\sum_{i=1}^{n}\text{Cb}_i(t)\text{Qs}_i(t)$$

式中：i 为某一项预算；n 为预算项数；t 为时段；T 为项目当前时段；Cb 为预算成本单价；$\text{Cb}_i(t)$ 为 t 时段 i 项预算成本单价；Qs 为计划工作量；$\text{Qs}_i(t)$ 为 t 时段 i 项计划工作量。

假设有一个项目工作分成 6 个分系统，在本期内(即分析日期)，整个"计划工作的预算成本"为 26000 万美元，各分系统的"计划工作的预算成本"见表 10.16。

表 10.16　某项目的"计划工作的预算成本"(单位：万美元)

分　系　统	BCWS
分系统一	6000
分系统二	3000
分系统三	2000
分系统四	4000
分系统五	4000
分系统六	7000
合计	26000

(二) 完成工作的实际成本

"完成工作的实际成本"(ACWP)，又称作"实际值"(AV)，是指截止到分析日期为止实际完成工作任务的实际成本的总和，通常可以用货币值、工时等可计量的单位表示。与"计划工作的预算成本"相似，该数据既可以是一个月的数字，也可以是累积数字。当该数据为一个月数字时，它表示这个月完成工作的实际成本。当该数据为累积数字时，它表示迄今为止完成工作的所有实际成本。

"完成工作的实际成本"可以通过承包商的会计系统确定，或者通过把人数乘以小时数或天数而计算出来。"完成工作的实际成本"的计算公式为

$$\text{ACWP} = \sum_{t=1}^{T}\sum_{i=1}^{n}\text{Cp}_i(t)\text{Qp}_i(t)$$

式中：i 为某一合同报价单项；n 为合同报价单项数；t 为时段；T 为项目当前时段；Cp 为合同单价；$\text{Cp}_i(t)$ 为 t 时段 i 项合同单价；Qp 为已完成工作量；$\text{Qp}_i(t)$ 为 t 时段 i 项已完成工作量。

例如，在本期结束时，假设已经完成了武器项目的前 3 个分系统的所有工作，分别花费资金 7000 万美元、3000 万美元和 1500 万美元，紧接着完成了分系统四和分系统五的一半工作，分别花费资金 3500 万美元和 4500 万美元，分系统六的工作没有开始。表 10.17 就是本期结束时的所有信息。

表 10.17　某项目的"完成工作的预算成本"

分系统	BCWS/万美元	完成的百分比	ACWP/万美元
分系统一	6000	100%	7000
分系统二	3000	100%	3000

(续)

分系统	BCWS/万美元	完成的百分比	ACWP/万美元
分系统三	2000	100%	1500
分系统四	4000	50%	3500
分系统五	4000	50%	4500
分系统六	7000	0	0
合计	26000		18000

(三) 完成工作的预算成本

"完成工作的预算成本"(BCWP),又称作"收益值"(EV),是指已经完成工作的最初预算成本,通常用货币值、工时等可计量的单位表示。与"计划工作的预算成本"相似,该数据既可以是一个月的数字,也可以是累积数字。当该数据为一个月数字时,它表示这个月完成工作的预算成本。当该数据为累积数字时,它表示迄今为止完成工作的所有预算成本。"完成工作的预算成本"的计算公式为

$$BCWP = \sum_{t=1}^{T} \sum_{i=1}^{n} Rb_i(t) Qp_i(t)$$

式中:i 为某一合同报价单项;n 为合同报价单项数;t 为时段;T 为项目当前时段;Rb 为预算单价;$Rb_i(t)$ 为 t 时段 i 项预算单价;Qp 为已完成工作量;$Qp_i(t)$ 为 t 时段 i 项已完成工作量。

例如,在本期结束时,分系统一至五的"完成工作的预算成本"分别为5000万美元、3000万美元、2000万美元、2000万美元和1000万美元。分系统六的工作没有开始,所以"完成工作的预算成本"为0。表10.18就是本期结束时的所有信息。

表10.18 某项目的所有履约成本信息

分系统	BCWS/万美元	完成的百分比	ACWP/万美元	BCWP/万美元
分系统一	6000	100%	7000	6000
分系统二	3000	100%	3000	3000
分系统三	2000	100%	1500	2000
分系统四	4000	50%	3500	2000
分系统五	4000	50%	4500	1000
分系统六	7000	0	0	0
合计	26000		18000	14000

三、成本监控的工作过程

在项目研制与生产阶段,美军项目管理办公室、军种成本分析机构和国防部成本评估与计划鉴定局通过收集成本数据、开展成本分析,发现成本超支情况并及时处理,确保在项目规定预算内完成采办计划。

(一) 收集成本数据

美军主要通过3个成本数据收集系统随时收集承包商的各种成本数据:①"成本和

软件报告系统(CSDR)",该系统是美军收集项目成本数据的主要工具,由"承包商成本数据报告(CCDR)"和"软件资源数据报告(SRDR)"两个分系统组成,其中CCDR主要用于收集承包商发生的研制和生产成本,SRDR主要用于收集软件的各种标准数据,并对CCDR收集的成本数据进行补充;②"使用与保障费用可视化和管理系统(VAMOSC)",主要用于收集武器系统的历史使用与保障费用数据,为经济可承受性分析、成本基线确定、成本估算等提供成本数据支撑;③"收益值管理中央数据库系统",主要用于收集和查询收益值管理数据报告(如合同履行报告、合同资金状况报告等),为国防采办项目成本过程监控提供支撑。

(二) 成本分析

在收集到上述国防采办项目成本数据的几个主要参数数据后,军方和承包商要定期对项目的成本数据情况进行评价分析,确定实际成本与目标成本间的差异,分析成本超支的主要原因,提出改进成本管理措施,并利用《项目基线报告》和《项目差异报告》向上一级国防采办管理部门、成本分析机构等汇报。

1. 成本差异

成本差异(CV),是指当在某一时点对该项工作进行考核时,在该时点所完成工作的预算成本(即收益值)与实际成本之差,即"完成工作的预算成本"减去"完成工作的实际成本"。成本差异的计算公式为

$$CV = BCWP - ACWP \tag{1}$$

如果CV等于0,那么该项任务的实际成本与预算成本相等,成本既没有节约,也没有超支,成本按计划使用;如果CV是正数,那么该项任务的实际成本就控制在预算之内,即成本没有超支;如果CV是负数,那么该项任务的实际成本就超出了最初的预算,即成本超支。

例如,在考核期内,BCWP = 14000万美元,ACWP = 18000万美元,成本差异为

$$CV = BCWP - ACWP$$
$$= 14000 - 18000$$
$$= -4000 \text{ 万美元}$$

这说明,在考核期内,该项目的实际使用成本比原计划超支了4000万美元,如图10.16所示。

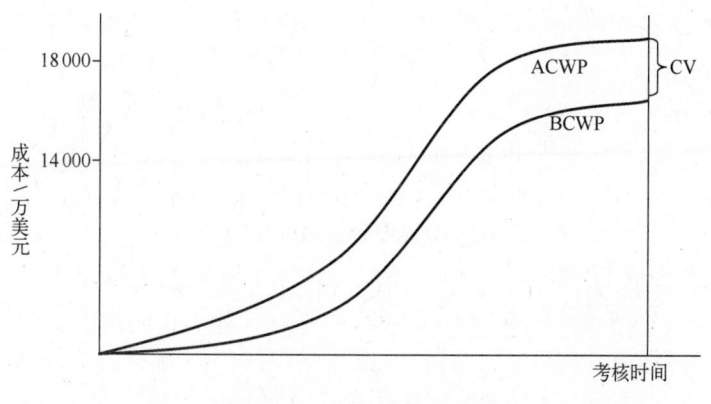

图 10.16 成本差异示意图

2. 成本差异率

成本差异率(CV%),是指当在某一时点对该项工作进行考核时,该时点成本差异与完成工作的预算成本(即收益值)的比值。成本差异率的计算公式为

$$CV\% = \frac{CV}{BCWP} \tag{2}$$

例如,在考核期内,CV=4000万美元,BCWP=14000万美元,成本差异率为

$$CV\% = \frac{CV}{BCWP}$$
$$= \frac{4000}{14000}$$
$$= 28.57\%$$

这说明,在考核期内,该项目的成本差异率已达到28.57%,超过了《诺恩－麦克柯迪法》规定的25%的上限值。按照规定,国防部长必须把该项目的研制情况向国会报告,由国会决定该项目是继续研制还是中途下马。

3. 成本绩效指数

"成本绩效指数"(CPI),是指当在某一时点对该项工作进行考核时,该时点所完成工作的预算成本(即收益值)与实际成本的比较,其值等于"完成工作的预算成本"与"完成工作的实际成本"的比值,用以表示累计成本的利用率。成本绩效指数的计算公式为

$$CPI = \frac{BCWP}{ACWP} \tag{3}$$

如果CPI等于1,那么该项任务的实际成本与预算成本相等,成本既没有节约,也没有超支;如果CPI大于1,那么该项任务的实际成本就控制在预算之内,即成本没有节约;如果CPI小于1,那么该项任务的实际成本就超出了预算,即成本超支。

例如,在考核期内,BCWP为14000万美元,ACWP为18000万美元,成本绩效指数为

$$CPI = \frac{BCWP}{ACWP}$$
$$= \frac{14000}{18000}$$
$$= 0.78$$

这说明,在考核期内,该项目的"成本绩效指数"为0.78,实际成本超出了原预算成本,项目成本超支。

4. 固定估算

所谓固定估算(EAC),是指对项目完工时的成本固定点估算,其值等于迄今为止的实际成本加上对未完成工作的估算成本。固定估算的计算公式为

$$EAC = ACWP + (BAC - BCWP) \tag{4}$$

式中:ACWP为"完成工作的实际成本";BAC为"完工预算",是指完成项目的预算总和,其值等于"计划工作的预算成本"的总和;BCWP为"完成工作的预算成本"。

例如,在考核期内,BCWP为14000万美元,ACWP为18000万美元,BAC等于"计划工作的预算成本"的总和,即26000万美元,则完工时的固定估算为

$$EAC = ACWP + (BAC - BCWP)$$

$$= 18000+(26000-14000)$$
$$= 23000 \text{ 万美元}$$

这说明,在完工时,该项目所需经费为30000万美元,比立项时的成本预算(26000万美元)超过了4000万美元。

5. 区间估算

所谓区间估算(EAC),是指对项目完工时所需经费的区间测算,其值等于迄今为止的实际成本与未完成工作的估算成本之和,再除以绩效指数。区间估算的计算公式为

$$EAC = \frac{ACWP+(BAC-BCWP)}{绩效指数} \tag{5}$$

式中:ACWP为"完成工作的实际成本";BAC为"完工预算",是指完成项目的预算总和,其值等于"计划工作的预算成本"的总和;BCWP为"完成工作的预算成本";BCWS为"计划工作的预算成本";绩效指数可分为成本绩效指数、进度绩效指数和进度成本指数,其中成本绩效指数 CPI = BCWP/ACWP,进度绩效指数 SPI = BCWP/BCWS,进度成本指数 SCI = CPI×SPI。

在对完成时所需经费进行预测时,可以利用上述3个绩效指数计算出3个区间成本估算值,其中"进度成本指数"作为绩效指数计算出的经费估算值最大,"成本绩效指数"作为绩效指数计算出的经费估算值最小。如果承包商所估算的经费在这个区间内,则说明它所估算的经费是合理的,否则承包商的成本估算系统就存在问题。

例如,在考核期内,BCWP为14000万美元,ACWP为18000万美元,BAC等于"计划工作的预算成本"的总和,即26000万美元,完工时的区间估算如表10.19所列。

表10.19 某项目完工时的成本估算

绩 效 指 数	绩效指数值	完工估算/万美元
CPI×SPI	0.4188	71633
SPI	0.5385	55710
CPI	0.7778	38570

从表10.19可以看出,使用不同的绩效指数预测的完成该项目所需经费分别是:用"进度绩效指数"的经费估算值为55710万美元;用"进度成本指数"的经费估算值为71633万美元;用"成本绩效指数"的经费估算值38570万美元。而该项目在立项时的完工预算为26000万美元,没有落在"进度成本指数"和"成本绩效指数"作为绩效指数所预测的完工估算值之间,因此,该项目立项时的完工预算是不合理的,使用这些经费不可能完成该项目研制任务。

(三)成本超支处理

为解决长期困扰军方的重要国防采办项目超概算的问题,1982年美国国会通过了《诺恩-麦克柯迪法》,规定了两种情况对成本超支的处理。

(1) 当实际成本超过"初始目标成本"30%,或当实际成本超过"当前目标成本"15%时,国防部长必须以书面形式向国会报告超支的主要原因、计划要采取的控制成本措施,以及完成项目所需的经费估算情况。国会审查后,将成本分析报告连同有关要求和意见退回军方。

（2）当实际成本超过"初始目标成本"50%,或当实际成本超过"当前目标成本"25%时,国防部长必须会同成本评估与计划鉴定局长对该项目的成本支出情况进行全面评估,并以书面形式向国会报告评估结果,以及该项目成本超支的主要原因、计划要采取的控制成本措施等。同时,国防部长必须向国会提出继续保留该项目的书面材料,证明其对国家安全至关重要,且没有其他项目可以替代,以及完成该项目所需的经费估算合理可行等。国会举行听证会,对该项目成本超支情况及其证明材料进行全面审查,如果未通过国会审查,该项目将被强行中止。

《诺恩-麦克柯迪法》执行30多年来,因成本超支超过规定目标值且国防部的证明材料未得到国会认可而"下马"的重要国防采办项目有多个,其中包括1991年被强制中止的海军A-12攻击机、2008年被强制中止的陆军武装侦察直升机等。

第六节　国防采办项目经费支付

为了促进重要国防合同任务的完成,美国国防部根据工作完成情况向承包商提供资金。根据有关规定,合同经费支付前必须按一定程序并经有关机构审查、批准或认可,款项支付后也要对承包商的资金使用情况和财务状况进行监督,以避免政府提供的资金造成任何不必要的损失。

一、经费支付方式

（一）预先支付

预先支付也称预付款,是指在合同工作任务进行之前由军方预先向承包商支付的资金。按照《联邦采办条例》的有关规定,预先支付的资金不得超过总合同价款的15%,并且要在合同履行过程中从应付给承包商的款项中偿还。

向承包商预先支付合同经费主要步骤包括：①在合同签订之前或之后,承包商向合同主管官员提交预先支付申请,申请书应注明建议征求书或合同书内容,以及承包商财务状况、履约能力及会计制度与监督措施等；②合同主管官员分析承包商的申请,经过适当调整后,对是否批准向合同资金供应机构提出建议,并呈报原申请书及有关支撑材料（包括建议的保障条件）；③合同资金供应机构审批预先支付申请；④申请书得到批准后,由国防财会局哥伦布支付中心向承包商支付预付款。

为保证承包商能偿付全部预先支付的款项及其利息,政府官员在批准预先支付时,必须判定确有适当担保条件足以保护政府利益。在预先支付的款项得到批准后,合同官员应把包含担保条件的预先支付条款列入合同书中,另外还要与承包商签订一项包含银行账户和保护军方利益的有关条款的补充协议。合同和补充协议规定,预支给承包商的款项必须存入银行专用账户,且政府对银行专用账户的贷方金额,按合同供应的任何产品,以及为履行合同而采购的任何材料或其他财产拥有优先留置权。

如果是向无专门银行账户和非盈利教育或研究机构提供预先支付款项,美国国防部一般通过签订合同预先付款共同协议,来向一家承包商在同一时间内完成的数个合同提供资金。

（二）基于成本的分期支付

美军认为,采用基于成本的分期支付为国防合同提供资金,可以减少承包商对在制品存货的投入,从而有利于国防任务的完成。基于成本的分期支付通常分为标准分期支付和灵活分期支付两种形式。对于标准分期支付,美国国防部规定其分期支付率为80%,即对承包商的分期支付不能超过合同价格的80%;对于灵活分期支付,其分期支付率可以通过国防部现金流动计算模型来确定,采用该模型能够综合考虑合同成本情况、交货进度、转包商的分期支付、分期支付偿还率,以及付款(补偿)周期等影响现金流动的主要因素,从而较好地满足承包商履行合同的现金需求。

根据美军的有关规定,如果承包商在履行合同开始后较长一段时间(一般为6个月以上),无力支付首批产品或完成其他阶段的费用,并且承包商在交货前支付履行合同的费用会严重影响其流动资金,或者承包商能提供确实需要资金或无力自筹资金的证明,那么合同官员可以按有关规定批准使用基于成本的分期支付。分期支付由国防部通过从已完成项目应付款中扣除偿还部分来收回。为确定偿还的数额,必须对已交付和验收的合同项目的合同价格规定一定偿还率。一般方法是采用与分期支付相同的偿还率。

如果承包商希望得到分期支付的款项,就必须提交详细的分期支付申请书,并允许国防部查看其有关财务记录,以便政府对其进行有效的监督。政府的监督工作通常包括付款前审查和付款后审查。其审查范围应根据承包商的绩效记录、资信程度、管理水平、经济实力,以及承包商会计制度和监督措施的完善程度而定。具体地说,在提供分期支付以前,如果合同官员凭以往经验或近期会计检查(12个月内),认定承包商资信程度高、能较好地履行合同,其会计制度与监督措施比较完善,并且财务状况良好,那么应该批准承包商的分期支付申请;对于其他承包商,则必须邀请知名的独立审查机构进行全面会计检查,从而确认其有能力偿还一切分期支付的款项,或者可以通过增加保护性条款来保护政府免受损失,并且承包商的会计制度与监督手段能有效管理分期付款,否则合同官员就不批准分期支付。

合同款项分期支付后,军方还要定期对经费使用情况进行审查,其主要内容包括确定已支付款项或待支付款项的合理性、完成合同任务所需资金是否有保证,以及承包商会计制度与监督手段的完善性和鉴定结论的可靠性。当发现包含分期支付条款的合同有问题时,则合同主管官员可以根据情况停拨、减拨分期支付的款项,或者提高分期支付的偿还率,以保护军方利益。

(三) 基于绩效支付

按照《联邦采办条例》的有关规定,基于绩效支付是指向履行固定价格合同的承包商提供资金的一种方法。基于绩效支付通常不适用以下合同:①成本补偿合同;②建筑工程服务合同或建筑合同,造船或船舶改型、改装或修理合同;③是采用密封投标程序签订的合同。

基于绩效支付主要有两个步骤:①军方与承包商商定,把一项合同工作分为若干评估事件,如把一架战斗机的生产活动划分为主起落架承力隔板粗加工,机尾密封隔板接近完工、翼梁完工,机翼半数组件完工,机头、机身、机尾和机翼完工,总装配完工等6项评估事件,制定各项任务的"完工"标准,进行各项任务的合同款支付;②在合同履行过程中,根据双方约定的事件及支付标准,进行合同支付。

在决定采用基于绩效支付时,合同官员负责对承包商的资信、以前的绩效情况、可靠性、财力,以及承包商为管理绩效付款而建立的内控制度等进行评估。另外,合同款项支付后,合同官员还应定期对经费使用情况进行审查。

采用基于绩效支付不需要军方像传统支付方式那样过多地对项目的实施进程、已发生成本情况进行跟踪和考核,而只需评估承包商完成任务的情况及各项性能指标达到预期标准的情况,因而可减少政府部门对成本情况监控与行政管理,也可更充分地发挥承包商在生产、设计、工艺流程等方面的自主性与创造性,进而节省经费,提高办事效率。

(四) 基于完成比率或阶段的分期支付

基于完成比率或阶段的分期支付,是指根据合同工作任务完成的多少进行支付的一种合同经费支付方式。这种合同经费支付方式适用于建筑合同,造船合同,船舶改装、改造和修理合同等。

二、经费支付程序

美军国防合同经费支付是一项复杂的工作,其中涉及到国防合同管理局、国防财会局、国防财会局哥伦布支付中心等多个合同管理、审查与支付机构。下面根据国防合同的经费支付流程,按照各有关管理、审查与支付机构的职责分工来说明美军国防合同经费支付程序(图 10.17)。

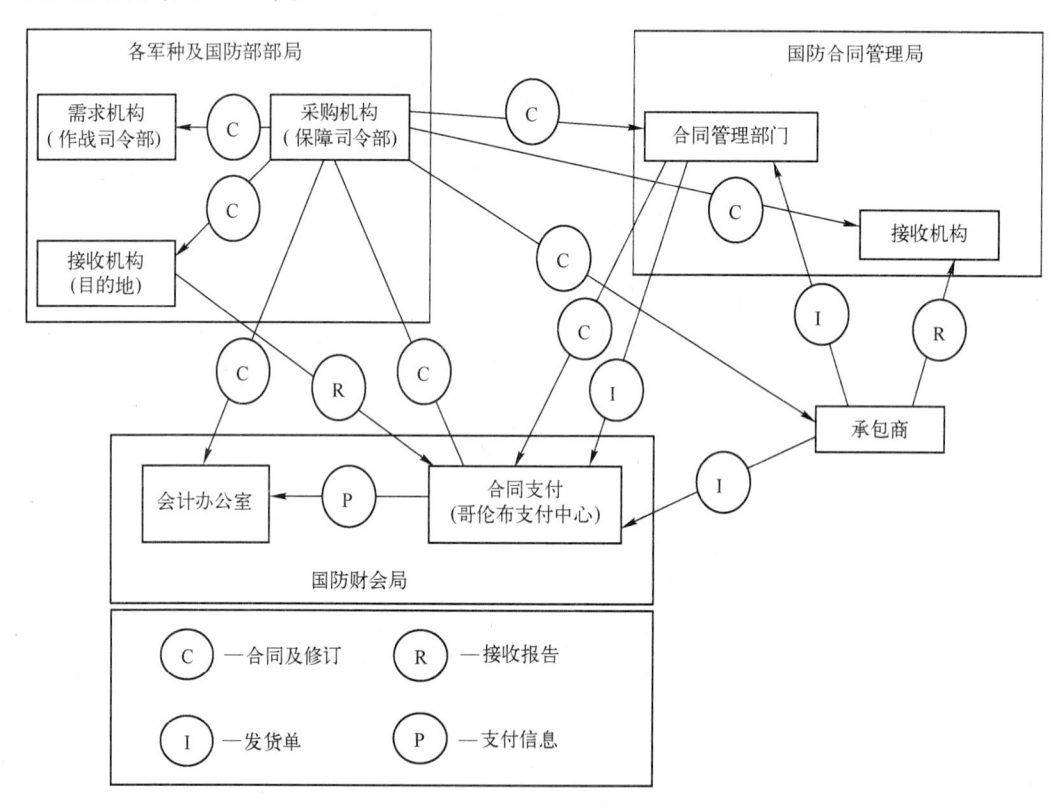

图 10.17 美军国防合同经费支付程序

(一) 承包商填写经费申请报告

按照《联邦采办条例》和国防财会局的有关规定,承担国防合同任务的承包商,在申请合同经费支付时,必须向国防合同管理局、国防财会局、国防财会局哥伦布支付中心、发货单位、采购单位等递交 DD250《物资检查与接收报告》和发货单,以备上述机构审查其合同支付的真实性。

在国防合同经费支付过程中，DD250《物资检查与接收报告》是一个十分重要的文件，它不但包括承担国防合同任务承包商的财务状况、履约能力以及会计制度与监督措施等，而且还包括国防合同的基本情况、已完成项目的价格等。DD250《物资检查与接收报告》可以作为发货单使用。

DD250《物资检查与接收报告》的格式和主要内容如表 10.20 所列。

表 10.20　物资检查与接收报告

物资检查与接收报告					批准格式：OBM No. 0704-0248	
1. 采购设备标记（合同）编号：		（订单）编号	6. I 发货单：编号/日期	7. 页码		8. 验收点
2. 发货编号	3. 发货日期	4. 提单 运输控制号		5. 贴现条件		
9. 总承包商				10. 由…管理		
11. 由…起运				12. 由…支付		
13. 运到代码				14. 标记代码		
15. 项目编号	16. 库存编号描述		17. 装运/接收量	18. 单位	19. 单价	20. 总计
21. 合同质量担保				22. 接收单位使用		
a. 原始地		b. 目的地		第 17 栏所显示的数量已经收到		
□合同质量保证	□所列项目的验收	□合同质量保证	□所列项目的验收	外观状况良好		
已在我的监督下完成，它们完全符合合同的有关规定		已在我的监督下完成，它们完全符合合同的有关规定		收到日期	授权政府代表的签字日期	
授权政府代表的签字日期		授权政府代表的签字日期		姓名：		
姓名		姓名：		题目：		
题目：		题目：		通信地址：		
通信地址：		通信地址：		电话号码：		
电话号码：		电话号码：				
23. 仅供承包商使用						

399

（二）国防合同管理局审查经费申请报告

国防合同管理局在收到承包商呈递的DD250《物资检查与接收报告》后，对承包商承担的国防合同履行情况及DD250《物资检查与接收报告》中的经费支付申请进行审查。审查结束后，国防合同管理局把审查结果、合同完成及更改情况、是否同意支付合同经费的建议以及承包商的原申请书和有关支撑材料等呈递国防财会局哥伦布支付中心。

（三）国防财会局哥伦布支付中心支付经费

在国防合同经费支付过程中，国防财会局哥伦布支付中心是一个最重要的部门。在收到承包商的发货单、国防合同管理局对承包商申请支付审查结果和合同完成情况以及采购单位的DD250《物资检查与接收报告》后，国防财会局哥伦布支付中心对承包商申请进行全面审查，并把审查结果上报国防财会局会计处，由其决定是否向承包商付款。如果国防财会局会计处同意支付，那么就由哥伦布支付中心直接向承包商付款。

第十一章 国防采办质量管理

获取高质量的武器系统是美军国防采办的重要目标之一,加强武器系统质量管理也成为美军国防采办的重要工作内容。长期以来,美军在国防采办管理中,以国防采办的管理体制、法规标准体系、管理制度以及全系统全寿命管理等工作为依托,形成了一个既融于国防采办管理又自成系统的质量管理工作领域,为确保武器系统的质量水平发挥了重要的作用。

第一节 质量管理的组织体系

美军在国防采办管理系统中设立的相关机构,负责相应的质量管理工作。美国国防部设立宏观政策、系统工程、项目管理、合同管理、试验鉴定等工作机构,形成相对独立、职责清晰的质量工作组织体系(参见图11.1)。此外,承包商作为武器系统质量的责任主体,担负着质量管理的重要职责。

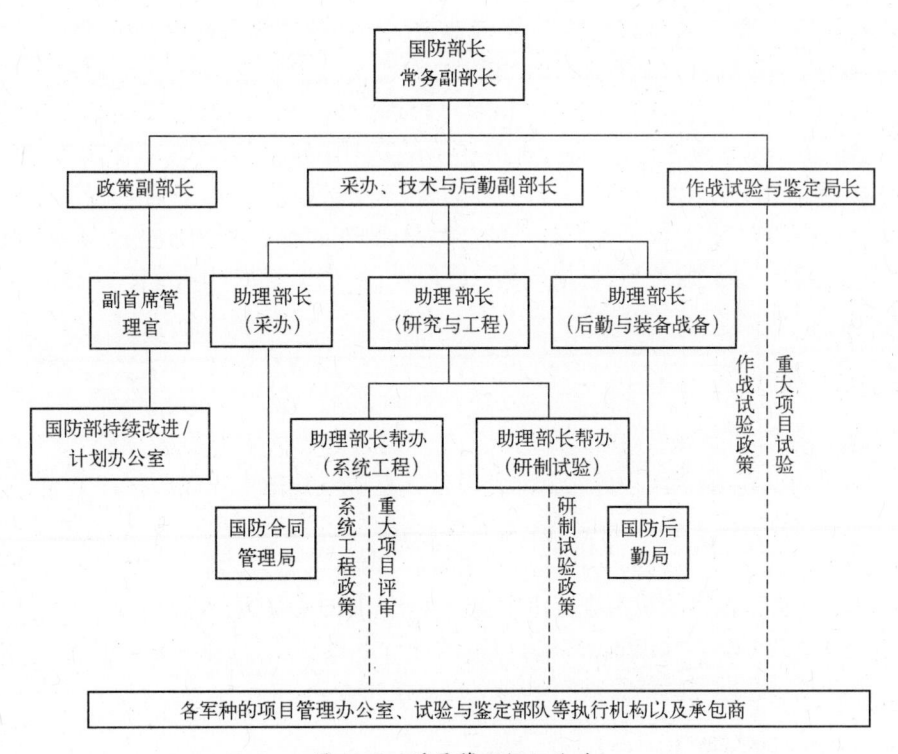

图 11.1 质量管理组织体系

一、国防部持续改进计划办公室

新世纪以来,在经历了质量检验、统计过程控制和全面质量管理三个重要的发展阶段后,2006年国防部开始推行持续过程改进/精益六西格玛(CPI/LSS)计划,2007年国防部长任命国防部常务副部长为首席管理官,并于2008年在政策副部长下设副首席管理官(DCMO),下设国防部持续过程改进/精益六西格玛计划办公室,负责精益六西格玛工作。国防部持续改进计划办公室主要职能包括:①制定CPI/LSS实施指南;②对计划执行与完成情况进行定期评估;③为DCMO和OSD审查监督CPI/LSS奖励方案;④为国防部成员单位提供过程改进中心数据库与知识共享网站;⑤制定国防部CPI/LSS培训、教育与认证标准。

二、系统工程部门

国防部通过推行系统工程从技术方面提高武器系统质量。为此,在隶属采办、技术与后勤副部长领导下的研究与工程助理部长办公室,下设系统工程助理部长帮办,负责系统工程工作。系统工程助理部长帮办下设系统分析处、大型项目保障处、任务安全处等三个部门。其主要职能包括:①开展系统工程技术研究和分析工作;②为采办、技术与后勤副部长开展重大国防采办计划里程碑决策提供系统工程决策支持;③制定系统工程政策、标准。

三、项目管理部门

美军项目管理部门主要职责是:①将武器系统作战使用要求转化为包括质量要求在内的技术要求,确保项目达到所必需的质量要求;②对技术复杂、具有关键用途或有特殊要求的国防采办项目,在合同中明确提出对承包商质量控制要求,说明国防部开展质量管理的内容、类型与程度,供合同管理部门在质量管理中使用;③向合同管理部门发出质量管理的相关要求;④同需求部门一起开展监督、评价等工作,判定产品质量要求是否适当;⑤在合同管理方面,验证承包商提交的产品是否满足合同规定的质量要求;⑥对于不符合合同要求的产品或服务项目,指出其缺陷所在,明确缺陷的严重程度,并考虑是否可以接收。

四、合同管理局

国防部国防合同管理局(DCMA)负责根据项目管理办公室的委托,指定相关合同管理办公室对承包商实施合同管理。合同管理办公室通过驻地区或驻厂两种方式,对承包商武器系统研制、生产中的质量问题实施监督,确保承包商按照规定的成本、进度提交符合质量要求的产品。美军合同管理部门的主要职责是:①为合同签订官和项目管理办公室提供协助;②对承包商的成本进行审查;③对承包商的质量进行监督;④对承包商的安全和环保进行监督;⑤对承包商的采购和转包进行审查和监督;⑥对承包商的产品进行质量检验;⑦履行合同经费的管理与合同支付工作。

五、试验鉴定部门

美军试验鉴定部门通过对武器系统项目开展研制试验鉴定和作战试验鉴定,评估武器系统的各项技术性能、质量、可靠性等指标要求达到的程度,为里程碑评审和合同验收提供依据。美军试验鉴定部门包括研制试验鉴定部门和作战试验鉴定部门两大类。研制试验助理部长帮办负责制定研制试验的政策,并下设空中武器系统、地面武器系统、海上武器系统、信息系统、空间系统等部门,指导相应的研制试验工作,具体试验由承包商来完成。作战试验鉴定部门主要负责作战试验的政策制定和国防部作战试验的监督,具体的试验工作由各军种的作战试验司令部完成。美军试验鉴定部门主要职责是:①按照试验鉴定计划和相关文件规定,由承包商或军方试验鉴定机构评估关键技术指标;②评估技术风险并对技术规范、作战需求、全寿命费用和计划进度之间进行权衡;③评估系统的生存能力、易损性和综合保障;④确定系统性能极限以及安全操作参数。

此外,承包商作为武器系统的承研承制方,在武器系统全寿命质量管理中发挥重要作用。美国国防部明确规定了承包商在武器系统全寿命质量管理中的责任:①按国防部要求,建立质量控制制度,制定质量检验计划;②控制产品或服务项目的质量;③保证分承包商具备可接受的质量控制体系;④开展合同规定的检查与试验,按照合同的技术要求进行研制生产;⑤确保图纸、规范和工艺的改变符合合同要求;⑥保证试验与检测的方法、设备能鉴定产品的各项特性;⑦开展可靠性、维修性、使用寿命、耐久性和持续备用状态等保障特性的评估;⑧保证将符合合同要求的产品提交国防部。

第二节 质量管理的法规标准

美军在长期的国防采办和质量管理实践过程中制定了一系列的法律、法规、标准,是武器系统全寿命质量管理中必须遵照执行的基本依据。

一、法律

美国没有专门的质量管理法律,质量管理的相关法律要求融入到国防采办综合性法律或法案之中。国防采办的重要目标是采办到高质量的武器系统,因此相关综合法律或法案都提出了质量管理的要求。例如,2009年,美国国会颁布《武器系统采办改革法》,提出新一轮的国防采办改革要求,其中涉及许多质量与可靠性方面的要求。质量管理方面的内容主要包括:①为每个重大国防采办项目制定一个提高产品可靠性、可用性、维修性计划,并把它作为设计与开发的一个组成部分,纳入系统工程主计划;②在联合能力集成与开发系统处理过程中,为每个重大国防采办项目确定系统工程要求,其中包括可靠性、可用性、维修性及全寿命管理和持续保障要求,并将这些要求纳入合同要求;③利用系统工程增强重大国防采办项目的可靠性、可用性和维修性;④在招标书中包含有关系统工程和可靠性增长的条款。

二、法规

(一)《联邦采办条例》

《联邦采办条例》(FAR)是规范政府合同行为的政策和规程,适用于所有政府部门的产品和服务合同。各部门依据自身特点可对它进行适当补充,如国防部颁发了《联邦采办条例国防部补充条例》(DFARS)。

《联邦采办条例》第 46 部分和《联邦采办条例国防部补充条例》第 246 部分的主题是"质量保证",其目的是通过规定明确的政策与规程,确保政府所采办的产品和服务项目符合合同规定的质量要求,内容涉及检验、验收、担保和其他有关质量要求的措施。如 FAR46.2 给出了国防采办合同质量要求,通常分为 4 类:①民用产品合同(FAR46.202-1);②政府依靠承包商进行检验(FAR46.202-2);③标准的检验要求(FAR46.202-3);④较高级的合同质量要求(FAR46.202-4)。通常,所有合同都包括质量管理体系要求和产品或服务要求,对质量管理体系的确认和对产品或服务的确认一样,是合同所必需的。又如,FAR46.201 给出了合同中质量要求总则,合同官员应该在招标书和合同中提出适当的质量要求,合同质量要求的形式和内容可根据具体国防采办情况而定,其范围从接受时的检验到要求承包商实施综合性的全面质量控制大纲,要求承包商保持能够满足项目质量,并尽可能以 ISO 9000 系列标准为基础的质量管理体系。

《联邦采办条例》和《联邦采办条例国防部补充条例》是美国国防采办和质量管理的纲领性文件,是国防部颁发其他相关政策指示的基本依据,对维护军方的利益、保证武器系统的质量起了重大作用。

(二) 5000 系列采办文件

5000 系列文件是美军国防采办的主要政策文件,与质量管理密切相关的主要有国防部第 5000.01 号指令《国防采办系统》、国防部第 5000.02 号指示《国防采办系统的运行》以及《国防采办手册》。其中第 5000.01 号指令和第 5000.02 号指示是国防采办的顶层文件,对国防采办质量管理做了原则性规定。《国防采办手册》是国防采办的指导性政策文件,对质量管理做出详细的规定。如 2006 年 11 月版《国防采办手册》对"质量"做了如下规定:"产品或服务的质量是由它们以可承受的价格,满足(或超过)需求和使用户满意的程度决定的。质量是多种属性的集合,包括满足用户要求的产品或服务性能、产品/服务的外部特征及内在特性。成功采办的关键是通过在采办之初确定产品或服务的质量要求,并使承包商有最大的灵活性满足上述要求,最终使系统工程/设计质量融入产品之中。"《国防采办手册》还对"可靠性、维修性、保障性"、"政府合同质量保证"、"承包商质量保证"、"供应链质量管理"、"保障资源"等方面做出具体规定。2015 年 1 月 7 日美国国防部颁布的 2015 年版第 5000.02 号指示要求,"项目主任应采用恰当的战略制定全面的可靠性与维修性计划,以确保实现可靠性与维修性要求"。

(三) 相关政策文件

国防部各部局以及各军种针对质量管理制定了许多政策文件。如国防后勤局及陆、海、空三军联合发布的题为《产品质量缺陷报告大纲》的指令,旨在确立美军各部局之间反馈或交流质量问题信息的制度,以便对各自产品质量缺陷进行通报、调查、纠正和处理,明确问题所在及发展趋势。又如国防合同管理局关于"供应商风险管理"的政策,为其驻承包商工厂的专业人员提供质量保证工作的具体指导,内容涉及风险的识别、风险的监控、风险的记录以及风险管理人员的资格要求等,旨在降低各种风险,确保供应品和服务项目符合合同规定。可靠性作为度量武器系统质量的重要指标,历来受到美国国防部的重视,尤其是随着武器系统可靠性问题的突出,近年来国防部以备忘录的形式颁布了一系列政策文件。

2010 年 6 月 30 日,美国国防部长办公厅作战试验鉴定局长迈克尔·吉尔摩向采办、技术与后勤副部长提交了一份备忘录,就当前国防采办中武器系统的可靠性与维修费用之间的关系予以阐述,并建议尽快推广 ANSI/GEIA STD-0009《可靠性设计、开发和生产标准》。备忘录主要分为三个部分:第一部分对当前现状进行阐述并指出"典型武器系统的维护费用是科研阶段(RDT&E)投入费用的 5~10 倍(约占全寿命费用的 66%),在科研阶段投入的高低,将会对武器系统的可靠性产生重大影响,进而对武器系统全寿命费用的高低起决定性作用";第二部分建议国防部尽快推广 ANSI/GEIA STD-0009 标准,以减少当前正在使用的 MIL-STD-785B 标准的缺陷;第三部分通过 6 个具体案例(包括单兵系统、"弗吉尼亚"级核潜艇、WIN-T 战术信息网络、联合空对地防区外导弹、机动火炮系统和两栖船坞运输舰),揭示出武器系统系统可靠性问题所带来的惊人故障排除时间、高额维修费用。备忘录显示,美军继续扩大民用标准在军事领域的应用,特别是在电子、信息技术领域,军用标准已不适用,急需在此方面使用更严格的民用标准作为补充。备忘录既是美军推进标准化改革工作的一部分,也是对进一步提高武器系统可靠性、抑制国防采办项目"拖、降、涨"迈出的重要一步。

2011 年 3 月 21 日,美国国防部发布第 11-003 号指令型备忘录《可靠性分析、规划、跟踪与报告》,对可靠性分析、规划、跟踪与报告工作的基本程序、发布目的、适用范围、职责分工等内容进行了规范。该备忘录要求国防部各部局领导应贯彻相关规定,并督促部门成员执行相关程序。这些程序适用于那些由部局采办执行官指定的国防采办项目(I 类国防采办项目除外)。备忘录的内容如下:①项目主任应通过适当的可靠性增长策略来提出一个完善的可靠性与维修性(R&M)计划,确保在满足可靠性与维修性需求之前不断提高可靠性与维修性性能;②国防部部局领导和项目主任或相关负责人,应准备一个初步的可靠性、可用性、维修性和成本基本原理的报告,以此作为里程碑 A 决策的支撑;③在制定里程碑 A 之前的技术开发策略,以及里程碑 B 和 C 之前的采办策略时,应详细说明装备解决方案的维修性,将能力发展文件的关键性能指标门限转换为可靠性与维修性的设计需求,并列为合同条款;④可靠性增长曲线(RGC)应反映可靠性增长策略,并应用于规划、图解和报告的可靠性增长工作中;⑤项目主任和作战试验部门在初始作战试验鉴定、报告里程碑 C 决策结果时,评估系统的可靠性增长是否达到门限要求;⑥采办过程中要对可靠性增长情况进行全程监督和报告。

三、标准

(一) 质量管理标准概况

美军制定了大量质量管理的标准,作为确保美军武器系统质量的重要技术规范。在冷战时期,美国出于军备竞赛的需要,一直不惜代价地追求武器系统的高技术、高性能和高质量,在国防采办管理中坚持采用独特的、要求极其严格的军用标准与规范,制定实施以 MIL-Q-9858A《质量大纲要求》、MIL-STD-785A《系统和设备研制和生产的可靠性大纲》等为核心的一整套质量管理军用标准。

自 20 世纪 90 年代实施国防采办改革以来,由于强调提高效费比以及民品水平的迅速提高,美军已逐渐从军用质量标准体系转向民用质量标准体系。国防部要求各部局采用美国国家标准协会/美国质量控制学会制定的 ANSI/ASQCQ9000 系列或国际标准化组织的 ISO 9000 系列标准,以及其他诸多行业质量标准,如汽车行业质量标准 QS 9000 等,并强调在国防采办工作中优先采用民用标准,只有在无相应的民用标准或对政府有利时才可使用军用标准,而且需事先获得批准。

新世纪以来,国防部采取军民融合的方式,与专业协会组织制定了一批军民通用质量标准。例如,国防部与美国国家标准协会(ANSI)和政府电子信息技术协会(GEIA)合作,于 2008 年 8 月制定颁布了新的可靠性标准 ANSI/GEIA-STD-0009《系统设计、研制和制造用的可靠性大纲》;2009 年 2 月,制定颁布了新的安全性标准 ANSI/GEIA-STD-0010《系统安全工作的标准最佳实践》。

(二) 质量管理体系标准

20 世纪 90 年代以前,美国国防采办要求承包商按照军用标准 MIL-Q-9858A《质量大纲要求》制定质量保证计划。长期以来 MIL-Q-9858A《质量大纲要求》、MIL-I-45208《检验系统要求》等系列质量管理标准一直是承包商获得国防部订单的前提条件。

1994 年 6 月,美国国防部长发布主题为《规范与标准——办事的新方法》备忘录,要求在国防采办过程中,最大限度地采用满足军事需求的民用标准和性能规范,限制使用军用规范和标准,只有在没有民用标准可用,或现有民用标准不能满足军事要求时才考虑使用军用标准,且必须经过批准。

1996 年 10 月 1 日,国防取消了将 MIL-Q-9858A《质量大纲要求》作为合同的奖励条件,国防部将根据工业界申请的具体情况批准质量标准。1996 年 11 月 18 日,国防合同管理司令部发布了 96-73 号备忘录《质量管理体系评价(政策)》,承认 ISO 9000 系列标准和相关质量管理标准的认证。提出如果承包商正转向实施 ISO 9000 系列标准,国防合同管理司令部合同管理办公室(DCMC/CAO)要对选定的承包商进行 ISO 9000 系列标准审核。审核的结果要通报给用户(国防采办部门)和承包商。为了保证 ISO 9000 系列标准实施的有效性,当采购部门有另外要求时,国防合同管理司令部合同管理办公室要进行全面的审核,或者当不能得到承包商质量管理体系适宜性的信息时,要验证第三方认证的资料,包括追溯该承包商过去审核的情况和在认证认可委员会(RAB)注册的情况。如果承包商同意,国防合同管理司令部应与第三方审核员一起审核。审核员在审核时应主要审核管理职责、纠正和预防措施,以及内部审核等要素。

2001 年 3 月,国防部发布备忘录,主题为 ISO 9001:2000《质量管理体系:要求》的转换,授权国防部的合同管理采用简便的过程和一致的方法,以实现质量保证的单一化,即从 1994 年版的 ISO 9001、9002 或 9003 转向 2000 年版本的 ISO 9001。备忘录指出:"合同签订官应准许承包商及其转包商实行 2000 年版的 ISO 9001,以代替 1994 年版的 ISO 9001、9002 或 9003,但价格、酬金、成本或约定产品/服务要求一律不变。"国防部责成国防合同管理局监督这一转变,并批准对有关合同进行适当修改。

目前,国防部依据《联邦采办条例》(46.202-4)和《联邦采办条例国防部补充条例》(246.202)的相关规定,对于承担复杂和重要武器系统研制生产的承包商,要求通过相应的质量管理体系认证。这些认证主要由国际标准化组织(ISO)、美国国家标准协会(ANSI)、美国质量协会(ASQ)等专业机构组织的第三方认证。这些认证依据的标准主要有:ISO9001、9002 或 9003;ANSI/ISO/ASQ Q9001-2000 等。美国国防部同时要求,合同签订官在组织招标和签订合同时,必须要在技术建议招标书和合同中列入质量要求条款,并在该条款中标明相应的质量管理体系认证标准。

（三）可靠性标准

1969年3月,美国防部颁布MIL-STD-785A《系统和设备研制和生产的可靠性大纲》,开始在武器系统研制和生产阶段实施可靠性管理。1980年7月,美国国防部颁布国防部第5000.40号指令《可靠性及维修性》,规定国防部所有重大武器系统从研制一开始就必须考虑可靠性及维修性,并在设计、研制、制造和使用各个阶段保证所要求的可靠性。同年,国防部对MIL-STD-785A实施修订,颁布MIL-STD-785B《系统和设备研制与生产用的可靠性大纲》,可靠性管理得到进一步加强。1998年,美国国防采办管理实行军民融合改革,要求最大程度地利用民用产品和管理,MIL-STD-785B《系统和设备研制和生产的可靠性大纲》被取消,到目前为止还没有发布一种替代的政府可靠性标准,以便为可靠性设计、评估和验证以及一体化管理和系统工程提供一种标准依据,供签订合同使用。1998年,美国行业标准协会出台了两项工业标准IEEE 1332《电子系统和设备研制和生产用标准可靠性大纲》和SAE JA1000《可靠性大纲标准》,这两个标准主要由设计和制造一种可靠的产品所必须实现的3个目标构成:理解用户的要求;满足用户的要求;使用用户确信其要求已被满足。然而,这两个标准几乎没有包括有关为了完成上述目标必须做什么的标准内容。

为此,国防部与美国国家标准协会(ANSI)和政府电子信息技术协会(GEIA)合作,2008年8月制定颁布了新的可靠性标准ANSI/GEIA-STD-0009《系统设计、研制和制造用的可靠性大纲》。该标准确立了在产品和系统研制中提供最佳值和最小风险的最佳惯例,便于美国国防机构为在系统和设备的设计和生产中确保可靠性,并规范了保持高可靠性所需采取的措施步骤。该标准包括一种研制、增长、生产和部署可靠系统的新方法,主要包含以下四个可靠性目标:①理解用户需求和约束条件;②可靠性设计和再设计;③生产可靠的系统/产品;④监控和评估用户的可靠性。

该可靠性标准围绕每个目标阐述了下述内容:①引言;②任务和目标;③人员和组织;④支持信息;⑤活动、方法和工具;⑥输出和文件。其中,"引言"对该目标进行简要介绍。"任务与目标"提供便于人们对该目标有清晰的理解所需的补充背景说明。"人员和组织"介绍在将可靠性设计到产品中去时必须解决的人员和组织问题。"活动、方法和工具"包含一组规范性(强制性的)的活动和一组信息性(仅提供指南信息的)的方法和工具;"输出和文件"列出了最终将提供给标准中其他目标的"开发信息"。

该可靠性标准的核心是一个与系统工程完全综合在一起的可靠性工程和增长过程。新标准不像MIL-STD-785B等可靠性标准那样提供一种供人们选择的可靠性工作项目菜单,而是通过选择方法、工具和最佳惯例来实施每项可靠性活动。ANSI/GEIA-STD-0009标准要求研制人员从一开始就起草一份可靠性工作计划作为系统工程计划的一部分,以便从项目的开始就能理解可靠性工作的人员和进度安排,并编入预算。根据以往的经验教训,如果研制人员没有在合同签署之前为可靠性工作做出适当的预算和计划,则后期就很难再把它包括进去。该标准的出台,为国防部在产品和系统设计与生产中确保可靠性和在使用中保持高的可靠性提供了最佳惯例。

（四）安全性标准

在20世纪90年代中期的国防采办改革中,尽管1998年国防部取消了MIL-STD-785B等可靠性、维修性、保障性(RMS)标准,但是为了进一步提高现代武器系统的安全性,美国国防部不但没有取消 MIL-STD-882C,而且在 2000 年 2 月对 MIL-STD-882C 进行修订,发布了 MIL-STD-882D"系统安全标准实践"。由于受到国防采办改革的影响,MIL-STD-882D 取消了 MIL-STD-882C 规定的系统安全工作项目,使国防采办过程中开展系统安全工作遇到不少困难。

为了弥补 MIL-STD-882D 可操作性差的缺陷,美国国防部于 2004 年中期发布了 MIL-STD-882E(征求意见 1 稿),重新编制系统安全工作项目;2005 年初期发布了 MIL-STD-882E(征求意见 2 稿),增加了安全关键功能和功能危险分析等新的工作项目;2005 年中期又发布了 MIL-STD-882E(征求意见 3 稿),增加了工程安全特性,提出系统安全的 5 个基本要素替代系统安全的 8 个步骤。后来经过国防部与政府电子信息技术协会(GEIA)G-48 系统安全委员会的协调,2005 年 12 月发布了 MIL-STD-882E 的征求意见稿;并成立了由美国 APT 研究公司等单位组成的编制组,在 MIL-STD-882E 的基础上,全面编制美国第一个军民两用的安全性标准,并于 2008 年 5 月向 G-48 系统安全委员会提交了 GEIA-STD-0010"系统安全工作的标准最佳实践"初稿。2009 年 2 月 10 日 G-48 系统安全委员会正式批准发布 GEIA-STD-0010 标准。

GEIA-STD-0010 标准全面阐述了系统安全工作的标准实践,提供了对已经确定的风险进行评价的各种措施。该标准强调必须对事故风险进行识别、评价并尽可能将风险降低到可接受的水平,而且事故风险必须由指定的部门或机构接受,并符合国家的法规、条例、实施规程和协议的规定。在任何决策中,与事故风险有关的权衡研究必须考虑项目的全寿命费用。该标准是需要进行安全风险评价并采取降低风险措施的复杂系统项目招标的一个基本要素。管理部门可以确定在招标书和系统规范中研制方应满足的系统安全工程要求,包括风险评价和接受准则、专用的分类等级和合格验证,或对专门项目减少事故的要求。

(五) 环境适应性标准

1962 年以前,美国陆军、空军和海军各有自己的环境试验标准或规范,没有比较完整统一的军用环境试验文件。各种试验标准和规范的试验条件和试验程序不一致,甚至互相矛盾,使军工产品制造单位无所适从。为此,1962 年国防部发布了 MIL-STD-810《空间及陆用设备环境试验方法》,成为三军和工业部门都能接受的环境试验标准。该标准包括一个详细通用要求和一系列试验方法,明确规定了对试验设备的要求。

美军标 MIL-STD-810 颁布实施的 50 多年来,经历了 7 次修订,最终版本为 2008 年 10 月发布的 MIL-STD-810G。从 1962 年到 1975 年,这 13 年期间进行了三次修订得到 MIL-STD-810A、MIL-STD-810B 和 MIL-STD-810C。每次修订只是在内容和文字上进行了适当的修改和补充,标准中一些过于严酷的试验条件适当地降低要求,环境试验条件采用极值和标准可引用的性质未改变。从 1975 年到 1993 年的 18 年间,标准通过两次修订为 810D 和 810E。810D/E 开始引入剪裁的概念,提出军用产品环境剪裁过程和军用硬件寿命期历程,初步提出了环境管理计划、寿命周期环境剖面、环境适应性要求、设计环境试验计划、工作环境验证计划,以及应用环境数据的代表性、统计性和质量要求。从 1993 年到 2000 年 7 年期间,810E 修订后成为 810F。810F 的内容和格式与 810D/E 大不相同,它将标准分成环境工程工作指南和实验室环境试验方法两大部分。工作指南中明确定义了环境适应性和环境工程相关的概念,增加了环境工程工作指南框图,其内容涉及环境工作管理、环境准则(量值)确定、环境试验计划、方案、实施及试验报告等内容,还明确了设计工程师、试验工程师和试验操作人员的任务。试验方法部分,要求使用者根据实际情况剪裁确定相应的试验程序、试验条件到试验步骤,不能再照搬和引用。

目前适用的 MIL-STD-810G 于 2008 年 10 月颁布实施,标准格式与 810F 完全一样。第一部分环境工程工作指南基本没有变化,第二部分增加了结冰-融化、时间波形再现、轨道冲击、多轴激励和船载设备机械振动等 5 个试验方法,新增加了第三部分世界气候区指南。第三部分部分提供了世界上各种气候因素的值,为剪裁确定气候环境适应性设计要求和环境试验条件提供数据支持。MIL-STD-810G 的第 I 部分附录 C 的内容与 810F 类似,重大改变是其附录 C 的表 C-1 增加了贮存和运输条件,即诱发的温湿度数据,是许多武器系统在有太阳辐射作用下会遇到的条件。

第三节 质量管理的工作制度

美军在长期的国防采办质量管理实践中,形成了一系列带有基础性、全局性的质量管理工作制度。这些制度通过法规或标准得以在质量工作予以落实,有效地提升了质量管理的整体能力,进而促进了武器系统质量管理水平的提升。

一、质量认证评价制度

(一)质量管理体系认证

美军为了确保承包商拥有足够的质量保证能力,在开展国防部第二方认证的基础上,借鉴国际通行做法,逐步推行质量管理体系第三方认证。

1. 质量管理体系认证的形成过程

1959 年,美国国防部在总结以往订货所应用的质量保证条款的基础上,提出了两项质量保证标准 MIL-Q-9858《质量大纲要求》和 MIL-I-45208《检验系统要求》,经过试行于 1963 年升为正式的质量保证标准,实施后取得了很好的成效。由 MIL-Q-9858、MIL-I-45208 等标准组成的系列质量管理标准是承包商获得国防部订单的前提条件,由国防部对承包商进行质量保证要求的第二方审核,美国质量管理体系认证的雏形开始出现。

20 世纪 70 年代后期,英国标准协会首先开展了单独的质量管理体系的认证业务,使质量管理体系认证活动由第二方审核发展到第三方认证,受到了各方面的欢迎。美国也于 1989 年成立了美国注册机构认可委员会,从事对第三方认证机构的评审与注册等工作。起初,美国产业界对该制度反应冷漠,大多数持怀疑态度。但从 20 世纪 80 年代初期开始,特别是冷战结束之后,美国作为复杂武器系统生产大国的地位受到越来越严峻的挑战。欧洲国家为了保护其自身的利益,欧洲共同体规定,1992 年 12 月以后在欧共体进行贸易必须执行 ISO 9000 标准,这对美国的公司和国防工业界产生了很大影响。

为了消除参与国际市场尤其是欧洲市场竞争的障碍,美国许多公司都打算执行 ISO 9000 标准,并进行注册。1994 年 2 月,美国国防部采办与技术副部长发布指令同意军事服务及其供应商用 ISO 9000 质量保证标准替换质量保证军用规范。1995 年 8 月 MIL-Q-9858A 的作废,标志着美国国防部在用 ISO 9000 标准替换军用规范上迈出了最重要的一步。美国国防部指定 ISO 9001 或 ISO 9002 作为其供应商质量体系的备选体系,替换 MIL-Q-9858。为了促进质量管理的转变,美国国防部也在融合 ISO 9000 的第三方认证体系,国防电子供应中心向合格的企业提供免费的 ISO 9000 认证。

2. 质量管理体系认证的政策要求

美国国防部依据《联邦采办条例》(46.202-4)和《联邦采办条例国防部补充条例》(246.202)的相关规定,对于承担复杂和重要武器系统研制生产的承包商,要求通过相应的质量管理体系认证。这些认证主要由国际标准化组织(ISO)、美国国家标准协会(ANSI)、美国质量协会(ASQ)等专业机构组织的第三方认证。这些认证依据的标准主要有:ISO9001、9002 或 9003;ANSI/ISO/ASQ Q9001-2000 等。美国国防部同时要求,合同签订官在组织招标和签订合同时,必须要在技术建议招标书和合同中列入质量要求条款,并在该条款中标明相应的质量管理体系认证标准。美国国防部没有要求必须有第三方标准组织的体系认证,但有权依据合同审查承包商质量体系的有效性,也就是第二方审核。

3. 质量管理体系认证的组织实施

2002 年版国防部第 5000.02-R 号指令规定,项目主任应允许承包商灵活应用他们最为适宜的质量管理方法和过程以满足项目的目标要求,对于承包商的质量系统不应要求进行第三方论证或注册。美国国防部也并不认可将第三方认证作为承包商质量管理体系满足合同要求的证明。

为了保证第三方质量管理体系认证的有效性,美国国防部有权依据《联邦采办条例》等法律法规和合同对承包商的质量管理体系进行审核和监督。国防合同管理局(DCMA)根据 ISO 19011 质量和环境环境管理体系审核指南,制定了质量体系审核作业指导书,明确了质量管理体系的审核、策划、执行和后续工作原则。

美国国防采办采用分级管理的模式,美国国防部只管理主承包商,主承包商再负责监管一级供应商,一级供应商负责监管二级供应商,依此类推,但是当用户需要以及需要验证主承包商对下级供应商控制的有效性时,需要相关的主承包的采购订单反映政府对下级供应商的质量监管要求。

(二) 军用软件研制能力评价

软件质量与软件研制单位的能力水平息息相关,加强软件研制单位的质量保证能力建设,成为控制软件质量的源头。美军通过建立"能力成熟度模型"(CMM),要求软件研制单位通过软件能力成熟度评价,提升软件研制单位的质量保证能力,进而保证软件质量。

1. 软件能力成熟度模型的形成发展

1987 年,美国卡内基·梅隆大学软件工程研究所(SEI)研究并发布了《评价承包商软件工程能力的一种方法》,第一次提出了软件"能力成熟度模型"(CMM),并于 1994 年由软件工程研究所正式发布。软件能力成熟度模型是对于软件组织在定义、实现、度量、控制和改善其软件过程的各个发展阶段的描述。这个模型便于确定软件组织的现有过程能力,查找出软件质量及过程改进方面的最关键问题,从而为选择过程、改进战略提供指南。

自从 1994 年软件工程研究所正式发布软件能力成熟度模型以来,相继又开发出了系统工程、软件采购、人力资源管理以及集成产品和过程开发方面的多个能力成熟度模型。2000年,为了解决组织因为同时采用多种模型带来混乱等情况,软件工程研究所发布了"集成能力成熟度模型"(CMMI),并于2006年和2010年进行了修订和发布。

2. 软件能力成熟度模型的技术原理

如图11.2所示,软件能力成熟度模型分为五个等级:①初始级。基本特征是不具备稳定的环境用于软件开发和维护,缺乏健全的管理惯例,软件过程总是随着软件开发工作的推进而处于变更和调整之中,软件过程一片混沌;②可重复级。需求管理、项目管理、质量管理、配置管理和子合同管理等软件管理过程可重复,并能逐渐进化和成熟;③已定义级。制定企业范围的工程化标准,将这些标准集成到企业软件开发标准过程中去。对用于软件开发和维护的标准过程要以文件形式固定下来。针对各个基本过程建立起文件化的"标准软件过程"。只有当软件研制单位达到了第三级能力成熟度时,才表明这个软件组织的软件能力"成熟"了;④已管理级。所有过程都需建立相应的度量方式,所有产品的质量需有明确的度量指标。管理级是可度量的、可预测的软件过程;⑤优化级。优化级是能持续改善软件过程,目标是达到一个持续改善的境界。一个企业达到了这一级,表明该企业能够根据实际的项目性质、技术等因素,不断调整软件生产过程以达到最佳。

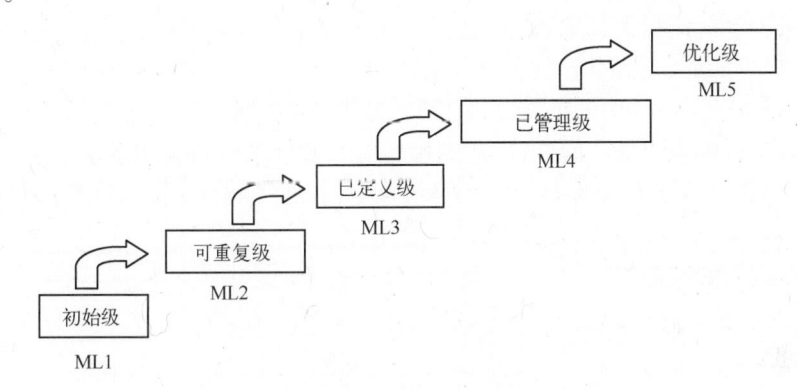

图11.2 软件能力成熟度模型的5个等级

软件能力成熟度模型是对于软件组织在定义、实施、度量、控制和改善其软件过程实践中各个发展阶段的描述。其核心是把软件开发视为一个过程,并根据这一原则对软件开发和维护进行过程监控和研究,以使其更加科学化、标准化,使企业能够更好地实现产品目标。

3. 软件能力成熟度模型的推广应用

CMM及CMMI作为提高软件研制单位工程化的一套有效方法,被美国国防部采纳。2001年以来,国防部发布的第5000.01号指令和第5000.02号指示等国防采办文件,强调承担军用软件的研制单位要考虑其具有相似软件的开发经验,有成熟软件开发能力,并通过用软件能力成熟度模型评价。对于承担Ⅰ类国防采办项目(ACATⅠ)的承包商,应通过3级以上的软件能力成熟度模型评价。波音公司、诺斯罗普·格鲁曼公司、洛克希德·马丁公司等大型军工企业某些分公司都通过3级以上的软件能力成熟度模型评价。在1987年CMM刚刚诞生不久,波音公司就开始开展CMM评价,评价结果虽然是最差的一级,但从那时起,波音公司就成为CMMI式管理思想的坚定推行者,20年不间断地实施过程改进,超过50个部门达到高成熟度等级。洛克希德·马丁公司也是CMMI的坚

411

定支持者,多个部门通过 CMMI 评价,如 2009 年 4 月信息系统与全球服务分公司通过 CMMI 5 级评价。美国国防部实施软件能力成熟度模型评价,对提高军用软件研制单位软件质量管理水平发挥着重要作用。

(三) 通用基础产品认证

由于分包合同涉及产品和企业的数量众多,仅仅依靠主承包商的管理还不足以保证武器系统的质量水平。为此,美军针对其武器系统中数量庞大的通用基础产品实行认证制度,并将这些产品列入合格产品目录(QPL),企业列入合格制造商目录(QML),以供军方和主承包商选择零部件和分承包商时使用。

1. 认证的组织管理

美国国防部对通用基础产品实行认证的具体管理机构是国防后勤局下属哥伦布国防供应中心(DSCC)。哥伦布国防供应中心是国防部专门负责武器系统备件和电子备件的供应中心。该中心按地区设有 7 个职能部、3 个供应商运营服务处、2 个用户运营服务处、4 个产品测试中心,以及陆基武器系统小组、采购过程支持部、工程与技术支持部。其中,职能部主要负责与供应商签订合同来获取电子元器件,并对相关武器系统元器件合同进行计划、招标、评估、谈判、奖励等管理工作;供应商运营服务处主要负责向运营商提供各类服务,使供应流程更加顺畅,降低相关成本,缩短供应周期;用户运营服务处是哥伦布国防供应中心的前端机构,负责向各地区用户提供技术支持、应对方案等服务;产品测试中心负责电子元器件的测试与鉴定工作;陆基武器系统小组负责陆基系统元器件管理;采购过程支持部主要就合同签订、产品售后等采购环节中可能出现的问题,向国防后勤局和国防部提供建议和辅助;工程与技术支持部主要向用户提供工程、技术、后勤服务等指导和支持。

2. 认证的工作程序

美军产品认证具体分为以下 5 个步骤,如图 11.3 所示。

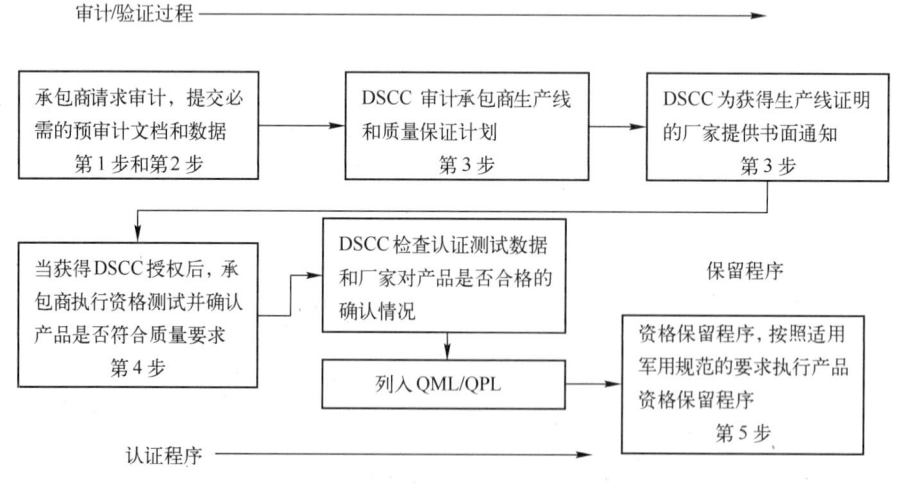

图 11.3 典型 QML/QPL 产品认证程序流程

(1) 初步准备,制定质量方案。准备进行 QML 和 QPL 认证的承包商需要建立一个完整的质量方案,以确保他们的产品能够长期符合特定要求。哥伦布国防供应中心将对承包商质量方案和数据进行检查,主要通过观察其生产程序和检测过程,检查从原材料到成品的整个生产过程流程情况。

（2）请求审核/验证。开始认证程序之前，承包商须首先联系哥伦布国防供应中心认证办公室（DSCC-VQ），确定自己的产品类型。之后，DSCC-VQ 会给承包商发来一封预审核通知信，告知承包商需要提交的材料。然后 DSCC-VQ 将对承包商组织一次预审核，以确认承包商是否具备行之有效的质量方案，以及他们的产品是否满足所有军用规范要求。

（3）承包商审核/验证。预审核通过后，DSCC-VQ 将会对承包商的设备进行审核或验证，以保证其符合特定军事要求。审核是以抽样形式进行，以保证厂家拥有制造高质量产品的计划，同时审核小组还要对承包商的持续质量方案进行审核，来证明就算没有频繁的政府审核，承包商设备也完全符合特定功能、质量和可靠性的要求。

由哥伦布国防供应中心（DSCC）和其他 QPL/QML 专家所组成的审核小组（通常是 2~4 个审核师）将会在 2~5 天内完成审核执行。审核小组将会运用抽样技术进行审核，使审核程序更具有可信度，确保审核对象适用军用规范。

在审核期间，DSCC 审核员会将所有观察到的情况进行文件记录，并在事后解说结束时，把记录文件提供给承包商。如果没有其他说明，承包商必须在审核结束后的 30 天之内对审核过程中所观察到的不足进行回应。

承包商纠正了所有缺陷后，DSCC 马上会给承包商颁发认证和实验室适用性证明信。

（4）认证。当成功完成设施和实验室适用性认证以后，DSCC 将对审核过的制造程序、原料和产品进行认证。过程如下：承包商使用已经证明过的基本生产流程来制造产品，然后让这些产品经受适用军用规范和标准里所规定的严格的环境和电子资格测试（这就是资格测试）。资格测试内容包括军用性能测试，品质测试和可靠性测试，所有测试都必须由具有 DSCC 适用性的承包商或实验室来进行。当 DSCC 对测试数据和报告进行检查并认可以后，相关承包商，产品和/或流程和材料就可以被列入 QML 或者 QPL。DSCC 将会发出通知，证明承包商产品，流程和材料已经获得认证许可。只有拥有 DSCC 发放的官方"资格证书通知"，才能说明承包商是获得认证许可的，其他任何一种方式都是无效的。

（5）证明/资格保留。对于被审核过的并获得认证许可的产品来说，承包商应始终保持其较高的质量方案，产品设计基线，制作流程，程序，材料和产品的控制及质量水平。

DSCC 会对承包商进行定期再审核。如果 DSCC 没有延长或缩短审核间隔时间，那么一般情况下，承包商每两年都会接受一次再审核。除此之外，DSCC 还会对他们进行不定期抽审或问题审核，且不会提前通知承包商。

按照适用技术的认证资格程序的要求，承包商应该向 DSCC 提交一份资格保留报告。DSCC 将会确定申报时间。如果军用规范里面没有特殊规定，这份报告需要在申报时间结束的 30 天之内提交给 DSCC。

如果厂家不能按时完成资格保留报告，DSCC 就会将其移出相应 QPL/QML，并发出 GIDEP 通告和产品召回。

3. 认证审查的标准

针对一些承包商可能出现的一些不利行为，哥伦布国防供应中心还专门规定了名录的淘汰条件，主要包括：①承包商未能向 DSCC 提交状态报告，或不能满足资格保留的要求;②承包商不能提供认证质量管理方案和基线流程;③当质量管理体系要求改变设计、材料、生产设备、工艺或装配线时,承包商没有通知 DSCC;④QPL/QML 产品发布警告后没能立即通知 DSCC;⑤承包商已经终止可以被授予 QPL/QML 名单的制造工艺;⑥承包商请求退出名单;⑦违背授予鉴定和认证的一项或多项主要条件;⑧承包商的 QPL/QML 产品不符合质量、可靠性或性能的要求,而且承包商无法实施恰当的纠正措施计划给予退货;⑨从对制造工厂的审核中发现与适用规范存在重大不符;⑩承包商的名称出现在被禁止、中止和不合格承包商名录(EPL)中;⑪按照合同提供的产品或材料不符合设备购置规范中的要求;⑫承包商或实验室未能将设计、材料、产品基线、生产地点、认证程序和流程发生的改变通知给 DSCC。

以上可能被淘汰的条件中,如果符合⑤、⑥、⑦或⑩,承包商会被立即淘汰,其他情况下,承包商会得到通知,建议其公司退出名单并给出退出原因,且允许其在通知信函发出后至少 14 天做出回应。如果最终决定将某家公司从名单中淘汰出去,承包商将会收到淘汰通知,随后其公司就会马上从 QPL/QML 中被删除。

二、质量信息管理制度

(一) 故障报告、分析和纠正措施

故障报告、分析和纠正措施系统(FRACAS),是一个以研制生产单位或分承制单位为主体,涵盖研制、生产过程的质量信息闭环管理系统,主要作用是在武器系统研制、生产过程中,及时将武器系统试验过程中的质量信息反馈到设计、生产过程,通过分析,解决国防采办过程中暴露的质量问题(参见图 11.4)。

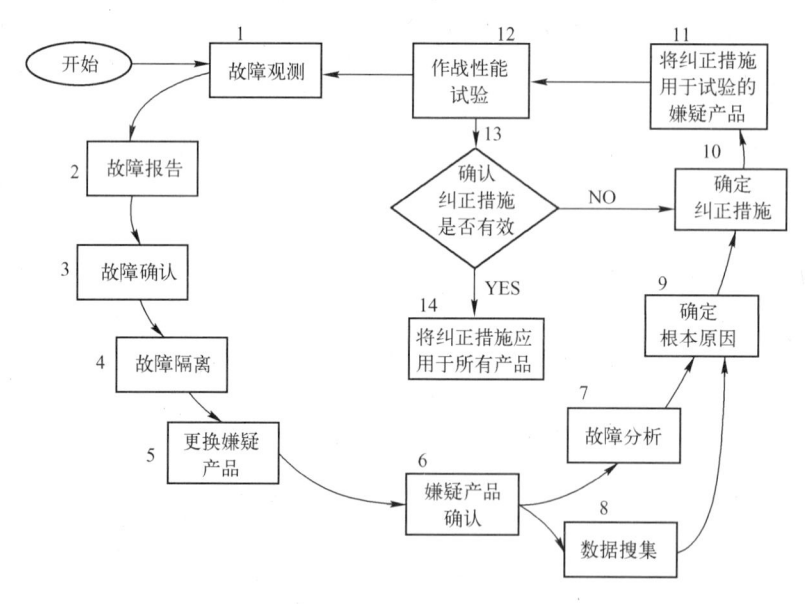

图 11.4 FRACAS 流程

FRACAS 是美军武器系统研制生产过程中一套行之有效的质量管理系统,既具有改进现实功能的作用,又有预防作用。此外,FRACAS 还是一个质量信息管理系统,它从开始到结束全过程的信息传递都在 FRACAS 数据库管理系统(DBMS)的网络平台上进行,

其输入是故障报告,输出是纠正措施。数据库管理系统能够保证武器系统及其分系统在各种试验中发生的极其分散故障信息及时、准确、完整地收集,同时能够将信息处理结果(纠正措施)及时、准确地发布。此外,在故障分析和确定根本原因等重要的故障分析环节,美军开发了大量的计算机辅助设计(CAD)软件,运用大量的数学方法进行分析,例如故障树分析、故障机理分析以及统计分析等,既节约了大量的时间,提高了效率,又保证了分析结果的科学有效。

(二) 产品质量缺陷报告

产品质量缺陷报告(PQDR)是指对武器系统质量缺陷报告进行规范化处理的标准程序和规定。美国国防后勤局及陆、海、空三军联合发布的题为《产品质量缺陷报告大纲》的指令,旨在确立美军各部局之间反馈或交流质量问题信息的制度,以便对各自产品质量缺陷进行通报、调查、纠正和处理,明确问题所在及发展趋势。

该指令的政策规定主要包括下列内容:①及时向负责产品设计、研制、采购、生产、供应、维修、合同管理及其他有关部门通报质量问题,以便查明原因,采取纠正措施,防止再次出现类似缺陷;②合同中要明确规定承包商应参加质量缺陷通报与调查计划;③应对通报的缺陷进行调查,直至找出其原因;④应建立产品质量缺陷报告系统,以便为缺陷发现单位、审定单位、受理单位和支援单位提供政策指导和技术帮助,搜集和分析产品缺陷资料;⑤设法解决质量、工程、维修、供应和财务等方面的接口问题,确保对所通报的武器系统(包括展示品)进行适当控制;⑥对使用国防部缺陷报告系统人员进行指导与培训。

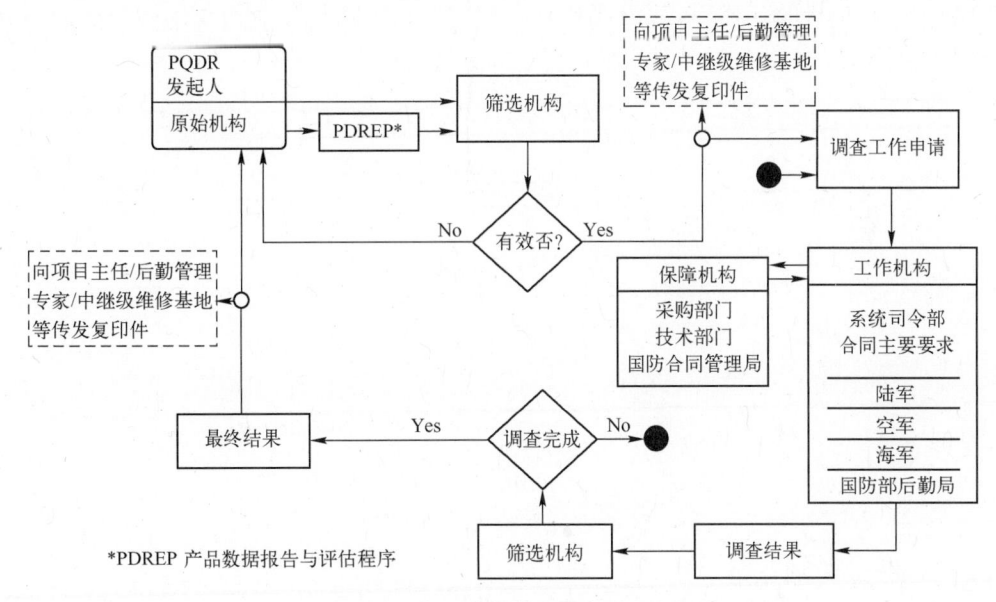

图 11.5 产品质量缺陷报告处理流程

该指令还规范武器系统质量缺陷的报告及处理过程(参见图 11.5)。在项目进入低速初始生产,就开始在部队进行试用,国防部、各军种相关单位和人员必须及时报告发现的武器系统质量缺陷,并按照规定的格式、时间和程序,反馈到负责研制、生产、保障、维修以及合同管理等相关单位,迅速查明原因、采取纠正措施,预防质量缺陷的再次发生。产品质量缺陷分为设计缺陷、武器系统缺陷和采购缺陷,按照严重程度可以分为Ⅰ类缺陷和Ⅱ类缺陷。产品质量缺陷报告制度能帮助采办系统很快发现武器系统质量问题,在后续采办过程中及时加以改进。

(三) 政府与工业界数据交换

美国政府与工业界数据交换网制度主要体现在政府与工业界数据交换网(GIDEP)的建设方面。1959年,美国实施了非营利性的政府与工业界数据交换计划。政府与工业界数据交换网是美国政府部门和工业界共同参与的联合体,是一个全球著名的质量与可靠性信息系统。GIDEP 的宗旨是为高科技产品的高质量提供信息服务,通过最大限度地利用现有信息,以最小的投入,获得最大的产出。GIDEP 为其会员无偿提供武器系统、分系统以及设备在各寿命阶段(设计、研制、生产和使用)的质量与可靠性信息,目前每年产生的直接经济效益已经达到了上亿美元。

GIDEP 由美国政府出资成立,是由美国后勤司令官联席会议特许设立的,参加 GIDEP 的政府部门有:美陆、海、空三军,国防后勤局,国家航空航天局,能源部,劳工部,商业部,联邦勤务总局,联邦航空局,邮政总局,国家标准与技术研究院,国家安全局,以及加拿大国防部。参加 GIDEP 的公司和企业有数百家,这些公司和企业都承担政府部门的合同项目,研制、生产合同规定的武器系统、分系统以及零部件。

美国政府采办合同的签约双方均可申请成为 GIDEP 的会员,所以其会员组成是动态的。GIDEP 会员必须按合同上规定的条款向 GIDEP 提交相关数据报告,每年至少一份,在履行义务的同时享有从 GIDEP 获取所需数据和信息的权利,进行这种双向的数据和信息交换完全是免费的,GIDEP 的创建和日常运行管理所需费用全由美国政府财政支付(参见图 11.6)。

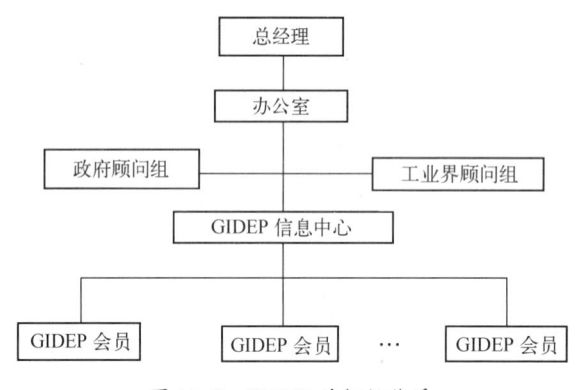

图 11.6 GIDEP 的组织体系

三、质量奖励制度

(一) 鲍德里奇国家质量奖

1. 鲍德里奇国家质量奖的产生和发展

20 世纪 80 年代初期,美国经济在国际上的领先地位由于日本经济的崛起而受到挑战,美国政府和经济界领袖们开始关心提高美国的生产力以及美国在世界市场上的竞争能力。为此,当时的美国总统里根及商务部长马尔科姆·鲍德里奇等人都积极倡导设立一项表彰生产力提高的国家奖。1987 年 8 月 20 日,里根总统签署颁布了《1987 年马尔科姆·鲍德里奇国家质量提高法》,它是美国国家质量奖的法律依据。

美国国家质量奖的评选从1988年正式开始。奖项最初只针对制造类企业、服务类企业和小企业,之后陆续增加了教育和医疗卫生质量奖,并增添了非盈利组织,包括慈善机构、贸易和专业协会等。

2. 鲍德里奇国家质量奖的评奖准则

鲍德里奇质量奖的评定准则包括7条标准:①领导才能。单位高层领导的主要任务是制定长期目标,寻求发展机遇,使部属明确自己的使命;检查、评定本单位的总体业绩与效能;②战略策划。高层领导以明确的使命、服务对象和资源条件制定本单位的发展方向和关键行动计划,包括战略制定和战略实施两个过程;③以用户和市场为中心。强调开展市场调查,了解用户需求与希望,力求与用户保持密切关系,确保用户满意;④信息与分析。搜集和整理有关的数据资料,并结合实际情况加以分析,以保障单位的关键运行过程与管理系统;⑤以人为本。注重开发员工潜力,使之适应本单位任务需求,包括改进人才机构、教育、培训、工作环境、福利待遇和奖励制度等;⑥过程管理。着重考虑关键生产与交付过程和使用保障过程——如何设计、管理和改进这些过程;⑦经营结果。注重改进关键领域的业务活动,提高工作成效,包括用户满意、财务工作、人才资源、与供应商及协作伙伴关系、单位总体效能等。

这个准则内容较为全面,目标较为明确,强调每个单位必须弄清自己的使命是什么,服务对象是谁,如何更好地完成既定的任务。按此准则行事,就能开辟创新途径,争取更大的灵活性,使单位内部运行过程满足用户需求,把握新的机遇,与协作伙伴一起出色完成所担负的使命,这样就有资格申报和获得各种质量管理奖。

3. 鲍德里奇国家质量奖的内容和特点

如图11.7所示,该模型自上而下有三层基本要素:组织概况、体系和体系基础。

图11.7的上方是组织概况。确定组织运行方式的背景——环境、主要工作关系和战略挑战是首要的,它引导着组织绩效管理体系。

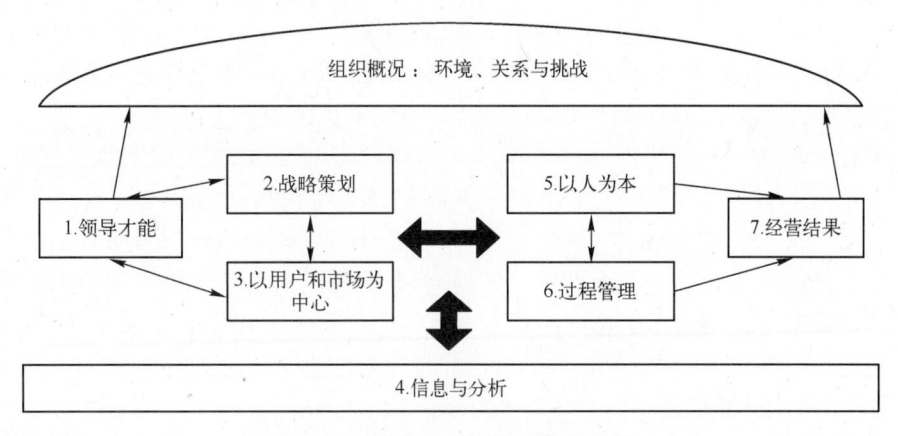

图11.7 鲍德里奇国家质量奖框架

体系是由图11.7中央鲍德里奇奖标准中的6条标准组成,它确定了组织的运作及结果。其中:"领导才能"强调组织的高层领导应引导并保持组织的持续发展,完善组织的监管机制,并履行其道德、法律和社会责任;"战略策划"强调组织应建立战略目标和行动计划,行动计划应随着环境要求进行实施和调整,并对其改进进行监测;"以用户和市场为中心"强调组织应确定用户和市场的需要和需求、喜好和期望,与用户建立良好的关系,并确定招揽用户、使用户满意、留住用户及扩展和稳定业务的主要因素;"以人为本"强调组织应发挥和调动员工的全部潜能,使之与组织的整体目标、战略和活动计划保持一致,同时还强调了组织对员工能力和潜能需求的评定能力,并建立一个有助于实现绩效卓越的良好的工作环境;"过程管理"强调组织确定其核心竞争力和工作系统,设计、管理和改进实施工作系统的主要过程,从而输出用户价值、保证组织的成功和持续发展;"经营结果"强调组织在主要经营方面的绩效和改进提高,包括产品和服务的结果、以用户为中心的结果、财务和市场结果、人力资源结果、过程有效性结果和领导结果,且绩效水平应与竞争对手和其他提供相似产品和服务的组织的水平相比较。

图11.7的下方是体系基础。"信息与分析"强调组织应选择、收集、分析、管理和改进组织的数据、信息、知识资产及管理信息技术,并对其检查及利用检查结果改进绩效。

鲍德里奇国家质量奖的最主要的特点是政府领导高度重视,由政府主导。不仅在设立这一奖项时,通过里根总统签署颁布了专项法律,以商务部长马尔科姆·鲍德里奇的名字命名。而且,后任的美国总统对该奖项都十分重视,都亲自颁奖。此外该奖项还有以下特点:①从评奖模型上看,更强调经营结果的重要性,强调通过领导的带动以及以用户为中心来取得卓越的经营绩效;②从评审标准上看,分为过程方法类的标准和结果类的标准两大类,且这两类标准的各子项目都是互相对应的;③从评审组织上看,评审组织的机构设置相对较多,除了有负责评审的评审委员会之外,还设置了监督委员会和基金会;④从奖项设置上看,主要按照行业分类。

4. 鲍德里奇国家质量奖的实施效果

目前,已有包括摩托罗拉、波音、IBM、施乐、西屋电器、联邦快递等知名公司获得了鲍德里奇国家质量奖。根据美国标准与技术研究院的跟踪研究,鲍德里奇国家质量奖获奖企业在产品和服务质量、用户满意、市场占有率、劳动生产率、利润率等方面都取得了卓越业绩。美国国会总审计署(即政府问责办公室)曾进行了一项针对鲍德里奇国家质量奖获奖企业以及进入现场评审企业的研究,仔细分析导入卓越绩效模式系统管理方法与企业成功和盈利能力之间的关系。研究显示:获奖企业作为一个群体,其绩效表现胜过了标准普尔500种工业股票,收益比约为2.5:1;获奖企业在获奖的第四年实现了362%的增长,而一般公司同期增长只有148%。美国鲍德里奇国家质量基金会曾对全美2500个税收超过1亿美元的企业进行调查,有79%的企业认为鲍德里奇国家质量奖及其评奖标准在很大程度上刺激了美国企业质量的提高,有67%的企业认为鲍德里奇国家质量奖及其评奖标准在很大程度上刺激了美国企业竞争力的提高。根据美国企业协会报告,应用鲍德里奇国家质量奖标准进行学习、贯彻和自评的企业已达数万家。

(二) 总统质量奖计划

总统质量奖计划旨在提供以总统名义设立的质量奖,授予对象为积极实施质量管理战略而且绩效卓著的联邦政府部门。国家人事管理局负责该计划的实施,按照鲍德里奇国家质量奖评定方法(7条标准结合实地考核),从各部局上报的候选名单中择优确定,每年受奖者可多达10个单位。该计划包括总统质量奖、总统质量改进奖和总统质量优良奖三种奖项。

（1）总统质量奖是联邦政府授给其杰出部门的最高质量奖,级别与马尔科姆·鲍德里奇国家质量奖相当。得主必须是联邦政府中成就卓越的单位,其管理方法成熟有效而且在整个单位中施行,其业务成果达到世界水平而且已连续保持多年。此奖因标准高,不一定年年都有得主。

（2）总统质量改进奖获得者必须具备自己得到初步验证的积极有效的管理方法,这种方法已在本单位大部分场所推广应用,并在重要业务领域取得了初始的理想成果。

（3）总统质量优良奖是一种单项奖,一个单位只要在某一方面成绩优异就可申请此奖。而上述两种奖是综合性的,因为它们的得主必须在鲍德里奇评定标准的所有7条标准都表现突出。

（三）副总统锤子奖

副总统锤子奖表彰的对象是在改革政府工作中做出重大贡献的联邦政府雇员群体以及他们的合作伙伴(包括地方政府和私营企业)。其奖品不是巨额美元,而是价格仅为6美元的锤子。锤子上系着缎带,还附有副总统赠言,都置于铝制的框架上。这种奖品象征着得主在改造政府使之更加经济有效的工作方面所取得的成就。之所以选用廉价的锤子作为珍贵的纪念品,那是因为媒体曾揭露国防采办部门存在严重浪费现象,其典型事例之一便是以400美元高价购买锤子。显然,此种奖品的用意是提醒政府部门不要再干此类使纳税人不满的事情。

获得锤子奖的群体,必须是已创造了一项革新计划或方法,促使政府改进了工作,或者说他们必然是对政府的职能发挥了重大影响,从而使政府更精干、更节约,解决问题更快,效果更好。

设立之初,锤子奖的评定标准包括:坚持用户第一,放手让雇员去创新、实干,削减官样文章,恢复基本训练。凡申报锤子奖的团体,均须表明至少在上述4条标准之一有了真正的创新。后来又加了一条标准——创新已见成效(这5条标准美国人颇为关注,但它通常不是单独的评定标准)。

锤子奖的作用颇为显著。据《美国陆军创新与质量倡议2000年度报告》称,1000项锤子奖所体现的创新价值是:裁减联邦政府员工331000人,废除过时规章16000项,为纳税人节省1370亿美元以上。

（四）国防部和军队奖项

1. 国防部长生产力杰出奖

美军国防部生产力杰出奖是国防部设立的以国防部长名义颁发的奖,用以表彰在国防部业务活动中通过采取特殊行动或其他改进管理的措施,明显提高工作质量和生产力的个人或小组。获奖者必须达到的一项硬性指标是,他们在12个月内为国防部所作的贡献,其价值至少达100万美元。

2. 国防部价值工程奖

国防部价值工程奖是为鼓励政府采办人员和承包商采用价值工程并表彰他们在实施价值工程中取得重大成就而设置的,又称价值工程成就奖。价值工程是一种系统的功能分析,旨在提高产品、设施和服务的价值而采取行动或提出建议。价值工程的目标是改进质量和降低费用。

国防部实施的价值工程计划是有效的激励手段,政府采办人员和承包商按此计划提交改进产品、工艺和生产方法的建议,可从采纳建议后所创造的收益提取一定的奖励金。价值工程成就奖授予以下7类组织或人员:计划管理部门,取得成就的个人或价值工程小组,采购与合同管理部门,价值工程专业人员,野战司令部,军事设施和承包商。另外,对采用创造性方法从而扩大了价值工程的传统范围的人还授予一种特别奖。国防部2000年所授的价值工程成就奖包括上述各类人员。

价值工程计划效益可观,每年可为国防部节省20多亿美元。例如,在1999财年,价值工程为美国陆军节省了6.25亿美元。其中,军内建议1901项节省费用6.02亿美元;承包商按合同中价值工程条款提出建议154项,节约费用0.23亿美元。

3. 陆军杰出团体计划

美国陆军杰出团体计划(ACOE)由陆军军事设施管理助理参谋长具体管理,其目的是树立先进典型,促进创新活动。各单位争当杰出团体,增强员工自豪感、荣誉感,是部队质量建设的重要措施。争当先进单位的目的当然不是出风头、图虚荣,而是通过改进以质量为基础的管理方法与服务,支持各单位的创新活动。"该计划的真正使命是以质量环境提供杰出的设施与服务"。陆军每年选定若干最杰出的单位予以表彰,并发给奖金,用以提高整个单位的福利。

陆军杰出团体计划为陆军各单位提供了重塑自我的机会和改进工作的方法。领导者和管理者可充分利用本单位的创新才能,寻求更好的途径帮助员工搞好工作。它是一项启迪思想、激励创新的计划。

杰出团体每年评选一次。参加竞选的单位,首先进行自我评议。评议的依据,不论单位大小和性质,一律采用陆军工作改进衡量标准,重点说明连续改进、作战准备、协作关系、用户服务、设施环境和人员自豪感等方面的突出表现。自我评议送陆军主要司令部评审、评选,选中者再报陆军总部参选。总部杰出团体计划评审人员再从候选单位中选定若干优胜者,再经现场考评,最后由参谋长批准并宣布获得杰出单位奖的名单。

4. 陆军好主意计划:年度建议者奖

美国陆军好主意计划(AIEP)是一项集思广益的计划,旨在鼓励陆军中的广大士兵和文职人员动脑筋、出主意,以便从中择优试行,若能收到提高效率和降低费用的效果,便加以推广应用。每年陆军部长都要表彰最好的主意,向出主意的人颁发"年度建议者奖"。

5. 其他奖项

除上述政府/军方设置的质量或创新奖之外,基金会、学术团体和杂志社也设有一些奖项,为提升管理质量或推进科技创新喝彩、赞颂。例如,由《政府高级官员》杂志主办的"政府技术领导奖",其表彰对象是对在政府中应用技术做出重大贡献的群体。

第四节 全寿命各阶段质量管理

国防采办质量管理的重点在于武器系统的全系统全寿命管理。美军在国防采办项目的全系统全寿命管理过程中,统筹考虑国防采办质量管理工作,形成了贯穿武器系统全寿命的质量管理工作程序和要求。

一、论证研制阶段质量管理

在武器系统论证研制阶段,质量管理工作的主要内容包括编制系统规范、进行里程碑决策点等重大节点的评审、实施技术状态评审、开展试验鉴定等活动,确保研制产品拥有较高的质量水平。

(一) 编制系统规范

根据用户的需求以及采办项目基线,项目管理办公室组织编制武器系统研制过程中的系统规范,包括质量、可靠性、保障性、维修性以及性能等方面的参数,主要从武器系统质量或性能"可否接受"的角度提出相关要求。较低层次的详细规范一般与承包商建议的设计方案有关,并规定如何实现性能要求。该规范为项目管理办公室和合同管理办公室对承包商实施质量管理(包括质量保证和产品保证)提供支持。

(二) 开展里程碑决策评审

美军在武器系统研制过程中,有两个里程碑决策点,即里程碑决策点 A 和 B。在进入每个里程碑阶段之前,国防采办管理部门都将对采办工作的实施情况进行评审,通过评审的项目才能进入下一里程碑阶段的工作。除了里程碑决策点 A 和 B,美军在研制阶段还有两个重大的评审节点,分别为方案决策评审点(CD)和设计成熟度评审点(DRR),其中:方案决策评审点是进入方案精选阶段的评审点;设计成熟度评审点是项目由系统集成工作进入系统演示验证工作前的评审点。

(1) 里程碑决策点 A 是由方案精选进入技术开发阶段的评审点,里程碑决策当局根据项目基线与系统规范的内容,评估各方案的技术成熟程度、技术风险等,选出最佳方案。

(2) 里程碑决策点 B 是项目由技术开发阶段进入系统开发与演示验证阶段前的评审点,即正式进入工程研制之前的评审点。在里程碑决策点 B,里程碑决策当局根据技术开发阶段的项目基线结合系统性能规范(SPS),对技术成熟度、研制工作的质量、成本与进度等进行评审。

(3) 方案决策评审点是进入方案精选阶段前的评审点,评审主要结合《初始能力文件》,确定备选方案计划(AoA Plan)是否能够满足该能力文件的要求,并对备选方案计划的内容进行修订。

(4) 设计成熟度评审点是在系统开发与演示验证期间的评审点,以确定设计的成熟程度,最终确定项目是否从系统集成进入系统演示验证,评审的内容包括:已完成的分系统和系统设计评审的数量,已完成图纸的百分比,对软件/硬件缺陷进行纠正的措施,研制测试情况,对环境、安全性和职业健康风险的评估,已完成的故障模式和影响分析,关键的系统特性和关键的制造工艺等。

(三) 开展技术状态评价

美军在武器系统研制过程中除了进行关键的里程碑决策评审及节点评审外,还需进行广泛的技术状态评价,以对项目的方案、设计、技术成熟度、采办风险、功能等进行适时的评估,确保项目达到规定的技术要求。在方案精选阶段,美军技术状态评价的内容包括初始技术评审、备选系统评审;技术开发阶段的技术状态评价为系统要求评审;系统开发与演示验证阶段的技术状态评价包括系统要求评审、系统功能评审、初步设计评审、关键设计评审、试验成熟度评审、系统验证评审、生产准备状态评审。技术状态评价主要由项目管理办公室的系统工程管理人员负责。

（1）初始技术评审是结合用户的需求、武器系统的能力及环境条件，对方案的关键技术、环境限制条件与成本/风险等方面进行评价。

（2）备选系统评审是结合用户的需求，对所选方案的性能、经济可承受性、风险等进行评价。

（3）系统要求评审是对系统技术开发进程的评价，以确定系统满足不断变化的技术要求的情况。

（4）系统功能评审是为验证系统能否达到其功能要求和是否可以开始初步设计所进行的评审。

（5）初步设计评审是对每一技术状态项目的评审，以评估所选设计方法的进展、技术充分性和风险消除的情况，确定其与研制规范规定的性能和工程要求的适应性，并确定这一项目与其他武器系统项目、设施之间的兼容性。

（6）关键设计评审是为确定具体设计是否满足研制规范的性能和工程要求，确定具体的设计在该项目和其他设备、设施之间的兼容性，评估可生产性及风险领域，以及评审产品的初步基线规范等所进行的评审。

（7）试验成熟度评审是通过研制试验鉴定、实弹试验鉴定以及早期作战评估，评估系统的功能符合技术指标要求的情况。

（8）系统验证评审是为确保系统已达到系统规范中的性能要求而进行的评审工作，它通过验证系统满足功能基线和分配基线要求的情况，确认是否做好了进行生产的准备。

（9）生产准备状态评审是评估项目是否做好了生产准备，生产的工程技术问题是否已经解决，生产部门是否对生产阶段做好了充分规划。

（四）开展研制试验鉴定

美军在武器系统研制过程中，十分重视试验鉴定活动，以对研制成果进行评价，及时发现研制中可能对系统的性能、可靠性、保障性等产生不利影响的缺陷，并根据评价结果对研制工作做出相关的调整。美军研制试验鉴定工作主要包括里程碑 B 之前方案精选和技术开发的试验鉴定，以及里程碑 C 之前系统开发与演示验证的试验鉴定。每次研制试验鉴定后，负责研制试验鉴定的官员将向国防采办委员会、国防采办执行官和国防部长等提供里程碑决策评审所需的独立评估意见。

在里程碑 B 之前的方案精选和技术开发活动中，承包商和分承包商通常进行实验室试验及建模与仿真，评估关键子系统和部件的能力。试验和仿真是根据初始能力文件中规定的作战要求设计的，承包商利用研究、分析、仿真和试验数据来探索并评估旨在满足用户要求的各种备选方案。在里程碑 B 评审中，有关试验鉴定的文件包括采办决策备忘录（ADM）、系统威胁评估（STA）、早期作战评估（EOA）及试验鉴定主计划。

在系统开发与演示验证阶段的试验鉴定工作，一般由承包商在项目管理办公室负责试验鉴定的副主任的领导和监督下实施。试验鉴定结果将用承包商达到系统规范中规定的技术性能的能力以及实现计划目标的能力来表示。试验鉴定的内容包括部件、子系统和样机研制模型的试验鉴定。在系统开发与演示验证阶段进行试验鉴定的目的是：

①按照计划文件的规定,由承包商或军方试验鉴定机构评估关键技术问题;②评估技术风险并评价在技术规范、作战需求、全寿命费用和计划进度之间的权衡;③评估系统的生存能力、易损性和保障性;④检验为维修和使用武器系统而编制的技术文件的准确性和完整性;⑤确定系统性能极限和安全操作参数。在里程碑C评审时,有关试验鉴定的文件包括采办决策备忘录、更新的试验鉴定主计划、更新的系统威胁评估、备选方案分析、研制基线、研制试验结果和作战评估。

除此之外,美军在项目进入系统开发与演示验证阶段之前,还进行早期的作战评估,以对项目技术开发的进展情况以及技术风险进行评估;在技术开发阶段后期以及系统开发与演示验证阶段,利用生产的样机或初始的产品,进行实弹试验鉴定,以评估样机或产品的性能指标,并检验初步建立的生产设备能否生产出符合规定战术性能的武器。

二、生产部署阶段质量管理

在生产部署阶段,美军主要通过里程碑评审、物理技术状态评审、研制试验活动和作战试验鉴定,加强武器系统质量管理。

(一) 开展行里程碑评审

美军重大项目在进入生产部署阶段之前,里程碑决策当局要对项目进行里程碑决策点C评审,以决定该项目进入生产部署阶段还是调整研制阶段的时间或者中止项目。评审的主要依据包括:作战试验鉴定局提交的关于该项目的作战评估报告、项目管理办公室根据《能力生产文件》的内容并参照研制阶段采办基线制定的关于该项目的初始生产基线,以及费用分析小组提交的关于该项目的费用评估报告等。

里程碑决策点C的进入准则包括:①研制试验鉴定以及作战评估性能合格;②软件性能成熟;③无重大制造风险;④能力生产文件已批准;⑤达到互操作性和保障性要求;⑥符合国防部战略规划;⑦演示验证表明该系统全寿命经济上可以承受,经费提供有保障等。通过里程碑决策C点的评审后,大型项目可进入小批量生产阶段(对于重要自动化信息系统或软件密集型系统等,直接进入部署阶段)。如果批准进入生产部署阶段后发现有缺陷,则必须在全速生产决策评审之前加以解决。

重大项目进行一段时间的初始低速生产后,项目管理办公室综合各方面因素认为项目可以从小批量生产阶段转入大批量生产时,须再次向国防采办委员会提交大批量生产决策评审申请。国防采办委员会评审的主要依据包括:作战试验鉴定局提交的该项目的初始作战试验鉴定报告、项目管理办公室制定的该项目的最终生产基线以及费用分析小组提交的关于该项目的费用评估报告等。

(二) 进行物理技术状态评审

项目进入生产部署阶段,项目管理办公室根据已批准的初始生产基线对生产出的产品进行技术状态评价,评价方式是物理技术状态评审。与研制阶段相比,生产阶段更侧重于对产品外型、功能特性以及物理特性等的审核,目的是为了验证产品的生产技术状态是否符合初始生产基线的产品技术状态要求。

项目管理办公室如果对该产品的物理技术状态评审非常满意,便可在此基础上确定该项目的最终生产基线,内容包括产品最终验收所确定的功能特性和物理特性,以及项目在部署、安装、保障、训练和处置方面所要进行的一系列试验鉴定。一般来讲,物理技术状态评审在全面生产或初始低速生产的首批次产品上进行。

(三) 开展生产准备评审鉴定

研制试验部门在这此阶段还会委托项目管理办公室和合同管理局的产品保证人员,围绕承包商的生产,进行一系列的试验活动,以确保承包商能够按计划生产出所需数量的满足规定质量和性能要求的最终产品。

这些试验活动具体包括:①生产准备评审。该评审由项目主任负责实施,在开始生产前以步进方式完成,通常进行两次初步评审和一次最终评审,旨在确定承包商具体生产准备活动的完成状况。②生产合格试验。该试验旨在确保在规定的作战使用和环境范围内的设计完整性,一般在全速生产样机上进行,具体包括在生产许可前要求进行的所有合同可靠性和维修性演示验证试验。③初始产品试验。该试验在首批生产的产品中随机抽样进行,旨在确保承包商的生产过程、设备和规程的有效性。④生产验收试验鉴定。该试验旨在确保生产项目满足采购合同或协议的要求和规范,同时确保正在生产的系统的性能要与全速生产前的样机相同。生产验收试验鉴定通常由项目管理办公室的质量保证部门在承包商的工厂中实施,用户可以参加。

(四) 开展作战试验鉴定

作战试验鉴定部门在生产部署阶段支持项目管理办公室主管试验鉴定的副主任对武器项目进行作战试验鉴定,以评估项目是否达到合同规定的初始作战能力。

美军大型项目从进入生产部署阶段到全速生产决策评审前,国防部作战试验鉴定局需对项目进行初始作战试验鉴定,为全速生产决策评审提供支撑。通过"全速生产决策评审"之后,国防部作战试验鉴定局对项目进行后续作战试验鉴定。作战试验鉴定的目的是评价武器系统在逼真的作战场景下是否能够满足用户的需求,形成初始作战能力。

为了对武器系统做出有效公正的评估,美军的作战试验鉴定都独立进行,且要求承包商不能参与相关试验鉴定工作。作战试验鉴定结束后,作战试验鉴定局要向国防采办委员会提供独立的作战试验鉴定报告。在整个作战试验鉴定期间,项目管理办公室主管试验鉴定的副主任负责对试验过程进行监督。

三、使用保障阶段质量管理

美军国防采办使用保障阶段与质量管理相关的工作包括后续作战试验鉴定、部署后评审、质量跟踪反馈等,确保使用阶段质量管理水平。

(一) 进行后续作战试验鉴定

作战试验鉴定部门在使用保障阶段的职责,是支持项目管理办公室主管试验鉴定的副主任对武器项目进行后续作战试验鉴定,以评估项目是否达到合同规定的完全作战能力。项目管理办公室主管试验鉴定的副主任的职责是:①在后续作战试验鉴定中要对试验进行监督;②与作战试验鉴定部门商议承包商的介入程度;③对作战试验鉴定中指出的缺陷进行鉴定,为项目主任决定系统是否进行升级、改进或改装提供决策依据。

具体作战试验鉴定由军种作战试验部门完成,资金由作战与保障经费中列支。主要鉴定任务包括：①确保产品能够像在里程碑 C 评审时所报告的那样正常运行；②验证预期的性能和可靠性改进；③确保以前试验期间所发现的缺陷已经得到纠正；④鉴定在初始作战试验鉴定期间所没有试验过的性能。为了达到完全作战能力（FOC），满足作战部队的需求，作战试验鉴定局还必须对后勤保障中的每一个要素，如供应与补给、维修、训练、技术数据、保障设备等方面进行鉴定，并对战备状态进行评价。必要时，要进行部署后的保障性评估评审，以解决作战使用的保障问题。

（二）进行部署后评审

武器系统交付使用后，使用部门也就是用户还要对武器系统进行部署后评审（PDR），目的是证明实际项目是否满足了规定的性能目标。此外，作战部门根据评审过程中进一步发现的问题，以及技术发展和战略态势的不断变化，还可以提出更高的作战要求，为系统改进、改装或开始更新的研制计划提供依据。

（三）跟踪反馈产品质量缺陷

武器系统在部队使用过程中，通常会发生质量问题。美军要求，在项目进入低速初始生产，就开始在部队进行试用，国防部、各军种相关单位和人员必须及时报告发现的武器系统质量缺陷，按照规定的格式、时间和程序，反馈到研制、生产、保障、维修以及合同管理等相关单位，并迅速查明原因、采取纠正措施，预防质量缺陷的再次发生。

第五节　可靠性、维修性、保障性管理

可靠性、维修性、保障性（RMS）参数与指标是武器系统可靠性、维修性、保障性设计与分析和试验鉴定的主要依据，直接影响武器系统整体的战斗力和全寿命费用。在武器系统论证阶段做好可靠性、维修性、保障性要求论证，选定恰当的参数，确定合理的指标（参数值），为武器系统的设计、研制、生产建立良好的开端，保证新研和改型的武器系统达到规定的作战效能和作战适用性。

一、可靠性、维修性、保障性管理的发展历程

（一）冷战时期的军事专用管理

1969 年 3 月，美国防部颁布 MIL-STD-785A《系统和设备研制和生产的可靠性大纲》，开始在武器系统研制和生产阶段实施可靠性管理。1980 年 7 月 8 日美国国防部发布的第 5000.40 号指令《可靠性和维修性》全面提出了系统可靠性和维修性参数，指出系统可靠性和维修性参数应从战备完好性、任务成功性、维修人力费用和后勤保障费用等 4 个方面进行度量，基本构成了美军武器系统可靠性、维修性、保障性参数与指标体系。同年，国防部对 MIL-STD-785A 实施修订，颁布 MIL-STD-785B《系统和设备研制与生产用的可靠性大纲》，可靠性管理得到进一步加强。

1981 年 6 月 12 日，美国国防部颁发 MIL-STD-721C《可靠性与维修性定义》，对各种系统可靠性和维修性参数及其相关的术语做了定义。1984 年 10 月 15 日，国防部批准颁发 MIL-HDBK-338《电子设备可靠性设计手册》，全面系统地给出系统可靠性、维修性、保障性参数与指标的定义、评估模型、建模方法、要求确定和相应示例，随后分别于 1988 年 10 月 12 日和 1998 年 10 月 1 日再次修订，进一步完善可靠性、维修性、保障性参数与

指标体系。这一套可靠性、维修性、保障性参数与指标,广泛用于美空军的 F-16 和 F-22 战斗机、C-17 运输机,海军的 F/A-18 战斗机和"宙斯盾"驱逐舰,以及陆军的 M1 坦克、CH-47A"支奴干"直升机等美军当时现役和新研的武器系统,并且被我国、英国、法国和德国等世界主要国家参照采用。

(二) 冷战结束后的以民代军管理

自冷战结束后,随着军费的缩减,美军进行了一系列的国防采办改革,压缩有关可靠性、维修性、保障性机构、裁减人员、减少经费投入,取消了相当数量的可靠性、维修性、保障性军用标准,对武器系统的可靠性、维修性、保障性水平带来负面的影响,许多采办项目没有达到规定的可靠性、维修性、保障性要求,降低了现役武器系统的作战效能与作战适用性水平。

以可靠性为例,1994 年美国国防采办管理实行军民一体化改革,要求最大程度地利用民用产品和管理。自 1998 年取消 MIL-STD-785B《系统和设备研制和生产的可靠性大纲》以来,美国政府还没有发布一种替代的政府可靠性标准,能够为可靠性设计、评估和验证以及一体化管理和系统工程提供一种标准依据,供签订合同使用。虽然 1998 年美国行业标准协会出台了两项工业标准 IEEE 1332《电子系统和设备研制和生产用标准可靠性大纲》和 SAE JA1000《可靠性大纲标准》,然而,这两个标准几乎没有包括有关为了完成目标必须做什么的标准内容。

(三) 新世纪以来的军民通用管理

进入 21 世纪以来,美国国防部全面加强可靠性、维修性、保障性工作,相继出台一系列相应的政策、法规、标准、手册和指南,强调通过提高武器系统的可靠性、维修性、保障性来提高武器系统的作战适用性水平、降低总拥有费用,并根据作战部队对提高武器系统持续保障能力的需求,以及国防采办项目管理的需要,美军联合参谋部、后勤与装备战备副部长帮办(DUSD(L&MR))和采办、技术与后勤副部长(USD(AT&L))先后发布备忘录,批准和提出持续保障作为一个关键性能参数(KPP),以及相应的支持性的关键系统属性(KSA)。

2005 年 8 月,国防部出版了《可靠性、可用性和维修性指南》,该指南的结构基于 IEEE 1332 和 SAE JA1000 的目标,并增加了属于外场可靠性的第 4 个目标。该指南针对每个目标提供了丰富的指导,但是仍没有明确为了实现每个目标应开展的可靠性活动。在该指南中,国防部指出,1996—2000 年武器系统满足可靠性要求的只有 20%。

2006 年 8 月 17 日,由联合参谋部发布的备忘录《关键性能参数研究的建议和实施》指出:"联合需求监督委员会批准将持续保障作为一个关键性能参数。所有重大国防采办项目和选择的 II 类和 III 类的项目执行必须采用持续保障关键性能参数——装备可用度(A_M),以及支持性的关键系统属性——装备可靠性(MR)和总拥有费用(TOC)。"这 3 个参数初步构成了新的装备 RMS 参数体系。

2007 年 3 月 10 日,国防部后勤与装备战备副部长帮办(DUSD(L&MR))发布备忘录《寿命周期持续保障结果参数(即寿命周期 RMS 结果参数)》要求在方案决策过程的早期应建立全寿命持续保障(LCS)关键性能参数的目标,并在整个设计和研制过程中进一步完善这些目标,并把它作为国防采办项目的基线目标,一直到武器系统退役。该备忘录在联合参谋部备忘录提出的 3 项参数的基础上,增加了一项关键系统属性——平均不能工作时间(MDT)。

2008年12月11日,国防部采办、技术与后勤副部长(OUSD(AT&L))发布备忘录《实施寿命周期持续保障结果参数的数据报告》,要求各军种部报告重大武器系统的可靠性、维修性、保障性参数,并在联合参谋部备忘录要求的3项必须遵循的参数的基础上,提出平均不能工作时间(MDT)作为应考虑增加的但不是必需的参数,以及今后应报告的相关参数,例如用户等待时间(CWT)和后勤规模等。该备忘录指示各军种部确定这些参数的目标,规定利用"国防采办管理信息获取"(DAMIR)系统报告RMS结果,并要求在该备忘录生效后的90天内开始报告可靠性、维修性、保障性结果参数的数值,每个季度更新一次数据。

2009年6月1日,美国国防部正式颁发《可靠性、可用性、维修性和总拥有费用(RAM-C)手册》。该手册全面阐述了RMS KPP/KSA的定义、内涵、要求,以及如何确定RMS KPP及其各个子参数量值的方法,并提供了如何制定总拥有费用要求的详细指导。

2009年7月31日,参谋长联席会议主席签发的CJCSM3170.01G《联合集成能力与开发系统运行手册》详细规定了RMS KPP/KSA的定义、内涵、确定和更改。关键性能参数包括装备可用度(A_M)和使用可用度(A_O),关键系统属性包括装备可靠性(MR)和总拥有费用(TOC)等。2011年6月31日,该手册做了部分修订,但RMS KPP/KSA参数没有改变。

2012年1月19日,按照联合需求监督委员会的指示,对2011年6月31日正式颁发的《联合集成能力与开发系统运行手册》又做了修订,把总拥有费用(TOC)更改为使用与保障费用(O&SC)。

二、可靠性、维修性、保障性工作要求

经联合需求监督委员会批准的持续保障关键性能参数包括装备可用度(A_M)和使用可用度(A_O),支持性的关键系统属性包括装备可靠性(MR)、总拥有费用(TOC)/使用与保障费用(O&SC)、平均不能工作时间(MDT)。这5个参数构成一个通用的新武器系统可靠性、维修性、保障性参数与指标体系,用于管理陆军、空军、海军、海军陆战队和联合军种及各种武器系统平台的可靠性、维修性、保障性工作。

(一)可靠性、维修性、保障性指标体系

1. 装备可用度(A_M)

根据CJCSM 3170.01C《联合能力集成与开发系统运行手册》,装备可用度(A_M)定义为:"在某一指定时间,为完成一项指定任务,能够投入使用的(准备好执行任务)武器系统占总列编武器系统数量的百分数,它取决于武器系统的状态。其数值为投入使用的武器系统数与列编的武器系统总数之比。"A_M还表示执行一项指定任务的武器系统能工作时间的百分数,即能工作时间除以能工作时间与不能工作时间之和。

A_M是一种武器系统的设计参数,而不是武器系统的使用参数,它受各种使用和非使用因素的影响。在武器系统的设计中,不要求武器系统达到最大的A_M值,而是要求武器系统具有优化的A_M值,即通过权衡研究和根据所提出的假设来实现A_M的最优化。为使武器系统能够达到作战部队使用要求和经济上可承受的目标,在设计期间项目主任必须在使用可用度(A_O)、平均不能工作时间(MDT)、任务可靠性、基本可靠性、列编武器系统总数、服役武器系统数量、修理级别、备件可用度、管理与后勤延误时间和总拥有费用等

因素之间进行权衡。

A_M这个参数对武器系统订购部门是有重要意义的,因为它包括了列编武器系统的总数,可用来计算总拥有费用。它还可以引起人们对于影响采办费用和持续保障费用的关键因素更加关注,从方案决策开始并一直持续到使用和保障阶段,建立A_M、MDT和总拥有费用目标值和优化的权衡空间。从作战部队方面考虑,通过减少武器系统的故障数,不仅使得获取所需资源的等待时间最短,而且降低了为完成任务所需的国防采办费用和持续保障费用。

2. 使用可用度(A_O)

2009年7月31日,参谋长联席会议主席签发的CJCSM3170.01G《联合集成能力和开发系统运行手册》把使用可用度A_O作为一项RMS关键性能参数,并把A_O定义为:"在一个部队(机队)内的一个或一组武器系统能够执行一项指定的作战任务的时间所占的百分数,而且可以表示为能工作时间除以能工作时间与不能工作时间之和。"此外,使用可用度A_O还可以用能够执行任务的武器系统数量或概率来定义,例如"在一个部队(机队)内的一个或一组武器系统能够执行一项指定任务的武器系统数所占的百分数"或"武器系统在实际的使用环境中,在任何时刻准备好执行任务的概率。"

A_O是武器系统的一种战备完好性参数,即一种武器系统的使用参数,受武器系统的固有可靠性、维修性及测试性、修复性维修和预防性维修,以及管理、使用和保障等各种因素影响。它能够更真实地反映武器系统在作战环境下使用的可用性。A_O通常受武器系统利用率(即使用强度)的影响,在规定的时间内,武器系统的工作时间越短,A_O就越高。A_O值的确定需要对武器系统及其计划的使用情况进行全面分析,包括计划的使用环境、作战方案、维修方法和供应链等。A_O是武器系统战备完好性目标与保障性之间的定量联系。

3. 装备可靠性(MR)

装备可靠性(MR)表示武器系统在规定的期间内无故障工作的时间或概率。可靠性首先可以表示为要求的无故障工作期,并能变换成所要求的平均故障间隔时间(MTBF),或者可表示为不发生造成任务降级的故障的概率,如无故障完成5次出动的概率为90%。装备可靠性涵盖了基本可靠性(美空军也称后勤可靠性)和任务可靠性。MR必须足以保障作战能力的需要,并保障A_O和A_M的实现。提出可靠性要求时,必须同时提供工作时间的具体规定准则和故障判据。一次性使用武器系统和适合采用其他度量单位的武器系统,必须提供支持性分析和理由。

4. 总拥有费用/使用与保障费用(TOC/O&SC)

总拥有费用(TOC)/使用与保障费用(O&SC)作为一项关键系统属性,应在装备可用度的权衡决策过程中得到考虑,来平衡持续保障的解决途径。为了协调工作和利用这个领域的现有成果,将采用美军费用分析改进小组(CAIG)的使用与保障费用估计结构来支持总拥有费用要求的制定。

5. 平均不能工作时间(MDT)

平均不能工作时间(MDT)是指使一个武器系统恢复到其全部作战能力所需要的总不能工作时间的平均值,包括从报告武器系统不能工作时到该武器系统恢复工作/开始工作的时间。MDT包括报告的管理时间、后勤和器材采购的时间,以及设备故障进行修理或预防性维修的时间。MDT可用所有故障的总不能工作时间/故障总数来表示。

（二）装备可用度与使用可用度的工作要求

现代武器系统的设计要求必须包括使用可用度A_O,以确保武器系统研制的能力能够满足预定的使用要求,而且还必须包括强制性要求A_M,以确保武器系统的全寿命费用是可承受的和最优化的。

装备可用度(A_M)是美军联合参谋部21世纪初提出的一种新的武器系统设计参数,能够为武器系统订购部门提供确定要求和(或)能力、制定预算和在宏观层面制定持续保障计划等有关信息。A_M作为武器系统设计的目标是以最低的全寿命费用获得满足要求的性能优化指标,按照A_M要求研制的武器系统应反映出采办和保障费用与作战效能之间的一种平衡。

使用可用度(A_O)作为美军武器系统战备完好性度量的一种使用参数已有几十年的历史了,它为作战使用部门提供专门的应用和任务所需要的相关信息,如战备完好性信息。当前武器系统设计通常是寻求最大化的A_O。

尽管A_M与A_O都是武器系统可用度的重要度量参数,广泛用于美军武器系统的能力和性能的度量,而且在美国国防部的某些文件中,对A_M与A_O给出相同的定义,例如这两个参数都可定义为"能工作时间除以能工作时间与不能工作时间之和",但是这两个参数的使用目的、应用范围是有区别的。主要区别如下:①武器系统数量。装备可用度A_M指标的确定必须考虑国防部或军种所管辖的所有武器系统,即武器系统全寿命任何时刻列编的所有武器系统,包括正在服役的武器系统和不在服役的武器系统,如战斗损失的武器系统。使用可用度A_O指标的确定仅考虑正在服役的某个部队或具体单位(如某个飞行中队)有限的武器系统数量,它是列编的武器系统总数的一个子集;②时间范畴。装备可用度A_M指标的确定必须计及所有的时间要素,考虑从武器系统进入服役到计划的使用寿命终结的整个系统寿命期的时间范围,包括武器系统的工作时间、备用时间、总维修时间、总延误时间、储存时间和运输补给时间,应包括所有的不能工作时间,例如基地级修理时间和计划维修时间。使用可用度A_O指标的确定仅计及武器系统的能工作时间和不能工作时间,不考虑停用时间。如当一个武器系统没有被指派参加作战任务,或者武器系统从战斗状态撤离而进行维修等非工作期间,以及储存时间和运输补给时间等停用时间。在某些工程应用中,仅考虑由于故障产生的非计划维修时间。

（三）可靠性、维修性、保障性工作要求

国防部2015年版第5000.02号指令指出,"所有项目的项目主任都应制定一个切实可行的可靠性、可用性与维修性(RAM)策略,其中应包括一个可靠性增长计划,把它作为系统设计和开发的不可或缺的组成部分。"GEIA-STD-0009包含一个健壮的、强制性的可靠性增长计划,在国防部采办中使用该标准将确保该要求的实现。

GEIA-STD-0009规定为了实现可靠性目标规定了13项强制性的可靠性活动要求:①可靠性工作计划(RPP)。为了实现标准中确立的可靠性目标,研制人员要编制和遵守可靠性工作计划,写明可靠性资金投入、进度安排、输出结果和人员安排;②系统/产品可靠性模型。研制人员要为系统/产品建立一种可靠性模型,用于生成和更新从系统级到较低层次的可靠性分配、根据较低层次可靠性估计值合计出系统级可靠性、识别单点故障、确定那些为满足可靠性要求需要增加设计或试验活动的可靠性关键件和区域等方面;③系统工程过程。研制人员要实施一种将用户需求和要求转变成适用的系统/产品的健全的系统工程过程,同时平衡性能、风险、费用和进度;④系统/产品级全寿命使用载荷和环境载荷。系统要验证的可靠性一部分是系统整个结构中的全寿命使用应力和环境应力的函数。使用载荷除了来自于与该研制系统接口的外部系统外,还源自使用人员或维修人员的活动;⑤组件、分组件和部件上的全寿命载荷。研制人员渐进地表征整个结构中产生的载荷和应力,直至所选择和综合到设计中的部件或组件,包括商用现成产品(COTS)、非研制产品(NDI)和用户提供的设备(CFE);⑥确定故障模式和机理。要求从研制之始就识别和表征故障模式和机理。这是确保系统是否能以一定的可靠性水平进入分系统试验并最终导致成功满足可靠性要求所必需的;⑦故障模式闭环减弱过程。研制人员积极减弱故障模式,以确保在生产期间或在外场成功验证可靠性要求,并确保可靠性要求不降级;⑧可靠性评估。对可靠性相对于要求的进展进行定期评估,其后是"可靠性验证",它表示正式验证可靠性要求是否已被满足;⑨计划和开展可靠性验证。以表示正式验证可靠性要求是否已被满足,该标准确立了6项可靠性验证一般要求;⑩故障定义和记分。当用户使用这些故障定义并操作和维修系统时,研制人员要理解故障定义和记分(FDSC),并研制满足其可靠性要求的系统/产品。研制人员要确定和减弱实际用户使用和维修系统时可能出现的人为差错;⑪技术评审。为了比较可靠性活动的状态和结果,尤其是为了识别、分析、分类和减弱故障模式,研制人员要与用户进行技术交流。研制人员要开展可靠性评审,促进对系统未来运行的用户环境的理解,并确信在满足可靠性要求方面的进展;⑫方法和工具。研制人员要利用适当的可靠性设计和研制方法与工具实施每项可靠性活动;⑬输出和文件。研制人员要为用户提供持续了解可靠性活动的状态和输出的权利。

三、可靠性、维修性、保障性的型号应用

美军21世纪初新提出的装备可用度(A_M)、装备可靠性(MR)和总拥有费用(TOC)等可靠性、维修性、保障性参数与指标,目前已经在美国空军F-22A隐身战斗机、陆军CH-47F直升机的改型、海军DDG-1000导弹驱逐舰和AGM-88E先进反辐射制导导弹等武器系统上采用。

(一)空军F-22A隐身战斗机改型

F-22隐身战斗机于1985年9月开始招标,1990年9月29日YF-22原型机首飞。1997年4月9日,首架F-22工程与制造研制(EMD)阶段的战斗机出厂,被命名为"猛禽"(Raptor),9月7日首飞。2005年5月12日,首架作战型F-22交付空军使用。2005年12月形成初始作战能力,开始批生产。

2003年美国空军启动一项F-22A现代化改型计划,该计划分4个阶段(4个增量)实施,其中3.2B增量计划于2013年开始研制,作战试验鉴定将于2016年后期开始,2017年完成。2011年4月美军联合需求监督委员会(JROC)批准把F-22A的平均故障间隔时间(MTBM)关键性能参数改用装备可用度(A_M),以及支持性的关键系统属性——装备可靠性(MR)、总拥有费用(TOC)。F-22A新的可靠性、维修性、保障性(RMS)参数与指标如表11.1所列。

表 11.1　F-22A 新的 RMS 参数与指标

参数(指标)名称	基线目标值	当前基线目标值	当前实际估算值	增量3.2B 原始目标值	增量3.2B 当前估算值
装备可用度	70.6%	61.2%	57.1%	70.6%	70.6%
装备可靠性	1.8h	1.8h	1.8h	1.8h	1.8h
总使用与保障费用(当年美元)	713 亿美元	669 亿美元	669 亿美元	669 亿美元	669 亿美元

1. 装备可用度(A_M)

空军飞机的装备可用度是指能够执行任务的飞机占列编飞机总数的百分数。空军的作战需求文件(ORD)规定 F-22A 机队的装备可用度(A_M)要求在 2011-2015 财年期间不断增长,并在 2015 财年达到 70.6%(目标值),增量 3.2B 初始目标值和当前估算值均为 70.6%。

2010 年 1 月,由国防部后勤与装备战备副部长帮办(DUSD(L&MR))与项目主任评估的 A_M 当前基线目标值为 61.2%;2011 年 9 月 16 日评估的实际估算值为 57.1%,因为隐身涂层的维修问题,没有达到预定要求。据美国空军报告,已经完成可靠性改进的 F-22A 投入外场使用试验后的 A_M 达到 78%,他们预计当 F-22A 机队的所有飞机完成可靠性改进工作后,整个机队的 A_M 将会达到规定的目标值。

2. 装备可靠性(MR)

F-22A 的装备可靠性采用平均严重故障间隔时间(MTBCF)度量。F-22 既没有装备可靠性的初始基线目标值,也没有经批准的当前基线目标值。项目管理办公室 2011 年 9 月 16 日获得的装备可靠性当前基线目标值为 1.8h,增量 3.2B 初始目标值和当前估算值均为 1.8h。项目当前的实际估算值——2011 财年的实际值,在后续作战试验鉴定(FOT&E)完成后,由美国空军作战试验鉴定中心(AFOTEC)的报告给出。

3. 总拥有费用(TOC)/使用与保障费用(O&SC)

总拥有费用/使用与保障费用是指在 F-22 机队的全寿命(2006-2033 年)内,按照费用分析改进小组(CAIG)使用与保障费用估算结构规定的费用单元计算的费用总和(参见表 11.2)。F-22 既没有总拥有费用/使用与保障费用的初始基线目标值,也没有经批准的当前基线目标值。项目管理办公室 2011 年 9 月 16 日获得的使用与保障费用当前基线目标值为 669 亿美元,增量 3.2B 初始目标值和当前估算值均为 669 亿美元(参见表 11.3)。

表 11.2　F-22A 的使用与保障费用(百万美元)

费用单元	F-22A 当前估算费用	F-22A 当前实际费用	增量3.2B 原始基本费用	增量3.2B 当前估算费用
1.0 部队级人力	2.30	2.21	2.30	2.30
2.0 部队使用	0.90	1.10	0.90	0.90
3.0 维修	4.56	4.59	4.60	4.60
4.0 维持保障	1.84	0.05	1.84	1.84
5.0 系统连续改进	0.37	0.50	0.37	0.37
6.0 间接保障	1.35	0.36	1.35	1.35
总数	11.32	8.8	11.35	11.35

注:①费用为每架飞机每年的使用与保障费用(2005 年美元值);②当前估算费用为 2022 财年的费用;③当前实际费用为 2010 财年的费用。

表 11.3 F-22A 的总使用与保障费用(亿美元)

总使用与保障费用	当前估算费用	增量 3.2B 原始基本费用	增量 3.2B 当前估算费用
2005 基年美元值	462.07	462.92	462.92
当年美元值	667.53	668.81	668.81
注:①费用为每架飞机每年的使用与保障费用(2005 年美元值);②当前估算费用为 2022 财年的费用;③当前实际费用为 2010 财年的费用			

(二) 陆军 CH-47F 直升机改型

美国陆军 CH-47"支奴干"直升机是波音公司研制的双螺旋桨中型运输直升机,1956 年开始研制,1962 年 8 月第一架 CH-47A 交付美国陆军使用,1982 年 5 月改型的第一架 CH-47D 开始交付。CH-47F 是 CH-47D 的改型,装备更先进的航空电子系统和电传操纵系统,改进了直升机的可靠性、维修性、保障性,首架生产型的 CH-47F 于 2006 年 6 月交付陆军使用。CH-47F 改型采用新的可靠性、维修性、保障性参数包括装备可用度(A_M)、装备可靠性(MR)和总拥有费用(TOC)/使用与保障费用(O&SC),参见表 11.4、表 11.5 和表 11.6。

CH-47F 没有规定 A_M 的原始目标值,只规定 A_M 的当前目标值和当前估算值。A_M 当前估算值等于部署的飞机数乘以能执行任务率除以总的列编飞机数。装备可靠性用平均基本维修活动间隔时间(MTBEMA)度量。总拥有费用/使用与保障费用根据费用分析改进小组费用单元结构由项目管理办公室估算确定。

表 11.4 CH-47F 的可靠性、维修性、保障性参数与指标

参数名称	CH-47D 实际值	CH-47F 原始目标值	CH-47F 当前目标值	CH-47F 当前估算值
装备可用度	64%	/	70%	73%
装备可靠性	/	3.3h	3.3h	4.6h
使用与保障有费用	101 亿美元	141 亿美元	144 亿美元	136 亿美元

表 11.5 CH-47F 的使用与保障费用(千美元)

费用单元	CH-47D 的费用	CH-47F 原始基本费用	CH-47F 当前估算费用
1.0 部队级人力	549.0	358.8	353.9
2.0 部队使用	836.7	393.1	911.3
3.0 维修	276.8	336.9	360.0
4.0 维持保障	43.8	40.5	39.8
5.0 系统连续改进	71.0	55.4	55.6
6.0 间接保障	144.4	136.6	138.7
总费用	1921.7	1867.3	1859.3
注:①费用为每架飞机每年的使用与保障费用平均值(2005 基年美元值);②CH-47D 的费用为项目管理办公室估算费用(422 架飞机);③CH-47F 原始基本费用为批生产飞机的费用(434 架);④CH-47F 当前估算费用为项目管理办公室估算费用(440 架飞机)			

表 11.6 CH-47F 的总使用与保障费用(百万美元)

总使用与保障费用	CH-47D 的费用	CH-47F 的费用
2005 基年美元值	16219.2	16361.9
当年美元值	16694.7	22208.9

(三) 海军 DDG-1000 导弹驱逐舰

美国海军于 20 世纪 90 年代初启动了 21 世纪的驱逐舰计划,取名为 DD-21 计划。2006 年 4 月,这个计划更名为 DDG-1000,称为"朱姆沃尔特"级导弹驱逐舰计划。DDG-1000 设计先进,大量采用当代前沿技术,是一种以海上水面火力支援(NSFS)和濒海作战为主的多用途驱逐舰,其造价超过 33 亿美元,号称美国六大杀器之一。第一艘 DDG-1000 舰由巴斯钢铁公司(通用动力公司下属公司)建造,预计在 2012 年末到 2013 年初交付。

DDG-1000 舰的可靠性、维修性、保障性参数与指标如表 11.7 所列。DDG-1000 舰没有以前的系统可靠性、维修性、保障性指标的实际值。装备可靠性根据任务关键作战系统在 180 天部署的使用可用度(A_O)模型计算获得。总拥有费用的原始目标值根据 24 艘原有舰船和 3 艘现有舰船的费用得到。

DDG-1000 舰的使用与保障费用(参见表 11.8 和表 11.9)。在 2010 年里程碑 B 再次评审期间,重新建立基本费用。使用与保障费用不包括报废费用。

表 11.7 DDG-1000 的可靠性、维修性、保障性参数与指标

参数名称	以前的实际值	原始目标值	当前目标值	当前实际估算值
装备可用度	无	80.2%	80.2%	80.2%
装备可靠性	无	3888h	3888h	3896h
使用与保障费用	无	441 亿美元(2010 财年美元值)	92.3 亿美元(2010 财年美元值)	92.3 亿美元(2010 财年美元值)

表 11.8 DDG-1000 的使用与保障费用(百万美元)

费用单元	以前的费用	原始基本费用	当前估算费用
1.0 部队级人力	无	11.6	11.6
2.0 部队使用	无	13.8	13.8
3.0 维修	无	22.3	22.3
4.0 维持保障	无	2.3	2.3
5.0 系统连续改进	无	31.8	31.8
6.0 间接保障	无	6.1	6.1
总费用	无	87.9	87.9

表 11.9 DDG-1000 的总使用与保障费用(亿美元)

总使用与保障费用	DDG-1000 的费用
基年美元值	92.3
当年美元值	94.3

(四) 先进反辐射制导导弹 AGM-88E

AGM-88E 是美国海军、海军陆战队和意大利空军联合发展的新一代机载反辐射导弹,用来取代现役 AGM-88 高速反辐射导弹。美国海军计划购买 1500 枚 AGM-88E,用来装备美国海军和海军陆战队的 F/A-18 和 EA-6B 飞机。ATK 公司于 2003 年 6 月开始 AGM-88E 的发展和验证阶段工作,2008 年 9 月开始小批量生产,用于研制和使用阶段的试验;2009 年夏季开始独立的作战试验鉴定;2012 年 9 月 ATK 公司开始批生产。

AGM-88E 的可靠性、维修性、保障性参数与指标参见表 11.10,包括装备可用度、装备可靠性和总拥有费用,其中装备可靠性用平均故障间隔时间(MTBF)度量,MTBF 当前实际估算值 24.3h 是根据从 2007 年研制试验开始到 2010 年 3 月 21 日收集的数据估算得到的。AGM-88E 的使用与保障费用参见表 11.11。总使用与保障费用(O&SC)见表 11.12,它等于所有导弹每年平均的总使用与保障费用乘以其使用寿命 15 年得到的费用。

表 11.10 AGM-88E 的可靠性、维修性、保障性参数与指标

参数名称	以前的实际值	AGM-88E 原始目标值	AGM-88E 当前目标值	AGM-88E 当前实际估算值
装备可用度	90%	90%	90%	97%
装备可靠性(MTBF)	28h	28h	28h	24.3h
使用与保障费用(2003 基年美元值)	14.74 亿美元	14.24 亿美元	17.5 亿美元	18.0 亿美元

表 11.11 AGM-88E 的使用与保障费用(百万美元,2003 基年美元值)

费用单元	以前的费用	AGM-88E 原始基本费用	AGM-88E 当前估算费用
1.0 部队级人力	0.122	2.540	2.540
2.0 部队使用	0.592	1.812	1.812
3.0 维修	0.878	4.439	4.439
4.0 维持保障	1.489	3.094	3.094
5.0 系统连续改进	1.147	2.640	2.640
6.0 间接保障	0.014	0.234	0.234
总费用	4.242	14.759	14.759

表 11.12 AGM-88E 的总使用与保障费用(百万美元)

总使用与保障费用	以前的费用	AGM-88E 的费用
基年美元值	84.3	221.4
当年美元值	129.7	382.3

第六节 外包质量管理

随着经济全球化的发展,美军大型主承包商通过外包的方式将研制生产合同交给国内甚至国外企业承担,加强武器系统科研生产外包质量管理尤为迫切。为此,美军出台

了相关政策，大型主承包商也采取了一系列加强外包质量管理的措施，有效地保证了武器系统科研生产的质量水平。

一、外包质量管理的基本情况

（一）外包质量管理的基本概念

外包是指承包商将部分产品研制或服务以合同的形式交付给其他承包商承担的活动。与外包概念相对应的是主承包，与外包概念相近的是分承包。美国《联邦采办条例》第44部分，给出了"分承包合同"和"分承包商"的定义。"分承包合同"是指由分承包商为提供产品或服务项目以便履行主承包合同或分承包合同而签订的并且符合相关规定的合同。分承包合同对应的企业主体称为"分承包商"，是指向主承包商或其他分承包商提供产品或服务项目的任何供应商、经销商、卖主和商号，有时也将这些企业统称为"供应商"。

武器系统科研生产外包质量管理，主要是指主承包商针对武器系统科研生产外包实施的全过程质量管理、控制与监督活动，包括外包方的选择、外包过程控制与外包绩效评估等工作。此外，国防部作为武器系统科研生产的政策主管部门，还出台了一系列科研生产外包的政策要求，包括外包质量管理的政策要求。由此，武器系统科研生产外包质量管理，包括国防部的外包质量管理的政策要求和主承包商的外包质量管理与控制活动两部分。

（二）外包质量管理的基本情况

美军承担武器系统科研生产的承包商规模大小不一、数量众多，总体来看可以分为三层：主承包商、分承包商和零部件供应商。从美国情况来看，经过冷战后的大规模兼并重组，形成以洛克希德·马丁公司、波音公司、诺斯罗普·格鲁曼公司和通用动力公司等5个超大型行业领域，数百家大中型军工企业，以及3万多个小企业为主体的军工科研生产体系。这些企业覆盖航空、航天、船舶、军械、电子等各个行业领域，几个超大型军工企业涵盖若干个行业，形成跨行业、跨军种的军工科研生产综合体。一般来说，大型军工企业与国防部签订合同，再以主承包商的身份将科研生产任务以外包合同的形式分包给中小企业。有时候，国防部也与中小企业签订合同。

（三）外包质量管理的重要作用

随着经济的全球化和制造的专业化发展，美国大型军工企业更加专注系统集成，将原先由企业内部的研制生产活动通过外包的形式交给世界范围的专业化的中小企业承担。以波音公司为例，1999-2000年，供应商只限于原材料供应，主要生产集中在波音公司内部；2001-2002年，波音公司将竞争力重点放在装配、系统组合和系统测试，主要进行装配和装运，供应链的前端活动都由供应商来完成；2004年以来，波音公司进一步优化了其供应链，将重点放在装配和组合上。波音公司供应链的演变情况如图11.8所示。

波音公司还将一级、二级和三级供应商组成供应商网络，将波音公司内部的要求进行逐级传递，从而更好地从源头控制了产品的质量，如图11.9所示。

在2004年之前，波音公司的一级供应商主要生产分系统的零部件和组装件，承担的风险较小，参与设计和研发过程较少。目前，波音公司的一级供应商承担的责任越来越重,主要包括:项目管理服务、指导综合产品工程和开发、参与开发产品全寿命、参与商业管理活动、提出财务管理解决方案,以及与波音公司建立合作的组织结构。另外,二级和三级供应商也逐步发生了转变,更注重与其下一级供应商的合作并实现卓越的制造。

图 11.8 波音公司供应链的演变过程

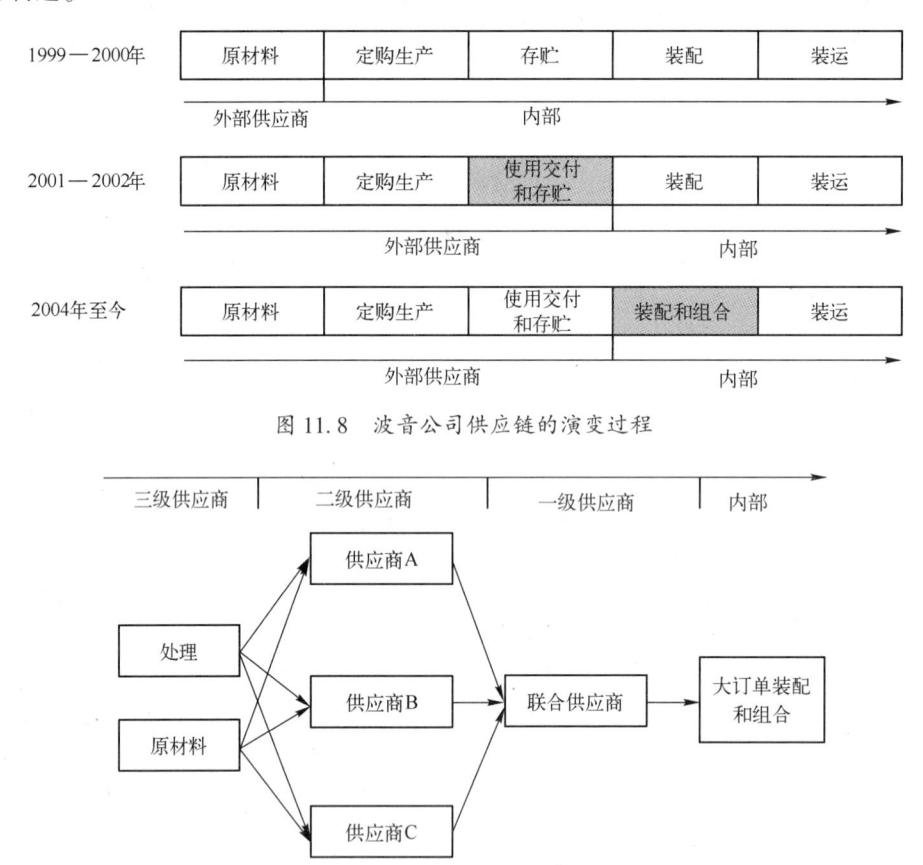

图 11.9 波音公司供应商网络关系

二、外包质量管理的主要政策

美国国防部采办、技术与后勤副部长设有制造与工业基础政策助理部长帮办,负责制定国防工业政策,包括武器系统研制生产外包的相关政策。美军实行主承包商负责制,分承包商的管理由主承包商直接负责,但为了确保分包商具有相应的质量保证能力,军方在分承包合同的签订和管理方面承担审查监督职能。

(一) 主承包商承对分承包合同实行全面管理

美国国防部的主承包商全面负责分承包商的管理,并负责向军方报告分承包的相关情况。主承包商对分承包商的管理职责主要有:①负责签订分承包合同,并对分承包商的技术和财务绩效进行监督,分承包商按照分承包合同条款完成的工作后,向其支付款项;②在可能的情况下,通过竞争选择分承包商;③主承包商可查看分承包商的帐簿和记录以及年度发生成本预案;④承包商应确保选择适合的分承包合同类型;⑤分承包合同要包含《联邦采办条例》和《联邦采办条例国防部补充条例》所要求的强制而且适用的细化条款,包括主合同所规定的条款和条件以及履行合同要求所需的任何条款;⑥主承包商要为每一个分包商的建议或报价进行及时适当的成本或价格分析和技术评估,确保分包价格公平合理。主承包商对军方的报告职责主要有:①签订分包合同或修改分包合同时提前通知合同官,并需要获得分包同意。②签订分包合同时,应将分包合同的费用纳入主承包商年度发生成本方案中上报。

(二) 军方有权审查监督主承包商的分包合同

美国军方合同官是负责签订、管理或终止合同以及相关决定和结论的人。合同官在合同分包方面的职责主要有:①审查总承包商采购制度,对合同金额超过1000万美元的承包商都要进行审查,以确定经费使用是否有效,分包工作是否符合要求,定价是否合理,社会经济计划是否落实等;②掌握主要项目的"自制或外购计划",要求总承包商对500万美元以上的合同拟订自制或外购计划,以评定竞争者所提的技术建议成本目标,掌握合同谈判所需的资料,以及合同签订后控制既定项目变化;③掌握分包合同管理计划,包括:说明主承包商的主包合同管理体制与方法;列出主要分包商名单;为风险较大的分包商拟订备用方案;提出主包合同的特殊条款和应在转包合同中继续保留的条款;④对分包合同进行审批,总承包商在签订某项分包合同之前,应征得军方合同签订官的书面认可。

(三) 通过在分包层次开展竞争提升质量水平

竞争是提升武器系统质量的有效途径,因此美军要求所有项目在分承包层次尽可能开展竞争。美国《联邦采办条例》规定:主承包商负责管理合同的履行,包括计划制定、定货和对转包合同进行管理。国防部保留对承包商的自制或外购计划进行审查的权利。对于价值在1000万美元(含)以上的外购项目,要求主承包商提交自制和外购计划方案,由合同签订官进行审查:当主承包商无法正常自制,且可以同等或较低的价格从另外的公司获得时;主承包商可以正常自制,但从质量、数量、交付日期和其他重要因素综合考虑后,可以以更低的价格从其他公司获得时,必须要进行外购。美军采用主承包商负责制,主承包商主要负责分承包商的竞争招标、合同签订和合同管理,但军方要进行审查和监管。

为了促进分包层次的竞争,美国政府还从合同比例上进行了强制规定。《美国小企业法》规定,联邦政府应尽可能向小型企业提供政府采购合同,包括政府采购总合同和分包合同。在政府采购合同比例上,该法要求一般小企业每年获取合同金额应不少于总合同金额的23%。《2013财年美国国防授权法案》第293页第1631部分规定:国防部每财年所有分合同金额的40%以上要授予小企业。

三、外包质量管理的具体做法

以美国波音公司和诺斯罗普·格鲁曼公司为代表的大型军工企业,大量的研制生产活动外包给全球有能力的供应商。经过多年的实践,这些大型军工企业探索形成了一系列供应商管理办法,从供应商的选择、供应商的质量监督、供应商的绩效评估等多方面采取措施,有效保证了外包产品的质量。

(一) 明确外包条件要求

美国波音公司和诺斯罗普·格鲁曼公司为了能够选择合格的供应商,制定发布了严格的供应商准入程序,提出明确的质量要求。

1. 供应商的质量要求

供应商是影响企业产品质量和效益的重要因素,据国际质量行业的不完全统计,企业40%的产品质量由外包引起的。为了确保产品的质量水平,美国波音公司、诺斯罗普·格鲁曼公司等大型军工企业对供应商的质量保证能力提出明确要求。

波音公司制定了一系列以《波音供应商质量管理体系要求》为核心的供应商质量管理的标准要求。《波音供应商质量管理体系要求》规定了供应商质量管理体系建设情况以及供应商质量管理的总要求,要求供应商优先采用 AS 9100 系列标准并通过认证,供应商的检验和试验质量体系要符合 SAE AS 9003 的质量体系要求。该要求最后规定了波音公司对其软件供应商的质量体系要求,包括设计、开发、安装、采购和维护,要求软件供应商通过 AS 9100 系列标准认证基础上,还需要通过 SEI CMMI4 或以上等级的认证。同时,波音公司对其供应商提出了非常具体的质量控制要求,制定了《波音公司供应商数字化产品定义质量保证标准》《供应商关键过程/敏感机翼硬件质量要求》《供应商不合格品指南》《供应商原材料、标准件质量控制要求》《供应商电子管质量控制要求》等标准要求,引导供应商进行质量管理。

诺斯罗普·格鲁曼公司要求供应商的质量管理体系符合 ISO 9001 或 AS 9100,更倾向于 AS 9100。诺斯罗普·格鲁曼公司根据供应商产品类型,对其供应商采用的质量管理体系进行要求,如表 11.13 所列。

表 11.13 诺斯罗普·格鲁曼公司对供应商质量体系要求

质量体系水平	可用的质量管理体系文件	供应商分类
水平 1	ISO 9001,AS 9100	拥有设计权力的承包商
水平 2	ISO 9001,《联邦采办条例(FAR)》第 145 章	(按设计进行生产)承包商、增加价值的经销商
水平 3	ISO 9001,AS 9120,ASA 100	合格经销商
水平 4	ISO 9001,ISO 10012-1,ISO 17025,AS 9003,Nadcap AC 7004,ANSI-Z540-1,AS9110	进行加工或服务的供应商
水平 5	没有强制性要求	货架产品
水平 6	ISO 9001,AS/EN 9100 或订单要求	设备加工供应商
水平 7	必须实施供应商认可的质量体系。按照 ISO 的认证免除 SQAR 要求。除非项目工作声明要求,采用适当的项目和条件的要求	QPL/用户批准的或具体零部件的唯一供货方或分供应商
水平 8	必须实施的供应商认可的质量体系与按照 ISO 的认证免除 SQAR 要求;除非项目质量直接有要求	进行开发的供应商

供应商质量体系应该满足 ISO 9001、AS 9100、AS 9120 或 AS 9003 的规定。特殊过程和服务的供应商必须遵照表 11.13 中水平 4 规定的质量体系。在对分供应商控制中,要求供应商确保所有从分供应商采购的产品满足诺斯罗普·格鲁曼公司采购订单的要求,诺斯罗普·格鲁曼公司对供应商适用的要求也同样适用于分供应商。如果必须使用不符合上述的质量管理体系的分供应商时,供应商必须将下面的分供应商控制管理方法集成到其质量管理体系中:供应商将向分供应商提供所有的材料;供应商将进行工具证明

检验、首批产品检验和分供应商硬件(接收物或材料)的100%全检；供应商对分供应商硬件的特殊过程负责；如果没有书面的授权，供应商不允许其分供应商将任务转给另外的分供应商。

供应商应依照质量管理体系标准(例如，ISO9001，AS 9100)形成一个文件程序，记录质量记录的创建、变化、完成和控制。记录应该包括但不限于如下内容：按适用的图纸或规范进行检验的证据；首件产品检验报告；测试报告；周期性检查以及检验介质的控制；特殊加工和特殊测试设备控制的记录；所有进行的资格测试和接受性测试的数据记录；规范和合同要求的员工证明；材料和过程证明；材料评审报告。诺斯罗普·格鲁曼公司要求供应商这些记录至少保存7年。诺斯罗普·格鲁曼公司要求供应商在交付文件中说明交付产品的包装标签内容、符合性、老化材料、制造批次性可接收性、修理/返修零部件、特殊加工或特殊测试设备、返修/替换零部件符合性、材料/过程证明等方面进行说明，并对这些文件的编写进行了详细的规定。

2. 供应商的准入程序

随着企业生产方式的变化，越来越多的研制生产任务由大量的外部供应商承担。如何选择合格的供应商，确保企业经济效益和产品质量，已成为美国大型军工企业的重要工作。

波音公司对想参与承担公司科研生产任务的供应商，制定了一整套的工作程序：供应商根据《波音供应商质量管理体系要求》进行自我评估，并进行改进，使供应商质量管理体系符合波音公司的要求；波音公司供应商管理和采购小组(SM&P)对供应商进行调查；波音公司供应商质量代表确认供应商是否通过第三方认证，是否需要进行现场评审，供应商是否准备好评审；波音公司对供应商质量体系进行评审；波音公司批准供应商通过供应商质量评审；波音公司将该供应商列入供应商名单。

(二) 实施外包质量监督

美国波音公司、诺斯罗普·格鲁曼公司等大型军工企业，十分重视外包过程的质量监督，采用多种监督方式开展监督，并强化关键特性、不合格品、检验验收等关键过程的监督，促进供应商管理能力水平的持续改进，确保外包过程可控、产品质量稳定。

1. 质量监督的组织方式

波音公司对供应商实施监督，旨在：帮助其制造和质量体系及其支持过程的提高和改进；监控和提高产品质量；向供应商、波音公司、波音用户和管理机构提供关于供应商过程和能力的信息。波音公司通过企业通用质量监督(ECQS)的三种监督方式对供应商进行监督：产品评估(PA)、质量过程评估(QPA)和制造过程评估(MPA)(参见图11.10)。

这些监督方式在不妨碍产品交付的情况下按预定的方式支持波音公司对供应商的监控。监督活动根据供应商的表现和对波音公司的风险大小决定。企业通用质量监督为提高和改进供应商的制造和质量体系及其支持过程提供了重要机会。

2. 质量监督的工作程序

波音公司的供应商质量监督的工作程序如下：①准备工作。在波音公司供应商质量代表现场检查之前熟悉检查单；供应商需要提供相关过程文件、培训记录、作业指导书、过程流程图以及过程业绩数据，并派了解情况的人员协助评估；②评估实施。波音公司实施的评估主要工作包括供应商质量简况、使用检查单和相关要求评审被评估的过程或产品,以及过程业绩数据(仅对制造过程评估(MPA))。主要评估的内容包括:机械/设备安装;使用的材料;操作人员的知识;检验或测量过程;数据分析和持续改进的活动;减少过程波动、缩短周期、降低成本的机会等;③评估结果。根据评估实施情况讨论评估的结果;评审被评估的过程或产品的观察项、不符合项和强项;不符合项结论写进供应商评价报告;评审任何硬件影响,讨论需要的措施;讨论供应商质量或供应商措施及后续行动;④评估文件。根据评估结果形成评估文件,如包括产品、质量过程、制造过程等内容的评估总结,必要时形成供应商评价报告(SER)。

质量过程评估 (QPA)	产品评估 (PA)	制造过程评估 (MPA)
• 关注一致性和改进 • 平均约16小时完成 • 简短的一页纸的报告通知结果 • 使用规定的检查单作为工具 • 例如:分承包商控制、纠正措施、首件检验等	• 关注一致性 • 基于特定产品的审核方法 • 平均约8小时完成 • 简短的一页纸的报告通知结果 • 使用简单的检查单作为工具 • 基于图样的要求记录数值	• 关注一致性和改进 • 平均约24小时完成 • 用较详细的技术报告向用户提供结论/建议 • 使用规定的检查单作为工具 • 例如:手工焊、碾压、钻孔、机械装配等

图 11.10 波音公司供应商监督方式

3. 质量监督的主要内容

诺斯罗普·格鲁曼公司对供应商质量监督的内容较为广泛,涉及材料采购、关键特性与关键过程控制、产品检验,以及不合格品和多余物控制等各个环节。

(1) 材料采购的控制。

供应商应保存所有供应商材料采购证明的复印件,这些证明必须是易获取的并且包括材料规范、尺寸/描述、成分和条件。供应商需保存原始的化验报告以及其他的独立测试实验室证明,这些证明是针对那些初始加工完之后还需要再加工的金属材料的,包括物理特性、化学分析和批次号码。另外,材料必须满足采购订单中的合同要求。

供应商应保存所有分供应商特殊过程的复印件,以及分供应商的过程证明。按照订单或其他规定,如果没有特殊要求,就不需提交。一旦有要求,供应商的材料/特殊过程和分供应商/过程加工者的证明以及测试结果应可以利用。

当供应商有证据表明其使用的材料是由诺斯罗普·格鲁曼公司委托提交的,就不需提供材料证明。在制造完成之后,除了铸造之外,所有的铝制品零件需要采取100%的传导率检查。应采取能够验证整个零部件的测量方法来验证是否满足特殊要求。金属材料供应商/批发商应定期对其进行化验测试,对选择的物理和化学特性进行验证。记录并保持该验证,在要求的时候提交给买方。

(2) 关键特性与关键过程控制。

当诺斯罗普·格鲁曼公司的图纸、规范和采购订单中包含有"关键特性要求"时,供应商必须依照 AS 9103 规定的要求,降低过程变化,实施统计过程控制(VR/SPC)和关键特性的变化管理。

对于关键过程,供应商在采购订单发布时,应在工程图纸中列出过程规范,其他的过程规范或采购订单中引用的过程规范如果在诺斯罗普·格鲁曼公司授权特殊处理列表(ASPL)中被列出,那么就需要经过诺斯罗普·格鲁曼公司的授权批准。供应商应确保加工资源(包括制造者)是经授权批准并且列在针对过程规范的授权特殊处理列表上,以上授权和列表必须在每一批次的硬件加工之前进行。无论何时,只要供应商获得一个新的订单或者开始加工一批新的硬件,都应评审授权特殊处理列表和授权特殊处理列表的变更记录来验证以上活动的有效性。

(3) 首件检验(FAI)。

首件检验应依照 AS 9102 的要求进行,该要求按照订单发布时所建立的版本水平执行。首件检验在向诺斯罗普·格鲁曼公司交货或者产品接收之前进行。对于不符合"首次生产过程"的产品,首件检验应该被延期直到制造的产品符合"首次生产过程"时再进行。在这种情况下,应该在交货之前对全部数量的产品进行所有产品特性的 100% 检验。

如果供应商对于订单中规定同样配置的产品已经具备了首件检验的文件并且满足 AS 9102 中 5.3 节的要求,就不需要重新进行首件检验。目录中的产品不受首件检验的约束。对于定制的/修正的目录中的装配件和子装配件,只有修正部分需要进行首件检验。具体的首件检验要求和过程见诺斯罗普·格鲁曼公司《供应商产品接受和交付指南》。

诺斯罗普·格鲁曼公司对非指定的材料供应商进行首件检验评审。诺斯罗普·格鲁曼公司在供应商工厂完成对原料检验产品的首件检验评审,才可以进行产品的提交,随同首批产品的提交而提交首件检验文档。首件检验评审项目如下:铸造和锻造(SQAR 代码 C);结构性装配件(SQAR 代码 H);主要的零件和装配件(SQAR 代码 N);可维修/耐用的关键项目;带有可交换性和可替换性特征(I&R)的项目;在订单中有特殊规定的项目。

(4) 不合格品控制。

供应商应及时提交不合格品报告,不合格品报告应有清晰的差异描述和所有可疑零件的确认,包括零件号、订单号和生产线产品号、序列号、制造日期和数量、受该缺陷影响的材料、提交日期、任何与根本原因或纠正措施相关的信息,以及采用的预防措施等。对于拥有设计权力的供应商,需要提交技术评审报告和推荐处理方案。

诺斯罗普·格鲁曼公司、用户和经授权的检验代理或特定的授权机构向供应商工厂派驻代表,通过监控、目视证明、或检验、目视测试活动或其他系统、过程、产品评审和验证活动来判断产品与合同的符合性。通过对产品的复杂性、产品使用环境、已接收产品的质量能力和供应商过去的业绩等诸多因素的考评,诺斯罗普·格鲁曼公司可对符合性验证的程度、类型、必要性做出独立判断(参见图 11.11)。

(5) 多余物控制。

诺斯罗普·格鲁曼公司要求供应商做好内务管理及多余物残留/损坏预防计划,以避免外来物进入任何交付的产品中。供应商应采用适当的内务管理措施以确保能及时清除制造操作和工作中生成的残留物和残骸。供应商应对制造环境中外部物质进入产品概率大的敏感区域进行重点控制。

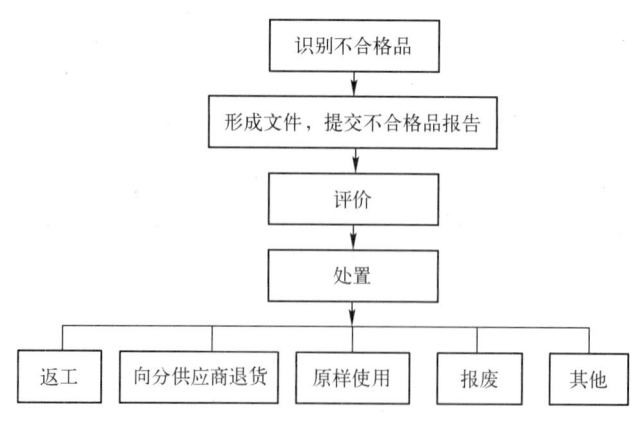

图 11.11　诺斯罗普·格鲁曼公司不合格品控制程序

（三）开展外包绩效评估

波音公司、诺斯罗普·格鲁曼公司等为了促进供应商改进内部管理，开展供应商绩效评估，并根据绩效情况采取相应的激励措施，促进供应商提高质量管理的能力与水平。

1. 绩效评分等级

波音公司对供应商的绩效评分采用权重体系，从质量（Q）、交付时间（D）和总体绩效（GPA）三个方面进行评价（参见图 11.12）。

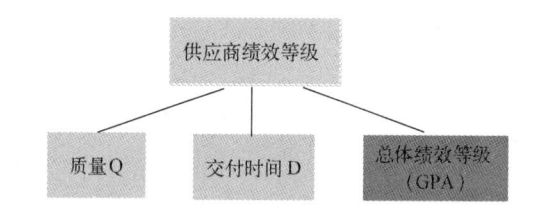

图 11.12　波音公司供应商绩效等级分值计算示意

交付时间评估是对供应商在 12 个月内准时交付的产品百分比（包括根据消耗制定（CBO）的定购单），通过对在规定期限之外接收的全部零件的统计，每天进行绩效评估，因为这与零件数量的交付时机有关。

总体绩效评估主要包括：管理、进度、技术、费用和质量。每种业务模式都进行的评价包括研制、生产、支持服务、共享服务。评级分数由最近至少 6 个月波音公司项目或场所的评级情况的平均值来决定。

根据评价结果将供应商绩效等级分为金（优秀）、银（良好）、棕（合格）、黄（需要改进）、红（不合格）5 级，被称为"五色牌"，相应等级确定规则见表 11.14。

表 11.14　波音公司供应商绩效等级确定规则

金色	优秀	供应商绩效远远超出期望水平	交付时间：在 12 个月内 100%准时交付； 质量：在 12 个月内波音 100%接收其产品； 总体绩效等级：大于或等于 4.8，且没有黄色或红色等级
银色	很好	供应商绩效满足或超出期望水平	交付时间：在 12 个月内 98%准时交付； 质量：在 12 个月内波音 99.8%接收其产品； 总体绩效等级：小于 4.8 大于或等于 3.8，且没有黄色或红色等级

(续)

棕色	合格	供应商绩效满足期望水平	交付时间:在 12 个月内 96%准时交付; 质量:在 12 个月内波音 99.55%接收其产品; 总体绩效等级:小于 3.8 大于或等于 2.8,且没有黄色或红色等级
黄色	需要改进	供应商绩效需要改进才能满足期望水平	交付时间:在 12 个月内 90%准时交付; 质量:在 12 个月内波音 98%接收其产品; 总体绩效等级:小于 2.8 大于或等于 1
红色	不合格	供应商绩效不能满足期望水平	交付时间:在 12 个月内准时交付低于 90%; 质量:在 12 个月内波音接收其产品少于 98%; 总体绩效等级:小于 1

诺斯罗普·格鲁曼公司采取供应商计分卡(SAP)定期评估供应商的绩效。计分卡包括外购 SAP 计分卡和外包供应商评估管理体系(SAMS)计分卡两种类型。外包供应商评估管理系统提供标准的工具和在线数据库,以定期评估供应商的业绩,一般来说,每个外包合同都要接受外包供应商评估管理系统评估,外包供应商评估管理系统分为外包供应商评估管理系统和快速外包供应商评估管理系统两种类型。

外包供应商评估管理系统评估的条件是合同金额大于等于 100 万美元,或者被认为是关键性项目。外包供应商评估管理系统评估由管理、建议、技术、任务保证/质量、进度、供应链管理费用、财务的稳定性/健康状况、用户满意度等 8 个主要要素和多个子项组成,并且给出了所有外包供应商评估管理系统评估所需子要素的详细描述以及确定各色等级(即蓝、绿、黄、红)的基础,每一种颜色的等级都有建议的指南。适用时,可根据具体的项目指南进行剪裁。

快速外包供应商评估管理系统评估的条件通常是合同金额少于 100 万美元,或者被认为是非关键性项目。快速外包供应商评估管理系统评估由管理、费用(包括财务稳定性/健康状况)、技术、任务保证/质量、进度等 5 个强制性要素组成,可选择的要素包括供应链管理和用户满意度。诺斯罗普·格鲁曼公司意识到供应商对公司的未来的重要性,因此经常给供应商提供改进建议。

2. 绩效评分方法

波音公司的供应商绩效评分方法,根据质量、交付时间等要素,以及各要素的权重进行评分。其绩效等级分值计算如图 11.13 所示。

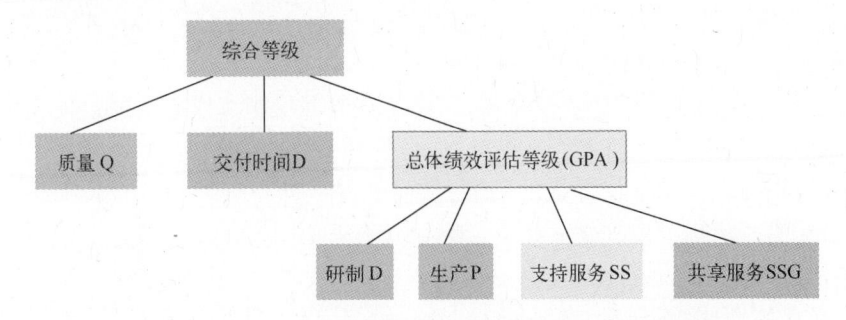

图 11.13 波音公司供应商绩效等级分值计算示意

具体说明如下:综合等级等于三种绩效的低绩效分值的平均值。例如:Q(4)+D(5)+GPA(3)= 12/3=4,即银色综合等级。用于 GPA 评级的另一种低绩效准则是由 4 个业务模式评级组成。如果任何一个业务模型等级较低,GPA 总等级将会有 D(4)+P(4)+SS(1)+SSG(5)= 14/4 = 3.5,即棕色(黄色)GPA 等级,因此综合评价等级 = Q(4)+D(5)+GPA(1)= 10/3 = 3.33,即棕色综合等级(注:由于使用低绩效准则,计算综合等级时,GPA 等级要选用下一个等级,所以本例中 GPA 等级用"1"代替"3.5")。质量和交付期绩效评级方法保持不变,它们是根据产品满足或超出质量和交付期绩效值的百分比来决定的。

诺斯罗普·格鲁曼公司利用外包供应商评估管理系统评估供应商时,可采用以下等级准则:分值的计算是对所有等级要素取平均值,最大值为 4.0。具体评分准则为:红色(不满意),不能满足所有采购单(PO)要求,不可能补救,纠正措施无效,范围<1.9;黄色(稍满意),不能满足所有采购单要求,仍有补救的可能,关键有效的纠正措施不能完全实施,范围 2.75~2;绿色(满意),满足所有采购单要求,纠正措施满意,范围 3.75~2.76;蓝色(优秀),超出采购单要求,纠正措施非常有效,范围 4~3.76。

3. 总体绩效评估

波音公司专家对供应商业务实践进行详细的评估,包括 5 个方面的评估:①管理——供应商策划、执行和与波音沟通的及时性;②进度——供应商满足进度要求的情况;③技术——工程技术支持,包括产品开发、性能和保障;④费用——费用控制、供应策划和体系支持的有效性;⑤质量——质量大纲的有效性,包括供应商体系和质量保证。波音公司根据年度开销和业务需求来确定"关键供应商"。波音公司会经常对关键供应商进行评价。每年的 4 月和 10 月,对关键供应商全部的项目/场所管理进行评估。每半年对关键供应商进行一次评估,如果需要,评估的次数会更多。

波音公司各网站按月提供供应商绩效数据。这些数据每月 10 日向供应商工具手册(BEST)提供,每月 15 日在 BEST 供应商绩效评估报告中报道。报告中的绩效数据反映了前一个月的绩效情况。例如,1 月的绩效情况在 2 月绩效报告中反映。通过点击每一类绩效的超链接,查询每一等级相关数据。当质量数据出现在实施了电子供应商纠正措施通告(E-SCAN)系统的网站上时,BEST 质量等级就会提供相关链接。

波音公司必须和其供应商共同确保绩效数据的真实性。公司进行的评级过程是为了确保 BEST 供应商绩效评估报告能够准确地反映供应商的绩效。如果供应商认为其绩效等级存在问题或遗漏,可以通过正式或非正式过程要求重新评审,推荐使用非正式过程。①非正式过程:供应商和波音公司的购买订单签订人联系,然后购买订单签订人负责将此事件提交给波音公司和每个过程。②正式过程:供应商通过 BEST 系统反映等级争议问题,然后由购买订单签订人负责处理。

波音公司供应商对绩效评估存在异议时,拥有申诉权利。供应商通过使用评级存在争议的排队系统,记录绩效等级存在的问题,包括质量、交付期和总体绩效评估。波音公司会在 20 天内处理存在争议等级的问题,从而确保数据与近期绩效报告保持一致。同时,波音公司会一步步改进评估存在争议的等级来满足用户需求。波音公司的代表必须及时更新网站内容,使质量体系与网站描述相一致,从而确保存在争议的绩效能在以后的绩效运营中体现,能够查询到存在争议的解释。已经处理过的存在争议的绩效问题不包含在新的绩效报告中,供应商等级会被更正。

诺斯罗普·格鲁曼公司为了激励供应商达到杰出质量水平,制定了白金级原料计划,该计划将供应商分为白金级首选等级以及入门级别的白金级。被定为白金级的供应商表明了诺斯罗普·格鲁曼公司对其的信任。

第七节　质量管理的技术方法

国防采办质量管理是一项专业性较强的管理工作,其发展离不开管理技术方法的创新。美军在国防采办质量管理中通过借鉴国内企业界的成功做法,积极推行精益6σ、质量功能展开、预测与健康管理等先进的质量工程技术方法,对促进质量管理工作的创新发展起到重要推动作用。

一、精益六西格玛管理

(一) 精益六西格玛管理的形成发展

精益六西格玛是由美国摩托罗拉公司提出的6σ管理和日本丰田公司首创的精益生产有机整合的当代最先进的管理模式之一,其精髓是追求六西格玛的质量和精益的速度。σ是指统计学上的标准差,表示一个随机变量相对其平均值的离散程度。达到6σ水平,则意味着一个过程重复100万次,只有3.4次不合格。6σ管理是一种综合解决问题的方法论,旨在通过减少过程变异、持续改进获得近乎完美的质量,其关注于质量和价值,核心目的是增加价值、用户满意;而精益生产是一种消除浪费、优化流程的方法,旨在通过消除一切不必要的浪费降低生产成本,其关注于成本和速度,核心目的是降低成本、提高效率。精益6σ是一种集成了精益生产和6σ管理两种非常重要又相互补充的改进技术的综合方法论,其本质是从用户角度出发,消除浪费,减少变异,提高用户满意度和组织绩效。精益6σ管理作为实施精细化、定量化质量管理的一套热门方法,是现代企业追求卓越绩效的产物,不仅被各国企业界接受,也被各国政府组织采用。

(二) 精益6σ管理的引入应用

为了缓解国防部总经费需求持续增长和国防预算削减的双重压力,节约经费开支、精简组织机构、减少繁冗工作环节、提高工作效率,2002年美国国防部引入精益六西格玛。精益六西格玛最初由陆军武器研发与工程中心率先开展,由于成效显著,国防部于2006年在整个国防部全面推行。精益6σ通过组织的最高管理者即战略倡导者(领航员)、大黑带(黑带大师)、黑带、绿带和项目团队合作(参见图11.14),实施定义、测量、分析、改进和控制(DMAIC)等一系列工作流程(参见图11.15),采用量化的方法分析流程中形成浪费和影响质量的关键因素及其原因,并对影响因素进行测量和排序,提出相应改进方案,从而更好地满足作战部队需要。

(三) 精益6σ管理的指令指示

为了推行和规范精益6σ,国防部陆续颁布实施了一系列的指令、指示和备忘录。2006年5月国防部采办、技术与后勤副部长颁布了题为《建立国防部范围内持续过程改进计划》的备忘录,同时发布了《持续过程改进转型指南》,并于2008年7月进行修订,详述了以精益6σ为主的持续过程改进计划的框架、角色和职责,作为国防部和各军种在实施持续过程改进时的技术指导书。2007年4月发布《国防部范围内持续过程改进/精益6σ》备忘录,国防部采办、技术与后勤副部长指定负责业务改革的副部长办公室组建持续过程改进/精益6σ(CPI/LSS)计划办公室,由采办、技术与后勤副部长直接领导精益6σ工作。

注:战略倡导者(领航员),精益6σ管理活动整体负责人;大黑带(黑带大师),
精益6σ管理的技术总负责人,专职;黑带,较大规模精益6σ项目的负责人,
专职;绿带,结合本职工作完成精益6σ项目的人员,兼职。

图 11.14　精益6σ人员结构

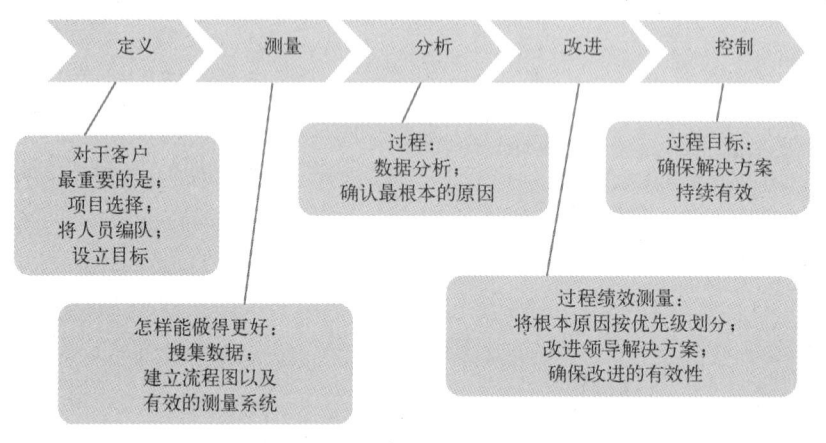

图 11.15　精益6σ工作流程

2008年5月国防部颁布第5010.42号指令《国防部范围内持续过程改进/精益6σ计划》,要求国防部各部局采用精益6σ方法改进效率。作为领导精益六西格玛工作的采办、技术与后勤副部长,职责包括:①组建国防部CPI/LSS计划办公室,以此作为国防部CPI/LSS计划的倡导者;②制定并保持使用于国防部成员单位的CPI/LSS指南、标准和最佳应用实例,包括覆盖整个国防部范围的CPI奖励计划以及与2006年5月颁布的《建立国防部范围内持续过程改进计划》备忘录相一致的CPI/LSS绩效目标。国防部各部局负责:①确保CPI/LSS政策的实施与2006年5月颁布的《建立国防部范围内持续过程改进计划》备忘录中给出的指南以及指令保持一致;②实施CPI/LSS计划来改进整体跨任务和职能的有效性和效率,来获得尽可能大范围的组织改进;③制定并实施适当的教育和培训程序,并增加CPI/LSS职业发展机遇,包括CPI/LSS奖励以及适当的绩效目标;④建立与国防部范围的指南和标准相一致的CPI/LSS教育、培训和认证程序,并为每个从事CPI/LSS活动的职员制定合适的绩效目标。

为了更好贯彻国防部第5010.42号指令,2009年7月国防部发布第5010.43号指示《国防部范围内持续过程改进/精益6σ计划的实施与管理》,详细阐述了精益6σ管理在各组织的实施方法,包括政策制定、职责分工,并在附件中提出了培训和项目目标、工作指南、国防部高级指导委员会的成员和职责等。

从发布非强调性的备忘录和指南,到发布强调性的指令指示,国防部精益6σ管理日趋规范。为了进一步规范精益6σ的管理,国防部还计划制定颁布相关政策,力争在2012年形成"精益6σ制度化战略体系"。

(四) 精益6σ管理的实施成效

精益6σ将精益生产与六西格玛方法有机结合起来,对每一个过程进行定义、测量、分析、改进和控制(DMIAC),既减少过程中的浪费,又控制过程中的波动。精益6σ方法在提高质量的同时,可以很好地兼顾进度、效益等因素,因而受到众多跨国公司的推崇,国防部引入精益6σ也取得了良好效果。

美国国防部通过实施 CPI/LSS 计划,持续改进业务流程,不仅增强了用户满意度,还节约了数十亿美元。自 2007 年 10 月至 2009 年底,美国国防部业务局已经完成精益6σ项目 532 个,培养黑带大师 160 人,绿带 2335 人。到 2009 年美国陆军已经培养黑带大师902 人、绿带 2411 人,完成精益6σ项目 2099 个,陆军评估这些项目带来的节约超过 20亿美元。海军部的众多部门也都实施了精益6σ改进活动,2006 年以来已培训 5000 多名海员和水兵作为精益6σ绿带或黑带,共完成了 2800 多个改进项目,节约经费超过 4.5亿美元,投资收益比为 1∶4。空军部自 2006 年以来已经培养了 260 名黑带、871 名绿带,完成精益6σ项目 4457 个,在没有影响运行能力的情况下缩减了 4 万个人力,并且空军航空后勤中心因为质量改进获得了两个质量管理奖项。

一、质量功能展开

(一) 质量功能展开技术的形成发展

质量功能展开(QFD)是一种直观地把用户或市场的需求逐步转化、展开、分解的多层次演绎分析方法。它起源于日本,1966 年,三菱重工神户造船所针对产品可靠性,提出了质量表,标志着质量功能展开技术的问世。随后,赤尾洋二教授等对质量功能展开技术进行了深入的研究,使质量功能展开技术在方法研究与实际应用的结合过程逐步深化和扩展。据统计,质量功能展开技术的成功应用平均可以为企业节约工程费用 30%、缩短设计周期 30%、降低项目启动费用 20%、降低产品投放市场时间 30%。

20 世纪 80 年代,质量功能展开技术传到了美国,在许多世界级的大公司中得到了有效应用,并成为美国军方和国防企业大力推广的质量工程技术。许多美国军方的管理文件都把质量功能展开列为应推广的质量工程技术。如,1987 年美国空军颁布的《可靠性和维修性 2000 大纲》,1988 年美国国防部发布第 5000.51 号指令《全面质量管理》文件,美国国防部可靠性分析中心出版的《产品可靠性蓝皮书》等都把质量功能展开作为了解和分析用户需求的一种方法。

美国军事工业和宇航工业结合军工产品和航天产品研制特点,对质量功能展开进行了扩展性研究和成功应用。例如,麦道公司在侦察机开发时,全部设计过程以 CAD 模型为基础,将质量功能展开技术用于计算机系统结构;罗克韦尔公司应用质量功能展开技术开发驾驶员逃逸系统;NASA 刘易斯研究中心应用质量功能展开技术为空间探测装置的核热推进系统进行系统分析,综合提出结构和选择关键需求。在 NASA 和美国空军空间系统部联合开发的先进发射系统过程中,质量功能展开技术作为支持手段用于从概念到实施过程传递并跟踪用户需求。此外,美国三大汽车公司共同制定的质量管理体系标准及在此基础上形成的汽车工业质量管理体系的国际标准也将QFD的应用作为要求纳入其中。

当前,质量功能展开技术已经在全球范围,尤其是发达工业国家广泛推行。ISO 10014:2006《质量管理—财务和经济效益实现指南》提供了若干种适用的方法和工具,质量功能展开技术名列其中。近年来,风靡全球的六西格玛管理和并行工程都把质量功能展开技术作为一种重要的技术。

(二) 质量功能展开技术的基本原理

质量功能展开技术是通过建立用图形表示的一系列细化评分表、相关矩阵、关系矩阵的组合,对用户需求、工程措施、需要条件等影响质量的因素和指标进行细化分解、加权评分、相关分析、权衡分析以及反复迭代,最后达到系统优化。

质量功能展开技术的分析模型是通过一系列矩阵展开图表的形式(参见图11.16),来量化分析用户需求与工程措施之间的关系。由于矩阵图表形状类似一座房屋,形象地称作"质量屋"(HOQ),其基本结构要素如下:①左墙:用户需求及其重要度;②天花板:工程措施;③房间:用户要求与工程措施的关系度;④地板:工程措施指标及其重要度;⑤屋顶:相关矩阵;⑥右墙:市场竞争能力;⑦地下室:用于分析技术竞争能力。实际应用中可根据具体要求对质量屋结构的部分内容进行裁剪。

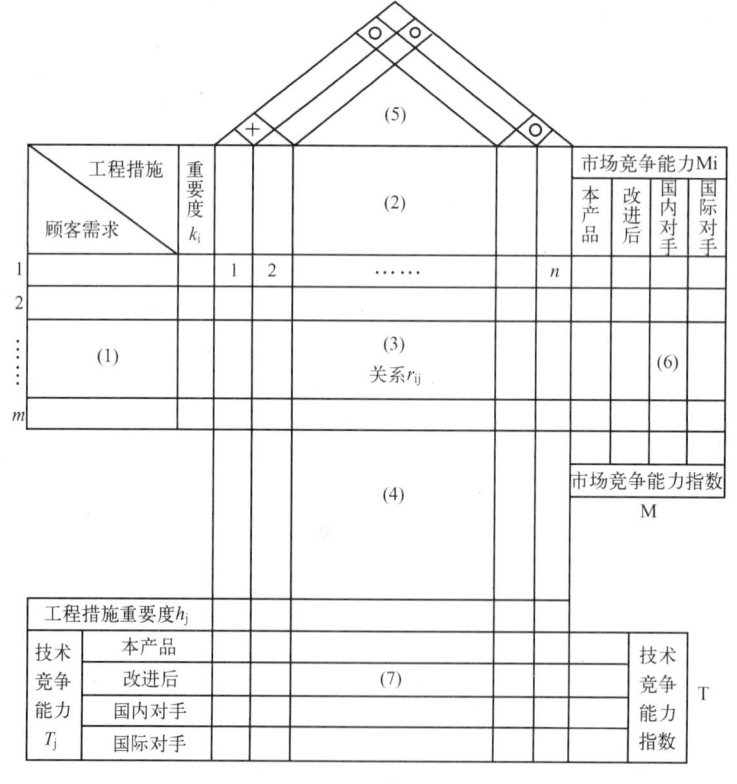

图 11.16 质量屋的结构

产品开发一般要经过产品规划、零部件展开、工艺计划、生产计划四个阶段(参见图11.17)。因此有必要进行四个阶段质量功能展开。根据下一道工序就是上一道工序的"用户"的原理,各个开发阶段均可建立质量屋,且各阶段的质量屋内容有内在的联系。上一阶段质量屋天花板的主要项目(关键工程措施及指标)将转换为下一阶段质量屋的左墙。质量屋的结构要素在各个阶段大体通用,但可根据具体情况适当剪裁和扩充。第一阶段(产品规划阶段)质量屋一般是最完整的,其他阶段的质量屋有可能将右墙、地下室等要素剪裁。图 11.17 表示了四个阶段的质量功能展开。其中零部件展开阶段质量屋"左墙"的用户需求应是产品规划阶段质量屋中关键的工程措施(设计要求),"天花板"是为实现设计要求而提出的零(部)件特性。与此相仿,工艺计划阶段质量屋的"左墙"应为零件特性,"天花板"是工艺要求;生产阶段质量屋的"左墙"应为工艺要求,"天花板"是生产要求。

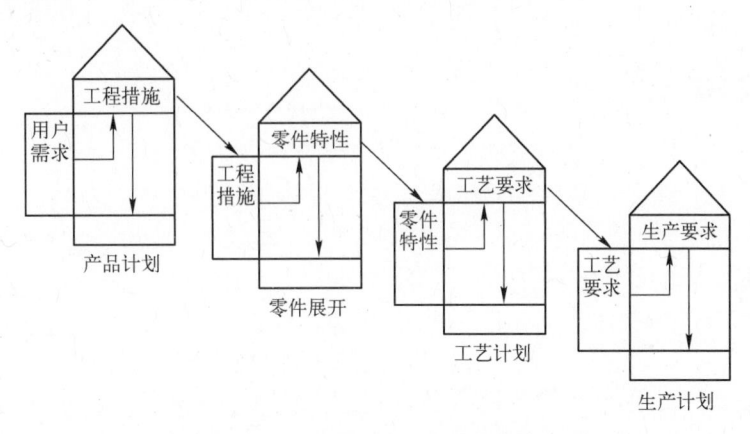

图 11.17 四个阶段的质量功能展开

按照质量屋结构来构建质量屋的过程,就是运用质量功能展开技术进行分析的过程。并不是所有的质量功能展开都需要完整地包括上述四个阶段,根据质量功能展开工作对象的复杂程度,可以按如下原则对四个阶段的质量功能展开进行剪裁或扩充:

(1) 每一阶段质量屋的工程措施应足够具体和详细,适于作为下一个阶段质量屋的用户要求(左墙)。例如,若产品规划质量屋中关键的工程措施不够具体和详细,可能需要在进行零部件展开前增加一层质量屋。反之,若产品规划阶段工程措施对于工艺计划阶段已足够详细,则可省略零部件展开阶段。

(2) 质量屋的规模不宜过大,即用户需求和工程措施的数量不宜过多,以便于操作。一般用户需求不应多于 20 项,工程措施不应多于 40 项。要特别指出,四个阶段的质量屋必须按照并行工程的原理在产品方案论证阶段同步完成,以便同步地规划产品在整个开发过程中应该进行的所有工作,确保产品开发一次成功。质量功能展开是贯彻实施并行工程思想的十分有力的工具。

（三）质量功能展开技术的通用要求

质量功能展开技术的通用要求如下:①选好开展质量功能展开的项目,如新产品开发、质量改进、工艺改进、故障分析、软件开发、分解落实目标的计划、方案选取等;②根据项目涉及面,由相关部门和人员组成多功能小组,明确小组负责人,小组成员不宜过多;③充分地进行市场和用户调研,包括:获取用户需求的原始信息,用户需求细化、归纳、综合并转换成相应的产品质量要求,用户需求重要度排序;④转换产品功能、工程措施等既要利用专家经验,又要尽量运用工程数据库;⑤打分尽量采用公正、科学的数据处理方法,如层次分析法;⑥质量屋规模不宜过大,即项目数量不宜过多,当项目总数过多时,将质量屋进行分解,可以对关键问题单独构建质量屋;⑦把握"用户的声音"的正确传递,避免过分迁就现状;⑧密切结合具体工程技术、目标管理的问题,避免陷入数字游戏、图形游戏,把发现(或称抽取)、分析和解决关键难题(瓶颈问题)作为重点;⑨按照并行工程的原理,在产品开发的早期对整个开发过程进行综合的、并行的设计;⑩注重项目的展开、分解和转换,要不断反复迭代,搞好综合权衡;⑪注重与创新性解决问题理论以及价值工程、田口方法、统计过程控制、故障模式与影响分析、故障树分析、质量控制新老7种工具,制造与装配设计、实验设计等其他质量工程技术的结合使用,构成一个技术体系,在产品开发、目标管理等活动之中灵活应用,尤其是复杂产品研制生产过程中组合式应用,以实现产品研制生产全过程的整体优化。

三、预测与健康管理

(一) 预测与健康管理技术的形成发展

预测与健康管理(PHM)技术的形成与发展是人们认识和利用自然规律过程的典型反映。预测与健康管理技术是在传统的状态(健康)监控和故障诊断技术基础上发展起来的。随着系统和设备性能和复杂性的增加以及信息技术的发展,预测与健康管理技术的发展经历了由外部测试到机内测试(BIT)→综合诊断→预测与健康管理(PHM)系统等发展演变过程。

早期的预测与健康管理系统比较简单,由彼此独立的模拟系统构成,其故障诊断主要采用人工测试,维修测试人员的经验和水平起着重要作用。20世纪80年代以来,美国开展了大量的测试性和机内测试(BIT)理论与应用技术研究,并且取得了很好的成效。为了把机内测试、测试性技术应用到武器系统中去,美国国防部还制定发布了不少有关测试性及诊断方面的军用标准,如 MIL-STD-1591《机载故障诊断子系统的分析与综合》、MIL-STD-415D《电子系统和设备测试设计准则》、MIL-STD-2165《电子系统及设备的测试性大纲》等。

20世纪七八十年代,复杂武器系统在使用中暴露出测试性差、故障诊断时间长、机内测试虚警率高、使用与保障费用高、维修人力不足等各种问题,引起美国军方和工业部门的重视,分别针对自动测试设备(ATE)、技术资料、机内测试及测试性等各诊断要素相继独立地采取了很多措施,力图解决这些使用与保障问题,但结果不理想。经过深入研究发现,问题的根源在于各诊断要素彼此独立工作,缺少综合;而且除测试性和机内测试外,其他诊断要素都是在武器系统设计基本完成后才开始设计的。从解决现役武器系统保障问题的角度出发,美国国防部颁布军用标准和国防部指令,强调采用"综合后勤保障"的途径来有效解决武器系统的保障问题。在此过程中,"诊断"问题成为贯彻综合后勤保障的瓶颈。美国原安全工业协会(现在的国防工业协会)于1983年首先提出了"综合诊断"的设想,对构成武器系统诊断能力的各要素进行综合,并获得了美国军方的认可和大力提倡。

20世纪90年代末以来,随着信息技术突飞猛进的发展和广泛应用,综合诊断系统向测试、监控、诊断、预测和维修管理一体化方向发展,并从最初侧重考虑电子系统扩展到电子、机械、结构、动力等各种主要分系统,形成综合的诊断、预测与健康管理系统的时机已经成熟。美军引入民用领域的基于状态的维修(CBM),作为一项战略性的武器系统保障策略,其目的是对武器系统状态进行实时的或近实时的监控,根据武器系统的实际状态确定最佳维修时机,以提高武器系统的可用度和任务可靠性,这些需要借助预测与健康管理技术来实现。同时,数据的大容量存储、高速传输和处理、信息融合、微机电系统(MEMS)、网络等信息技术和高新技术的迅速发展,意味着允许在机上实时完成更多的数据存储和处理功能,消除过多依赖地面站来处理信息的需要,为预测与健康管理能力创造了条件;加之90年代中期启动的JSF项目提出了经济承受性、杀伤力、生存性和保障性4大支柱目标,并因此提供了自主式保障方案,借此机遇诞生了比较完善的、高水平的预测与健康管理系统。

(二) 预测与健康管理技术的技术原理

预测与健康管理(PHM)是估计未来一段时间内系统故障的可能性以便能及时采取适当措施的一种能力。预测与健康管理重点是利用先进传感器的集成,并借助各种算法和智能模型来预测、诊断、监控和管理武器系统的状态,其目的是提高武器系统的可靠性、维修性、测试性、保障性、安全性和经济可承受性,实现基于状态的维修和自主式保障。

预测与健康管理能使武器系统监测和诊断自身的健康状况,及早预测故障和剩余使用寿命,并且给出使武器系统维修时间最少的解决办法。预测与健康管理的主要任务,是根据当前的设备状态和使用环境,评估设备或系统处于何种健康状态,当设备或系统出现性能下降时,判断是由何种原因引起的性能下降,分析其故障模式,评价偏离正常状态的程度,预测设备或系统未来一段时间的健康状态,评估其剩余寿命,预报其出现故障的时间,并根据预测、评估结果,形成维修决策,指导维修行动。

典型故障预测与健康管理系统一般采用用户机/服务器(Client/Server)分布式结构,由用户层、应用层和支撑层组成,如图11.18所示。其中,应用层由任务管理模块、状态监测模块、诊断预测模块、分析决策模块和数据存储模块构成;支撑层由系统硬件和系统软件构成。

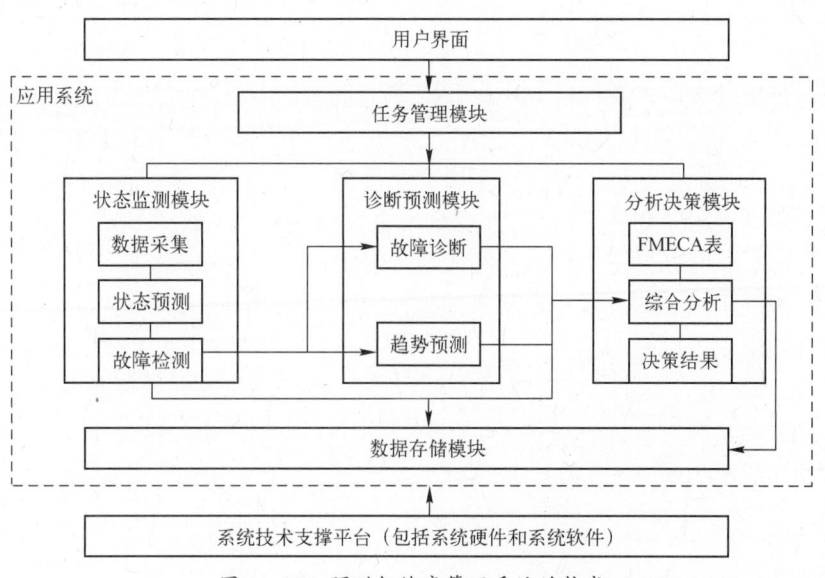

图11.18 预测与健康管理系统的构成

预测与健康管理系统的基本工作流程如图 11.19 所示,系统通过机内测试设备和内置传感器对被测对象进行全方位的监控和数据采集,获取近实时的数据和信息,经验证合格后,对获取数据和信息进行处理,并将处理信息传输给状态预测子模块。状态预测子模块依据原有数据对监测对象的状态进行预测后,将预测结果传递给故障检测子模块。故障检测子模块接收实时状态数据和预测状态数据后,与阈值库中的阈值进行比较,判断当前监测对象是否正常,若发现异常则将异常信息提供给故障诊断预测模块。故障诊断预测模块对异常状态信息识别、分类、推理和解释,以此为基础判断监测对象的故障模式、故障成因和故障位置,并结合先验知识,分析、计算故障的严重程度和发展趋势及部件的剩余使用寿命,将诊断和预测结果传输给分析决策模块。分析决策模块综合诊断和预测结果、FMECA 表、设备当前和以后的任务性质等相关信息,判断是需要继续运行,还是需要补偿、隔离或紧急关机,并提供维修所需信息。其中各模块的分析、计算结果将存储在存储模块中,以备查询、调用及离线分析。

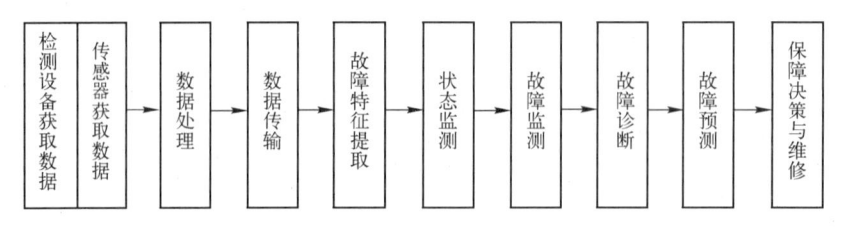

检测设备获取数据 → 传感器获取数据 → 数据处理 → 数据传输 → 故障特征提取 → 状态监测 → 故障监测 → 故障诊断 → 故障预测 → 保障决策与维修

图 11.19　故障预测与健康管理系统工作流程

(三) 预测与健康管理技术的应用成效

随着现代武器系统复杂性、综合化、智能化程度的不断提高,预测与健康管理(PHM)技术在武器系统研制、使用和保障中所起的作用日益显著。据美国陆军航空与导弹司令部司令詹姆斯·迈尔斯透露,一个装备了基于状态维修(CBM)设备的飞行大队,执行任务率可以提高 5%,同时飞行小时数增加近一倍。另据陆军航空和导弹司令部发言人称,这些技术已经装备了约 20% 的陆军航空部队。到 2011 年,35% 的航空部队将完成装备。到目前为止,这种设备已经装备在"阿帕奇"A 和 D 型号,"支奴干"D 和 F 型号以及"黑鹰"A、L 和 M 型号上。

预测与健康管理技术在固定翼飞机和导弹上也开始广泛应用,如 B-2 轰炸机、"全球鹰"无人机、无人作战飞机(UCAV)、"鹰"教练机、C-130"大力神"运输机、P-8A 多任务海上飞机都装备了类似系统。美国空军研究实验室开发的综合系统健康管理(ISHM)系统已开始应用到美国研制空天飞机的(完全可重复使用的太空往返技术(FAST)计划中。美国国防部海军研究办公室支持为海军舰船开发了机械预测和诊断系统(MPROS),帮助海军舰船实现基于状态的维修。近年来,波音公司为首的研究队伍承担了美国海军的一项飞机综合健康管理(IAHM)项目,以 F/A-18、C-17 和 B737 为主要研究对象,重点研究对军、民飞机都适用的一种可互操作的多平台飞机健康管理数据处理与分析方法,其主要目标是显著提高飞机系统可靠性、安全性、维修性、可用性和经济可承受性,从而改进任务性能和作战使用能力。

第十二章 试验鉴定管理

武器装备试验鉴定是指按照规定的条件、程序、要求和方法,对武器系统或部件进行实际操作和测试,获取相关信息和数据并进行分析处理,考核、验证或评价武器装备质量或性能的活动。

美军武器装备试验鉴定贯穿国防采办全过程,分为研制试验鉴定和作战试验鉴定两类。研制试验鉴定主要是考核武器装备的技术性能,验证装备是否达到设计要求,由军方研制主管部门负责试验规划和监督。试验工作一般由专门的研制试验鉴定机构在特定的条件下或可控的环境中进行。作战试验鉴定主要是评价武器装备的作战效能和作战适用性(包括可靠性、可用性、协同性、维修性与保障性等),由军方独立的专门机构实施。作战试验须在逼真的战场环境中进行,由典型建制单位的作战人员操作被试装备。作战试验一般单独进行,也可与研制试验结合进行,但要独立鉴定。

美军非常重视武器装备试验鉴定工作,构建了科学的组织管理体制,建立了丰富的试验资源,形成了与装备发展较为匹配的试验鉴定能力,发展了比较先进的试验理论与方法,试验鉴定结论的应用性和权威性很强,有力地支持了美军装备采办决策。

第一节 试验鉴定概况

试验鉴定过程是系统工程过程的一个有机组成部分,它的主要作用是为决策者提供必要信息,校核和验证能力需求文件中的性能能力,评估技术性能参数的实现程度,确定系统针对预定用途是否是作战有效、适用、可生存和安全的。正如国防部第5000.1号指令《国防采办系统》所表述的:"试验鉴定的构建,应能为决策者提供基础信息,评估达到的技术性能参数,确定系统是否作战有效、适用和可生存的,以及对预定使用是否安全。"在研制的早期阶段,试验鉴定的目的是演示验证概念性方案的可行性、评估设计风险、确认备选设计方案、比较和分析折中方案、评估对作战需求的满足程度。随着系统设计和研制的推进,迭代试验过程的重心逐渐从主要关注工程设计目标实现和技术规范验证的研制试验鉴定,转向综合性越来越强的主要关注作战效能、适用性和生存能力的作战试验鉴定。

在整个采办过程中,国防部长办公厅监督试验鉴定的进展。国防系统全寿命采办过程包括方案论证、风险降低与技术成熟、工程与制造开发、生产与部署和使用与保障5个阶段。这些阶段由关键决策点划分,里程碑决策当局在这些决策点对项目进行审查,评估其发展成熟度,批准其进入下一个阶段。试验鉴定在不同采办阶段,能够及时发现装备采办可能存在的问题、失误或与采办需求的偏差,最大限度地规避性能和作战风险,充分提高武器装备综合战技性能,并为武器装备编配和作战运用原则的确定、武器装备训练与保障要求的提出等积累资料,最终为装备研制、生产和使用提供决策依据,对采办决策提供重要支撑作用。

一、装备方案论证和风险降低与技术成熟阶段

在里程碑 B 之前的装备方案分析和技术开发活动中，由承包商和研制部门实施实验室实验和建模与仿真，以演示验证和评估关键子系统和部件的能力。试验和仿真设计基于记录在初始能力文件中的作战需求。研究部门利用研究、分析、仿真和试验数据，探索和评估旨在满足用户需求的备选方案。在此期间，作战试验部门也监督装备具体方案分析和技术开发活动，为未来试验鉴定规划搜集信息，并提供项目主任要求的效能和适用性方面的信息。如果可行，作战试验部门还要进行早期作战评估，评估备选技术方案的作战影响，并协助选择最优的备选系统方案。

二、工程与制造开发阶段

里程碑 B 决策后，项目正式启动即开始一体化系统设计工作。在此期间，将通过系统工程、分析和设计，对选定的方案、典型的实验模型或早期样机进行细化。在一体化系统设计中，研制部门的研制试验鉴定为工程设计、系统研制、风险确认、评估承包商在实现系统规范和项目目标所要达到的技术性能能力方面提供帮助。研制试验鉴定包括部件、子系统、样机开发模型的试验鉴定。在这一阶段的试验中，要完成充分的研制试验鉴定，以确保工程较好地实施（包括生存能力/易损性、兼容性、运输性、互操作性、可靠性、维修性、安全性、人力因素和后勤保障性）。这一阶段要确认所有重大设计问题都已发现，并找到这些问题的解决方案，支持生产装备审查、物理技术状态审查、系统性能审查，作战试验部门利用模型样机开展作战评估，必要时可组织用户参与支持里程碑 C 决策。

三、生产与部署阶段

随着工程开发模型的所有技术问题得到修正与校核，研制部门就将最终设计转化为低速率初始生产产品。在研制部门考虑确认系统进行初始作战试验鉴定的准备状况时，要对通过低速率初始生产获得的软硬件技术状态和后勤保障系统的成熟度进行评估。系统转入最重要的作战试验阶段——初始作战试验鉴定，军种作战试验鉴定部门要尽可能在逼真作战环境下，组织有代表性的部队，利用生产产品开展作战试验，为批生产决策提供支撑。在做出全速率生产决策后，作战试验鉴定活动以后续作战试验鉴定的方式继续进行。后续作战试验鉴定验证生产系统的作战效能和适用性，确定初始作战试验鉴定中发现的问题是否得到纠正，并评估由于系统局限性在初始作战试验鉴定中未试验的内容。在系统整个寿命周期内，还将进行更多后续作战试验鉴定，以修订条令、战术、技术和训练计划，评估未来增量、改进和升级。

四、使用与保障阶段

连续的全速率生产可以使系统不断部署到使用场所并达到全面作战能力。这个阶段可包括对生产技术状态的重大改进、增量的更新及相关的后续作战试验鉴定。渐进式采办允许增量式推进能力发展和改进，但仍需确保合理的规划，以维持战备状态并支持所有已部署增量，以及一些可能需要重启新计划的重大改进。

第二节 试验鉴定管理体制

美军1986年推行的装备采办管理改革,形成了采办业务指挥线与行政管理线双线管理的格局,并延续至今。美军武器装备试验鉴定采取国防部统一领导与各军种分散实施相结合的管理体制。装备采办业务指挥线主要负责装备采办研发的管理及里程碑决策,协助但不指挥作战试验鉴定工作。美军试验鉴定组织管理体系如图12.1所示。

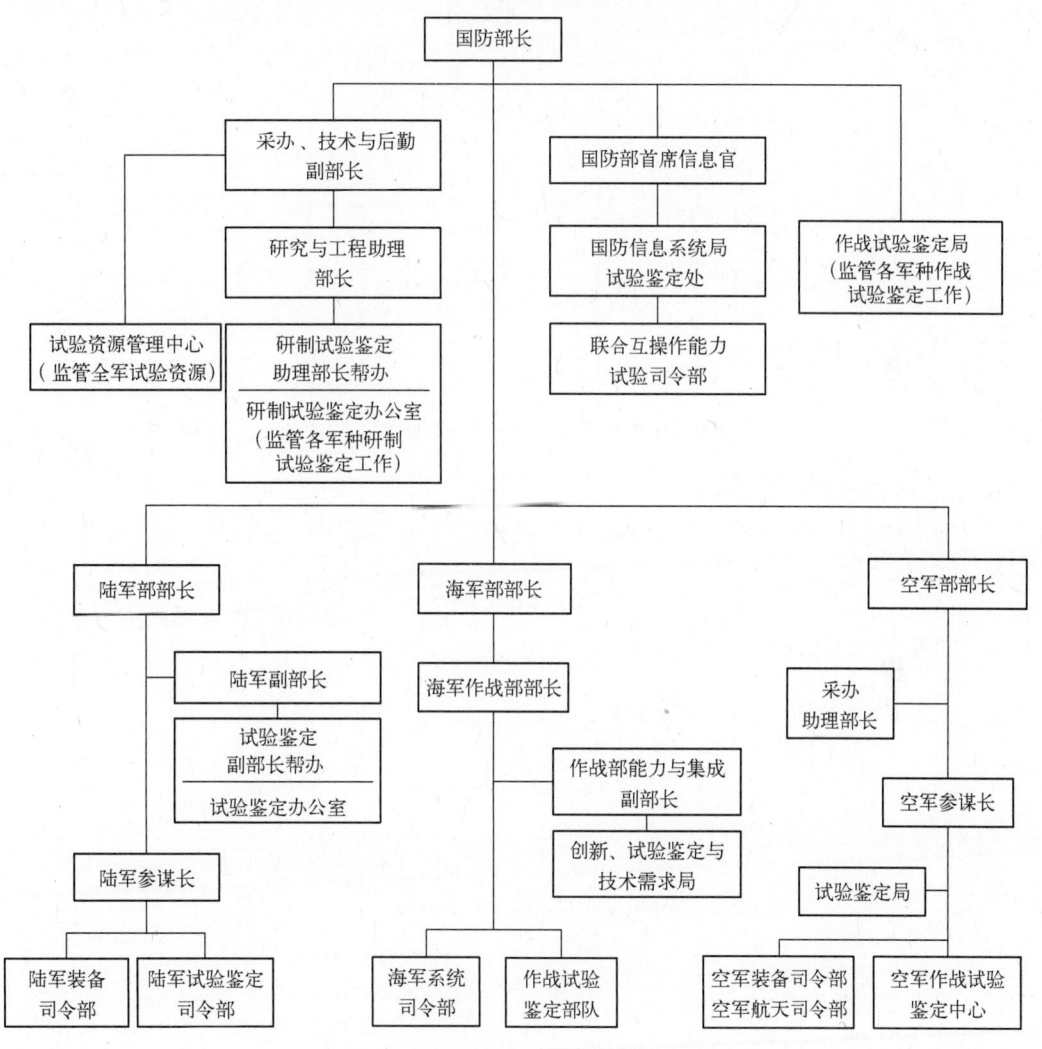

图12.1 美军试验鉴定组织管理体系

一、国防部试验鉴定监管机构

国防部下设研制试验鉴定办公室、作战试验鉴定局和试验资源管理中心,负责指导和监管各军种研制试验鉴定和作战试验鉴定工作,管理国防部试验鉴定资源,监管国防部重点靶场。

（一） 研制试验鉴定办公室

研制试验鉴定办公室直属研制试验鉴定助理部长帮办领导，其主要职责为：监管军种研制试验鉴定工作；制定研制试验鉴定政策与指南；审批重大国防采办项目研制试验鉴定计划；开展重大国防采办项目作战试验准备评估；向国会提交研制试验鉴定年度报告。研制试验鉴定办公室组织机构如图 12.2 所示。

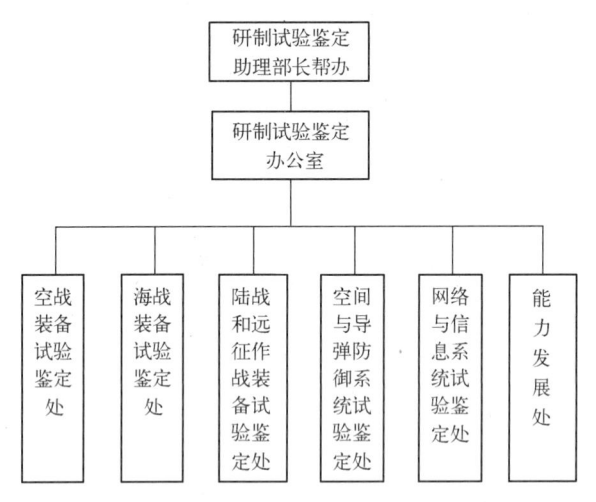

图 12.2 美国防部研制试验鉴定办公室组织机构

（二） 作战试验鉴定局

作战试验鉴定局是美军武器装备作战试验的专门领导机构，直属国防部长领导，对美国三军的作战试验鉴定工作实施统一的管理，其主要职责为：制定、发布作战试验鉴定的政策和程序；指导、监督和评估各军种作战试验鉴定工作；审批重大武器系统作战试验计划和实弹射击计划；独立鉴定作战试验和实弹射击试验并向国防部长和国会提交专门报告。作战试验鉴定局组织机构如图 12.3 所示。

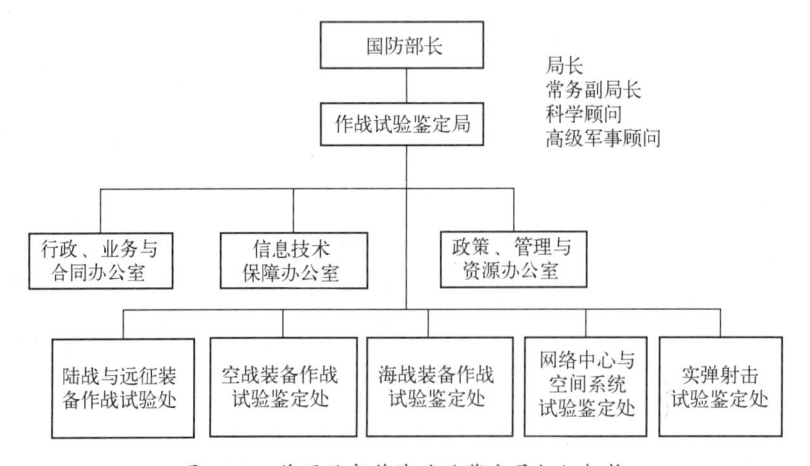

图 12.3 美国防部作战试验鉴定局组织机构

（三） 试验资源管理中心

试验资源管理中心下设战略规划、试验资源、试验基础设施、联合投资计划与政策 4

个分部,其主要职责为:制定两年一度的国防部试验鉴定资源战略规划;审查军种和相关国防机构的年度试验鉴定预算和试验鉴定投资项目经费,制定目标备忘录(POM);监督试验鉴定基础设施使用情况,评估重点靶场试验能力;管理国防部中央试验鉴定投资计划(CTEIP)、试验鉴定/科学技术计划(T&E/S&T)和联合任务环境试验能力计划(JMETC)。CTEIP 主要对国防部试验鉴定设施投资进行协调与规划,发展和采办满足多个军种需求的试验能力。该计划近年主要投资电子战试验、网络战试验、高精度时空位置信息系统等领域。T&E/S&T 主要开展试验技术应用研究和先期技术开发,以保持试验技术与装备发展同步,目前正在开展红外对抗系统试验、高超推进系统试验、高能激光器试验、网络环境试验等领域研究。JMETC 是为适应联合作战试验需求于 2005 年启动的计划,目的是为美军的分布式试验设施提供网络化的互操作手段与能力,实现联合环境下对各种作战能力的试验。试验资源管理中心组织机构如图 12.4 所示。

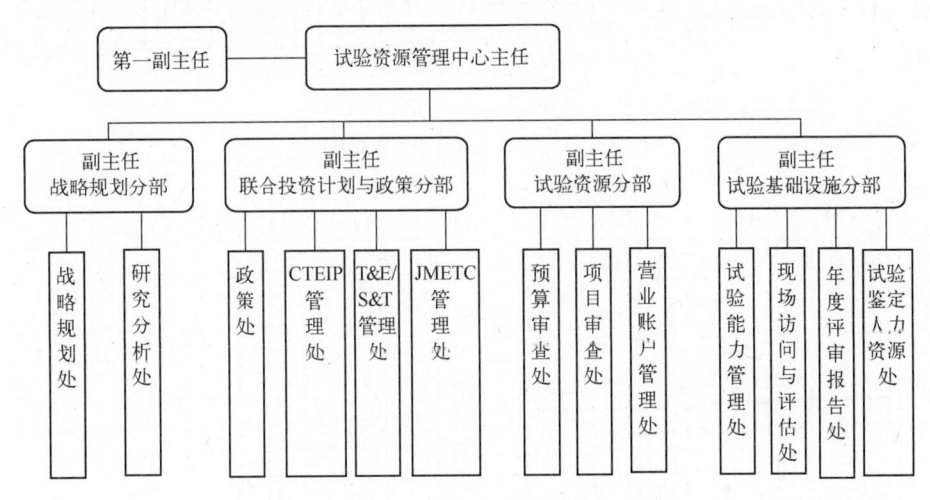

图 12.4 美国防部试验资源管理中心组织机构

二、军种试验鉴定管理机构

军种和国防信息系统局都设有试验鉴定机构和靶场,独立地组织实施本部局的试验鉴定工作。各军种采办行政指挥线,主要负责装备采办需求论证、全寿命过程的组织实施、采办人员管理等工作。

(一) 陆军

陆军的试验鉴定工作由陆军试验鉴定司令部主要负责。陆军试验鉴定司令部下辖作战试验司令部、陆军鉴定中心和各试验靶场。研制试验由陆军鉴定中心组织实施,作战试验由作战试验司令部组织实施;研制试验和作战试验结果的鉴定均由陆军鉴定中心负责。陆军试验鉴定副部长帮办兼任陆军试验鉴定办公室主任,并作为陆军试验鉴定执行官,负责审批所有试验鉴定相关文件。美陆军试验鉴定组织机构如图 12.5 所示。

(二) 海军

海军作战部长负责海军试验鉴定工作。海军创新、试验鉴定和技术需求局(N84)负责试验鉴定的政策指导、计划制定、试验监督和结果报告等工作。研制试验鉴定由海上

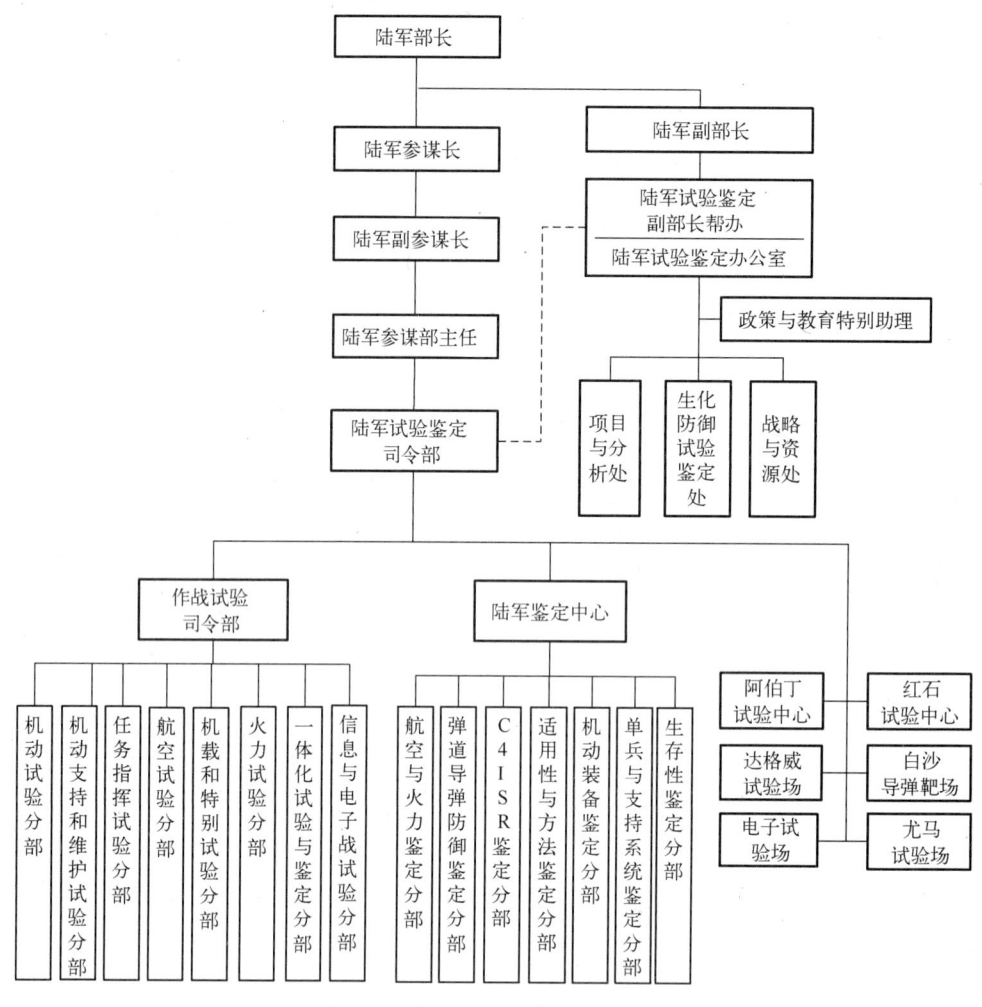

图 12.5 美陆军试验鉴定组织机构

系统司令部、航空系统司令部、航天与海战系统司令部分别负责;作战试验鉴定由作战试验鉴定部队负责,直接向海军作战部长报告工作。美海军试验鉴定组织机构如图 12.6 所示。

(三) 空军

空军试验鉴定工作由空军试验鉴定局管理。试验鉴定局下设政策与计划处、资源与基础设施处、特殊项目处,负责制定政策和工作指南,管理资源和设施,直接向空军副参谋长报告工作。研制试验鉴定主要由空军装备司令部负责,作战试验鉴定主要由空军作战试验鉴定中心负责,空军各一级司令部下属的作战试验机构也承担后续作战试验鉴定任务。美空军试验鉴定组织机构如图 12.7 所示。

(四) 海军陆战队

海军陆战队的研制试验鉴定由海军陆战队系统司令部负责;海军陆战队的作战试验鉴定由直属海军陆战队司令的作战试验鉴定处负责。美海军陆战队组织机构如图 12.8 所示。

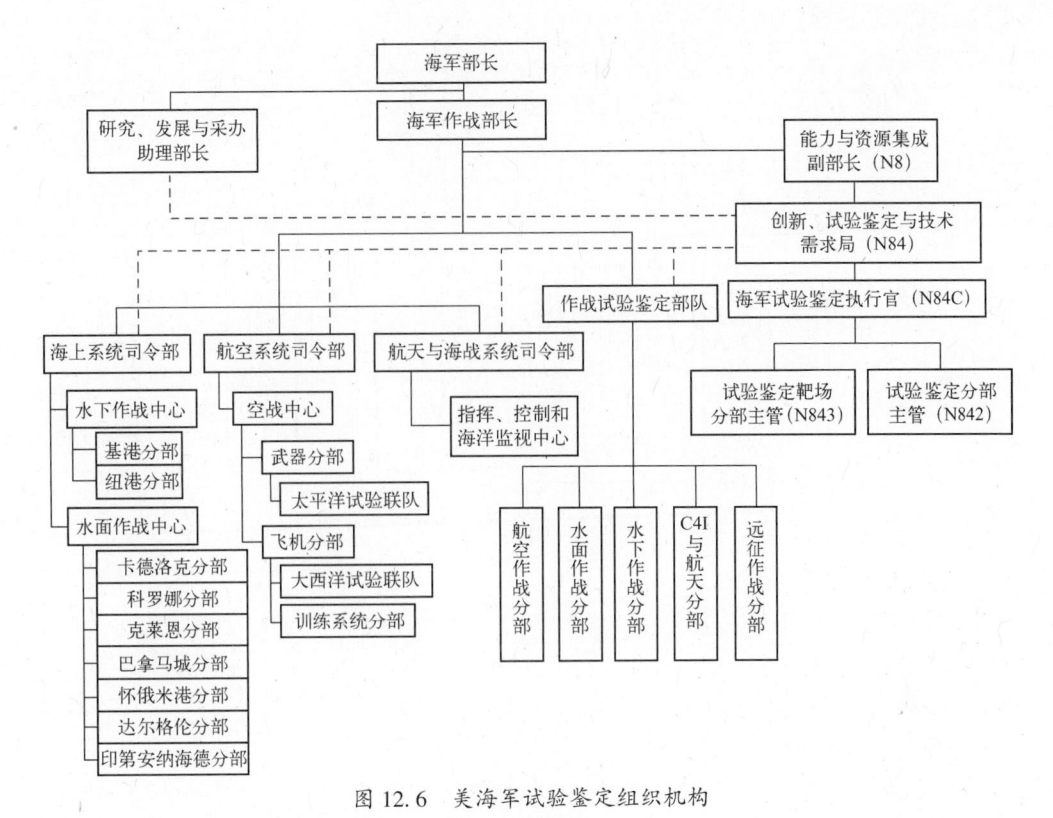

图 12.6　美海军试验鉴定组织机构

图 12.7　美空军试验鉴定组织机构

459

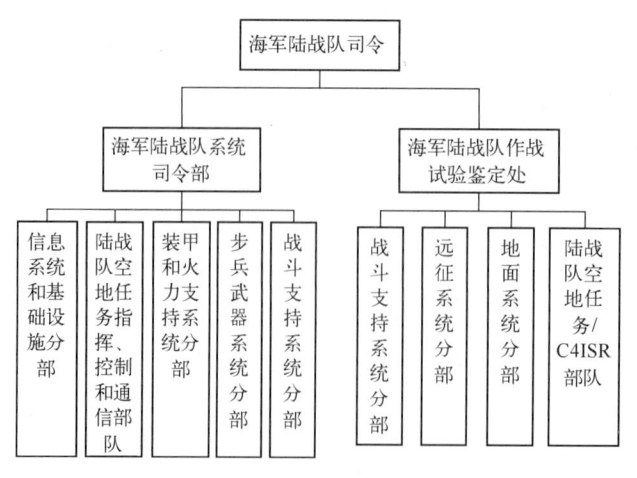

图12.8 美海军陆战队试验鉴定组织机构

（五）国防信息系统局

国防部国防信息系统局主要负责全球网络中心信息和通信解决方案的规划、工程开发、采购、试验、部署和保障。其作战试验鉴定由其下设的试验鉴定处负责，通过联合互操作能力试验司令部进行信息技术和国家安全系统的互操作试验和认证，如国防战备报告系统、主机型安全系统等。国防信息系统局的试验鉴定组织机构如图12.9所示。

三、试验鉴定法规

图12.9 国防信息系统局的试验鉴定组织机构

美军在武器装备试验鉴定法规建设方面已经建立了相对独立、完善的武器装备试验鉴定法规体系，对于规范其试验鉴定活动发挥了至关重要的作用。综合考虑立法及法律效力和适用范围，美军武器装备试验鉴定法规体系在纵向上分为法律、法规和规章三个层次。

第一层属于法律层次，包括美国国会按照法定程序制定的有关武器装备试验鉴定工作方面的法律或法律条款，是美军开展武器装备试验鉴定工作的法律基础，是美军制定武器装备试验鉴定法规和规章的依据。它在武器装备试验鉴定法规体系中处于具有最高法律效力的层次，主要分为两类：①由美国国会按照立法程序，为规范武器装备试验鉴定方面的重大问题，制定的专门的武器装备试验鉴定法律；②包含武器装备试验鉴定内容的其他法律。目前，美国国会还没有制定一部完整、系统的武器装备试验鉴定方面的法律；有关武器装备试验鉴定工作中方方面面关系的规范，均分散地体现在众多不同的法律之中，如《美国法典》《年度国防授权法》等法律中规定了重要试验鉴定类别的地位、作用、范围和法定要求，规定了国防部重要试验鉴定人员的职责、地位、作用和法定要求等。

第二层属于法规层次，主要包括美国联邦政府及其有关部局制定的有关武器装备试验鉴定方面的规范性文件，是美军开展武器装备试验鉴定工作的基本依据，是美军关于武器装备试验鉴定工作的基本政策和程序。它在武器装备试验鉴定法规体系中处于中间层，对上贯彻国会相关法律的要求，对下指导军种试验鉴定配套规章的制定和执行。

在这一层次的法规中,美国国防部关于国防采办(包含支持采办的试验鉴定内容)及试验鉴定方面的指令、指示和条例,构成了这类法规的主体。它们规范了在国防采办过程中试验鉴定的指导思想、政策原则和实施指南,是国防部开展试验鉴定工作的重要依据。美国国防部与武器装备试验鉴定关系最为密切的指令、条例和指示主要有美国国防部5000系列采办文件、国防部第5141.2号指令《作战试验鉴定局长》、国防部第3200.11号指令《重点靶场与试验设施》、国防部第5010.41号指令《联合试验鉴定计划》、国防部第5105.71号指令《试验资源管理委员会》等。

第三层属于规章层次,主要包括国防部下属军种及其所属部门制定的关于武器装备试验鉴定方面的指令、指示和条例等,这一层的法律文件数量最大,规范内容最具体。如陆海空三军有关装备采办和试验鉴定的指令、指示或条例系列,分别规定了本军种的试验鉴定政策、试验鉴定管理和具体试验鉴定类别的实施程序,是各军种及所属部门监督、管理并具体实施武器装备试验鉴定工作的主要依据。陆军条例(AR)分为100多个系列,其中AR 70系列"研究、发展与采办"和AR 73系列"试验鉴定"直接与武器装备试验鉴定有关。海军同武器装备试验鉴定有关的指令和指示、命令主要有海军作战部长指示(OPNAVINST)3811.1C《武器系统规划与采办的威胁支持》、海军作战部长指示(OPNAVINST)5450.332《海军作战试验鉴定部队指挥官》等。空军的指令、指示分为几十个系列,其中99系列是试验鉴定方面的指令和指示,如99-1《空军试验鉴定程序》、99-101《空军作战试验鉴定中心手册》等。

第三节 研制试验鉴定

美军研制试验鉴定是贯穿于武器系统采办过程始终的一种试验鉴定类型,其主要任务是验证技术性能是否达到规定要求,工程设计是否完善。研制试验鉴定是研制方的一种工具,用来证明系统能够按规定运行,同时系统已做好作战试验的准备。在整个系统工程过程中,研制试验鉴定结果可为支持正式设计审查提供有价值的数据。从图12.10中可以看出,研制试验鉴定在系统采办过程中发挥着重要作用。

研制试验鉴定是由承包商和政府在工厂、实验室及靶场中实施的一系列试验鉴定活动,从计划启动前就开始实施,并持续到系统部署后。研制试验的项目较广泛,复杂程度差异很大,既有整系统的试验,也有分系统或部件的试验;它可以采用模型、模拟系统和试验台,也可采用武器系统样机或真实的工程研制模型。研制试验不仅要贯穿采办过程的始终,而且还要循环往复,迭代进行,通过试验—分析—改进—再试验的方法,促进新武器的设计日臻完善。研制试验强调在进行全系统级试验(如飞行试验)前要在真实环境中开展硬件在回路的地面试验,为降低技术风险进行的技术评估还应包括可靠性、维护性与保障性能力以及制造风险的评估,在作战试验鉴定前应进行体系级C_4ISR评估以保证系统间的互操作性。

研制试验鉴定的实施由军方研制部门规划与监督,试验的主要参与方是承包商、军种装备研制人员或机构,而作战试验部门则扮演观察员的角色。试验工作一般由熟练的技术人员在特定的条件或可控的环境下实施。在采办周期的早期研制阶段,系统研制试验主要由承包商实施。当子承包商研制部件和组件时,研制试验由子承包商实施;主承

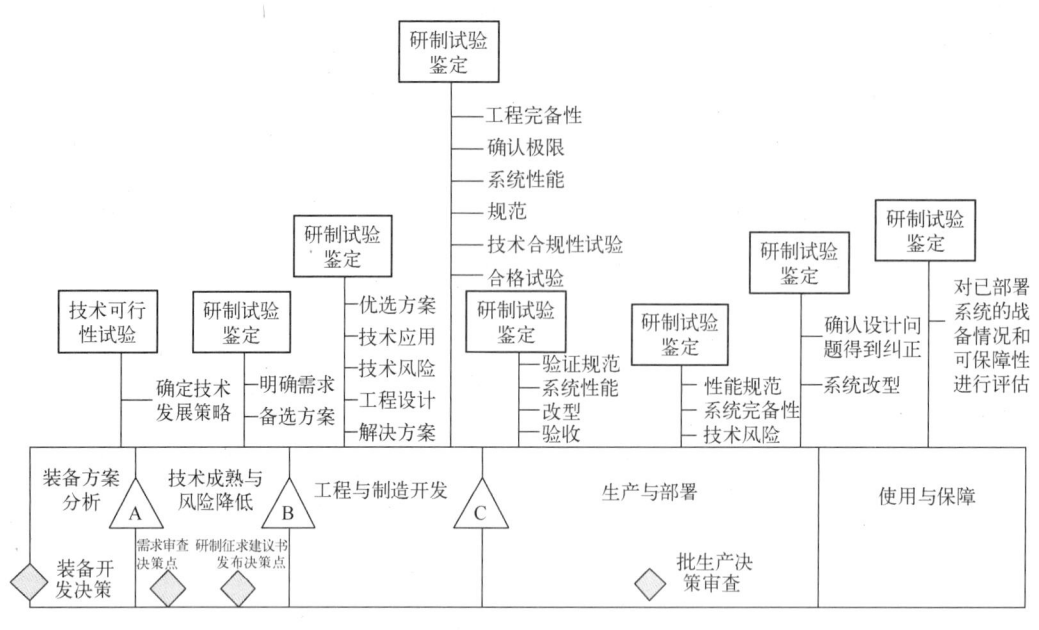

图 12.10 研制试验鉴定在采办过程中的作用

包商完成部件组装与系统集成后,将对集成后的系统开展研制试验;之后军种研制和试验鉴定部门对武器系统是否满足技术规范要求进行验证。国防部部局应制定和实施相关程序,以确定系统性能和完备度是否达到开展初始作战试验的要求。该程序重点是确认系统技术状态冻结且在预期使用环境中对技术成熟度进行演示验证。

一、计划启动前的研制试验鉴定

这一时期的研制试验鉴定主要用于协助进行方案评估,支持计划启动决策。里程碑决策点 B 标志着一个采办项目的正式启动,在此之前试验鉴定的主要目标是协助进行备选方案评估,通过建模、仿真与实验室技术可行性试验对技术开发方案进行演示验证,演示、评估关键子系统和部件的能力,确定要集成到系统中的相应的配套技术。

军种研制部门要为这一阶段的研制试验鉴定和建模仿真活动制定技术发展策略,并形成早期试验鉴定策略。军种试验鉴定人员将利用在此过程中获得的信息支持系统需求审查和技术发展策略中的早期试验规划,以及编写能力开发文件和里程碑的建议征求书。这一阶段的研制试验能支持初始设计审查、备选方案分析、减少承包商数量等多个审查决策。

二、低速率初始生产前的研制试验鉴定

从计划启动到低速率初始生产开始前这段时期,主要包括两个阶段的研制试验活动,即系统集成阶段和系统演示验证阶段。在里程碑 B 决策之后,将开始系统集成工作。系统集成阶段的研制试验通常在承包商设施中进行,既包括部件、子系统、实验性构型或先期发展样机的试验鉴定,也包括与已部署的和在研的设备与系统的功能兼容性、互操作性和综合集成等方面的试验鉴定,可靠性、可用性与维修性(RAM)方面的数据搜集是这一阶段试验工作重要内容之一。在此期间,鼓励运用适当的验证分析和建模与仿真

(M&S)手段,对那些因安全或试验能力限制而无法通过试验直接观察的领域进行评估。建模与仿真能提供系统性能、效能和适用性方面的早期预测,有效降低试验成本。

系统演示验证阶段的研制试验鉴定是利用先期工程研制模型,在可控条件下通过工程和科学方法进行的,为确定该系统是否已做好转入低速率初始生产的准备提供最终的技术数据。通过里程碑C决策审查的系统将进入低速率初始生产(对不需要进行低速率初始生产的非重大系统而言,将直接进入生产或采购;对重大项目、自动化信息系统、作战试验鉴定局感兴趣的项目,以及无生产部件的软件密集型系统而言,将进入以支持作战试验为目的的有限部署)。

三、全速率生产前的研制试验鉴定

系统从最终设计阶段转入低速率初始生产阶段后,开展的研制试验鉴定主要用于评估初始作战试验鉴定的准备情况,主要由政府试验鉴定部门负责实施,可先在工程研制模型或低速率生产样品上进行。在这一阶段,各军种的具体做法不尽相同。海军是通过在更接近实战的试验环境中实施附加的研制试验鉴定进行评估,也称技术鉴定。空军则要制定一份指南,采用结构化的方法,利用模板帮助项目主任对计划的作战试验准备情况进行评估。陆军则先通过开展一系列工程设计试验来评估,确认每个在研项目均符合技术文件的规定要求,再进行一次物理构型审核(PCA),以进行技术审查。在得到联合互操作试验司令部有关系统部件互操作性的确认,并确认初始作战试验鉴定准备就绪之后将由作战试验部门组织实施初始作战试验鉴定。

四、生产、部署、使用、保障阶段的研制试验鉴定

在做出全速率生产决策后,可能还有必要进行一些研制试验,主要用于确认之前试验中发现的设计问题已得到纠正,并对系统改型的生产准备情况进行演示验证,还可能包括一些极端气候条件试验。试验是在受控条件下、在试验性生产或初始生产批次的产品上进行的,可提供定性和定量的数据。为了确保产品按照合同规范生产,要采用限量生产抽样方法,确定系统是否已成功地从工程研制样机阶段转入生产阶段,以及系统是否符合设计规范。当系统所有性能需求都得到满足时,系统各单元综合集成为最终的作战使用构型,针对新系统的研制试验基本结束。

生产部署后的系统如有改进型研制,还需启动针对改进或升级方案的研制试验,以验证系统应对新威胁、吸收新技术和帮助延长使用寿命,或者确定长期储存对系统部件的影响。

在系统接近使用的最终期限时,研制试验鉴定部门可能需要对系统进行技术评估,帮助作战试验部门监测系统作战效能、作战适用性和战备的当前状态,以确定是必须进行重大升级,还是针对存在的缺陷考虑用新系统替代。

第四节 作战试验鉴定

一、作战试验鉴定的定义及其作用

根据《美国法典》第10篇第2399节的法定定义,作战试验鉴定(Operational Test and

Evaluation,OT&E)是为了确定在作战中武器、装备或弹药由典型用户使用时的效能和适用性而在逼真作战条件下针对武器系统、装备或弹药的任意组成(或关键部件)进行的野外试验,以及对此类试验结果的鉴定。作战试验鉴定不能仅是基于专门计算机建模与仿真的作战评估(Operational Assessment),也不能仅是针对系统需求、工程提议、设计规格或者项目文件中其他信息的相关分析。在作战试验鉴定中,关注的重点是在给定的技术性能条件下,在接近真实的使用或作战环境(面对敌方威胁)中,武器装备的作战效能和作战适用性。例如,通过作战试验鉴定,确定战斗机是否具有空中优势、完成作战使命的概率、在一定范围内能捕获目标的能力等。作战试验鉴定对应的鉴定也称为作战鉴定(Operational Evaluation)。

作战试验鉴定的主要作用包括:评估装备满足作战效能、作战适用性和生存能力需求的程度;与现有武器装备对比,评估新装备的优点和不足;评估关键作战问题,如装备完成任务的程度、后勤保障、对其他系统的影响等,特别是武器装备处于敌方威胁的对抗环境(Countermeasure Environment)时的性能;找出在批量生产前需纠正的严重性能缺陷;评估条例条令、编成、操作规范、训练和战术的满意度。

美国国防采办大学出版的《试验鉴定管理指南》认为,作战试验鉴定最重要的作用是:在武器装备研发过程中,提供了一个独立的关于武器装备满足用户需求进展情况的评价。

美国国防采办专家指出,作战试验鉴定是仅有的在实际条件下进行的全系统试验,主要用于确定与基准系统相比较,新系统在完成各种使命时的局限,例如在什么样的情况下系统会表现得更好。作战试验鉴定不以发现重大的设计缺陷为主要目的,设计缺陷主要由研制试验鉴定来发现,作战试验鉴定应更多地作为一种验证性试验。执行作战试验鉴定的前提是系统设计是相对成熟的,并且所有影响系统性能的因素都是已得到充分认识的。

二、作战试验鉴定的原则

美国国防部作战试验鉴定局认为,在武器装备全寿命过程中,作战试验鉴定人员应尽早介入国防采办过程;应考虑使用建模与仿真支持作战试验鉴定的进行,加强试验单位与部队的合作,并且作战试验鉴定应与部队训练与演习最大限度地相结合,以减少试验费用。武器装备的作战试验鉴定应遵循以下三条原则。

(一) 真实性

美军提出"像作战一样试验"的理念,作战试验鉴定的需求来自战场,最终目标也是面向战场,确保武器装备满足作战需求。在进行作战试验鉴定时,应面对预期的代表性威胁,在尽可能真实的条件下,由典型用户或有代表性的人员操作和维护装备。因此作战试验鉴定应是全方位逼真,确保试验结果客观真实。

(1) 强调作战试验环境的真实性,要求自然环境、对抗环境、敌方威胁等方面符合作战实际。作战试验鉴定的真实性直接随系统成熟的程度而变化。采办计划中的早期工作应强调用户的主动介入和面向作战环境。在初始作战试验鉴定期间,在对具有生产代表性的系统进行兵力对抗试验时,应具有最大限度的"作战环境"逼真度。复现逼真作战环境的成功程度直接影响到初始作战试验鉴定的试验报告的可信度。

（2）强调作战运用的真实性，要求武器装备必须按照真实的编配、战术战法等进行试验。

（3）强调操作人员的真实性，要求试验中武器装备的操作人员必须是未来装备使用人员或具备相当水平的人员。人员的真实性体现在：参试人员应当与实际使用武器装备的部队人员具有相同的专业技术水平，必要时应对参试人员进行一定的培训。在初始作战试验鉴定之前进行的作战试验鉴定，一般有承包商对参试人员进行培训。对于初始作战试验鉴定，一般是由承包商对部队训练人员进行培训，然后再由部队训练人员对参试人员进行培训。各军种负责承担进入全速率生产后的作战试验鉴定的培训任务。

所有这些真实性要求都可在相关法律定义中得到：

（1）外场试验包括通常预计会在作战场所出现的所有要素，例如适当的机动地域的大小和类型、环境因素、白天或夜间作战、严酷的生存条件等。

（2）应利用以下要素来复现真实的作战：适当的战术和条令，在应用威胁装备方面经过适当训练的代表性威胁部队，从容应对试验刺激、压力和"恶劣"的作战环境（火焰、烟雾、核生化、电子对抗等），战时的作战进度，实时的伤亡评估，以及要求互操作性的部队等。

（3）任何被试品都具有系统在该时间点最终的具有生产代表性的构型，包括适当的后勤保障部分。

（4）通过选取各种技能水平和等级的经过充分训练的预定作战使用部队，获得进行作战试验的军事用户。选择"金牌驾驶员"或"最优秀人员"既不能提供反映试验成功的数据，也不能反映典型部队"良莠不齐"的问题。

（二）独立性

美军形成了独立于采办管理体系并由国防部顶层领导、军种组织管理、实施机构具体执行的作战试验鉴定管理体系，确保作战试验鉴定的客观公正。

（1）设立顶层监管机构，保障作战试验鉴定权威地位。作战试验鉴定局局长由总统任命，向国防部长和国会提交作战试验鉴定报告、代表国防部参与国会听证，体现了作战试验鉴定的权威地位；作战试验鉴定局通过审查作战试验鉴定计划、监督军种作战试验鉴定组织实施，保证作战试验鉴定开展的充分性。

（2）明确职责分工，各司其职体系运行。作战试验鉴定局负责顶层监管，项目管理办公室负责试验协调，军种作战试验机构负责计划与实施，靶场负责提供试验保障与支撑，作战使用部门负责操作被试装备，各层级职能明确，分工协作，确保作战试验鉴定的有效、有序开展。

（3）注重监督制衡，避免滋生腐败。作战试验鉴定局独立于采办部门和使用部门，发挥作战试验鉴定部门对采办部门的监督作用；采办部门必须将作战试验结果作为决策的重要依据，但不是唯一依据；试验靶场承担试验任务取得试验数据，军种作战试验鉴定部门负责数据分析提出试验结论，提高作战试验鉴定结果的客观公正性。

美国国防采办大学出版的《试验鉴定管理指南》指出，作战试验鉴定应遵守以下三条理念：充分（Adequacy），即试验数据量与试验条件的真实性必须足够充分，能够支持对于关键作战问题的考核；质量（Quality），即试验计划、试验事件的控制、数据的处理必须能够支持清晰与准确的试验报告；可信（Credibility），即试验的实施和数据的分析处理必须不受外部因素和个人偏见的影响。

（三）基于比较的评估

美国国防部强调,采办项目的最终目的是:提供的装备应满足用户要求,在完成任务能力与作战支援方面有可度量的改进与提高。美国防部作战试验鉴定局认为,这是进行武器装备作战试验鉴定的重要准则。根据这一准则,为了应对武器装备日益增长的复杂性以及难以清晰表述需求的问题,作战试验鉴定局提出了关于作战试验鉴定的新思想:作战试验鉴定应基于对现有系统与新系统在完成任务能力方面的直接比较,而不是仅依据对技术规范符合性的度量。

基于比较的评估在其他方面也有作用。过去,常常出现新武器装备难以满足规范要求,但是通过与现有武器装备在完成任务能力方面的比较,就可以对新系统做出有价值的作战鉴定。F-22战机的初始作战试验鉴定是这方面的典范。为了评估F-22战机的护航能力,分别用F-22、F-15战机护航以鉴定完成攻击任务的水平,将试验结果进行对比后,就得到相对于F-15来说,F-22战机护航能力可测量的改进。另一个例子是M270A1多管火箭炮系统,该系统虽然没有满足发射后在给定的时间内行驶的时间要求,但它却能提供远优于现有系统的作战能力及生存能力。

三、作战试验鉴定的范围

作战试验鉴定考核的重要方面是作战效能和作战适用性,两者的定义如下:

（1）作战效能,是指在考虑相应机构、条令、保障能力、生存能力、易损性和威胁(包括对抗措施、核威胁、核效应和核生化威胁)环境的逼真场景(自然、电子和威胁)中,采用在"后续作战试验鉴定"(FOT&E)早期发展的战术和技巧,作战人员运用武器系统遂行任务的程度。

（2）作战适用性,是指武器系统可用于野外作战的程度,主要包括以下专门鉴定:可用性、兼容性、运输性、互操作性、可靠性、战时使用率、维修性、安全性、人的因素、人力可保障性、自然环境效应和影响、后勤可保障性以及文件和训练需求。

各军种士兵是否能够运用系统完成作战任务,这是对系统进行作战效能和适应性鉴定和报告的基础。对此类鉴定而言,适当的环境还应包括被试系统和遂行作战任务所需的全部相关的系统(如计划或预期中的相关武器、传感器、指控系统和平台构成的环境)。由于相关数据主要用于测试武器系统在预期环境中的军事效应,因此这些数据又被称作"效能量度"(MOE)。图12.11描述了作战试验鉴定的范畴。

四、作战试验鉴定的类型

（一）全速率生产前的作战试验鉴定

全速率生产前的作战试验鉴定主要包括以下三种类型。

1. 早期作战评估

早期作战评估(Early Operational Assessment, EOA)是从概念细化或技术开发阶段开始进行的,早期作战评估也可能延续到系统集成阶段。早期作战评估主要是在研制阶段预测和评估武器装备潜在的作战效能和适用性。早期作战评估一般是用经验数据、实验模型、代用品、建模与仿真、演示模型等进行的。在概念细化与技术开发阶段,早期作战

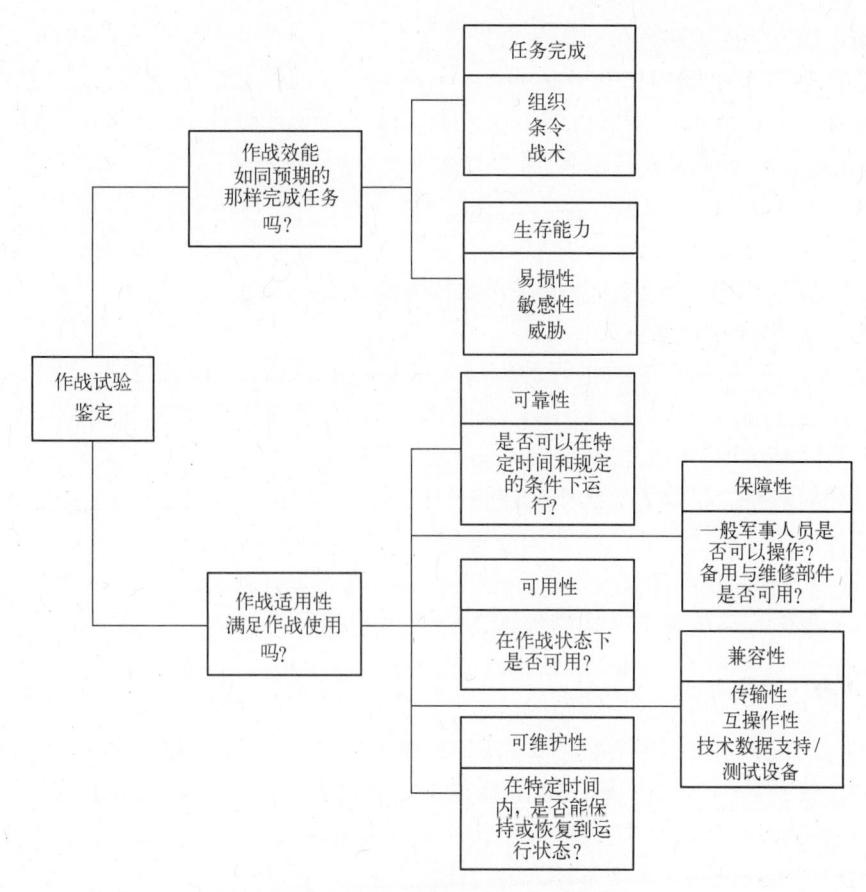

图 12.11　作战试验鉴定工作范畴

评估的目标主要是：辅助评估不同的备选方案的能力缺陷和作战效能，支持对武器装备军事价值以及对部队的影响、装备的经济可承受性以及全寿命周期费用的评估。

2. 作战评估

作战评估(Operational Assessment，OA)是指对装备进行的系统级的作战性能评估。作战评估通常从系统集成阶段开始，一直持续到小批量生产阶段。作战评估可以使用多种数据，包括使用工程研制模型、模拟器或预生产件试验得到的数据和通过模型与仿真得到的数据等。作战评估通常在里程碑 C，即小批量试生产决策之前进行。

3. 初始作战试验鉴定

初始作战试验鉴定(Initial Operational Test and Evaluation，IOT&E)是在小批量生产阶段，由典型的用户操作装备，采用有生产代表性的生产件在接近真实战场环境下进行的。初始作战试验鉴定必须在全速率生产决策前完成。

初始作战试验鉴定的主要目的是鉴定武器装备的作战效能和作战适用性，特别是应关注在系统能力生产文件中规定的关键性能参数(KPP)、试验鉴定主计划(TEMP)中给出的关键作战问题(COI)。

初始作战试验鉴定由独立的作战试验鉴定机构组织进行，主要用于支持批生产决策，即逾越低速率生产决策。国防承包商一般不能参与初始作战试验鉴定过程(除非在真实作战时承包商也会参与)。对于重大项目，初始作战试验鉴定的结果将由国防部作战试验鉴定局直接向国防部长或国会报告。

初始作战试验鉴定的主要评估内容包括：①系统的作战效能和作战适用性；②系统的生存能力；③系统的可靠性、维修性和综合保障；④系统的人力与人员、培训和安全需求；⑤系统的作战编成与部署；⑥系统的训练与保障需求；⑦系统进入批量生产的条件。

根据美国国防部的国防采办管理指南，各军种应在采办里程碑B、C提供作战试验鉴定报告，并且在全速率生产决策点提供初始作战试验鉴定的报告。

（二）后续作战试验鉴定

在全速率生产决策点之后进行的作战试验鉴定称为后续作战试验鉴定(Follow-on Operational Test and Evaluation, FOT&E)。通常，后续作战试验鉴定在与初始作战试验鉴定类似的战术环境下，用已部署到部队的武器装备进行。实施后续作战试验鉴定所用的试件数量相对较少。早期的后续作战试验鉴定一般在系统具备初始作战能力后实施，以评估全系统能力。它由作战试验部门或指定的单位实施，以验证对系统缺陷的改进，如有必要，还要对初始作战试验鉴定未鉴定的系统训练以及后勤保障进行评估。后期的后续作战试验鉴定在系统整个全寿命周期内针对生产的产品实施。试验的结果将用来提炼对作战效能和适用性的评估，更新训练、战术、技术与条令，鉴别作战缺陷以及对改进部分进行评估。这种后期的后续作战试验鉴定由作战司令部实施。

后续作战试验鉴定的主要目的是：评估系统升级或改型的影响；完成延迟的初始作战试验鉴定活动；评估对在初始作战试验鉴定中发现的缺陷所采取的纠正措施的效果；评估系统的可靠性、保障性等；评估采用新战术或面对新威胁时武器装备的性能；评估在已完成的初始作战试验鉴定中未评估的性能。

（三）合格作战试验鉴定

合格作战试验鉴定(Qualification Operational Test and Evaluation, QOT&E)是美国空军采用的一种作战试验鉴定类型。合格作战试验鉴定主要是为了评估不需要研究和发展经费资助而只针对现有武器装备进行的小的改进效果。由于没有专门的研发项目资助，合格作战试验鉴定可以作为初始作战试验鉴定替代。

例如，A-10飞机是美军的一种近距空中支援飞机，主要承担对敌地面部队的攻击任务。由于其使命扩展到空中自卫，A-10飞机加装了AIM-9空空导弹。为了评价A-10空空自卫系统的作战效能和作战适用性，美国空军就实施了合格作战试验鉴定。

五、作战试验鉴定机构

美军的作战试验鉴定活动通常由国防部作战试验鉴定局进行监督。除了国防部作战试验鉴定局，在美军的各个军种，都有一个独立于研制部门、采购部门和装备使用部门的机构组织实施作战试验鉴定，称为独立作战试验鉴定机构(OTA)。美军各军种的独立作战试验鉴定机构主要有①陆军试验鉴定司令部；②海军作战试验鉴定部队；③空军作战试验鉴定中心；④海军陆战队作战试验鉴定司令部。

此外，美国国防信息系统局指定联合互操作试验司令部以及特种作战司令部为其独立的作战试验鉴定机构。

第五节 实弹射击试验鉴定

实弹射击试验鉴定主要是用于评估在研武器系统的生存能力和杀伤力。1984年3月,美国防部长办公厅批准执行一项联合试验鉴定计划,即"联合实弹射击计划"。该计划旨在对美国一些选定的装备和已部署的威胁系统进行易损性和杀伤力评估。在此期间,美陆军"布雷德利"战车系统的实弹射击试验产生了很多争论,这些争论经过召开国会听证会以及经过媒体曝光,由此产生了一些规定,被纳入了1987财年的美国国会《国防授权法》。

1987财年《国防授权法》特别规定,重大项目(即采办类别Ⅰ类和Ⅱ类项目)在进入低速率初始生产之前必须完成生存能力和杀伤力试验。该法案还要求对符合一定标准的重大采办项目(即所谓的"有掩护的系统")都要纳入国防部长办公厅管理的实弹射击试验计划。

根据作战试验鉴定局局长备忘录,"有掩护的系统"是指作战试验鉴定局代表国防部长所确定的重大系统,包括:①使用者拥有的、旨在在战斗中为其提供一定保护的系统;②常规弹药计划或导弹计划;③计划采购达100万发以上的常规弹药计划;④对"有掩护的系统"进行的能极大提高其生存能力和杀伤力的改进计划;⑤指定要进行由作战试验鉴定局局长监督的实弹射击试验鉴定的任何其他系统或计划。

一、实弹射击试验类型

实弹射击试验种类很多,表12.1中描述了各种可能的实弹射击试验类型,其中全尺寸、全载荷试验通常被认为是最真实的。

表12.1 实弹射击试验类型

	载荷	
	全载荷	惰 性①
系统级	完整战斗配置系统:带有易燃物(例如人员搭载试验,飞机"验证"试验)	完整系统:不带易燃物(例如在真实坦克上进行的新装甲试验,飞机飞行控制试验)
子系统级	部件、子部件:带有易燃物(例如燃料电池试验、装甲后试验、模型飞机、发动机点火试验)	部件、子部件:结构、末弹道、弹药性能、装甲后试验、战斗部特性(例如装甲/战斗部对抗试验,飞机部件结构试验)

① 在某些情况下,靶标为"半惰性"型,就是说靶标上装有一些易燃物,但不全装(如带有燃料和液压流体,但弹药是模拟的完整坦克试验)

全尺寸试验的重要性在联合实弹射击试验中得到了很好的验证。例如,试验结果证明F-15和F-16战斗机使用的新液压流体的可燃性与先前的结论相矛盾。实验室试验曾表明这种新液压流体的易燃性比标准液压流体低。然而,在联合实弹射击试验期间,有30%被击中的新液压流体起火,而被击中的标准液压流体中只有15%起火。

尽管通过部件或子系统试验可获得许多有价值的知识,但有些现象只有在全载荷系统试验时才能观察到。这类现象的相互作用称为"串联式毁伤"。这样的毁伤是在"真实世界"中起作用的复合毁伤机理的结果,并且这种毁伤在实战中可能发生。

实弹射击试验提供了一种检查毁伤的手段,不仅可以检查装备的毁伤情况,而且还可以检查人员的损伤。例如,根据作战试验鉴定局局长备忘录,从 2007 年到 2010 年,执行了大量的硬体装甲射击测试,但没有声音测试操作步骤。在国防部总监察长的建议下,作战试验鉴定局制定了硬体装甲射击侵入试验操作规程,并且确认该规程在国防部范围内实施。

人员伤亡问题是实弹射击试验计划所要考虑的一个重要问题。该计划为评估人员在作战中可能遇到的复杂环境的影响提供了可能(例如,火、毒气、钝器伤害撞击以及噪声伤害)。

二、管理者及标准

作战试验鉴定局负责管理国防部实弹射击试验鉴定计划。这类试验工作必须在研制过程的初期尽早开始,以便能对设计产生影响,并为全速率生产决策审查和国会委员会所要求的国防部长办公厅实弹射击试验报告及时提供试验数据。各军种详细的实弹射击试验计划必须经过作战试验鉴定局的审查和批准,而且这种试验必须在计划项目的试验鉴定主计划第 3 部分中加以说明。

当进行实弹射击试验鉴定非常昂贵或不现实时,对于 ID 类采办项目,国防部长授权国防部采办、技术与后勤副部长有权免除系统在通过计划初始里程碑之前进行全载荷系统级实弹射击试验鉴定的要求;对于 II 类采办项目,则授权军种采办执行官行使这一权利。但是,仍须完成替代的易损性和杀伤力试验鉴定计划。要进行实弹射击试验或指定要监督的项目列在国防部长办公厅年度试验鉴定监督清单中。

实弹射击试验标准的规定条款总结如表 12.2 所列。

表 12.2 《美国法典》中关于实弹射击试验的关键部分总结

"有遮蔽系统"指: （A）战车:武器平台或者常规武器系统。其中,常规武器系统指: 　　（ⅰ）具备为战争中的用户提供一定程度保护的特性的系统; 　　（ⅱ）在标题 10,2302(5)部分定义的重大系统。 （B）国防部长为了本部分的目的指定的任何其他系统或计划。 "主弹药计划"指: （A）计划采购达 100 万发以上的弹药计划; （B）常规弹药计划,即在标题 10,2302(5)部分含义范围内的重大系统。 "现实生存力测试"是指,"有遮蔽系统"(或者"有遮蔽系统"的"遮蔽生产改进计划")通过向战斗配置系统发射在战争中可能遭遇的弹药(或者具有类似效能的弹药)来测试系统在战争中的生存力,并强调测试在有人员伤亡条件下的生存力,强调同等考虑攻击生存能力与系统战斗性能。 "现实杀伤力测试"是指,主要弹药计划或者导弹计划(或者此类计划的遮蔽生产改进计划)通过向合适的战斗配置靶标发射弹药或者导弹来测试其杀伤力。 "战斗配置"是指搭载或者装配了各种在战争中常见的危险材料(包括各种易燃物和易爆的)的武器系统、平台或者车辆。 "遮蔽生产改进计划"是指: （A）能够有效提高(国防部长指定的)"有遮蔽系统"生存能力的修改或者升级计划; （B）能够有效提高(国防部长指定的)"重要弹药计划"或者导弹计划杀伤力的修改或者升级计划。

三、建模与仿真的作用

传统上生存能力和杀伤力评估主要依赖于建模与仿真技术。实弹射击试验计划不能代替对这类技术的需求。这些仿真预测非常有用,主要原因有:①可以辅助试验规划过程,如果模型预测不会发生毁伤,则试验设计人员和规划人员应重新检查所选发射线路或重新评估威胁表征的精确性;②实射前模型预测为各军种提供了验证模型精确度的可能,各军种可以通过将模型与实际联合实弹发射试验结果进行比较来确认模型的精确度,同时实弹射击试验计划还能揭示现有模型与仿真中不存在的毁伤领域;③实射前模型预测可用于帮助节约珍贵的靶标资源。

四、实弹射击试验过程说明

实弹射击试验计划必须作为试验规划的一部分,并包含在试验鉴定主计划中。实弹射击试验指南中的重点应包括:

(1)实弹射击试验鉴定的详细试验鉴定计划是国防部长办公厅和各军种用于规划、评审和批准实弹射击试验鉴定的基本规划文件。各军种至少应在试验开始前30天内将计划提交给作战试验鉴定局进行审批。

(2)实弹射击试验鉴定计划必须包含有关系统性能、战技术指标、关键试验目标以及鉴定过程的一般信息。

(3)每份实弹射击试验鉴定计划必须包括全系统的试验。在全载荷试验之前,可以使用作为子系统的生产部件进行一些有限的实弹射击试验。

(4)各军种在实弹发射试验完成后的120天之内必须以保密和公开两种形式提交军种报告。该报告必须包括发射结果、试验条件、限制和结论。

(5)在接到军种报告的45天之内,由作战试验鉴定局编制一份单独的实弹射击试验报告,经国防部长批准后提交给国会。该报告的结论应由作战试验鉴定局独立给出,而不受军种报告结论的影响。实弹射击试验鉴定报告可以包含在由作战试验鉴定局完成的武器系统逾越低速率初始生产报告中。

(6)国会应能获得由有关的军种部长及国防部长办公厅持有或完成的所有实弹射击试验数据和所有实弹射击试验报告。

(7)所有实弹射击试验的费用都应从被试系统投资中支付。在某些情况下,作战试验鉴定局负责实弹射击试验的副局长可以有选择地追加靶标或靶标模拟器的采办经费,但最终经费仍由有关军种承担。

五、生存能力与易损性信息分析中心的作用

生存能力与易损性信息分析中心是国防部有关美国及国外航空与地面水面系统非核生存能力/易损性数据、信息、方法、模型以及分析的中心。其职责是收集、分析和发布信息,包括飞行器、地面战车、舰船和航天器的生存能力和易损性各个方面的信息,以及传统的国土安全威胁,包括化学、生物、定向能以及非杀伤性武器等。

生存能力与易损性信息分析中心由承包商运营,该中心由国防技术信息中心通过联合飞行器生存能力规划办公室和联合技术协调小组等若干组织的支持来资助。生存能

力与易损性信息分析中心可以提供的其他服务包括:关于生存能力和易损性的大型图书馆;历次战争毁伤数据库;能访问一套已获准使用的建模和仿真数据。

第六节　试验鉴定规划计划

美军武器装备试验鉴定规划由项目管理办公室具体组织,领导一体化试验小组试验拟制顶层规划文件——《试验鉴定主计划》,牵头研制试验鉴定机构和牵头作战试验机构依据该计划制定详细的研制试验计划和作战试验计划,指导研制试验和作战试验工作的实施。

一、制定试验鉴定主计划

装备研发决策后,项目主任应尽快指定一名首席研制试验官(一般是项目副主任),来负责协调所有研制试验鉴定活动的规划、管理和监督;指定一个政府试验机构作为牵头研制试验鉴定机构,来具体开展研制试验鉴定活动;确定牵头作战试验机构负责项目作战试验的规划与组织实施;成立一体化试验小组,制定试验鉴定策略和《试验鉴定主计划》。

一体化试验小组包括系统工程、研制试验鉴定、作战试验鉴定、实弹射击试验鉴定、用户等相关方的授权代表,研制试验人员和作战试验人员分别制定试验鉴定主计划中的研制试验、作战试验部分。初始的《试验鉴定主计划》在里程碑 B 之前形成,根据需要在里程碑和批生产决策审查前进行更新。《试验鉴定主计划》包括所有试验阶段和试验事件的进度安排、试验准入/准出标准、资源需求等,是试验鉴定活动的基本遵循和指导。

如表 12.3 所列,《试验鉴定主计划》主要包括四部分内容:第一部分为引言,概述试验目的、任务要求和武器系统基本情况;第二部分为试验计划管理与进度表,包括试验鉴定管理机构的职责及相互关系、计划更新和试验进度安排等;第三部分为试验鉴定策略,包括试验鉴定概述、试验鉴定的内容、范围、方法等;第四部分为资源概要,确定开展试验鉴定工作所需的资源和设施。

表 12.3　试验鉴定主计划内容

第Ⅰ部分　引言
目的;任务描述;系统描述
第Ⅱ部分　试验计划管理与进度表
试验鉴定管理;通用试验鉴定需求;缺陷报告;试验鉴定主计划更新;一体化试验计划进度表
第Ⅲ部分　试验鉴定策略
3.1 试验鉴定策略
3.2 鉴定框架
3.3 研制鉴定方法
3.4 实弹射击鉴定方法
3.5 初始作战试验鉴定认证
3.5.1 作战试验准备评估
3.6 作战鉴定方法
3.6.1 作战试验目标
3.6.2 建模与仿真
3.6.3 试验限制
3.7 其他认证
3.8 可靠性增长

(续)

```
3.9 未来的试验鉴定
第Ⅳ部分  资源概述
    4.1 引言
        4.1.1 试验条件
        4.1.2 试验场所和仪器设备
        4.1.3 试验保障设备
        4.1.4 威胁表征
        4.1.5 试验靶标和消耗品
        4.1.6 作战部队试验保障
        4.1.7 模型、仿真和试验台
        4.1.8 联合作战试验环境
        4.1.9 特殊需求
    4.2 联邦、州和地方需求
    4.3 人力/人员训练
    4.4 试验资金概述
```

国防部研制试验鉴定助理部长帮办负责审批《试验鉴定主计划》中的研制试验鉴定部分,作战试验鉴定局局长负责审批《试验鉴定主计划》中的作战试验鉴定部分。根据批准的《试验鉴定主计划》,牵头试验鉴定机构制定详细的试验鉴定计划,其中作战试验和实弹射击试验鉴定计划需提交作战试验鉴定局审批。《试验鉴定主计划》审批流程如图12.12所示。

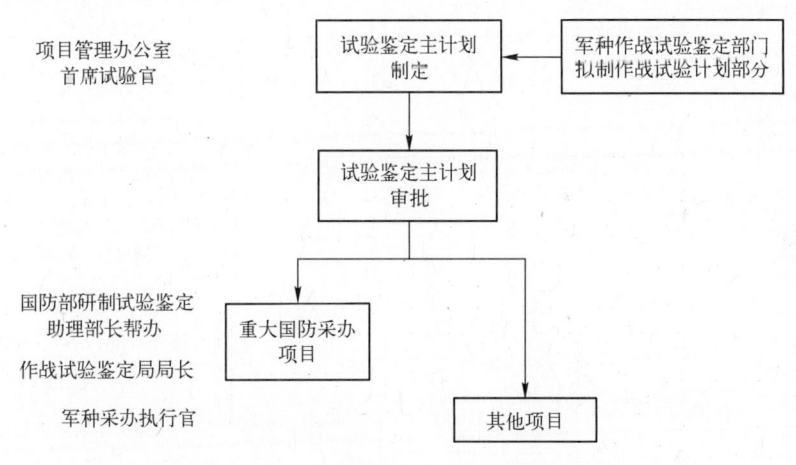

图12.12 《试验鉴定主计划》审批流程

二、研制试验鉴定实施计划

牵头研制试验鉴定机构与一体化试验小组共同制定《研制试验事件设计计划》,内容包括试验目标、试验方法、试验准则、试验安排和所需数据及要求等;根据《研制试验事件设计计划》,制定具体指导试验实施的《研制试验详细试验计划》,内容包括更为详细的试验目标、约束和限制条件、试验规程、试验报告、数据分析等。牵头研制试验鉴定机构组建试验团队、指定试验负责人,并对参试人员进行培训、认证。试验准备经审查合格后,试验负责人依据《研制试验详细试验计划》,组织参试人员在相关靶场开展试验,获取、分析试验数据,拟制并提交研制试验鉴定报告。研制试验鉴定报告由项目管理办公室提交

473

军种采办执行官审批,并报国防部研制试验鉴定办公室。

三、作战试验鉴定实施计划

牵头作战试验鉴定机构负责制定《作战试验事件设计计划》和《作战试验执行计划》,内容包括具体作战试验事件的试验设计、试验方法和分析技术等,并具体组织实施试验鉴定活动,如图 12.13 所示。

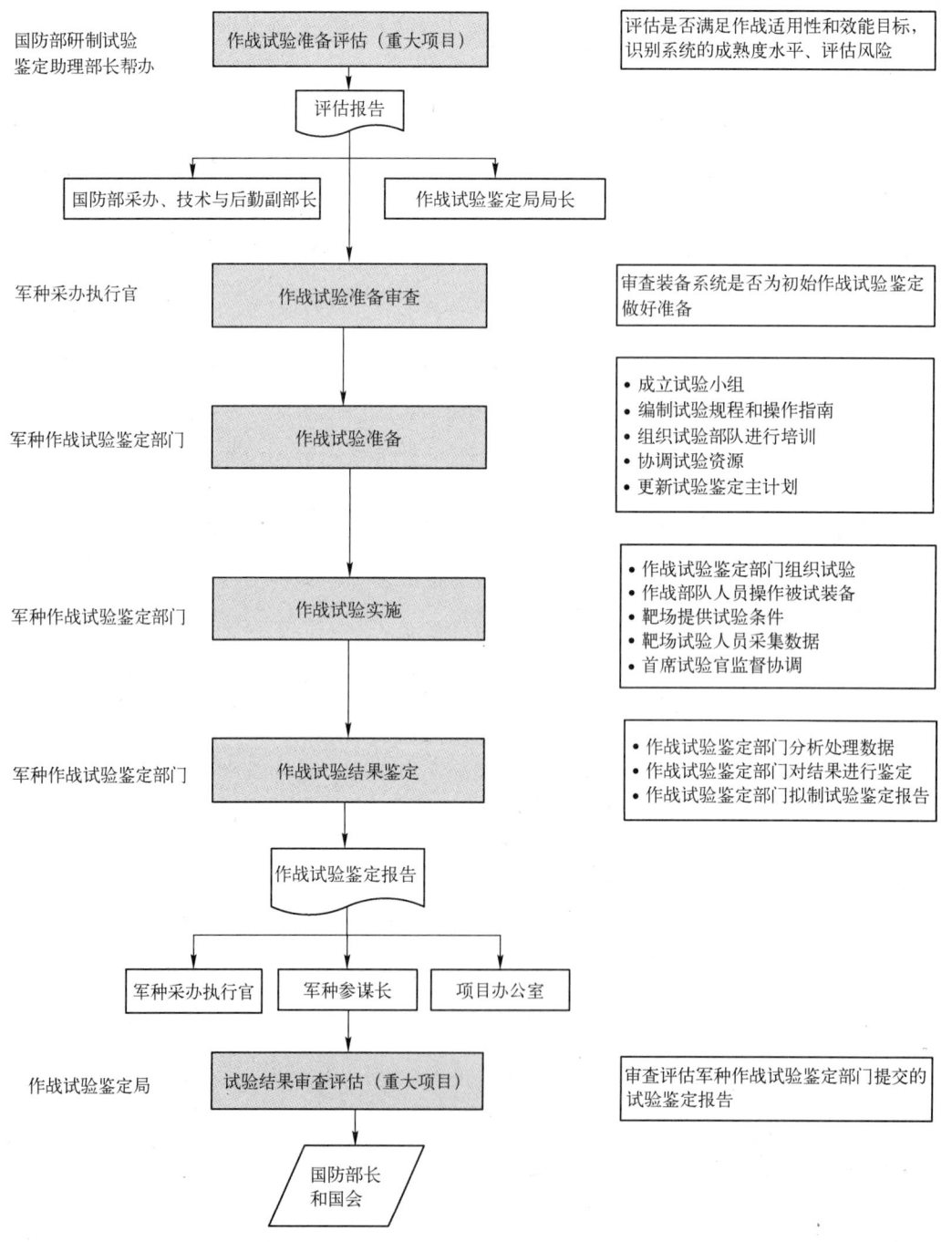

图 12.13 美军重大国防采办项目初始作战试验鉴定流程图

重大国防采办项目初始作战试验鉴定具体流程是：①由国防部研制试验鉴定助理部长帮办(研制试验鉴定办公室主任)进行作战试验准备评估；②评估通过后，将结果提交给军种采办执行官，以及国防部采办、技术与后勤副部长和作战试验鉴定局局长；③军种采办执行官对所有项目进行作战试验准备审查，审查通过后，由首席试验官协调军种作战试验鉴定部门实施作战试验；④军种作战试验鉴定部门进行试验准备，成立项目试验小组，小组负责人组织制定详细的试验计划，协调试验资源；⑤组织试验部队实施作战试验；⑥试验完成后，试验小组进行数据分析和试验鉴定，起草试验鉴定报告，通过军种参谋长上报作战试验鉴定局局长，同时将报告抄送项目管理办公室和军种采办执行官；⑦作战试验鉴定局局长对试验结果进行独立的审查评估，形成客观的作战试验鉴定报告，提交国防部采办、技术与后勤副部长，国防部长和国会。

上述流程是初始作战试验鉴定的基本流程。早期作战评估、作战评估和后续作战试验鉴定，将减少作战试验准备评估和作战试验准备审查两个环节。

第七节　试验鉴定的报告

实施试验鉴定活动后，试验部门需以报告的形式，向决策部门、项目部门和采办部门及时、全面和准确地通报试验结果，对试验过程中武器系统的成功之处与存在问题提出客观公正的看法，既要阐明系统值得肯定的方面，也要把所发现的系统缺陷说清楚，为采办里程碑决策提供重要支撑。

一、报告的类型及内容

报告分为快报、状态报告、中期报告、快览报告、试验结束报告、最终试验报告等类型。其中最重要的是最终试验报告。

1. 快报

快报是试验期间利用数据有限的数据库进行的快速分析，可以由承包商或政府部门编制，常用于帮助进行试验工程管理，也偶尔用于向高层管理机构通报试验结果。快报可以采用简报的形式，给出试验鉴定结果、有事实依据的结论或建议，对于可能正在经历某种研制困难的重要系统发展来说具有重要作用。

2. 状态报告

状态报告一般定期发布和更新，如每月或每季度一次，并报告最新的试验结论。

3. 中期报告

中期报告是在进行长周期试验时要提供的到报告截止时所有累积试验结果的汇总。

4. 快览报告

快览报告提供的是初步的试验结果，通常在一个试验事件结束后立即编制，用于支持项目的里程碑决策。

5. 试验结束报告

各军种要向国防部负责试验鉴定的部门提交正式的研制试验鉴定、作战试验鉴定和实弹射击试验鉴定报告的副本。这些报告是在Ⅰ类和ⅠA类采办项目和受监督项目的各试验阶段结束时编制，需提交国防部长审查。

6. 最终试验报告

最终试验报告将试验结果和关键问题相关联，旨在解决试验设计和试验计划中提出的目标，是试验执行情况和试验结果的永久性记录。最终试验报告分为两部分：①主体部分提供试验方法和结果的基本信息；②附录部分提供详细的补充信息。最终试验报告还可能包括对试验结果的鉴定和分析。其中，鉴定将利用全部或部分数据的独立分析结果，也可利用其他来源的数据，还可利用建模与仿真结果并外推至其他条件，通过分析给出对试验的推断，并提出建议。典型的最终试验报告见图12.14。

7. 逾越低速率初始生产报告

逾越低速率初始生产报告是Ⅰ类和ⅠA类采办项目或作战试验鉴定局指定的项目，在逾越低速率初始生产前，由作战试验鉴定局向国防部长和参众两院的武装力量委员会、国家安全委员会、拨款委员会提交的一份报告。其内容是说明所进行的作战试验鉴定是否充分，初始作战试验鉴定的结果能否确认被试品或部件在由典型军事用户在作战应用时是有效的和适用的。以美陆军为例，其最终试验报告主要包括研制试验报告、作战试验报告和系统鉴定报告等。

```
1—试验目的
2—问题和目标
3—完成的方法
4—结果
5—讨论、结论和建议
示例附件：
   A—详细的试验描述
   B—试验环境
   C—试验组织和运行
   D—测量仪器
   E—数据采集和管理
   F—试验数据
   G—数据分析
   H—建模与仿真
   I —可靠性、可用性与可维修性信息
   J—人员
   K—训练
   L—安全
   M—保密
   N—资金
   O—验后资产处置
```

图 12.14　典型的最终试验报告

（1）研制试验报告记录了通过研制试验获得的数据与信息，并对试验执行与数据采集过程中的普遍状态进行描述，对计划中试验的差异实施审查追踪。早期一般由承包商负责编制，后期政府参与的试验一般由牵头研制试验机构负责编制，待确认数据有效后用于后续的系统鉴定工作。

（2）作战试验报告对作战试验的结果进行说明，包含试验条件与试验结果，根据情况还可包含试验数据的详细说明和试验人员的观察结果。值得注意的是，按照规定，美陆军和海军陆战队作战试验数据分析与鉴定须单独形成文件，称为作战试验数据报告，对试验情况、试验限制、试验团队观察结果及试验数据等进行详细说明。而美空军和海军的作战试验数据分析则可以纳入其作战试验报告中。

（3）系统鉴定报告记录了系统作战效能、适用性及生存能力的鉴定结果和建议。该报告以所有可用的可信数据以及鉴定人员对数据的分析处理为基础，对关键作战问题和其他重点关注的鉴定问题进行解答并提供解决方案。

二、报告流程

美军试验鉴定的报告一般由试验实施部门负责编写，经由各军种试验鉴定部门提交国防部相关主管部门审批。

（一）研制试验鉴定报告的编制与审批流程

（1）陆军鉴定中心负责分析试验数据，对试验结果进行鉴定，形成《研制试验鉴定报告》，提交项目管理办公室、陆军试验鉴定办公室、军种采办执行官。国防部监管的重大项目，还须提交国防部研制试验鉴定办公室。

（2）海军研制试验鉴定牵头机构组织开展试验数据分析，对试验结果进行鉴定，形成《研制试验鉴定报告》，提交项目管理办公室、创新、试验鉴定和技术需求局，海军研究、发展与采办助理部长，海军作战试验鉴定部队。重大项目的《研制试验鉴定报告》还须提交国防部研制试验鉴定办公室。

（3）空军研制试验鉴定牵头机构依据详细试验计划实施试验，对试验结果进行鉴定，拟制《研制试验鉴定报告》并提交项目主任、空军试验中心、国防技术信息中心等。项目主任将《研制试验鉴定报告》提交空军全寿命管理中心/计划执行官、空军装备司令部、空军试验鉴定局、空军采办助理部长。重大项目的《研制试验鉴定报告》还须提交国防部研制试验鉴定办公室。重要试验事件24小时内，研制试验鉴定牵头机构需将有关情况通报空军试验鉴定局。

（二）作战试验鉴定报告的编制与审批流程

（1）陆军鉴定中心负责分析试验数据，对试验结果进行鉴定，形成《作战试验鉴定报告》，由陆军试验鉴定司令部批准后，报陆军参谋长，同时提交项目管理办公室、陆军试验鉴定办公室、陆军采办执行官。重大项目的《作战试验鉴定报告》还须提交国防部作战试验鉴定局审查，并由国防部作战试验鉴定局提交国防部采办、技术与后勤副部长和国防部长、国会。

（2）海军作战试验鉴定部队分析试验数据，对试验结果进行鉴定，形成《作战试验鉴定报告》，提交作战部长和海军研究、发展与采办助理部长。重大项目的《作战试验鉴定报告》还须经创新、试验鉴定和技术需求局提交作战试验鉴定局审查。

（3）空军作战试验鉴定中心将试验鉴定报告提交空军试验鉴定局、空军参谋长、项目管理办公室、计划执行官、空军采办助理部长。重大项目的《作战试验鉴定报告》还须提交作战试验鉴定局审查。

值得注意的是，对于Ⅰ类和ⅠA类采办项目或作战试验鉴定局指定的项目，作战试验鉴定局须向国防部长和参众两院的武装力量委员会、国家安全委员会、拨款委员会提交一份单独的实弹射击试验鉴定报告，而一般项目此类报告结果可在最终试验报告中给出。这份独立的报告须说明所进行的实弹射击试验鉴定是否充分，军种的实弹射击试验鉴定结果能否确认被试品或部件考虑到了在作战使用时的杀伤力或易损性。

第八节　特殊试验问题

在美国国防采办过程中，国防部还专门规范了互操作试验、网络安全试验、电磁环境效应试验等一些比较特殊的试验问题。

一、互操作试验

互操作是网络中心战对装备建设的一项重要要求，通过"网络完备性—关键性能参数"(NR-KPP)进行度量。NR-KPP关注网络中心环境(NCE)的信息共享和安全能力，包含可验证的性能量度和指标，用于评估信息交换和利用的及时性和准确性，满足既定能力的信息需求。NR-KPP一致性用于NR-KPP认证，包含5个重要的必备要素：①具有所要求的文档，要求系统体系结构产品的选定部分要符合国防部体系结构框架(DODAF)的强制技术接口标准和数据共享标准；②支持一体化体系结构产品(IAP)；③与全球信息栅格(GIG)技术指南保持一致性；④符合国防部网络安全的要求，包括信息和信息系统的保护和保护措施，确保它们具有可用性、完整性、可鉴别性和保密性；⑤符合频谱保障性，遵循国家、国际和国防部有关频谱管理和使用的政策和程序。

NR-KPP认证通常配合初始作战试验鉴定(IOT&E)开展，由联合互操作能力试验司令部(JITC)独立记录归档。联合互操作能力试验司令部对NR-KPP的鉴定将权衡所有可利用的试验活动，以高效和有效方式完成互操作验证；可以使用合同商提供的试验数据来评估标准一致性，可以使用来自研制试验部门的数据验证系统/服务数据交换，还可以使用来自作战试验部门的数据验证作战信息交换。通常，只有其他试验数据不能使用时，联合互操作能力试验司令部才开展专门的试验。

标准一致性通常由项目管理办公室和国防信息系统局联合互操作能力试验司令部共同商讨。标准一致性试验可基于以下因素开展：①接受供应商合格证书作为成熟标准；②测试仅执行商业标准的独特军事功能；③测试全部军用标准(MIL-STD)。任何可能情况下，都应开展一体化试验鉴定，最大化利用互操作试验数据。例如，国防信息系统局联合互操作能力试验司令部评估由项目管理办公室、开发商合同数据要求清单(CDRL)和研制试验部门提交数据的充分性。研制试验部门应在作战试验前验证有关需求。作战试验部门应权衡从项目主任、开发商、研制部门获取的数据，作为开展作战试验的入口准则。作战试验应按照作战视图中描述的关键作战任务线程，验证NR-KPP的门槛要求。

在准备研制试验和作战试验时，试验部门应与联合互操作能力试验司令部合作，核实试验和安全体系结构代表一体化体系结构和安全文档中规定的作战和系统观点，找出试验体系结构和文档观点之间的任何差异。研制试验部门应验证性能度量，如信息交换的时间线、精度和完整度，并与联合互操作能力试验司令部和作战试验部门之间共享试验数据，确保有充分数据满足联合互操作能力试验司令部的互操作验证需求。在作战试验期间，作战试验部门评估系统信息交换的作战效果。

二、网络安全试验

美军网络安全是信息系统试验鉴定不可分割的一部分，美军通过充分运用信息保证安全控制，对信息系统或技术平台系统采取防护措施和对策，以保护系统及其信息的保密性、完整性和可用性。网络安全试验的实施主要依据国防部第8500.2号指示《信息保证实施》和作战试验鉴定局长备忘录《采办计划中的信息保证作战试验鉴定规程》，之后经过修订，对美军网络安全试验鉴定给出更加细化和完善的标准和要求。

美军认为，任何数据传输都可能造成信息和作战系统被监视、侵入或破坏。军种作战试验部门要将网络安全威胁纳入作战试验，评估系统在预期作战环境中面对真实网络安全威胁情况下完成任务的能力。作战试验鉴定局将评估网络安全作战试验鉴定的充分性,并把网络安全作战试验鉴定的结果作为判断系统作战效能、适用性和生存能力的一项依据。为此,2014年,美国作战试验鉴定局发布《采办项目网络安全作战试验鉴定程序》备忘录,用于取代《采办项目信息保证作战试验鉴定程序》,规范国防部采办项目网络安全作战试验鉴定工作。

网络安全作战试验分为两个阶段:①脆弱性和渗透性评估,主要是由包括系统/网络管理员在内的有代表性的操作人员,在预期作战环境中,对系统网络安全进行综合性评估,明确所有重大的网络脆弱点以及入侵和渗透这些脆弱点带来的风险;②对抗性评估,主要是由军种作战试验部门雇佣一个经国家安全局认证的对抗小组来扮演网络入侵者,评估配备该系统的作战单元面对有代表性的网络威胁时,完成任务的能力以及对任务执行的影响。

美国作战试验鉴定局负责审查网络安全作战试验试验鉴定主计划、批准作战试验计划。试验鉴定主计划必须确定网络安全作战试验鉴定在上述两个阶段中的试验内容,以及所需经费等相关资源。作战试验计划必须包括进行脆弱性和对抗性评估的细节,包括资源、进度、应有工具和需要收集的数据等。试验后的网络安全试验报告必须充分明确重要的网络安全脆弱点并评估其对作战的影响,且足够详细以支持对试验结果的独立分析。试验结果要提供给项目管理办公室,当发现重大问题并可能需要修正系统和重新试验时,还应提供给鉴定机构。

三、电磁环境效应试验

美军认为,电磁环境效应是指电磁环境对军队、装备、系统和平台作战能力的影响,涉及电磁兼容性、电磁干扰、电磁易损性、电子防护、电磁脉冲、静电放电、电磁辐射对人员/火工品/燃料的危害等学科的电磁效应,包括射频系统、超宽带装置、高功率微波系统、闪电和雨雪静电干扰等所有电磁环境的影响。现代武器系统面临着电磁环境效应问题的挑战,其成功部署和使用不仅需要恰当的系统工程,而且需要通过充分的建模仿真和更充分的试验鉴定。鉴于美国历史上不能对装备/平台在其预期作战电磁环境中的电磁兼容性进行有效验证,导致了耗资巨大的计划延期,并对装备的操作安全性、适用性与有效性带来不利影响,因此,美军要求:任何使用电子组件的系统都必须进行审查,以确定其电磁环境效应的影响程度,其要求不仅仅限于通信与电子系统;必须保证这些系统与其预期所处的电磁环境相互兼容,并验证电磁环境效应问题不会导致完成任务能力下降。

为规范电磁频谱效应试验,国防部于2004年颁布国防部第3222.3号指令,规定国防部电磁效应计划的管理政策与职责,阐述电磁频谱效应试验有关的规划、程序与活动,明确采办过程中电磁环境效应试验的主要影响与决策点,重点提出需进行演示验证的决策点,以验证初始作战试验鉴定中不存在操作上的电磁环境效应问题,从而以确保部署在陆、空、海、天的电子和电气系统及分系统之间,以及与现有自然和人为电磁频谱的电磁兼容性及对电磁环境效应的控制。2014年,美国国防部发布新的国防部3222.03号指示《国防部电磁环境效应计划》,取代了2004年版的国防部第3222.3号指令,旨在通过明确国防部电磁环境效应计划管理和落实的政策与职责分工,确保其军事平台、系统和装备在自然和人为的电磁环境中的电磁兼容性和对电磁环境效应的有效控制。美国国会议员称,这将有助于美国提高对电磁效应重大威胁的认识,应对"反介入/区域拒止"作战的电磁脉冲威胁,并对准备未来战争至关重要。

国防部第 3222.03 号指示明确了国防部有关电磁环境效应的 8 项政策:①所有的军事平台、系统和装备,均应在其电磁作战环境下能够相互兼容;②控制包括用于减轻高功率微波和电磁脉冲的影响在内的电磁环境效应,在军事平台、系统和装备的采办全寿命周期予以实现;③电磁环境效应控制和减轻技术将针对军事平台、系统和装备,采用适用的军用或工业标准、程序和测试要求手册进行验证并确认,并在关键设计和里程碑审查期间记录和报告易损性与限制;④在军事演习、作战和有关活动之前,减轻电磁辐射对于火工品、人员和燃料的危害;⑤军用电磁环境效应标准、规范和手册强调接口与验证要求时遵循国防部标准化程序和政策的要求;⑥应开发并在国防部部局间共享电磁兼容性和电磁环境效应评估的分析工具与数据库;⑦国防部应维持试验靶场、模拟设施和测量能力,以确定军事平台、系统和装备对预期作战电磁环境的电磁环境效应;⑧应在整个国防部广泛培养电磁环境效应意识,从事军事平台、系统和装备科研、使用和维护的采办队伍和作战人员必须进行培训。

国防部第 3222.03 号指示要求,国防部首席信息官组建并担任国防部电磁环境效应一体化产品小组的主席。该小组作为处理国防部电磁环境效应问题的责任机构,代表国防部首席信息官,负责保障国防部的电磁环境效应计划。该小组的成员来自国防部各个部门,包括但不限于国防部首席信息官,国防信息系统局国防频谱组织的主任,国防部采办、技术和后勤副部长、国防部研制试验鉴定助理部长帮办,国家安全局长/中央保密局长,参谋长联席会议主席,军种部长,国防部威胁降低局长等,重点负责国防部有关电磁环境效应的政策、采办支持、新兴技术、试验鉴定和作战保障问题;同时在必要时负责同联邦机构和其他组织进行联络,以促进合作和信息交换。为做好相关工作,可根据具体项目需要组建电磁环境效应/频谱保障性工作层一体化小组,以确保在研系统能够得到频谱方面的保障并与自身及外部电磁环境兼容。

国防部第 3222.03 号指示还要求,国防部各部局及其项目主任和装备研制方要落实国防部电磁环境效应计划的要求和程序,并着重强调四个方面的要求:①采办过程中的电磁环境效应方面,要求军事平台、系统和装备应针对电磁兼容性进行设计,并通过测试、分析或必要的建模仿真进行验证评估,使预期的性能要求在电磁作战环境下得到满足;②试验鉴定方面,要求国防部各部局分配足够的资源,在研制试验鉴定和作战试验鉴定期间进行电磁环境效应评估,并解决或减轻电磁环境效应问题;③标准方面,要求国防部各部局协同电磁兼容标准主要标准化活动,制定电磁环境效应规范、标准和手册,规定接口要求和研制试验鉴定方法,评估、预测和表征作战性能,并按照有关标准确定系统的缺陷;④训练方面,要求国防部各部局对国防部文职项目管理和系统工程人员、以及从事采办、通信、武器系统、电子技师、作战和维护工作职位的军事人员提供电磁环境效应培训。

第十三章 装备维修管理

第一节 装备维修管理机构

美军装备维修管理体系大致分为三级:第一级为国防部,主抓全军性的维修政策、预算和监管三项工作,通过参谋长联席会议确保在装备能力生成系统中考虑维修要素,组织协调战时联合维修保障;第二级为各军种装备司令部,负责装备采办前端的维修性设计与维修资源规划,以及装备列装后的基地级维修组织管理,并在战时向战区部队提供维修支援;第三级为战区及部队,负责本级维修工作的组织实施,需要时协调军种装备司令部提供维修支援。

一、国防部

美国国防部负责装备维修工作的管理机构主要有三类:①国防部采办、技术与后勤副部长下辖的维修政策与计划助理部长帮办,主要负责制定顶层装备维修政策、组织审定三军装备维修计划与预算、审查全军维修工作符合要求;②联合参谋部,通过出台政策确保所有装备在研制过程中将维修保障要素纳入能力生成系统,在战时联合保障中协调各军种保障资源;③国防部直属的装备业务局,例如:导弹防御局、国防信息系统局,负责相应装备的全寿命周期管理;国防后勤局负责管理全军通用维修备件和大部分专用维修备件的采购、仓储和供应工作。

(一) 国防部维修政策与计划助理部长帮办

如图13.1所示,维修政策与计划助理部长帮办是国防部长在武器装备维修领域的首席顾问,主要负责全军性的维修政策、经费和监管三项工作,按照财政年度开展工作,周期性较强。一是组织审定年度装备维修预算。国防部各业务局和各军种年度预算上报国防部后,由维修政策与计划助理部长帮办对维修保障部分(即使用与维修费)进行评审,审查通过后才能上报总统和国会。二是出台顶层条令规范全军维修工作。国防部第4151.18号指令《军事装备维修》,从维修计划的组织管理、装备采办期间维修计划的制定、寿命周期内维修计划调整、装备维修信息系统等方面规定了美军装备维修工作的政策和职责。三是对各军种政策落实情况进行监管。如按照规定,军方必须保有装备核心基地级维修能力、基地级维修中合同商所占经费份额不得超过50%,各军种和国防部业务局每两年必须汇报本部门执行情况,并对违反政策的情况进行说明。

(二) 联合参谋部

联合参谋部在维修保障方面的职能体现在:①出台政策确保在装备需求阶段将维修保障因素纳入考虑。美军装备采办的程序是联合参谋部根据参谋长联席会议主席第3170.01号指令《联合能力集成与开发系统》提出能力需求,国防部通过国防采办系统采

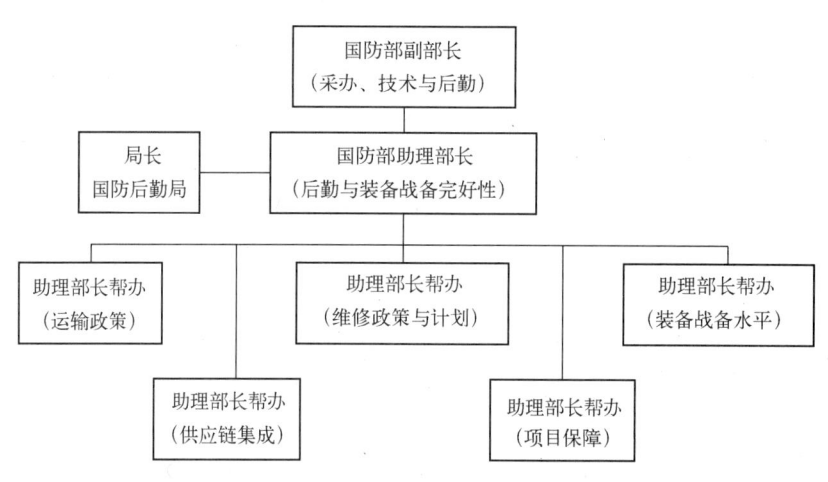

图 13.1 美国国防部维修政策与计划助理部长帮办

购装备来满足需求。2007年5月,参谋长联席会议主席对上述指令进行了修订,要求必须将装备可用性列为一级指标,将装备可靠性和全拥有费用列为二级指标,目的是在装备早期设计阶段确保把装备维修要素考虑在内。②制定联合保障政策并在战时协调各军种维修保障资源,具体包括:制定战时联合保障政策并监督落实,审批战区提交的联合保障计划,为战区协调联合保障资源与力量;战时,抽调人员成立或扩充联合保障行动中心等常设或临时机构,负责不同专业联合保障的领导与协调。

(三) 装备业务局

导弹防御局、国防信息系统局等直接管理某一类装备的国防部业务局,其本身就是全寿命周期管理部门,下设项目管理办公室,负责相应装备"从生到死"的全过程管理。其中,国防信息系统局主要负责美军基础信息网络、全球信息栅格等全军公用信息系统的全寿命管理;国防后勤局则依托国防部一体化供应链管理全军通用备件和大部分专用备件的采购、仓储和供应工作。

二、军种部

与国防部相对应,各军种也均有一名分管装备维修工作的领导,其他分管领导在管辖范围内对装备维修承担相应领导职责。

军种分管装备维修工作的领导负责统筹军种装备维修工作,开展顶层规划、管理和协调。陆军和空军为一名副参谋长(G4),海军则为海军作战部的一名副部长(N4)。分管维修的军种领导要负责制定整个军种的装备维修政策和目标,确保装备维修大纲的全面性、兼容性、有效性;对装备维修大纲以及中继级、基地级维修机构进行评估;在军种预算编制和评审阶段,协调维修预算需求的制定和提交工作;与装备司令部及其下属的项目执行官,协调和批准装备计划性基地级维修的时间安排;评估装备的维修需求,确定资金、程序、技术、维修时间安排、能力等方面的不足,并推荐解决方案等。

军种其他分管领导对装备维修承担自己管辖范围内的领导职责。例如:财务与审计助理部长负责制定维修费使用政策与程序,监督维修费使用等;采购助理部长负责管理装备全寿命周期保障,确保装备研制方对新研装备开展基地级维修规划以及基地级维修方式分析,确保对新研制的核心装备开展建制基地核心保障能力评估等;人事副参谋长负责制定维修人员的管理规划、计划和政策等。

三、军种装备部门

各军种装备部门主管着军种的大修基地和战略维修资源,负责军种基地级维修工作的具体组织实施。陆军装备部门为陆军装备司令部,空军装备部门为空军装备司令部,海军装备部门为海上系统司令部和航空系统司令部。军种装备部门主要职能包括:①装备全寿命周期管理,包括装备研制过程中维修性设计,具体工作由项目管理办公室组织实施;②组织装备列装后的基地级维修,由所属大修基地实施;③向战区提供维修支援。

(一) 负责装备全寿命周期管理,通过项目管理办公室加强装备科研、采购与维修的衔接

武器装备维修保障方案的设计通常是在装备研制前期完成的,由设在军种的各项目管理办公室负责。项目管理办公室通常接受军种主管采办的助理部长和装备部门双重领导。在武器装备研制与采购方面主要接受军种主管采办的助理部长领导,在武器装备研制前期制定装备服役后的保障策略方面,则主要接受军种的装备部门领导,以实现武器系统研制、采购与维修的衔接,实现装备全寿命周期管理。项目管理办公室设有主管装备维修保障的副主任,负责在装备研制阶段提出和落实维修性能指标,制定装备列装后的装备维修策略,包括具体维修实施机构的选择和协调。

陆军装备司令部下辖10个二级司令部(图13.2),其中有5个是针对装备类别设立的寿命周期管理司令部,包括航空与导弹寿命周期管理司令部、坦克自动车辆与武器寿命周期管理司令部、通信电子寿命周期管理司令部、联合弹药与毁伤性寿命周期管理司令部、化学武器局。陆军的各个项目管理办公室(分为地面作战系统、弹药、战术指挥控制与通信、陆航等)分别设在5个寿命周期管理司令部,牵头某一类别装备的研制工作。

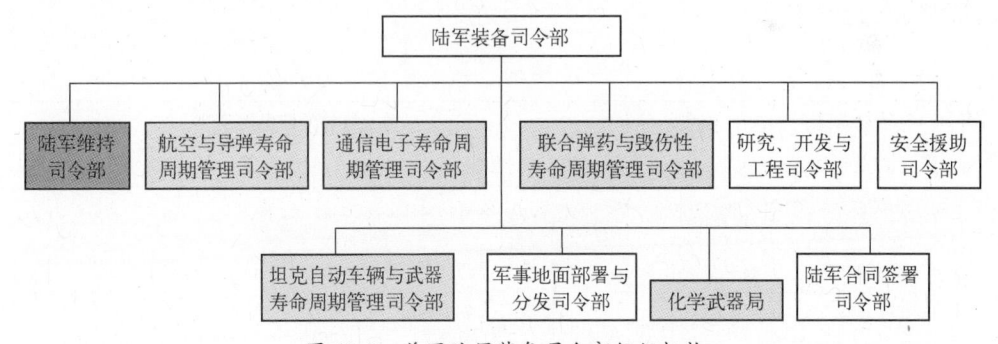

图 13.2 美国陆军装备司令部组织机构

空军装备司令部2011年进行了机构调整,新成立寿命周期管理司令部,下设航空武器中心、航空系统中心、电子系统中心与空军安全援助中心,分别负责管理F-35联合攻击战斗机、加油机、指挥控制通信情报与网络、武器、航天系统、作战与任务支援等多个项目管理办公室。与陆军类似,各项目管理办公室负责某一类别装备的全寿命周期管理,同时接受采办助理部长的业务指导。

海军海上系统司令部与航空系统司令部分别负责舰船和海航飞机的寿命周期管理。以海上系统司令部为例,下设5大项目执行办公室,分别主管水面战舰、潜艇、航母、近海与水雷战装备、一体化作战系统的研制、采购及保障工作。

（二）负责组织实施军种武器装备的基地级维修

如表13.1所列，陆军装备司令部下辖5个大型维修基地：安尼斯顿基地、莱特肯尼基地、科珀斯·克里斯蒂基地、托比汉纳基地和红河基地，分别负责主战坦克、战术导弹、直升机、通信电子系统与主战坦克五大类装备的基地级维修，同时也承担装备的现代化升级改造任务。超出各战区维修能力、需要进行基地级维修的装备，由各战区维持司令部联络陆军装备司令部下属的陆军维持司令部，安排大修基地进行维修。

如表13.1所列，空军装备司令部下辖奥格登保障中心、俄克拉荷马城保障中心、华纳·罗宾斯保障中心，分别负责洲际弹道导弹及各型飞机的基地级维修。空军部队的基本行动单位是联队，各联队分别归属不同的空军二级司令部领导。空战司令部领导各类战斗机联队，如装备F-22的第1战斗机联队、装备F-15的第4战斗机联队等；教育与训练司令部领导各类教练机联队；全球打击司令部领导轰炸机联队；空中机动司令部领导运输机联队等。各联队具备基层级和中继级维修能力，超出联队维修能力、需要进行基地级维修的装备，再由各联队司令上报至其所属空军二级司令部，再由该司令部主管保障工作的领导与空军装备司令部、空军三大保障中心进行协调，确定飞机大修的具体实施单位和时间。

如表13.1所列，海军海上系统司令部下辖普特茅斯、诺福克、珍珠港和普吉特4个海军船厂，负责海军舰船的大修工作；航空系统司令部按照地域设有8个机群战备完好性中心，负责海军航空装备维修工作，其中3个以基地级为主，5个以中继级维修为主。此外，海军陆战队还有2个大修基地：阿尔巴尼基地和巴斯托基地。海军舰船和飞机的大修工作通常有固定的使用与维修周期，在固定的大修基地按计划进行维修。海军装备主要归属各舰队，装备大修工作由舰队司令和海军作战部主管维修的副部长、海上系统司令部、航空系统司令部及其下属的项目管理办公室协调，制定批准装备计划性基地级维修的时间安排。

表13.1 各军种基地级维修基地基本情况

军种	大修基地	位置	负责维修的装备类别
陆军	安妮斯顿基地	阿拉巴马州	作战车辆、火炮系统、桥梁系统、轻武器以及相关部件
	科珀斯·克里斯蒂基地	得克萨斯州	直升机及相关部件
	莱特肯尼基地	宾夕法尼亚州	战术导弹及弹药、相关的地面支援与雷达装备、悍马车
	红河陆军基地	得克萨斯州	轻型履带式战车、战术轮式车、电子系统、导弹系统、拖行式与自行式火炮以及相关保障装备
	托比汉娜基地	宾夕法尼亚州	通信电子系统、航空电子系统、相关的设备与导弹制导系统
海军陆战队	阿尔巴尼基地	乔治亚州	作战与作战支援系统（包括两栖装备）、作战与战术车辆、汽车与建筑设备、通用装备、通信与电子装备
	巴斯托基地	加利福尼亚州	作战与作战支援系统（包括两栖装备）、作战与战术车辆、汽车与建筑设备、通用装备、通信与电子装备
海军	东部机群战备中心	北卡罗莱纳州	海军和海军陆战队的飞机、喷气与涡轮矢量发动机、辅助电力单元、推进系统及相关部件
	东南机群战备中心	佛罗里达州	机身、推进设备、航空电子设备、监视设备、对抗设备、相关部件、与飞机维护大修有关的工程与制造任务
	西南机群战备中心	加利福尼亚州	海军及海军陆战队固定翼与旋翼飞机的机身、推进系统、航空电子设备、指控设备、预警及空战管理系统、相关部件

(续)

军种	大修基地	位置	负责维修的装备类别
海军	诺福克船厂	弗吉尼亚州	核燃料补充与清除、水面战斗舰、大型甲板船、核潜艇
	普特茅斯船厂	缅因州	核燃料补充与清除、核潜艇和深潜船
	普吉特海湾船厂	华盛顿州	核燃料补充与清除、水面战斗舰、大型甲板船、核潜艇(包括退役潜艇)、舰船的报废与回收再利用
	珍珠港船厂	夏威夷	核燃料补充与清除、水面战斗舰、核潜艇、水上飞机
空军	奥格登保障中心	犹他州	作战飞机、飞机起落架、轮胎和制动系统、涂层、火箭发动机、航空弹药、制导炸弹、航电系统、各类工具与电气设备、水压与液压系统、特种车辆、防护设备、雷达天线罩、通信系统、燃气涡轮发动机、辅助动力支援设备、相关部件
	俄克拉荷马城保障中心	俄克拉荷马州	轰炸机、侦查机、加油机、飞机发动机、巡航导弹发动机、水压与液压系统、气动设备、氧气及其他气体制造设备、电子攻击系统、飞行控制系统、飞机及发动机相关可修复件
	华纳·罗宾斯保障中心	乔治亚州	大型飞机、运输机、直升机、水压与液压系统、气动设备、氧气及其他气体制造设备、显示设备、航空电子系统、飞机相关可修复件

(三) 根据需要向战区提供维修保障支援

军种装备部门设有面向战区的维修管理机构,需要时随时向战区提供维修支援。以陆军为例,陆军装备司令部下设的陆军维持司令部面向战区,通过7个总部支援旅向战区陆军部队提供维修保障支援。其中,2个旅靠前部署在西南亚,2个旅部署在德国和韩国,3个旅驻扎在美国本土。总部支援旅的人员主要来自陆军各寿命周期管理司令部、项目管理办公室以及合同商派驻前线的代表,主要任务是协助战区解决战区本级维修力量无法解决的维修问题,并能随时协调陆军装备司令部各大修基地向战区提供维修支援。为了加强合同商维修保障的规范化管理,陆军装备司令部2009年把合同签订职能从陆军维持司令部中剥离出来,成立了合同签订司令部,下辖7个合同签订旅,为全球117个部署地点的陆军部队提供合同保障,目的是在合同商越来越多地参与美军平战时装备维修的形势下,提高合同签订、管理、监督等全过程质量,在经济可承受的条件下确保装备的战备完好性。

此外,各军种的大修基地在战时通常会建立由维修专家组成的维修队,进驻战区内的维修机构,提供前线指导。

四、战区司令部

美军现有6大战区司令部,负责战区内部队和军事行动的指挥。各军种派驻战区的部队统一由战区指挥,各军种在战区内通常设有战区军种司令部,接受战区司令的指挥。在军种独立作战时,由战区军种司令部组织本军种部队的装备维修工作;在联合作战时,由战区司令部保障部负责联合装备维修工作,一般是指定牵头军种负责。战区内通常设有固定中继级维修机构,也可根据需要建立临时性的维修基地,以便在战区内就近开展基层级和中继级维修。

战区陆军司令部通过战区维持司令部向陆军部队提供保障,战区维持司令部按照作战地域设有一个或多个维持旅,负责接收陆军装备司令部通过战略投送渠道向战区陆军提供的维修保障物资并前送给作战部队,同时向作战部队的保障营提供维修支援。维持旅采用模块化编组,下辖 3~7 个作战维持保障营,设有维修连,可支援一线作战部队的装备维修工作。对于超出作战部队保障营和维持旅维修能力的任务,通常由战区维持司令部与陆军维持司令部派驻战场的总部支援旅进行协调,由总部支援旅联络陆军维持司令部,把故障装备运送到后方的大修基地开展基地级维修。

与陆军类似,战区海军装备的维修工作也是由战区海军的保障部门组织实施。与陆军不同的是,海军装备机动能力强,活动范围广,维修工作难度大,对维修设备设施要求高,在战区内的装备维修工作通常都是在固定维修设施内开展,且海军的舰船有预定的使用与维修周期,进行周期性的大修,因此战区内的维修工作最多仅限于中继级维修。以海军太平洋舰队的第 7 舰队为例,其战区内的维修工作由太平洋舰队下属的西太平洋保障司令部管理并组织实施。舰船在部署期间出现的各种维修需求必须经过西太平洋保障司令部批准并提供经费,才能实施。第 7 舰队的舰船大部分中修任务是在日本横须贺港完成,而大修任务则需经太平洋舰队司令批准,经与海上系统司令部、航空系统司令部、修船厂或机群战备中心协调后,返回本土大修基地实施;紧急情况下,也可以交给具有维修能力的外国船厂修理。

空军目前仅设有两个空军战区司令部:空军太平洋司令部、空军欧洲—非洲司令部,分别负责太平洋、欧洲、非洲战区空军部队指挥。空军战区司令通常指定一个牵头联队,由该联队的维修大队根据维修保障需求,对战区的飞机开展维修规划。因为空军飞机转场能力强,在执行完任务后能够返回美军或盟军基地开展维修,因此,战区内的维修保障工作由主要是在一些固定基地内开展维修,必要时也可在战区某一机场内建立临时维修基地,根据作战任务需要在战场内部署中继级维修力量。超出战区内空军部队维修能力的任务经空军战区司令部与空军装备司令部、三大保障中心协商后,确定某一保障中心进行基地级维修。

第二节　装备全寿命维修保障管理

全寿命保障管理的目标是要通过提高装备可靠性、维修性与保障性,获得更加有效的、经济可承受的武器装备。目前,全寿命保障管理理念已成为国防部强力推行的重要政策。项目管理办公室负责武器装备寿命全程跟踪和制定装备维修保障策略,管理装备保障性能。美国国防部第 5000.02 号指示《国防采办系统的运行》对装备全寿命保障管理理方面的职责进行了全面阐述。

装备保障包含了维持装备战备完好性相关的所有职能,是保证武器系统、子系统及部件的战备完好性与作战能力所需的各种职能的总称。装备全寿命保障工作的范围是由装备寿命周期内的保障职能决定,包括:装备保障管理,维持工程,供应保障,维修规划与管理,包装、装卸、存储与运输,技术资料,保障装备,训练与训练保障,人力与人事,设备与基础设施,计算机资源。装备全寿命成本的 60%~70% 是使用与维护成本,要做好装备全寿命保障,降低装备使用与维护成本,首要工作就是在装备整个寿命周期内做好保障工作的组织实施。装备全寿命保障工作要在项目里程碑 A 之前就启动,从确定早期需求开始,贯穿武器系统设计、研制、使用、退役和报废全过程。因此,装备全寿命保障管理工作也是从项目早期启动直至装备报废为止。装备全寿命保障管理至少包括以下内容:

①采用总负责人制(即项目主任),负责制定和实现重大型号的装备保障目标(包括后续维持保障);②制定一份全面的装备保障策略;③将装备保障策略列入全寿命维持规划文件并加以实施;④持续、定期对装备保障策略进行评估、验证和更新。

一、项目管理办公室及相关部门在装备全寿命保障中的管理职责

项目管理办公室是美军实施装备全寿命管理最核心的部门,设有"装备保障主任"一职,专门管理装备保障相关事务。随着美军对装备全寿命保障重要性的认识日益提高,美国国会于2009年正式明确了"装备保障主任"是项目管理办公室的一个关键领导岗位,是武器装备项目中负责领导和制定相关保障策略与规划的主要负责人。

(一) 项目主任承担的装备全寿命周期保障管理职责

项目主任是实现装备全寿命管理目标的总负责人。根据国防部第5000.1号指令,"项目主任除进行项目决策外,还应考虑武器系统的保障性、全寿命成本、性能和进度。保障性是装备性能的一个重要组成部分,应在系统寿命周期内予以考虑。装备的使用与保障规划以及全拥有费用规划应尽早开展。"同时,项目主任对武器系统采办及后续保障负全部责任,还要确保在系统寿命周期内对制定的保障策略不断进行评估,确保其完全符合《美国法典》相关条款的规定。

项目主任在装备保障方面要努力实现两大目标:①武器系统在设计上必须考虑保障性,保证装备具有"少保障、好保障"的设计属性,以便减少日后的保障任务量;②装备保障必须有效且高效,应尽可能减少装备保障所需的资源,同时还必须满足作战人员需求。项目主任在制定和落实装备保障策略时,首要的目标就是综合权衡、全面协调各方面保障工作,努力达到上述两大目标。

国防部第5000.02号指示规定,从武器装备项目初始的能力需求论证开始,项目管理办公室就要开始考虑装备保障工作,并贯穿装备采办的全程。在此过程中,项目主任要在装备保障主任的协助下承担以下职责:

(1) 制定并实施装备保障策略并及时加以更新和调整。装备保障策略是武器装备项目一切保障工作的依据,用以指导装备保障后续各项规划计划的制定和执行,要能够实现并满足作战人员的需求。项目主任要确保装备保障策略经济有效。为确保这一点,在保障策略执行过程中,项目主任要持续监控装备保障绩效,并纠正可能对装备可用性和装备保障成本产生负面影响的问题,不断地评估和改善装备保障策略。同时,还要及时发现各项规范中过时的部分,并制定对这些部分进行及时替换的相关计划。

(2) 始终推行"基于绩效的保障"。国防部认为,"基于绩效的保障"可通过多种方式激励装备保障供应商采取创新机制、降低成本等提升绩效的措施,达成期望的装备保障效果。无论是制定装备保障策略,还是规划、开发、实施和管理武器系统的具体保障措施,项目主任都要贯彻落实"基于绩效的保障"思想,注重提升装备保障效果。

(3) 努力降低装备保障成本。项目主任应采用"应计成本"的管理和分析方法来确定并降低武器系统的保障成本。应根据采办阶段保障成本分析和使用与维护阶段成本要素,定期制定和审查应计成本目标。项目主任应当从国防部及各部局的保障信息系统中取得装备保障指标,并根据应计成本目标对装备保障绩效进行跟踪。

(4) 推进国防部自动测试系统通用化工作。美国国防部在过去十余年里一直在努

力推行三军通用的综合自动测试系统。为尽可能减少国防部不必要的特殊与专用自动测试系统,国防部装备试验场和航空站都应使用国防部指定的自动测试系统,尽量减少特殊的自动测试设备的使用。项目主任应……

(5) 落实国防部武器装备腐蚀防控计划。项目主任要在项目开展系统工程论证和全寿命周期保障过程中制定腐蚀防控计划。装备保障计划应当能够适当缓解武器系统设计中固有的腐蚀防控风险,以满足装备防腐保障要求。

(6) 在武器装备军用转民用过程中,项目主任要按照相关规定,做好去军事化处理工作。

(二) 装备保障主任承担的装备全寿命周期保障管理职责

"装备保障主任"是实施装备全寿命周期保障的核心领导。"装备保障主任"直接对项目主任负责。项目主任要向作战人员交付所需的装备能力,而"装备保障主任"要配合项目主任,制定和实施全面的装备保障策略,并根据实施策略的需要,调整装备保障集成方和装备保障实施方之间保障资源与保障工作量的分配。同时,"装备保障主任"还要协助项目主任制定全面的采购策略,不仅包括装备的初始采购,还包括超出初始生产合同范围的服役阶段乃至装备退役报废之前的武器系统、子系统、部件、备件及保障服务的后续采购。在装备寿命周期内,每次调整保障策略之前,都要经"装备保障主任"批准。"装备保障主任"必须由经验丰富的军种或国防部人员担任。

大型武器系统的"装备保障主任"主要负责以下6项工作:①为武器系统制定一份全面的装备保障策略并加以执行;②开展适当的成本分析(包括成本效益分析),验证装备保障策略;③通过制定恰当的装备保障协议并加以执行,确保达到期望的装备保障效果;④根据需要调整各装备保障集成方与装备保障实施方之间的资源分配与任务量分配,优化装备保障策略的执行;⑤定期评估装备保障集成方和装备保障实施方之间签署的装备保障协议,确保协议内容符合总体的装备保障策略;⑥在每次修改装备保障策略之前,都要对支撑这一保障策略的业务案例分析进行重新验证。

(三) 其他部门承担的装备全寿命周期保障管理职责

除项目管理办公室外,国防部各部局也承担相应的装备全寿命保障管理职责,主要包括:

(1) 在相关决策环节考虑保障方面的要求。各部局要确保在所有关键的全寿命周期管理决策环节对保障各方面因素进行充分考虑,并采取恰当的措施来降低装备使用和保障成本,如利用各部局承担的职责,对武器系统的早期设计施加影响,协助制定合理的装备保障策略以及提出影响装备保障成本的关键因素等。

(2) 对装备保障绩效进行定期评估,协助项目主任、用户、保障资源供应商以及装备供应企业采取各种纠正措施,以防止战备完好率降低或使用与保障成本升高。

(3) 在必要时启动系统修改,以提高武器装备保障绩效并降低拥有成本。

二、"装备保障协议"在装备全寿命保障管理中的作用

"装备保障协议"是贯穿美军装备全寿命保障管理的一份基础性文件。协议的主要作用在于确定保障衡量指标体系,明确装备要达到的性能水平,提出相应的保障要求,分析需要的保障资源,使各参与方既能掌握装备要达到的性能,也能了解为达到规定的性能所需开展的工作。协议中规定的装备性能指标及其实现情况必须是可跟踪、衡量、评

估、验证的。

如图 13.3 所示,作战部队的代表最开始通过"联合能力集成与开发系统"提出装备性能要求,与项目管理办公室共同确定这些要求,之后由装备保障主任与装备保障集成方、装备保障实施方共同拟定"装备保障协议",最终由装备保障实施方负责按协议内容完成装备保障任务。"装备保障协议"将确保各环节和各装备保障机构都能对作战部队提出装备性能要求有准确无误的理解。

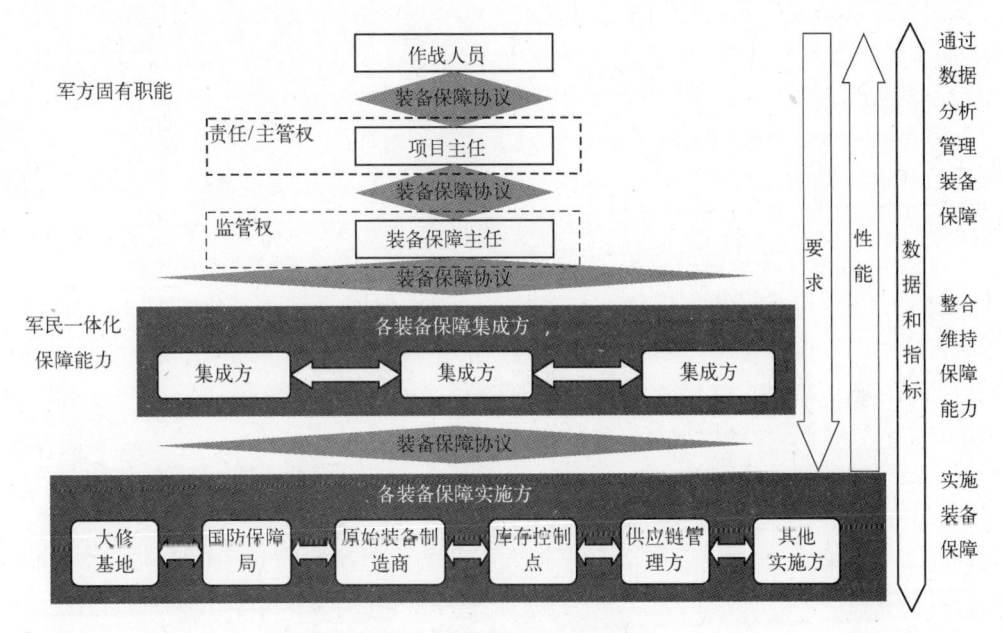

图 13.3 美军装备保障业务模型

"装备保障协议"包含以下内容:①明确规定装备经费、进度、性能目标及衡量指标,保证能达到作战人员提出的要求,使各方达成一致;②明确规定各方所承担的责任及发挥的作用;③提供遇到冲突时的裁决程序;④提出明确的装备可靠性、可用性、维修性、保障性和经费改进目标;⑤明确各类分析的数据来源及数据搜集频率;⑥明确规定协议的条款和条件;⑦预先制定好任务执行中可采取的灵活处理措施;⑧明确规定对未预见情况的处理方法;⑨对装备性能评审进行合理规划;⑩制定奖励机制和处罚机制。

三、装备保障策略

(一) 装备保障策略的主要内容

国防部第 5000.2 号指示规定,项目主任制定的装备保障策略应至少阐述以下内容:

(1) 项目管理办公室、政府及工业部门的供应商能够联合提供的一体化装备保障能力。根据《美国法典》第 10 篇第 2337 节"寿命周期管理与装备保障"的相关规定,采用预测性分析和建模、成本分析等方法,预估武器系统未来的保障能力筹建方式。

(2) 提出武器系统的保障指标。保障指标要包含装备保障关键性能参数和关键系统属性,且可用于管理装备保障绩效。

(3) 实施武器系统可靠性改进计划。计划的制定要基于各种渠道的保障数据,如故障模式、影响和重要性分析数据(或软件缺陷跟踪)、在系统工程过程中开发的其他工程数据、由适用的机载和离载技术产生的系统健康信息、符合国防部第4151.22号指令的数据源等。

(4) 确保装备保障业务通过充分的竞争选择合适承包商。大企业和小企业在主承包商和分承包商层次或是在系统和分系统级别开展竞争。

(5) 确保武器系统保障工作拥有必要的数据使用权限(如图纸等)。

(6) 要确保软件维护工作及时到位。自2012年国会将软件维护划为基地级维修的范畴后,软件维护工作成为装备保障的重要组成部分,项目管理办公室在分析武器系统核心保障能力需求时,也需要考虑软件维护的核心保障能力需求。项目主任需要考虑,对于需要列入核心保障能力的武器系统或当武器系统需要基地级软件维护时,在武器装备达到初始作战能力之后,应如何以及何时将计算机软件、软件文档以及其他物资提供给政府。

(二) 装备保障策略的目标

制定装备保障策略的主要目标是实现军地双方保障力量的优化组合。装备保障任务既可以由军方保障机构完成,也可以由企业完成。"装备保障主任"要通过全面分析,以最佳的方式实现对军队和地方保障资源的综合利用,协调各保障团队之间建立起合作关系,推行有效的装备保障策略,保证装备战备完好性。

除极个别的例外情况外,最佳的装备保障策略要同时依托军方和地方保障力量。过去,在制定装备保障策略时,美军保障管理层往往认为"合同商保障"与"军队建制保障"是非此即彼的关系,而全寿命保障要求在选择装备保障策略时必须认识到:大多数情况下,最佳装备保障策略都是采用公私合作,综合利用军地保障能力的方案。装备保障策略的目标是实现装备战备完好性,为此要实现装备全寿命保障各参与方保障力量的优化利用。"装备保障主任"要为装备全寿命保障的各参与方确定合适的衡量指标,以共同达到最好的保障效果。这些指标是确保武器系统、子系统和部件达到预定性能目标的关键。要根据已知数据、总估算成本、评估指标和激励机制、现有法律政策要求等,统筹协调军地保障资源,形成合适的保障策略。最终制定的保障策略要兼顾装备性能与经济可承受性,在二者之间保持恰当的平衡。"装备保障主任"的工作就是要找到一个最合理的保障解决方案。

装备保障策略可以在系统级、子系统级和部件级分别制定。多种形式的保障策略可灵活运用军队和地方的多家装备保障实施方的保障能力。最佳的装备保障策略通常是图13.4所示的9种保障策略之一。但具体到某一种装备应采取何种方案,还应视项目的特殊需求、限制因素和其他条件等具体情况决定。例如,要考虑法律法规(如50/50法则与核心维修能力规定)、政策制度(如"伴随部队的合同商"等规章)、军种偏好、可用经费以及各机构保障实力等。

在装备全寿命周期内,"装备保障集成方"是装备保障工作的具体牵头与组织者。在项目早期做出的决策往往会影响项目后期对装备保障策略的改进。不管采用哪一种保障策略,最终的保障效果才是关注的重点。全寿命保障将装备保障的责任交给一个或多个"装备保障集成方"。"装备保障集成方"要通过对军队和地方保障资源的有效组合,最终达到与项目主任事先协商的装备性能目标。项目主任和"装备保障主任"通常会授予"装备保障集成方"一部分监督装备系统级、子系统级和部件级保障实施情况的权力。

	地方保障力量	军地合作	军方保障力量
系统级	1.1 以工业部门为中心 武器平台保障策略 如：美国空军的 C-12 "休伦"运输机	1.2 混合军地保障力量 武器平台保障策略 如：美国空军的 C-17 "环球霸王-Ⅲ"运输机	1.3 以军队保障力量为中心 武器平台保障策略 如：美国陆军的 通用地面站
子系统级	2.1 以工业部门为中心 子系统保障策略 如：美国陆军的 高机动火箭炮系统	2.2 混合军地保障力量 子系统保障策略 如：美国海军的 辅助动力单元	2.3 以军队保障力量为中心 子系统保障策略 如：美国陆军的 M119-A2 榴弹炮
部件级	3.1 以工业部门为中心 部件保障策略 如：美国海军的 军用轮胎	3.2 混合军地保障力量 部件保障策略 如：美国空军的 工业部门主供货商计划	3.3 以军队保障力量为中心 部件保障策略 如：国防部战争储备器材、 应急储备器材

图 13.4 装备可选的保障策略示意图

在选择装备保障实施方时，应在符合法律规定的条件下，平等对待军方和地方保障资源。按照实现"最佳效果"的原则，通过业务案例分析，评估最合理的军队与地方保障能力组合，包括评估双方的基础设施、技能基础、过去的保障任务完成情况、已证实具备的保障能力。尽管也可以考虑备件、维修工具与数据等具体条件，但更有效的方式还是从整体上考虑，在现有全寿命经费限制下，候选保障实施方在装备性能（如可用性、可靠性等）上能够达到的水平。项目主任要把落实装备保障策略的责任下放给"装备保障集成方"，项目管理办公室则重点确定装备需要达到什么样的性能水平，不再事无巨细地负责诸如购买备件等具体的保障事务。

在装备保障策略的制定与实施上，没有一种能适用于所有装备的通用方法。每类具体装备的保障策略都具有特别之处，必须要根据装备的使用与保障要求制定，在某些情况下，还要考虑国防部和军种的要求。在制定装备保障策略时，提出的装备可用性与战备完好性目标必须考虑实际预算限制，要符合经济可承受性。与之类似，在保障实施方的选择上也没有通用的模板。

（三）装备保障策略的基本原则

坚持军队核心保障能力的主体地位不变是美军制定装备保障策略始终坚守的基本原则。虽然在冷战结束后美军发动的历次局部战争中，合同商保障都曾在战场大力支援建制维修并取得好的效果，但美军仍坚持通过立法确保在基地级维修中建制维修的工作量（经费份额）不低于50%的"底线"，以维持军方核心维修保障能力。

1. 确定并严格落实 50/50 比例限制

美国在1991年就规定合同商承担基地级维修的工作量比例不得超过40%。《1998

年国防授权法》对这一比例进行了调整,由40%调整为50%。在同一条款中,国会也修改了对"工作量"的定义,明确指出通过基地二次分包给私营企业的业务以及过渡期合同商保障都应视为合同商保障内容。各军种在基地级维修保障中引入合同商保障力量时应当遵守这一比例。

为确保这一政策落到实处,美国国会要求国防部每年必须提交材料,对政策落实情况进行说明,并给出各军种关于合同商承担基地级维修保障的经费额度与比例方面的详细数据。美军合同商承担基地级维修保障份额尽管呈增长趋势,但都控制在规定的限度内,很好地保证了军方核心保障能力的建设与保持。

2. 确保军队大修基地核心保障能力

美国国会认为"国防部保留一套由政府控制和运行(包括政府雇员和所有权归政府的装备和设施)的核心保障能力,对国防建设至关重要。它可以确保军方拥有可控且时刻做好准备的技术能力资源,能够在部队动员、出现国防紧急情况和其他紧急需求时,快速、高效地做出反应。"

为建立军方核心保障能力,美军采取了一系列措施促进相关政策规定的落实,促进军方核心保障能力的快速形成,并保持已建成的核心保障能力。为保证核心保障能力能够得到执行,美军通过一系列的法规明确各方在保持军方核心保障能力方面的职责,通过形成和完善制度确保军方核心保障能力的要求不流于形式,而是获得切实地贯彻执行。具体做法包括:①明确规定各级主管领导的责任。《美国法典》规定了国防部长、参谋长联席会议等顶层管理人员和部门在确定与保持核心保障能力上的管理责任与权限。②明确规定形成核心保障能力的年限。美军规定,对于直接支持国防部战略和紧急计划的装备,核心基地级维修能力应当在初始作战能力形成后4年内建立。③分配充足的维修任务。美军规定,各军种部部长要负责计算本军种维持核心保障能力所需的任务量,并在任务分配中为实施核心保障能力的部门分配充足的任务。

四、全寿命保障计划

国防部第5000.02号指示规定,自项目进入预研阶段起,所有项目的项目主任应开始制定一份符合装备保障策略的装备全寿命保障计划并加以实施。该计划应说明保障需求对武器系统设计、技术、业务及管理部门产生的影响,用于确保在武器系统整个寿命周期内以经济可承受的方式保持装备作战效能,同时寻找新的方法,在不牺牲项目装备保障水平的情况下降低装备保障成本。武器装备的采办策略中也要包含装备保障策略概要和与系统保障相关的合同。重大武器项目的全寿命保障计划要经国防部采办、技术与后勤副部长批准,非重大武器项目的全寿命周期保障计划要经军种采办执行官或其指定人员批准。

国防部第5000.02号指示规定了装备全寿命保障计划在各关键决策环节的重点工作。根据新版指示的要求,装备全寿命保障计划应在每一个关键决策点上进行更新,以反映装备保障策略在成熟度方面的提高、装备保障计划的相应变更、当前的风险以及任何降低成本的措施。具体如下:①在里程碑A(预研阶段),全寿命保障计划的重点是制定保障指标,以便指导武器装备设计以及完善装备保障策略,同时在里程碑B(工程制造与研制阶段)之前采取措施降低未来的作战和保障成本,包括软件维护成本。②在发布研制建议征求书(RFP)的决策点以及里程碑B,全寿命保障计划的重点是确定最终的保障指标,将保障相关事项与武器系统设计及风险管理活动整合在一起。③在里程碑C(生产与部署阶段),全寿命保障计划的重点是确保装备作战保障性和验证装备保障指标。④在做出全速生产决策或全面部署决策时,全寿命保障计划的重点是如何测量、管理、评估及报告装备保障绩效,采取措施调整装备保障计划,以便开展持续竞争和成本控制。⑤在武器系统达到初始作战能力之后,全寿命保障计划是管理武器系统保障应遵循的原则性文件。一旦装备保障策略有变更,或者每5年(以先到的时间为准),应根据保障指标、保障成本、武器系统部件或配置(硬件和软件)、环境要求以及处置计划或成本等因素的变化对装备保障计划进行更新。

国防部第5000.02号指示还规定,装备全寿命周期保障计划应包含以下分析结果:①业务案例分析。业务案例分析是项目主任根据以往项目的相关数据,对当前武器系统项目提出相应假设、限制条件并在此基础上提出制定装备全寿命保障计划的依据。国防保障局应提供Ⅰ、Ⅱ和Ⅲ类采办项目的相关数据。装备保障主任应在相关假设、限制条件和操作环境发生变化时,或者每5年(以先到者为准)对业务案例分析的结果进行重新验证。②核心保障能力需求分析。在里程碑A之前,国防部相关部局应根据《美国法典》的要求,在全寿命周期保障计划中记录项目管理办公室关于武器系统项目是否适用核心基地级维护和修理能力要求的决定。在里程碑B,项目主任应根据《美国法典》的要求,在全寿命周期保障计划中附上项目在维护、维修和相关保障能力及其任务量方面的预计需求。根据《美国法典》第10篇第2464节的要求,项目的维修计划应确保在武器系统达到初始作战能力后的4年内建立起核心基地级保养和维修能力。在签订初始低速生产合同之前,核心保障能力需求分析必须包括有关核心基地级维修和保养能力的详细规定,以及支持这些规定所需的维修任务量。③特殊工具的保存及存储计划。对于重大国防采办项目,应当在里程碑C前准备好特殊工具的保存及存储计划。该计划必须包括一个审查周期,以评估系统整个寿命周期内所需的特殊工具保留需求。如果里程碑决策当局(而非国防采执行官)无需再保留和存储特殊的工具,则应当向国防采办执行官提交放弃声明,国防采办执行官将情况通知国会。④知识产权战略。项目的知识产权战略应纳入全寿命保障计划,并在使用与保障阶段对其进行更新。⑤其他附件。项目主任应考虑纳入其他附件,或参考将其他项目维护计划或装备保障策略的文件整合其中。

五、美军实施装备全寿命周期保障管理的主要手段

(一) 基于绩效的装备保障模式

2001年度《四年一度防务评审》提出,把"基于绩效的保障"作为国防部新老武器系统保障首选的保障方式。这一全新的保障方式不是简单的合同商保障,也不是单纯的建制保障,而是能综合二者优点的一种新的保障方式。目前,"基于绩效的保障"已在美军装备维修保障方面获得广泛认可,包括F-22、F-35等主战装备在内的众多新老装备纷纷开始采用这一保障模式。

"基于绩效的保障"是为缩减保障规模、降低保障成本,更好地发挥军方保障资源与合同商保障优势而提出的一种保障策略,其宗旨是通过高效的管理和明确的职责划分提高武器装备的战备完好性。在这种模式下,国防部业务局和各军种的项目管理办公室将

各种保障任务打包,通过协议下达装备保障集成方,用明确的绩效指标衡量最终的保障成效;装备保障集成方择优运用军地两类保障资源,确保实现既定保障目标。

采用"基于绩效的保障",装备维修保障则主要由保障集成方负责分配,各项维修保障任务可以分配给合同商,也可以分配给军方大修基地。保障集成方可以充分考虑军地可利用的资源,在符合国家和军队有关规定的前提下,进行择优分配,只要保证在规定的时间内,装备性能要达到合同规定的标准即可。过去,在制定装备保障策略时,总是喜欢贴上"合同商保障"或"建制保障"的标签,而如今,除极个别的例外情况外,单纯采用某一种保障方式已成为历史,最佳的装备保障效果要同时依托军方和地方保障力量。装备保障集成方要通过全面分析,以最佳的方式实现对军队和地方保障资源的综合利用,协调各保障团队之间建立起合作关系,实现有效的装备保障策略,保证装备战备完好性。经过10余年发展完善,以及在200多个型号上的应用,"基于绩效的保障"模式在美军装备维修领域已取得巨大进展和显著成效。

(二) 强制推行装备保障关键性能指标

2007年5月联合参谋部发布了新版的参谋长联席会议主席第3170.01号指示和手册——《联合能力集成与开发系统》,要求强制性落实"装备可用性(AM)"这一维持保障关键性能参数(KPP)和作为支撑的两大关键系统属性(KSA):"装备可靠性"(RM)和"拥有费用"(OC)。参谋长联席会议主席第3170.01号系列指示是联合参谋部对装备性能提出要求的主要文件,也是美军作战需求引导装备发展的主要依据性文件。参谋长联席会议将"装备可用性"作为衡量装备能力的一个关键性能参数写入指示,成为指导装备研制的一条宏观指标。确定这一关键性能参数是美军装备维修保障发展过程中的一个重要里程碑。

1. 指标的建立进一步推动装备全寿命周期保障管理能力

确定这一关键性能参数之所以意义重大,是因为从推进装备全寿命周期保障的角度来看,它使装备维修保障战略管理向前延伸到装备研制与生产阶段,弥补了之前的不足,对推动装备全寿命保障具有重要意义。

过去,美国国防部对装备维修保障的政策指导一般都只针对装备服役后的保障阶段。如国防部第4151.20号指令"基地级维修核心保障能力确定程序"等规定,都仅针对已服役武器系统,不包含那些正在采购中的武器系统。国防部对于联合开发的武器系统(如联合攻击战斗机)也未做出任何指导性规定。在装备研制阶段,缺乏战略指导,通常导致采办过程中对装备日后的保障问题缺乏统筹性考虑。带来的后果通常是严重影响装备服役后军方维修保障能力建设以及装备使用阶段的战备完好性水平。《美国法典》规定,军方大修基地必须在新装备形成初始战斗能力之后的4年内建立起军方核心保障能力。虽然项目管理办公室应当在装备采购阶段尽可能早地提出核心保障需求,但由于缺乏有效的制约机制,在采办过程中,通常很少在早期阶段进行维修保障规划。这导致在装备初始服役的几年里必须由装备制造商提供场地和设备开展基地级维修。一旦装备制造商建成维修线,对国防部来说,大修基地再建一套维修设施就成了重复的、不经济的行为。

如今,将"装备可用性"这一衡量装备保障性能的关键性能指标及其两大关键属性写入联合参谋部的装备性能指导性文件中,就强制性成为项目管理办公室在装备研制过程中必须加以考虑的装备性能指标,使装备研制早期阶段开展维修保障规划成为一项强制性执行的任务,对于提高装备可靠性、维修性、保障性以及降低装备全寿命周期成本都将发挥巨大的作用。

2. 选择合理的装备保障性能评估指标,形成有效的军民融合保障制约机制

对作战人员而言,装备"作战可用性"指标相对更加重要,但美国国防部在制定第3170.01号指令时,却选择了以"装备可用性"作为衡量装备保障性能的关键参数。国防部之所以做出这一决定,是因为按照参谋长联席会议主席第3170.01C号手册的要求,国防部必须选择一个能够综合平衡采购成本和维持成本的系统指标,而"作战可用性"指标不能提供这样的系统指标功能。"装备可用性"指标在本质上并非作战指标,而是一个系统设计指标。这一指标要受众多非作战因素的影响,它并不要求在数值上达到最大化,而是要求在项目里程碑A、B、C三个阶段,根据系统工程的方法,在各指标之间进行综合平衡达到最优化。

选择"装备可用性"指标的目的是在武器系统早期设计阶段,项目管理办公室对各类装备性能指标进行综合平衡时,确保把系统保障的相关要素考虑进去。项目主任必须在任务可靠性、作战可用性、保障可靠性、系统维修性、系统保障性、采购成本、总拥有费用之间进行综合平衡,从而实现"装备可用性"指标的最优化。由于需要在系统可靠性水平和采购成本与拥有费用之间进行综合平衡,所以这一参数在一定程度上也包含了寿命周期成本。可靠性较低的系统,其采购成本也可能较低,但必然需要更多的维持保障工作(包括维修和备件),因而会导致作战可用性降低。在进行装备采购时,如果仅仅依据单位平均成本(APUC)来决定采购哪些装备,最后往往导致装备总拥有费用远超事先的计划。项目主任必须在所有的该型装备上应用装备可用性指标,而不是仅仅在参与作战的一小部分装备上使用,才能估算出装备的总体成本。而作战可用性指标则受装备使用方式的影响。同样的装备在极端环境下或高节奏行动中使用与在良好环境下或低节奏行动中使用,其可靠性、可用性与维修性方面的性能截然不同,这就会导致同种装备在不同情况下作战可用性指标的值各不相同。而装备可用性指标则不考虑环境、任务和时间因素,无论系统是否处于准备执行任务的战备状态,其装备可用性指标的值都是一样的。武器系统及其备件的装备可用性的定义如下:

装备可用性=处于等待任务状态的可用装备数量/装备总数量

装备可用性与指定的任务无关。而对装备可用性指标的定义也允许在当前研制系统各种可能的应用中把环境、行动节拍和任务等因素考虑进来。

(三) 装备可用性是全寿命保障中四大衡量指标的核心

拟制"装备保障协议"的一个关键部分就是要建立起获得广泛认可的、可实现的指标体系。"装备保障集成方"和装备保障实施方在这些指标上必须达到"装备保障协议"(及合同之类的其他正式文件)中规定的水平。装备保障策略能否有效落实取决于这些指标是否准确反映了部队需求,是否能有效衡量"装备保障集成方"和装备保障实施方所提供的装备性能。

装备全寿命保障管理中有四大顶层保障指标[①]:装备可用性、装备可靠性、使用与保障成本、平均停机时间。其中,前三个指标是重大项目强制执行的指标,第四个指标是可选指标。前三个指标中,装备可用性指标(AM)是"强制执行的维持保障关键性能参数",

---

① 这4大指标是参谋长联席会议主席手册3170《联合能力集成与开发系统》规定的。

而装备可靠性和使用与保障成本是这一参数的两大关键支撑指标。这三个指标和装备平均停机时间一起构成了贯穿项目整个寿命周期的维持保障顶层衡量指标,这些指标适用于所有装备保障策略。表 13.2 给出了美军某航空装备项目四大保障指标数据。

表 13.2　美军某航空装备项目 4 大保障指标数据

指　　标	实际值 (先前项目)	原始目标 (当前项目)	当前目标 (当前项目)	当前估值或实际值 (当前项目)
装备可用性	76%	80%	77%	71%
装备可靠性	37 小时	50 小时	50.5 小时	51 小时
总拥有费用 (亿美元)	2456	3855	3951	3951
平均停机时间	12 小时	20 小时	18 小时	15 小时

四大指标是装备保障主任在制定装备保障策略时最有效的工具。装备保障主任要在开展装备方案分析时尽早确定四大指标的目标值,将其作为基准,贯穿整个项目执行过程,直到装备退役为止。每次项目评审会上必须要汇报本项目在这些指标上取得的进展。此外,大型国防采办项目在这 4 个指标上达到的数据必须通过"国防采办管理信息检索系统"每季度向国防部长办公厅汇报一次。

(四) 确定装备保障指标体系时要遵守的基本原则

除四大指标外,针对具体的装备型号,还应当提出额外的附加指标,确保满足具体武器装备项目的特殊需求。

(1) 应注重装备寿命周期各阶段的指标管理工作。一方面要使具有装备保障责任的各个单位能对这些指标要达成的效果形成共识,了解各自工作对武器系统总体装备可用性的贡献;另一方面也便于有效衡量最终达到的装备可用性指标。指标管理过程应在项目启动之前开始,在装备寿命周期各阶段循环重复,但各阶段略有区别。在装备寿命周期的后期(如使用阶段),对各项指标的分析应当以装备的实际性能为基础,而在项目的早期阶段,对这些指标的分析只是以工程估计数据为基础,所以后期的分析评估工作将要更细致、更翔实。

(2) 应对型号的指标体系进行适应性调整。若一个项目有多个"装备保障集成方",每个集成方都只负责达到某一方面的装备可用性,则要使每个"装备保障集成方"都有量身定制的、符合其实际保障职责的衡量指标。尽管衡量保障效果的指标大部分都应是客观指标,但某些装备保障要素可能更适合由作战人员以及项目主任和装备保障主任进行主观评定。这能在装备保障上保留灵活调整空间,以适应紧急任务要求。

(3) 对装备战备完好性和保障性效果的衡量必须统筹考虑经费、进度、其他项目以及国防部和军种优先权等方面的要求。

(五) 装备保障主任在确定装备保障指标时的主要职责

装备保障性要求必须原封不动地纳入装备采购文件中。装备保障主任必须准备并提供相关的项目文件、计划、预算和措施,以便制定、执行并持续应用装备保障方案。同时,还必须制定装备技术性能评价方案,以便监督装备保障性设计取得的进展。

装备保障指标必须进一步向下分配。只有将装备保障指标写入有关装备子系统和相关设备研制的更底层的合同文件中,才能确保在制定武器系统及其保障系统的具体保障策略与维修计划时真正实现这些要求。在项目启动之初,装备保障主任带领的团队就应和系统工程团队联合制定装备技术性能评价方案。武器系统工程团队还需要开展专门协调,确保把合理的装备设计要求纳入到系统技术规范中,促进装备保障目标的实现。装备保障主任必须确保项目的"系统工程计划"中包含了实现保障性要求的方法以及对合同商报告机制的要求。在项目的"试验鉴定主计划"文件及其他试验文件中,也必须包含对装备性能估算结果进行验证的方法。其中,包括对关键保障要素的验证,如训练、保障设备、维修、操作人员手册、备件等。

装备保障主任在装备保障指标方面应完成的工作包括:①作为管理层,不仅对重要的装备保障性指标进行排序,还要预测风险,制定措施加以应对。如果估算表明,有些指标可能达不到要求的最低限度时,就必须要根据这些指标性能下降可能带来的风险,制定消除风险的策略。②确保在装备采购文件中包含装备维持保障要求。③为装备保障性的每一条保障指标制定详细的测量与评估标准,随着装备研制与试验的推进,提出装备保障方面可能存在的风险及风险消除措施。④参与装备设计评审,根据装备设计的不断改进和样机研制的不断进展,监督维持保障指标的落实和业务案例分析的实施,推动装备不断向预定的保障目标进步。⑤在装备试验与部署阶段,参与装备试验评审,监督装备维持保障指标的成熟度水平,包括各保障要素(如训练、保障设备、维修、操作人员手册、备件等)的发展情况。⑥跟踪装备保障实施方在装备采办期间的表现,确保系统部署后不存在重大风险。

图13.5给出了美军某航空装备项目自进入里程碑B阶段后开展的保障任务示例。装备保障主任作为高级管理层,通过实时掌握关键保障指标的进展,强化对装备保障的监管,确保项目主任制定的保障策略既能满足作战人员提出的装备战备完好性目标,也符合长期的经济可承受性目标。

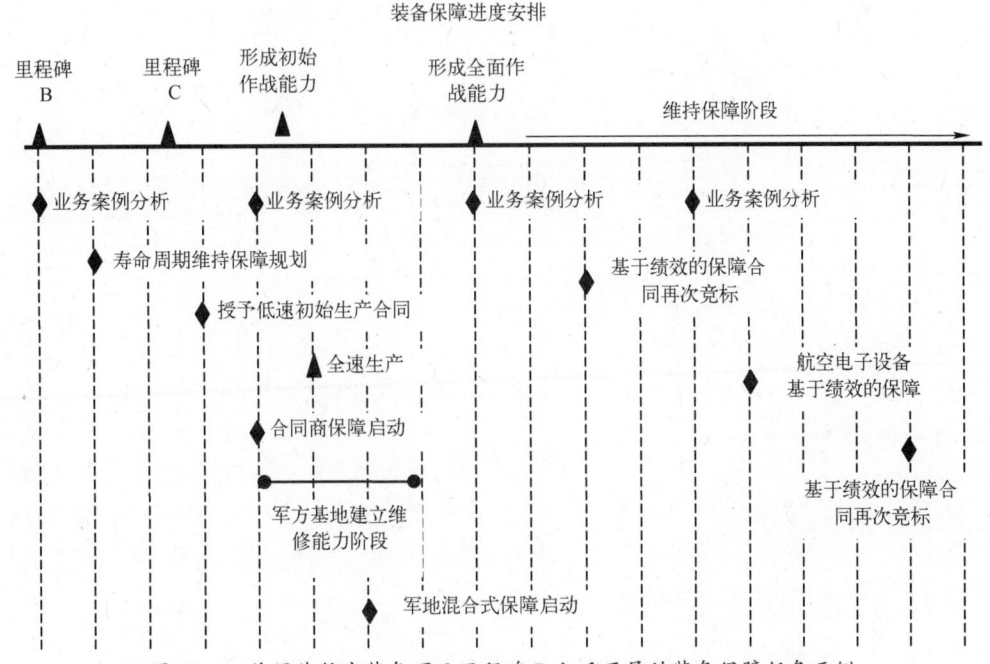

图 13.5 美军某航空装备项目里程碑 B 之后开展的装备保障任务示例

第三节 战时装备维修保障管理

一、战时合同商保障采用四级管理体系,明确划分职能任务

在战时合同商保障管理方面,国防部、参谋长联席会议、各军种部、战区司令部分别在各环节承担相应职能,通过各部门之间的协同配合,实现战时合同商保障的顺利实施。

（一）国防部负责合同商保障顶层管理与政策制定

国防部主要通过保障与装备战备完好性计划部对战时合同商保障进行顶层管理,国防部其他业务部门具有部分辅助保障职能。

1. 保障与装备战备完好性计划部是战时合同商保障主管机关

如图 13.6 所示,计划部隶属于国防部保障与装备战备完好性副部长帮办,下设保障部、战时合同商保障管理部、战略规划部,主要负责制定平战时合同商保障总体政策,编制战时合同商预算,对战区合同商保障进行监督管理,规划战时合同商保障力量总体结构等。

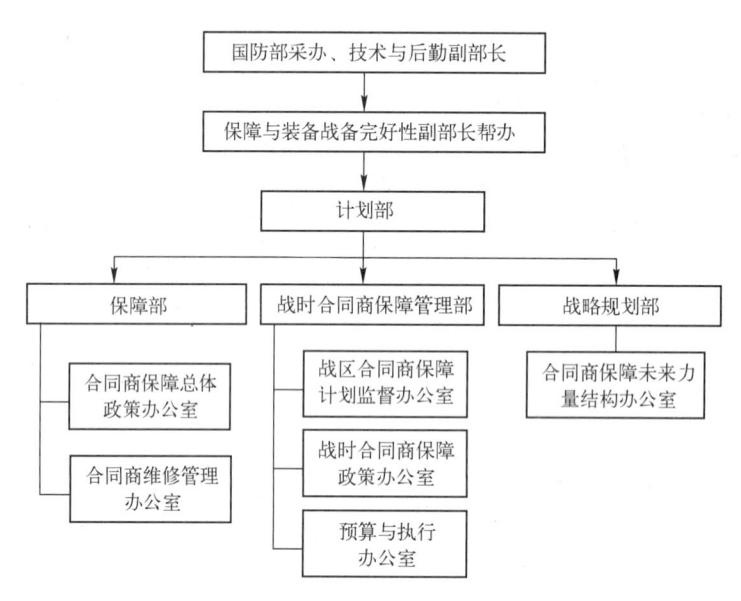

图 13.6 保障与装备战备完好性计划部机构设置

保障部的职能主要体现在平时,负责制定合同商保障总体政策,并通过合同商维修管理办公室指导监督合同商开展战后装备后撤、批量整修、报废处理工作。战时合同商保障管理部的职能体现在战时,其中:战区合同商保障计划监督办公室负责监督战区司令部政策落实与执行情况;战时合同商保障政策办公室负责发布与战时合同商保障相关的国防部指示并负责统计战场合同商人员情况;预算与执行办公室负责将战时合同商保障经费需求纳入国防部预算编制体系。战略规划部主要负责研究合同商在未来战场上的规模结构并向国防部长提供建议。

2. 情报、人事等部门负责各自领域的辅助保障工作

（1）国防采购与采办政策主任侧重于战时合同的签订与管理，负责制定合同签订政策指导如何在应急行动中有效开展保障合同签订与管理，并修订《联邦采办条例国防部补充条例》。目前战时合同商保障的合同签订、合同授权、各方关系协调、应急保障中的合同签订流程等规定已纳入《联邦采办条例国防部补充条例》。

（2）人事与战备副部长是国防部长管理美军整体力量的首席参谋助手和顾问，负责制定政策和计划，管理包括军职人员、文职人员和合同商人员在内的美军整体力量的使用，并负责人力资源项目的开发。具体职责包括：根据国防部第1100.4号指示《人力管理指南》和国防部第1100.22号指示《工作队伍结构确定指南》的要求，制定、发布并管理国防部身份认证政策和程序，对获准随军保障的合同商人员身份证发放提供专业指导，与采办、技术与后勤副部长共同开发伴随部队保障的合同商人员统计信息中心数据库。

（3）情报副部长负责制定并落实应急合同商保障人员的安全审查，协助起草合同中有关情报与反情报相关的条款。

（4）公共卫生事务部长助理负责制定并实施应急作战中与合同商保障人员的医疗、检查、健康保障相关的政策与程序。

（5）国防战俘及失踪人员办公室负责协调各军种、联合参谋部、联合司令部或战区司令部以及美国政府其他部门，就随军保障人员脱离友军控制的事务展开合作。

（6）国防合同管理局及国防合同审计局分别履行战时合同商保障合同的监管与审计职责。

（7）法律总顾问办公室负责就战时合同商保障涉及的所有法律问题提供法律支持。

（二）参谋长联席会议负责伴随部队合同商保障人员的政策与规划

在战时合同商保障管理方面，参谋长联席会议主要负责对伴随部队保障合同商人员的顶层管理、协调与保障。

1. 保障部负责伴随部队合同商保障人员的政策制定与监督

保障部是联合参谋部在合同商保障队伍政策制定、规划计划和顶层监管的牵头机构，主要职责包括：①制定战时合同商保障人员管理政策，参与《联邦采办条例》和《联邦采办条例国防部补充条例》有关术语和条款的编制工作；②与战区、各军种及国防部相关业务局协调战时合同商保障人员管理工作，适时举办会议推动各方就战时合同商保障人员管理进行协调沟通，参加战区、各军种或多国部队合同商管理工作组；③监督战时合同商保障队伍管理政策的落实，包括合同商保障人员的统计政策规定和装备配备方案，确保战区将战时合同商人员管理内容纳入作战计划。

2. 人力部负责伴随部队合同商保障人员的部署管理与保障

联合参谋部人力部负责制定战时军职人员、文职人员和合同商人力资源管理和人员保障政策和规定，协调并向战区司令部提供人力支持，主要职责包括：①向联合参谋部提供战区司令部的整体力量数据及人员伤亡报告，以便使参谋长联席会议主席掌握战场整体态势；②在参谋长联席会议组织的演习项目中，根据需要向参谋长联席会议提供相关信息，将伴随部队的合同商保障的人员保障纳入计划；③协调伴随部队合同商保障人员的部署行动，将其纳入联合人力部署文件。

3. 情报部负责监督伴随部队合同商保障人员的审查工作

联合参谋部情报部负责向各战区司令部传达国防部情报副部长的政策，制定联合条令中相关的规定,从情报、反情报及部队防护的目的出发,确保战区司令部对美国军队雇佣来保障美军和联军行动的伴随部队保障合同商人员进行必要的审查,确保反情报措施的有效性并将措施融入到战略计划和联合计划中。

(三) 各军种负责规划实施本军种战时合同商保障任务

各军种根据需要规划实施本军种战时合同商保障任务,对本军种部署到战区司令部的合同商保障力量实施行政管理和保障。军种部主要通过各战区司令部下辖的本军种司令部来履行职责,在法规条令许可范围内行使合同签订权。

1. 规划管理本军种的战时合同商保障工作

美军各军种都设置了一名主管采办与保障的副部长或助理部长,负责本军种战时合同商保障规划,在保障合同中明确战时保障责任,确保在作战命令中明确并纳入战时合同商保障需求与合同商管理计划。各军种装备部及其下属部门负责实施具体的合同签订与项目执行监管职能。以美陆军"斯瑞克"车族为例,陆军参与该装备战时合同商保障管理的部门见图13.7[①]。合同签订部门负责保障合同签订,项目管理办公室负责该装备的战时合同商保障效果监管与评估。

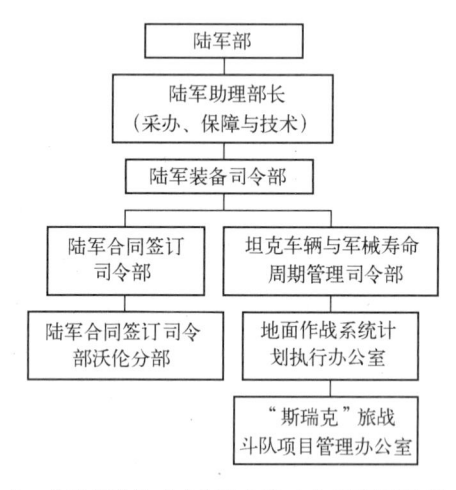

图13.7 美陆军"斯瑞克"战车战时合同商保障管理部门

2. 制定并发布一体化合同商保障计划

各军种部要确保合同商保障各项工作的同步,分析已经签订和规划的战区及外部保障合同,最大限度地削减多余及重叠的合同,实现合同效益最大化,提高合同商保障的一体化效能。同时,还要确保全面考虑其他军种、国防部各业务局、多国部队的合作伙伴及其他政府部门的合同商保障,进行统一协调与调配,确保对保障资源的需求没有冲突。

3. 制定战时合同商保障训练方案

各军种要确保采办工作队伍以及其他在战时承担采购相关职责的军职人员和文职人员接受必要的培训,能够履行监管合同或合同商的职责,在训练仿真、任务演习中纳入已经确认的合同商保障需求,明确合同签订官代表的资质要求,并确保这些代表接受过适当的培训并持有合格证书。

---

① 美陆军斯瑞克车辆需要采用更好的成本控制措施. DODIG-2012-102. 2012.

（四）战区负责战场合同商保障力量的筹划、整合和监管

战区司令部与下辖联合部队、职能司令部、军种部队、国防部下属作战保障业务局合作，共同确认战区内合同商保障的要求、政策和规定，筹划合同签订工作以及实施战时合同商保障的监管。

1. 制定战区内合同商保障的要求、政策和规定

战区司令部就战时高效开展一体化合同商保障制定并发布规定、指令和指南，制定战区内的一体化合同商保障计划并将其纳入作战计划或作战命令，确定战区内牵头军种或联合战区合同签订司令部的责任，制定并公布合同商管理方案，确定伴随部队保障合同商人员的战区准入要求，与联合参谋部共同审查、制定并颁布伴随部队保障合同商人员部署前的训练标准。

2. 筹划管理向伴随部队合同商人员提供的勤务保障

战区内的联合作战司令部、二级司令部或联合任务部队指挥官要确保合同商人员可从政府获得战时环境所需的必要保障，而且要确保各部队之间协调到位。

3. 职能司令部负责各自领域的合同商保障规划与管理

战区内通常编有多个职能司令部，如特种作战司令部、运输司令部等，这些职能司令部自身拥有战区保障合同签订权和能力，负责对各自领域内的合同商保障开展规划和管理，但也需要与战区内部队的协调配合。如运输司令部的合同商保障通常涉及到在战区内外进行战略、战术运输，就需要与被保障战区司令部配合。在涉及到通用保障时，各职能司令部还经常需要向牵头军种或联合战区保障合同签订机构寻求帮助。

二、按既定原则有序开展战时合同商保障的规划、组织与实施工作

战时合同商保障与平时相比，时效性、灵活性、精确性要求更高，要能在瞬息万变的战场环境中及时、准确地满足作战部队的保障需求，必须要有科学有效的组织实施机制作为保证。在实际实施过程中，美军明确了使用合同商保障的基本原则和保障模式，为战时合同商保障成功运行奠定制度基础。

（一）美军战时合同商保障总体原则

美军重视科学筹划合同商保障工作并将其融入到军事行动中，制定了若干总体原则指导合同商保障的规划与管理。

1. 合同商保障是作战能力的倍增器，但必须适时适量使用

军队建制保障、多国部队保障、东道国保障、合同商保障等各种保障模式各有优缺点，要根据实际情况权衡多种保障模式和保障资源的最佳组合方式，不能过分依赖某一种保障模式。大多数装备保障任务都可以部分或整体承包出去，但属于军方内部职能的项目不能由合同商完成，包括作战行动、合同签订以及对军职人员和文职人员的监管。从整体上看，虽然在某些持续时间较短的军事行动（如非作战疏散行动）中合同商保障需求不高，但合同商保障在绝大多数作战行动，尤其是持续时间较长的维稳行动中都有广泛的应用前景，要根据任务、敌情、地形、部队、可用时间及民力因素，合理使用合同商保障力量。

2. 战时合同商保障会带来经济效益，但也存在固有缺陷

虽然战时合同商保障能在很大程度上弥补军方建制保障力量和能力的不足，在某些

领域还有着较高的效费比,但战时合同商也存在若干风险和缺陷,严重时甚至可能导致军事行动失败。合同商人员不会承担条款规定外的工作,军队无法指派其完成附带或额外的任务,合同商宁愿违约也不愿完成危险任务,当任务需求发生变化或合同内容需要修改时进度会有所延迟,合同商人员的生活或工作条件存在差异时对士气可能产生负面影响。此外,合同商在战场上的安全也存在隐患,需要抽调紧缺的作战人员保护合同商。

3. 军事指挥权不等同于合同签订权,要避免对合同签订过程的不当干预

指挥权是指挥官拥有的组织和使用配属部队的法律权力,并不具备合同签订权,只有正式任命的合同签订官才拥有合同签订权。合同签订官必须依照美国现行法律、《联邦采办条例》《联邦采办条例国防部补充条例》、各军种的《联邦采办条例补充条款》,独立做出正确的、公正的商业判断,在完成合同签订任务过程中实施监督。指挥官必须严格避免对合同签订过程以及配属部队的合同签订机构施加不当的影响力,以免在合同商资源和经费的使用上产生欺诈和浪费行为。按照美军现行规定,如果指挥官、文职人员和其他未获授权的军方人员做出违法承诺,将受到罚款或纪律处分。

4. 合同商与军人法律地位不同,战时必须区别对待和管理

美军认为,战时合同商人员管理的核心是将合同商融入整个战时装备保障体系,但必须要把握以下要点:①合同商不是军事指挥体制中的正式一环。合同商人员由合同商指派的管理人员按照相关合同条款,通过政府合同管理渠道实施管理,作战部队仅在部队防护、安全保卫和福利保障方面对战时合同商有一定的指导权和有限的司法权。②合同商人员与军职人员和文职人员的法律地位不同。根据现行的国际条约,伴随部队保障的合同商人员属于非战斗人员,拥有正式发放的身份识别卡和证明函,被俘后应作为战俘对待;其他合同商人员从法律角度应界定为平民,被俘后不应作为战俘对待。

(二) 战时合同商保障规划、组织与实施工作

完善的实施机制是合同商保障力量得到正确有效运用的保证。美军战前周密开展合同商保障工作,战时根据不同的军事行动规模及不同作战阶段的特点与需求选择合同商保障组织实施模式与重点,以最大限度地发挥合同商保障的效益。

1. 综合权衡多种要素,与作战计划同步制定合同商保障计划

在战前制定作战计划时,战区司令部保障部门负责同步制定一体化合同商保障计划,各军种提前公布各自的合同商保障计划,以便于战区司令部整合各军种、各部队的合同商保障计划。除保障部门外,作战、计划、民事、财务和法律部门的人员也参与合同商保障计划的制定。

战时合同商保障计划的主要包括以下内容:①确定并整合各军种、各部队的合同商保障需求,消除各军种对同一地区可用的保障资源、保障物资、保障设施及合同商人员的不必要的竞争;②全面掌握战区所在地供货商基本情况,包括勤务保障资源的可用性、运输网络的可用性、战区内的安全环境、物资存储分发仓库的可用性等;③确定合同商保障的组织模式,明确相关各方之间的指挥控制关系、战区保障合同签约权的下放程序以及相关各方的职责分工;④明确军方需要为伴随部队保障的合同商人员提供的各种保障,包括部队保护等。

2. 根据军事行动规模,选择战时合同商保障组织模式

目前,美军战时合同商保障组织模式大致分为三类:各军种负责制,牵头军种负责

制,战区负责制。在组织模式选择时主要考虑的是任务需求和战场情况,包括战争规模与首要任务、联合作战预计持续时间、作战任务主要依靠哪个军种完成以及采用合同商保障的主要军种。

(1) 各军种部队独立开展本军种的合同商保障。在预计持续时间较短的小规模作战行动中,战区司令部一般会要求各军种保留对本军种保障合同的签订权。各军种负责制的优点是简化了合同商保障的程序和流程,不需要构建新的合同商保障指挥控制关系,缺点是需要采用合同商保障的各军种可能会对当地供货商基地开展恶性竞争,联合部队确立和落实保障优先顺序和标准的能力受到限制等。

(2) 牵头军种负责战区内各军种的合同商保障。牵头军种负责制主要适用于大型的、持续时间较长的军事行动。战区司令部可指定某个具体军种作为牵头军种来负责特定区域的合同商保障(一般是通用保障)。由于其他军种战区合同商保障管理协调能力有限,多数大型作战行动中牵头军种通常由陆军或空军担任。牵头军种负责制的优点是降低了对有限的本地供货商基地的恶性竞争,可以更有效地使用数量有限的合同签订人员,增强了联合部队确立和落实保障优先顺序的能力;缺点是需要在各军种合同商保障管理机构之间建立新的指挥控制关系。

(3) 联合战区保障合同签订司令部负责制。在作战任务持续时间较长、战场情况异常复杂、单个军种不能独立完成任务、大量不同军种的人员共同保障作战任务等情况下,通常采用战区负责制,即由联合战区保障合同签订司令部统一管理各军种部队合同商保障。战区负责制的优点是便于战区对合同商保障需求进行总体把握,增加了战区对有限合同商保障资源的管理协调与调配力度;缺点是需要构建新的指挥控制关系,需要扩充战区参谋管理部门的编制,各军种需要重新学习战区司令部的相关政策和程序。

3. 针对不同作战阶段,有重点开展合同商保障工作

按照美军定义,作战行动可分为动员部署阶段、作战阶段、持续保障阶段及重新部署阶段。不同阶段战时保障合同签订与管理的主要内容会有所不同。

(1) 动员部署阶段。合同商保障一般用来提供战略投送与基础生活保障任务。根据不同保障资源的风险性、可靠性和使用便利性,合同商保障和其他保障机制可以结合使用,也可以考虑最大限度地利用和平时期已经签署的保障合同。美军为在战时确保顺利征用民用航空公司的飞机执行战略任务,制定了"民用后备航空队"计划,与22家国内航空公司签订了租用协议。例如伊拉克战争准备阶段,美军征用22家航空公司的47架民用飞机和31架宽体运输机,将包括第3机步师、第4机步师、第101空中突击师等99%的参战人员运送到海湾战区。

(2) 作战阶段。合同签订人员(军职人员或文职人员)和合同商人员将陆续抵达战区,主要通过各军种的"保障民力增强计划"合同以及国防保障局的主供货商合同来满足部队需求。联合部队保障部门、审计部门和其他部门正式组建联合采办管理委员会,审查保障需求,并提出相关建议,如确定具体的保障来源、向负责保障任务的机构提供保障需求的优先顺序等。

(3) 持续保障阶段。在综合考虑威胁等级、是否有可靠的当地商业供货基地可用等因素的前提下,各军种可将保障合同从费用较高的"保障民力增强计划"专项订购和紧急采购合同转变为长期的保障合同,如不定期交货合同等。在这一阶段美军还要求尽可能多地采用"基于绩效的保障"合同。

（4）重新部署阶段。如果没有后续部队进驻，在最后一支部队撤出战区后终止合同。如果有后续部队进驻，合同签订官要为后续进驻的合同签订机构准备相关合同或文件。一般情况下，合同签订官是最后撤离的人员之一，在战斗结束时如果还有合同内容没有结束，应该采取措施将其移交给其他常设机构，如常驻战区的合同管理机构。

三、制定严格的战时保障合同签订管理制度，促进战场合同商保障顺利实施

美军在战时与合同商的合作都是以合同这种具有法律效力的规范方式开展的。通过这种方式，可以对双方的权、责、利做出明确界定，也有利于军方对合同商的监管。

（一）战时保障合同分为三大类，由不同机构签订管理

由于战时合同商保障任务种类繁多，针对不同的需求，美军把战时保障合同划分为三种类型：武器系统保障合同、战区保障合同、外部保障合同。这三种不同类型的战时保障合同分别由不同机构进行签订和管理。

1. 武器系统保障合同

武器系统保障合同由各军种项目管理办公室签署与管理，通常是向某一类型的武器及其保障系统提供技术支持、维修保障、备件供应保障。美军各军种的大部分装备均部分或全部依靠合同商保障力量实施维修保障，合同商通常是武器系统制造商。武器系统保障合同保障的对象包括飞机、舰船、作战车辆和自动化指控系统等各类武器装备，既可以是新列装的装备，也可以是军方无保障能力的老装备。武器系统保障合同经常与军种部最初的武器系统采办合同同时签订。此类合同的签订权、合同管理权、项目管理权都属于军种部下属的装备系统项目管理办公室。武器系统保障合同商的雇员主要是美国公民，经常在训练中和应急作战行动中和部队一起部署，并在军营提供保障服务。

以陆军"斯瑞克"战车为例，陆军在最初制定采购计划时即确定该装备将根据签署的"基于绩效的合同"，在平时和战时均实行全面的合同商保障（由装备制造商通用动力公司地面系统部负责）。合同商与部队同地部署，主要提供基地级维修保障，同时也协助实施野战级维修。合同商保障中需要使用的维修备件由通用动力公司负责申请、接收、储备和发放。同时，合同商也负责备件消耗与车辆维修的记录工作。除规定由政府供应的器材外，合同商对其他所有部件、组件提供计划性保养与维修服务。根据合同商保障协议，通用动力公司地面系统部要负责保持"斯瑞克"战车处于"全面作战任务战备"状态，战时每个旅的"斯瑞克"战车装备战备完好性要达到90%以上。

2. 战区保障合同

战区保障合同由合同签订官签订。战区内的合同签订官在获得授权后，可根据战区内的需要签订应急保障合同。在紧急情况下，签订这类合同的授权通常都会很迅速。此类合同主要用于从战区内的商业渠道获取供应、勤务和基础设施建设等保障服务，当地人构成了战区保障合同雇员的主体。在阿富汗和伊拉克战争中，美军签订了大量战区保障合同，雇佣本地人开展供应、运输工作。这些保障合同签订通常由军种派驻在战区内的合同签订部门签订，陆军装备司令部在前线部队派驻合同签订保障旅，专门负责战区内保障合同的签订工作。

3. 外部保障合同

外部保障合同用于补充战时装备保障力量不足。除经战区保障合同签订总负责人

和武器系统项目管理办公室授权外,其他合同签订机构签订的保障合同都属于外部保障合同。外部保障合同向美军提供了各种各样的勤务保障和非勤务保障服务,如表13.3所列。各军种的民力增强项目合同就是外部保障合同的典型范例,其中包括陆军的"保障民力增强计划"(LOGCAP)、空军的"合同增强项目"、海军的"全球应急建设合同""全球应急勤务合同"和国防保障局的"主供货商合同""海军舰队节省合同"。外部合同商保障雇佣人员通常包括美国公民、第三国公民和当地人。

以陆军"保障民力增强计划"为例,伊拉克和阿富汗战场上的一部分维修保障人员是通过陆军的"保障民力增强计划"签署的合同商人员。陆军这一计划是平时预先为战时保障规划签署的合同,通过动员合同商,弥补部队战时保障能力不足,主要用于提供食品、住宿、燃油等后勤保障以及少部分装备保障。自1992年首次在索马里应用以来,陆军已先后签过4批次合同,如表13.4所列。

表13.3 外部保障合同内容[1]

勤务保障	非勤务保障
• 基地日常保障 • 运输 • 供应保障 • 设施建设 • 设施管理 • 装备维修	• 通信服务 • 翻译 • 商业计算机及信息管理 • 讯问 • 人身安全

表13.4 陆军"保障民力增强计划"合同概况[2]　　（单位:亿美元）

合　　同	签署年限	使用地点	经　　费
LOGCAP Ⅰ	1992—1997	巴尔干半岛、海地、意大利、卢旺达、沙特、索马里	8.15
LOGCAP Ⅱ	1997—2002	波斯尼亚	25.81
LOGCAP Ⅲ	2001—2010	阿富汗、伊拉克、科威特、土耳其等	363
LOGCAP Ⅳ	2011—	未定	60

（二）实行合同签订授权机制,严格区分指挥权与签订权

美军为确保战时保障合同签订最大程度符合军方利益,建立了独立的合同签订制度,对合同签订权限与部队指挥权限进行严格的划分,合同签订实施层层授权机制,从而使战时保障合同的签署不受部队指挥权的影响。

1. 合同签订权与部队指挥权严格分离

美军规定,合同签订权不等同于指挥权。合同签订权是指为美国政府签订有约束力的合同并指定经费专项用途的合法权力,只有合同签订官有权代表美国政府承担责任。合同签订官的任命书清晰描述了其在作战区域的合同签订权限,规定了每份合同涉及金额大小或可签合同的种类。指挥权是指为完成指定任务而有效使用可用的资源以及规划军事力量的部署、组织、指挥、协调和控制的权力和职责,但不包括代表美国政府支配

---

[1] 美国参谋长联席会议. JP 4-10 战时合同商保障. 2008:56.
[2] 美国国会伊拉克与阿富汗战时合同商保障审查委员会. 改革战时合同商保障——控制成本,降低风险. 2011:75.

经费和签订合同的权力。即使是战区司令部指挥官,也没有合同签订权。因此,这两种不同的权力必须紧密配合,以确保向联合部队提供有效的合同商保障。

2. 建立层层授权的合同签订机制

按照《美国宪法》《联邦采办条例》《联邦采办条例国防部补充条例》的规定,战时保障合同签订权从各军种、职能司令部或国防部业务局下放到合同签订总负责人,再到高级合同签订官,最后落实到合同签订官对保障合同实施具体管理。

合同签订总负责人是对合同签订的管理工作负全责的军官,在战区无指挥权。合同签订总负责人也是多层次的,在各军事机构和联合作战的合同商保障中,通过合同签订总负责人,将合同签订权从各军种部、美国特种作战司令部、美国交通司令部和各作战保障机构下放到各自的合同签订官手中。

高级合同签订官是由牵头军种或联合司令部指派的并对战区保障合同的签订工作有直接管理权的军官。根据不同的任务和各地区重要性的不同,相同行动区域可能会指派多个高级合同签订官。在"伊拉克自由行动"中一度设置了两名高级合同签订官,其中一名负责部队的保障,另一名负责伊拉克重建工作的保障。

合同签订官是具有签订、执行和终止合同的法定权力的政府官员(军人或文职人员)。在所有机构中,合同签订官都是由合同签订总负责人或高级合同签订官通过任命书任命。只有正式任命的合同签订官才有权代表美国政府支付合同所需费用。现役或预备役部队的军官、军士及国防部文职人员均可担任合同签订官。此外,合同签订官还可任命多个合同签订官代表协助其工作。合同签订官代表主要负责监管合同商的表现、提供质量保障、开具相关勤务保障收据、充当需求方和合同签订官之间的联络员,但没有权力修改、添加或删减合同内容。

美陆军装备司令部合同签订司令部下辖7个合同签订支援旅,由高级合同签订官、合同签订官和合同签订官代表组成,分驻欧洲、太平洋、中东等战区,负责各战区战时合同商保障事务。

(三) 规范合同签订流程,实现合同管理全程管控

美军为战时保障合同的签署制定了规范的流程,确保战时保障合同的规范有效。

1. 审核合同商保障需求

在签订合同之前,需要保障物资或服务的军事单位(一般为作战部门)会明确、整合和优化自身需求,确保这些需求能通过相关审批并取得相关经费,从而以合适的价格及时从商业渠道获得保障资源。需求提出单位一般根据《一体化合同商保障计划》,专门编制一份保障需求文件。编制该文件的要点有:①需求说明详实具体,以便合同签订部门拟定招标书,也有利于合同商提供合适的物品或服务,需求提出单位应在其需求文件中翔实描述所需物品或服务的各种属性。②及早与合同签订单位进行沟通。需求确定之后,要由各方人员对这些需求进行审查。如:法律方面的专业人员要对需求内容是否合法进行审查;供应人员要审查当前的供应系统是否确实不能提供所需物资;维修人员要审查军方建制保障能力是否确实无法满足装备的维修需求等。如果有不合规范或技术上的问题,则要对需求做出调整,最后呈递给需求提出单位最高领导进行审批。

2. 公开实行合同招标

一旦保障需求得以审批通过并获得了相应的经费,军方的合同签订单位就将着手进入保障合同签订过程。签订合同一般采用两种方法:招标法和谈判法。这两种方法适用于不同的对象。招标法适用于技术规范明确、成本与技术风险不大的项目,如武器系统或部件的研制和采购合同。谈判法则常常用于无法通过公开招标进行竞争的、带有实验性或研究性的、不宜公开以及国家急需的项目。通常情况下,维修保障任务和技术规范都较明确,技术风险也不大,因而大都应采用公开招标的方式签订合同。在招标信息发布上,所有超过2.5万美元的国防合同都要在政府商务信息网上发布其合同招标的基本信息;对于预计1万美元以上、2.5万美元以下的合同,美军通过公开渠道以电子手段发布其非保密的招标书通告或招标书的副本。

3. 对合同履行实行严格监管

合同签订后,美军通过严格的过程管理和合同审计确保合同商按时、保质、保量地提供产品和服务。合同管理主要由国防合同管理局及其下属机构承担。国防合同管理局由总局、地区分局和合同管理办公室三级机构组成,履行国防部各项合同的管理工作。合同管理办公室是国防合同管理的具体执行者,在合同签订官授权下行使合同管理职能,其主要管理职能包括:为合同签订官和项目管理办公室提供建议和协助;检查、监督合同商的合同履行;对合同商的采购和转包进行审查和监督;对合同商的产品质量进行检验;为合同商提供相关的服务和指导;履行合同经费的管理与合同支付工作。合同审计主要由国防合同审计局及其下属机构负责,主要职能包括:①对合同进行审计,并在合同和转包合同的谈判、管理和结算时,向负责采购和合同管理的国防部各部局提供有关合同和子合同的会计和财务咨询服务;②在合同执行过程中,向有关政府部门提供合同审计服务,对项目管理办公室的工作提供支持。必要时,国防合同审计局的人员可进入战区提供服务。

四、建立规范的合同商人员战场进驻程序及战场管理制度

由于合同商保障人员的身份特殊性,进驻战场后会显著增加战场管理难度,没有规范的程序和制度保证,不仅难以发挥合同商保障的效果,还可能削弱部队的作战和保障能力。经过多年的实践与发展,美军基本形成了较为规范的战时合同商人员管理制度,其主要做法是制定详细的合同商人员管理计划,部署准备阶段开展认证与培训,战区完成合同商接收与调配,由联合部队对合同商进行管理并提供生活保障及战场安全防护。

(一) 制定详细的合同商人员管理计划

战场上使用合同商保障存在诸多风险,美军规定在征召合同商进入战区之前必须制定合同商人员管理计划,对战场使用合同商保障的相关事务进行规定。

合同商人员管理计划由总体计划和详细计划组成。在每次作战行动开始前,美军各战区司令部将公布合同商人员管理总体计划,对战时合同商人员和设备需求进行明确。各军种、联合部队、特种作战部队、战区合同签订司令部以及国防保障局之间根据总体计划提出的需求进行协调,制定更为详细的合同商人员管理计划。合同商人员管理计划的主要目的是建立有效管理机制,确保合同商高效完成保障任务,规避合同商人员管理带来的风险与挑战(表13.5)。

表 13.5 战时使用合同商保障需要面对的风险和挑战

风　　险	挑　　战
● 因安全或资金原因,合同商不作为而影响任务完成 ● 战场合同商人员保护等工作可能给部队造成严重负担 ● 使用身份不明合同商可能带来安全隐患	● 缺乏将合同商管理与使用很好地融入作战计划的能力 ● 法律授予的对合同商管理与控制权力有限 ● 可部署至战场的熟练合同业务的军官数量有限 ● 协调合同商保障导致管理费用增加 ● 需要建立并维持合同商档案 ● 保障联合部队的合同商数量众多,管理难度大 ● 合同商使用大量分包商,导致部队难以管理

美军现行法规政策明确了合同商人员管理计划制定程序。美军颁布的多项法规文件对合同商管理计划的制定程序以及内容做出了详细规定。参谋长联席会议主席手册 3122.02C《联合作战计划与实施系统(JOPES)第三卷——应急行动中各阶段部队和部署数据的制定与部署实施》、《联邦采办条例国防部补充条例》225.74《境外国防合同商》、《联邦采办条例国防部补充条例》225.7401《需要在国外执行或交货的合同》等文件中均有规定。

合同商人员管理计划的内容主要包括:根据战场地区所适用的国际条约和东道国协定做出相应的合同商管理限制;与合同商有关的部署程序、战区接收准备程序、档案记录以及实力报告;作战安全计划和限制;部队防护、安全保障、人员搜寻;应向合同商提供的服务以及重新部署需求等。在实际制定计划时,遵循以下指导原则:建立一个简化的机构,实现统一的指挥;让合同管理人员和关键的合同商参与计划的编制过程;尽量减少合同商的数量等。

(二) 部署前开展认证与培训工作

战时合同商人员部署到战场前,需要完成的准备工作包括:将合同商人员信息录入数据库,准备并发放护照、签证、身份证与授权证,并针对战场需求开展相应培训等。这些准备工作主要由"本土补充中心"(CRC)负责。

"本土补充中心"是合同商在美国本土的集结点。"本土补充中心"是营级单位,主要负责合同商等"非编制人员"(NRP)部署前的准备与训练工作。没有海外部署任务时,"本土补充中心"工作人员隶属各军种预备役司令部,战时则由中心所在基地负责管辖。美陆军在主要基地共设有 6 个"本土补充中心",包括本宁堡的第 347 中心、戈登堡的第 360 中心、肯诺克斯堡的第 326 中心、布雷斯堡的第 380 中心、希利堡的第 381 中心、莱昂伍德堡的第 387 中心[①]。

(1) 将合同商人员信息录入数据库。合同商进入"本土补充中心"后,该中心负责将其信息录入数据库。2007 年 6 月,美国国防部装备保障与战备完好性副部长帮办正式指定"部署与行动同步跟踪系统"(SPOT)作为战时合同商保障人员数据存储与管理系统。该数据库存储有合同商人员的个人信息、部署前准备工作完成情况信息、相关保障合同信息、部署的合同商人员位置信息等。美军相关管理人员及合同商均可登陆进入"部署与行动同步跟踪系统"查询相关信息。

(2) 准备并发放各类证件。美军要为进驻战场的合同商保障人员准备三类证件:

---

① 陆军部第 600-81 号手册《美国本土补充中心与单兵部署点操作手册》,2001 年 7 月。

①护照和签证,为合同商办理合法护照以及战区所在国家与沿途经过国家的签证;②日内瓦公约身份证,用于证明合同商身份及其与美军部队的关系,在战场上合同商必须随身携带该身份证,证件有效期与合同结束日期一致;③授权证,用于明确合同商人员部署的起止时间以及合同商人员享有的其他权利和政府保障,如饮食、住宿、医疗等,合同商要复印授权证并随身携带。

(3) 开展培训及相关工作。由于战场的特殊性,进驻战场的合同商人员必须要在法律意识、战场技能、安全防护等方面掌握相应的知识技能,在部署到战场前,必须进行相关的特殊培训。培训内容主要包括:①合同商法律地位,即与合同商有关的国际法、美国法律、东道国法律,包括政府提供的保障条件等;②救生训练,即在紧急情况下采取的程序和行动,包括个人生存技能、规避、反抗、逃脱、核生化防护等;③战区特定要求,包括具体的部队防护和警戒,军用防护服的穿着和使用,战区部署和重新部署的记录标准和要求等。此外,部署前"本土补充中心"还负责为合同商发放战场个人装备、衣物等保障用品,进行部署所必需的医疗检查并安排运送至战区的运输手段等。

(三) 根据实际情况选择部署方式

部署前,美军战区司令部必须确保合同商保障人员认证齐全,并且已被纳入战区司令部及其下辖的联合部队的部署计划。合同商人员的部署方式主要有三种类型。

(1) 与建制部队共同部署。如果合同商有向部队提供保障的经历并熟悉相关的业务与管理程序,一般会在完成认证后与作战部队、合同签订官以及"保障民力增强计划小组"等合同管理监督机构共同部署到战区,由作战部队负责提供合同商"分阶段兵力与部署数据"。

(2) 由军方安排单独部署。如果合同商基本没有向部队提供保障的经历,一般会由"本土补充中心"、各军种认证或管理的个人部署准备机构负责部署合同商。合同商经过认证后,上述机构会按照军方指示或依照合同规定方式将合同商运抵战区。

(3) 合同商自主安排部署。对于各军种"保障民力增强计划"中的大型保障企业,军方会要求该企业自主安排合同商人员的部署,目前美国只有 KBR 和 Bechtel 两家企业具有自主部署的资质,但在部署前必须得到各军种的授权。伊拉克战争中,陆军授权"保障民力增强计划"的主要合同商 KBR 公司采用自主部署方式,该公司使用商业飞机直接向主要空军基地输送主合同商和分包商,从而节省出军用运输机来执行其他更为重要的任务。

(四) 战区联合接收中心接收并前送合同商人员

合同商保障人员抵达战区后,主要由战区联合接收中心负责注册、接收并将其送往前方作业地点。按照美国国防部第 3020.41 号指示《授权伴随部队的合同商人员》的要求,所有进入战区的合同商人员都要通过战区司令部指定的联合接收中心或其他人员中心注册后,方可进入或离开作战区域。

联合接收中心在战区建立,受战区司令部领导,由战区参谋部人事部负责管理,与战区参谋部保障部共同为合同商提供食品供应、营地驻扎、交通运输以及其他必要的后勤保障。联合接收中心负责军队人员、国防部文职人员、合同商雇员以及特勤人员到达战场后的接收、人员管控、人员前送及培训工作。在确认合同商人员已录入"部署与行动同步跟踪系统",且满足所有战区准入要求后,联合接收中心予以接收;未达到要求的合同商人员将被遣送回出发地或者留在待命地,直到满足所有准入要求后方可放入。联合接收中心的作战/运输部门负责将合同商人员及其设备前送至作业地点,战区司令部负责运输过程中的部队防护和警戒。

2009年在泰国进行的"金色眼镜蛇"多国联合军演中,联合部队在泰国的曼谷、清迈、乌塔帕国际机场建立了3个联合接收中心,由驻日美军座间基地第35作战保障支援营提供人员,负责本次军演中军方及文职合同商的身份确认、接收及前送至战区指定点。确认身份以后,人员信息被录入战术处理系统,由该系统对人员在该次演习中身份全程管控。2009年美韩"乙支自由卫士"海军联合军事演习中,美驻韩海军指挥部在朝鲜半岛共建立了5个联合接收中心,负责接收26000名军方、文职人员及合同商。

(五) 军方和合同商共同负责合同商人员的安全管理

为确保合同商人员在战场上能够顺利实施保障,必须建立防护与安保机制和措施,最大程度保障进入战场的合同商安全。合同商人员的防护与安全由合同商和军方共同负责。

(1) 明确合同商安全防护职责。在较为安全的环境下,战区通常只提供基本的防护与安保,合同商人员的安全主要由合同商来负责。在情况相对紧急和危险的情况下,合同商人员的安全通常由战区及下辖的联合部队负责。美军规定,对于当前或预计威胁级别达到二级(由非正规军实施的小规模非常规战)或三级(常规部队实施空中、陆地或海上进攻)的作战行动,要由军方提供部队防护,如合同商人员的住宿地点要安排在美军设施内,军方要向其提供与国防部文职人员相同等级的安全保卫等。

(2) 由军方负责个人和车队的机动防护。美军规定,在任何情况下,合同商人员和车队的机动防护都由军队负责。所有伴随部队保障的合同商人员在作战区域内机动时应得到与国防部文职人员同等级别的保护,联合部队不能出于安全考虑过度限制合同商人员的机动,从而导致合同商保障不能及时到位,尤其是负责维修保障的系统保障合同商。根据作战情况的不同,合同商的车辆和人员可加入军事车队(通常称为"绿白混合车队")或单独组成车队(通常称为"白色车队")通过作战区。

(3) 严格限制向合同商发放自卫武器。合同商在战场上没有作战职能,为防止在战场上被敌方界定为作战人员,一般不允许合同商携带武器,否则必须得到战区司令部授权后才可发放。美军规定合同商人员携带自卫性武器时必须符合三个条件:①战区司令部批准合同商携带武器;②合同商的公司制度必须允许其雇员携带武器;③合同商本人同意携带武器。当3个条件都满足时,可向合同商人员配发军用规格的个人自卫武器,且使用之前合同商人员必须接受武器操作使用训练。

第十四章　国防采办绩效评估

国防采办绩效评估是国防采办管理的重要内容,指专门机构和人员在掌握国防采办相关信息的基础上,通过一定的方法、标准以及程序,对国防采办的成绩和效果进行衡量、评价,并得出可用结论的过程。在国防采办中引入绩效评估,有利于发现采办过程中存在的不足,提出针对性的整改措施和方案,有效提升国防采办的效益。美军早已建立了国防采办绩效评估的机制,并随着时间的推移不断完善,目前形成了国会、国防部和智库3个层次,内部评估与外部评估相结合的绩效评估模式,一定程度上解决了国防采办中有限经费、有限时间和高质量武器装备之间的矛盾。

第一节　国防采办绩效评估概述

美军国防采办绩效评估是一项涉及多组织、多层次、周期性的复杂工作,一般包括评估组织机构、评估对象、评估手段方法和评估结果运用等4个要素。为了清晰、全面认识理解国防采办绩效评估,本节主要从评估机构、评估对象和评估结果运用这3个方面对美军国防采办绩效评估的基本情况进行介绍。

一、评估机构类型

如图14.1所示,美军国防采办绩效评估实施架构包含两个层次:决策层和执行层。决策层主要包括国会,国防部采办、技术与后勤副部长办公室以及军种部,这一层级的机构主要为评估的领导、主导或委托单位,通过相关的政策、法规或约定,规划、指导和监督评估工作的进行,评估结果也向这一层级反馈。例如国防部采办、技术与后勤副部长办公室是国防部国防采办绩效评估的行政管理机构,同时与国会同为国防部评估的业务领导机构,评估工作的成果需要上报这两个机构。执行层主要包括政府问责办公室(Government Accountability Office,GAO)、采办绩效与原因分析办公室(Office of Performance Assessments and Root Cause Analyses,PARCA)以及兰德公司(RAND)和国际战略研究中心(Center for Strategic and International Studies,CSIS),这些机构负责搜集数据、开展评估、得出评估结论、撰写评估报告及评估知识积累等具体工作。

由于从属于不同的组织、评估背景存在差别,执行层机构开展评估工作立场、定位及结果效用并不相同,其中:政府问责办公室侧重于问责,着眼于单一项目,评估结果的执行力最强;采办绩效与原因分析办公室立足国防部内部,旨在通过绩效评估工作为国防部采办机构更优化的决策及采办改革服务;智囊机构与政府问责办公室同属于国防部外部评估,与前两者的区别在于被动式开展评估,根据客户的需求,提供相应的决策咨询服务。

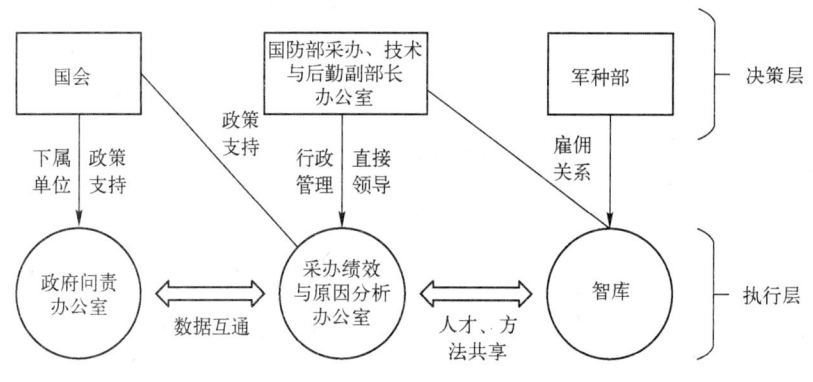

图 14.1 美军国防采办绩效评估实施架构

(一) 侧重于问责的政府问责办公室评估

政府问责办公室是美国国会的下属机构,负责调查、监督联邦政府的规划和支出,拥有对接受联邦政府资金资助的项目和机构问责的职权,这是其评估的出发点。

1. 旨在督促国防部提升采办经费利用率的评估

20世纪80年代末期,政府问责办公室在审查过程中意识到一些领域在资金使用上存在风险,但是并未得到有效整改。1990年,政府问责办公室向国会提交了一份高风险领域名单,将名单中的领域作为政府问责办公室重点关注和开展工作的对象,希望借此改善以往对高风险领域关注不足的情况。

1990年前后,重大国防采办项目经费估算已经超过了9000亿美元,并且经费上涨的同时,进度和性能都不能够达到预期,因此重大国防采办项目进入了政府问责办公室高风险领域名单。此后政府问责办公室开展了多项工作对重大国防采办项目进行监督,其中包含对于单一重大国防采办项目绩效进行评估和最佳实践的探讨;同时国防部方面也采取了多项措施,施行了一系列与国防采办相关的改革,致力于改善重大国防采办项目"拖、降、涨"的问题。但是从2015年发布的政府问责办公室高风险领域更新报告来看,重大国防采办项目依旧未能移出该名单。

2003年,美国国防部投入到武器装备研制、开发和采购的费用达到了1270亿美元。据当时经费估算,这一数据在2009年会达到1820亿美元,增幅达到43%。为了改善这种情况,国防部高层计划采用一种按照时间段划分需求的采办方法(螺旋式开发方法),来控制项目经费的增长。与此同时,政府问责办公室根据多年对于国防采办最佳实践的探索,决定对重大国防采办项目进行绩效评估,希望通过针对具体项目的绩效评估反映出国防部在采办经费控制上的工作成效,督促国防部控制采办经费的上涨。

2003年开始,政府问责办公室依据费用、进度和最佳实践标准,对国防部国防采办项目进行绩效评估,每年3月份向国会提交绩效评估报告。截至2015年3月,已经发布了13份年度评估报告,其中:被评估项目的范围从最初只包含重大国防采办项目扩展到对典型非重大国防采办项目的评估;被评估项目数量也从最初的26个,增加到最多时候接近100个;评估方法和报告形式也发生了一定的变化。

2. 矩阵式的评估组织架构

政府问责办公室最高领导人为总审计长,为保障政府问责办公室工作的独立性和连续性,政府问责办公室总审计长任期长于总统任期,为15年。任免制度也较为独立,自政府问责办公室成立至今,只上任过9位总审计长,并且无一人被弹劾。政府问责办公室总审计长下设有总顾问、首席执行官、首席行政官和总监察长,其中主要的问责工作由首席执行官领导,分为14个具体的业务团队,如图14.2所示。政府问责办公室有超过3250名工作人员,其中超过15%的雇员为会计和审计专业人员,其他类型的工作人员还包括经济学家、社会学家、公共政策分析师、律师和计算机专家等。

```
                    总审计长
                       │
                       ├──────── 总监察长
                       │
        ┌──────────────┼──────────────┐
      总顾问        首席执行官      首席行政官
                       │
              ┌────────┴────────┐
              │ 14个业务团队:    │
              │ • 采办与资源管理 │
              │ • 国防能力与管理 │
              │ • 财务管理与保险 │
              │ • 医疗保健       │
              │ • 司法审计与调查服务 │
              │ • 信息技术       │
              │ • 国家资源与环境 │
              │ • 战略规划与对外联络 │
              │ • 应用研究与方法 │
              │ • 教育、劳动力与收入 │
              │ • 金融市场与公共投资 │
              │ • 国土安全与司法 │
              │ • 国际事务与贸易 │
              │ • 基本建设       │
              └─────────────────┘
```

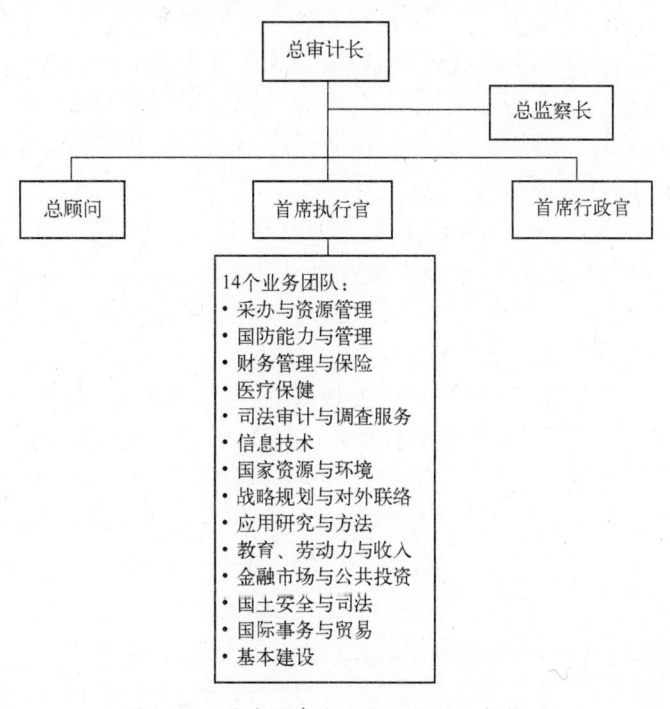

图14.2 政府问责办公室评估组织架构图

采办与资源管理团队负责对国防部和国家航空航天局的采办活动进行评估。业务团队在各自负责领域搜集数据、分析,完成报告之后提交给首席执行官,同时以备忘录的形式抄送至被评估部门或组织,听取其意见之后上报国会众议院。每个业务团队开展工作的时候并非单独行动,总顾问办公室会为业务团队提供法务保障,应用研究与方法团队在经济、研究规划以及统计分析方面为其他团队提供专家支持,此外战略规划与对外联络及首席行政官办公室也会在业务团队开展工作的过程中为其提供人力、资源等方面的支持。这种矩阵式的组织架构增加了政府问责办公室业务团队在人力和资源运用过程中的有效性、灵活性,提升了业务团队在处理复杂工作时的效率。

(二)侧重于国防部内部评估的采办绩效与原因分析办公室评估

采办绩效与原因分析办公室成立于2009年,是美国防部在全球金融危机、国防预算逐年削减、强化重大装备采办精细化管理的大背景下,设立的一个用以"自查自检"的机构,其目的是通过对国防采办绩效进行评估,发现采办过程中导致绩效不佳的因素,从而针对性地采取相关措施,提升国防采办效益。该机构直到2013年才发布其第一份关于国防采办的绩效评估报告,但由于它是隶属于国防部的国防采办绩效评估专职机构,开展绩效评估时能够更加便利、真实地获取到第一手资料,其评估结论也能更加贴近国防部的国防采办实践,具有较高研究价值。

1. 为响应美军采办改革而开展的采办绩效与原因分析办公室评估

2008年3月,政府问责办公室发布了2007年美军国防采办项目评估报告。报告指出,2007年的国防采办项目的费用增长和进度拖延情况并没有得到改善,其中费用相比于原始估算增长了26%,平均进度拖延达到了21个月。国防部在国防采办项目上的费用严重超支,加上2009年前后全球金融危机和美国国防预算的削减,奥巴马总统在2009年5月份签署了新的改革法案——《2009年武器系统采办改革法》,要求国防采办部门加强对其采办绩效的内部评估,成立负责国防采办绩效评估和原因分析的办公室,并且指定国防部内高级官员为该办公室领导,办公室职责包括定期发布采办绩效评估报告、完成重大国防采办项目原因分析、发布指导国防采办绩效评估指南、评估绩效评估指标效用及就绩效问题向采办官员提出建议。

为落实《2009年武器系统采办改革法》,2009年12月,国防部成立了采办绩效与原因分析办公室,该办公室设在采办、技术与后勤副部长办公室下,是美国国防部内部实施国防采办绩效评估的专职机构。其后,美国国防部通过修订《国防采办指南》、国防部第5000.02号指示以及颁布相关备忘录等,进一步明确了采办绩效与原因分析办公室的具体工作,并树立其在采办领域评估工作中的权威地位。目前,采办绩效与原因分析办公室的主要职能包括:对重大装备采办项目采办过程中的"拖、降、涨"问题进行独立评估与监督管理,并对重大装备采办项目采办所存在的问题进行深入分析,提出改进意见和建议;每年向国会提交年度评估报告,汇报国防部重大装备采办项目的绩效以及存在问题,侧重于对重大装备采办项目预算、进度、经费、综合绩效等方面,为国会和国防部制定重大装备采办项目决策、维护国防部和军队的利益提供支撑。

2. 小核心、大协作的采办绩效与原因分析办公室组织架构

采办绩效与原因分析办公室下设有绩效评估办公室、挣值管理办公室、原因分析办公室及采办政策分析中心。采办绩效与原因分析办公室设有1名主任,由国防部副部长办公室指定的高级官员担任,《2009年武器系统采办改革法》中规定,采办绩效与原因分析办公室主任在督促采办绩效与原因分析办公室完成既定任务的基础上,还需要在职权范围内评价采办绩效与原因分析办公室工作开展的有效性,并且就处于进入全速生产等关键时间节点的具体项目的绩效问题,向采办官员提出建议。主任之下设有4名副主任,其中一名副主任负责采办绩效与原因分析办公室的整体运营,其他三名分别主管绩效评估办公室、挣值管理办公室和采办政策分析中心,而原因分析办公室由一名高级顾问主管。

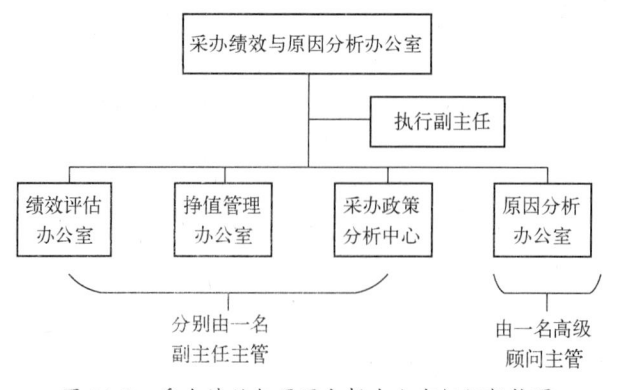

图14.3 采办绩效与原因分析办公室组织架构图

（1）绩效评估办公室主要负责对重大国防采办项目实施评估,是制定《国防采办执行情况概要(DAE)》的主要参与者,对重大采办项目的投资策略、优先次序、全速生产决策等都具有重要影响。同时,为采办各部门实施绩效评估制定指南,并监督和检查评估实施的相关情况。

（2）原因分析办公室主要负责对重大采办项目违反《纳恩—麦克科迪(Nunn-McCurdy)法》的情况进行原因查找与分析,如成本严重超支、进度严重拖延等。根据任务需要,该办公室还可接受国会的委托,为其提供重大项目评估的成本、进度等数据及相关管理情况。

（3）挣值管理(EVM)办公室主要负责监督和管理整个国防部的收益值管理绩效及实施过程,如国防部挣值管理政策制定、挣值管理中央存储库的管理、挣值管理一体化产品小组及相关单位的协作、挣值管理数据需求审核和批准、挣值管理职能管理等,督促各挣值管理团体提高管理水平和成本效益。

（4）采办政策分析中心是采办、技术与后勤副部长和采办助理部长制定采办政策的重要支撑机构。该中心在采办项目绩效评估的基础上,围绕提升采办系统绩效开展研究和建议等工作,帮助改进采办投资、战略及相关政策。

采办绩效与原因分析办公室仅有全职工作人员32名,其中8名为政府工作人员,其余大多数为来自政府资助的研发中心的研究人员和系统工程人员。为完成复杂的国防采办绩效评估,采办绩效与原因分析办公室会吸收法律、财会、审计以及计算机等行业的专业人员参与,并且雇佣一定比例的合同制员工。采办绩效与原因分析办公室这种以专门评估人员为核心、吸收评估协作人员参与工作的组织体系,可以最大限度地简化采办绩效与原因分析办公室的人员架构,在保证核心职能的基础上,提升机构有效性。

（三）接受委托被动式开展的智库评估

很多智库设有针对国防采办的研究机构或团队,如兰德公司(RAND)的国防研究所及负责美国空军项目评估的部门、美国国际战略研究中心(CSIS)的国防工业举措组和国防分析研究所(IDA)等。这些智库研究机构或团队在受到委托的情况下,或独立或与国会、国防部以及军种相关部门合作,开展与国防采办绩效评估相关的工作。

智库开展国防采办绩效评估出发点是用户的需求,历史时期和用户的差异决定了每次评估都具有不同的背景和定位。智库与采办绩效与原因分析办公室、政府问责办公室最大的不同之处在于其被动式地开展评估,这也决定了智库的评估工作可以根据实际需求,设立角度多样、独立性强的绩效评估课题。因此,智库开展的国防采办绩效评估具有机制灵活的特点,有利于评估方法和结论的创新,但同时也导致了智库国防采办绩效评估延续性不强,需要解决知识积累和避免重复工作的挑战。

智库国防采办绩效评估组织架构的特征有很强的所属智库印记。智库评估通常由相关的业务部门或者项目团队来完成,如兰德公司的国防研究所和空军项目团队、国际战略研究中心的国防工业举措组等。

1. 兰德公司的评估组织架构

兰德公司成立初期,主要为空军服务,业务为武器装备的改进和战略管理问题研究。公司的创始和成长与军方的支持密不可分,随着公司的发展,其服务对象与业务领域不断扩大,目前兰德公司为整个美国联邦政府甚至世界其他政府部门和企业提供各种信息咨询和项目预测。兰德公司开展工作的过程中坚持多学科交叉研究的路线，几乎所有的项目都是由不同学科、不同专长的学者采用各种集体研究的方法来完成的。

兰德公司的最高决策机构是"托管理事会"，近年来理事会由 26 名成员组成，这些成员主要是大公司、大财团、高等院校、研究机构、法律事务所的经理、董事、学者、律师等。理事会下属的机构可以根据职能不同，分为行政部门和学术研究部门。行政部门主要负责公司的日常管理、人员培训及对研究部门提供支持。行政部门的工作人员一般具备出色的管理才能和学术研究能力，并且精通多个领域的工作。兰德公司下设的行政部门包括秘书办公室、总财务办公室、对外事务办公室、职员发展与管理办公室、发展办公室、服务办公室等。研究部门研究内容主要包括负责国内外社会与经济问题的部门、由联邦资金资助的研究中心、兰德企业分析部，每个研究部门下还设有更细的研究分部。其中，开展国防采办绩效评估的国防研究所和空军项目团队都属于由联邦资金资助的研究中心。

兰德公司研究工作的开展依托研究部门和研究分部的结构，但是研究人员并不由这些研究部门直接管理。兰德公司在职员发展与管理办公室下设有研究人员管理处，根据研究人员的学科背景按照不同的学部将其分别管理，目前设有行为与社会科学部、经济学与统计学部、国际与安全政策部、管理学部、政策科学部和技术与应用科学部 6 个学部。这种研究部门和学部分设的组织结构，构成了兰德公司研究工作矩阵式管理的基础，即：由学部具体负责招聘、考核、工资等日常管理事务；研究部门负责组织研究课题、项目的开展。项目主任可以根据课题、项目需要，从不同的学部选择合适的负责人组成课题、项目小组，开展具体的研究工作。矩阵式的研究管理模式，有利于研究人员的培养和学科建设，同时也利于集中优势人才完成研究任务，保证了兰德公司研究工作多学科交融的综合性特点。

为了保证研究的准确性以及价值的长期性，兰德公司建立了一套完整的审查机制。这一点在兰德公司开展的国防采办绩效评估工作中也有体现，评估组织架构中设有专门监督机构，注重工作的监督审查，如图 14.4 所示。兰德公司的国防研究所包含采办和技术政策中心、军队和资源政策中心、国土安全和防御中心、情报政策中心、国际安全和防御政策中心以及咨询委员会，其中咨询委员会由 11 人组成，是国防研究所的监督委员会。空军项目团队中设有 1 名主任和 4 名分管不同业务的副主任，下设战略与理论、空

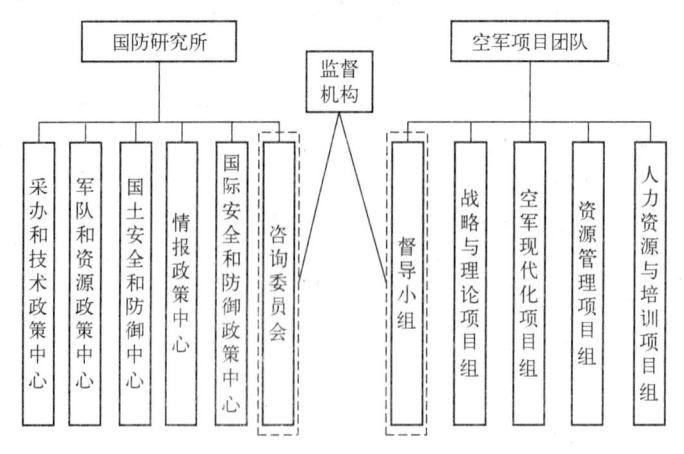

图 14.4　兰德公司评估组织架构

军现代化、资源管理以及人力资源与培训4个项目组,同时还设有由15人组成的督导小组,负责空军项目团队工作的监督指导。

2. 国际战略研究中心的评估组织架构

国际战略研究中心(CSIS)是一家具有保守色彩的重要战略和政策研究机构,素有"强硬路线者之家"和"冷战思想库"之称。作为美国重要的政策研究智库,国际战略研究中心由前海军作战部长伯克上将、乔治城大学牧师霍里根和保守派学者阿布希尔于冷战达到高潮时的1962年共同创建,特点是非盈利、非党派、非官方。伯克等人的初衷简单而迫切,就是美国能够在冷战中生存下去,人民能够享受繁荣的生活。自1987年7月1日起,国际战略研究中心与乔治城大学之间脱离隶属关系。国际战略研究中心自身的定位是通过提出具有洞察力的战略和政策解决方案,为政府、国际机构、私营部门及民间社会提供决策参考。多年来,国际战略研究中心以发挥政策影响力为宗旨,以战略问题为研究重点,致力于为世界各国领袖提供战略观察、因应各国及全球问题的政策方案。其研究重点有三个领域:全方位跟踪美国国内外安全面临的新挑战,持续关注世界主要地区状况,不断挖掘全球化时代的新型管理方法。

国际战略研究中心的最高决策机构是理事会,理事会由主席和执行委员会主席领导,理事会下设执行委员会,执行委员会由名誉委员和常任委员组成,此外理事会还聘请著名政治人物为其政策顾问和高级顾问,为中心研究工作出谋划策。中心的具体运作和管理工作由总裁和首席执行官以及分管各项工作(如财务、开发事务、内部事务等)的副总裁或总裁顾问来完成。中心的中层领导由各项目负责人按管理委员会、国际安全委员会和地区委员会划分为三个部分,这些领导直接负责各研究项目的日常运作。

国际战略研究中心工作人员有4个类别:领导官员、专家学者、助理人员以及兼职顾问专家,截至2015年底,中心共有领导官员14名,专家学者150名左右,助理工作人员124名,兼职专家顾问人数超过了250名。组织架构按照研究领域和研究项目进行构建,共分为3个研究领域,包含24个研究项目,负责国防采办绩效评估的国防工业举措组是24个研究项目团队之一。

国际战略研究中心项目小组工作开展的过程中,参与工作的专家学者具有很强的灵活性。如国防工业举措组在开展国防采办绩效评估的过程中,除了本组的成员参与,还会邀请中心其他团队以及兼职的专家负责数据分析和报告撰写工作。灵活的组织架构,提升国际战略研究中心业务团队工作效率的同时,也增加了工作成果的权威性。

二、评估对象范围

国防采办是一个涉及多领域、多要素、多流程的复杂过程,从程序上看,包含装备方案分析、技术开发、工程与制造开发、生产与部署、使用与保障等5个阶段;从参与主体来看,包含国会、国防部、政府部门、研究机构、承包企业等;从管理职能看,包含需求制定、资源分配管理、项目管理、合同管理、监督审计、人力资源管理等。理论上来讲,上述要素都可以成为国防采办绩效评估的评估对象,但是受限于获取到的评估基础信息等因素,美军并没有对采办过程中涉及的所有要素进行评估,而是从国防采办不同的阶段、层次以及类别出发,对绩效评估对象进行了划分。

(一) 分层次的评估对象

美军国防采办绩效评估以项目和合同为基础开展评估,项目和合同执行情况是最直接的评估对象,因此可以分为项目层次和合同层次的评估对象;同时,评估过程中又会以单一项目和项目总体为对象开展评估,据此评估对象又可以宏观层次和微观层次进行区分。

2014 年,国防部用于国防采办的资金达到了 1600 多亿美元,其中用于重大国防采办项目的经费超过了 40%,由于重大国防采办项目在国防采办中的巨大占比,美军国防采办绩效评估中的项目评估主要针对重大国防采办项目(MDAP),属于Ⅰ类采办项目。其中:对单一项目进行评估,依据该项目的费用、进度以及最佳实践标准,反映项目本身以及项目管理办公室的绩效,根据评估结果得出提高项目绩效的建议,该建议主要针对项目管理办公室层次;对项目总体绩效进行评估,根据项目整体费用、进度呈现出的统计显著性,对当前项目总体的成本增长和进度拖延情况进行评估,并预测其未来走势。

国防采办合同是军方与承包商之间确定国防采办过程中权利和义务所达成的具有法律效益的约定。从涉及要素的复杂程度来说,合同要比项目简单,对国防采办合同进行评估,除了能够反映合同本身绩效以及不同种类合同的绩效差异,还能够反映出合同双方的绩效。美军国防采办绩效评估中涉及到的合同评估对象,多数为重大国防采办项目的合同。

（二） 分阶段的评估对象

美军国防采办采用全寿命管理、分阶段决策的模式,2015 年发布的第 5000.02 号指示按照所采办的武器装备种类、性质的不同,将国防采办全寿命周期分为 6 种不同的程序,一般包含方案分析、技术开发、工程与制造开发、生产与部署、使用与保障等 5 个阶段。其中,技术开发、工程与制造开发和生产与部署 3 个阶段占用了国防部用于国防采办经费的很大一部分,并且也是最容易发生经费上涨的阶段;同时,技术开发、工程与制造开发和生产与部署 3 个阶段,从里程碑 A 节点审查开始,到里程碑 C 节点审查结束,是国防采办技术风险降低、系统集成和初始作战能力实现的关键环节,覆盖了武器装备从技术概念向作战性能转化的整个过程。兰德公司研究报告通过对 20 世纪 60 年代至今的采办文件的分析指出,导致国防采办进度拖延的原因有技术风险难以管理、对性能指标错误预估及资金稳定性,从前两点原因可以看出这三个阶段是国防采办进度拖延的重灾区。此外,国防采办绩效评估以项目和合同的成本、进度等数据为评估基础,从目前获取数据的角度来看,这三个阶段的相关数据最为全面和有效。因此,美军国防采办绩效评估关注技术开发、工程与制造开发和生产与部署等三个阶段,但在具体评估工作开展的过程中,只区分开发阶段和生产阶段。

（三） 分类别的评估对象

国防部通过国防采办系统为其客户提供有效、经济、及时的装备和服务,开展工作的过程中,相关的政策体制、采办机构、采办工作人员等类别的要素,贯穿整个国防采办始终,影响整个采办过程,因此美军评估中也将 3 种类别的要素作为评估对象。

政策体制的评估中主要涉及激励机制、采办改革、国家财政情况等。其中,激励机制评估主要针对国防部竞争激励和利润激励取得的成效;采办改革的评估主要涉及国防系统采办审查委员会(DSARC)(1970—1982)、后弗朗克·卡卢奇(Carlucci)时期(1987—1989)、国防采办委员会(DAB)(1990—1993)、采办改革时期(1994—2000)及后采办改革时期(2001—2007)5 种体制下的绩效;国家财政情况评估主要针对不同时期,国家财政紧缩和宽松的条件下,国防采办的绩效情况。

采办机构的评估中主要涉及军种和承包商。其中,军种评估主要针对军种项目和合同的执行情况进行评估,主要通过军种项目的纳恩—麦克科迪法案突破情况和合同的费用与进度增长情况进行反映。承包商类别的评估对象包含对于不同承包商和商品类别的绩效评估:评估中选取拥有采办合同数量较多的承包商,如洛克希德·马丁公司、波音公司、诺斯洛普·格鲁曼公司、通用动力公司、雷声公司等,利用它们近期已完成的重大国防采办项目合同的执行情况,对其进行绩效评估;以商品类别区分的评估对象,是根据不同商品类别的项目和合同执行情况来开展绩效评估的。

采办工作人员的评估中主要涉及国防采办执行官、军种采办执行官和采办人才队伍。国防部类别的评估对象主要包含国防采办执行官和国防部举措。国防采办执行官是国防部采办、技术与后勤副部长,其担任或授权部门采办执行官担任重大国防采办项目的里程碑决策当局,负责决定项目是否通过里程碑节点审查或是否中止,在重大国防采办项目的管理中处于核心地位,国防采办绩效评估中根据不同国防采办执行官任期内的项目成本上涨和进度拖延情况,对其进行评价。军种类别的评估对象主要包含军种的采办执行官、项目和合同执行情况,各军种采办执行官由各军种负责采办、技术与后勤的助理部长兼任,评估过程中根据不同采办执行官任期内的合同执行情况,对其进行评价。针对采办人才队伍的评估由于数据的缺乏尚未进行开展,但是评估工作已经将这一方面的评估作为未来评估的重点发展方向。

三、评估结果运用

评估结果的运用是评估价值实现的重要环节,也是评估工作的最后一个流程。

(一) 评估结果类型

不同类型的评估结果由不同的评估目的及对象决定。对项目或合同的特征表现进行评估,得到描述性评估结果;从根本原因的角度出发进行评估,则得到结论性评估结果。这两种类型的绩效评估结果又可以根据评估对象的差异以总体和个体进行区分。

描述性评估结果是指采办过程中的成本、进度、技术性能等特征的绩效水平及其发展趋势,通过这种评估结果,可以对采办的总体运行情况或某项目的绩效情况有一个直观的了解,但是这种了解集中在表象,适合用来对采办总体或项目等未来趋势及风险进行预测,但想要通过描述性评估结果提升采办绩效存在很大的难度。结论性评估结果是指对影响采办的因素进行评估得出的结果,这些评估结果可以具体得出采办总体或者项目在哪些方面存在欠缺、哪些方面做得足够好,这种结果侧重绩效情况的本质,借此可以对采办的整体运行或某项目的执行有深入的了解,进而提出提升绩效的方法。

总体评估结果从宏观角度出发,面向项目或合同总体,主要针对上层决策机构。个体绩效评估结果从微观出发,关注单一项目和合同的绩效情况,主要针对采办具体执行层次。

美军国防采办绩效评估的评估结果类型具有 4 种不同的形式:总体描述型评估结果、个体描述型评估结果、总体结论型评估结果以及个体结论型评估结果。不同类型的评估结果运用方式也不同,具体表现为:总体描述型评估结果对采办过程中某方面特征的绩效进行描述,可以借此了解采办中宏观方面存在的问题及问题的未来走势,有利于总体绩效问题的明确和规避;总体结论型评估结果通过原因的分析,可以了解产生宏观绩效不佳的根源,促使政策或宏观做法上的调整;个体描述型评估结果可以了解采办微观方面存在问题及问题的未来走势,有利于个体绩效问题的明确和规避;个体结论型评估结果可用于发掘采办微观过程中绩效不佳的根源,促使微观做法上的改进。实际的运用过程中,总体评估结果和个体评估结果的运用之间界限较为明显,而描述和结论型评估结果的运用之间界限较为模糊,因为特征大多数时候仅为表象,为更好地解决绩效问题,绩效评估人员往往需要通过表象进行根本原因的发掘,因此大多数描述类评估结果和结论类评估结果都是同时出现、互为印证的。

(二) 评估结果运用示例

对美军国防采办绩效评估中部分结果进行总结,并且结合上述的分类标准,可以得到类似表 14.1 的表格,其中个体绩效评估结果由于包含较多个体,因此选取美军 ARH 武器侦察直升机项目为例进行说明。

表 14.1 评估结果运用示例

结果类型	具 体 结 果
总体描述类	• 90%以上项目在开发阶段存在成本超支情况,其中 1994—1998 和 2002—2006 两个阶段尤为严重; • 生产阶段成本超支项目数量在 2005 年后急剧下降; • 多军种联合类项目纳恩—麦克科迪法案突破最为严重,其次为陆军项目,并且陆军项目取消比例远高于其他军种; • 直升机和化学武器削减项目发生纳恩—麦克科迪法案突破比例最高; • 承包商方面,波音公司和洛克希德·马丁公司成本增长最为严重,波音公司进度增长情况最为严重; • 小企业参与度提升,竞争比例增加; • 财政预算紧缩时,项目成本增长情况比财政预算宽松时严重
总体结论类	• 固定价格合同并非真正优于成本补偿合同,需根据项目实际情况选择激励手段; • 成本加奖励费用合同和总价加奖励费用合同有较好的激励作用; • 竞争仍然是最有效的激励方式; • 较高的产品利润和较大的竞争压力有利于缩短开发周期; • 美军新系统研发比例下降,导致合同复杂性和风险降低; • 采办过程中应当注重最佳实践的运用
个体描述类	• 截止 2008 年初,ARH 项目在成本增长上面临较大问题,相比较于项目开发开始,研制开发成本增长 93.4%、采购成本增长 64.8%、项目单位成本增长 20.8%; • 截止 2008 年初,ARH 项目采办时间拖延 53.2%; • 2008 年初,虽然 ARH 项目已经通过设计审查,但是技术成熟度和设计成熟度都远没有达到最佳实践标准
个体结论类	• ARH 项目具有两项关键性技术,其中传感器技术由于要兼顾海军和海军陆战队作战,技术难度较大,因此未能达到成熟度要求; • 由于技术成熟度和设计成熟度未能达到最佳实践标准,因此 ARH 项目在接下来的采办中会面临较大的风险

总体描述类评估结果运用以"财政预算紧缩时,项目成本增长情况比财政预算宽松时严重"为例进行说明。由于财政预算紧缩时,承包商方面为了赢得更大的利益,会在招标阶段采用风险更大的方案以赢得有限的承包机会;而军方的项目负责人员也迫于预算的压力,会在成本估算的阶段采取偏低的估算方式。这两个原因是导致之后项目成本大幅增长的两点隐患。根据这一结果,采办绩效与原因分析办公室对财政预算紧缩时期的国防采办提出以下 3 点建议:①财政预算紧缩时期,国防采办负责人员需要更加注重项

目成本的控制;②财政预算紧缩时期,应该更加谨慎地制定项目的成本基线;③财政预算紧缩时期,应当一定程度上减少新系统或新技术的投资。

总体结论类评估结果的运用在更佳购买力(Better Buying Power,BBP)3.0 中体现得较为明显。美国防部从 2010 年开始推行 BBP 计划,目的在于提高国防开支的使用效率。2014 年 9 月,BBP 计划进入了第三阶段,称为 BBP3.0,其中针对国防采办提出了 8 大点、33 小点的要求,虽然表 14.1 中仅列出了部分国防采办绩效评估的结果,但是依旧可以从中发现绩效评估对于 BBP3.0 的支持。例如 BBP3.0 要求采办中应当选择合适的合同类型、创造和维持竞争环境以及向工业界提供清晰明确的最佳值目标等,都可以在绩效评估的总体结论类评估结果中得到印证。

关于 ARH 武装侦察直升机项目的绩效评估,为政府问责办公室针对 ARH 项目的问责及后续改进提供了依据。由于一些国防采办项目的失败,政府问责办公室在 2009 年对这些项目的替代分析进行了研究,其中包含 ARH 项目。报告中指出,ARH 项目在设立初期是为了替代"基奥瓦勇士"的科曼奇直升机,但是替代分析的过程中没有充分考虑其他解决方案,致使项目开始后短期内成本和进度增长严重,并且还存在继续恶化的风险;同时,结合海军分析中心的报告,ARH 项目操作的过程中也存在诸多问题,这些原因导致 ARH 项目最终被取消。报告中提到的其他替代方案包含发展无人机系统、升级现有侦察机或者采用混合方案,从美军后续做法来看,政府问责办公室的替代分析报告对武装侦察直升机的发展产生了较大的影响:由于 ARH 项目的取消,美军开始着手 OH-58D 直升机的升级改造,并且开始大力发展用于侦察的无人机项目。

第二节　国会国防采办绩效评估

政府问责办公室国防采办绩效评估旨在为更好地提供问责服务,评估工作针对具体的"点",主要体现在对单一项目和具体时间点开展绩效评估。政府问责办公室国防采办绩效评估指标设置、数据搜集和方法选用都是围绕这一目的,其中:指标设置以单一项目的成本、进度和性能为一级指标,通过这些指标可以了解项目目前及未来绩效情况;政府问责办公室评估一方面通过可获取的报告和数据库对评估数据进行搜集,同时利用访谈、问卷调查等方式从项目管理办公室获取项目一手资料;政府问责办公室评估方法逻辑较为简单,支撑绩效评估的数据信息从数据本身就可以直接获取,仅对数据进行简单的比较,并不进行深度加工。相比较而言,政府问责办公室国防采办绩效评估的工作重点在于数据的搜集获取。

一、项目成本、进度和性能水平并重的评估指标

政府问责办公室开展评估的评估指标可以分为项目成本指标、进度指标和性能指标,如图 14.5 所示。其中,项目性能指标是政府问责办公室用以评估最佳实践的实现程度的指标。性能指标和成本、进度指标有着本质上的区别,三者都可以对项目以往绩效进行评估,而性能指标通过项目当前风险情况的分析,在评估绩效的同时,能够对项目未来发展及未来绩效水平做出评判和预估。

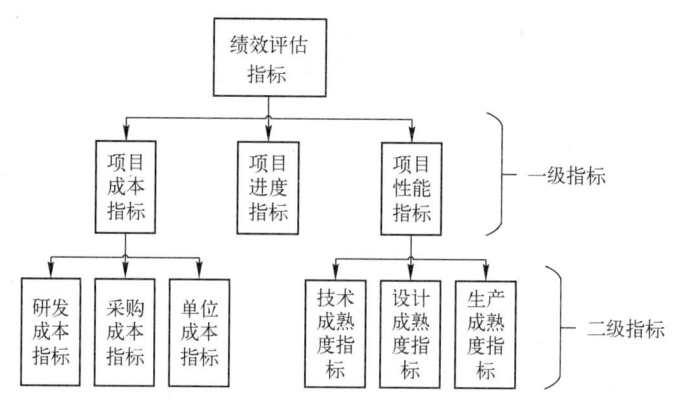

图 14.5 政府问责办公室国防采办绩效评估指标体系

（1）项目成本指标包含项目研发成本、采购成本和单位成本 3 个子指标。

（2）项目进度指标不包含子指标，该指标基于项目采办周期，以项目开始或里程碑 A 节点审查结束与获得初始作战能力或与此相对应的部署时间点之间的月数来进行衡量。

（3）项目性能指标包含技术成熟度、设计成熟度和生产成熟度 3 个子指标，分别反映国防采办周期中技术开发、系统设计和生产部署阶段的风险水平。政府问责办公室认为，一个项目达到预期的性能水平，则项目的风险相对较低，绩效水平较高，项目未来进展会比较顺利；反之，则项目可能处于风险增大的情况，相应的绩效水平较低，项目后续工作可能由于各种原因受阻而出现成本增长、进度拖延的情况。

二、评估数据

（一）来自选择性采办报告的项目成本和进度数据

政府问责办公室对国防采办绩效进行评估，其中项目成本、进度评估数据主要来自《选择性采办报告》。每财年的每个季度末，国防部长办公室都会针对目前重大国防采办项目的状态向国会提交《选择性采办报告》报告，每年最后一个季度末的《选择性采办报告》报告为年度报告。报告中涉及到的项目主要是已经进入系统开发阶段的重大国防采办项目，包含项目的成本、进度和性能等情况。对于费用出现超预算 15% 或进度推迟超过 6 个月的项目，还需要额外提供季度性《选择性采办报告》。《选择性采办报告》可以为政府问责办公室的评估工作提供官方、权威、真实的项目成本、进度方面的评估数据，同时为保证评估的严谨性，政府问责办公室会采取措施对国防部《选择性采办报告》中提供的数据的质量进行核查，如果报告中数据与核查情况存在出入，政府问责办公室会与项目负责人进行讨论，对评估数据做出相应的调整。项目成本和进度数据一般通过国防采办管理信息检索系统（DAMIR）获取，DAMIR 的开发主要为里程碑节点审查服务，数据库中包含有《国防采办执行状况概要》、《采办项目基线》和《选择性采办报告》三大报告系统，将多个来源的数据进行整合集成，方便用户查询、使用。

（二）来自项目管理办公室的项目性能数据

项目性能数据包含项目技术成熟度、设计成熟度和生产成熟度数据，通过政府问责办公室向项目管理办公室发放数据采集工具、问卷或直接与项目管理办公室工作人员谈话等方式获取。此外，政府问责办公室还会对相关的项目文件进行审查，如作战需求文件、采办项目基线、试验报告、重要项目评审文件等,对项目性能数据进行补充。

1. 技术成熟度数据

技术成熟度数据是指项目中达到一定技术成熟度标准的关键技术占总的关键技术数量的比例。美国国防部《国防采办指南》中对技术成熟度的定义为关键技术满足项目目标程度的度量,是项目风险的主要参考因素。政府问责办公室评估中技术成熟度采用技术成熟度水平(TRL)为衡量标准,每个等级代表不同的技术成熟度。《国防采办指南》中将 TRL 分为 9 个等级,并且对每个等级以及每个等级对应的采办周期阶段都有详细的说明,如表 14.2 所列。

表 14.2 技术成熟度水平等级

等级	硬件技术成熟度水平	对应的采办周期阶段
1 级	基本原理被观察和报告	早于装备方案分析阶段
2 级	技术概念和应用被详细阐明	早于装备方案分析阶段
3 级	技术概念的关键性能和/或特征解析及试验证明已完成	早于装备方案分析阶段
4 级	完成实验室环境下的元部件或试验板验证	装备方案分析阶段
5 级	完成相关环境下的元部件或试验板验证	技术开发阶段
6 级	完成相关环境下的系统/分系统模型或原型的演示验证	技术开发阶段
7 级	完成作战环境下的系统原型的演示验证	工程与制造开发阶段
8 级	真实系统完成并通过实验和演示验证	生产与部署阶段
9 级	真实系统通过作战任务的检验,被证明成功	生产与部署阶段

美军国防采办项目一般在里程碑 B 和 C 之前需要进行技术成熟度的评估,评估的一般步骤包含项目负责人制定技术成熟度评估时间表(里程碑评审前一年开始准备)、成立技术成熟度评估小组、确定关键技术元素并制作清单、搜集技术成熟度评估资料、开展关键技术元素成熟度评估、得出评估结果形成评估报告,整个评估过程在里程碑节点审查前一个月左右结束。

政府问责办公室在绩效评估的过程中,并不会再次进行技术成熟度的评估,而是通过项目管理办公室上报的项目关键技术和技术成熟度的数据进行评估,并且大多数情况下,政府问责办公室并不对项目管理办公室上报的技术成熟度数据进行验证。

2. 设计成熟度数据

设计成熟度采用工程图纸完成百分比来进行衡量。对于设计成熟度数据,政府问责办公室要求项目管理办公室提供设计审查、生产决策以及评估当前三个时间节点的工程图纸完成百分比或预计完成百分比。《国防采办指南》中提到,工程图纸和模型、试验设备清单、工程产品结构等数据同属于技术数据包(Technology Data Package),这些数据是保障采办战略、工程、生产、后勤的基础。

3. 生产成熟度数据

生产成熟度数据是项目中关键制造过程达到统计控制状态(一切非随机系统因素已经被消除或控制的状态)的百分比。当关键制造过程统计控制程度数据不可用时,政府问责办公室也会考虑运用项目中产品废弃率和返工率作为项目生产成熟度的评估数据。获取生产成熟度数据时,首先需要项目管理办公室确定项目中的关键制造过程数量,然后引入过程能力指数对关键制造过程是否达到统计控制状态进行评判。过程能力指数一般应用于现代工业的统计过程控制中,用来对一个工业生产过程是否能够生产符合预期质量要求的产品进行衡量。过程能力指数越大,表明过程能力越高,有较高的可能性生产出符合质量预期的产品。但是过程能力指数最佳值由一个区间来进行表示,因为过程能力指数过高,意味着该过程能力过剩,不利于成本和资源的节约。政府问责办公室对每个关键生产过程的过程能力指数进行计算,如果过程能力指数大于 1.33,则认为该过程处于统计控制状态。表 14.3 所列为过程能力指数评级标准。

表 14.3 过程能力指数评级标准

等 级	对应数值	描 述
A++	大于等于 2.0	可考虑降低成本
A+	1.67~2.0	应当进行保持
A	1.33~1.67	能力良好,状态稳定
B	1.0~1.33	状态一般,制程因素稍有变化会导致产品不良
C	0.67~1.0	制程不良较多,需提升能力
D	小于 0.67	能力太差,不可接受

三、基于基准比较的定量化评估

政府问责办公室对单一项目的评估可以分为两个部分,分别是以项目成本和进度为基础的评估和以项目各阶段关键要素成熟度为基础的项目性能评估。政府问责办公室在评估过程中为每个指标设置一个基准,采用项目数据与基准比较的方式进行评估。

(一)成本、进度评估采用与基准年数据对比的方式

项目基本情况评估的过程中,对于已经通过里程碑 B 节点审查的项目,将最新的《选择性采办报告》中的项目成本和进度数据,与项目准许进入工程与制造开发阶段之后的第一份《选择性采办报告》中的成本和进度数据进行比较;对于没有进入里程碑 B 节点审查的项目,将可获取到的最新项目成本和进度数据,与项目准许进入技术开发阶段之后计划估算的成本和进度数据进行比较;对于不属于《选择性采办报告》中的项目,采用从项目管理办公室获取到的成本和进度数据与适当的基准数据进行比较。美军三个里程碑节点审查中,都会对项目的成本进行评估,成本评估的过程和结果是里程碑审查工作的重点。在通过里程碑 A、B 节点审查之后,项目的成本和成本方面的风险是明确的,并且参与项目各方认为该成本水平是设置合理、可接受的,因此选用里程碑 A、B 节点审查之后最新的项目成本和进度数据为基准数据,如此反映出的绩效问题更加具有说服力。

(二)性能评估采用与最佳值对比的方式

每个成熟度指标都有一个最佳实践值。政府问责办公室评估过程中将所有关键技术(100%)的 TRL 都达到第 7 等级(系统样机在作战环境中演示验证),作为技术成熟度的最佳实践值(假如被评估项目涉及卫星技术,由于系统样机无法在作战环境中演示验证,因此最佳实践值对应技术成熟度等级为第 6 级);将工程图纸的完成或者获准向制造商发布百分比达到 90%,作为设计成熟度的最佳实践值。将所有的关键生产过程(100%)都处于统计控制状态,作为生产成熟度的最佳实践值。政府问责办公室认为,当

采办工作进展到开发开始、设计审查和生产决策3个时间点时,正好对应3个成熟度指标的最佳实践值,表示国防采办绩效水平较高。

2012年之前的政府问责办公室绩效评估报告中,在对项目性能评估时,采用绘制最佳实践曲线图,将三个指标绘制到同一张图中,称为项目性能评估对比图,利用图示的形式对实际成熟度与最佳实践值进行比较。如图14.6所示,项目性能评估对比图横轴为时间轴,包含项目开发开始、国防部设计审查、生产决策及政府问责办公室评估4个时间点;纵轴表示最佳实践值的实现程度,3种成熟度的最佳实践值各占纵轴的一个单位长度。4个时间点对应的纵轴数值为总成熟度数值,依据不同的时间节点的总成熟度数值(总成熟度数值=技术成熟度数值+设计成熟度数值+生产成熟度数值)绘制每个时间节点的条形图。

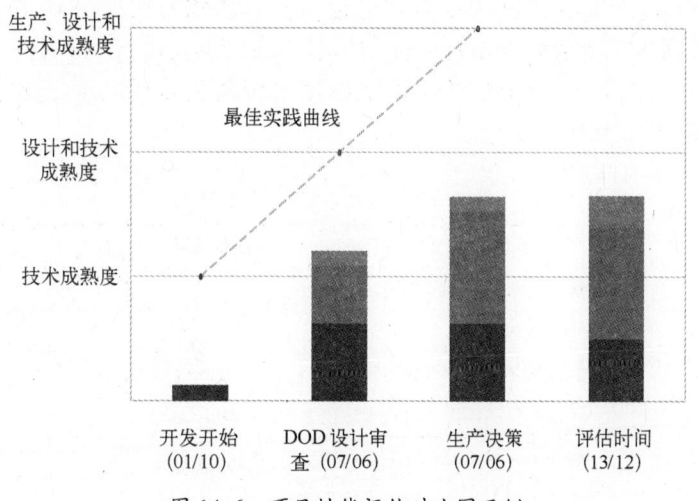

图14.6 项目性能评估对比图示例

最佳实践曲线以项目开发开始、国防部设计评审、生产决策3个时间点及与之对应的最佳实践值为基础进行绘制。由于时间点和最佳实践值在横纵轴上各占一个单位长度,因此最佳实践曲线为直线,其含义为:项目开发开始时,技术成熟度达到最佳实践标准;国防部设计审查时,技术、设计成熟度皆达到最佳实践标准;生产决策点时,技术、设计和生产成熟度皆达到最佳实践标准。

通过条形图的顶端距离最佳实践曲线的距离可以直观地对该时间点的成熟度进行观察。条形图顶端越接近于最佳实践曲线(一般低于最佳实践曲线),意味着项目的风险越小。而当采用推测数值时,图上用虚线柱体进行标示。

四、定量向定性"改进"的评估方法

政府问责办公室采用最佳实践值对比的方式对其性能指标进行评估从根本上来说是一种定量化的评估方法,将技术成熟度、设计成熟度和生产成熟度通过一定的方法定量化,并且通过可视化的对比图进行对比分析及结果呈现。然而从政府问责办公室发布的评估报告中可以看出,采用定量化评估的效果并不理想,具有技术成熟度数据的项目数量基本等于当年评估的总项目数量,而具有生产成熟度数据的项目数量很少,如表14.4所列。

表 14.4　政府问责办公室国防采办绩效评估报告定量性能评估数据完备性

报告年份	有技术成熟度数据的项目数量	有设计成熟度数据的项目数量	有生产成熟度数据的项目数量
2003	24	19	3
2007	52	34	5
2011	47	37	4

生产成熟度数据过少的原因主要有:项目管理办公室关于关键生产过程数据缺失;关键生产过程统计控制状态数据难以获取(需对关键生产过程得到的产品质量进行抽样统计,难以实现);政府问责办公室审查日期处于项目生产决策之前。而不论原因是什么,都说明生产成熟度数据和指标在绩效评估的过程中发挥的作用很小。因此从2012年开始,政府问责办公室不再使用定量化的最佳实践曲线对比的方式,而是采用定性表格描述的方式,列出三个成熟度指标的详细信息。政府问责办公室在这一改变的过程中引入了项目生产成熟度等级的概念,生产成熟度等级与技术成熟度等级十分相似,分为10个等级,如表14.5所列。

表 14.5　生产成熟度等级

等　级	成熟度描述
1级	基本生产影响因素被确定
2级	生产概念被确定
3级	生产概念得到分析和实验证明
4级	具备实验室环境下将技术转化为产品的能力
5级	具备生产相关的环境下生产原型组件的能力
6级	具备生产相关的环境下生产原型系统或分系统的能力
7级	具备典型生产环境下生产系统、分系统或组件的能力
8级	具备试点能力;低速初始生产就绪
9级	进行低速生产;全速生产就绪
10级	进行全速生产;精益生产实践就绪

政府问责办公室评估工作中不再对搜集到的性能评估数据进行定量化处理,而是为每一个指标设定一系列标准,称为"技术标准"、"设计标准"和"生产标准",根据被评估项目是否达到这些标准来对其性能绩效进行评估,如表14.6和表14.7所列。

表 14.6　项目性能评估表(非舰船制造项目)

项目性能情况	
截至日期:	
资源需求匹配情况(技术标准)	
相关环节中实现所有关键技术	○
真实环境中实现所有关键技术	●
完成初步设计审查‥	

(续)

项目性能情况	
产品设计稳定情况(设计标准)	
超过90%设计图纸被发布	○
完成系统级别集成原型的试验工作	○
生产过程成熟程度(生产标准)	
验证关键生产过程处于受控状态 ··	
在试点生产线上验证关键生产过程	●
试验代表性生产的产品原型	
说明：● 达到标准　　　　　○ 未达到标准 　　　·· 无数据不适用	

表 14.7　舰船制造项目性能评估表

项目性能情况	
截至日期：	
资源需求匹配情况(技术标准)	
相关环节中实现所有关键技术	○
真实环境中实现所有关键技术	●
完成初步设计审查 ··	
产品设计稳定情况(设计标准)	
完成三维产品模型	○
完成系统级别集成原型的试验工作	○
生产过程成熟程度(生产标准)	
验证关键生产过程处于受控状态 ··	
在试点生产线上验证关键生产过程	●
试验代表性生产的产品原型	
说明：● 达到标准　　　　　○ 未达到标准 　　　·· 无数据不适用	

第三节　国防部国防采办绩效评估

　　采办绩效与原因分析办公室的绩效评估最大的特点是数据主导评估，评估思路设计、评估指标设立、评估方法的选取都围绕获取到的评估数据，整个评估过程的设计完全按照统计分析的思路。采办绩效与原因分析办公室评估数据库的基础是项目和合同的成本、进度、技术性能等数据，但是每个数据所包含的信息都具有很强的关联性，例如：某年某项目的成本增长数据，可以通过年份与该项目历年数据进行关联；也可通过军队部门与该部门其他项目的成本增长数据关联；也可通过承包商与该承包商其他项目的成本数据关联；甚至可以通过历史时期与该历史时期其他项目的成本数据关联，等等。正是通过数据的这种关联性质，使得借助统计分析方法，可以实现成本增长、进度拖延等数据关联因素的挖掘,从而通过趋势、增长量等具体数值反映出的信息,来对国防采办绩效进行评估。

采办绩效与原因分析办公室的绩效评估思路,使得其开展的评估工作具有极强的科学性,但是全面性方面的保障难以实现,这也是其未来需要努力的方向,通过搜集更多的数据,探索更多的评估方向,挖掘更多的绩效影响因素,揭示国防采办背后更深层次的发展规律。

一、内含多维度特性的评估数据

评估数据是评估工作开展的基础,这在采办绩效与原因分析办公室评估中体现得尤为明显。采办绩效与原因分析办公室评估思路与政府问责办公室存在一定的不同:政府问责办公室采用评估指标决定评估数据的思路;而采办绩效与原因分析办公室的整个绩效评估工作是由评估数据驱动的,评估指标的设定取决于获取到的评估数据,评估方法的选用则依据评估数据的类型而定。

(一) 评估数据具有多维度特性

采办绩效与原因分析办公室国防采办绩效评估数据不仅仅是单纯的进度或成本数据,而是在此基础上附加有额外的特征属性。对数据的属性进行归纳总结,可以将绩效评估数据包含的属性分为三个维度,每个维度代表了数据具有的一类特征属性。第一个维度是数据的基本维度,表示数据的基本类型,包含成本数据、进度数据、技术性能数据、价格数据以及利润数据等;第二个维度是数据的归属维度,表示数据来自于什么方面,包含项目归属和合同归属;第三个维度是数据的阶段维度,表示数据来自于采办周期的哪个阶段,包含开发阶段和生产阶段。具有两个属性的数据一般由归属维度或阶段维度的数据加上基本维度的数据构成,如项目技术性能数据等;具有三个属性的数据由三个维度中的数据共同构成,如项目生产成本数据、开发合同价格数据等。

(二) 评估数据的三维描述模型

由于采办绩效与原因分析办公室国防采办绩效评估过程中涉及到的数据种类繁多、结构复杂,因此采用三维描述模型来对评估数据进行梳理,目的在于理清评估数据种类及其与评估内容之间的对应关系。三维描述模型采用评估数据的基本维度、归属维度和阶段维度,每个维度值代表了一种评估数据,由于绩效评估工作中涉及到的数据和范围有限,并非所有叠加值代表的数据都在绩效评估中得到体现。

三维描述模型中三个维度相互叠加形成不同评估数据的种类,类似于四维时空中的三个空间维度,而由项目绩效、合同绩效、机构绩效、采办政策和采办工作人员绩效等组成的评估内容维度,独立于上述三个维度,却又与它们息息相关。类似于时间维度,四个维度构成了采办绩效与原因分析办公室国防采办绩效评估四维模型,如图14.7所示。

采办绩效与原因分析办公室评估中涉及到的评估内容主要包含项目绩效、合同绩效、机构绩效、采办政策绩效及采办工作人员绩效等,如表14.8所列。不同的评估内容需要由多个不同种类的评估数据支撑,相同的评估数据也可以为多个评估内容服务。

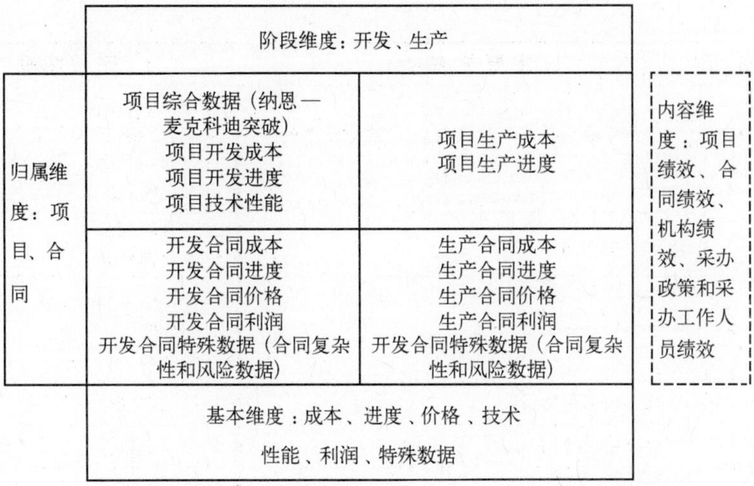

```
                    阶段维度：开发、生产
┌──────┬─────────────────────────┬─────────────────────┐      ┌─────────┐
│      │ 项目综合数据（纳恩—     │                     │      │内容维   │
│      │ 麦克科迪突破）          │ 项目生产成本        │      │度：项   │
│归属维│ 项目开发成本            │ 项目生产进度        │      │目绩     │
│度：项│ 项目开发进度            │                     │      │效、合   │
│目、合│ 项目技术性能            │                     │      │同绩     │
│同    ├─────────────────────────┼─────────────────────┤      │效、机   │
│      │ 开发合同成本            │ 生产合同成本        │      │构绩     │
│      │ 开发合同进度            │ 生产合同进度        │      │效、采   │
│      │ 开发合同价格            │ 生产合同价格        │      │办政策   │
│      │ 开发合同利润            │ 生产合同利润        │      │和采办   │
│      │ 开发合同特殊数据（合同复│开发合同特殊数据（合同复│   │工作人   │
│      │ 杂性和风险数据）        │ 杂性和风险数据）    │      │员绩效   │
└──────┴─────────────────────────┴─────────────────────┘      └─────────┘
                基本维度：成本、进度、价格、技术
                性能、利润、特殊数据
```

图 14.7 采办绩效与原因分析办公室评估数据三维描述模型图

表 14.8 采办绩效与原因分析办公室评估数据与评估内容对应关系

评估内容	主要体现	评估数据
项目绩效	项目综合绩效	• 项目总体数据 • 项目综合数据
	项目开发绩效	• 项目开发成本 • 项目开发进度
	项目生产绩效	• 项目生产成本 • 项目生产进度
	项目技术性能绩效	• 项目技术性能
合同绩效	生产合同绩效	• 生产合同成本 • 生产合同进度
	开发合同绩效	• 开发合同成本 • 开发合同进度
	合同类型绩效评估	• 生产合同成本 • 生产合同进度 • 开发合同成本 • 开发合同进度
	合同价格绩效评估	• 生产合同成本 • 生产合同价格 • 开发合同成本 • 开发合同价格
	合同复杂性和风险评估	• 生产合同成本 • 生产合同价格 • 生产合同进度 • 开发合同成本 • 开发合同价格 • 开发合同进度
机构绩效	军种部绩效	• 项目特殊数据 • 项目成本数据 • 开发和生产合同成本数据 • 开发和生产合同进度数据

(续)

评估内容	主要体现	评估数据
机构绩效	主承包商绩效(以及依据商品类别开展的绩效评估)	• 生产合同利润 • 生产合同进度 • 开发合同利润 • 开发合同进度
	分承包商绩效	• 生产合同利润 • 开发合同利润
采办政策绩效	激励机制评估	• 合同价格 • 合同进度 • 合同利润
	采办改革评估	• 项目成本数据
	财政情况评估	• 项目成本数据
采办工作人员绩效	国防采办官员绩效评估	• 项目开发成本 • 项目开发进度 • 项目生产成本 • 项目生产进度
	军种部采办官员绩效	• 项目开发成本 • 项目开发进度 • 项目生产成本 • 项目生产进度
	采办人才队伍	目前尚未开展具体评估

(三) 评估数据的来源

采办绩效与原因分析办公室评估数据种类繁杂,在讨论数据来源的问题时,分为项目数据来源和合同数据来源进行讨论。

首先对评估报告中涉及到合同和项目数量进行统计,绩效评估中涉及到的项目主要包含重大国防采办项目和重大自动化信息系统,而合同一般涉及开发合同和生产合同。2013 年合同评估涵盖 2013 年之前 20 年中的合同数量,而后两年仅统计新增的数据。由于绩效评估中不同评估涉及到的项目、合同的数量并不相同,因此表 14.9 所列的数据涵盖了尽可能多的项目和合同数量。

表 14.9 历年采办绩效与原因分析办公室评估报告中项目和合同数量

报告年份	2013		2014		2015	
	项目	合同	项目	合同	项目	合同
开发	170 重大国防采办项目	433	181 重大国防采办项目 31 重大自动化信息系统	87	187 重大国防采办项目 40 重大自动化信息系统	120
生产		440		83		159
总计	170	873	212	170	227	279

采办绩效与原因分析办公室项目数据和合同数据主要来自于国防部及相关组织的报告和数据中心,不仅涵盖了这些数据源的历史数据,并且每年跟踪它们的数据发布,对评估数据进行更新。这些报告和数据中心大都不是专职为采办绩效与原因分析办公室服务,每个来源的数据覆盖项目和合同相关绩效评估的广度和深度都不相同,经过采办

绩效与原因分析办公室的汇总和处理,形成横向和纵向都较为完善的国防采办绩效评估数据库,如表 14.10 和表 14.11 所列。

表 14.10　采办绩效与原因分析办公室绩效评估项目数据来源

数据来源	简要介绍	可从中获取的数据种类
《选择性采办报告》	• 报告中对 I 类采办项目重大国防采办项目进行描述 • 由项目主任根据国防采办信息检索(DAMIR)应用来准备《选择性采办报告》 • 由国防部向国会提交 • 每年发布 4 份季度报告,其中第四季度报告也为年度报告	• 重大国防采办项目成本、进度和性能状态信息 • 重大国防采办项目单位成本信息及其突破情况 • 重大国防采办项目及其组成部分全寿命周期成本分析
• MAR 报告 (重大自动化信息系统年度报告)	• 对重大自动化信息系统项目进行描述 • 可以从 DAMIR 系统中获取 MAR 报告 • 国防部每年年末向国会提交	• 重大自动化信息系统成本、进度和性能状态信息 • 其他国会要求的信息
BLRIP 报告	• 由作战试验鉴定局长办公室向国防部长,采办、技术与后勤副部长,国会武装服务委员会提交 • 全速率生产决策审查之前完成 • 对重大国防采办项目及其他指定项目的初始作战试验鉴定结果进行评估	• 重大国防采办项目作战有效性和适应性数据 • 其他与作战性能相关的数据
审查数据	• 审查数据可以从 DAMIR 和 DACIMS 两大数据系统中获得: • DAMIR 以国防采办执行状况概要、采办项目基线及《选择性采办报告》等三大报告系统为基础 • DACIMS 为国防自动成本信息管理系统,专门收录成本信息	• DAMIR 可提供项目成本、进度和性能信息 • DACIMS 提供项目总成本数据、项目中承包商合同成本数据及每个合同的成本数据
政府问责办公室重大国防采办项目评估报告	• 由政府问责办公室向国会提交的年度报告 • 带有审计特性 • 报告中项目数据进行过一定加工	• 重大国防采办项目成本、进度及技术性能数据
CPARS	• 由海军研发的自动化信息系统 • 为承包商以往业绩评估提供数据支撑	• 承包商履约相关信息 • 已完成项目的技术、进度、成本控制及管理信息 • 已完成项目中合同的成本、进度、技术信息

表 14.11　采办绩效与原因分析办公室绩效评估合同数据来源

数据来源	简要介绍	可从中获取的数据种类
挣值中央资料库	• 由 DCARC 和国防部采办、技术与后勤副部长办公室共同组建 • 由采办绩效与原因分析办公室负责管理,搜集、报告关键采办的挣值数据 • 总价值超过 4 千万美元的重大国防采办项目的重要合同会被录入数据库(1990 年定值美元) • RDT&E 超过 6 千万美元,采购费用超过 2.5 亿美元及船舶制造项目的合同会被录入数据库(1990 年定值美元)	• 由承包商提供的重大国防采办项目、重大自动化信息系统中合同费用、进度和性能数据
新一代联邦采购数据系统	• 2004 年联邦采购数据系统开始使用新一代系统 • 该系统是电子政务集成采办环境的重要组成部分 • 国防部通过国防合同数据系统与其进行对接	• 合同基本信息 • 合同成本、价格数据 • 承包商相关数据 • 竞争数据 • 产品和服务数据等

(续)

数据来源	简 要 介 绍	可从中获取的数据种类
承包商成本数据报告	• 由承包商提交的成本数据报告	• 合同数据报告

二、体系性弱、独立性强的评估指标

从四维描述模型出发,以评估内容维度为基础,将评估指标分为项目指标、合同指标、机构指标、采办政策指标和采办工作人员指标,对指标的评估细节和评估思路进行介绍。

(一) 项目指标

项目指标主要关注重大国防采办项目和重大自动化信息系统的绩效,二级指标包含综合绩效指标、重大国防采办项目绩效指标和重大自动化信息系统绩效指标,如图 14.8 所示。表 14.12 对项目指标的细节和评估的思路进行了介绍,项目指标的评估主要侧重于项目成本增长的评估,在评估的过程中大量使用了统计方法。

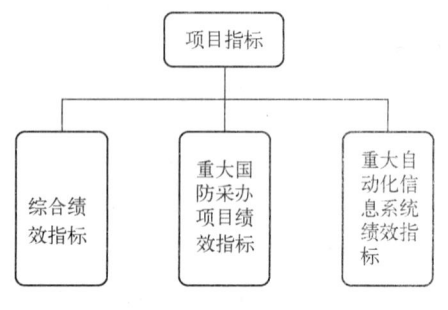

图 14.8 项目指标示意图

表 14.12 采办绩效与原因分析办公室国防采办绩效评估项目指标

评估指标	评估指标细节	指标评估思路
综合绩效指标	• 纳恩—麦克科迪突破	• 按年份对发生突破的项目数量进行统计 • 按商品种类对发生突破的项目数量进行统计
重大国防采办项目绩效指标	• 重大国防采办项目开发成本增长 • 重大国防采办项目生产成本增长 • 重大国防采办项目技术性能	• 以 RDT&E 资金为项目开发评估数据。按年份对开发成本的增长进行统计,评估不同时间段的项目开发成本增长情况;对项目相对里程碑 B 时成本减少比重进行统计,评估不同时间段成本控制情况 • 以单位采购资金为项目生产评估数据。按年份对生产成本的增长进行统计,评估不同时间段的项目生产成本增长情况;对项目相对里程碑 B 时成本减少比重进行统计,评估不同时间段成本控制情况 • 按照年份和商品种类,对重大国防采办项目作战有效性和适应性进行统计
重大自动化信息系统绩效指标	• 重大自动化信息系统成本增长 • 重大自动化信息系统进度增长	• 按年份、决策机构对重大自动化信息系统成本增长进行统计 • 按年份对重大自动化信息系统进度增长进行统计

(二) 合同指标

合同指标在采办绩效与原因分析办公室评估工作中占比最大,合同相比于项目是更小一级的采办工作承载单元,采办绩效与原因分析办公室评估过程中只对开发合同和生产合同进行了分析,因此合同指标的二级指标可以分为开发合同绩效指标和生产合同绩效指标,两类指标的评估细节相似度很高,如表 14.13 所列。同时,由于开发合同和生产合同评估数据的相似性,两类指标绩效评估的思路和方法也基本一致。

表 14.13　采办绩效与原因分析办公室国防采办绩效评估合同指标

评估指标	评估指标细节	指标评估思路
开发合同绩效指标	• 开发合同成本增长 • 开发合同进度增长 • 开发合同价格增长 • 开发合同目标成本 • 开发合同周期时间 • 开发合同成本增长异常值 • 开发合同复杂性 • 开发合同风险	• 按照年份对开发合同成本增长进行统计 • 按照商品种类对开发合同进度增长进行统计 • 按照商品种类和年份对开发合同价格增长进行统计 • 按时间对开发合同目标成本变化进行统计 • 按时间对开发合同周期时间进行统计,是合同复杂性评估的基础 • 对导致开发合同成本增长异常的原因进行统计 • 按时间对开发合同复杂性得分进行统计 • 按时间对开发合同风险得分进行统计
生产合同绩效指标	• 生产合同成本增长 • 生产合同进度增长 • 生产合同价格增长 • 生产合同目标成本 • 生产合同周期时间 • 生产合同复杂性 • 生产合同风险	• 按照年份对生产合同成本增长进行统计 • 按照商品种类对生产合同进度增长进行统计 • 按照商品种类和年份对生产合同价格增长进行统计 • 按时间对生产合同目标成本变化进行统计 • 按时间对生产合同周期时间进行统计,是合同复杂性评估的基础 • 按时间对生产合同复杂性得分进行统计 • 按时间对生产合同风险得分进行统计

（三）机构指标

机构指标包含军种部、主承包商和分承包商三个二级指标,如表 14.14 所列。军种部指标评估的核心还是项目和合同绩效的评估,只是将评估数据和过程按照军种部进行了划分,从而得出针对不同军种部的项目和合同绩效结果。承包商指标评估的侧重于合同数据的评估,如表 14.15 所列,洛克希德·马丁、波音公司、诺斯罗普·格鲁曼、通用动力公司和雷声公司五家公司占了 1994—2011 年之间重大国防采办项目开发和生产合同各 82%,因此主承包商绩效评估主要针这 5 家公司展开。分承包商利润评估采用与主承包商利润比较的方式,由此得出国防部和主承包商对于分承包商利润控制程度方面的绩效水平。

表 14.14　采办绩效与原因分析办公室国防采办绩效评估机构指标

评估指标	评估指标细节	指标评估思路
军种部指标	• 项目进度增长 • 项目技术有效性 • 项目技术适应性 • 纳恩—麦克科迪突破 • 合同趋势分析	• 按军种部对项目进度增长进行统计 • 按军种部对项目技术有效性进行统计 • 按军种部对项目技术适应性进行统计 • 按军种部对纳恩—麦克科迪成本突破进行统计 • 按军种部对合同工作内容、成本、价格、利润及进度等趋势进行评估
主承包商指标	• 开发合同分析 • 生产合同分析 • 承包商等级 • 商品类别	• 按照主要承包商对开发合同目标成本增长和进度增长进行统计 • 按照主要承包商对生产合同目标成本增长和进度增长进行统计 • 按照军种部及国防后勤局对优质供应商激励项目中的数据进行统计 • 按照商品种类对项目成本和进度增长数据进行统计
分承包商指标	• 分承包商利润	• 以所属主承包商利润为横坐标、分承包商利润为纵坐标进行统计 • 按照军种部对分承包商开发和生产利润进行统计

表 14.15　1994—2011 年主承包商重大国防采办项目合同数量及比例

主承包商	重大国防采办项目开发合同数量	重大国防采办项目开发合同比例	重大国防采办项目生产合同数量	重大国防采办项目生产合同比例
洛克希德·马丁公司（Lockheed Martin）	40	25%	14	14%
波音公司（Boeing）	28	18%	20	20%
诺斯罗普·格鲁曼公司（Northrop Grumman）	26	17%	31	31%
通用动力公司（General Motors）	14	9%	12	12%
雷声公司（Raytheon）	21	13%	5	5%
其他	28	18%	18	18%
总计	157		100	

（四）采办政策指标

采办政策绩效评估是指对采办政策有效性进行评估。采办绩效与原因分析办公室对采办政策的评估与其他方面绩效评估存在一定的差异：①采办政策评估没有固定评估内容，每年的绩效评估报告中都针对不同的政策开展评估；②采办政策评估没有固定的模式，针对不同的政策内容，采办绩效与原因分析办公室采用不同的思路进行评估；③采办政策评估没有固定评估方法，有些方面的评估甚至直接借鉴其他研究人员的方法和结论。

根据评估内容的不同，可以将采办政策指标分为激励机制指标、采办改革指标和财政情况指标，如表 14.16 所列。

表 14.16　采办绩效与原因分析办公室国防采办绩效评估采办政策指标

评估指标	评估指标细节	指标评估思路
激励机制指标	• 竞争性评估 • 利润激励	• 分别对竞争性合同和单一来源合同的价格增长、进度增长和最终利润进行统计 • 利润激励是指用高的未来合同利润对现阶段合同进度的激励。采用相同承包商的生产合同利润和开发合同进度数据进行统计分析
采办改革指标	• 采办改革绩效评估	• 对 1970—2007 年间的 5 种不同政策体制下重大国防采办项目项目单位成本增长数据进行统计
财政情况指标	• 不同财政情况下采办绩效评估	• 按财政宽松和紧缩时期对项目采办单位成本的增长进行统计

（五）采办工作人员指标

对参与国防采办工作的人员进行评估是国防采办绩效评估中的重要组成部分，这一部分评估包含对于采办执行官员和人才队伍的评估。其中，2015 年国防采办绩效评估报告中虽然加入了"采办人才队伍"的章节，但是依旧缺乏足够数据来支持这一方面的评估。从这一信号可以看出，采办绩效与原因分析办公室已经着手开展采办人才队伍绩效评估相关的工作，随着未来掌握充分的相关数据，有关人才队伍的绩效评估会成为总的绩效评估工作的重要组成部分，这是采办绩效与原因分析办公室评估工作走向成熟和完善的重要一步。表 14.17 所列为采办绩效与原因分析办公室评估中的采办工作人员指标。

表 14.17　采办绩效与原因分析办公室评估中的采办工作人员指标

评估指标	评估指标细节	指标评估思路
采办执行官员	• 国防采办执行官 • 军种采办执行官	• 按照不同历史时期，对国防采办执行官任期内的项目开发和采购成本增长情况进行统计 • 按军种部，对军种采办执行官任期内的项目开发和采购成本增长情况进行统计
人才队伍	• 采办人才队伍	• 尚未进行评估

三、统计分析与根本原因分析结合的评估方法

（一）评估数据的预先处理

采办绩效与原因分析办公室评估数据来自于不同的数据源，为统一评估数据的标准，在开始评估之前，需要对这些数据进行处理。评估数据的预先处理包含通货膨胀处理、赋予权重和异常值处理。

由于通货膨胀的存在，不同年份之间相同的美元数值代表的实际价值会存在差异，消除这些差异，才能更好地发掘真实价值数据中隐藏的统计规律。不同年份之间的美元价值可以通过 GDP 平减指数进行转换，GDP 平减指数是指名义 GDP 增长（当前价格计算得到的 GDP）与真实 GDP（由基年价格计算得到的 GDP）增长之间的比值。表 14.18 提供了以 2009 年为基准年的美国历年 GDP 平减指数的具体数值。不同年份的美元数值可以利用 GDP 平减指数计算求得，即

$$P_Y = P_X \times \frac{G_Y}{G_X} \tag{14.1}$$

式中：P_X 为 X 年的美元数值；P_Y 为 Y 年的美元数值；G_X 为 X 年的 GDP 平减指数；G_Y 为 Y 年的 GDP 平减指数。

表 14.18　美国历年 GDP 平减指数①

年份	1997	1998	1999	2000	2001	2002	2003	2004	2005
GDP 平减指数	78.39	79.23	80.55	82.59	84.23	85.65	87.35	90.05	93.10
年份	2006	2007	2008	2009	2010	2011	2012	2013	2014
GDP 平减指数	95.58	97.96	99.81	100.17	101.95	103.92	105.82	107.30	108.65

赋予不同评估数据权重，可以反映统计样本个体间的差异对统计结论的影响，在总体数据中突出权重较大的个体数据。在绩效评估的过程中，通常会对项目或合同某些方面的增加量进行加权处理，一般权重赋予方式是利用项目美元价值、合同大小（美元金额方面的大小）及项目或合同的花费，对不同的数据赋予不同权重，突出金额较大的项目或合同某方面的数据增长与金额较小的项目或合同之间的差别。

异常值的处理采用方法上隔离、评估上重视的策略。异常值是指一组评估数值中与平均值的偏差超过两倍标准差的数值。评估的过程中，采办绩效与原因分析办公室采用中位数和箱型图的方式，可以有效规避异常值对于统计趋势的影响。中位数性质之一就

---

① 见 http://www.multpl.com/gdp-deflator/table。

是可以规避极端值的影响;箱线图本身对数据分布的四分位数和中位数进行标示,主体部分也不受极端值影响。这种方法适合对于明显存在的异常值进行剔除。

在采办绩效与原因分析办公室绩效评估的过程中,也从统计学的角度出发,对异常值的存在进行了检验。在涉及成本增长、价格增长、进度增长及最终利润增长的数据时,绩效评估中采用残差分析的方法对异常值进行判别。残差是指实际值与拟合值之间的差,从残差提供的信息可以判断拟合模型的准确性和数据的可靠性,而在假定拟合模型正确的前提下,残差分析可以用来对数据中异常值进行探测。采办绩效与原因分析办公室绩效评估中采用学生化残差、杠杆值测试及库克距离测试等测试方法,可以通过专业统计软件(如SPSS)进行实现。

虽然异常值的存在不能反映绩效的总体情况,但这些异常值又代表了真实存在的项目或合同,可以反映采办过程中的典型问题,存在评估的价值,不能忽视。采办绩效与原因分析办公室在2015年的绩效评估报告中对出现在重大国防采办项目开发合同成本增长数据中的异常值进行了统计,对导致异常值出现的原因进行了分析。

(二) 统计学方法为基础的定量评估

采办绩效与原因分析办公室国防采办绩效评估采用从个体到整体的思路,通过对个体数据在整体层面的统计显著性进行把握,得出评估结论。

1. 单变量分析法对评估指标发展趋势进行统计概括

采办绩效与原因分析办公室绩效评估报告中大量使用单变量分析法,由于评估数据可以覆盖整个评估整体,不存在抽样过程,省去了由样本数据对整体情况的推断过程,因此采办绩效与原因分析办公室绩效评估运用单变量分析法时,大部分情况下并不需要进行统计推断和假设检验,只是利用已有数据对整体趋势做出推论,但是在趋势可能由偶然因素导致的情况下,还会进行显著性检验。图14.9所示为单变量分析的流程图,实线框部分为必需流程,虚线框部分为部分评估需要的流程。

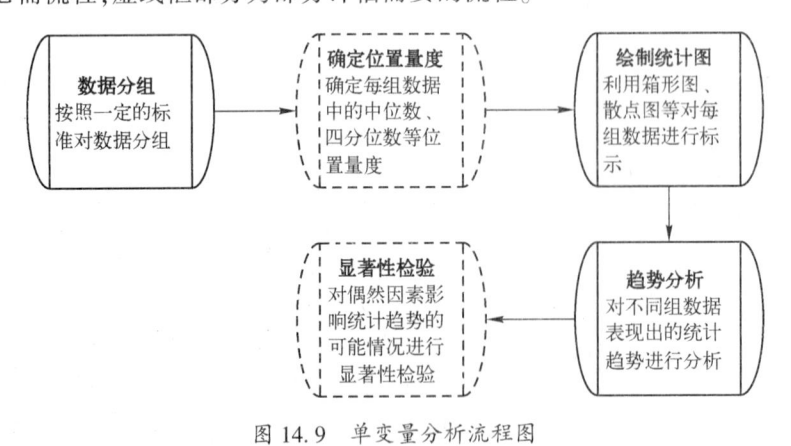

图 14.9 单变量分析流程图

分组的标准一般与被评估对象相关,由评估涉及的问题决定。如评估项目费用增长的绩效,则按照不同的年份(一年或两年)对评估数据进行分组;评估不同采办执行官任期内项目进度增长绩效,则按照任期对评估数据进行分组;评估不同军种部门合同费用增长绩效,则按照军种部门对评估数据进行分组等。分组的组间距也是根据实际问题而定,可以是均匀间距,也可以是非均匀间距。

位置量度中最重要的量度是中位数,用来表征一组按照大小排列的数据中位于最中间位置的样本数据,同理其他的位置量度还包含最大小值和上下四分位数(处于按大小排列的数组的3/4和1/4位置)。假如数组中有N个数据,D_n表示第n个数的数值,当N为奇数时,中位数Md为数据组中真实存在的数据;N为偶数时,中位数Md为最中间两个数据的平均值。四分位数的确定可以参考中位数的确定方法,最大小值的确定要更加简单。

N为奇数时,有

$$Md = D_{\left(\frac{N+1}{2}\right)} \tag{14.2}$$

N为偶数时,有

$$Md = \frac{D_{\left(\frac{N}{2}+1\right)} + D_{\left(\frac{N}{2}\right)}}{2} \tag{14.3}$$

式中:Md为中位数;D_n为第n个数的数值。

绩效评估过程中采用统计图表来对趋势分析和统计结果进行直观呈现,涉及到的统计图表包括折线图、柱状图、箱线图和散点图。折线图和柱状图一般用横轴表示数据类型,纵轴表示数据量,虽然折线图看似连续,但只在标明的数据点处有真实意义,与柱状图的直方相对应,这两种图适合对只对应一个数据量的数据类型进行描述,可以从折线或柱状的变化了解数据变化的趋势。箱线图对每个数据类型对应多个数据量的数据组进行描述,虽然相比于直方图和折线图(只能描述最大值、最小值、中位数等特征数据之一)能够包含更大的信息量,但是只包含最大值、最小值、中位数及其他四分位数信息,大部分情况下,绩效评估过程中对数组的中位数变化进行研究,来分析某评估指标的变化趋势。散点图将数组中所有数据都标示在图中,能够包含数组中所有的数据信息,但是却牺牲了数据表现出的趋势的直观性,绩效评估中的散点图都包含趋势线(一般为直线),通过对散点数据进行统计处理可得出趋势线,来对趋势进行直观描述。

绩效评估趋势分析之前,首先需要对数据变量间的统计相关性进行判断。采办绩效与原因分析办公室绩效评估单变量分析中一般只涉及一个自变量和一个因变量之间的相关性分析,假设数组中包含N个数据,(X_i, Y_i)表示每个数据点,$\bar{X}$和$\bar{Y}$表示X和Y的平均数,相关性可以用线性相关量度r来表征,r值可以表示为

$$r = \frac{\sum_{i=1}^{N}(X_i - \bar{X})(Y_i - \bar{Y})}{\sqrt{\left[\sum_{i=1}^{N}(X_i - \bar{X})^2\right]\left[\sum_{i=1}^{N}(Y_i - \bar{Y})^2\right]}} \tag{14.4}$$

式中:r为线性相关度;$\bar{X}$和$\bar{Y}$为X和Y的平均数;X_i,Y_i为数据点的横纵坐标数值。

r的绝对值取值范围在0和1之间,其中:绝对值越接近于1,则相关度越高;绝对值越接近于0,则相关性越低(一般情况下,小于0.3认为不相关)。只有在相关度高的情况下,讨论趋势才有意义,否则因变量趋势变化的因素可能不是自变量,而是其他原因,这种情况下,讨论趋势没有意义。

散点图中的趋势线一般是通过线性最小二乘法得出,线性趋势线的方程为$Y = a + bX$(绩效评估中涉及到的都为线性趋势线),线性方程中的a和b可以分别表示为

$$a = \bar{Y} - b\bar{X} \tag{14.5}$$

$$b = \frac{\sum_{i=1}^{N}(X_i - \bar{X})(Y_i - \bar{Y})}{\sum_{i=1}^{N}(X_i - \bar{X})^2} \tag{14.6}$$

趋势线的确定需要对散点图中每个数据点都进行计算,方法上来看十分繁琐,但是很多统计软件(如 SPSS、Excel、Origin 等)都可以在做出散点图后,自动给出趋势线及其方程。

显著性检验一般存在于样本对总体描述的过程中,首先对总体的分布情况做一个假设,然后通过样本数据对假设进行检验。在统计分析涉及到整个总体时,进行显著性检验是否合适,社会统计学界一直存在广泛的争论。但是在采办绩效与原因分析办公室绩效评估的一些情况下,还是使用显著性检验对统计过程中一些偶然性因素进行排除。统计显著性的检验过程中用到了非参数检验(评估中涉及柯尔莫哥洛夫—斯米尔诺夫检验和威尔科克森配对符号—秩检验)和卡方检验。显著性检验的一般步骤如图 14.10 所示。

图 14.10 显著性检验步骤图

2. 因子分析间接获取单一合同复杂性和风险数据,支撑合同总体绩效评估

合同复杂性和风险与绩效评估关系重大,但是相关数据无法直接获取,需要通过间接手段对单一合同复杂性和风险数据进行获取。实现因素分析的基础是初始合同计划费用和计划进度、成本相对于最终成本目标的增长及进度增长这 4 种可以直接获取到的数据。合同复杂性和风险评估流程图如图 14.11 所示。

图 14.11 合同复杂性和风险评估流程图

采办绩效与原因分析办公室认为,复杂性和风险数据可以由上述 4 种能直接获取的数据的线性组合描述。针对合同复杂性设立因子 C,合同风险设立因子 R。C 构建的过程初始合同计划费用和计划进度占到的权重相对较高,成本相对目标的增长和进度增长

所占权重较低;因子 R 构建的过程权重分配正好相反,并且要求 C 和 R 不存在相关性。在采办绩效与原因分析办公室绩效评估的过程中,通过因子分析的方法确定每种可直接获取的数据的贡献率,这些贡献率通过回归分析法就可以获得最终的权重,如表14.19所列。利用最终得到的权重计算每个合同的 C 值和 R 值,分别进行散点图的绘制,并利用线性回归对 C 和 R 的趋势进行分析。

表14.19 合同复杂性和风险因子分析权重

直接获取数据	开发合同		生产合同	
	C 权重	R 权重	C 权重	R 权重
合同成本相比于目标成本的增长	0.28	0.60	0.11	0.78
合同进度增长	−0.23	0.63	−0.34	0.52
初始合同开支(价格)	0.46	0.19	0.45	0.09
初始合同进度	0.54	−0.13	0.52	0.09

3. 根本原因分析对相关问题进行系统化处理

根本原因分析是一个系统化、结构化的问题处理过程。进行根本原因分析,首先需要明确问题是什么,也就是原因分析的对象是什么;然后对产生问题的原因分析,这一步是根本原因分析的关键步骤,而为找到根本原因需要对产生的问题进行深入发掘,努力找出所有导致问题产生的作用因素;最后评估改变根本原因的最佳方法,以此为基础提出问题的解决方案。评估过程中,采办绩效与原因分析办公室针对纳恩—麦克科迪法案的突破和开发合同增长异常值的存在进行了根本原因分析,其中的根本原因分析是针对单一项目或合同开展的,而并非对整体情况,如表14.20所列。

表14.20 根本原因分析示例

	纳恩—麦克科迪突破	开发合同增长异常值
问题	近期纳恩—麦克科迪重大突破的原因	重大国防采办项目开发合同增长中出现异常值的原因

根本原因	**项目初始原因:**
	● 不现实的成本和进度基线估计
	● 不成熟的技术、过度生产或整体风险
	● 其他
	项目执行原因:
	● 项目执行中遇到的不曾预料到的设计、工程制造或技术集成问题
	● 采购数量的变更
	● 项目资金不足或不稳定
	● 政府或承包商项目管理中的原因
	  ◆ 系统工程
	    ■ 需求管理
	      > 需求文件描述不清
	      > 需求提出、转化和分配存在问题
	      > 资金不能满足所有需求
	    ■ 界面和环境管理
	    ■ 整体性能属性
	    ■ 风险评估
	  ◆ 合同激励不足
	  ◆ 态势感知有限
	  ◆ 未能遵照信息行动
	● 其他
		● 系统工程问题
		● 合同管理问题
		● 相比于工作内容过低地估计了成本
		● 返工
		● 螺旋、增量或分段开发决策
		● 不稳定的工程或系统需求
		● 设计、计划变更或重新建设
		● 并行方式
		● 采办和作战重叠
		● 初始为 ACAT Ⅱ 类项目(项目类别发生变更)
		● 未确定的合同行为

(续)

	纳恩—麦克科迪突破	开发合同增长异常值
解决方案	• 注重关键框架假设 • 提升系统工程能力 • 注重承包商激励 • 改善项目执行监督	• 以更加严谨的方式进行成本估算 • 注重规划计划

第四节　智库国防采办绩效评估

一、成本增长原因分摊的美国战略研究中心评估方法

美国战略研究中心(CSIS)从重大国防采办项目入手开展评估,在评估内容和评估指标的设立上,与采办绩效与原因分析办公室的评估存在很大的相似性,但是采办绩效与原因分析办公室的评估内容更加完善、评估指标更加丰富。

国际战略研究中心的评估与采办绩效与原因分析办公室存在相似性,但数据丰富程度和科学性与采办绩效与原因分析办公室存在差距。评估数据主要有三个来源:《选择性采办报告》、联邦采购数据系统(FPDS)和国防部预算数据文件。与采办绩效与原因分析办公室绩效评估类似,国际战略研究中心也是从重大国防采办项目及其合同入手开展评估,但是采办绩效与原因分析办公室评估过程中涉及到的历史数据更为全面,国际战略研究中心的工作只涉及评估前一年的数据,因此国际战略研究中心评估缺少历史横向比较的趋势研究。绩效评估过程中,主要涉及成本增长、成本增长百分比和成本平均增长百分比,其中成本平均增长百分比是评估数据的重要体现,相比于采办绩效与原因分析办公室绩效评估中的中位数,不能规避异常值对整体数据趋势的影响,科学性上存在一定欠缺,但是对于只通过每项具体指标成本增长多少来判定绩效好坏的国际战略研究中心国防采办绩效评估来说,运用成本平均增长百分比也是"足够"科学的。2010年、2011年国际战略研究中心绩效评估涉及项目数量和超出预算金额,见表14.21。

表14.21　国际战略研究中心绩效评估涉及项目数量和超出预算金额

年　　份	2010年绩效评估报告	2011年绩效评估报告
重大国防采办项目数量	85	92+12个被取消项目
超出预算	2960亿美元(2008年)	4200亿美元(2010年)
平均超进度	22个月	22个月

国际战略研究中心评估二级指标覆盖全面。一级指标包含成本增长因素、军种部、主承包商、竞争类型及合同类型5个评估指标,二级指标的设置较为全面,具体二级指标的设置如表14.22所列。

表 14.22　国际战略研究中心国防采办绩效评估指标

一级指标	二级指标
成本增长因素	• 项目数量变更 • 进度改变 • 成本估算 • 项目工程 • 项目保障
军种部	• 国防部 • 陆军 • 海军 • 空军
主承包商	• 波音公司 • 诺斯罗普·格鲁曼公司 • 通用动力公司 • 洛克希德·马丁公司 • 雷声公司 • 其他
竞争类型	• 完全竞争(分为一个投标和至少两个投标) • 部分竞争(分为一个投标和至少两个投标) • 只遵循竞争活动 • 未开展竞争 • 竞争情况不明确
合同类型	• 固定价格合同 • 混合型合同 • 成本加成 • 合同类型不明确

国际战略研究中心评估采用成本增长原因分摊的方法进行评估。成本增长分配法的思路是将总的成本增长分摊到每个二级指标上,以此来评价每个二级指标绩效的相对好坏程度。这种方法的核心是统计每个二级指标对于成本增长的贡献,通过直观比较成本增长贡献的多少来对绩效结论做出判断,这与根本原因分析的思路存在一定相似性,但要求每组二级指标可以完整描述与其相关的一级指标。这种方法可以较为容易地发现每一组二级指标中表现不好的指标,从而找出绩效不好的根本原因。

二、计划进度和进度增长并重的兰德公司评估方法

兰德公司的评估由多个独立的项目及报告组成,这些项目和报告在不同的时间,采用不同的方法进行研究评估,其中具有代表性的是对于项目成本和进度的评估。

(一) 项目计划进度与进度增长并重的项目进度绩效评估

兰德公司国防采办项目进度绩效评估以项目真实进度模型为基础,主要目的在于评估武器装备项目采办的过程中哪些因素对进度产生影响。兰德公司武器装备项目真实时长模型为:

项目真实进度 = 计划进度 + 计划进度偏离量(项目进度的增长或减少)

从绩效评估的项目真实进度模型可以看出,兰德公司对项目进度评估不仅关注项目的进度增长,同时也对项目计划进度进行评估。评估指标的设立也从该模型出发,设置计划进度指标、计划进度偏离量指标以及混合型指标(对两个量都会产生影响),二级指标根据根本原因分析结果进行设置,将影响计划进度和计划进度偏离量的因素进行了罗

列,然后根据这些因素是否只影响计划进度和计划进度偏离将其归入不同的一级指标中(二者都影响的归入混合型指标中)。二级指标设置如图 14.12 所示,大多数二级指标对于项目进度的影响是双向的,具体是增加还是缩短进度,取决于指标的具体影响。

兰德公司项目进度绩效评估中最关键的步骤是对项目进度数据进行分解,完成这一步骤需要对项目信息有较深入的了解,以确定在项目的每个进度变化时间点是由哪些因素导致,并且改变是多少。项目进度数据分解完成后,通过比较每个因素导致的进度变化,再结合定性分析方法就可以得出相关结论。绩效评估步骤中对进度数据分解难度较大,这也是兰德公司对项目采办进度绩效评估报告中仅对10个项目开展了绩效评估的原因。

(二) 总体项目绩效评估为基础的项目成本绩效评估

兰德公司开展评估的数据来自于公司内部的《选择性采办报告》数据库,其相关信息内容见图 14.13。《选择性采办报告》数据库以国防部《选择性采办报告》为基础,包含有 1968 年以来的所有《选择性采办报告》信息,涉及美军大概 2/3 以上的项目,并且对其中的信息进行了标准化处理,包含项目基本信息、原型信息、关键时间节点数据、项目成本数据、项目数量信息及项目资金信息。成本绩效评估的过程中主要用到了项目成本数据和项目数量信息。

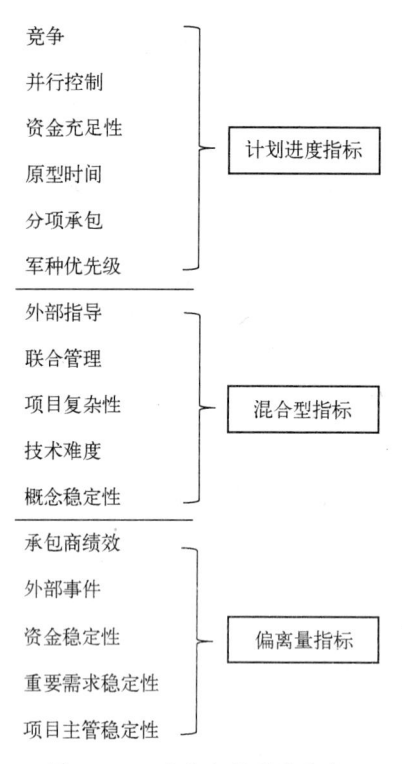

图 14.12 兰德公司国防采办项目进度绩效评估指标

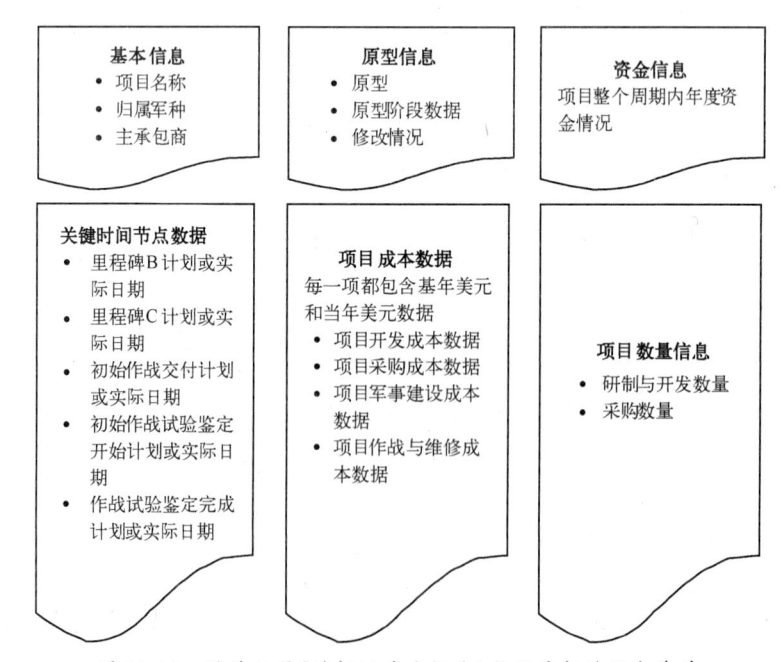

图 14.13 兰德公司《选择性采办报告》数据库相关信息清单

项目成本数据包含总成本、开发成本、采购成本和军事建设成本。这些数据在评估之前需要进行通货膨胀和数量方面的处理,衡量绩效的过程中用到了这些成本数据组的平均值、中位数、标准差及最大小值。

评估指标的设置与评估数据相同,包含开发成本指标、采购成本指标、总成本指标和军事建设成本指标。评估的内容有两部分:指标的统计特性和指标的趋势。统计特性主要是利用柱状图,对不同的成本增长区间所包含的项目数量进行统计,以此来了解成本增长程度的大致分布情况。成本增长趋势评估主要是利用散点图来进行分析,纵轴为成本增长数据,横轴为时间轴,散点图的时间轴类别包含项目里程碑 B、里程碑 C 开始时间及里程碑 B 和里程碑 C 与最终《选择性采办报告》报告之间的间隔时间,由此可以反映出项目在不同的开始时间和不同时长之下的成本增长趋势。

第五节 国防采办绩效评估案例分析

美军国防采办绩效评估案例分析分为两个部分:国防采办单一项目绩效评估和国防采办总体绩效评估。由于美军采办合同数据难以获取(尤其是合同总体绩效评估需要用到大量的开发合同和生产合同数据),因此没有对合同相关的绩效评估进行案例分析。

一、国防采办单一项目绩效评估案例

F-35 联合攻击战斗机项目从计划设立之初就备受外界关注。然而随着项目的推进,人们的关注点慢慢由先进的战斗机性能变成了项目成本。近年来,F-35 联合攻击战斗机项目成本不断攀升,饱受诟病,截止 2013 年年底,项目成本达到 3904 亿美元,成为美军历史上成本最高的采办项目,因此对 F-35 联合攻击战斗机项目进行绩效评估具有重大的现实意义。

(一) F-35 项目绩效评估数据

支撑 F-35 项目绩效评估的数据包含项目的成本数据、进度数据以及项目性能数据,但是一些数据难以获取(如项目管理办公室提供的项目性能数据),案例分析的过程中在保证绩效评估指标体系不变的情况下,通过文献调研,对缺失数据进行弥补。

1. 成本数据

项目成本数据主要从国防部、政府问责办公室发布的报告中获取,包含项目研制和开发成本、采购成本、总成本、项目单位成本及计划采购数量(仅为美军数量),由于不同年份的报告中将当时的数据换算成了报告年份时的美元价格,因此数据获取的过程中需要对成本数据的美元价格基准进行标注,如表 14.23 所列。

表 14.23 F-35 项目历年成本

数据日期 (美元基准年份)	研制和开发成本 (百万美元)	采购成本 (百万美元)	总成本 (百万美元)	项目单位成本 (百万美元)	计划采购数量
2001 年 10 月 (2003)	32788.6	145733.8	180047.0	62.8	2866
2001 年 12 月 (2003)	32880.8	147604.7	180485.5	63.0	2866
2002 年 12 月 (2004)	36185.9	128860.8	165279.2	67.3	2457

(续)

数据日期 (美元基准年份)	研制和开发成本 (百万美元)	采购成本 (百万美元)	总成本 (百万美元)	项目单位成本 (百万美元)	计划采购数量
2003年12月 (2005)	43.566.3	154854.5	198642.5	80.8	2457
2004年12月 (2006)	45021.2	161111.5	206339.2	84.0	2458
2005年12月 (2007)	44806.3	178776.6	223795.7	91.1	2458
2006年12月 (2008)	45826.0	193652.1	239974.3	97.6	2458
2008年9月 (2009)	46840.8	197437.3	244772.1	99.7	2456
2009年8月 (2010)	47309.5	199412.8	247221.3	101.2	2443
2010年8月 (2011)	53663.1	229467.6	283674.5	115.5	2457
2010年12月 (2012)	58387.6	267595.6	326535.2	132.9	2457
2012年3月 (2013)	60690.8	271194.8	336124.4	136.8	2457
2013年8月 (2014)	61795.8	266469.1	332320.0	135.3	2457
2013年12月 (2015)	62000.1	273070.7	338949.6	138.0	2457

2. 进度数据

获取项目进度数据,首先对采办关键节点的日期进行梳理,日期早于统计时间的是已经发生的节点,而日期晚于统计时间的是还没有进行的关键节点,日期为预计日期,通过这些日期之间的间隔,可以得到项目的耗时情况。数据中的项目关键节点包含项目开发开始、低速生产决策、初始能力获得日期、最后采购日期等,见表14.24。

表14.24 F-35项目采办关键节点日期(虚线框内为估算日期)

统计时间	项目开发 开始 (年/月)	低速生产 决策 (年/月)	初始能力获得日期 (年/月)			最后采购 日期 (年)	其 他
			空军	海军	海军 陆战队		
2001年12月	01/10	06/04	11/06	12/04	10/04	2026	2001年项目开发开始时估计
2002年12月	01/10	06/04	11/06	12/04	10/04	2026	
2003年12月	01/10	07/01	13/03	13/03	12/03	2027	
2004年12月	01/10	07/01	13/03	13/03	12/03	2027	
2005年12月	01/10	07/01	13/03	13/03	12/03	2027	
2006年12月	01/10	07/06	13/03	15/03	12/03	2034	07年6月通过设计审查
2008年9月	01/10	07/06	13/03	15/03	12/03	2034	
2009年8月	01/10	07/06	13/03	15/03	12/03	2034	

(续)

统计时间	项目开发开始（年/月）	低速生产决策（年/月）	初始能力获得日期（年/月） 空军	初始能力获得日期（年/月） 海军	初始能力获得日期（年/月） 海军陆战队	最后采购日期（年）	其他
2010年8月	01/10	07/06	16/04	16/04	12/12	2035	
2010年12月	01/10	07/06	—	—	—	2035	
2012年3月	01/10	07/06	—	—	—	2037	里程碑审查于12年3月结束，预计15年6月进行初始作战试验
2013年8月	01/10	07/06	16/08	18/08	15/07	—	
2013年12月	01/10	07/06	16/08	18/08	15/07		预计15年7月进行初始作战试验

3. 项目性能数据

由于一手数据难以获取，因此通过文献调研的方式对一些时间点的项目性能数据进行搜集。

（1）技术成熟度数据。2001年，F-35项目开始时，包含8项关键技术：短距起飞垂直降落/集成飞行推进控制、故障诊断与健康管理技术、集成保障系统、子系统技术、集成核心处理器技术、雷达、任务系统集成技术及关键制造技术，其中只有2项技术接近于技术成熟度标准。项目进入开发阶段并没有对其8项技术的成熟度进行申明，而且直到2004年，项目管理办公室提供的数据显示，技术成熟程度水平与项目开始时并没有明显变化。2006年2月项目通过设计审查，但是8项关键技术中有3项（任务系统集成技术、故障诊断与健康管理技术及关键制造技术）未达到技术成熟度标准。2007年6月，项目再次通过设计审查，进入生产阶段（通过生产决策），但是上述3项关键技术仍未达到成熟度标准。表14.25所列为F-35项目不同年份关键技术成熟程度情况，由于项目进行的过程中，关键技术的细节会发生变化，因此某项技术在某一年的报告中为满足技术成熟程度的技术，但是会在其他年份变为不成熟的技术。

表14.25　F-35联合攻击战斗机项目关键技术成熟程度情况

年份	关键技术情况
2005	8项关键技术其中1项达到成熟程度标准，而其他技术在设计审查之前无法达到成熟度程度标准
2006	2项关键技术达到成熟程度标准，4项接近达到成熟程度标准，2项与成熟程度标准差距较大
2007	2项关键技术达到成熟程度标准，3项接近达到成熟程度标准，3项未能达到成熟程度标准
2008	5项关键技术达到成熟程度标准，3项接近达到成熟程度标准
2009	5项关键技术达到成熟程度标准，3项接近达到成熟程度标准
2010	5项关键技术达到成熟程度标准，3项接近达到成熟程度标准
2011	4项关键技术达到成熟程度标准，4项接近达到成熟程度标准
2012	4项关键技术达到成熟程度标准，4项接近达到成熟程度标准
2013	4项关键技术达到成熟程度标准，3项接近达到成熟程度标准，1项关键技术不成熟
2014	8项关键技术达到成熟程度标准

(2) 设计成熟度数据。设计成熟度数据为工程图纸完成百分比,针对 3 种不同的机型,工程图纸完成的进度并不相同,因此每年的设计成熟度数据都包含 3 个数值,见表 14.26。2001 年,项目开始时,没有设计成熟度数据。2002 年,项目管理办公室预计在 2005 年(当时估计时间)的设计审查时,设计成熟度数据能达到 80%~90%,基本达到最佳实践值的标准。而 2003 年评估中,项目管理办公室认为 2005 年设计审查时,针对空军和海军陆战队的 STOVL 型飞机设计成熟度可以达到 100%,针对海军的常规舰载机型飞机设计成熟度可以达到 80%。但是直到 2006 年 2 月(时间点进行了推迟)设计审查时,STOVL 机型设计成熟度为 46%,常规舰载机型设计成熟度为 43%,常规机型设计成熟度仅为 3%。2006 年 10 月项目管理办公室宣称,STOVL、常规机型设计成熟度分别达到 91% 和 46%,而在 2007 年 6 月的设计审查结束后,STOVL、常规机型和舰载机型设计成熟度数据变为了 46%、3% 和 43%。不过依据承包商发布的数据,两个月后这一数据达到了 99%、91% 和 46%。2008 年开始,F-35 联合攻击战斗机项目设计成熟度达到最佳实践标准。

表 14.26　F-35 联合攻击战斗机项目设计成熟度数据

年份	短距起飞垂直降落	常规机型	常规舰载	备　注
2001	—	—	—	项目开发开始,未对设计需求和设计本身进行明确定义,导致之后设计发生变更
2002	—	—	—	预计 2005 年达到 80%~90%
2003	—	—	—	预计 2005 年短距起飞垂直降落和常规机型成熟度达到 100%,常规舰载机型成熟度达到 80%
2004	—	—	—	原定于 2005 年的设计审查,被推迟到 2006 年(推迟 16~22 个月),项目管理办公室预计届时设计成熟度达到 85%
2005	26%	不足 3%	—	预计 2006 年 2 月设计审查时,短距起飞垂直降落机型设计成熟度达到 75%,常规机型达到 18%
2006 年 2 月	46%	3%	—	设计审查
2006 年 10 月	91%	46%	—	项目管理办公室宣称
2007 年 6 月	46%	3%	43%	设计审查
2007 年 8 月	99%	91%	46%	承包商数据
2008	90% 以上	90% 以上	90% 以上	达到设计成熟度最佳实践,但是工程图纸仍在不断修改
2009	99%	99%	99%	但是工程图纸仍在不断修改

(3) 生产成熟度数据。F-35 项目管理办公室 2004 年开始着手生产成熟度评估相关的工作,其中包含生产过程信息搜集、关键特性与关键制造过程的确定等。2005 年项目管理办公室表示,直到 2007 年项目进入低速生产阶段前,都不会发布与生产成熟度相关的数据。2007 年 6 月生产决策时,项目关键制造过程有 10% 达到统计控制状态,见表 14.27。

表 14.27 F-35 联合攻击战斗机项目生产成熟度数据

年份	2007	2008	2009	2010	2011	2013	2014
生产成熟度	12%	12%	12.5%	12.5%	24%	25%	不到40%

（二）F-35 项目绩效评估

1. 项目成本指标评估

利用 GDP 平减指数将不同年份的成本数据转化为基准年的成本数据，这里选取 2014 年为基准年，对以 2014 年美元价为基准的各年份成本数据进行计算，可以得到表 14.28 所列的数据。

表 14.28 F-35 项目历年成本（2014 年美元价为基准）

数据日期	研制和开发成本（百万美元）	采购成本（百万美元）	总成本（百万美元）	项目单位成本（百万美元）	计划采购数量
2001 年 10 月	40784.0	181270.5	223950.8	78.1	2866
2001 年 12 月	40898.7	183597.6	224496.3	78.4	2866
2002 年 12 月	43660.2	155477.2	199417.9	81.2	2457
2003 年 12 月	50843.0	180719.0	231820.7	94.3	2457
2004 年 12 月	51177.6	183142.5	234554.9	95.5	2458
2005 年 12 月	49695.8	198285.8	248217.7	101.0	2458
2006 年 12 月	49884.7	210803.5	261228.4	106.2	2458
2008 年 09 月	50806.2	214151.6	265493.5	108.1	2456
2009 年 08 月	50418.6	212517.9	263468.3	107.9	2443
2010 年 08 月	56105.6	239912.0	296586.2	120.8	2457
2010 年 12 月	59949.1	274752.1	335267.9	136.5	2457
2012 年 03 月	61454.4	274606.9	340353.4	138.5	2457
2013 年 08 月	61795.8	266469.1	332320.0	135.3	2457
2013 年 12 月	61467.8	270726.1	336039.4	136.8	2457

依据政府问责办公室对于项目成本指标的评估方法，每年的绩效评估报告中将当年的各项成本数据与项目开始时期（2001 年 10 月份数据）进行对比，并且计算其变化百分比，见表 14.29。因此这里需要对每年各项成本相对于项目开始时期的变化百分比进行计算，依据百分比的大小对每年绩效水平进行衡量。

表 14.29 F-35 项目历年成本增长百分比（相对项目开始）

数据日期	研制和开发成本	采购成本	总成本	项目单位成本	计划采购数量
2001 年 10 月	0	0	0	0	0
2001 年 12 月	0.28%	1.28%	0.24%	0.32%	0
2002 年 12 月	7.05%	-14.23%	-10.95%	3.95%	-14.27%
2003 年 12 月	24.66%	-0.31%	3.51%	20.72%	-14.27%
2004 年 12 月	25.48%	1.03%	4.74%	22.24%	-14.24%
2005 年 12 月	21.85%	9.39%	10.84%	29.35%	-14.24%

(续)

数据日期	研制和开发成本	采购成本	总成本	项目单位成本	计划采购数量
2006年12月	22.31%	16.29%	16.65%	36.01%	-14.24%
2008年09月	24.57%	18.14%	18.55%	38.44%	-14.31%
2009年08月	23.62%	17.24%	17.65%	38.07%	-14.76%
2010年08月	37.57%	32.35%	32.43%	54.59%	-14.27%
2010年12月	46.99%	51.57%	49.71%	74.69%	-14.27%
2012年03月	50.68%	51.49%	51.98%	77.32%	-14.27%
2013年08月	51.52%	47.0%	48.39%	73.21%	-14.27%
2013年12月	50.72%	49.35%	50.05%	75.15%	-14.27%

政府问责办公室国防采办绩效评估,只对比当年数据与项目开始时的数据,采用表14.30的形式进行评估,以2013年12月数据为例。

表14.30 F-35项目2013年成本指标绩效评估

项目成本绩效(数据转换为2014年美元价,单位为百万美元)		
	2001年10月	2013年12月	增长百分比(%)
研制和开发成本	40784.0	61467.8	50.72
采购成本	181270.5	270726.1	49.35
总成本	223950.8	336039.4	50.05
项目单位成本	78.1	136.8	75.15
计划采购数量	2866	2457	-14.27

2. 项目进度指标评估

政府问责办公室评估的项目进度指标基于项目采办周期,以项目开始或里程碑A节点审查与获得初始作战能力或与此相对的部署时间点之间的月数来进行衡量,因此需要将表14.24中节点日期数据转化为项目进度数据。政府问责办公室报告中对F-35项目进度数据计算时,以1996年11月作为计算起始时间(JSF项目开始时间,2001年10月为项目开发开始时间),由于项目中包含3种不同的机型,选取最晚获得初始作战能力的机型来进行计算,见表14.31。

表14.31 F-35联合攻击战斗机项目进度数据

年份	01	02	03	04	05	06	07	08	09	10	11	12	13
进度数据(月)	185	185	196	196	196	220	220	220	220	233	—	—	261
进度增长(%)	0	0	5.9	5.9	5.9	18.9	18.9	18.9	18.9	25.9	—	—	41.1

3. 项目性能指标评估

(1)采用性能指标评估对比图进行评估。在制作产品性能评估对比图时,首先需要对F-35联合攻击战斗机项目中性能指标的成熟度数据进行计算,见表14.32。

这里选取2013年的数据进行评估对比图的绘制,如图14.14所示。

表 14.32 F-35 项目历年成熟度数据

年　份	技术成熟度(%)	设计成熟度(%)	生产成熟度(%)
2001	不足 12.5	—	—
2005	12.5	26	—
设计审查	25	46	—
2006	25	91	—
2007	25	99	12
设计审查	62.5	46	12
生产决策	62.5	90 以上	12
2008	62.5	90 以上	12
2009	62.5	90 以上	12.5
2010	62.5	90 以上	12.5
2011	50	90 以上	24
2012	50	90 以上	—
2013	50	90 以上	25
2014	100	90 以上	不到 40%

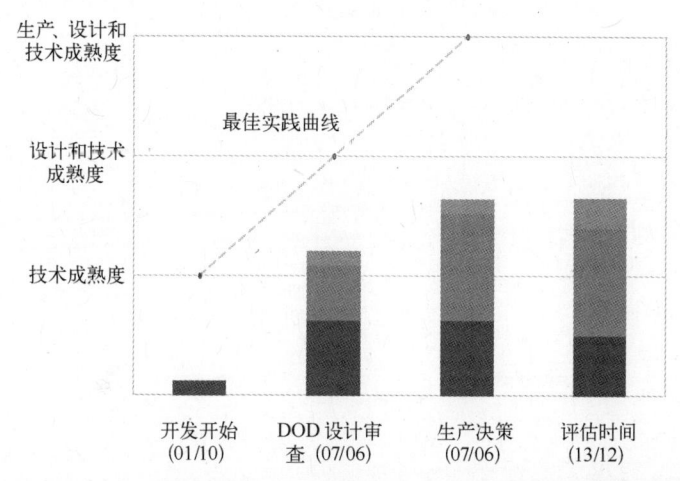

图 14.14 F-35 联合攻击战斗机项目 2013 年性能指标评估对比图

（2）采用项目性能评估表进行评估。项目性能评估表对技术成熟度、设计成熟度和生产成熟度的一些标准进行罗列，在评估的时间点考察项目是否达到这些成熟度标准的要求。在采用项目性能评估表对 F-35 项目进行评估之前，首先对项目达到各项标准要求的日期进行归纳，见表 14.33。

表 14.33 项目性能评估表中标准要求实现日期

项目性能情况 截至日期：2015 年 1 月	实 现 日 期
资源需求匹配情况(技术标准)	
相关环节中实现所有关键技术	2014 年达到
真实环境中实现所有关键技术	尚未达到

(续)

项目性能情况 截至日期:2015年1月	实 现 日 期
资源需求匹配情况(技术标准)	
完成初步设计审查	2007年6月达到
产品设计稳定情况(设计标准)	
超过90%设计图纸被发布	2007年达到
完成系统级别集成原型的试验工作	2006年12月达到
生产过程成熟程度(生产标准)	
验证关键生产过程处于受控状态	尚未达到
在试点生产线上验证关键生产过程	2011年前达到
试验代表性生产的产品原型	2011年前达到

依旧以2013年为评估时间点,产品性能评估表如表14.34所列。

表14.34　F-35联合攻击战斗机项目产品知识评估表

项目性能情况	
截至日期:	
资源需求匹配情况(技术标准)	
相关环节中实现所有关键技术	○
真实环境中实现所有关键技术	○
完成初步设计审查	●
产品设计稳定情况(设计标准)	
超过90%设计图纸被发布	●
完成系统级别集成原型的试验工作	●
生产过程成熟程度(生产标准)	
验证关键生产过程处于受控状态	○
在试点生产线上验证关键生产过程	●
试验代表性生产的产品原型	●
说明:● 达到标准　　　○ 未达到标准 　　　‥ 无数据不适用	

(三) F-35项目绩效评估结果分析

F-35联合攻击战斗机由于其"世界战斗机"的特殊性,从项目早期就备受外界关注,但是随着项目的发展,其成本的增加和进度的拖延使得项目饱受诟病。从2013年的绩效评估结果来看,项目的总成本增长了50%、单位成本增长了75%,项目进度增长了40%。F-35联合攻击战斗机项目也成为美军历史上最昂贵的国防采办项目。

F-35项目成本和进度严重超出项目开始时的预期,与其项目的性能水平有很大的关系。从项目性能指标评估结果可以发现:2001年项目开始时,几乎所有的关键技术都没有达到成熟度标准;2007年设计审查时,不仅设计成熟度没有达到最佳实践值,关键技术依旧存在没有达到成熟度标准的情况;2007年项目通过生产决策时,3项成熟度均没有达到最佳实践值;直到现在,项目的关键制造过程依旧没有100%达到统计控制状态。这导致F-35联合攻击战斗机项目始终处于风险较高的情况之中,不成熟的技术、设计以及生产制造过程,造成项目成本和进度的不断增加。

2016年1月,美国防部最新发布的试验鉴定报告中指出:F-35项目依旧存在多项技术缺陷,导致试验鉴定计划一再被推迟,且F-35直到2022年才能完全达到作战准备要求,届时距洛克希德·马丁公司JSF项目竞标成功已经有21年之久了。F-35项目的目前发展状况,可以从侧面印证评估结论的正确性,然而评估结论的有效性却不是案例分析中能够实现的。

二、国防采办总体绩效评估案例

国防采办总体绩效评估从两个方面出发进行案例分析:一是项目违反纳恩—麦克科迪法案的情况;二是项目的成本和进度增长。

(一) 纳恩—麦克科迪法案突破为基础的评估

纳恩—麦克科迪法案针对重大国防采办项目而设立,法案根据项目采办单位成本(Program Acquisition Unit Cost,PAUC)超过初始或当前基线的程度,设置了两种不同的突破标准:如果重大国防采办项目的单位成本超过初始基线30%或当前基线的15%,则为发生纳恩—麦克科迪法案的显著突破,这种情况下,军种部长需要在规定的时间期限内(45天)向国会提交项目采办单位成本报告,国防部需要提交包含项目采办单位成本超支信息的《选择性采办报告》报告;如果重大国防采办项目的单位成本超过初始基线的50%或当前基线的25%,则为发生纳恩—麦克科迪法案的严重突破,这种情况下,里程碑决策当局将与采办、技术与后勤副部长和联合需求监督委员会一同对项目超支的根本原因进行调查,并做出是否终止项目的决定。

1. 纳恩—麦克科迪法案突破数据

表14.35所列的纳恩—麦克科迪法案历年突破(不引起歧义的情况下,简称"突破")情况来自于美国国会研究服务处的报告,相比于采办绩效与原因分析办公室的信息来源,表14.35所列的数据并非原始数据,但是与采办绩效与原因分析办公室报告中数据比对,二者之间不存在差异。

表14.35 历年突破情况

年份	严重突破		显著突破	
	发生突破的项目名称	数量	发生突破的项目名称	数量
2001	"支奴干"中型运输直升机;H-1系列直升机升级;化学武器销毁项目;两栖运输舰;F-22;海军战术弹道导弹防御;制导火箭弹;天基红外系统(高轨)	8	B-1B轰炸机;MH-60R特种直升机;V-22"鱼鹰"	3
2002	陆军战术导弹系统	1	"科曼奇";SSN774攻击型核潜艇	2
2003	改进型一次性运载火箭	1	F-35	1
2004	CMA化学武器销毁;CMA化学武器销毁(纽波特)	2	先进极高频卫星;天基红外系统高轨;"全球鹰"无人机	3

(续)

年份	严重突破		显著突破	
	发生突破的项目名称	数量	发生突破的项目名称	数量
2005	国家极轨作战环境卫星系统;天基红外系统(高轨);"全球鹰"无人机	3	先进威胁红外对抗系统/通用导弹告警系统;联合防区外空对地导弹;C-130飞行控制系统现代化改进项目;联合主要飞机训练系统;化学销毁项目;MH-60S重型直升机;化学销毁项目;远征战车;SSN774攻击型核潜艇;先进海豹潜水载具系统;"大黄蜂"战斗机;F-35;作战人员战术信息网	13
2006	C-130飞行控制系统现代化改进项目;联合防区外空对地导弹;化学武器销毁项目;联合主要飞机训练系统;远征战车;陆地勇士;作战人员战术信息网	8	蓝军跟踪系统	1
2007	C-5可靠性增强和更换发动机项目	1	先进极高频卫星;"标枪"导弹;武装侦察直升机;联合战术无线电系统地面电台	4
2008	先进极高频卫星;VH-71直升机;武装侦察直升机	3	H-1系列直升机升级	1
2009	先进威胁红外对抗系统/通用导弹告警系;F-35;远程猎雷系统;DDG1000驱逐舰;宽带全球卫星通信系统;E-2D"先进鹰眼"	7	C-130飞行控制系统现代化改进项目	1
2010	CWA化学武器销毁(阿肯萨斯);"亚瑟王神剑"精确制导增程炮弹;远征战车;"全球鹰"无人机	4	C-27J战术运输机;联合对地攻击巡航导弹防御用网络传感器系统增量1;早期步兵旅战斗队;国家极轨作战环境卫星系统	4
2011	响尾蛇;联合对地攻击巡航导弹防御用网络传感器系统;C-130飞行控制系统现代化改进项目;联合战术无线电系统地面电台	4		0
2012	改进型一次性运载火箭	1		0
2013	联合精确接近和着陆系统增量1A;垂直起降无人驾驶飞行器	2	机载报警与控制系统;联合战术无线电系统手持、背负型	2
2014	联合防区外武器	1	作战人员战术信息网增量2	1
合计		46		36

上述信息只能反映不同年份的突破,想要对这些项目背后深层次的绩效规律进行探索,还需要进一步发掘其背后隐藏的信息,这些信息包含负责项目的军种、承包商以及项目所属商品种类。这一部分信息来源于政府问责办公室报告和国防部发布的历年《选择性采办报告》,更详细的信息如表14.36和表14.37所示。

表14.36 严重突破项目详细信息

年份	项目名称	名称或种类	军种	主承包商	商品类别
2001	CH—47F	"支奴干"中型运输直升机	陆军	波音公司	直升机
	H-1 Upgrades (4BW/4BN)	H-1系列直升机升级	海军	诺斯罗普·格鲁曼公司	直升机
	Chem Demil-CMA/CSD	化学销毁项目	国防部	化学武器局	化学销毁
	LPD 17	两栖运输舰	海军	亨廷顿英格尔斯公司	舰船/潜艇

(续)

年份	项目名称	名称或种类	军种	主承包商	商品类别
2001	F-22	F-22	空军	洛克希德·马丁公司	固定翼飞机
	Navy Area TBMD	海军战术弹道导弹防御	海军	洛克希德·马丁公司	导弹防御
	GMLRS	制导火箭弹	陆军	洛克希德·马丁公司	弹药/导弹
	SBIRS High	天基红外系统高轨	空军	洛克希德·马丁公司	C4ISR
2002	ATACMS-BAT; BAT P3I	陆军战术导弹系统	陆军	洛克希德·马丁公司	弹药/导弹
2003	EELV	改进型一次性运载火箭	空军	波音公司	太空发射
2004	Chem Demil-CMA	化学销毁项目	国防部	化学武器局	化学销毁
	Chem Demil-CMA Newport	化学销毁项目	国防部	化学武器局	化学销毁
2005	NPOESS	国家极轨作战环境卫星系统	空军	诺斯罗普·格鲁曼公司	卫星
	SBIRS High	天基红外系统高轨	空军	洛克希德·马丁公司	C4ISR
	RQ-4A/B UAS Global Hawk	"全球鹰"无人机	空军	诺斯罗普·格鲁曼公司	无人机
2006	C-130 AMP	C-130飞行控制系统现代化改进项目	空军	波音公司	固定翼飞机
	JASSM	联合防区外空对地导弹	空军	洛克希德·马丁公司	弹药/导弹
	Chem Demil-ACWA	化学销毁项目	国防部	化学武器局	化学销毁
	JPATS	联合主要飞机训练系统	空军	雷声公司	固定翼飞机
	EFV	远征战车	陆军	通用动力公司	陆地战车
	Land Warrior	陆地勇士	陆军	通用动力公司	外骨骼
	GMLRS·WIN-T	作战人员战术信息网	陆军	通用动力公司	C4ISR
2007	C-5 RERP	可靠性增强和更换发动机项目	空军	洛克希德·马丁公司	固定翼飞机
2008	AEHF	先进极高频卫星	空军	洛克希德·马丁公司	卫星
	VH-71	直升机	空军	洛克希德·马丁公司	直升机
	ARH	武装侦察直升机	陆军	贝尔直升机公司	直升机
2009	Apache Block Ⅲ（AB3）	"阿帕奇"	陆军	波音公司	直升机
	F-35	F-35	国防部	洛克希德·马丁公司	固定翼飞机
	ATIRCM/CMWS	先进威胁红外对抗系统/通用导弹告警系统	陆军	BAE系统公司	导弹防御
	RMS	远程猎雷系统	海军	洛克希德·马丁公司	舰船/潜艇
	DDG 1000	驱逐舰	海军	BAE系统公司	舰船/潜艇
	WGS	宽带全球卫星通信系统	空军	多家公司	C4ISR
	E-2D AHE	E-2D先进鹰眼	海军	诺斯罗普·格鲁曼公司	固定翼飞机
2010	Chem Demil-ACWA	化学销毁项目	国防部	化学武器局	化学销毁
	Excalibur	"亚瑟王神剑"精确制导增程炮弹	陆军	雷声公司	弹药/导弹
	EFV	远征战车	陆军	通用动力公司	陆地战车
	RQ-4A/B UAS Global Hawk	"全球鹰"无人机	空军	诺斯罗普·格鲁曼公司	无人机

(续)

年份	项目名称	名称或种类	军种	主承包商	商品类别
2011	AIM-9X Block Ⅰ	"响尾蛇"	海军	雷声公司	弹药/导弹
	JLENS	联合对地攻击巡航导弹防御用网络传感器系统	陆军	雷声公司	导弹防御
	C-130 AMP	C-130 飞行控制系统现代化改进项目	空军	波音公司	固定翼飞机
	JTRS GMR	联合战术无线电系统地面电台	国防部	波音公司	C4ISR
2012	EELV	改进型一次性运载火箭	空军	波音公司	太空发射
2013	JPALS Inc 1A	联合精确接近和着陆系统增量1A	海军	雷声公司	舰船/潜艇
	VTUAV	垂直起降无人驾驶飞行器	海军	诺斯罗普·格鲁曼公司	无人机
2014	JSOW	联合防区外武器	海军	雷声公司	弹药/导弹

表 14.37 显著突破项目详细信息

年份	项目名称	名称或种类	军种	主承包商	商品类别
2001	B-1B CMUP	轰炸机	空军	罗克韦尔国际公司	固定翼飞机
	MH-60R	特种直升机	海军	西科斯基飞机公司	直升机
	V-22	"鱼鹰"	海军	贝尔直升机公司	固定翼飞机
2002	Comanche	"科曼奇"	陆军	波音公司	直升机
	SSN 774	攻击性核潜艇	海军	诺斯罗普·格鲁曼公司	舰船/潜艇
2003	F-35	F-35	国防部	洛克希德·马丁公司	固定翼飞机
2004	AEHF	先进极高频卫星	空军	洛克希德·马丁公司	卫星
	SBIRS High	天基红外系统高轨	空军	洛克希德·马丁公司	C4ISR
	RQ-4A/B UAS Global Hawk	全球鹰无人机	空军	诺斯罗普·格鲁曼公司	无人机
2005	ATIRMC/CMWS	先进威胁红外对抗系统/通用导弹告警系统	陆军	BAE 系统公司	导弹防御
	JASSM	联合防区外空对地导弹	空军	洛克希德·马丁公司	弹药/导弹
	C-130 AMP	C-130 飞行控制系统现代化改进项目	空军	波音公司	固定翼飞机
	JPATS	联合主要飞机训练系统	空军	雷声公司	固定翼飞机
	Chem Demil-CMA	化学销毁项目	国防部	化学武器局	化学销毁
	MH-60S	重型直升机	海军	洛克希德·马丁公司	直升机
	Chem Demil-CMA Newport	化学销毁项目	国防部	化学武器局	化学销毁
	EFV	远征战车	陆军	通用动力公司	陆地战车
	SSN 774	攻击性核潜艇	海军	诺斯罗普·格鲁曼公司	舰船/潜艇
	ASDS	先进海豹潜水载具系统	海军	诺斯罗普·格鲁曼公司	舰船/潜艇
	F/A-18E/F	"大黄蜂"战斗机	海军	麦道飞机公司	固定翼飞机
	F-35	F-35	国防部	洛克希德·马丁公司	固定翼飞机
	GMLRS	作战人员战术信息网	陆军	通用动力公司	C4ISR

(续)

年份	项目名称	名称或种类	军种	主承包商	商品类别
2006	FBCB2	蓝军跟踪系统	陆军	TRW 公司	C4ISR
2007	AEHF	先进极高频卫星	空军	洛克希德·马丁公司	卫星
	JAVELIN	"标枪"导弹	陆军	洛克希德·马丁公司	导弹
	ARH	武装侦察直升机	陆军	贝尔直升机公司	直升机
	JTRS GMR	联合战术无线电系统地面电台	国防部	波音公司	C4ISR
2008	H-1 Upgrades(4BW/4BN)	H-1 系列直升机升级	海军	诺斯罗普·格鲁曼公司	直升机
2009	C-130 AMP	C-130 飞行控制系统现代化改进项目	空军	波音公司	固定翼飞机
2010	C-27J	战术运输机	空军	洛克希德·马丁公司	固定翼飞机
	JLENS Inc1	联合对地攻击巡航导弹防御用网络传感器系统	陆军	雷声公司	导弹防御
	E-IBCT	早期步兵旅战斗队	陆军	波音公司	其他
	NPOESS	国家极轨作战环境卫星系统	空军	诺斯罗普·格鲁曼公司	卫星
2013	AWACS Block 40/45 Upgrade	机载报警与控制系统	空军		C4ISR
	JTRS HMS	联合战术无线电系统手持、背负型	国防部	通用动力公司	C4ISR
2014	WIN-T(INC2)	作战人员战术信息网增量2	陆军	通用动力公司	C4ISR

2. 基于纳恩—麦克科迪法案突破的评估结论

(1) 按年份进行评估反映出重大国防采办项目综合绩效持续变好。利用 Excel 软件,将历年突破数据转换为条形图,并利用软件提供的模型,对数据进行简单的线性拟合,以突出趋势,见图 14.15、图 14.16、图 14.17。

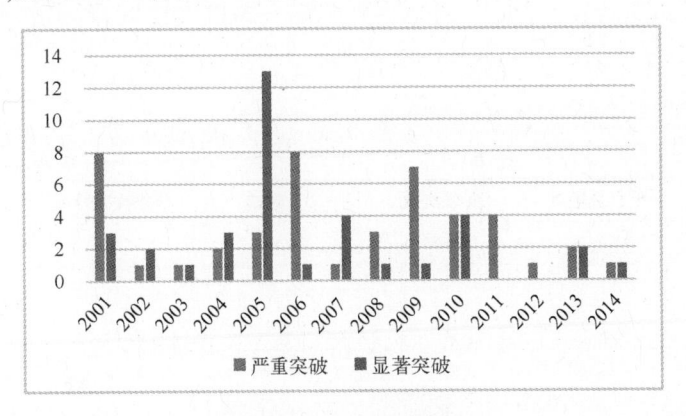

图 14.15 历年突破数量

三个图反映了 2001—2014 历年的纳恩—麦克科迪法案突破数量。根据图中的趋势可以发现:从 2009 年开始,严重突破数量呈减少的趋势;从 2005 年开始,显著突破数量呈减少的趋势。由此可以反映出近年来,重大国防采办项目总体绩效较好。

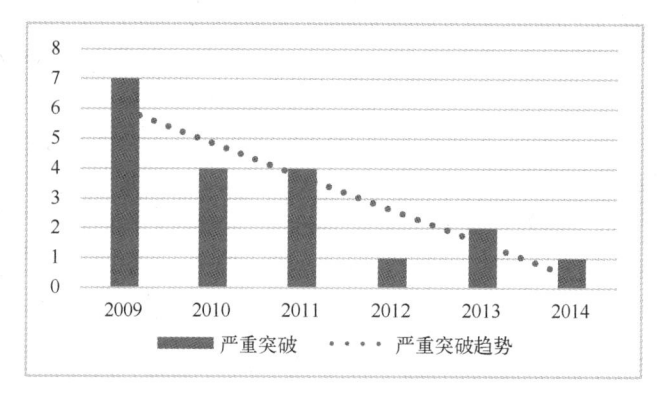

图 14.16 严重突破趋势

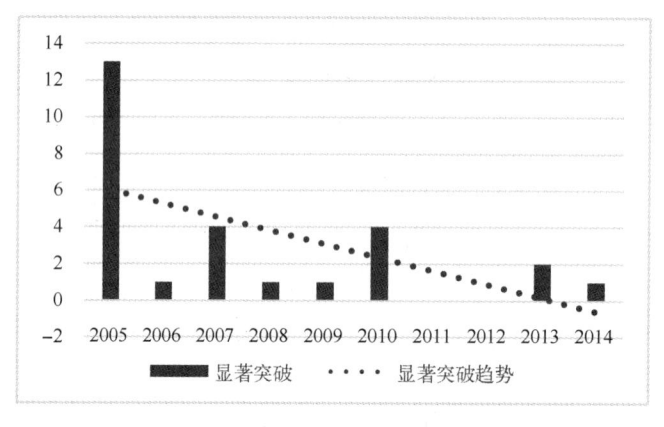

图 14.17 显著突破趋势

（2）国防部和空军需要进一步控制重大国防采办项目项目采办单位成本。表 14.36 和表 14.37 给出了 2001—2014 年之间发生纳恩—麦克科迪突破的项目所属军种信息，通过对《选择性采办报告》进行统计，可以得到 2001—2014 年之间，各军种主要负责的重大国防采办项目数量突破情况如表 14.38 所列。表中同种类型多次突破的项目只计算一次突破次数。

表 14.38 军种突破情况

军种	项目总数	突破次数	突破率	严重突破次数	显著突破次数
陆军	82	17	20.7%	11	6
海军	81	16	19.6%	10	6
空军	71	16	22.5%	12	4
国防部	22	7	31.8%	6	1
合计	256	56	21.9%	39	17

表 14.38 的数据反映出，陆军和海军开展的重大国防采办项目采办中，发生突破的项目比例较少，而空军和国防部比例相对较高。绩效评估的结果与美军近年来不同军种国防采办的方向和实际状况是相符合的，即：相比于国防部和空军，陆军和海军的重大国防采办项目偏向于旧的装备升级和换代，新技术的密集程度较低，因此合理采办的前提

下,项目风险较低,产生突破的比例较低;国防部和空军的重大国防采办项目新技术应用、新装备研发的比例较高,一定程度上增加了项目采办的风险,导致项目采办的过程中产生突破的比例较高。从绩效评估的结果来看,美军未来国防采办过程中,国防部和空军的相关部门需要更加注重对项目采办单位成本的控制。

同时,统计结果显示,存在相当数量的多军种联合采办项目发生了突破,联合采办项目相比于普通项目,相同或相似的装备需要适应更多的军种、更加复杂的作战环境,因此装备本身的要求较高,较容易发生研制开发成本增长,从而影响项目采办单位成本,发生纳恩—麦克科迪突破。

(3)大部分主承包商突破率相似。对2001—2014年之间不同承包商发生突破的情况进行评估,需要了解这一阶段中不同承包商分别承担的重大国防采办项目数量情况。这一部分数据的获取过程较为繁琐,历年《选择性采办报告》给出了2001—2014年间所有重大国防采办项目(共256个项目)的除主承包商以外的其他基本信息,而政府问责办公室《选择性采办项目报告》中有关于重大国防采办项目项目的主承包商信息,但是并不全面,因此这部分信息的获取需要结合两份报告及互联网上搜索到的信息来完成。表14.39中同种类型多次突破的项目只计算一次突破次数,两种突破都发生过的项目,只计算严重突破的次数。

表14.39 主承包商纳恩—麦克科迪法案突破情况

主承包商	项目总数	突破次数	突破率	严重突破次数	显著突破次数
洛克希德·马丁公司	31	13	41.9%	10	3
波音公司	36	7	19.4%	5	2
雷声公司	33	7	21.2%	6	1
诺斯罗普·格鲁曼公司	35	7	20.0%	5	2
通用动力公司	25	5	20.0%	3	2
其他	96	17	17.7%	10	7

统计结果来看,洛克希德·马丁公司的突破率远高于其他主承包商,其他主承包商的突破率趋于一致。导致这一结果的原因还需要进一步深入研究,但是不排除是因为数据量过少造成的误差。此外,评估过程中由于一些项目的主要承包商信息难以获取,将其统一归入"其他"类别中,这一处理一定程度上也会对统计结果产生影响。

(4)航空器项目突破率较高。按照商品类别对突破情况进行评估,需要搜集2001—2014年之间不同的商品类别重大国防采办项目数量,这一部分数据从采办绩效与原因分析办公室报告中获取。表14.40中同种类型多次突破的项目只计算一次突破次数,两种突破都发生过的项目,只计算严重突破的次数。

表14.40 商品类别纳恩—麦克科迪法案突破情况

商品类别	项目总数	突破次数	突破率	严重突破次数	显著突破次数
直升机	15	5	33.3%	5	0
卫星	13	3	23.1%	2	1
固定翼飞机	27	10	37.0%	6	4

(续)

商品类别	项目总数	突破次数	突破率	严重突破次数	显著突破次数
无人机	6	2	33.3%	2	0
地面战车	11	1	9.1%	1	0
弹药/导弹	31	7	22.6%	6	1
C4ISR	52	7	13.5%	3	4
舰船/潜艇	19	6	31.6%	4	2
导弹防御	8	4	50%	3	1

从统计结果可以发现,直升机、固定翼飞机和无人机重大国防采办项目的突破率较高。从表面上看,3个类别都属于航空器的重大国防采办项目,但是这3类项目突破率高的是否存在共性的原因需要借助根本原因分析来进行进一步的研究。不过根据统计结果,采办当局和项目管理办公室在进行航空器项目采办时,需要额外关注项目的成本情况。

(5)发生显著突破的项目很大可能近期会发生重大突破。2001—2014年之间,有39个项目发生了重大突破,同时有32个项目发生了显著突破,两项数据中同时发生过两种突破的项目有15项。从表14.41中可以看出:发生过一次突破的项目超过1/4的可能性会再次发生不同种类的突破;一年内再次发生不同种类突破的项目数量达到了一半以上。

表14.41 发生过两种突破项目的数量统计

描 述	项目数量	比 例	备 注
发生过两种突破的项目	15	26.8%	数量及占所有发生过突破项目的比例
发生显著突破一年后发生重大突破的项目	8	53.3%	数量及占所有发生过两种突破项目的比例
发生显著突破三年内发生重大突破的项目	10	66.7%	数量及占所有发生过两种突破项目的比例
先发生重大突破,后发生显著突破的项目	2	13.3%	数量及占所有发生过两种突破项目的比例

统计结果表明,发生显著突破的项目需要更加努力去控制其成本,因为有很大的可能该项目会在近期发生重大突破。这也从另外一个方面说明,发生显著突破之后,采办部门或项目管理办公室采取的成本降低措施存在一定的问题,需要进行改进。

(二)项目成本和进度为基础的评估

项目成本和进度为基础的评估以项目成本增长和进度增长数据为基础,采用数据决定评估指标和评估内容的思路,分别对隐含在项目成本增长数据和进度增长数据中的国防采办绩效进行评估。

1. 项目成本和进度数据的搜集与处理

(1)评估数据的搜集。

项目成本和进度数据主要来自于政府问责办公室历年发布的《选择性国防项目》报

告中,报告中的数据包含4大类:项目基本数据(包含项目名称、开始时间及主要承包商)、项目开始时成本和进度数据(一般以项目开发开始为时间点)、项目当时成本和进度数据(由于评估工作及报告发布于每年初,因此这一类数据的时间点一般都为报告发布前一年数据)以及项目当时成本和进度数据相比于项目开始时成本和进度数据的增长。其中,后3类数据每大类数据都包含研制开发成本、采购成本、总成本、单位成本(即项目采办单位成本,是项目总成本与采购数量的比值)、采购数量及采办时长的数据。

由于政府问责办公室从2003年才开始对重大国防采办项目开展评估,因此这一部分的评估数据仅涵盖2002—2014年之间的项目相关数据,见表14.42,涉及评估的时间范围较窄。同时,政府问责办公室的报告并不完整包含当年所有在进行中的重大国防采办项目,评估数据的完整性也存在一定的欠缺。

表14.42 评估数据历年项目数量

年份	02	03	04	05	06	07	08	09	10	11	12	13	14	合计
项目数量	25	38	41	44	49	45	50	39	37	38	36	31	30	503

(2) 评估数据的预先处理。

支撑案例分析的项目成本和进度数据从单一来源获得,数据结构趋于统一标准,但评估数据来自不同年份的报告,因此还需要对数据进行预先处理。由于数据来自不同年份的报告,报告中为了方便比较,以报告发布年份的美元标准对数据中的成本数据进行了转化,而案例分析的过程中需要对数据历史情况做整体评估,在相同的年份基准下进行比较,因此以2014年美元价为基准。增长数据是评估中十分关键的一部分数据,通过两年的成本或者进度数据计算得出,一般情况下以项目开始时的数据为增长数据的计算基准,但是也存在一些特例,需要将这部分增长数据的特例,转化为与项目其他年份增长数据相同的基准。

(3) 增长数据的局限性。

相同项目历年增长数据以相同年份成本或进度数据为计算基准,当需要以每年的增长数据为基础对绩效进行评估时(采办绩效与原因分析办公室评估中较为普遍的一种思路),需要将增长数据转化为相对于前一年的增长数据(表示这一年中增长的部分),这一转化要求数据集中具备某一项目历年的增长数据,而当其中缺乏某些年份的增长数据时,就无法将项目相关的历年增长数据转化为相对于前一年的增长数据,导致评估的严谨性降低。

2. 基于项目成本和进度数据的评估

(1) 美军国防采办开发阶段绩效水平将持续良好。

基于历年开发成本增长的评估,以每年开发成本增长数据组中的中位数为表征,采用箱线图的形式,对其趋势进行研究,见表14.43及图14.18。从历年开发成本增长箱线图可以看出,2002年开始,成本增长数据的中位数趋势呈正弦曲线形式,从谷值变化到峰值的时间为3年左右,目前处于峰值向谷值变化的阶段,预计接下来的时间内,美军国防采办开发成本整体水平会呈下降趋势,开发阶段绩效持续良好。

表 14.43　箱线图中关键数据数值

年　份	最　小　值	第1四分位数	中　位　数	第3四分位数	最　大　值	异常值个数
2002	-15.7	0.975	25.45	79.4	187.3	2
2003	-8.6	5.675	38.15	93.525	193.3	5
2004	-21.8	2.15	13.7	68.1	115.3	7
2005	-67.7	-0.075	16	45.6	112.8	6
2006	-74	0.35	21.4	58.15	128.4	6
2007	-22.3	4	31.4	88.65	209.3	4
2008	-23.1	1.2	23.3	61.35	150.7	4
2009	-8.9	2.7	24.4	79.8	169.8	2
2010	-17.3	1.4	14.3	55.6	130.1	4
2011	-17.3	2.625	20.2	82.2	174.4	4
2012	-15	1.75	23.4	108.1	176.9	4
2013	-11.6	1.825	21.9	82.975	177.5	4
2014	-29.8	-3.15	25.15	74.525	175.6	2

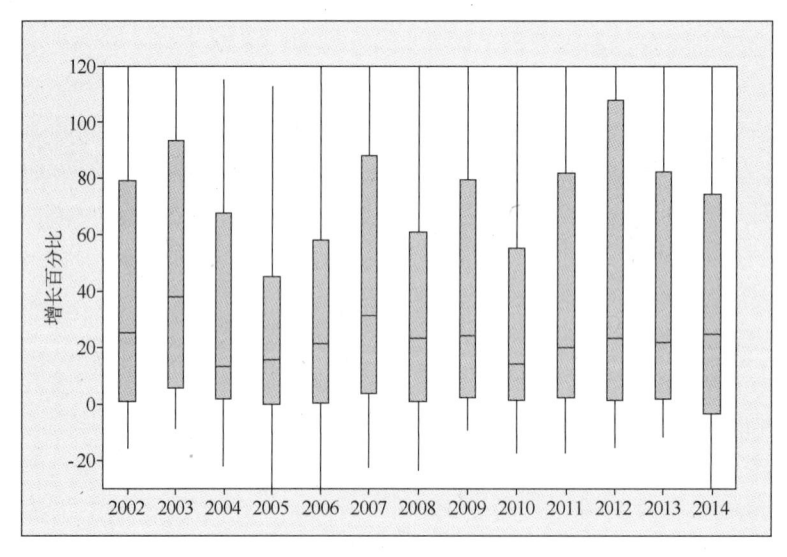

图 14.18　项目历年开发成本增长箱线图

如表 14.44 所列,临近年份的异常值项目大多数相同,出现这种情况的原因是由增长数据的内涵决定的,评估过程中涉及到的开发成本增长数据以项目开发开始为基准,因此当某一年由于成本增长过多成为异常之后,一般来说接下来的一年成本增长的情况可能会得到遏制,但是成本并不会降低,因此接下来一年的评估中仍有很大的可能性再次成为异常值。因此这一部分评估最合适的数据应该为相比于前一年项目开发成本的增长或与最新基线相比项目开发成本的增长,但是受限于数据量及数据获取中存在的困难,案例分析中没有进行相关评估。

表 14.44　异常值项目

年　　份	异常值项目名称
2002	EX-171 增程制导导弹、"亚瑟神剑"精确制导增程炮弹
2003	先进海豹潜水载具系统、DD(X)驱逐舰、增程制导炮弹、"亚瑟神剑"精确制导增程炮弹、先进威胁红外对抗系统/通用导弹告警系统
2004	"全球鹰"无人机、V-22 联合先进垂直起降直升机、先进海豹潜水载具系统、C-5 运输机飞行控制系统现代化改进项目、增程制导炮弹、DD(X)驱逐舰、"亚瑟神剑"精确制导增程炮弹
2005	C-130 运输机飞行控制系统现代化改进项目、"全球鹰"无人机、V-22 联合垂直起降直升机、先进海豹潜水载具系统、DD(X)驱逐舰、"亚瑟王神剑"精确制导增程炮弹
2006	V-22 联合先进垂直起降直升机、"全球鹰"无人机、DDG1000 驱逐舰、增程弹药、"亚瑟王神剑"精确制导增程炮弹、C-130J 大力神
2007	"全球鹰"无人机、DDG1000 驱逐舰、增程弹药、C-130J 大力神
2008	C-130 运输机飞行控制系统现代化改进项目、V-22 联合先进垂直起降飞机、"全球鹰"无人机、DDG1000 驱逐舰
2009	V-22 联合先进垂直起降飞机、"全球鹰"无人机
2010	天基红外系统、C-130 运输机飞行控制系统现代化改进项目、"灰鹰"、"全球鹰"
2011	濒海战斗舰-任务组件、濒海战斗舰、DDG 1000 驱逐舰、"全球鹰"
2012	RQ-4A/B"全球鹰"无人机、濒海战斗舰-任务组件、濒海战斗舰、DDG 1000 驱逐舰
2013	MQ-9 无人机系统收割者、RQ-4A/B 全球鹰无人机、濒海战斗舰、DDG 1000 驱逐舰
2014	濒海战斗舰、DDG 1000 驱逐舰

（2）美军武器装备采购绩效水平有待提升。

与研制开发成本类似,采购成本也是国防采办过程中占比较大、易于产生波动的一类成本。采购成本与研制开发成本存在差别,采购成本的多少直接由采购数量影响,因此对采购成本的评估应当抛出采购数量对于成本增长的影响,选用平均采购单位成本（Average Procurement Unit Cost,APUC）。APUC 可表示为

$$C_A = \frac{C_P}{N} \tag{14.7}$$

式中：C_A 为平均采购成本；C_P 为总采购成本；N 为采购数量。

项目单位成本为项目采办单位成本（Program Acquisition Unit Cost,PAUC）,与此处的平均采购单位成本不同,一般来说,项目采办单位成本要大于平均采购单位成本。PAUC 可表示为

$$C_R = \frac{C_T}{N} \tag{14.8}$$

式中：C_R 为项目采办单位成本；C_T 为项目采办总成本（总成本包含开发成本、采购成本）；N 为采购数量。

从图 14.19 及表 14.45 可以看出,2011—2013 年的平均采购成本增长中位数要低于 2007—2010 年,并且整体增长水平也较低,而 2014 年的数据有所上升,但是从统计图上并不能看出明显的趋势。单从 2014 年的数据来说,美军国防采办绩效在平均采购成本的增长方面有待提高。

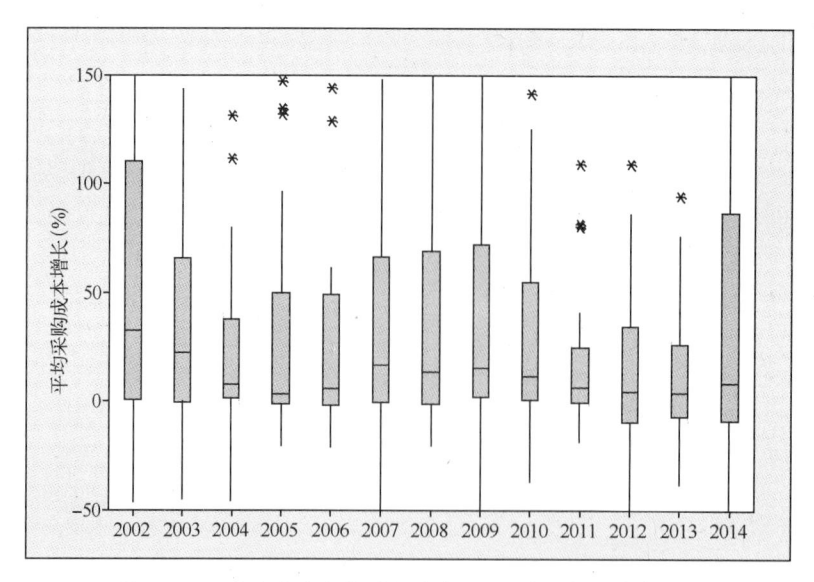

图 14.19 平均采购成本增长箱线图(星号为部分异常值)

表 14.45 箱线图中关键数据数值

年 份	最 小 值	第1四分位数	中 位 数	第3四分位数	最 大 值	异常值个数
2002	−46	0.8	32.6	110.2	154.0	1
2003	−45.2	0	22.6	65.7	143.5	2
2004	−45.4	1.4	8.1	37.6	79.8	5
2005	−20.2	−0.9	3.2	49.7	96.6	5
2006	−20.8	−1.4	6.1	49.5	61.2	5
2007	−71.0	−0.1	17.0	66.3	148.0	4
2008	−20.2	−0.7	13.7	68.9	163.0	2
2009	−58.4	2.0	15.8	72.2	175.8	2
2010	−36.7	1.1	11.6	55.4	125.4	3
2011	−18.2	−0.6	7.0	24.9	40.8	7
2012	−53.4	−9.1	4.9	34.4	86.3	4
2013	−37.7	−6.8	4.0	26.7	75.9	4
2014	−50.4	−8.85	8.5	86.6	206.0	4

(3) 美军需要采取措施控制国防采办时长的增长。

由于搜集到的数据的限制,案例分析中不能针对开发阶段和生产阶段时长增长进行分阶段绩效评估,因此只对采办整体的时长增长进行分析。

从图 14.20 及表 14.46 中可以看出,2010 年开始采办时长增长处于变大的趋势,需要采取一定的措施提升国防采办进度方面的绩效。在国防采办进度增长整体变大的同时,异常值的数量处于减少的趋势(本身数量较少,减少趋势并不十分明显)。

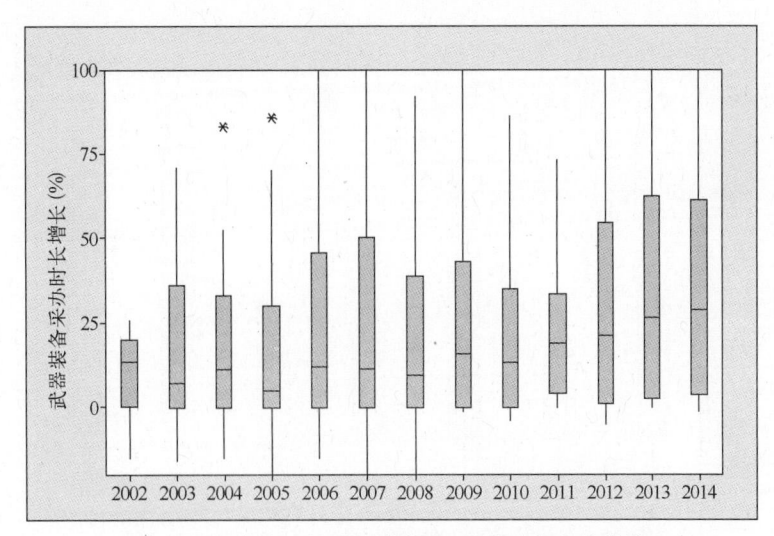

图 14.20 采办时长增长箱线图(星号为部分异常值)

表 14.46 箱线图中关键数据数值

年 份	最 小 值	第1四分位数	中 位 数	第3四分位数	最 大 值	异常值个数
2002	−15.0	0.3	13.7	20.3	25.8	4
2003	−15.7	0	7.3	36.1	70.9	3
2004	−15.0	0	11.2	33.1	52.7	3
2005	−29.3	−0.3	4.7	29.9	70.0	3
2006	−15.0	0	12.2	45.9	112.7	2
2007	−27.4	0	11.2	50.3	107.3	1
2008	−28.6	0	9.4	39.0	92.0	3
2009	−1.4	0	16.0	43.2	107.3	2
2010	−3.8	0	13.3	35.0	86.2	1
2011	0	4.0	18.8	33.4	73.4	2
2012	−5.1	1.2	21.2	54.6	127.3	1
2013	0	2.5	26.6	62.5	104.3	1
2014	−1.3	3.75	29.0	61.3	104.3	2

(4) 需要更加注重控制承担项目较少的主承包商成本增长。

案例分析中需要注意相同项目的不同年份数据只保留最新数据的原则,对重复的项目数据进行剔除,并且保证成本增长数据和时长增长数据都是相对于项目开发开始进行计算。分析结果见图 14.21、表 14.47 及图 14.22、表 14.48。

表 14.47 主承包商开发阶段成本增长数据比较

	总体	波音公司	雷声公司	洛克希德·马丁公司	诺斯罗普·格鲁曼公司	通用动力公司	其他
项目数量	160	30	25	24	27	19	35
中位数(%)	22.6	20.3	25.6	14.3	20.3	48.9	38.3
异常值个数	19	1	4	2	5	0	2

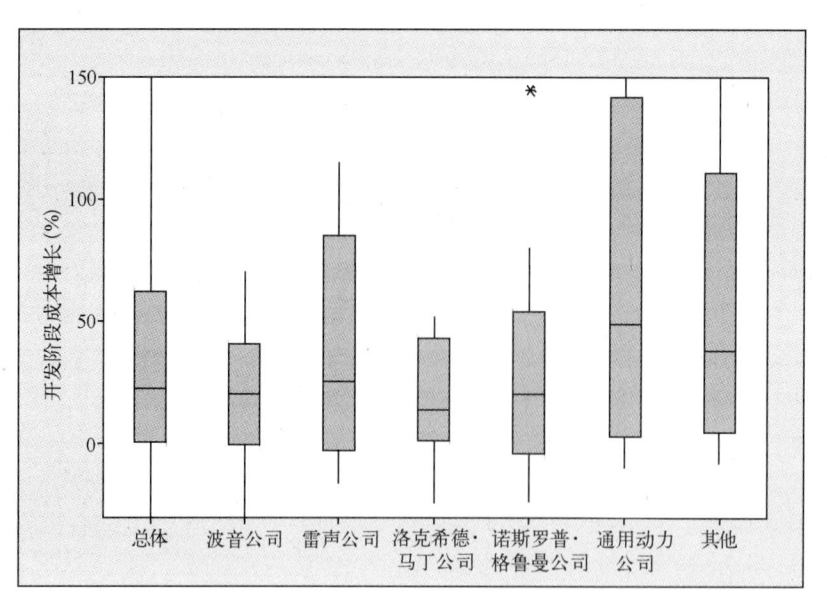

图 14.21　2002—2014 年主承包商开发阶段成本增长箱线图(星号为部分异常值)

从各个主承包商角度来看,波音公司、洛克希德·马丁公司、诺斯罗普·格鲁曼公司三家公司的成本增长中位数低于总体水平,而通用动力公司成本增长中位数远高于总体水平,相比于其他主承包商绩效水平较差。但是通用公司异常值个数最少,与其他主承包商异常值横向比较可以发现,通用公司成本增长特别严重的项目较少。整体上来看,波音公司、雷声公司、洛克希德·马丁公司以及诺斯罗普·格鲁曼公司这些承担国防采办项目较多的主承包商,在开发阶段成本增长的控制上,要好于承担项目较少的其他主承包商,也就是说国防采办经验丰富的承包商开发成本方面绩效水平较高。

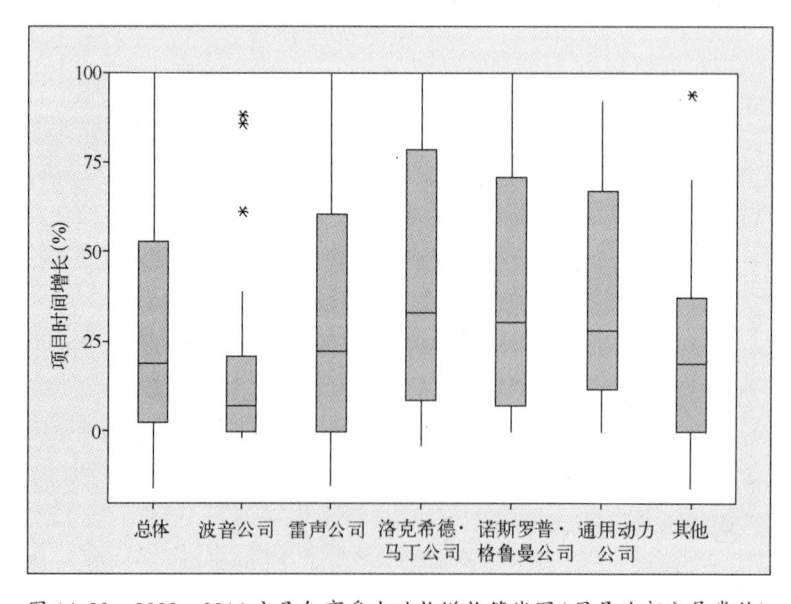

图 14.22　2002—2014 主承包商采办时长增长箱线图(星号为部分异常值)

表14.48 主承包商采办时长增长数据比较

	总体	波音公司	雷声公司	洛克希德·马丁公司	诺斯罗普·格鲁曼公司	通用动力公司	其他
项目数量	124	22	23	13	19	18	29
中位数	18.9	7.3	22.4	33.0	30.4	28.3	18.8
异常值个数	6	4	1	0	0	0	3

项目时长增长的统计分析中可以看出,雷声公司、洛克希德·马丁公司、诺斯罗普·格鲁曼公司和通用动力公司的采办时长增长要高于总体水平,只有波音公司的低于总体水平,但是波音公司有最多的异常值。而采办时长增长整体方面得出的结论与之前的开发成本增长结论恰好相反,承担国防采办项目较少的其他承包商的采办时长的控制上要好于承担项目较多的主承包商,国防采办经验丰富的承包商采办时长方面绩效水平较低。

（三）项目总体评估结果分析

综上所述,美军近年来国防采办绩效在一些方面持续良好,主要体现在 MDAP 综合绩效持续变好和开发阶段的成本增长逐年降低;但是在项目的采购成本增长和时长增长方面,绩效并不理想。上述的结论较为宏观,要得出具体的提升国防采办绩效的建议,需要结合其他部分的评估结果,进行更进一步的分析。

1. 联合采办和航空器项目需更加注重采办过程中的最佳实践

从统计结果来看,联合采办和航空器项目成本增长较为严重,绩效水平较低,导致这种情况的原因与这两类国防采办项目的特点有密切的关系。

为推进各军种之间装备的互联互通、提高联合作战能力、节约功能相近的武器装备重复采办的费用,近年来美军不断出台相应的政策,设立相关职能机构、官员,完善和推行武器装备联合采办的模式。一般情况下,联合采办由国防部或多个军种联合实施研制和生产,联合采办的武器装备具有通用性强、功能相近的特点,而为了实现具有差异的作战环境中可以使用同一种武器装备,往往联合采办项目相对于非联合采办来说对技术、设计和生产要求较高。

航空器项目这里仅包含固定翼飞机、直升机和无人机项目。军用航空器对于现代战争的重要性不言而喻,不同的军种、不同的作战类型都对军用航空器有极大的需求,而且随着未来战争形态的发展,航空器尤其是无人机在作战中扮演的角色将会越来越重要,因此航空器的发展水平已经成为了彰显一个国家军事实力、经济实力、科技实力的重要方面。同时,航空器项目中存在大量换代和新研制的项目,采办的过程中对技术、设计和生产的要求也更高。

因此,联合采办项目和航空器项目采办的过程中需要尤其注意技术、设计和生产的最佳实践。

2. 设立合理项目估算、采取成本控制措施减少纳恩—麦克科迪多次突破

纳恩—麦克科迪法案突破分为两种类型的突破:显著突破和严重突破。统计结果显示,发生纳恩—麦克科迪法案显著突破的项目,有很大的可能性在近期再次发生纳恩—麦克科迪法案严重突破。

纳恩—麦克科迪法案突破与项目的采办项目基线有直接的关系,采办项目基线是判断是否发生纳恩—麦克科迪法案突破的基础依据。美军《国防采办指南》中规定,国防部需要在每个 MDAP 正式启动时为其设立一个原始项目基线,只有当 MDAP 发生重大调整、全速生产开始(里程碑节点审查)以及发生严重纳恩—麦克科迪法案突破时,才会对原始项目基线进行修改,否则项目的当前基线将保持与初始基线相同。因此在项目基线不发生变化的情况下,大多数项目在发生显著突破之后再次发生严重突破,这证明项目发生显著突破之后并没有采取特别有效的措施来控制项目成本的进一步增长。而当项目发生严重纳恩—麦克科迪法案突破后较少再次发生突破,很大一部分原因是项目基线的修改,其中项目成本控制措施的采用成效值得怀疑。

根据美国国会众议院预算委员会的研究报告,纳恩—麦克科迪法案突破的根本原因在于不切实际的成本估算。因此减少纳恩—麦克科迪法案突破数量可以从源头入手,在项目正式启动的时候,为项目设置合理的成本基线。同时,对项目进度、性能和将面临的风险的正确估计,也会减少项目采办过程中不必要的成本增长,因此项目原始基线设立的时候,相关人员不应该盲目乐观,应当客观、公正地设立基线。

3. 推行更优购买力提升国防采办进度绩效

2010年,在美军调低国防预算增长速度的背景下,美国国防部提出"更优购买力"的倡议,目的在于"花更少的钱,办更多的事情"。同年9月发布的《更优购买力:提升国防经费使用效率与效益指南》中指出,美军国防采办应当精简无效的采办管理环节。2015年4月份发布的"更优购买力3.0"报告中指出,精简无效采办管理环节应当在明确采办管理系统的职责、职权的基础上,减少周期时间、精简文件需求、简化人员审查以及摒弃附加于工业部门的非生产性需求。

"更优购买力"采办策略的推行,可以从根本上减少国防采办项目采办时间,节约采办过程中的经费和人力,推动国防采办项目实现更加高效的采办。同时,精简无效的采办管理环节,有利于采办项目启动时,项目管理机构做出正确、合理的项目进度估计,避免采办过程中项目超期带来的负面影响,规避严重超期导致项目取消的风险(陆军的未来作战系统项目由于项目进度严重超期被取消)。

4. 扩充承包商以往业绩信息库,加强主承包商监管工作

美军从1997年开始实施承包商以往业绩评估工作,并且着手构建承包商以往业绩信息管理系统,承包商以往业绩是承包商综合能力和置信度的重要衡量因素,旨在通过承包商以往业绩评估信息及评估结果的积累,提高国防采办承包商选择的可靠性,降低承包商违约出现的可能性。承包商以往业绩评估主要依据承包商承担的合同的技术、进度、成本控制和管理信息开展评估,该合同一般为已经结束的合同,且不限于国防采办合同。大多数情况下,承包商以往业绩评估结果以书面形式上交承包商选择小组,并且录入以往业绩信息管理系统,作为承包商早期筛选的参考依据,而当承包商选择进入具体的方案竞争阶段,承包商以往业绩信息发挥的作用就小很多了。

将承包商国防采办绩效评估的评估结果录入承包商以往业绩信息管理系统,可以弥补承包商以往业绩信息的不足,使评估结果可以在国防采办全寿命周期发挥作用。承包商相关的国防采办绩效评估以承包商承担的国防采办项目和合同为基础,开展分阶段、分类别的评估,可以明确承包商承担国防采办项目过程中,哪些时间点、采办哪种类型的装备等会以多大的概率出现什么问题(主要为成本和进度方面的问题),从而使采办管理部门在项目或合同开始之前就能够提前制定计划,预防问题的出现,降低国防采办过程中的风险,提升国防采办的绩效。

第十五章　国防采办监督

监督是权力运行的重要保障,注重监督是国防采办活动的内在要求。美国国防采办领域非常注重监督工作。长期以来,由于美国国防采办领域涉及资金巨大、牵涉关系复杂,极易产生欺诈、浪费、权力滥用等问题,如何对此进行有效监管和防治,一直受到美国国会、国防部本身以及社会民众的高度关注。美国在长期探索实践中逐步建立了一套颇具特色、较为完善的监管体系,有效地保障了国防采办工作健康发展。

第一节　国会监督

国会是美国的最高立法机关,其基本职权包括立法权、财政权、人事权、行政监督权等。"严密监督政府的每项工作,并对所见到的一切进行议论,乃是代议机构的天职。"[①] 国会主要由参议院和众议院组成,两院共同行使监督权。从国会的组成来看,国会监督主要可以分为相关委员会监督和政府问责局监督两种。

一、相关委员会的监督

参议院和众议院都设有各自的常设委员会,每个常设委员会下设不同的小组委员会,各常设委员会分别负责一定领域的事务,但具体事务都是先由小组委员会进行研究处理。由于历史和职能等原因,两院常设委员会及小组委员会具体设置有所不同。参议院主要有拨款委员会、武装力量委员会、预算委员会、能源和自然资源委员会、对外关系委员会、国土安全与政府事务委员会等常设委员会,其中,武装力量委员会下设战略力量、海上力量、战备与管理支持、人事、新兴威胁与能力、空地一体等6个小组委员会。众议院主要有拨款委员会、武装力量委员会、预算委员会、能源与商业委员会、国际关系委员会、国土安全委员会等常设委员会,其中,武装力量委员会下设战术空中与地面部队、军事人员、监督与调查、海上力量与投送部队、战略部队、新兴威胁与能力等6个小组委员会。每个小组委员会都有各自的分工,如新兴威胁与能力小组委员会主要负责监督11个预算账目、4个国防部重要职位和8个国防部部局,如图15.1所示。

国会的监督权力主要包括质询权、调查权、弹劾权等,具体由上述相关委员会行使,一般来说,听证是其中重要的组织形式。国会为了某项特别立法或补救性立法而查明事实真相,或对政府政策和执法行为进行监督等目的,就会由常设委员会或小组委员会,通过检查有关记录、传唤证人、召开听证会等方式进行调查和监督。国会相关委员会在对国防事务进行监督时就充分利用听证手段。下面以每年的国防授权和国防拨款过程为例介绍。

---

① [美]威尔逊. 美国政体:国会政治研究[M]. 熊希龄,吕德本译. 北京:商务印书馆,1986:167.

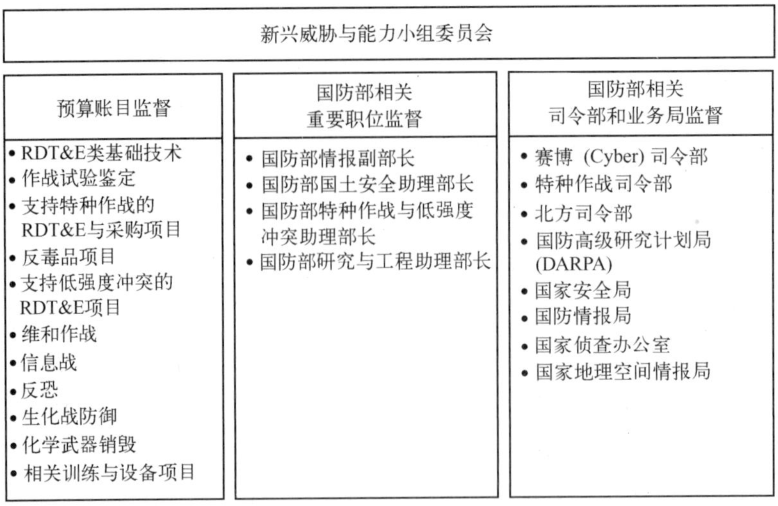

新兴威胁与能力小组委员会		
预算账目监督	国防部相关 重要职位监督	国防部相关 司令部和业务局监督
• RDT&E类基础技术 • 作战试验鉴定 • 支持特种作战的 　RDT&E与采购项目 • 反毒品项目 • 支持低强度冲突的 　RDT&E项目 • 维和作战 • 信息战 • 反恐 • 生化战防御 • 化学武器销毁 • 相关训练与设备项目	• 国防部情报副部长 • 国防部国土安全助理部长 • 国防部特种作战与低强度 　冲突助理部长 • 国防部研究与工程助理部长	• 赛博（Cyber）司令部 • 特种作战司令部 • 北方司令部 • 国防高级研究计划局 　（DARPA） • 国家安全局 • 国防情报局 • 国家侦查办公室 • 国家地理空间情报局

图 15.1　新兴威胁与能力小组委员会的监督分工

国防预算的大体过程主要是：每年的 10 月初至年底，美军各部局将本部门预算上报至全军财务统管部门即主计长办公室（副部长级别）进行汇总平衡，然后按程序提交行政管理与预算局，最后形成由总统签批的总统预算申请，并于下一年 2 月第一个星期一之前提交国会。国会审议过程一般持续到 9 月。众议院与参议院的武装部队委员会在各小组委员会审议的基础上，分别提出一个预算决议案，经联合大会协调后形成共同预算决议案，该预算决议形成预算授权，设定包括国防部、能源部在内的相关国防预算年度支出限额。

众议院与参议院都设有拨款委员会，拨款委员会下设不同领域的拨款小组委员会，其中，各自的国防小组委员会主要负责审议涉及军事预算的总统预算申请和相应的论证材料。审议过程中，国防小组委员会召开听证会，向国防部首脑提出质询，要求他们回答与预算申请有关的问题。在此基础上，国防小组委员会主席负责起草本小组委员会的拨款法案，这一法案必须服从预算决议设定的支出限额。在各拨款小组委员会都提出拨款法案后，众议院与参议院分别通过各自的拨款法案，经过两院联席会议协商和投票，最终通过的授权法案被提交给总统，总统签署后成为法律并开始生效。

在预算的审查过程中，涉及相关部门时，该部门首脑就会被邀请参加听证，即使是国防部长也经常面临着被国会邀请听证的义务，如在 2004 年美军虐待伊拉克俘虏房事件调查中，美国国会专门召开听证会，并传唤国防部长拉姆斯菲尔德接受听证会质询。国会一般在每年 3 月到 9 月审议国防预算，各部局会根据国会参众两院武装部队委员会的要求，就本财年工作和下一财年计划进行汇报，每次作证基本上都要先介绍一下机构的主要任务、成就等情况，陈述预算理由，再接受议员们的询问。

二、政府问责办公室的监督

政府问责办公室（Government Accountability Office，GAO）是一个隶属于国会的审计机构，前身是 1921 年创建的美国审计总署，成立初期主要是检查政府财政支出的合法性与合理性。2004 年，国会通过《审计总署人力资源改革法案》，审计总署更名为政府问责办公室。

政府问责办公室的任务是为国会履行宪法赋予的责任提供支撑,及时为国会提供客观、无党派偏见、非意识形态和公正公平的信息。其基本职责是调查、监督联邦政府如何花费纳税人的钱。在监督方面,它对联邦政府机构的支出进行审计,以保证资金被运用到适当的地方;当有人指控联邦政府出现不合法的行为或不适当的行为时,展开调查;为国会分析、设计新的政策选项;签发关于政府机构行为及法规的合法性意见书。

政府问责办公室主任由美国总审计长担任,总审计长任期长达15年,先由国会提名候选人,再由总统任命,并经参议院认可。总审计长以下设有首席运营官、首席行政官/首席财务官和总顾问办公室,如图15.2所示。首席运营官主要负责协助总审计长领导和管理政府问责办公室各项业务,确保政府问责办公室各项任务目标的实现。首席运营官以下根据不同专业领域设有14个专业工作组,分别负责对联邦政府有关部门进行审查监督以及提供审查技术和信息服务。政府问责办公室现有雇员近3300名,主要涉及经济学、社会学、国防与安全领域、工程、计算机、医疗卫生等领域。

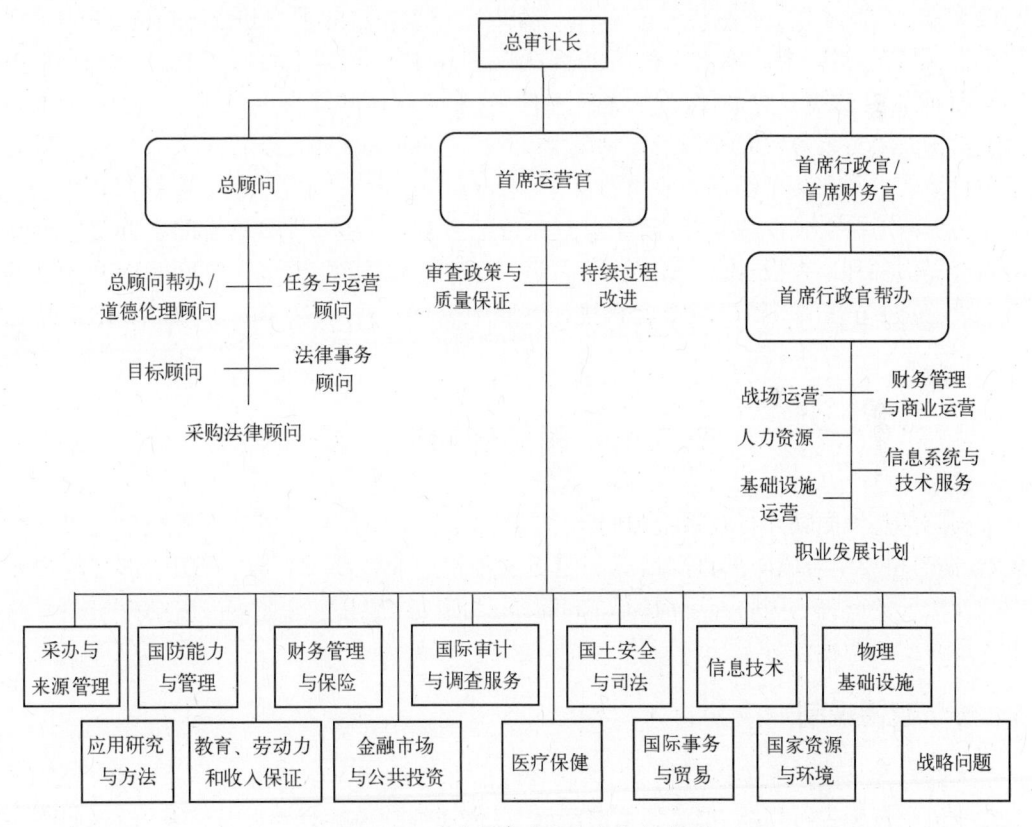

图15.2 政府问责办公室组织机构图

政府问责办公室每年都要发布许多报告,如2013财年共发布评估报告709份,与国防相关的报告就占254份。这些报告对包括国防部在内的联邦政府项目进行评估监督,并提出改进建议。同时,联邦部门必须回应,如果不予采纳,应当说明理由。其中,涉及军事技术开发和国防采办的监督事项由采办与来源管理(Acquisition and Sourcing Management)工作组负责。监督对象包括国防部、国家航空航天局、国土安全部等部门。这些

569

联邦政府部门每年花费数千亿经费采购复杂武器、综合空间和卫星系统,以及先进技术和大量保障运行的物资与服务。这些花费构成联邦预算中自由裁量支出的很大一部分。采办与来源管理工作组的分析专家们能够帮助国会来决定这些钱花得是否有效、是否有效保护了联邦的利益以及最大限度得到投资回报,同时帮助政府采用更好的购置系统、装备和服务。这个工作组的工作还涉及采办队伍、国防工业基础、出口控制以及国防部合同商之间的国际化等问题。例如,2011年4月,政府问责办公室公布了对F-35项目的评估调查报告,建议国会对F-35项目重新进行调整,控制项目未来费用上涨和进度风险,以确保项目能以合理的经济指标交付合格的F-35战斗机,主要措施包括:①加强供应商管理和项目管理;②对短距起飞和垂直起降型开展独立评估,允许各机型根据各自进展向前推进;③制定更现实的试验计划;④对软件开发及实验室验证开展独立评估。

从2001年开始,政府问责办公室每年针对国防部正在进行的重大武器装备发展项目进行综合评估,向国会提交一份综合性的《国防部重大武器装备项目评估报告》,分析各个项目的经费投入、进度安排、发展状况和存在的问题,并提出相关改进措施和建议。2012财年,政府问责办公室共审查了国防部86项重大项目的采办和成本情况,提供了评估报告,报告包括一个简稿与完整稿,完整稿一般在数十页至上百页,报告结构清晰、内容全面而完整、数据充分而详尽、问题针对性强、建议具体并具有可操作性。政府问责办公室对重大武器装备发展项目的评估监督,发挥了重要的纠偏作用,在很大程度上提高了项目绩效水平和装备经费的使用效益。

为更好地接受公众的监督,确保审查监督的有效性与公正性,政府问责办公室会在向国会提供各种审查报告(含秘密内容的除外)的同时,报告还作为政府问责办公室的"产品",通过公开出版物出版或者直接在互联网上公开,社会公众可以随时获取最新的审查报告。

第二节 国防部内部监督

国防部是美国联邦行政系统中的一个典型部门,不仅要严格落实联邦政府监督工作规定,同时也要结合国防部自身情况制定更加细密的规范要求,对所有国防部部局进行广泛而深入的监督。国防部层面的监督可以分为道德规制、审计监督、违法查处三种,这里主要介绍前两种监督。

一、道德规制

人的行为是监督的主体目标,美国联邦政府非常重视预防性监督,对所有联邦雇员的职业道德行为进行规范,形成了覆盖全面、具体详细的道德行为监督体系,而且职级越高受到的监督越严格。

1. 主管机构

联邦政府专设有道德署(Office of Government Ethics,OGE),负责制定行政部门道德行为规章、管理政府各级官员财产申报、监督政府官员道德行为等工作。该办公室由总统直接领导,向总统和国会汇报工作,同时在联邦政府主要部门设立分支机构,主管相应事项。

国防部道德行为管理工作主要由国防法律服务局(Defence Legal Services Agency, DLSA)下设的行为标准办公室负责。国防法律服务局长由国防部法律总顾问兼任。国防部法律总顾问是国防部长和常务副部长在国防法律事务方面的首席参谋助理和顾问，是国防部首席法律官员，也是国防部指定的道德官员，下设1名常务副总顾问和9名副总顾问，其中副总顾问主管行为标准事务，负责监督制定国防部道德行为标准计划，指导三军和国防部各部局相关业务。国防法律服务局组建于1981年，具体职责是为国防部制定立法规划提供技术支持和援助，为国防部行为标准制定政策并监督标准的执行，管理国防工业保密调查审查计划等。行为标准办公室依据联邦和国防部的要求制定政策，配合道德监督委员会开展工作，该办公室律师负责向国防部长办公厅、联合参谋部等机构提供咨询建议，并负责对国防部的行为标准做出解释。

2. 法律法规

美国联邦政府以1978年《政府道德法》、1989年《道德改革法》以及1992年颁布的《行政部门雇员道德行为准则》等法规为基本遵循，开展所属人员道德行为规制工作。上述法规对联邦政府工作人员的道德行为要求广泛而细密，涉及财产申报、收受礼物、接受报酬、旅差旅游、滥用职权等多个方面，且每个方面都有详细的规定。例如，在收受礼物上，《行政部门雇员道德行为准则》除第一章总则和最后一章相关法律授权外，其余7章中有2章是关于礼物的规定，礼物包括任何奖励、好处、折扣、娱乐、招待，以及以实物、购物券、提前支付或事后报销方式提供的服务、培训、交通、当地旅游以及住宿等。凡是与职务影响有关的礼物一般都不能收受，就是对可以收受礼物的例外情形也有具体规定[①]。例如，雇员每次可以从一个来源接受非索取、总价值不超过20美元的礼物，一个日历年内从一个来源处获得的单项礼物总计不得超过50美元，而且这种例外不适用于现金、证券、债券或存单。该准则还附有案例说明：国防制图局某雇员受邀到制图者协会就该机构在导弹技术发展过程中的角色问题发表演讲，受赠一个价值18美元的装框地图和一本价值15美元的关于制图历史的书，按照规定该雇员只能接受其中一个礼物。联邦法规对一些隐性好处也有严格要求，《联邦旅差条例》[②]规定，所有行政部门每半年要向政府道德署按照固定格式报告从非联邦来源获得的旅行报酬情况。

除了遵守联邦政府统一要求外，国防部在其人员道德规制方面也有大量指令、指示以及规定。国防部按照《行政部门雇员道德行为准则》[③]，制定了《国防部雇员道德行为补充规定》[④]，该规定共有7个部分，对礼物等限制进一步细化；颁布了美国国防部人员《行为准则》(国防部第5500.07号指令)，出台了国防部《联合道德规定》(国防部第5500.7-R号细则)；编印了许多操作指南，例如《国防部雇员行为准则指南》《道德顾问基础》《道德顾问手册》等，把细密的道德行为标准具体化，便于国防部所有人员熟知和遵守。国防部行为标准办公室对诸如到合同商驻地的交通选择这样的细小问题都做了详

---

① U.S. Office of Government Ethics. Standardsof Ethical Conduct for Employees of theExecutive Branch[EB/OL]. [2014-12-23]. http://www.ecfr.gov/cgi-bin/text-idx? c=ecfr&SID=06f812fe26e7ed9f364bb87944757b912&rgn=div5&view=text&node=5;3.0.10.10.9&idno=5.
② 见美国《联邦法规汇编》第41卷第304-1部分(41C.F.R. Part 304-1)。
③ 见美国《联邦法规汇编》第5卷第2635部分(5C.F.R. Part 2635)。
④ 见美国《联邦法规汇编》第5卷第3601部分(5C.F.R. Part 3601)。

细的要求,使用公车、租车或者乘坐飞机都有严格的规定,期间接受的旅行报酬要使用制式的记录卡进行汇报,并向所在机构道德顾问和行为标准办公室提交报告。如果国防部人员不能确定自己的行为或决定是否符合要求、是否违反法律或条例,应向所在机构道德顾问、指定道德官员或者国防部法律顾问咨询。国防部所属部门或机构要结合本部门或本机构实际,制定更加具体的道德行为规范。国防部负责教育活动的部门制定的《雇员道德行为准则手册》通过生动形象的实例说明,使行为标准更好理解。如在接受利益相关方招待方面实例:皮特是一个国防部雇员,每周都会与某国防合同商的代表进行非正式会谈,而且合同商礼节性地为她提供一份简单早点,按照国防部人员道德行为准则,这样连续接受早点招待不被允许。再如在收受报酬方面实例:斯图是一个国防部道德业务律师,到一个大合同商企业为企业员工讲授了一天的联邦道德方面的课程,得到1500美元报酬,因为授课内容与他的职务相关,他不能接受这一报酬。[①]

3. 主要举措

美国在政府道德规制方面主要采取避免利益冲突、财产申报和相关培训等举措,来实现对政府官员和行为的监督制约。

(1) 避免利益冲突。这是联邦政府道德行为规制的核心,其目的是代表公众利益的联邦政府工作人员的职务行为要受到严格限制和监督,以便能够始终保持廉洁,因为如果一个人在某项政策方面有利害关系,且他在这一政策上有决策权,就可能自觉或不自觉地从自己的利益而不是公共利益出发来做出决策。这也就是道德行为规范所具有的预防性监督功能之所在。法规要求所有联邦政府官员,必须于任职前在本系统内申报其本人、配偶及受抚养子女的财产状况,并按规定程序提交财产状况的书面报告。申报内容包括从联邦政府之外的任何来源得到的超过200美元的红利、租金、利息以及其来源、种类和数量或价值,从非亲属收受的累积价值超过250美元的所有礼品等。个人财产报告向社会公开,任何公民均可查阅或复印。如发现存在可能的利益冲突,就需要采取取消资格(Disqualification)、豁免(Waivers)、财产处理(Divestiture)等措施。《行政部门雇员道德行为准则》列举案例说明:某空军雇员拥有一家主要的飞机发动机制造商的股票,他正在被考虑提拔到一个新的职位,负责开发新型战斗机,如果空军道德管理机构认定空军有关战斗机的工程和相关决定会直接和可预期地影响雇员的财务利益,就需要雇员出售其股票才能获得提拔。

(2) 财产申报。1978年颁布的《政府道德法》要求建立财产申报制度,以便于公众监督。国防部在联邦政府统一要求基础上,对所属人员财产申报做了进一步的明确,要求下列国防部人员应进行财产申报:①将级军官(薪金级别,0~7级及以上者);②高级行政人员;③级别16级及以上的一般雇员;④薪金固定且相当于或高于GS-16级的非一般雇员(包括政府特殊雇员);⑤从事机密或决策性质工作的雇员。另外,对临时性的财产申报也进行了规定。只要国防部相关机构认为某些人员的职务行为涉及到可能的利益冲突,如涉及到签订合同或采购、审计私营或其他非联邦企业,这些人员都要进行财产申报。

---

① Department of DefenseEducation Activity. employees' guide to the standards of conduct[EB/OL]. [2015-2-11]. http://www.dodea.edu/Offices/Counsel/.../DODEA_Handbook.pdf.

(3) 培训制度。根据国防部相关指令要求,每个机构都要指定道德官员,制定年度道德培训计划,开展年度道德培训,以保证这些繁密的要求能够得到有效落实。国防信息系统局(DISA)、国防情报局(DIA)、国防高级研究计划局(DARPA)等国防部业务局的道德行为培训落实情况还要定期接受国防部行为标准办公室的指导和检查,而且联邦政府道德署也要进行检查,并在其网站上定期公布检查结果,对检查提出的问题落实情况还要进行回访监督。国防部行为标准办公室主要检查国防部道德要求和对象单位具体道德要求的执行情况,检查内容包括:道德项目的组成和人员,公开的财产申报和秘密的财产申报,道德教育和培训,道德咨询和服务,以及外部活动管理等。检查报告送指定的机构道德官员、机构首脑,该机构要在60天内将检查建议落实情况报行为标准办公室,该办公室再进行跟踪检查问效。国防部各部局首脑对所属人员行为标准培训执行工作非常重视,国防部第5500.07号指令要求:国防部部局首脑要确保其机构的道德计划正常执行;任命机关指定道德官员和其替代者;确保指定道德官员能够解决道德规范和行为准则中存在的矛盾;确保指定道德官员能够得到充足资源以高效执行道德计划;本机构制定的补充、限制、修正本指令相关文件必须得到国防部法律总顾问审查同意。

二、审计监督

在以监督制衡为重要特征的美国政治文化中,审计以其专业性、精确性和科学性发挥着重要的监督作用。国防采办作为国防部的重要工作,除了美国国会对其进行严格的审计监督外,国防部内部的审计力量也对其进行严格而多样的监督。在国防部,主要由总监察长和国防合同管理局从不同方面对国防采办进行审计监督。

1. 总监察长审计监督

国防部总监察长依据公法97-252第1117部分和《1983年国防授权法》建立,是国防部长在审计和犯罪调查,以及预防和侦查国防部项目与运行中欺诈、浪费、权力滥用等事务方面的首要参谋顾问。主要职责是制定对欺诈、浪费、权力滥用等问题进行审计、调查、评估、检查的政策和指南,发起、执行、监督以及合作办理审计、调查、评估、检查等事务。按照国防部第5106.01号指令,总监察长下设常务副总监察长、审计与调查副总监察长,以及审计、行政调查等7个业务部门,还有行政管理、通信与国会联系、法律顾问、巡视官等工作办公室,如图15.3所示。

总监察长办公室的预算是独立的,由国会批准,国防部长不能用经费来限制总监察长办公室的业务活动。每项审查调查活动结束后,总监察长办公室都要发布工作报告,每半年还要向国会提交工作情况报告,对投诉、举报和有关事项的调查向国会报告。总监察长的报告通过国防部长转交国会,国防部长没有权力修改总监察长的报告。

作为监督部门,国防部总监察长的工作职权比较特殊,可以在任何时间对国防部内任何机构实施临时检查,可以查看国防部部局与业务相关的所有记录(电子形式或其他形式)、报告、调查情况、审计报告、文件、论文、推荐信以及其他信息或材料。国防部长和常务副部长不能阻止总监察长发起并开展的审计、调查以及检查工作,也不能阻止或禁止其在审计、调查过程中发出任何传唤。除了国防部长书面明确限定外,国防部部局和军种中的任何人员都不能拒绝国防部总监察长或其委派的人员收集信息,阻止执行审计、调查、检查工作。按照国防部第5210.56号指令《国防部执法和保安人员使用强力和携带枪械》有关规定,国防部总监察长办公室人员工作时可以携带枪械。

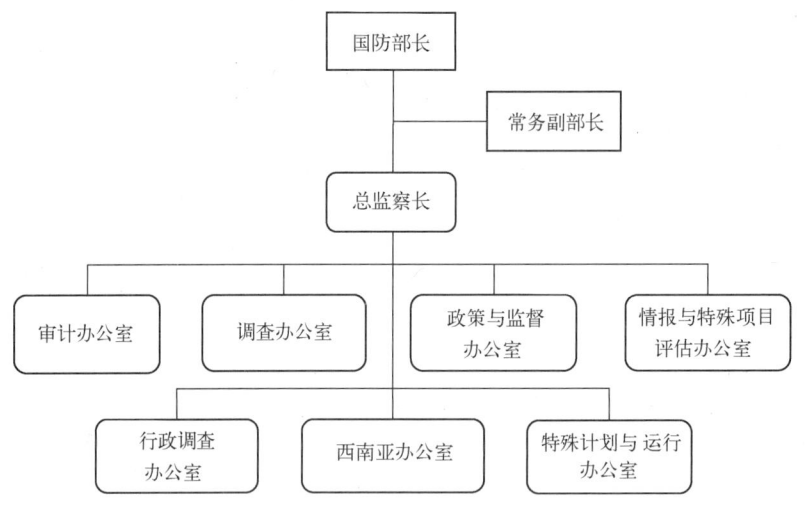

图 15.3 总监察长办公室组织机构图

国会政府问责办公室和国防部总监察长办公室没有领导与被领导关系,是互相协作、互相补充的工作关系。政府问责办公室对国防部的审计主要是事前审计和事后审计,事中审计则交给总监察长办公室进行。国防部总监察长作为联邦总审计长在国防部的主要联络人,负责协调与政府问责办公室有关的调查、检查、报告和其他活动,监督和分发有关政府问责办公室的活动信息,避免工作重复。

作为国防部重要监督部门,国防部总监察长通过设立举报热线、接受投诉、接收国会议员反映等多种方式收集问题,并根据问题进行审计、调查和监督。由于国防高级研究计划局的工作涉及众多合同商,且项目管理过程复杂,因此,反映其合同管理的问题相当多,自然成为国防部总监察长审计调查的重点机构。例如,2011 年 7 月 26 日,负责合同与采办事务的常务助理总监察长布鲁斯·波特恩(Bruce Burton)签发一份"DARPA 合同工作审计"(Project No. D2011-D000AB-0249.000)计划通知。通知指出,2011 年 8 月要启动这项审计,并且这只是对国防高级研究计划局合同管理情况进行系列审计的开始,主要是确定国防高级研究计划局在选择、授出和管理合同过程的充分有效性,以及对 2010 财年和 2011 财年研发项目资金资助分配问题。通知还提出,在审计国防高级研究计划局的同时,还要对接受国防高级研究计划局资助的陆军、海军、空军以及国防部其他业务局的项目进行审计,要求相关项目做好准备。最后,通知对这次审计涉及的政策文件进行了呈列,主要是总监察长指令、国防部审计政策文件等。

下面介绍一个关于合同授予的审计案例[①]。2012 年 5 月 8 日,参议院议员塞洛德·布洛恩(Sherrod Brown)专门给国防部立法事务助理部长写信,反映国防高级研究计划局关于盘型旋翼技术研究计划合同授予过程中的不公正问题,认为:国防高级研究计划局违规支付波音公司非竞争性合同金额 900 万美元;拒绝了该议员选区 1993—2009 年间提

---

① DODInspector General. Defense Advanced Research Projects Agency Properly Awarded Contracts forDisc-Rotor Research and Development(Report No. DODIG-2013-106)[R/OL].[2015-01-30]. http://www.dodig.mil/PUBS/documents/DODIG-2013-106.pdf.

交的10份提案；所签订的合同侵犯了该议员选区关于盘型旋翼刀片技术的专利。国防部总监察长办公室经过调查，对该议员提出的问题进行了一一解释。

（1）对于违规支付波音公司非竞争性合同金额900万美元问题，调查认为，2006年3月20日，国防高级研究计划局发布BAA06-15公告，以招标选取对航天系统和战术能力提升具有巨大创新价值的研究计划进行资助。通过对收到的147份概念白皮书和72份研究方案进行筛选，国防高级研究计划局战术技术办公室最终选择波音公司作为盘型旋翼技术概念性探索研究（零阶段）的合同承包方。在零阶段研发合同的实施过程中，波音公司与弗吉尼亚理工学院共同开展了盘型旋翼技术风险分析、设计改进、计算流体动力学分析、机械系统总体设计、风洞试验、台架飞行测试等工作，对盘型旋翼的研究绩效和飞行质量进行了较为可靠的评估。2007年6月25日，国防高级研究计划局根据竞争性合同HR0011-07-C-0076的具体条款，支付了波音公司499972美元的合同补偿。在确定下一阶段研究的合同时，国防高级研究计划局认为，波音公司通过零阶段的研究掌握了关于盘型旋翼技术的独特技术，这些技术对于后续阶段1的研发意义重大，同时，波音公司拥有开展阶段1研究所需要的能力、设施、知识产权和数据，最后经评审，波音公司是唯一一个提交了关于盘型旋翼技术研究方案并通过评审的机构。因此，国防高级研究计划局选定了波音公司，并于2009年1月30日支付给波音公司合同金额730万美元，合同编号为HR0011-09-C-0056。国防高级研究计划局的非竞争性合同授予获得了批准，并遵循了《联邦采办条例》6.303-2所有文件要求。

（2）关于拒绝该议员选区从1993年至2009年间提交的10份提案问题，调查认为，从国防高级研究计划局的档案资料看，指控人在2002年8月到2009年8月期间一共提交了4份研究白皮书和2份研究计划，但是都没有通过最后的评审，并且DARPA及时把结果通知了对方。

（3）关于合同侵犯盘型旋翼刀片技术专利问题，调查认为，根据《联邦采办条例国防部补充条例》第227.70部分和《美国法典》第28篇1498章中与专利侵权相关的条款，以及国防高级研究计划局法律顾问的声明，目前国防高级研究计划局并未收到指控方关于侵权行为的交涉，也没有收到波音公司或者其子承包商关于专利侵权行为的声明。

下面介绍一个关于国防高级研究计划局局长涉及利益冲突的调查事例[①]。2011年3月3日，《洛杉矶时报》报道了国防高级研究计划局局长杜甘与其原来成立的RedX公司在合同上的不正当关系问题。3月24日，美国众议院议员、监督事务与政府改革委员会主席给国防部长写信说明，3月30日，互联网上也出现了质疑杜甘与RedX在合同上的不正当关系的文章。后来，美国媒体和公众也对此多有反映，国防部总监察长展开调查。国防部总监察长办公室的调查人员与杜甘本人进行了谈话，走访了33个熟悉相关事项的证人，并查看了国防高级研究计划局相关的记录、文件、合同等资料，最后形成长达69页的调查报告。2013年4月9日，编号为20121204-000984的审计报告发布，由于涉及国防秘密以其他事项，公开版本多处进行了技术覆盖处理。

调查认为，国防部《联合道德条例》禁止官员利用其政府职位为商业产品、服务或者

---

① DODInspector General. Reportof Investigation: Doctor Regina E. Dugan Former Director, Defense Advanced Research Projects Agency[R/OL]. [2015-03-07]. http://www.dodig.mil/FOIA/err/DuganROI(Redacted).pdf.

企业背书,杜甘违反了《联合道德条例》的背书要求,利用国防部高级官员身份,采用 RedX 公司生产的产品和其他由 RedX 公司销售的产品。2012 年 12 月 5 日,杜甘在收到初步审计报告后,并不认同审查结果,后来经总监察长办公室认真研究,最后坚持了审计结果。最终,杜甘于 2012 年 3 月 28 日辞职(2009 年 7 月 2 日被国防部长提名,2009 年 7 月 20 日上任)。

2. 国防合同审计局审计

国防合同审计局(Defense Contract Audit Agency,DCAA)成立于 1965 年 7 月,是美国国防部的直属单位,由国防部财务副部长(主计长/首席财务官)负责授权、指导和管理,目前拥有 5181 名工作人员,其中审计人员 4492 人,行政管理人员 689 人。基本职能是开展合同审计以及相关的财务咨询服务,主要是对国防承包商制定的财务报表进行独立、专业的审核。它不承担国防部内部审计责任,但其审计结果对评价国防部相关部局管理绩效有重要影响。2013 财年末,国防合同审计局在美国、欧洲、中东、亚洲以及太平洋地区拥有 300 多个办事处。2013 财年国防合同审计局完成 6259 份审计报告,对超过 1600 亿美元的国防承包商成本进行过审查,帮助负责签订合同的官员为政府节省了 44 亿美元①。

国防合同审计局下设局总部、5 个地区审计办事处和 1 个野战分遣队,如图 15.4 所示。5 个地区审计办事处管理着美国本土和海外的 300 多个现场审计室。

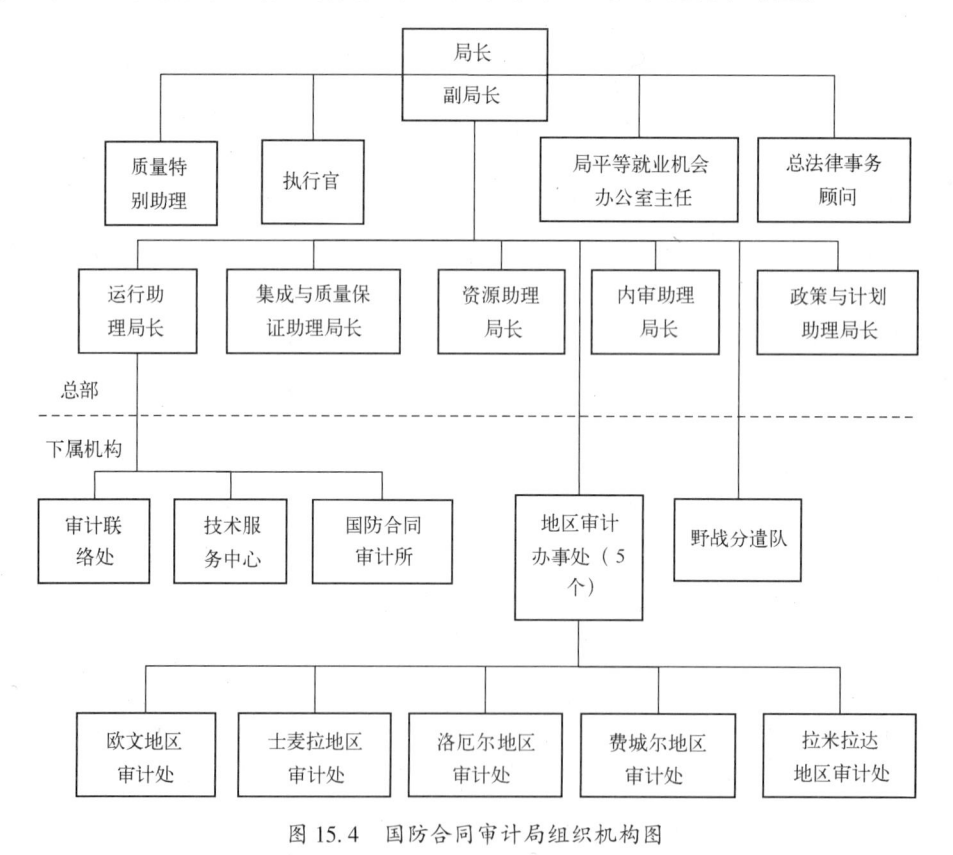

图 15.4 国防合同审计局组织机构图

---

① DCAA. Report to Congress on FY 2013 Activities at the Defense Contract Audit Agency[R/OL]. [2015-01-19]. http://WWW. DCAA. MIL/report_to_congress. html.

国防合同审计局负责美军所有国防合同审计工作,其工作目标是评估承包商的商业惯例和程序是否符合《联邦采购条例》《联邦采办条例国防部补充条例》、成本会计标准以及其他适用政府法律和法规的要求。国防合同审计局根据其调查结果向负责采办和政府合同管理的政府官员提供建议和意见。这些官员负责选择合适的承包商来完成政府资助的工作。按照美国国防部第5105-36号指令的规定,国防合同审计局的主要任务具体包括:

(1) 就拟议的或已签订的合同,向负责采办和合同管理的国防部官员提供有关承包商财务方面的信息和建议,帮助他们得到一个慎重、合理的合同。

(2) 审查、监察或核对主承包商和分承包商的账目、记录、档案和其他证据,以及内部控制制度、会计核算制度、成本核算方法和一般的经营办法。

(3) 审查承包商的支付收据。

(4) 为负责采办和合同管理的官员提供建议:①对重复采购和激励性合同所发生的费用提出建议;②对承包商提出的有关合同授予、谈判、修改、变更、管理终止或解决争议时所发生的费用提出建议;③对合同条款中财务和会计方面的内容提出建议;④对承包商会计和财务管理制度、经费估算程序和资产控制提出建议。

(5) 调查主要承包商的采办制度,为采办和合同管理活动提供协助。

(6) 把审计报告提交给具有权威性的和负责的政府合同管理部门,由它们根据审计结果和建议采取行动。

(7) 根据要求,在国防部研究采办政策和规定时提供帮助。

美国国防合同的审计通常包括合同签订前审计、合同签订后审计、合同完成后审计等。

(1) 合同签订前审计。合同签订前审计是一种事前审计,其目的是为在审查承包商的履行能力时提供审计服务、提供现场定价支持和确定最后间接费用率等。合同签订前审计主要包括以下内容:①审查承包商的履约能力。根据《联邦采办条例》的有关规定,无论是使用招标法还是谈判法签订的合同,军方事前均应掌握承包商的足够资料,以便评估其履约能力。②向合同官员提供现场定价支持。根据《联邦采办条例》的有关规定,"如果合同金额超过50万美元,除非认定现有数据足以确定所提出的成本或价格是合理的,否则在合同谈判或修改之前,合同官员应提交一份现场定价支持报告。当要求提供现场审计支持时,合同官员应向主管合同审计的官员提出申请书,审计官员应在接到合同官员的请求后立即开始审计工作。"

(2) 合同签订后审计。合同签订后审计也称为事中审计,主要包括对合同成本、合同争议与诉讼、合同调整与修改、合同终止等进行审查。合同签订后审计主要包括以下内容:①合同成本审查。根据《联邦采办条例》的有关规定,"合同签订后,如果合同官员发现或怀疑(承包商)提供的数据不准确、不全面,而该数据仍被承包商使用时,合同官员应提出对承包商进行审计,以审查其成本或定价数据的准确性、全面性。"②合同争议和诉讼审查。当由承包商提出或军方向承包商提出的索赔不能通过协商解决,并需要对索赔做出最后决定时,合同审计官员应对有关合同争议和诉讼进行审查。③合同调整申请审查。当承包商提出调整合同申请时,审计人员应对此进行审查,以重新确定承包商的财务和成本数据,为合同官员或其指定代表决定是否同意调整合同提供依据。④合同终止审查。根据《联邦采办条例》的有关规定,在合同终止时,合同官员应委托合同审计人员对主承包商的结算方案进行审查。审计人员在审查结束后应将审计意见和建议书一并提交给合同官员。同时,审计人员还可审查转包商的结算方案,但审计人员的审查不能代替主承包商或高一级转包商应进行的会计审查。

(3) 合同完成后审计。合同完成后审计是一种事后审计。根据《联邦采办条例》的有关规定,在合同完成后,承包商的记录将保存至规定的期限,以备审查、审核或复制用。合同完成后审计主要是对承包商完成合同的情况进行全面审查,以便发现采办和审计过程中存在的问题,积累采办和审计经验。

国防合同审计局的审计结果将直接影响到合同管理工作。即使合同已经生效,国防合同审计局的审计结果也可以说明政府在哪些地方对承包商进行超额支付,揭示潜在的欺诈或资金滥用,可在早期解决某些缺陷,从而对未来的合同价格产生影响。在合同期满之前,国防合同审计局要评估承包商已发生成本是否在可容许且合理的范围内、是否符合适用的采办法规和合同规定,这可以防止承包商向政府提出超额费用。

三、承包商投诉监督

承包商是采办活动的利益攸关方,领域不正之风将会直接影响到承包商的切身利益。为了揭露和制止国防部人员在采办过程中索贿、寻租、渎职等问题,美国设计了一套三级申诉制度,为承包商监督采办管理部门行为提供保障。

1. 向合同争议委员会申诉

美国政府在国防部、能源部、国家航空航天局等采办规模较大的部门都设有合同争议委员会,专门处理本部门招投标和合同执行中的争议问题。国防部合同争议委员会配备了具有5年以上工作经历的行政法官,这些行政法官由国防部长直接任命,其权力直至退休终身享有,保证了独立性和权威性。参与国防部采办项目的承包商在遇到争议问题时,都可向该委员会进行申诉,必要时也可反映合同采办人员的不正当行为。一旦委员会做出裁决,即使是部门行政首长也不能改变处理结果。

2. 向政府问责办公室投诉

投诉人对合同争议委员会裁定结果不服的,可向政府问责办公室投诉。但政府问责办公室只受理采办合同形成前和授予阶段的投诉,合同进入执行阶段的投诉不予受理。政府问责办公室在处理采办合同纠纷方面费用低,权威性强,承包商通常选择政府问责办公室进行投诉。政府问责办公室在接到投诉后开展调查工作,根据调查结果做出处理决定并由该办公室法律顾问进行发布。例如2014年,国防高级研究计划局将远程反舰导弹项目(LRASM)以单一来源合同的形式授予洛克希德·马丁公司,雷声公司为此向政府问责办公室提出抗议申诉。经调查,政府问责办公室认为,洛克希德·马丁公司是这个项目唯一最具竞争力的投标方,国防高级研究计划局选定承包商的过程符合法定程序,依法否定了雷声公司的抗议。政府问责办公室提出的处理意见,虽然不具备强制性,但争议双方一般都比较认同。由于政府问责办公室享有报告国会的权利,涉及国防部的问题,国防部也会认真改进落实。

3. 向联邦索赔法院起诉

投诉人如果对合同争议委员会的裁决不服或者对政府问责办公室的处理也不满意,

可以向联邦索赔法院起诉。当承包商提起诉讼时,法院有权对采办行为进行审查,并独立决定采办管理人员所采取的行为是否具有法律依据、是否越权或滥用权力,同时也有权决定该行为的实际内容是否符合法律要求。法院在认定采办行为违法后,将做出裁定,并在否定性裁定中给予采办管理人员相应的处罚。由于费用相对较高,为鼓励承包商对采办活动进行监督,索赔法院规定胜诉方的律师费由政府承担。

第三节 媒体与社会公众监督

美国的国防预算在联邦预算中占比很大,一般占联邦政府自由裁量支出的一半左右,不管是公民、社会组织还是媒体,都非常关注这些钱是不是花得值、花得好,特别是国防采办这样的领域,不仅关系到国防经费的使用,还寄托着美国人对保持军事装备和技术领先优势的期望,更加受到关注。多年来,美国的媒体、社会组织与智库机构一直凭借其广泛的影响力,对国防采办形成强有力的社会监督。

一、媒体监督

美国是世界传媒大国,报纸、电视、网络等媒体都很发达,需要媒体服务已经成为美国人生活的必需品。根据美国皮尤研究中心对美国人新闻消费习惯的调查结果,美国人每天平均花21%的时间在工作上,用31%的时间睡觉,用48%的时间做其他事情,这其中78%的时间是花在传媒上的,即8小时52分钟。公众可能对什么感兴趣,媒体就投入力量进行深入调查,进行大量报道,从而吸引更多的公众目光,然后通过舆论影响政府决策。在当代美国,舆论监督被称为与立法权、行政权和司法权并立制衡的第四种权力,受到国家和民众的尊重和强烈认同。大众和媒体对国防采办的关注,主要集中于经费使用。从每年的国防预算开始,到国会公开听证讨论预算额度,再到国防采办合同管理,公众和媒体从来都把国防采办作为新闻的富矿。

20世纪80年代,欧内斯特·菲茨杰拉德当时是空军的一名文职财务分析人员,在社会上很多人都在议论五角大楼采办浪费情况,他着手留意和检查空军的开支情况,希望确定国防部买每件东西到底花了多少钱。他把关注的重点没有放在精密的电子设备或高机械化的合金部件上,而是关心各军种在一般东西上的花费情况。通过调查,他发现空军为B-52轰炸机上一个凳子腿帽花了1000美元,而这个腿帽既不是黄金做的也不是铂金做的,只是个尼龙塑料帽。他还发现海军为一个家用铁锤花了436美元,为一对弯嘴钳花了600美元,为一个咖啡壶花了7600美元。媒体对这些公众关注的信息非常看重,多家媒体都进行了报道,比较极端的是,《华盛顿邮报》的漫画家赫布洛克在时任国防部长温伯格的脖子上画上那个价值600美元的马桶坐圈。菲茨杰拉德无疑得罪了五角大楼,1985年对他的工作业绩给了很低的评分,想以此将他降级。而有关国会议员对他进行了保护,《纽约时报》还就此在头版发表了一篇编辑部文章。最后,五角大楼还是屈服了,菲茨杰拉德保住了他的工作,直到他2006年退休[①]。

[①] [美]温斯洛·惠勒,劳伦斯·科布. 美国军事改革反思[M]. 陈学惠,杜健等译编. 北京:军事科学出版社,2013:47.

迪娜·拉索尔是美国一名年轻的广播与电视记者,1979年辞职来到国家纳税人联合会工作,想在这个位于华盛顿的公益组织干一些她想干的事。当时这个公益组织要她写一篇有关政府浪费行为的文章,经过调查了解,她写了一篇关于武器测试的文章并发表在《理由》杂志上,内容不仅涉及M1坦克缺陷,而且指出这些缺陷存在的一个中心原因,即坦克从未经过严格的测试,也从未如实报告。这篇文章发表之后,来自阿肯色州的民主党参议员戴维·普赖尔找到她,让她参与撰写一份议案,提出改革国防部的武器测试问题。当时,原本需要在泥土、泥泞和混乱条件下使用正规军人进行的真实作战环境下的测试,往往被在你好我好的气氛下进行的实验室测试所取代,而且制造商设计这些测试或给测试打分。正如普赖尔参议员所说,"学生自己出题,自己监考并自己打分。"后来,几乎每天都会有一家大报发表一篇文章专门写那些未通过测试的武器、测试情况不良的武器以及捏造测试步骤和报告的测试者们。这些报纸包括参议员和他们的工作人员都要读的报纸,如《华盛顿邮报》《纽约时报》《华尔街日报》。媒体的蜂拥而至和报道让这一问题受到广泛关注,公众舆论给国会和国防部施加了很大的压力。国防部企图通过国会有关议员抑制这个议案,众议院考特尔议员就提出废弃普赖尔版的修正案,但国会中的改革派也针锋相对,把这件事告诉给《纽约时报》,第二天《纽约时报》就进行了报道,这让考特尔非常难堪,后来在会议上就没怎么再说话。最后,普赖尔测试改革立法提案作为1984财年国防部授权法案的一部分成为了法律。

二、社会组织监督

社会组织是监督的重要力量。美国人崇尚个体自由,同时美国人之间的自组织能力比较强,公民个人之间往往在政府的鼓励下能够围绕一个话题形成一个或大或小的民间组织。美国《国内税收法典》专门规定,对从事宗教、慈善救助、科学、公共安全测试、教育等方面事业的民间组织可以获得免税资格。民间组织一般统称为非营利组织,具有组织性、民间性、自治性和志愿性等特点,其中,有的致力于科学教育,有的热衷于公益事业,有的专注于社会监督。国防采办常常受到一些具有监督功能的社会组织的关注。"政府监督计划组织"就是这样一个典型的民间机构。

政府监督计划组织(Project On Government Oversight,POGO)成立于1981年,是一个独立监督机构,主要对政府部门的贪污、渎职、利益纠纷等问题展开调查,使政府更高效、清廉、开放和富有道德正义。一直以来,美国国防部都是该组织的严密监督对象,20世纪80年代美军采办中7600美元咖啡机、436美元天价锤子等,都受到该组织猛烈抨击,并推动国防部对军事开支进行了一系列改革。

2011年5月9日,政府监督计划组织执行主任专门给国防部总监察长写信,对国防高级研究计划局的合同授予、国防部道德法规、适用利益冲突等8个方面的问题给予关注,并敦促国防部进行调查[①]。受到这种监督机构的关注可不是好事,因为它与国会以及监察系统和媒体关系密切,随时都有可能把存在问题向外反映。同时,该组织负责调查的主管内克·斯威勒拜科(Nick Schwellenbach)一直在跟踪国防高级研究计划局局长杜

---

① Project on Government Oversight Letter[EB/OL]. [2015-01-30]. http://www.pogoarchives.org/m/gc/darpa-dod-oig-letter-20110509.pdf.

甘和她私人所有并且承担国防高级研究计划局任务的 RedX 公司的相关线索。2011年8月,国防高级研究计划局专门向政府监督计划组织写信解释相关问题:国防部总监察长已经开始对国防高级研究计划局进行审计,当前的审计主要是确定国防高级研究计划局在选择、授予和管理合同以及分配2011财年和2010财年经费方面的适当性;对国防高级研究计划局局长涉及单一来源事项以及涉及的道德问题正在进行调查,调查认为国防高级研究计划局的道德政策落实充分。2011年8月12日,负责交流和国会联系事务的国防部总监察长助理约翰·克瑞恩(John. R. Crane)专门给政府监督计划组织执行主任回信,报告对 DARPA 的审计结果:没有发现国防高级研究计划局存在不应该授出的合同,但存在合同适当性风险。由此可以看出,政府监督计划组织影响之大,监督对象以及监督对象的上级一般必须对它反映的问题进行调查并及时回复。

2011年8月17日,政府监督计划组织提交了一份国防热线陈述,认为国防高级研究计划局信息创新办公室与 BAE/AlphaTech 建立了"旋转门"且存在利益冲突:2002—2010年,BAE/AlphaTech 至少8名员工成为国防高级研究计划局信息创新办公室的项目经理/领导或咨询顾问。这些人在国防高级研究计划局工作,然后又返回到其在 BAE 的高级职位,因此在合同签订方面容易存在偏向。该组织还声称,由于 BAE/AlphaTech 在2002—2010年间获得了超份额的合同项目,涉嫌合同上的利益输送,从而产生了利益冲突。①

国防部总监察长办公室专门启动"国防高级研究计划局道德项目符合联邦政府标准"的专项调查,经国防部监察长办公室调查,其反映的8人中7人为 BAE/AlphaTech 曾经的员工,该办公室对7名国防高级研究计划局雇员的道德文件进行了审核后认为:国防高级研究计划局的道德官员为7名雇员提供了道德建议和培训,并将培训信息记录在国防高级研究计划局的道德文件中;7名雇员按照要求完成了年度财务披露报告,并通过必要的授权和资格取消缓解了利益冲突;国防高级研究计划局为雇员提供了离职后的咨询意见,并说明了个人离职限制要求。调查发现,国防高级研究计划局并没有因为受项目经理来自于 BAE 系统公司的影响而授予其合同,国防高级研究计划局的建议书评审和合同授予是公平的。虽然最后证明未发现这些雇员有非道德行为,但政府监督计划组织的工作还是受到国会议员、联邦政府工作人员、非盈利机构、媒体等的欢迎。

第四节　采办监督中的奖惩机制

导向明确、较为完善的奖惩机制是采办监督体系的重要组成部分。在奖励方面,美国国防部主要鼓励对采办不正当行为的披露和举报;在惩处方面,主要对当事人进行行政、民事和刑事处罚。

一、奖励

国防部通过《激励和荣誉奖励计划》《军队奖章与奖励手册》等指令、指示,对军职人

---

① DODInspector General. Defense Advanced Research Projects Agency's Ethics Program Met FederalGovernment Standards(Report No. DODIG-2013-039) [R/OL]. [2014-11-23]. http://www.dodig.mil/PUBS/documents/DODIG-2013-039.pdf.

员、文职人员设置了多种奖励。在采办领域,主要奖励对象为文职人员,如:国防部奖励法规《激励和荣誉奖励计划》针对文职人员设立了"文职人员有功服役奖""武装部队文职服役奖章""高级功绩奖""特别服役奖""管理者现金奖"等奖项;涉及披露和举报欺诈、浪费以及权力滥用等不正当行为的,主要是《对揭发欺诈、浪费、权力滥用并挽回损失者的奖励》(国防部第7050.4号指令)。

《对揭发欺诈、浪费、权力滥用并挽回损失者的奖励》文件规定,对向国防部总监察长办公室披露欺诈、浪费、权力滥用信息,从而使国防部节省资金的文职人员个人或团体予以现金奖励(披露信息时必须受雇于国防部)。奖励金额上限为1万美元,或者是因披露信息而使国防部节省资金总额的1%,两者取较低值。国防部总监察长最终批准奖励对象和奖励金额,还可根据情况,向人力资源管理部门推荐总统奖提名人选。奖励过程中,应受奖人要求,受奖人员身份可以保密。这一奖项不适用于审计人员、调查人员及其他相关职责人员,也不适用于现役军人。

二、处罚

针对采办领域欺诈、浪费以及权力滥用等行为表现的复杂性,美国政府也通过不同层次、多部法规给予规范,《美国法典》第10篇、第31篇、第41篇都有相关章节对联邦采办合同履行过程中不正当行为的处理程序和措施,《联邦采办条例》也在第3部分相关章节对不正当行为和不法谋取私利的处罚做出规定。

对于国防部人员在采办过程中存在谋取未来工作职位、索取钱财物品、透露竞争信息等不正当行为的,要依照《联邦采购政策办公室法》进行行政、民事或刑事处罚。行政处罚主要是按照联邦政府雇员的处分规定,进行斥责、警告、调岗、记过、扣薪、停职、停薪、降级、免职。如对实施不正当招标行为且又不听劝阻的采办人员,要按《联邦条例汇编》第5章2635.604(d)的规定采取相应的部局行政处罚措施。民事处罚主要是对造成的损失或损害进行赔偿,刑事处罚主要是对于涉及刑事犯罪的行为,由联邦调查局等机构实施调查,根据调查结果,由司法部检察官向联邦法官提起诉讼。2004年,美空军采办助理部长常务帮办达琳·朱云在与波音公司的合同谈判过程中,以权谋私,安排自己的亲属和自己退休后到波音公司任职,协助波音公司抬高合同价格,联邦调查局和国防部总监察长对其进行调查,最后由联邦法院判处16个月监禁。

对于承包商在采办过程中存在利益冲突或者违法行为的,根据具体情况,可对个人处以10万美元以下罚款,可对承包商处以100万美元以下罚款;如果合同尚未签订,则直接取消该采办项目;如果合同已经签订,则根据《联邦采办条例》的相关规定,对价格或费用进行调整,收回承包商利润,或者直接撤消合同,收回该项合同下的开支金额。如果发现承包商存在行贿行为,则根据情节严重程度和实际情况,终止承包商继续履行合同的权利,或者暂缓签订合同,或者宣布撤消和废除合同,并向承包商征收惩罚性的赔偿金。

第五节 美空军采办助理部长常务帮办朱云腐败案

2004年,美军发生国防采办领域重大腐败案。空军采办助理部长常务帮办达琳·朱云(Darleen Druyun)为了自己的利益,在与波音公司的合同交易中以权谋私,最终受到查处。

一、案件过程

朱云是空军负责采办工作的第二号人物,每年掌握着300多亿美元的采办预算,被认为是国防部最有权势的女人之一。朱云负责大多数与波音公司的合同谈判。2000年,当空军考虑更新C-130运输机航空电子控制系统时,朱云选择波音公司而非洛克希德·马丁公司来承接这一40亿美元的合同。工业分析家为此感到震惊,因为这些运输机是洛克希德·马丁公司制造的,而且该公司被认为是最有可能的承包商。朱云之所以这样做,是想要运用手中的权力来为自己牟利,她打电话给波音公司首席财务官迈克尔·西尔斯(Michael Sears),要求后者为其女儿的未婚夫安排工作,波音公司马上照办。三个月后,由于合同还在考虑中,朱云再次要求为她的女儿安排工作,波音再次很快做了安排。在朱云的女儿和未来女婿都到波音上班之后,她同意给予波音公司40亿美元的合同。

此后不久,波音公司提出要以235亿美元租金把100架767A大型运输机租赁给空军作为空中加油机。在谈判过程中,朱云本应尽可能压低波音公司的价格得到最好的产品,但她却站在波音公司一边,结果将数十亿额外支出让利给波音公司。朱云这样做有自己的动机,在谈判过程中,她女儿在给迈克尔·西尔斯的电子邮件中提到朱云将要从空军退休,希望得到一个富于挑战性的高级职位,并强调波音公司的工作很有吸引力。

2002年10月,在谈判的重要阶段中,朱云和西尔斯曾会面,讨论她所建议的在波音的工作以及波音承担的F-22战斗机合同事宜。西尔斯立即给波音公司的首席执行官菲尔·康迪特(Phil Condit)发了一封电子邮件,报告了双方谈妥的职位、工作地点和年薪条件。2002年11月,朱云接受了波音导弹防卫系统公司副总经理的职位,年薪25万美元,外加5万美元奖金。

波音公司内部涉及朱云的相关电子邮件在参议员约翰·麦凯恩(John McCain)调查空中加油机问题时被发现,联邦调查局和国防部总监察长随后展开调查。

二、案件结果

调查结果显示,由于朱云的行为,纳税人多付给了波音公司将近60亿美元。在国防部调查过程中,朱云还承认在给波音公司另两项价值共计500亿美元的合同中也存在舞弊行为。

根据美国法律,朱云为其本人谋职违反了《利益冲突法》,让女儿间接参与谈判此事也违反了《利益冲突法》的相关规定。朱云最后承认犯了重罪,被判刑16个月,波音公司首席财务官迈克尔·西尔斯也被判刑。波音公司被判支付5.65亿美元的民事赔偿和5000万美元的罚款,并承担其雇员的行为责任。

三、主要影响

该腐败案发生后,波音公司名誉受到极大影响,军品业务遭受重创,不仅波音767飞机的租购计划被国防部下令暂停,而且在与空中客车的竞争中被对手藉以口实,十分被动。波音公司首席执行官菲尔·康迪特和首席财务官迈可·西尔斯因此辞职。

该案对美国政府和军队也产生了极大影响。案发之前,朱云的主管官员——空军采办助理部长马文·桑伯(Marvin Sambur)对其行为毫不不知情,且其约500名下属中没有人知道朱云的所作所为。这起案件暴露出国防部高级官员离职后到军工企业出任高级职务的"旋转门"机制的诸多弊端,以及美军采办管理中反腐败机制的重大漏洞,使美国公众对国防部采办方面反腐败措施的效力产生了众多疑问,国防部形象也大为受损。这件事还直接导致与朱云关系密切的空军后勤司令部司令格雷戈里·马丁(Gregory Martin)出任美军太平洋司令部司令的计划流产,空军部长詹姆斯·罗奇(James Roche)和空军采办助理部长马文·桑伯辞职。

第十六章　国防采办策略方法

国防采办策略是指国防采办机构和人员为实现采办管理目标而采用的途径、方式等的统称,具体是指在需求提出、立项论证、规划计划预算编制、合同订立、设计、研制、试验、生产与采购、使用与维修保障、改进和退役处置等国防采办活动中所采用的途径、方式。采用科学合理的采办策略和方法,将有助于经济有效地实现既定的采办管理目标。美军在国防采办管理中采用了许多行之有效的采办策略,包括竞争性采办策略、渐进式采办策略、基于仿真的采办策略等。

第一节　竞争性采办策略

美军高度重视国防采办竞争,并将推动竞争最大化作为其采办管理改革的重要目标,着力通过维持竞争态势,加强国防工业基础能力建设,并有效提高国防采办的质量与效益。

一、竞争性采办的概念和内涵

竞争是活跃市场经济的最强大动力之一,是改进商品生产的最有效的激励机制。国防采办项目具有商品的一般属性,其采办过程自然要受竞争法则的影响。但军品属于特殊的商品,其竞争也就带有自身的特点。

（一）竞争的定义和作用

美军2003年9月第11版《国防采办常用术语》中指出,竞争是指对超过一个承包商对一项服务或功能进行投标,并依据既定的标准选择中标者。

美国法律和国防部采办政策都规定,"在采办军品/劳务的过程中,应尽可能进行公开、充分的竞争"。所以,竞争成了美国国防采办策略的重点之一。美军的竞争策略,就是在其采办产品劳务时,邀请多家合格厂商投标,按预定标准选择最理想者,与之签订合同,以求降低费用,提高质量。经验说明,竞争最能推动厂商积极进取,锐意创新,而独家经营者则难免消极懒散、满足现状。有人认为,甚至"威胁使用竞争,也能影响独家供应商对买主的态度"。据调查,在美军采办项目中,普遍将竞争作为基本的采办策略,并在绝大多数的采办活动中都有效采取了竞争策略。

竞争降低了产品的价格,减少了对资源的浪费。竞争性报价与竞价机制的建立,阻止了竞争获胜企业在其垄断领域内提高利润的企图,客观上节约了对军事资源的耗费。同时,也迫使生产厂商通过不断的技术进步增加技术含量,增强采办中的竞争优势。

竞争提高了企业的科研生产能力,促进国防采办政策的进一步改进。由于竞争性利益观贯穿整个国防采办过程,国外厂商的竞争性报价或国内厂家在生产上存在的比较优势使军品的销售与购买体制发生深刻的变化。采办市场环境的变动,以"用户拉"和"技术推"双重作用促使企业为赢得并保持高比较优势地位而提高生产能力。

竞争最明显的好处是促使军品价格大幅度下降。同时,竞争还有其他一些好处,如降低产品价格、提高产品质量、扩展工业基础、增强应急扩产能力、促进多家厂商进行产品改革、激励研究与发展、加强厂商的成本观念、鼓励厂商更好地听取用户意见、正确对待批评等。但是,竞争也可能产生某些消极影响,例如:由于合同管理和生产准备等工作的重复,造成初始阶段费用增长;由于部署两家生产的相同产品,后勤保障更为复杂,保障费用更高;竞争产品的质量不同。

(二) 军品竞争与民品竞争的区别

美国防务市场中对于竞争机制这个问题,逐渐青睐于以竞争机制为广泛基础的有限市场化,推行非对称限制政策。

军品市场的竞争有其固有的特点,军品市场的竞争在规模、方式、激烈程度等方面都同传统的自由市场的竞争有不同。20世纪70年代美国国防部通过竞争签订的采办合同仅占8%,到1987年达到58%,其后竞争比例逐步增加,并通过分类、分层次、分阶段竞争的方式,将采办竞争引向深入。为了把参与竞争的厂家保留在军品市场内,竞争不是简单的优胜劣汰,竞争失利的厂家仍然有机会参与有关产品或零部件的研制与生产,还规定专门为小企业保留一定份额的研制、生产任务。有时为了竞争,还组织一些厂家合作充当竞争的对手。

1. 程序不同

防务市场上的竞争不像民品市场那样完善、理想。在一般民品市场上,有资格参加竞争的大大小小厂商星罗棋布,买主队伍也很庞大,而且存在着许多可以相互代替的产品,进出市场的代价并不高昂,生产资源可灵活使用,商业信息充分,买卖双方可以充分地讨价还价,谁也难以单方决定或控制价格,因此,一般民品市场有条件进行完全的、理想的竞争。而防务市场的情况则不同:在一般情况下,它只有单一主顾,基本上受买方独家垄断;能供应重要武器系统的大型厂商犹如凤毛麟角,其他公司欲想打入进去壁垒重重,少数寡头垄断者总想支配军品售价,因此只能进行"不完全的竞争"或"有限竞争"。

周密的计划是实行竞争的前提,必要的行政干预是公正、合理竞争的保证。在国防采办的任何阶段,要实行竞争,军方首先要提出"招标书"之类的文件,内容包括性能指标、经费预算、进度要求等,这些都是开展竞争的依据。同时,竞争过程的组织管理、竞争结果的评估、各类样机和产品的试验鉴定以及采办过程中从一个阶段向另一个阶段推进的阶段审查等,实际上都离不开军方的直接干预。

2. 目标不同

普通的商业竞争大都着眼于价格。鉴于军品要求的特殊性,防务市场上的竞争往往不以价格为唯一依据,质量因素常常与之同等重要,有时甚至更重要。同时,军方还要考虑国防科技工业基础的健全、稳定和未来应急能力。由于用户的特殊要求、厂商的独特技术或专有的设计,军品交易有时可能出现少数几家或独家供应的局面。

3. 层次不同

民品的竞争,一般体现在最终产品上,不涉及其制造过程或组成部分。而国防采办的竞争活动,则可能贯穿于采办全过程,涉及研制、生产和维修等阶段,以及系统、分系统部件和备用零件等项目。对复杂的尖端武器系统来说,因开辟第二来源代价巨大,在部件分系统层次上开展竞争更为适宜。

4. 范围不同

不是所有的采办项目都实行竞争,非竞争的合同要实施严格管理。诸如战略弹道导弹和核潜艇之类的装备,因造价极其昂贵,产量又非常少,一般不展开竞争;有些风险大、时间要求紧迫、保密性强的研制计划,也不实行竞争。这些装备的研制和生产一般是由军方请那些传统上业已证明确系经验丰富、实力雄厚而又稳妥可靠的企业来承担。但是,美国国防部指令还规定,非竞争合同的申请要有根据和证明材料,要经上一级主管部门审批,而且要为后续采办活动尽可能实行竞争提出应有的措施。

(三) 竞争的分类

通常情况下,依据不同的划分标准,可以将竞争做如下分类:

(1) 按保密程度,竞争可以分为公开竞争和非公开竞争。

(2) 按武器的采办阶段,竞争可以分为设计竞争和生产竞争。

(3) 按市场竞争的程度,竞争可以分为:①完全竞争,是指一种没有任何外在力量阻止和干扰的市场情况;②不完全竞争,一般是指除完全竞争以外、有外在力量控制的市场情况。不完全竞争包括3种类型:完全垄断;垄断竞争;寡头垄断。

在美国国防采办过程中的竞争活动,一般分为设计竞争和生产竞争两大类。

(1) 设计竞争是研制过程早期开始的旨在降低技术风险、寻求最佳设计途径的竞争。通常是在方案拟定阶段,从多家竞争者中,选择两家以上厂商提出设计方案;在演示验证阶段,选定两家研制供试验用的样机;到了工程研制阶段,一般只选择一家设计工程研制样机。设计竞争大多在演示验证阶段后期或工程研制阶段初期结束。

(2) 生产竞争是在设计竞争结束后有两家以上公司对生产项目进行投标以获取全部或部分生产合同的竞争,其目的主要在于降低采办费用。

设计竞争与生产竞争的区别是:在目的上,前者强调减少技术风险,后者注重降低生产价格;在做法上,前者是从多家不同的竞争方案中选择最佳方案,后者是由多家供应商以经济有效的方法生产同一产品或类似产品;在时间跨度上,前者采办周期较短,后者可持续到生产任务结束;在资料方面,前者要求各家相互保密,后者要求转让技术资料和生产诀窍。

二、竞争环境的培育

竞争机制是市场经济的基本特征之一,是优化资源配置、促进科技创新、提高采办效益、促进企业优胜劣汰的最有效手段。美国在2003年5月12日颁布的国防部第5000.1号指令《国防采办系统》中对竞争的重要性有充分的描述:"竞争对于促进创新、提高产品质量和经济承受性至关重要,是促进工业部门和政府机构降低费用、提高质量的主要激励措施。"竞争机制是市场经济的基本特征和手段,美军有80%以上的采办合同已经采用市场竞争的方式。美国把实行充分、公开的竞争作为国防采办的基本政策。美国国会在1984年《签订合同竞争法》中明确规定,政府、军方采办合同必须完全根据"自由和公开的竞争"原则来签订,国防部各部局都要按照法律规定的竞争要求来获得系统、分系统、设备、补给和服务。美国在竞争中通常采用保持一定数量可供选择的承包商的办法,以维持竞争态势,并在武器系统总体单位上培植两家以上的厂商。

要充分开展竞争,还必须花大力气创造适宜的竞争环境和条件。这些环境和条件包括:有意识地培育竞争对手,有必要的法规条例,有适当的机构和人员;有充分的经费保障,有正确的评估、鉴定办法和手段等。否则,有开展竞争的愿望也难以付诸实现。为培育竞争环境,并保障竞争的充分展开,美国采取了许多保护竞争的措施。

(一) 建立法规体系,实行依法竞争

市场经济是法制经济。市场经济成熟的美国,建立了一整套法律、法规、规章来规范市场竞争行为,确保竞争有法可依。美国国防部采办方面的法规,主要分为法律、法规和规章三类,分别由国会、国防部和各军种制定,自上而下对包括竞争在内的各种采办行为进行了规范。

美国颁布实行的涉及政府采办和竞争方面的法案有 300 多部。《武装部队采购法》是美国国防部管理国防采办的基本法律。该法规定:在和平时期,除了在特殊情况下可能通过谈判的方法采办军品外,一般的采办应该采用公开招标,进行充分、公开竞争。此外,影响较大的法律还有《签订合同竞争法》《反托拉斯法》《购买美国货法》《小企业法》《2009 年武器系统采办改革法》等,这些法律对包括国防采办在内的政府采购的各个方面进行了规范。为了落实法律条款的要求,美国国防部根据法律精神,制定了相应的条例,其中最重要的是《联邦采办条例》和《联邦采办条例国防部补充条例》。它为所有政府部门动用国家拨款采办包括军品在内的各类物品,以及委托公司承包工程和服务项目明确了行为规范。为了进一步规范包括竞争在内的国防采办活动,美国国防部还就国防采办制定了一系列规范性文件,其中最重要的是国防部 5000 系列指令和指示。此外,各军种部、国防部各部局根据各自的特点,在政府采购法律、《联邦采办条例》和《联邦采办条例国防部补充条例》的指导下,制定本部门的规章,建立申诉裁决制度。美军规定,承包商有权对竞争中的争议进行申诉,如果对处理结果有疑义,可向总审计署投诉或向联邦索赔法院起诉。

(二) 在各级采办部门设立竞争倡议人,推动竞争的开展

国防部各部局和各军种的采办部门以及各项目都设立了竞争倡议人,负责为竞争创造适宜的环境和条件,有意识地培养竞争对手,提供必要的法规条例和适当的机构人员,提供充分的经费保障以及正确的评估、鉴定办法和手段等,以推动本部门和该项目的采办竞争的开展。

国防部的竞争倡议人由采办、技术与后勤副部长负责任命,一般由一名助理部长担任;各国防业务局的竞争倡议人由一名陆军准将级以上、海军上将以下的军官担任,或由级别相当的文职官员来担任。在各军种,负责采办的军种助理部长(陆军是采办、技术与后勤助理部长,空军是采办助理部长,海军是研究、发展与采办助理部长)负责任命本军种的"竞争倡议将军",一般由该军种负责采办的助理军种部长帮办担任。国防部和各军种的每个大型采办计划和重大项目的采办都设立了竞争倡议人。各个项目的竞争倡议人,由各部局和军种的竞争倡议人委托合同签订机构的负责人(主要指合同签订官)任命,一般由合同签订办公室的人员兼职。各项目的竞争倡议人向部局采办倡议人或本军种的"竞争倡议将军"报告工作。

竞争倡议人的基本职责是在采办中尽可能克服不必要的限制性工作说明书、详细规范和繁琐合同条款等阻碍竞争的障碍,推进充分和公开的竞争。为了便于开展工作,竞

争倡议人还配有履行其任务和职责所必需的参谋或助手,如工程、技术运行、合同管理、财务管理、供应管理以及小企业利用等方面的专家。

(三) 建立非竞争申报审批制度,促进充分、公开的竞争

国防采办的特殊性决定了并非所有的项目都采用充分、公开的竞争。美国《联邦采办条例》规定:在只有一个符合要求的承包商,或在合同签订的延误会导致政府在经济或其他方面受到严重损害的紧急情况下,或在完成工业动员或保持非赢利机构提供的基础工程、研究或开发能力时,或在根据与国外政府或国际组织签订的书面协议给采办部门补偿为外国政府采办产品或服务的成本时,或在根据《联邦监狱工业法》《劳动力过剩地区法案》等一些法律明确授权或要求且必须从指定的承包商采办时,或当泄露政府采办部门的需求会影响国家安全时,或当政府采办部门领导认为某一特殊采办如进行充分、公开的竞争将有害于公众利益时,可不进行充分、公开的竞争。

美军要求,不进行充分、公开的竞争时必须提交理由书,并经过相应级别官员的审批。美军合同签订官在决定不进行充分、公开的竞争,与承包商进行单一来源合同的谈判之前,必须提交一份符合上述法律规定的不进行充分、公开竞争事实证明的理由书,并且必须经过相应级别的采办执行官或合同签订官的审批后方可进行。《联邦采办条例》还对不进行充分、公开竞争理由书的批准权限做出了具体规定:

(1) 对于不超过50万美元的提议合同,除政府采办部门程序中规定要有更高一级的批准手续的,在紧急情况下合同签订官的证明可作为理由书的批准依据。

(2) 对于价值在50万美元以上100万美元以下的提议合同,由采办部门的"竞争倡议人"或下列被指定的人员批准:①若是军职人员,须是将军或海军将官;②若是文职人员,须是联邦政府职员级别中(1~18级)职位为16级以上的人员。

(3) 对于价值在1000万美元以上5000万美元以下的提议合同,由采办部门首脑或下列被指定的人员批准:①若是军职人员,须是将军或海军将官;②若是文职人员,须是联邦政府职员级别中(1~18级)职位为16级以上的人员。

(4) 对于价值超过5000万美元的提议合同,只能由国防采办执行官即国防部采办、技术与后勤副部长依据《联邦采办政策办公室法》按照部局的程序批准。

(四) 制定合同签订的规则和程序,规范竞争行为

美军订立国防采办合同,主要采用公开招标(又称密封招标)与谈判招标两种基本方式。美国《联邦采办条例》规定:凡在可能和可行的条件下,都应该按照对所有符合条件的厂商进行公开招标的程序签订合同;若采用不经公开招标的谈判招标方式签订合同,必须经过法定授权,且谈判招标的合同也应在最大数量的合格厂商中竞争择优签订。

对于一般项目,美军通常采用公开招标的方式签订合同。公开招标法,是一种通过竞争投标、当众开标并确定中标者来签订合同的方法。它主要适用于技术规范能清楚、准确、完全地确定,成本和技术上都没有风险,只剩下价格有待商定的采办项目。它包括准备招标书、公布招标书、提交投标书、评估投标书和签订合同5个阶段。在只有少数几家承包商符合公开招标条件时,项目管理办公室只邀请这几家承包商参与竞标,这种公开招标的方式又称为邀请招标。邀请招标的规则和程序与公开招标一致。

在公开招标方式中,对于一些在指标和要求不明确或不完全、技术复杂的项目,一般

可采用两步招标法签订合同。其步骤如下：①项目办公室拟定征求技术建议书，该建议书中只提出技术要求而不提价格问题，将其发给预先经过挑选的承包商。承包商根据建议书的要求提出建议，军方从中选出两家以上技术可行的承包商。②解决价格问题，项目管理办公室重新招标，方法与正式招标法相同，但招标书只发给那些被军方所选中的承包商，最后和选出的一、两家竞争获胜的承包商签订合同。

对于通过非充分、公开竞争审查的项目，采用谈判招标的方式签订合同。通过谈判招标签订合同也必须进行尽可能的竞争。采办部门应从尽可能多的合格厂商中选择谈判对象。谈判招标有三种方式，即征求建议的谈判招标、主动申请的谈判招标和小额资金的谈判招标。对于大型项目的采办合同的订立，一般采用征求建议的谈判招标方式。它通常分为4个阶段，即谈判准备阶段、征求建议（承包方准备建议）阶段、建议阶段、洽谈与签订合同阶段。所以，这种招标方式又称为四步招标法。

三、竞争性采办的主要做法

军方采办的产品与装备，既有商品的一般属性，又具有自身固有的特性。这种特性主要表现在：军品按预先的订货进行研制和生产，并由政府独家采购；价格不完全受供求关系的影响；供需双方长期保持相当稳定的不即不离的关系。通过多年来的实践，美国注意到建立有效的竞争机制，并在此基础上有效地运用市场手段，对于国防采办工作能起到相当大的促进作用。

（一）开展分层次竞争

美国国防采办采办文件明确规定：国防部所有部门都要按照法定的竞争要求去采办武器系统、分系统、部件、备用零件和劳务；要确保主承包商推进有效的转包竞争。国防部的指令明确指出，除了各主承包商要实行竞争外，主承包商在具体实施科研、生产过程中的层层转包时也都要广泛采用竞争机制，而且军方要把这些厂商过去在实行转包竞争中的成绩和实现充分竞争的潜力，作为评估和选择主承包商的一个依据。

（二）强调最佳效益的竞争

美军倡导利用市场竞争机制，广泛采取"广告招商法"和"谈判法"实施国防采办。然而，在采办实践中，美军在竞争性采办中出现有只按最低报价招标的情况，即军方经常以谁的报价低就与谁签订合同，给采办工作造成了许多不良后果。为克服这种偏向，国防部提出了"强调最佳效益，不要只注意最低标价"的国防采办新观念。在招标时，不仅要看费用指标，更要看产品性能、生产进度、备件供应、维修能力、训练操作难易程度、全寿命费用估算以及承包商表现等多种因素。

（三）确保拥有足够竞争主体

美国国防部规定，军方必须采取一切必要措施去营造一个竞争局面，在安排科技投资和采办计划要保证有足够的竞争对手；在进行采办决策时，要充分考虑这些决策对竞争性工业基础的影响。此外，允许和鼓励合格的国外厂商参与竞争，如美国陆军过渡型装甲车在竞争招标时，除美国公司外，还吸收了法国、德国、加拿大、奥地利、新加坡等国家的公司参与投标。这样可在较大范围内挑选理想的承包商，达到进一步降低研制生产成本的目的。

（四）严格竞争来源选择程序

如何采取竞争的方式选择大型采办合同的承包商？为确保采办系统中的透明度和

给予每个投标商以"公平"的机会,美国国防部制定了高度严格的"来源选择"程序。典型的来源选择过程,是以"合同官"在《商务日报》上刊登有关召开招标会的通告开始,邀请所有有兴趣的投标商参加,并向参加人员简要介绍军事需求和任务的大致进度安排。然后,发布建议征求书草案,以寻求工业界对一些变更和问题的看法。最后,向所有有兴趣的投标商提供一份建议征求书,有兴趣的承包商将提交一份建议书。来源选择评估小组将对建议书做出评估,并将评估结果向来源选择当局即实际负责选择的政府高级官员进行简要汇报。对于经费投入大和争议大的系统的采办,来源选择当局可能是国防部长或军种采办执行官,通常是计划执行官或其他高级官员。

(五) 建立竞争申诉机制

如果承包商认为该选择过程不公平,怎么办?美国国会建立了一种申诉机制。对于不满意的投标商来说,可以将对合同裁定的申诉书呈送给裁定该合同的机构或总审计署。还有一种办法是向美国联邦地区法院或美国联邦申诉法院提出申诉,但这种方法花钱较多。一旦签订了合同,国防部有一个调解合同执行争端的委员会,不满意的承包商可以向武装部队合同申诉委员会提出申诉,因为这是一个行政机构,目的是以花较少的钱通过行政方式来解决争端,而联邦地区法院或美国联邦申诉法院同样也会受理这类争端。国防部采办改革倡议提出了另外一种方法——"代理人争端裁决法"。这种方法被认为是一种用公正的仲裁人来解决争端的花钱少、效率高的方法。

(六) 完善信息发布制度

为方便竞争招标工作,美国国防部建立了商业机会网站,承包商在该网站可以查到国防部上网的建议征求书。为推进竞争招标和签订合同工作,美国国防部联合电子商务项目办公室创建了"承包商中央注册中心"(以下简称为 CCR),CCR 由军品研制生产单位(即承包商)的采购与财务信息数据库组成。美国国防部要求承包商在与军方进行交易之前必须在 CCR 进行注册登记,且根据变化情况及时更新信息资料,至少每年重新注册一次。CCR 为众多企业尤其是小型企业了解相关信息资料提供了极大的方便,且有助于加快国防部的电子支付过程,国防部 90%的电子合同支付工作是依靠 CCR 提供的信息资料完成的。如果承包商 CCR 的登记信息不完整或不及时更新,那么就得不到及时的合同付款。

(七) 建立竞争主体信誉管理平台

为推进合同竞争招标工作,美国国防部还在 CCR 基础上,建成了承包商以往业绩自动化信息系统(PPAIS)。该系统的运行过程是:美国国防部有关部门根据 CCR 的信息资料,搜集承包商近期完成的或正在履行的同类产品或劳务合同的业绩信息;依据国防部制定的业绩评定标准,对这些业绩信息进行评定,得出承包商履行合同的业绩等级或履行合同能力的信任度;将评定结果录入相关的以往业绩自动化信息系统。该信息系统中的全部信息资料可由国防部与其他政府采办机构共享,各部门可通过以往业绩信息自动检索系统,借助网络技术查阅相关数据。这些数据可供下次竞争招标时参考,履约信任度和业绩等级高的承包商将成为下次竞争招标的优选对象。同时,以往业绩信息库作为一个有效的信息源,能够随时向相关厂商提供各种反馈信息,进而能对承包商起到有效的激励和监督作用。

第二节　渐进式采办策略

由于技术更新和发展的速度不断加快,传统的采办方法难以迅速将新技术应用到军方研发活动中,尤其是大型项目,采办周期相对较长,经常造成由于交付推迟导致某些关键部件技术相对落后,不能满足军方的需要。如果根据技术的发展对需求进行调整,将会推迟项目进度,影响交付使用。为解决复杂系统研制、采购周期过长的难题,美国提出对一些周期较长的大型项目优先采用渐进式采办的策略。

一、渐进式采办的产生背景

渐进式采办方式在美国经历了一个长期的发展过程,起源于 20 世纪 60 年代末,初步应用于 80 年代的特定国防采办项目和软件行业,90 年代中期得到国防部正式批准,2000 年开始在美军采办中获得广泛使用。

20 世纪 60 年代末美国国防部提出了"预先筹划产品改进法"(P3I),但 P3I 项目的最终需求和每次改进的需求都在项目初期确定,不能对用户需求变化做出充分的反应。1986 年美军联合后勤司令官(JLC)正式批准在指挥控制系统采办中采用渐进式采办方式,并于 1987 年与国防系统管理学院联合发布《指挥控制系统采用渐进式采办方式指南》。1988 年美国国防采办专家 Boehm 发表《软件开发和改进的螺旋模式》,对渐进式采办方式在软件开发行业的应用进行理论研究。

1995 年美国国防部正式采办文件——《国防采办指南》中正式提到渐进式采办,当时是作为传统的"一步到位"式采办的替代策略提出的,2000 年 10 月美国国防部在第 5000.1 号指令《国防采办系统》中正式提出优先采用渐进式采办策略,指出"渐进式采办策略是满足作战需求的优选策略,螺旋式发展是执行该策略的优选过程。"国防部第 5000.2 号指示中也对渐进式采办作了相关规定,在这之后渐进式采办开始在美军逐步推广应用。传统的"一步到位"式与渐进式采办的区别,如图 16.1 所示。

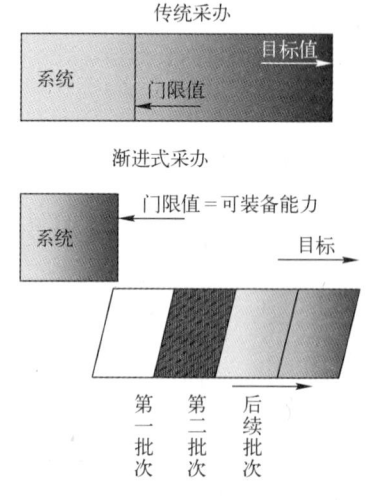

图 16.1　传统式采办与渐进式采办对比示意图

2002年4月,美国防部采办、技术与后勤副部长奥尔德里奇签署了"渐进式采办(EA)和螺旋式发展(SD)"备忘录,要求在2002年底各军种采办执行官在所有国防采办项目引入"以费用作为独立变量"计划,同时要求制定渐进式采办计划或螺旋式开发计划,这些计划将作为每个属于Ⅰ类采办项目的采办策略的独立部分,并在整个采办过程中加以执行和适时更新。

渐进式采办能够在21世纪初取代"一步到位"式采办方式,与世纪之交的时代背景紧密相关:①美国面临的国防安全形势日益复杂。冷战结束后,美国安全威胁的不确定性大大增加,作战需求的灵活性和紧急性增强,要求采办方式更加灵活快速。②国防部大力推行军事转型(RMA)和业务转型(RBA)。军事转型要求利用最新的技术获得最强的国防能力,业务转型要求提高国防管理系统的效率、降低决策和监管成本,采办方式必须按照上述要求进行改革。③技术进步步伐大大加快。20世纪90年代后民用电子产品技术迅猛发展,集成电路的换代周期从80年代的5~12年缩短为2~5年,要求采办方式能够及时吸收新技术,确保所采办装备与产品的技术优势。渐进式采办方式以其灵活、快速和能够及时利用成熟新技术的显著优势,获得国防部改革派的青睐,1998年国防部高层管理改革研究认为渐进式采办符合国防部军事转型和业务转型的需要,该结论将渐进式采办方式直接推上了国防采办的中心舞台。

二、渐进式采办的概念内涵

渐进式采办(EA)是与美军传统的"一步到位"式采办方式(OSFF)相对的概念。"一步到位"式采办方式是在冷战期间发展和完善起来的一套成熟的采办程序,要求项目一次性交付全部作战能力。该方式对发展军事需求明确的大型武器系统发挥过重要作用,是美军20世纪后半期的主要采办方式。

渐进式采办是一种分批交付作战能力的采办方式,它把采办计划分为若干批(Blocks)。第一批根据现有的成熟技术、作战需求和制造能力,定义、研制、生产和部署一种初始作战能力,并对后续第二、三批以及更多批的研制、生产和部署进行规划;后续各批在前一批能力的基础上,不断升级提高,使其作战能力得到逐渐提高,直到获得完全的作战能力。渐进式采办是利用现有的技术和生产条件来设计、研制、部署一种初始作战能力,待作战需求进一步明确和技术成熟后,再逐渐增加新的作战能力。

渐进式采办适用于所有项目的各个采办阶段,包括项目的改进更新和使用维护阶段。然而,影响项目需求、总拥有费用、项目进程和系统性能的最佳时机是项目早期,因此要从一开始就将渐进式采办作为采办策略的一部分确定下来,以便为以后的改进升级提供足够的弹性空间。渐进式采办必须由项目早期就计划好的按时间划分的需求文件加以支持;每一批次必须达到用户制定的关键性能参数的门限值;如果没有进一步的项目资金,每一批次都要向用户提供某一可接受的军事效能。

美国防部第5000.2号指示规定:渐进式采办策略是满足作战需求的优选办法。渐进式采办策略定义、研制、试验并生产/部署一个对军方有用的初始能力(第一批),并对后续增加的超出初始能力的批次(第二批、第三批及更多)的定义、研制、试验和生产/部署进行规划,通过需求、采办、情报、后勤和预算等部门之间的不断交流与沟通来确定后续增加批次的范围、性能和时机。

从项目管理的角度来看,渐进式采办对管理工作提出如下要求:负责制定需求的部门确定用户需求的轻重缓急并规定必要的约束条件,无论是第一批的能力还是后续批次增加的功能均要如此;项目主任一方面要满足不断变化的用户需求,另一方面要支持用户持续训练的能力和重复部署新批次装备的能力,并在两者之间取得平衡;项目主任还要考虑支持系统承包商并行研制、综合、试验和部署多个批次的能力;渐进式采办需要用户和承包商的早期介入,与承包商之间长期合同关系的有效性必须周期地进行重新竞争。

三、渐进式采办的主要内容

渐进式采办的运行方式比较复杂,主要采取分批次、分阶段实施,每个批次按照螺旋式或递增式方式发展。采办项目分批实施,每个批次分三个阶段进行。渐进式采办项目分为多个批次实施,初始批次提供初始核心能力,后续各批次陆续增强能力,如图 16.2 所示。根据技术的成熟程度和相应的进入准则,初始批次可以从项目全寿命管理中的里程碑 A、B 或 C 进入采办程序,后续批次可以从"技术开发"阶段(里程碑 B 前)进入或直接进入"系统开发与演示验证"阶段(里程碑 C 前)。

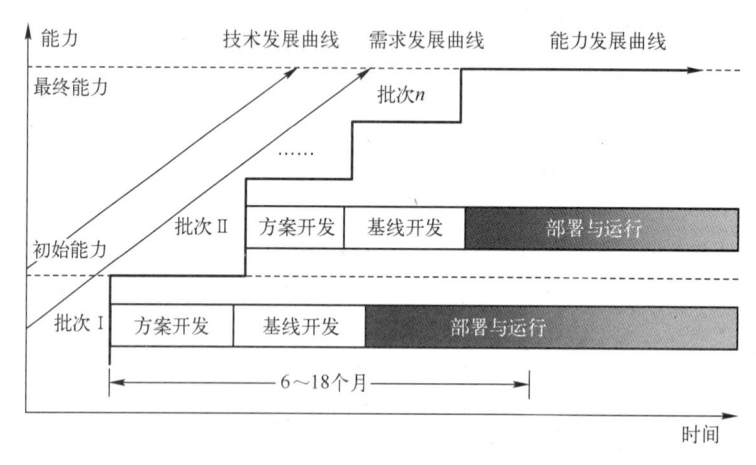

图 16.2 渐进式采办分批实施示意图

每个批次持续 6~18 个月,可以视为一个小型采办项目,一般分为三个阶段:①方案开发阶段,对应于全寿命周期的方案精选和技术开发阶段(里程碑 B 前),该阶段主要根据作战需求确定本批次要满足的需求和系统目标,探讨满足需求和目标的可行方案,制定全寿命周期目标(LCO);②技术开发阶段,对应于系统开发与演示验证阶段(里程碑 C 前),主要根据方案开发阶段确定的全寿命周期目标,开发设计可升级的系统全寿命周期架构(LCA);③部署与运行阶段,对应于生产与部署及以后阶段,将系统提交给用户使用,形成初始作战能力(IOC)。不同批次三个阶段的时间长短不相同,越到后续批次,方案开发的时间越少。对于技术很成熟、可以直接进入系统开发与演示验证阶段(里程碑 C 前)的批次,其方案开发阶段和基线开发阶段可以合并。

渐进式采办各批次之间存在着相互衔接的关系:①前一批次基线开发阶段结束时下一批次启动,新技术成熟或其他环境变化时可以提前启动下一批次;②先行批次为后续批次提供反馈和经验,使先行批次不能满足的需求在后续批次中得到满足;③不同能力领域批次可能并行发展;④各批次部署的系统可能同时被用户使用。如美军"联合攻击战斗机"(JSF)把采办项目分为3个批次:第一批次要求实现基本的作战能力,能携带并投送符合最低要求的导弹和炸弹;第二批次要求具有近距离支援与空中遮断能力,能使用较多类型的导弹和炸弹;第三批次要求具有压制敌防空和进行纵深打击的能力,能使用更多类型的导弹和炸弹,具有相对完全的作战能力。

渐进式采办每个批次可采用螺旋式发展或递增式发展方式。其中:①递增式发展方式,即"项目初期具有确定的期望能力和确定的最终需求,通过多个批次的产品逐步满足最终需求,每个批次都采用成熟可行的技术。"该方式在项目初期就确定了最终能力需求和每个批次的需求,适合周期较短(1~5年)的项目。②螺旋式发展方式,即"项目初期具有确定的期望能力和不确定的最终需求,最终需求要通过演示验证和风险管理来不断改进,……后续批次的需求要通过用户反馈和技术成熟程度来确定。"该方式在项目初期只有初始批次的需求是确定的,项目的最终需求和后续批次的需求都要根据用户反馈和环境的变化进行改进,适合周期较长(5年以上)、技术比较复杂的项目。

国防部第5000.1号指令规定"螺旋式发展是实施渐进式采办的优选方式"。螺旋式发展起源于20世纪80年代软件开发行业,引入国防采办后多用于渐进式采办项目和技术演示验证项目。其螺旋发展过程具有多种模式,国防采办最常用的模式分为5步:精炼需求;设计方案或基线;制造样机(制造/编码/集成);开展实验或试验;评估作战效用。项目各批次的每个阶段一般包括一个或多个螺旋,螺旋在阶段内循环往复,直到评估结果符合该阶段的里程碑要求为止。

2015年1月,美军发布新的采办程序,对渐进式采办方法进行了改进,即每个采办批次中又划分为多次能力迭代,在每个迭代过程实现部分子功能,并要求对每次能力迭代都及早进行试验鉴定与审查,以便尽早发现项目设计的缺陷与漏洞并及时调整。另外,程序强调样机演示验证提前,在技术开发阶段推行样机研制,并在每个渐进式批次都要求实施样机研制与演示验证,通过加强采办前期的经费投入,保证技术的稳定性,降低采办风险,提高采办效益。

四、渐进式采办的工作流程

(一)明确渐进式需求

采办策略必须与按时间划分的作战需求文件中的要求相对应。项目主任应尽早与制定需求的人员沟通,以充分理解、实现需求,或者共同讨论,在可行的基础上确定可接受的代替方案或指标。讨论中可以采用费用作为独立变量流程协助互相之间的交流,但是有关需求的任何改变都要经过作战部门/用户的批准。

(二)引导采办计划的制定

采办策略要体现当前批次的作战性能,对于后面批次的作战性能,只体现到能够描述的程度。采办计划基线的目标值和门限值要与初始批次的作战需求文件一致。以后的批次有它们自己的采办计划基线。

(三)引入成熟技术

每一批次的能力都要基于达到战备状态的成熟技术,使阶段决策当局承受较低的系统整合风险,这一要求已在美国国防部第5000.2号指示中明确规定。采办策略要考虑每一批次的技术风险和技术成熟度,对于未来批次起基础作用的技术必须加以明确并予以监督。

(四) 制定合同订立策略

一体化的合同订立策略要与渐进式策略一致。资源选择计划必须确定是否将重点放在项目当前批次和/或以后批次的性能指标上。合同订立策略应该:

(1) 确保各批次合同符合系统所需性能;
(2) 在选择承包商时要考虑技术、管理和任务之间的相互依赖性;
(3) 竞争性合同要包括创新性的方法;
(4) 将大型采办项目分解为若干小型项目,再按照标准模式订立合同,使之更加可控;
(5) 制定适当的激励措施;
(6) 制定在整个项目阶段和所有批次开发中维持竞争环境的计划。

(五) 系统工程

系统工程管理计划要定义渐进式采办方法,以满足每一批次的系统需求,保持对整个系统的结构控制。为了把可用的新技术及时引入当前和以后的批次或者对以往系统批次进行技术更新,系统工程管理计划要特别重视标准开放式系统体系方法的可行性。

(六) 试验鉴定

试验鉴定主计划要与按时间划分的渐进发展的批次需求相一致,而非最终的一次性综合试验计划。在渐进式采办过程中,试验计划要测试当前批次的武器系统是否能够提供本批次所要求的作战能力。为了识别所需的试验资源以及依次制定试验计划,要尽早将作战试验机构引入武器系统的设计过程。建模和仿真可作为其中的一种试验手段得到应用。

(七) 规划、计划与预算制定

项目的每个批次要尽早给予独立的资金预算,在国防计划与预算中给予安排并加以监督。属于同一个项目的多个批次可同时给予资金保障,对于每一批次的需求都要加以判断,并尽量寻求利用先前的系统能力给予支持。

根据各批次装备的性能要求和最终要求的武器系统满能力进行费用估算,为便于引入新技术,需要判别何时对未来批次进行更新,需要哪些数据以及研究制定采办未来批次转换资金的过程。

(八) 制定保障策略

渐进式采办计划在系统研制的早期阶段就要考虑系统的保障,也要及时更新各批次装备的保障计划。可以利用费用作为独立变量方法进行均衡分析,找出降低系统使用和保障费用的途径、方法,改善系统的战备状态,提高系统的可靠性。

项目主任要制定一个综合保障策略,在考虑后续批次后勤保障的基础上,要特别重视当前批次的保障策略。必须确定和获得支撑项目各个批次的后勤系统,策略必须致力于减小后勤保障系统的规模以及保证基于全寿命管理的系统性能,确保采取渐进式采办方法不会导致各批次装备后勤保障需求的分散。

五、渐进式采办的特点

渐进采办策略是美军优先采用的采办策略,具有如下特点:①增量方法。项目被分为多个阶段和增量,然后增量式地开发和采购。每个增量将形成一些新系统功能,并包括从规范说明书到设计、测试、装备和维修的全过程。②需求渐定。最小的系统详细需求和一些早期小增量的需求在项目开始定义,其他的需求在项目过程中渐渐确定。③弹性结构。体系结构需要支持每个小增量功能的实现,包括那些没有准确定义的需求。因此,体系结构应该是富有弹性的、可升级的、可拓展的和可维持的。④用户全程参与。用户的全程参与将使需求不断地更新,特别重要的是用户所提供的装备使用过程中的一些反馈信息。⑤在用户、研制者、维修者和测试者之间有持续的交流和反馈。

渐进式采办是综合的协作。渐进式采办中的合作者包括决策者、使用者、需求提出者、采办负责人、试验人员、工业界和后勤人员等。合作者的协同工作是基本的,要为所有合作者建立共同的愿景目标。协作必须从顶层开始,并持续到底。其中用户的早期和持续参与也是非常重要的,协作时必须理解最终目标的含义,对项目的改进必须是及时和集中的。协同工作的关键是合作者有共同的期待,成果会迅速运用于战场。

美国推行渐进式采办策略以来,总体上取得了较好的效果,主要表现在:

(1)缩短了初始批次研制周期,加快了作战能力交付进度。渐进式采办采用分批次实施方式,大大缩短了初始批次研制周期,更快地向作战部队交付了作战能力。如联合攻击战斗机采用渐进式采办方式,2001年进入系统开发与演示验证阶段,仅用5年时间就完成了首架飞机下线,能较快地满足用户的需要。

(2)大量采用成熟技术,降低了项目风险。每个批次都要采用成熟技术,这是渐进式采办的基本原则。实践证明,采用成熟技术的项目能有效地降低项目风险,防止进度拖延和成本超概算。如美军2000年启动的小直径炸弹(Small Diameter Bomb)项目、2004年启动的B-2雷达现代化改造项目(B-2 Radar Modernization),在启动时技术成熟度达到100%,到2006年审查中没有出现进度拖延和成本超概算。

(3)不断改进用户需求,增强了对外部环境变化的快速反应能力。采用渐进式采办方式,能够根据安全威胁、经费等外部环境的变化,不断修订系统能力需求,并采用开放式模块设计、螺旋式发展等方式,随时嵌入成熟的新技术,快速提供作战能力,增强了采办系统对复杂多变的外部环境的适应能力。如"全球鹰"无人机项目在发展过程中已经进行了4次较大的调整,不断适应环境的变化。

(4)扩大了竞争范围,增强了竞争力度。采用渐进式采办方式,把一个复杂采办项目分为不同批次,可以分批次签订不同类型的合同,把不同项目授予不同承包商,扩大了竞争范围,增强了竞争力度,有利于淘汰业绩较差的承包商,从而更大程度地提高了国防部资金的使用效益。

当然也要看到,美国国防部全面采用渐进式采办方式后,由于执行力度不够,并没有彻底解决项目成本超概算和进度拖延问题。美国政府问责办公室2006年发布的报告显示,因未能严格按照渐进式采办方式的要求管理项目(如项目转阶段时技术成熟程度不够),在抽样调查的23项重大国防采办项目(MDAP)中,研发费用平均超概算28%,预计交付初始作战能力将平均拖延1年以上,这些项目大多采用渐进式采办方式。渐进式采办还存在一定的不足,主要体现在:

(1)交付给用户的是性能不完全的产品。长期以来用户习惯于接收采办系统提交的性能完全的系统。当交付的武器系统只具备了80%的能力时,用户就会怀疑渐进式采办方法是否适用于军方的采办活动。而且,在部署使用的装备与系统中迅速引入新技术可能导致装备故障率和研制失败率的提高,系统早期批次的性能不良或者系统的失败将极大地影响作战部门对于该系统的信心。

(2) 开放式的体系结构使得难以准确估算和控制费用。很少有资料提到渐进式采办是一种节省费用的方法,这是有原因的。在所有的采办项目中,政府必须考虑和平衡三个关键因素:费用、速度和质量,三者之间最多能保证其中两方面,很难做到三全其美。在渐进式采办中,速度是通过初始批次的快速部署实现的,质量是通过不断的试验和反馈得到保证的。而渐进式采办的弱点就在于费用控制方面,与传统采办方式相比,渐进式采办的初始耗费相当高,而且渐进式采办意味着使产品达到满性能需要相当长的时间,初始批次产品的性能与初始批次所耗费的资金并不相当。

(3) 建立在系统工程基础上的渐进式采办需要多功能领域的支持。整体研究和用户参与是渐进式采办的重要方面和所关心的领域。只有采用系统工程方法才能进行整体研究,这就需要对项目的计划有整体的考虑,以及负责各功能模块的高层机构之间的交流和合作。如果某个用户不能够明确表达他的需要或者只是片面地关注系统某一方面的性能,就会妨碍渐进式采办方法的实行,因而在制定工作流程时就要求系统的主要终端用户参与进来,全面关注系统的所有功能,而这种高层次的合作和整合需要投入大量的人力资本。

(4) 渐进式采办的灵活性可能导致与系统有关的人员不去认真考虑需求。这种状况之所以发生是因为用户认为新的需求可以在项目的后续批次中提出。实际上,系统工程要求在项目的早期阶段就必须仔细考虑、准确制定项目需求,只有这样才能获得项目的成功。而在项目的不同批次之间,只能出现少量的需求变化或者系统性能的增强。在制定需求时也要制定一定的底线来控制项目的规模和费用。

(5) 当渐进式采办关注于迅速引进和采用新技术时,可能会忽视武器系统后期的保障和维修计划的制定。

第三节 基于仿真的采办策略

一、基于仿真的采办概述

基于仿真的采办(SBA)是美国国防部于20世纪90年代中期率先提出的国防采办思想,它是对传统采办方法改革的重要举措。其概念定义为:基于仿真的采办是一种跨采办职能部门、跨采办项目阶段、跨采办项目的各种仿真工具和技术的集成,是一种反复迭代式的综合产品和过程采办方法,它主张利用模拟仿真技术对新型武器系统的采办全过程(全寿命周期)进行研究,包括需求定义、方案论证、演示验证、研制生产、性能测试、装备使用、后勤保障等各个阶段,为采办的不同阶段、不同部门和不同项目提供全面支持,特别强调为项目管理人员提供项目跟踪、成本和风险管理以及决策支持等。

基于仿真的采办是在国防采办过程中应用模拟仿真手段,突破传统的顺序式单循环设计思想,采用并发式和逐步升级的多循环开发思想,对新型装备采办的全过程进行研究,使需求论证部门、资源分配部门以及采办部门相互协调,以达到缩短研制周期、节省资源、降低项目风险的目的。

基于仿真的采办核心思想是通过采用模拟仿真技术,实现采办全寿命周期各阶段的协同工作,是对传统采办在过程、支持环境和采办文化上的变革与创新,在整个采办周期内,以协同方式达到前所未有的高质量决策。

二、基于仿真的采办的标准和原则

美国国防部5000系列采办文件中明确规定要制定基于仿真的采办/模拟仿真(M&S)的计划,在产品的整个寿命周期中可靠和交互地采用模拟仿真,项目主任将在系统设计、系统试验和评价、系统修改和更新过程中采用基于仿真的采办和模拟仿真。通过与工业界和实际用户的合作,项目主任应将基于仿真的采办/模拟仿真综合到项目计划活动中去,对其寿命周期内的应用、保障、文档生成以及模拟仿真的重用做出计划,实现基于仿真的采办/模拟仿真的跨专业综合,应遵循以下指导原则:

(1)项目主任应为基于仿真的采办/模拟仿真制定计划并在整个采办寿命周期早期投入必要的资金;

(2)项目主任应采用经过确认、验证并合格的模拟仿真,确保每一项建议具有合格的适用性;

(3)项目主任应采用研制过程中的系统试验数据来验证模拟仿真的使用;

(4)基于仿真的采办/模拟仿真应支持高效率的试验计划、试验前结果预测、系统互用性验证,并补充设计审定、真实试验与评价、制造和使用保障;

(5)项目主任应参与使用试验(OTA)的基于仿真的采办/模拟仿真计划过程,以实现研制试验和使用试验的各项目标;

(6)国防情报局(DIA)在基于仿真的采办/模拟仿真计划过程中应对与威胁相关的因素进行评审和验证;

(7)项目主任应在采办策略中说明整个项目研制过程(包括在工程、设计权衡分析、制造以及研制、使用和实弹试验)中应用的基于仿真的采办/模拟仿真。

三、基于仿真的采办的组成

基于仿真的采办包括三个基本组成部分[①]:不断发展的"文化"、详细的系统采办过程、先进的基于仿真的采办系统工程环境。这三者相辅相成,"文化"体现在过程和环境当中,过程的实现需要文化的支持,具体实现又依赖于采办环境。

(1)不断发展的"文化"。这种文化代表一个知识范畴及对它的管理,强调工业界和国防部门范围内的合作,使订货方、研制方和使用方相互协同,组成一体化产品小组(Integrated Product Teams,IPT),按专门的规范、标准进行管理,使利益相关方提前参与、持续合作、资源共享,有利于开发过程中及时发现和协调解决问题;鼓励单项的技术贡献和技术创新,并对其实施有效的管理;鼓励改革以强化并行开发,激励向各个组织提供其他项目中使用的工具和工序;在没有制度性障碍和军方障碍的前提下,这种文化认可并提供一种手段来促使系统内和系统间高性能和支付能力之间的平衡。

---

① 周振浩,曹建国,王行仁. 基于仿真的采办(SBA)研究与应用对策[J]. 系统仿真学报,2003,9:1261.

(2)详细的系统采办过程。这种过程促进了由基于仿真的采办引起的采办文化变革,有助于系统全寿命周期内各个一体化产品小组之间的协同工作。基于仿真的采办模式采用并行的集成化产品开发(IPPD)过程,并可多次循环反复,以获得最佳方案。在IPPD开发过程中,首先利用模型集成和协同工作工具建立新系统的虚拟模型(即虚拟样机),然后在虚拟模型上进行仿真试验和性能评估,如对性能指标不满意或针对威胁的变化提出必要的修改意见,直接将修改数据反馈到相关子系统进行设计上的改进,经过若干次的评估和改进循环,直到达到需求指标后,再将模型投入生产。这样,既保证系统的质量,又节省了时间与资源。同时,开发过程中还可及时将新技术引入其中。

(3)先进的基于仿真的采办系统工程环境。基于仿真的采办是利用模拟仿真技术实现采办活动的协同工作,以信息网络技术为基础,创造分布式虚拟化仿真环境,支持分布在不同地理位置的采办方、研制方、使用方的协同工作,提供可共享、可重用和可互操作的信息资源库,设计方案和产品性能可在该环境中得到自动检验与评估。在这种环境下,应用规范方法和自动化技术支持全寿命周期的各项活动,同时促进了软件的重用性和交互性;在这种环境下,通过生成可重用的产品描述资源库,实现可扩展、可调整和可重复的采办过程;这种环境有利于采办、工程、支持和培训团体之间的无缝数据流动。

四、基于仿真的采办的体系结构

电气和电子工程师协会(IEEE)对体系结构有如下定义:体系结构定义为系统的组成、各组成部分相互间的关系以及制约其设计与发展的原理和准则。根据美国防部C4ISR体系结构框架的划分方法,美国防部基于仿真的采办专门小组在总结以往工作的基础上于1998年提出基于仿真的采办体系结构,从运作、系统和技术三个角度对基于仿真的采办体系结构进行了定义;运作体系结构主要关心完成采办任务所需的组织结构、相关活动、各部门职能、信息流和完成任务的过程等方面;系统体系结构关心实现运作体系结构所需的系统软、硬件组成及各组成部分之间的相互关系,如平台、数据流、接口和网络等;技术体系结构定义运作体系结构和系统体系结构的实现中必须遵循的标准、规则和约定。

(一)运作体系结构

运作体系结构中最重要的概念是协同环境。协同环境是指一组专业人员在一段时间内为完成某项任务而组成的相对稳定的组合,并向他们提供针对某一领域或某类问题的可互操作的工具、数据库、权威信息资源以及产品/过程、模型。协同环境通常面向特定领域,并且分层设置,支持采办过程中各项任务的完成。

协同环境的观点是要创建一个工具、人和过程的集合来支持重用和互操作性,其目的是能够跨领域、跨阶段和跨项目地进行采办工作,它给采办管理部门提供一个"由工具、资源和一个给定应用领域内的一体化产品小组组成的可重用的框架",包括战略、战役、任务、产品、系统、分系统等6个层次,如图16.3所示。

通常,一个新系统的设计要经过系统层和产品层协同环境之间的几个循环才能得到逐步完善;进入任务层或更高层次的协同环境,进行作战应用的可行性评估;评估结果返回到系统和产品层,进一步完善系统设计;再进入任务、战役和/或战略层,进行最后检测。对于大型系统的开发,往往需要经过产品层到任务/战役/战略层的多个循环才能最后定型。对于成熟技术和短生命周期技术,如信息技术,则应加速上述循环过程,方能使系统在技术过时之前交付使用。

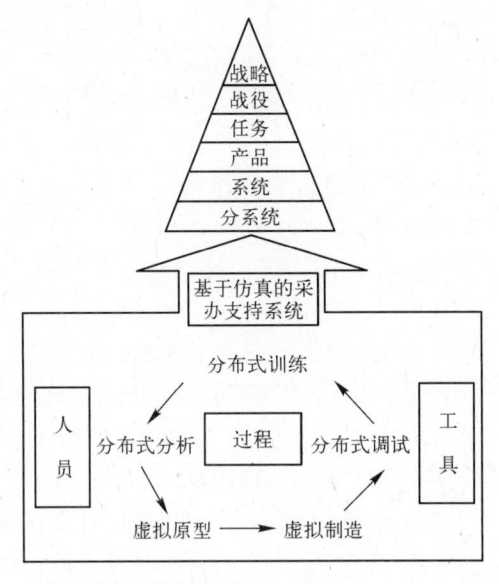

图 16.3 基于仿真的采办协同环境层次划分方法示意

能够促进上述环境下有效协同的重要因素之一是要有适应能力很强的基于仿真的采办支持系统。该支持系统由合适的人员、过程和工具组成,对协同环境提供支持。项目管理办公室可以从基于仿真的采办支持系统中获得长期的支持,换句话说,这种支持系统适用于整个项目周期。相关人员在协同环境支持下,可以并发、协同地开展上作。

（二）系统体系结构

系统体系结构的主要目的在于描述实现上述运作体系所需的硬件和软件,同时给出体现组件间逻辑关系的系统结构,包括协同环境、分布式产品描述、工业资源数据库和数据交换格式 4 个关键要素,如图 16.4 所示。

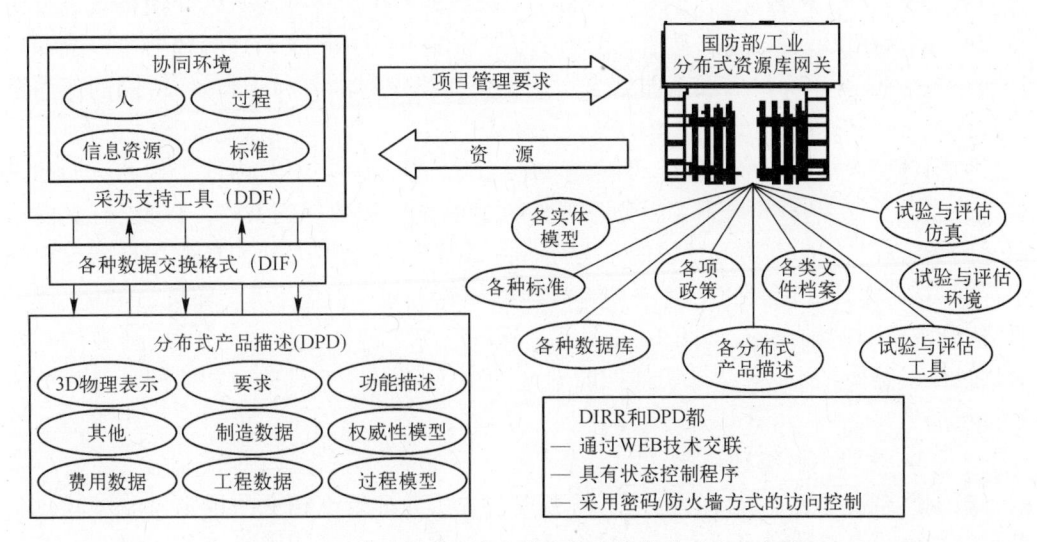

图 16.4 基于仿真的采办系统体系结构的顶层示意图

制定系统体系结构的原因主要有:①明确定义基于仿真的采办系统组成及其相互关系,有助于确定系统需求以及必须解决的系统级的关键技术;②定义系统体系结构组件间的相互关系,有助于接口标准的制定;③通用的体系结构有助于系统组件跨项目的重用与互操作,重用与互操作是基于仿真的采办的主要目标之一。

(1) 协同环境的概念在运作体系结构中已经出现。从基本上说,它是为了组建专家小组,并向他们提供面向某类应用的可重用和可互操作的工具和资源,使其协同工作。例如:针对产品的协同环境,应该由相关人员和设计、开发、评测相关产品(如:航空电子设备、武器、地面车辆等)的软、硬件组成。此外,协同环境的目的还在于为项目管理人员提供可重用的工具、资源和一体化产品小组。这一概念在协同环境参考系统体系结构中做了更进一步的说明。

(2) 工业资源数据库这一构件提供了基于网络的分布式数据库,数据库包含了可以跨项目使用的工具、信息资源、通用基础设施等相关信息。建立协同环境的目的是为了在一定范围内使用上述资源,而资源中心的目的是为了提供更广泛的资源信息,促成资源在更大范围的重用。通常资源数据库的网关设有目录、浏览器和搜索引擎,可以帮助用户迅速发现所需资源(用通用格式描述)。智能化界面提供在线帮助,帮助用户使用数据库和进行复杂的搜索。资源中心还提供防火墙和加密设备,支持对保密数据的访问与分发,并限制对有所有权数据的访问。

(3) 分布式产品描述(DPD)是一种以产品为中心的分布式信息的集合,通过网络技术互连,形成逻辑上统一的关于产品的描述。分布式产品描述主要由三类信息组成:产品数据、产品模型和过程模型。产品数据给出了一个产品在各个开发阶段的属性值,包括需求分析、项目管理数据、成本数据、工程数据、制造数据和测试数据。产品模型是对产品行为和/或性能的权威表达。过程模型对定义、开发、制造、使用和报废一个产品所需的处理过程进行定义。分布式产品描述还可以包括其他与产品相关的重要信息,如:对象行为的功能性描述和其他种类的应用数据(例如:VV&A 状态)。

(4) 数据交换格式(DIF)由通用数据模型转化而来,描述了共享数据的语义和语法。为了取得最好的使用效果,分布式产品描述中的数据都按照标准的数据交换格式进行访问,其目的是提供一种描述产品信息的中间格式。这些中间格式通过解释器可以翻译成任何相关格式,而不会损失或歪曲信息。数据交换格式标准有利于高效、协同的产品开发过程。

协同环境通常面向特定领域或某类问题,当某一协同环境对其内部结构和资源的设置过分专注于特殊应用时,则会阻碍工具跨领域的重用和数据的共享。因此,有必要给出适用于所有美国防部协同环境的参考系统体系结构,全面定义协同环境中可能出现的组件的类型,并且从较高的层次定义组件间的相互关系,它包括用户环境、采办支持工具、信息资源和基础设施,如图 16.5 所示。这一参考系统体系结构的用意是:在给开发者提供体系结构具体实现方法灵活性的同时,规定所需基本组件以及与协同环境相关的接口标准。

(三) 技术体系结构

技术体系结构的主要目的是找出与实现所有协同环境都相关的规则、标准和约定。数据转换格式是其关键概念。

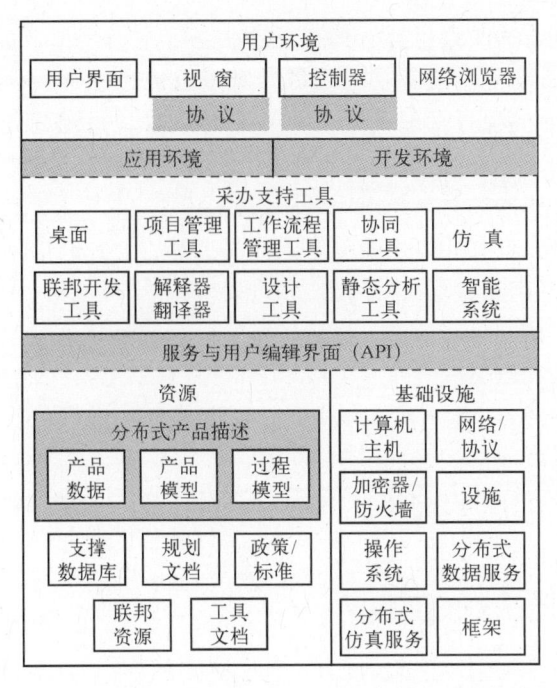

图 16.5 基于仿真的采办协同环境参考系统体系结构

1. 美国国防部标准

美国国防部联合技术体系结构(JTA)确定了促进系统之间利用信息技术进行互操作所需的最基本的标准和原则。随着美国国防部联合技术体系结构的日趋完善,可以预见联合技术体系结构文档中提到的大多数标准将应用于协同环境各组件(和集成系统)的开发中。例如,联合技术体系结构中的信息处理一节中提出的数据管理服务(SQL),文档交换(HTML)和图形交换(GIF)等标准。其他标准包括:进行传输服务的 TCP/IP 和 UDP/IP 协议,以及给出美国国防部标准术语的国防数据词典系统(DDDS)等。除了应用于美国国防部信息系统的标准以外,联合技术体系结构还给出了针对特定领域的标准。

2. 部门标准

除了适用于美国国防部范围的标准,还有很多标准的定义局限于某协同环境范围之内。当某种约束有利于提高协同环境中应用开发和使用的速度和效率(又没有相应的美国国防部标准)时,应该随时制定局部标准或约定。例如,协同环境中的每一个组件的资源说明可以认为是一种局部标准。协同环境中用于特定领域应用开发的软硬件设置规则也应该面向用户领域进行局部定义。因此,基于仿真的采办技术体系结构应该包含联合技术体系结构中与协同环境相关的标准,以及所有的能够以有效和较强适应性的方式对采办过程提供支持的局部标准和约定。仿真互操作标准组织(SISO)及其他一些机构提供了有效的交流场所,供工业和政府部门就标准问题进行探讨。

3. 实现技术

基于仿真的采办着重强调工具、资源和人的可重用性。面对新的采办项目,可以直接从以往资源中选择合适部分重新进行组合,适当加以改进(如有必要),快速形成新的协同环境,全方位支持系统采办各个过程是基于仿真的采办理想。同时,全方位、全过程支持采办过程也是基于仿真的采办的重要目标。运作体系结构、系统体系结构和技术体系结构的制定都围绕着这两大目标。其实现技术包括：

（1）多层次的协同环境，使各功能领域专家小组恰当组合，提供面向某类应用的可重用工具和资源，同时向项目管理人员提供支持，以引导项目顺利进行。

（2）美国国防部/工业部门资源数据库，促进所有协同环境所需的模拟仿真资源及其他设计工具、数据、标准的共享与重用。

（3）可被所有合作者共同使用的分布式产品描述，是分布式的、基于网络的、以产品为中心的信息库，包括产品数据、产品模型和过程模型。

（4）用于存储和访问分布式产品描述条目的数据交换格式，提供通用的中间格式来描述共享数据的语法和语义。

（5）解释器和翻译器，通过对分布式产品描述信息的操作，把某个系统的数据表达转换成另一个系统的内部格式。

（6）分布式服务、网络和标准（如HLA），促进地理分布的一体化产品小组成员之间共享和重用相关资源。

五、基于仿真的采办的实践

基于仿真的采办是美国国防采办中的又一大系统工程，是美国采办改革的产物，也是信息技术发展与传统系统工程技术结合的结果。

在对国防采办过程中的模拟仿真的有效性研究中，已出现了许多证明基于仿真的采办潜在效益的事例，具体包括：①美海军应用模拟仿真工具使"海狼"级潜艇的95000个标准部件减少到新型攻击潜艇的16000个；②美陆军坦克自动化研究开发和工程中心能够仅使用14名工程师、花费16个月的时间来完成一种新型坦克虚拟样机的设计，而这在过去是要花费55名工程师36个月的时间才可完成的；③美空军使用计算机辅助设计制造B-2飞机使得他们首次成功弯曲昂贵的钛电子管；④美国海军陆战队地面系统的重点项目高级两栖突击战车（AAAV）采用了虚拟设计数据库、虚拟整合与组装系统实现项目团队间的信息共享。

基于仿真的采办思想在美国军民领域内得到广泛应用，除国防部外，国家航空航天局（NASA）也有类似的规划，一些工业部门也开始采纳基于仿真的采办思想或部分地运用了这一思想来开发项目。例如，波音公司承担的联合攻击战斗机（JSF）项目将基于仿真的采办思想贯穿于该项目的始终，从系统需求分析开始，到工程仿真、虚拟制造、飞行品质仿真、硬件回路仿真、仿真验证及训练仿真，最后到系统集成。

又如，波音公司承担的另一个项目是为美国国防高级研究计划局和空军研制的两种具有F-16尺寸量级的无人作战飞机（UCAV）制造技术验证机。该项目采用了基于仿真的采办中的"体系"思想，采用"三维立体产品定义"技术和一种无工装的装配和总装技术，利用一些已有的飞机技术资源，节省了大量资金和时间，减少了风险。该飞机的起落架来自T-32教练机，隐身性能采用了F-117的先进技术，只有核心作战部分是无人机自身的关键技术。

再如，国家航空航天局（NASA）下属的直升机研究中心（NRTC）和国家汽车中心（NAC）联合开发了一套直升机集成设计工具，旨在建立集成的概念和工程设计环境，进行直升机开发全寿命周期中的折中比较分析和敏感度分析。其技术产品可演示并验证一个集成的、分布的直升机设计工程软件环境,能提供设计工具、应用程序和数据库,可减少30%的设计周期和25%的工程量。对军用运输直升机而言,可在3年的开发周期内,每年减少2.5亿美元的开发费。

这些项目连同其他工业部门和研究单位的一些例子证明:基于仿真的一体化采办方法具有很大的优越性和潜力。基于仿真的采办使得模拟仿真研究中许多成熟的方法能够应用到采办领域的整个项目全寿命过程中,这也进一步促进了模拟仿真技术在不同项目之间的重用。除此之外,美国国防部支持的大型开发项目,包括联合建模与仿真系统(JMASS)、联合仿真系统(JSIMS)、联合侦查与目标攻击雷达系统(JSTARS)、实弹试验鉴定(LFT&E)等,都体现了基于仿真的采办思想,并部分实现了基于仿真的采办。

美国十分重视基于仿真的技术在国防采办中的应用,国防部成立了国防模拟仿真办公室,实行基于仿真的采办策略。项目主任在采办初期就制定出应用模拟仿真手段编制规划和预算,并将模拟仿真技术广泛用于国防采办的各个阶段。在方案制定阶段,作战性能建模用来检验各种不同的设计方案,确保系统设计性能;在研制阶段,采用虚拟样机设计,保证系统首次制造的正确性,降低研制费用,缩短研制周期;在试验阶段,虚拟试验可以模拟地形、可能出现的各种情况和环境因素,缩短试验时间,降低试验费用;在生产阶段,虚拟制造用于精确模拟项目的生产设施和过程,保证可生产性,降低制造成本,缩短生产时间。

美国国防部一直把模拟仿真技术作为"国防关键技术计划"的重点项目,不但发布了"国防建模及仿真倡议",批准了"模拟仿真管理计划",组建了"国防模拟仿真办公室",还提出了新的模拟仿真投资战略。在美国国防部2001年"国防技术领域计划"中,提出了美国国防科学与技术发展的10个关键领域:①航空平台;②生化防御与核技术;③信息系统与技术;④地面车辆与舰艇;⑤材料与工艺;⑥生物医学科学技术;⑦传感器、电子设备与作战空间环境;⑧航天平台;⑨人机系统;⑩武器。这10个领域都利用模拟仿真技术作为工具,支持概念分析、技术开发、采办、试验、部署、维持、作战效果、训练和计划产品改进等工作。美国国防部1994年《模拟仿真管理指令》中规定了国防部的政策,其中包括:为提高美国国防部的模拟仿真技术进行投资;建立模拟仿真信息分析中心;美国国防部各部门制定验证、确认与认定(Validation Verification and Accreditation,VV&A)政策并管理模拟仿真的应用过程等。

第四节 采办业务管理信息化策略

随着信息技术的快速发展,以美国为代表的世界军事强国除在武器装备本身注重提升信息化水平外,还积极推动国防采办管理的信息化建设,通过构建大量的管理信息系统,不断提高采办管理的效率与效益,并取得了良好的实施效果。

一、美军采办业务管理信息化建设的历史沿革

美国国防采办业务管理信息化建设是在第二次世界大战后随着信息技术的发展逐步发展起来的,经历了信息技术驱动下的无序发展、需求牵引下的有序发展和需求牵引与技术推动相结合的科学发展三个阶段。

(一) 第二次世界大战后至 20 世纪 80 年代初：国防采办业务管理信息化建设初步发展

军事领域的创新,主要源于军事需求的牵引与科学技术的驱动。20 世纪 80 年代以前,美国国防采办业务管理信息化产生与发展的动力主要来自于信息技术的出现与不断进步。

第二次世界大战后到 80 年代初,是美军信息化建设的起步阶段。这一阶段,信息技术首先在计算机、通信等领域发展起来,并逐步扩展到指挥、控制与侦察等各个领域。其中具有里程碑意义的事件是美国国防高级研究计划局对阿帕网(ARPANet)的研制推动了互联网的产生和飞速发展。应用内部局域网传输数据、利用简易数据库管理数据,成为美军在采办业务管理信息化建设领域的最初尝试。

随着信息技术的不断发展,美军以各军种与国防业务局为核心,对国防采办管理工作涉及的数据进行了数字化管理的尝试,并开始进行管理信息系统建设。美军在这一阶段实施的采办业务管理信息化建设,总体是在信息技术发展的驱动之下,由军种或部局自发实施的过程,联邦政府包括国防部都还没有发布相关的政策法规,采办业务管理信息化建设还没有进入正规化、有序化的发展轨道。

(二) 20 世纪 80 年代初至 90 年代末期：CALS 与电子政务推动国防采办业务管理信息化建设深入发展

20 世纪 80 年代,美军在采办领域提出了 CALS 的管理理念,促进了国防采办业务管理信息化的发展进程。1985 年 9 月美军首次提出在保障过程中开展计算机辅助后勤保障(Computer-Aided Logistics Support,CALS),即在保障中采用信息技术手段,将管理中的文本数据电子化,提高后勤保障的效率和效益。80 年代末,美军将信息技术引入采办的全过程,提出了"计算机辅助采办与后勤保障"(Computer-Aided Acquisition and Logistics Support,CALS)。1993 年之后,国防部与工业界把信息技术,特别是网络技术和多媒体技术应用于整个采办全寿命管理,即在其合同、设计、制造、培训、使用与维修的全寿命周期内,各有关单位和厂商协同工作时,遵循共同的标准和相同的格式,将公共数据都存放在数据库中,利用网络和数据库技术,使各部门共享这些资源。美军因此提出了"持续采办和全寿命周期保障"(Continuous Acquisition and Life Cycle Support,CALS)的理念,将 CALS 从后勤保障领域逐步扩展到采办全寿命过程,即在国防采办全寿命过程中,在各环节综合利用计算机网络、数据库、多媒体、计算机仿真、虚拟现实等信息技术,将装备及工程数据进行数字化、标准化及集成化处理,实现数据一次生成,多次传递使用,实现信息数据共享,提高信息数据的利用效率。

20 世纪 90 年代以来,以电子商务为代表的先进信息技术在美国商业领域得到了广泛应用,通过互联网实现产品的快速查询、采购、电子支付,大大提高了工作效率。为在国防领域有效利用先进的信息技术成果,国防后勤局和国防信息系统局共同成立了电子商务计划联合办公室(JECPO),推动美军采办领域电子商务工作的开展。美军实施电子商务的主要做法包括：制定电子目录(ECAT),建立电子商场(EMALL),资金电子化支付,以及供应商来源数据库管理等,并建立了"国防部采办机会网",利用网络发布采购信息,便于承包商及时获取最新的信息。

为确保业务管理信息化建设工作的有序展开,20 世纪 90 年代中后期,美国国会陆续发布了一系列法律,包括《1994年联邦采办精简法》《1995年文书削减法》《1995年联邦采办改革法》《柯林格—科恩法》(包括《1996年联邦采办改革法》和《信息技术管理改革法》),这些法律明确提出了采用信息技术手段,提高联邦政府各部门(包括国防部)各领域管理工作的效率与效益,有力地推动了美军采办业务管理信息化建设的迅速开展。另外,国防部依据《柯林格—科恩法》的规定,提出了全球信息栅格(GIG)计划,该计划提出了网络中心行动(NCO)的发展目标,对作战、情报领域及业务管理领域实施信息化建设提出了发展设想。

(三) 2001年至今:国防采办业务管理信息化建设进入统一规范化发展阶段

进入21世纪,美军进一步加强了对国防采办业务管理信息化建设的顶层设计和统筹谋划,并将其纳入业务管理现代化计划(BMMP)以及业务转型(BT)的总体框架之下,统筹军队管理信息化建设需求,使国防采办业务管理信息化建设进入科学、有序的发展轨道。

2001年,美军启动了国防部业务管理现代化计划,旨在推动以业务管理信息化为核心的国防部业务管理现代化建设。业务管理现代化计划,是在主计长办公室领导下,以及《业务企业化体系结构》等顶层文件的指导下,进行的业务管理信息化建设,其中采办业务管理信息化建设是其重要的组成部分。在业务管理现代化计划的框架之下,美军建立了大量的管理信息系统,提高了国防采办管理的信息化水平。

2005年,美军在部队转型框架下提出了业务转型的概念,取代了原有的业务管理现代化计划。美军将业务转型看作是对业务管理现代化计划的"超越",使业务管理信息化建设在更加科学的框架下有序推进。2005年2月,美国国防部成立了由国防部常务副部长领导的"国防业务系统管理委员会",负责审批业务企业化体系结构及企业化转型规划,并对业务转型工作实施领导和监督。这种管理方式,改变了以往由主计长办公室领导业务管理信息化建设的状况,加强了国防部高层的直接领导。2005年10月,美国防部又成立了业务转型局,负责国防部层次业务管理信息系统的建设。

美军开展国防采办业务管理信息化建设,对提高采办质量和效益发挥了重要作用:①缩短采办周期,提高采办效率。实施国防采办业务管理信息化建设,将信息技术应用于采办管理领域,产生了虚拟采办、采办综合数据环境、维修保障信息系统等信息化的管理方法和手段,能够减少采办的中间环节,克服由于采办信息不对称而造成的决策困难等问题,有利于缩短采办周期,提高采办管理效率。②减少重复性劳动,提高采办效益。在国防采办过程中,综合利用计算机网络、数据库、多媒体、数字仿真等先进信息技术,对国防采办的各种信息数据,进行综合信息集成,使信息数据一次生成,多次传递使用,能够实现信息数据共享,减少重复性劳动,降低全寿命费用,提高采办效益。③降低监督审计成本,提高采办管理透明度。实施采办业务管理信息化建设,广泛应用计算机技术与网络技术,方便、快捷地获取预研、研制、生产过程的成本信息,能够提高研制、生产与保障全寿命过程中信息收集、分发的有效性,降低监督审计的成本。④提高国防采办全寿命过程中费用使用的透明度,加强国防采办经费的管理和监察力度,提高经费的使用效益。

二、美军国防采办业务管理信息化建设的主要做法

当前,美军将国防采办业务管理信息化建设纳入业务转型的框架之中实施,设立了专门的组织机构,制定了相关的规划文件,加强了国防采办管理信息系统建设,提高了国

防采办管理的信息化水平,并在此基础上推动国防采办管理程序和方法的深刻变革。

(一) 将国防采办业务管理信息化建设纳入业务转型范畴,统一规划、逐步推进

进入新世纪以来,美军先后发起了以业务管理信息化建设为核心的业务管理现代化计划(BMMP)和业务转型(BT)。业务转型是对业务管理现代化的取代和超越,美军在业务转型的框架下推动国防采办业务管理信息化建设。业务转型涉及人员管理、采办全寿命管理、资产管理、供应与服务管理以及财务管理等业务领域,即推动上述各个业务领域管理工作的信息化建设,如图16.6所示。由于上述业务管理领域,除了在管理内容与对象方面存在差异以外,管理的方式、方法与手段等都很相似,同时上述业务管理领域之间存在较大的相关性,如采办管理工作与人员管理、财务管理等都密切相关,因此美军采取了共同推进各业务管理信息化建设的策略,认为只有这样才能真正推动各业务管理领域信息化水平的真正提升。国防采办业务管理信息化建设主要涉及采办全寿命管理以及供应与服务管理等两个业务领域的转型。采办全寿命管理,是指美军对采办寿命周期的各个阶段,包括方案精选、技术开发、系统开发与演示验证、生产与部署、使用与保障以及退役报废处置等"从生到死"的全过程实施管理。供应与服务管理,是指美军对采办供应链的管理,包括对装备的供应、储存、运输、维修保障等方面的管理。

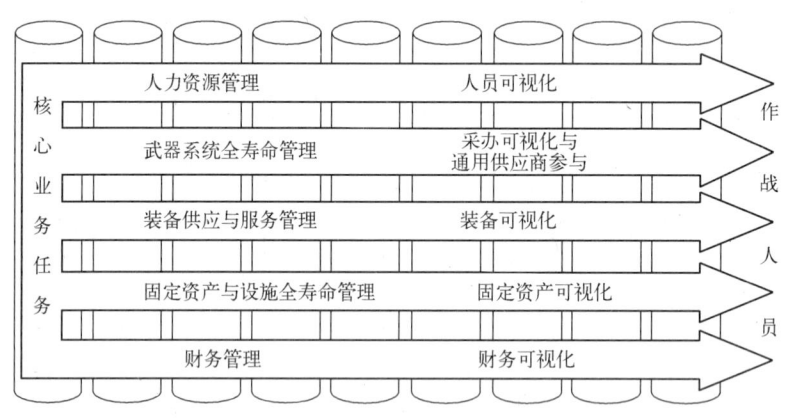

图16.6 美军业务转型所涉及的业务领域及各领域转型目标

美军在业务转型的框架下,统一规划国防采办信息化建设,提出了采办可视化与无缝保障等目标。采办可视化,是指美军及时获取准确、权威、可靠的采办信息的能力,使国防部能够对国防采办工作进行有效的监督和审查,提高国防采办决策的科学性,使部队及时高效地获取所需的装备。无缝保障是指美军通过对采办政策、过程、数据、技术与人员的整合,实时掌握装备技术状态等信息,确保作战人员及时获得可靠的产品与服务,提高保障的效率和效益。美军通过建设管理信息系统等手段,逐步提高国防采办业务管理信息化水平,以提高采办管理的效率和效益。

(二) 组建国防采办业务管理信息化建设管理机构,实现国防部集中统一领导

美军国防采办业务管理信息化建设组织机构,融入业务转型管理组织体系之中。为保证业务转型工作的有效开展,美军2005年2月组建了国防部常务副部长领导的国防业务系统管理委员会,成员包括采办、技术与后勤副部长、财务副部长(主计长)、网络与信息集成助理部长、参谋长联席会议主席、美军业务转型核心部门领导等,负责指导和监督业务转型工作,并审批《业务企业化体系结构》《企业化转型规划》等指导业务转型的顶层文件。此外,美军在各相关业务领域分别设立了投资审查委员会,如在财务领域设立了财务管理投资审查委员会,在人力与战备领域设立了人力资源管理投资审查委员会,在采办管理领域设立了武器系统与装备供应管理投资审查委员会和固定资产与设施管理投资审查委员会等,负责对相应业务领域的管理信息系统建设投资进行审批,如图16.7所示。

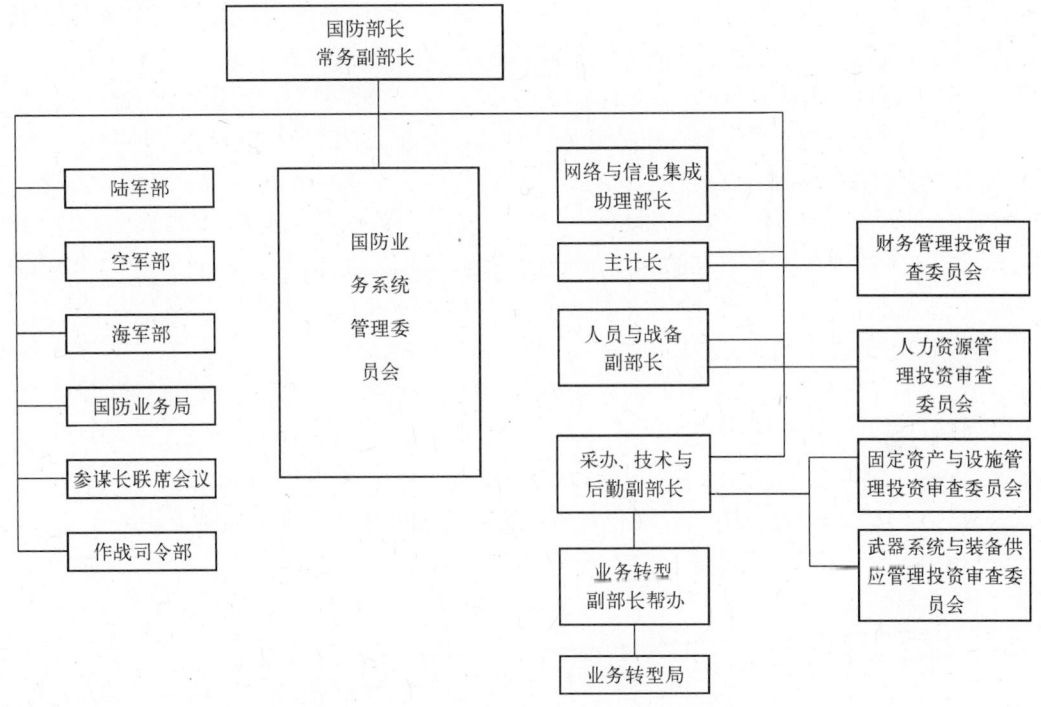

图 16.7 国防部业务转型组织机构图

美军2005年10月成立了业务转型局(BTA),作为业务转型工作的核心实施机构,具体负责国防部业务系统的采办、国防部各部局业务系统建设的监督以及制修订《业务企业化体系结构》以及《企业化转型规划》等顶层文件。业务转型局由7个办公室组成,包括国防业务系统采办执行官办公室、转型规划与绩效办公室、转型优先安排与需求办公室、投资管理办公室、作战人员保障办公室、信息与联合战略办公室和运行办公室,如图16.8所示。

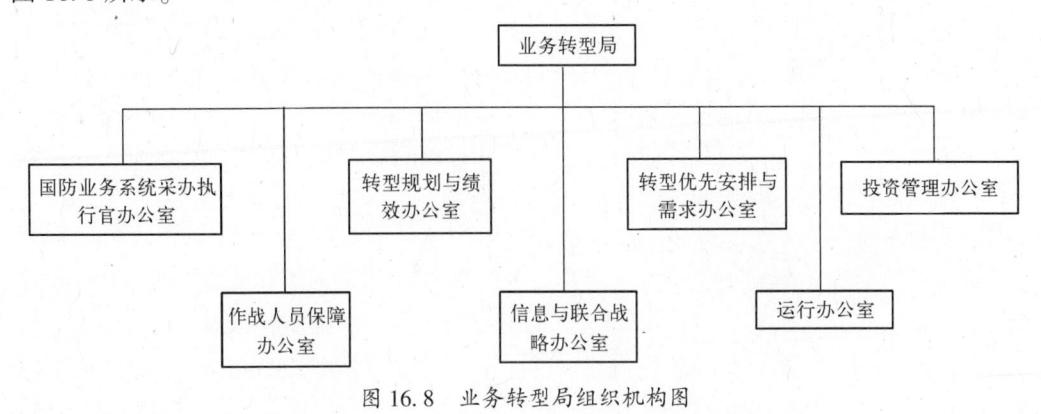

图 16.8 业务转型局组织机构图

为了更好地保证业务转型工作的开展,2005年以来国防部总监察长(IG)与国会问责办公室(GAO)发布多份评估报告,提出在国防部设立首席业务管理官(Chief Management Officer,CMO),负责业务转型工作的领导、规划与监督等工作。国防部于2007年9月18日发布指令,提出由国防部常务副部长兼任国防部首席业务管理官。其后,国会问责办公室进一步提出由于业务转型工作的重要性及其复杂性,应在国防部高层设立专职的首席业务管理官,专职领导业务转型工作。在常务副部长担任国防部首席业务管理官的组织构架下,常务副部长全面领导美军的业务转型工作,通过国防业务系统管理委员会、业务转型局以及国防部各部局开展业务管理的信息化建设。

为了推动美军业务转型包括采办业务管理信息化建设的顺利实施,各军种部也仿照国防部的组织体系,建立了自身的业务转型实施机构。以美陆军为例,陆军业务转型副部长帮办(DUSA(BT))担任陆军首席业务管理官,领导陆军的业务转型工作,并设立陆军业务任务领域管理办公室(ABMA),负责陆军的业务系统建设,并与陆军首席信息官(CIO/G6)就信息系统体系结构等问题进行协调。

除了上述管理机构外,美军国防采办大学、国防技术信息中心以及国防信息系统局等单位,也不同程度地参与了国防采办业务管理信息化建设的具体工作,主要包括采办管理信息数据库与相关网络设施的建设与维护、采办文档与数据的管理、人员培训等方面。这些机构为国防部推动国防采办业务管理信息化建设提供了重要的支持。

(三) 采用体系结构方法,强化对采办业务管理信息化建设的顶层设计

美国国会于1996年通过的《柯林格—科恩法》,明确要求联邦政府各部门(包括国防部)在信息系统建设中采用体系结构方法进行系统顶层设计。业务转型工作也广泛采用了这一顶层设计方法。

美军通过制定《业务企业化体系结构》(BEA),作为指导国防部国防采办管理信息系统建设的顶层文件。《业务企业化体系结构》主要包括过程、数据、数据标准、业务规定、作战需求与信息交换等方面的规定,其关键作用是将采办业务管理信息化建设的具体目标与各种信息系统/倡议有机联系起来。在《业务企业化体系结构》的基础上,美军业务转型局制定了《企业化转型规划》(ETP),作为国防部实施业务企业化体系结构的具体规划。

美军依托业务转型局制定《业务企业化体系结构》的过程中,接受国防部首席信息官的指导,确保《业务企业化体系结构》与美军全球信息栅格(GIG)体系结构的融合。由于美军GIG计划是由国防部首席信息官领导的涉及美军全军信息化建设的一项基础性工作,其根本目标是实现网络中心行动(Net Centric Operation,NCO),涉及的领域包括作战任务领域(WMA)、国防情报任务领域(DIMA)、业务任务领域(BMA)等。虽然2005年美军指定由国防业务系统管理委员会负责业务任务领域转型的管理工作,但业务任务领域的信息化建设仍然是GIG建设需要考虑的重要内容,必须考虑《业务企业化体系结构》与GIG体系结构的接口关系问题。政府问责办公室的评估报告认为,建立国防业务系统管理委员会以及业务转型局是美军由于面临业务管理领域任务越来越重、管理效率与有效性面临较大挑战的情况下快速成立的,这一方面体现了美军对业务转型工作的重视,另一方面也体现了美军业务管理信息化建设是美军信息化建设的组成部分,因此必须考虑与GIG的对接,以实现美军在作战、情报、业务管理等各个领域的信息化目标。

美军认为,包括国防采办业务管理信息化建设在内的业务转型工作,是一项长期而艰巨的任务,需要采取渐进、持续的方式逐步推进。当前,根据国防部的实际需要,在《业务企业化体系结构》和《企业化转型规划》的基础上,确定了一系列优先任务,并围绕这些优先任务的具体实施实现业务转型。作为美军国防采办业务管理信息化建设的组成部分,美军在采办全寿命管理以及供应与服务管理方面确定的转型优先任务如表16.1所列。

表16.1 美军采办全寿命管理以及供应与服务管理领域的转型优先任务

业务转型领域	采办全寿命管理领域	供应与服务管理领域
转型优先任务	采办审查一体化管理 计划项目管理 国防部技术出口监督 承包商来源管理 产品接收管理 资金支付管理	装备建造、生产、维修与保障 提交产品 装备处置与回收 资产清算

(四) 加强管理信息系统建设,提高业务管理的信息化水平

国防部业务转型的总体思路是以能力建设为核心,以信息技术为手段,以体系结构为指导,加强管理信息系统建设,实现业务管理的可视化,提高国防采办管理的信息化水平。美军通过制定《业务企业化体系结构》以及《企业化转型规划》,确定所需发展的管理信息系统的功能与技术指标,指导信息系统建设的顺利进行。

美军管理信息系统的采办遵循国防采办系统运行程序,采取国防部管理信息系统由业务转型局负责采办实施、各军种管理信息系统建设由各军种分散实施的策略。在国防部层次,业务转型局设立项目管理办公室,负责信息系统采办工作的实施;在军种层次,以陆军为例,由业务任务领域管理办公室组建项目管理办公室。具体的管理信息系统建设主要由美国军工企业及信息技术公司(如洛克希德·马丁公司与Oracle公司等)承担,业务转型局及军种的项目管理办公室与相关企业及公司签订采办合同,按照合同约定实施采办。美军《业务企业化体系结构》中,对需要建设的信息系统进行了顶层设计,并对相关系统的技术标准进行了明确的规范,项目管理办公室依据《业务企业化体系结构》中规定的技术标准签订合同。另外,美军《业务企业化体系结构》与《企业化转型规划》中都明确规定,美军管理信息系统的采办中,优先采取现货采购(COTS)的方法。由于美军大型军工企业在企业管理的信息化建设中拥有丰富的经验,并建设了大量先进实用的管理信息系统,美军采取现货采购或基于现货系统提出军方个性化的需求,不仅有利于提高采办效率,而且大大降低了信息系统建设的成本。如美军与洛克希德·马丁公司签订了企业资源规划系统(ERP)的采办合同,洛克希德·马丁公司依据美军的需求快速提交了产品,并应用于美军的采办管理工作之中。

为了确保管理信息系统采办工作的顺利实施,美军在《企业化转型规划》中,建立了各个管理信息系统的详细评估准则,包括管理信息系统建设的成本、进度与绩效等信息,以及每个信息系统采办的顶层策略等。国防部各部局根据《企业化转型规划》的规定,制定各自的转型规划,其内容主要包括进度安排、资源需求以及绩效准则。相关的里程碑决策当局根据绩效评估准则,对业务系统的采办过程实施里程碑决策点评审。

同时,美军投入了大量的经费用于管理信息系统建设,年均用于业务系统开发、维护、使用与现代化改造的费用高达150~200亿美元。

(五) 加强国防采办信息保密管理,确保信息传输的安全性

由于国防采办工作的保密性,美军不希望别的国家或普通民众获得国防采办管理信息。美军信息安全保密工作由国防部下属的国家安全局负责。美军主要通过采用技术手段加强国防采办信息的保密管理,主要包括设定安全等级、数据加密、数字签名、访问控制、设置防火墙等,同时还特别重视加强对计算机病毒的防范。

(1) 设定安全等级。根据美国国家计算机安全中心制定的计算机安全评价标准,美国国防部将军用计算机数据信息定义了A级、B1级、B2级、B3级、C1级、C2级、D级等7个安全级别。这些级别在描述信息的安全等级的同时,也相应规定了用户的安全等级,只有具备相应权限的管理人员,才有权访问相应的信息。

(2) 数据加密。数据加密技术是为提高信息系统及数据的安全性和保密性,防止秘密数据被外部破解的主要技术手段,主要分为数据传输加密、数据存储加密和数据完整性鉴别技术等三种方式。美军根据信息安全等级,在信息存储与传输中,广泛采用相应的数据加密技术。

(3) 数字签名。在网络信息传输与用户交往中,为确保接受到的信息确系发送者所为,常常采用数字签名技术。通常签名者利用私有密钥对需签名的数据进行加密,而接收方则利用签名者的公开密钥对签名数据进行解密。

(4) 访问控制。访问控制的作用是按照事先确定的规则,确定访问主体对资源(信息和服务)的访问是否合法,拒绝未经许可的资源使用申请,并记录使用情况,做出分析报告或进行适当的处理。

(5) 安装防火墙。防火墙是把互联网与内部网隔开的屏障,常常被安装在受保护的内部网与互联网相连的地方。防火墙是分离器、限制器和分析器。所有来自互联网的传输信息或从内部网络发出的传输信息都要从这个唯一的、受控制的防火墙进入或离开。防火墙扫描所有通过的信息,根据该站点的安全策略,仅允许认可的或符合规则的信息穿过内部网络,也可以屏蔽来自不信任网址的任何请求。因此,防火墙可有效地记录和控制穿越防火墙的活动,减少网络黑客侵袭内部网的可能性,同时还能禁止内部用户将敏感信息发送到外部环境。

(6) 病毒防治。计算机病毒是严重威胁网络安全的重要因素,美军通常采取安装防病毒卡和杀毒软件等方法,严格控制计算机和软盘的使用,在数据、文件要发生改变或硬盘被格式化等情况下及时发出警告。

三、美军国防采办业务管理信息化建设的典型案例

近年来,美军大力加强国防采办业务管理信息化建设,开发了大量的国防采办管理信息系统,大幅度提高了国防采办管理的信息化水平。美军每年用于业务转型的经费维持在160亿美元左右,其中用于采办业务管理信息化建设的费用占上述总费用的30%左右。美军通过将国防采办全寿命管理相关的所有数据进行电子化存储、处理与传输,并通过辅助决策系统的支持,大大提高了采办管理的效率和有效性。下面重点介绍几个典型的国防采办管理信息系统,说明美军国防采办业务管理信息化建设的有关情况。

（一）面向需求生成的知识管理/决策支持数据系统

美军需求生成是一个螺旋式上升的复杂过程，分为需求分析过程（JCIDS分析过程）与需求评审过程。其中，需求分析过程需要经过功能领域分析（FAA）、功能需求分析（FNA）以及功能方案分析（FSA），分别确定美军需要完成的能力任务、现存的能力差距以及弥补相关差距所需的能力方案。

根据参谋长联席会议第3170号指令的要求，在需求生成过程中，应当采用联合能力集成与开发系统（JCIDS）和信息化管理手段，对需求生成过程实施管理。为此，美军建立了知识管理/决策支持数据系统（KM/DS），对多个需求文件（作战能力文件）及其过程文件的分发、传递过程等实施电子化管理，提高了需求管理的有效性。

知识管理/决策支持数据系统存储了美军指导需求论证的一系列顶层文件，主要包括《国家安全战略》《国家军事战略》《国防战略》《联合设想》、联合行动概念、联合作战概念、联合功能概念以及军种作战概念以及一体化体系结构等内容，为国防部和各军种开展需求论证工作提供依据。各军种需求论证的过程稿也定期存入知识管理/决策支持数据系统，并向需求文件初审官以及更高层的需求评审部门汇报。联合需求监督委员会（JROC）及其下属的功能能力委员会、联合能力委员会及其初审官对需求文件的评审意见也通过该系统向需求文件起草部门反馈，上述部门之间可以借助该系统就相关问题进行沟通。另外，该系统也可对相关需求文件的生成过程进行详细的记录，跟踪记录文件的进展情况，并提供对需求文件的检索。美军在需求文件的起草、传递、评审、意见反馈以及开展采办里程碑决策评审过程中，通过知识管理/决策支持数据系统（KM/DS）对各类需求信息实施信息化管理，提高了需求管理的工作效率。

（二）面向采办规划计划与预算编制的国防计划数据库

以前，美军所有的规划计划与预算成果都是以文本形式进行传递与评审。2003年，国防部发布《管理倡议决定913》（MID913），规定在规划计划预算与执行系统（PPBES）中，建立规划计划预算数据库系统，主要用于规划计划预算与执行相关数据的收集与管理。根据该规定的要求，美军建立了国防计划数据库（DPD-DW），主要包括6年国防计划（FYDP）数据、各部局计划目标备忘录（POM）与上报概算（BES）等相关的采办计划与预算数据等信息。

国防计划数据库由计划分析与鉴定局实施管理，各部局所编制的计划目标备忘录（POM）与上报概算（BES）均上传到该信息平台实施审批，并最终形成《计划决策备忘录》和《总统预算》。该数据库拥有大量的计划、预算与采办信息及相关报告，最早的信息可追溯到1994年，同时拥有2005年以来美军采办及预算相关的所有报告与信息，并可以提供检索，便于国防部部局在制定计划与预算的过程中查询使用。

国防计划数据库详细记录了部队、设施与环境、投资、作战与保障、人力资源以及周转资金等6个方面的数据内容，详细记录了美军相关的历史文件（PDF版本）以及数据文件，也详细记录了美军研究、发展、试验鉴定情况和美军重大国防采办项目的经费规模、进度安排、实施情况，同时收录了美军《选择性采办报告》（SAR）以及《国防采办执行情况概要》（DAES）等相关报告与信息，对美军国防计划与预算的制定提供了参考和支撑。

国防计划数据库建成后，为国防部高层的规划计划预算与执行系统审批部门以及负责计划与预算编制的各部局建立了一个良好的交流与反馈平台。规划计划与预算的成果(包括6年国防计划报告)在平台上定期发布,便于国防部各部局实施分析、反馈以及提出修订意见,有利于国防采办规划计划与预算结果的优化,提高了美军规划计划与预算数据收集的效率和信息共享程度,提高了规划计划和预算生成的信息化管理水平。

(三) 面向国防采办合同管理的标准采购系统

美国防部于1994年启动标准采购系统(Standard Procurement System)的开发工作,最初的开发工作由采办部门负责,2005年该系统的开发与更新纳入业务转型局管理。标准采购系统集成了国防部多个采购管理系统的相关功能,为美军在世界各地的21600个采购用户、700个国防部站点提供服务。标准采购系统对美军重要装备研制和采购合同业务的全过程包括招投标、承包商选择、合同签订、合同履行、合同支付、合同终止等重要环节,实行信息化管理。该系统采用渐进式开发策略,不断集成美军合同管理相关的其他信息系统,如图16.9所示。

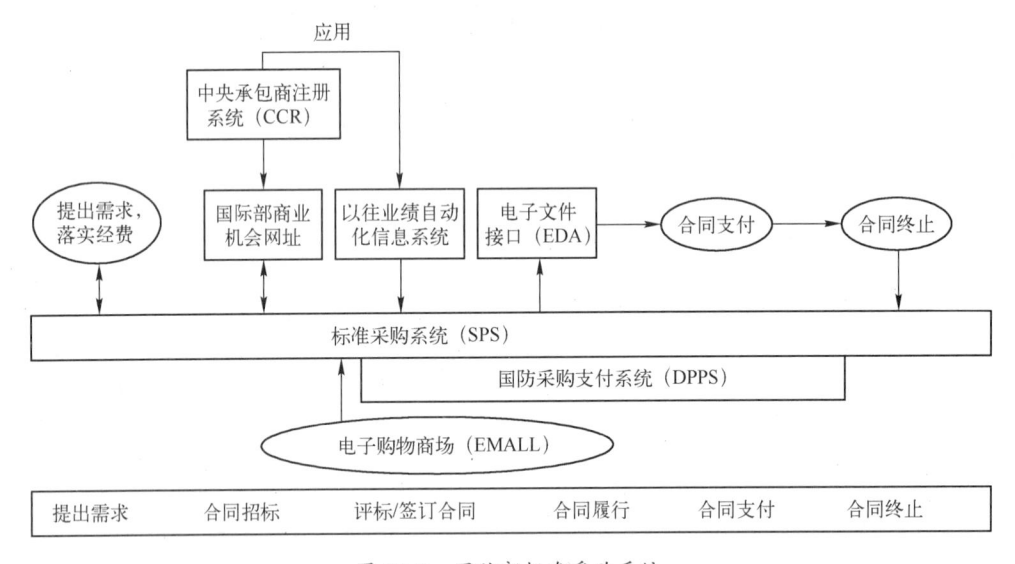

图 16.9 国防部标准采购系统

在评标及合同签订环节,国防部在中央承包商注册系统基础上,建成了承包商以往业绩信息检索子系统(PPIRS)。该系统的运行过程是,国防部有关部门根据中央承包商注册系统的信息资料,按照航空、造船、航天、枪炮(含战术导弹)、地面运输工具、运输系统等装备领域,技术管理支持保障、维修服务、安装服务、运输业等服务项目,以及信息服务等不同的领域,搜集承包商近期完成的或正在履行的各类产品或劳务合同的业绩信息;依据国防部制定的技术(指产品质量)、进度、成本控制和管理等方面的业绩评定标准,对这些业绩信息进行评定,将承包商履行合同的业绩等级或履行合同能力的信任度分为杰出的(Exceptional)、非常好的(Very Good)、满意的(Satisfactory)、勉强够格的(Marginal)和不满意的(Unsatisfactory)5个等级,分别以深蓝色、紫色、绿色、黄色和红色表示,将评定结果录入相关的以往业绩自动化信息系统,履约信任度和业绩等级高的承包商将成为下次竞争招标的优选对象。该信息系统中的全部信息资料可由国防部与其他政府采办机构共享,也能够随时向相关承包商提供各种反馈信息,对承包商起到有效的激励和监督作用。

在合同签订、履行和支付等环节,标准采购系统集成的国防采购付款系统(Defense Procurement Payment System, DPPS)取代了原国防财会局的机械化合同管理服务系统(Mechanization of Contract Administration Services System, MOCAS)。MOCAS 到 DPPS 的最大变化,是改变了 MOCAS 功能分段、自成体系的管理方式,把分别设立的合同签订、物资控制、财务管理、合同支付、合同管理等功能综合考虑,建立具有标准数据接口、实行数据共享的采购管理环境。

对于现货采购,国防部专门建立了电子购物商场(EMALL)。该商场通过每周7天、每天24小时的全天候服务,为供需双方提供了方便、快捷的交易环境。在 EMALL 内,购买方可以方便地获得多家卖主的信息,对多种产品的价格、质量、性能、交货及付款方式等因素进行比较,获取最高的采购效益;供应方可以广泛获得买方信息,更快地获得项目招标书,借助网络技术简化交易程序,缩短交易时间。从长远看,EMALL 改变了传统的采购方式,由多次重复、工作量大的分散采购向大规模集中采购转变,能够大幅度降低采购成本。使用 EMALL 后现货交易的成本仅约为 11.3 美元,相比传统方法 125~175 美元的交易成本大为降低。

(四) 面向国防采办里程碑决策评审的综合采办报告系统与采办信息检索系统

里程碑决策评审是美军国防采办全寿命管理的重要环节,是美军对采办项目实施节点控制的重要工具。里程碑决策当局通过执行严格的评价标准和阶段放行准则,从技术、进度、成本等多个角度对采办项目的阶段进展情况进行审查,根据评审结果判定采办项目是否转入下一采办阶段。里程碑决策评审的主要对象是项目管理办公室定期提交的项目基线报告(APB)、选择性采办报告(SAR)和国防采办执行情况概要(DAES)等报告。美军主要通过综合采办报告系统(CARS)与国防采办管理信息检索系统(DAMIR)等信息化手段,对提交审查的三种报告和采办管理信息进行综合管理,为里程碑决策评审提供支撑。

综合采办报告系统利用统一的数据库存储项目基线报告、选择性采办报告和国防采办执行情况概要,为里程碑当局的决策评审提供重要支撑。美军要求,所有国防采办项目都必须使用综合采办报告系统,提交选择性采办报告等采办评估报告,以辅助里程碑决策当局实施决策评审。综合采办报告系统包括项目基线报告、选择性采办报告和国防采办执行情况概要3个模块,分别用于生成三种类型报告。其中,选择性采办报告模块和国防采办执行情况概要模块,分别包含每季度提交的采办成本预算报告和突破既定预算异常报告。该系统可以核查选择性采办报告和国防采办执行情况概要中的基础数据,还包含用于计算选择性采办报告中的成本变动情况等分析模块,进行辅助决策。综合采办报告系统通过项目识别号授权使用,项目识别号一般由采办、技术与后勤副部长办公室联络处负责发放。

上述项目报告信息提交至综合采办报告系统后,采办、技术与后勤副部长办公室或国防部业务局联络处对报告信息进行编辑,交由里程碑决策当局审批。综合采办报告系统为项目主任、部局采办执行官和国防采办执行官提供了电子化的项目信息,并规定了采办信息的提交格式与标准,项目信息一次生成多次使用,大大减轻了项目管理办公室提交项目报告的工作量。另外,该系统还为采办、技术与后勤副部长办公室和军种部提供了有效的决策分析工具,提高了采办管理的科学性与工作效率。

2007年12月,国防部在综合采办报告系统的基础上,开发完成了国防采办管理信息检索系统(DAMIR)。采办管理信息检索系统通过美军的管理信息网络平台,为采办管理部门提供具有高度可视化的采办项目信息,并借此简化采办管理流程,加强管理部门对采办项目的监管。该系统的主要管理对象是重大国防采办项目(MDAP)和重大自动化信息系统(MAIS)项目[①]。国防采办管理信息检索系统主要由两部分组成:主功能区和虚拟数据库。主功能区显示项目的任务要求、说明、成本、资金及进度等(有统一的标准制式)项目信息。随着信息检索系统的逐步发展,未来将能够直接从军种采办数据库提取动态信息进行综合集成,并统一发布到国防采办管理信息检索系统平台上,从而使采办信息具有更强的时效性,及时为决策当局评审提供辅助意见。虚拟数据库是项目信息查询检索工具,用于满足采办部门检索信息的需求。采办部门可通过该库检索项目预算信息及采办策略等项目文件。虚拟数据库存储包括Word文件、PDF文件等多种类型文件,数据来源包括Oracle数据库、文件服务器及网络服务器等。国防采办管理信息检索系统的特点是能够在线生成、编辑和提交选择性采办报告及项目基线报告,采办管理人员可以通过该系统召开网络会议,对选择性采办报告及项目基线报告进行网上基线审查,还能够提供全面的网络服务并同军种采办管理系统进行数据交换。国防采办管理信息检索系统的使用,统一了军种及国防部业务局的采办管理信息数据格式,加强了采办部门对项目的有效管理,在提高评审当局决策能力的同时,便于管理部门统筹管控,对项目做出适时调整。

(五) 面向装备保障的全球作战保障系统

针对美军在海湾战争中战场装备保障信息难以有效获取,装备保障工作开展困难的状况,美国国防部于20世纪90年代中期开始开发全球作战保障系统(GCSS),以提高装备保障工作的信息化水平。

全球作战保障系统的主要目标是把全军后勤、财务、采购、人事、医疗等领域的信息集成到同一网络系统中,为作战部队及时提供部队方位、作战行动以及设备、物资等方面的信息,保障部队作战与训练任务的顺利完成。美军全球作战保障系统是一个功能强大的管理系统,由很多子系统组成,是一个典型的系统族(FOS)。国防部国防信息系统局(DISA)负责全球作战保障系统的系统结构和工程设计以及开发、集成、使用与维护工作。在2003年伊拉克战争期间,全球作战保障系统及时为美军提供了大量的作战与装备保障信息,大大提高了作战决策与装备保障的工作效率,推动了装备保障工作的有效、快速实施,取得了良好的实施效果。

除了全球作战保障系统外,美军各军种也拥有独立的装备保障管理信息系统。虽然各军种都有自身的保障管理信息系统的进一步开发计划,但总的趋势是进行综合集成。一方面,国防部以全球作战保障系统为核心,将各军种的信息系统集成在一起,加强保障管理信息系统的综合集成,促进保障信息的共享;另一方面,各军种也在积极加强本系统装备保障管理信息系统的综合集成。空军在其保障战略计划"21世纪远征的保障"中提出:要建立实时的全球远程保障网络,通过可视化技术,实时或近实时地准确掌握设备、

---

① 美军要求这两类项目必须使用国防采办管理信息检索系统上传报告并进行决策评审,对其他类项目则不做强制性要求。

零部件、人员和费用等资源的状态和位置,做到与飞机远程作战同步匹配,并随时收集和反馈数据,调整和控制作战与保障行动,保证远程作战的需要。陆军实施的"一体化保障业务"目标是集成陆军所有的保障信息系统,解决以往各种信息系统数据来源不同、格式不同带来的互不兼容等问题,满足陆军装备作战保障的需要。

  上述各系统并不是孤立的,而是相互联系的。按照国防部业务转型局发布的《业务企业化体系结构》的要求和技术规范,各系统应当以规定的信息传输格式进行信息交换,保证国防采办全寿命过程中各种信息的有效共享,为采办管理与技术人员开展工作提供支持。

第十七章　国防采办队伍建设

美国国防采办队伍主要是指美军内部从事国防预研、研制、采购、维修保障等国防采办全寿命过程管理与决策的专业化人员队伍。美军正式的国防采办队伍由军职人员与文职人员组成,除此之外还聘用合同制人员作为采办管理的重要补充力量。经过长期发展,美军在国防采办队伍管理方面,已经建立了较为完善的管理制度,拥有较为成熟的管理经验。

第一节　国防采办队伍的规模与结构

目前,美国拥有超过 15 万名国防采办管理人员,绝大多数为文职人员,军职人员约占总量的一成,此外还雇佣 2 万名左右的合同制人员;主要采办队伍集中在军种与国防部部局,国防部长办公厅的采办人员数量较少;美军强调采办队伍的专业化建设,将采办队伍划分为 14 个专业领域,具有较强的管理能力。

一、采办队伍的军文职构成

经过两百多年的发展完善,美国建立了特色鲜明的国防管理制度,坚持"文官治军"原则,将其管理体制分为军政与军令两大体系,具备以下特点:①美军军政(业务建设)与军令系统(作战指挥)相对分开,各自开展专业化管理;②以文官为核心的军政系统控制美国国防与军队建设,以防止军人干政或擅权;③军政与军令系统有机融合、相互协作。

军政系统主要为文职人员,总人数为 80 万左右,约占美军总人数的 1/3。美军文职人员,属于联邦政府雇员(相当于我国政府的"公务员"),负责为作战部队提供所需的装备、资金、人员、物资以及卫生勤务等方面的保障,简而言之负责"养兵"。与文职人员对应的是美军军职人员(包括军官与士兵),总人数为 143 万左右,在参谋长联席会议及联合参谋部的领导下,负责部队作战与训练,以及作战理论、战术及条令等的编制,简而言之负责"用兵"。表 17.1 所列为美军军职人员与文职人员数量情况。

表 17.1　美军军职人员与文职人员数量情况[①]

年　份	合　计	文职人员数量	军职人员数量
2013 年	约 223 万	约 80 万	142.9 万

---

① 数据来源:军职人员数量数据来自于维基百科,准确数字为 1429995(2013 年 1 月数据);文职人员数据来自于《2014 财年国防预算优先选择报告》。

美国国防采办队伍分为军职人员与文职人员,并以文职人员为主,文职人员与军职人员的比例大体为9:1。2012财年美军采办队伍总数为151749名,其中文职人员数量在13.6万左右,军职人员数量在1.5万左右,如表17.2所列。

表17.2 美军采办队伍军职人员与文职人员数量情况

年 份	合 计	文职人员数量	军职人员数量
2012财年	151749名	136137名	15612名
		89.7%	10.3%

二、采办队伍按部门的分布情况

美军超过15万名的采办队伍,是按承担采办职能与相关职业的人员进行统计的。如果按照从事采办管理的部门统计,将相关部门的所有人员都统计在内,这个队伍数量将更加庞大,在冷战时期最高曾达到62.2万名,冷战后美军大幅削减人员规模,2006年所有采办部门的人员总和也高达27.8万名,而同期按照美军有关标准确定的采办队伍数量为12.8万名,如图17.1所示。

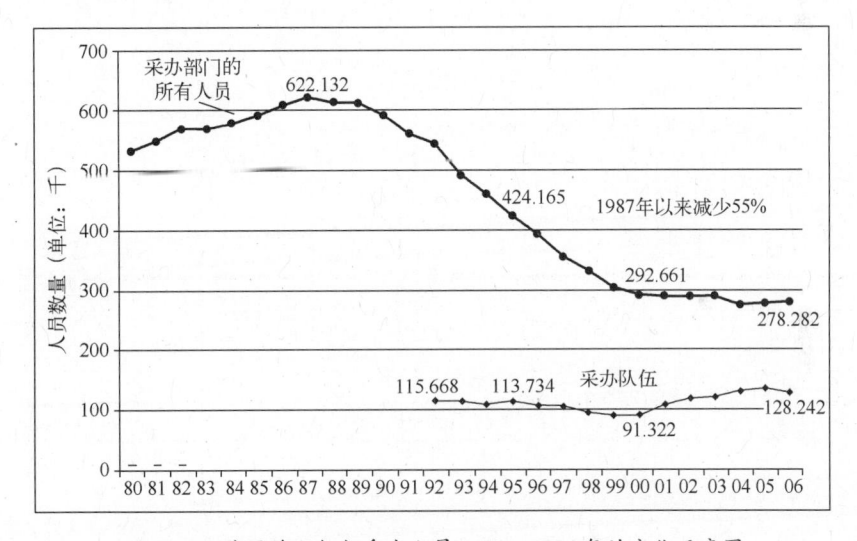

图17.1 美军总人数与采办人员1980—2006年的变化示意图

美军采取国防部集中领导、军种分散实施的国防采办管理体制。国防部通过采办、技术与后勤副部长集中领导全军国防采办工作,负责制定国防采办政策,审查和管理重大项目的采办计划,并统一负责国防合同的履行监督、合同审计、合同支付与合同仲裁,协调三军采办工作。另外,国防部也直接管理一些重大国防采办项目,如导弹防御局、国防高级研究计划局对重大、通用性国防采办项目实施统管。

军种主要负责根据国防部的顶层设计与所确定的采办计划,负责具体项目的采办工作。各军种负责采办的助理部长是军种采办的最高直接领导,也称为军种采办执行官,受国防采办执行官及军种部长的双重领导。在军种内部,国防采办的实施单位是各军种装备司令部(海军为系统司令部),各司令部下设若干项目管理办公室,负责具体项目的采办管理。

总体上看,美军国防采办队伍主要集中在军种层面,其中:海军采办队伍最多,为5.3万名左右,占总量的35.0%;陆军采办队伍为4.2万名左右;空军采办队伍3.4万名左右;国防部及业务局约2.3万名,占比15%。国防部及各军种采办队伍数量情况如表17.3所列和图17.2所示。

表17.3 国防部及各军种采办队伍数量情况

年 份	合 计	国防部及业务局	陆 军	海军(含海军陆战队)	空 军
2012 财年	151749 名	22755 名	41885 名	53071 名	34038 名
		15.0%	27.6%	35.0%	22.4%

2001—2012财年

■红色:相比前一年数量下降
■绿色:相比前一年数量上升

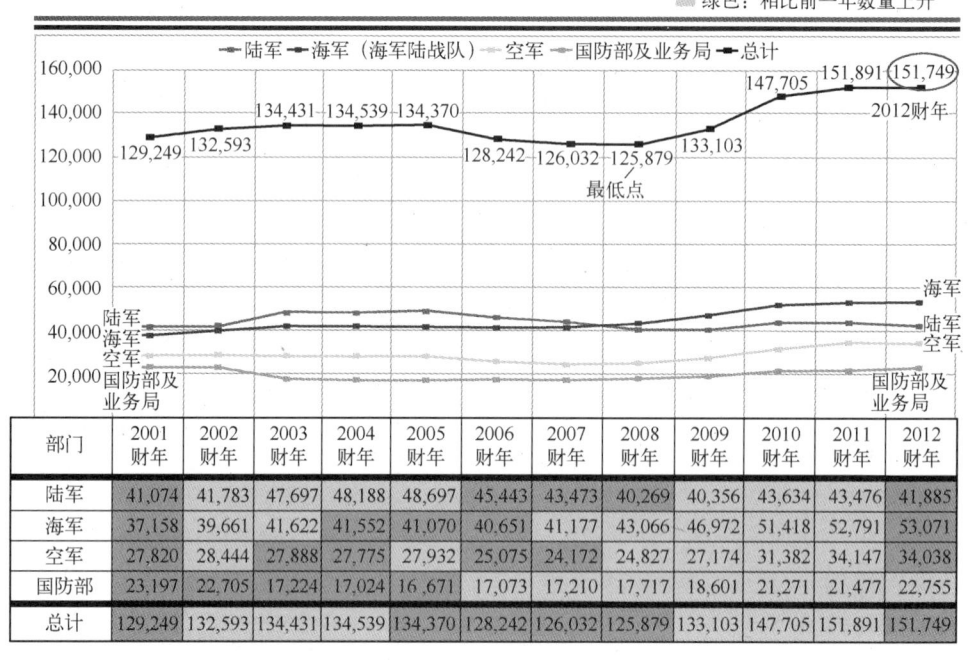

部门	2001财年	2002财年	2003财年	2004财年	2005财年	2006财年	2007财年	2008财年	2009财年	2010财年	2011财年	2012财年
陆军	41,074	41,783	47,697	48,188	48,697	45,443	43,473	40,269	40,356	43,634	43,476	41,885
海军	37,158	39,661	41,622	41,552	41,070	40,651	41,177	43,066	46,972	51,418	52,791	53,071
空军	27,820	28,444	27,888	27,775	27,932	25,075	24,172	24,827	27,174	31,382	34,147	34,038
国防部	23,197	22,705	17,224	17,024	16,671	17,073	17,210	17,717	18,601	21,271	21,477	22,755
总计	129,249	132,593	134,431	134,539	134,370	128,242	126,032	125,879	133,103	147,705	151,891	151,749

图17.2 2001—2012财年国防部及各军种采办队伍数量情况示意图

三、采办队伍专业结构

美国国防采办人员按照专业可分为14个领域,具体包括:系统工程,合同签订,全寿命后勤,项目管理,生产、质量与制造,试验鉴定,商务,设施工程,信息技术,审计,现货采购,科学与技术管理,资产管理,其他(含教育、培训与职业发展)。各专业人员数量情况如图17.3所示。

(1) 系统工程人员数量最多,高达3.97万名,主要负责领导与管理国防采办领域的设计、研制、制造、采购、改进的工程活动,人员多为工程技术或工程管理人员。

(2) 合同签订人员数量次之,总数约3万名左右,负责:承包商的选择与招标,合同的准备、谈判与签订,合同全过程管理,终止合同。人员包括合同谈判员、合同专家、合同终止专家、合同管理员、采购分析员、行政合同签订官、采购合同签订官、合同定价或费用分析员。

（3）全寿命后勤人员与项目管理人员数量相近，分别为1.75万名和1.58万名左右。全寿命后勤人员负责制定采办后勤战略与规划，并开展后勤保障工作，相关人员主要集中在后勤与装备战备助理部长及其领导下的国防后勤局。项目管理人员负责项目采办全寿命管理，对采办项目实施成本、进度、性能综合管控，主要包括各部局采办执行官、计划执行官、项目主任及项目管理办公室核心管理人员。

国防采办人员专业领域	2001财年	2002财年	2003财年	2004财年	2005财年	2006财年	2007财年	2008财年	2009财年	2010财年	2011财年	2012财年
系统工程	34,899	34,620	33,711	35,080	34,752	35,142	34,710	34537	36,704	39,201	39690	39,707
合同签订	25,413	27,884	26,987	26,248	26,025	27,748	26,038	25680	27,655	29,792	30327	30,035
全寿命后勤	11,060	11,145	11,711	11,121	12,493	12,332	12,604	13361	14,852	16,861	17369	17,455
项目管理	14,031	14,302	12,026	13,306	12,284	12,775	12,427	12781	13,422	14,915	15683	15,846
生产、质量与制造	10,547	9,888	9,296	9,280	9,397	8,966	8,364	9138	9,023	9,727	9601	9,458
试验鉴定	5,113	6,197	6,602	7,192	7,384	7,280	7,419	7420	7,892	8,446	8573	8,579
商务	10,279	10,252	8,404	8,189	8,119	7,747	7,387	7085	7,262	8,124	8261	7,989
设施工程	-	2,111	8,957	9,143	8,356	3,927	4,394	4920	5,420	6,911	7428	7,290
信息技术	5,612	6,139	5,330	5,522	5,472	4,843	4,423	3934	4,358	5,165	5563	5,816
审计	3,457	3,531	3,481	3,508	3,536	3,486	2,852	3638	3,777	4,143	4231	4,505
现货采购	4,121	3,043	3,058	2,820	2,438	1,680	1,170	1196	1,238	1,287	1276	1,348
科学与技术管理	-	165	210	257	314	291	483	480	623	2,561	3062	3,210
资产管理	620	653	656	674	571	500	481	451	475	501	483	450
其他	4,097	2,663	4,002	2,199	3,229	1,495	3,280	1258	402	71	344	61
总计	129,249	132,593	134,431	134,539	134,370	128,242	126,032	125,879	133,103	147,705	151,891	151,749

图17.3　2001—2012财年美军采办各专业人员数量情况

（4）生产、质量与制造，试验鉴定，商务，以及设施工程等4个领域的人员数量相近，大体维持在7000~9000的规模，其中：生产、质量与制造人员主要是指合同管理人员，主要负责合同履行监督管理工作（相当于我军的军事代表人员），美军相关人员主要集中在国防合同管理局，人数为9458名；试验鉴定人员主要是指国防部层面的试验鉴定管理机构及军种的试验鉴定实施机构，人数为8579名；商务人员主要是指成本估算与财务管理人员，总人数为7989名，其中成本估算人员为1271名，财务管理人员为6718名；设施工程人员负责军事装备、设施、道路和海洋设施的设计、建设和全寿命周期维护，并开展环境保护工作，人数为7290名。

（5）信息技术与审计方面的人员数量相近，分别为5816名和4505名。前者负责信息系统建设与管理工作，主要为信息技术专家、计算机工程师、信息管理人员等；后者负责国防采办过程的财务审计，主要集中在国防审计局。

（6）现货采购、科学与技术管理、资产管理等方面的采办人员数量分别为1348名、3210名、450名。

综上，美军采办队伍中系统工程、合同签订、全寿命后勤、项目管理4个领域的采办人员规模最大，总量超过10.3万名，占采办队伍总量的2/3。剩余5万名采办人员中，生产、质量与制造，试验鉴定，商务，设施工程等4个领域的数量最大，总量为3.3万名。其他6个专业的采办队伍总量仅1.5万名左右。美军采办队伍专业划分示意图见图17.4。

从上述情况,可以看出美军采办队伍建设具有以下几方面特点:①美军高度重视国防采办系统工程管理,通过维持规模庞大的系统工程及技术管理队伍,强化对采办项目的精细化管理,使所采办装备保持较强的可靠性、稳定性与技术成熟度;②强化采办合同签订管理工作与竞争性采购,美军认为合同内容是否科学、合同签订是否规范、承包商来源选择是否经过充分竞争,直接决定着最终的采办结果,美军严把合同签订管理这一关,每个项目管理办公室都设有合同签订官,加强对合同签订工作的统筹与管理;③对采办项目实施全寿命管理,其全寿命后勤及项目管理人员各1.5万名以上,是美军项目管理体系的主要组成人员,美军依托项目管理体系对采办项目实施全寿命管理,加强对国防采办各阶段的有效统筹与科学管理;④加强采办成本管理,美军拥有一支专职的国防采办成本估算与管理队伍,总数为1271名,此外美军合同签订队伍(30035名)以及生产、质量与制造队伍(即合同管理人员,9458名)广泛参与采办成本与价格管理,确保了美军采办管理的科学性与有效性。

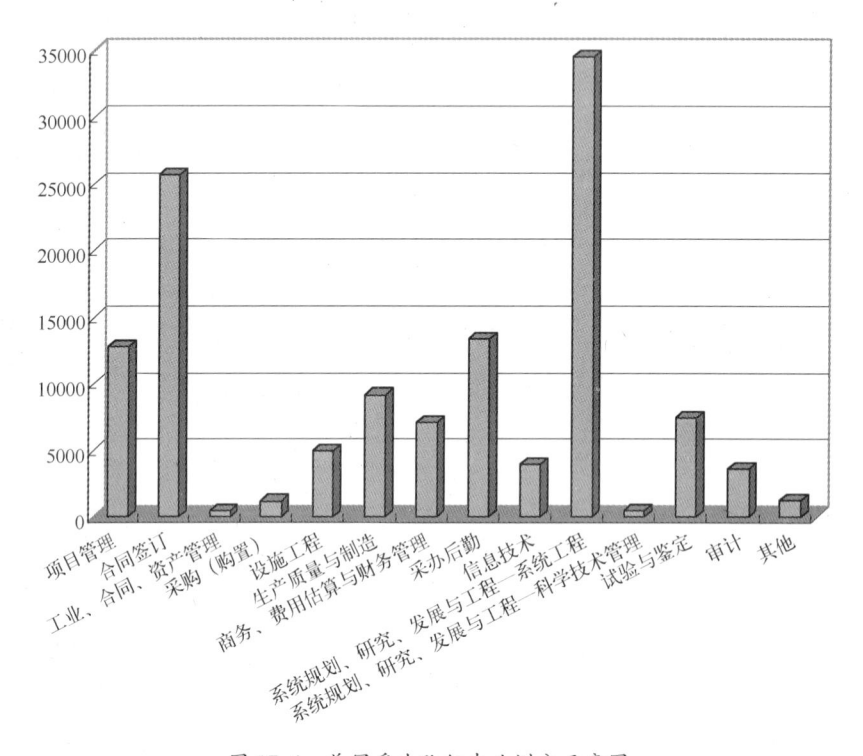

图 17.4 美军采办队伍专业划分示意图

四、采办队伍学历结构

美军国防采办人员总体来讲拥有较高的学历层次,81.5%具有本科以上学历,获得学士学位,总量为123734名,其中52832名具有研究生学历,占整个采办队伍的比例为34.8%。未达到本科学历的占比18.5%,总量为28015名,其中约有一半数量的采办人员属于大学肄业,另外一半仅高中毕业,还有1000余人属于高中以下学历。美军采办队伍学历结构如表17.4所列。

表 17.4　美军采办队伍学历结构

学历层次	采办人员数量及所占比例	
硕士	52832	34.8%
本科	70902	46.7%
大学肄业	13019	8.6%
高中	13702	9.0%
高中以下	1294	0.9%
总计	151749	100%

从上述学历结构可以看出，美军一方面重视学历教育，绝大多数都能达到本科以上学历，有 1/3 以上达到硕士及以上学历；另一方面并未将学历教育作为衡量采办队伍能力的唯一标准，有接近 1/5 的采办人员未达到本科学历，体现了美军对实际工作能力更加重视。

五、岗位设置结构

美军采办队伍按照岗位分为三大类，其中：最高层为核心领导岗位，2012 财年该类岗位共有 1333 名采办人员，占比 0.9%；中间层为关键采办岗位，2012 财年该类岗位共有 15815 名采办人员，占比 10.4%；剩余为一般性采办管理岗位，2012 财年该类岗位共有 134601 名采办人员，占比 88.7%。美军采办队伍岗位设置结构如表 17.5 所列。

表 17.5　美军采办队伍岗位设置结构

岗位类别	采办人员数量及所占比例	
核心领导岗位	1333	0.9%
关键采办岗位	15815	10.4%
一般性采办管理岗位	134601	88.7%
总计	151749	100%

六、合同制人员情况

除了上述国防部采办队伍外，美国政府还根据任务需要，聘用一定数量的合同制人员（Contractor Personnel），主要负责协助正式采办人员开展管理与技术工作。

美国政府人力资源管理部门（Office of Personnel Management, OPM）对冷战后美国政府人员情况进行评估指出，联邦政府各部局包括国防部在内其文职人员的数量从 1990 年的 310 万名下降至 2004 年的 270 万名，下降幅度达 13%。同期美国通过签署服务合同方式招聘外部人员的数量不断上升，由于美国政府没有披露详细数据，目前估算来讲应该在数十万人，保守估计应在 30 万名以上。

根据美国政府主计长对合同制人员管理情况的评估报告，聘用合同制人员主要出于以下目的：①能够灵活地招聘到具有特定技能的人员；②节省人力成本与相关保障性经费；③能够缩减政府人员编制数量；④外聘人员可以更加专业地承担以往由政府承担的非行政性管理工作；⑤能够在紧急情况下迅速补充政府所需的人员、弥补相关能力。

奥巴马政府高度重视国防采办领域的"拖、降、涨"问题,并将采办队伍能力建设作为其采办管理领域的一项重点工作。在国会要求下,美国政府问责办公室发布多份采办队伍评估报告,较为重要的如2009年4月发布的《采办队伍:国防部可通过跟踪分析合同制人员数据加强对合同制人员的监管》等。该报告分析了美军66个项目管理办公室上报的数据,其采办人员(含合同制人员)总数为8762名,其中合同制人员总数为3277名,占比37%。整个国防采办领域雇佣的合同制人员总数为2万多名。美军合同制采办人员在一定情况下,也可以转化为正式雇员。奥巴马政府2009年提出到2015年前吸收1.1万名合同制人员充实到采办队伍中去。

合同制人员主要从事服务性专业技术工作,即非政府固有职能类工作,如技术支持、论证咨询、决策支持、服务保障等。在国防采办领域,采办合同签订前的准备工作、合同签订后的履行监督工作以及维修保障工作,都吸收合同制人员广泛参与。

美国强调对于涉及国家安全与公共利益的政府核心职能,必须由政府及军方正式成员承担。根据美军采办管理政策,其核心的管理职能包括规划计划、里程碑评审等工作由正式的文职人员与军职人员承担。

合同制人员与政府及军方人员紧密配合,职能上相互补充,工作内容相似性强,经常在共同的场所开展工作,形成一种"混合型"组织模式。另外,合同制人员一般都是长期的全职岗位,少量为短期合同,合同期满后一般续签合同。

第二节　国防采办队伍的管理

美军高度重视采办队伍能力建设,建立了较为完善的人员招聘与调动、人员培训、职级晋升管理制度,并采取社会化招聘与部门调动相结合的方式,推动采办人员任职资格与专业技能的持续提升。

一、人员招聘与调动

美军采办队伍主要来源于两大渠道:社会化招聘和跨部门调动。

对于社会化招聘,美军主要面向大学应届毕业生进行招聘,并优先采取实习生政策,即吸收地方大学生到有关采办管理部门实习并进行择优录用。这是美军采办队伍的重要来源。

对于跨部门调动,美军人员管理机制较为灵活,跨部门调动情况较为普遍。美军非常注意采办队伍的流动就职问题,不仅在本领域为他们安排不同的工作和岗位,还鼓励他们在不同领域、不同项目和不同地区间进行流动。以国防合同管理局为例,目前从事合同管理不足4年的人员,60岁以上的有47人,50~60岁之间的有216人,40~49岁之间的有401人。美军通过将这些有丰富工作背景与相关经验的管理人员吸收到采办管理部门,有效提升了国防采办管理的专业化水平。

对于合同制采办人员,则主要由相关采办管理部门根据自身工作需要,在全社会范围实施招聘。美军国防采办合同制人员有十分明确的岗位要求:①国防部合同文职人员要求应聘者为美国公民;②应聘者需要通过保密审查,不允许录用有犯罪记录或信用不良的人员。此外,美国市场机制完善,拥有大量的专业性猎头公司或中介机构等,负责挖掘和推送各领域的人才。美军还高度重视校园招聘和采取实习生制度招聘高等院校优秀毕业生,并优先录用退伍老兵。军方相关采办管理部门对相关人员进行考试与筛选,最后通过签订合同的方式聘用。

二、职级与晋升管理

美国国防部实施基于能力的资格认证制度,将每个采办职业领域都分为初、中、高三级,即第一级(level Ⅰ)、第二级(level Ⅱ)、第三级(level Ⅲ)采办人员。国防采办队伍整体呈"橄榄形"分布结构,第二级采办人员人数最多,约占整个采办队伍的70%。采办职业领域的三个等级都有相应的职业考核标准,对教育培训和资历情况均有具体的要求。对应于职级的三级划分,各领域任职资格标准也分为三个等级。美军在设定每个等级标准时,除考虑能力要求外还突出人员对专业基本技能的掌握,除通过教育培训课程外,注重引导他们在其他采办领域获取一定的知识和能力,为将来担当更为重要的职责打下基础。

各军种与国防部部局采办执行官负责组织对本部门国防采办人员的任职资格进行评定,只要参评人员满足相应职种职级要求,即可就任相应岗位。美军原则要求就任某等级采办岗位人员必须获得相应任职资格等级,并接受拟就任岗位要求的特殊培训。特殊情况下,也可以在未获得相应任职资格等级的情况下就职,但在就任时应列出个人发展计划,确保在未来24个月或部局采办执行官规定的时间内满足相应任职资格要求。若在这个时间后还未达到标准,就必须通过相关程序获取一个特权证书,否则必须离职。

美军以国防采办人员所在领域的任职资格标准为牵引,实现对其整个职业生涯发展的规划和管理。国防采办人员通过不断获得更高的任职资格实现专业技能进步,从入门者逐步成长为重要采办岗位领导人员,如图17.5所示。

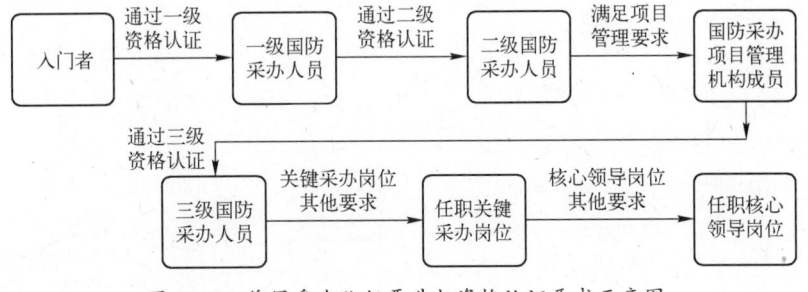

图17.5 美军采办队伍晋升与资格认证要求示意图

三、采办队伍管理法规政策

美国是一个法制建设完备的市场经济发达国家,在采办队伍建设方面建立起一套较为完备的法规文件体系,重视依靠法律、法规和规范性文件,规范、管理和加强国防采办队伍建设。相关的法规文件体系分为三个层次。

(1) 第一层是国会立法。国会于1990年颁布《国防采办队伍加强法》,原则规范国防采办队伍培训、发展和管理的相关内容。该法包括五部分:第一部分是一般权力和责任,第二部分是国防采办职位,第三部分是采办人员,第四部分是教育与培训,第五部分是一般的管理规定。

《国防采办队伍加强法》明确了国防采办人员教育培训和职业发展的组织管理、组织分工、培训方式、课程设置及具体操作程序等内容,为国防部依法管理和加强采办队伍的教育培训,提供了良好的法律保障。该法规定了国防采办人员的职业分类、等级标准,要求国防部建立"采办教育、训练与职业发展主任办公室"作为全军采办队伍的人事管理中心;规定成立国防采办大学,并对大学课程的设置提出具体的要求,以便培训高级采办人员。

(2)第二层是国防部指令、指示和手册,详细规范采办队伍教育、职业分类、职业发展和人员管理等事务。国防部的指令、指示按照统一的编号分成8个系列,即1000~8000系列。其中,1000系列为人力、后备役和人员管理方面的规范,是有关全军部队编制、人员管理和队伍建设的综合性规范,涉及军队编制组成、组织纪律、人员募集、教育训练、文化娱乐、福利待遇、提升、调动、退役、奖惩等各个方面的内容。

国防部在5000系列文件中,对"采办人员的教育、培训和管理"发布了诸多专门的指令、指示、实施细则和手册。其中,国防部指令有两项:①国防部第5000.52号指令《国防采办教育、培训和职业发展计划》,作为指导整个国防部系统采办人员培训和教育的指南,明确了国防采办人员教育、培训与职业发展工作的管理体制及职责分工,确定国防部采办、技术与后勤副部长办公室为该工作的统一管理机构,并制定了采办人员的具体培训方式和程序;②国防部第5000.57号指令《国防采办大学》,规范了国防采办大学的任务、组织管理、相关部门和领导的责任和权力等内容。

国防部指示有两项:①国防部第5000.58号指示《国防采办队伍》,规范了采办职位的设置,关键采办职位,管理采办队伍和建立采办人员的政策、责任、程序等内容;②国防部第5000.55号指示《有关军职和文职采办人员的个人情况及职位情况的管理信息报告》,规范了建立相关管理信息系统和报告制度,以及相关部门和领导的责任和权力等内容。

国防部细则有一项,是国防部第5000.58-R号细则《采办职业管理计划》。该细则详细、全面规范了用以指导国防部国防采办队伍的建设、培训和管理的若干内容,由11章组成:总政策,采办职业管理主任办公室,职业计划委员会组织,认证计划,强制性队伍教育与培训,采办人员,采办队伍的机动性,人员服役协议,豁免的管理,计划报告,评价。

国防部手册有一项,是国防部手册5000.52-M《关于国防部军职和文职采办人员和职位的报告管理信息》。该手册作为《国防采办教育、培训与职业发展计划》的补充和实施细则,为各种采办职业领域规定了具体的经验、教育和培训标准,为采办人员提供了认证指导和职业发展道路。

(3)第三层是各军种制定的文件,如各军种制定的《国防采办教育、培训与职业发展计划》,以指导本军种采办人员教育、培训和职业发展工作。

四、采办人员信息管理

随着信息技术的迅猛发展,为规范国防采办人员和采办职位的信息管理,国防部部局和三军按照《国防采办队伍加强法》的要求,分别建立了各自的采办人员管理信息系统,分别采集、整理和使用各自的采办人员数据,但相互之间缺乏统一的标准和互操作性。

国防部在整合各部局和军种信息系统的基础上,建立起了全军统一的"国防采办人员管理信息系统",实行全军采办人员信息的标准化管理。该信息系统具备提供高质量数据、用户友好服务和采办人员能力分析三大功能,国防部相关部局通过该信息系统,可以定期搜集、统计国防部各部局国防采办人员信息,全面掌握国防部采办队伍的总规模、构成结构、部门分布情况,全面分析全军国防采办人员的资格和能力。国防部借助该信息系统,还建立了一个"集中式的职业分派系统",打破人力资源的地域界线,对全国各地的采办人员实行统一管理,进行统一的岗位轮换和工作分派。

该信息系统由国防人力数据中心(DMDC)进行日常管理和维护。国防人力数据中心通过网络和其他渠道公布国防部采办、技术与后勤队伍的数据,包括国防部采办人员总数量,并按照计算机专家、项目管理、行政管理、项目分析、后勤管理、财务管理、安全工程等不同职业系列的采办人员数量,按照职位的重要程度的第一、二、三类采办人员的数量,陆军、海军和空军的采办人员数量,各军种不同专业和领域人员数量,国防部下属国防合同管理局、国防后勤局、国防合同审计局、国防信息系统局、国防威胁降低局等直属业务局的采办人员数量。

第三节　国防采办队伍的培训

美军主要依托国防采办大学对采办队伍实施培训,培训方式上以短期培训为主,并注重课程教育与网络培训相结合。国防采办大学前身是1976年设立的国防系统管理学院,1992年8月正式改组为国防采办大学,联合美军13所院校组建而成,2011年10月又新设立国防合同管理学院。2013年国防采办大学拥有教员722人,各类课程500多门(含课堂教学课程165门,网络教育课程336门),并已成为美军国防采办政策发布的重要平台,以便于采办人员掌握美军采办管理有关政策与相关知识。2013全年国防采办大学各类培训结业包括网络培训总计199980人次,年度经费预算2.2亿美元。

一、国防采办大学组织体系

国防采办大学成立之前,美军主要依托"国防武器系统管理中心"(Defense Weapons Systems Management Center,DWSMC)及各军种和业务局的培训机构,开展采办队伍的培训工作。由于长期以来存在培训标准不清、培训不足等问题,国会于1990年颁布《国防采办队伍加强法》,要求设立国防采办大学。

（一）国防采办大学设立的背景

1964年10月26日,根据国防部长麦克纳马拉和常务副部长罗斯威尔的指示,在国防部成立了"国防系统管理中心",面向三军开展项目管理培训。1971年6月30日,国防系统管理中心改组为"国防系统管理学校"(Defense Systems Management School,DSMS),设置为期5个月的培训教程。其后在国防部的推动下,国会进行了《国防采购改进法》(Defense Procurement Improvement Act,DPIA)的立法,强制要求所有重大项目的项目主任都需要完成该培训。

随着国防系统管理学校的不断发展,以及其毕业生在各个岗位发挥越来越重要的角色,国防部决定进一步加强培养力度,提高教学水平。1976年7月16日,国防系统管理学校改名为"国防系统管理学院"(Defense Systems Management College, DSMC),进一步提升了机构职级,并着力加强对各军种采办队伍尤其是项目管理人员的统一培训,减少各军种采办队伍培训工作相对分散、培训政策与标准不统一的问题。

1988年3月2日,国防部制定专门计划,拓展国防系统管理学院的培训职能,由原来主要培训项目管理人员改为培训采办各领域人员。1989年,国会委托武装部队委员会围绕采办队伍建设问题进行了深入的调查研究,重点研究了采办队伍的训练、教育与任职标准,并于1990年5月发布了长达776页的评估报告《采办队伍的质量与专业要求》(The Quality and Professionalism of the Acquisition Workforce)。报告指出,国防部在专业性采办队伍建设方面存在不足:仅有29%的海军项目主任和48%的空军项目主任满足《国防采购改进法》的要求,完成国防系统管理学院的项目管理培训课程;很多合同签订人员不具备本科学历,且多数没有完成相关培训;国防系统管理学院在落实《国防采购改进法》要求开展国防采办人员培训方面存在许多问题,根源在于该学院的权限不足,掌握的资源有限,且没有得到军种的有效支持。

国会指出,鉴于各军种的采办队伍培训都没有达到法定要求,认为需要建立一个更为全面的采办队伍培训计划。为此,国会开展了立法工作,1990年11月5日以压倒性优势通过了《国防采办队伍加强法》,其中最重要的举措就是建立国防采办大学,并对国防采办大学的组织体系及其职能做出了规范。

根据《国防采办队伍加强法》,美军在采办副部长的领导下,设立国防采办大学筹备委员会,负责围绕国防采办大学的设立制定管理章程、明确职责任务、确定组织体系、制定教学大纲、建立资源分配与管控机制。1991年2月至6月国防采办大学筹备委员会召开了18次会议,研究论证了13个建设方案和18个教学与教程方案,提交采办副部长。经过综合权衡,最终建设方案是组建一个院校联盟,即将美军所有与采办队伍培训相关的机构整合在一起,合并为国防采办大学。

根据该筹备方案,采办副部长于1992年8月1日签署了国防部第5000.57号指令《国防采办大学》,标志着国防采办大学的正式设立与运行。根据该指令,国防采办大学的职能是"研究开发采办课程与教材,开展采办队伍培训和采办管理研究,并发布采办政策"。

(二) 国防采办大学设立初期的组织体系

国防采办大学设立之初采取"院校联盟"模式(图17.6),是将各军种院校中与采办队伍培训有关的部分,业务上划归国防采办大学领导,但行政隶属关系保持不变。之所以采取这种构建模式,主要原因在于国会要求国防采办大学在一年左右的时间内组建完毕,这种立足现有、同时不改变原有的行政隶属关系的组建模式矛盾最小、速度最快。

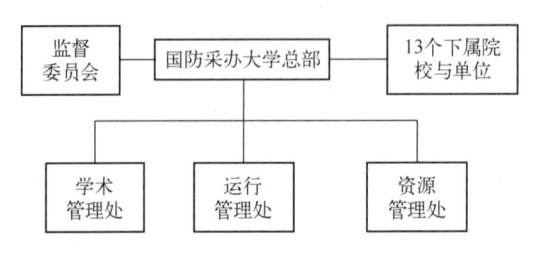

图17.6 1992年国防采办大学组织机构图

国防采办大学自1992年成立至2000年,其总部由"三处一委"组成,即学术管理处、运行管理处、资源管理处和监督委员会。其中:学术管理处负责设计、开发、维护、评估国防采办大学的课程;资源管理处主要负责制定大学的资源规划,并审批预算;运行管理处负责制定发展战略,开展人事管理,维护管理信息系统等;监督委员会主要负责对国防采办大学下属各院校的运行与管理实施监管。13个联盟院校如表17.6所列。

表17.6 国防采办大学原有校联盟模式下的13个院校

序 号	院校联盟院校	序 号	院校联盟院校
1	空军采办培训中心	8	信息资源管理学院
2	空军技术学院	9	海军采办培训中心
3	美国陆军后勤管理学院	10	海军设备承包合同培训中心
4	国防审计学院	11	海军研究生院
5	国防部后勤文职人员保障处	12	海军工程质量评估委员会
6	国防系统管理学院	13	海军采办助理部长办公室
7	武装部队工学院		

(三) 国防大学最新组织体系

国会对国防采办大学的运行情况高度重视,要求政府问责办公室加强评估。国防部采办副部长也委托其首席帮办对国防采办大学的组织体系等情况进行审查评估。1997年,在采办副部长首席帮办的组织下,形成《采办教育与训练组织机构与过程》评估报告,指出"院校联盟"模式存在如下问题:①体系庞大、重复问题突出、成本高昂;②多头管理,相关院校仅在业务上受采办大学领导,行政上仍然隶属军种等部门领导,两者容易出现政策不统一等问题;③国防采办大学对联盟相关院校的管理力度不足,国防采办大学的政策与指示在军种院校层面受到较大的抵制。

为此,国防采办大学于1999年提出《转型战略》(Transition Strategy),并获得采办副部长的支持,要求组建"一体化"的国防采办大学,其实质是更加实体化,摆脱军种的影响,建立直接隶属采办大学的实体化校区,即原有"联盟院校"中的采办队伍培训部门完全剥离出来,不再隶属于军种,行政上、业务上都由国防采办大学领导,相关教职员工、培训设施都划归国防采办大学。根据上述改革要求,国防采办大学组织体系发生重大变化,采取以地区为中心的组织模式,形成目前5大校区、2大学院的组织模式,如图17.7所示。

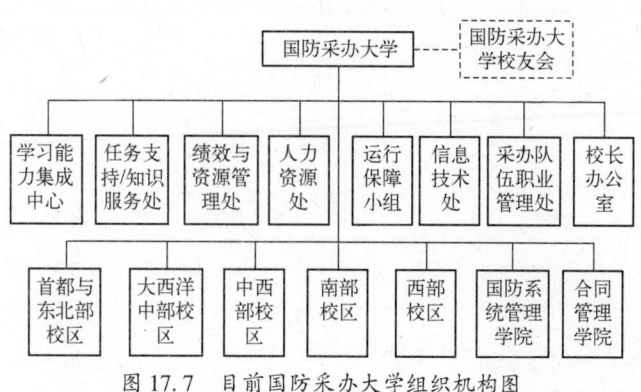

图17.7 目前国防采办大学组织机构图

1. 国防采办大学总部

国防采办大学总部负责国防采办大学战略规划、经费与预算管理、人力资源管理、课程编制与管理、资产与设施管理、网络与数据库系统建设等,并对国防采办大学各校区及学院工作进行评估、考核与监管。

国防采办大学总部下设学习能力集成中心(Learning Capabilities Integration Center)、任务支持/知识服务处(Mission Assistance/Knowledge Repository)、绩效与资源管理处(Performance & Resource Management)、人力资源处(Human Resources)、运行保障小组(Operations Support Group)、信息技术处(Information Technology)、采办队伍职业管理处(Dir of Career Mgmt)、以及校长办公室(Office of the President)。

(1) 学习能力集成中心主要负责课程的编制与管理、科研项目管理等。

(2) 任务支持/知识服务处主要负责任务支持培训与知识共享服务,即组织各校区对具体采办项目及采办任务提供针对性培训,并对国防采办大学的数据资源进行集成和共享。

(3) 绩效与资源管理处主要负责编制国防采办大学预算,并评估各部门资金使用情况。

(4) 人力资源处主要负责国防采办大学教职员工的招聘、评估与管理。

(5) 运行保障小组主要负责教学设施设备的保障维护、工作规程、出版印刷等。

(6) 信息技术处主要负责网络体系结构设计、网络与数据库的设计与开发、信息安全保证。

(7) 采办队伍职业管理处主要负责各领域采办队伍职业生涯的发展规划与管理。

(8) 校长办公室主要负责协助校长开展大学战略规划、协调内外关系、制定法规政策、对外合作等。

2. 五大校区

国防采办大学设立多个校区,优势在于:①改变之前"院校联盟"模式下军种色彩浓厚、采办大学难以有效统管等问题;②合理布局全国的培训资源,在全国采办队伍最密集的区域设立校区,使采办队伍获得最便捷的培训资源,提高培训效果。

国防采办大学现有5个校区,每个校区下辖一定数量的分校区(卫星校区),对分校区的培训工作进行管理。5大校区所在地及所对应的采办队伍数量如表17.7所列。

表17.7 国防采办大学校区所在地及所对应的采办队伍数量

校 区	所 在 地	采办队伍数量
首都与东北部校区	弗吉尼亚州堡	36600
大西洋中部校区	马里兰州加利福尼亚	28740
中西部校区	俄亥俄州凯特灵	21428
南部校区	阿拉巴马州亨茨维尔	34743
西部校区	加利福尼亚州圣迭戈	29844
总计		151355

(1) 首都与东北部校区位于弗吉尼亚州拜尔沃尔堡,是国防采办大学总部所在地,也是国防系统管理学院的校园。区域内的采办队伍数量最为庞大,达到3.66万名。该

校区毗邻首都华盛顿,便于为五角大楼等采办队伍密集的机构提供采办队伍培训,并在马里兰州阿伯丁试验场、玛丽大学(斯塔福德堡)设立两个分校区。

(2)大西洋中部校区位于马里兰州加利福尼亚,区域内采办队伍数量为2.87万名。该校区下设3个分校区,包括诺福克海军基地分校区、切斯特市分校区,并在德国设立分校区。

(3)中西部校区位于俄亥俄州凯特灵,毗邻空军装备司令部以及陆军装备司令部下属的坦克自动化全寿命管理司令部。区域内采办队伍数量为2.14万名,下设3个分校区,分别为哥伦布校区、洛克岛校区、斯特灵校区,其中哥伦布校区位于国防供应中心哥伦布分中心内部,主要为该地区的国防财会局及国防后勤局采办人员进行培训。

(4)南部校区位于阿拉巴马州亨茨维尔,毗邻大量的陆军采办机构,如陆军红石试验场等。区域内采办队伍数量为3.47万名,下设埃格林空军基地分校区、华纳罗宾分校区。

(5)西部校区位于加利福尼亚州圣迭戈,位于海军采办机构密集的地区,区域内采办队伍数量2.98万名,下设希尔空军基地、洛杉矶、怀尼米港以及夏威夷等四个分校区。

3. 国防系统管理学院

国防系统管理学院位于弗吉尼亚州的拜尔沃尔堡,也是国防采办大学总部所在地,是国防采办大学正式成立前美军主要的采办队伍培训机构。该学院主要针对计划执行官以上层级的高级采办管理人员进行培训,主要课程包括采办执行官课程、国际采办管理、需求管理、采办领导力培训等。学院经常邀请现任及前任的采办高层领导及知名专家授课,有效保证受训人员能够掌握所需的专业知识和技能,并有效拓展工作思路与视野。

4. 合同管理学院

合同管理学院是2011年10月新组建的机构,位于弗吉尼亚州国防合同管理局内,负责为国防合同管理局所属的采办人员提供必要的技能培训,培训课程包括合同管理、合同签订、定价、质量保证、工业制造、项目组合管理、应急采购合同管理。

二、国防采办大学课程体系

国防采办大学积极完善课程体系,积极开展继续教育,并投入大量经费开展教育与培训,致力于为美军国防采办工作输送高质量人才。

(一)课堂培训课程体系

课堂培训课程包括资格认证课程、特殊职位培训课程和执行官及国际采办培训课程,共23个课程类别(如表17.8所列)、165门课程。

表17.8 培训课程类别一览表

序号	课程名称	序号	课程名称
1	采办管理	6	合同管理——质量
2	审计	7	合同管理——软件
3	商务、成本核算和财务管理	8	合同签订
4	合同管理——空勤	9	合同签订官代表
5	合同管理——制造	10	工程

(续)

序　号	课程名称	序　号	课程名称
11	收益值管理	18	产品、质量与制造
12	设施工程	19	需求管理
13	授权	20	软件采办管理
14	工业/合同资产管理	21	科学与技术管理
15	信息资源管理	22	系统计划、研究、开发与工程
16	后勤	23	试验鉴定
17	项目管理		

以采办管理为例,该培训课程类别共设有19门课程,如表17.9所列,其中0学时的为当前未开放的课程。每门课程的相关信息都可以登陆网站查看,包括课程描述、培养目标、设计受众、学时、附加课程信息等。

表17.9　采办类课程一览表

序　号	编　号	课程名称	学　时
1	ACQ101	系统采办管理原理	25
2	ACQ120	国际采办原理	19
3	ACQ130	技术安全/转移原理	12
4	ACQ201A	中级系统采办A	25
5	ACQ201B	中级系统采办B	34
6	ACQ202	中级系统采办A	0
7	ACQ203	中级系统采办B	0
8	ACQ230	国际采办一体化	40
9	ACQ265	聚焦任务的服务采办	23
10	ACQ315	了解工业界	37
11	ACQ370	采办法律	29
12	ACQ401	高级采办课程	80
13	ACQ403	国防采办管理部门总体培训	0
14	ACQ404	系统采办管理课程	41
15	ACQ405	管理进修课程	74
16	ACQ450	采办环境中的领导力	31
17	ACQ451	决策者的一体化采办	25
18	ACQ452	强化利益相关者关系	25
19	ACQ453	指导型领导	27

资格认证课程主要是为满足14个职业领域的第一级(level Ⅰ)、第二级(level Ⅱ)、第三级(level Ⅲ)要求设置的专业课程,主要针对级别较低的普通采办人员培训工作。14个职业领域包括审计、成本核算、财务管理、合同签订、工程、设施工程、工业/合同资产管理、信息技术、全寿命后勤、产品质量管理、项目管理、合同支付、科学与技术管理、试验鉴定。每个职业领域的每一级都有明确的晋级条件,包括所需完成培训课程、教育经历、实

际任职经验等,此外晋级条件还规定了额外加分的情况。各职业领域人员可以根据晋级条件到课程系统中选取所需课程。特殊职位培训课程是针对某些专业的特殊个人,如针对项目主任等开设的培训课程;执行官及国际采办培训课程是针对采办执行官和国防项目采办人员的高级培训课程,这种课程是为满足用户要求而设置的。

(二) 网络继续教育课程

美国国防部始终重视采办队伍的继续教育工作,目前的继续教育政策由国防部采办、技术与后勤副部长于2002年亲自签署。采办工作环境的不断变化,要求采办队伍必须要持续学习,不断改进知识结构,提高工作绩效。为此,国防采办大学主要通过网络远程教育方式开展继续教育,为采办工作人员领导和管理经验的持续提升提供支撑。

目前,国防采办大学开发了13个类别(如表17.10所列)的336个网络教育模块。

表17.10 继续教育模块类别一览表

序 号	课程名称	序 号	课程名称
1	商务	8	需求
2	合同签订	9	收益值管理
3	工程与技术	10	合同管理
4	政府支付卡培训	11	联邦采办研究所课程与模块
5	信息交换培训	12	哈佛商学院公共管理顾问
6	后勤	13	标准采购系统培训
7	采办与管理		

以商务类继续教育模块为例,其下设共16门课程,如表17.11所列。

表17.11 商务类继续教育模块课程一览表

序 号	编 号	课程名称	学 时
1	CLB007	成本分析	4
2	CLB008	项目执行	3
3	CLB009	规划计划预算与执行系统及预算管理	5
4	CLB010	国会法律制定	4
5	CLB011	预算政策	5
6	CLB014	采办报告概念与政策需求	3
7	CLB023	软件成本核算	2
8	CLB024	成本评估分析介绍	3
9	CLB025	总拥有成本	3
10	CLB026	技术预测	2
11	CLB029	利率	2
12	CLB030	数据收集与资源	2
13	CLB031	时间相位技术	2
14	CLB032	部队成本核算	2
15	CLB033	成本估算数据库	3
16	CLB034	概率树方法	2

(三) 教员结构与资质

2013财年,国防采办大学经费约为2.2亿美元,全年共安排各类课程1010万学时,共有教员722名(按照美军15.1万名采办队伍规模计算,大约每210人拥有1名教员)。

教员专业领域大致情况为:采办和项目管理占37%、合同管理占26%、技术管理占12%、后勤管理占9%、商业管理占9%、其他专业占7%。许多教员来自军队、工业界、政府部门以及企业中的关键岗位。国防采办大学不仅要求其教员拥有成功的采办经历,而且还能流畅地将所掌握的知识传授给学员,即具备较高的教学水平。

国防采办大学主要通过公开招聘的方式聘用满足各类培训要求的教员,通常在国防采办大学网站上公开发布职位招聘公告,访问者可以下载并提交入职申请。职位招聘公告内容十分详尽,主要包括任职部门、任职期限、薪酬水平、职位描述、工作职责、资格认证要求、其他要求以及职位申请方式等。

以"陆军SE2T项目系统工程兼职教授"职位为例,应聘者可通过公开渠道在国防采办大学网站下载招聘公告,工作地点位于阿拉巴马州的亨茨维尔市,薪酬为每小时41.73~62.95美元(如果按每天工作8小时、每月工作20天计算,月薪为6600~10000美元),要求应聘者为美国公民,安全许可等级为公共信任等级。招聘公告描述了此职位开展的相关任务、工作职责和需要出差的情况等,要求应聘者具有系统工程、后勤工程、质量工程、制造工程、产品工程、运筹学、试验鉴定工程等领域的工作经验,还对应聘者所需的学历学位要求、相关领域培训经历、对相关法规的了解情况等都提出了明确要求。此外,招聘公告还向应聘者阐述了此职位大致的职业生涯发展情况、职位的价值与荣誉等内容。应聘者在提交相关证明材料、通过必要的笔试和面试、完成美国劳工法律所规定的相关手续后,即可与国防采办大学签订雇佣合同,正式入职。

三、国防采办大学培训模式

由于采办人员平时任务繁重,难以抽出足够多的时间进行住校培训。在这种背景下,国防采办大学积极利用信息技术发展成果,大力开展网络远程培训和计算机辅助教学。在国防部采办、技术与后勤副部长的积极倡导下,国防采办大学从2000年起启动知识共享系统的建设,指定每个采办部门都是一个知识部门,负责整理与提供系统性的采办知识,在此基础上交由国防采办大学进行整合与完善,形成更为系统性的知识,国防采办大学发布后其他部门得以共享。知识共享系统提供的典型知识包括法规政策与程序文件、领导发言与指导、最佳实践、经验教训、争议与讨论、教学文档、模拟与方针、用户信息、问题与解答、相关网站与链接等。目前,国防采办大学的培训及教学方式主要分为4种类型。

(1) 对于中、高层采办管理人员开展住校培训。在主办学校开展的针对中、高层管理人员的课堂培训,包括在课堂开展的各种短期讲座、授课、案例分析、研讨等,培训科目主要包括项目管理、合同签订、后勤、系统工程、试验鉴定、质量、领导、职业道德和其他业务。自2002年以来,住校培训的人数逐年上升,2002年2.41万人,2003年2.82万人,2004年3.46万人,2010年达到4.59万人,2011年再创新高达到5.68万人。住校培训方式重点培训中级和高级人员,为提高高级人员的重大决策能力,国防采办大学在全军推广"行政项目主任课程"和"高级人员服役大学奖学金计划"。

（2）对于中、低层采办管理人员开展网络培训。国防采办大学建立一个基于网络的学习管理系统，进行网络授课，在网上公布"继续教育模块"提供培训课程。目前国防采办大学共开发13个大类336个网络教育模块，如项目管理模块、费用估算模块、国防部5000系列模块、合同管理模块等。此外，分散学习方式还包括通过远程卫星电视授课。参加网络培训的人数逐年上升，2006财年，有16.5万人完成了157个在线"继续教育模块"的学习；2012财年，有51.8万人完成了314个在线"继续教育模块"的学习。从受训人员的级别看，网络培训方式重点培训低级和中级采办人员。

（3）对高层项目主管开展个性化任务支持培训。主要是以重要项目管理任务为中心，为项目管理中的高层管理人员提供项目管理业务咨询服务，在工作现场或接近现场的地方提供针对性业务培训，帮助项目管理团队提升项目管理绩效。2012财年，共完成了636次、总计62.45万小时的培训任务，进行培训的项目团队包括"全球鹰"项目管理办公室、PMA208里程碑B转移团队、空军KC-46空运坦克项目启动团队、阿富汗国家政策与国家安全部队、GPS地面控制段项目管理办公室等。对采办人员的直接现场指导起效快、周期短，为解决工作中突发的采办领域问题提供了重要支持。

（4）对全体人员采用知识共享系统培训。国防部建立一个网上知识共享系统，为国防预研项目管理人员查找相关信息资料、与本领域专家取得联系提供便利，包括国防采办门户（DAP）、采办团体连线（Acquisition Community Connection, ACC）、推特、手机门户等多个网站系统以及多种在线工具。在知识共享系统中还有一个为国防预研项目管理人员提供的"向教授提问"的栏目，教授能够对所提问题给予高质量的解答。2006财年，国防采办门户每周有2.5万次网上访问，查阅各种法规、手册、最佳贯例和其他在线资料。2012财年，国防采办门户的访问量达到了93.36万小时，ACC访问量达到72万小时，注册用户达到12.92万。

此外，还经常开展上述多种方式的混合型培训。

第四节 国防采办队伍的工资与福利

美国文职人员与军职人员所适用的工资体系不同，文职人员遵从联邦政府雇员工资体系，军职人员遵从军方另外一套工资体系，同等条件下文职与军职人员工资大致相当，两者工资均从国防费中列支。由于国防采办专业性较强、工作任务重，采办领域文职人员与军职人员都享有较高的工资收入。住房主要靠发放住房补贴的方式进行保障，少数通过居住营区公寓房的方式进行保障。

一、人员工资

（一）文职人员工资

美军文职人员按照工作性质可分为白领雇员和蓝领雇员。白领雇员是指从事脑力劳动的人员，主要担负管理、科研、教学与行政秘书等工作，国防部一些高层领导（如国防部长）也是白领文职人员。蓝领雇员是指从事体力劳动的人员，主要担负工程设施的维修和保养、管理军事设施或在军队所属的工厂工作。美军文职人员的工资由军队按照联邦政府文职人员工资制度统一发放。美军采办管理人员都是白领文职人员，根据所从事工作性质的不同,白领雇员大致可分为普通白领雇员和高级白领雇员两类。

1. 普通白领雇员工资

目前,美军普通白领雇员工资按"一般工资体系"(General Schedule,GS)发放。根据工作难度与职责不同,"一般工资体系"分为15级,每一级又分为10档,如表17.12所列。各级前9档根据工作时间依次调升,前三档一般在上一档满一年后调升,第4~6档一般在上一档满两年后调升,第7~9档一般在上一档满3年后调升。第10档通常要求比较严格,其调升不仅决定于前一档次的时间,更重要的是取决于雇员的能力。另外,工作能力较好的雇员,可以提前调升工资档次。根据规定,每一雇员每年只能提前调升一个工资档次。联邦政府每年都会根据国家经济发展情况及其宏观经济政策,对"一般工资体系"进行调整。

表17.12 2014年美军"一般工资体系"(单位:美元/年)[①]

工资档次 工资等级	1	2	3	4	5	6	7	8	9	10
1	17981	18582	19180	19775	20373	20724	21315	21911	21934	22494
2	20217	20698	21367	21934	22179	22831	23483	24135	24787	25439
3	22058	22793	23528	24263	24998	25733	26468	27203	27938	28673
4	24763	25588	26413	27238	28063	28888	29713	30538	31363	32188
5	27705	28629	29553	30477	31401	32325	33249	34173	35097	36021
6	30883	31912	32941	33970	34999	36028	37057	38086	39115	40144
7	34319	35463	36607	37751	38895	40039	41183	42327	43471	44615
8	38007	39274	40541	41808	43075	44342	45609	46876	48143	49410
9	41979	43378	44777	46176	47575	48974	50373	51772	53171	54570
10	46229	47770	49311	50852	52393	53934	55475	57016	58557	60098
11	50790	52483	54176	55869	57562	59255	60948	62641	64334	66027
12	60877	62906	64935	66964	68993	71022	73051	75080	77109	79138
13	72391	74804	77217	79630	82043	84456	86869	89282	91695	94108
14	85544	88395	91246	94097	96948	99799	102650	105501	108352	111203
15	100624	103978	107332	110686	114040	117394	120748	124102	127456	130810

美国幅员辽阔,各州的经济发展水平不同,从而造成了各州的消费指数与货币购买力水平的差异。为了使同一工资水平的文职人员具有大致相同的实际购买能力,联邦政府根据各州的不同情况均给予"一般工资体系"一定比例的补贴。表17.12列出的只是联邦政府规定的"一般工资体系"基础值,联邦政府通常在此基础上增长一定比例补贴,确定最终工资。联邦政府对在各州工作的文职人员的"一般工资体系"补贴比例从14.16%到35.15%不等。

2. 高级白领雇员工资

高级白领雇员主要是指美军中的高级管理人员、高级雇员、科研与专业技术人员以

---

① 见 www.opm.gov/feddata/html/paystr.asp。

及一些从事特殊工作或招收及保留难度较大的人才,其工资按照特定的管理规定发放。

(1)"行政官体系"(Executive Schedule,EX)。根据《美国法典》第5篇第53章的规定,"行政官体系"分为5级,由高到低依次为Ⅰ、Ⅱ、Ⅲ、Ⅳ、Ⅴ,如表17.13所列。其中,国防部长为Ⅰ级,国防部常务副部长,采办、技术与后勤副部长以及军种部长为Ⅱ级,国防部其他副部长、军种副部长等为Ⅲ级,国防部助理部长、军种助理部长、国防部法律总顾问、国防部作战试验鉴定局长、国防部成本评估与计划鉴定局长等为Ⅳ级。领取"行政官体系"工资的行政主管人员都是经过总统提名,并由参议院批准通过的高级政府官员。"行政官体系"工资随政府雇员消费指数(ECI)的增加而增加。表17.14所列为2014年"行政管体系"工资表。

表 17.13　行政官体系与职务对照表(部分)

级　别	职　务
Ⅰ级	国防部长、国务卿、财政部长、内政部长、劳工部长等
Ⅱ级	国防部常务副部长,采办、技术与后勤副部长,军种部长,财政部常务副部长,内政部常务副部长,能源部常务副部长等
Ⅲ级	国防部其他副部长、军种副部长、国家劳工关系委员会主席、贸易发展局长等
Ⅳ级	国防部助理部长、军种助理部长、国防部法律总顾问、国防部作战试验鉴定局长、国防部成本评估与计划鉴定局长、财政部助理部长、内政部助理部长、能源部助理部长等
Ⅴ级	财政部国内税收委员会主席、内政部科学顾问、劳工部人力资源局长等

表 17.14　2014年的"行政官体系"工资表(单位:美元/年)[①]

级　别	工　资
Ⅰ级	201700
Ⅱ级	181500
Ⅲ级	167000
Ⅳ级	157100
Ⅴ级	147200

(2)"高级行政人员"(Senior Executive Service,SES)。这里的"高级行政人员"是指"高级行政人员工资",它的实施对象是行政部门中级别与"行政官体系"主管人员相当,但无需经过总统提名与参议院批准的管理与决策人员。在2004年之前,"高级行政人员工资"划分为6级,第1级的工资标准为"一般工资体系"中15级1档工资的1.2倍,第6级工资不超过"行政官体系"中的第Ⅳ级工资。2004年《国防授权法》针对"高级行政人员"的工资管理规定进行了修改,如表17.15所列。新的工资系统建立在工作绩效的基础之上,只规定工资的基本上限与下限,具体的工资数额根据该主管人员的工作情况确定,工资下限为"一般工资体系"中15级1档工资的1.2倍。对于有明确的工作绩效鉴别体系的部门,其工资上限为"行政官体系"中的Ⅱ级工资;对于没有明确的工作绩效鉴别体系的部门,其工资上限为"行政官工资体系"中的Ⅲ级工资。

---

① www.opm.gov/feddata/html/paystr.asp。

表 17.15　2014 年的"高级行政人员工资"(单位:美元/年)①

SES 工资	最低	最高
拥有工作绩效鉴别体系的部门	120749	181500
没有工作绩效鉴别体系的部门	120749	167000

（3）"高级雇员工资"(Senior Level Employee, SL)与"科研和专业人员工资"(Scientific and Professional Employee, SP)。这里的"高级雇员"是指级别高于"一般工资体系"-15 级，但不从事管理工作的高级文职人员；"科研与专业人员"是指从事科研工作的文职人员。"高级雇员"与"科研与专业人员"的工资根据《美国法典》第 5 篇第 5376 条的规定发放。"高级雇员工资"和"科研和专业人员工资"不分等级，实行最低工资和最高工资制，根据其能力和岗位确定工资，最低工资为"一般工资体系"-15 级 1 档工资的 1.2 倍(120749 美元)，最高工资为"行政官体系"Ⅳ级工资(157100 美元)。"高级雇员"与"科研与专业人员"的实际工资与其所在州的位置有关，不同地区之间存在着地区差别工资，联邦政府根据各州工资的购买力水平进行相应的补贴，补贴的比例与各州对"一般工资体系"补贴情况大致相同。

（二）军职人员工资

1. 基本工资

基本工资是美国军人收入的主要来源。美国军人基本工资实行的是军衔等级工资制，其多少按军衔和级别的高低及军龄的长短来确定，且以军衔为主。美国军官的工资级别为 15 个等级，其中正规军官(Commissioned Officers)的工资等级为 10 个等级，准尉(Warrant Officers)的工资级别为 5 个等级。工资标准在每个级别中，根据军龄不同划分为 22 个档次，对服役时间不同的军官按照相应的工资标准给予不同的报酬。

表 17.16 与表 16.17 为美军 2014 年 1 月 1 日起执行的基本工资标准表。根据《美国法典》的规定，准将及其以上的军官，无论服役年限多少，其每月实际基本工资均不高于"行政官体系"Ⅱ级官员(国防部副部长级别)的基本工资(2014 年每月为 1512510 美元)。也就是说，美军最高军衔军人的实际月基本工资，不但低于国防部长("行政官体系"Ⅰ级官员)，而且最高只能与国防部副部长持平。

美军实行职务军衔制，除排级军官外，每级职务只对应一级军衔，职务不变，则军衔不变。一般来说，排长为少尉或中尉、副连长为中尉、连长为上尉、副营长为少校、营长为中校、团长为上校、副师长和独立旅长为准将、师长为少将、军种副参谋长和军长为中将、军种参谋长和集团军司令为上将。

表 17.16　2014 年军人基本工资(单位:美元/月)

军衔	2 年内	2 年	3 年	4 年	6 年	8 年	10 年	12 年	14 年	16 年	18 年
军　官											
上将											
中将											

---

① www.opm.gov/feddata/html/paystr.asp。

(续)

军衔	2年内	2年	3年	4年	6年	8年	10年	12年	14年	16年	18年
军官											
少将	9946.20	10272.00	10488.30	10548.60	10818.60	11269.20	11373.90	11802.00	11924.70	12293.40	12827.10
准将	8264.40	8648.40	8826.00	8967.30	9222.90	9475.80	9767.70	10059.00	10351.20	11269.20	12043.80
上校	6125.40	6729.60	7171.20	7171.20	7198.50	7507.20	7547.70	7547.70	7976.70	8735.10	9180.30
中校	5106.60	5752.50	6150.60	6225.60	6474.30	6622.80	6949.50	7189.50	7499.70	7974.00	8199.30
少校	4405.80	5100.30	5440.80	5516.40	5832.30	6171.00	6593.10	6921.30	7149.60	7280.70	7356.60
上尉	3873.90	4391.40	4739.70	5167.80	5415.30	5687.10	5862.60	6151.50	6302.40	6302.40	6302.40
中尉	3347.10	3812.10	4390.50	4538.70	4632.30	4632.30	4632.30	4632.30	4632.30	4632.30	4632.30
少尉	2905.20	3024.00	3655.50	3655.50	3655.50	3655.50	3655.50	3655.50	3655.50	3655.50	3655.50
有4年以上士兵经历的尉官											
上尉				5167.80	5415.30	5687.10	5862.60	6151.50	6395.40	6535.50	6726.00
中尉				4538.70	4632.30	4779.90	5028.60	5220.90	5364.30	5364.30	5364.30
少尉				3655.50	3903.30	4047.90	4195.20	4340.10	4538.70	4538.70	4538.70
准尉											
特级准尉											
一级准尉	4003.50	4306.50	4429.80	4551.60	4761.00	4968.30	5178.00	5493.90	5770.50	6033.90	6249.30
二级准尉	3655.80	3808.20	3964.50	4015.80	4179.60	4501.80	4837.20	4995.00	5177.70	5366.10	5704.30
三级准尉	3234.90	3540.90	3635.40	3699.90	3909.90	4236.00	4397.40	4556.40	4751.10	4902.90	5040.60
四级准尉	2839.80	3145.20	3227.40	3401.10	3606.60	3909.30	4050.60	4247.70	4442.40	4595.40	4735.80

表17.17 2014年军人基本工资(单位:美元/月)

军衔	20年	22年	24年	26年	28年	30年	32年	34年	36年	38年	40年
军官											
上将	16072.20	16150.50	16486.80	17071.50	17071.50	17925.30	17925.30	18821.10	18821.10	19762.50	19762.50
中将	14056.80	14259.90	14552.10	15062.40	15062.40	15816.00	15816.00	16606.80	16606.80	17436.90	17436.90
少将	13319.10	13647.30	13647.30	13647.30	13647.30	13989.00	13989.00	14338.50	14338.50	14338.50	14338.50
准将	12043.80	12043.80	12043.80	12105.60	12105.60	12347.70	12347.70	12347.70	12347.70	12347.70	12347.70
上校	9625.20	9878.40	10134.60	10632.00	10632.00	10844.10	10844.10	10844.10	10844.10	10844.10	10844.10
中校	8422.20	8675.70	8675.70	8675.70	8675.70	8675.70	8675.70	8675.70	8675.70	8675.70	8675.70
少校	7356.60	7356.60	7356.60	7356.60	7356.60	7356.60	7356.60	7356.60	7356.60	7356.60	7356.60
上尉	6302.40	6302.40	6302.40	6302.40	6302.40	6302.40	6302.40	6302.40	6302.40	6302.40	6302.40
中尉	4632.30	4632.30	4632.30	4632.30	4632.30	4632.30	4632.30	4632.30	4632.30	4632.30	4632.30
少尉	3655.50	3655.50	3655.50	3655.50	3655.50	3655.50	3655.50	3655.50	3655.50	3655.50	3655.50
有4年以上士兵经历的尉官											
上尉	6726.00	6726.00	6726.00	6726.00	6726.00	6726.00	6726.00	6726.00	6726.00	6726.00	6726.00
中尉	5364.30	5364.30	5364.30	5364.30	5364.30	5364.30	5364.30	5364.30	5364.30	5364.30	5364.30
少尉	4538.70	4538.70	4538.70	4538.70	4538.70	4538.70	4538.70	4538.70	4538.70	4538.70	4538.70

(续)

军衔	20年	22年	24年	26年	28年	30年	32年	34年	36年	38年	40年
准尉											
特级准尉	7118.40	7479.60	7748.40	8046.30	8046.30	8448.90	8448.90	8871.00	8871.00	9315.00	9315.00
一级准尉	6459.30	6768.00	7021.80	7311.00	7311.00	7457.10	7457.10	7457.10	7457.10	7457.10	7457.10
二级准尉	5933.10	6069.90	6215.40	6413.10	6413.10	6413.10	6413.10	6413.10	6413.10	6413.10	6413.10
三级准尉	5205.30	5313.60	5399.70	5399.70	5399.70	5399.70	5399.70	5399.70	5399.70	5399.70	5399.70
四级准尉	4906.80	4906.80	4906.80	4906.80	4906.80	4906.80	4906.80	4906.80	4906.80	4906.80	4906.80

2. 基本生活补贴

美军基本生活补贴也称为基本伙食补贴，属于免税项目。从2002年1月起，所有军人均享受全额基本生活补贴。由于基本生活补贴是用于解决军人的饮食问题，因此补贴多少通常取决于食品价格。基本生活补贴每年根据美国农业部食品价格指数进行相应的调整。按规定，美军基本生活补贴发放给个人，军人吃饭时须交伙食费。

目前，美军军人基本生活补贴分为军官和士兵两种。2014年的美军基本生活补贴为：军官每月246.24美元；士兵每月357.55美元。

二、住房保障

当前，美军住房保障方式包括：①提供营区公寓房。带家属的军人可以住在营区内，如果军人配偶和子女迁出，则军人必须腾出住房；同样，如果军人搬出营区住房，则其家属也必须搬出，但军人被安排执行任务或到海外服役时除外。美军规定，凡按标准居住的军官，不交房费、水电费、取暖费、维修费以及垃圾处理费等，也不发放基本住房补贴。超标准住房者，超面积部分要自付房租。②租住民房或私房。由于营区住房数量有限，美军允许具有资格的军人在营区外租住民房或私房，并每月向租房军人发放一定数额的基本住房补贴。对于营区周围可租住房数量较少且价格较高的地区，美军通过实施"军队住房私营计划"，吸引私营开发商投资建房，以优惠价格租赁给军人。

在美国本土、海外及保护国服役而政府没有提供住房的人员均可以享受住房补贴，其数额取决于军人的军衔等级、婚姻状况和服役地点。基本住房补贴又分为两种：①带家属基本住房补贴（BAH With Dependents）。按照规定，军人只要有一个随军家属即可享受带家属基本住房补贴，而不管其随军家属多少。②不带家属基本住房补贴（BAH Without Dependents）。不带家属基本住房补贴主要适用于单身军人。不带家属的全额基本住房补贴少于带家属的全额基本住房补贴。表17.18为美军2014财年平均基本住房补贴标准。

表17.18 平均基本住房补贴（单位：美元/月）

军衔	不带家属	带家属
上将	2395.00	2779.00
中将	2395.00	2779.00
少将	2395.00	2779.00

(续)

军　衔	不 带 家 属	带　家　属
准将	2395.00	2779.00
上校	2285.00	2622.00
中校	2127.00	2510.00
少校	1967.00	2272.00
上尉[①]	1680.00	1953.00
中尉[①]	1471.00	1646.00
少尉[①]	1271.00	1521.00
上尉	1767.00	2092.00
中尉	1627.00	1957.00
少尉	1536.00	1857.00
特级准尉	1951.00	2152.00
一级准尉	1753.00	2070.00
二级准尉	1670.00	1994.00
三级准尉	1557.00	1834.00
四级准尉	1150.00	1559.00

注:①为有4年以上士兵经历的尉官。

第十八章 国防采办法规体系

美国是一个法制建设十分完善的国家,依照法律、法规和指令对各项社会活动进行规范已成传统。美国建国以后,特别是第二次世界大战结束以来,美国一直十分重视国防采办相关的立法工作,目前已建立起由法律、法规和指令组成的完备的国防采办法规体系,在立法组织体制、立法程序、立法特点等方面形成了一套较为成熟的做法,积累了丰富的经验。

第一节 国防采办立法历史沿革与组织管理

美军高度重视法规制度建设,经过长期发展,建立了较为完善的国防采办法规体系,包括国会审批的法律、总统与联邦政府出台的行政命令及规章、国防部编制的指令与指示等。

一、国防采办立法历史沿革

美国高度重视国防采办的立法工作,主要经历了三个大的阶段。第一个阶段是从建国到第二次世界大战结束,美国国防采办的概念还没有正式形成,但国防采办所涉及的政府采购、竞争招标等方面的立法工作逐步开展,为后来的国防采办立法奠定了基础;第二个阶段从第二次世界大战结束到冷战结束,美国国防采办的概念正式形成并得到大的发展,国防采办立法工作取得长足进步,逐步建立起一个数量庞大、内容完备的国防采办法规体系;第三个阶段从冷战结束至今,美国大力推行国防采办改革,制定了规范采办改革的法规,精简和清除了一些繁琐陈旧的采办法规,逐步建立起更加精干、完备的国防采办法规体系。

(一) 建国到第二次世界大战结束时国防采办立法情况

从美国建国到第二次世界大战结束的近150年里,美国国防采办的概念还没有明确确立,但国防采办所涉及的政府采购、合同管理、竞争招标等方面的立法工作也在逐步开展和完善。为增强采办的透明度,减少采办中的腐败现象,美国提倡采用公开竞争招标方法签订合同,而战时又出台一些战时快速采购的相关法规制度。

国会早在1792年就出台了一部联邦政府采购方面的法律,规定陆军部所需的一切物品均由财政部负责采购,并明令禁止签订独家承包商的合同。为解决在合同签订和履行过程中政府官员滥用权力的问题,国会于1809年制定了第一部《政府采购法》,要求在军品采购中采用公开招标方式签订合同,并规定了"合同签订官"职位。1842年的一项立法对公开招标办法提出了更明确要求,如要在报纸上刊登招标广告,广告要对所需产品或劳务的要求进行介绍,向报价低的承包商签订合同等。1861年国会制定了《民用品拨款法》(The Civil Sundries Approriation Act),后来经过1874年、1878年的修订,成为美国第一部综合性法典的"修正法令3709条款",该法强调,除了个人劳务合同和应急合同外,军品采购必须采用公开招标法。

公开招标法在美国政府采购中占到主导地位,但由于其程序繁琐,采购周期长,在战争期间暴露出许多局限性。为适应战争的紧急需要,国会于1940年制定了《第一战争权力法》,授权总统批准与战争有关的部局可以不受现行法律的限制签订有关订货合同,授权军品采购部门可以采用谈判法签订合同,并采取预付款、分期付款和其他快速合同支付方式,保证战争准备的顺利进行。第二次世界大战结束后,许多战时立法宣告失效,"修正法令3709条款"得到恢复。

(二) 冷战时期国防采办立法情况

第二次世界大战结束后,国际形势发生了重大变化,东西方进入冷战时期,军备竞赛拉开帷幕。随着科学技术的不断发展,装备技术含量和采办风险越来越高,国防采办的概念得以正式确立。为保障大型采办活动的顺利进行,美国不断加强国防采办立法工作,改革完善立法体制,逐步形成了较为完备的采办法规体系。

国会于1947年制定了《武装部队采购法》,对国防部、海岸警卫队和国家航空航天局的采购工作做出了规范;1949年制定了《联邦资产和管理事务法》,对民事部局的采购工作做出了规范。这两项法律成为美国政府军品采购和民品采购的基本法。国防部根据《武装部队采购法》,1949年制定了《武装部队采购条例》,1978年修订成《国防采办条例》;联邦勤务总署根据《联邦资产和管理事务法》,1959年制定了《联邦采购条例》。这两个条例的颁布形成了国防部和民事部局分别就各自领域的采办工作进行立法的局面。国会于1974年制定《联邦采购政策局法》,在行政管理与预算局下设立联邦采购政策局,负责全面指导所有行政部局的采办工作,联邦采购政策局1983年9月联合国防部、航空航天局和联邦勤务总署共同制定了《联邦采办条例》,该条例于1984年4月1日生效,在法规层次上建立起军品和民品统一的采办法规体系。

为满足朝鲜战争的需要,国会于1950年制定了《国防生产法》。该法作为美国第一部战时国防采办和国防动员的基本法,规定了优先履行军品合同、保障战略物资供应、扩大国防生产能力和建立军品科研生产管理机构等政策。国会于1984年制定了《签订合同竞争法》,设立了竞争提倡者职位,进一步强调竞争的地位,明确规范了公开竞争和谈判竞争的地位、适用范围和要求。

为适应国防采办改革的需要,国会于1985年制定《国防部采购改革法》,1986年制定《国防采办改进法》和《国防部改组法》(俗称《戈德华特—尼科尔斯法》),推动了国防采办和组织机构改革。

(三) 冷战结束至今的国防采办立法情况

冷战结束后,国际形势发生了深刻变化。为提高国防经费的使用效益,美国大力推进国防采办改革,实施军用标准改革、优先采用民用产品、把成本作为独立变量、简化国防采办程序、实行电子商务、推行一体化产品小组、加强国防采办队伍建设等改革措施。

为适应国防采办改革的需要,美国出台一系列新的国防采办法律法规:1991年出台了《国防采办队伍改革法》,规范和加强了国防采办队伍建设;1994年出台了《联邦采办精简法》;1996年出台了《联邦采办改革法》和《联邦信息技术采办改革法》。这些新的国防采办法律法规为各项国防采办改革提供了法律依据。2009年奥巴马总统上台后,国会快速启动了采办改革的立法工作,于当年5月出台《2009年武器系统采办改革法》,积极推动美军适应效率与效益的采办管理改革。此外,针对美国国防采办法律、法规数量庞大、内容繁琐等问题,美国积极推进国防采办立法工作的改革,压缩国防采办法规数量,精简国防采办法规内容,建立起更加精干、高效的国防采办法规体系。

2017年特朗普总统上台后,大力推动国防采办改革,并通过《2017财年国防授权法》及配套政策文件向前推进,改革措施包括拆分采办、技术与后勤副部长职能,设立研究与工程副部长和采办与保障副部长等。

二、国防采办立法的组织机构

美国实行立法、司法、行政三权分立制度,宪法规定立法权属于国会,国会负责制定法律。总统及行政部门、国防部负责制定行政法规、规章、指令和指示。因此,美国国防采办立法工作相关的组织机构分为国会、总统及行政部门、国防部三个层次。

(一) 国会

国会由众议院和参议院组成,两院下设的各委员会是主要立法机构,其中与国防采办立法关系密切的是两院的武装部队委员会、拨款委员会和预算委员会。武装部队委员会审议有关国防建设和军队建设的法案;拨款委员会审议每年一度的国防预算;预算委员会通过三年预算决议和下一财年财政收支预定限额,统一协调各部门预算。

为协助立法,国会设立了国会研究所、参众两院立法法律顾问处、众议院法律修订顾问处等立法咨询与辅助机构。国会研究所是国会图书馆中专为立法机构服务的独立研究部门,帮助国会委员会分析、评议立法议案和立法建议的合理性、可行性及其可能的影响,为国会委员会和议员准备和提供立法所需要的信息、资料和参考文件;众议院立法法律顾问处为众议院委员会和议员提供立法建议和帮助,协助起草立法议案、修正案以及其他有关报告;参议院立法法律顾问处为参议院委员会和议员提供立法建议和帮助;众议院法律修订顾问处负责《美国法典》的编纂和修订。

(二) 总统及行政部门

总统是美国最高行政首脑兼武装部队总司令。总统及其行政部门,包括行政管理与预算局及其下属联邦采购政策办公室,可根据国会的授权,依法制定包括国防采办活动在内的行政命令,制定相关法规。其中,同国防采办关系密切的是《行政管理与预算局通报》和《联邦采办条例》。

(三) 国防部

国防部设有法律总顾问和立法事务助理部长,军种部也设有相应的机构,在国防采办立法工作中起着重要作用。

国防部法律总顾问是负责国防部法律事宜的首席官员,其主要职责有:拟定国防部立法计划;起草国防方面的立法议案、总统制定的行政命令、公告等法律文件(不包括拨款);就立法建议报告起草工作中出现的异议,会同国防部长、各军种部长、国防部助理部长协商解决分歧的办法,或向国防部长提出解决分歧的建议。法律总顾问领导着国防法律服务局,国防法律服务局主要负责为国防部各部局提供法律咨询和服务,为国防部制定立法计划提供技术保障和帮助,集中保管和分发有关立法和国会参考文献,保存国防部的立法档案资料。

国防部立法事务助理部长是国防部同国会联系的首席立法事务助理,其主要职责有:代表国防部就国防立法事宜同国会、总统办公厅和政府其他部门联系;就国防政策、规划、计划、预算等方面的立法议案,向国防部长、国防部各部局、军种部提供建议、咨询和帮助;协调国防部、军种部、国防部各部局对国防立法的意见;代表国防部出席或组织国防部和军种部有关人员出席国会召开的有关国防立法问题的听证会和参加立法问题的调查工作;对国会提出的有关国防立法方面的质询,组织有关部门研究,做出答复或提供背景资料;为国防部长和常务副部长组织起草国会作证的证词和辅助材料。

三、国防采办立法的程序

国会立法包括法案、联合决议案、共同决议案、单一决议案4种提案形式。其中,法案是立法程序较为完整、比较常用的一种提案形式,需要国会的参议院和众议院同时批准后,提交总统签署实施;而其他几种形式提案立法程序相对比较简单,通常可以省略一些程序,如有的提案不必提交总统签署等。下面,以法案为例介绍国防采办立法的基本程序,该程序由4个步骤组成。

(一)制定立法计划并提出立法建议书

国防部制定国防采办立法计划,国防部和各军种部相关部门提出立法建议书,起草法案。与国会的届期一样,国防部每两年制定一次立法计划,国防部法律总顾问发布立法计划的指示,向国防部各部局征集立法建议书。

陆军、海军和空军分别向国防部法律总顾问提出立法建议书,同时将副本送其他两个军种部。一个军种部在接到其他军种部的立法建议书后,在三周内向国防部法律总顾问提出对立法建议书的意见,并将意见副本送给其他两个军种部。提出立法建议书的军种部在接到其他军种部意见后,两周内与其他军种部进行协调,对立法建议书修订后送交国防部法律总顾问。军种间协商后对立法建议不能取得一致意见的,提请国防部法律总顾问与国防部的主管官员协商解决,若仍不能达成协议则提交给国防部长和常务副部长与国防部有关官员协商解决。国防部长办公厅的立法建议书由国防部法律总顾问组织起草,在广泛征求国防部长办公厅和参谋长联席会议有关官员的意见后修改完成。国防部法律总顾问把所有的立法建议书列入国防部立法计划,负责制定立法建议书的部门牵头制定立法计划中相关法案,国防部法律总顾问把这些法案报送行政管理与预算局和国会众议院。

(二)提案提交给众议院审议

国防采办相关法案送交众议院后,先由众议院的军事委员会和拨款委员会的国防拨款小组委员会分别进行审议,这些委员会要举行公众听证会,对法案征集各种意见和建议。听证会结束后,法案进入众议院委员会审议阶段,委员会将认真考虑听证会中民众的意见,并对法案做出一定的修订。如果对法案的修订幅度特别大,委员会将在原来法案的基础上重新起草一个新法案。审议结束时,委员会将对法案及相关的修订意见进行投票表决。委员会表决通过后,法案及其委员会报告(说明法案的目的、权限和通过的理由)要上报到众议院全体会议。

法案上报众议院全体会议后,由持不同观点的议员对法案及其修订意见展开辩论。辩论结束后,众议院全体会议将对法案进行最终的投票。如果投票没获通过,法案有可能再次交回委员会进行新一轮的修订与审议;如果投票获通过,众议院则向参议院提交该法案。

(三) 提案提交给参议院审议及两院的协商

国防采办相关法案提交到参议院后,参议院的军事委员会和拨款委员会的国防拨款小组委员会分别审议法案,经小组委员会及委员会审议通过后,报参议院全体会议审议,如获得通过则退回众议院。通过的法案可能是原提案,也可能是修正案。如果一院不同意另一院修正,则由两院组成协商委员会对相关问题进行协商解决。

(四) 法案提交总统审议签署

获得两院通过的法案,由众议院议长和参议院主席签署后,提交总统审议签署。总统要在收到法案后10天之内签署法案,总统签署法案后,法案就成为有效的法律。如果总统否决法案,他要在10天之内把法案连同其反对意见退回国会,国会将对法案进行投票,若以2/3票数通过,则该法案同样成为有效的法律,具有与总统签署一样的法律效力。总统签署的法案以"活页法律"的形式公布,由国防部负责实施。

第二节 国防采办法规体系的基本构成

美国国防采办法规体系是由一系列规范国防采办活动的法规文件组成,彼此相互衔接、协调配套,在纵向上由不同法律效力的法律、规章、指令、指示等组成,在横向上按照法规规范的内容划分为不同的专业类别。

一、国防采办法规体系的纵向构成

美国国防采办法规体系纵向上分为国会制定的法律,总统及行政部门制定的法规,国防部制定的规章、指令和指示三个层次。

(一) 国会制定的法律

国会制定的法律一般对国防采办活动宏观的、全局性的问题进行规范,是国防采办活动必须遵循的主要依据和基本方针。国会制定的法律按照不同的标准分为两种形式:①是结构相对独立、内容相对完整、有正式法律名称的成文法,如《国家安全法》和《国防采办队伍加强法》等;②法律条款的汇编,《美国法典》。

第一种形式的国会法律分为永久性基本法、年度国防授权法与拨款法、特定法律和修正案三种类型。永久性基本法是指在较长时期内保持相对稳定的,能够长期起作用的与国防采办活动相关的基本法律,主要有《国家安全法》《武装部队采购法》《国防生产法》《国防工业储备法》《重要战略材料储备法》《签订合同竞争法》《国防采办队伍加强法》等。年度国防授权法与拨款法是指国会每年都要通过的两项法案,主要规范国防采办事宜和国防预算项目,是某财年国防部开展国防采办工作的重要法律依据。特定法律和修正案是指国会针对某个或某些特定问题而制定专项法案或修正案,这些法案往往以提案人的姓氏命名,如《史蒂文森—杯特勒技术革新法》《戈德华特—尼科尔斯国防部改组法》等。

第二种形式的国会法律条款全部编入《美国法典》中。《美国法典》的内容很多,按照不同的专业领域共分为50篇。国防采办与武装部队、政府合同、战争与国防建设等内容有关,因此国防采办相关的法律条款主要列入第10篇"武装部队"、第41篇"政府合同"和第50篇"战争与国防"。

(二) 总统及行政部门制定的法规

总统及行政部门制定的法规是对国会法律的补充和细化,是国防部和其他政府部门统一遵循的行为指南。总统及行政部门制定的法规均列入《美国联邦条例汇编》。其中,与国防采办相关的法规主要是《联邦采办条例》,该条例列为美国《联邦法规汇编》第48篇第1章,由美国联邦勤务总署、国防部、国家航空航天局共同制定,是联邦政府规范政府采办行为的基本法规。

该条例全面规范了包括国防采办在内的政府采办各类物品和服务项目的方针、政策及其实施细则。其主要内容包括联邦采办条例体系、竞争与采办计划、签订合同的方法和合同类型、社会经济计划、签订合同的一般要求、特殊类型的合同、合同管理与审计服务、政府资产、质量保证、招标书条文与合同条款等。

(三) 国防部制定的规章、指令和指示

国防部制定的规章主要是《联邦采办条例国防部补充条例》,该条例列为美国《联邦法规汇编》第48篇第2章,由国防部负责制定,具体由国防部采办、技术与后勤副部长下设的国防采购委员会承担。该补充条例以《联邦采办条例》为基础,对美国国防部动用国防经费采办装备、弹药、军需物资等产品和劳务时的特殊情况进行了补充规定。该补充条例本身不是一个独立完整的法规,必须与《联邦采办条例》结合使用,共同构成美国国防采办的基本法规。该补充条例的内容与《联邦采办条例》相对应,主要内容包括联邦采办条例体系、竞争与采办计划、签订合同的方法和合同类型、社会经济计划、签订合同的一般要求、特殊类型的合同、合同管理与审计服务、政府资产、质量保证、招标书条文与合同条款等。

国防部指令是国防部根据法律、法规和规章制定的国防基本政策,用来规范国防部有关官员和部局在其职责范围内的行为;国防部指示是贯彻执行国防部指令的实施办法和具体规定。美国国防部的指令、指示按照统一的编号分成8个系列:1000系列为部队编制、人员管理和队伍建设,涉及整个武装部队的日常行政管理事务,如军队编制组成、组织纪律、人员的募集、教育训练、文化娱乐、福利待遇、提升、调动、退役、奖惩等;2000系列为国际合作与交流,军备控制、反扩散与反恐等;3000系列为国际间特别是与盟国军事科研合作,采办国际合作、跨军种协议、核生化武器的安全政策,航天政策、战争储备物资、靶场与试验基地,以及科学技术政策、军内科研机构、独立研究与发展和基础研究等;4000系列为部队基本设施,如住房、医疗、通信设施的建设,以及物资管理、后勤保障、维修保养、零备件采购、交通与运输管理、制造技术计划、弱小企业计划、建筑、环境保护等;5000系列为国防部组织机构职责分工,如国防采办政策、采办程序、采办队伍、工业能力评估、建模与仿真、试验鉴定、安全保密、立法、刑事与民事、合同争议解决等;6000系列为军队医疗、卫生、保健等;7000系列为国防财务管理与审计,包括规划、计划与预算系统、合同审计以及惩处舞弊与浪费等;8000系列为国防部的信息资源与信息技术管理、信息保障以及计算机网络等。美国国防部指令、指示数量众多,目前指令共650项,指示共500多项。其中,与国防采办相关的指令和指示主要被编入5000系列中,3000系列、7000系列和8000系列也有涉及到国防采办的内容,这些指令和指示内容具体、实际,是国防

部和军种采办管理人员的常用工具书。

二、国防采办法规体系的横向构成

美国国防采办法规体系规范了国防采办管理的全寿命过程与管理的各个要素。综合分析《美国法典》《美国联邦条例汇编》和《国防部指令和指示1000~8000系列》的内容,美国国防采办法规体系的横向上可分为15个类别。

(1) 国防采办管理体制及组织机构,如《美国法典》第10篇的相关规定、国防部5000系列的相关规定等,规范了与国防采办相关的管理体制、各类组织机构的职责和相互关系。主要包括以下内容:总统、国会、国防部的职责和相互关系;国防部长办公厅、参谋长联席会议、军种部的职责和相互关系;国防部各部局、军种的职责和相互关系。例如,具体规范了国防部采办、技术与后勤副部长、国防合同管理局、国防后勤局、国防研究与工程署、国防高级研究计划局、国防财会局、国防合同审计局、国防科学委员会、国防部后勤与物资准备副部长帮办、作战试验鉴定局长等职位或机构在国防采办事务中的具体职责和相互关系。

(2) 国防采办政策和程序,如《美国法典》第10篇的相关规定、《联邦采办条例》及其国防部补充条例的相关规定、国防部5000系列的相关规定等,规范了国防采办政策和原则。主要包括以下内容:国防采办系统,国防采办程序及运行过程,国防采办类别,重要的国防采办计划,国防采办管理,国防采办报告制度等。

(3) 国防科学技术管理,如《美国法典》第10篇的相关规定、《联邦采办条例》及其国防部补充条例的相关规定、国防部3000系列的相关规定等,规范了国防科学技术管理的相关内容。主要包括以下内容:国防科学技术政策,国防基础研究、应用研究、先期技术发展的管理,技术转移计划,军内科研机构,独立研究与发展,国防采办挑战计划,对大学的资助和合同,国防研究活动的协调与交流,联邦资助的研究与发展中心政策,合作研究与发展协议,高技术成果奖,国防科技保密,国防部的科学与技术信息计划。

(4) 国防采购管理,如《美国法典》第10篇的相关规定、《联邦采办条例》及其国防部补充条例的相关规定、国防部5000系列的相关规定等,规范了国防采购管理的内容。主要包括以下内容:国防采购(也译为"购置")管理、标准采购系统、采购卡政策、电子商场、商业产品采购,国防部零部件的采购管理等。

(5) 国防采办合同管理,如《美国法典》第10篇的相关规定、《联邦采办条例》及其国防部补充条例的相关规定、国防部5000系列的相关规定等,规范了国防采办合同签订及合同管理的相关内容。主要包括以下内容:合同签订、合同类型、合同价格、诚实谈判,多年合同制,合同履行管理、合同争议和诉讼,竞争倡议人,签订合同中的电子商务,合同报告制度,合同修订及合同终止,签订合同的一般要求,专利、数据与版权,保证书和保险,税收,研究与发展合同、建筑工程服务合同、服务合同等特殊类型的合同管理,合同转包政策与管理、生产监督与报告、政府合同质量保证和管理。

(6) 国防财务管理与审计,如《联邦采办条例》及其国防部补充条例的相关规定、国防部7000系列的相关规定等,规范了国防财务管理与审计的相关内容。主要包括以下内容:规划、计划、预算与执行系统,国防财务管理,价值工程,经费成本控制,成本会计标准,合同成本原则与程序,合同资金的提供,以成本为基础的分期付款,基于绩效的合同付款,合同审计,惩处舞弊与浪费等。

(7) 使用与保障,如《联邦采办条例》及其国防部补充条例的相关规定、国防部4000系列的相关规定等,规范了装备与物资等的使用与保障相关内容。主要包括以下内容:物资管理,装备后勤保障,装备维修保养,交通与运输管理(包括一般装备运输、战时运输系统、核武器后勤运输,国防部运输工程,作战支援空运),国防部动产的装运与储存,供应链的物资管理。

(8) 试验鉴定,如《联邦采办条例》及其国防部补充条例的相关规定、国防部3000系列和5000系列的相关规定等,规范了试验鉴定的相关内容。主要包括以下内容:试验鉴定计划,试验鉴定类型,研制试验鉴定,作战试验鉴定,实弹试验鉴定,联合试验鉴定,联合互操作能力试验,试验鉴定程序,试验鉴定基础设施(靶场与试验基地,试验靶场、试验台、测量设备和通信系统、靶标、威胁场景等),建模与仿真,国防部保障试验鉴定的其他资源等。

(9) 国防采办队伍建设和管理,如《美国法典》第10篇的相关规定、《联邦采办条例》及其国防部补充条例的相关规定、国防部1000系列和5000系列的相关规定等,规范了国防采办队伍建设和管理的相关内容。主要包括以下内容:国防采办队伍管理,国防采办队伍职业发展,采办队伍资格认证制度,教育训练与培训,人员的招收、使用、提升、调动、退役,文化娱乐,人员奖惩制度,工资和福利待遇。

(10) 国际合作、跨军种合作和国外采办,如《美国法典》第10篇的相关规定、《联邦采办条例》及其国防部补充条例的相关规定、国防部3000系列和5000系列的相关规定等。规范了国际合作、跨军种合作和国外采办的相关内容。主要包括以下内容:国际间军事科研合作,国际间采办合作,国际合作与交流,跨军种合作协议,军备控制、反扩散与反恐;国际贸易协定,贸易制裁,国际协议和协作,外国许可证与技术援助协议,北约的安全投资计划,与盟国和合作伙伴的作战物资的相互适应性,国防部对北约后勤的政策,与加拿大的国防经济合作,技术、物资、服务与弹药的国际转让,贯彻实施与遵守军备控制协议,国防部的反扩散政策。

(11) 信息技术采办管理,如《联邦采办条例》及其国防部补充条例的相关规定、国防部5000系列和8000系列的相关规定等,规范了信息技术和网络技术管理的相关内容。主要包括以下内容:国防部的信息资源与信息技术管理,信息保障以及计算机网络,全球信息栅格的管理,国防部后勤部门使用的电子数据交换标准,智能卡技术,数据的收集、开发与管理,国防部网络中心的数据共享,信息保障,对敏感部门信息的保护,计算机网络的防卫,信息需求的管理与控制,国家军事指挥系统,全球军事指挥与控制系统,电磁频谱的管理与使用,信息技术与国家安全系统的相互适应性和可保障性。

(12) 特殊计划的采办管理,如《美国法典》第10篇的相关规定、《联邦采办条例》及其国防部补充条例的相关规定、国防部5000系列的相关规定等,规范了各类特殊计划采办管理的相关内容。主要包括以下内容:全球定位系统的管理,B-2轰炸机的管理,核反应堆与特种核材料的安全管理,化学战剂的安全管理,核武器的保密政策,航天计划的管理,化学武器的研究、发展与采办管理,化学与生物防御,非致命武器的管理。

(13) 战时采办及动员管理,如《美国法典》第50篇的相关规定、国防部5000系列的相关规定等,规范了战争期间或紧急状态时国防采办和动员管理的相关内容。主要包括以下内容:战争期间重要物资储备,战争动员与储备,战时快速采办程序,战时采办管理,灾害或紧急援助活动,国家紧急状态,战时快速合同保障,在紧急情况下控制使用与处理货币的政策。

（14）国防工业基础及劳动保障,如《美国法典》第 10 篇的相关规定、《联邦采办条例》及其国防部补充条例的相关规定、国防部 5000 系列的相关规定等,规范了国防工业基础及劳动保障方面的相关内容。主要包括以下内容:国防技术和工业基础,国防工业能力评估,国防再投资计划,国防制造技术计划,弱小企业计划,小企业转包计划,小企业试点计划,小企业竞争能力验证计划,保护工业界的保密信息,国防生产联合体和研究与开发联合体,劳动法在国防采办中的应用,合同工时与安全标准,职业安全和无毒车间,对受国防冲击团体的经济调整援助,国家工业安全计划,重要国防供应商兼并或收购对国防采办的影响。

（15）国防设施及政府资产管理,如《美国法典》第 10 篇的相关规定、《联邦采办条例》及其国防部补充条例的相关规定、国防部 5000 系列的相关规定等,规范了国防设施及政府资产管理的相关内容。主要包括以下内容:国防设施保护和管理,国防部设施和资源的安全保密,国防建筑管理,政府资产管理,政府资产的安全保密,防止国防部拥有或使用的舰船造成油料污染,爆炸物的安全管理,环境保护和安全,自然资源的管理。

第三节　国防采办法规体系的特点与主要作用

美国国防采办法规体系性强、内容完备、层次分明、操作性强,并根据形势任务的需要,定期进行更新,有效规范了国防采办工作的顺利开展。

一、国防采办法规体系的主要特点

（一）形成层次分明、内容完备的国防采办法规体系

为管理和控制国防采办活动,美国国会、总统及行政部门、国防部都制定了各种各样的法律、法规、规章和指令,构成了层次分明、内容完备的国防采办法规体系。

美国国防采办法规体系的结构和内容十分完备,主要表现在:①纵向层次清晰,包括法律、法规、规章和指令、指示。上层法律效力高于下层,当不同层次的法规相抵触时,要以上层为主。例如,当国防部第 5000.2 号指示与《联邦采办条例》的内容相矛盾时,要以《联邦采办条例》为准。②横向上内容系统全面,既包含国防采办相关的管理体制、组织体系、规划计划、合同管理、经费管理、采办队伍、国防工业基础、国际军技合作、国防设施和政府资产管理等内容,也覆盖国防采办全寿命管理的全过程,把国防采办相关的科研论证、试验定型、订购验收、使用保障、退役处置等内容均纳入法规体系中,形成了一个纵横衔接、系统配套的有机体系。

（二）国防采办法规纳入统一的编号系统,便于查找和使用

国防采办法规体系涉及的法律、法规、规章和指令、指示的数量非常庞大,规范的内容十分丰富。为了方便查找和使用,提高依法管理效率,美国国会、行政部门和国防部均设立专门的机构(如国会众议院法律修订顾问处),开展对法律、法规和指令的编纂工作,把所有法律、法规和指令、指示都纳入国家或国防部统一的编号体系中,实行分类管理。

在国会法律层次上,国防采办相关的法律编入国家法律编号体系《美国法典》中,其内容主要纳入第10篇"武装部队"和第50篇"战争与国防";在行政部门法规层次上,《联邦采办条例》和《联邦采办条例国防部补充条例》编入国家法规编号体系《美国联邦条例汇编》中,其内容主要纳入第48篇;在国防部指令和指示层次上,国防采办指令和指示编入国防部法规编号体系《美国国防部指令和指示1000-8000系列》中,其主要内容编入5000系列。

(三) 设立专职机构,不断修订和完善相关法规

随着环境和形势的变化,国家安全战略和国家军事战略的调整,军队转型和国防采办改革的推进,美国十分重视对国防采办法律、法规和指令、指示进行及时修订,并补充新的法规,以适应不断变化的国防采办工作的需要。

为更好地开展相关法律、法规和指令、指示的修订工作,美国国会、行政部门和国防部都设立了各类专门的机构,如国会的众议院法律修订顾问处,行政管理与预算局的联邦采购政策局、国防部的法律总顾问和国防法律服务局,联邦勤务总署、国家航空航天局和国防部分别组成联邦采办委员会和国防采办委员会。这些机构定期检查现行的《国防生产法》等法律、《联邦采办条例》等法规、国防部指令和指示,对其中过时的、相互矛盾的法规和条款进行重新修订,对完全不适用的法规和条款予以废止,对新的法规进行及时补充。

在专业机构的努力下,美国所有与国防采办相关的法律、法规和指令、指示,每隔几年就要较大幅度地修订一次,而每年都有一些小的修订。如《国防生产法》从1950年出台以来,每1~2年修订一次;《联邦采办条例》从1984年实施以来修订了近20次,在2001年重大修订后,2005年4月又一次进行了重大修订;国防部第5000.1号指令和第5000.2号指示每隔4~5年修订一次,且2001年和2003年连续进行了2次重大调整;为适应联合作战条件下增强武器系统和信息系统互操作性的新要求,国防部于2004年5月新出台了第4630.5号指令《信息技术与国家安全系统的互操作性和可保障性》,于2004年10月新出台了第2010.6号指令《与盟国和合作伙伴的作战物资的互操作性》,填补了这些领域的立法空白。

实践表明,由于美国注重国防采办法规的制定、修订和废止工作,一方面使美军国防采办相关的各项新任务都有法规制度的保障,几乎没有立法空白;另一方面使原有的各项法规制度得到及时的修订和完善,永葆活力。

(四) 国防采办法规内容具体,便于操作

美国国防采办法律、法规和指令的内容都非常具体,便于操作。例如,《国防采办队伍加强法》明确规定了国防部和军种相关部门的权限和职责,具体规定了国防采办队伍的职业领域划分,明确规定了一项重要采办职位——合同签订官的具体资格要求,规定合同签订官必须在会计、商业、财政、法律、合同、采购、经济、工业管理、市场营销、定量方法、组织与管理等学科中,至少在正规高等教育机构修完24个学分。又如,《联邦采办条例》共有8个分章,包括53个部分,具体规范了竞争与采办计划、签订合同的方法和合同类型、签订合同的一般要求、合同管理与审计服务、政府资产、质量保证等内容,还具体提供了招标书条文与合同条款的详细规范内容,具有很强的可操作性。再如,国防部第5000.2号指示《国防采办系统的运行》明确规范了国防采办项目5个阶段的运行程序、各

阶段的主要工作、里程碑决策评审和决策评审的标准等内容,为国防采办人员提供了具体的行为指南。

(五) 注重国防采办法规与国家相关法规之间的衔接

美国国防采办属于联邦政府采办的范畴,既具有政府商品采办的通用属性,又具有国防采办的特殊属性。在制定国防采办法规时,美军十分注重国防采办法规与国家相关法规之间的衔接,使国防采办法规既具有联邦采办法规的普遍性,又具有国防采办法规的特殊性。例如,美国把国防采办法规纳入国家联邦采办体系中,国防部与联邦勤务总署、国家航空航天局一起,共同制定《联邦采办条例》,国防采办活动要遵循《联邦采办条例》;同时,国防部又针对国防采办的特殊情况,制定《联邦采办条例国防部补充条例》,对国防采办的一些特殊事宜进行规范。

二、国防采办法规体系的主要作用

美国国防采办法规体系的建立和完善,对于明确各级采办管理部门的职责,理顺国防采办运行机制,规范国防采办管理行为,促进美军现代化进程,发挥了十分重要的作用。

(一) 为构建合理的国防采办管理体制提供了明确的法律保障

要理顺各方面的关系,促进国防采办活动有序进行,合理的国防采办管理体制和协调的职责分工是必要的前提保障。凡事先立法,后行事,是美国国防采办管理的基本原则,也是建立国防采办管理体制、理顺各方面关系的行为准则。为构建合理的国防采办管理体制,美国制定了各种层次的法律、法规和指令、指标,把与国防采办事务相关的所有部门、组织机构、职责和相互关系都进行了全面、具体的规范。

在法律层次上,《国家安全法》作为国家安全领域的基本法,对美国国防组织体系和国防采办组织体系进行了基本的规范。在《美国法典》第10篇"武装部队"的A副篇"军事法总则"中,在第1部分"机构和军事力量总体情况"中,第2章为国防部,第4章为国防部长办公厅,第5章为参谋长联席会议,第6章为作战司令部,第8章为国防部各部局和国防部直属业务局。《美国法典》第10篇B副篇为陆军,C副篇为海军和海军陆战队,D副篇为空军,所有这些内容对国防部和军种相关机构的职责及其相互关系进行了全面、具体的规范。在国防部指令和指示层次上,5000系列中设立若干指令,如第5100.01号指令《国防部及其主要部门的职能》,第5105.22号指令《国防后勤局》,第5105.35号指令《国防合同审计局》,第5105.64号指令《国防合同管理局》等,对国防部相关组织机构的职责及其相互关系进行了具体规范。

需要强调的是,美国国防采办管理体制和组织机构的每一次调整改革也都是先立法,后行事。例如,美国1986年为推进国防管理体制改革,出台了《戈德华特—尼科尔斯国防部改组法》,该法新设立参谋长联席会议副主席一职,该职还兼任国防采办委员会副主席,使作战需求系统在国防采办决策过程中有了正式表决权,从而加强了需求部门与采办部门的结合。

总之,美国制定了一系列规范国防采办管理体制和组织机构方面的法律、法规和指令,对于建立相互协调、互相制约的国防采办系统,理顺各部门之间的关系,防止各部门自行其是,相互扯皮,发挥了十分重要的作用。

（二）为国防采办管理活动提供了具体的行为指南

美国国防采办法规体系，包括一系列内容具体、规范明确、可操作性强的法律、法规和指令、指示，为各项国防采办活动提供了具体的行为指南，保障了国防采办工作的有序进行。例如，国防部对国防规划计划预算编制制度，制定了国防部第7045.14指令《规划、计划与预算系统》和配套指示，对规划、计划、预算和执行阶段有关部门的职责、任务、文件编制和审批程序等内容都进行了明确的规范，对各个环节都规定了严格的时间限制和文件传递方向，从而避免了工作程序的随意性和各部门之间相互扯皮的现象，提高了计划编制效率。再如，在市场经济环境中，美国制定了一系列内容具体、操作性较强的国防采办法规和指令、指示，具体规范了国防采办合同签订、合同价格、合同管理、知识产权和合同争议解决等内容，创造了公正交易的国防采办环境，较好地保障了国防采办活动的顺利开展。此外，针对战争等紧急状态，美国还出台了一系列战时国防采办法律，如《国防生产法》《国防工业储备法》《重要战略材料储备法》等，对战争期间的装备生产、物资储备、国防采办工作进行了具体、操作性强的规定。

（三）为国防采办队伍建设提供了有力的法规保障

要做好国防采办工作，拥有一支综合素质高、专业化水平和业务能力强的国防采办队伍是关键。为培养造就一支合格的国防采办队伍，美国在全军人员管理和队伍建设法律、法规和指令之外，还制定了专门的国防采办队伍建设方面的法律、法规和指令、指示，依法保障和推进国防采办队伍的全面建设。在法律层次上，国会于1990年制定了《国防采办队伍加强法》，明确规定了国防采办人员教育培训和职业发展的组织机构和职责分工、国防采办人员的职业领域、主要职位的资格要求等；在国防部指令和指示层次上，国防部制定了第5000.52号指令《国防采办教育、培训和职业发展计划》，第5000.58号指示《国防采办队伍》，第5000.58-R号细则《采办职业管理计划》，这些文件具体规定了国防采办人员教育、培训与职业发展的管理体制、组织机构及职责分工，规范了采办职位的设置、关键采办职位、采办人员资格认证要求、管理采办队伍和建立采办军团的政策和运行程序等内容，为建立起一支精明的采办队伍提供了良好的法规保障。

（四）促进了国防采办与社会经济的协调发展

美国国防采办在体现市场经济法则外，还肩负着一些社会经济责任。为此，美国国防采办法规体系中有相当一部分法律、法规和指令的条款规范了社会经济责任等方面的内容。这些条款对保护民族工业、环境保护、节约能源、小企业保护和发展、职工保健、劳动安全、照顾残疾人和残废退伍军人等方面的内容进行了全面、具体的规范。例如，《购买美国国货法》旨在保护民族工业，避免国防工业和关键国防技术受制于人；《小企业法》有效地保护了小企业的利益，夯实国防工业基础；《联邦采办条例》和国防部许多指令用了大量篇幅，对环境保护、节约能源、职工保健、劳动安全等方面进行了具体规范，促进了国防采办与社会经济的协调发展。

三、美国国防采办法规体系的问题及改革

第二次世界大战以来，随着国防采办活动的日益复杂，美国规范国防采办活动的法律、法规和指令、指示数量与日俱增，规范的内容日趋冗长。从20世纪80年代中、后期起，国会为了防止和纠正国防采办活动中的渎职行为，加大了国防采办立法力度，造成国

防采办相关的法律、法规和指令、指示数量过多,内容过于繁琐。如1947年的《武装部队采购条例》只有125页,1987年的《联邦采办条例》却达到1200多页,2001年版的《联邦采办条例》多达2300多页,而目前国防部指令多达650项。在这种情况下,国防采办管理人员和军工承包商都普遍感到国防采办法规的沉重压力,国防采办法规条款的刚化和教条,使国防采办管理人员发挥主动性与创造性的空间受到限制,而大量国防采办专用法规、严格的军用标准、专门的国防会计标准和军品合同条款,使许多民用高科技企业望而生畏,不敢或不愿同国防部做生意,造成军民分离的局面。

冷战结束后,国防部成立了专门的立法工作研究和改革机构,针对国防采办立法工作存在的问题,不断推进国防采办立法和法规体系的改革。改革的基本思路是大大减少法规数量,合并压缩法规篇幅,提高立法效率。例如,2003年国防部修改5000系列中基本的国防采办文件,使文件数量从原来的第5000.1号指令、第5000.2号指示和第5000.2R号条例3个减为第5000.1号指令、第5000.2号指示2个,文件篇幅从原来的300多页压缩为46页,大幅度删除了规范采办项目管理的具体内容,以增强采办管理的灵活性,更好地发挥国防采办管理人员的主动性与创造性。

新世纪以来,国防部对《联邦采办条例国防部补充条例》进行了大幅度修订,以适应不断变化的国防采办环境。国防部专门成立了"联邦采办条例国防部补充条例改革特别工作组",由国防部长办公厅、军种部及国防业务局的采办和法律专家组成,下设采办战略、采办实施、采办财务与定价、采办法律和采办程序5个小组,通过与国防采办大学及工业界等单位的密切合作,对补充条例的内容进行认真研究和修订。

第四节 规范国防采办活动的主要法律

美国与国防采办相关的法律文件数量很多,这些法律有效期和作用范围不完全相同:有的长期起作用,有的只管某个财年的计划预算;有的事关全局性问题,有的只针对某些特定事项。下面对一些长期性的和针对特定问题的重要法律进行简要介绍。

1. 《反托拉斯法》(Antitrust Act)

美国国会于1890年制定《反托拉斯法》,其根本目的在于保证市场富有竞争性,制止各竞争的公司间达成协议或谅解以妨碍市场法则发挥作用。鉴于排斥竞争或限制正常交易的不法行为可能导致大幅抬高合同价格,因而应对违反者追究刑事、民事或行政责任。违反商业竞争原则的典型的不法行为是指:合谋提出投标,采取统一合同价格,轮流以低价谋求政府合同,合谋实行统一的定价方法,合谋共同分享交易额等。

2. 《沃尔什·希利政府合同法》(Walsh-Healey Public Contracts Act of 1936)

美国国会于1936年制定的《沃尔什·希利政府合同法》规定,所有政府部局委托厂商制造或提供材料、供应品或设备而签订金额超过1万美元的合同时,这样的合同应符合下列要求:①必须与制造商或正式商人签订,由他们提供履行合同要求的供应品;②合同内必须附有供查证的表明承包商是合法制造商或正式商人的身份证书,并根据法律要求列入有关最低工资、最高工时定额、职业安全和保健条件等规定。目前该法已列入到《美国法典》第41篇第35~45章、《联邦采办条例》第22.6部分和《联邦采办条例国防部补充条例》第222.6小部分中。

3.《国家安全法》(National Security Act of 1947)

美国国会于 1947 年通过的《国家安全法》是美国军事法律体系中一部带全局性的基本法,是规范美国防务及其有关活动的基本依据。就国防采办管理而言,《国家安全法》一方面奠定了防务政策基础,另一方面确立了国防部长对各军种实行集中统一领导的管理体制,并规定了国防部范围内有关国防采办的管理机构及其职责。该法于 1949 年和 2001 年进行部分修订,目前纳入《美国法典》第 50 篇 401、402、404 等章节。

4.《武装部队采购法》(Armed Services Procurement Act of 1947)

美国国会于 1947 年制定的《武装部队采购法》是美国各军种和国防后勤局管理军事采购工作的基本法律,规定了军事采购的基本政策和程序。该法明确规定在和平时期除了下列 17 种特殊情况可以通过谈判的方法外,正常的采购办法是要正式招标、公开竞争。这 17 种特殊情况是:①在国会或总统宣布国家处于紧急状态时;②公众的急需不允许由于公开招标而延误时间;③采购项目的累计款额不超过 2500 美元;④个体或专业服务的项目;⑤由任何一所大学或其他教育机构提供的任何服务;⑥需在境外采购和使用的供应品和服务项目;⑦药品或医疗供应品;⑧供内部零售的供应品;⑨给养供应品;⑩不适于进行竞争的供应品和服务项目;⑪属于实验、开发或研究工作所需的供应品或服务项目;⑫不能公开采购的供应品或服务项目;⑬要求零件标准化和具有互换性的技术设备;⑭公开招标后收到的投标价格不合理的;⑮其他法律授权的项目;⑯需要大量原始投资或长期制造准备的专用技术供应品;⑰有利于国防或工业动员的采购。该法后来相继修订为《国防采办条例》,以及《联邦采办条例》和《联邦采办条例国防部补允条例》,目前该法部分纳入《美国法典》第 10 篇 2302 等章节,主体内容纳入《联邦法规汇编》第 32 篇和第 33 篇的部分章节中。

5.《联邦财产与管理服务法》(Federal Propertyand Admistrative Services Actof 1949)

美国国会于 1949 年制定的《联邦财产与管理服务法》规范了政府部门动产的采购与供应、政府财产的使用、多余财产的处置等问题,内容涉及合同签订、产品储存、产品规范、运输管理等问题。国防部门多余财产的处置遵守该法的规定。该法目前已纳入《美国法典》第 40 篇 471~514 与第 41 篇 251~260 等章节。《联邦财产与管理服务法》与《武装部队采购法》以及《签订合同竞争法》是美国政府合同签订与联邦采办过程的基本法律。

6.《国防生产法》(The Defense Production Act of 1950)

美国国会于 1950 年制定的《国防生产法》规定了在战争和国家处于紧急状态期间实行特定的国防生产计划与能源计划,确立了优先履行军品合同、保障战略物资供应、扩大国防生产能力、充分发挥小企业作用等方面的基本政策。因而,《国防生产法》是一部有关工业动员和储备事项的主要法律,其主旨是保军、备战,增强应付突发事件的军工基础与生产能力。美国国会于 1951、1952、1953、1955、1974、1975、1980、1984、1986、1992、1995 年对该法进行修订,1977 和 1991 年进行了两次主要扩充。2003 年,美国国会针对工业基础能力不足的问题,再次修订了该法,再一次阐明了总统的职权,授权总统在一定资金限额内采取有效措施以弥补工业资源的不足。

7.《国防工业储备法》(The Defense Industrial Reserve Act of 1973)

美国国会于 1973 年制定的《国防工业储备法》规定,美军所需装备的最大部分应该依靠从事国防生产的私人企业,但是国防部要制定综合、持续的计划,提供国有的工业工厂以及机床与其他工业加工设备之类的工业储备,以确保在国家处于危急关头时能立即投入使用,为武装部队提供所需的产品。该法是在1948年制定《国家工业储备法》基础上,于1973年为加强国防储备管理,修订原法案之后更名而来的,目前该法已列入《美国法典》第50篇451等章节中。

8.《重要战略材料储备法》(Strategic and Critical Materials Stock Piling Act)

美国国会于1979年制定的《重要战略材料储备法》要求采取必要措施确保战略材料的储备量必须满足三年战争消耗的需要。该法对储备材料的品种、数量、质量、管理办法、处置权以及有关材料的研究与开发等事宜均有明确规定。美国国会于1939年6月制定《重要战略材料储备法》,1979年根据公法96-41对其做出调整,1992年为说明库存量确定方法以及相关细则又再次修订这一法案。目前该法已被列入到《美国法典》第50篇第5章第3分章"战略性原材料的采办与研制"中。

9.《史蒂文森—怀特勒技术创新法》(The Stevenson - Wydler Technology Innovation Act)

《史蒂文森—怀特勒技术创新法》于1980年制定,是国会支持技术转让工作的一项重要法律。1986年,《史蒂文森—怀特勒技术创新法》修订后改称《美国联邦技术转让法》(Federal Technology Transfer Act),后经多次修订,更加强调技术转让的作用。该法的主要内容有:

(1) 各政府机构可同政府其他机构、州和地方单位、工业组织、公共和私人基金会、非营利组织(包括大学)或个人签订合作科研协议和技术转让协议。政府研究所可接受、保留和使用来自合作方的经费、人员和劳务,可向合作方提供人员、劳务和设备。

(2) 成立"联邦研究所技术转让联合体",负责技术、培训班和与技术转让有关的资料的开发和管理,加强政府研究所职工对技术、发明的商业潜力的了解;向政府研究所提供有关技术转让的咨询和帮助;提供信息交流;帮助有关单位制定科研和技术转让计划。各研究所每年要从其科研经费中抽出0.5%给联合体作为其活动经费。

(3) 拥有研究所的政府机构要从所获得的专利权使用费或其他技术转让收入中提出至少15%奖给技术发明人,其余85%大部分交给技术发明人所在研究所。研究所利用这些钱支付管理费、手续费、劳务费,奖励该所对技术转让做出贡献的科技和工程人员,用于进一步开展科技交流,以及职工的教育和培训。

10.《签订合同竞争法》(Competition in Contracting Act of 1984)

美国国会于1984年通过的《签订合同竞争法》,要求在签订军品合同时要进行全面、公开的竞争,要求在武装部队中设立"竞争倡议人",简化采购程序,尽可能使用民品。该法指出,采用密封投标方式对于大部分国防采购项目是不适宜的,而那种可以兼顾质量和价格的"谈判竞争法"则是完全可取的竞争方式。该法还为适当采用独家承包合同明确规定了若干条款。美国的一些学者认为,《签订合同竞争法》在某种意义上是对《武装部队采购法》的一种修订。据报道,自该法通过以来,美国国防采购项目的竞争已有很大程度的加强,自1984年至1987年通过竞争签订的合同数量从37%增至58%。

11.《戈德华特—尼科尔斯国防部改组法》(The Goldwater Nichols DoDReorganization Act of 1986)

《戈德华特—尼科尔斯国防部改组法》,简称为《戈德华特—尼科尔斯法》,其主要内容是加强军种管理部门同作战指挥部门在国防采办过程中的合作。它规定新设置参谋长联席会议副主席一职,指使参谋长联席会议主席直接介入国防资源与作战需求的规划/决策过程之中。新设参谋长联席会议副主席兼任国防采办委员会副主席。这样,作战指挥部门在国防采办决策过程中便有了法定代言人和正式表决权。在1987年之前,参谋长联席会议主席并没有以任何有意义的方式介入国防预算过程或武器需求过程。该法"增强了参谋长联席会议主席的作用,使之得以提供统一的军事观点去平衡军种的较为狭隘的看法"。

12.《国防采办队伍加强法》(Defense Acquisition Workforce Improvement Act)

为了从根本上改善国防采办队伍中人员的素质,美国国会于1990年制定了《国防采办队伍加强法》。该法规定了国防采办人员的职务分类、等级标准,要求国防部建立"采办教育、训练与职业发展主任办公室"作为全军采办队伍人事管理中心。该法还规定成立国防采办大学,并对国防采办大学课程的水平提出具体要求,以便培训高级采办管理人员。

13.《1994年联邦采办精简法》(The Federal Acquisition Streamlining Act of 1994)

该法于1994年10月签署生效,立法的目的在于精简采办过程。它全面总结和肯定了冷战结束以来美国国防采办调整改革的经验,对建立军民一体化的国防工业基础和提高采办工作经济效益产生了巨大和深远的影响。该法对225条法律进行了大幅度的修订,以简化文书工作与小额产品的采办程序,同时强调工业成品的采购,鼓励采用电子商务的采办方法,提高采办效率。该法对小额产品的资金限额提高到10万美元,低于该数额的采办可采用简化程序。

14.《联邦采办改革法》(Federal Acquisition Reform Act(FARA) of 1995)

《1995年联邦采办改革法》是在1994年的联邦采办精简法的基础上制定的,该法连同1996年的《联邦采办改革法》以及《信息技术管理改革法》等构成了美国采办管理改革的主要法律文件。该法明确规定承包商进行竞争的基础上,必须考虑承包商竞争的效率,提出50万~1000万美元的项目可以进行非充分与公开竞争,之前该类合同的资金数额为10万~100万美元。投标诉讼是降低联邦政府采办效率的重要因素,该法对投标诉讼进行了规范,并提倡进行现货采购。《1995年联邦采办改革法》还对采办队伍、价值工程、联合采购、人员管理等问题也进行了规范,以提高采办工作的效率。

15.《克林杰—科恩法》(Clinger-Cohen Act)

《1996年联邦采办改革法》和《信息技术管理改革法》本是两条独立的法案,但由于它们对采办管理领域产生了重大影响,同时两条法案在内容上相互补充,因此后来两条法令合称为《克林杰—科恩法》。

《1996年联邦采办改革法》提高了合同签订官的管理权限,在遵守《签订合同竞争法》规定的基础上,对承包商参与竞标进行管理,以提高合同签订的效率。承包商在参与竞标之前,合同签订官将对承包商进行初始审查,审查不合格的承包商将不予参加竞标。该法同时提高了采用简化采办流程的产品价格门限值,将门限值从过去的100万美元提高到了 500 万美元。

《信息技术管理改革法》废除了《布鲁克斯法》,强调对信息技术资源的应用和对信息技术资源的全寿命管理。该法提出,在美国每个部局都设立一个首席信息官,向部局的高级官员提供信息资源方面的管理建议,提出改善信息技术投资规划与控制的管理体系,鼓励信息技术系统采用递增式的采办方式。《信息技术管理改革法》修订了 1995 年的《文书削减法》,提出了一系列提高政府工作效率的做法。

16. 《诚实谈判法》(Truth in Negotiations act)

该法规定,国防部、国家航空航天局和海岸警卫队要求主承包商或任何转包商根据一定条件提出并核实合同的成本或价格数据。该法还要求在合同中应列入这样的条款:由于承包商或转包商提供的成本或价格数据不当而造成的费用增长应予以扣除。

17. 《购买美国货法》(Buy American Act)

该法规定,美国政府优先采购国产的成品,承包商只应提交国产的成品,属于以下情况作为例外处理:①只供在美国境外使用的产品;②政府认定不能在美国按合理的商用批量和合格的质量要求进行开采、生产或制造的产品;③政府部局认定优先在国内采购是不符合美国国家利益的产品;④部局认定在国内采购是费用上很不合算的产品。

18. 《国防授权法》(Defense Authorization Act)

该法是国会控制国防采办过程的主要工具。1959 年通过的公法 86-149 规定,飞机、导弹和舰船的采购经费,须经特别授权方可拨出。从此,此项公法经常修订,不断增加授权拨款项目的范围。1963 年以后,所有研究、发展、试验鉴定(即科研)项目的拨款都必须经过授权。经逐年补充、修改,国防授权拨款的范围几乎囊括所有采购与科研项目。

自 20 世纪 70 年代以来,国会越来越热衷于对国防采办工作推行"立法上的微观管理",所以国防部授权法的内容几乎涉及国防科研生产整个过程的所有问题。国防部采办计划是按类提出的,授权法也按类规定,一般分为十余个大类(或部分)。

国会为了解和检查国防部对授权法的落实情况,还在国防部授权法中明确规定国防部必须向国会汇报的具体要求。

19. 《国防拨款法》(Defense Appropriation Act)

该法分门别类地规定国防部某财年军事活动的拨款数额,其中包括国防科研与采购款项。例如,《2004 年国防部拨款法》共分 9 大类、62 小类帐目。在 9 大类中,Ⅰ 类为军事人员费,Ⅱ 类为使用与维修费,Ⅲ 类为采购费,Ⅳ 类为研究、发展、试验鉴定费(即科研费)……。Ⅲ 类采购费包括 16 小类账目,如陆军的飞机采购、导弹采购、武器与履带式战车采购、弹药采购、海军的飞机采购、武器采购、造船与改装、海军陆战队的采购,空军的飞机采购、导弹采购,国防部各部局的采购和《国防生产法》采购项目等。

国防拨款中规定的采购费和科研费,其界线有时不容易划分,至少有 10%~15% 的重要计划项目可列入这两类中的任何一类。如工具制造、样机制造、生产工程和试验鉴定等项目需经常调整它们的类别。

拨款法规定,计划项目按类拨款,国防部一般也得按其规定专款专用。但在实际工作中,由于军事需求或具体项目的变化,国防部有时需要国会追加拨款或在现有经费内调整计划项目。追加拨款当然要重新申请,另行审批。项目调整分两种:①同类项目调整(如从这一型号的飞机改为另一型号的飞机);②不同项目转变(如从飞机转为导弹)。

同类项目调整,有的国防部可自行决定,有的则需经国会批准或事先报告;不同类项目转变则一律须经国会审批。按规定,不管是同类调整还是不同类转变,一般不得随意进行,除非是为了应付更紧急、更重要项目的需要。有关改变原定拨款用途的情况,国防部每年要向国会汇报两次。

20.《2009年武器系统采办改革法》(Weapon SystemsAcquisition Reform Act of 2009)

"9·11"事件以来,美国国防部为了更好地满足"反恐"应急作战与"基于能力"战略转型的需要,以"放权"和增强采办灵活性为主线,扩大采办人员和承包商自主权,但是这也削弱了军方对采办过程的管控力度,加之采办需求变化较频、竞争不力等原因,致使近年来武器系统采办"拖、降、涨"问题越来越严重。2009年1月奥巴马政府上台后,责令尽快解决武器系统采办中存在的上述问题。联邦参议员莱文积极响应,于2月向参议院提交了题为《2009年武器系统采办改革法》(简称《改革法》)的提案,经过国会参众两院一段时间的争论、协商,5月19日就《改革法》最终版本达成一致,5月22日美国总统奥巴马正式签署批准。这也是继《1996年联邦采办改革法》之后国会颁布的又一部采办改革法案。《2009年武器系统采办改革法》针对武器系统"拖、降、涨"问题,以加强采办过程管控为主线,从提高采办竞争力度,加强系统工程管理和研制试验鉴定管理,强化成本评估与管理,加强对项目全寿命过程的评价监督等方面提出了一系列重大举措,提高了对美军武器系统采办管理的管控力度。

第十九章　国防工业基础

国防工业基础是指对武装部队的武器和保障设备进行设计、发展、制造、试验和维护所需要的人员、设施、研究单位和技能的总称。为支撑美国国防力量建设和全球霸权地位，美国高度重视国防工业基础建设，经过数十年的管理发展，形成了在完备性、规模化、技术水平上都堪称世界一流的国防工业体系，为国防采办奠定了坚实基础。

第一节　国防工业发展历程

美国国防工业创生于18世纪末19世纪初的独立战争时期，19世纪经过第一次工业革命的推动，20世纪前平稳发展。两次世界大战使美国国防工业高速发展，至第二次世界大战结束时，总体规模和能力已跃居世界之首。总体来讲，美国国防工业的发展大致可分为4个时期：第一次世界大战前的创生与初期发展阶段、第一次世界大战至第二次世界大战结束前的高速发展阶段、第二次世界大战后至冷战结束前的稳步发展阶段、冷战结束到现在的改革调整阶段。

一、第一次世界大战前的创生与初期发展阶段

18世纪七八十年代的独立战争及战后初期欧洲国家的军事威胁，促使美国政府在原有薄弱的民用火器和造船业基础上，大力发展军事工业，创建国有军工厂，形成了兵器和舰船两大行业。

18世纪末19世纪初，美国建立了第一批海军船厂。南北战争期间，美国造船产量达到一个高峰，1855年达2000多艘（含民船），成为世界主要造船国之一。在第一次工业革命的推动下，产品更新换代和生产能力迅速提升。这一时期美国建造了世界上第一艘蒸汽轮船、第一艘钢壳船，发明了汽油内燃机，为现代舰船工业和兵器工业奠定了重要基础。

随着美国国防工业的创生，垄断也很快出现了。1802年成立的火药生产商杜邦公司在1812年第二次美英战争期间就几乎垄断了美国军需弹药的生产，1907年更是买下了100多家火药公司，垄断了政府全部订货。此外，由多家钢铁公司、1家轮船公司和1家铁矿公司合并而成的美国钢铁公司是美国第1家资产超过10亿美元的大公司，控制着美国钢铁产量的65%；生产舰船的美国电船公司也是大型军工垄断企业。

二、第一次世界大战至第二次世界大战结束前的高速发展阶段

参与战争创造的巨大军事需求是国防工业发展的重要牵引力。得天独厚的地理位置使两次世界大战基本未波及美国本土，美国不但为美军供应军需品，还成为盟友的军工厂。由此，美国国防工业获得高速发展，第二次世界大战后跃居世界首位。

第一次世界大战期间,美国主要充当军火供应商,向盟国提供武器装备,国防工业形成规模,行业范围扩大至飞机、坦克、重型火炮、无线电等。美国积极投资国防工业建设,1917—1920年,政府对军工厂的投资为6亿美元(主要投向船厂),私人投资则达90亿美元。1917年美国开始正式参战的19个月里,政府共花费226亿美元购买军火。仅靠国营兵工厂已无法满足战争需求,美国政府大规模组织私人企业进行军工生产。到1918年,美国国防工业产值占全国工业生产总值的40%,美国国防工业形成规模。

第二次世界大战期间,美国建立战时生产委员会,实行非常时期经济动员,大幅扩大军火工业。政府共投入155亿美元用于工厂设备设施建设,新建军火工厂1690多家。战时动员使国防工业规模再次剧增,航空工业成为独立行业,军事电子工业和核工业初步形成。飞机、机枪、冲锋枪、坦克、摩托化重型炮、各式地雷、手雷等武器装备相继出现,武器产品谱系获得极大丰富,无线电技术也在战争中得到大力推广,国防工业的范围也随之扩展。这一时期,主承包商约有1.7万家,共签订1500多亿美元合同,分承包商约7万家,国有军工厂约1600家,国防工业从业人数高达314万人。1941—1945年,国防工业产值占美国工业总产值的60.6%。

三、第二次世界大战后至冷战结束前的稳步发展阶段

(一) 1945—1960年相对独立的国防工业体系的形成和成长期

第二次世界大战结束之后,美国国防预算一度缩减,但随着朝鲜战争的爆发,美国开始对这一危机做出反应。1950年,杜鲁门总统签署《国防生产法》。这项法案几经扩充,对今天仍有影响。该法案定义了国防工业基础的概念;建立一个在紧急状态下优先获得所需的军事软件和硬件的系统;为通过改进生产方式和装备,建立大批量生产新的国防材料和增加专用装备生产能力提供基金。与此同时,美国国防预算也由1951年的353亿美元膨胀到1953年的634亿美元。

国防预算的增加使得国防研发投资和装备采购投资都大大增加,这导致许多军工私有公司的出现,美军许多军事装备不仅被替换,而且大多是新设计的。在核潜艇、大甲板航母、高性能喷气式飞机、弹道导弹、卫星、坦克以及装甲运兵车方面,出现了解决武器和系统问题的全新技术途径。在此期间,越来越多的武器和系统生产从政府拥有或经营的工厂转向民品供应商,私营公司成为军械和武器的主要提供商,承担了空前的生产量。

20世纪50年代后期,美国国防工业已成为美国经济的主要部门之一,1952—1960年,国防开支占美国GDP的9.3%。1960年,美国政府为所有的工业研发提供了58%资金,国防工业超过汽车、钢铁和石油工业,成为美国经济中的最大工业部门。

(二) 1961—1990年国防工业体系的成熟期

1961—1990年,美国国防建设是以苏联作为对美国国家安全的主要挑战者为背景开展的,重点保障美国军事力量的优势。因此,1945—1960年间,美军已获得的各种杰出的武器系统,如喷气式飞机、弹道导弹、坦克和装甲战斗车辆、地对空导弹、航母、核潜艇和侦察机、卫星等,直到1990年仍然是美国军事力量的主要组成要素。但其他系统和能力的重要性在不断增长,其中包括卫星通信、广域传感器、情报、指挥与控制、精确武器和隐身等,而电子技术变得极其重要。固态电子技术、有关的软件技术以及体系结构工程技术促进了GPS全球定位系统、数字式航空电子设备的发展,并极大地提高了数据处理能

力。同时,美国军方开始对作战技术和联合作战给予了更多关注,并开始研究新的作战方法,如空地一体战和精确打击。连通性、标准化、互操作性和可维护性在系统开发中得到更大关注。

在此期间,国防工业对其主要用户在需求发展变化方面做出了响应,但就整体来说,部分国防工业的吸引力在此期间已下降,导致向军方提供武器和系统能力的下降,其中部分原因是政府内部和工业界自身的问题。但是,这种下降趋势也为美国工业发生的四大动向有所增强:美国经济实力的日益增强;商业技术的发展;政府对非国防活动开支的增长;管理的日益复杂化。

四、冷战结束到现在的调整重组期

(一) 企业大规模兼并重组期

冷战结束以后,美国安全环境好转,军事需求锐减,国防开支大幅萎缩。这种情况下,美国军方不得不在限定的资金范围内大规模裁军并在研发、采购方面进行有效的紧缩,1985—1990年间,国防采购合同中装甲产品下降55%,飞机发动机下降49%,弹药下降49%,飞机下降47%,电子设备下降39%,导弹下降34%,通信设备下降22%,舰船下降29%。1989—1998年,国防部采购开支从816.19亿美元缩减到482.09亿美元,主要武器系统采购数量也大幅减少,使得国防工业产能严重过剩。1992年底,美国军工厂的平均开工率只有35%,远低于维持工业能力所需的85%的有效开工率。收入减少使军工企业的独立研发开支也显著减少。1994—1999年,独立研发支出占销售总额的比例从4.1%下降到2.9%。

军工产能严重过剩,促使美国政府开始鼓励、引导甚至主持本国国防工业机构纵横向并购或转行从事民用产业,一批企业退出国防市场,国防工业能力向少数企业集中,国防工业基础缩小。相比1985年,1995年美国军工从业人数减少约200万。20世纪80年代,美国国防工业界约有50个主要国防供应商。从1992年起,美国大力鼓励国防工业企业兼并重组,并对合并的公司提供一定数目的直接和间接补贴。2000年后美国国防市场的垄断特征十分明显,形成了洛克希德·马丁公司、波音公司、雷声公司、通用动力公司和诺思罗普·格鲁曼公司5个高度集中的顶级国防工业集团。这一时期形成的国防工业基础格局一直延续至今,没有大的变动。

(二) 国防工业转型期

20世纪90年代,美国经济较快增长,1990—2000年国内生产总值占世界的比重从24.2%上升至30.5%,为军事建设提供了丰厚的物质基础。从90年代末开始,美国全面推进军事转型,启动了一大批高技术武器装备项目。"9·11"事件后,在军事、经济和科技等诸多因素的推动下,美国对国防工业进行了第二次重大调整,2003年美军出台《国防工业基础转型路线图》,提出了构建"基于能力的国防工业基础"的战略思想,将工业基础按照作战需求重新划分为作战空间感知、指挥与控制、兵力运用、兵力和本土保护、聚焦后勤、网络中心战6个领域。国防科技工业必须具备和发展与上述领域相适应的装备与技术。"基于能力的工业基础"的提出和建立,将国防工业与明确的军事需求更加紧密地结合在一起,从而有助于实现国防工业与作战部队的无缝连接和一体化建设。

(三) 金融危机背景下的调整

金融危机导致美国经济不景气,加之多年反恐战争使美国政府赤字飙升,迫使奥巴马政府上台后立即着手压缩开支,削减赤字,国防开支进入缩减期。从 2012 年起,美国国防开支结束了连续 13 年的增长,军工企业再次面临国内需求萎缩甚至消失的困境,继续寻找维持工业能力的解决方案。

奥巴马政府提出,美国的国家安全与繁荣越来越依赖于其技术与工业基础,需要制定国防工业长远发展战略,改变冷战结束以来对国防工业企业缺乏有效管理的局面。由于作战样式与任务的变化,武器装备体系发生了深刻的变革,要求国防工业基础及其结构进行相应的调整改革。奥巴马政府认为单纯凭借市场力量无法完成国防工业的上述改革,必须在政府的主导下加强顶层设计,逐步推进。

面对新的形势,奥巴马政府重点针对管控供应链风险,确保关键能力,稳定基础科研,维持技术优势和持续发展能力,采取评估、政策引导、重点投资支持等措施促进国防工业发展。军工企业则主要采取各种开源节流措施,维持工业规模和能力,并积极投资新兴领域,抢占新的优势,避免在新兴领域被淘汰。

2017 年特朗普上台后,其军事战略和经济政策可能会有比较大的转变,随着国防预算的回升,美国国防工业仍需实施进一步调整。

第二节　国防工业体系与规模结构

一、国防工业体系

美国国防工业体系可分为决策层、咨询服务层和执行主体层。三个层面相互依存、相互促进、相互影响:决策层通过法律、政策强制的同时,主要是通过有吸引力的采购合同和基金激励企业进行军品开发、生产,满足军事需要;而执行主体为获得军品订单进而获得利润在竞争中发展;咨询服务层受托于政府与企业之间,充当桥梁和纽带,也实现自身利益。

（一）决策层

美国国会和总统是国防工业的最高决策层,负责制定国家国防工业的总体发展战略,并通过预算拨款和政策对国防工业实施宏观调控。国防部统一领导国防采办工作,并负责兵器工业、导弹与军事航天的组织与管理;国家航空航天局负责民用航空航天的组织与管理,也承担部分军事航空航天计划;能源部主管核武器工业;运输部所属海事管理署负责船舶工业管理。

国防部是国防工业决策体系中的核心机构,国防部通过出台相关法律法规、进行项目投资以及合同等方式对国防工业加以引导,如 2003 年国防部出台《国防工业转型路线图》,提出"基于作战能力的国防工业基础"的战略构想,改变主承包商控制国防市场的局面,形成大小兼备、供应商众多的国防市场格局。在 2010 年《四年一度防务评审》中,美军首次明确工业基础对实现国家战略目标至关重要的作用。

国防部采办、技术与后勤副部长和政策副部长,负责发布具体的国防工业相关文件、指令等,并对其下属的与国防工业相关的部局进行指导和提出要求。

采办、技术与后勤国防部副部长下属的制造和工业基础政策助理部长帮办(MIBP)是负责国防工业管理与建设的直接责任人,其主要职能是确保国防部能够拥有健康、安全、富有活力和创新的国防工业能力,并赖以满足作战部队需求。具体职责包括:负责对国防工业供应链进行研究和分析,为国防部长办公厅和各军种采办执行官提供决策支持;为保持国防部供应链的技术优势提出建议或采取相关措施;作为国防部长在企业兼并重组、采办以及与国家安全相关事务的领导层成员。主要任务是:通过其职能和计划(如国防生产法计划和制造技术计划等)投资先进工业能力,维持国防工业供应链的活力和创新。

(二) 咨询服务层

咨询服务层是指独立于政府和企业之外并连接政府和企业,为双方提供咨询服务的官方和民间组织。在美国这类组织非常发达。这些机构大部分是独立运营,自负盈亏,也有一部分接受国防部的资助,主要有兰德公司、莱克星顿研究所、国防工业协会、航空航天协会等。这些中间组织解决了政府与国防企业沟通与合作问题,推动了美国国防工业的发展。

(三) 执行主体层

执行主体层是指美国国防工业企业和研究开发机构。这些机构通过与政府签订合同进行国防产品的开发生产,获得利益。

二、国防工业总体规模

美国国防工业包括与国防科研和生产相关的各组成部分。如图19.1所示,从厂商层次来说,美国国防工业大致可分为主承包商、分承包商和零部件、原材料供应商三个层次,构成完整的配套体系;从专业领域来分,涉及航空、航天、船舶、电子、劳务以及核等产业部门,提供海、陆、空、天、电五维战场所使用的各类武器装备和军用支持系统。

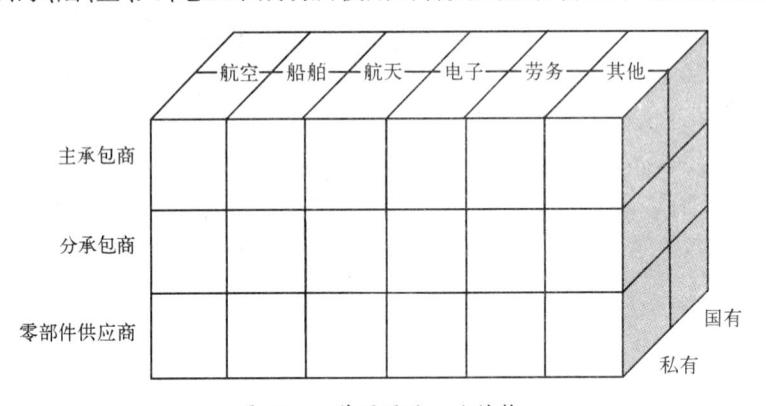

图 19.1 美国国防工业结构

2013年,美国国防工业从业人员大约100万,其中航天与导弹企业和非政府机构从业人员20余万人,飞机制造业从业人员42万人,兵器工业从业人员大致10万人,承担军船建造与维修的主要公私船厂从业人员约8万人,能源部所属科研生产机构和运行承包商从业人员约10万人,国家航空航天局科研机构从业人员约2万人,国防部科研机构从业人员约6万人;另有大学、政府支持的研究中心等部分人员参与国防科研工作。

私营企业、大学、非营利机构以合同方式获得国防研发生产经费,承担大部分研制生产任务,2013财年国防部合同开支占国防部总预算52.8%,达3050亿美元。

三、国防工业科研力量

美国国防科研机构主要由三大部分构成：

（1）政府科研机构。这是美国国防科研活动的基础力量，包括国防部（含各军种）和能源部所属的研究所、实验室和各类试验鉴定机构，以及国家航空航天局（NASA）的各研究中心。国防部包括三军种共有三十多家研究所、实验室和试验鉴定中心，能源部有三家专门从事核武器研究设计的实验室，国家航空航天局有10个从事航空航天研究的中心。这些机构从事部分基础研究工作、大部分应用研究工作以及试验鉴定任务，其中一些机构还要履行政府投资的科研项目的管理职能。国防部与各军种的研究机构主要执行面向任务（特别是面向军种任务）的国防科学和技术计划，承担大约30%的基础研究项目、36%的应用研究项目和24%的先期技术发展项目。

（2）高等院校。在美国3000余所大专院校中，有条件从事研究的"研究型"大学约有400所，其中与国防部有合同关系的超过200所。这些大学不仅为美国的军事科研生产输送了大批人才，而且还直接承担了许多军事研究项目，对美国武装力量增强技术基础、保持技术优势发挥了很大作用。大学主要从事基础科研工作，承担了国防部第6.1类预算计划中一半以上的工作份额。

（3）工业界科研机构。美国从事国防科研生产的主要企业也是军工科研的重要力量，许多企业都拥有自己的研究机构，如西屋电气公司的56个研究机构承担了核潜艇反应堆、"北极星"导弹发射装置等方面的研究工作；波音公司设有专门进行先进技术研究与开发的"鬼怪"工作部等。企业的研究机构主要从事与产品和工艺结合紧密的发展研究和系统设计工作，工业界承担了国防部近一半的应用研究和约三分之二的先期技术发展任务。

四、国防工业生产力量

美国国防工业各领域国防生产以私营企业为主，同时存在一些政府所属工厂、设施，以国有国营、国有民营的方式，从事生产和维修保障任务。例如隶属于国防部的海军四大船厂和空军维修厂承担装备维修任务；多家国有兵工厂从事弹药、地面装备生产；国家航空航天局所属米苏德总装厂承担重型火箭制造；此外，一些政府科研机构、大学也具备一定生产能力，如约翰·霍普金斯应用物理实验室就是中小型航天器的总承包商。在核工业领域，核武器、核材料、空间核动力的工业能力集中在国有工厂和实验室中，它们绝大部分采用国有民营方式；核动力、核燃料循环能力掌握在私有企业和外资企业手中。

（一）按所有制分

目前，美国国防工业企业按所有制可分为三大类：①私营国防工业企业，其代表就是洛克希德·马丁公司、波音公司、雷声公司、诺思罗普·格鲁曼公司、通用动力公司；②国有私营国防工业企业，主要是核武器研制生产综合体以及弹药厂，比如密苏里州的莱克城弹药厂、田纳西州的米兰弹药厂和弗吉尼亚州的雷德福弹药厂等；③国有国营国防工业企业，主要是军内科研试验单位和修理厂。

私营国防工业企业是由法人机构或个人持股，为股份有限公司或有限责任公司。国有私营国防工业企业一般是国家控制部分或全部股份，由私人经营，为国家控股公司。

目前美军的国防工业企业绝大部分是私营国防工业企业和国有私营国防工业企业,国有国营国防工业企业很少,而且只承担比例很小的军品合同任务,主要是承担一些高风险、前瞻性、长周期的探索性研究任务以及涉及军事机密不适合由私营企业承担的一些研究任务的研究所。

(二) 按层次分类

美国国防业务涉及不少于 20000 家大小企业,按在供应链所处层级,这些企业大致可分为三层。

处于第一层次的是主承包商,它们通常是一些大公司,主要任务是设计、研制产品的重要部件及核心系统,并进行全系统集成。这些企业基本都是跨多个防务领域的私营企业。有军品销售额占很大比例的公司,如洛克希德·马丁公司、诺斯罗普·格鲁曼公司、通用动力公司、雷声公司、联合防务公司;又有民品占较大比例的公司,如波音公司、轨道科学公司、联合技术公司等。

处于第二层次的是大量的分承包商,它们为主承包商制造专用的部件和子系统,如推进、火控和制导系统等。这一层次的企业在规模和产品上千差万别,既有像通用电气公司这样的工业巨头,也有名不见经传的小型机加工厂。有些公司在某个专业领域作为主承包商,在其他领域是分系统承包商。如罗克韦尔公司是空地导弹和反舰导弹的主承包商,但也是航空电子装备的分系统承包商。

处于第三层次的是数量众多的零部件供应商,它们为主承包商和分系统承包商提供基本的零件、组件、固定设备和材料等。

美国国防工业企业具有超强实力。在 2016 年 9 月防务新闻网发布的世界军工百强榜单中,美国有 47 家企业上榜;榜单前 10 名中,美国占据六席,五大军工集团(洛克希德·马丁公司、诺斯罗普·格鲁曼公司、通用动力公司、雷声公司、诺思罗普·格鲁曼格)均进入前六,唯一位居第三的英国 BAE 系统公司,大半业务也在美国。

第三节 国防工业管理的主要做法

一、发布顶层指南规划,引领国防工业发展

国防工业是国防能力的重要基础,美国定期出台国家安全战略和国防战略等顶层文件,制定并发布国防科技与武器装备建设规划计划,指导和牵引国防工业企业发展,确保其保持核心科研生产能力。

(一) 定期发布顶层战略文件,对国防工业发展进行中长期政策引导

美国主要从国家安全战略和国防战略出发,出台相关战略和政策文件,形成战略体系,对国防工业进行中长期政策引导,以保持必要的国防科技核心能力,维持强大的国防工业基础。

美国国防部在 20 世纪 90 年代提出进行国防工业转轨,鼓励国防领域的企业进行兼并重组,走军民一体化发展的道路,由此在美国工业界掀起了历史上规模最大的兼并重组浪潮。2002 年,美国提出了新的三位一体战略,其中"灵活反应的基础设施"指的主要是国防工业基础。2003 年国防部出台《国防工业转型路线图》,提出"基于作战能力的国

防工业基础"的战略构想,改变主承包商控制国防市场的局面,形成大小兼备、供应商众多的国防市场格局。2010年《四年一度防务评审》,首次明确工业基础对实现国家战略目标至关重要的作用。此外,《基础研究计划》《国防技术领域计划》和《联合作战科学技术计划》是国防预研创新的具体指南。在三大计划实施中,国防部业务局、军种部研究单位及相关机构结合现实和未来发展情况,提出本部门(机构)预研创新项目的发展计划,并由此产生新型预研项目需求,从而指导国防科技工业开展相关研究计划。

（二）滚动制定装备规划计划,强化对国防工业的需求牵引

军方作为国防工业的需求主体与用户,定期制定与发布装备建设规划计划与需求信息,指导与牵引国防工业企业参与采办竞争,并通过优化结构提升能力,更好地适应军方需求。

美军通过规划计划预算与执行系统,每年制定与更新装备规划计划文件,提出未来一年的装备建设计划、未来6年装备发展规划以及未来10~20年的发展战略。美军的规划计划与预算论证机制,已经运行了50余年,形成了成熟的制度与组织体系。每年滚动更新的装备发展规划计划与预算,不仅对军方装备建设具有重要的规范性,对国防工业的健康发展也同样具有重要的指导性。国防工业企业根据军方规划计划论证结果,调整优化产业结构,有针对性地进行研发能力建设。

（三）强调创新战略驱动,为国防工业发展注入活力

国防科技创新是国防工业发展的重要方面,美国十分注重国防科技创新建设,发布《美国创新战略》对包括国防领域在内的整个国家科技创新进行长远谋划和部署。同时,美军在顶层指南规划引领国防工业发展中,也十分注重指导和鼓励国防科技工业进行创新。

2011年2月4日,白宫发表《美国创新战略——确保经济的增长与繁荣》报告,具体阐述此前奥巴马总统在国情咨文中提出的战略目标,即赢得未来,保持美国在创新能力、教育和基础设施等方面的竞争力。明确了科技创新主体,提出科技创新的政策。核心内容主要包括强化创新要素、激励创新创业、催生重大突破等层面。这也是美国在全球经济竞争越来越激烈的背景下为确保其国家经济增长和繁荣所做出的最新政策安排。该战略还明确指出,私营企业是科技创新的主体,政府是科技创新的推动者。

国防高级研究计划局(DARPA)每两年发布"创新战略框架",公布其发展战略和主要研究项目情况,为其技术向国防工业部门转化铺平道路,在DARPA的推动下,GPS、互联网和隐形飞机纷纷问世,使武器装备不断更新换代。

此外,《国防科学技术战略》作为国防预研创新的宏观指导,在顶层谋划新战略和新思想。现在人们耳熟能详的美军联合作战能力需求推动国防科技发展战略、在国防科技中突出重视信息技术战略、国防科学技术发展经济可承受性战略、建立军民统一工业基础战略、着眼长远发展加强基础研究战略、加强科研管理统筹协调思想等,都在《国防科学技术战略》中有总体谋划。

二、采取措施推行竞争,维持工业基础活力

美国高度重视国防工业领域竞争主体的培育,主要国防工业企业均为私营企业,通过在市场中自主决策,发展多元化产业,并逐步形成相互竞争的产业格局。在竞争压力

下,国防工业企业的能力不断提高,并积极通过技术创新来降低成本、提高效益。

(一) 建立面向全社会的信息公开制度,扩大竞争范围

美军从20世纪90年代以来,积极推动"电子军务",建立了商业机遇网、各军种采办网、国防部创新市场网等多种门户网站,发布战略规划、国防采办需求和国防预研需求信息,使全社会能够了解和掌握军方需求、获得项目申报机会。即便是对于非公开竞争类项目,军方也需要把用于招标的建议征求书全文寄给军方选定的有资格参加竞争的承包商,同时在相关网站公布建议征求书内容概要,其他未被军方邀请参加这个项目谈判的企业等也可以申请领取建议征求书复印件,并参与竞争。美军通过加强采购信息发布环节的透明度,吸收尽可能多的企业参与装备科研生产任务,在招投标环节通过竞争方式签订合同,推动了竞争性采办的有效开展。

(二) 建立竞争保护机制,推动竞争最大化

美军高度重视国防采办竞争机制,《2009年武器系统采办改革法》明确提出"竞争最大化"的要求,每年发布《国防部竞争报告》对整体竞争态势进行分析评估,并采取措施保证竞争的公平、公开、公正。

1. 对大型企业实施反垄断审查

1890年,美国国会通过了《抵制非法限制与垄断保护贸易及商业法》(也称为《谢尔曼法》),成为世界上最早的反垄断法,被称为"全球反垄断法之母"。在反垄断法实施过程中,出现了多个大型集团被拆分的案例。1914年,在总结《谢尔曼法》实施经验的基础上,美国国会颁布了《克莱顿法》和《联邦贸易委员会法》,这两部法律的颁布标志着美国反垄断法律制度的初步形成。《克莱顿法》和《联邦贸易委员会法》列举了一系列限制竞争的商业行为,使得反垄断政策进一步发展并具有一定的可操作性。依据《联邦贸易委员会法》,1914年成立了专门的反垄断局,成为美国反垄断政策的实施组织者。

美国的反垄断制度对国防工业企业行为形成了强大的约束,维护了国家利益。1997年,洛克希德·马丁公司收购诺思罗普·格鲁曼公司就被美国司法部否决。当时洛克希德·马丁公司提出以83亿美元收购诺思罗普·格鲁曼公司,这一提议得到了两家公司股东的批准,但是在随后的反垄断审查中,司法部认为新公司将控制国防部采购预算的25%,将在未来双方地位中处于强势,从而形成垄断。这两个公司是电子系统和军用飞机的主要供应商,收购将导致美国国防工业出现前所未有的集中,将大大削弱某些关键领域内国防产品的市场竞争态势。国防部也不同意洛克希德·马丁公司收购诺思罗普·格鲁曼公司,并分产品进行了十分详细的论证。因此,并购案最终被否决。

2. 扶持中小企业创新发展

中小企业富于技术创新,因此美国高度重视中小企业的研发生产能力,将积极鼓励小企业参与竞争,作为促进竞争激励创新的重大战略措施。美国国防部通过调查发现,中小企业对军事需求了解不够、难以与用户建立起牢固的互动关系、新技术转化资金不够、国防部规定繁杂等,是阻碍其参与竞争的主要因素。为此国防部积极采取措施,主要有:

(1)《美国小企业法》规定,联邦政府应尽可能向小型企业提供政府采购合同,包括政府采购总合同和政府采购分包合同。在政府采购合同比例上,该法要求一般小企业每年获取合同金额应不少于总合同金额的23%。《2013年美国国防授权法案》第293页第

1631部分规定:国防部每财年所有分合同金额的40%以上要授予小企业。图19.2所示为2003—2012财年中小企业获得国防部分包合同。

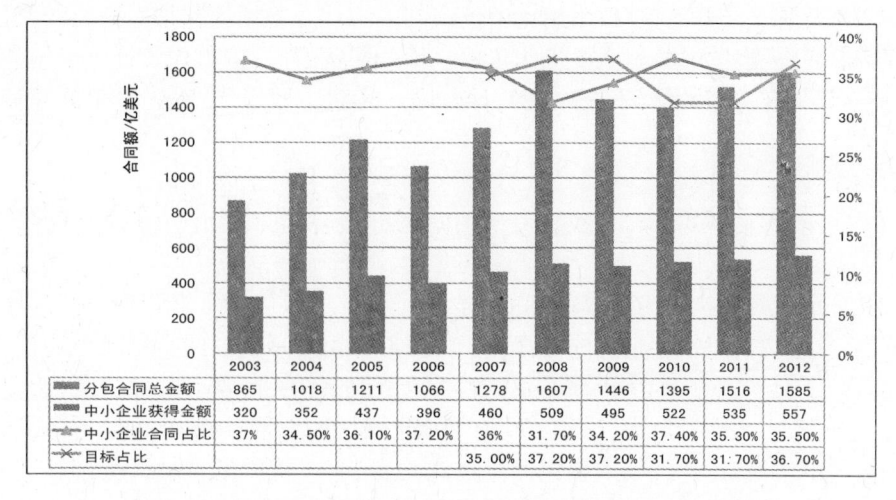

年份	2003	2004	2005	2006	2007	2008	2009	2010	2011	2012
分包合同总金额	865	1018	1211	1066	1278	1607	1446	1395	1516	1585
中小企业获得金额	320	352	437	396	460	509	495	522	535	557
中小企业合同占比	37%	34.50%	36.10%	37.20%	36%	31.70%	34.20%	37.40%	35.30%	35.50%
目标占比					35.00%	37.20%	37.20%	31.70%	31.70%	36.70%

图19.2　2003—2012财年中小企业获得国防部分包合同(亿美元)

（2）2014年美国国防部《创造和维持国防部供应与服务竞争环境指南》中规定,项目招标前,要进行全面的市场调研以了解竞争格局,如果可行则优先使用小企业;提出要资助并维持可靠的备选承包商,为市场带来竞争;指定系统开发者或唯一中标者为主供货商,由其向一家或多家公司提供帮助和专有技术,使这些公司也逐渐成为供应商。

（3）美国还通过小企业创新研究计划和小企业技术转移计划促进小企业参与分包项目或技术研发项目的竞争。在美国国防部2014年最新发布的"更优购买力倡议3.0版本"(临时版)中也强调要加大对小企业创新研究计划的支持力度,鼓励有创造性的小企业进行先期技术开发,帮助其实现成果的快速转化和应用。

3. 实施竞争失利经济补偿

竞争失利经济补偿制度可以降低企业参与竞争的成本并维护其合法利益,有助于吸引企业持续参与竞争,培植潜在竞争主体。美国《2009年武器系统采办改革法》规定:在主承包商选定后,对第二个承包商继续提供一定的资金,进行下一代样机系统或子系统研制,推动其参与分包合同的竞争或项目某一阶段的合同竞争。2014年美国国防部出台的《创造和维持国防部供应与服务竞争环境指南》,要求美军建立竞争招标总结制度,帮助竞争失利企业总结经验和教训,查找竞争失利的问题和症结,帮助企业改进不足,促进其早日成长为未来潜在竞争主体。

（三）建立分类、分层次、分阶段竞争体系,维护竞争态势

1. 推行分类竞争

不同的武器装备,在技术成熟度、工业能力基础等方面也不尽相同,美军在武器国防采办中,对不同类别的武器装备项目采用不同的竞争方式:①对技术指标明确、成本易估算、风险较低的项目,采用公开招标竞争方式,主要包括投标、开标和签订合同等步骤。②对军方不能明确提出详细技术性能要求,成本与技术风险较大的项目,采用两步招标法。第一步解决技术问题,由军方向承包商发布技术建议征求书,承包商提出技术建议书后,由军方进行评审,以确定是否能满足军方提出的技术要求。第二步解决价格问题,军方进行二次招标,把招标书发给被军方选中的承包商,最后选出报价较低的1~2家竞争获胜的承包商签订合同。③对于只有少数几家承包商、时间要求紧来不及公开招标、保密和法规要求不公开的项目,采用竞争性谈判方式。竞争性谈判是军方与两家以上承包商谈判签订合同的方法,其主要工作步骤包括:准备谈判及编写建议征求书、提交建议书、评审建议书及选择承包商、谈判及签订合同。④对小额现货产品,采用公开竞价、询价等方式。

2. 推行分层次竞争

(1) 主承包商层次。美国多数大型国防采办项目大多数由两家以上承包商参与竞争。

(2) 分承包商层次。美国《联邦采办条例》规定:主承包商负责管理合同的履行,包括计划制定、定货和对转包合同进行管理。国防部保留对承包商的自制或外购计划进行审查的权利。对于价值在1000万美元(含)以上的外购项目,要求主承包商提交自制和外购计划方案,由合同签订官进行审查;当主承包商无法正常自制,且可以同等或较低的价格从另外的公司获得时;或主承包商可以正常自制,但从质量、数量、交付日期和其他重要因素综合考虑后,可以以更低的价格从其他公司获得时,必须要进行外购。美军采用主承包商负责制,主承包商主要负责分承包商的竞争招标、合同签订和合同管理,但军方要进行审查和监管。

3. 推行分阶段、样机竞争

美军采取在项目全寿命周期的几个阶段或不同批次分别开展竞争的方式,以降低技术风险和总拥有费用。以联合攻击战斗机为例,在方案论证阶段,有16家承包商参与竞争,军方通过竞标招标选定波音公司、洛克希德·马丁公司、麦克唐纳·道格拉斯公司、诺思罗普·格鲁曼分别签订研究合同。在技术开发阶段,在上述4家公司开展竞争的基础上,军方最终选定了波音公司和洛克希德·马丁作为技术开发阶段的承包商,分别与这两家公司签订了演示验证合同,两家公司分别研制出X-32样机和X-35样机。在工程型号研制阶段,军方对上述两家公司提交的X-32和X-35样机进行试飞比较,其中波音公司的X-32样机隐形性能和超级音速性能突出,洛克希德·马丁公司的X-35样机短距/垂直起降能力突出。军方经综合评价,最终选定成本低、性能好、可靠性高的X-35样机。洛克希德·马丁公司通过竞争招标方式,与数十家分系统单位签订了分包合同。

近年来,美军根据渐进式采办的要求,对同一产品在不同批次中开展竞争。如全球定位系统,第Ⅰ、Ⅱ和ⅡA批次共40颗卫星,由罗克韦尔公司通过竞争获得合同;IIF批次20颗卫星,由波音公司通过竞争获得合同;第ⅡR批次卫星,由洛克希德·马丁公司通过竞争获得合同;目前波音公司和洛克希德·马丁公司正在竞争IIIA批次合同。

2009年,美国出台《武器系统采办改革法》,明确要求对于重大国防采办项目,在项目进入工程研制阶段之前,应保持两家或两家以上的承包商进行样机研制与演示验证,通过样机研制的竞争提高技术成熟度和采办方案的科学性。2014年美国国防部出台的《创造和维持国防部供应与服务竞争环境指南》进一步强调竞争性样机制造是重大国防采办项目的强制性要求,即便在系统层面不可行,也必须在重要子系统层面施行。

(四) 健全规范严格的评价监督制度

1. 建立规范的评价制度

评价制度是形成竞争有序市场环境的重要保证。美国《联邦采办条例》规定,政府部门要建立承包商绩效评估报告系统(CPARS),国防部和各军种部都据此建立自己的绩效评估体系,在承包商履约完毕后,由项目主任组织相关人员对其履约情况进行评估,按照"不满意、合格、满意、很好、非常好"五个等级进行评价,评估结果录入承包商绩效评估报告系统,作为以后采购部门选择承包商的重要依据。此外,美国国防部每年都对市场竞争态势情况实施评估,不定期发布《国防部竞争报告》,对国防部和军种、业务局的竞争态势、存在问题进行系统评估,提出改进采办竞争的措施。

2. 建立严格的监督制度

监督制度是竞争制度有效实施的重要保证。①在国防部内部,美军建立了"竞争倡议人"制度。根据《联邦采办条例》,国防部在每个行政部门和每项采购活动都指定一个竞争倡议人,负责对整个采办的竞争活动进行监督、审查、评估和建议。②在国防部外部,美国国会下属的政府问责办公室(GAO)每年都会提交大量报告,对国防部的合同项目的各种情况进行评估,督促国防部开展竞争,提高经费使用效益,维护纳税人的权益。③在司法监督方面,美国建立了反不正当竞争机制和竞争申诉制度,以维护市场竞争所必须共同遵守的行为准则,保证市场经济和消费者的利益不受损害。美国司法部网站的判决声明中可以看到大量不正当竞争的案例,被处罚的公司包括波音公司、洛克希德·马丁公司、诺思罗普·格鲁曼公司、通用动力公司以及BAE系统公司等。美军还建立了竞争申诉制度,承包商一旦对竞争结果有质疑,可向国会政府问责办公室申诉或者向联邦索赔法院起诉。

三、实行注册审查制度,把好军品市场入口

美国实行面向市场竞争的军品市场准入制度。有意承担国防部采购合同的承包商首先需要在中央承包商注册系统(CCR)中注册,经认证后列入相关名录,随后在竞标具体项目时,通过以往业绩评估最终确定是否可以承担项目,如果违规,可能会被列入被禁止、中止和不合格承包商名录(EPL)。承包商从进入国防领域到最后承担军品合同,要通过层层筛选,依靠自身过硬的实力和信誉,最后才能脱颖而出。

(一) 注册备案——中央承包商注册系统(CCR)

中央承包商注册系统(CCR)由美国联邦总务署管理,所有想要购买产品和服务的政府部门,以及想要提供产品和服务的企业,甚至国外的企业,都必须先在这个系统中注册。CCR主要针对承包商的资质和身份进行审核,以网络平台的形式完成。具体审核信息包括企业总体情况、法人信息、产品与服务信息、财务状况、联系人信息、以往合同情况等。2012年7月美国联邦总务署整合了"中央承包商注册系统""联邦政府注册数据库""联邦政府采购数据系统""在线声明和认证应用"等数据库和平台,形成了"授予管理系统"。该系统已经成为美国最大的收集、验证、存储和管理政府采购承包商数据的平台。

除极个别例外,想要承担武器装备科研生产任务的企业都必须到CCR中注册,没有注册的企业基本没有获得政府部门(包括国防部)相关项目和合同的机会。

(二) 产品认证——合格产品名录(QPL)、合格制造商名录(QML)和合格投标商名录(QBL)

这三个名录是《联邦采办条例》当中规定的政府部门可以根据需要建立的三种名录,目的是为所有政府部门在选择承包商或主承包商选择二、三级供应商时提供参考。国防

部根据需要建立了专门针对武器装备的 QPL 和 QML。

QPL 是满足国防部适用规范中所提出的鉴定要求的产品名录,着重对产品或产品系列进行鉴定。QML 是指其所生产产品的样本经检测符合使用规范,并被评价为合格的制造商名录。QML 着重对制造商的器材和工艺过程进行鉴定。QBL 是指该企业的产品已经通过相关检测或者该企业具备生产该产品的资质和能力,该企业即可被列入合格投标商名录。

在进行具体采办招标时,项目管理办公室要查阅这些合格名录,以确定是否有足够数量的企业参加竞争。对那些没有被列在名录上,但项目管理办公室认为也符合竞标条件的企业,项目管理部门需要将其信息告知制定这些名单的部门,以便对其进行鉴定,合格后将其列入 QML、QPL 和 QBL。

(三) 绩效评估——承包商以往业绩评估制度

美国国防部认为仅仅依靠这几个名录来筛选承包商还远远不够,因此在采办招标时,对合同金额超过一定额度的项目,项目管理办公室会通过承包商以往业绩评估制度,对承包商以往履行国防采办合同的业绩情况进行分析判断,以此作为选择承包商的重要依据。

承包商以往业绩评估制度是美军项目管理制度的一部分,其组织机构由决策层、管理层和执行层三个层次组成。决策层主要指国防部以往业绩评估一体化产品小组;管理层包括承包商选择总监以及向其提供咨询建议的承包商选择咨询委员会;执行层主要指承包商选择评估委员会及其下属的以往业绩评估小组。其中,承包商选择总监、承包商选择咨询委员会和承包商选择评估委员会组成承包商选择小组,采取"一事一评"的方式,根据具体采办项目的特征和要求,负责承包商的选择和评估工作。需要说明的是,以往业绩是承包商选择小组评估的主要指标,但不是唯一的指标。承包商选择小组还要对承包商的成本、技术等方面进行综合评估后,才能做出最终的决策。

(四) 淘汰制度——被禁止、中止或不合格承包商名录（EPL）

除了建立合格名录外,美国还专门建立了一个"被禁止、中止或不合格承包商名录",也就是黑名单。这个名录由美国联邦总务署制定和管理。承包商一旦进入这个名录就失去了承担政府采购项目的资格。

美国《联邦采办条例》对于承包商可能被列入 EPL 的原因有非常详细的规定,涉及欺诈、刑事犯罪、垄断、行贿受贿和逃税等。当该产品不是在美国生产的情况下,故意将标有"美国制造"或有相同含义的标识,贴附于在美国销售或运往美国的产品上的行为也列在其内。国防部没有单独制定自己的 EPL,而是参考联邦政府的 EPL 名录执行。

四、开展工业能力评估,把控国防工业态势

美军定期进行国防工业能力和装备项目评估,及时摸清国防工业的实力现状,从整个国防工业部局角度,把握装备发展的大方向。

(一) 评估制度建立的背景和评估内容

1996 年,美国防部发布第一版国防部手册 5000.60-H《国防工业能力评估》,明确了国防部对工业能力进行评估的相关部门职责和具体要求;1997 年,国会将国防工业能力评估写入《美国法典》第 10 章第 2504 款,该条款要求美国防部每年向国会提交一份国防

工业能力年度报告。自此，美国形成一套例行国防工业能力评估机制，到目前为止，已向国会提交了17份年度工业能力报告。2012年，在预算缩减的背景下，根据《2012财年国防授权法案》要求，国防部对国防工业能力开始实施"逐部类、逐层级"(S2T2)评估，旨在辨析国防工业的关键薄弱环节、探察工业基础各部类各层级之间的关系，对国防工业基础供应链(尤其较低层级供应商)进行风险预警，从而使国防部能够识别对国防安全至关重要的关键部类和层级，改进供应链管理，为国防部的管理投资和政策导向提供信息。2014年7月18日，国防部对5000.60指示进行了全面的更新，将原来的名称"国防工业能力评估"改为"国防工业基础评估"，显示出国防部工业战略和政策将更侧重于"基础"建设。

为确保评估的客观性和准确性，国防部还成立联合工业基础工作组，其成员主要是各军种采办司令部和系统司令部以及相关的国防部业务局的代表。评估由制造和工业基础政策助理部长帮办领导，联合工业基础工作组充分参与评估过程。

（二）评估程序

根据2013年美国国防部最新出版的《国防工业能力评估指南》，评估的程序分为以下四个步骤。

1. 第一阶段：分析是否需要进行国防工业能力评估

当国防部停止采购某产品或服务，或减少采购数量，而且有迹象表明获得该产品或服务的能力有可能因此而丧失时，国防部相关部局负责人就需要对是否应实施评估进行判断。首先，判断这一潜在的问题是否属于常见的供应商管理问题。如是否有其他供应商可提供相同的产品或服务，或能够找到类似产品替代等。如果不是供应商管理问题，则进一步分析是否属于以下三种情况之一：①无法通过常规渠道获得所需的产品或服务，可能需要采取特殊措施或投资来解决；②公司、行业协会或其他供应商通知国防部，某工业能力面临丧失的危险；③某产品将永久或暂时停止开发或制造，但对该产品或能力在未来仍有需求。如果属于三种情况之一，则要检查以前是否已对该产品、服务或能力做过工业能力评估。若已完成分析研究，则运用研究成果帮助解决潜在的问题，进入第二阶段。第一阶段的流程如图19.3所示。

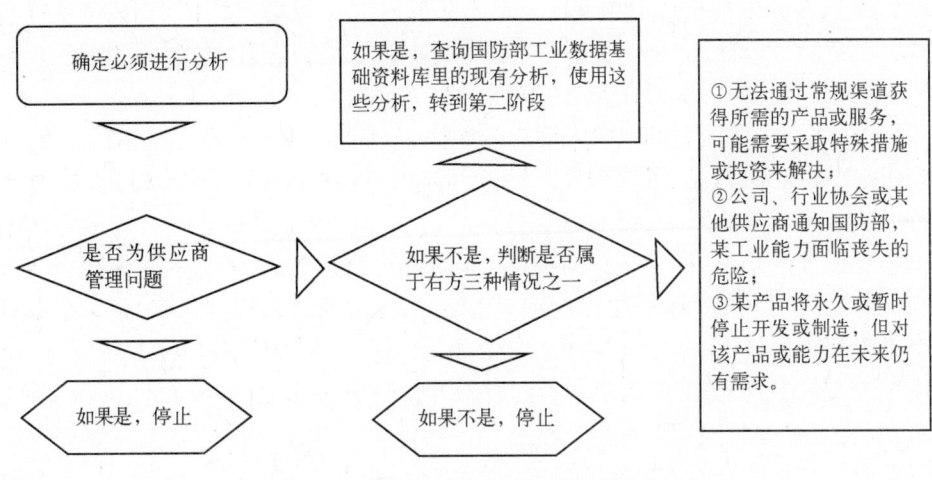

图19.3 国防工业能力评估第一阶段流程

2. 第二阶段:界定问题——评估关键性

一旦确定具体的供应商或工业能力处于危险中,则开始第二阶段:界定问题——评估关键性。这一阶段主要包括以下步骤:①核实进行评价的产品或服务是否为国家安全所需;②分析该工业能力的关键性;③对丧失该工业能力的风险程度进行评估。第二阶段流程如图19.4所示。

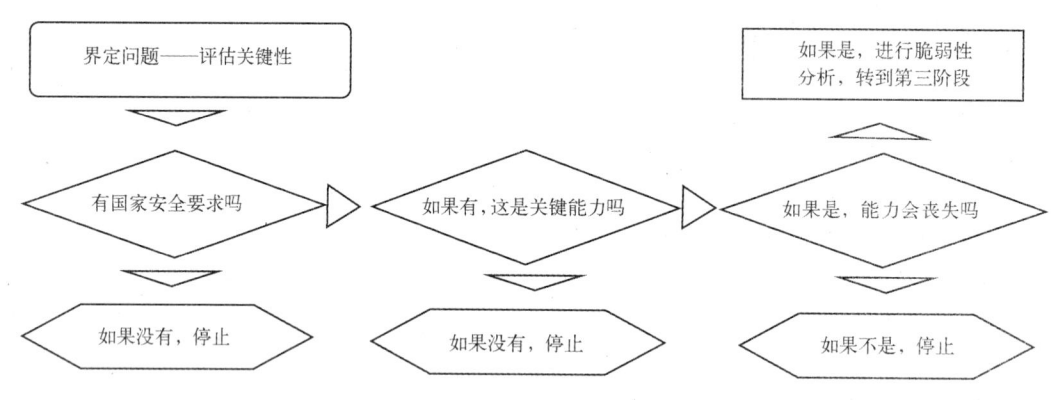

图 19.4 国防工业能力评估第二阶段流程

（1）核实进行评估的产品或服务是否为国家安全所需。要核实进行评估的产品或服务是否为国家安全所需,需要考虑两个方面的问题:①该产品或服务是否是维护国家安全必不可少的？②除了国防部还有哪些用户使用该产品或服务？如果除了国防部之外还有其他用户,就需要进行跨国防部的评估。国防部只支持能满足国家安全需求的工业能力,因此必须核实该产品或服务是维护国家安全不可或缺的。如,是否支持现有或计划中的军事力量并提供必需用品;维持国防工业是否需要;下一代国防装备的设计、开发或制造是否需要等。

（2）分析进行评估的工业能力的关键性。确定该能力为国家安全所需之后,要分析该能力的关键性,此时需要考虑两个方面的问题:①该产品或服务需要哪些工业能力？②这些能力中有哪部分需要进一步的分析？在对该产品或服务所需的工业能力进行分类和定义之后,应分析判断其中哪些能力具有独特性且不可替代。例如,该产品或能力是否只有一条生产线或一家供应商;国防和非国防领域是否没有类似的工业能力;失去该能力是否将导致国防需求或任务无法满足。

（3）对失去该工业能力的风险程度进行评估。确定该能力为关键能力后,进行评估前必须判断工业能力丧失的风险程度。评估具体内容包括:①产品、服务或技能是否是国防独有的,或替代品有限,或根本没有替代品;②产品、服务或技能是否可横跨多个平台或军种使用,能力损失后产生的影响大;③是否需要熟练工人,能力的丧失是否会破坏将来产品或服务的交付;④是否是设计密集型活动,失去系统结构的知识,是否会限制国防部修改、升级或设计下一个、下一代系统的能力;⑤在不降低任务性能的情况下,是否有可用的替代品满足国防部的需求;⑥在预设的时间内(通常是五年),能力要求(产品/服务/技能)的任何评估或预期的变化是否会影响能力的供应。⑦非美国来源的地缘政治气候和影响,如果关键能力要从政治不稳定的区域中获得,而且替代品有限,那么国外的资源就会有风险;⑧重建成本是否高,如果恢复产品/服务/技能的生产能力超过了维护能力的成本,那么重建成本就会变高;⑨生产周期是否超过了客户对所需产品要求的时间。评估后若认为该能力丧失的风险程度很高,则转入第三阶段。

3. 第三阶段:评估关键能力的脆弱性

第三阶段的目的是确定那些丧失风险程度较高的关键能力的脆弱性,流程如图19.5所示。

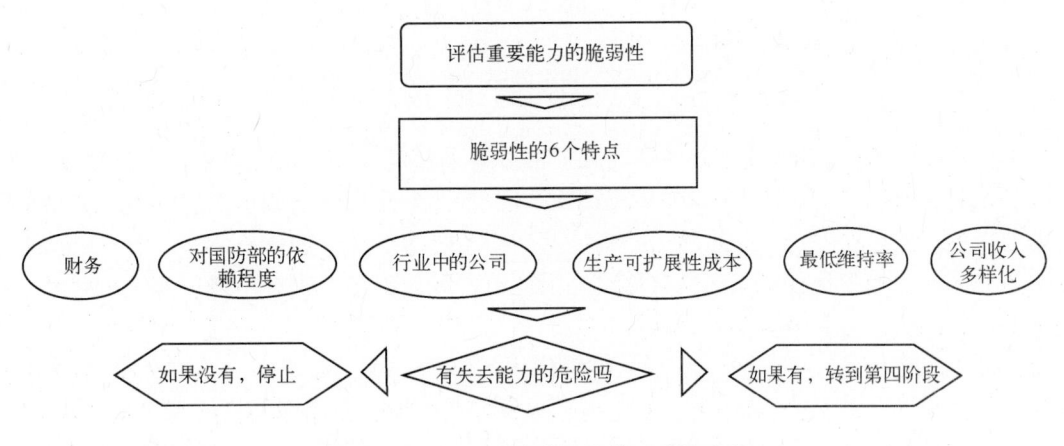

图 19.5 国防工业能力评估第三阶段流程

需要对以下六个方面进行评估:①财务展望。这是对公司稳定的简要说明。衡量的方法是通过特别的指标,如增长/多元化、业务机会和风险。如果公司财务状况稳定,给国防部带来的不稳定风险就很小。②对国防部的依赖程度。可参考公司分别提供给国防部和商业市场的产品和服务的成分比例/百分比。倾向于国防部的百分比越高,现在以及将来都可能越来越依赖国防采购(如风险更高)。相反地,公司越少依赖国防部,就越有可能退出与国防部相关的业务。③行业中的公司。这是指参与在审查中的特定市场的公司数量。公司的数量显示了竞争水平。公司在市场中越活跃,国防部发现提供重要产品/服务/技能的供应商的机会就越大。④生产可扩展性成本。它是由于生产订单或提供的服务发生变化引起的单位成本的波动。高可变性指需求减少对单位成本产生的负面影响。因此,也可对国防部的采办成本产生影响。⑤最低维持率(MSR)。最低维持率是利用率的最低水平,对保证特定工业能力的持续不断地具有活力和生机是必需的。最低维持率包括数量和量产的要素,随着时间的推移融入到供应链中。公司的运营维持在最低维持率左右,现有的业务则具有更高的风险,因为产品或服务的需求减少了。⑥公司收入多样化。它意味着不同产品的数量和客户的人数是公司收入的来源。产品数量有限或客户人数有限都有可能使公司保持独立发展的能力变弱。

对这六个方面综合评估之后,如果认为该关键能力很脆弱,则转入第四阶段。

4. 第四阶段:对可以采取的措施进行比较

第四阶段的目的是对于之前评估的脆弱的关键国防工业能力,国防部可以采取哪些措施,并对这些措施的成本、生产周期、结果和风险进行比较。第四阶段流程如图19.6所示。

一般来讲,国防部可以采取七项措施:①不采取措施,即不采取任何措施,也不进行任何投资来扩展或维护任何能力。适用于一些生产领域,如国防部近期需求终止而且以

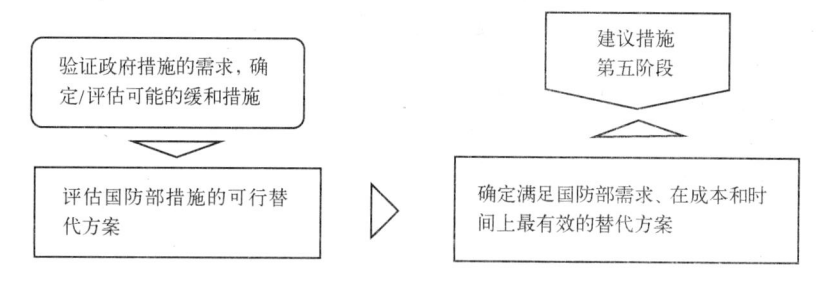

图 19.6　国防工业能力评估第四阶段流程

后的需求不明确,或需求变化较多等情况下可以不采取措施。②从国外采购。国防部可以利用对其有利且受到法律限制的外国来源。但是如果具有政治或地缘脆弱性,那么国外的来源可能存在不合格的风险。或者技术和产品能提供独特的作战优势,则也不允许从国外采购。如隐身技术或产品转移给外国公司可能会破坏美国在隐身技术上的优势,则不允许国防部从非美国来源处购买相关产品。③购买替代品。要考虑三种替代方法:工业能力的替代品。要调查出另一种可能替代现有能力的工业能力。如一种特别的国防运输车预计会停产,国防部关心的是制造这种特别的重型变速箱的技能和物资会不会失去。国防部管理人员发现,一些商用重型运输车的制造商在制造变速箱时使用了与制造国防部车辆变速箱所需的同样的技术技能和物资。二是产品的替代品。调查替代产品可以提供同样的国防任务能力的可能性,并找到产品零件的替代品。三是改良的替代品。调查改良的替代能力或能力支持的产品的可能性。大多数产品或能力的替代品都需要做一些改变才能满足国防部的需求。④全面收购以满足将来国防部的需求。这是指购买和存储能力支持的产品的预期终生的数量。⑤寻找技术解决方案。技术解决方案可以是能力的替代方案,例如先进的制造产品技术方法可以替代目前"有风险"的制造过程。也可以替代支持当前能力的产品或系统。⑥智能关闭。智能关闭指特意保存对再次生产产品或服务来说必要的某些要素,包括储存和维护设备和工具、按目录分类和跟踪人员的技能、录像和摄影过程、存储关键原材料以及再次生产建立基于计算机的产品模型,同时停止目前的开发活动或生产活动。⑦保存目前的能力,即保存当前产品或服务的发展和制造。

评估人员对这些措施进行比较,综合分析之后选定最优方案,进入下一阶段。

5. 第五阶段:递交总结报告,推荐最佳措施

此阶段的任务为以国防工业能力评估结果为基础,递交总结报告,推荐应采取的最佳措施或投资行动。总结报告需阐明成本、进度、效益及相关的质量控制事项等。如果此方案实施时间超过一年,每年应重新进行分析评估。

推荐采取的投资,1亿美元以下的由国防部部局采办执行官批准,1亿美元以上的投资由国防部采办、技术与后勤副部长批准,制造和工业基础政策的助理部长帮办推荐国防部长办公厅(OSD)合适的人员协助实行投资计划。

三、实施能力建设计划,巩固国防工业基础

(一)　根据《国防生产法》进行投资,确保关键能力建设

一是实施《国防生产法》第三卷计划。《国防生产法》第三卷计划是根据《国防生产

法》第三卷的要求建立的一项旨在建立、扩大、维持或使国防工业能力现代化的专项计划,其关键目标是加快技术从研发向产品和国防体系嵌入的转变。为了建立所需的工业能力,该计划主要采取购买佣金、先进制造设备的购买或租借、开发替代品、贷款或贷款保证等财政刺激手段。每年国防部都会根据《国防生产法》第三卷的要求投资一些具体的项目,以保护国防所需的工业资源及相关生产能力。

近年来国防预算中《国防生产法》项目的实际支出如表19.1所列。

表19.1　2001—2013财年国防生产法计划的支出(单位:百万美元)

时　　间	国防生产法计划的支出
2013财年	202.140
2012财年	174.964
2011财年	34.156
2010财年	150.281
2009财年	100.268
2008财年	94.152
2007财年	62.9
2006财年	57.5
2005财年	42.6
2004财年	77.4
2003财年	71.9
2002财年	39.5
2001财年	3.0

为更好地落实《国防生产法》第三卷的要求,2009年国防部成立了《国防生产法》委员会,其主要目的是向总统提出如何有效利用《国防生产法》的建议。《国防生产法》委员会定期与《国防生产法》第三卷计划办公室和S2T2评估团队进行协调和沟通。2011年9月,《国防生产法》委员会正式采取研究组的形式,目的是优化工作模式、提升跨部门的信息共享与协作。目前已经组建金属加工、能源和通信等三个研究组,负责对相应工业部门进行评估,并制定供应链的长期战略。

二是实施国防优先权与分配系统/特别优先援助计划。《国防生产法》第一卷规定,在必要的时候,总统有权要求合同和订单的优先执行,以满足国防与国家紧急战备计划的需要。第12919号美国总统令将这种职权授予美国各个联邦政府部门。国防优先权与分配系统/特别优先援助计划就是依据这些法律法规而设置的,每年确定一些需要优先发展的项目进行投资,并为此专门成立了"工业资源优先分配"(PAIR)小组,负责制造和工业基础政策的国防部助理部长帮办负责召集和主持PAIR小组会议,确保在军队紧急需求发生冲突的情况下,分配给国防部项目的工业资源满足优先的作战需求。2010年10月到2011年12月,PAIR完成的特殊优先援助有:军火、反简易爆炸装置、卫星系统、海外安装防护、浮空器、集成大气环境监测系统等。

(二) 国防制造技术计划

国防制造技术(ManTech)计划是国防部实施的一项用于开发并完善工业部门关键制

造工艺,加速国防部武器系统与零部件采办维护的技术进步计划。国防制造技术计划的核心任务是保持工业部门的技术活力、技术优势和财务健康。计划通过监控工业基础的创新机会或供应链薄弱点,提出成果转化的工艺技术方案。该计划首先对所需的工艺技术进行开发和原型制作,然后通过执行《国防生产法》第三卷计划促进其应用。ManTech 计划为 S2T2 评估提供供应链信息,而 S2T2 数据库的分析将有助于 ManTech 计划通过判别制造技术或生产能力的差距来进行规划。

为更好地落实国防制造技术计划,国防部成立了联合国防制造技术委员会,由来自陆军、空军、海军、国防后勤局、导弹防御局和国防部长办公厅的相关代表组成。委员会负责确定优先投资领域和具体的投资项目,并对每个项目进行监督管理。

(三) 独立研究开发计划

独立研究开发是指由地方工业部门进行的一种不受某项合同资助或履行某项合同所要求的技术活动,它包括基础研究、应用研究、技术开发、系统和其他方案形成等方面的研究项目。国防部为鼓励工业部门的这种开发,设立独立研究开发专项基金,工业部门确定独立研究开发项目后,可向国防部提出申请给予经费支持。目前,项目申请经费限额为 1100 万美元。

为了对这些独立研究开发进行监督管理,国防部成立了研究与工程执行委员会。国防部还建立了国防创新市场网,用于工业部门与国防部共享这些独立研究开发的项目成果,以促进其尽快地转化应用。

(四) 国外兼并收购审查计划

为维护国防工业的独立自主性,美国防部成立了国外在美投资委员会,专门对国外企业在美国本土的兼并收购等投资行为进行评审。委员会由财政部和国防部代表共同担任主席,成员包括国务院、商务部、国土安全部、司法部以及科学技术办公室的代表等。依据《国防生产法》第 721 款的要求,该委员会有权对国外公司在美国进行的兼并行为是否存在威胁进行调查,依据调查结果可向政府提出该交易是否被通过的建议。从国防部的角度来看,存在的威胁包括可能会损害与国防相关的产品和服务的供应商;未授权的受控技术可能流到国外;其他国防部敏感事务等。

美国防部除采取这些措施直接对国防工业能力进行投资、维护和技术开发外,还通过建立和保持备选来源、鼓励中小企业进入军品市场、实施承包商绩效评估、发布装备科研计划进行技术牵引、实施创新战略驱动等间接方式,保持国防工业的活力,维持国防工业的竞争态势,从而促进国防工业能力提升。

(五) 积极开拓军贸出口渠道

在近年来国内军品订货量削减情况下,美国不断通过修订清单、增加出口豁免等方式,放宽军品出口限制,目前改革方向主要体现在"四个一":"一份出口管制清单""一个许可证签发机构""一个执法协调机构""一个信息系统";另外,美国政府也在更积极地出面,争取为国内军工企业签到带来更多利润或生存机会的出口订单。如为继续维持未来两年即将完成国内需求计划的"布雷德利"步兵战车、"斯特莱克"装甲车的生产能力,陆军在积极向国际市场推销这几种机型,谋求以出口方案取代由政府投资维持生产线以及由企业暂停生产线这两个方案。2010 年美国与沙特签署的在美国、在中东最大金额的军贸合同(总值 600 亿美元),就是美国总统奥巴马 2009 年出访沙特时促成的。

六、完善法规政策体系,依法维护国家利益

美国在多年对国防工业管理的过程中,逐渐形成了较为完备的法律法规体系,主要有以下四个方面:

(1) 鼓励和维护竞争方面。如《谢尔曼法》和《克莱顿法》,用来防止共谋垄断或企图垄断贸易、限制竞争等行为;1914年生效的《联邦贸易委员会法》,用来防止企业在商业活动中采用的不正当的竞争行为。此外,《证券法》《证券交易法》对收购公司、目标公司有明确、具体的信息披露要求,以维护正当的市场竞争活动。

(2) 国防生产和国防采购方面。主要有《国防生产法》、《联邦采办条例》以及国防部补充条例。《国防生产法》主要规定了承担军品科研生产任务的企业必须优先履行军品合同、保障战略物资供应、扩大国防生产能力,以及建立军事科研与军工生产管理机构等。《联邦采办条例》主要规范了军品合同的具体过程,《联邦采办条例国防部补充条例》主要针对承担国防采办任务的企业作了相关特殊的规范。

(3) 安全保密方面。主要有《美国工业安全规章》《美国工业安全计划》《美国国防部密件之安全》等,提出了国防工业保密的总体要求,提出了接触秘密信息、资料的基本要求,并规定了保护国防工业秘密的具体措施。

(4) 装备出口管制方面。主要有《军品出口控制法》《对外援助法》《安全援助管理规定》《国际军品贸易条例》《出口管理法》及其《出口管理规定》等。

第四节　国防部政府资产管理

一、美国国防部政府资产的种类

本节所述的政府资产是指政府拥有的,或由政府直接采购(或按合同授权承包商采购或制造的)而提供给承包商使用的政府的资产。

美国国防部提供给承包商的政府资产主要包括以下五类:①军用资产:包括武器系统成品、零部件以及市场上无现货的辅助设备;②专用工装:指研制生产武器装备的专用夹具、模具、型板、量具等;③特种试验设备:指为完成合同规定的特种试验而设计、制造的试验设备;④器材:指承包商在完成研制生产任务过程中消耗的特种器材、小型工具、标准件等。⑤设施,主要包括三类:一是不动产,是指土地、地面附属物、公用水电设施、建筑物等;二是工业工厂设备,是指供切削、研磨、抛光、成形、冲压、测试、加热或其他工作用的购置费为5000美元或5000美元以上的工厂设备;三是其他工厂设备,是指不属于工业工厂设备类,但可直接或间接用于元部件或制成品的制造、维护、供应、处理、组装的设备。

二、美国国防部向承包商提供国防资产的历史情况

早在第二次世界大战以前,美国政府就向承包商提供设备、设施和物资。例如,在20世纪三四十年代,国防部飞机采购局向飞机主承包商提供炸弹、导航分系统、仪表、雷达、供电设备、地面维修设备等。在坦克、舰船、中等复杂程度的武器采购中也是如此。

第二次世界大战期间,需要扩大军品生产,而承包商以无力承担或以战争是暂时的为由而不愿扩充军品生产设施,因而迫使政府提供更多的资产,以建立适宜的军事工业基础。1940—1944年,政府提供的资产价值达170亿美元。

第二次世界大战后,政府曾设想减少向承包商提供资产,但由于朝鲜和越南战争的影响,政府提供的资产却有增无减。

1970年3月,国防部装备和后勤助理部长提出所谓的"分阶段停止"计划,要求各军种在5年内分阶段停止向承包商提供政府资产,并处理掉在承包商手里的全部政府资产。但到1971年,国防部副部长考虑到当时正要求一些承包商建立战时动员基础,"停止"会有损政府利益,也会给承包商带来经济上的困难。于是把这个计划改为"分阶段减少"计划。

1978年,国防部重新审查了"分阶段减少"计划,确定除经军种副部长批准的项目外,其余项目由承包商自己解决完成合同所需资产,政府不再向他们提供。政府向承包商提供的政府资产应当逐步减少到仅仅能够支持战时动员和紧急需要时的最低必要水平。实际上,国防部、各军种并没有认真执行"分阶段减少"计划,相反,在七八十年代,政府提供给承包商的资产量仍有较大幅度的增加,而且对政府所有并提供给承包商使用的政府资产由于管理不善,造成相当数量的流失和毁坏。为此,因会于1981、1983、1985和1986年先后召开听证会并公布有关文件,要求国防部加强政府资产的管理。国防部也相应地采取了一些改进措施。

到1986年,在防务承包商手中的各类政府资产价值约400亿美元,其中84亿美元是设备费。政府拥有产权而交给承包商经营的工厂由1969年的112家减少到64家,其中24家是弹药厂。仅有不足15%的防务承包商占有政府资产。

三、美国国防资产管理的组织机构

根据美国《1949年联邦资产管理勤务法》规定,联邦勤务总署负责全权管理联邦各部门的一切政府资产。而勤务总署则将这一权限的一部分下放给国防部,要求国防部管理国防部掌管的政府资产。因此,防务合同商手中的政府资产由国防部管理,具体由采办与后勤助理部长负责。该助理部长下设一名生产保障工作助理部长帮办,处理国防部一切政府资产事宜。该帮办兼任国防部政府资产委员会主席。国防部政府资产委员会的作用是协调国防部长办公厅以及三军内部在政府资产方面采取的一切举措。

采办与后勤助理部长下设有国防后勤局,局总部内设合同资产管理部,统管该局负有合同管理责任的所在地区合同商手中的政府资产。具体管理业务则由该管理部下属的防务合同管理勤务局下设的区域办事处的基层部门——管理地域办公室和驻厂代表办公室实施,日常管理工作落实到政府资产管理员。

军种的政府资产管理机构虽各不相同,但层次大致如下:有关政策的拟订由有关的助理部长和副参谋长下属的班子负责;政策贯彻的监督与协调由装备司令部负责;政策的贯彻实施则由产品司令部负责。同样,日常管理工作则落实到政府资产管理员。

合同办公室任命的政府资产管理员是负责政府资产日常管理工作的核心人物(他可以任命助理政府资产管理员)。政府资产管理员有两种:①常驻掌管大量政府资产的承包商工厂的政府资产管理员;②兼管多处掌管较少政府资产的承包商政府资产的巡回政府资产管理员。他们参与提供政府资产合同的制定,负责政府资产从提供至合同完成或终止时的政府资产管理全过程,因此对他的素质、知识面和管理技能都有较高的要求。在合同实施的不同阶段,他们负有不同的责任,主要有:①合同签定前对承包商的状况进行预先调查。②帮助与指导承包商建立并维持一个适宜的政府资产控制系统。③分析、检验、评估、批准承包商的政府资产控制系统、政府资产管理政策、组织机构和管理计划,并监督其正确实施和运行。④建立政府资产管理档案。⑤确保承包商(包括转包商)按《联邦采办条例》及有关部局的要求、合同条款等管理并使用政府资产,确保政府资产按合同授权范围使用,并充分发挥其在履行合同中的作用,避免不必要的损失和浪费。⑥确定政府资产的损坏、损失责任。⑦随时确定并处理按合同授权多余出来的政府资产。⑧对政府资产管理过程中出现的问题,及时采取措施,加以解决。⑨当合同完成或终止时,会同政府资产清理官核准承包商对政府资产的盘点,并及时处理多余的政府资产。

四、美国国防资产管理的具体做法

(一) 政府对主承包商使用政府资产的管理要求

主承包商应设立一个政府资产管理部门,由这个部门建立和维持一个政府资产控制系统。按《联邦采办条例》和合同的有关规定,确定政府资产管理程序,实施或协调政府资产管理的各项任务,掌管政府资产控制系统。

(二) 政府资产的提供

器材:由政府直接提供或政府授权承包商采购。

军用资产:按合同、委托协议或租赁协议条款提供。

特种试验设备:承包商根据《联邦采办条例》有关特种试验设备的条款向合同官呈送一份拟采购或制造特种试验设备的意向书,合同官接到意向书后30日内,在与资产管理员和其他技术人员协调的基础上做出以下答复:①不同意承包商制造或采购;②同意承包商制造或采购;③由政府提供。

专用工装:可由政府提供或承包商制造或采购。

设施:由政府提供或承包商采购。前者须列入合同或专门的设施合同中,后者须经合同官同意。承包商采购1万美元以上的工业工厂设备,须向国防工业工厂设备中心提交一份《国防部工业工厂设备使用》申请单,如没有现成的设备可供使用,由主管合同管理办公室将申请单转交承包商,授权其采购。承包商采办不动产须填报《军用不动产转让和接收》报表,作为凭据。

(三) 政府资产的接收

政府资产的接收是指政府资产开始交给承包商控制或掌管。从这时起承包商即对政府资产负责。政府资产管理员应保证承包商建立政府资产的管理程序,该程序应对接收的政府资产做恰当的登记记录,提出对政府资产的检查、标识、调试、储存和使用要求,并对存在的差错做适当处置。

接收步骤如下:①通知接收部门,并向接收部门提供采购单、采办申请单或其他单据副本,说明应接收政府资产的种类、数量。接收部门对照验收。②对政府资产进行初步检查,查看有无损伤,种类、数量是否与单据相符。查对无误后放行。③对政府资产进行质量或技术验收检查。④对验收政府资产进行标识,即对履行合同中不会被消耗或用后不改变原样的政府资产黏贴标签或印上标志转入储存或使用,并防止与承包商的资产混淆和非法使用。

(四) 政府资产记录

承包商须对其掌管的政府资产,按名称、规格、数量、单价、合同号、所在地、处理方式、过账凭证和账帐日期逐一进行手工或自动的详细记录。通常承包商的政府资产控制记录就是政府资产的正式记录。

(五) 政府资产的转移

转移必须有某种凭证,并对政府资产记录相应的变更,以便随时掌握政府资产的数量变化及其去向。

(六) 政府资产的储存

储存应便于随时了解存放地点和政府资产标识。应有防盗、防搬动损坏、防水、防虫、防尘、防高低温、防潮等保护措施。对武器库存、有毒有害等敏感政府资产、存储寿命有规定以及保密的政府资产等应有专门控制措施。

(七) 政府资产的盘点

承包商与政府资产管理员一起,每半年或一年要对政府资产等进行一次盘点,如政府资产数量大,可用统计抽样或分级抽样或二者相结合的方法盘点。

(八) 政府资产报告

承包商须对每年截至9月30日的政府资产进行报告,于10月31日前一式两份呈交政府资产管理员。报告的准确性、完整性和及时性由政府资产管理员审定后,转送国防部主管部局。

(九) 政府资产的消耗

超过政府资产耗量单、政府资产需求表或其他政府资产计划文件规定耗量的政府资产是不合理消耗。由政府资产管理员向合同官报告不合理消耗的情况,由合同官确定不合理消耗的责任。在成本合同的情况下,对不合理的政府资产消耗可采取成本拒付措施,而在固定价格合同的情况下,由合同官确定是否向承包商索取补偿。

消耗是由承包商的环境所带动的,如生产与研发、运输和维护以及试验等。如在一个生产环境中,消耗率(包括废弃)可能会在合同中清晰地标示出来或者通过承包商的材料需求清单、物料清单、废品率和主要生产计划清晰地标示出来。在运输和维护环境中,消耗是以合同具体工作范围所带动的"需求"以及拆卸可修补物件后的"范围外"的工作为基础的。在一个研发环境中,材料要求可能不明确,而且很大程度上是由工程师的个人项目要求、临时工程图纸或试验参数所引起的。

控制消耗的过程一般包括四个要素:

(1) 正在实施的工作分发合理、适当数量的材料。一般要通过有效的系统对材料分发进行控制,确保只能按照许可要求将材料分发给许可的人员。采购管理人员需要考虑的额外因素包括:存储期限、"先进先出"过程、堆装费、连续编号的货物、部件的消亡率和许可报废率、磨耗和敏感性财产。

(2) 将材料实际用到或花费到较高层次的组件和最终产品中,或者要先通过试验。该要素包括将可消耗材料附着或用于较高层次的组件中。

(3) 将任何未使用部分的材料返回到库存或仓库中,并在记录中做好注释或者使用适当的证明文件重新创建记录。

（4）维修、返工、试验或同型装配过程中拆卸或恢复的零部件或组件。这些零部件有时候会返回到库存或仓库内，以便用于未来用途或处理，但这取决于零部件的状况，如可修补状态、仓储期限、预期使用寿命、报废率或残值。在某些情况下，合同会授权放弃一些零部件并给予承包商。

（十）政府资产的使用

承包商只能为合同授权的项目使用政府资产。如果承包商希望将其用于实施其他合同，必须事先得到主管合同官的书面批准。

承包商可以以租赁方式使用政府资产，合同官负责向承包商收取租赁费。租赁费率为：①对厂房及其附属设施，以传统的商业惯例计算公平合理的租赁费。②对于各种型号的工厂设备、机床、辅助金属加工机械和切削机械，按月度收取租赁费。为便于计算租金，合同官批准的租赁期不得少于1个月，也不得超过6个月。租赁费按租赁费率与该设施的采购费乘积计算。产权归政府，由承包商按成本加酬金经营的工厂内安装的设备，可免费使用。非盈利性机构进行对国家有利的研究、开发或教育项目所需的政府生产或研究设备，经合同官书面批准，可免费使用。

承包商未经授权擅自使用任何政府资产，必须缴纳擅自使用期间有关政府资产的租金，即使使用期不足一个月也须缴纳，而且不得赊欠。除非有关部局的首脑同意不缴纳。

承包商须制定政府资产管理计划，保证政府资产得以经济有效地使用。对采购费为5000美元或5000美元以上的工厂设备应确定其最低使用限度，记录实际使用时间，填写利用率表格。承包商的政府资产控制系统，须能够定期审查政府资产使用情况，确定有无多余闲置的政府资产。

设施主要用于某项特定的合同，并且按惯例随合同的完成而终止。承包商也可为商业目的使用政府设施，但这时须向政府缴纳租金。

（十一）政府资产的维护

为了保持政府资产的使用寿命、安全和最佳效能，承包商须制定一项政府资产维护计划，并经政府资产管理员审核批准。计划中对不同类型的政府资产要规定不同的维护要求。

（十二）转包商和主承包商其他场所的政府资产管理

1. 一般要求

在转包商手中或在主承包商总部以外其他场所的政府资产，应有正式记录并经政府资产管理员批准。政府资产管理员还应确保在转包合同中列有对这些政府资产实施有效控制和管理的条款。主承包商须明确下达对转包商的要求，并在政府资产控制系统中有确保这些条款和要求得以实施的措施。此外，主承包商还要对转包商实施信函（少量政府资产）或派专人（较大数量的政府资产）进行监督。主承包商对这些政府资产负有最终责任，负责赔偿不合理的损失。

2. 辅助政府资产管理

为实施某项合同，由主承包商分到转包商或主承包商其他场所的政府资产，本应由主承包商负责管理，但为管好这部分政府资产，政府资产管理员可以委托接近这部分政府资产的其他合同管理办公室或聘请一名辅助政府资产管理员替主承包商管理这些政府资产,但要主承包商认可。否则,在法律上,辅助政府资产管理人员就无权进入承包商的设施并实施管理,这是因为主承包商是与政府有直接合同关系的一方,而转包商与政府没有这样的关系。

由于承包商的合同成本或价格通常以直接费用和日常管理费为基础,日常管理费又包括对转包商的监督费。因此,在实施辅助政府资产管理时,合同官员可根据政府替承包商实施了对转包商手中政府资产的管理而使主承包商节省出的日常管理费数额,向主承包商索取补偿费。

主承包商一般在其转包合同中规定,在履行转包合同期间,政府审计人员可以审计转包商的政府资产管理控制系统。

(十三) 政府资产的处理

在承包商手中的政府资产处理不是从合同完成时开始,而是根据承包商的政府资产控制系统查询,从按合同要求认定政府资产多余时开始。当合同完成或终止时,主承包商及其各类转包商,均须对其掌管的政府资产进行盘点并填写规定的表格,经政府资产管理员和主管合同管理的办公室委派的政府资产清理官员审查、核实、批准后再按下述方式进行处置:

1. 政府资产转移

国防部各部局的政府资产管理部门和合同管理部门首先查询对政府资产的需求,然后会同联邦勤务总署散发政府资产的情况通报和目录,以寻求其他用户。政府资产只有在合同需求、原始合同或合同变更中已授权的情况下,政府资产才能随合同转移。

2. 政府资产的转移和存储

承包商处的多余政府资产应尽快运走,以免承担不必要的储存费用。这些政府资产可存放在政府仓库内;也可按协议暂存于承包商处,此时需按项目、要求、期限确定政府应支付的保管费。这些政府资产可供以后的合同或在其他方面的应用。

3. 政府资产的销售

凡需销售的政府资产,承包商均需按政府资产清理官员批准的方式、时间和价格销售,销售收入归政府所有,并不许买方赊账。

4. 政府资产的捐赠

政府资产只能在通过可用性审查并确定为不再需要的多余政府资产后,方可捐赠给经批准的接受捐赠单位。

5. 政府资产的销毁或放弃

多余的政府资产只有在无法利用其他许可的方法处理时,方可销毁或放弃。

附录 1

国防部 5000.01 指令

编号:5000.01
2003 年 5 月 12 日

题目　国防采办系统

1. 目的

本指令的目的是:

1.1　重新颁布引用文件(a),批准出版引用文件(b)。

1.2　与引用文件(b)一起,阐述管理所有采办项目的基本原则和必须遵循的政策和程序。

2. 适用范围

2.1　本指令适用于国防部长办公厅、各军种部、参谋长联席会议主席、各联合作战司令部、国防部总监察长办公室、各国防业务局、国防部各直属机构,以及国防部内的所有组织实体(以下统称"国防部各部局")。

2.2　本指令的政策适用于所有采办项目。

3. 定义

3.1　国防采办系统是国防部将有效的、经济可承受的和急需的武器系统提供给用户的管理过程。

3.2　采办项目是指针对某种业经批准的军事需求,为提供新型的、经改进的或继续使用的装备、武器、信息系统或服务能力而进行的一种有目的和有投资的采办工作。

3.3　国防采办执行官是指国防部采办、技术与后勤副部长,他负责监管国防采办系统。在所有的采办事务上,其职权仅次于国防部长和常务副部长。

3.4　里程碑决策当局是被指定全面负责某一采办项目的人。里程碑决策当局有权批准采办项目进入采办过程的下一阶段,并负责向上级(包括国会)报告成本、进度和性能情况。

3.5 项目主任是被指定负责并有权完成研制、生产和持续保障各项目标以满足用户作战需要的人。项目主任负责向里程碑决策当局提供可信的成本、进度和性能报告。

4. 政策

4.1 国防采办系统的使命是管理国家在防务技术、采办项目和产品保障方面的必要投资，以实施国家安全战略和保障美国武装力量。国防部的投资战略不仅要保障美国今天的军事力量，而且还要保障明天乃至未来的军事力量。

4.2 国防采办工作的主要目的是以公平合理的价格及时地获得优质产品，满足用户需要，显著提高完成军事任务的能力和作战保障能力。

4.3 国防采办系统应遵循下列政策和原则

4.3.1 灵活性

现在并没有一种最好的方法来组织采办项目，实现国防采办系统的目标。里程碑决策当局和项目主任应按照有关的法律、法规和能力需求的紧迫程度，灵活制定项目的采办策略和监督计划，包括项目信息文件的提供，采办阶段的划分，确定决策审查的时间、范围和决策层次等，以适应每个采办项目的具体情况。

4.3.2 快捷性

先进技术应在最短时间内纳入可生产的系统并予以部署。经核准的、与现有技术和资源相适应的阶段性能力需求，有助于实施渐进式采办策略。渐进式采办策略是满足作战需求的首选方式，螺旋式发展是实施渐进式采办策略的首选程序。

4.3.3 创新性

在国防部范围内，采办专业人员应不断地制定和实施精简和改进国防采办系统的各种计划。里程碑决策当局和项目主任应考查和在适当时采纳各种缩短采办周期和降低成本的创新实践(包括最佳商业惯例和电子商务)，并鼓励协同工作。

4.3.4 纪律性

项目主任应该依据本指令及引用文件(b)所详细说明的法律和条例要求来管理采办项目。每个项目主任都要制定项目全寿命期的最低数量的成本、进度和性能参数目标。经批准的采办项目基线参数应作为控制目标。项目主任应确定对经批准的采办项目基线参数的偏差和放行标准。

4.3.5 管理高效性

采办系统的职责应尽可能分散。里程碑决策当局应授权给一个人足够的权力，完成其批准的研制、生产和持续保障的项目目标。里程碑决策当局应对成本、进度和性能报告负责，并最大限度地保证其可信度。

4.4 适用于采办系统的其他政策见附件1。

5. 职责

5.1 国防部采办、技术与后勤副部长，指挥、控制、通信与情报助理部长和作战试验鉴定主任，是国防采办系统的主要负责官员。他们可依据各自的职权，按照国防部第5025.1-M号备忘录规定的程序(引用文件(c))，联名发布国防部指示、国防部出版物和一次性指令型备忘录，贯彻执行本指令所规定的政策。国防部财务副部长(主计长)应对所有财务管理信息系统以及包含财务和非财务的混合信息系统提出财务管理计划体系结构(FMEA)要求,审核它们是否符合财务管理计划体系结构。

5.1 参谋长联席会议主席应根据《美国法典》第 10 篇第 153、163 和 181 节（引用文件(d)）规定,就军事能力需求提供建议和评估,并通过经审核和批准的能力文件提出此种建议和评估。参谋长联席会议主席可委托有关部门和业务局提供建议和评估。参谋长联席会议主席应根据本指令,与国防部采办、技术与后勤副部长协调,制定落实此项职责的程序。

6. 生效日期

本指令自 2003 年 5 月 12 日签署之日起生效。

签署人:保罗·沃尔福威茨

引用文件:

（a）国防部第 5000.1 号指令《国防采办系统》,2000 年 10 月 23 日(因发布本指令而作废)

（b）国防部第 5000.2 号指示《国防采办系统的运行》,2003 年 5 月 12 日

（c）国防部第 5025.1-M 号备忘录《国防部指令系统程序》最新版

（d）《美国法典》第 10 篇《武装力量》

（e）《美国法典》第 10 篇第 2350a 节《盟国间的合作研究与发展计划》

（f）《美国法典》第 22 篇第 2751 节"国际防务合作和军品出口控制需要;总统豁免权;向国会报告;武器销售政策"

（g）《美国法典》第 10 篇第 2531 节《国防谅解备忘录及相关协议》

（h）《联邦采办条例》最新版

（i）公法 107-314 第 1004 节《2003 财政年度鲍勃·斯顿普国防授权法》,"制定和实施财务管理计划结构体系"

（j）国防部第 8500.1 号指令《信息保证》,2002 年 10 月 24 日

（k）国防部第 4630.5 号指令《信息技术和国家安全系统的互操作性和保障性》,2002 年 1 月 11 日

（l）国防部第 2060.1 号指令《执行和遵守军备控制协议》,2002 年 1 月 11 日

附件 1 其 他 政 策

E1.1 军备合作。项目主任应遵循合理的商业惯例以及美国政治、经济、技术和国家安全的总目标,尽可能寻求国际军备合作。国际军备合作项目的国际协议应达到《美国法典》第 10 篇第 2350a 节(引用文件(e))、《武器出口控制法》第 2751 节(引用文件(f))和《美国法典》第 10 篇 2531 节(引用文件(g))规定的部局间协商和国会通知的要求。

E1.2 合作。国防部的采办人员、作战能力需求拟定人员、经费主管人员和作战使用人员应通过采用一体化产品小组保持彼此间连续、有效的沟通。在装备能力需求确定阶段,作战人员、装备使用人员、计划制定人员、装备采办人员、装备技术人员、装备试验人员、经费预算人员和装备持续保障人员应组成班子协同工作。里程碑决策当局和项目主任负责决策和领导采办项目的实施,并对其结果负责。

E1.3 竞争。竞争是激励工业界和政府部门进行创新、降低成本和提高质量的主要

措施。国防部各部局应根据竞争的法定要求采购系统、分系统、供应品与服务。采办管理人员应采取各种必要措施来促进建立竞争环境,包括:考虑多种可供选择的系统来满足既定的任务需求;制定科学技术投资战略和采办策略,确保在采办项目的全寿命周期和未来采办项目都有具备竞争力的供应商;确保主承包商对主要和关键的产品与技术开展有效的竞争;允许有资格的国外承包商参与竞争。如果不能开展竞争,项目主任应考虑采取其他可以获得竞争效益的代替办法。

E1.4 成本与经济承受能力。采办系统的所有参与者都必须承认财政制约的现实。他们必须把成本看作一个独立变量,国防部各部局应对未来几年可能获得的经费和人力资源进行切实可行的预测,并据此来制定项目规划。里程碑决策当局应尽可能确定总拥有成本,至少应确定总拥有成本中的主要驱动因素。在确定装备能力需求时,用户应考虑经济承受能力。

E1.5 成本真实性。应鼓励承包商对拟完成的工作提出切实可行的成本建议。应防止"买进"(以低报价获取合同),因为买进会破坏竞争或者导致履约效率低下或成本超支。应按《联邦采办条例》(引用文件(h))的规定,对建议的成本真实性进行评估。

E1.6 成本分担。项目主任应以既不会给承包商带来过度风险,又不要求承包商特殊投资的方式组织采办。除能合理地预测具有潜在商业应用价值的特殊情况外,既不应鼓励、也不应要求承包商将盈利资金或独立研究与发展基金用来补贴国防研究与发展合同。承包商有权在国防部的合同(包括签订的竞争性合同)中获得合理的报酬。

E1.7 财务管理。国防部财务副部长(主计长)应根据《2003 财政年度鲍勃·斯顿普国防授权法》第 1004 节(公法 107-314)(引用文件(i)),拟订财务管理计划体系结构和过渡计划,并批准为改进国防财务系统而超过 100 万美元的经费款项。

E1.8 独立的作战试验局。各军种部都应建立直接向军种部长报告工作的独立的作战试验局,负责规划和作战试验,报告试验结果,并对作战效能和适用性提出鉴定意见。

E1.9 信息保证。采办管理人员应满足所有武器系统,指挥、控制、通信、计算机、情报、监视和侦察系统,以及依赖外部信息源或向国防部的其他系统提供信息的信息技术计划的信息保证要求。国防部有关信息技术(包括国家安全系统)的信息保证政策见国防部第 8500.1 号指令(引用文件(j))。

E1.10 信息优势。采办管理者应向美军提供安全、可靠、可互操作、与电磁频谱环境兼容,并能通过通用信息技术基础设施(包括国家安全系统)进行通信的系统和系统族。通用信息技术基础设施由数据、信息、处理、组织交互作用、技能、分析专长、其他系统、网络和信息交换功能组成。

E1.11 一体化试验鉴定。应将试验鉴定贯穿于整个国防采办过程。组织试验鉴定应能向决策人员提供必要的信息,评估获得的技术性能参数,并根据既定用途确定系统作战是否有效、适用、具有生存能力和安全。结合建模与仿真进行试验鉴定,应有助于学习和训练,评估技术的成熟性和互操作性,加快武器系统与部队相结合,确定性能是否达到文件规定的能力要求和能否对付系统威胁评估中所说明的敌方能力。

E1.12 情报保障。情报和了解威胁能力是系统开发和采办决策所不可缺少的。在整个采办过程中,项目主任应随时了解最新的威胁能力,并纳入项目文件。

E1.13 **互操作性**。各种系统、装置和部队应能够向其他系统、装置和部队提供和接收数据、信息、装备和服务,而且应与美国其他部队和盟军有效地共同操作。应采用联合作战概念和一体化体系结构来表征这些相互关系。国防部在信息技术(包括国家安全系统)的互操作性和保障能力方面的政策见国防部第 4630.5 号指令(引用文件(k))。

E1.14 **基于知识的采办**。项目主任应在采办过程的关键阶段提供有关系统的关键知识。在项目启动前,项目主任应减少技术风险,在相关环境中进行技术演示验证,并确定备选技术方案。在评审设计前,应降低集成风险,并对产品设计进行演示验证。在大批量生产前,应降低制造风险,演示生产能力。

E1.15 **遵守有关法律**。国防部武器与武器系统的采办应符合所有适用的国内法律和各种条约及国际协议(关于军备控制协议,参见国防部第 2060.1 号指令,引用文件(1)),以及习惯的国际法和武装冲突法(也称战争法律和惯例)。国防部授权法律审查的律师应对拟采办的武器与武器系统进行调查。

E1.16 **基于绩效的采办**。为了最大限度地实现竞争、创新和互操作性,更灵活地利用商业技术降低成本,采办管理人员应尽量考虑采用基于绩效的采办策略,采购和维持产品与服务。对于产品来说,这包括采购全新的系统、分系统和备件,对原有的这类产品进行重大改进和升级,以及增购超出初始生产合同的产品。在采用基于绩效的采办策略时,应以绩效用语说明合同要求,军用规范和标准应仅限于政府特殊的要求。采办管理人员应根据在整个产品全寿命期能最好地支持实施基于绩效的采办策略的各种因素进行技术状态管理决策。

E1.17 **基于绩效的后勤**。项目主任应制定和实施基于绩效的后勤策略,以优化整个系统的可用性,并尽量降低费用,削减后勤保障规模。涉及成本、维护和效果的折中决策应考虑防止和减轻腐蚀。维护策略应包括根据法定要求,通过政府与工业界合作伙伴计划充分利用公营和私营部门的能力。

E1.18 **产品、服务和技术**。国防部各部局应考虑多种方案和分析各种代替办法以满足用户的需要。应在符合《国家安全战略》《国防规划指南》《联合作战概念》和联合一体化体系结构的作战背景下建立系统概念。国防部各部局应寻求系统全寿命周期最经济、有效的解决方案。他们应进行市场研究和分析,以确定考虑和选用的采购方案的可能性、适用性、作战保障能力、互操作性、安全性和易于实现一体化。国防部各部局应与用户共同确定能力需求,并按下列优先顺序予以满足:

E1.18.1 采购或修改可从国内或国外获得的商用产品、服务和技术,或发展军民两用技术;

E1.18.2 增加生产或修改美国或盟国以前研制的军事系统或装备;

E1.18.3 与一个或多个盟国合作研制;

E1.18.4 由国防部各部局或政府各部门联合开发新项目;

E1.18.5 由国防部某一部局开发新的专用项目。

E1.19 **专业队伍**。国防部应保持一支精通业务的采办、技术和后勤队伍。这支队伍应在管理、技术和业务等专业领域十分灵活和熟练。为了确保这一目标的实现,国防部采办、技术与后勤副部长应根据每个采办岗位履行职责的复杂程度,确定各岗位的教育、培训与经验标准。

E1.20 项目信息。 完整的和最新的项目信息对于采办过程至关重要。决策部门应依据引用文件(b)中列出的法定信息表,要求项目主任和参与国防采办的其他人员只需提供确定项目基线、描述项目规划、了解项目现状并做出明智决策所需要的最低限度的信息。里程碑决策当局应根据实际需要,对项目信息进行"剪裁"。一体化项目小组应有助于项目信息的管理与交流。

E1.21 项目稳定性。 国防部各部局应拟订切实可行的项目进度计划、长期投资计划并进行经济承受能力评估,确保项目经费稳定。里程碑决策当局应确定适当时机为采办项目提供充足资金。这种时机一般是指选定系统方案和设计、指定项目主任、批准作战能力需求以及准备开始系统级研制之时。提供的资金应以最可能选用的系统方案的成本为依据。

E1.22 研究与技术保护。 采办管理人员应在研究与发展、能力需求产生和采办过程中,及早确定保密和受控制的非保密研究与技术信息,以便采取反谍报和安全保障措施。

E1.23 安全性。 在采办全过程中,应解决安全性问题。安全性考虑应包括人员(包括人员/系统接口)、有毒/有害材料和物质、生产/制造、试验、设施、后勤保障、武器和弹药/炸药。所有包含能量释放的系统都应遵循钝感弹药标准。

E1.24 小企业参与。 制定采办策略应有利于小企业直接参与,或在不能直接参与的情况下通过鼓励与小企业签订合作协议,参与项目采办的全寿命过程。

E1.25 软件密集系统。 采办软件密集系统应采取各种措施改进软件采办过程和提高绩效。来源选择应考虑产品的成熟性和以往的绩效。

E1.26 简化组织。 国防部应简化采办系统的管理结构。这种管理结构的特征是职责、权限和责任明确,组织指挥线短。在任何情况下,项目主任与里程碑决策当局之间都不得超过两级审查。

E1.27 系统工程。 采办项目应采用优化系统总体性能和尽量降低总拥有费用的系统工程方法来管理。只要可行,应采用模块化的开放系统方法。

E1.28 技术发展与转化。 科学技术计划应:

E1.28.1 满足用户需要;

E1.28.2 保持与国防有关的所有科学与技术研究计划,以满足未来国防需要和目前民用与商业部门尚未提出的需要;

E1.28.3 保持长期研究;

E1.28.4 应能迅速、成功地将科学技术基础转化为有用的军用产品。

E1.29 全系统管理方法。 项目主任应是完成全寿命系统管理(包括系统持续保障)各种项目目标的唯一责任人。项目主任应采用人员/系统一体化方法,优化全系统(包括硬件、软件和人员)的总体性能、作战效能,以及适用性、生存能力、安全性和经济承受能力。在进行项目决策时,项目主任应考虑保障能力、全寿命费用、性能和相应的进度。应尽早制定作战与保障规划,估计总拥有费用。在系统全寿命周期,应始终考虑作为性能关键组成部分的保障能力。

(翻译:张代平 魏俊峰 程享明)

附录 2

国防部 5000.02 指示

编号：5000.02
2015 年 1 月 7 日

负责采办、技术与后勤的国防部副部长

题目：国防采办系统的运行

1. 目的

本指示的目的是：

a. 根据国防部第 5000.01 号指令（引用文件(a)）授权,对国防部第 5000.02 号指示临时版本（引用文件(b)）进行重新发布,依据国防部第 5000.01 号指令、行政管理和预算局通告第 A-11 号（引用文件(c)）指导方针,以及引用文件(d)到引用文件(ce)的要求,对所有采办项目管理政策进行更新。

b. 根据法律要求和国防部第 5000.01 号指令（引用文件(a)）规定,授权里程碑决策当局对本指示中的法规要求和采办程序进行修改,以更加有效地实现项目目标。

2. 适用范围

本指示适用于国防部长办公厅、各军种部、参谋长联席会议主席办公室和联合参谋部、各联合作战司令部、国防部总监察长办公室、国防部各业务局、国防部直属单位,以及属于国防部编制的所有其他实体（本指示统称为"国防部部局"）。

3. 政策

国防部第 5000.01 号指令（引用文件(a)）规范了用于指导国防采办系统的顶层管理原则和强制性政策。本指示规范了指导国防采办系统运行的详细程序。

4. 职责

a. 国防采办执行官。 国防采办执行官是负责采办、技术与后勤的国防部副部长。国防采办执行官担任重大国防采办项目和重大自动化信息系统项目的里程碑决策当局。

根据本指示附件1中表1,国防采办执行官可以授权国防部部局首脑担任里程碑决策当局(MDA),国防部部局首脑可以进一步授权部门采办执行官担任里程碑决策当局。国防采办执行官在认为合适时,也可以授权国防部长办公厅其他官员担任里程碑决策当局。

b. 里程碑决策当局。里程碑决策当局应以本指示为指导,为指定的采办项目制定程序。里程碑决策当局制定的适用于所有指定项目的强制性程序,不得超出本指示或国防部第5000.01号指令所规定的对重大国防采办项目、重大自动化信息系统项目和其他采办项目的要求。里程碑决策当局应根据合理的业务惯例和待采办项目相关的风险情况,定制本指示的管理程序。

c. 国防部部局首脑。国防部部局首脑应实施本指示和国防部第5000.01号指令规定的程序。部局需要的程序不得超出本指示所规定的程序要求。必要时,对本指示中的规定提出豁免或作为例外情况处理的请求,应通过部局采办执行官,提交给国防采办执行官、国防部首席信息官、作战试验鉴定局局长或成本评估与计划鉴定局局长。除非有其他法律明确允许,否则规定的要求不能免于执行。

5. 程序

a. 概述

(1) 监管国防采办项目的法令是比较复杂的,同时国防采办项目的类别也将影响采办的相关程序。有些项目指定为重大国防采办项目、重大自动化信息系统项目或重大武器系统,有些确认项目为信息系统或国防业务系统,或者对应急需求的响应,都将影响项目采办程序和政策。

(2) 国防部采办项目的结构和采用的程序,应尽可能定制,以满足待采办项目的特征要求,以及作战紧迫性和风险因素等相关环境要求。

(a) 里程碑决策当局应根据采办产品的特性,包括复杂性、风险因素以及满足经确认的能力需求所需的时间进度,定制项目策略和监管机制,包括项目信息、采办阶段内容、决策审查的时间和范围,以及决策的层级。

(b) 如需要在最短时间内提供能力方案以应对紧迫威胁或作战需求时,应授权里程碑决策当局实施事先预设的简化程序,以加快采办系统响应。除非根据相关规定获得豁免,否则均应遵守本指示的各项法定要求。

(3) 采办项目类别与类型。所有国防采办项目都应被指定为某个国防采办项目类别(即Ⅰ类到Ⅲ类项目)和某种类型(例如:重大国防采办项目、重大自动化信息系统或主要系统)。重大国防采办项目是指经费估算达到相应法定成本限额的项目,或被国防采办执行官指定为重大国防采办项目类别的项目。类似地,重大自动化信息系统项目是指经费估算达到相应法定成本限额的项目,或被国防采办执行官指定为重大自动化信息系统类别的项目。重大自动化信息系统项目是软件密集型项目,投资水平通常低于重大国防采办项目。经费估算达到重大国防采办项目成本限额的重大自动化信息系统项目,可由国防采办执行官指定为重大国防采办项目或重大自动化信息系统项目。被指定为重大国防采办项目或重大自动化信息系统项目,对于支持项目决策的管理级别、报告要求、文件编制和分析等方面工作的影响最大。本指示附件1用表格形式列出了所有标准项目类别或类型相关的信息要求。附件1中的表1列出了具体定义、资金限额值和决策当局。一些信息系统也被称为国家安全系统或国防业务系统。这些名称定义见相关法令,对于采办程序和政策同样具有一定的影响。附件11对信息技术相关内容进行了阐述,附件12对国防业务系统相关内容进行了说明。

(4) 项目决策审查与里程碑。在本节所述的采办程序中进行的决策审查,其目的是仔细评估项目进入下一采办阶段的完备程度,并制定一个调配国防部财务资源的合理投资决策。因此,应进行决策审查并进行数据分析,以检查影响决策的相关问题,使里程碑决策当局做出评判,项目是否具备进入下一采办阶段的条件。下列政策应指导决策审查:

(a) 里程碑决策当局是唯一和最终的决策当局。参谋成员和参谋机构为里程碑决策当局实施决策提供支持和帮助。

(b) 当国防采办执行官作为里程碑决策当局时,国防采办委员会应向国防采办执行官提出关键采办决策的建议。国防采办执行官或其指定人员应担任国防采办委员会主席。采办决策备忘录应记录审查决策结果。在军种层次也要建立类似程序,供相应级别的里程碑决策当局使用。

(c) 项目主任应在计划执行官和部门采办执行官监督下,制定采办项目计划、准备项目决策,以及执行经过批准的项目计划。

(d) 国防部层次的顶层一体化产品小组和国防部部局层次的类似组织,应共同帮助里程碑决策当局为国防部制定合理的投资决策,以确保项目结构和获得的资源能够保证项目取得成功。但这些组织不是决策主体,这些组织及其领导人无法取代项目主任、计划执行官、部门采办执行官或国防采办执行官行使权力。

(e) 应尽可能在最低级别解决问题。当低级别部门无法快速解决某个问题时,应把问题提交给里程碑决策当局,并提供必需的完整、客观的数据,为决策提供支持。

(f) 为支持决策过程制定的文件(例如:采办策略、系统工程计划、试验鉴定主计划、全寿命保障计划),通常不仅是为参谋人员审查和批准而准备的,还作为项目规划和管理工具。这些工具对项目有很强的针对性,且通过定制能够满足不同项目需求。

(g) 审查准备工作要精简和高效。应向参谋人员提供支持审查工作所需的数据,但参谋人员也应尽力减轻国防部部局领导、计划执行官、项目主任及其职员的日常管理负担。

b. 国防采办、需求和预算编制之间的关系

(1) 采办、需求和预算编制的关系,三者密切相关,必须同时运行,并全面密切配合。经过确认的"能力需求"为确定采办系统将要采办的产品提供了依据,预算编制过程确定国防部资源的分配及其优先顺序,并为既定项目的实施提供必要经费。产品在其全寿命周期内,可能需要进行一定的调整,以确保上述三个过程的协调一致。能力需求可能要根据技术和经费的实际情况作出调整;采办项目可能要根据需求和经费的变化情况进行调整;预算经费可能也需要进行调整,以确保项目得以有效执行,适应变化的能力需求及优先任务的要求。稳定的能力需求和经费对于项目的成功实施非常重要。国防部层面和各部局层面的领导,必须密切合作,适应不断变化的外部环境,尽早识别并解决可能出现的问题。

(2) 能力需求生成过程

(a) 所有采办项目都是对所确认的能力需求的响应。图1描述了需求过程和采办过程的互动关系。参谋长联席会议主席将在联合需求监督委员会的建议下,评估和确认重大国防采办项目和重大自动化信息系统项目的联合军事需求,以及采办类别低于重大国防采办项目或重大自动化信息系统项目,但被指定为"联合需求监督委员会关注"或"联合能力委员会关注"的需求。根据参谋长联席会议主席第3170.01H号指示(引用文件(d))规范的联合能力集成与开发系统程序,当联合需求监督委员会的确认官员被授权由他人担任时,国防部部局应根据这一授权的变化对自身的需求进行确认。投资审查委员会主席是国防业务系统能力需求的确认官员。

(b) 在考虑对初始或调整后的能力需求实施确认时,采办与预算制定过程的领导将作为确认官员的顾问参与有关工作,以确保三个过程相互协调。

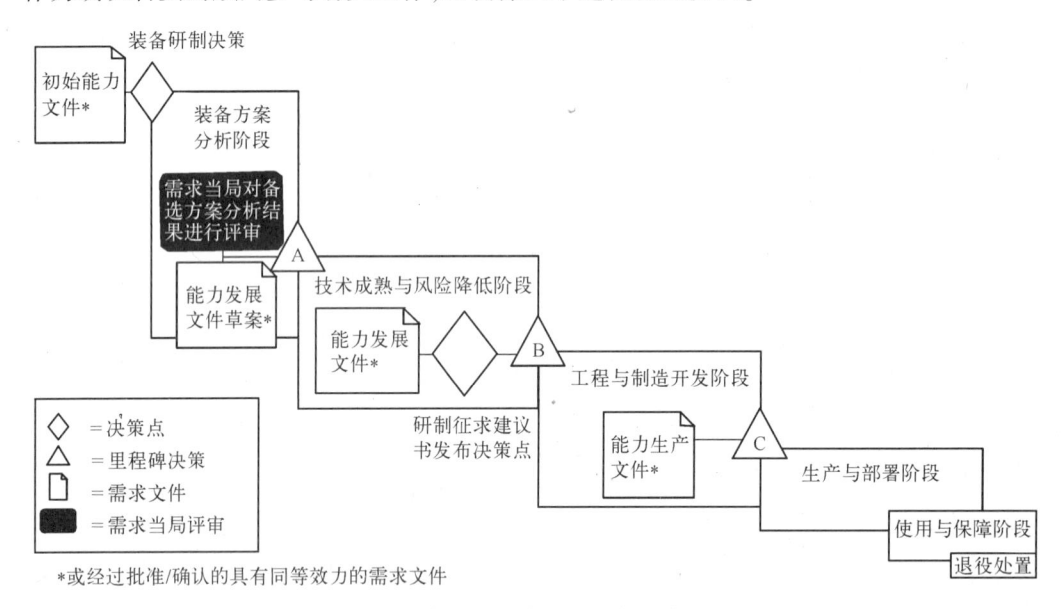

图1 能力需求生成和采办过程相互作用示意图

(c) 联合能力集成与开发系统能力需求文件的名称随着能力差距与解决方案建议的成熟度而变化,也根据产品分类变化,其中最为典型的是初始能力文件、能力发展文件或能力生产文件,本指示将统称为"确认的能力需求文件"或"具有同等效力的需求文件"。

(d) 能力需求在产品全寿命过程中并不是一成不变的。随着知识和环境的变化,采办、预算或需求官员可能需要考虑作出调整或变化。技术状态指导委员会(见本部分第5d(5)(b)段所述)也将定期审查项目进展,并确定应该实施调整的时机。

(3) 预算编制过程。国防部预算编制过程的依据是年度预算准备周期,由成本评估与计划鉴定局局长和国防部主计长管理,对常务副部长负责。预算编制过程将生成规范未来5年开支的《未来年份国防计划》。单个项目的决策由国防采办执行官或其指定的里程碑决策当局负责,而国防部预算决策则由国防部长或常务副部长一级领导,在国防采办执行官及其他官员的建议下作出。在国防部部局内,里程碑决策当局将向预算决策当局提出建议,以确保采办项目获得充足经费,并确保项目计划符合既定的资金等级。

c. 通用型与国防部特定的采办项目模型、决策点和阶段活动

(1) 本部分对采办程序和模型进行了更为细致详尽的描述,首先总体描述了采办阶

段和决策点的情况,几乎适用于国防部及其他部门所有产品的全寿命过程,然后介绍了应用更为广泛的国防部项目模型,最后描述了国防部采办项目大都采用的未裁剪型程序。国防部采办管理人员和工作人员应重点关注本部分讨论的有效开展采办规划、管理、决策的基本做法,并作为其主要职责——同时确保符合附件1和附件13以及其他相关附件中表格中所列的具体要求。

(2) 通用型采办项目的结构和决策点

(a) 通用型采办项目的结构。为便于参考,通用型产品采办项目应遵守图2所示的结构。图2描述了通用型项目的决策点顺序,包括国防项目与商业产品(国防部作出特别规定的除外)。

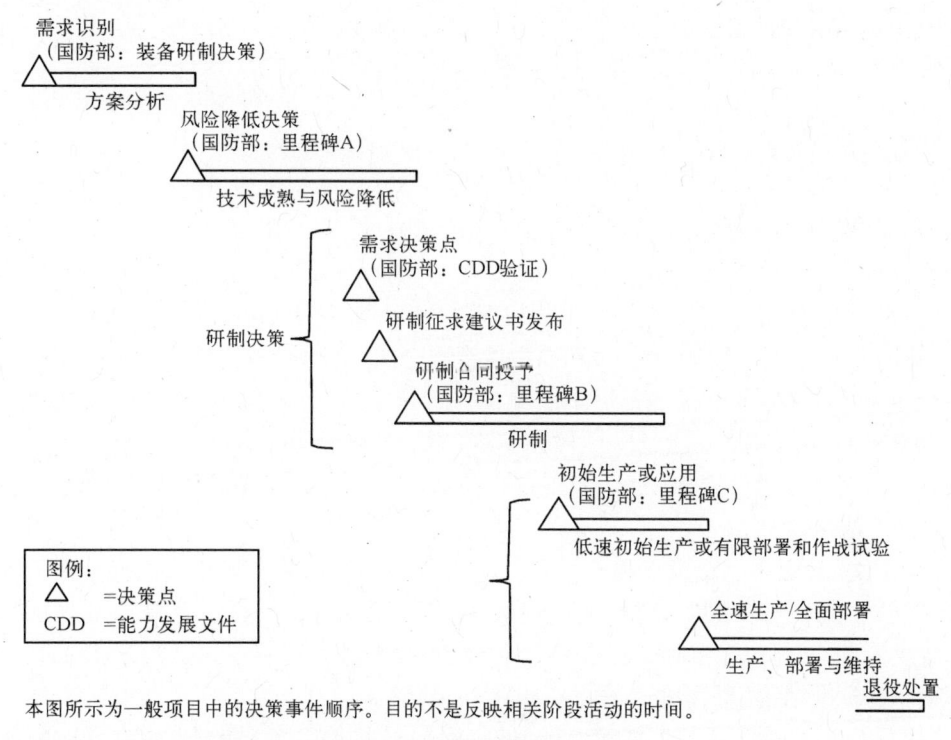

```
需求识别
(国防部:装备研制决策)
△
  方案分析
    风险降低决策
    (国防部:里程碑A)
    △
      技术成熟与风险降低
          需求决策点
          (国防部:CDD验证)
          △
  研制决策{  研制征求建议书发布
          △
            研制合同授予
            (国防部:里程碑B)
            △
              研制
                初始生产或应用
                (国防部:里程碑C)
                △
                  低速初始生产或有限部署和作战试验
图例:
△    =决策点
CDD  =能力发展文件
                      全速生产/全面部署
                      △
                        生产、部署与维持
                          退役处置
```

本图所示为一般项目中的决策事件顺序。目的不是反映相关阶段活动的时间。

图2 通用型采办阶段和决策点

(b) 通用型采办里程碑与决策点

1. 需求确定,国防部称为装备开发决策,是关于需要新的装备产品并组织开展备选方案分析的决策。

2. 风险降低决策,国防部称为里程碑A,是寻求特定产品或设计概念的投资决策,确定实现技术成熟和/或降低风险所需的资源,相关风险必须在作出研制投资决策前得以降低,之后将进入生产和部署使用阶段。

3. 在完成所需的技术成熟和风险降低工作后,开展产品研制的投资决策,进行制造与部署,国防部称为工程与制造开发。国防部将此阶段划分为三个相关决策点:(1)需求决策点(国防部称为能力发展文件确认决策);(2)向工业部门发布研制招标决策(称为研制建议征求书发布决策点);(3)授予研制合同决策(国防部称为里程碑B)。正式来

695

讲,在国防部里程碑 B 授予研制合同是采办项目的关键决策点,原因是在这个点将资源授予具体的项目,制定了预算安排,选择了供应商,明确了合同条款与进度安排,确定了进入生产与部署前的一系列事件。但实际上,上述决策几乎都要在向工业部门发布建议征求书前制定,使投标企业知悉相关信息以制定投标书。对于国防部来讲,在研制建议征求书发布决策点必须仔细审查项目的计划,以确保所有风险都被知悉并得到有效控制,项目计划完备,在经济上可承受,并具有较强的可操作性。

a. <u>需求决策点(国防部能力发展文件确认决策)</u>。在该决策点,已经完成对成本和性能的重要权衡并开展了充分的风险降低工作,有效支撑了需求确认的决策,相关需求将用于初始设计以及研制与生产活动(随着知识的增加,相关需求将进行重新考虑和优化)。

b. <u>研制建议征求书发布决策</u>。在该决策点,研制计划已经完成,可以作出向工业部门发布研制(如可能,也可包括初始生产)建议征求书的决策。

c. <u>研制决策,国防部称为里程碑 B</u>。研制决策将确定开展研制所需的资源(授权开展合同的授予),研制工作完成后将进入产品生产和部署使用阶段。

4. 研制和试验完成后进入生产阶段的决策。对于国防部来讲,生产决策通常分成两个国防部决策:(1)低速初始生产,国防部称为里程碑 C,或有限部署;(2)全速生产或全面部署决策。

a. <u>初始生产决策</u>。生产决策的主要依据是研制试验结果,通常还参考作战评估的结果,将确定进入生产阶段所需的资源(即批准开展合同的授予)并开始产品部署。通过试验证明产品设计稳定的证据是开展本决策的关键考虑因素。进入生产的投入非常巨大且难以逆转。

b. <u>全速生产或全面部署决策</u>。对初始生产的代表性产品完成作战试验后,作出规模化生产和/或部署的决策。

5. 虽然上述通用型决策点和里程碑的设置是标准的,但里程碑决策当局有权实施调整,形成尽可能最为有效和高效的项目结构,包括取消某些阶段以及合并或减少某些里程碑或决策点,其他规定限制的情况除外。第 5d 段更加详细阐述了适用于大多数国防采办项目的标准结构、里程碑和决策点。附件 1 包括了法规规定的各类项目的具体要求。附件 11 到 13 提供了信息技术项目(见附件 11)、国防业务系统(见附件 12)和应急作战需求(见附件 13)的附加信息。

(3) 国防采办项目模型

(a)第 5c(3)(b)到 5c(3)(e)段描述了根据采办产品类型或根据快速采办需求制定的 4 个国防项目结构基本模型案例。两个混合模型综合了多个基本模型的特征。每个基本模型都是根据采办产品的主要特征(例如大多数武器系统是硬件密集型产品)定制的。介绍混合模型的原因是许多产品都需要综合采用多种模型,例如武器系统往往包含重大软件的开发。采办项目应使用这些模型作为制定项目结构的出发点,以采办具体的产品。

<u>1</u>. 模型提供了基线方法。具体项目应根据所采办产品的特点进行针对性调整。

<u>2</u>. 所有模型包含需求和产品定义分析、风险降低、研制、试验、生产、部署和维持阶段,并设置合理的计划与合同决策点,开展重大投资决策。不管采用上述任何采办管理

系统模型或调整裁剪后的版本,采办进展情况取决于是否在预期的能力及项目的风险与成本方面获得足够的知识,以支持作出科学的业务决策从而进入下一采办阶段。

3. 每个采办模型都进行了配图和简介。配图描述了典型事件和活动的顺序。斜虚线和颜色混合区域表示重叠的活动。

(b) 模型1:硬件密集型项目。图3是硬件密集型研制项目(如重大武器平台)模型。这是一个标准模型,其核心内容在本指示之前的所有版本中都存在。这是大多数军事武器系统的起点,但是这些产品几乎也都包含软件开发的内容,这样就出现了混合模型A(混合模型A相关内容见第5c(3)(f)1段)。

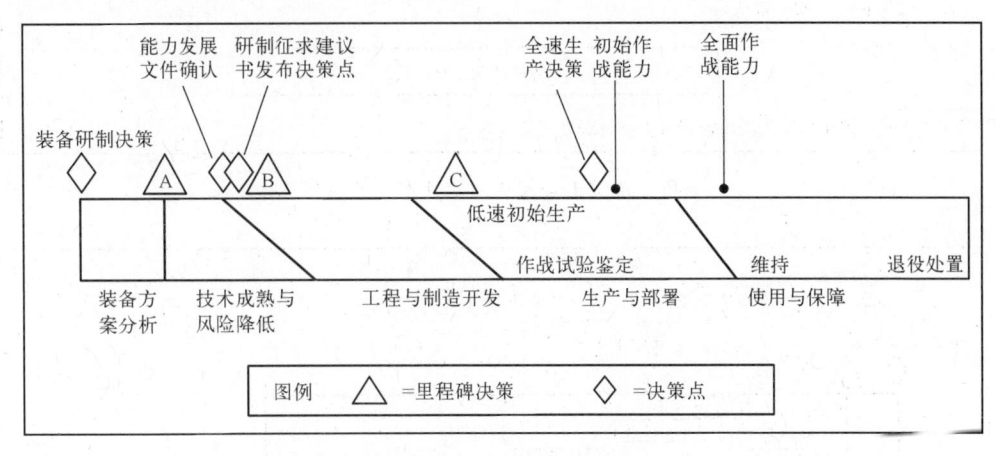

图3 模型1:硬件密集型项目

(c) 模型2:国防专用软件密集型项目。图4所示模型是为开发复杂且通常是国防专用软件项目而制定。软件项目通常在系列软件版本都已完成前不会完全部署。该模型的主要特征是计划采办的软件版本模块,是一系列可测试的一体化能力子集,具备明确的决策标准,这些都确保了项目在开展后续版本研制前取得充分进展。

1. 该类型产品包括军事专用指挥与控制系统以及对重大武器系统(如水面战斗舰艇和战术飞机)所做的作战系统重大升级。

2. 为了达到可部署的能力,通常需要一系列软件版本。每个版本包含所对应的需求、所分配的资源和计划的试验活动,以便与后续版本相匹配,并产出可验证的功能,确保取得相关进展。版本的顺序应合理安排,确保各项工作平稳高效,同时降低项目的总体成本和进度风险。

(d) 模型3:渐进式部署软件密集型项目。图5是许多国防业务系统采用的模型。该模型同样适用于一些指挥控制系统或武器系统软件的升级,这些软件的完整能力将通过多次增量的方式实现,新的能力在增量中得以开发和实现,通常在1~2年之后。每次增量周期不得随意限制。每次增量的周期以及可部署增量的次数,应根据所采办特定产品研发和部署使用的合理进度确定。

1. 该模型与前面的模型不同,将通过多次采办增量快速交付能力,每个增量提供所需项目总体能力的一部分。每个增量可包含几次部署;每次部署都由特定版本模块向用户提供成熟和经过测试的总体递增的能力。为了满足所批准的能力增量需求,通常需要几个版本并进行部署。后续能力增量所需技术的方案选择及其开发,在一定程度上并行

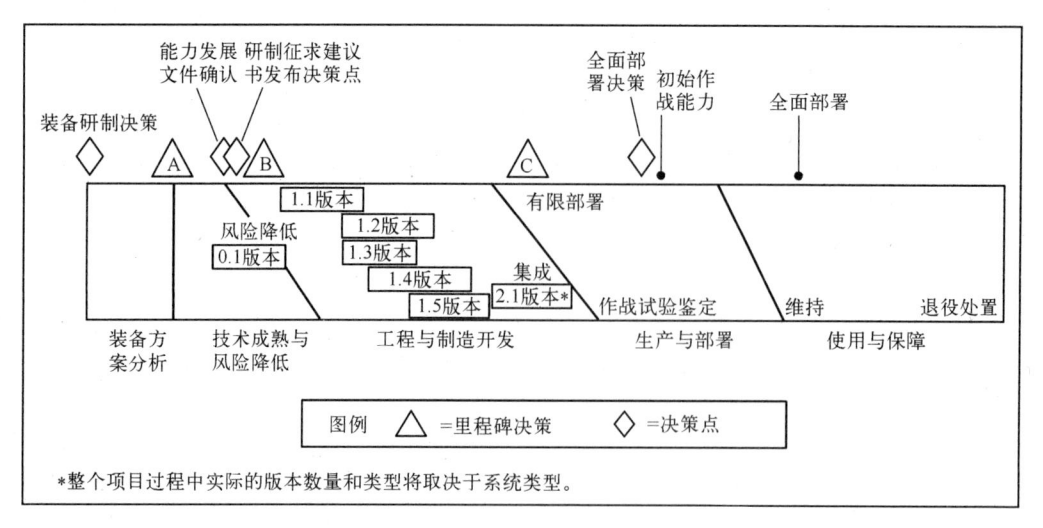

图 4 模型 2：国防专用软件密集型项目

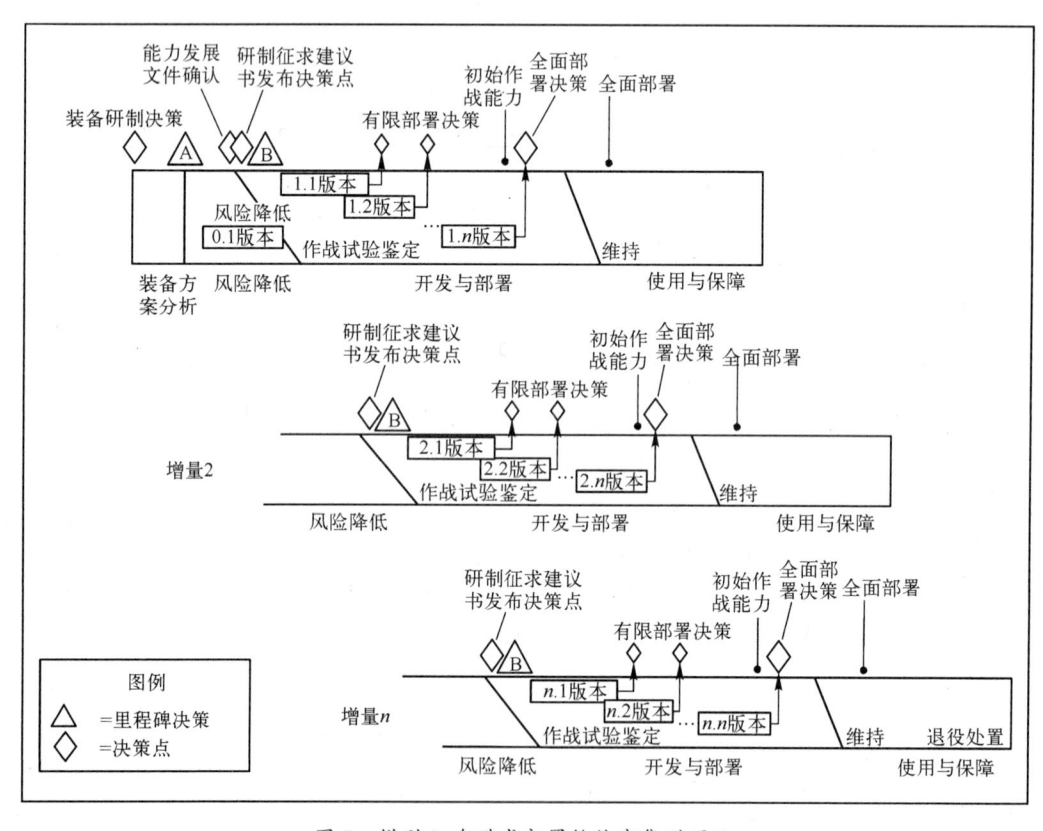

图 5 模型 3：渐进式部署软件密集型项目

开展，便于后续增量能够更快地启动实施。

2. 这一模型将适用于采办商用现货软件（如具备多模块能力的商用业务系统），或改编上述软件使之适合国防部使用。在使用该模型时，一个重要的注意事项是其结构可能使项目频繁出现里程碑或部署决策点，以及相关的批准审查。为避免上述情况的出现,可以通过加强计划制定、明确退出标准和可验证的进展,在任何指定的里程碑或决策点,批准开展多项活动或不同阶段的建设。提前确定后续增量(2~n)的内容,可以确定相关增量采办活动的启动情况。为了实现所需能力,通常需要多次增量逐级递进。

(e) 模型4:快速采办项目。图6所示模型适用于对进度的考虑优先于成本与技术风险的情况。该模型合并或减少了一些采办阶段,并接受可能存在的低效情况,以便按照简化后的进度部署有关能力。该模型展示了为适应快速采办要求而作出的调整,还存在其他多种可能性。这一结构适用于潜在对手发动技术突袭迫切需要开展高风险采办项目的情况。两年内满足应急需求的采办程序,属于该程序的一个子程序,见附件13。

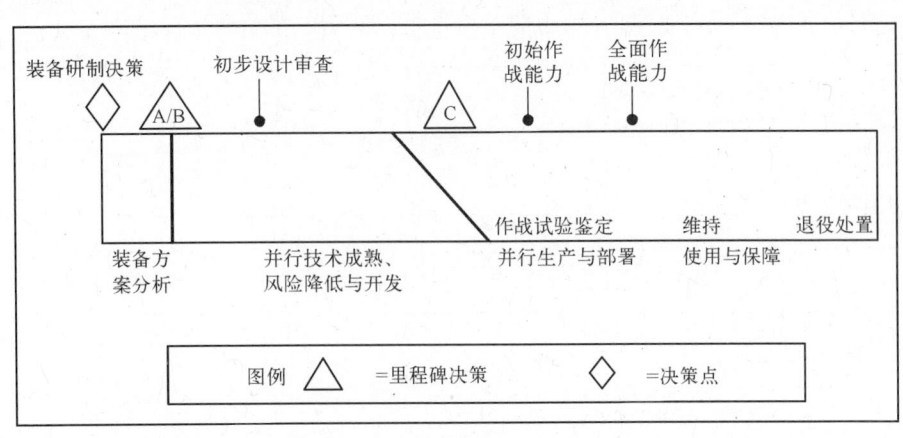

图6 模型4:快速采办项目

(f) 混合采办项目

1. 图7中的模型描述了重大武器系统以硬件开发为基本结构,软件密集型开发与硬件开发并行开展的情况。在硬件密集型开发中,实体样机的设计、制造和试验可能决定了总体进度、决策点和里程碑,但软件开发经常决定着项目实施的总体进度,必须与硬件开发决策点紧密结合和协调配合。

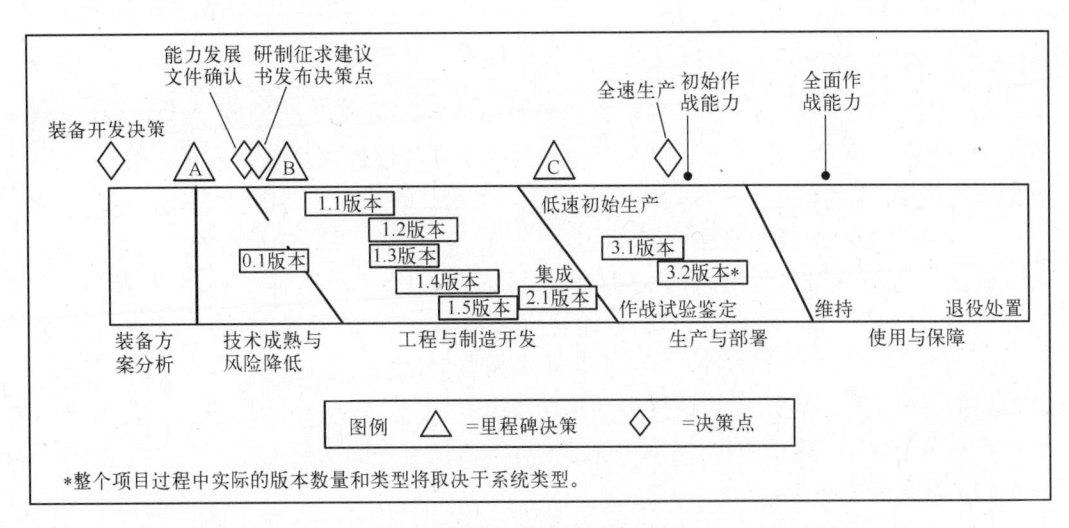

图7 模型5:偏硬件混合型项目

2. 在混合"A"模型中,软件开发应细分为一系列可试验软件版本,如图 7 所示。这些模块最终将形成完整能力,满足项目需求并形成初始作战能力。软件模块的结构应合理,以便软件交付时间与硬件样机集成、开发和作战试验的需求同步。进入工程与制造开发的里程碑 B 和进入生产与部署的里程碑 C 应包含软件功能能力开发成熟度标准和经过证实的技术性能放行标准。

3. 模型 6:图 8 中偏软件混合型模型 B 描述了软件密集型产品开发如何将渐进式部署的软件产品或版本(包含中级软件版本)混合着一起。第 5c(3)(d)段中关于模型 3 渐进式软件部署应用的所有评论同样适用于本模型。这个模型的计划和成功实施较为复杂,但根据产品的情况,该模型可能是采办项目组织实施的最合理方式。

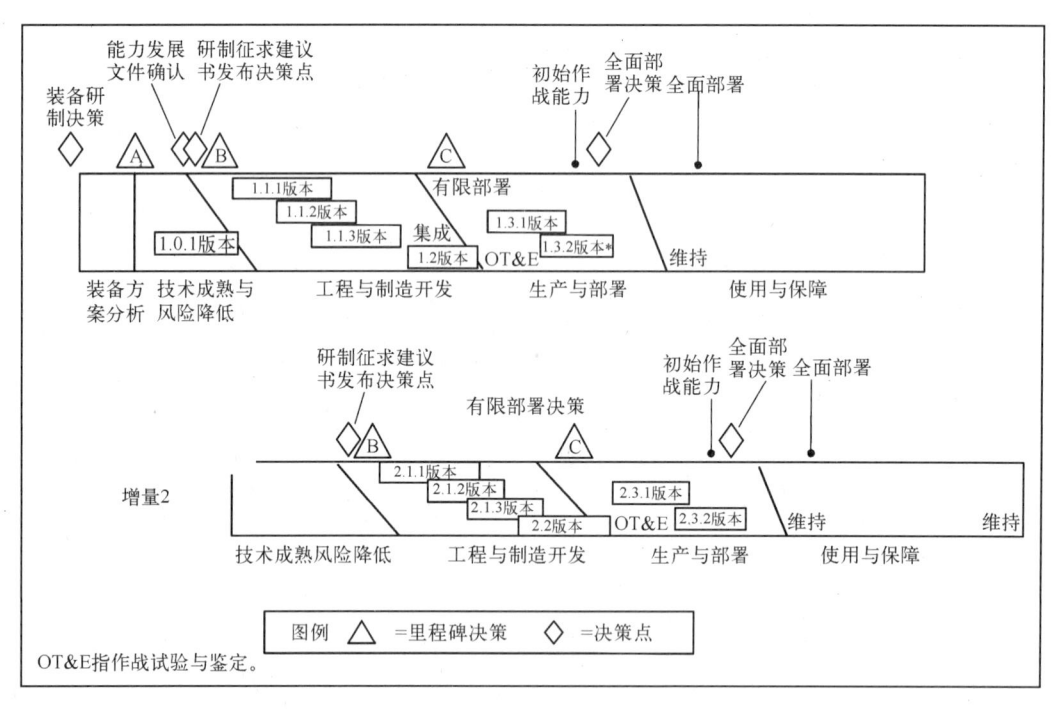

图 8 模型 6:偏软件混合型项目

(g)混合模型的风险管理。高度集成的复杂软件和硬件开发导致项目在成本和进度方面出现特殊风险。必须在项目全寿命周期内管理与硬件和软件开发相关的技术、成本和进度风险,这些风险也将成为所有决策点和里程碑的特别关注内容。

d. 采办过程决策点和阶段内容

第 5d(1)到 5d(14)段所述的程序是一般性的,适用于之前描述的采办项目模型及其变体。对于特定产品,为使采办方法更加高效且实用,经常需要对上述程序进行适当的定制化处理。对于非重大国防采办项目和非重大自动化信息系统项目,可使用相关国防部部局的采办程序。适用于信息技术和国防业务系统项目的附加或经过修改的程序分别见本指示附件 11 和附件 12,适用于应急采办需求的程序见附件 13。

(1)装备开发决策。

(a)装备开发决策的依据是经过验证的初始需求文件(初始能力文件或同类需求文件)以及备选方案分析研究指南、备选方案分析研究计划的最终稿。该决策指导备选方案分析工作的执行,并授权国防部部局开展装备方案分析阶段的工作。该决策点是所有国防采办产品采办进程的进入点。但是,直到里程碑 B 或里程碑 C(直接在里程碑 C 进入的项目),"采办项目"才会正式启动(依据随附的法定要求)。国防部部局有可能已经进行了充分分析,同意在该决策点作出关于所需产品的初步结论。如果是这样,里程碑决策当局可以使用上述分析缩小备选方案范围。如果不是这样,可能是需求不够明确或稳定,就需要考虑更大范围的备选方案。

(b) 在装备开发决策点,成本评估与计划鉴定局局长(或国防部同级别下属部门)将提交备选方案分析研究指南,备选方案分析牵头部门将提交备选方案研究计划。此外,成本评估与计划鉴定局将计划下达给工作人员,并为下一个决策点(通常为里程碑 A)的相关准备活动提供资金,如适当,也应包括为工业部门进行的竞争方案研究提供资金。

(c) 如装备开发决策获得批准,里程碑决策当局将指定牵头的国防部部局;决定采办项目进入哪一采办阶段;并确定初始的评审里程碑,通常是指 C 所述的某一项目模型中的特定里程碑,但并不总是如此。里程碑决策当局的决策将记录在"采办决策备忘录"中。"采办决策备忘录"应附上经过批准的备选方案分析研究指南和备选方案分析研究计划。

(2) 装备方案分析阶段。

(a) 目的。该阶段的目的包括为了选择即将采办产品的方案,而进行必要的分析和其他活动;开始将经过验证的能力差距转化成系统特定需求(包括关键性能参数和关键系统属性);进行计划,为产品采办策略决策提供支持。该阶段的重要活动包括备选方案分析方案,成本、进度和性能之间的关键性权衡,经济可承受性分析,风险分析,以及风险降低计划。

(b) 阶段描述

1. 通常情况下,本阶段所需的资金底线应该能够保障装备开发备选方案的分析和选择工作,以及为支持进入下一阶段决策而必须完成的活动;技术开发、方案分析及设计工作也应在此阶段得到资金支持。

2. 经过验证的初始能力文件和备选方案分析研究计划将指导备选方案分析和装备方案分析阶段的工作。分析工作将按照本指示附件 9 中的程序进行,并着重确定和分析各种备选方案、有效性测量方法、成本和能力之间的重要权衡、全寿命成本、进度、作战概念和总体风险。备选方案分析将与可承受性分析、成本分析、保障考虑、早期系统工程分析、威胁预测和市场研究相互联系。

3. 本阶段完成前,国防部部局作战开发人员将准备作战概念/作战模式概要/任务概要,包括作战任务、事件、持续时间、频率、作战条件和环境(建议装备方案执行每次任务、各个阶段的条件和环境)。作战概念/作战模式概要/任务概要将提供给项目主任,并告知其下一个阶段需要制定的计划,即采办策略、试验计划和能力需求权衡。作战概念/作战模式概要/任务概要也会作为下一个阶段建议征求书的附件,提供给工业部门。

4. 当国防部部局完成了支持进入下一个决策点和采办阶段所需的分析和活动时,本阶段即告结束。下一个阶段可以是技术成熟和风险降低阶段、工程制造与开发阶段,或者生产与部署阶段,这取决于使采办产品技术成熟所需的工作。上述每个阶段都有相关的授权准入决策点:里程碑 A、研制建议征求书发布和里程碑 B,或者里程碑 C。每个决策点和阶段都有相应的信息要求(见本指示附件1的表2)和其他标准(见本指示第5d(3)到5d(14)段)。

(c)项目办公室建立与下一阶段准备。装备方案分析阶段中,部局采办执行官将选择一名项目主任并建立项目办公室,以完成计划采办项目(重点是下一阶段)相关的必要活动。准备和发布下一阶段建议征求书前,项目主任应完成并提交采办策略,并获得里程碑决策当局的批准。经过批准的采办策略将明确,制定项目下一阶段最终版建议征求书的相关事宜。

(3)里程碑A。

(a)里程碑A决策批准项目进入技术成熟与风险降低阶段,并发布技术成熟与风险降低阶段的最终版建议征求书。负责该项目的国防部部局可以决定内部开展技术成熟和风险降低工作,或授予本阶段相关的合同。除非里程碑决策当局明确豁免,样机竞争必须是本阶段工作的一部分。关键的注意事项如下:

1. 优先装备方案理由。
2. 计划装备方案的经济可承受性和可行性。
3. 能力需求权衡空间范围以及对权衡空间内的优先顺序。
4. 对装备方案的技术、成本和进度风险的理解,计划的充分性,以及在里程碑B前规划投资以降低这些风险。
5. 提交的采办策略(包括合同签订策略和知识产权策略)在项目风险和风险降低策略方面的效率和有效性。
6. 预测威胁及其对装备方案的影响。

(b)在里程碑A评审节点:

1. 项目主任将提出按照优先装备方案进行采办的方法,包括采办策略、商业途径、框架假设、项目风险评估以及特定技术开发和其他风险如何降低到可接受的水平,以及适当的"应计成本"管理目标。

2. 国防部部局:

a. 应根据与项目有关的任务集或任务领域内计划提供给国防部部局的资源,提出经济可承受性分析和经济可承受性目标。分析应基于对未来项目集合或任务领域内的所有项目进行的定量评估结果,该结果将会证明部局的估算预算是否有能力在全寿命周期内为新项目提供资金。经济可承受性分析的目的不是生成精确的长期计划,而是论证在特定能力水平进行长期投资的合理性,为当下的决策提供支撑。经济可承受性分析将作为部局提出的单件生产和维持成本的可承受性目标的支撑材料,供里程碑决策当局批准,并列入里程碑A采办决策备忘录中。附件8详细描述了经济可承受性分析和限制的相关政策。

b. 针对由备选方案分析确定的优先方案,提交国防部部局成本评估报告。成本评估内容在附件10中有详细介绍。

c. 证明在里程碑A节点,项目将在《未来年份国防计划》范围内得到充足资金。

3. 如里程碑A获得批准,里程碑决策当局将对装备方案、技术成熟与风险降低阶段计划、最终建议征求书的发布,以及完成技术成熟与风险降低阶段和进入工程与制造开发阶段所需的特定放行标准做出相关决定。里程碑决策当局将把上述决策记录到采办决策备忘录中。

(c) 如因来源选择过程需对里程碑 A 批准的计划做出实质性改变,国防部部局应通知里程碑决策当局,里程碑决策当局可以自行决定是否在合同签约前进行附加评审。

(4) 技术成熟与风险降低阶段。

(a) 目的。本阶段的目的是降低技术、工程、集成和全寿命成本风险,以便在确信项目生产、制造和保障能够顺利进行的前提下,做出签署工程与制造开发合同的决策。

(b) 阶段描述。

1. 本阶段应包含旨在降低所开发产品相关特定风险的综合活动。包括必要的附加设计权衡和需求权衡,以确保产品的经济可承受性,以及研制和生产的可执行性。在本阶段,能力需求成熟并通过验证,经济可承受性的若干上限要求得以确定。在技术成熟与风险降低阶段,需要项目办公室、需求部门和决策当局之间的连续密切合作。通常应利用已实现的应计成本管理节余,进一步降低项目风险和项目后期的成本。附件2描述了基线成本控制和应计成本使用管理。

2. 本阶段工作通常包括参与竞争的供应商开展的技术成熟和风险降低工作,以及初步设计工作。此处的初步设计活动是指初步设计审查(选择工程与制造开发阶段供应商之前开展)之前(含初步设计审查)的设计工作。

a. 如果为降低风险而开发的原型样机确实能够降低工程和制造开发风险,且成本可接受,那么风险降低工作中应包括在整机、分系统或部件层次开发原型样机。

b. 里程碑 B 之前的竞争样机、单个样机(如果样机竞争不可行)、关键分系统样机的相关内容必须是采办策略的一部分,此要求对于重大国防采办项目是法令性要求,对于其他所有项目是规章性要求。如出现下列情况,里程碑决策当局可以在里程碑 A 节点或在此之前豁免竞争性样机的相关要求:

I. 生产竞争性样机的成本超出了预期的生产竞争性样机的全寿命周期效益(定值美元),如在提高性能、提升技术和设计成熟度等方面,成本超出了通过样机竞争可能获得的效益;或者 II. 如果不豁免上述要求,国防部的某些国家安全目标可能无法实现。

3. 组织本阶段工作的方法很多,应选取特定方法,降低与所采办产品相关的特定风险。在本阶段,应使用技术成熟度评估指南(引用文件(e))中的技术成熟度等级作为技术风险基准;但这些指标都是粗略基准,不能确定开发前所需的风险降低程度。必须针对优选设计相关的实际风险进行深度分析,并将分析结果和建议的风险降低措施提交给里程碑决策当局。

(c) 采办策略将指导本阶段工作的开展。采办策略中明确规定,在作战用户和装备开发商能够证实优先方案是可行的、经济可承受的、可保障的、满足验证过的能力需求的、技术风险可接受之前,进行多轮技术开发演示验证是有必要的。关键项目信息应在本阶段得到明确,应根据附件3第13部分同步实施项目保护措施,防止泄露关键信息。本阶段应对拟采办产品的工程与制造开发、生产、研制与作战试验、全寿命保障等工作进行规划。政府将更新项目知识产权策略(参考附件2第6a(4)段),确保能够完成采办策略中提出的后续保障工作,并将备品和大修竞争包括在内。

(d) 在本阶段以及能力发展文件(或其同类文件)验证前,项目主任应进行系统工程权衡分析,说明成本和能力作为主要设计参数的函数,如何随其变动而发生变化。该分析将支撑能力发展文件中优化调整关键性能参数/关键系统属性的相关评估工作。能力发展文件(或同等需求文件)中提出的能力需求应符合项目经济可承受性目标。

(e)能力发展文件验证后,项目主任将进行附加的需求分析,包括需求分解和分配、内外接口定义以及进入初步设计审查的设计工作。除非里程碑决策当局豁免,初步设计审查将在里程碑 B 前进行。

(f) 项目计划。

1. 在技术成熟与风险降低阶段,项目主任将对项目的平衡性进行计划,准备后续决策点和阶段,并向里程碑决策当局提交一份更新后的采办策略。更新后的采办策略将描述获得能力的总体方法,包括项目进度、风险、投资和商业策略。商业策略将描述合同签订方法原理,以及如何在项目的全寿命周期内保持竞争,并细化合同激励措施,保障国防部目标的实现。

2. 为了避免重新编制计划和项目中断,应在准备下一阶段最终的建议征求书前,及时将更新后的采办策略提交给里程碑决策当局批准。

(g) 技术成熟与风险降低阶段中全寿命管理方面的考虑。

1. 本阶段应开始进行保障阶段的计划工作,此时需求权衡和早期设计决策依然在进行过程之中。项目主任负责确定最终版本的保障需求,并将其分解成更为详细的需求,以便为初步设计审查及以下工作提供支撑:

a. 保障系统与产品保障集的设计权衡。

b. 保障试验鉴定计划。

c. 为产品保障合同和组织保障需求提供性能标准定义。

d. 提供后勤需求、工作量估算和后勤风险评估。

2. 项目主任将把产品保障设计集成到总体设计进程中,并评估提高保障性的有利因素,如诊断和预测,以便列入系统性能规范。随着设计的不断成熟,项目主任将确保全寿命周期的经济可承受性成为工程与保障权衡因素之一。

(5) 能力发展文件确认与技术状态指导委员会。

(a) 能力发展文件确认。

1. 在技术成熟与风险降低阶段,需求确认当局将确认项目能力发展文件(或同类需求文件)。该确认将在研制建议征求书发布决策点前进行,并为初步设计工作和初步设计审查提供依据,除非里程碑决策当局豁免,上述工作将在里程碑 B 之前进行。在需求权衡提议的制定和审查过程中,采办领导层(包括里程碑决策当局)和需求领导层(包括确认当局,对于重大国防采办项目和重大自动化信息系统项目,具体指联合需求监督委员会)之间应开展切实有效的合作,以确保经过确认项目的相关需求,能够以划算和经济可承受的方式持续满足国防部部局和联合部队的优先需要。里程碑决策当局和部局采办执行官(当里程碑决策当局是国防采办执行官时)将参与确认当局在确认前的能力发展文件(或同等需求文件)评审和人员调配工作,确保需求是技术可实现的、经济可承受的、可以进行试验确认的,并且需求权衡建议要全部基于项目主任或国防部部局完成的系统工程权衡分析。

2. 经过确认的初始能力文件中包含的关键性能参数和关键系统属性将指导初步设

计审查之前的工作,并明确研制建议征求书发布决策点。在环境条件有保证的情况下,可以向应用能力需求确认当局提出对关键性能参数和关键系统属性进行修改的请求。所有非关键性能参数需求(能力需求确认当局制定时)都需要进行成本性能权衡和调整,以满足经济可承受性限制。成本性能权衡(针对非关键性能参数需求)工作应与相关的能力需求确认当局进行协调。

(b) 技术状态指导委员会。对于Ⅰ类和ⅠA类采办项目,伴随着能力发展文件确认工作的开展,每个国防部部局的采办执行官都将主持组建并一个技术状态指导委员会,该委员会的成员包括负责采办、技术与后勤的国防部副部长办公室的高层代表(包括负责采办的助理国防部长)、联合参谋部代表(部队结构、资源与评估主任,J-8)、国防部首席信息官的高级代表、来自军种参谋长办公室和相关军种部审计办公室的授权代表、来自其他军种部(如适当)的代表;国防部部局采办执行官的军事帮办;计划执行官;和其他来自国防部长办公厅和国防部部局的高级代表(如适当)(公法(P.L.)110-417 第814节,引用文件(f))。国防部部局还应为较低层次的采办项目建立适当等级和人员构成的技术状态指导委员会。

1. 技术状态指导委员会至少每年召开一次会议,如能力需求或内容权衡需要,将频繁召开会议,以审查处于研制、生产和保障阶段的Ⅰ类和ⅠA类采办项目的所有需求变化和重大技术状态变化,这些变化有可能对项目成本和进度产生影响。技术状态指导委员会将审查潜在的能力需求变化,并向需求确认当局提议实现生产和保障成本经济可承受性限制目标所需的调整和变化,或能够生产高成本效益产品的相关变化。增加成本的变化将不予批准,除非有资金支持而且对项目进度影响不大。技术状态指导委员会将在收到经过确认的初始能力文件或其他经过确认的需求文件后,及在研制建议征求书发布决策点前认定项目需求。国防部部局采办执行官也可以决定在项目早期阶段建立技术状态指导委员会。

2. 项目主任应与计划执行官、需求主办部门至少每年协商一次,确定一批拟建议的需求变化,并提供给技术状态指导委员会,包括降低项目成本的措施以及响应威胁发展的适度的需求变化。向技术状态指导委员会提交上述方案时,应附支撑材料说明对作战的影响。技术状态委员会主席将向国防部部局需求当局、确认当局和国防采办执行官(如为ⅠD类采办项目或重大自动化信息系统项目,且关键性能参数受到影响)建议采纳其中的某项方案。

(6) 研制建议征求书发布决策点。

(a) 该决策点授权发布工程与制造研制建议征求书,通常也作为低速初始生产或有限部署的方案选择。该决策点审查是采办项目中的关键决策点。项目成功实现部署能力或失败,将取决于能力需求的合理性、项目的经济可承受性和采办策略的可执行性。在该决策点,通过邀请企业提交符合采办策略的标书来实施采办策略。工程与制造研制建议征求书的发布启动了所有后续工作。这是最后一个可以在不出现大的中断情况下作出重大调整的节点。

(b) 研制建议征求书发布决策点的目的是确保在工程与制造研制征求书发布前,使用合理的商业技术方法完成可执行且经济可承受的项目计划编制。本节点的一个目标是在已经完成来源选择且即将签订合同时,避免在里程碑B发生任何重大项目延误。因此,在发布最终建议征求书前,应相信招投标项目需求是稳定且叙述清楚的;研制和有可能生产的风险已经或将在合同签订和/或方案实施前得到充分降低;项目结构、内容、进度和资金是可行的;业务方法和激励措施既能为政府提供最大价值,又能公平合理对待企业。

(c) 在研制建议征求书发布决策点,项目主任将对技术成熟与风险降低阶段的进展和结果进行总结,并审查工程与制造研制阶段的采办策略。以下事项将得到特别关注:总体经济可承受性;竞争策略和激励机制;利用小企业的规定;包括任何"最佳值"确认的来源选择标准;框架构想;工程与可保障性权衡及其与已确认能力需求的关系;适合系统的威胁预测;应计成本目标;风险管理计划;以及项目进度依据。

(d) 研制建议征求书发布决策点所需的文件应在审查前不迟于 45 个日历日内提交。这些文件可能需要进行更新,以便在里程碑 B 之前获得相关当局的最终批准。任何相关的工程与制造研制合同将依据来源选择结果授予。如项目的国防采办执行官是里程碑决策当局,则工程与制造研制建议征求书及其附件的相关部分将由支援本决策点的相关国防部长办公厅参谋人员,在获得有管辖权的合同签订官书面授权后进行审查。

(e) 对于重大国防采办项目和重大系统而言,里程碑决策当局将在研制建议征求书发布决策点决定初步低速初始生产数量(或重大自动化信息系统项目的有限部署范围)。低速初始生产数量将为作战试验鉴定提供最低需求数量的生产试验样品(重大国防采办项目或特别关注项目由作战试验鉴定局局长决定),以建立系统初始生产基础、在全速生产前逐步提高效率,并在作战试验结束前保持生产的连续性。在生产数量确定后提交给国会的首份"采办报告选"中,必须包含重大国防采办项目的最终低速初始生产量(如该数量超过采办策略文件规定的总生产量的 10%,则要说明理由)。附件 1 中表 5 详细介绍了"采办报告选"。

(f) 对于渐进式部署软件密集型项目来讲,里程碑决策当局将决定有限部署的初始范围,该范围应足以在每个能力增量的全面部署决策前,评估部署计划实施并保障作战试验鉴定。

(g) 在研制建议征求书发布决策点作出的决策将被记入采办决策备忘录。采办决策备忘录将记录获得里程碑 C 批准所需的特定标准,包括所需的试验成果、低速初始生产量、经济可承受性要求和《未来年份国防计划》资金需求。本指示附件 1 中表 2 确定了该审查必须满足的要求。

(7) 初步设计审查。

在技术成熟与风险降低阶段,除非里程碑决策当局予以豁免,否则应在里程碑 B 之前以及授予工程与制造研制合同前,进行初步设计审查。与研制建议征求书发布决策点相关的初步设计审查时间安排由国防部部局决定。为支持来源选择,可能需要更加成熟的设计信息,但这也可能付出一定的代价,部局应对此做出权衡,其代价是(1)扩大从初步设计审查到授予全面工程与制造研制合同期间的多个来源的设计工作,或者(2)工程与制造研制合同授予前的研制工作出现缺口。除非里程碑决策当局豁免,否则里程碑决策当局将在其认证(依据《美国法典》第 10 篇第 2366b 节,引用文件(g))和里程碑 B 重大国防采办项目批准(下文中,《美国法典》引用文件将用《美国法典》【篇#】【节#】表示,如"《美国法典》第 10 篇 2366b")前,评估初步设计审查结果。本指示附件 1 中的表 6 列出了所需豁免的文件和程序。

(8) 里程碑 B。

(a) 该里程碑提供了进入工程与制造研制阶段以及国防部部局授予工程与制造研制合同的授权,同时明确了项目所需的投入资源。针对该里程碑的大多数要求应在研制建议征求书发布决策点满足;但如发生任何重大变化,或研制建议征求书发布决策点未获得的附加信息将会影响该决策,则必须在里程碑 B 满足要求。里程碑 B 要求进行最终演示验证,各种来源风险已经充分降低以保障生产设计工作。各种风险包括技术、工程、集成、制造、维持和成本风险。还要求能力需求经过确认,《未来年份国防计划》有充足投资,以及通过独立的成本估算证明生产与维持阶段经济可承受性目标合规。对确定项目成本、进度和性能预期非常重要的框架设想也是必需的。

(b) 里程碑 B 通常是采办项目的正式起始点,在该节点,里程碑决策当局将批准采办项目基线(APB)。采办项目基线是里程碑决策当局和项目主任及其采办指挥线之间的协议,用于项目全寿命期或项目增量(关于采办项目基线的补充政策,请参考本指示附件 1 中的第 4 节)的情况跟踪和报告。采办项目基线应包括单位生产和维持成本的经济可承受性上限。设立经济可承受性上限作为固定成本要求,它与关键性能参数同等重要。

(c) 在里程碑节点,里程碑决策当局将最终确定下列内容(如仍未完成):

1. 低速初始生产量或有限部署范围(如适用)。
2. 初始生产或做出部署决策的特定技术事项标准。
3. 将决策记入采办决策备忘录。

(d) 附件 1 中的表 2 明确了里程碑 B 的法定规章要求。

(9) 工程与制造研制阶段。

(a) 目的。工程与制造研制阶段的目的是研制、制造和试验一种产品,以证实已经满足所有作战和衍生需求,为生产或部署决策提供支撑。

(b) 阶段说明。

1. 概述。工程与制造研制阶段完成所有所需的硬件和软件详细设计;系统地消除任何暴露出的风险;制造并试验样机或首批产品,以证实满足能力需求;并准备进行生产或部署。包括为所有技术状态项目建立初始产品基线。

a. 设计。系统设计工作通常包括试验品制造和/或软件组件或增量编码前的一系列标准设计审查。多次设计迭代可能是必要的,由此融合为最终的生产设计。本指示附件 3 中第 2 节所述的系统工程计划提供了设计活动依据。

b. 里程碑 B 后初步设计审查。如豁免了里程碑 B 前的初步设计审查,项目主任将在项目启动后尽快做出初步设计审查计划安排。

2. 研制试验鉴定。研制试验鉴定为项目主任提供设计过程进展和产品符合合同要求情况的反馈。研制试验鉴定活动还将鉴定系统性能以提供有效作战能力,满足经确认及衍生的能力需求,包括验证系统实现关键性能参数和关键系统属性的能力,以及初始系统生产与部署和作战试验鉴定能够得到支持。需要根据试验鉴定主计划完成研制试验鉴定活动。使用生产或部署代表性样机试验品成功完成充分试验通常是进入低速初始生产或有限部署的主要依据。附件 4 包括更多关于研制试验鉴定要求的详细论述。

3. 早期作战试验鉴定活动。由部局作战试验机构进行的独立作战评估通常也将在工程与制造研制阶段进行。这些活动可能采取对研制试验结果的独立鉴定或单独的专用试验活动形式,如有限用户试验。在可行时,研制和作战试验活动应尽可能彼此结合起来进行计划,以提供一个有效的总体试验项目。附件4和附件5提供了关于研制试验鉴定和作战试验鉴定的详细论述。

(c) 生产、部署和维持准备。在工程与制造研制阶段,项目主任将最终确定产品保障元件的设计,并将其集成到综合产品保障包中。在工程与制造研制阶段早期,项目主任将根据工程审查结果,确定初始产品保障性能的要求分配。在该阶段后期,项目将通过试验演示验证产品的保障性能,确保系统设计和产品保障包满足在里程碑B建立的经济可承受性上限范围内的维持要求。

(d) 工程与制造研制阶段结束。当以下情况出现时将结束工程与制造研制阶段:(1)设计稳定时;(2)系统满足试验鉴定主计划规定的、经研制和初始作战试验验证的能力需求;(3a)制造工艺得到有效验证并处于控制之中时;(3b)软件确认程序就绪并正常发挥作用时;(4)工业生产能力合理实现时;以及(5)系统已经满足或超出所有指定的工程与制造研制阶段放行标准和里程碑C进入标准时。工程与制造研制通常将继续通过初始生产或部署决策,直到所有工程与制造研制活动完成和所有需求已经得到试验验证。

(e) 工程与制造研制和生产同时进行。在大多数硬件密集型产品项目中,初始生产和研制试验完成存在一定程度的重合性;也可能一些设计和开发工作,尤其是软件的完成在初始生产决策后进行。开发和生产同时进行可以缩短部署系统的交付时间,但也会增加生产开始后设计变更和昂贵改型的风险。项目规划人员和决策当局应根据一系列因素,确定可接受或理想的并行程度。但一般而言,应根据全尺寸工程与制造研制样机的研制试验提出合理预期,即设计稳定且不会在进入生产决策后发生重大变化。在里程碑B,将确定在里程碑C进行初始生产或部署的特定技术活动标准,并记录在里程碑B采办决策备忘录中。

(f) 生产与部署建议征求书的发布。如由于工程与制造研制阶段活动,导致在里程碑B拟定和批准的采办策略与相关业务安排发生变化,或经过确认的能力需求发生变化,将在发布竞争性来源选择建议征求书或启动单一来源谈判前,将更新后的采办策略提交给里程碑决策当局审批。根据本文规定的程序,无论如何都应在里程碑C和合同授予前提交更新后的采办策略。附件2中的第6a段提供了关于采办策略的补充详情。

(g) 工程与制造研制阶段的补充要求。

1. 政府承担的职能和牵头的主系统集成商。承包商履行采办相关活动时,项目主任应强调适度监督和权衡的重要性,并确保政府切实履行应有的职能。如果某个重大系统的采办策略要求采用一个牵头的主系统集成商,应确保不将合同授予在研制或建造单个系统或系统体系组成部分过程中拥有或预期获得直接财务利益的报价人。根据《美国法典》第10篇第2410p节(引用文件(g))规定,里程碑决策当局可以批准例外情况,但需要向参议院和众议院武装部队委员会提供证明。本指示附件1中的表6详细阐述了例外情况报告。

2. 长周期生产项目的提前采购。在可获得资金条件下,里程碑决策当局可以在工程与制造研制阶段内的任何时点,或在研制建议征求书发布决策点或里程碑 B 授权长周期生产项目。为了向生产阶段更高效的过渡,应在里程碑 C 生产决策点之前采购这些项目。指定项目的长周期拨款数额取决于所采办产品的类型。产品目录显示了为顺利实施生产,提前采购所选部件或子系统的需求。长周期授权应记录在采办决策备忘录中,并规定授权采办决策备忘录中仅列入有限的内容(例如,列出项目的相关条目信息)和/或美元值。

(10) 里程碑 C。

(a) 里程碑 C 和有限部署决策点是审查项目或能力增量进入生产与部署阶段或有限部署阶段的节点。能否批准一定程度上取决于在里程碑 B 确定并列入里程碑 B 采办决策备忘录中的特定标准。通常使用下列通用标准:根据研制试验中可接受的性能指标,生产/部署设计稳定得到演示验证,并满足已阐明和衍生需求;作战评估;与软件开发进度一致的成熟软件能力;无重大制造风险;经过验证的能力生产文件或同等需求文件;经过验证的互操作性;经过验证的作战可保障性;位于经济可承受性上限范围内的成本;《未来年份国防计划》有充足资金安排;适当的分阶段产能提升;以及部署保障情况。

1. 在做出里程碑 C 和有限部署决策时,里程碑决策当局应考虑能力生产文件中未包含、且可能影响作战效能的新确认的威胁环境,并与需求验证当局协商,将其作为生产决策制定程序的一部分,以确保能力需求反映当前情况。

2. 里程碑决策当局在里程碑 C 和有限部署决策点作出的决策应在审查后记入采办决策备忘录。附件 1 中的表 2 列出了应在里程碑 C 满足的法定规章要求。

(b) 高成本首批样品里程碑 B 和 C 综合决策。一些项目(特别是航天器和舰船)不会在工程与制造研制阶段生产仅用作试验样品的样机,因为每个样品的成本都非常高。在这种情况下,应对首批样品进行试验,然后作为作战资产进行部署。这些项目可采取措施做出剪裁,如将研制和初始生产投资结合起来。在这种情况下,将进行里程碑 B 和 C 综合决策。接下来的作战试验鉴定和全速生产决策前的低速生产也将建立具有适当标准的附加决策点。

(11) 生产与部署阶段。

(a) 目的。生产与部署阶段的目的是生产并向军事接收单位交付满足要求的产品。

(b) 阶段说明。在本阶段生产产品并供作战单位部署使用。本阶段包括多项活动和事项。低速初始生产、有限部署、作战试验鉴定和全速生产决策或全面部署决策以及其后的全速生产或全面部署。如所有系统维持和保障活动尚未开始,则将在本阶段启动。在本阶段,当指定作战机构完成装备和训练且被确定有能力执行任务作战时,相关作战当局将宣布具备初始作战能力。在本阶段,将继续使用应计成本管理和其他技术,以控制和降低成本。

1. 低速初始生产与有限部署。低速初始生产为系统或能力增量建立初始生产基础,提供作战试验鉴定试验样品,为进入全速生产提供产能高效提升基础,并在作战试验鉴定完成前保持生产的连续性。虽然本阶段持续时间应进行限定,以便尽快且尽可能以低成本实现高效生产,但仍应留出充足时间进行全速生产前的缺陷鉴定与消除。软件开发有限部署的主要目的是支持作战试验鉴定,以及能够根据项目策略,用于在全面部署前尽早向用户提供经过试验的作战能力。

2. 作战试验鉴定。相关作战试验机构将在现实威胁环境中进行作战试验。威胁环境将以项目系统威胁评估报告和适当场景想定为基础。对于重大国防采办项目、重大自动化信息系统项目和列于作战试验鉴定主任监督清单上的其他项目,作战试验鉴定主任应在里程碑决策当局作出继续低速初始生产后续活动的决策前提供一份报告,阐明作战试验鉴定主任对项目是否具有作战有效性、适用性和可生存性的判断和观点。对于列入作战试验鉴定主任监督清单上的项目,应按照经过批准的试验鉴定主计划和作战试验计划进行作战试验。如作战试验鉴定主任监督清单上的项目没有进行低速初始生产,必须至少提供生产样品,以便进行所需的作战试验。附件4和附件5详细阐述了研制和作战试验以及试验鉴定主计划。

(12) 全速生产决策或全面部署决策。

里程碑决策当局将进行审查,评估初始作战试验鉴定、初始制造和有限部署的结果,并确定是否批准进入全速生产或全面部署。继续进行全速生产或全面部署要求制造工艺验证可控、性能和可靠性可接受,以及建立适当的维持和保障系统。

(a) 在做出全速生产决策或全面部署决策时,里程碑决策当局应考虑可能影响作战效能、新的经确认的威胁环境,并应与需求验证当局协商,以此作为决策制定程序的一部分工作,确保能力需求适合当前情况。

(b) 除获得里程碑决策当局特别批准外,在进行低速初始生产或有限部署后续活动前,应消除试验中发现的关键缺陷。后续试验鉴定应检验补救措施。

(c) 进入全速生产或全面部署的决策将记入采办决策备忘录中。附件1中的表2列出了与本决策相关的法定和规章要求。

(13) 全速生产或全面部署。

在生产与部署阶段的这一时段,将完成剩余的产品生产或部署,实现完全作战能力或全面部署。

(14) 使用与保障阶段。

(a) 目的。使用与保障阶段的目的是实施产品保障策略,满足装备的战备和作战保障性能要求,并在系统全寿命过程中维持系统运转(包括处置)。使用与保障阶段应在生产或部署决策后开始,依据是经过里程碑决策当局批准的全寿命保障计划。附件6更为详细地论述了维持计划;附件7阐述了人-系统一体化计划。

(b) 阶段说明。本阶段有两项主要工作:维持与处置。由项目主任拟制全寿命保障计划,并由里程碑决策当局审批,作为本阶段开展工作的依据。

1. 维持。在本阶段,项目主任将根据全寿命保障计划使用产品支持包,并监控其效果。全寿命保障计划应包括商业、成建制及合作的产品保障提供商之间分期过渡。项目主任应确保对资源进行规划,并获得必要的知识产权可交付成果和相关的许可权、工具、设备和设施,以保障将提供产品保障的各级维修;并应根据法规和全寿命保障计划建立必要的成建制基地级维修能力。

a. 一个成功的项目将满足维持性能要求,保持经济可承受性,并在整个使用与保障阶段,通过实施应计成本管理和其他技术,持续寻求成本降低。做到这一点需要与作战部门(即用户)、资源管理部门和装备部门等利益相关方密切合作,有效管理保障协议与合同。在使用与保障阶段,项目主任应使用维持指标测量、评估和报告系统战备情况,并对偏离采办项目基线和全寿命保障计划中确定的所需绩效指标的趋势实施矫正措施。

b. 在整个系统寿命周期内,作战需求、技术进步、不断发展的威胁、工艺改进、财政限制、新一代系统计划,或上述影响及其他因素叠加须修订全寿命保障计划。修订全寿命保障计划时,项目主任应重新进行保障性分析,审查最新的产品保障需求、高级领导指示和财务预计情况,以评估产品保障变化或备选方案,并确定最佳选择。

2. 处置。系统有效寿命结束时,应按照安全(包括爆炸物安全)、保密和环境相关的所有法律法规要求和政策,对系统进行去军事化和报废处置。

e. 附加程序和指南

(1) 本指示附件包含用于指导项目计划编制的补充采办政策和程序。

(a) 附件1详细阐述了法定要求或管理规范确定的项目要求。附件1界定了采办项目类别以及各类别的规范要求。

(b) 附件2到10阐述了适用于所采办系统整个寿命周期内不同功能领域的特定政策和程序。

(c) 附件11阐述了适用于包含信息技术项目的特定政策和程序。

(d) 附件12阐述了适用于国防业务系统的特定政策和程序。

(e) 附件13阐述了适用于应急作战需求的特定政策和程序。

(2) 根据项目要求和第4b和4c小段规定,里程碑决策当局可以调整指示中本小节以及附件1到13中的信息要求和程序。如第4c段所述,一些法规政策的例外情况可能需要与审理当局进行协调。除非法规允许,否则法规要求不得豁免执行。

6. 发布

获准公开发布。本指示可从国防部指示网站获取,网址为 http://www.dtic.mil/whs/directives。

7. 生效日期

本指示自 2015 年 1 月 7 日起生效。

弗兰克·肯德尔	J·迈克尔·吉尔莫	特里·哈尔沃森
(FrankKendall)	(J. Michael Gilmore)	(Terry Halvorsen)
负责采办、技术与后勤的国防部副部长	作战试验鉴定局局长	国防部首席信息官

附件1 采办项目类别与规范要求

1. 目的

本附件的目的是:

(1) 规定了采办项目类别定义和美元门限值,阐述了负责审查的里程碑决策当局的任务分配政策。

(2) 以表格形式列出了与采办项目类别相关的信息要求。

(3) 规定了适用于采办项目基线和采办项目报告的政策和程序。

2. 采办项目类别

（1）类别。采办项目应根据本附件表1中的标准进行分类。表1描述了Ⅰ到Ⅲ类项目的及其决策当局。国防采办执行官或其指定人员应审查可能成为Ⅰ和ⅠA类的装备方案；部局采办执行官或有部局采办执行官指定的人员应审查可能成为Ⅱ和Ⅲ类的装备方案。

（2）同时作为重大自动化信息系统项目与重大国防采办项目的项目分类。同时满足重大自动化信息系统项目和重大国防采办项目定义的项目，可被视为重大国防采办项目，由国防采办执行官决定。项目应符合与所在类别相关的法律法规要求。国防采办执行官的决定应记录在项目采办决策备忘录中。

（3）项目重新分类

① 当项目成本增加或估计将会增加，或者采办策略发生变化时，如果导致原来较低类别的采办项目重新分类为Ⅰ或ⅠA类项目，部局采办执行官应通知国防采办执行官。若某国防部部局预计某一项目成本，已经达到下一级采办项目类别最低成本门限值的90%时，应尽快报告采办项目类别变化。采办项目类别的重新分类，应按照国防采办执行官的指示进行。

② 部局采办执行官可以要求把Ⅰ或ⅠA类采办项目重新划分成较低的采办项目类别。在提出此类请求时，需阐明降低其类别的原因。只要国防采办执行官批准该请求，降低采办项目类别立即生效。

表1. Ⅰ-Ⅲ 类采办项目的说明及其决策当局

采办项目类别	确定采办项目类别的理由	决 策 当 局
Ⅰ类采办项目	• 重大国防采办项目(《美国法典》第10篇第2430节，引用文件(g)) o 项目所有增量的美元值：国防采办执行官估计，用于研究、开发和试验鉴定所需的最终费用总额超过4.8亿美元，或者用于采购的费用总额超过27.9亿美元(2014财年定值美元) o 里程碑决策当局指定为Ⅰ类的项目 • 里程碑决策当局指定为特别关注的项目①	ID类采办项目：国防采办执行官或其指定代理 IC类采办项目：国防部部局领导，或经指定的部局采办执行官(不可再指定他人)
ⅠA类采办项目2,3	• 重大自动化信息系统(《美国法典》第10篇第2445a节(引用文件(g)))：针对自动化信息系统②的国防部采办项目(针对某种产品或服务③)如下： o 里程碑决策当局指定为重大自动化信息系统项目；或 o 估算金额超过：不管拨款还是其他资金来源，在任何单一财年，对于所有采办增量，与自动化信息系统的定义、设计、研制、部署和维持直接相关的所有支出超过4000万美元(2014财年定值美元)；或不管拨款还是其他资金来源，对于所有采办增量，所有现场从装备方案分析到部署整个过程，与自动化信息系统的定义、设计、开发和部署直接相关的所有支出超过1.65亿美元(2014财年定值美元)；或不管拨款还是其他资金来源，对于所有采办增量，从装备方案分析到系统估算使用期限的维修保障，与自动化信息系统的定义、设计、研制、部署、使用和维修直接相关的所有开支超过5.2亿美元(2014财年定值美元) • 里程碑决策当局指定为特别关注的项目④	IAM类采办项目：国防采办执行官或其指定代理 IAC类采办项目：国防部部局领导或经指定的部局采办执行官(不可再指定他人)

(续)

采办项目类别	确定采办项目类别的理由	决策当局

Ⅱ类采办项目	• 不符合 I 或 IA 类采办项目的标准
	• 重大系统(《美国法典》第 10 篇第 2302d 节(引用文件(g)))
	  ○ 美元值:国防部部局领导估算用于研究、研制、试验鉴定的最终开支总额超过 1.85 亿美元,或用于采购的费用总额超过 8.35 亿美元(2014 财年定值美元)
	  ○ 里程碑决策当局指定为 Ⅱ 类的项目⑤(《美国法典》第 10 篇第 2302d 节(引用文件(g)))
		部局采办执行官或由其指定的代理⑤

Ⅲ类采办项目	• 不符合 Ⅱ 类采办项目或以上标准 • 属非重大自动化信息系统的自动化信息系统项目	部局采办执行官指定的代理⑥

① 特别关注项目的指定通常依据下列因素中的一个或多个因素:技术复杂性;国会关注程度;有大量资源;或该项目对于实现一项能力或一组能力、某个系统部分或某个联合项目来讲至关重要。已经满足重大国防采办项目和重大自动化信息系统门限值的项目不能再被指定为特别关注项目

② 当一个重大自动化信息系统项目也符合重大国防采办项目的定义时,除非指定国防部部局或其他官员来担任里程碑决策当局,否则国防采办执行官将作为该项目的里程碑决策当局。国防采办执行官应指定项目作为重大自动化信息系统或重大国防采办项目,项目主任应根据指定项目要求管理项目

③ 里程碑决策当局(国防采办执行官,或指定代理,即国防部首席信息官或其他代理)应指定重大自动化信息系统项目为 IAM 类或 IAC 类项目。重大自动化信息系统项目不能被指定为 Ⅱ 类采办项目

④ 自动化信息系统:由计算机硬件、计算机软件、数据或通信等组成的系统,行使诸如信息收集、处理、存储、传输与显示的功能。下列计算机资源,不管是硬件还是软件,都不属于自动化信息系统:武器或武器系统的有机组成部分;应用于高度敏感和保密类项目(国防部长指定的);应用于其他高度敏感的信息技术项目(国防部首席信息官指定的);或由国防采办执行官或其代理决定最好作为非自动化信息系统实施监管的项目(如研究开发试验鉴定费用占采办总费用的比例很低的项目或需要实施大量硬件开发工作的项目)

⑤ 由负责采办、技术与后勤的国防部副部长(或其指定代理)指定时,达到重大自动化信息系统门限值的信息技术服务项目应执行适用于本指示中规定的重大自动化信息系统项目的程序。所有其他服务项目的采办应遵守国防部指示第 5000.02 号(引用文件(h))规定,直到该指示因颁布新的服务项目采办规程而作废

⑥ 国防部长或军种部长指定的

(3) 国防采办执行官可随时对采办项目进行重新分类。重新分类决策应记录在采办决策备忘录中。

3. 里程碑和其他决策点的采办项目信息要求

(1) 表 2 列出了采办进程中各里程碑以及其他决策点的法定要求和管理规范。项目主任与利益相关者协商后,可以提出建议,里程碑决策当局应批准、调整监管项目信息。里程碑决策当局应以文件形式记录所有信息调整决策。

(2) 表格的每行列出了一条信息要求及其来源(要求来源可能是《美国法典》、公法(P.L.)、行政命令(E.O.)、国防部指示(DoDI)、国防部指令(DoDD)或其他类型的文件),内容包括段落(Para.)、章节(Sec.)或附件(Enc.)编号,以及引用文件(引用文件)标识符(见本指示引用文件清单)。法定要求条目和来源全部大写;管理规范的条目和来

源使用普通文本。要求按照字母顺序排列。

① 单元格中的圆点(•)表示具体适用此条要求的项目类型和寿命周期事件,且表示信息初次提交。一行右边的对号(√)表示更新信息要求,其他圆点表示提交新信息。

② 每一行都有注释,用于解释要求,限制或扩大该要求对于项目类型和/或寿命周期事件的适用性,或向读者提供更多详细说明。

(3) "全寿命期事件"列使用的标签所代表的事件如下:

① "MDD"——装备开发决策。

② "MS A"——里程碑 A。

③ "CDD Val"——能力发展文件确认。

④ "Dev RFP Rel"——里程碑 B 前进行的研制建议征求书发布决策点,用于授权发布下一阶段的研制建议征求书。

⑤ "MS B"——里程碑 B。

⑥ "MS C"——里程碑 C。

⑦ "FRP/FD Dec"——全速生产决策或全面部署决策。

⑧ "其他"——除上述事件以外的事件;该事件应在该行相关的注释中予以说明。

(4) 应在计划审查前至少 45 个日历日(包括节假日)提交经过鉴定事件的相关文件资料。

(5) 主管部门最终确定并批准信息要求,作为研制建议征求书发布决策点的重要支撑,除非发生实质性变化,否则在里程碑 B 前不需要重新提交。

(6) 应在文件批准后 5 个工作日内,向采办信息库提交由国防部长办公厅审查项目的最终里程碑文件。

(7) 表 2 中出现的"草案"一词,当其应用于研制建议征求书发布决策点的要求相关时,"草案"应指项目主任、计划执行官和部局采办执行官批准的草案,已经在来源选择过程、里程碑 B 前部局和国防部长办公厅官员共同协调的基础上进行了修改。

(8) 项目主任可以提交一份准备好的文件来满足多个项目的信息要求(代替项目特定文件)。该代替行为需要获得批准当局的书面许可。

(9) 当所要求的文件(如采办策略和全寿命保障计划)之间存在逻辑关系,且后续协调工作可以简化时,里程碑决策当局可以批准将这些要求进行合并。

表 2 里程碑和阶段信息要求

信息要求	项目类型[①] MDAP MAIS	ACAT II	≤ III	寿命周期事件[①,②,③] MDD	MSA	CDD Val	Dev RFP Rel	MSB[5]	MSC	FRP/FD Dec	其他	来 源	批准当局
2366a/b 认证备忘录	●	●							●			《美国法典》第 10 篇第 2366a 节（引用文件(g)）《美国法典》第 10 篇第 2366b 节（引用文件(g)）本指示	里程碑决策当局
对重大国防采办项目里程碑 A 后所有标记事件的所有其他项目类型（包括重大国防采办项目）的法定要求；对里程碑 A 后所有其他项目类型（包括重大国防采办项目）的法定要求。里程碑决策当局无权指定该类似，是对里程碑 C（如"C"为项目目的开始）的管理规范													
采办决策备忘录(ADM)	●	●	●	●	●	●	●	●	●	●	●	本指示	里程碑决策当局
管理规范。记录里程碑决策当局的决策和指示													
采办项目基线(APB)	●	●	●		●	●	●	●	●	●	●	《美国法典》第 10 篇第 2435 节（引用文件(g)）《美国法典》第 10 篇第 2433a 节（引用文件(g)）国防部指令第 5000.01 号引用文件(a)）	里程碑决策当局
里程碑 B 和 C 以及建议征求书发布决策点的法定要求；所有其他里程碑和决策点的管理规范，包括研制建议征求书发布节点的必需审查[④]。但在里程碑 B 前，采办项目基线不是由里程碑决策当局批准。关于其他决策点的要求，请参考本附件第 4 节													
采办策略	●	●	●	●	●	●	●			●		公法 107-314 第 803 节（引用文件(i)）本指示附件 2 第 6a 段	里程碑决策当局

对重大国防采办项目里程碑 A 的法定要求；对里程碑 A 后所有标记事件的所有其他项目类型（包括重大国防采办项目）的管理规范。采办策略应包括法定信息和管理规范信息。采办策略中体现出来的计划变化需要获得里程碑决策当局批准。采办策略中应满足下列法定要求：
- 收益分析与确定：法定要求。包括市场调查。仅适用于打包式采办项目。美国法典第 15 篇第 632 节（引用文件(j)）将打包式合同定义为，使一个合同成为满足多种要求的合同。若无里程碑 B，则需要在里程碑 C 开展；在全速生产[？]全面部署决策点不需要更新。美国法典第 15 篇第 644 节履行合同的小企业（引用文件(j)）要求每个货物或服务采购类别，合并合同——一个合同的报价询价中，该合同可能不适合授予小型企业。来源：美国法典第 14 篇第 644(e)节（引用文件(j)）、美国法典第 15 篇第 657q 节（引用文件(j)）
- 对技术问题的考虑：法定要求。促进、监控和评估合同的技术数据交换。II 类以下采办项目的技术数据交换要求。来源：《美国法典》第 10 篇第 2364 节（引用文件(g)）
- 合同类型决策过程中对技术问题加速考虑进行审查。当里程碑决策当局批准征求书发布决策时，要完成此工作。对于应合作战略需求，应在行动方案分析过程中对技术问题加速考虑进行审查。
- 合同类型决策：法定要求。合同类型决策当局可以在研制建议征求书发布决策和里程碑 B 批准时做出最终批准。研制合同类型必须满足表 6 所列的条件和通知，否则国防部不得对里程碑决策当局批准。当里程碑决策当局批准征求书发布决策点，有条件地批准研制项目所签订的合同。II 类合同类型必须满足本附件表 6 所列的条件和报告要求。公法 109-364 第 818 节（引用文件(k)）.公法 112-239 第 811 节（引用文件(l)）
- 以是固定价格或成本类型合同。如选择价格或成本类型合同，里程碑决策当局必须与项目风险等级一致，可以是固定价格合同生产签订成本类型合同。

715

（续）

信息要求	项目类型①				寿命周期事件①②③						批准当局
^	MDAP	MAIS	II	≤III	MDD	MSA	CDD Val	Dev RFP Rel	MSB⁵	MSC	FRP/FD Dec	其他	^

- 合作机遇：法定要求。只在首个项目里程碑审查时使用。对合作机遇分析过程中评估经过落实的能力。来源：《美国法典》第 10 篇第 2350a 节（引用文件 g）。对合作机遇大纲中的国际干预部分子以满足。对响应应急作战需要的项目，应在行动方案分析过程中评估经过落实的能力。
- 通用装备评估：法定要求。确认合同可交付事项。空军和海军通用基金值是单位成本等于或大于 25 万美元。对其他项目的管理规范。总结工业基础能力分析结果。来源：《美国法典》第 10 篇第 2440 节（引用文件 g）
- 在里程碑 C 使用，对全面部署决策进行更新。所有内部使用软件和所有其他通用和运营资金基金运行使用所有其他事项；对重大武器系统的法定要求；对其他项目的管理规范。知识产权策略：对重大武器系统和子系统的知识产权变化的不同管理相关的不同事项。在使用与保障（O&S）阶段，作为全寿命保障计划（LCSP）的一部分。本指示附件 2 第 6a（4）段
- 市场调查：法定要求。装备开发决策节点创立独立管理规范。了解潜在的装备方案，技术成熟度和替代来源，以确保小型企业的最大限度参与，以及收纳第 III 阶段小企业创新研究或小企业技术转移合同的数量和金额。来源：《美国法典》第 10 篇第 2377 节（引用文件 g），美国法典第 15 篇第 644（e）（2）节（引用文件 g）
- 小企业创新研究（SBIR）/小企业技术转移（STTR）项目技术。法定要求。项目主任应设定在记录项目中采用小企业技术转移技术的目标，并制定满足这些目标的激励措施。对于金额等于或大于 1 亿美元的项目，项目主任应设在分包计划中进行第 III 阶段技术转移的具体目标。来源：美国法典第 15 篇第 638 节（引用文件 j）
- 终止责任估算。法定要求。仅适用于重大国防采办项目。对于潜在终止责任预计可能超过 1 亿美元的任何研制或生产合同，必须用于采办策略中。因此除标记事件外的其他节点，可能需要进行更新。估算必须包括履约期内或终止责任可能增加或减少的金额。项目主任建议进入或终止上述合同前，必须考虑上述信息（引用文件 i）

| 经济可承受性分析 | | | ● | ● | | | | | | | | 里程碑决策当局 |

管理规范。装备开发决策前，分析应得出估计费用目标和存货目标；对里程碑 A，分析应得出经济可承受性目标；对研制建议征求发布决策点，对研制批准的支持研制建议征求发布决策点的信息要求，除非发生实质性变化，否则在里程碑 B 前不需要重新提交。如发生实质性变化，应提供更新文件

注释：
① 单元格中的圆点（●）表示具体适用该要求的项目类型。
② 一行右边的对勾（ ）表示更新所有"项目类型"
③ 所有"全寿命事件"不一定都适用于（ ）表示更新所有"项目类型"
④ 需要项目主任、计划执行官和部局采办执行官批准的草案
⑤ 主管部门最终确定并推动的支持研制建议征求发布决策点的信息要求，除非发生实质性变化，否则在里程碑 B 前不需要重新提交。如发生实质性变化，应提供更新文件
⑥ 渐进式部署软件密集型项目（模型 3）没有里程碑 C，因此不需要满足表 2 中关于该里程碑的要求

本指示附件 8 第 3 节

除非本指示中另有规定，应在计划审查前不迟于 45 个日历日内提交所述事件的文件资料

（续）

信息要求	项目类型①					寿命周期事件①,②,③						来源	批准当局
	MDAP	MAIS	ACAT II	ACAT ≤III	MDD	MSA	CDD Val	Dev RFP Rel	MSB⁵	MSC	FRP/FD Dec 其他		
备选方案分析（AoA）	●	●	●	●		●						《美国法典》第40篇第11312节（引用文件（p））公法106-398第811节（引用文件（q））《美国法典》第10篇第2366a节（引用文件（g））	里程碑决策当局（成本评估与计划鉴定局长评估备选方案分析，仅适用于ID/IAM类项目）
备选方案分析指南与备选方案分析研究计划	●	●	●	●	●							本指示第5d（1）（b）段	成本评估与计划鉴定局长或同级别国防部部局
频带宽度要求审查	●	●	●	●				●				公法110-417第1047节（引用文件（f））本指示	国防部首席信息官
能力发展文件（CDD）	●	●	●	●			●					参谋长联席会议主席指示3170.01（引用文件（d））联合能力集成与开发系统手册（引用文件（r））	联合需求监督委员会、联合能力发展委员会或能力需求验证

对重大国防采办项目、重大自动化信息系统项目（包括国家安全系统（NSS）的法定要求，在里程碑A使用。对于重大自动化信息系统项目和所有自动化信息系统项目，整个里程碑C（或无里程碑B，若无里程碑C）需要法定更新。对所有其他指定国防部局负责该选方案分析的实施和批准。国防部部局组合的管理规范。对所有里程碑决策当局，对指定局长评估（DCAPE）和里程碑决策当局负责备选方案分析的不同评估和批准。本指示9第2节中详细阐述了成本评估与计划鉴定局长对于备选方案选择的开发决策节点提出

指导备选方案分析研究的管理规范。备选方案分析研究指南通知准备备选方案分析研究计划。根据备选方案分析指南，牵头的国防部部局应准备备选方案分析研究计划。

对重大国防采办项目和重大武器系统的法定要求；对所有其他项目的管理规范。频谱要求数据应列于信息保障计划（ISP）中。如豁免项目的信息保障计划（ISP），必须在装备开发决策前将备选方案分析研究指南提供给国防部部局，以便制定文件（CDD）中提供的数据，根据联合能力集成与开发系统（JCIDS）手册（引用文件（r））和参谋长联席会议主席指示6212.01F（引用文件（s））中的网络就绪关键性能参数（NR-KPP）指南，判定与频览审查的一致性

管理规范。里程碑A需要能力发展文件草案；研制建议征求书发布决策点需要经过验证的能力发展文件，并通知里程碑B。如没有变化，可以提交经过重新验证的能力发展文件以替代能力生产文件（CPD）。对于某些信息系统未讲，国防部批准当局来讲，国防部验证的同等要求应满足要求，JROC是指联合需求监督委员会；JCB是指联合能力委员会

717

(续)

信息要求	项目类型[①]				寿命周期事件[①][②][③]								来源	批准当局
	MDAP	MAIS	ACAT II	≤III	MDD	MSA	CDD Val	Dev RFP Rel	MSB[5]	MSC	FRP/ FD Dec	其他		
能力生产文件(CPD)	●	●	●	●						●			参谋长联席会议主席指示3180.01(引用文件(d))联合能力集成与开发系统手册(引用文件(r))	联合需求监督委员会,联合能力委员会或国防部部局验证

管理规范。如未发生变化,重新验证的能力的发展文件可以满足该信息要求。对于某些信息系统,国防部部局验证的同等要求文件应满足该要求;应在里程碑 B 后最终确定同等初次提交要求

注释:
① 单元格中的圆点(●)表示具体适用该要求的项目类型和全寿命周期事件,并且代表初次提交要求。一行右边的对号( )表示更新信息要求
② 所有"全寿命期事件"不一定都适用于所有"项目类型"
③ 除非本指示中另有规定,应在计划审查前不迟于 45 个月历日内提交所述事件的文件资料

④ 需要项目主任、计划执行官和部局采办执行官批准的草案
⑤ 主管部门最终确定并批准的支持研制建议征求书发布决策点的信息要求,除非发生实质性变化。如发生实质性变化,应提供更新文件
⑥ 渐进式部署部署软件密集型项目(模型 3)没有里程碑 C,因此不需要满足表 2 中关于该里程碑的要求

(续)

信息要求	项目类型①					寿命周期事件①,②,③								来源	批准当局
	MDAP	MAIS	ACAT II	≤III	MDD	MSA	CDD Val	Dev RFP Rel	MSB⁵	MSC	FRP/FD Dec	其他		
作战试验鉴定局局长关于初始作战试验鉴定的报告(IOT&E)	●		●								●		《美国法典》第10篇第2399节(引用文件(g)) 《美国法典》第1篇第139节(引用文件(g))	作战试验鉴定局局长
法定要求。仅限于作战试验鉴定局局长监督清单上的项目。作战试验鉴定局局长在网上公布作战试验鉴定(OT&E)和实弹试验鉴定监督项目清单,网址:https://extranet.dote.osd.mil/oversight/(需要使用通用访问卡登录) 在作战试验鉴定局局长向国防部部长提交作战试验鉴定报告,且国会防御委员会收到该报告前,不得做出通过低速初始生产(LRIP)或适度全面部署阶段的最终决策。如国防部决定任里程碑决策当局快速生产/全面部署决策前做出该决策,则将在国防部做出进入该决策前采购资金,根据实际情况尽快提交作战试验鉴定局局长报告														
经济分析	●	●	●	●		●	●	●	●	●	●		公法106-398第811节(引用文件(q)) 国防部指示7041.3(引用文件(y))	国防部部局
对重大自动化信息系统的法定要求。可以在里程碑A与备选方案分析结合起来。在与里程碑B或全面部署决策同等的任何审查节点也需要使用该要求														
放行标准	●	●	●	●		●	●	●	●	●	●		本指示	里程碑决策当局
管理规范。放行标准是项目可以进入该标准包含的指定采办阶段前必须实现的特定事件和成果。放行标准列于采办决策备忘录中														
频率分配应用(国防部表1494)	●	●	●	●		●		●	●	●		●	公法102-538第104节(引用文件(z)) 美国法典第47篇第305、901-904节(引用文件(aa))	国家电信和信息管理局
对在美国及其占领地区作战时使用电磁频谱的所有系统/设备的法定要求。国防部表1494《装备频率分配应用》可登录下列网址下载:http://www.dtic.mil/whs/directives/infomgt/forms/dd/ddforms1000-1499.htm。当项目主任向相关审查审批准当局提交国防部表1494时,需要满足国防部表1494的里程碑决策法定要求。通常不适用于国防业务系统(DBS)项目														

719

(续)

信息要求	项目类型①				寿命周期事件①,②,③							来　源	批准当局
	MDAP	MAIS	ACAT II	≤III	MDD	MSA	CDD Val	Dev RFP Rel	MSB⁵	MSC	FRP/ FD Dec	其他		
资金充分使用的证明备忘录	●	●				●			●	●	●		本指示附件10 第2f 段	里程碑决策当局/成本评估与计划鉴定局

管理规范。参考本指示附件10 第2f 段。必须由部局采办执行官和部局首席财务官签署

注释：
① 单元格中的圆点（●）表示具体适用该要求的项目类型和全寿命周期事件，并且代表一行右边的对号（ ）表示更新信息要求。
② 所有"全寿命周期事件"不一定都适用于所有"项目类型"
③ 除非本指示中另有规定，应在计划审查前不迟于45 个日历日内提交所述事件的文件资料

④ 需要项目主任、计划执行官和部局采办执行官批准的草案
⑤ 主管部门最终确定并批准的支持研制建议征求书发布决策点的信息要求，除非发生实质性变化，否则在里程碑 B 前不需要重新提交。如发生实质性变化，应提供更新文件
⑥ 渐进式部署软件密集型项目（模型3）没有里程碑C，因此不需要满足表2 中关于该里程碑的要求

720

(续)

信息要求	项目类型[①]				寿命周期事件[①][②][③]								来　源	批准当局
	MDAP	MAIS	ACAT II	≤III	MDD	MSA	CDD Val	Dev RFP Rel	MSB[5]	MSC	FRP/ FD Dec	其他		
独立成本估算（ICE）	●					●			●	●	●	●	《美国法典》第10篇第2434节（引用文件（g））《美国法典》第10篇第2334节（引用文件（g））	成本评估与计划鉴定局局长或国防部部局
法定要求。附件10第2详细阐述了重大国防采办项目和重大自动化信息系统项目目的说明。里程碑C要求仅在里程碑决策授权低速初始生产时适用。成本评估与计划鉴定局局长应在成本评估与计划鉴定审查后批准IC类采办项目														
独立后勤评估（ILA）	●								●	●	●		公法112–81第832节（引用文件（v））本指示附件6第5节	部局采办执行官
仅对武器系统重大国防采办项目的法定要求。对于全速生产评估，如决策在里程碑C后超过4年做出，则需要提交该评估。达到初始作战能力后，应至少每隔5年完成一次全速生产后评估														
信息保障计划（ISP）	●	●	●	●			●	●					国防部指示8330.01（引用文件（ab））国防部指示8320.02（引用文件（ac））国防部指示8410.03（引用文件（ad））	国防部部局或指定代理
法规要求。适用于所有信息技术，包括国家安全系统。研制建议征求书发布需求草案4；在里程碑B获得批准。除非豁免，应在关键设计审查节点更新。信息保障计划文件；使用与保障阶段可能需要更新信息保障计划。在https://gtg.csd.disc.mil/网站上录入数据，登录需要账户和通用访问卡														
信息技术（IT）与国家安全系统（NSS）互操作性认证	●	●	●	●					●		●		国防部指示第8330.01号（引用文件（ab））	联合互操作试验中心或国防部部局
管理规范。适用于所有信息技术，包括国家安全系统。联合互操作试验中心（JITC）根据联合、跨国和/或跨机构互操作性要求认证信息技术的互操作性。必须在部署前进行认证														
初始能力文件（ICD）	●	●	●	●	●								参谋长联席会议主席指示3170.01（引用文件（r））联合能力集成与开发决策需要使用初始能力文件	联合需求监督委员会，联合能力委员会或部局委员
管理规范。初始能力文件是确定验证能力经过验证需求的基本需求文件；做出装备开发决策需要使用初始能力文件。国防业务系统项目应使用问题说明代替														

721

(续)

信息要求	项目类型①				寿命周期事件①②③							来源	批准当局
	MDAP	MAIS	ACAT II	≤III	MDD	MSA	CDD Val	Dev RFP Rel	MSB[5]	MSC	FRP/FD Dec 其他		
初始威胁环境评估	●	●	●	●	●							国防情报局指令 5000.0200(引用文件(t)) 国防情报局指示 5000.002(引用文件(u))	由国防情报局验证

对预期重大国防采办项目和重大自动化信息系统项目的法规要求；所有其他项目可随意提交。由里程碑决策当局决定，并考虑情报机构资源。构成里程碑 A 初始威胁评估报告的基础，并被里程碑报告代替。初始系统威胁报告 A 初始系统威胁评估根据初始时期可能存在的威胁，支持装备开发决策和备选方案分析。初始威胁环境评估提供评估任务需要和能力缺口的条件，为能力开发者和项目主任提供评估任务需要和能力缺口的条件。

④需要项目主任、计划执行官和部局采办执行官批准的草案
⑤主管部门最终确定并批准的支持批准建议征求书发布决策的信息要求，除非发生实质性变化，否则在里程碑 B 前不需要重新提交。如发生实质性变化，应提供更新文件
⑥渐进式部署软件密集型项目(模型3)没有里程碑 C，因此不需要满足表 2 中关于该里程碑的要求

注释：
①单元格中的圆点(●)表示具体适用该要求的项目类型和全寿命期事件，并且代表一行右边加的对号(✓)表示更新信息要求。
②所有"全寿命期事件"所有的项目类型"
③除非本指示中另有规定，应在计划审查前不迟于 45 个日历日内提交所述事件的文件资料

722

(续)

信息要求	项目类型①					寿命周期事件①,②,③							来源	批准当局
	MDAP	MAIS	ACAT II	≤III	MDD	MSA	CDD Val	Dev RFP Rel	MSB[5]	FRP/ FD Dec	MSC	其他		
项目唯一标识实施计划	●	●	●	●		●							国防部指示 8320.04（引用文件（ae））	部局采办执行官或指定代理
管理规范。与唯一标识相关的设计考虑事项列于系统工程计划(SEP)中															
全寿命期任务数据计划	●	●	●	●		●							国防部指令 5250.01（引用文件（af））	国防部部局
管理规范。仅在系统依赖报告任务数据时提交															
全寿命期维修计划（LCSP）	●	●	●	●		●			●				指示附件 6 第 3 节	里程碑决策当局或指定代理
管理规范。研制建议征求书发布需要草案 4 更新；应在里程碑 B 获得批准。达到系统初始作战能力后，部局采办执行官应至少每隔 5 年审查一次全寿命期维修计划详请参考本指示附件 6															
实弹试验鉴定报告	●		●	●						●			《美国法典》第 10 篇第 2366 节（引用文件（g））	作战试验鉴定局局长
法定要求。仅适用于作战试验鉴定局长监督清单上的实弹试验鉴定监督项目。应在试验结束后根据实际情况尽快提交报告。请参考本附件表 6 中的相关生存能力与实弹试验状态报告															
低速初始生产（LRIP）量	●		●	●				●	●				《美国法典》第 10 篇第 2400 节（引用文件（g）） 本指示第 5d(6)(e)段	里程碑决策当局
对重大国防采办项目和 II 类采办项目的法定采办要求；对其他项目的管理规范。研制建议征求书发布确定初步生产量；应在里程碑 B 确定。最终低速生产量必须大于经过批准的试验鉴定主计划（TEMP）中指定的试验所需数量；低速初始生产量应列于作战决策备忘录中。对作战试验鉴定监督清单上的项目，低速初始生产量必须经过作战试验鉴定局长批准															
人力估算	●	●						●					《美国法典》第 10 篇第 2434 节（引用文件（g））	国防部部局，由负责人事与战备的国防部副部长办公室审查
法定要求。研制建议征求书发布需要草案 4；应在里程碑 B 获得批准。负责人事与战备的国防部副部长办公室（OUSD（P&R））应审查人力估算															

723

(续)

信息要求	项目类型①			寿命周期事件①,②,③						来　源	批准当局
	MDAP	MAIS	ACAT II	ACAT ≤III	MDD	MSA	CDD Val	Dev RFP Rel	MSB[5]	MSC	FRP/ FD Dec	其他		
作战试验局 (OTA)的作战试验鉴定结果报告	●	●	●	●							●	●	本指示	作战试验局

管理规范。如提前进行作战评估则应在全速生产/全面部署决策前提交

注释：
① 单元格中的圆点(●)表示具体适用该要求的项目类型和全寿命期事件，并且代表初次提交要求。一行右边的对号(✓)表示更新信息要求。
② 所有"全寿命期事件"不一定都适用于所有"项目类型"。
③ 除非本指示中另有规定，应在计划审查前不迟于45个日历日内提交所述事件的文件资料

④ 需要项目主任、计划执行官和部局采办执行官批准的草案
⑤ 主管部门最终确定并批准的支持研制建议征求书发布决策点的信息要求，除非发生实质性变化，否则在里程碑B前不需要重新提交。如发生实质性变化，应提供更新文件
⑥ 渐进式部署软件密集型项目(模型3)没有里程碑C，因此不需要满足表2中关于该里程碑的要求

(续)

信息要求	项目类型①					寿命周期事件①,②,③							来　源	批准当局
	MDAP	MAIS	ACAT II	ACAT ≤III	MDD	MSA	CDD Val	Dev RFP Rel	MSB[5]	MSC	FRP/FD Dec	其他		
作战试验计划（OTP）	●	●	●	●								●	《美国法典》第10篇第2399节（引用文件(g)）本指示附件5第3e段	作战试验鉴定局局长或同等地位的部局
法定要求/管理规范。所有项目都必须在作战试验鉴定开始前获得作战试验鉴定局局长监督清单上的项目，获得作战试验鉴定局局长的批准是法定要求。国防部部局长批准是对所有其他项目的管理规范														
项目环境安全与职业保健评估和国家环境政策法案/行政命令12114遵守计划表	●	●	●	●					●				美国法典第42篇第4321-4347节（引用文件(ah)）行政命令12114（引用文件(ah)）	部局采办执行官或指定代表
法定要求。项目环境安全与职业保健评估（PESHE）和国家环境政策法案（NEPA）/行政命令（E.O.）12114遵守计划表由部局采办执行官批准。相关设计考虑事项必须列于系统工程计划中；里程碑C后的相关使用或维修考虑事项必须列于软件组件的软件计划表。对于不含硬件组件的软件组件项目则不需要该计划表														
实施后审查（PIR）	●	●	●	●						●			《美国法典》第40篇第11313节（引用文件(p)）	功能发起人
法定要求。响应要求联邦机构对比实际项目结果与所建立性能目标的法律要求。实施后审查是汇总所需信息未成功评估一项能力实现程度的进程。对于武器系统来讲，要满足该项要求需要准备试验鉴定主计划和里程碑决策C批准前批准该计划；进而记录信息技术系统和国家安全系统在达到初始作战能力后所需的审查（参考本指示附件11第4节）。功能发起人审批时将需求与部局首席信息官进行协调														
专用工具的保存与保管计划	●												公法110-41第815节（引用文件(f)）	里程碑决策当局
法定要求。全寿命期保障计划的一部分。里程碑决策当局必须在里程碑C批准前批准该计划；此后在必要时进行更新。计划必须说明在最终产品使用寿命结束前，保存和保管与生产重大国防采办项目硬件项目所需专用工具使用相关的合同条款，设施和资金。详情请参考附件6第3d(3)段														

725

(续)

信息要求	项目类型[①]						寿命周期事件[①][②][③]						来源	批准当局
	MDAP	MAIS	ACAT				MDD	MSA	CDD Val	Dev RFP Rel	MSB[5]	MSC	FRP/ FD Dec 其他		
			II	≤III										
问题说明	●	●	●	●	●				●				本指示附件1 第4段	投资审查委员会主席

管理规范;仅适用于国防业务系统项目。独立国防业务系统要求文件,支持装备开发决策,支持决策事件和里程碑。问题说明记录国防业务系统要求,由投资审查委员会(IRB)主席批准。问题说明记录业务和保障分析,并随着需求的优化而不断演变。联合参谋部(JS)(J-8)将审查初始问题说明,以决定是否存在联合参谋部关注点初次提交要求。

注释:
① 单元格中的圆点(●)表示具体适用该要求的项目类型和全寿命期事件,并且代表一行右边对号(√)的要求。
② 所有"全寿命期事件"不一定都适用于所有"项目类型"表示更新信息要求。
③ 除非本指示中另有规定,应在计划审查前不迟于45个日历日内提交所述事件的文件资料

④ 需要项目主任,计划执行官和部局采办执行官批准的草案
⑤ 主管部门最终确定并批准的支持研制建议征求书发布决策点发生实质性变化,除非发生实质性变化,否则在里程碑B前不需要重要重新提交。如发生实质性变化,应根据提供更新文件
⑥ 渐进式部署软件密集型项目(模型3)没有里程碑C,因此不需要满足表2中关于该里程碑的要求

726

(续)

信息要求	项目类型[①]				寿命周期事件[①,②,③]							来源	批准当局
	MDAP	MAIS	ACAT II	≤III	MDD	MSA	CDD Val	Dev RFP Rel	MSB[5]	MSC	FRP/FD Dec	其他		
国防业务系统管理委员会(DB-SMC)项目认证		●											法定要求。仅适用于国防业务系统项目。对于当前《未来年份国防计划》中周期内总成本超过 100 万美元的国防业务系统,应在对其提供资金前进行认证	《美国法典》第 10 篇第 2222 节(引用文件(g))	国防业务系统管理委员会主席
项目保护计划(PPP)	●	●	●	●		●	●		●					国防部指示 5200.39(引用文件(ai)) 国防部指示 5200.44(引用文件(aj)) 本指示附件 3 第 13a 段	里程碑决策当局
													管理规范。研制建议征求书发布决策需要对草案[4]进行更新,并在里程碑 B 获得批准。请参考本指示附件 3 第 13 节		
替代系统维修计划	●					●							法定要求。可能需要尽早在里程碑 A 提交,但不能晚于里程碑 B。当主要国防采办项目替代现有项目,且在新系统外场应用和转移期间,仍然需要使用旧系统外场现有的能力时需要提交计划。该计划必须提供适当水平的旧系统维修预算,以及现有系统维持相关威胁任务能力的分析	《美国法典》第 10 篇第 2437 节(引用文件(g))	国防部部局
建议征求书(RFP)	●	●	●	●				●	●	●			可能需要尽早在里程碑 A 提交;建议征求书包括工作规范和说明。关于同行审查要求,请参考联邦国防部采办条例补充条例第 201.170 分部分(引用文件)	联邦采办条例第 15.203 分部分(引用文件(ak))	里程碑决策当局作为发布当局
应计成本目标	●	●	●	●		●	●	●	●	●			管理规范。必要时发布建议征求书;建议征求书包括工作规范和说明。	本指示第 5d(3)(b)1 段	里程碑决策当局
频谱耐受性风险评估	●	●	●	●		●	●	●	●	●			管理规范。"应计成本"是用主动进行项目目标成本降低和推动生产产能提高的监管工具。关于"应计成本"的附加详情,请参考本指示附件 2 第 6e 段	国防部指示 4650.01(引用文件(am))	部局首席信息官或指定代理
													管理规范。适用于在美国和其他东道国使用电磁频谱的所有系统/设备。在里程碑审查时以及请求在美国或东道国使用(用于非试验目的)前进行该评估		

注释:
①单元格中的圆点(●)表示具体适用该要求的项目类型和全寿命期事件,并且(代表初次提交要求。一行右边的对号(√)表示更新要求
②"所有"全寿命期事件"不一定都适用于所有"项目类型"
③除本指示中另有规定,应在计划审查前不迟于 45 个日历日内提交前述事件的文件资料
④需要项目主任、计划执行官和部局采办执行官部批准的草案
⑤主管部门最终确定并批准的支持研制建议征求书发布决策。如发生实质性变化,除非发生实质性变化,否则在里程碑 B 前不需要重新提交。如发生实质性变化,应提供更新文件
⑥渐进式部署软件密集型项目(模型 3)没有里程碑 C,因此不需要满足表 2 中关于该里程碑的要求

727

(续)

信息要求	项目类型[①]				寿命周期事件[①][②][③]							来　源	批准当局
	MDAP	MAIS	ACAT II	≤Ⅲ	MDD	MSA	CDD Val	Dev RFP Rel	MSB[5]	MSC	FRP/FD Dec	其他		
系统威胁评估报告（STAR）	●		●	●		●							国防情报局指令5000.0200（引用文件(t)） 国防情报局指示5000.002（引用文件(u)）	国防情报局或国防部部长
管理规范。重大国防采办项目和重大自动化信息系统项目需要独特的系统威胁评估报告。除非获得里程碑决策当局豁免，所有其他项目也需要系统威胁评估报告。ID类或IAM类采办项目需要独特的系统特定系统威胁评估报告由里程碑决策当局和作战试验鉴定局长同时豁免，作战试验鉴定局长监督单上的项目需要独特的系统特定系统威胁评估报告由国防情报局验证；对于IC或IAC类以下类别项目，系统威胁评估报告由国防部部长。														
系统工程计划（SEP）	●	●	●	●		●	●						本指示附件3第2节	负责系统工程的国防部助理部长帮办或部局领导（或指定代理）
管理规范。研制建议征求书发布决策点需要进行批准，并在里程碑B更新。信息系统项目的批准或代理领导或代理应批准所有其他项目的系统工程计划														
技术成熟度评估（TRA）	●							●	●				公法111-23第205节（引用文件(an)）	负责研究与工程的国防部助理部长
研制建议征求书发布决策点需要进行初步评估。负责研究与工程的国防部助理部长（ASD(R&E)）应对项目主任进行单独审查和评估，以决定项目使用的技术已经在相关环境中完成演示验证。评估应报知里程碑B的2366b认证备忘录《美国法典》第10篇第2366b节（引用文件(g)）。里程碑C的技术准备情况审查是在里程碑C作为项目启动节点时的管理规范														
技术目标选择风险评估	●	●	●	●						●			本指示 国防情报局指令5000.0200（引用文件(t)） 国防情报局指示5000.002（引用文件(u)）	由国防部情报局或国防部部长验证
管理规范。由国防部部局情报分析中心根据国防指示5200.39（引用文件(ai)）准备。构成相关项目保护计划中的反情报评估分析基础。国防情报局应验证ID和IAM类采办项目的报告；对于IC、IAC及以下类别采办项目，国防部部局应作为验证当局														

注释：
① 单元格中的圆点（●）表示具体适用该寿命周期事件类型和寿命周期事件，并且代表初次提交要求。一行右边的对号（）表示更新信息要求。
② 所有"全寿命周期事件"不一定都适用于所有"项目类型"。
③ 除非本指示中另有规定，应在计划审查计划中不迟于45个历日历日内提交对该事件的文件资料。
④ 需要项目主任，计划执行官和部局采办执行管批准的草案。
⑤ 主管部门最终确定并准批准的支持研制建议征求书发布决策点的信息要求，除非发生实质性变化，否则在里程碑B前不需要重新提交。如发生实质性变化，应提供更新文件。
⑥ 渐进武部署软件密集型项目（模型3）没有里程碑C，因此不需要满足表2中关于该里程碑的要求。

（续）

信息要求	项目类型[①]				寿命周期事件[①][②][③]							来　源	批准当局
	MDAP	MAIS	ACAT II	≤Ⅲ	MDD	MSA	CDD Val	Dev RFP Rel	MSB[5]	MSC	FRP/ FD Dec		
试验鉴定主计划（TEMP）	●	●	●	●		●						本指示附件 4 和 5	参考下行中的注释

管理规范。研制建议征求书发布决策对草案[4]进行更新；在里程碑 B 获得批准。作战试验鉴定局长批准作成试验鉴定主计划（《美国法典》第 10 篇第 2399 节（引用文件（g））的试验鉴定主计划。负责研制试验鉴定的国防部副部长（DASD（DT&E））也应批准重大国防部采办项目、重大自动化信息系统以及负责采办、技术与后勤的国防部副部长（USD（AT&L））指定的特别关注项目（《美国法典》第 10 篇第 139b 节，引用文件（g））的试验鉴定主计划；国防部同等部局应批准其他项目的试验鉴定主计划。作战试验鉴定局长应批准该试验鉴定主计划大纲指南可登录 http://www.dote.osd.mil/temp-guidebook/index.html 查阅

| 波形评估申请 | ● | ● | ● | ● | | ● | | | ● | | | 国防部指示 4630.09（引用文件（ap）） | 国防部首席信息官 |

管理规范。向国防部首席信息官提交开发或修改波形的申请。如波形在里程碑 B 后增加或修改，则需要在里程碑 C 申请

注释：
①　单元格中的圆点（●）表示具体适用要求的项目类型和全寿命期事件，并且代表一行右边的对号（）表示更新信息要求
②　所有"全寿命期事件"不一定都适用于所有"项目类型"
③　除从本指示中另有规定，应在计划审查前不迟于 45 个日历日内提交所述事件的文件资料
④　需要项目主任、计划执行官和部局采办执行官批准的草案
⑤　主管部门最终确定并批准的支持研制建议征求书发布决策点的信息要求，除非发生实质性变化。如发生实质性变化，应提供更新文件
⑥　渐进式部署软件密集型项目（模型 3）没有里程碑 C，因此不需要满足表 2 中关于该里程碑的要求

4. 采办项目基线与基线突破

(1) 采办项目基线应描述获得批准的项目。采办项目基线代表国防部部局或采办指挥线向里程碑决策当局做出的正式承诺。如与获得批准的采办项目基线有偏离,应立即报告里程碑决策当局。偏离是指定的进度和成本违约门限值:① 目标进度值超出 6 个月。② 目标成本值超出 10%。

(2) 本附件表 3 列出了采办项目基线政策,描述了原始基线、现行基线、基线偏离和子项目。

(3) 本附件表 4 给出了关于采办项目基线突破和改变的定义。①重大国防采办项目关于重要和关键单位成本违约的定义依据是《美国法典》第 10 篇第 2433 节(引用文件(g))中规定的单位成本增长。②重大自动化信息系统项目关于重要和关键变化的定义依据是《美国法典》第 10 篇第 2445c 节(引用文件(g))中规定的项目进度、成本或预期性能。第 2445 节关键变化定义也适用于指定为重大自动化信息系统的前期项目,以及在正式采办决策前且预计超过表 1 所列重大自动化信息系统项目门限值的任何其他自动化信息系统(参考《美国法典》第 10 篇第 2445a 节)。③对于国防业务系统的附加标准,判断其是否发生了关键变化,要在公法 109-364 第 811(引用文件(k))规定的限制范围内,基于初始作战能力的实现情况进行判断。

(4) 与基线突破和变化相关的报告要求详见本附件表 6。

表 3 采办项目基线

初始基线说明、初始采办项目基线或初始估算	**适用于所有项目**
	• 里程碑决策当局在项目进入工程与制造开发前或项目启动时(选二者中较晚的一个)批准首份采办项目基线
	• 在修订采办项目基线获得批准前,作为现行基线说明
	• 列入《能力发展文件》或《能力生产文件》(如项目在里程碑 C 启动)中的关键性能参数(KPP)
	适用于重大国防采办项目:
	• 根据《美国法典》第 10 篇第 2433 节(引用文件(g))规定,仅当违约超过项目关键成本增长限额时,可按照《美国法典》第 10 篇第 2435 节(引用文件(g))规定修改成本/单位成本估算阐述
	适用于重大自动化信息系统项目:
	• 初始估算是在重大自动化信息系统年度报告(MAR)中提交给国会的初始进度、性能和成本基线,只能在向国会提交关键变化报告后,按照《美国法典》第 10 篇第 2445c 节(引用文件(g))规定修改
	  • 初始估算是根据目标进度和成本价值,以及里程碑决策当局批准的首份采办项目基线中规定的性能门限值进行的
	  • 法律术语"研制成本"应被视为同"采办成本总额"

现行基线说明或现行采办项目基线	• 仅在下列情况下可以修改:
	  • 里程碑和全速生产与全面部署决策时;
	  • 在里程碑决策当局批准且提供充足资金的情况下,项目发生重大调整时;
	  • 项目发生偏离(突破限额)时;
	  • 里程碑决策当局认定实际发生的项目变化非常重大,无法按照现有基线进行管理时
	• 基线获准变更的情况应该受到限制;如果涉及成本、进度或性能参数时,对现行基线估算/采办项目基线的修改不能自行获得批准

(续)

现行基线说明或现行采办项目基线	• 除非项目参数发生重大变更,否则不得批准对现行采办项目基线的修改 • 若仅是为了避免一次需要报告的门限值突破,不得批准对现行采办项目基线的修改 • 里程碑决策当局决定是否修改采办项目基线

偏离	• 项目主任意识到任意参数(成本、进度、性能等)即将发生偏离时,项目主任应立即通知里程碑决策当局
	• 发生偏离30个工作日内,项目主任应提交一份项目偏离报告,告知里程碑决策当局发生偏离的原因和计划采取的措施
	• 发生偏离90个工作日期内:
	  • 项目主任应使项目恢复到采办项目基线参数范围内
	  • 项目主任应向顶层一体化产品小组(OIPT)提交信息,向里程碑决策当局提出是否应该批准采办项目基线修改的建议
	  • 里程碑决策当局应在考虑顶层一体化产品小组或同等级别部局审查建议后,决定是否应该批准采办项目基线修改

子项目(《美国法典》第10篇第2430a节(引用文件(g))	当重大国防采办项目需要交付在外形和功能上有重大差别的两个或以上类别的最终产品时,或者分两次或多次增量或批次交付人造卫星时,可以为制定基线和报告建立子项目。一旦指定了一个子项目,项目的所有其余组成部分(增量或组件)也应相应组成一个或多个其他子项目

表4 法定项目限额突破与变更定义

纳恩-麦克科迪单位成本限额的重要突破(《美国法典》第10篇第2433节和2433a节(引用文件(g)) 仅适用于重大国防采办项目	• 参照现行采办项目基线,成本增长门限值的定义是成本增长超过现行基线估算中现行项目的项目采办单位成本(PAUC)或平均采购单位成本(APUC)的15%以上 • 参照初始采办项目基线,成本增长门限值的定义是成本增长超过初始基线估算中初始项目的项目采办单位成本或平均采购单位成本30%以上 • 仅限于修订现行采办项目基线
纳恩-麦克科迪单位成本限额的关键突破(《美国法典》第10篇第2433节(引用文件(g))) 仅适用于重大国防采办项目	• 参照现行采办项目基线,成本增长限额的定义是成本增长超过现行基线估算/采办项目基线中项目或子项目的项目采办单位成本或平均采购单位成本25%以上 • 参照初始采办项目基线,成本增长限额的定义是成本增长超过项目或子项目初始基线估算/采办项目基线中项目或子项目的项目采办单位成本或平均采购单位成本50%以上 • 如项目或子项目是认证而不是终止,则必须撤销最近的重要里程碑,并在认证后需要设定一个新的里程碑。项目应修改初始基线估算/采办项目基线,以反映出里程碑决策当局的认证和批准
重要变化(Significant Change) (《美国法典》第10篇第2445c节(引用文件(g))) 仅适用于重大自动化信息系统项目	参照初始估算(参考本附件表3中的定义): • 导致超出6个月但小于1年延期的进度变化 • 估算的项目研制成本或全寿命成本增加至少15%但低于25% • 采购的重大自动化信息系统与预期相比产生了重大的、负面的变化

(续)

关键变化(Critical Change) (《美国法典》第10篇第2445c节(引用文件(g))) 仅适用于重大自动化信息系统项目和其他重大信息技术投资项目	参照初始估算(参考本附件表3中的定义): • 项目里程碑A决策后,或者若无里程碑A,则为选定项目首选备选方案后(不包括项目活动因投标抗议发生延误的时间),系统在五年内实现不了全面部署决策; • 进度变化将导致1年或更长时间延期 • 项目的估算研制成本或全寿命成本已经增加了25%或更多 • 一个预期性能变化将导致系统无法执行预期功能(即可能无法满足关键性能参数门限值) • 如重大自动化信息系统项目已经确定了基线,年度报告描述了里程碑C事件,且未实施里程碑C,则应发生关键变更
认证项目的成本增加或进度延期通知 (《美国法典》第10篇第2366a和2366b节(引用文件(g))) 仅适用于重大国防采办项目	• 第2366a节:在里程碑B批准前的任何时间,如成本估算超过在认证时所提交项目成本估算至少25%,或项目主任决定交付初始作战能力所需时间可能超过按照《美国法典》第10篇第181节(引用文件(g))第(b)(5)段制定的进度目标25%以上,上述项目的项目主任应通知里程碑决策当局 • 第2366b节:已经收到里程碑B认证的重大国防项目主任在项目或该项目的指定重要子项目发生任何变化,将改变里程碑决策认证的主要依据时,应立即通知里程碑决策当局
适用于所有国防业务系统的附加重要调整 (公法109-364第811节(引用文件(k)))	• 已经收到里程碑A批准且在里程碑决策后5年内未实现初始作战能力的任何国防业务系统(不论属于哪个采办项目类别)应进行重要变更,并应按照《美国法典》第10篇第2445c节(引用文件(g))规定,以及本附件表6中的"国防委员会对重大自动化信息系统关键变更的评估和确认"一行,进行评估和报告 注释:如条件允许,属于重大自动化信息系统项目或其他重大信息技术投资项目的国防业务系统仍应遵守上述重大和/或关键变更行

5. 报告要求

(1) 本附件表5到表8总结了法定的和管理过程中的报告要求,并规定了需要进行报告的时间。

① 表5列出了需要多次提交报告的要求。
② 表6列出了例外情况、豁免和替代管理与报告要求。
③ 表7列出了成本与软件数据报告(CSDR)系统要求。
④ 表8列出了收益值管理(EVM)报告要求。

(2) 在本附件表5和表6中,每行列出了一条信息要求和要求来源。单元格中的圆点(•)表示该列中该项目类型要求的适用性。

(1) 表 5 总结了法定的和管理过程中的报告要求，并规定了需要进行报告的时间。

表 5 需要多次提交的项目报告

信息要求	项目类型 1			需要提交报告的时间	依 据	报 告 规 程
	MDAP	MAIS	ACAT			
			II	≤III			

信息要求	MDAP	MAIS	II	≤III	需要提交报告的时间	依 据	报 告 规 程
国防采办执行概要 (DAES)	●		●		• 对于重大国防采办项目，在首次提交采办报告选（SAR）后，每季度提交一次 • 对于重大自动化信息系统，项目确定基线后每季度提交一次 • 按照《美国法典》第 10 篇第 2433 节（引用文件（g））规定，在生产阶段交付 75% 或以上（或 75%，如仅为研究、开始、试验鉴定）的现行项目只需要提交一份包含单位成本报告的国防采办执行概要 • 对于重大国防采办项目，在提交最终采办执行概要后（交付 90% 的产品或花费了 90% 的资金），停止提交国防采办执行概要报告 • 对于重大自动化信息系统，宣布全面部署和提交最终部署采办执行概要后，停止提交国防采办执行概要	本指示	项目主任
					管理规范。阐述可能影响项目成本、进度或性能的项目的问题。国防采办执行概要为国防部提供满足重大国防采办项目单位成本报告要求（参考本指示第 64 页）的机制。提交项目目标备忘录或预算意见后，项目应开始输入基本项目信息，成本估算到国防部自动化管理信息检索系统的自动化国防采办执行概要模块中			
提交给国会的重大自动化信息系统年度报告 (MAR)		●			• 对于总统在预算中提出资金请求的每个重大自动化信息系统项目和每个其他重大信息技术投资项目，应每年提交一次 • 该报告要求适用于有基线和无基线的重大自动化信息系统 • 任总统预算提交给国会后 45 个工作日 • 宣布全面部署和提交最终重大自动化信息系统年度报告后，停止提交	《美国法典》第 10 篇第 2445b 节（引用文件（g））	项目主任提交给高级官员（部局采办执行官、负责采办、技术与后勤的国防部副部长） 负责采办、技术与后勤的国防部副部长提交给国会
					法定要求。重大自动化信息系统年度报告是《美国法典》第 10 篇第 2445c 节（引用文件（g））规定的季度报告和项目变更报告的依据。使用渐进式开发模型（即模型 3）的信息技术项目，要对每个项目增量进行识别，并对提交的能力增量，如果部署仅为约 50% 的能力增量，就不要视为显著/基线突破事件			

733

(续)

信息要求	项目类型 1			需要提交报告的时间	依据	报告规程
	MDAP	MAIS ACAT II	≤III			
重大自动化信息系统季度报告(MQR)		●		• 首次提交有基线重大自动化信息系统年度报告后日在里程碑决策当局批推首选备选方案后 5 年内,每季度提交一次 • 宣布全面部署并提交最终重大自动化信息系统季度报告,停止提交重大自动化信息系统季度报告	《美国法典》第 10 篇第 2445c 节(引用文件(g))	项目主任提交给高级官员(部局采办执行官,负责采办、技术与后勤的国防部副部长),负责采办、技术与后勤的国防部副部长提交给国会
法定要求。本报告应识别出与初始估算(初始估算说明请参考表 3)相比产生的所有变化。通过电子化的国防采办执行概要提交程序进行报告						
采办报告选 (SAR)	●			• 项目启动时(通常为里程碑 B,一些舰船项目除外)或重大里程碑决定时 • 所有项目每年一次(截止到 12 月),发生下列例外情况时,每季度提交一次(截止到 3 月、6 月和 9 月):(1)自上一个采办报告选起,进度超出现行基线标准增加 15%或者以上;或者比初始采办项目基线目标增加 30%或以上 • 单位成本比现行采办项目基线目标增加 30%或以上 • 在重要里程碑决策(即里程碑 B 和 C(适用于一些舰船项目))后,由采办或者项目选对采办项目基线进行更新 • 采办或者于项目支付 90%的产品或单位成本限额突破的相关信息	《美国法典》第 10 篇第 2432 节(引用文件(g)) 《美国法典》第 10 篇第 2433 节(引用文件(g))	项目主任提交给部局采办执行官,负责采办、技术与后勤的国防部副部长 负责采办、技术与后勤的国防部副部长提交给国会
法定要求。对于特定项目,要向国会说明项目成本总额、进度和性能状况;说明项目单位成本限额突破的相关信息						
单位成本报告(UCR)	●			• 首次提交采办执行概要提交流程进行报告。项目主任每季度向负责采办、技术与后勤的国防部副部长提交报告,共提交 3 个季度的报告,另外一个季度提交年度采办报告选。负责采办、技术与后勤的国防部副部长每年向国会提交一次采办报告(包括在采办报告选中) • 提交最终成本报告(已支付 90%的产品,或已花费 90%的资金,停止提交单位成本报告	《美国法典》第 10 篇第 2433 节(引用文件(g))	项目主任,部局采办执行官,负责采办、技术与后勤的国防部副部长(参考本行注释)
法定要求。通过国防采办执行概要提交流程进行报告。负责采办、技术与后勤的国防部副部长每年度采办报告选。						

注释:单元格中的圆点(●)表示适用该项要求的项目类型

(2)表 6 总结了适用于例外情况、豁免和替代管理和报告的法定和管理规范。表格说明了需要进行报告的条件和时间点。

734

表 6 例外情况、豁免和替代管理与报告要求

豁免或例外情况信息要求	项目类型			需要提交的内容	依据	报告程序
	MDAP	MAIS ACAT II	≤III			
替代实弹试验鉴定计划	●		●	国防部副局批准的最终计划草案应在研制建议征求书发布决策前 45 个日历日（包括节假日）提交。该最终计划需要在里程碑 B 或者项目启动后尽快提交	《美国法典》第 10 篇第 2366 节（引用文件(g)）	项目主任提交给作战试验鉴定局长
	●	●		法定要求。仅限于作战试验鉴定监督清单上、豁免或请求免除全范围系统级别试验的项目		
豁免竞争样机的国会通告	●			里程碑决策当局批准后 30 个日历日（包括节假日）内，提交通告	P. L. 公法 111-23 第 203 节（引用文件(an)）	项目主任提交给部长、采办执行官、作战试验鉴定局局长、国会
				法定要求。如出现下列情况，里程碑决策当局可以免除竞争样机要求： (1) 生产竞争样机的成本超出了生产了样机的预期全寿命利益（以定值美元计）； (2) 如不豁免，国防部将无法满足关键国家安全目标。 如果免除竞争样机： (1) 如属于下列情况，里程碑决策当局必须要求在里程碑 B 批准前生产样机： ①生产样机的预期全寿命利益（定值美元）超出成本 ②样机生产与系统样机决策当局关键决策目标一致 (2) 里程碑决策当局必须批准，项目应生产关键子系统样机 (3) 如系统样机研究不可行，项目应在批准豁免不迟于 30 个日历日（包括节假日），以书面形式通知国会国防委员会。通知必须包括豁免的依据和生产样机的计划（如有） (4) 如豁免依据为过度成本，里程碑决策当局在提交豁免通知和豁免提交报据至国会的同时，还必须将其提交给美国联邦主计长	包括通过竞争样机可以实现的性能提高和技术与设计成熟度增加所带来的利益	
在试验鉴定主计划未获批准情况下开展研制试验鉴定的国会通告	●			在试验鉴定主计划未获批准情况下，相关领导机构在做出开展研制试验鉴定决策后的 30 天内，提交通告	公法 112-239 第 904 节（引用文件(1)）	项目采办、技术与后勤负责的国防部副部长。通告必须提交一份通知副本
				法定要求。项目主任应起草通告并提交给负责采办、技术与后勤的国防部副部长。通告必须包括决策依据的书面解释以及表得计划批准的时间节点。同时向试验作战与鉴定局局长提供一份通知副本		

注释：单元格中的圆点（●）表示适用该要求的项目类型

735

(续)

豁免或例外情况信息要求	项目类型 MDAP	项目类型 MAIS	ACAT II	ACAT ≤III	需要提交时间	依据	报告程序
核心后勤商品项目例外情况的国会通告	●		●	●	确定系统或设备为商品项目后 法定要求。商品项目例外情况必须包括确定该情况的理由	《美国法典》第10篇第2464节（引用文件(g)）	国防采办执行官提交给国会
关键成本限额突破的国会通告	●				法定要求。项目偏离报告提交45个日历日（包括节假日）内	《美国法典》第10篇第2433节（引用文件(g)）《美国法典》第10篇第2433a节（引用文件(g)）	军种部长提交给国会
取消重大自动化信息系统规模明显缩减的国会通告		●			里程碑决策当局作出取消里程碑C后阶段的重大自动化信息系统项目，要向国会通告关于里程碑决策当局缩减规模的决策情况 法定要求。对于已经部署的或批准豁免后不迟于30个日历日（包括节假日）	公法109—163第806节（引用文件(aq)）	负责采办、技术与后勤的国防部副部长提交给国会
里程碑决策当局豁免里程碑B前初步设计审查（PDR）的国会通告	●	●	●	●	批准豁免后不迟于30个日历日（包括节假日） 法定要求。如果里程碑决策当局认为开展里程碑B前的初步设计审查将导致国防部无法实现关键国家安全目标，里程碑决策当局可以豁免《美国法典》第10篇第2366b节（引用文件(g)）第10篇第2366b节满足《美国法典》第10篇第2366b节认证要求，直到里程碑B认证要求所有认证要求。如在批准豁免后30个日历日（包括节假日）内，以书面形式向国会国防委员会据实豁免提交豁免决定和决定理由（1）应在批准豁免后30个日历日（包括节假日）内，以书面形式向国会国防委员会据实豁免提交豁免决定和决定理由（2）里程碑决策当局应至少每年审查一次项目，以确定项目满足第2366b节要求的程度，直到里程碑B认证要求所有认证要求（3）国防部长提交给国会总统的关于获得2366b认证豁免给总统系统的关于获得2366b认证豁免给总统的年度报告，都应说明确定该项目尚未完全满足里程碑B认证要求的资料或性能报告，都应说明确定该项目尚未完全满足里程碑B认证要求的资料或性能报告，都应说明确定该项目选或其他预算资料或性能报告，都应说明确定该项目已经满足所有相关认证要求	《美国法典》第10篇第2366b节（引用文件(g)）	里程碑主任提交给里程碑决策当局，再提交给国会

注释：单元格中的圆点（●）表示适用该要求的项目类型

736

(续)

豁免或例外情况信息要求	项目类型 MDAP	项目类型 MAIS	ACAT II	ACAT ≤III	需要提交的时间	依 据	报告程序
明确重大国防采办项目子项目的国会通告	●				子项目采办项目基线获得批准前不少于30个日历日（包括节假日）法定要求。汇报国防采办执行官的下列决定：①重大国防采办项目最终产品的不同类别；②人造卫星项目批准单独采办报告的交付增量或者次，并明确重大子项目。本附件表3 阐述了关于子子项目的附加政策	《美国法典》第10篇第2430a节（引用文件（g））	国防采办执行官提交给国会
里程碑A认证后项目偏离的国会通告	●				项目偏离报告30个日历日（包括节假日）内 报告应阐述增长原因，其余制定阶段的适当采办性能测量措施，以及终止研制或撤销里程碑A 批准的书面认证计划	《美国法典》第10篇第2366a节（引用文件（g））	里程碑决策当局提交给国会
放弃稀缺生产工具保留与存储的国会通告					法定要求。里程碑C前或产品寿命周期结束前的任何时间（如部长为了国防部的最大利益做出的书面放弃决定放弃）	公法110－417 第815节（引用文件（f））	国防采办执行官提交给国会
重要成本门限值突破的国会通告	●				法定要求。项目偏离报告45个日历日（包括节假日）内 依据是部长为了国防部的最大利益做出的决策	《美国法典》第10篇第2433节（引用文件（g））	军种部长提交给国会
成本类型研制合同决策				●	根据里程碑决策当局选定研制合同的拟批准情况，在研制建议征求书发布决策点时做出决策	公法109－364 第818节（引用文件（k））	里程碑决策当局书面决定
					法定要求。里程碑决策当局仅在根据下列书面决定时方可批准研制项目使用项目成本类型合同：(1)项目复杂且具有技术挑战性，无法将项目风险降低到允许使用固定价格合同的程度；(2)项目的复杂性和技术挑战并非是因为不满足《美国法典》第10篇第2366a节（引用文件（g））而导致的。里程碑决策当局的书面决定应包括项目风险等级的说明，如里程碑决策当局确定项目风险较高，书面决定还应包括已经采取的降低项目风险的措施，以及在项目风险高的情况下通过里程碑B审查的原因；能够给予项目风险高固定价格合同是否满足法定要求，里程碑决策当局应考虑下列方面：能力需求的稳定性和意向报价人的经验水平；以反工业承受潜在超出法定成本所需技术的成熟度		

注释：单元格中的圆点（●）表示适用该要求的项目类型

737

(续)

豁免或例外情况信息要求	项目类型 MDAP	项目类型 MAIS	项目类型 ACAT II	项目类型 ACAT ≤III	需要提交的时间	依 据	报 告 程 序
成本类型生产合同认证	●				适用于重大国防采办项目生产合同 在2014年10月1日或之后进入该节点的合同 负责采办、技术与后勤的国防部副部长已经批准的重大国防采办项目生产使用成本类型合同 法定要求。负责采办、技术与后勤的国防部副部长只能批准下列例外情况:(1)如为特殊成本类型合同;(2)如负责采办、技术与后勤的国防部副部长向国防部国防委员会提供书面证明,说明使用成本类型合同能够提供所需能力;(3)负责采办、技术与后勤的国防部副部长能够及时地、经济地提供所需能力;(3)负责采办、技术与后勤的国防部副部长采取积极措施,确保成本类型定价的使用仅限于合同中为实现例外情况需要使用成本类型定价的项目或部分;以及(4)第(2)条规定的书面证明附有第(3)条规定的情况说明	公法112-239 第811节(引用文件(1))	负责采办、技术与后勤的国防部副部长向国防部国会给国会
研制试验鉴定例外情况报告	●				情况①里程碑决策当局批准实施试验鉴定试验鉴定主计划,但其中包含了未获得负责研制试验鉴定的助理部长帮办组织评估的助理部长帮办组织评估后开始进入负责采办、技术与后勤的国防部副部长批准的研制试验鉴定的助理部长帮办制试验鉴定的研制试验计划 情况②重大国防采办项目在负责研制试验鉴定的助理部长帮办制试验鉴定的助理部长帮办,但该项目尚未做好作战试验的相关准备 法定要求: 情况①里程碑决策当局批准研制试验鉴定计划中裁决认定不充分的具体方面说明;项目忽略负责研制试验鉴定的助理部长帮办建议的原因解释;以及解决负责研制试验鉴定的助理部长帮办关注问题所采取的措施的说明 情况②需要提交的报告包括负责研制试验鉴定的助理部长帮办制试验鉴定的助理部长帮办制试验鉴定必须解决问题后仍继续进入初始作战试验鉴定的原因解释,为使项目进入初始作战试验鉴定必须删除的试验主计划内容的说明;项目如何解决作战试验评估中所发现的问题的问题方面说明;以及初始作战试验鉴定是否发现项目有重大不足的说明,在每个财政年度结束后不迟于60日内,向国会国防委员会提交一次	公法112-239 第904节(引用文件(1))	项目主任提交给负责采办、技术与后勤国防部副部长,再提交给国会
主要系统集成商例外情况认证	●	●	●		如里程碑决策当局批准例外情况的	《美国法典》第10篇第2410p节(引用文件(g))	国防采办执行官提交给国会
					法定要求。满足适用于主要系统集成商例外情况的法定限制(详细请参考本指示第5d(9)(g)1段)		
实弹试验鉴定豁免全面(FULL-UP)、系统级试验	●	●	●		里程碑B或项目启动后马上实行	《美国法典》第10篇第2366节(引用文件(g))	国防采办执行官提交给国会
					法定要求。仅适用于提出豁免要求的		

注释:单元格中的圆点(●)表示适用于该项目类型

(续)

豁免或例外情况主要要求	项目类型 MDAP	项目类型 MAIS	ACAT II	ACAT ≤III	需要提交的时间	依据	报告程序
重大自动化信息系统关键变更报告与证明		●			说明高级官员导致关键变更的重大自动化信息系统季度报告后不迟于60个日历日（包括节假日）。法定要求。当高级官员不属于国防部长办公厅时，高级官员应签署关键变更报告并提交给相关国防部长办公厅官员，由其转交给国会。将签署的关键变更报告交给相关国防部长办公厅官员后不少于5个工作日结束60天期限后转交给国会国防委员会	《美国法典》第10篇第2445c节（引用文件(g)）	高级官员通过国防部长办公厅向国会报告
重大自动化信息系统重要变更通知		●			说明高级官员导致重要变更的重大自动化信息系统季度报告后不迟于45个日历日（包括节假日）	《美国法典》第10篇第2445c节（引用文件(g)）	高级官员提交给国会
国防部与国家情报总监(DNI)联合专项目的管理	●	●	●	●	法定要求。发送通知给国会前，必须与负责采办、技术与后勤的国防部副部长、副首席管理官或国防部首席信息官或国家情报总监协调	协议备忘录，引用文件(ar)	无
	●	●	●	●	应按照情报机构政策指南801.1（引用文件(as)）和国家情报主任与国防部长签订的协议备忘录(MoA)（引用文件(ar)），实施国防部与国家情报对国家情报项目提供大部分资金采办项目的联合监督		
纳恩-麦克迪认证与评估	●				当军种部长报告称成本增加达到或超过成本增加的门限值时	《美国法典》第10篇第2433a节（引用文件(g)）	负责采办、技术与后勤的国防部副部长
					法定要求。项目或子项目出现关键成本增加时需要采取矫正措施		
项目偏离报告	●	●	●	●	管理规范： • 发生偏离30个工作日内 • 意识到即将出现偏离时应立即向里程碑决策当局发出首份通知	本附件第4a段	项目主任提交给里程碑决策当局
生存能力与实弹试验状态报告	●		●		在里程碑C批准前，做出进入作战使用阶段或向获批系统提供采购资金决策时马上开始实行	《美国法典》第10篇第2366节（引用文件(g)）	作战试验鉴定局长提交给国会
					法定要求。仅适用于作战试验与鉴定与实弹试验局长实弹试验鉴定监督项目，包括响应作战需求的项目。项目还需要提交实弹试验鉴定报告（参考本附件第54页上的实弹试验鉴定报告一行）		

注释：单元格中的圆点（●）表示适用该要求的项目类型

739

（3）表 7 总结了成本与软件数据报告要求，并规定了需要提交报告的时间。

表 7　成本与软件数据报告系统要求

要求的报告	需要提交报告的情况	来　　源
承包商的成本数据报告（CCDR）	• I 类和 IA 类项目，以及在里程碑 A 之后应列为重大国防采办项目和重大自动化信息系统项目的所有任意类型主合同①和分包合同，其合同价值超过 5000 万美元②（当年美元值）时需要该报告。除非成本评估与计划鉴定局局长豁免了该报告要求，否则即使项目被降级到 I 或 IA 类以下，仍需提交报告 • 合同价值不足 2000 万美元（当年美元值）的合同不作要求 • 合同价值介于 2000 到 5000 万美元的高风险或高技术合同，由国防部项目主任和/或成本评估副局长（DDCA）决定是否要求提交该报告 • 由军种部管理的 I 类项目主要部分（即政府装备设备），II 类或 III 类项目，以及合同价值超过 5000 万美元，或者被项目主任和/或成本估算副局长认定为合同价值介于 2000 万到 5000 万美元之间的高风险或高技术项目时，需要提交该报告 • 经国防部项目主任要求，并获得成本估算副局长豁免报告批准后，下列情况不要求提交报告：在保持竞争的条件下采购商用系统，或通过竞争以不变固定价格合同采购非商用系统	国防部手册 5000.04-M-1（引用文件(at)）本指示
软件资源数据报告（SRDR）	• I 类、IA 类项目以及在里程碑决策点 A 之后应列为重大国防采办项目和重大自动化信息项目中的任意类型的软件研制/生产主合同①和转包合同，预计软件价值超过 2000 万美元（当年美元值）时，要求提交报告 • 合同价值低于 2000 万美元的高风险或高技术合同，由国防部项目主任和/或成本评估副局长决定是否要求提交该报告	国防部手册 5000.04-M-1 本指示
承包商的商业数据报告	• 负责履行合同，并被要求提交成本与软件数据报告的所有合同商业实体（例如工厂、现场或业务部门）需要提交该报告	国防部手册 5000.04-M-1
承包商的维修报告	• 任意类型的所有主合同①和分包合同，在合同价值超过 5000 万美元②（当年美元值）时需要该报告	公法 112-81 第 832 节（引用文件(v)）国防部手册

注释：
① 对于成本与软件数据报告，"合同"（或"转包合同"）一词可指整个独立合同、单个特定的任务/交付订单、一系列任务/交付订单、合同中的单个合同分列项目号或一系列合同分列项目号。其目的是获取签订合同时评估成本所需数据，不论采用何种合同工具。支撑重大国防采办项目和重大自动化信息系统项目（或满足上述门限值的 II 和 III 类采办项目）采办所采购的最终产品、软件或服务的所有合同，必须包括报告成本与软件数据报告数据所需的数据项说明（DID）和合同数据要求清单
② 对于成本与软件数据报告，合同价值应代表合同完成时的估算价格（即初始合同授予加上所有预期授权的合同变更），并且要考虑到所有可能假设的合同选项
③ 成本与软件数据报告将在附件 10 第 4 节中进行详细说明

（4）表8总结了收益值要求。附件2第6段对收益值相关内容进行了概述。

表8 收益值要求

要 求	需要提交的时间①	来 源
5000万美元③以上的成本/激励合同②		
遵循ANSI/EIA-748④标准中的收益值管理系统指南	合同授予时,合同履行期间	白宫行政管理与预算局通告(OMB)A-11第7部分(引用文件(c)) 本指示
收益值管理系统要由主管的合同签订官正式确认并接受	合同授予时,合同履行期间	
综合项目管理报告(IPMR)(DI-MGMT-81861⑤)	每月报告	
综合基线审查	合同授予、作出选择以及重大修订后180个日历日内	
2000万③-5000万美元③的成本/激励合同②		
遵循ANSI/EIA-748④标准内的收益值管理系统指南(不要求进行正式的收益值管理系统验证)	合同授予时,合同履行期间	白宫行政管理与预算局通告A-11第7部分 本指示
综合项目管理报告(DI-MGMT-81861⑤)（选择合适的推荐格式）	每月提交	
综合基线审查	合同授予、作出选择以及重大修订后180个日历日内	
2000万美元以下③的成本/激励合同②	由项目主任依据成本效益分析做出决定	白宫行政管理与预算局通告A-11第7部分 本指示
综合项目管理报告(IPMR),格式6(DI-MGMT-81861⑤)	由项目主任依据政府要求做出决定	
不考虑美元价值变化的固定价格合同②	有限使用——应由里程碑决策当局依据业务案例分析做出批准	白宫行政管理与预算局通告A-11第7部分 本指示
综合项目管理报告,格式6(DI-MGMT-81861⑤)	项目主任依据政府要求做出决定	

注释:
① 除非部局采办执行官依据附件2第6c段作出豁免,否则都需进行收益值管理,如上表所列
② "合同"包括一般合同、转包合同、政府内部劳务协议以及其他协议。对于不确定交付/不确定数量合同,应按照本表要求对单个任务订单或一组相关任务订单实行收益值管理。"激励"包含固定价格激励。工作内容可测量、目标实现情况可鉴定的固定价格研制与集成合同,需要实行收益值管理。如工作内容与目标实现情况难以测量与鉴定,项目办公室应按照特定程序,获得《联邦采办条例国防部补充条例》规定的豁免条件
③ 应用限额按当年美元值计算
④ ANSI/EIA-748是指美国国家标准协会(ANSI)/电子工业联盟(EIA)标准748:收益值管理系统(引用文件(au))
⑤ DI-MGMT-81861=数据项:综合项目管理报告(引用文件(av))
　a. 如不需要实行收益值管理或已经获得豁免,则应通过使用或调整综合项目管理报告获得成本和/或进度报告,并在政府需要时提交。例如,对于不适用收益值管理的全速生产合同来讲,综合项目管理报告包括了成本报告(说明实际值)和顶层进度表(说明最终产品交付日期)等内容,这已经足以满足政府的管理和监督要求
　b. 给分包商的综合合同管理报告数据项的下一步流向,由项目办公室决定

6. 遵守克林杰-科恩法

表9列出了对任意采办项目类别等级所有信息技术项目采办(包括国家安全系统)的要求。关于遵守克林杰-科恩法的详细指南请参考附件11第3节。

表9 克林杰-科恩法符合性表

克林杰-科恩法(《美国法典》第40篇第Ⅲ分篇(引用文件(p)))[①] 要求事项	适用的项目文件[②]
1. 确定采办项目支持国防部的核心和优先职能[③]	初始能力文件、信息系统初始能力文件、国防业务系统问题说明,或应急作战需求文件
2. 建立与战略目标相联系的基于结果的性能度量标准[③,④]	初始能力文件、信息系统初始能力文件、能力发展文件、能力生产文件、备选方案分析、采办项目基线
3. 重新设计该采办系统所支持的采办过程,以降低采办成本、提高采办效能并最大限度地利用商业现货技术[③,④]	初始能力文件、信息系统初始能力文件、作战概念、备选方案分析、业务进程重建
4. 确定没有私营部门或政府来源能更好地支持这一职能[④,⑤]	采办策略、备选方案分析
5. 开展备选方案分析[④,⑤]	备选方案分析
6. 进行经济分析,包括计算投资收益;为非自动化信息系统项目进行全寿命周期费用估算[④,⑤]	部局成本估算、重大自动化信息系统项目的项目经济分析
7. 为项目进展制定明确的衡量标准和经管责任[④]	采办策略、采办项目基线、试验鉴定主计划
8. 确保采办项目符合国防部信息企业政策和体系结构,涵盖了相关标准[④]	能力发展文件网络就绪关键性能参数、能力生产文件网络就绪关键性能参数、信息交换要求
9. 确保该项目拥有符合国防部政策、标准与体系结构的网络安全策略,涵盖了相关标准[④]	网络安全策略、项目保护计划、风险管理框架安全计划
10. 尽可能确保(1)已采用模块化合同,且(2)以分阶段逐步增加的方式实施项目,每次能力增量都能满足部分任务需要,并交付可衡量的利益,而且不受未来能力增量的影响[④]	采办策略
11. 与国防部首席信息官协调,对任务关键和任务必要系统进行登记[④,⑥]	国防部信息技术组合数据库

① 本附件表2规定了项目主任必须报告克林杰-科恩法遵循情况的时间
② 这里所列举的系统文件/信息,是最可能用到的一些文件案例,但所需要的信息并不局限于此。如有更为合适的其他引用文件,可以增加进来或用以替代这里所列举的文件。适当时注明页码和段落。应急作战需求可以引用相关应急作战需求文件,以证明符合克林杰-科恩法,例如:行动方案和/或网络连接文件
③ 假定这些要求适用于嵌入武器系统的信息技术和指挥与控制系统,而这种嵌入式技术和系统本身并不构成信息技术系统
④ 这些措施还要符合公法106-398第811节的规定(引用文件(q))
⑤ 对于国家安全系统,这些要求在可行的范围内实行(《美国法典》第40篇第11103节(引用文件(p))讨论了国家安全系统)
⑥ 任务关键信息系统。系指符合"克林格-科恩法"(《美国法典》第40篇第Ⅲ分篇(引用文件(p))中"信息系统"和"国家安全系统"定义的系统,损失此种系统会阻碍作战行动或对作战行动的直接任务支援。("任务关键信息系统",应由部局领导、联合作战司令官或其指派人员来指定。经国防部副部长(主计长)(USD(C))认定,财务管理信息技术系统也应作为任务关键信息系统。"任务关键信息技术系统"与"任务关键信息系统"含义相同。
任务必要信息系统。系指符合《美国法典》第44篇第3502节(引用文件(aw))中"信息系统"的定义,且国防部部局领导或其指定人员确认它对完成本单位任务是基本和必需的系统。(对完成任务必要的信息系统应由部局领导、联合作战司令官或其指派人员指定。经国防部副部长(主计长)认定,财务管理信息技术系统,可被认为是任务必要信息系统)。"任务必要信息技术系统"与"任务必要信息系统"含义相同

附件2 项目管理

1. 目的

本附件描述了适用于国防采办项目的项目主任、计划执行官和部局采办执行官的政策。本附件还包括一系列法定要求、管理规范以及相关政策和责任要求。

2. 采办指挥线

采办项目指挥线从下到上依次是项目主任、计划执行官、部局采办执行官(对于Ⅰ和ⅠA类采办项目和指定为Ⅰ和ⅠA类的其他项目,则为国防采办执行官)。项目管理的责任和权力,包括项目计划和执行,将分配给上述人员。相关人员和其他组织为采办指挥线提供保障。本附件中的"项目管理"指的是这一采办指挥线。

3. 计划执行官的任命

(1) 部局采办执行官将授予计划执行官负责以下项目,包括所有Ⅰ和ⅠA类项目以及敏感的保密项目,或者部局采办执行官认定需要专门实施管理的其他项目。

(2) 计划执行官必须具备项目管理的经验与能力,并通过相关资格认证,包括担任Ⅰ类或ⅠA类项目的项目主任,且相关项目应该与其担任计划执行官所负责的项目属于同一类型或相类似。

(3) 计划执行官将专门负责所指定项目的执行管理,不承担其他管理责任。

(4) 国防采办执行官可以根据具体情况豁免第3a、3b和/或3c的规定。

(5) 部局采办执行官应在项目启动之前,或在Ⅰ或ⅠA类采办项目成本估算达到限额3个月内做出上述任命。对于一些特殊的采办项目,部局采办执行官可以决定由其项目主任直接报告工作,而非向计划执行官报告工作,相关情况取决于项目的规模或重要性。针对上述情形,部局采办执行官应上报国防采办执行官,并请求国防采办执行官免除任命计划执行官的要求。

(6) 项目采办职权未分配给计划执行官或直接报告项目主任的,可以分配给系统、后勤或装备司令部司令。只有在项目或能力增量达到初始作战能力并通过全速生产或全面部署决策后,方可将项目从计划执行官或直接报告项目主任转到系统、后勤或装备司令部司令手里。

4. 项目主任的任命

(1) 部局采办执行官应为每个采办项目任命一名项目主任。该任命应在里程碑A(技术成熟和风险降低阶段)之前或由里程碑决策当局决定在装备开发决策节点前作出。

(2) 项目主任必须是国防采办领域的职业化管理人员,必须具备工程研制或技术开发相关的管理工作经验,掌握合同签订、工业企业和用户需求等知识。除非国防采办执行官或部局采办执行官进行特别豁免,否则项目主任都应拥有类似的采办项目经验,并通过《国防采办队伍加强法》Ⅲ级项目管理认证。这种豁免的情况极少发生。

(3) Ⅰ类或ⅠA类采办项目的项目主任,应在启动某一采办阶段的重要里程碑或决策点前(提前约6个月)到任。新的项目主任应负责领导转阶段评审的准备工作,并确保通过评审,并负责管理后续阶段的采办执行工作。项目主任绩效考核的指标是成功执行其计划且获得里程碑决策当局的批准。项目主任任职时间应至少为4年,或在距离4年任期最近的采办阶段工作全部工作完成后结束任职。

(4) 负责Ⅱ类采办项目或其他有影响的非重大项目的项目主任,其任职时间应当不少于3年。

5. 项目办公室组织结构

(1) 项目办公室组织结构。项目管理人员需充分了解成功执行项目所需的技能和能力,部局采办执行官则需确保项目管理人员具备相关技能和能力。新项目启动时,项目主任应在任职后尽快建立项目办公室。重大国防采办项目和重大自动化信息系统项目的项目办公室成员应是在军种担任关键领导职务者,或是取得国防部第5000.66号指令(引用文件(ax),根据负责采办、技术与后勤的国防部副部长政策备忘录——关键领导职务和资格标准(引用文件(ay)进行修订)规定资格的国防部文职雇员。关键领导职务包括项目主任和项目副主任,以及引用文件(ay)中规定的其他职位。

(2) 联合项目办公室组织结构。

① 当一个国防采办项目涉及多个国防部部局和/或国际合作伙伴,且在采办过程的任何阶段由一个以上部局或合作伙伴提供资金时,将建立联合项目办公室。在大多数联合项目中,将指定牵头的国防部部局负责管理采办过程,并担任各参与部局的采办执行官。需要项目最终产品的各国防部部局应支持牵头的国防部部局并一同参与管理采办过程。除非国防采办执行官另有规定,联合项目将按照协议备忘录的规定,以及牵头国防部部局的采办程序和采办指挥线进行管理。

② 未经能力需求验证当局的审查和国防采办执行官的批准,各国防部部局不得终止或大量减少重大联合国防采办项目和重大联合自动化信息系统项目。即使国防采办执行官批准某国防部部局终止或减少参与联合项目的申请,仍可以要求该国防部部局在必要时继续提供部分或全部资金,以有效地维持联合项目的进行。各国防部部局之间的协议备忘录应记录协议任一方的终止或减少参与。项目的大量减少将由里程碑决策当局经与需求验证当局协商后决定,其定义是指资金大量减少而影响项目生存能力和/或显著增加项目其他参与者的成本。

6. 项目管理责任

项目主任管理新上国防系统的研制、生产和部署。管理活动旨在实现里程碑决策当局批准的采办项目基线规定的成本、进度和性能指标。将使用下列工具促进项目计划和执行。

(1) 采办策略。

① 概述。项目主任应制定和实施获得批准的采办策略。该策略是项目主任整个项目寿命周期内的项目执行计划。采办策略是一项全面的综合性计划,阐述了采办方法和关键框架设计,并描述了项目主任为管理项目风险和满足项目目标计划使用的业务、技术和保障策略。采办策略随时发生变化,应始终反映项目的当前状态和预期目标。采办策略应明确各采办阶段和项目关键事件(例如决策点和审查)之间的关系。采办策略必须反映出项目主任对该项目的理解,包括商业环境;技术备选方案;小企业策略;成本、风险和风险降低方法;合同授予;激励机制;试验活动;生产批次或交付量;作战部署目标;国内外市场中的机遇;外国披露、输出、技术转让和安全要求;以及按照现实进度以经济可承受的生命周期价格成功交付能力的计划。

采办策略是项目实施的基线计划,应及时准备并提交以获得批准,从而为更加详细的计划和建议征求书的准备提供支持。采办策略是获得批准的计划,而不是合同。根据项目的情况,采办策略中的计划可能发生微小变化,这不需要里程碑决策当局事先批准。如为重要变化,如合同类型或基础项目结构发生变化,则需要在实施前获得里程碑决策当局的批准。所有变更都应备注,并在下个项目决策点或里程碑体现出来。

② 业务方法与风险管理。采办策略中详述的业务方法旨在管理与所采办产品相关的风险。工业部门和政府之间应公平分担风险。业务方法制定的基础是充分了解与所采办产品相关的风险,以及为减少和管理该风险应采取的措施。业务方法应以考虑市场能力和限制的市场分析为依据。合同类型和激励机制应适合项目,用于激励工业部门达成政府目标并获得奖励。任何合同策略中都应有足够的激励措施,以便大幅度提升承包商的积极性,从而完成目标。

③ 竞争。采办策略应说明项目管理将如何创造和维持从项目启动到维持阶段的竞争环境。项目管理层应采用多种层次的直接竞争和间接竞争方式,创造竞争环境,鼓励提高性能和成本控制。在采办过程早期阶段做出的决策,将决定项目管理层在项目整个寿命周期内维持竞争环境的能力水平。需要考虑的策略包括:竞争性样机策略、双重竞争来源、推动升级竞争的开放式系统体系结构、采办完整技术数据包,以及分系统的竞争。还包括为小企业和雇佣残疾人的组织提供机遇。

④ 知识产权策略和开放式系统体系结构。项目管理层必须制定和维持知识产权策略,以识别和管理从项目启动到整个寿命周期内知识产权的所有相关问题(如技术数据和计算机软件可交付成果、专利技术及其许可权)。知识产权策略至少应描述项目管理层如何评估项目要求,以尽可能实现竞争性采购,并明确产品全寿命竞争性和经济可承受性采办和维修保障所要求的知识产权可交付成果及其许可权,例如,要在《联邦采办条例国防部补充条例》第 207.106(S-70)部分制定采办计划中,阐明重大武器系统及其子系统的知识产权计划要求。在产品全寿命周期内,要更新知识产权策略,在采办之初作为采办策略的一部分,在使用与保障阶段作为全寿命保障计划的一部分。项目管理层还要负责评估和实施开放式系统体系结构,并实施持续一致的知识产权策略。这种方法将技术要求、合同签订机制和立法事务结合起来,以支持在产品寿命周期内持续有效地开展多种备选方案竞争。

(2) 项目基线开发与管理。项目主任负责制定采办项目基线。采办项目基线(参考本指示附件 1 第 4 节)概述了项目成本、进度和性能基线,是里程碑决策当局、部局采办执行官(如适用)、计划执行官和项目主任之间的基本协议。采办项目基线作为通过国防部管理信息系统向里程碑决策当局报告的依据。

(3) 收益值管理。除非部局采办执行官豁免收益值管理的使用,否则项目主任应使用收益值管理。收益值管理是国防部和工业部门最有力的项目计划和管理工具之一。通常在成本加固定价格激励合同中使用。收益值管理的目的是确保对实现合同性能所需的所有任务进行合理计划并提供充足资源。收益值管理有利于建立项目管理人员和政府监督人员之间共享合同执行数据的环境,在这个环境下,可以尽早识别、查明和解决出现的问题。收益值管理提供了一种将技术工作范围、成本和进度目标整合到一个紧密的合同基线计划中的有纪律、有组织、有目标的量化方法。上述合同基线计划被称为性能衡量基线,用于跟踪合同性能(附件2的表8列出了收益值管理要求)。

(4) 风险管理

① 项目主任负责实施有效的风险管理和跟踪,包括识别所有已知风险、关键设计、可能的突发事件、突发事件的后果(成本、进度和性能方面)、风险降低方案分析、关于风险降低措施的决策,以及上述措施的实施。风险管理是一项前瞻性活动,重点应放在预防措施与资源分配方面,以降低所识别风险发生的可能性及其影响。有效的风险管理不只是识别和跟踪风险。

② 项目主任负责对项目风险进行优先排序,并在项目限制范围内降低上述风险。项目管理大部分都是关于在项目寿命周期内消除项目风险的过程。正式的风险管理是实现上述目标的一个工具。顶层项目风险和相关风险降低计划将在项目采办策略中详细说明,并在所有相关决策点和里程碑提出。

(5) 成本基线控制与"应计成本"管理的使用。

① 对于重大国防采办项目和重大自动化信息系统项目来讲,除非里程碑决策当局特别批准备选估算,国防部将向成本评估与计划鉴定局局长提交独立成本估算(ICE)。但是,项目主任应制定一份应计成本估算,作为控制和降低成本的管理工具。项目主任不得放任独立成本估算的结果而不加干预。应计成本是一种用于主动锁定成本降低目标并推动项目实现生产力提高的管理工具。应计成本管理要求项目主任将最终成本控制在预算成本之内。应计成本分析可在合同谈判过程中(尤其适用于单一来源采办)以及整个项目执行过程中使用,包括保障阶段。项目主任应主动找出并消除低增值或不必要的成本开支,尽可能实现更高的成本效益,并奖励成功实现上述目标者。合同谈判中使用的应计成本估算应以政府对合同承包商绩效的合理预期为依据,并参照承包商的以往经历和其他相关数据。实现的应计成本节约应在最低组织级别留存,并用于优先需求。应计成本适用于产品寿命周期所有阶段内所有类别的采办项目,也适用于项目成本的所有要素。

② 项目管理层将根据应计成本目标开发、拥有、跟踪和报告。估算和结果将在里程碑审查时和规定的决策点提交。对于重大国防采办项目和重大自动化信息系统项目来讲,项目主任将在国防采办执行概要审查时,根据应计成本目标汇报进展情况。

7. 国际采办与出口

(1) 国际采办与出口考虑事项。项目管理层负责在每个重要里程碑或决策点,将国际采办和出口考虑事项整合到项目采办策略中。项目管理层应在采办计划进程早期考虑合作研制或生产、直接商业销售或对外军事销售的潜在需求和可能性;并应考虑制定和执行采办策略时美国关于国际转运的出口管制法律、法规以及国防部政策;参考国防部第2040.02号指令(引用文件(az))。按照国防部第2010.06号指令(引用文件(ba)),在适当的情况下,项目主任应在整个采办寿命周期内寻求国际合作机遇,以加强国际合作和提高互操作性。

(2) 国际合作项目管理。

① 国际合作项目是指在系统寿命过程的任何阶段,美国以及一个或多个海外国家,通过国际协议的方式参与的采办项目或技术项目。在适用的情况下,鼓励项目成员使用精简的采办程序。参照参谋长联席会议主席指令3170.01H(引用文件(d)),所有国际合

作项目均应考虑美国认可的装备国际标准协议,并全面遵守对外公开、出口管制、技术转让、项目保护和安全要求。对于涉密项目,在与国外潜在合作伙伴商谈之前,应获得国防部部局主管对外公开事务的办公室颁发的公开授权证书或其他书面授权。

② 对于重大国防采办项目和重大自动化信息系统而言,在已签署国际协议的情况下,国防部部局在终止或大量减少参与国际合作项目之前,需通报国防采办执行官并获得批准。国防采办执行官也可以要求该国防部部局继续为该项目提供部分或全部资金。大量减少的定义是资金或数量减少影响了项目的生存能力和/或显著增加了项目其他参与者的成本。

(3) 豁免。重大国防装备在成功完成作战试验鉴定前进行对外军事销售或直接商业销售,必须获得负责采办、技术与后勤的国防部副部长的批准(即约克奇豁免)(本要求详情见安全援助管理手册第 C5.1.8.3. 段(引用文件(bb)))。

8. 工业基础分析与考虑事项

(1) 工业基础分析是一个持续过程,分为两个主要部分,均在一定程度上依赖项目管理层提供的信息。第一个部分是搜集项目特定工业基础信息,以便为项目制定适当的采办策略;第二个部分是在项目整个寿命周期内参与,以便提供反馈和更新。该分析的目标是确保国防部能够:

① 明确并保证项目的经济性、研制稳定性与生产速度。
② 识别和降低工业能力风险,例如单一来源和不可靠供应商。
③ 最大限度避免被任　层级的唯一供应商套牢。
④ 保障关键国防工业基础能力的恢复。
⑤ 保障国防部对国防采办的弹性管理。

(2) 项目管理层负责进行工业基础分析,在采办计划和实施中充分考虑工业基础能力及相关事项。采办策略必须包含工业基础的考虑事项,包括识别可能对国防部造成近期和长期影响的工业能力问题(如原材料的获得、出口管制、生产能力),以及应对上述问题的策略。部局采办执行官和国防采办执行官将把项目管理层提供的信息和其他来源提供的信息汇总起来,进行军种和国防部层级的工业基础决策。

9. 全寿命周期的信息管理与数据保护

项目主任应确保按照国防部 5015.02-STD(引用文件(bc))创建、维护、使用、处置或保存所有项目办公室文件和记录,不论何种介质或安全保密等级。

附件 3　系统工程

1. 目的

本附件介绍了与国防采办中系统工程的应用相关的政策和程序。系统工程可提供综合技术流程及设计管理,以定义并平衡系统的性能、生命周期成本、进度、风险,以及系统(或项目)内部、系统(或项目)之间的安全性。项目主任在首席系统工程师的帮助下,将系统工程纳入项目的规划和实施,为系统整个生命周期提供支撑。

2. 系统工程计划

(1) 项目主任应制定系统工程计划,作为指导项目中的系统工程活动的管理工具。

从里程碑 A 开始,在每一个里程碑审查时,项目主任均应准备一份系统工程计划。在每个里程碑以及研制建议征求书发布决策点,系统工程计划将对采办策略提供支持,包括项目的相互依存关系,以及实现作战人员需求并平衡系统的性能、生命周期成本和风险的总体技术路径。系统工程计划将介绍程序的总体技术方法,包括重要的技术风险、过程、资源、组织、指标和设计要素。该计划还将详细说明实施技术审查的时间安排和标准。系统工程计划中的表格主要用于为系统整个生命周期制定更加详细的技术规划,以有效地管理和控制项目的技术进展以及风险规避活动的实施。系统工程计划将通过现有的以及经批准的架构和功能来解决系统集成的问题。项目主任将识别并管理他们控制范围以外的外部依存关系所带来的风险,以确保能够对系统进行及时的设计、研制、部署与保障。项目主任将记录文档界面要求以及界面产品,以跟踪相互依存的项目交接点。系统工程计划中载明的技术规划有助于指导项目进度的细节。项目主任应根据计划及采办策略的成熟度将系统工程计划(无论是经过批准的计划还是草拟计划)纳入征求发展建议书作为指导性文件或规定性文件。

(2)负责系统工程的助理国防部长帮办将审核并批准所有重大国防采办计划和重大自动化信息系统项目的系统工程计划。

① 国防部部局应在预定的国防采办委员会里程碑评审前至少 45 个日历日向负责系统工程的国防部副部长提交系统工程计划。

② 在里程碑 B,国防部部局核准的系统工程计划草案应在研制建议征求书发布决策点之前 45 个日历日提交给负责系统工程的国防部副部长。如果后续开展的初步设计审查等工程活动发现需要对系统工程计划做出实质性修改,应在里程碑 B 之前完成修订并重新提交审批。项目主任在签订合同之后,依据承包商技术路径和细节方面的变更,根据需要对系统工程计划进行更新。更新后的系统工程计划同样要提交给负责系统工程的国防部副部长。

3. 开发规划

必须基于早期系统工程分析和评估以及足够的技术支撑,做出进入采办程序、采用某些新成熟技术以及开始系统设计的决策。

(1)为支撑装备开发决策和备选方案分析,国防部部局将开展早期系统工程分析,并评估所提出的备选装备解决方案的技术可行性以及其是否能够有效解决能力缺陷、是否具备所需作战能力、具有什么样的外部依存关系。

(2)在装备方案分析阶段,国防部部局应开展早期系统工程分析,支撑备选方案分析,以支撑最优的装备解决方案的选择和能力发展文件(或等效文件)草案的拟制。

(3)项目主任应开展一项早期系统工程评估,评估技术风险并制定产品采办的技术路径,为进行里程碑 A 评审做准备,为实施技术成熟和风险降低阶段提供技术支撑。该技术评估的项目包括软件、集成、制造及可靠性风险。评估结果纳入里程碑 A 的系统工程计划之中。

4. 系统工程权衡分析

(1)在采办寿命周期中,项目主任应进行系统工程权衡分析,评估系统经济可承受性和技术可行性,以支撑需求、投资和采办决策。系统工程权衡分析将说明系统的生命周期成本与其性能需求、设计参数、交付时间之间的关系。在整个生命周期中,依据系统需求、设计、制造、试验和保障活动的发展和成熟情况,对分析结果进行不断更新。

(2)为支撑能力发展文件(或等效文件)的审批,项目主任应开展系统工程权衡分析,以说明成本会如何根据系统需求(包括关键性能参数)、主要设计参数和进度要求的变化而变化。分析结果将提交给里程碑决策当局,其中应说明主要的经济可承受性影响因素以及项目能否满足经济可承受性方面的约束。

5. 技术风险与机遇管理

技术风险管理应解决风险识别、风险分析、风险降低计划、风险降低实施情况和风险跟踪的问题。技术风险应量化,且应当体现到一体化总体进度和一体化总体计划之中。项目主任应与相关科技团体以及各部局采办领导合作,以影响技术投资规划。其目的是在降低风险的同时,创造技术开发机遇,以有助于达到期望的性能目标。应在技术审查中对项目风险和适用的机遇进行评估,并将具体的成本和进度纳入评估之中。

6. 技术绩效评估与指标

项目主任应采用技术绩效评估与指标来评估项目进展。分析技术绩效评估与指标的进展,对比既定的计划,有助于深入了解项目的技术进展和风险。

7. 技术审查

项目主任应:

(1)对在研系统进行项目进展的技术审查,作为研制计划不同阶段之间过渡的依据。该技术审查应当是事件驱动的,在研系统满足已成文的系统工程计划所规定的评审准入标准时,方可进行。

(2)项目主任应依据项目规划与实施的需要,规划并实施设计审查。设计审查规划应纳入系统工程计划之中。在里程碑C未启动的项目应进行以下设计审查:

① 初步设计审查。初步设计审查可以基于需求权衡、样机制造以及关键技术演示验证的结果的评估初步设计的成熟度。初步设计审查将设定相关的基线,并确认所审查的系统已可以进入详细设计(编制制造图纸、软件代码文件以及其他制造文档)且其风险在可接受范围内。对于重大国防采办项目和重大自动化信息系统,应进行系统级别的初步设计审查并将结果提交里程碑决策当局。对于ID和IAM类型采办项目,由负责系统工程的助理国防部长帮办对初步设计审查进行评估,以向里程碑决策当局通告项目技术风险以及项目是否准备好进入详细设计阶段。项目主任应负责搜集该评估所需的项目信息,为负责系统工程的助理国防部长帮办参与项目初步设计审查环节做准备。对于IC和IAC类型采办项目,由各部局的采办执行官对初步设计审查进行评估。

② 关键设计审查。关键设计审查可以评估设计的成熟度、设计的制造或代码文档、以及存在的风险,并且可设立初步产品基线。关键设计审查可以作为一个决策点,标志着系统设计已准备就绪,可以开始进行风险可控的试验性样机硬件制造或软件编码。对于重大国防采办项目和重大自动化信息系统,应开展系统级别的关键设计审查,应将评审结果提交给里程碑决策当局。对于ID和IAM类型采办项目,负责系统工程的助理国防部长帮办对关键设计审查进行评估,并向里程碑决策当局通告以下事项:项目的设计成熟度、技术风险、是否准备好开始进行风险可控的试验性样机硬件制造和/或软件编码。为支撑对关键设计审查进行评估,项目主任做相关准备,协助负责系统工程的助理国防部长帮办参与项目关键设计审查,项目主任还应当负责搜集所需的材料和信息。对

于 IC 和 IAC 类型采办项目,由各部局的采办执行官对关键设计审查进行评估。

8. 技术状态管理

项目主任应采用技术状态管理方式,以在系统的全寿命周期建立和控制产品的特性和技术基线。该方式应确定、说明、审查和控制系统设计的功能和物理特性,跟踪发生的任何更改,提供项目设计决策和设计更改的审查线索,与系统工程计划、技术规划相结合,并确保与知识产权策略相一致。在完成系统级关键设计审查后,项目主任应在竞争环境允许的范围内负责控制初始产品基线。

9. 建模与仿真

项目主任应将建模与仿真活动纳入项目规划和工程工作之中。这些活动将在整个项目生命周期中支撑对一致性的分析与决策。对模型、数据和产品进行集成、管理和控制,确保产品能够与整个系统保持一致性,并保持与其他项目的相互依存关系,提供项目的全局视角,提高项目整个生命周期中的效率与可信度。

10. 制造与可生产性

项目主任应确保在整个项目生命周期中识别、管控制造和可生产性方面的风险。从装备方案分析阶段开始,应在系统工程计划中对制造准备情况以及风险进行评估和记录。在技术成熟和风险降低阶段结束之前,应根据需要对制造工艺进行评估和演示验证,以确定风险已经被降低至可接受水平。在工程与制造开发阶段,项目主任应评估关键制造工艺的成熟度,以确保这些工艺的经济可承受性和可操作性。在做出生产决策之前,项目主任应确保制造和可生产性风险处于可接受的范围内,承包商资质完备,且所有适用的制造工艺处于或将处于可控范围内。

11. 软件

软件的开发和维护可能成为整个系统全寿命成本的一个主要组成部分,在采办寿命周期中的每个决策点都应当有所考虑。分步软件开发方法采用可测试软件版本和/或可用软件增量形式,使开发者能够通过一系列的可控的中间产品来分步实现所需的能力,获得用户的认可和反馈,为下一步版本或增量提供依据,并降低整体风险水平。系统工程计划应纳入以下问题:软件特有风险;将软件纳入技术审查;识别、跟踪和报告软件技术性能、工艺、进度和质量指标;软件安全和安全考虑;软件开发资源。应对基于软件安全漏洞和风险的补救策略进行评估和规划,并将其纳入项目保护计划之中。

12. 可靠性与可维修性

(1) 项目主任应采用恰当的战略制定全面的可靠性与可维修性计划,以确保实现可靠性与可维修性要求。该计划应包括以下工程活动:可靠性与可维修性配置、框图和预测;故障定义和评分标准;故障形式、影响和危害性分析;可维修性和机内测试演示验证;系统和子系统级的可靠性试验;通过设计、开发、生产和保障来维持的故障报告、分析及纠正措施系统。可靠性与可维修性计划是系统工程过程的一个组成部分。

(2) 对于重大国防采办项目,项目主任应准备一份初始的可靠性、可用性、可维修性和成本原理报告,以支撑里程碑 A 决策。该报告可为可靠性需求提供定量依据,有助于改善成本估算和项目规划。该报告将附在里程碑 A 的系统工程计划中,并将进行更新以支撑研制建议征求书发布决策点、里程碑 B 和里程碑 C 的决策。

(3) 可靠性增长曲线可反映可靠性增长战略,用于规划、说明和报告可靠性增长情况。可靠性增长曲线将被纳入里程碑 A 的系统工程计划之中,并将在研制建议征求书发布决策点提交的系统工程计划草案之中、经批准的最终系统工程计划之中以及里程碑 B 提交的试验鉴定主计划之中进行更新。至少在实现可靠性门限值之前,应在一系列的阶段性目标中对可靠性增长曲线进行阐述,并通过完全集成的系统级试验鉴定事件,对可靠性增长曲线进行跟踪。如果单条曲线不足以描述整个系统的可靠性,也可采用关键子系统的曲线。

(4) 项目办公室、研制试验机构和作战试验机构将评估系统所需的可靠性增长,以便在试验过程中实现其可靠性门限值,并将这些评估结果报告给包括里程碑决策当局在内的采办指挥线。

(5) 在整个采办过程中都应监测并报告可靠性增长情况。项目主任应报告可靠性与可维修性目标和/或门限值的状态,作为正式的设计审查过程的一部分,而且在系统工程技术审查或其他审查过程中同样应对此进行汇报。在国防采办执行概要评审中,也应采用可靠性增长曲线来汇报可靠性状态。

13. 项目保护

项目保护指管理国防部作战能力以保护其免受由以下情况造成的风险:外国情报收集;硬件、软件和网络攻击或供应链的破坏;整个生命周期过程中的战场损失。如果国防部的能力优势源自某种国防部独有的或重要的技术,项目保护可确保该技术不会被对手窃取。如果国防部能力优势源自市售或定制组件的集成,项目保护可管理设计漏洞,以及供应链的断裂、更改或关键数据、降低系统性能或者降低对系统的信心的风险。项目保护还可以支持在不损害美国技术优势的前提下通过能力输出来实现建立国际合作关系和合作机会的目标。

(1) 项目保护计划。项目主任将采用系统安全工程实践并制定项目保护计划来指导其他人的工作和行动,并管理重要项目信息、关键任务功能和项目相关部门的风险。从里程碑 A 开始,每次里程碑评审时都应将项目保护计划提交里程碑决策当局审批。对于那些国防采办执行官兼任里程碑决策当局的项目,应在进行相关审查前至少 45 天将项目保护计划提交给负责系统工程的助理国防部长帮办。对于里程碑 B,应在征求发展建议书的发布决策点之前 45 天向助理国防部长帮办提交经国防部部局批准的项目保护计划草案。项目主任应当将项目保护计划纳入征求发展建议书中,并签订相关合同后准备更新项目保护计划,以反映承包商认可的技术方法和细节,或者签订合同之前不可用或不适用的必要更新。

(2) 对策。项目主任将在项目保护计划中说明关键的项目信息和任务功能;这些项目所面临的威胁及漏洞;降低相关风险的应对计划;出口以及潜在的国际合作计划。对策应包括:反贿赂、出口限制、安全(包括网络安全、作战安全、信息安全,人员安全和实体安全),安全系统设计,供应链风险管理,软件保障,防伪实践,采购策略,以及其他符合国防部指令 5200.39(引用文件(ai))、国防部指令 5200.44(引用文件(aj))以及国防部指令 8500.01(引用文件(x))的措施。项目主任应提交项目网络安全策略作为每个项目保护计划(PPP)的一部分。这些对策可减少产品整个生命周期中(包括设计、开发、研制和作战试验、作战、维护和处置)的风险。在整个生命周期中,项目主任应采用自动化软件漏洞分析工具,确保在项目保护计划、试验计划、合同需求(符合 P.L.112-239 第 933 节的要求,引用文件(l))中提及软件漏洞修复。

14. 开放式系统体系结构

项目主任应负责在可行且具有成本效益的情况下在产品设计中应用开放式系统方法。开放式系统和模块化体系结构可提供持续的竞争和增量升级的宝贵机制,并且可以促进在整个联合部队中的重复利用。项目管理将采用开放式系统体系结构设计原则,以支持开放式业务模式(见本指示附件 2 中第 6a(4) 段)。

15. 腐蚀预防和控制

项目主任应确定和评估整个采办和维护阶段的腐蚀因素,以减少、控制或缓解维护阶段的腐蚀。项目主任应制定腐蚀预防和控制计划,其中包括系统工程计划和生命周期保障计划中关于腐蚀预防和控制的。项目主任应确保腐蚀控制要求被纳入设计当中,并且作为试验和验收计划的一部分而得到验证。

16. 环境、安全和职业健康

项目主任应在整个系统生命周期中将环境、安全和职业健康风险管理纳入到所有系统工程活动过程中。作为风险降低措施的一部分,项目主任将尽可能地消除环境、安全和职业健康危害,如果环境、安全和职业健康风险不能被消除,则应对其进行管理。该项目主任将采用 MIL-STD-882E(引用文件(bd))中的方法。项目主任将在技术审查过程中评估环境、安全和职业健康风险的状况以及相关验收决定。采办项目审查和列装决定应说明所有的高风险和重大风险的状况。在人员、装备或环境暴露于已知的与系统相关的环境、安全与职业健康危害之前,项目主任应以文件形式记录经以下验收机构验收的相关风险:部门采办执行官对高风险负责,计划执行官一级对重大风险负责,项目主任对中等和低等风险负责。MIL-STD-882E 中定义的用户代表须在整个寿命周期参与这一过程,并在做出重大和高风险验收决策之前提出正式合作。对于联合项目,应在牵头的国防部部局中设立环境、安全和职业健康风险验收机构。项目主任应在系统工程计划中载明环境、安全和职业健康规划,并且在环境、安全和职业健康的纲领性评估中记录计划的实施结果和国家环境政策法案(引用文件(ag))和行政命令(E.O.)12114(引用文件(ah))要求的合规时间表。

(1) 项目环境、安全和职业健康评估。无论是何种级别的采办计划,所有项目的项目主任均应准备一份项目的环境、安全与职业健康评估报告。评估报告应至少包括:对环境、安全和职业健康风险及其状态的识别;对与系统相关的有害物质、废物和污染物(废物/排放物/噪音)的识别;以及减少废物排放和/或对废物进行安全处理的计划。

(2) 国家环境政策法/第 12114 号行政命令。项目主任应制定《国家环境政策法》/第 12114 号行政指令的合规性计划,其涵盖所有已知的或预计的与系统相关的活动,这些活动可能会引发合规性要求,包括对系统的试验、列装和保障。合规性应包含试验鉴定主计划中确定的试验时间表和试验地点,以便根据国防部的部门实施程序考虑对环境产生的潜在影响并且进行适当的文档记录。项目主任应对《国家环境政策法》和行政命令 12114 进行分析,并将分析形成文件,项目主任是上述行动的支持者。为了支持其他机构分析《国家环境政策法》和行政命令 12114,项目主任应提供特定系统的分析和数据。部局采办执行官(或联合项目牵头执行部局的采办执行官)或其代理人负责批准与系统有关的《国家环境政策法》和行政命令 12114 的有关资料。

(3) 事故调查支持。项目主任应根据《美国法典》第 10 篇第 2255 节(引用文件(g))通过提供事故危害分析和提出切实可行的降低风险的措施建议,特别是减少人为错误的措施建议,项目主任对项目 A 类、B 类事故的调查提供支持。

17. 钝感弹药

对于所有涉及能量学的系统,项目主任应按照国防部和各下属部门的政策规定(如《美国法典》第 10 篇第 2389 节(引用文件(g)),遵守钝感弹药的相关要求。

18. 项目唯一标识

为了增强系统采办和保障过程中资产的全寿命管理,更精确地评估资产价值,所有的项目主任均应编制和执行项目唯一标识,确认和跟踪重要的可应用最终成品、技术状态受控的成品、政府提供的资产。项目唯一标识计划和实施方案文件应包含在项目唯一标识实施计划中,进而关联到项目的系统工程计划之中。国防部第 8320.04 号指令(引用文件(ae))提供了项目唯一标识的标准。

19. 频谱可保障性

对于所有与电磁频谱有关的系统,项目主任应遵守美国和东道国的频谱管理规定,包括《美国法典》第 47 篇第 305 节、第 901-904 节(引用文件(aa))和公法 102-538 第 104 节(引用文件(z))。项目主任应向国防部部局首席信息官(或同等官员)提交书面鉴定,说明在其预期寿命里,系统运行所需的电磁频谱是或将是有保障的(国防部指令 4650.01(引用文件(am))。部局首席信息官(或同等官员)将以这些文件为基础向里程碑决策当局提供相关建议。

20. 项目保障评估

负责系统工程的国防部副部长办公室将针对重大国防采办项目、重大自动化信息系统以及由国防采办执行官指定的其他项目,开展独立的跨职能项目保障评估,以对技术管理和系统工程的进展和计划做出评估。项目保障评估目的是协助项目主任进行技术规划,并通过分享最佳做法和其他项目的经验来提高实施水平。项目保障评估的重点之一是进行风险识别并协助风险降低。这些评估还可支撑采办里程碑评审、决策评审,或用于响应 ID 和 IAM 类型采办项目的技术问题。这些评估可帮助项目主任制定项目技术规划,并通过提供可行的建议、识别工程和集成风险、消减潜在风险来提高其实施水平。国防部部局应根据《美国法典》第 10 篇第 139 节(引用文件(g))向负责系统工程的国防部副部长提供其认为开展这些评估所需的所有项目记录和数据,包括技术审查文件,以及保密的、非保密的、竞争敏感的、专有的信息。

附件 4　研制试验鉴定

1. 目的

本附件规定了国防采办项目研制试验鉴定的方针和程序。

2. 概述

(1) 项目主任通过研制试验鉴定活动来管理和降低研发过程中的风险,验证产品是否达到合同要求和满足作战需要,并且在整个项目全寿命周期内将相关结果告知决策者。研制试验鉴定向项目工程师和决策者提供必要的知识,以衡量进度、识别问题、描述系统性能和局限性,并管理技术和计划性风险。研制试验鉴定结果也作为放行准则,确保在做出投资承诺和项目启动前取得足够的进展;该结果还可以用作实施合同激励的依据。

(2) 研制试验鉴定始于能力需求的制定,贯穿产品研发、交付和验收阶段,作战试验鉴定过渡阶段,生产阶段,以及使用与保障阶段。在需求与系统工程过程中考虑研制试验鉴定,确保能力需求可测量、可试验和可实现。与在采办过程后期发现系统缺陷相比,早期确认并纠正缺陷的成本低得多。

(3) 项目主任将采用试验鉴定主计划作为一体化试验项目的主要规划和管理工具。只要可行,应以一体化的方式开展试验,允许所有的利益相关者可以使用试验数据来证实各自的功能。一体化试验要求协同规划和实施各个试验阶段和事件,为利益相关者提供共享数据支持其进行独立分析、鉴定和报告,特别是系统工程、研制(承包商和政府)和作战试验鉴定机构。项目主任将建立一个一体化试验规划小组,其成员包括经授权的试验数据提供方代表和使用方代表(包括所有恰当的利益相关者),以确保通力合作,并制定完善高效的试验战略来支持采办全寿命周期内的系统工程、鉴定和认证。

(4) 项目主任将确定实施研制试验鉴定项目所需的试验资源,获取用于了解项目进度、识别问题、验证符合性以及平衡成本和性能的相关数据。试验资源需求包含在试验鉴定主计划中。

(5) 负责研制试验鉴定的助理国防部长帮办将监督以下几类项目的活动:重大国防采办项目、重大自动化信息系统项目和由负责采办、技术与后勤的国防部副部长指定的特别关心的项目,还负责审批试验鉴定主计划中的研制试验鉴定计划。对于所有其他项目,部局采办执行官应根据要求指定研制试验鉴定机构来监督研制试验鉴定活动,并审批试验鉴定主计划中的研制试验鉴定计划。负责研制试验鉴定的助理国防部长帮办的权限、责任和职能在国防部指令5134.17(引用文件(be))中有说明。

3. 试验鉴定管理

(1) 负责重大国防采办项目和重大自动化信息系统项目的项目主任将根据《美国法典》第10篇第139b和1706节(引用文件(g)),指定一名首席研制试验官。首席研制试验官负责协调所有研制试验鉴定活动的规划、管理和监督;持续跟进了解承包商活动;监督其他参与政府机构的试验鉴定活动;协助项目主任了解技术方面的信息,做出关于承包商和政府试验鉴定规划及结果的客观判断。首席研制试验官将领导一体化试验规划小组。

(2) 负责重大国防采办项目的项目主任将根据《美国法典》第10篇第139b节,指定一个政府试验机构作为牵头研制试验鉴定机构。牵头研制试验鉴定机构将负责向首席研制试验官提供有关试验鉴定的专业技术知识;根据首席研制试验官或其指定代表的指示开展研制试验鉴定活动;在可行的情况下支持认证和验证活动;协助首席研制试验官监督承包商;协助首席研制试验官了解技术方面的信息,对承包商及政府试验鉴定规划及结果做出客观判断。对于所有其他项目,在可行的情况下应有牵头研制试验鉴定机构并在试验鉴定主计划中确定。

(3) 在项目办公室成立之后,在实际可行的情况下应尽快指定首席研制试验官和牵头研制试验鉴定机构。

（4）项目主任将试验鉴定主计划作为从里程碑 A 开始的所有试验活动的主要规划和管理工具。项目主任将根据需要制定和更新试验鉴定主计划，以支持采办里程碑或决策点。为了全速率生产决策审查或全面部署决定及后续工作，里程碑决策者可能要求对试验鉴定主计划进行更新或补充，以便规划增加的试验。本指示附件 5 第 5 节说明了在作战试验背景下关于试验鉴定主计划的其他政策。

（5）由负责研制试验鉴定的助理国防部长帮办监督的项目，在装备研发决策之后，在可行情况下，其项目主任应尽快成立一个试验鉴定工作层一体化产品小组（也称为一体化试验小组）。试验鉴定工作层一体化产品小组将确定并跟踪所有阶段的试验鉴定计划。试验鉴定工作层一体化产品小组包括试验数据利益相关方的授权代表，如系统工程、研制试验鉴定、作战试验鉴定、实弹射击试验鉴定、产品支持、用户、情报机构，以及合适的认证机构。

（6）项目主任将充分利用国防部的靶场、实验室及其他资源。系统正变得更加复杂以及资源的限制，通常迫使权衡实施试验的类型和范围。研制试验鉴定的预算和时间安排必须保证在受控的环境中试验能够充分检验合同规定的性能要求和作战要求。

4. 研制试验鉴定活动

（1）在制定了相关需求之后即可以开始进行研制试验鉴定活动，以确保关键技术要求可测量、可试验和可实现。

（2）一项完善的研制试验鉴定计划包括许多重要活动，可为决策提供数据和评估。研制试验鉴定计划将：

① 检验关键技术参数和实现关键性能参数的能力的完成情况，评估关键作战问题的实现进度。

② 评估系统达到能力文件中规定门限值的能力。

③ 为项目主任提供数据，以找出根本原因并制定纠正措施。

④ 验证系统功能。

⑤ 为权衡成本、性能和进度提供信息。

⑥ 评估系统规范符合情况。

⑦ 报告项目进度，以规划可靠性增长并评估关键评审期内的使用可靠性及维修性。

⑧ 识别系统的能力、局限性和缺陷。

⑨ 包含试验鉴定活动，以检测定制及商用硬件和软件的网络脆弱性。

⑩ 评估系统的安全性。

⑪ 评估与原有系统的兼容性。

⑫ 强调系统处于预期的作战相关任务环境。

⑬ 支持网络安全评估和授权，包括风险管理框架的安全控制。

⑭ 支持互操作性认证过程。

⑮ 记录合同技术性能的实现情况，验证增量改进以及系统纠正措施。

⑯ 评估初始作战试验鉴定及后续作战试验鉴定的准入条件。

⑰ 提供研制试验鉴定数据，以验证模型和仿真参数。

⑱ 评估所选集成技术的成熟度。

5. 研制试验鉴定计划要素

（1）项目主任应：

① 将试验鉴定主计划作为主要的试验规划和管理文件。
② 试验鉴定主计划将：
　a. 包含一份一体化试验项目摘要以及所有重大试验事件或试验阶段的主进度计划。
　b. 包括一份事件驱动的试验进度安排，留出充足的时间来支持试验前预测；试验；试验后分析、鉴定与报告；预测模型的协调；留出充足的时间以针对发现的缺陷采取纠正措施。时间进度安排应在研制试验鉴定和初始作战试验鉴定之间留出充足的时间，可用于修改、报告、分析以及对重大设计变更进行研制试验。
　c. 作为制定建议征求书的源文件。
　d. 指导承包商建议书如何提出项目试验需求，如：试验件；试验鉴定数据使用权；政府获取故障报告、分析、纠正措施系统以及其他试验结果数据库；嵌入试验和内置仪表数据（包括软件日志文件）；承包商的验证要求；政府对由承包商开展的试验鉴定的利用；政府对承包商试验鉴定计划的审查和批准；政府观察承包商的试验事件；政府审查承包商的鉴定。如需更多详细信息，请参阅本指示附件5第5节。
　e. 包括对所有承包商及政府的系统级可靠性试验进行识别，以支持初始可靠性规划评估。对于可靠性关键项，项目主任可采用可靠性发展鉴定方法。各军事部门/项目主任应采集并保管重大武器系统可靠性及可维修性试验鉴定数据，以便为系统设计决策提供依据，深入了解维护成本，以及估算这些系统的作战和保障成本。
　f. 从里程碑B起，包括一条或多条可靠性增长曲线。
　a) 如果单条曲线不足以说明整个系统的可靠性，可以采用关键子系统的曲线，并说明选择这些子系统曲线的理由。
　b) 对于软件（在任何系统中），试验鉴定主计划应包括预计的和实测的软件成熟指标。对于硬件采办，里程碑B的可靠性增长曲线应包括实测的（可用）和预计的可靠性。
　c) 在实现可靠性门限值之前，可靠性增长曲线将通过一系列的中间目标呈现，并通过完全一体化系统级试验鉴定事件对可靠性增长曲线进行跟踪。
　d) 采用科学的试验和分析技术来设计一个实用高效的试验计划，该试验计划能够通过恰当地选择因子和条件集合来描述系统行为，获取所需数据。
　e) 承包商或政府的研制试验鉴定应确定每一个研制试验阶段或者重大研制试验事件。所有项目都将规划开展研制试验鉴定和/或一体化试验，以便为系统设计解决方案提供依据。每一个重大研制试验阶段或事件（包括试验准备审查）应具备试验准入和准出的标准。研制试验达到标准（客户需求）就应该说明从试验事件中获取什么数据。
　f) 确保支持采办决策的所有试验基础设施和/或工具（如模型、仿真、自动化工具以及虚拟环境）都能得到目标用户或相应机构的校核、验证与确认。试验基础设施、工具和/或校核、验证与确认策略（包括对每个工具或试验基础设施资产进行校核、验证与确认的相应机构）应被记录在试验鉴定主计划中。对于支持研制试验鉴定的所有建模与仿真工具，项目主任应进行应用和认证规划。
　g) 为试验鉴定制定完整的资源估算，包括试验件、试验场和仪器仪表、试验保障设备、有代表性的威胁和威胁模拟、试验靶标和消耗品、为试验用部队（包括友好的和敌对的）提供支持、模型和仿真、试验台、联合任务环境、分布式试验网络、资金、人力和人员、训练、联邦/州/当地的要求、靶场的要求，以及所有特殊要求（如排爆要求或腐蚀防控要求)。资源应反映出开展所有试验活动的最佳评估情况。应根据研制鉴定框架和进度安排制定资源规划,以确保资源的充足性和可用性。

h) 确保试验鉴定主计划中确定的资源估算能够与时间进度相匹配,同时经过分析验证。

i) 资源以及确定威胁-红队/渗透试验,以模拟在作战环境下项目信息系统的敌对渗透威胁。红队作战的详细指南包含在参谋长联席会议主席指令 6510.01F(引用文件(bf))中。

j) 为网络安全试验制定策略和预算资源。试验项目应在具有代表性的网络威胁能力的任务环境中,尽可能多地包括各项试验活动。

k) 确保计划的试验项目中每一个重要的研制试验阶段或事件都有明确定义的事件、具体目标、范围、恰当的建模与仿真运用以及研制鉴定方法。

l) 从里程碑 A 起在试验鉴定主计划中描述研制鉴定方法,要提供有关计划性风险和技术风险的重要信息,以及做出重大计划性决策所需的信息。从里程碑 B 开始,研制鉴定方法应包括一个研制鉴定框架,以确定有助于评估完成进展情况的关键数据:关键性能参数、重要的技术参数、关键系统属性、互操作性要求、网络安全要求、可靠性增长、可维修性属性、研制试验目标,以及其他需要的数据。此外,研制鉴定框架要说明试验事件、关键资源和决策支持之间的关联与映射。研制鉴定方法应支持里程碑 B 对于规划、时间进度、资源的评估,及里程碑 C 对于性能、可靠性、互操作性和网络安全的评估。

m) 制定软件试验自动化策略,说明何时获取关键的试验自动化软件组件或服务,以及如何做出这些决策。

(2) 除非可以证明有其他试验鉴定较政府的试验鉴定有更高的效费比,否则,项目将采用政府试验鉴定能力。项目主任将根据这一政策对例外的情况进行成本效益分析,并在获得或使用非政府项目特殊试验设施或资源之前,通过试验鉴定主计划审批程序得到相关批准。

(3) 根据国防部指令 8510.01(引用文件(bg)),所有项目必须具备与其信息和系统分类一致的安全控制。项目主任应确保进行相应的试验,对保护信息和信息系统免受非授权访问、使用、泄露、破坏、修改或毁坏的能力进行鉴定。国防情报局将与项目主任合作,根据国防部指令 5000.61(引用文件(bh)),基于系统威胁评估报告、多军种部队部署、联合国家部队评估和想定支持产品,确定某时代的相关作战威胁环境。作为系统之系统一部分的系统,可能需要部署额外的试验资产,以评估端到端能力。作为研制试验鉴定计划的一部分,项目主任应确保对系统之系统性能的整体开展恰当的试验。

(4) 对于快速采办和应急项目,所需的研制试验层级要高度裁剪,应当重点强调时间进度,而非其他要素。需要开展试验以验证安全、能力及局限性,这些试验应与能力部署的紧迫性相一致,并且由最低的实践层负责确定研制试验需求。应急快速采办项目通常不列入国防部长办公厅研制试验鉴定监督列表当中。如果某个快速采办项目在研制试验鉴定监督列表当中,则应当推迟完整的研制试验,以便不影响早期部署;然而,通常会进行作战评估。参阅本指示附件 5 中第 6a 段,了解关于作战评估的论述;参阅附件 13,了解关于响应应急作战需求的采办项目相关的政策和程序。

6. 研制试验鉴定的执行、评估和报告

(1) 研制试验鉴定的执行。项目主任在实施项目的研制试验鉴定策略时,项目主任和试验小组应针对试验鉴定主计划中确定的每一个研制试验事件制定详细的试验计划。根据《美国法典》第10篇第4321-4347节(引用文件(ag))和第12114号行政命令(引用文件(ah))的要求,试验计划必须考虑到对人员及环境产生的潜在影响。项目主任应与用户和试验鉴定机构合作,在进行可能影响人员安全的任何试验之前向试验人员提供相关安全资料(包括国家环境政策法律文件以及符合本指示附件3第16节要求的安全和职业健康风险接受标准)。对于试验鉴定主计划中确定的事件,应开展试验准备审查。

(2) 负责研制试验鉴定的助理国防部长帮办进行的项目评估。对于重大国防采办项目、重大自动化信息系统项目和国防部负责采办、技术与后勤的副部长指定的特别关注项目,负责研制试验鉴定的助理国防部长帮办应当在研制建议征求书的发布决策点、里程碑B和里程碑C向里程碑决策当局提供项目评估结果,还应当更新项目评估以支持作战试验准备审查或满足里程碑决策当局/项目主任的要求。项目评估基于已完成的研制试验鉴定和已完成的作战作战试验鉴定活动;项目评估可说明项目规划的充分性、截止目前试验结果的影响,以及成功达到项目剩余试验鉴定事件目标的风险。

(3) 研制试验鉴定报告及数据。①负责研制试验鉴定的助理国防部长帮办、采办指挥线(包括项目主任)及指定代表应全部迅速参与所有正在进行的研制试验、所有研制试验的记录和报告,包括但不仅限于:所有试验的数据、系统日志、执行日志、试验主任的注释、认证,以及用户/操作员的评估和调查。这适用于所有的政府可访问数据,包括保密、非保密、竞争敏感或专有数据。数据可能是初步数据,应进行确认。②项目主任和所有项目的试验机构应向国防技术信息中心提供这些报告中所述试验事件的所有报告和支持数据。本指示附件5第11c(5)到11c(7)段有更详细的论述。③国防部各部门将从Ⅰ和Ⅱ类采办项目的可靠性及可维修性研制试验鉴定、一体化试验、作战试验鉴定中采集并保留相关数据。④附件1中表2和表6确定了与实施研制试验鉴定相关的法定和监管报告以及通知要求。

附件5 作战试验鉴定和实弹射击试验鉴定

1. 概述

(1) 试验鉴定的基本目的是使国防部能够获得可用的系统。为了实现这一目标,试验鉴定为工程师和决策者们提供相关知识,协助其管理风险、衡量技术进展并描述作战效能、适用性和生存性。可以通过规划和实施完善而严格的试验鉴定计划来实现这一目的。

(2) 项目主任负责提供资源保障并实施系统经批准的试验鉴定计划。项目主任组建一个由各试验数据用户授权代表组成的试验小组。这个小组在早期(即在里程碑A之前)就开始制定一项完善、严格、有效的试验计划,该试验计划将在项目全寿命周期内为系统工程、鉴定和认证提供支持。项目主任在试验鉴定主计划中记录试验规划。所有的试验鉴定主计划都需获得国防部相关部门的批准;由作战试验鉴定局监管的项目,其试验鉴定主计划也需获得作战试验鉴定局局长的批准。试验鉴定主计划中的作战和挑选的实弹射击试验事件必须是经批准的试验计划。这些试验计划应由负责试验的机构制定和批准。在作战试验鉴定局作战试验鉴定监督列表上的项目的作战试验计划,以及在作战试验鉴定局实弹射击试验鉴定监督列表上的项目的实弹射击试验计划均应得到作战试验鉴定局局长的批准。

（3）对于作战试验鉴定局作战试验鉴定或实弹射击试验鉴定监督列表上的项目，作战试验鉴定局应向里程碑决策当局提供里程碑评估。根据《美国法典》第10篇第2366和2399节（引用文件（g）），对于作战试验鉴定局作战试验鉴定或实弹射击试验鉴定监督列表上的项目，作战试验鉴定局局长应在这些项目逾越低速率初始生产之前，向国防部长以及国会国防委员会提交评估报告。

2. 适用范围

本附件适用于国防部长办公厅作战试验鉴定或实弹射击试验鉴定监督列表上的所有国防采办项目。本附件与本指示第5c（3）（b）段中所述的硬件密集项目模型相对应，对于那些硬件项目中的软件和特殊软件采办模型可以裁剪相关内容。如果国防专用软件密集型项目（模型2）与增量部署软件密集型项目（模型3）无区别，则将二者统称为"软件采办"。不分采办模型，对于任何软件采办来说如果要裁剪本附件内容，则一定要确定"软件运行在系统中"。对于快速采办模型，如何裁剪本附件内容应视具体情况而定。

3. 作战试验鉴定局监督清单

（1）作战试验鉴定局可以将任何项目或系统纳入作战试验鉴定局监督清单当中，以便随时监督这些项目或系统的作战试验鉴定或实弹射击试验鉴定。

（2）作战试验鉴定局应随时在线维护该监督列表，网址：https://extranet.dote.osd.mil/oversight/（需要使用通用访问卡登录）。

（3）作战试验鉴定局监督列表为非保密文件。由作战试验鉴定局监督的保密和敏感项目将被标记出来并直接转交里程碑决策当局。

（4）作战试验鉴定局监督列表是由作战试验鉴定局监督的重大国防采办项目的列表。在作战试验鉴定局监督列表上的重大国防采办项目包括：符合《美国法典》第10篇第2430节（引用文件（g））法定定义的项目，以及根据《美国法典》第10篇第139节（a）（2）（B）段（引用文件（g）），作战试验鉴定局出于作战试验鉴定的目而指定的重大国防采办项目。后者不包括出于其他目的的重大国防采办项目。

（5）除非进行了豁免，否则作战试验鉴定局监督列表上的所有项目都应提供重大国防采办项目要求的与试验有关的文件，包括国防情报局提交的文档或经国防部机构验证的系统威胁评估报告、试验鉴定主计划、作战试验计划、实弹射击试验计划以及试验结果报告。

（6）由作战试验鉴定局确定的部队防护装备（包括非致命性武器）将受到作战试验鉴定局的监督。作战试验鉴定局要批准这些系统所需的实弹射击试验计划和/或实弹射击策略。

（7）能力升级、对系统性能产生重大影响的其他改变，以及（在失败时）可能大大降低部署军事能力的改变应当进行作战试验。产品改进或系统生存性升级也应当进行试验鉴定。

（8）作战试验鉴定局监督列表应确定项目分组，以便于进行协调或同步试验。

4. 试验鉴定项目管理

（1）早期参与。对于作战试验鉴定局监督列表上的项目，一旦作出装备开发决策，项目主任在可行的情况下应立即组建一个试验鉴定工作层—体化产品小组（也称为一体化试验小组）。试验鉴定工作层—体化产品小组将在各个阶段中制定并跟踪试验鉴定计划。试验鉴定工作层—体化产品小组包括试验数据利益相关方的授权代表，如系统工程、研制试验鉴定、作战试验鉴定、实弹射击试验鉴定、用户、产品支持、情报机构，以及合适的认证机构。

（2）牵头作战试验机构。牵头作战试验机构是项目的负责作战试验机构。如果某个项目涉及一个以上的作战试验机构，则这些作战试验机构应共同确定一个牵头作战试验机构。

（3）所需文件。已经存在于其他采办文件中的试验鉴定计划文档可以通过工作线获得。对作战试验鉴定或实弹射击试验鉴定项目有直接影响的文档应纳入或关联到可用的试验鉴定文件或其他正处于审议中的文件，这些文件应得到作战试验鉴定局的批准或其他适用的批准。作战试验鉴定局对包含链接的文件的审批，也就是对适用于作战试验所有关联文件内容的审批。具体来说，尽管作战试验鉴定局没有批准关联文件的所有内容，但是作战试验鉴定局可以要求变更明确与作战试验或实弹射击试验有关的关联内容。

5. 试验鉴定项目计划

（1）试验鉴定主计划是一份由以下各方签订的合同：作战试验鉴定局、负责研制试验鉴定的助理国防部长帮办、国防部机构高级领导、牵头作战试验机构和项目主任。

（2）项目主任和试验鉴定工作层—体化产品小组应制定并更新试验鉴定主计划，以支持采办里程碑。对于（作战试验鉴定局作战试验鉴定或实弹射击试验鉴定监督列表项目）全速率生产决定审查或全面部署决定及以后的工作，作战试验鉴定局、里程碑决策当局或国防部机构高级领导可以要求更新或补充试验鉴定主计划，以完成进一步试验。

（3）对于作战试验鉴定局监督列表项目，项目主任应与试验鉴定工作层—体化产品小组一起努力，尽可能早且尽可能频繁地将试验鉴定主计划草案提交项目利益相关者。应至少在里程碑决策前45个日历日将经国防部相关部门批准的试验鉴定主计划提交给国防部长办公厅进行审批。

① 对于特定的快速采办项目或应急采办项目，可以放弃试验鉴定主计划。如果作战试验鉴定局认为不需要试验鉴定主计划，则建议向作战试验鉴定局提交早期简报（代替试验鉴定主计划），以方便作战试验鉴定局批准此后的作战试验计划和实弹射击试验计划。如果采办项目是作战试验鉴定局作战试验鉴定或实弹射击试验鉴定监督列表项目，作战试验鉴定局应批准快速采办项目的作战试验计划和实弹射击试验计划（包括应对应急作战需求所要获得的能力以及由快速采办机构批准的采办项目所要获得的能力）。如果作战试验鉴定局对某个快速采办项目进行了监督，这是因为作战试验鉴定局认为需要在部署前进行作战试验鉴定或实弹射击试验鉴定。应根据部署能力的紧迫性实施相关试验来验证安全性、生存性和作战性能。如果国防部长认为试验可能会对所需能力的部署造成不必要的妨碍，他/她可授权快速采办官员将某些试验延迟到部署之后。通常，试验应包括用户反馈，以支持设计和作战使用的改进。

② 根据《美国法典》第10篇第2399节（引用文件（g）），作战试验鉴定局监督列表上的所有项目都需要进行初始作战试验鉴定。牵头作战试验机构应在全速率生产或全面

部署之前进行独立、专门的初始作战试验鉴定,没有潜在利益冲突和不带偏见得提供客观试验结果。初始作战试验鉴定的主要目的是确定系统的作战效能和作战适用性。主要目的达成之后,初始作战试验鉴定还可以用于支持系统认证需求和训练需求。

(4) 牵头作战试验机构和项目主任应尽早协同规划初始作战试验鉴定,这样研制活动就可以了解初始作战试验鉴定的相关要求:

① 牵头作战试验机构应对初始作战方案中所涉及的试验鉴定内容进行评估,初始作战方案在里程碑 A 制定试验鉴定主计划时由用户提出。

② 从里程碑 A 开始,牵头作战试验机构应在试验鉴定主计划中提供一个动态文件工作链接,通过该动态文件,可以追踪到能力发展文件草案或者同等需求文件所要求的国防部机构的作战理念。

③ 对于软件采办,牵头作战试验机构应分析完成任务的作战风险,该分析涵盖系统中所有的计划能力或特征(参阅本附件第7d段了解更多细节)。该分析包括商业及非研制项目。应在里程碑 A 的试验鉴定主计划中记录初步分析情况,之后进行更新。

④ 试验鉴定主计划应包括对所有关键接口的任务级互操作性的评价。应在预期的联合任务环境中对提供联合任务能力的系统进行试验。

(5) 应该采用科学试验和分析技术(也称为实验设计方法)来设计实用和高效的试验鉴定计划。试验鉴定主计划应说明能生成所需数据的试验计划,试验数据可以说明在选择恰当因素和条件集合下的作战任务能力。

① 从里程碑 A 开始,试验鉴定主计划应说明每个阶段结束时的试验鉴定工作(里程碑准出和准入标准所要求的重大试验事件)。此外,每个重大试验阶段或事件都应具备试验准入和试验完成标准。

② 每个主要试验阶段或事件都应当具备预期分析大纲。该大纲应说明试验完成所获得的数据,这些数据如何(以一项或多项标准方式)用于测量项目进程。具体包括以下几项:

    a. 关键作战问题(也称关键的作战问题和标准)。

    b. 关键性能参数。

    c. 关键技术参数。

    d. 关键系统属性。

③ 每一份试验鉴定主计划都应当包括一份独立变量(或"条件""参数""因素"等)表,这些变量可能对作战性能具有显著的影响。从里程碑 B 开始,更新后的变量表应包括作战性能的预期影响、可用值范围(或"水平""设置"等)、理解变量影响的总体优先顺序、在试验过程中控制变量的预期方法(不受控变量、保持常量或受控的系统试验设计)。

④ 从里程碑 B 开始,每一份试验鉴定主计划都应包括鉴定概述。鉴定概述要说明重大试验事件和试验阶段如何链接在一起形成一种系统、严格、结构化的方法,该方法通过独立变量可用值来鉴定任务能力。试验资源应来自于鉴定概述(见本附件第10节)。

6. 作战试验鉴定活动

(1) 作战评估。

① 牵头作战试验机构应根据具体情况编制和报告一项或多项早期作战评估结果,以

便为一个或多个设计阶段全寿命周期事件提供支持(事件有能力发展文件验证、发布研制建议征求书的决策点或里程碑 B 点)。根据经批准的试验计划,早期作战评估通常是对项目在识别作战设计局限、开发系统能力以及降低项目风险方面的进展进行分析。对于进入里程碑 B 发展阶段的项目,牵头作战试验机构应(视情况而定)在项目启动之后且在关键设计评审之前编写并报告早期作战评估结果。

② 作战评估是在取得初始生产单元之前实施的试验事件,要结合大量作战实际情况。在国防部长办公厅作战试验鉴定监督列表上的项目,试验计划得到作战试验鉴定局批准后,由牵头作战试验机构来实施作战评估。作为进入里程碑 C 的通用准则,牵头作战试验机构应至少开展一次作战评估并报告评估结果。对于采用了渐进式部署软件密集型项目模型的采办项目,通常需要进行与风险相关的作战评估,以支持每一个受限的部署(见本指示第 5c(3)(d)段的模型 3)。对由国防部长办公厅监督的作战试验鉴定或实弹射击试验鉴定项目,应在快速或应急采办项目部署之前开展作战试验(通常为作战评估)。作战评估可以与训练活动相结合(见本附件第 11a(9)段)。在里程碑 C 进入采办系统的项目不需要进行作战评估。

(2) 建议征求书。应在发布里程碑 B 和里程碑 C 的建议征求书之前提供最新版本的试验鉴定主计划。在可行的最大范围内,建议征求书应当与试验鉴定主计划中载明的作战试验计划保持一致。

(3) 可靠性和可维修性作战试验鉴定

① 试验鉴定主计划应包括一项计划(通常通过工作链路连接到系统工程计划),以便将最顶层可靠性要求分配到各个部件和各子部件中。可靠性分配应包括硬件和软件,还应当包括商业和非研制项目。

② 可靠性增长。

a. 从里程碑 B 开始,试验鉴定主计划应包括可靠性增长、整系统可靠性增长曲线、关键系统-子系统-部件-子部件可靠性的试验鉴定。需要对与可靠性有关的重要内容进行试验,以降低由于使用新技术或由挑战性的作战环境带来的风险。为了可靠性增长,试验鉴定将提供初始可靠性(即:确定实现初始可靠性所需的承包商和政府可靠性试验)和可靠性试验事件的数据。可靠性增长曲线将展示规划的初始可靠性、指定的可靠性要求、显示每一个可靠性试验事件中的预计可靠性的曲线,以及标志最新可靠性试验结果的点。

b. 应定期采用软件成熟度指标(如高优先级缺陷的计数)对软件(任何系统中的软件)的可靠性增长进行测量。

c. 从里程碑 B 开始,试验鉴定主计划应包括以下工作链接:已确定或预期系统故障的故障模式、影响及重要性分析,受影响的部件和子部件,以及发现故障模式的方法。软件缺陷或故障跟踪数据库可以替换软件采办中的故障模式、影响及重要性分析。

③ 在里程碑 C 更新的试验鉴定主计划应包括经更新的可靠性增长曲线(可反映最新的试验结果)、预计可靠性增长的试验鉴定更新,以及最新的故障模式、影响及重要性分析工作链接。

(4) 建模与仿真的使用。使用或描述威胁特征或参数的模型或仿真,其对威胁的描述必须得到国防情报局的认证。将模型或仿真用于支持作战评估时,应得到作战试验机构的认证;对于作战试验鉴定局监督列表上的项目,用于作战评估的模型或仿真应得到作战试验鉴定局的批准。

7. 软件的作战试验鉴定

(1) 对于任何系统的软件采办通常能够得到专业模型和早期用户参与的支持:

① 在可行的情况下,对任何系统的软件进行试验应当得到软件运行的数字装置模型(或模拟硬件或虚拟机)的支持。

② 在可行的范围内,项目主任应组织作战用户试验样机的人机界面。

③ 负责软件采办的项目主任应针对完成关键的任务和功能所需的时间和工作开发程序模型。这些模型支持作战试验设计、结果分析以及管理需求,如维持成本预测和流程变更影响分析等。

④ 项目主任必须维持真实的作战维修试验环境,可在这个环境中开发软件补丁以及试验所有类型(研制的或商业的)更新。维修试验环境是一个作战环境模型,在该环境中,可以复制在作战环境中发现的软件缺陷。

(2) 负责软件采办的项目主任应当在里程碑 B 制定相关计划,以说明系统日志和系统状态记录如何与作战指挥控制配合。在初始作战试验鉴定或之前的试验事件中,负责软件采办的项目主任应展示作战指标的性能监测,以管理和运行各种系统能力(合适情况下运行全系统)。

(3) 对于任何系统中的软件,作战适用性鉴定应包括演示维护软件的能力。初始作战试验鉴定或之前的试验事件应包括一项端到端回归试验演示,最好是在维修试验环境中进行的自动化试验。该演示将展示如何将需求变更或发现的缺陷映射到必须修改的软件代码当中,软件的修改如何映射到回归试验脚本中(回归试验脚本可验证修改后软件的正确功能)。

(4) 软件采办作战试验的风险评估水平(模型 3、4 和混合模型)。

① 软件采办的作战试验鉴定应当在导致任务失败的作战风险评估的指导下进行。导致任务失败的重大作战风险是指其发生概率在中等或以上,如果未发生该风险,则会造成一项或多项作战能力退化或消失的影响。

② 在任何风险水平中,牵头作战试验机构应当与作战试验鉴定局在所需的试验水平上开展合作,然后共同监督商定的试验。在最低风险水平上,牵头作战试验机构应审查试验计划并监督研制试验或研制试验和一体化试验。在最高风险水平上,牵头作战试验机构应根据作战试验鉴定局批准的作战试验计划进行全面的作战试验鉴定。对于中等水平的风险,牵头作战试验机构应与牵头研制试验机构协作,根据作战试验鉴定局批准的作战试验计划共同监督和实施一些一体化研制试验/作战试验。

③ 作战试验鉴定局应要求对任何采办模型中的每一个有限部署进行作战试验或作战评估。作战试验鉴定或作战评估的范围应根据已交付或部署能力的风险而定。

④ 所有采办模型(特别说明的应急作战需求采办模型除外)中的每一个增量都要进行初始作战试验鉴定。初始作战试验鉴定通常应当在全面部署决策之前开展。对于在之前的作战试验中未得到成功评估的能力与系统的相互作用,要根据最新的作战风险评估来实施初始作战试验鉴定。

8. 网络安全

(1) 从里程碑 A 开始,试验鉴定主计划应记录网络安全试验鉴定所需的策略和资源。至少,应当对所有系统中的软件进行脆弱性评估。对于任务关键系统或任务关键功能和组件,也需要在作战试验鉴定过程中在真实的作战环境中针对模拟威胁进行渗透试验。

(2)从里程碑B开始,试验鉴定主计划应包含相应的措施,这些措施可用于评估作战能力,以保护、发现、响应并恢复和保持作战的连续性。试验鉴定主计划应记录将要采用的威胁,应根据情报机构当前最佳信息来选择需要采用的威胁。

(3)项目主任、试验鉴定主题专家以及得到认证的利益相关者应协助用户制定可试验的网络安全和互操作性措施。

(4)项目主任和作战试验机构应进行定期网络安全风险评估,以确定符合评估项目真实影响所需整体试验策略的蓝队/绿队/红队和作战影响试验事件。国防业务系统应进行窃取/欺诈作战影响试验。

9. 实弹射击试验鉴定

《美国法典》第10篇第2366节(引用文件(g))要求对作战试验鉴定局确定的所有有掩蔽的系统开展实弹射击试验鉴定并提交正式的实弹射击试验鉴定报告,包括快速采办项目、生存能力改进项目以及解决应急作战需求的装备项目。对第2366节中定义的有掩蔽的系统,作战试验鉴定局将会要求批准其实弹射击试验鉴定策略以及实弹射击试验鉴定计划(包括生存能力试验计划)。对于在作战试验鉴定局实弹射击试验鉴定监督列表上的任何系统,作战试验鉴定局将负责确定所有实弹射击试验鉴定事件需采购的试验件数量。

10. 资源和进度

所有试验鉴定主计划应确定实施计划的试验鉴定活动所需资源。资源估算应当与进度安排相匹配,并且得到试验鉴定主计划中相关分析的验证。所有试验鉴定主计划都应当包含一份更新后的一体化试验计划概要和所有重大试验事件或试验阶段的主要进度安排,也应包括实弹射击试验鉴定事件。

(1)资源估算(包括但不限于试验件的数量、靶标、消耗品、威胁模拟、作战部队等)应从对指标(概率和置信水平)进行合理统计测量而得出,指标与影响到作战性能的多种因子的不同量值有关,也与政府接受性能不佳系统或政府不当拒绝性能合格系统的风险有关。特别需说明的是,对源自试验内容以及得出资源估算所做的计算,试验鉴定主计划必须讨论、展示或者提供证明。

(2)项目主任和各军种或国防部有关部门应当分配试验鉴定主计划中确定的资源。试验鉴定主计划每一次更新都应包括经更新的完整的试验鉴定资源估算。

(3)试验基础设施、资源(包括威胁代表)和用于作战试验的工具必须经过研制方的验证,而且还必须经过国防部相关部门的批准和作战试验机构的认证。试验基础设施、资源和工具,及其相关的校核、验证和确认策略应当被记录在试验鉴定主计划中。

(4)根据《美国法典》第10篇第2399节(引用文件(g)),对于作战试验鉴定局监督列表上的系统,作战试验鉴定局应批准系统所有作战试验事件所需的试验件数量。国防部相关部门的作战试验机构将确定不受作战试验鉴定局监督项目的试验件数量。

(5)试验鉴定进度基于事件而定,要留出充足的时间以支持试验前预测;试验;试验后分析、鉴定和报告;预测模型的协调;留出充足的时间针对发现的缺陷和不足采取纠正措施。

(6) 对于采用有限部署的增量式软件采办(见本指示第5c(3)(d)段模型3),里程碑B的试验鉴定主计划将显示常规试验程序(研制试验、认证、一体化和作战试验)的总进度安排,该进度安排适用于规定时间内的每个有限部署。

11. 作战和实弹射击试验鉴定的实施

规划、实施和报告作战和重大实弹射击试验事件的总体程序如图9所示。

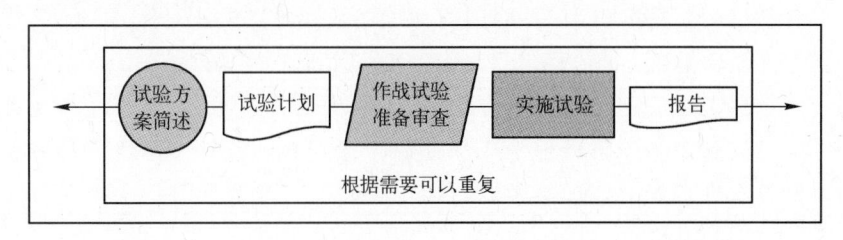

图9 作战或重大实弹射击试验事件:规划、审批、实施和报告

1) 规划试验事件

(1) 对于作战试验鉴定局监督列表上的所有项目,包括快速采办项目,作战试验鉴定局应当根据《美国法典》第10篇第2399节的规定,在相应的作战或重大实弹射击试验事件之前批准作战试验计划和实弹射击试验计划。作战试验鉴定局将批准重大试验事件的所有实弹射击试验计划,如全面系统级试验、全舰生存能力试验,或者全舰冲击试验。重大实弹射击试验事件应在试验鉴定主计划(或实弹射击试验鉴定策略或同等文件)中明确。试验计划由牵头试验机构负责制定。牵头试验机构是负责作战试验鉴定的牵头作战试验机构。对于实弹射击试验鉴定,牵头试验机构根据任务不同而变化。

(2) 对于作战试验鉴定局监督列表上的项目,相关牵头试验机构应尽早且不晚于试验开始前180个日历日,向作战试验鉴定局简要说明作战试验计划或重大实弹射击试验鉴定的试验鉴定方案。应当将试验方案及作战试验计划进度方面的变更及时通知作战试验鉴定局局长和国防部相关部门领导。牵头作战试验机构应在试验开始之前至少60个日历日,将国防部相关部门批准的作战试验计划提交作战试验鉴定局审查。重大实弹射击事件的牵头试验机构应在试验开始之前至少90个日历日,将国防部相关部门批准的实弹射击试验计划提交作战试验鉴定局审查。

(3) 作战试验计划和重大实弹射击试验计划应包括数据采集和管理计划。

(4) 一体化试验。

① 一体化试验指对试验阶段和事件进行协作规划和协作执行,以提供共享数据来支持由各利益相关者,特别是研制(承包商和政府)以及作战试验鉴定机构,进行的独立分析、鉴定和报告。一体化试验需要牵头作战试验机构主动参与,与项目办公室共同完成一体化试验的规划,这样可以更好地理解作战目标,可以通过真实的作战方式来进行试验,并且试验结果数据可用于作战评价。

② 对于可用于作战试验的一体化试验结果,牵头作战试验机构必须在试验开始之前制定一体化试验计划并提交作战试验鉴定局批准,该计划至少应详细说明试验的实际环境和条件、作战试验目标、作战试验的指标和数据采集要求。从经批准的作战试验计划或重大实弹射击试验计划以外采集的数据,如果得到作战试验鉴定局的批准,可被作战试验鉴定局用于进行作战或实弹射击鉴定。根据情况,作战试验鉴定局的批准不一定在

试验鉴定主计划中,可能还需要一些其他文件。数据审批基于对试验场景真实性的理解以及数据的来源(试验条件和方法)。有疑问的数据通常来自作战演习、认证事件以及在与作战相关的环境中进行的研制试验事件。开始试验之前,牵头试验机构和作战试验鉴定局应对数据审批进行协调。如果不能提前协调,牵头试验机构将通过试验数据来源(试验条件和方法)的独立文档促进数据再利用(用于作战试验鉴定局的评估或鉴定)。

(5) 在作战试验鉴定过程中,典型用户或部队将根据《美国法典》第10篇第139节(引用文件(g))以及和平时期的条件(如果适用的话),在模拟作战压力的条件下来操作和维护系统或项目。牵头作战试验机构在与用户和项目主任商议之后,将根据作战概念(本附件第5d(1))以及从联合任务基本作业清单或国防部各部门具体的任务基本作业清单获得的任务线程来确定真实的作战方案。参阅本附件第7d段,了解软件采办经过风险评估的作战试验鉴定。

(6) 根据《美国法典》第10篇第2399节(引用文件(g)),由承包商雇用的人员,如果计划在战斗部署中参与系统操作、维护以及为系统提供其他支持,则这些人员只能参与国防部长办公厅所监督系统的作战试验鉴定。

① 参与(或正在参与)国防部某部门(或国防部其他承包商)系统的研制、生产或试验的承包商,不能以任何形式参与作战试验鉴定数据采集、性能评估或鉴定活动的标准制定。

② 这些限制并不适用于参加过上述研制、生产或试验的承包商,只适用于代表国防部参与试验或试验支持的承包商。

(7) 所有项目的初始作战试验鉴定都会使用生产或生产代表性的试验件,这些试验件至少应包括低速率初始生产产品中用到的部件和软件项目。生产代表性系统应达到以下标准:

① 系统级关键设计审查、功能配置审核和系统验证审查必须对硬件和软件进行定义,包括在试验之前发现的重大缺陷的纠正措施。

② 对于硬件采办,应采用大批量生产的部件、工具和制造流程来集成具有代表性的产品;采用预期的生产软件;作战后勤系统包括将用于已部署系统的成熟的维修手册草案。应严格遵守用于全速率生产的制造过程;对于作战试验鉴定局作战试验鉴定监督列表上的项目,项目主任应向作战试验鉴定局提供关于所有重大制造过程变更的详细说明。

③ 对于软件采办,典型用户使用准备部署的硬件和软件,配备有代表性的国防部信息网络运行和保障网络安全的能力,在一个作战逼真的计算机环境中来执行战斗作业,以此对一个具有生产代表性的软件系统进行作战试验鉴定。所有的手册、训练、技术支持、作战持续性、系统升级和其他全寿命周期系统支持应全部具备。

(8) 根据《美国法典》第10篇第2399节和第2366节(引用文件(g)),初始作战试验鉴定的要求不仅限于基于以下各项内容的鉴定:计算机建模、仿真、或对系统需求的分析,工程建议、设计规范、或项目文件中包含的所有其他信息。初始作战试验鉴定还将进行系统能力端到端试验,包括部署和保障这些能力所需的所有相关系统。

(9) 所有项目的项目主任(尤其是快速采办项目)可以与牵头作战试验机构协作,选择在进行训练、联合和作战演习或者在同步试验事件时进行一体化试验。这些试验非常有效,但是,本身也会增加疏漏重大问题的风险。如果在部署之前没有开展后续的作战试验,通常则应在初始部署之后进行额外的试验。如果需要进行后续的试验,试验鉴定计划以及结果报告应被纳入适用的试验鉴定主计划或者其他规划文件当中。

2) 实施试验事件

(1) 根据《美国法典》第42篇第4321-4347节(引用文件(ag))和第12114号行政命令(引用文件(ah)),试验计划必须考虑到对人员和环境的潜在影响。项目主任应与用户和试验鉴定机构合作,在进行可能影响人员安全的任何试验之前向研制和作战试验人员提供安全保护措施(包括符合本指示附件3第16节规定的正式的环境、安全和职业健康风险验收)。

(2) 除了重大的不可预见的情况,经批准的作战试验计划或实弹射击试验计划中的所有要素最终必须在作战或实弹射击试验结束时完全实现。如果不能完整执行某项经批准的计划,在修订后试验事件执行之前必须得到作战试验鉴定局对相关变更的同意。一旦试验开始,在未咨询作战试验机构指挥员(对于作战试验计划)或相应的牵头试验机构(对于实弹射击试验计划)之前,或在取得作战试验鉴定局的同意之前,不得对试验计划的已审批要素进行任何更改。如果在执行试验计划的过程中,需要对试验计划实时出现的某个要素的实施进行变更,这种情况下无需取得作战试验鉴定局的同意。如果作战试验鉴定局的现场代表不在场,且试验主任认为修订的试验事件需要实施,需要变更试验计划,试验主任须联系作战试验鉴定局的相关人员,以针对拟定变更取得同意。如果不能及时联系到作战试验鉴定局的人员,则试验主任可以继续执行经修正的试验事件,但是应当尽快将试验计划的变更告知作战试验鉴定局。

(3) 如果试验鉴定主计划中确定的试验事件的实施顺序会对数据分析造成影响,则试验计划应包括试验事件执行顺序的细节和/或试验点数据采集情况。

(4) 如果作战指令(如战术、技术和程序,标准操作程序,技术手册,技术规程)会对试验结果产生影响,则应考虑其影响并将相关因素纳入作战试验计划当中。

(5) 试验计划必须包含进行常规变更(由于天气、试验暂停等原因造成的延迟)所需的标准。

(6) 如果试验完成标准所需的数据丢失、损坏,或未采集到相关数据,除非作战试验鉴定局放弃该要求,否则试验将被视为未完成。

3) 数据管理、鉴定和报告

(1) 作战试验鉴定局、项目主任以及他们指定的有访问权的代表,可以访问所有的记录、报告和数据,包括但不仅限于源自试验、系统日志、执行日志、试验主任注释、用户和作战人员评估和调查的数据。数据包括但不仅限于保密、非保密和(当可用时)竞争敏感或专有数据。数据可能是初步数据,应进行确认。

(2) 作战试验机构和其他试验鉴定机构将以书面形式记录作战试验鉴定和实弹射击试验鉴定的每一项事件。完整的报告通常包含多个试验事件,应当以最及时的方式完成。当结果可用时,应编写临时总结或针对单个事件编制目录。

(3) 一旦发现重大问题,应及时向国防部高级领导汇报。当试验事件向项目决策者提供了重要的即时信息时,作战试验机构应发布临时试验事件摘要以作为临时报告。在支持快速采办项目和应急作战需求时,尤其需要如此。这些报告应提供基于可用数据的最全面的评估,不得延迟提供这些报告。在完成这些报告之后,应根据规划编制全面的报告。

(4) 对于作战试验鉴定局作战试验鉴定和实弹射击试验鉴定监督列表项目,整个报告编制阶段,应当及时将可用项目资产、评估、试验结果和预期报告时间表告知作战试验鉴定局。

(5) 所有项目的项目主任和试验机构应当将试验事件的所有报告、支持数据和元数据提交国防技术信息中心。如果向国防技术信息中心提供的数据或元数据存在限制,则应当从里程碑 B 开始在试验鉴定主计划中说明这些限制。

(6) 试验机构将向国防部建模与仿真协调办公室提供可在其他项目中重复使用的所有经认证模型或仿真的描述性总结和元数据。

(7) 各军种部部长负责与国防采办执行官、作战试验鉴定局局长和国防部负责人事与预备役的副部长协调,为每一种重大武器系统类型制定通用数据集,采集其在作战行动中的受损数据。这些数据将被存储在国防技术信息中心的专用可访问数据库中。只要有可能,分析这些数据得到的知识,应该融入新采办项目、改型和/或升级的能力需求过程和采办过程。

12. 作战试验准备

国防部每个部门都应当编制一份作战试验准备审查程序,在进行作战试验之前对作战试验鉴定局监督列表项目实施该审查程序。在进行初始作战试验鉴定之前,该程序应包括研制试验鉴定结果审查、基于关键性能参数的系统进展评估、关键系统属性、试验鉴定主计划中的重要技术参数,以及已确定技术风险的分析(确保那些风险在研制试验鉴定和/或作战试验鉴定、系统认证审查、试验鉴定主计划规定的初始作战试验鉴定准入标准审查中已经消除或降至最低水平)。

13. 认证

规划认证支持试验时应结合其他所有试验。

(1) 项目主任负责确定需要哪些认证;确保合适的论证机构代表参与试验鉴定工作层一体化产品小组;满足认证要求。

(2) 项目主任应向里程碑决策当局、作战试验鉴定局和牵头作战试验机构提供他们所需的所有认证数据。

(3) 根据国防部指令 8330.01(引用文件(ab)),所有项目的试验鉴定主计划都必须反映互操作性和保障性要求,并且可以用作互操作性评估和认证的依据。

14. 试验鉴定主计划的演变(贯穿采办全过程)

以下网页对前述政策、作战试验鉴定局指南和试验鉴定主计划进行了总结:http://www.dote.osd.mil/temp-guidebook/index.html。

附件 6 全寿命保障

1. 目的

本附件描述了全寿命周期保障计划政策和程序的应用。本附件所说的"保障"贯穿项目整个全寿命周期,且涵盖全寿命周期保障计划的各要素。

2. 贯穿全寿命周期的保障

保障计划,包括《美国法典》第10篇第2337节(引用文件(g))和联合能力集成与开发系统操作手册(引用文件(r))附录E至附件B中的要求,必须从最初就作为能力需求和采办过程的组成部分。

1)项目主任应商产品保障主任

(1)制定并实施经济、有效的基于性能的产品保障策略。产品保障策略是一切保障工作的依据,用以指导产品保障的一揽子计划能够实现并满足作战人员的需求。

① 产品保障策略应至少确定以下内容:

a. 由项目、政府及工业供应商共同实施的一体化产品保障能力,遵照《美国法典》第10篇2337相关条款的规定。

b. 包含保障关键性能参数和关键系统属性的保障指标,可用于管理保障性能。

c. 实施一项可靠性改进计划,该计划基于故障模式、影响和重要性分析(或软件缺陷跟踪)、在系统工程过程中开发的其他工程数据、由适用的机载和离载技术产生的系统健康信息、符合国防部第4151.22号指令(引用文件(bi))的数据源等等。

d. 大企业和小企业在主包商和分包商层次开展的或者是在系统和分系统级别开展的竞争或竞争选择。

e. 必要的知识产权可交付成果以及相关的许可权,符合并集成到项目知识产权策略。本指示附件2第6a(4)段详细说明了知识产权政策。

f. 对于需要核心后勤保障的系统或者当需要基地级软件维护时,计算机软件、计算机软件文档(根据《联邦采办条例国防部补充条例》(引用文件(al))第252.227-7014节的要求)以及其他物资和活动应在初始作战能力之后,如何以及何时提供给政府。本附件第3d(2)段重点描述了核心后勤需求。

g. 根据《美国法典》第10篇第2337节(引用文件(g))的要求,在使用产品保障措施之前,应首先采用现有的由政府所有的产品目录。

h. 根据《美国法典》第40篇第524节(引用文件(p)),政府财产制度记录了由政府、承包商或第三方持有或管理的政府财产。

② 产品保障集成方和产品保障提供方可以是政府机构、商业机构或二者的结合体。

(2)确保识别各规范中的过时部分,并根据公法113-66第803节(引用文件(bj))制定对这些部分进行适当替换的相关计划。

(3)在制定一个系统的产品保障措施的过程中,采用有效的基于性能的后勤计划、开发、实施和管理。基于性能的后勤就是基于性能的产品保障,可通过采取传达作战人员需求或激励产品保障供应商创新以降低成本等基于性能的措施,来取得所需的结果。

(4)根据预计的和实测的性能不断地评估和改善产品保障策略。

(5)采用"应计成本"的管理和分析方法来确定并降低系统和企业的保障成本。应计成本目标应根据采办维持成本分析和使用与保障成本要素定期制定和审查。项目主任应当从国防部部局级别和国防部级别的信息系统中取得产品保障指标,并根据应计成本目标对性能进行跟踪。

(6)持续监控产品保障性能,并纠正可能对可用性和成本产生负面影响的问题。

(7)所有在国防部试验场和航空站运行试验的自动化试验设备硬件和软件,都应当使用指定的国防部自动化试验系统,以尽量减少特殊的自动化试验设备的使用。

(8) 开始去军事化处理和处置计划时,包括根据国防部手册 4160.28-M(引用文件(bk))中规定的去军事化处理以及系统、子系统或部件的受控库存项目编码,在首批资产接受处理或退役之前应留出充足的备货时间,以降低成本和风险,确保满足相关法令及法规要求。

(9) 根据国防部指令 5000.67(引用文件(bl)),在系统工程和全寿命周期保障过程中制定腐蚀防控计划。产品保障计划,特别是维护计划和保障工程,应当能够适当缓解设计中固有的腐蚀防控风险,以满足保障要求。

2) 国防部部局

(1) 应确保在所有关键的全寿命周期管理决策点对保障各方面因素进行充分考虑,并采取恰当的措施来降低运行和保障成本,如对开发早期的系统设计施加影响、制定合理的产品保障策略以及提出关键的成本驱动因素等。

(2) 对产品保障性能进行定期评估,协助项目主任、用户、资源赞助商以及装备供应企业的利益相关者采取纠正措施,以防止战备完好率降低或者使用与保障成本升高。

(3) 根据《美国法典》第 10 篇 2244a(引用文件(g))的限制规定,在必要时启动系统修改,以提高性能并降低拥有成本。

3. 全寿命周期保障计划

所有项目的项目主任应负责从里程碑 A 开始制定并维护与产品保障策略一致的全寿命周期保障计划。该计划应说明保障对系统设计和技术、业务及管理部门产生的影响,同时开发、实施并交付一个产品保障一揽子计划,用于在整个系统生命周期维持可支付得起的系统作战效能,同时寻求在不必牺牲必要的项目保障水平的情况下降低成本的方法。采办策略还应当包括产品保障策略概要和与系统维持相关的合同。

(1) 负责采办、技术和后勤的国防部副部长(或指定的人员)应批准 ID、IAM 类采办项目和国防部副部长(采办、技术和物流)指定的特殊项目的全寿命周期保障计划。

(2) 部门采办执行官或其指定的人员,应负责审批 IC、IAC 和 II 类及其以下的采办项目的生命周期保障计划。

(3) 全寿命周期保障计划应在每一个里程碑和规定的决策点进行更新,以反映产品保障策略在成熟度方面的提高、相应产品保障一揽子计划的变更、当前的风险以及任何降低成本的措施。

① 在里程碑 A,全寿命周期保障计划的重点是制定保障指标以便对设计以及产品保障策略产生影响,同时在里程碑 B 之前采取措施降低未来的作战和保障成本,包括软件维持成本。计划应采用与备选方案分析和承受能力分析中一致的因素和假设,计划还应当对这些因素和假设做出解释或进行纠偏。

② 在发布研制建议征求书(RFP)的决策点以及里程碑 B,全寿命周期保障计划的重点是确定最终的保障指标,将保障相关事项与设计及风险管理活动整合在一起,并且完善设计、采办、部署及保障活动竞争的执行计划。

③ 在里程碑 C(如果适用),全寿命周期保障计划的重点是确保作战保障性和验证指标。

④ 在做出全速生产决策或全面部署决策时,全寿命周期保障计划的重点是如何测

量、管理、评估及报告保障性能;采取措施调整产品保障一揽子计划,以便进行持续的竞争和成本控制,从而满足作战人员任务要求。

⑤ 在达到初始作战能力之后,全寿命周期保障计划是管理系统保障应遵循的原则性文件。一旦产品保障策略有变更,或者每5年(以先到的时间为准),应根据相应的分析、保障指标、保障成本、系统部件或配置(硬件和软件)、环境要求以及处置计划或成本对项目计划进行更新。

(4) 全寿命周期保障计划应包含以下附件:

① 业务案例分析。项目主任应在全寿命周期保障计划中附上用于制定产品保障策略的相关假设、限制条件和分析。国防后勤局应提供 I、II 和 III 类采办项目的数据为业务案例分析提供相关支持。产品保障主任应在相关假设、限制条件和操作环境发生变化时,或者每5年(以先到者为准)对分析进行重新验证。

② 核心后勤分析。在里程碑 A 之前,国防部相关部局应根据《美国法典》第 10 篇第 2366a 节(引用文件(g))的要求,在全寿命周期保障计划中记录他们关于核心基地级维修和保养能力要求的适用性的决定。在里程碑 B,项目主任应根据《美国法典》第 10 篇第 2366b 节的要求,在全寿命周期保障计划中附上项目在维护、维修和相关后勤能力和工作量方面的预计要求。项目的维护计划应根据《美国法典》第 10 篇第 2464 节的要求,确保在达到初始作战能力后的4年内建立起核心基地级保养和维修能力。项目主任应在关键设计评审之后 90 天内确定一个保养仓库。在签订初始低速生产合同之前,保障性分析必须包括有关核心基地级维修和保养能力的详细规定,以及支持这些规定所需的相关保障工作量。

③ 特殊工具的保留及存储计划。对于重大国防采办项目,公法 110-417 第 815 节(引用文件(f))中概述及要求的计划应当在里程碑 C 前准备好。该计划必须包括一个审查过程,以评估系统全寿命过程中的相关工具保留及存储情况。如果里程碑决策当局(而非国防采执行官)无需再保留和存储特殊的工具,则应当向国防采办执行官提交放弃声明,国防采办执行官将情况通知国会。

④ 知识产权战略。项目的知识产权战略应被纳入全寿命周期保障计划当中并且应在使用与保障阶段对其进行更新(参阅本指示附件2第6a(4)段,了解更多信息)。

⑤ 其他附件。项目主任应考虑纳入其他附件,或参考将其他项目维护计划或产品保障策略的文件整合其中。

(5) 可以通过多种方法来提供信息系统全寿命周期保障,包括服务层协议、保障协议、绩效工作报表和企业服务。在可行且得到里程碑决策当局批准的情况下,项目可采用投资组合级的文件来达到全寿命周期保障计划的要求。应通过标准担保和保障协议,对按预期要采用的商业现货产品和政府现货产品提供保障。有效的全寿命周期保障需要进行持续的监测,以确保投资的规模、成本和条件(包括漏洞管理)维持得当,以便对作战人员以及商业使用和目标提供支持。信息技术投资的全寿命周期保障计划应贯彻和落实行政管理与预算办公室 A-11(引用文件(c))发布的指导方针。

4. 保障指标

保障关键性能参数(可用性)是项目在成本、进度以及性能方面取得成功的重要因素。I 和 II 类采办项目的项目主任应使用可用性和维持成本指标来触发由这些指标驱动的进一步调查和分析,制定应计成本目标,同时以较低的成本制定提升这些系统的可靠性、可用性及可维修性的策略。关键性能参数的装备可用性部分基于整个系统清单,并且得到以下保障指标的支持:

(1) 装备可靠性。根据联合能力集成与开发系统操作手册(引用文件(r))的要求,装备可靠性是对项目的作战可用性及使用与保障成本影响最显著的设计指标。

(2) 使用与保障成本。国防部部局应确保源自作战和研制试验鉴定及部署的可靠性和可维修性数据能够估算出重大武器系统的使用与保障成本。

(3) 平均停机时间。恢复资产作战能力所需的平均总停机时间可以说明供应链和保障基础设施的效率(例如顾客等待时间、后勤响应时间以及逆行时间)。这是一个重要的元素,可用于评估系统在整个生命周期中的经济可承受性,并确定系统的产品保障策略和产品保障措施的约束条件及机遇。

(4) 其他指标。能力需求文件中支持保障要素的结果指标,或者由国防部部局管理的用以研制和维护系统所需的系统开发、产品保障一揽子计划和供应链的结果指标。

5. 产品保障评审

(1) 项目的产品保障主任应将后勤评估作为项目保障评估和技术评审(如系统工程和试验)的重点部分,以确保系统设计和产品支持包相融合,以实现维持指标并报告适用的建模与仿真工具。

(2) 国防部部局将在里程碑 B 和 C 以及做出全速生产决策之前针对所有重大武器系统开展独立的后勤评估,以评估产品保障策略的充分性,确定可能推动未来使用与保障成本的特征、有助于降低成本的系统设计变更,以及管理成本的有效战略。这些评审的重点是保障计划的实施和执行,包括核心后勤分析以及机动战斗能力的形成。每一个国防部部局都应当制定独立的标准,应提供①指导,确保各部局②和关键采办决策点评估范围的相互协调。这些评审至少应得到部局采办执行官的特许,并由项目办公室以外的后勤、项目管理和业务专家实施。

(3) 在实现初始作战能力之后,国防部各部门应至少每 5 年就进行一次独立的后勤评估。国防部部局应向负责后勤和装备完好性的国防部助理部长提供评估结果。评估的重点是武器系统级别的产品保障性能,看其是否能够满足作战人员的需求,达到保障指标,并提供最佳的结果。这些评估必须对使用与保障成本进行特别评估,以识别和说明导致使用与保障成本上涨的因素,并采取相关策略来降低这些成本。评估结果应报告全寿命周期保障计划及相关分析的更新。

附件 7 人-系统一体化

1. 目的
本附件说明了适用于国防采办项目的人-系统一体化政策和程序。

2. 概述
在采办过程的早期,项目主任即应开始计划并实施贯穿整个产品生命周期的人-系统一体化,以优化系统总体性能、最大限度降低总成本,确保系统的设计、操作和维护能够有效地协助用户完成他们的使命。项目主任应确保在项目生命周期中每一个项目里程碑都考虑到人-系统一体化。

3. 人-系统一体化计划

人-系统一体化的计划和实施应注意处理好以下一些问题：

(1) 人体工程学。项目主任应采取措施(例如合同交付使用的产品及政府/承包商一体化产品小组)，以确保人机工程学、人体工程和认知工程在项目生命周期的系统工程中都能得到采用，使之具有有效的人机接口，并满足人-系统一体化的要求。系统设计应尽可能减少或消除系统对认知、身体或感官技能的过高要求；减少大规模培训或降低工作强度；避免出现重大工作错误；或消除安全或健康危胁。

(2) 人事。项目主任应与指定国防部部局的人-系统一体化人员合作，以便根据系统描述、预期目标职业技能特点、新兵招募和超期服役的趋势，来确定系统使用人员的能力特点。各种系统对特定的认知、体力或感官技能的要求，应尽可能不超过特定用户群体所具有的上述技能。对于那些在知识、技能和能力要求方面超过现行军事职业特点的采办项目，或者要求达到额外的技能指标或难以实现的军事职业特点的采办项目，项目主任应与人事部门进行协商，以减少战备状态、人员培训速度以及经费方面的问题。

(3) 可居住性。项目主任将与国防部指定部门人员一起确定对自然环境的要求(例如适当的空间和温度控制)，必要时还可包括对人员服务的要求(如医疗和餐饮)、生活条件的要求(如睡眠及个人卫生)，他们都对满足和保持系统性能有直接影响，或对生活质量及招募和超期服役的人员士气有负面影响。

(4) 人力。在签订作战保障服务合同之前，项目主任应与指定国防部部局的人-系统一体化人员一起确定最有效、最经济的国防部人力与合同保障的组合方案。系统操作、维护和保障(包括提供训练)所需的军职人员、国防部文职人员以及合同保障人员应基于人力资源组合标准(见国防部第1100.22号指令(引用文件(bm)))来确定，并计入人力估算报告中。用于人力组合决策的经济分析，应采用反映所有费用(如所有可变成本和不变成本、补偿和非补偿成本、当前和展期收益、现金和以货代款的利润)的成本计算工具，包括国防部第7041.04号指令(引用文件(bn))。人力估算报告得到国防部部局人力资源主管的批准之后，该报告便应成为其他项目文件中用于报告人力资源问题的权威信息来源。

(5) 训练。项目主任应与国防部指定部门人员一起为操作、维护和保障人员制定个人、集体和联合训练方案，并且在必要时，应根据对培训效能的评估(可与其他试验鉴定整合在一起)来确定培训方式。工作任务分析、培训器材相关文件以及训练计划中规定的主要任务应支持全面分析(尤其是提升用户能力的分析)，同时保持技能熟练程度，降低个人及集体的培训费用。项目主任应制定出培训系统计划，尽可能使用新的学习方法、仿真技术、嵌入式培训和分布式训练，还应研制能"随时随地"提供训练且大大降低对训练设施要求的器械操作系统。在具备成本效益且可行的情况下，项目主任应利用基于仿真的嵌入式训练，训练体制应充分保障和反映出作战系统的互操作性，并符合国防部指令1322.18(引用文件(bo))的要求。

(6) 安全与职业健康。项目主任应确保适当的人-系统一体化和环境、安全和职业健康方面的工作通过训练及成为一体，并将其集成到到系统工程当中，以决定系统设计特性，从而能够将可能导致操作和维护人员产生急、慢性病、残疾、伤害、死亡的风险降到最低,提高系统操作、维护和保障人员的工作成绩和效率。

(7) 部队保护和生存能力。项目主任应评估人员面临的风险,并从系统设计方面着手,保护人员避免直接的威胁事件和事故(如化学、生物和核威胁)。设计要素应包括这些事件产生的主要和次要影响,应考虑到外出及生存所需的特殊设备。

附件 8　经济可承受性分析与投资限制

1. 目的

本附件明确的基本概念和方法,用于编制和应用采办项目的经济可承受性限制,作为项目全寿命投资分析、决策和管理的组成部分。

2. 概述

(1) 经济可承受性分析是国防部部局领导的责任,应涉及部门的计划、资源规划、要求、情报以及采办团体。在国防部已经启动的项目中,有很多已被证明超出了经济可承受性,从而导致许多项目因成本问题而被取消,使项目数量大大减少。因此,经济可承受性分析的目的是,避免项目在不合理的预期预算情况下,启动或继续生产和保障活动。采购和维护的经济可承受性限制应在项目规划过程的早期确定。使用这些限制可确保尽早以及在项目全寿命周期内进行能力需求优先次序以及成本权衡。

(2) 这项政策的目的是要求经济可承受性分析应考虑到拟定的项目全寿命,其中包括未列入《未来年份国防计划》的项目。项目全寿命经济可承受性是国防部第 5000.01 号指令(引用文件(a))规定的国防部采办计划的基础。《未来年份国防计划》中经济可承受性工作是里程碑决策当局认证的一部分,同时也是《美国法典》第 10 篇第 2366b 节(引用文件(g))要求的重大国防采办计划在里程碑 B 及以后监控工作一部分。评估新上和升级系统的全寿命经济可承受性,对于确定项目的财务可行性、报告备选方案分析、指导能力需求和工程权衡,以及设定用于控制项目全寿命成本和帮助国防部成本管理的可行项目基线也十分重要。经济可承受性分析和管理,需要与作战需求机构就能力需求的成本和风险进行持续有效的沟通。

(3) 经济可承受性分析和限制不用于制定刚性的长期性计划。相反,它们只是工具,通过检查目前的能力需求选项可能产生的长期影响,以及检查基于对未来部队结构的装备需求进行合理预测而做出的投资决定,在向项目提供大量资源之前做出负责的可持续投资决策。

(4) 经济可承受性分析和经济可承受性限制并不等同于成本估算和降低成本的方法。经济可承受性限制是由资源通过自上而下的方式确定的,这些资源可由国防部部局分配给系统、规定的库存目标以及满足部门所有其他财政需求。经济可承受性限制规定采购和维护成本门限值,项目主任不得逾越这个门限值。另一方面,成本估算利用自下而上的方式或参数法进行,以预测预算所需的产品成本。经济可承受性限制和成本估算的区别说明是否需要采取进一步降低成本的措施,以便使成本控制在经济可承受性限制范围内。除经济可承受性限制或成本估算,项目主任还应当寻找其他其他方法来控制或降低成本。积极的成本控制对国防部购买力最大化具有至关重要的作用,同时应是项目管理所有阶段和方面的基本组成部分。本指示附件 10 讨论成本估算方法。

(5) 如果在采取积极的成本控制与降低措施之后仍然不能达到经批准的经济可承受性限制,则应当对各项技术要求、进度安排以及所需的数量进行调整;这项工作可在国防部部局技术状态指导委员会的协助下,向需求确认当局提出降低能力需求。如果经济可承受性限制仍然不能达到,且相关部门无法通过提高项目的支付资金等方式满足该限制条件、并获得里程碑当局的批准,则该项目应该被取消。

3. 全寿命经济可承受性分析

国防部部局通过对包括产品全寿命资金和保障分析的投资组合经济可承受性分析,确定 I 和 IA 类采办项目的单位采购成本和维持成本的全寿命经济可承受性分析限制。基本采购单位成本的计算方法是以年估算采购预算除以为了维持预期库存每年需要采购的产品数量。(下面简单举例说明:如果某部门计划保持 200000 辆卡车库存,且这些卡车的预计使用寿命为 20 年,则平均每年应购入 10000 辆卡车。如果该部门能够支付每年 10 亿美元的卡车购置费用,则采购费用限制的计算方法是以 10 亿美元除以 10000,即每辆卡车的费用为 100000 美元。该部门对于新卡车的要求必须限制在每辆 100000 美元的范围内。可通过类似的计算来获得维持经济可承受性限制。)如果他们是这样规定的,各部门可以使用负责采办、技术与后勤的国防部副部长办公室发布的标准化投资组合进行分析。该组合可以基于任务领域或者产品类型,应定义可以一起管理的产品或能力,以便进行投资分析和监督。国防部部局通常会在投资组合内做出权衡,但是必要时,可以而且应当进行跨组合权衡,以便为高优先级计划提供充足的资源。

(1) 产品全寿命,部门投资组合分析(30~40 年标称值)。部局领导——而非采办部门或项目管理部门——应根据他们的计划、资源规划、要求、情报和采办团体的支持进行经济可承受性分析。每个部门都应当在以下基本结构内确定用于经济可承受性分析的过程和分析技术:

① 未来的预算。为了进行经济可承受性分析而提供的国防部每个部门的未来总预算预测,可以为每个投资组合的未来资源分配提供第一次经济估算。该预测为未来建立一个标称基础(而非乐观的基础),其涵盖在部门中争夺资源的所有财政需求,包括采办及维持项目以外的项目。

② 时间范围。部门级别的经济可承受性分析将所有计划和投资组合一起审查,可将时间延长,以揭示部门计划项目的全寿命成本以及产品的影响。同样分析可用于单个计划的审查。名义上,经济可承受性分析涵盖未来 30~40 年的时间跨度。

③ 一致性。每年的投资组合总成本估算,加上部门所有其他财政需求,不得超出该部门合理预计的未来预算水平。

④ 财政指南。如果成本评估与计划鉴定局或国防采执行官未发布特定的部门指南,则每个部门可以采用近两年平均的《未来年份国防计划》数量以及由国防部副部长(主计长)提供的国防部长办公厅通胀指数,预测本部门《未来年份国防计划》的预算上限,所得实际增长为零。

⑤ 通胀指数。经济可承受性分析假设购买力是恒定的。每个部门在进行部门未来总预算预测时,可采用由国防部副部长(主计长)提供的国防部长办公厅通胀指数,以便对照经济可承受性限制对成本估算进行相应的调整。假定的预算应在以后根据不同通货膨胀率进行调整。

⑥ 投资组合。各部门应将其账户细分为各个投资组合,以便进行权衡分析;但是,所有投资组合及其要素成本相加所得的总成本不得超过部门的未来总预算预测。各部门可以采用现有的经济可承受性投资组合,这些投资组合在经济可承受性分析的任意两次更新之间应保持稳定。如果分析被用于对特定计划审查,则相关部门应采用相关的投资组合,以便于理解和讨论相关采办系统的全寿命成本和产品。

⑦ 其他投资组合计划。部门的经济可承受性分析应与相关的现有投资组合计划以及法定策略一致(如《美国法典》第 10 篇 231 规定的 30 年计划(舰船)以及《美国法典》第 10 篇 231a 规定的 30 年(飞机)计划(引用文件(g))。

⑧ 经济可承受性分析的更新。根据需要,每个部门应保留并更新部门级别或投资组合级别的经济可承受性分析,以反映一些重大的变化,如投资组合和计划的较大成本增长、国防战略的变化、部队结构的变化,或者重大预算的变化。

(2) 经济可承受性分析的输出格式。每个部门的经济可承受性分析应采用管理框架规定的格式,并提交给里程碑决策当局,以作为重大采办决定的依据;经济可承受性分析的格式应当说明部门计划的经济可承受性和投资组合的内容,以确保经济可承受性限制被了解,并且与未来总预算预测保持一致。透明度可确保部门领导以及计划、资源规划、作战需求、情报及采办部门,能够充分理解系统采办和维持的风险、成本影响以及备选方案。

① 数据格式。在每一个重大采办决策点或里程碑,国防部部局应提供均匀区域图("沙图")和基本电子表格。这些数据格式规定了每个项目按年份进行估算分配,同时还规定了针对等同于国防部部局总支付权限的未来总预算预测的分析投资组合,包括所有投资组织中的所有计划。

② 计划数据要求。经济可承受性分析必须与在审项目的《成本分析要求说明》中的数据一致,包括能力需求、数量和分析中采用的时间表。经济可承受性分析还应当提供相关数据,以支持制定采购及维持限制,这些限制将被记录到基于装备开发决策、里程碑 A 和研制建议征求书发布决策点的采办决策备忘录中,同时记录在里程碑 B 及以后设定的采办计划基线中。

(3) 经济可承受性分析的时间安排。经济可承受性分析应在系统全寿命中尽早开展,以便进行早期能力需求权衡,并在备选方案分析中选择可供考虑的备选方案。在"装备开发决策"前不要求经济可承受性限制;但是,在此之前进行一些分析却是有益的。确保计划可承受性的最佳方法是在备选方案分析以及早期开发之前以及过程中确定能力需求。因此,各部门可以在最早的概念阶段将未来计划的预估资金流纳入经济可承受性分析当中,并且可以在装备开发决策阶段及以后指定估算量,以确定系统设计和备选方案选择。

(4) 备选方案分析对经济可承受性的重要性。在备选方案分析过程中,检查关键要求的性价比关系,结合经济可承受性分析结果,可提供所需的信息,以便保障经济可承受性产品的稳妥装备解决决策。

(5) 经济可承受性限制:目标值和门限值。

① 经济可承受性限制确定后,要通知部门经济可承受性分析规定的能力需求验证主管、项目主任以及成本限制备选方案小组。在项目早期,要确定经济可承受性目标值,以

便了解采购产品所需的能力需求和重大设计权衡。一旦确定了要求及产品定义(在里程碑 B 之前),即可确定经济可承受性门限值,以提供在功能上等同于关键性能参数的固定成本要求。根据部门经济可承受性分析和建议,里程碑决策当局应确定并执行以下经济可承受性限制:

a. 在装备开发决策阶段。暂定经济可承受性目标成本(例如,总投入、年度投入、单位采购和/或维持成本)以及产品库存目标,有助于确定备选方案分析的范围并提供考虑备选方案所需的相关目标。

b. 里程碑 A。针对单位采购和维持成本的经济可承受性目标值。

c. 研制建议征求书的发布决策点、里程碑 B 及以后。确定经济可承受性门限值。

② 这些限制应被载入上述决策点的采办决策备忘录中。在里程碑 B 及以后,经济可承受性门限值应列入计划的"采办计划基线"中。任何不包括里程碑 B 决策的计划,都应当确定与他们在采办周期中的位置以及他们的成熟度水平相称的目标值或成本门限值。

③ 用于里程碑决策当局批准采购及维持成本的经济可承受性限制的指标,要适应与特定计划的采办类型和具体情况的需要相一致。除了经要求验证主管批准的能力需求权衡,谨慎的研究、开发、试验鉴定投资,以及创新的采办策略,还可以采用降低成本的措施,以确保达到费用限制的要求。

(6) 监督与报告。里程碑决策当局将在计划整个全寿命周期内实施经济可承受性限制。如果项目主任确定即使采用了相关措施来控制成本并降低要求,但是仍然会超出经济可承受性限制,这种情况下,项目主任应通知部门采办执行官以及里程碑决策当局,并要求他们提供相应的援助和解决方案。项目主任应当在国防采办执行摘要评审时报告经济可承受性限制的进展情况。

4. 采办类别较低的项目

每个采办执行官都应当制定并发布类似的指南,以确保采办类别较低且具有超过《未来年份国防计划》资源影响的项目全寿命经济可承受性。

附件 9 备选方案分析

1. 目的

备选方案分析的目的是评估潜在的装备方案能否满足获得批准的初始能力文件所规定的能力需求,并支撑选出最具成本效益且满足规定的能力需求的方案。在选取可行的备选方案时,备选方案分析应确定一系列有可能具备所需能力的解决方案。

2. 备选方案分析程序

(1) 对于潜在的及指定的 I 类及 IA 类项目,以及联合需求监督委员会主席或投资审查委员会作为批准当局的联合军事或业务需求,成本评估与计划鉴定局应制定并批准备选方案分析研究指南。在制定上述指南时,成本评估与计划鉴定局应征求其他国防部官员的意见,以确保指南至少做出以下要求:

① 充分考虑每个备选方案在生命周期成本、进度以及性能目标(包括强制性的关键性能参数)之间可能需要的权衡。

② 评估依照联合需求监督委员会或其他需求批准当局建议的成本及进度目标,能否

实现其提出的联合军事需求。

③ 考虑经济可承受性分析结果以及经济可承受性目标(如果里程碑决策当局设定有该目标)。

(2) 成本评估与计划鉴定局应当在装备开发决策做出之前,向里程碑决策当局指定的国防部相关部局、机构,或者负责相应领域的首席参谋助理办公室,提供备选方案分析研究指南,且应当留出充足的时间,以便在决策事件之前准备相关的研究计划。研究计划应与里程碑决策当局配合,并且在装备开发决策做出之前得到成本评估与计划鉴定局的核准。由指定的国防部部局、机构或首要参谋助理负责分派任务,以完成研究计划以及备选方案分析。

(3) 应在里程碑 A 评审(或下一个决策点,或由里程碑决策当局指定的里程碑决策点)之前至少 60 个日历日向成本评估与计划鉴定局提供最终备选方案分析。在里程碑 A 评审之前至少 15 个工作日,成本评估与计划鉴定局应评估备选方案分析并向里程碑决策当局提供一份备忘录,同时向国防部相关部局领导或者其他机构或首席参谋助理提供备忘录副本,以评估该备选方案分析是否符合成本评估与计划鉴定局提供研究指南以及经成本评估与计划鉴定局批准的研究计划。在备忘录中,成本评估与计划鉴定局应评估:

① 备选方案分析在以下方面的进展程度:
a. 审查足够的可行备选方案。
b. 考虑每个备选方案在成本、进度、保障以及需求能力之间的权衡。
c. 评估能否实现在装备开发决策点设定的经济可承受性目标,并确定相关风险。
d. 采用稳健的方法。
e. 所讨论的主要假设、变量以及对这些变化的敏感性。
f. 基于分析结果的基本结论或建议(如果有的话)。
g. 当备选方案对能源成本有要求时,考虑所需能源的全部成本。
② 是否需要进行额外的分析。
③ 备选方案分析结果应如何影响项目的发展方向。

(4) 应在里程碑 A 决策或者在针对技术开发和风险降低阶段的活动发布建议征求书之前,将最终的备选方案分析提交给需求批准当局以备评审。要求需求批准当局至少应当:

① 以对作战人员来说最具成本效益的方式,评估建议的备选方案满足既定需求的程度。
② 识别是否可以调整能力需求,使联合部队能力具备更好的协同效果。
③ 根据《美国法典》第 10 篇(引用文件(g))中确定的责任要求,提供备选方案建议,以最好地实现既定能力需求。

附件 10　成本估算与报告

1. 目的

本附件说明国防部使用的主要工具和方法,以确保针对批准的能力需求的解决方案是经济有效的,预算是合理的,并利用签订多年制合同来增加切实可行的成本节约机会。

2. 成本估算

(1) 根据《美国法典》第 10 篇第 2334 节(引用文件(g))和国防部指令 5105.84(引用文件(bp)),成本评估与计划鉴定局针对所有国防部采办项目的成本估算和成本分析提供相关政策和程序,包括发布与项目全寿命成本估算和风险分析相关的指南,评审与重大国防采办项目和重大自动化信息系统相关的成本评估和成本分析,领导国防部成本人员培训工作。与这些政策相关的程序详见国防部第 5000.4-M 手册(引用文件(w))、国防部第 5000.04-M-1 手册(引用文件(at)),以及国防部长办公厅成本评估与计划鉴定的"使用与保障成本估算指南"(引用文件(bq))。

① 当负责采办、技术与后勤的国防部副部长为重大国防采办计划的里程碑决策当局时,在其他重大国防采办计划的里程碑决策当局提出申请时,成本评估与计划鉴定局应针对上述重大国防采办计划开展独立的成本估算和成本分析,其时间要求如下:

a. 在决定进入低速初始生产或全速生产前。

b. 在根据《美国法典》第 10 篇第 2366a、2366b 或 2433a 节规定进行认证前。

c. 在成本评估与计划鉴定局认为恰当的其他任何时间或者里程碑决策当局要求的时间。

② 当负责采办、技术与后勤的国防部副部长为重大自动化信息系统的里程碑决策当局时,在其他重大自动化信息系统的里程碑决策当局提出申请时,成本评估与计划鉴定局应针对上述重大自动化信息系统开展独立的成本估算和成本分析,时间要求如下:

a. 在根据《美国法典》第 10 篇 2445c 第(f)段进行报告之前。

b. 在成本评估与计划鉴定局认为恰当的其他任何时间,或者里程碑决策当局要求的时间。

③ 成本评估与计划鉴定局应在其认为恰当的任何时间,或者根据负责采办、技术与后勤的副国防部长或里程碑决策当局的要求独立编制 IC 和 IAC 类计划的成本估算。

④ 对于成本评估与计划鉴定局不独立编制成本估算的重大国防采办计划,有关军种成本机构或国防部类似机构,应当在成本评估与计划鉴定局评审并同意后编制独立的成本估算,并提交里程碑决策当局供里程碑评审决策使用。

⑤ 成本评估与计划鉴定局的代表应在预定的建议征求书发布决策点之前,至少 180 天与来自军种成本机构和计划办公室的代表召开会议,以确定在决策评审时提供哪些成本分析(如果有的话)以及应当由哪些人开展成本分析。会后,成本评估与计划鉴定局应告知里程碑决策当局将要提供的成本分析类型。成本分析类型根据计划以及保障发布研制建议征求书所需的信息而变化。对于有些计划,不需要进行新的成本分析,成本评估与计划鉴定局的代表应提供里程碑 A 的独立成本估算或者其更新版本。在其他情况下,成本分析可能是成本评估或完整的独立成本估算。

⑥ 成本评估与计划鉴定局应对与重大国防采办计划和重大自动化信息系统相关的所有成本估算和成本分析进行评审,包括所有重大武器系统的使用与保障成本估算。为了方便对成本估算进行评审,成本评估与计划鉴定局接收由国防部各部门编制的重大国防采办计划和重大自动化信息系统的所有成本估算、成本分析和相关研究的结果。

⑦ 成本评估与计划鉴定局、国防部各部门以及军种成本机构应及时取得相关权利,

可在他们认为必要时访问国防部所有的记录和数据(包括每个军种部和国防机构的记录和数据,包括保密、非保密和专有数据),以便对成本分析进行评审,并进行本附件第 2 和 3 节中规定的独立的成本估算和成本分析。

⑧ 对于重大国防采办计划和重大自动化信息系统,成本评估与计划鉴定局应参与竞争性计划成本估算有关问题和/或差别的讨论,评价所使用的方法以及估算编制过程,协调用于保障编制预算和基线的成本估算,参与批准重大国防采办计划多年制采购合同的申请。

⑨ 由成本评估与计划鉴定局和/或军种或机构编制的每个重大国防采办计划或重大自动化信息系统的成本估算文件,包括计划成本风险的各个要素,例如如何进行评估以及有哪些可用的风险减缓措施。成本评估与计划鉴定局应评估拟定的计划基线以及有关计划的预算能力,以充分确定可以在无需对未来计划预算进行显著调整的情况下完成项目。如果成本评估与计划鉴定局认为可靠度高的重大国防采办计划或重大自动化信息系统基线或预算未被里程碑决策当局认可,则里程碑决策当局应记录下做出决定的理由。根据《美国法典》第 10 篇第 2432 节(引用文件(g))编制的重大国防采办计划的下一份"采办报告选",以及根据《美国法典》第 10 篇 2445c 编制的重大自动化信息系统的下一份季度报告,应揭示针对重大国防采办计划或重大自动化信息系统进行成本估算所采用的可靠度,以及选择这种可靠度的原因。

⑩ 除了独立的成本估算中包括的使用与保障成本估算(在本附件第 2a(1)到 2a(4) 段中规定的评审过程中进行),各军种部必须在重大武器系统全寿命期内,定期对装备使用与保障成本估算进行更新,以确定初步信息及假设是否保持其相关性和准确性,并确定和记录产生各种变化的原因。此外,在进行初始作战能力评审后,必须进行独立的使用与保障成本估算。每次的使用与保障成本估算都必须与之前的成本估算和计划使用与保障费用门限值进行比较,并将该信息用于更新已提交给里程碑决策当局和要求验证官的全寿命经济可承受性分析。这种比较必须查明产生重大变化的原因,并将这些原因分类为外部因素和内部因素。

(2) 里程碑决策当局可以要求成本评估与计划鉴定局自行决定开展其他任何计划的成本评估,而无需考虑其采办类型。

(3) 根据《美国法典》第 10 篇第 2434 节(引用文件(g)),里程碑决策当局可以不批准重大国防采办计划进入工程和制造开发阶段或者生产和部署阶段,除非里程碑决策当局考虑了由成本评估与计划鉴定局制定或批准的计划全寿命成本的独立估算。

(4) 国防部部局将编制本部门成本估算,包括所有重大国防采办计划在里程碑 A、B 和 C 审查以及全速生产决策之前计划的整个全寿命成本估算,以及在任何恰当的时间进行的所有重大自动化信息系统的经济分析。

(5) 国防部部局和军种成本机构应在文件中确定本部门成本情况,包括所有重大国防采办计划和重大自动化信息系统在里程碑 A、B、C 评审以及全速生产决策或全面部署决策评审之前计划的整个全寿命成本情况。国防部部局成本情况必须由相应的军种负责成本和经济的副部长(或国防部部局类似人员)签字,且必须包含记录日期。

(6) 在里程碑 A、B、C 评审以及全速生产决策或全面部署决策评审时,国防部部局必须根据当前的《未来年份国防计划》确定的部门成本情况向项目提供全部资金,或者承诺由下一个《未来年份国防计划》为成本情况提供资金,并识别出当前《未来年份国防计划》存在的资金短缺的特定偏差。部门采办执行官和国防部部局首席财务官必须在全额拨款认证备忘录中签字,并证明《未来年份国防计划》对符合国防部部局成本情况的项目提供了或应会提供全额的资助。如果计划概念在里程碑评审之后发生了变化,则军种成本机构可以调整部门成本情况,国防部部局可以全额资助《未来年份国防计划》中规定的计划,以达到更新后的国防部部局成本情况的要求。

3. 成本分析要求说明

全面、可靠的成本估算以明确的计划为依据。成本评估与计划鉴定局要求使用《成本分析要求说明》,并针对国防部 5000.4-M(引用文件(w))中《成本分析要求说明》的内容提供指导。对于 I 类和 IA 类采办计划,由项目主任编制,由职位不低于国防部部局计划执行官批准《成本分析要求说明》。对于联合计划,《成本分析要求说明》应涵盖由所有相关的国防部部局同意的一般项目,以及国防部相应部门的特殊要求。成本评估与计划鉴定局和编制国防部部局成本估算的机构,必须在顶层一体化产品小组或相似人员协调机构评审或国防部部局评审前 180 个日历日收到《成本分析要求说明》草案,在 45 个日历日前收到最终《成本分析要求说明》,除非成本评估与计划鉴定局同意了其他日期。项目主任和计划执行官应确保该草案及最终《成本分析要求说明》符合其他最终计划文件。

(1) 计划内容随着时间逐步完善,重大国防采办计划和重大自动化信息系统在进入里程碑 A 和里程碑 B 前的内容较少,所以成本评估与计划鉴定局应当根据已完成的特定评审以及正在开发的系统类型提供《成本分析要求说明》的编制指南。然而,所有《成本分析要求说明》,无论如何编制,都应当提供计划说明,包括采办方法、预期限制、系统特征、数量、作战因素、作战支持策略、初步计划、试验程序、技术成熟度、风险降低计划以及相应的系统类比。应根据成本评估与计划鉴定局的要求提供其他内容。

(2) 如果里程碑 A 在发布"技术开发和风险降低阶段"研制建议征求书之前,则成本评估与计划鉴定局或经成本评估与计划鉴定局批准的国防部部局的独立成本估算不能在他们的提议中反映出由承包商提供的信息。如果承包商提供的关于进入"技术开发和风险降低阶段"的解决方案与里程碑 A《成本分析要求说明》中规定的设计相差较大,则项目主任应向成本评估与计划鉴定局和里程碑决策当局报告可能改变项目概念的差异。里程碑决策当局应确定是否需要在签订合同之前进行额外的评审。

(3) 在研制建议征求书(RFP)发布决策点,最终《成本分析要求说明》中描述的计划应反映项目主任和计划执行官的最好装备解决方案估算,并且应在里程碑 B 之后启动这些项目。应对最终《成本分析要求说明》进行更新,以反映里程碑 B 之前的所有新计划信息。

4. 成本报告

标准化的成本数据收集程序和格式是对当前及未来计划进行可靠成本估算的重要因素。成本评估与计划鉴定局应制定成本数据收集和监控系统的程序指南。本指示附件 1 中表 7 提供了关于成本和软件数据报告要求的详细信息。

(1) 国防部有 3 种主要的成本数据收集方法:成本和软件数据报告、一体化计划管理报告、使用与保障成本可视化及管理系统。成本和软件数据报告和一体化计划管理报告文件可作为与重大国防采办计划和重大自动化信息系统相关的重大合同及转包合同的主要采办成本数据来源。成本评估与计划鉴定局应针对国防部手册5000.04-M-1(引用文件(at))中的成本和软件数据报告系统定义程序及标准数据格式编排要求。一体化计划管理报告的格式和报告要求由负责采办、技术与后勤的国防部副部长确定和管理。使用与保障成本可视化及管理的数据系统由每个军种部进行管理,该系统可收集主要武器系统的历史使用与保障成本。成本评估与计划鉴定局应对使用与保障成本可视化及管理系统进行年度评审,以解决数据访问、完整性、时效性、准确性及与成本评估与计划鉴定局指南的相符度问题。年度评审还应当评估每个军种部使用与保障成本可视化及管理系统的资金及资源充裕程度。国防部手册5000.4-M(引用文件(w))为使用与保障成本可视化及管理提供了程序和数据报告要求。

(2) 成本和软件数据报告系统的两个组成部分是承包商成本数据报告和软件资源数据报告。成本和软件数据报告计划是根据国防部第5000.04-M-1号手册编制的,且计划采办的每个阶段都需要使用。I类和IA类采办计划的成本和软件数据报告计划必须在发出合同邀约之前得到成本评估与计划鉴定局的批准。成本评估与计划鉴定局有权放弃使用表7中的信息要求。项目主任应使用成本和软件数据报告系统来报告在执行国防部计划中发生的承包商的成本和资源使用数据。

(3) 除了存储在使用与保障成本可视化及管理系统中的历史使用与保障成本数据,每个计划还必须在主要武器系统的全寿命期内保留并向成本评估与计划鉴定局、国防部相应部门以及军种成本机构提供使用与保障成本估算,同时提供用于编制成本估算的各种报告、简报和其他支持性文件副本。这包括用于制定采办里程碑成本估算或其他计划评审以及《采办报告选》中包含的使用与保障成本估算的文件。

5. 成本评估与计划鉴定局程序

负责系统采办的国防部部局应向成本评估与计划鉴定局提供用于估算成本和评估纲领性风险的成本、计划和技术信息。国防部部局还应当提供相应的条件,以方便成本评估与计划鉴定局的员工访问项目办公室、产品中心、试验中心以及系统承包商,以支持编制成本估算。编制独立的成本估算的过程应与国防部手册5000.4-M(引用文件(w))中规定的政策一致。成本评估与计划鉴定局的最新政策和程序如下,但是成本评估与计划鉴定局可根据项目的需要对这些政策和程序进行修改:

(1) 成本评估与计划鉴定局的代表应参加一体化产品小组会议(即成本工作层一体化产品小组)。

(2) 成本评估与计划鉴定局、国防部各部门以及项目主任应:

① 共享数据并使用相同的《成本分析要求说明》。

② 在问题尚处于较低层次时就及时提出和解决这些问题。

③ 处理独立的成本估算和国防部部局成本估算之间的差异。

(3) 项目主任应及时确定预计应向成本评估与计划鉴定局的顶层一体化产品小组提出的问题。

(4) 对于联合计划:

① 牵头的国防部部局或执行机构应编制国防部部局成本估算。

② 所有相关的国防部部局必须共同签字,或者单独提交国防部部局成本情况和全额

拨款认证备忘录。

6. 多年制采购——成本分析要求

（1）总则。多年制采购合同是指合同时间介于1~5个计划年度的资产采购合同。根据《美国法典》第10篇2306b（引用文件（g）），对于法律特别准许的多年制国防采办项目合同，国防部长须在当年3月1日之前以书面形式做出保证，请求立法部门介入和监督满足特殊要求的多年制合同，同时，国防部长还要向国会国防委员会说明决策的依据和基础。第2306b节的部分条款如下：

① 使用这种合同可以大大降低一年期合同计划的预计总成本。

② 对需要采购的资产的最低要求是：在预定的合同期内，有关生产率、采购率和总数量的规定基本保持不变。

③ 可以合理预期，在预定的合同期内，机构主管应要求根据规定的水平提供合同资金，以避免合同被取消。

④ 需采购的资产具体有较为稳定的设计方案，且与资产相关的技术风险较低。

⑤ 在使用多年制合同中，合同成本估算以及预期成本规避是现实可行的。

⑥ 使用这种合同有助于改善美国的国家安全状况。

（2）成本评估与计划鉴定局的作用和要求。在国防部长根据第6.a段做出决定之前，成本评估与计划鉴定局应及时完成成本分析，并确定该分析能够支持国防部长的上述调查结果。为了使成本评估与计划鉴定局能够及时完成成本分析，机构领导必须在财政年度的10月1日之前向成本评估与计划鉴定局提交多年制采购合同备选清单以及支持性信息。

（3）附加要求。《美国法典》第10篇2306b（引用文件（g））针对多年制合同提出了其他要求。在要求取得签订多年制合同的授权之前，项目主任应咨询其部门律师，以确定拟定的多年制合同符合相关法规和规章的要求。

附件11　信息技术项目要求

1. 目的

本附件明确了包括国家安全系统在内的所有与信息技术相关的项目的附加政策和程序。

2. 适用范围

本附件适用于：

（1）信息技术。根据《美国法典》第40篇（引用文件（p））的定义，信息技术指在数据或信息的自动采集、存储、分析、评价、处理、管理、移动、控制、显示、切换、交换、传输或接收中使用的设备或者设备的互连系统和子系统；信息技术包括电脑、辅助设备（包括安全和监控必需的成像外围设备、输入、输出和存储设备）、由计算机中央处理单元控制的外围设备、软件、固件和类似的程序及服务（包括支持服务及相关资源）。信息技术指由国防部直接使用的设备，或者国防承包商按照国防部合同要求所使用的设备。信息技术不包括联邦承包商根据联邦合同采购的设备。

（2）国家安全系统。根据《2002年联邦信息安全管理法》和《美国法典》第40篇第

3541节(引用文件(aw)),国家安全系统指由联邦政府直接操作或者受联邦政府委托操作的电信或信息系统。这些系统的操作、使用及功能涉及与国家安全、军队指挥控制及核心设备(武器系统的主要部分,或者对履行军事或情报任务有直接的重要作用的设备)相关的情报密码活动。国家安全系统不包括日常行政管理和业务应用的系统(如工资、政务和人事管理应用系统)。

(3) 信息系统。根据《美国法典》第44篇(引用文件(aw)),信息系统指用于收集、处理、维护、使用、共享、传播或处置信息的信息资源离散集。

3. 遵守"克林杰-科恩法"

《美国法典》第40篇第Ⅲ分篇曾被称作"克林杰-科恩法"E部分,在本文档中将该部分称为"克林杰-科恩法"(引用文件(p))。该法案适用于包括国家安全系统在内的所有信息技术投资。

(1) 对所有信息技术采办项目,包括国家安全系统,不论采办项目类别,在满足以下条件之前,里程碑决策当局不得启动项目或能力增量,或批准项目进入采办里程碑正式批准的任意采办阶段;国防部部局也不得授予采办合同:

① 国防部相关部门负责人或项目主任认为该项目达到了采办阶段的具体要求。这些采办阶段的具体要求在本指示附件1表9所示的克林杰-科恩法中进行了阐述。

② 项目主任已经向里程碑决策当局和国防部部局首席信息官或相关指定人员报告了项目与克林杰-科恩法的相符情况。

(2) 部门首席信息官或其指定人员应在项目启动及后续的重大决策点,在国防部信息技术组合存储库及采办信息库中记录项目与克林杰-科恩法的相符情况。

(3) 本指示附件1表9明确了克林杰-科恩法的具体要求。相关人员通过使用基于"联合能力集成开发系统"和"国防采办系统"制定的文件,能够在实践中最大限度地使得项目满足法案的具体要求。在报告项目的法案相符性时,项目主任应编制一份与表9类似的表格,列举落实克林杰-科恩法要求的文件。

4. 项目实施后的评审

功能倡议机构、部门首席信息官和项目主任相互合作,负责对全面实施的信息技术制定计划,并开展实施后的评审工作。实施后评审应报告条令、组织、训练、装备、领导和教育、人员、设施和政策的变化在多大程度上实现了预期能力;对系统进行评价,以确保投资收益,并确定为了达到任务要求是否需要对系统进行延续、修改或终止;记录从实施后评审中取得的经验教训。如果实施后评审与随后的作战试验鉴定有重叠,则主办方应协调这两个规划,以达到预期效率。试验鉴定主计划及里程碑决策当局对大批量生产决策的准备工作要能够满足武器系统的要求。针对应急作战需求的部署评估、配置评估和处理决定(如附件13所述)应满足实施后评审要求。

5. 国防部信息企业体系结构

国防部信息企业体系结构将支持所有的信息体系结构开发,以实现联合信息环境。项目主任必须根据国防部信息企业体系结构、适用任务区和部门体系结构、国防部部局体系结构指南,制定相关解决方案的体系结构。项目的解决方案体系结构应定义相关能力和互操作性要求,制定和执行相关标准,并指导安全和网络安全要求。用于形成一体化体系结构标准观点的标准应选自国防部信息技术标准注册表(在全球信息栅格技术指导联盟范围内(引用文件(br)))的最新版本中包含的体系结构。应对信息技术进行试验,以评估从解决方案体系结构中获得的性能。

6. 网络安全

(1) 网络安全风险管理框架。应当尽早启动网络安全风险管理框架的步骤和活动(如国防部指令 8510.01 所示(引用文件(bg))),并将其中的需求管理、系统工程、试验鉴定整合到国防部采办过程当中。把风险管理框架整合到采办过程中,可以通过较少的努力,取得操作权限,实现系统生命周期的后续安全控制管理。

(2) 网络安全策略。包含信息技术的所有系统的采办(包括国家安全系统)都应该有网络安全策略。网络安全策略是项目保护计划的附录,该附录可满足《公法》106-398 第 811 节(引用文件(q))关于重要任务及重要任务信息技术系统的法定要求。从里程碑 A 开始,项目主任应在里程碑决策或签订合同之前向部门首席信息官提交网络安全策略以备审查和批准。

① 对 ID 类采办项目、IAM 类采办项目和 IAC 类采办项目,国防部首席信息官应在里程碑决策或签订合同之前审查并批准网络安全策略。

② 首席信息官应记录所有审查结果。

③ 如果签订合同经授权成为采办里程碑决策的一部分,则无需在签订合同时对网络安全策略进行单独的评审。

④ 经批准的网络安全策略将作为项目保护计划的附录。

7. 可靠的系统和网络

对保密性、完整性和可用性三大安全目标产生较大影响的系统;或由部门采办执行官或国防部首席信息官确定的,对完成军事或情报任务起着直接的至关重要作用的其他国防部信息系统,必须根据国防部第 5200.44 号指令的要求(引用文件(aj)),对其关键任务功能和组件进行标识和保护。可靠的系统和网络计划及其实施活动应记录在项目保护计划和相关网络安全计划和文件中(更多详情见本指示附件 3 第 13 节)。项目主任将通过以下途径,管理"可靠系统和网络"的风险。

(1) 进行重要性分析,以识别关键任务功能和关键的部件,并通过更加安全的系统设计来减少这些功能和部件的漏洞。

(2) 对重要组件供应商进行威胁分析(供应商全方位威胁分析)。

(3) 采用合适的可靠系统和网络的集中信息平台,为开展相关风险管理提供指南。

(4) 在采购关键组件或将这些组件整合到适用系统中之前,应采用"可靠系统和网络"的最佳做法、流程、技术和采购工具。

8. 有限部署重大自动化信息系统项目

在里程碑决策点 C,重大自动化信息系统项目的里程碑决策当局应与作战试验鉴定局局长协商,批准用于初期作战试验鉴定的系统产量和有限部署的地点。里程碑决策当局和作战试验鉴定局局长也可根据本指示第 5c(3)(d)段的程序,在里程碑 B 确定增量部署项目的场地信息。

9. 云计算

云计算服务可以提供比传统采办方法更加有效的信息技术。当通过商业案例分析,确定某种云计算服务符合经济性和安全性要求时,项目主任可以采用这种云计算服

(无论是否由国防部提供)。项目主任应确保云服务的实施符合国防信息系统管理局提供的云计算安全要求指南;项目主任还应确保使用的云服务已取得由国防信息系统管理局出具的国防部临时授权和由部门授权官员出具的操作权限。此外,用于敏感数据的非国防部云服务必须通过国防部首席信息官批准的云接入点与客户相连。项目主任按照预算管理办公室通告 A-11(引用文件(c)),向预算管理办公室报告云计算服务的资金投资情况。

10. 国防部企业软件倡议

在采购商业信息技术时,项目主任必须考虑到国防部企业软件倡议、联邦战略采购计划的采购渠道,及国防部门级别的企业软件许可证。更多详情,请参阅《联邦采办条例国防部补充条例》分篇 208.74(引用文件(al)),行政与预算管理办公室政策备忘录 M-03-14、M-04-08、M-04-16 和 M-05-25(引用文件(bs)到(bv)),及国防部企业软件计划网站:http://www.esi.mil/。

11. 国防部数据中心整合

项目主任必须获得国防部首席信息官的事先批准,才能负责项目数据服务器、数据中心或信息系统技术的资金。要根据《公法》112-81 第 2867 节(引用文件(v))的要求,得到部门首席信息官关于数据中心和数据服务器群组资金授权申请的签字。

12. 信息技术(包括国家安全系统)的互操作性

为了实现国防部指令 5000.01(引用文件(a))中的信息优势和互操作性目标,项目主任应设计、研制、试验并评估各系统,以确保达到信息技术的互操作性要求。在关键的决策点和采办里程碑,必须解决与互补系统之间的相互依赖、从属及同步问题。项目主任应确保互操作性认证符合国防部指令 8330.01(引用文件(ab))的要求。

13. 数据保护

收集、维护、使用或传播数据的国防部信息技术系统(包括依靠外包合同支持的系统)的项目主任,在满足机构记录保管需求的同时,必须保护数据不会泄露给未经批准的人员或机构。

(1) 必须以保护隐私的方式来管理个人身份信息。应根据国防部指令 5400.11(引用文件(bw))和国防部 5400.11-R 号条例(引用文件(bx))的要求来收集、维护、传播和使用个人身份信息。应根据国防部指示 5400.16(引用文件(by))来管理"私隐影响评估"。

(2) 必须对科学技术信息进行管理,使研究机构、产业界、军事作战机构及一般公众,能够在法律、法规、其他条例及执行要求规定的范围内,根据国防部指示 3200.12(引用文件(bz)),获取科学知识和技术创新。

(3) 项目主任应根据《联邦档案法》关于电子信息收集保留的规定,尽到记录保存责任(详见国防部标准 501502-STD(引用文件(bc))。电子记录保存系统必须保存根据《美国法典》第 44 篇第 3101 节(引用文件(aw))和其实施条例所提交的信息。项目主任应制定数据归档计划,说明如何在系统中收集、创建并存储数据。这些计划必须同时包括临时性和永久性数据处置流程。在采办过程的早期以及整个过程中,项目主任与部门档案管理员都要合作。

14. 第 508 节 - 残障人士对电子档案及信息技术的使用

根据《康复法案》(即《美国法典》第 29 篇第 794d 节(引用文件(ca))),项目主任应确保残障人士能够像普通人一样访问国防部研制、采购、维护和使用的电子档案及信息技术相关信息。如需了解第508节不适用的例外情况，请参考国防部手册8400.01-M（引用文件（cb））。

附件12 国防业务系统

1. 目的

本附件适用于预期全寿命成本超过当前《未来年份国防计划》100万美元的国防业务系统。本附件要和法定管理方法、附件1中的特殊文档、加强版评审要求及核心指令程序一起使用。

2. 国防业务系统

（1）"国防业务系统"指的不是国家安全系统，而是由国防部使用或授权使用的信息系统。国防业务系统包括财务系统、管理信息系统、财务数据反馈系统、信息技术和网络安全基础设施，并为采办管理、工资人事管理、后勤系统、财务规划预算、设施管理和人力资源管理等业务活动提供保障。部门首席管理主任可以确定某个项目是否为国防业务系统。

（2）国防业务系统应该在装备开发决策点进入采办程序，并且将根据本指示第5d段的要求对采办程序进行跟踪。根据法规，在批准里程碑A或启动国防业务系统增量开发之前，里程碑决策当局必须确定项目能够在5年内实现初始作战能力(《公法》109-364（引用文件(k)）。对于同时是重大自动化信息系统项目的国防业务系统，也要遵循表4的要求。

（3）本附件的政策适用于所有国防业务系统的开发。

3. 国防业务系统管理

（1）国防业务系统管理委员会

① 国防业务系统管理委员会由国防部常务副部长担任主席，负责提出政策和程序方面的建议，以提高国防业务系统的采办效率。

② 国防业务系统管理委员会是所有国防业务系统法定认证的批准机构，并且将把这些决策记录备案。

③ 所有国防业务系统的资金必须事先通过国防业务系统管理委员会批准认证才能拨付。每年至少要对项目进行一次评审。

④ 里程碑决策当局(国防部长办公厅级别或军种级别)应作为国防业务系统管理委员会的成员。

（2）投资审查委员会

① 成立投资审查委员会，由副首席管理官担任主席。

② 投资审查委员会是主席的咨询机构，将在以下方面予以协助：

a. 对国防部企业业务系统的能力需求要给予优先权，对支撑国防业务操作和端对端优化的业务系统应进行流程监督和过程监督。

b. 审查问题陈述文件(经投资审查委员会主席批准)和投资认证要求(由投资审查委员会主席认证，并建议国防业务系统管理委员会批准)。

c. 对能力需求和技术状态变更进行评估。技术配置变更会对在研项目的成本和进度产生影响。

③ 如果国防业务系统由国防部级别的里程碑决策当局负责,那么其投资审查委员会主席就应担任国防采办委员会成员。

④ 投资审查委员会主席应确保,业务需求和推荐的解决方案与投资组合的优先顺序一致,与企业业务体系结构相符。

⑤ 当增量全面部署时,项目主任应与里程碑决策当局和投资审查委员会共同规划最终评审,以确定投资是否取得了问题陈述文件中定义的结果。

(3) 功能倡议机构

① 功能倡议机构是负责以下事项的国防部长办公厅或国防部部局主管:

a. 代表用户群体的利益。

b. 确保国防业务系统投资资金到位。

c. 定义管理能力。

d. 在做出全面部署决策之前确定达到能力需求。

e. 完善问题陈述文件和相关解决方案的非装备方案部分。这些方案的内容主要包括条令、组织、训练、装备、领导和教育、人员、设施和政策。

f. 协助项目主任制定项目采办策略,实现有效的业务流程改进,并实施条令、组织、训练、装备、领导和教育、人员、设施和政策等方面的解决方案。

② 功能倡议机构应该对能力需求基线进行审查,如果需要对这些要求进行细化,则应在里程碑或决策点之前,向投资审查委员会主席提出变更的申请。

③ 在发布研制建议征求书决策点之前,功能倡议机构应该完成工作:

a. 定义能力增量的全面部署。

b. 确保业务流程改进工作已经完成。

(4) 国防部部局前期认证主管机关

① 国防部部局前期认证主管机关人员一般是军事部门首席管理官员、国防部业务局局长或由国防部管理官员批准的人员。在做出装备开发决策或后续里程碑决策之前,国防部部局前期认证主管机关必须确定以下方面的内容:

a. 国防业务系统符合企业体系结构的要求。

b. 由国防业务系统支撑的业务流程精简高效。

c. 为了满足或整合独特要求或接口而制定的商业现货系统已经得到改进调整,能够达到实用要求。国防业务系统必须满足以下必要条件:

a) 能够实现关键的国家安全能力,或满足某个领域(如安全领域)的关键需求;

b) 要防止对实现核心能力所需的项目造成重大负面影响。为了防止这些负面影响,可考虑采用备选方案。

② 前期认证主管机关的决定要在备忘录中进行记录,并作为认证评审的一部分,提交给投资审查委员会。国防业务系统管理委员会必须在资金拨付之前批准投资审查委员会认证。

(5) 国防部部局主管和采办执行官。国防部部局主管和采办执行官应针对以下项目进行监督:不符合表1重大自动化信息系统门限值规定,且预计不超过这些门限值的国防业务系统,未被指定为具有特殊利益或前期重大自动化信息系统的国防业务系统。这些项目的要求和采办流程/程序应符合相关适用的法规以及本指示的要求。

4. 国防业务系统问题陈述文件

国防业务系统通常按照联合能力集成与开发系统的程序来编制及验证能力需求文件。相反,功能倡议机构要分析察觉到的业务问题、能力缺陷或机遇,并将分析结果记录在问题陈述文件中。问题说明按照先后顺序应包括可测量的业务成果、规模成本估算和预期财务回报措施(如净现值和投资回报率)。

(1) 国防业务系统问题陈述文件必须经过投资审查委员会的审查,并得到投资审查委员会主席的批准。应当将支持问题陈述文件的分析转发给投资审查委员会及联合参谋部以备审查。

(2) 问题陈述文件将随着时间的推移而逐渐细化完善,为装备开发决策及后续决策点提供支撑。在研制建议征求书(RFP)的发布决策点之前,投资审查委员会应对最终问题陈述文件进行评审,投资审查委员会主席应对最终问题陈述文件进行批准。

(3) 应在做出装备开发决策及所需的后续决策点之前30天,向里程碑决策当局提交经批准的问题陈述文件。

(4) 根据J-8及功能能力委员会的意见,联合需求监督委员会将有权对问题陈述文件进行评审,以确定联合需求监督委员会的要求是否得到满足。

附件13　能力快速部署

1. 目的

本附件为符合以下条件的采办项目提供政策和程序:提供满足应急作战需求的能力,提供其他能在2年内部署且成本低于Ⅰ类及ⅠA类项目的快速反应能力。

2. 应急作战需求和其他快速反应能力

(1) 根据国防部第5000.71号指令(引用文件(cc)),国防部的首要任务是为参与冲突或面对即将发生的应急行动做准备的作战人员提供他们急需的能力,以帮助他们克服可预见的威胁,成功完成任务,并降低伤亡风险。其目标是在几天或几月之内,快速提供相应的作战能力。国防部各部门将抓住所有可用机会,在应急作战需求持续期间快速资助、研制、评估、生产、部署并维持这些能力,应急作战需求持续时间由提出该要求的国防部部局确定。本附件涵盖的每个采办项目审批主管将被委以促进快速行动的任务。

(2) 本附件适用于具备以下快速反应能力类型的采办项目:

① 经过确认生效的应急作战需求(UON)。应急作战需求包括:

a) 联合应急作战需求(JUONs)和联合突发性作战需求(JEONs)。这些需求是由参与当前应急性作战(即联合应急作战需求)的作战指挥官、参谋长联席会议主席或副主席确定的应急作战需求,或是由作战指挥官、参谋长联席会议主席或副主席针对已发生或即将发生的应急性作战(联合意外作战需求)确定的应急作战需求。对于联合应急作战需求和联合意外作战需求,应由联合参谋部根据参谋长联席会主席第31700.1H号指令(引用文件(d))中详述的联合能力集成开发系统(JCIDS)做出验证批准。联合应急作战需求和联合意外作战需求项目应根据国防部第5000.71号指令分配实施。联合应急作战需求和联合意外作战需求的里程碑决策当局应由国防部部局级别的机构来决定。在极少数情况下,可由国防采办执行官在采办决策备忘录中指定里程碑决策当局。

b）国防部部局的应急作战需求。参谋长联席会主席第 31700.1H 号指令定义了这些需求,在国防部第 5000.71 号指令中对这些需求进行了进一步讨论。国防部部局应急作战需求的批准,包括其验证、项目执行以及指定里程碑决策当局,均应当为国防部部局级别的机构。

② 作战部门高级一体化小组确定的紧急问题。由作战部门高级一体化小组的联合主席根据国防部第 5000.71 号指令确定一个关键作战部门问题,例如,对联盟伙伴的装备支持。作战部门高级一体化小组的联合主席将批准关于关键作战部门问题的陈述,并向国防部负责项目执行和管理的部门提供说明。

③ 国防部快速采办当局领导的决策。该决策经过咨询联合参谋部后由国防部长签署,用于对已记录的缺陷做出响应。在一定的限制范围,根据公法 806(c) 篇第 107-314 节（引用文件(i)）,如果放弃一项法律、政策、指令或法规,可大大加快向作战人员提供有效能力的速度,则应当仔细考虑快速采办当局的意见和观点。

3. 程序

（1）里程碑决策当局和项目主任应调整和简化项目策略并进行监督。包括项目信息、采办活动,以及决策评审和决策层的时间安排及范围等。调整和简化活动应根据项目的复杂程度以及满足应急作战能力需求所要求的时间进度,并遵循相应的法律和规章。

（2）国防部各部门将在可能的范围内采用并行（而非连续）的过程确定并完善能力需求,确定资源,执行采办程序,加快解决方案的交付。无需正式的里程碑事件。应制定采办决策以及相关的活动以加快能力的采办。开发通常会受限;里程碑决策当局可以在批准研制的同时授权生产。

（3）国防部各部门应确保与采办项目各方面有关的财政、合同及其他支持机构（如国防合同审计局、国防合同管理局和法律总顾问）、总承包商和分包商完全了解需求的紧急程度,并确保加快行动。

（4）通常,可针对资金重新确定优先级别和/或重新安排,以加快采办过程。如果能够在可接受的时限内通过正常的规划、计划、预算及执行系统来部署能力,则可以认为不适合采用快速采办。

（5）根据应急作战需求的重点,如果在 2 年内不能交付所需的能力,则里程碑决策当局应评估能够快速部署的部分或临时能力的适用性。在这些情况下,可在部署临时解决方案的同时启动制定相关解决方案所需的行动。应根据作战人员高级综合小组联合主席的决定,解决由作战人员高级综合小组根据《国防部指令 5000.71》（引用文件(cc)）确定的关键作战部门问题。

4. 快速采办活动

下文描述了与快速能力部署相关的主要活动:前期开发、研制、生产和部署,以及使用与保障。本附件中详述的活动不是已执行采办系统活动的某一部分,而是对这些活动的针对性详述,这些活动的目的是通过制定采办过程需要的文件和评审,加快能力部署。图 10 描述了一个极具代表性的采办过程。

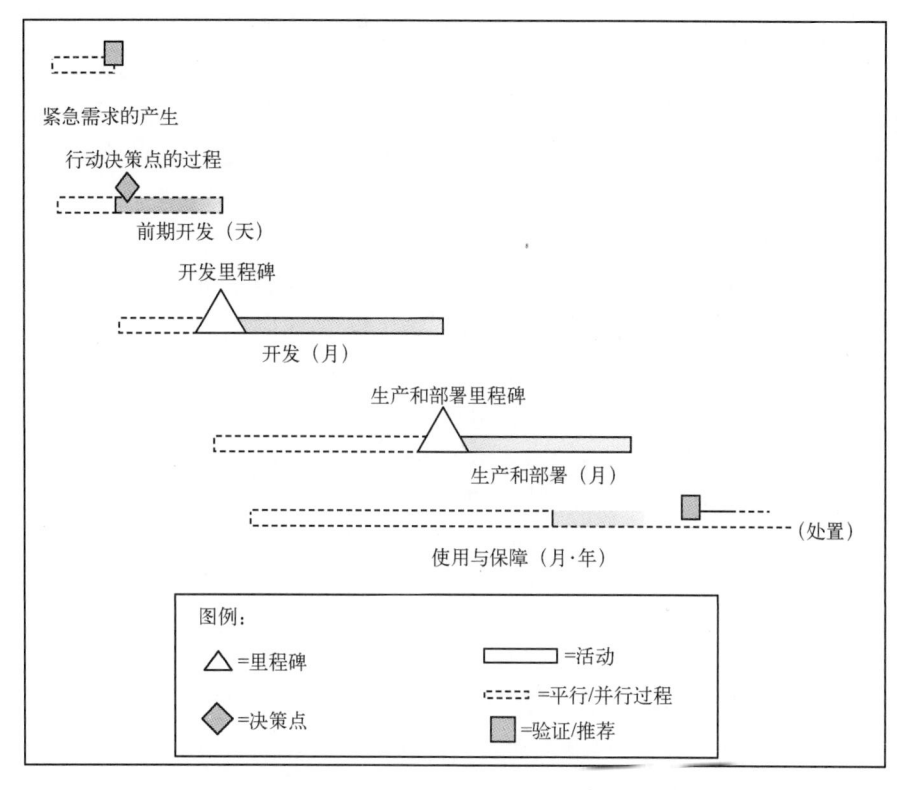

```
紧急需求的产生
行动决策点的过程
    前期开发（天）
        开发里程碑
           开发（月）
              生产和部署里程碑
                 生产和部署（月）
                    使用与保障（月·年）    （处置）

图例：
△=里程碑              □=活动
◇=决策点           ----=平行/并行过程
                     ■=验证/推荐
```

图 10　能力快速部署

1）前期开发

（1）目的。前期开发的目的是评估并选定部署快速反应能力的过程,并开发相关采办方法。

（2）启动。收到经验证生效的应急作战需求,或由作战人员高级综合小组联合主席根据国防部第 5000.71 号指令批准的关键作战部门问题,或来自国防部快速采办当局领导的确认文件时,前期开发启动;相关文件可作为继续开展行动(直到本附件第 4e(5)段所讨论的处置行动)的合理依据。

（3）前期开发活动

① 前期开发活动启动后,指定的部门采办执行官应立即任命一个项目主任和一个里程碑决策当局。如果国防采办执行官保留了里程碑决策当局的权限,其应负责任命一位项目主任或让部门采办执行官来任命项目主任。

② 项目主任应与目标用户及需求验证主管合作：

a. 评估所需的能力和任何被推荐的非装备方案,如果未做充分说明,则应确定减少能力缺陷所需的基本性能参数门限值。

b. 对潜在工作流程进行分析,应考虑到以下各项：

a) 近、中和/或远期的能力可行范围,应考虑到现有的国产或外国系统。

b) 每个解决方案的采办风险(成本、进度和性能)和作战风险。

c) 如果未在指挥官指定的时间内部署有效解决方案,则应考虑指挥官面临的作战风险。

791

c. 提交推荐的工作流程,以备里程碑决策当局审查和批准。

d. 如果项目主任不能确定有效解决方案,则项目主任应将情况通知里程碑决策当局。里程碑决策当局将通知国防部的部门验证机构。对于联合应急作战需求或联合意外作战需求、由作战人员高级综合小组确定的关键作战部门问题,或者是国防部快速采办当局领导的决策,里程碑决策当局将通过相关主管、联合快速采办当局、及联合参谋部的需求副主任通知国防采办执行官和需求确认主管。

③ 项目主任将向里程碑决策当局和需求确认主管提交推荐的工作流程。选定的工作流程将被记录在采办决策备忘录中。可选择一个以上的工作流程,以提供阶段性或增量能力部署。

(4) 对于每一个经批准的工作流程,项目主任应根据现有资料制定采办策略草案和简要的项目基线。在本附件中,文档要求指定义和执行项目以及取得里程碑决策当局批准所需的最基本的文档需求。该文档可以采用相应的书面形式;通常只配合直接的利益相关者;当这些行动产生更多可用信息时,该文档可与快速采办并行制定。

(5) 采办策略应符合本附件表10以及附件1中表2中所要求的Ⅱ类及Ⅲ类项目(除非在表10中进行修改);然而,需要采用与需求的紧急程度相应的精简定制战略。可制定或放弃监管要求。定制的采办战略应相对简要,并且只包括基本的信息,如资源供应需求和来源、关键的交付物、性能参数、关键的风险和风险缓解方法、生产进度、承包方法和重要条款、初步评估计划(可能包括或不包括试验鉴定)、部署、训练和维修。为了应对应急作战需求而提供的信息技术(包括国家安全系统)需要获得符合国防部指令8510.01(引用文件(bg))的操作权限。应在恰当的里程碑节点或其他决策点尽早做出处理决定。

(6) 为采办项目提供的资金可能经过项目的全寿命周期有所增加。项目全寿命周期始于前期开展启动之时,止于完成本附件使用与保障部分中所述最终能力处置之时。

(7) 在设计采办战略时,项目主任应与提出要求的作战指挥官或发起用户代表一起确定是否需要作战样机,并将该决定纳入采办战略当中。

(8) 如果项目受到作战试验鉴定主管的监督,则作战试验计划必须得到作战试验鉴定主管的批准。作战试验鉴定主管应向国防部长报告要求试验的结果,并向国会和里程碑决策当局提供试验结果副本。

2) 研制里程碑。经过里程碑决策当局的批准进入到研制阶段。

(1) 项目主任应提供采办策略和项目基准,包括项目要求、时间安排、活动、项目资金、评估方法、中间决策点和标准,以此作为决策依据。

(2) 里程碑决策当局应:
① 确定在规定时间内部署能力的可行性,应考虑到首选解决方案的技术成熟度。
② 对采办策略和项目基准进行评审,以确定首选解决方案是否:

a. 在2年内完成部署。

b. 不需要大量研制工作。

c. 以成熟、可用的技术为基础。

d. 可以通过固定价格合同进行采购。

(3) 根据公法111-383第804(b)(3)节(引用文件(m))提供例外的情况,包括针对4b(2)(b)1到4b(2)(b)4段要求的例外情况。

(4) 批准需要生产和评估的初步数量(包括所需的评估和训练物资)。

(5) 批准定制的采办策略以及采办项目基准。这些文件基于可用的信息,将根据里程碑决策当局的指示对这些信息进行更新。

(6) 根据P.L. 107-314第806(c)节(引用文件(i)),确定国防部长是否应该要求快速采办当局加快能力部署。

(7) 批准规划好的试验方法。通常不需要正规的试验鉴定主计划。如果只需要执行基本的研制工作及试验鉴定,试验鉴定主计划通常不适用于快速采办。但是,仍然需要某些试验规划。在与支持作战试验的机构合作时,里程碑决策当局可能需要一个极具针对性的简要试验计划。该简要试验计划应描述性能评估方法,包括:时间安排、试验类型和环境,以及所需资产。预部署性能评估通常只需要作战试验计划就已经足够。如果国防快速采办项目受作战试验鉴定主管的监督,则通常不需要试验鉴定主计划;但是,项目主任应制定联合作战及实弹射击试验计划,并提交作战试验鉴定主管批准。

(8) 批准任何适当的相关法规或条例的豁免。可以在不需要得到里程碑决策当局特别批准的情况下,指定项目主任修改采办方法可能需要的任何其他权限。

(9) 授权研制过程及其他经里程碑决策当局批准的行动相关的文件及提案的发布。

(10) 将这些决定记录在采办决策备忘录中。

3) 研制活动

(1) 研制包括性能评估、安全、稳定性以及能力的持续性;但是,不要求在生产或部署之前解决所有已发现缺陷,包括与安全相关的缺陷。里程碑决策当局将咨询用户及需求验证主管,确定必须解决哪些缺陷,以及哪些风险可以接受。

(2) 根据本附件部署的包括国家安全系统在内的信息技术,需要得到符合《国防部指令8510.01》(引用文件(bg))的操作授权。国防部部局首席信息官应针对指定的批准机构制定与《国防部指令8510.01》相符的程序,以快速做出认证决定,并发布临时试验或操作权限授权。

4) 生产和部署里程碑

(1) 经里程碑决策当局的批准进入生产和部署过程。

(2) 在生产和部署里程碑评审过程中:

① 项目主任应总结迄今为止的研制活动以及项目评估的结果;项目主任应提出能力运输、部署和维持计划;研制后部署评估;培训维护及操作人员。以上信息将提交给里程碑决策当局批准。

② 在咨询保障作战试验机构并且得到作战试验鉴定局长(针对受作战试验鉴定主管监督的项目)的同意之后,里程碑决策当局应确定:

a. 是否对能力进行了充分的评审,其执行情况是否令人满意,是否可以支持,是否准备好生产和部署。

b. 何时需要对部署能力进行评估。

③ 里程碑决策当局应与请求者/用户一起决定是否生产和部署系统,批准经更新的采办策略(包括维持计划)和项目基准,并在采办决策备忘录中记录生产决策。

(3) 生产和部署活动

① 在生产和部署过程中,采办机构应向作战人员提供所需的能力,包括所需的训练、备件、技术资料、电脑软件、支持设备、维护或作战所需的其他后勤支持。

a. 国防部各部门应确保采用最快的方法对能力和所需的支持(如部署服务代表,训练)进行部署,并对交付给用户的实际过程进行跟踪。

b. 国防部各部门应相互协作并采取行动来确定所需项目的总数,应考虑到部署和/或预部署训练所需的支持、备件以及训练资产。

② 在部署时,能力将进入使用与保障阶段。

5) 使用与保障

(1) 项目主任将执行符合装备完好率和作战支持性能要求的支持项目,并在预期全寿命周期内以最具成本效益的方式来维持能力。在前期开发阶段即可开始使用与保障规划,应将使用与保障规划记录到采办策略当中。

(2) 根据里程碑决策当局在生产里程碑批准时确认的维持计划,进行操作和维持活动。

(3) 项目主任或用户可提出能力急需改善的地方。在初步要求文件的范围内,本附件中的程序可用于获得这些改进。如果这些改进未记录到经验证或批准的要求文件中,则可以要求新的或经修订的要求文件。

(4) 可在部署之后与提出原始请求的国防部部局合作,以开展后部署评估。在可行的情况下,应由支持性作战试验机构在战场上开展该项评估。如果不可行,项目主任可以采用备选方法来进行该评估,评估内容包括项目主任或作战试验机构对用户反馈或其他国防部部局反馈进行的评估。应由作战试验鉴定主管针对所有项目(接受作战试验鉴定主管监督的项目)的后部署评估方法单独进行评审和批准。

(5) 处置分析。在项目进入使用与保障阶段后 1 年之内(或者由国防部部局指定的更早时间),国防部相应部门将任命一位官员进行处置分析。国防部的部门主管和部门采办执行官应根据该分析来准备系统处置的决定文件。该处置分析应考虑到已部署系统的性能、长期作战需求以及部门当前及计划的设备供应能力。该分析还应当考虑到非装备举措的持续性、与已部署能力相关的科技发展、以及对由里程碑决策当局批准和资助的装备改进的实施及完成情况。处置官员推荐的选项如下:

① 终止:军备退役和处置。将根据相关法律和监管要求,以及与安全(包括炸药安全)和环境相关的政策,对系统进行终止和处置。该建议应与国防部相关部门或联合应急作战需求和联合意外作战需求,以及作战司令部相配合。

② 维持当前应急情况。针对当前应急情况继续系统的使用与保障。如果系统要求 2 年以上的操作和支持,则应制定多个维持决定;应每 2 年制定并重新记录这些维持决定。经维持的系统应继续具备与原采办项目相同的优先级别。该建议应与国防部部局验证机构配合。

③ 过渡到记录程序。如果系统可提供所需的持续能力,则系统可过渡到记录程序。处置官员应向部门采办执行官推荐进入国防采办系统的采办点,以及里程碑决策当局是否应当保留项目权限或者是否应当过渡到其他程序。该需求验证主管将支持向新的或已有记录程序过渡所需的能力需求文件。应向国防部的部门主管提供针对应急作战需求以及由作战人员高级综合小组或国防部快速采办当局决策确定的关键作战部门问题。

(6)国防部的部门主管和部门采办执行官将审查处置官员的建议,并将部门主管做出的过渡决定记录到处置决定当中。该决定将指定验证机构支持过渡所需的要求文件。记录程序处于本指示所述的程序之后。

5. 附加信息要求

表10提供可替换或补充附件1(适用于采办类型Ⅱ和Ⅲ的项目)表6中的法定要求或管理规范的信息要求。

对于快速采办,第4a(3)(d)段中所述文件程序适用于所有信息要求,法规中另有规定的情况除外。

表10 应急快速采办过程的特殊信息要求

信息要求	快速采办决策事件 研制	快速采办决策事件 生产	来源
法定要求			
评估方法	●	●	《美国法典》第10篇2366(引用文件(g)) 《美国法典》第10篇2399(引用文件(g))
法定方法;只需要与应急作战需求相应的项目 对于由作战试验与鉴定主管进行监督的项目,应在研制里程碑向作战试验鉴定主管提交实弹射击试验计划,应在生产和部署里程碑提交后部署评估计划。作战试验鉴定主管应确保试验能够快速评估关键的作战问题。 不由作战试验鉴定主管监督的项目,应得到服务机构的批准;在采用应急作战需求解决方案之前,项目可能需要进行快速集中的作战评估和实弹射击试验(如果适用的话)。采办方法应确定对健康、安全、作战效率、适用性和生存能力进行评估所需的要求			
工作流程分析	●		(引用文件(p))满足《美国法典》第40篇标题Ⅲ的评估要求(见附件1中表9)。
法定要求,可取代和用作备选方案分析。经过里程碑决策当局批准。对于作战人员高级整合小组和国防部快速采办当局决策确定的联合应急作战需求、联合意外作战需求和关键作战部门问题,应向取得里程碑决策当局批准之后3个工作日内向联合快速采办当局领导提供一份副本			
快速采办机构(快速采办当局)建议	●		公法第806部分第107-314节(引用文件(i))
法定分析。向国防部长提出的针对快速采办当局的可选请求。可视作制定采办策略的一部分 里程碑决策当局核准在研制里程碑向快速采办当局提出请求的决定			
监管要求			
处置官员向国防部部局主管提出的报告			本附件第4e(5)段
监管报告。根据处置官员在处置分析中提出的建议,部门主管将确定并记录根据适用部门及要求机构的程序对相关举措和过程做出的处置。1年以内(如果有相关指示可以更早)进入使用与保障阶段			

注意事项:
① 单元格中的点(●)表明全寿命周期事件要求的具体应用
② 应在预计评审之前45个日历日内提交已确定事件所需的文件
③ 虽然这些要求只适用于与应急作战需求相应的项目,但是,他们可作为附件1中表1和表6的补充

词 汇 表

国防采办大学网站(引用文件(cd))中收录了完整的采办术语和普通采办缩写词词汇表。国防采办大学（引用文件（ce）），见：https://dap.dau.mil/glossary/Pages/Default.aspx.

（翻　译：张代平　谢冰峰　张玉华　王　磊　魏俊峰
　　　　　张成鲁　李宇华　李　维　赵超阳　欧　渊
　　　　　唐　荣　詹　鸣　孟彬彬　靳　飞　卢胜军
　　　　　李　洁　刘　同　白　舸
　审　校：张代平　魏俊峰　谢冰峰　赵超阳）

附 录 3

国防采办术语

A

Acceptance 验收 是指政府的授权代表或作为另一国政府的代理人,验收承包商部分履约或完全履约所提供的物品,或核准承包商提供的特定劳务。

Acceptance Trials 交船试航(验收试验) 是指由试验委员会对造船厂建造的舰船进行交船前的试验与检查,以确定所验收舰船的适用性。

Account Receivable 应收账款 是指应由债务人在往来账户中支付的款项,或应由债权人收取而未收的账款。

Accounts Payable 应付账款 是指应在往来账户中支付的款项(应付而未付的账款),如收到的材料、提供的劳务、应发放的工资及未支付的福利费都属于应付账款。

Accounts Receivable 应收账款 是指往来账户中应向债务人收取的到期款项;在已拨款资金项目下,是指应向债务人收取的到期已发生的可报销经费或债务人到期应予退回的已拨款经费。

Accrual Accounting 权责发生制会计,应计会计 是指凡已获得的收入及凡已支出的费用都应确认的一种会计处理基础,而不管现金收入和支出的时间。通俗地讲,在权责发生制下,收入是按照它在实际发生的期间,而不是实际收取现款的期间登记入账;费用亦是按在其实际发生的期间,而不是实际支付现款的期间登记入账。

Acquisition 采办 是指在美国,为满足国防部军事任务或保障军事任务的需要,就武器和其他系统、物品或劳务(包括建造)提出方案、计划、设计、研制、试验、签订合同、生产、部署、后勤保障、改进及处理的过程。采办过程可概括为3大部分:科研、生产(或采购)及使用与保障。

Acquisition Category(ACAT) 采办类别 是指为使整个国防采办协调、高效、有序地进行,通常将重要计划项目按其重要性或费用多少进行分类,实行分级管理。目前,美国国防部将国防采办计划和自动化信息系统采办计划分为3类6种:

ACAT Ⅰ Ⅰ类采办计划 是指重要的国防采办计划,由负责采办与技术的国防部副部长估计其研究、发展、试验鉴定的费用总额在3.65亿美元以上(2000财年的定值美元),或采购费超过21.9亿美元(2000财年定值美元)的计划;或是由负责采办与技术的国防部副部长指定为重要国防采办计划的计划。Ⅰ类采办计划项目分为两个小类:

(1) **ACAT ⅠD ⅠD类采办计划**的阶段决策当局是负责采办与技术的国防部副部长。其中"D"是指"国防采办委员会"(DAB),它在阶段决策点向负责采办与技术的国防部副部长提出建议。

（2）**ACAT ⅠC ⅠC类采办计划**的阶段决策当局是国防部的部门领导或经授权的国防部部门采办执行官。其中"C"指的是"部门"（Component）。

Ⅰ类采办计划是属ID类还是IC类，由负责采办与技术的国防部副部长确定。

ACAT ⅠA ⅠA类采办计划是重要的自动化信息系统。重要的自动化信息系统是指如下两类自动化信息系统计划，即①由里程碑决策当局指定为重要的自动化信息系统，或②估算计划项目费用在任何一年都超过0.32亿美元（2000财年的定值美元），计划项目费用总额超过1.26亿美元（2000财年的定值美元），或全寿命费用超过3.78亿美元（2000财年的定值美元）的自动化信息系统。重要的自动化信息系统不包括高度机密的计划（由国防部长确定）。为确定一个自动化信息系统是否是重要的自动化信息系统，要把下列各个自动化信息系统合起来，作为一个单独的自动化信息系统考虑：①构成一个多元计划的各个自动化信息系统；②构成一个渐进的或逐步发展的计划的各个自动化信息系统；③构成一个多部门自动化信息系统计划的各个自动化信息系统计划。

ⅠA类采办计划分为两个小类：

（1）**ACAT ⅠAM ⅠAM类采办计划**的阶段决策当局是负责采办与技术的国防部副部长。其中"M"是指重要的自动化信息系统。

（2）**ACAT ⅠAC ⅠAC类采办计划**是由负责采办与技术的国防部副部长授权的部门采办执行官。其中"C"是指"部门"（Component）。

负责采办与技术的国防部副部长负责将计划定为ⅠAM或ⅠAC类采办计划。

ACAT Ⅱ Ⅱ类采办计划 是指不满足Ⅰ类采办计划标准，但却满足重要系统标准的采办计划。重要系统是指由国防部部门领导估计其研究、发展、试验鉴定的费用总额超过1.4亿美元（2000财年的定值美元），或采购费用超过6.6亿美元（2000财年的定值美元）的计划，或由国防部部门领导指定为Ⅱ类采办的那些计划。其阶段决策当局是国防部部门采办执行官。

ACAT Ⅲ Ⅲ类采办计划 是指不满足Ⅰ类、ⅠA类和Ⅱ类采办计划标准的采办计划项目。该类计划的阶段决策当局由部门采办执行官指定。该类计划包括一些非重要的自动化信息系统。

ACAT Ⅳ Ⅳ类采办计划（仅用于海军和海军陆战队） 在海军和海军陆战队中，凡不属于Ⅰ、Ⅱ或Ⅲ类采办计划的计划项目，均被定为Ⅳ类采办计划。Ⅳ类采办计划分为两个小类：ⅣT类采办和ⅣM类采办。ⅣT类采办计划要求进行作战试验鉴定，而ⅣM类采办计划则不要求进行这类试验鉴定。

Acquisition Cost 采办成本 等于主要任务装备和保障装备的开发成本总和；主要任务装备，保障装备和初始备件的采购成本以及系统专门设施成本。

Acquisition Decision Memorandum 采办决策备忘录 是指由阶段决策当局签署的备忘录，它以文件的形式记录阶段决策审查的结果或正在进行的审查情况。

Acquisition Environment 采办环境 是指影响和有助于制定每一项国防采办计划的内外因素。这些因素时常起相反作用，相互矛盾。这些因素包括政治势力、政策、法规、对意外要求的反应以及各种紧急情况等。

Acquisition Executive 采办执行官 是指美国国防部和部门内负责各自机构内整

个采办管理责任的官员。

Acquisition Life Cycle　采办寿命周期　是指采办计划项目的全过程。采办计划项目的全过程由若干个阶段组成,每个阶段前设有一个阶段决策点或其他决策点。在采办的全过程中,一个系统要经过研究、发展、试验鉴定及生产等阶段。目前,美国将整个采办过程共分为4个阶段:①方案探索(0阶段);②确定计划和降低风险(Ⅰ阶段);③工程与制造发展(Ⅱ阶段);④生产、部署与使用保障(Ⅲ阶段)。此外,在方案探索前还有一个确定任务需求的过程,而在系统有效寿命结束后还有一个处置的过程,这两个过程都没有列入上述4个阶段。

Acquisition Logistics　采办后勤　是指为了确保尽早考虑到以及在整个采办过程中都能考虑到可保障性而进行的技术和管理活动,旨在使保障费用降到最低,同时使用户具有维持系统所需的资源。采办后勤主要包括以下几个方面的工作:制定维修计划,明确保障使用与维修人员的技能,获取技术数据,进行培训和提供培训保障,提供计算机资源保障,确定保障设备、包装、装卸、储存、运输和确定设计接口等。

Acquisition Management　采办管理　是指对采办工作中所有或任何一项活动进行的管理。其中包括对国防采办人员的培训,以及为支持国防采办系统/计划项目的规划、计划、预算系统所做的工作。对于采办计划项目来说,这个术语与计划项目管理同义。

Acquisition Managers　采办管理人员　是指各级负责研制、生产和(或)部署武器系统或自动化信息系统工作的人员。其中包括负责最终决策的高级管理人员、计划主任以及物资部门或职能部门的管理人员。

Acquisition Phase　采办阶段的整个采办过程需划分为几个阶段,在每一采办阶段需要完成一定的任务和工作,以便使计划项目进入下一个阶段决策点。这些阶段构成了一套合理的管理方法,它把概要说明的任务需求逐步转变为明确、具体的系统需求,最终使之成为在作战使用上有效、合适且具有生存力的系统。目前,美国的采办过程分为4个阶段,即方案探索、确定计划与降低风险、工程与制造发展和生产部署与使用保障。

Acquisition Plan(AP)　采办规划　是一种正式的书面文件,它反映为执行已批准的采办策略所必须采取的具体措施,并用以指导合同的实施(参见美国《联邦采办条例》第7.1部分和《联邦采办条例国防部补充条例》第207.1部分及"采办策略"词条)。

Acquisition Planning　采办规划过程　是指通过全面规划,协调和统一所有负责采办工作人员的工作,以及能及时和以合理的费用满足本机构需求的过程。这项工作在整个寿命期内都在不断地进行,它包括制定全面管理采办工作的采办策略和书面的采办规划。

Acquisition Program　采办计划　是指根据批准的作战需求,为提供一种新型的或经改进的或继续使用的武器系统或自动化信息系统而进行的一种有针对性的投资计划。

Acquisition Program Baseline(APB)　采办计划基线　是指一种包含采办计划最重要的成本、进度及性能参数(目标值和限值)的文件,由阶段决策当局批准,并由计划主任和其直接的监督体系签署,如对于美国ⅠD类采办计划来说,采办计划基线由计划主任、计划执行官、部门执行官和国防采办执行官签署。

Acquisition Reform　采办改革　冷战结束后,国际政治、经济、军事形势发生了深刻变化,为在经费有限的情况下,提高经费使用效益,缩短采办周期,加速高技术武器装备的发展,世界各国都不同程度地对武器装备采办的方式、方法进行改革。在美国,采办改革是指由国防部长办公厅(主要是负责采办与技术的国防部副部长和负责采办改革的国防部副部长帮办)提出的、旨在精简和改革采办过程的一系列正在实施的倡议。这些倡议包括修订法律和法规,把成本作为独立变量与性能、进度统一权衡,规范和标准政策方面的改革,优先选用商业项目,采用电子商务/电子数据交换,以及采用一体化产品和过程开发/一体化产品小组管理原理进行系统发展和监督等。

Acquisition Reform Day(s)　采办改革日　是指专门进行采办改革宣传教育和普及推广的日期。在美国,是指由负责采办与技术的国防部副部长留出一年中的一天或一段时间(一般在春季),让国防部的所有采办人员同国防部长办公厅中的高级采办官员一起对最新的采办改革倡议和政策进行评议。停工进行评议的目的,是为确保全体采办人员都能了解新的政策建议,掌握贯彻实施这些政策所必需的信息。

Acquisition Strategy　采办策略　是指在规定资源的限度内,为实现计划目标所采取的一种业务管理和技术管理策略。它是制定规划、实施指导、签订合同及管理计划项目的框架。它为计划成功所必需的研究、发展、试验、生产、部署、改进、产后管理和其他各项活动规定了一个总进度。采办策略是制定各种职能部门规划和策略(如试验鉴定大纲、采办规划、竞争、样机制造等)的依据。见"AcquisitionPlan"。

Acquisition Streamlining　采办革新　是指更有效地利用各种资源来设计、研制或生产高质量系统的任何努力。它包括确保在采办过程中最适当的时机将最重要的和费效比好的要求列入投标书,并最终达成设计、研制和生产新型系统或对现有系统(包括对系统或分系统进行重新设计)进行更新改造的合同。

Act　法案　国会或议会一院或两院通过后形成的议案或法令。现有的法律。

Action Officer　执行官员　是指负责执行一项计划,协调所有相关人员的工作,并将行动方案归纳起来供上级主管当局进行决策的人。

Active Repair Time　实际修理时间　是指由一名或多名技术人员实际用于系统修理的时间。它包括准备时间、查找故障时间、修复时间以及修复后的最终检测时间。

Activity　作业,活动,机构　①指完成一项工作或完成部分项目工作所承担的任务或可计量的作业。一项活动(作业)通常具有预期持续时间、预期成本及预期资源需求。活动(作业)一般可以细分为任务。②军种部(包括陆军部、海军部、空军部)、国防部业务局或民用部门的组成部门。

Actual Cost　实际成本　是指按发生的成本计算的实际负担的成本,区别于预测或估算成本。

Actual Cost of Work Performed(ACWP)　完成工作的实际成本　是指在给定的时间段内完成某项工作实际发生并入账的成本。

Actual Direct Cost　实际直接成本　是指在合同中已明确规定的合理成本,而且这些成本能按照合理的会计原则记入合同中,并可累计计入政府认可的承包商会计系统内。

Actual Dollars　实际开支金额(美元)　是指在以前的时间段内记录的开支金额(美元)。

Actual Time　实际工作时间　是指工人完成某项任务或部分任务所花费的时间。

Ada　艾达语言　是美国国防部在20世纪70年代末开发的一种高级编程语言,为纪念英国数学家艾达·洛夫莱斯而命名。艾达编程语言原称DOD-1语言,可用于大型实时军事防御系统,符合美国国防部的"钢人"语言要求。它具有如Pascal等通用语言和某些专用语言的长处,既具有通用控制结构,又具有定义数据类型和分程序的能力。它可使用抽象的数据类型且易于控制并行任务和处理意外情况,从而适用于实时并行处理。目前艾达语言已不再是美国国防部规定必须使用的语言。

Administrating Contracting Officer(ACO)　合同管理官员　是指负责政府合同管理的政府合同官员。

Administrative Lead Time(ALT)　行政准备时间　是指开始采购到签订合同或发出定单之间的时间。

Administrative Time　管理时间　是指没有包括在实际修理时间和后勤保障时间内的停工时间。

Advance Buy Funding　提前采购资金　是在采购最终产品的资金中,年初单独确定作为提前采购的那部分资金。

Advance Funding　预拨资金　是指美国拨款法规定的一种预算授权,它允许将下一财政年度使用的资金用于某一特定用途(承担某项债务),并可于本财政年度支出。预拨资金通常是为了避免在财政年度后期由于本年度的拨款过低而为应实施的计划项目申请追加拨款。

Advance Procurement(AP)　提前采购　①在重要采办计划中,对于研制周期长的部件要及早采购,以便缩短最终产品的整个采购时间。②美国拨款法规定的一种预算授权,它允许在某个财年内用下一财年的拨款来承担债务和支付。这些资金增加到该财年的预算授权,而从下一财年的预算授权中扣除。

Advanced Concept Technology Demonstration　先期概念技术演示　是指演示成熟技术以满足重要军事需求的一种方法。先期概念技术演示本身不是采办计划项目,但完成后,能留下一种有用的能力,或者将其转入采办计划项目。美国国防部规定,其先期概念技术演示的计划资金可以保障使用两年,其资金由先期技术发展资金拨款。

Advanced Development　先期发展　指未来年份(六年)国防计划(FYDP)的主要兵力计划(MFP)-6下的第03类研发(R&D)活动。其包括所有为现场实验和测试所投入的硬件开发与集成工作。在该类别下的项目与已识别的军事需求有直接的相关性。先期发展是一个具体的系统(尤其是为了服务如空军,轮船,导弹,坦克等这些主要平台),包括先期技术发展(ATD),其被用来演示通用的军事用途,或演示当应用到不同类型的军事设备或手段时潜在的技术成本的削减。这些工作还包括合成环境的鉴定和在现场作业的原理验证的演示,目的是鉴定系统升级,或提供新的作战能力。在该类别中的项目并非必然地引起后续的发展或采办阶段。但是计划/预算理由必须能识别出符合国防部全面资金预算政策的潜在额外的发展和生产成本的粗略估计。见"Research and Development (R&D)"。

Advanced Development-6.3　先期发展-6.3　是美国国防部的资金拨付类别之一,列入此类者包括已进入研制硬件供实验测试或使用试验用的工程项目。6.3A属不结合系统型号的发展,即先期技术发展。6.3B属结合系统型号的发展,即先期系统发展。

Advanced Technology Demonstration(ATD)　先期技术演示　是指在武器装备采办过程的先期技术发展阶段,对来自探索性发展阶段的成果(多为部件或分系统)进行实际试验,旨在非正式地以较低的费用来演示技术的可行性和成熟程度、作战适应性和经济承受能力,以减少技术风险和不确定性。美国国防部先期技术演示属先期技术发展预算项目。

Advanced Technology Development(ATD)　先期技术发展　①指为进行技术演示、技术验证或进行技术权衡比较而进入硬件研制的所有计划项目。②美国国防部的一种资金拨付类别,即6.3A。先期技术演示和先期概念技术演示都由先期技术发展资金拨款。

Advocates　提倡者,代言人　①指国防部长办公厅和各军种的监督人员,其工作是支持、监督、促进及报告某些方面或领域的工作进展,范围包括竞争、革新、规范和其他有关问题。②积极地支持和"宣传"采办计划项目的人或组织。

Affordability　经济承受能力　是指一个采办计划项目的全寿命费用与国防部或国防部各部门的长期投资和部队结构计划一致的程度。

AgencyComponent　组成部门　是一个机构的主要组成部分。如美国陆军、海军、空军和国防供应局是美国国防部的组成部门;联邦航空公司、城市公共交通运输和联邦公路管理局是美国运输部的组成部门。

Aggregates　总额　是指与整个预算有关的总和而非某个职能部门、计划项目或分项的预算总和。美国国防部的七种预算总额是:预算授权、支出、收益、赤字/盈余、国债、新的直接贷款及新的担保承付贷款。

Air Force Designated Acquisition Program　空军指定的采办计划　是指虽未列入重要的系统采办项目,但空军部长认为其重要性和优先性足以作特殊管理并需部长级官员定期作出决策的系统采办计划。

Alignment　校正　是指对一个产品进行必要的调整以使其能回到指定的状态。

Allocable Cost　可分配费用　如果某项费用①明确由某个政府合同负担。②对该合同和其他工作都有益,并能按照所得收益的合理比例分摊给它们。或③对整个经营活动都是必需的(虽然不能表示出与任何一项特定的成本目标有直接的关系),该费用即为可分配给政府合同的费用。

Allocated Baseline　分配基线　是一种最初批准的文件,它包括以下几个方面内容:根据较高层构形项目的功能和接口特点分配的构形项目的功能和接口特点;与其他构形项目的接口要求;设计限制;以及为证实达到规定功能和接口特点所需进行的验证工作。分配的基线由确定每个构形项目功能要求的研制规范组成。见"Development Specification"。

Allocated Configuration Identification(ACI)　分配构形标识,分配技术状态标识　是指目前已批准的有关性能方面的各种规范,它们规定了作为较高层技术状态项目一部分的技术状态项目的研制要求。其中每项规范规定了根据较高层技术状态项目的那些功能特点分配的功能特点;规定了为证明达到其分配的功能特点所要进行的试验;阐明了与其他技术状态项目所必需的接口要求;以及如果存在部件/零件标准化、采用库存品和满足后勤保障要求等问题,还要规定设计的限制条件。

Allocation　划拨　是指由部门指定官员将规定数额内的资金拨给某执行机构进行

分配(即对一笔款项作首次分配)的权限。

Allotment 分配 是指由机构负责人或其他授权官员在规定的资金额度内承担责任的权限。每个机构要按照规定的具体程序进行分配,分配的金额不能超过分配数。见"Apportionment"。

Allowable 可列支 对于成本来说,系指根据确定合同成本的一般条件允许分摊给合同成本的费用。

Alternatives 备选方案 是指在两种或两种以上可行方案中作选择,也称选择方案(Options)。

Alternative Systems Review(ASR) 备选系统审查 是指在方案探索阶段结束之前进行的一种技术审查,目的在于验证所选的方案是效费比好、经济上承受得起、使用上是有效和合适的,并且能在允许的风险范围内及时地解决需求问题。

Analogy Cost Estimate 类推成本估算 是指根据相似(类似)项目的历史数据进行的成本估算。

Analysis of Alternatives(AoA) 备选方案分析 是指对拟议中的满足任务需求的备选方案进行的一种分析,旨在通过阐明这些方案的风险、不确定性和相关优缺点,以帮助进行决策。备选方案分析可表明每种备选方案对主要的假设(如威胁)或变量(如性能要求)可能出现变化的敏感程度。它是独立变量费用分析过程的一部分。

Analysis of Alternatives(AoA) Study Guidance 备选方案分析研究指南 是指为备选方案分析发起人提供备选方案应包括的内容。研究指南至少要求对每个方案的成本、进度和性能指标进行权衡。研究指南还要求对联合军事需求是否满足联合需求监督委员会(JROC)建议的进度和成本目标进行评估。对于可能的和指定的Ⅰ类采办计划和ⅠA类采办计划,成本评估与计划鉴定局局长,在装备发展决策(MDD)前,批准备选方案分析研究指南和研究计划。在装备发展决策评审后,阶段决策当局(MDA)指导国防部责任部门或主要参谋助理(PSA)进行备选方案分析。部门备选方案分析程序适用于Ⅱ类采办计划Ⅲ类采办计划。

Analysis of Manufacturing 制造分析 是对生产与装配过程的审查与鉴定,以评价承包商制造过程的效能和效果。

Annual Funding 年度拨款 是指将每次预算授权和拨款限制在一个财政年度。它与2年或3年制预算拨款有区别,后者允许跨年度支付使用。

Appeal Process 申诉程序 是指在审查国防预算(授权和拨款)期间,请求重新考虑采取措施调整、削减或撤销一个项目经费的过程。

Application 申请 是在采办周期的最有利时机,选择与某装备采办有关和费效比高的要求,并以合同实现的过程。

Applied Direct Costs 已分配的直接成本 是在不考虑承付款项日期或付款日期的情况下,在伴随人工、材料和其他直接资源消耗的时间期内认列的实际直接成本。当发生下面任何一种情况时,这些金额将被记入在制品:

① 人工、材料或其他直接资源实际被消耗。
② 从库存中提取物质资源使用。
③ 收到指定用于该合同的物质资源。

④ 在流水作业生产线的情况下,接收到专指用于单个系列编号的最终产品的重要部件或组装件。

Applied Research　应用研究　是指不针对具体武器系统而进行的所有军事应用研究和实验活动。这类研究活动在美国国防部的预算类别中属 6.2。

Apportioned Effort　按比例分摊的工作　是指本身不容易分解成短期的工作包,但与可计量的计划成正比的工作。

Apportionment　分配拨款　是指政府的财政分配或拨款活动。在美国,系指行政管理与预算局在拨款账户中分配资金用于偿还债务的活动。资金分配时要根据规定的时间(通常为一个季度)、计划、活动、项目、目的或前几项的结合来确定数额。这种分配或拨款制度,可以达到有效和有序地使用资金的目的。这样分配资金额度,可限制可能发生的债务。见"Resource Allocation Process"。

Appraisal　评价　每个管理与控制层对情况进行公允的分析,通过分析,衡量全过程的效果和效率,并确定预防措施和纠正办法。

Appropriation　拨款　是指经立法机关批准或按有关法律规定,允许政府机构在数额、目的和时间上均有一定限制的开支额度。在美国,指按照《国会拨款法》允许联邦机构承担债务和由财政部付款的一种授权。拨款通常按照国会批准的法案进行。拨款法是提供预算授权(见"预算授权")最常用的方法。拨款不是财政部实际拨出的资金,而是各机构在规定的时间内可以承担的债务的限额。主要拨款类型如下:

① **研究、发展、试验鉴定**,是指承包商和政府开展装备、设备、计算机应用软件研发,及试验鉴定(包括初始作战试验鉴定和实弹试验鉴定)所需的经费。

② **采购**,是指批准生产(包括低速率初始生产)的采办计划经费,以及为交付有用的终端产品所必要和不可分割的所有成本。

③ **活动与维持**,是指文职人员薪金、差旅费、小型建设项目、使用部队、训练和培训、基地级维修,以及基地运行保障等费用。

④ **军事人员**,是指现役、退役,以及预备役军人的薪金和其他补助。

⑤ **军事建设**,是指基地、学校、导弹存储设施、维修设施、医疗/牙科诊所、图书馆以及军人家属住房等重大项目经费。

Appropriation Account　拨款账户　是指拨款下的分支。如研究、发展、试验鉴定(RDT&E)拨款账户资助几个研究、发展、试验鉴定账户包括陆军研究发展、试验鉴定账户(2040A)、海军发展、试验鉴定账户(1319N)以及空军发展、试验鉴定账户(3600F)。也有国防研究、发展、试验鉴定账户。陆军和海军通常将其研究、发展、试验鉴定拨款账户成为"研究与发展资金",而空军人员通常将其研究、发展、试验鉴定拨款账户用数字指示器予以标识,如"3600 资金"。

Appropriation Limitation　拨款限额　是指在拨款中,规定不得超过的资金数额。

Appropriators(Appropriations Committees)　拨款单位(拨款委员会)　是指有权进行拨款的机构或委员会。在美国,指参众两院拨款委员会,它们制定对联邦机构的拨款法,而且具有监督资金使用情况的权力。

Approved Programs　批准的计划　经有关当局批准实施的采办计划,通常表现为文件形式,其中提出了战术技术性能、时间进度和数量方面的要求以及经费限额。在美国,经批准的采办计划反映于负责采办与技术的国防部副部长决策备忘录或其他决策性文件,如总统预算、六年国防计划及支撑性文件。

Approved Project　批准的项目　经有关当局批准执行的发展项目。在美国,指在商定或缔结正式协议和拨付资金前,根据《美国法典》的有关规定,由国防部部门批准执行的合作项目,或由国防部长办公厅批准执行的合作研究与发展项目。

Architecture　体系结构　指各部件的结构、部件间的相互关系以及有关它们的设计和以后改进的原则性指导方针。

Arithmetic Mean　算术平均　是一组观测值之和除以观测值的数目,又称"平均值"。

Armaments　军事装备　用以实施和保障军事行动的武器、武器系统和其他军事技术器材的统称。主要指武装力量编制内的武器、弹药、车辆、机械、器材、装具等,尤其指具有杀伤力的武器(如导弹、炮弹等)。

Armed Services Board of Contract Appeals(ASBCA)　武装部队合同诉讼委员会　美国国防部内作为国防部长或军种部长的授权代理机构,负责根据政府合同争议条款决定是否提起诉讼的委员会。

Armed Services Committees(Senate and House)　武装部队委员会(参议院和众议院)　美国参众两院的两个常设委员会,分别是参议院的武装部队委员会和众议院的国家安全委员会,它们负责批准国防部的计划并对计划实施情况进行监督。

Armed Services Procurement Act　《武装部队采购法》　美国1947年制定的一项法律,它是美国三军和国防后勤局管理采购工作的基本法律,规定了军事采购的基本政策和程序。

Armed Services Procurement Regulation　《武装部队采购条例》　美国1947年制定的《武装部队采购法》的实施条例,后曾改名为《国防采办条例》,1984年后被《联邦采办条例》和《联邦采办条例国防部补充条例》所代替。

Arms Export Control Board(AECB)　武器出口控制委员会　是指在美国,由负责安全援助(科学与技术)的副国务卿主持的一个跨部门委员会,它向国务卿提出有关安全援助计划和武器转让政策方面的建议。

ArmsTransfer　武器转让　将军事装备或劳务项目由一国转移到另一国家的过程。美国国防部的"武器转让",是指根据1961年修订的《对外援助法》,通过正式协议向外国政府或国际组织出售军事装备和劳务项目,包括武器、弹药、作战用具、部件、人员培训、生产许可证、技术援助以及相关的技术数据等。

Assembler　汇编程序　是指将汇编语言程序翻译成同等机器语言的计算机程序。

Assembly　装配　将两个或两个以上部件或分组件组合在一起,构成一个完整的装置、结构或其他成品的活动。

Assembly Chart　装配图　是由多个部件构成的产品的组装过程工序图。

Assessment of Operational Test Readiness(AOTR)　作战试验准备评估　是在部门采办执行官(CAE)决定进行初始作战试验鉴定的作战试验准备前,由负责采办、技术和后勤的国防部副部长办公室,对 ID 类采办计划和指定的特殊采办计划进行独立的作战试验准备评估。作战试验准备评估将专注计划进入初始化试验鉴定的技术和设备准备。

评估结果根据发展试验鉴定验证的能力及较早的作战评估作出。

Assessment Report 评估报告 是指独立评估后提出的报告。在采办和后勤保障过程中的任何阶段,都要对重要系统进行独立的评估,以便检查和评定技术要求及实现技术要求的情况,并找出问题和原因,提出改正意见。

Atmospheric/Off the Wall Estimate 模糊估算 是指凭估算者的经验进行的大致猜测,通常用于初期成本估算,但可信度差。

Attrition 损耗 是在事物的正常运行中,由于非人为的原因造成的资源损失,如机械磨损、材料老化变质等。

Audit 审计 是对记录和票据进行的系统审查,以便确定预算、会计、财务及相关政策和程序是否适当和有效;与适用法律、规章、政策及规定程序是否一致;财务和行政管理记录及报告是否可靠、准确和完整;以及资金和其他资源是否得到适当保护和有效使用。

Auditor 审计员 是代表由国防合同审计局或军种审计机构指定的有审查权的审计办公室,对承包商的会计制度、政策和程序是否符合规范而进行审计的人员。

Austerity 紧缩 是指强制节省经费或压缩开支。

Authority For Systems Acquisition 系统采办授权 通过立法或行政命令授权进行武器系统的研制、生产和部署使用。美国授权国防部研制、生产和部署武器系统的体系源于四个方面:法律(立法基础)、行政指令(命令)、行政管理与预算局公告及联邦采办条例。该体系控制并赋予权力,使国防部能开展采办工作,并且是决策和实施的依据。

Authorization 授权 是指赋予一定的权力。美国国会通常颁布授权法案,据以使某项联邦计划或活动开始或逐年继续进行下去。它规定了可拨给的资金限额,而不是拨给资金。拨款必须由国会拨款委员会通过拨款法案办理。

Authorization Act 《授权法》 美国国会作出授权国防部采购武器装备的法案。

Authorized Representatives 授权代表 是指部门首脑或权力机构处理某项事务的任何个人、团体或委员会。

Authorized Unpriced Work 认可的未定价工作 是指未包括在合同范围内但认可在正式的合同修改前由承包商计划或进行的工作。

Authorized Work 认可的工作 是指已确定并写入合同的工作,以及确定的合同成本尚未得到批准但已收到书面认可的工作。

Authorizers(authorization Committees) 授权部门(授权委员会) 有权进行授权的部门。美国国会的常设委员会具有立法权,有权批准政府机构的计划并对计划进行监督。对国防部的授权部门是参议院的武装部队委员会和众议院的国家安全委员会。

Authorizing Legislation 授权法案 是指由国会颁布的法律,认可建立某一联邦计划或部门,或使其可以继续往下进行。通常要在确定预算授权前颁布授权法案。

Automatic Data Processing Equipment(ADPE) 自动数据处理设备 ①指具备输入、储存、计算、控制和输出等功能的机器或一组互相连接的机器,其主要计算单元中都是利用电子线路通过内部存储或外部控制程序指令自动进行计算或逻辑运算的。②指直接支持或服务于中央计算机运算的数据处理设备。

Automated Information System(AIS) 自动信息系统 是集计算机硬件和软件、数

据和长途通信于一身的系统,它能执行搜集、处理、传送、显示信息等功能。计算机硬件和软件资源除外,因为它们实际上是属于武器系统任务性能的一部分,专用于或者说是武器系统任务性能所必不可少的。

Automated Test Equipment(ATE)　自动测试设备　是指明确用于测试主要装备的任何自动化装置,通常是主要装备的外部设备(如保障设备)。

Availability　启用能力　是在某一(任意)时刻要求某项设备开始执行任务时,对该设备处于可操作和可投入使用状态的一种衡量标准。

Average Procurement Unit Cost(APUC)　平均采购单位成本　等于采购费用总额除以要采购的商品数量。采购费用总额包括出厂费用(即与产品生产有关的诸如硬件/软件、系统工程、工程设计修改和保修等经常性和临时性费用),以及购买技术数据资料、培训、保障设备和最初的零备件的费用。

Average Procurement Unit Cost(APUC) Objectives　平均采购单位成本目标　是在批准开始一项新的采办计划时预计的平均采购单位成本目标,它在阶段决策点Ⅰ确定。

Avoidable Delay　可避免的耽误　在指定的工作期间内,工人偷懒或用于干与完成作业无关的事情所耽误的时间,这种耽误是人为的,是可以避免的。

AwardFee　奖励金　是根据对承包商合同执行情况的评价而确定给予的一种酬金。

AwardofContract　签订合同　是经公开招标或谈判后,将合同签订给某一承包商。

B

Backfitting　翻新　是在操作系统结构中增加新型设备,或在生产系统中安装在该系统交付使用时没有的设备。也称"改型"。

Backlog　积压的工作　是指在任一规定的时间内,超出一个组织或其部门的工作负荷能力的工作投入量。

Balanced Line　均衡流水线　一系列连续的工序,每个工序都规定有大致相等的标准时间,这样安排使工件能按一理想的稳定速度从一个工序进入下一个工序。

Ball Park Estimate　粗略估算　非常粗略的估算(通常是成本估算),但有一定的经验和把握。

Bank　储备　是对进行的工作有计划积累,以便合理地调整协作任务或有关工作的完成时间。

Bar Chart　条形图　是详细工作计划图,为事先安排好的工作规定顺序和时间并指出当前的进度。

Base Program　基本计划　指在5年(或6年)国防计划基本文件内所陈述的、经修改后符合上报国会预算的计划。它是考虑对当年的全部计划进行修改的依据。

Base Year　基准年　是确定一固定价格水平,作为在经济调整计算和成本估算时进行比较的一个基准期。基准年的价格水平指数为1.000。

Baseline　基线　是明确规定的数量或质量,作为以后工作起点和衡量进度的标准,可以是技术成本或进度基线。见"Performance Mearsurement Baseline"和"Acquisition Program Baseline"。

Baseline Comparison System(BCS) 基线比较系统 是一种现有的作战系统或多个现有作战分系统的组合,它最近似地显示在研新系统的设计特点、使用特点和后勤保障特点。

Baseline Cost Estimate(BCE) 基本费用估算 见"Program Office Estimate"。

Baselining 编制基线 所有有关管理人员共同商定具体计划的性质、技术要求和经费额度,并约定根据这些指标来管理计划项目的过程。

Basic Ordering Agreement(BOA) 基本订货协议 采购单位和承包商之间商订的谅解文件(不是合同)。它规定已商订的合同条款,它们适用于将来双方在协议期限内的采购。协议要尽可能具体地说明所需的物品和劳务,以及未来订货的定价、发送和交付的方式。

Basic Research 基础研究 通常指在实验室进行的实验性工作,旨在探索科学的基本规律及其在武器系统或技术开发中的潜在应用。其资金来源于研究、发展、试验鉴定类的拨款。

Basics 基础课 对于采办教育培训而言,指传授武器系统采办管理基本知识的课程。如美军国防系统管理学院的学员,在14周的计划管理课程之前需通过6周武器系统采办管理基础课。

Basic Scientific and Technical Information 基本科技信息 是指有关可能应用于军事的纯理论研究或实验研究的基本理论、设计以及数据资料的信息。它不包括作战系统或研制系统的制造知识或信息。

Basis of Issue Plan 装备拨发基数计划 是指确定新装备和有关保障项目与人员的拨发以及装备和人员互换的文件。

Bells and Whistles 附加的花哨小装置,铃和笛 系统进入研制时提出更改要求,有时候用户或研制单位会要求增加系统的任务(如加强火力或装甲,增加一种雷达等),使费用大大增加。这些新增的功能或任务常被称为"附加的花哨小装置"(铃和笛)。

Best Effort,Contractor's 承包商尽责 是指承包商根据合同条款尽力做好工作。通常与成本加定酬合同有关。

Best Value 最佳值 是指政府在价格与性能之间进行权衡的最佳结果。最佳值是根据选择标准通过比较长处、弱点、风险、价格和性能后确定的,旨在选择对政府最有利的值。

Better Buying Power Initiative(BBPi) 更优购买力倡议 是指负责采办、技术和后勤的国防部副部长(USD(AT&L))于2010年发布的致力于获得国防支出的更高效率和生产能力的倡议,包括5个领域23个主要工作:①目标可承受性与成本增长;②工业部门的激励生产能力与创新;③促进真正竞争;④提高军种采办技术;⑤非生产性过程和官僚制度。

Beyond Low Rate Initial Production 逾越初始低速生产报告 美军武器采办程序规定,当研制中的系统准备决定进入全速生产时,作战试验鉴定局局长必须向国会和国防部提供一份报告。该报告通常称为逾越初始低速生产报告。

Bid 投标 是指预期的承包商(投标者)对密封招标(招标书)的答复。一经政府接受,即成为有约束力的合同。

Bid and Proposal Costs 投标与建议费 是指针对政府或非政府的潜在合同,在撰写、提交和促进投标与建议(不论是否被征求)时所支付的费用。

Bidder's Conference 投标人会议 是指在密封招标采购中,合同官员在征求意见时召开的预期投标人的会议,帮助未来的承包商了解政府的需求,并给予提问的机会。

Bidder's(Mailing) List(Master Bidders List) 投标人(邮寄)名单(投标人总名单) 是指采购官员保存的公司名单,根据此名单,可发信征求投标、建议或报价。

Biennial Budget 两年制预算 是按两年期进行预算的制度。美国1986财年《国防授权法》要求,国防部从88/89财年开始提交两年的预算。目前的两年制预算结构是两年期的计划概算,其中每一财年的要求仍然是单独列出的。国会仍然按年度批准预算授权。

Black Program 黑计划 不公开讨论或招标的高度保密的计划。美国通常指在国防采办委员会或军种全寿命期管理过程以外进行的高度保密类计划,包括某些 C^3I 计划及诸如此类的计划。

Blanket Purchase Agreement(BPA) 一揽子采购协议 是承包商与政府之间通过谈判达成的一种协议,它是通过与合格的供应商建立赊账账户满足预计的重复需要的品供应品或服务的一种简化方法。根据此种协议,政府有关部门或单位可在规定的总金额和期限内随时提出不超过一定金额的采购订货(美国限于2500美元)。

Blue Books 蓝皮书 美国武器装备采办过程中,在阶段决策会议前,为国防采办委员会成员编写的报告的俗称,通常包括待审查系统的计划成本和进度等。从1993年起,已不再使用此种蓝皮书。

Brassboard Configuration 试验性构形 一个(或一组)试验性装置,用以确定可行性和获取技术和使用数据。它通常是一个比较坚固的模型,可在实验室外的环境中用来演示有关技术和使用原理。它类似于最终产品,但不作为最终产品使用。

Breadboard Configuration 实验性构形 一个(或一组)实验性装置,用以确定可行性和获取技术数据。通常供实验室用来演示有关的技术原理。它不一定像最终产品,也不打算作为预期的最终产品使用。

Break-even Analysis 盈亏平衡分析,保本分析 ①分析研究成本—数量—利润之间的关系,寻求盈亏平衡(保本)点。②对拟议中的采购进行分析,以便把在确定第二个承包商时的可能开支同由于存在第二个承包商产生的竞争压力所能节省的开支进行比较。

Break-even Point 盈亏平衡点,保本点 ①在工商企业中,销售收入的总额恰好等于费用总额的那一点,即收入=变动成本+固定成本。②在进行自制还是购买、租借还是购买等决策时二者无差异的那一点,即在那一点上,不管采取哪一种办法,其成本都完全一样。这种盈亏决策往往要设定作业量(如需要的件数)。

Breakout 政府供应 把某些零件或系统部件由承包商供应改由政府供应的一种采办策略,即不是让主承包商通过其转包商来供应,而是由政府直接购买这些产品提供给主承包商。

Brick-Bat B-B级优先项目 美国参谋长联席会议在计划项目上所加的符号,表示最优先的计划项目;次之为C-C(Cue-Cap)级项目。

Budget 预算 政府的综合财政计划,包括政府的全部收支情况。预算文件一般包括预算内和预算款项,并把这两种预算合并得出财年的总预算。对于预定的计划项目和活动来说,预算也是在某一财政期内根据估计的费用、债务和开支以及资金来源和历史数据、工作量数据制定的一种工作计划。

Budget Activity　预算项目　是指每项拨款和经费账户中的类别,确定了由此项拨款或经费支付的活动项的目的、计划或类型。

Budget Authority　预算授权　依法准予承担现在和将来开支所产生的债务的权力。它可以根据使用期、授权规定的时间或确定可用资金的方式进行分类。

Budget Cycle　预算周期　为制定、审查、提交和批准某一个特定时期财政预算所需的时间。

Budget Estimate　概算　为采办计划预算编制的费用估算。

Budget Estimate Submission　上报概算　国防部各部门上报国防部长办公厅的预算,说明需列入国防部预算的预算要求。

Budget Execution　预算执行　见"Execution"。

Budgeting　编制预算　把已批准的资源需求转为拨款概要的过程。

Budget Plan　预算规划　预算申请中有关计划项目和财政拨款的安排,它利用预算来规划采购活动所需金额以及整个金额的支付方式。

Budget Resolution　预算决议案　立法部门通过的有关预算的决议案。美国指国会参众两院通过的联合决议案,它给授权者和拨款者规定了上报给他们的预算的开支总限额。见"Concurrent Budget Rerolution(CBR)"。

Budget Year(s)　预算年　本财政年度的下一年,即编制概算的年份。譬如说,若本财政年度是2000财年,则预算年就是2001财年。

Budgeted Cost　预算成本　已完成的工作包和未完成的工作包中已完成部分的预算总额,加上保障工作和分摊工作的相应预算。

Budgeted Cost for Work Performed(BCWP)　完成工作的预算成本　对完成工作的一种度量(收益值管理中的术语)。完成工作的预算成本是完成工作的值,或与原始计划(即"计划工作的预算成本")比较时收益的值。完成工作的预算成本被称为"收益值"。

Budgeted Cost for Work Scheduled(BCWS)　计划工作的预算成本　指在规定的时间段内,所有计划要完成(包括正在进行的工作包)的工作(各种工作包、计划包等)的预算,加上计划要完成的保障工作和分摊工作的预算额之和。计划要完成的工作的预算成本也称为"履约考核基线"。

Budgeting　编制预算　是指把资源需求转为资金分配的过程。

Builder's Trial　造船厂的试验　造船厂进行的鉴定试验和检查,旨在向船厂和海军确证,舰船已经或即将准备好进行验收试验。这种试验应是对舰船的全部设备的综合性试验,试验范围接近于验收试验范围。

Built-in Test Equipment(BITE)　内装式测试设备　永久地装在主要设备内部的装置,其作用是单独地或结合外部测试设备,对主要设备进行测试。

Burden　间接费用　不能作为直接费用归入或分摊给系统的费用,又称Overheat。

Business and Financial Management　业务与财务管理　包括采办资金的管理和签

订合同的业务和财务职能,通常包括:采办规划(核对清单)、采办策略(路线图);合同类型、签约与监督;成本估算、制定计划目标备忘录、预算及规划、计划、预算系统的其他计划或财务文件;招标书的编写;承包商的选择;承包商的监督;及预算的执行(支付账单)。

Business Capability Life cycle(BCL)　业务能力寿命周期　是指国防业务系统(DBS)的规划、设计、采办、部署、使用、维护以及现代化的顶层框架。

Business Capability Lifecycle(BCL) Acquisition Business Model　业务能力寿命周期采办业务模型　描述业务能力寿命周期采办过程的阶段、里程碑以及决策点。业务能力寿命周期的7个阶段是:业务能力确定、投资管理、原型设计、工程发展、有限部署、全面部署、以及使用与保障。业务能力寿命周期的三个里程碑是:里程碑A,其授权国防业务系统(DBS)从投资管理阶段进入到原型设计阶段;里程碑B,其授权国防业务系统从原型设计阶段进入到工程发展阶段;以及里程碑C,其授权国防业务系统从工程发展阶段进入到有限部署阶段。业务能力寿命周期有两个决策点:装备发展决策,其授权国防业务系统从业务能力确定阶段进入到投资管理阶段,以及全面部署决策,其授权国防业务系统从有限部署阶段进入全面部署阶段。

Business,Cost Estimating,and Financial Management(BCEFM)　业务、成本估算与财政管理　是指采办资金的管理包括但不限于:成本估算、编制"规划、计划、预算与执行"系统的计划目标备忘录(POM)、预算、其他计划或财政文件、以及预算执行。

Buy American Act(BAA)　《购买美国货法》　美国的一项法律,它规定美国政府通常要给国内的制成品以优惠。这种优惠是在价格评估过程中通过对外国大多数产品施加惩罚性评估因素而给予的。后来由《卡尔弗-纳恩修正案》(1977年)和1979年处理与北约盟国的其他贸易协定作了修改(放宽)。

Buy-in　以低报价获取合同　是提出的报价往往大大低于估算的成本,以求赢得合同。

Buy-in Bidding　低报价　故意压低报价以求获得合同,期望在随后的合同和其他申请中获益。

Buy-out　最后买进　在生产期间有多家承包商时,以低报价击败所有生产者赢得生产最后一批产品的最终竞争。

C

C⁴ISR Architecture Framework　C⁴ISR体系结构框架　美国国防部有关信息技术系统的战略体系结构指南,用以代替信息管理的技术体系结构框架。C⁴ISR体系结构框架对作战体系结构、系统体系结构和技术体系结构的定义和原则及三者之间的关系进行了全面的描述,同时明确了在C⁴ISR体系结构建设上的整体思路,规定了采办新的和升级的C⁴I系统必须遵循的信息技术标准和原则。

Capabilities-Based Assessment(CBA)　基于能力的评估　联合能力集成与开发系统(JCIDS)的分析过程。基于能力的评估识别能力需求及其相关的能力差距。基于能力的评估结果或其他研究,在初始能力文件不被要求的情况下,为一个或多个初始能力文件(ICDs)、或特定情况下的其他联合能力集成与开发系统文件提供了重要来源。

Capability　能力　指武器系统在给定条件下执行任务时实现任务目标的能力的

衡量。

Capacity Analysis 能力分析 对武器系统的作战能力而言,指从系统和分系统的技术水平、作战适应性、后勤保障和操作水平等方面进行分析,预测完成作战任务的能力;对生产而言,指从设备和工艺等方面进行分析,预测其生产能力或增加生产任务的能力。

Capstone Requirements Document 顶层要求文件 在考虑由多系统组成的体系时,综合两个以上任务需求书/作战要求文件/计划项目形成的一种文件。顶层要求文件的概念是充分利用能结合到一起的各种独立系统形成一个总体系统,以满足较高层次的需要。顶层要求文件确定了总体系统的要求,并且作为编制独立系统部件作战要求文件的指南和作为计划监督的一种手段。

Capstone Test and Evaluation Master Plan(CTEMP) 顶层试验鉴定总体计划 顶层试验鉴定总体计划,是指对单个系统集合而成的防务系统进行试验鉴定的计划,这些单个系统共同作用能达成该防务系统的各种目的。对单个系统特有的内容要求,在基本的顶层试验鉴定总体计划附录中应作说明。

Ceiling Price 最高价 政府按照固定价格加奖励金合同所承担的总金额。

Centralized Management 集中管理 由指定的统一管理部门实施的管理,包括系统管理、计划/型号管理和产品管理。

Certification 确认,证书,合格证 是指由权威机构认可或颁发的认可书,如资格证书、质量合格证等。在美国国防部,对于与军外合作研究与发展的项目,根据《美国法典》第10篇第350a节规定的程序,国防部长办公厅要对候选项目进行筛选,并对满足选择标准的那些项目,要在谈判和签署谅解备忘录及拨款之前加以确认(批准)。使用这类资金的计划项目,由国防部长办公厅和部门司令部掌管。

Certification for Initial Operational Test and Evaluation(IOT&E) 初始作战试验鉴定的确认 是指在美国国防采办的工程与制造发展阶段中认可系统可以进行初始作战试验鉴定的工作过程。这个过程各军种有所不同。

Chairman's Program Assessment(CPA) 参联会主席计划评估 指美国参联会主席对实现国家安全目标的兵力和保障水平的协调性和能力的总看法。它是参联会主席对各军种计划目标备忘录中的兵力是否适当所作的个人评估,以帮助国防部长对六年国防计划作出决策。

Chairman's Program Recommendation(CPR) 参联会主席计划建议 美国参联会主席呈送给国防部长的文件,该文件反映他对联合作战司令部司令的优先项目安排和作战要求的看法,这些看法要纳入《国防规划指南》,以指导各部门的计划制定工作。

Change Order 更改指令 根据"合同变更条款",无须承包商同意,由政府合同官签署的单方面要求承包商进行合同变更的指令。

Charter(Joint Program Manager's) 联合计划主任章程 军种联合计划中,在得到参与军种的同意下,由牵头军种制定的工作章程。它叙述了计划主任的职责、权力和主要职能,以及与使用或支持该计划的其他组织之间的关系。章程还叙述和明确了满足参与军种特殊管理要求的职责。

Charter(Program Manager's) 计划项目主任章程 即计划主任许可证,它规定了计划主任在决策当局批准的成本、进度和性能限度内执行计划的权力,规定了计划项目办公室的人力资源,包括分配负责技术管理/系统工程、后勤、业务和财务管理工作的人员,以及任命合同官。它还规定了计划主任的指挥线和报告渠道。

Chief Information Officer(CIO) 首席信息官 美国国家行政机构中负责信息和信息技术的高级官员,其主要职责是:负责向行政机构负责人就确保该机构依法获取信息技术和管理信息资源提供建议和其他帮助;为行政机构制定、维护和推进实施健全的和一体化的信息技术结构体系;促使行政机构的所有重要信息资源管理程序都能有效设计和使用,包括改进行政机构的工作程序。美国国防部的首席信息官是负责 C^3I 的助理国防部长。

Civilian Agency Acquisition Council(CAAC) 文职机构采办委员会 指被授权对《联邦采购条例》进行修订的两个委员会之一。文职机构采办委员会的主席是总务管理局的代表。该委员会其他成员包括农业部、商务部、能源部、健康与人力资源部、国土安全部、内政部、劳工部、国务院、运输部和财政部的代表,也包括国家环境保护局、社会安全管理局、小型企业管理局,以及退伍军人事务部的代表。

Claim 要求 合同当事人中的一方,依照合同中争议条款,提出对现行合同进行调整和解释的要求。

Clarification 澄清 政府与投标商就竞争性协议采购进行的一种意见交流,目的只是为消除建议书中局部不正规、不完善之处或明显的书写错误。

Closed Interface 封闭式接口 是指私人控制的系统/分系统的边界描述,它们不向社会公布,只属某一供应商独有。

Co-Development 合作研制 两个以上国家合作设计和生产系统或分系统。共同承担的责任包括设计和工程,而且有可能扩大到应用研究。

Co-Production 合作生产 在两个以上个国家内生产国防系统。包括由源产国向生产该系统的国家转让生产技术及复杂或敏感的分系统部件。接受国可扩大到生产分系统和部件。

Co-Production Programs 合作生产计划 两个以上国家合作生产的计划项目。美国的合作生产计划,指让符合条件的外国政府、国际组织或指定的商品制造厂商能获得整套或部分地生产或组装供外国政府使用的美国国防装备的技术数据和专门知识的计划。这类合作生产计划,可通过国际协议、供货与验收书及美国政府出口许可证规定的直接商业协议实施。

Coefficient of Correlation 相关系数 在数理统计中,为研究不同现象间的相互依存关系使用的、表示两个随机变量之间关联程度大小的数值。一般指两个变量间的线性相关系数。

Coefficient of Determination 决定系数 是相关系数的平方,说明用自变量解释的应变量的百分数变化。其范围为 0~1.0。

Combat Developer 作战研究部门 指制定作战原则、作战方案、组织编制、装备要求及目标的司令部或机构。在装备采办过程中,一般是指装备使用部门。

Combat Development 作战研究 包括研究、发展和试验新的作战原则、组织编制及装备,以便尽早将它们列入军队编制。

Combat System 作战系统 飞机、水面舰艇或潜艇等作战平台完成任务所需的装备、计算机程序、人员和文件。它不包括其建造和使用中固有的结构、器材、推进器、动力和辅助设备、传动和动力装备、燃料和控制系统以及消声设备等。

Combat System Test Installation 作战系统试验设施 为模拟装备产品重要部件而设计的试验设施中的一些分系统的统称,包括武器、传感器和信息处理设备及其接口,在获得第一个装备产品之前用来进行早期的试验。

Commerce Business Daily 《商务日报》 是美国商务部出版的一种刊物,它向有关的投标商公布政府今后有可能购买的货物。

Commercial Item(CI) 商品项目 是指不动产之外的下述任何产品,即它通常是指用于非政府目的和已经或即将出售、出租给公众或允许公众使用的产品;或者在技术或性能方面进行改进,目前在商业市场上买不到,但根据政府需求可在商业市场上及时买到满足交货条件的商品。它还包括商品保障方面的劳务,这通常是指在商业市场中进行竞争性地大量提供和销售的那一类劳务,这类劳务是为完成具体任务而按照标准的商业条件既定的商品目录或市场价格来进行的,不包括对所进行的特定劳务没有既定目录或市场价格而是按计时方式提供的那些劳务。

Commercial Off-The-Shelf(COTS) 现成品 是指在产品的全寿命周期内,无需政府特殊的改进或维修就能满足采购部门需要的商品。

Commitment 承付款项 ①指根据合同或采购定单所承诺的付款数。②总会计师根据预计的债务预留的行政准备金。

Commodity 商品,产品,日用品 ①指一类或一系列具有相似特点、相似用途或可用相似供应管理方法来管理的大宗标准商品。②工农业产品和矿产品等,又称货物,与 goods 同义。③日常用品。

Common Operating Environment 公用操作环境 是指在以下三个层次上的任务应用独立体系结构、可重用软件和一系列指南及标准:①核心层(操作系统/软件工具/打印服务);②体系结构服务(数据交换/网络管理);③公用支持应用(例如,办公自动化)。目前重要的公用操作环境系统是全球指挥与控制系统和全球作战支援系统。公用操作环境也称为国防信息基础设施公用操作环境,缩写为"DIICOE"。

Commonality 通用性 是用来表示装备或系统具有相同和通用特点的一种品质,它能使受过其他方面训练的人员,在不经另外专门培训的情况下进行使用(或操作)和维修;并具有通用的修理零备件和/或部件。通用性适用于无需调整即可通用的消耗品。

Compatibility 兼容性 是指两个或两个以上设备或装备项目或部件在同一系统或环境下并存或运行而不互相干扰的能力。见"Nuclear,Biological and Chemical Compatibility"。

Compatibility Analysis 兼容性分析 对两个或两个以上的系统或部件及它们的相互关系进行分析,揭示其相互兼容的能力。

Competition 竞争 是一种采办策略,以此谋求一个以上的合格厂商来投标一项劳务或产品,并根据招标单位确定的标准选择承包商。美国法律和国防部政策都要求在整个采办寿命期中进行最大限度的竞争。

Competition in Contracting Act 《合同竞争法》 1984年美国国会通过的一项重要法律。它要求在签订军品合同时要进行全面、公开的竞争,并要求在武装部队中设立"竞争代理人",简化采购程序,尽可能使用民品等。该法规定,大部分国防采购项目不宜使用密封投标方式,应使用兼顾质量和价格的"谈判竞争法"。

Competitive Proposals 竞争性投标 是在谈判采购中使用的一种方法,它的最终结果是将合同授与对政府最有利的投标商。

Competitive Prototyping Strategy(CPS) 竞争性样机研制策略 在两个或多个承包商间用相互比较的并行试验方式进行的样机竞争。

Component 部件,部门 ①组成成品的分系统、组件、分组件及其他重要元部件。②组成某一机构的部门或单位。美国国防部所属部门,通常系指各军种部和国防部各业务局。

Component Acquisition Executive(CAE) 部门采办执行官 见"DoD Component Acquisition Executive"。

Component Cost Analysis(CCA) 部门费用分析 由负责制定或采购计划项目的那个军种部指挥体系之外的其他军种部有关机关或机构进行的的费用分析和估算。

Component Program 部门计划 由部门管理的计划。美国指国防部授权由军种或国防部业务局管理的重要国防采办计划(ⅠC类采办项目)或重要自动信息系统采办计划(ⅠAC类采办项目)。

Compounding 复利计算 所谓复利,是指不仅本金要计算利息,利息也要计算利息,即通常所说的"利滚利"。复利计算,是指由现值求终值的过程。由于支付利息,终值必然大于现值。

Comptroller 主计长 指某一机构中的首席财务官员。在美国国防部办公厅一级,负责财务的国防部副部长即为主计长,负责国防部所有预算、财会和审计工作。

Computer Program 计算机程序 以计算机能接受的形式编制的一串指令或语句,用以使计算机执行运算。

Computer Resources 计算机资源 应用于给定工作的计算机硬件、固件、软件、人员、文件、供应品、服务及支持服务等的总称。

Computer Resources Life Cycle Management Plan(CRLCMP) 计算机资源全寿命期管理规划 在计算机寿命期内,用来阐述系统必不可少的或用于直接保障系统的各种计算机资源开发、采购、试验与保障规划的计划管理文件。

Computer Resource Support(CRS) 计算机资源保障 包括操作和保障计算机系统必需的设备、硬件、软件、文件、人力和人员,是传统的后勤保障项目之一。

Computer Software 计算机软件 计算机软件是相对于硬件而言的,是指能使计算机硬件执行运算或控制功能所必需的相关计算机指令和计算机数据定义的组合。

Computer Software Configuration Item(CSCI) 计算机软件配置项 类似硬件配置项,即,计算机软件配置项是软件程序(通常),执行公用的终端职能,遵循其开发周期,并且单独管理。它也称为"软件项"。

Computer Software Documentation(CSD) 计算机软件文件 指软件使用寿命期内的技术资料,包括计算机列表和打印输出,它记载计算机软件的要求、设计或内容,解释软件的能力和限制,或提供用于或支持计算机软件的操作指令。

Computer Software Unit(CSU) 计算机软件单元 用于工程管理的计算机软件配

置项的子项。计算机软件单元通常是子程序或辅程序。

Concept Exploration 方案探索 在经 0 阶段决策点批准采办计划后开始,是武器系统采办过程的最初阶段。在本阶段中,要制定采办策略、提出并探讨武器系统的各种选择方案,充实武器系统计划的需求文件,以保证以后几个阶段的工作。

Conclusion 缔结 由一国签字、草签、答复或以基其他方式表示承认某一国际协议的举动。

Concurrency 同时并进 是一种采办策略,它把寿命周期的一些阶段(如工程研制阶段和生产阶段)或活动(如研制试验与作战使用试验)结合起来或重迭进行。

Concurrent Budget Resolution(CBR) 共同预算决议案 指美国国会参众两院通过的提出或修改政府预算的决议案,这种决议案无须总统签字。国会表决通过这种决议案的日期,一般安排在每年的 4 月 15 日或之前。

Concurrent Engineering 并行工程 对产品及其相关过程(包括制造与保障)进行一体化、并行设计的一种系统方法。其目的是从一开始就要使研制方把从需求确定直至退役处理的整个系统寿命周期的所有方面(包括成本、进度和性能)都考虑进去。

Conference of NATO Armaments Directors 北约装备部长会议 指北约装备部长会议及其所属团体,包括主要小组、核心小组、特设小组和项目指导委员会及由北约装备部长会议设立的任何其他团体。

Configuration 技术状态 是指对某一产品的描述性基本特点的总称,这些特点可以用功能术语来表述,即该产品预期要达到什么性能;和用物理术语来表述,即该产品制成后外观什么样,由哪些部分构成。

Configuration Audit 技术状态审核 是指为确定技术状态项目符合其技术状态文件而进行的检查。通常有两类技术状态审核:功能技术状态审核和物理技术状态审核。

Configuration Baseline 技术状态基线 是指使用方在技术状态项目寿命周期内的某个特定时刻(适当阶段分界处)正式批准的产品的技术状态。技术状态基线作为一个批准的基准点,实际上是通常所说的冻结技术状态,用以控制产品的性能、结构设计及随后的更改。既是前一段研制工作的阶段性书面技术成果,也是后一阶段研制工作的起点和依据,是后继活动的参照基准。所谓基线管理就是以它为基准点,对产品技术状态的更改进行控制。一般有三种技术状态基线:功能基线、分配基线和产品基线。

Configuration Identification 技术状态标识 是指确定产品结构,选择技术状态项目,将技术状态的物理特性和功能特性以及接口和随后的更改形成文件,为技术状态项目及相应文件分配标识符或编码的活动,并建立技术状态基线。它是进行技术状态管理的基础。

Configuration Item(CI) 技术状态项目 是指能够满足最终使用要求,并由使用方指定进行技术状态管理的项目。它可以是硬件、固件、计算机软件或其任何独立部分的集成,它要满足最终的使用功能并由政府指定进行单独的构形管理。从飞机、电子装置或舰船系统到测试仪或弹药的构形项的复杂程度、大小和类型差别很大。需要有后勤保障的和指定进行独立采购的任何项目,均属于构形项。

Configuration Management(CM) 技术状态管理 采取技术和行政管理及各种监督措施,以确定和说明技术状态项目的功能与物理特点,控制技术状态项目及其特点的更改,以及记录和报告更改过程与实施情况。它提供了完整的决策与设计改进的审查线索。

Constant Dollars 定值美元 通过剔除通货膨胀的影响并把所有美元都按选定的某一基年的价值来表示以计算若干年内相关美元的一种方法。定值美元的一系列数值是用当前的美元估算数除以适当的价格指数得出来的,这种方法通常被称为剔除物价变动因素法。其结果仿佛存在一个时间序列,在此时序内价格与基年完全相同,换句话说,就好比美元具有固定不变的购买力。在这一序列中的任何变化,所反映的只是实际产出量的变化。定值美元数通常用于国内生产总值及其组成部分。

Consumer Price Index 消费价格指数(CPI) 指反映消费品价格水平变动的指数,是对不同时间内货币购买力变化的一种衡量标准,它是通过对相同物品在不同时期的价格作比较得出的。

Contingency Testing 应急试验 当计划试验阶段的主要试验目的还没有达到时,为支持对计划项目增加拨款而要求进行的补充试验。

Continuing Resolution(CR) 继续(追加)决议案 是指美国财政年度开始时在尚未批准例行的财政年度拨款法的情况下,国会通过立法给予正在进行的某些活动以预算授权。继续决议案通常规定了某部门可以负债的给定期限和最大限额,其依据是上年度的开支额、总统的预算申请,或由国会一院或两院通过的拨款法案。通常,新的计划项目不能根据继续决议案去起动,而且继续决议案只在指定的期间有效。

Continuous Acquisition and Life—Cycle Support 持续采办与全寿命保障 通过一系列标准,共享综合数字化产品数据,以提高采办业务和作战任务效率的一种核心策略。持续采办与全寿命保障的基本含义是,综合利用网络、数据库、多媒体等先进信息技术,使用统一信息交换标准和信息共享格式,建设集成共享信息环境的基础信息设施,政府有关部门、设计生产企业和有关单位对业务流程进行改革和重组,使得武器系统产品的研究—设计—生产—培训—维护服务的全寿命过程中,政府以及参加设计、制造、培训、使用、维护的所有各有关单位和有关环节通过网络或其他计算机信息介质,对需要传递的技术数据(如标书、技术方案、有关图纸、三维造型、产品技术参数和规范等)能有效地实现共享和交换。

Contract 合同 有能力付法律责任的两方或更多方之间以适当的形式就合法的事务或目的和合法的酬劳达成的一种协议。

Contract Action 立约行动 签订合同或修订合同的行动。

Contract Adjustment Board 合同调整委员会 美国军种部长级的委员会(如陆军合同调整委员会),负责根据美国85~804号公法处理各种合同纠纷和特殊减免申请。

Contract Administration 合同管理 管理从签约到合同结束时有关履行合同的全部活动。

Contract Administration Office(CAO) 合同管理处 指定负责完成合同管理职责的机构。在美国这种机构必须列入"国防部合同管理部门名录"。

Contract Administration Services(CAS) 合同管理服务 在承包商工厂内或其附近为政府利益完成进行的那些与合同有关的活动,这些活动对履约合同或支持采购部门、系统/项目主任和其他组织是必不可少的。这些保障工作包括质量保证、工程保障、

817

生产监督、合同授与前的调查、制定动员计划、合同日常事务管理、财产管理、工厂保密及安全生产。

Contract Authority 合同授权 是一种预算权。它允许政府机构在拨款通过之前或在超过周转资金的情况下承担债务。尔后必须通过拨款为这种合同授权提供资金,以偿还债务。

Contract Award 合同授与,签署合同 合同官签署合同并将合同交给承包商。

Contract Budget Base 合同预算基数 经商定的合同成本加认可的未定价工作的估算费用。

Contract Categories 合同类型 合同的分类,基本有两种类型(有时称为系列):成本补偿类(即政府按成本付款,但有限制条件)和固定价格类(政府按价格付款,但如果采用奖励分摊,则要受最高限额限制)。

Contract Cost Overrun/Underrun 合同成本超支/节约 由于承包商的实际合同成本高于/低于目标或预计合同成本(而不是原定的其他成本增长原因),所引起的合同价款高于/低于合同目标成本、估算成本加酬金(任何类型的成本补偿合同)或可重新确定的价格所期望的净差额。

Contract,Cost—Plus—Award—Fee 成本加定酬加评奖合同 除了成本以外,给以下列两种补偿金的合同:固定酬金,不随合同执行情况而变;评奖酬金,根据承包商履行合同情况给以奖励,奖励标准视具体情况而定,如产品质量、交货及时性、是否有创造性节约成本等。此种合同适用于劳务性的工作,任务可行性是确定的,但衡量其成果往往不是通过对某些指标的直接测量,而主要是根据实际情况进行评定。需要指出的是,凡有条件采用成本加定酬合同、成本加奖励金合同的情况不应选用此种合同,工程研制和定型生产的主要项目也不用这类合同。美国"联邦采办条例"规定,合同补偿金的基本金额不得超过估计成本的3%,最高金额(基本金额加评奖金额)不超过估计成本的10%。

Contract,Cost—Plus—Fixed Fee 成本加定酬合同 是一种成本补偿类合同,它规定了付给承包商固定的酬金。固定酬金一旦确定下来,就不随实际成本变化,但可以根据合同中工作或劳务的变化进行调整。也就是说,这种合同的成本风险全由买方承担,风险分配比例为100:0。这种合同适用于工作量难以预定的研究、预先探索或调查研究项目以及不宜采用成本加奖励金的开发与试验项目。主要武器系统的研制工作一般不采用这种合同。

Contract,Cost—Plus—Incentive—Fee 成本加奖励金合同 是一种规定酬金的成本补偿类合同。酬金根据全部可列支成本同目标成本之间的关系进行调整。按照履行合同的可列支成本的增减决定酬金的增加或减少,起到鼓励承包商提高其履约效率的作用。

Contract,Cost—Plus—Percentage—Of—Cost 成本加成本百分比合同 它是以前美国国防部使用的合同形式,目前已不再使用。这种合同把承包商应完成工作的实际成本的百分比作为酬金或利润。这就意味着,承包商的实际成本越高,酬金/利润就越大,这等于鼓励承包商尽量提高成本。有时称为"成本加"或"成本百分比"合同。

Contract,Cost—Reimbursement Type 成本补偿类合同 在合同规定限度内,买方按承包商履行合同时所消耗的可列支成本向其付款的一种合同。这种合同规定了总成本的估算值,同时规定了在没有得到合同官的预先核准或随后批准的情况下不得超过(自己承担风险者除外)的最高限额。见"Contract,Cost—Plus—Fixed Fee"和"Contract,Cost—Plus—Incentive—Fee"。

Contract,Cost—Sharing 成本分担合同 政府采办部门只补偿项目部分费用的一种成本补偿合同。政府在与承包商签订基础研究与应用研究科研项目时,一般采用此种合同。双方通过谈判商定各自承担成本的比例。承包商同意承担一部分成本,是因为指望从科研工作中得到某些利益,如加强技术能力,提高专业水平,培训人才,提高其在商业市场上的竞争能力等。科研机构和厂商一般承担1%~5%成本,有时甚至承担50%左右。

Contract Data Requirement List(CDRL) 合同数据资料要求清单 一种经批准的专项采办合同数据资料要求清单,它是合同的一部分。

Contract Definition 确定合同 有资金投入的工作,通常是由两家或多家竞争的承包商为研制大型武器系统提出技术规范、选择技术途径、明确风险高的领域并对成本和生产时间作出估算。

Contract,Firm Fixed Price(FFP) 不变固定价格合同 规定合同价格不根据承包商执行合同的成本情况进行调整的合同。这类合同要求承包商承担最大风险,并对所有各项成本及由此产生的利润或损失负全部责任。它最大限度地鼓励承包商去控制成本,而使政府承担的管理责任减到最少。在这种合同中,买方承担的成本风险为0,而卖方承包商的风险为100%。

Contract,Fixed Price Incentive Firm(FPIF) 固定价格加奖励金合同 根据事先确定的超支或节约比例来决定承包商利润的增加或减少作为奖励的合同。合同规定一个据以计算超支或节约的固定目标。最高价格确定为政府将要支付的最高数额。这种合同的必备要素有:目标成本—预期成本的最佳估算;目标利润—目标成本上的公平利润;分配比例—实际成本确定后调整利润;最高价格—政府将要支付的限额。

Contract,Fixed Price Type 固定价格合同 这是一种规定固定价格或在适当情况下可调整价格的合同。见"Contract,Firm Fixed Price"和"Contract,Fixed Price Incentive Firm"。

Contract,Fixed Price With Economic Price Adjustment(FPEPA) 随经济价格调整的固定价格合同 是指在出现特定的意外情况时可对原定的价格进行上下调整的一种合同。这种调整可反映出人工或材料的实际成本,或人工或材料成本的具体指数的增加或降低。采用这种合同形式,可使买卖双方避免由于工资和原材料的价格波动而造成的损失,在承包商产品的市场定价发生变化时,也可对军品合同的原定价进行相应调整。

Contracting Activity 合同签订部门 是指有权签定合同的部门。在美国国防部指由军种指定为签订合同的某些司令部和内设主要合同签订办公室的下属司令部。它可以包括计划办公室、有关的职能保障办公室和合同签订办公室。《联邦采办条例国防部补充条例》列有各合同签订机构的名单,如海军航空系统司令部和空军装备司令部。"合同签订机构"与"采购机构"同义。合同签订机构负责人有一定的批准和许可权。

Contracting Officer(CO) 合同官 指有权签订、管理和/或中止合同及作出相关决定和结论的人。

Contractor 承包商 指与政府签订提供商品或劳务合同的国营或私营经济实体。

Contractor Acquired Property 承包商购买的资产 承包商为执行一项政府合同而购买的或通过其他办法取得的资产,其产权归政府所有。

Contractor Furnished Equipment 承包商提供的设备 主承包商作为大型组件的一部分提供的标准硬件、电子设备,及其他标准生产项目或商品。

Contractor Logistic Support(CLS) 承包商后勤保障 由军工企业对军方某一武器系统完成维修和/或器材管理职能的活动。美国过去,这项工作是属于一种过渡性的工作,直至武器系统的保障能转交给国防部机构负责为止。目前的政策允许由承包商长期负责保障武器系统,称为"承包商的长期后勤保障"。

Contractor-Owned,Contractor-Operated(COCO) 承包商拥有、承包商经营 指私营承包商拥有和经营、按合同规定为政府提供劳务的生产设施。

Contractor Performance Reporting 承包商履约报告 要求承包商就迄今为止的合同执行情况定期进行说明和报告的办法。

Contract Price 合同价格 根据合同,应由政府对在合同工作范围内规定的、正常交付的供应品和服务支付的价格。

Contract Target Price 合同目标价格 全部成本账户总额加上未分配预算与管理准备金的总和。

Contract Work Breakdown Structure 合同工作分解结构 指整个合同工作的分解结构。它包括批准计划项目直至一致同意的合同报告层的工作分解结构及任何延伸到合同报告或其他目的的较低层的部分。它包括承包商负责的产品的所有组成部分(硬件、软件、数据或劳务)。这一整套工作分解结构构成了承包商的管理控制系统。

Contractual Data Requirement 合同数据资料要求 指在征求书内确定和在合同或订单内规定的、有关数据资料方面的任何要求(即同数据的获取、生成、准备、修改、维护、存储、检索,和/或传输有关的那一部分合同任务要求)。

Contractual Requirement 合同要求 合同中规定的各种要求。合同除规定性能要求外,还要求包括工作书中确定的内容;规范、标准和相关文件;合同数据资料要求清单;管理系统;及合同术语和解释。

Controllability 控制能力 根据现行法律对一个预算年度内的预算授权和预算支出的控制能力。"相对不可控"指在立法机关没有新的立法行动时的开支,通常指由于授权及其他非限制性计划、永久性拨款及前几年批准的预算权限现在应付的债款等形成的开支。

Convergency Point 收敛点 经验曲线与代表劳动标准的水平线相交点(在 X 轴上)。学习曲线上工人工作达到标准时的时间点(单位数)。

Cooperative Development 合作发展 指政府间以任何方式开展的旨在更好地利用彼此的科研资料的合作活动,具体包括交流技术情报、协调要求、共同发展、科研互补及统一标准等。

Cooperative Logistics 后勤合作 指与一个或多个盟国或友好国家或国际组织间在有关武装部队使用的武器或其他国防系统的后勤保障方面进行的国际合作。

Cooperative Logistic Supply Support 合作后勤供应保障 根据安全援助程序,通

过参加后勤系统向外国政府或机构提供的后勤保障。

Cooperative Opportunities　合作的可能性　在武器装备采办方面开展国际合作的可能性。美国根据《美国法典》第10篇第350a节的规定,重要国防采办计划的采办策略必须确保在国防部进行正式审查的早期阶段把有可能进行国际合作的项目考虑进去。

Cooperative Programs　合作计划　指与一个或多个盟国或友好国家或国际组织签定的合作协议进行的一个或多个具体的合作项目。其中,包括合作进行国防产品的研究与开发,试验鉴定,联合生产,许可证生产,购买采购外国的国防产品(包括软件)、技术(包括生产权)或劳务(包括后勤保障),进行数据、信息和人员交流,以及增强彼此之间武器装备的合理化、标准化和通用化等。

Cooperative Project　合作项目　指由参与各方根据达成的双边或多边书面协议进行合作,并在限定的时间内完成、生产或建造的项目;或根据谅解备忘录(或其他正式协议)参与合作研究、发展、试验鉴定、生产或采购的项目(包括随后的保障)。见"Cooperative Program"。

Cooperative Project Memorandum of Understanding(MOU)　合作项目谅解备忘录　政府与政府(或政府与国际组织)间达成的国际协议,它包括有关的限制性规定,签约各方据以同意合作进行研究、发展、试验鉴定、交换、标准化或生产(包括随后的后勤保障)等。

Co-production　共同生产　政府间一起生产同一产品或同一产品的零部件。

CORE Depot Maintenance　应急反应计划(CORE)后方维修　指美国保留在国防维修与供应基地内的维修力量,以满足保障参谋长联席会议应急作战计划武器系统战备和支援能力的需要。应急反应计划后方维修力量的存在,可降低作战使用风险,并保证武器系统能处于战备状态。

Corrective Maintenance　校正性维修　由于故障而采取的使项目恢复到规定状态的各种措施。校正性维修可以包括下述任何或所有步骤:定位、隔离、分解、互换、重装、调整及检验等。

Cost Accounting　成本会计　对商品生产、劳务、计划、活动、任务或组织机构的运行成本进行会计分析与上报的一种制度。该制度还可包括成本估算,根据工程数据确定成本标准,以及为帮助进行成本控制而进行的实际成本与标准成本的比较。

Cost Analysis　成本分析　对承包商投标书中的各项成本要素进行分析和评估,以确定其合理性。

Cost Analysis Improvement Group(CAIG)　成本分析改进小组　是美国国防部计划分析与鉴定局内的一个特设机构。它就未来武器系统成本分析的估算、审查、上报等问题向国防采办委员会提出建设性的意见。成本分析改进小组还为国防部制定通用的成本估算方法。

Cost Analysis Requirements Description(CARD)　成本分析要求说明　是从成本分析角度对采办计划的特点和武器系统本身的一种说明。它是对计划的技术、特点和成本的一般性说明,供组建计划办公室、进行部件成本分析和独立的全寿命成本估算的小组使用。

Cost and Operational Effectiveness Analysis　费用与使用效果分析　见"Analysis of

Alternatives"。

Cost as An Independent Variable(CAIV) 独立变量费用 是指通过确定积极的、可实现的全寿命费用目标,并在必要时通过权衡性能和进度的方式设法达到这些目标,以便获取和使用在经济上能承受得起的国防武器系统的方法。费用目标要使任务需求与未来财年的资源相适应,同时考虑到预期的军方和工业界在方法上的改进。目前,独立变量费用已引起政府在确定/调整全寿命费用目标和从整个费用开支的角度评估需求时的注意。

Cost Avoidance 费用避免 当前采取某项措施可减少今后的费用的活动。如一项工程的改进提高了平均无故障时间,从而减少了使用保障费用,这就可以说避免了费用。这项工程的变化可能使近期的费用增加,但只要全寿命费用减少,这一变化就是费用避免。费用的避免额可由变化前后两个费用估计模式的差值来确定。

Cost-Based Budget 以费用为基础的预算 以规定期间内实际采购商品或劳务的费用为基础的一种预算,而不管在这期间结束之前付款与否。也即在费用发生时即记入的一种预算,而不问何时承当的这种开支责任。不要与以支出为基础的预算相混淆,因为它是以实际付款的商品或劳务的支出为基础的预算。

Cost/Benefit 成本-收益比,本利比 是对多项计划或多种选择方案进行比较的一种依据,以比较其预期成本和收益,用于选择能产生最大成本收益率的最佳方案。

Cost-Benefit Analysis 成本效益分析,本利分析 为确定哪一个或几个备选方案能达到最大的净收益,把投资、计划,或制定政策的成本和效益进行比较的一种分析方法。一项备选方案的净收益,可以用收益现值减去成本现值求得。

Cost Breakdown Structure 成本(费用)分解结构 将一项计划细分为各种硬件单元或子单元,各种功能或子功能,以及各种成本(费用)类型,以便对该计划进行更有效的管理和控制的一种方法。

Cost Cap 最高经费限额 为获得某种能力所愿意支付的最高总金额。最高经费限额一般只包括计划采办经费,并以定值币值计算。最高经费限额适用于选定的基线计划。

Cost Center 成本中心 直属分支机构或责任中心,它通过一名责任监督员确定成本并对成本进行控制。大型企事业单位为了划分所属各部门的成本计算和控制的职责范围,通常设立若干个成本中心,其会计业务的主要内容是计算和比较实际成本和预算成本的差异,分析其产生的原因,并采取降低成本的措施,从而实行有效的成本管理和控制,但成本中心并无控制营业收入的职责。

Cost Contract 成本合同 是成本补偿型合同中形式最简单的一种。采用这种合同,买方只付给承包商成本,不给酬金或利润。这种形式的合同适用于下列情况:①非赢利教育机构和科研单位进行的研究与发展项目;②政府为承包商提供生产、维修、研究、开发和试验所用的器材与设备项目(不包括材料、特种工具和军事器材)。

Cost Drivers 费用动因 费用表达式中对系统寿命周期费用有重要影响的因素。从历史上看,系统费用要素中20%为费用动因,其费用占系统整个寿命周期费用的80%。成本动因可以是一个事件、一项活动或作业,它支配成本行为,决定成本的产生。

Cost Effectiveness 费用效果 把武器系统增加的作战能力作为其全寿命费用的函

数的一种衡量。

Cost Element Structure　费用要素结构　全寿命费用要素的分解结构。在武器装备采办中,可以按照研究与发展、生产(投资)以及部署(使用与保障)这样一些主要费用类别进行费用归集。每项主要费用类别可进一步分解为更低层次的费用要素结构。

Cost Estimate　费用(成本)估算　是对一种物品、商品或劳务所需费用的判断。估算结果,确定出为完成一项规定的任务或购买一项物品预期所需的费用。费用估算可以是一个数值,也可以是几个数值。

Cost Estimating Methodologies　费用(成本)估算法　进行费用(成本)估算的方法。通常有:①比较/类推法;②参数/自上而下法;③具体工程/自下而上法;④由实际成本外推法。

Cost Estimating Relationship　费用估算关系式　将费用作为一个因变量与一个或多个费用因素的独立自变量联系起来的数学表达式。表达式可采用不同的函数(如线性函数、幂函数、指数函数、双曲线函数)。通常,这些费用因素代表着系统/产品的性能特性、物理特性、效能因子或其他费用要素。

Cost Growth　费用增长　指估算数额或实际数额相对于以往确定的某个基数的净差额。基数必须与某计划、项目或合同有关,并且明确确定来源、批准权、所包含的具体项目、所做的具体假设、日期和数额等。

Cost Incurred　已发生的成本　利用权责发生制记账方法确定的成本或实际支出的成本。

Cost Model　成本模型　成本估算逻辑关系的汇集,它将成本估算的细目汇总成总的成本估算。

Cost Objective　成本对象　指成本计算和分摊的目标,如一个部门、一种产品、一项工程或合同。

Cost Overrun　成本超支　超过合同的估算成本或最高限额的支出。

Cost Performance　成本实效　对已发生成本和实际取得的绩效进行的统计或比较,也指计划主任为获得承包商管理系统的数据资料,每月从承包商那里得到的一种报告,它是在计划主任的决策过程中使用的一种标准格式。

Cost Performance Integrated Product Team(CPIPT)　成本性能一体化产品小组　为进行成本实效权衡比较而成立的一体化产品小组。

Cost Performance Report(CPR)　成本实效报告　见"Cost Performance"。

Cost/Pricing Data　成本/定价数据　承包商用于答复政府建议征求书的数据资料。美国《诚实谈判法》要求,投标商在签订合同时应证明其成本/定价数据资料是完整、现行和准确的。

Cost Reduction　降低成本　采取措施使成本低于原定值的活动,其中包括消除浪费和无效率现象,削减不必要的开支,以及使用更便宜的原材料、提高劳动生产率和采用新材料、新工艺等。降低成本通常有具体的规定指标。

Cost Reimbursement Contracts　成本补偿合同　一般是指政府按合同规定的向承包商支付可列支成本的一类合同。它包括成本合同、成本分担合同、成本加定酬合同、成本加奖励金合同及成本加定酬加评奖合同。

Cost Risk　成本风险　指计划项目不能满足其采办策略成本目标的风险。这类成本目标是用成本作为独立变量或由采办当局确定的成本目标制定出来的。

Cost Savings　成本节约　使成本低于预计成本而能达到某一特定目的的行为。对于鼓励性合同来说,由于承包商和政府共同分享承包商为达到合同目标而支出的实际成本低于估计的目标成本的差额,因而可鼓励承包商节省成本。成本节约与"费用避免"不同,前者的费用目标已经确定,从中节省的金额是可以具体计算出来的,而后者节省的金额需由工程变化前后两个成本估算模式的差额来确定。

Cost Variance(CV)　成本差异　指相对于计划履约考核基线考察成本超支或节约的收益值管理系统所得出的结果。其值等于完成工作的预算成本与完成工作的实际成本的差值。

Could Cost　可能成本　如果政府和承包商都排除由任何一方完成或要求的非增值性的工作,计划项目的"可能成本"是多少,据此可为所购买的物品达到最佳的质量和价格提供一种评估方法。

Cradle—To—Grave　从摇篮到坟墓　指武器系统的全寿命周期,即从方案探索开始,经过研制、采购、使用阶段,直至最终处理。也称为"从生到死"。

Crew Load　班组人员配额　分配完成某一确定的生产部件的工人数量。

Critical Acquisition Processes　关键采办过程　在采办过程中起关键作用的阶段或工作。军品项目的关键采办过程包括设计、试验、生产、设施配置、后勤保障及管理。

Critical Design Review(CDR)　关键设计审查　指为确定具体设计是否满足研制规范的性能和工程要求,确定这些具体设计在该项目和其他设备、设施、计算机程序和人员之间的兼容性,评估可生产性及风险领域,以及评审产品的初步基线规范等所进行的审查。关键设计审查一般在武器装备采办的工程和制造发展阶段进行。

Critical Intelligence Parameter(CIP)　关键情报参数　计划主任确定的威胁能力或限值,其变化对计划中的武器系统的效用和生存能力将会产生重大的影响。

Critical Issues　关键问题　指在掌握系统总的适用性之前,必须首先弄清楚有关系统作战能力、技术性能或其他方面的那些问题。这些问题对决策当局作出允许该系统进入下一个研制阶段的决定是至关重要的。

Critical Material　关键材料　对国家经济和军事发展至关重要的材料。美国列为关键材料的总共约有40种,其中50%以上依赖外国进口。

Critical Operational Issue(COI)　关键作战使用问题　指关键的作战效果和/或作战适用性问题(不是参数、目标或限值),这些问题必须在作战试验鉴定中加以考查,以确定武器系统执行其任务的能力。关键作战使用问题通常被认为是必须回答的问题,以便正确地评估作战效果(例如该系统在作战环境下能否在适当距离上探测出敌人的威胁以便成功地实施攻击?)或作战适用性(例如该系统能否在作战环境下安全地工作?)。

Critical Path Method(CPM)　关键路径法　它是帮助了解计划项目中各种事件的相互关系和完成这些事件所需要的时间一种方法。在项目进行过程中,有些工作是至关重要的,一旦延迟,就会影响到整个项目的进度,因而它们被认为是处于关键路径上。

Critical Technology　关键技术　对任何国家或国家集团的军事潜力都有着重大影响,并且有可能会损害国家安全的技术,有时也称关键军事技术。这些技术包括:①设计和制造技能(包括技术数据资料)。②关键的制造、检测和试验设备。③关键材料。④先进的操作、应用或维修技术必不可少的物品。

Critical Weakness Reliability Test 薄弱环节临界可靠性试验 确定设备暴露于超过预期环境条件时出故障形式的试验。通过这种试验,可以确定对部件产生不利影响的参数诸如振动、温度、电压等的临界值。

Cross Servicing 跨军种服务,交叉服务 一军种在支援另一军种时所完成的任务,对于此种任务要求从受援的军种获得补偿。

Crosswalking 交叉关系,交差转换 就预算支出的不同分类而言,指将预算由计划类目转换成拨款预算类目,以及将拨款预算类目转换成计划类目的过程。

Cumulative Average Curve 累积平均曲线 N个单位产品的平均成本或总成本除以总数量的曲线。

Current Estimate 当前估算 部门或计划主任对项目参数的最新估算,通常反映根据现实变化进行调整后的本期国家预算。在美国,对于Ⅰ和ⅠA类采办计划基线参数的当前估算,应在每季度的国防采办执行综合报告(Ⅰ类采办)或重要自动信息系统季度报告(ⅠA类采办)中上报。

Current Level 本期拨款水平 法律规定或要求的经常性拨款、提前拨款、现有授权及上年从任意项拨款中支出的额度。有关法律规定的信用授权也可以看作为本期拨款水平的一部分。

Current Services 对当年服务的估算 以既有的服务水平为基础,对即将到来的财政年度的预算授权与支出进行的估计。在采办方面,这种估算反映了在没有任何政策变化的情况下,按目前的开支水平继续实施已有计划的预期费用。

Current Year 本财政年度 当前的财政年度,也称为执行年。见"Budget year"。

Current—Year Dollars, Then—Year Dollars 本年度美元,当年美元 包含通货膨胀或调整因素并反映这一年中预期价格水平的美元。

Cycle 周期 ①指完预定数量的产品生产所需要的时间。②也指按年历进行资源分配的过程。

D

DAB Program 国防采办委员会计划 指美国国防部的采办计划中,在每个阶段决策审查点,都要求负责采办与技术的国防部副部长作决定的计划,即ⅠD类采办计划。

DAB Readiness Meeting 国防采办委员会预备会议 在美国国防部国防采办委员会进行审查前大约一周,要召开一次国防采办委员会的预备会,以便向负责采办与技术的国防部副部长、参谋长联席会议副主席和其他国防采办委员会成员(包括有管辖权的计划执行官和计划主任)先作一个简要的汇报。其目的是,向负责采办与技术的国防部副部长提供有关计划项目最新状况的消息,并向高级采办官员报告尚未解决的问题。通常,由顶层一体化产品小组组长向国防采办委员会预备会议作简要汇报。如果在国防采办委员会预备会议上能把尚未解决的问题解决了,负责采办与技术的国防部副部长可以决定不再召开国防采办委员会正式会议,并在国防采办委员会预备会议之后发表一个采办决策备忘录。采办决策备忘录的内容须与国防采办委员会主要成员协商确定。

Data　数据资料　一切记录在案的信息,不管形式或特点如何,都按合同规定提供。这些是技术方面的数据资料,不包括管理和财务方面的数据资料。见"LimitedRights and Unlimited Rights"。

Data Call　数据资料要求　为响应计划主任对数据资料的要求,由有数据资料需求的人员编制出"合同数据资料需求清单"的备列项目。编制的大部分项目填写在合同书的标准数据资料项目说明栏。

Data System　数据系统　是人员工作、表格、格式、指令、程序、数据单元和相关数据编码、通信设施及自动数据处理设备的集成,它为记录、收集、处理和交换数据提供了一种有组织的和互相连接的手段。这种手段包括自动的、手工的和二者结合使用的。

Debit　借项　①指会计账务中的任何薄记项目,其结果是减少负债、收入或资本项目,或者增加资产或费用项目。②表示资产的余额。③记账活动。④与客户或供应商交往中使用的借项通知或借据。

Debug　纠错,调试　指对计算机一系列指令和数据进行的检查或检测,以消除错误。

Decision Coordinating Paper　决策协调书　在美国国防部,它记载武器系统计划基本情况的主要文件,用以辅助国防部长的阶段决策。文件归纳了到某一阶段所取得的成就,以及规划下一阶段的工作。

Decrement　减少资金　减少对采办计划的直接资金投入。

Defacto standards　事实上的标准　由市场确定和认可但未得到公认标准组织批准的标准。

Defective Pricing　有问题的定价　指根据承包商保证是准确、现行和完整的成本/定价数据而实际并非如此的定价。

Defense Acquisition Board(DAB)　国防采办委员会　美国国防部设立的就重要国防采办计划(ⅠD类计划)向负责采办与技术的国防部副部长提供重要决策建议的高级委员会。在每个阶段决策点它都要举行一次正式会议,以审查上一个阶段的工作完成情况,并对进入下一阶段的准备情况进行评估。国防采办委员会由负责采办与技术的国防部副部长任主席,参谋长联席会议副主席任该委员会的副主席,主要成员包括:负责采办与技术的国防部副部长首席帮办,负责财务的国防部副部长(国防部主计长),负责战略与需求的助理国防部长,负责指挥、控制、通信与情报的助理国防部长(国防部首席信息官),作战试验鉴定局局长、计划分析与鉴定局局长,国防研究与工程署署长,陆、海、空军采办执行官,有关的顶层一体化产品小组组长、计划执行官和计划项目主任,以及国防采办委员会执行秘书。

国防采办委员会主席通常还得到一些高级顾问的帮助,如(但不限于)负责工业事务与设施的国防部副部长帮办,负责经济安全的助理国防部长,负责采办改革的国防部副部长帮办,负责环境安全的国防部副部长帮办,负责后勤的国防部副部长帮办,采办计划综合局局长、国防情报局局长、国防采购局局长、试验、系统工程与鉴定局局长,成本分析改进小组主席,以及负责采办与后勤的法律副总顾问等。此外,负责采办与技术的国防部副部长还可以根据需要邀请国防部的其他高级官员参加国防采办委员会会议。

Defense Acquisition Board Committee　国防采办委员会小组委员会　是美国国防

部国防采办委员会下设的专业委员会,即战略与空间系统委员会,常规系统委员会和C3I系统委员会,它们负责在国防采办委员会会议召开前举行会议,对采办计划进行专业审查,向国防采办委员会提出建议,重点提出有待审议的重大问题。

Defense Acquisition Deskbook 国防采办电子手册 在美国国防部,由负责采办与技术的国防部副部长办公室管理的自动访问工具,以帮助计划办公室实施国防部5000.1号指令和国防部5000.2—R号指示。它包括带有公告板的WWW主页、自由选择信息的信息结构和法律、法规资料引用库等。信息结构与引用库参考资料可以通过商业上使用的搜索引擎进行访问,同时也可以从主页上订购CD盘获取。

Defense Acquisition Executive(DAE) 国防采办执行官 美国国防部内负责采办事务的高级官员。见"DODD5000.1"。

Defense Acquisition Executive Summary(DAES) 国防采办执行情况概要 国防采办执行情况概要是美国国防部在武器准备采办阶段审查决策期间跟踪计划项目的主要手段。国防采办执行情况概要报告,每季度由重要国防采办计划的计划主任呈送给负责采办与技术的国防部副部长。

Defense Acquisition Regulatory(DAR) Council 国防采办条例委员会 国防采办条例委员会是美国有权修改联邦采办条例的两个委员会之一。国防采办条例委员会的成员是负责采办与技术的国防部副部长、国防部各部门和美国宇航局的有关人员。(另一个委员会是由其他行政部门代表组成的民政机构采办委员会)。

DefenseAcquisitionSystem 国防采办系统 在美国国防部,它是指一种统一的系统,所有装备、设备及劳务都由国防部在该系统中计划、发展、采购、维修及处理。国防采办系统包括国防部维护国家安全所需的武器、信息技术系统及其他项目。

Defense Articles 国防用品 战争用的武器、武器系统、弹药、飞机、舰船或其他作战工具;用于军援或军贸的器材、设施、材料、设备或物品;制造、生产、加工、修理、保养、储存、建造、运输、操作或使用其他国防用品或上述任何用品的部件或零件所必不可少的任何机械设备、设施、工具、材料、消耗品或其他物品。按美国定义,国防用品不包括商船、大型战舰,或《1954年原子能法》规定的原材料、副产品材料、特殊核材料、生产设备、公用设施、核武器或涉密产品。

DefenseContractAdministrationService 国防合同管理服务 在美军,指由国防合同管理司令部(从2000年3月27日起,改为国防合同管理局)向国防部各部门和国家宇航局的所有合同(除特别规定外)提供统一的合同管理服务。

DefenseContractAuditAgency 国防合同审计局 美国国防部的一个独立机构,由负责审计的助理国防部长办公室领导,是国防部长办公厅内与国防后勤局等并列的15个业务局之一,成立于1965年,目前拥有3500名职员。国防合同审计局主管国防部合同的审计工作,其主要职能有:①协助确定合同价格。②对合同管理官员在按成本型合同提交的偿付凭证所采取的行动进行审查并提出建议。凡价值在10万美元以上的合同,均要提交合同审计报告。国防合同审计局划分为6个地区审计办事处,即亚特兰大、波士顿、芝加哥、洛杉矶、费城和旧金山审计办事处。

DefenseContractManagementAgency(DCMA) 国防合同管理局 美国国防部于2000年3月27日成立的国防合同管理机构,直接由负责采办、技术与后勤的国防部副部长领导,其前身是原隶属于国防后勤局的国防合同管理司令部。

DefenseContractManagementCommand 国防合同管理司令部 国防合同管理司令部是美国国防部执行合同管理职能的业务部门,它原是国防后勤局的组成部分,2000年3月27日改为国防合同管理局,直接向负责采办、技术与后勤的国防部副部长汇报工作。见 Defense Contract Management Agency。

Defense Contract Management Command(City/Area) 国防合同管理司令部(城市/地区) 美国国防合同管理司令部(现称国防合同管理局)设在一个城市或地区的合同管理机构(以前称为国防合同管理司令部地区管理处),负责管理该城市或地区的所有政府承包商,除非他们已包括在驻某一指定承包商工厂的合同管理小组的管辖范围内。

Defense Contract Management Command(Company Name) 国防合同管理司令部(公司名) 指常驻在某一承包商工厂的国防合同管理司令部的合同管理小组。以前称"国防部驻厂军代表室"。

Defense Cooperation 防务合作 指与盟国和其他友好国家开展的有关防务方面的合作活动。这些活动包括安全援助、工业合作、军备合作、军品销售、培训、后勤合作、合作研究与开发和东道国的援助等。

Defense Cooperation Country 防务合作国 指与有防务合作协议的国家。美国则是指与之有防务合作协议的"合格国家",对于这些国家,国防部长对双方达成一致的项目清单免除《购买美国货法》的限制。

Defense Industry Cooperation 国防工业合作 指按照政府间协议采取促进在国防装备的研究与发展、生产和采购以及后勤保障方面相互合作的活动。这类合作注重联合生产有关的武器系统,以满足盟国或友好国家的军事需要。

Defense Information 国防信息 与任一国防产品、国防劳务、或大型战舰有关的任何文件、文本、草图、照片、规划、模型、规范、设计原型或其他书面或口头的信息。美国国防部的国防信息不包括1954年的《原子能法》确定的内部数据资料以及根据该法案142节从该内部数据资料类目中删除的数据资料。

Defense Information Infrastructure 国防信息基础设施 指可用于满足国防信息需要的所有各种资产和组成部分,包括通信网络、计算机、软件、数据库和人才等。

Defense Information Infrastructure Common Operating Environment 国防信息基础设施公用操作环境 见 Common Operating Environment。

Defense Planning Guidance(DPG) 国防规划指南 美国国防部长每年签发给国防部各部门的一种文件,它为各军种拟订计划目标备忘录定出战略框架,是联合参谋部、国防部长办公厅和三军规划工作的成果。

Defense Resources Board 国防资源委员会 美国国防部主管资源分配的高级委员会,它负责审查国防部的规划、计划和预算过程(PPBS)和及军种、国防部业务局的《计划目标备忘录》及计划执行情况,并就主要资源分配向国防部常务副部长提供决策咨询。该委员会由国防部常务副部长担任主席,成员包括参谋长联席会议主席、所有国防部副部长、参谋长联席会议副主席和各军种部部长、国防研究与工程署署长。计划分析与鉴定局局长任国防资源委员会的执行秘书。

Defense Standardization Council 国防标准化委员会 美国国防部内由军种部和国

防部业务局的高级代表组成并由国防标准化执行官负责领导的委员会。该委员会负责高层管理监督、指导国防标准化计划实施以及与标准和规范有关的采办改革倡议。

Defense Standardization Executive　国防标准化执行官　美国国防部全面负责国防标准化计划的官员,他由归口管理国防标准化计划的国防后勤局局长任命,并担任国防标准化委员会主席。

Defense Systems Affordability Council　国防系统经济承受能力委员会　美国国防部常务副部长于1994年成立的一个组织,最初称"国防制造委员会",其目的是为国防部的高级采办官员提供一个场所,讨论和评审采办改革的问题和机遇,交流各种改革倡议信息及成功与失败的教训。它最初的重点是加快实施国防系统的采办改革。1997年,国防制造委员会更名为国防系统经济承受能力委员会,并修订了章程,集中关注一些现实问题,即装备现代化与保障之间要达到更好的统一和平衡,减少采办的全寿命费用,以及提高采办工作适应预算、任务和技术变化的能力。

Defense Systems Management College(DSMC)　国防系统管理学院　美国国防部的所属一所学院,主要培养从事系统采办工作的军职、文职及工业部门人员,并开展研究和咨询,以支持和改进国防部采办计划的管理。

Deferral of Budget Authority(BA)　预算授权递延　指暂时扣压或推迟预算授权的债务或开支,或其他制止预算授权的债务或开支的行政行为。预算授权可能会因偶然事故、达到节约或使政府运作更加有效的目的,或者由于法律规定的其他原因而被推迟。在美国,预算授权递延必须由总统以特别咨文的方式通报国会。

Deficiency　能力缺陷　指现有的和计划的装备能力与作战需求的差距(能力缺陷=作战需求-现有和计划的能力),或不能成功地完成为达到任务或任务目标所要求的某项或多项任务或功能的程度。能力缺陷可能产生于任务目标的变化、威胁系统的改变、环境的变化、现有军事装备的陈旧或性能下降。在合同管理方面,也指建议书中不能满足政府需求的部分。

Delay Allowance　容许的迟延　考虑到工人不能控制的可预料的偶然因素和少量耽误而在标准工作时间中增加的时段。

Delta　(希腊字母 Δ, δ)变动量,增量　数学上表示一个变数的变动量或增量。如资金的变动量或增量。

Demonstration and Validation　演示与验证　①通常指采办过程中确定计划和减少风险阶段的演示验证工作。在此阶段,要论证各种初步设计及工程方案,制造样机,充分分析和比较各种方案,以及完成必要的规划工作和准备合同。整个阶段的目的是确定待选方案,并为决定是否进入全面工程研制阶段提供依据。②也指研究、开发、试验和鉴定拨款类目中的一项预算活动。通常指为计划确定和减少风险阶段提供资金。

Department of Defense Acquisition System　国防部采办系统　国防部内负责规划、设计、研制、采购、保养和处置各种装备、设施和服务的系统。这个系统的任务包括:制定采办管理的政策和措施;制定任务需求文件和确定性能目标及基线;确定采办计划的资源需求和优先顺序;规划和实施采办计划;指导和控制采办审查过程;制定和评估等后勤保障;签订合同;监督已批准计划的执行状况;以及向总统和国会报告等。

Department of Defense Strategic Plan　国防部战略规划　美国1993年《政府业绩

与效果法》要求制定的一种规划。该规划要呈报给行政管理与预算局局长和国会,其内容包含对国防部任务的全面说明、总的目的和目标,确定国防部不能控制的关键外部因素,说明如何实现目标,如何将业绩目标与总目的和总目标联系起来,以及说明用来确定或修改总目的和总目标的计划评估。美国国防部长决定将1997年及以后《四年一度的国防审查》作为《政府业绩与效果法》所要求的国防部战略规划。

Deploy/Deployment 部署 将一个武器系统装备部队供作战使用。

Deployment Plan 部署计划 顺利地向部队提供一种武器系统或装备的计划。

Depot Level Maintenance(D Level) 后方维修(D 级维修) 对需要进行大修或完全重新制造某些零件、组件、分组件和最终产品的装备所作的维修,其中包括按需要制造某些零件,进行修改、测试和改造等。与其他较低层次的维修相比,这一级的维修工作需要有更全面的车间维修设施和更高技术水平的人员,因而需在后方场站和专门的工厂企业进行,并以此对部队本单位的维修和中级维修站提供支援。

Design Control Activity 设计控制机构 承包商或政府部门内负责设计某种产品和绘制、制定该产品工程图纸及其他技术数据的机构。

Design Interface 设计接口 武器装备设计中包括软硬件在内的各种部件、分系统、系统或设计参数之间相互联系的方式或方法。就武器装备保障而言,有关的设计参数(如可靠性、可维修性和作战使用条件等)与作战保障和战备的关系十分密切,因此,在制定有关设计参数时,特别要与系统的战备目标、保障费用和保障条件密切关联起来。

Design Synthesis 设计合成 将功能和性能要求转换成包括内部和外部接口在内的设计方案的过程。

Design-to-Cost(DTC) 定费用设计 历史上强调费用的有效设计(即以最低的费用达到性能要求)和以平均单位采购费用为目标的管理方式。定费用设计的重点是与跟踪/控制费用和进行费-效分析/权衡比较有关的承包商的各项活动。而最新提出的"独立变量费用"的管理方式,则将定费用设计的重点集中于考虑计划的全寿命费用目标,并将费用看作一个独立变量,必须与性能、进度进行权衡,使之保持在费用目标及其制范围内。目前,定费用设计是指通过明确的设计活动以满足费用目标所采取的措施。采用定费用设计合同,不应只是简单地激励承包商满足费用要求,而且要激励承包商寻求更多地减少费用的可能性。

Design To Cost Action Plan 定费用设计行动计划 指当费用突破规定值时,为控制费用并使预计费用回到可接受的水平所制定的具体工作计划。

Design To Cost Goal 定费用目标设计 指系统研制期间规定严格的费用目标,并通过对系统的作战能力、性能、费用及进度进行权衡折衷,使系统费用(包括采办费用、使用费用和保障费用)控制在规定目标内的一种管理方案。费用作为设计中的一个参数,要不断控制,并把它作为研制和生产过程的一个内在因素看待。同时,还要选定定费用设计中对系统的使用和保障费有重大影响,并且可以通过设计来控制和在试验鉴定中可以测定的参数。这些参数可以用经费或其他可衡量的因素(如人力、可靠性或可维修性等)来表示。目标值和限值应在进入工程与制造发展前规定。这一目标是军方内部的目标,是计划主任与采办部门领导之间带有合约性质的目标值。根据这一目标值所作的资金分配就成为从事该计划的承包商需实现的定费用设计的合同目标值。

Design To Cost Program Plan　定费用设计工作规划　为分阶段完成具体的一系列定费用设计任务而制定的一体化工作规划。该规划是一个动态文件,应随着工作的进展对其进行修改。

Design To Cost Targets　定费用设计指标　指由采购单位批准的具体费用指标。为了控制生产、后勤、使用与保障费用,承包商应将这些费用指标转换成设计要求。承包商可以控制的这些费用指标是由定费用设计目标值导出的。

Design-to-Unit Production Cost(DTUPC)　按单件生产成本(或费用)设计　①规定单件生产成本或费用,并按此进行设计。②一种合同条款,指根据规定的生产数量、速度和时间进度,由政府按预计的单件生产价格支付给承包商,以偿付经常性生产费用。

Designated Acquisition Program　指定的采办计划　指美国陆军由其采办执行官指定送陆军武器系统采办审查委员会进行阶段审定的计划。

Detailed Live Fire Test and Evaluation Plan　详细的实弹试验和鉴定计划　说明进行实弹试验的详细试验程序、试验条件、数据收集和分析方法的计划。

Detailed Live Fire Test and Evaluation Report　详细的实弹试验和鉴定报告　对实弹试验和鉴定结果所作的详细报告。美国国防部规定,各军种应在试验结束后120天之内将实弹试验鉴定报告提交给作战试验鉴定局局长。报告格式由军种选定,但为了便于作战试验鉴定局局长向国会提供独立的报告,各军种的报告均应包括发射结果、试验条件、对详细实弹试验鉴定计划编制好后批准进行的任何改动的说明、试验的局限性、结论以及根据现有信息对实弹的易损性/杀伤性所作的鉴定。

Detail Specification　详细规范　指详细规定一种或多种类型项目或劳务全部要求的一种说明书,这样就无需为共同的要求编制和参照通用的说明书。

Determination and Findings(D&F)　决定与调查结果　按法律或条例规定由授权的官员签发的一种特定形式的书面批件,是采取某些合同行动前必须具备的文件。

Developing Activity/Agency(DA)　发展部门/机构　负责某个新项目的研究与发展和生产的单位或部门。

Development　研制　研究、设计、试制、试验的统称,是指实现和延伸某一基本设计、构想或科学发现的理论、实践和有效应用的过程。例如,按基本构想或方案确定的车辆、发动机、仪器等的样机设计、建造、修改或改进,均属研制工作。武器装备的研制,包括旨在为军队使用而制定的但还没有批准采购或使用的计划项目所做的所有工作,和对已经批准生产和装备部队的武器装备的工程研制与试验所做的所有工作。

Development Specification　研制规范　按照性能描述一个技术状态/研制项目所有必需的设计要求的文件,其中包括必要的物理限制条件。研制规范要阐明系统级以下项目的研制要求,并且要规定项目的所有功能特性以及为演示达到这些特性所要进行的试验。

Development Test Ⅰ　Ⅰ阶段研制试验　指武器装备在演示与验证阶段进行的一系列试验,旨在对部件、子系统或整(全)系统进行检验,以便决定该系统是否可进入全面工程研制阶段。这阶段的研制要解决现有的技术问题。

Development Test Ⅱ　Ⅱ阶段研制试验　指武器装备在全面工程研制阶段进行的一系列试验,以提供判定系统是否可进入初始小批量或批量生产所需的技术数据,衡量项目的技术性能和安全特性,鉴定有关的工装、试验设备、训练器材、维修测试器材是否符合研制计划规定。这阶段的研制试验解决工程设计的达标和合同规范问题。

Development TestⅢ　Ⅲ阶段研制试验　指武器装备在生产阶段进行的研制试验。

Development Test and Evaluation　研制试验鉴定　研制试验鉴定是贯穿武器采办过程始终的一种工程类试验,其主要任务是验证技术进展状况,使设计风险减到最小,确认合同技术性能的完成情况和初始作战试验的准备情况。为便于对失败的分析,研制试验通常需要具备各种检测设备,并由工程师、技术人员或部队操作维修试验人员在一个控制的环境下进行。在美国,这类试验承包商要参与,但试验计划及其监督工作则由军方研制主管部门负责。

Development Testing/Operational Testing　研制试验/作战试验　为减少试验次数,节省经费,由研制试验部门和作战试验部门同时进行的试验,以达到研制试验和作战试验的试验目的。这种试验可以是一项完整的试验,也可以是一部分试验。

Deviation　偏离　①离开正常轨道或规定值。②项目投入生产前颁给的一项书面授权,允许某些特定装置或在某个规定期限可以偏离某种规范、某个设计图纸或某份文件规定的性能或设计要求。

Direct Cost　直接成本(费用)　指可以直接归集于成本对象(如某种产品、劳务或作业等)而不需要间接分配的成本。如生产某种产品所用的直接人工、直接材料和其他直接费用即为该产品的直接成本。

Direct Engineering　直接工程　直接与特定的最终产品有关的工程。

Direct Labor　直接人工　明确列入某一最终成本目标的人工。制造方面的直接人工包括最终产品的制造、组装、检测和试验人工。工程方面的直接人工包括从事设计、可靠性、质量保证、试验等易于明确列入最终产品的人工。

Direct Labor Standard　直接人工标准　为某一直接人工作业规定的产出或时限。由工业工程师确定。

Direct Materials　直接材料　指明确地与产品有关的全部原材料与供应品。包括制造和组装成品所需的原料、购置的零部件和转包的项目。直接材料费是制造某一产品使用的材料费用。

Director, Operational Test and Evaluation　作战试验鉴定局局长　美国国防部长办公厅内负责作战试验政策与监督的高级官员。该职位是根据《美国法典》第10篇第2366节的法律条文确立的。

Direct Reporting Program Managers　直接报告的计划项目主任　美国国防部有些计划项目主任不向计划执行官报告工作,而是直接向部门采办执行官报告工作。这些计划项目主任称为直接报告的计划项目主任。

Disbursements　支付　预算用语,指以现金、支票或其他形式的支付。总支付指已签发的支票、现金或其他支出(不计收到的退款)的总额。净支付指总支付减去列入拨款或资金账户下的收入,如提供产品和劳务等的所得。见"Outlay"。

Disposal　处置　在正当权限下,去除多余、剩余、废品或残料资产的行为。处置可以通过(但不限于)转移、捐赠、出售、宣告、放弃或销毁的方式完成。

Discount　贴现,折扣　1.指债券和期票的票面价值超过支付金额的差额。例如,以没有到期的票据兑现或作为支付手段,要扣除到期以前的利息。在贴现时所用的利息率叫贴现率。2. 在采购上,对于较早支付或采购量较大而在价格上所作的折让。对于较早支付现金所作的折扣,称为现金折扣;对于采购量大所作的折扣,称为数量折扣或商业折扣。

Discounting 贴现 指由终值折算现值的过程。

DoD Components 国防部各部门 指国防部所属各部门。在美国,指国防部长办公厅、三个军种部、参谋长联席会议主席和联合参谋部、联合作战司令部、国防部各个业务局及国防部直属单位。

DoD Component Acquisition Executive(CAE) 国防部部门采办执行官 美国国防部根据帕卡德委员会的建议,在国防部各部门设立一名由总统任命的部门采办执行官,负责该部门所有采办工作。美国陆军的采办执行官由陆军负责采办、后勤与技术的助理部长担任;海军(海军陆战队)的采办执行官由海军负责研究、发展与采购的助理部长担任;空军的采办执行官由空军负责采办的助理部长担任。军种采办执行官受双重领导,既向军种部长汇报行政管理情况,又向国防部的国防采办执行官(即负责采办、技术与后勤的国防部副部长)报告采办管理事宜。国防部的其他部门,如美国特种作战司令部和国防后勤局等,也分别设有负责采办管理职能的采办执行官。

DoD Directive(DoDD) 5000.1 "Defense Acquisition" 国防部 5000.1 号指令-"国防采办" 美国国防部关于国防采办的主要指令性文件,它规定了美国国防部管理采办计划项目的政策和原则,并确定了国防部主要采办官员和有关组织的职责。

DoD Ethics Council 国防部职业道德委员会 美国国防部负责制定采办工作人员职业道德计划的组织。由负责采办、技术与后勤的国防部副部长和各军种部长组成,国防部总监察长和法律总顾问任顾问。执行主任设在负责采办、技术与过去的国防部副部长办公室。

DoD Program Category 国防部计划类别 美国国防部采用规划-计划-预算制(PPBS)进行资源分配的类别,它把国防部的全部计划项目分为11大类:

① **Strategic Forces** 战略力量 包括战略进攻力量,战略防御力量,民防,以及与战略力量有关的指挥、后勤机构;

② **General Purpose Forces** 常规力量 包括没有列入1类计划项目的所有作战力量,以及与这类计划项目有关的指挥机构、后勤和保障部队;

③ **Intelligence and Communication** 情报与通信 包括情报和安全保密、通信系统、航空航天救援与回收、海洋及气象服务等特种任务;

④ **Airlift/Sealift** 空运和海运 包括为工业或非工业的运输机构提供的资金、水运码头、交通管理;

⑤ **Guard and Reserve Forces** 警卫队和预备役部队 包括所有的国民警卫队和预备役训练部队;

⑥ **Research and Development** 研究与发展 与批准采购或部署的项目有关的一切研究与发展工作,包括研究(6.1)、探索性发展(6.2)、先期发展(6.3)、工程发展(6.4)、管理和保障(6.5)以及作战系统发展(6.6);

⑦ **General Supply and Maintenance** 物资供应与保养 包括供应、保养以及与其

他计划项目无关的工作；

⑧ Training, Medical and Other General Personel　训练、医疗及其他人员保障活动；

⑨ Administration and Associated Activities　行政管理及有关活动　包括主要行政管理司令部、野战司令部等部门的行政管理保障、建筑及其他有关方面所需资源；

⑩ Support of Other Nations　对别国的援助　包括军事援助计划以及与军事援助计划有关的其他计划；

⑪ Special Task Force　特种部队

DoD Regulation 5000.2-R "Mandatory Procedures for Major Defense Acquisition Programs(MDAPs) and Major Automated Information System(MAIS) Acquisition Programs"　国防部 5000.2-R 号条例——重要国防采办计划和重要自动化信息系统采办计划规定程序　美国国防部 5000.1 号指令《国防采办》的实施条例，它规定了美国重要国防采办计划和重要自动化信息系统采办计划必须遵循的采办程序。其内容包括采办管理过程、计划确定、计划结构、计划设计、计划评估与决策审查和定期报告制度及格式等。

Domestic End Product　国内最终产品　指在国内开采或生产的非制造性最终产品，或在国内制造但其国内部件（或限定国家的部件）费用占所有部件费用的 50% 以上的制成品。

Down Select　减少承包商数量　针对下一阶段的工作，通过排除一个以上承包商来减少从事某一计划项目的承包商数量。

Draft Request for Proposal(RFP)　建议征求书草本　选择承包商所用的一种文件，通常在发出建议征求书最后文本之前发给经政府认可可以接收它的有希望的工业投标商，征集他们对征求书草本所提要求的增、删或修改的意见，同时使承包商注意要预先做些什么准备。

Drivers　致因　导致事物或情况发生的因素，或促使今后必然作出某项决定、产生某些情况或发生某些事物的因素。

Dual Production　双重生产　北约范围内，在欧洲和美国生产某种武器系统，不仅涉及整个系统多条独立的生产线，而且涉及相互关联的各种部件的生产。见"Co-Production"。

Dual Source　双重来源　指由两个承包商为同一计划项目生产相同的部件或最终产品。

E

Early-On　早期工作　在某项工作开始形成时就采取的行动（如在系统研制阶段就要制定适当的保障计划）

Early Operational Assessment(EOA)　早期作战评估　在批准进入工程与制造发展之前或为支持该决策点的工作所进行的作战评估。

Earned Hours　劳动时间　表示一个工人或一组工人在完成一项或一批指定的任务中所用的时间，以标准小时数记入劳动量。

Earned Value Management System(EVMS)　收益值管理系统　美国国防部于

1996 年采用的由工业界制定用以评估承包商管理系统的 32 条标准。全部标准都列在国防部 5000.2-R 号指示的附录Ⅳ中。收益值管理系统取代了"成本/进度控制系统准则"，后者有 35 条评估承包商管理系统的标准。承包商的管理系统，凡在 1996 年 11 月之前正式由国防部承认符合 35 条成本/进度控制系统标准的，即被认为是符合 32 条收益值管理系统标准要求的承包商。

Economic Analysis(EA) 经济分析 对某一给定计划进行系统分析的一种方法，旨在帮助管理人员解决计划目标和方案的取舍问题。分析时要对问题作全面调查，提出各种可能的目标和备选方案，并采用适当的分析方法从其效益和费用方面对它们进行比较，以便选取最佳的目标和方案。

Economic Forecasting 经济预测 根据过去和当前所掌握的经济信息，对今后可能出现的情况作定量估计。

Economic Life 经济寿命 可以合理地预测出从系统获得其经济效益的时间。

Economic Lot Size 经济批量 指能够以最低的单位成本购买或生产材料或制成品的数量，也称最佳批量(optimum lot size)。通常，当生产批量增大时，生产准备工作的单位成本呈下降趋势，而所有者方面的贮存、利息、保险金、折旧及其他费用的单位成本呈上升趋势，因此，确定经济批量要统筹考虑这两方面的问题。

Economic Ordering Quantity(EOQ) 经济订货量 在考虑到适当的采购和库存费用的情况下，一次订购的最经济的数量。通俗地讲，是指在满足产品供应的情况下，为使存货成本(包括订货成本和储存成本)保持在最低水平，每批所应当采购的数量。

Economic production Rate 经济生产率 制造某项最终产品的最经济可行的生产速度。

Economic of Scale 规模经济 增加生产规模，可使产品的单位成本下降。规模经济是基于，随着产量增加①提高了劳动的专业化程度。②降低了材料的单位成本。③能更好地运用管理。④添置了更有效的设备。⑤能更多地利用副产品。

Effective Competition 有效竞争 两个或多个生产厂商各自独立行动形成的一种市场状况。

Effectiveness 效果 达到系统目标的程度，或可以选定某种系统满足一组特定任务要求的程度。亦指费效分析的结果。

Efficiency Factor 效率因素 指标准完成工作时间与实际完成工作时间之比，通常用百分数表示。

Electromagnetic Interference(EMI) 电磁干扰 指一台电子设备中受另一台电子设备或其他设备引起的干扰。有时指由核爆炸电磁脉冲引起的干扰。

Electronic Counter-Countermeasures(ECCM) 抗电子干扰 电子战中为确保有效地使用电磁频谱、光谱和声谱所采取的对抗敌人电磁干扰的行动。

Electronic Protect(EP) 电子保护 电子战中为保护人员、设施或装备不受敌方使用电子战降低、抑制或破坏我方作战能力所采取的行动。

Element 单元 指能实现一种作战任务或功能(如导航等)的一组完整的分系统。它是由一家承包商交付的一个技术状态项目。

Embedded Computer Resources(ECR) 嵌入式计算机资源 指物理上纳入一个

不用作数据处理的更大系统的计算机系统。这种计算机资源可以单独存在,但仍是较大系统不可少的组成部分,如果其主要功能是保障武器系统,还可以用于其他目的。它们是执行任务的关键计算机资源的一个子系统。见"Mission Critical Computer Resources"。

Emergency Testing 应急试验 在计划试验期间未达到主要试验目的时要求进行的补充试验。

Employment 动用 指使用方式。如空军的术语"空中力量的动用"、"空军的动用"、"飞机的动用"或"航空力量的动用"等均属战略思想的用语,往往含有与政治、战略及战术思想一致的使用方式的含义。飞机的适当动用就意味着其动用方式要充分发挥其实际能力。

Enactment 立法行动 国家立法机关制定并颁布法律的过程。就美国政府的国防预算而言,指 1. 国会对总统的预算采取的行动。包括听证、预算决议、授权和拨款行动,结果是向联邦政府拨款。2. 国防部资源分配过程中四个阶段(即规划-计划-预算、国会预算立法、分配拨款经费、执行预算)的第二阶段。

End Item 最终成品 已组装或完成,准备发放/部署的最终产品。

Engineering and Manufacturing Development(EMD) 工程与制造发展 是①美国国防部规定的采办过程的第三阶段。这一阶段的主要任务是:把最有希望的设计途径转换成一种稳定的、可通用、可生产、可维护和费效比好的设计;验证制造过程或生产过程;通过试验演示系统的能力。尽管这一阶段仍在继续进行,还要根据试验结果和确定设计或进行改进,但是通常要在这一阶段开始进行初始低速生产。②也指研究、发展、试验鉴定拨款中的一项预算活动。

Engineering Change 工程更改 对已交付、将要交付或正在研制的系统或项目,在它们的物理或功能特性确定之后所作的改动。

Engineering Change Proposal(ECP) 工程更改建议 向负责部门提出的建议,旨在改变装备的原定项目和将设计或工程改变纳入产品中,以便改进、增加、去掉或替代原来的零部件。

Engineering Cost Estimate 工程费用估算 把单个工作包的详细估算费用相加,再加上适当的间接费得到的估算。这种估算通常由承包商的工业工程师、价格分析人员和成本会计人员进行。

Engineering Development 工程发展 ①指将确定的设计方案转变为详细的工程图纸、组织施工和解决施工中工程技术问题的过程。工程发展由承包商承担,在发展过程中包括大量的研制和作战试验鉴定工作。②美国国防部研究、发展、试验鉴定的一项投资类别,它包括拟定为军种使用但尚未批准采购或使用的发展计划,属于6.4类的资金项。

Engineering Development Model(EDM) 工程发展模型 在工程与制造发展阶段用以解决设计缺陷、演示成熟性和制定拟议中的生产规范和设计图的具有代表性的生产系统。它还可用于初始作战试验鉴定。

Entitlement 应享权利 依法给符合法定资格的个人或政府的权益(如社会保险金、医疗包干费及退伍军人退休金等)。

Environment 环境 指周围的情况和条件,包括空气、水、土地、植物、动物和其他生物以及人工建筑、历史和文化资源和存在于其中的相互关系及其与人的相互关系。

Environment, Operating　作战环境　指作战时周围的情况和条件,通常包括一般自然环境(如地形、地貌、气候、气象、海洋条件、植被等)和人为环境(如核、生、化污染和电磁干扰等)。对武器装备而言,作战环境还包括系统在作战使用、保障、运输和存放期间必须经受的那些环境条件,如温度、湿度、震动等。部队在作战、训练或研制武器装备时,必须考虑作战环境。

Environmental Assessment(EA)　环境评估　就武器装备采办而言,指对拟议中的系统是否会对环境产生不利影响或引起环境上的争议所作的估计。在有不利影响或可能有争议的情况下,要提出环境影响报告。

Environmental Impact Statement(EIS)　环境影响报告　对与武器或自动化信息系统的设计、制造、试验、操作、保养和处置有关的环境影响、作用或后果所作的详细描述。

Equipment　装备　①军事装备的简称,是用以实施和保障军事行动的武器、武器系统和其他军事技术器材的统称,通常分为两大类:直接用于执行作战任务的作战装备和用于执行保障任务的保障装备。②指配发军事装备武装部队的活动,如将某型飞机装备空军、将某型坦克装备陆军等。

Equipment Scheduling and Loading　设备的工作安排与加载　根据机器设备完成规定作业的能力,有效地增加机器设备的工作量,以利用其最大限度的能力,确保实现规定的生产进度。

Escalated Dollars　调整后的美元　指根据通货膨胀或其他调整因素调整后的美元。见"Current-year Dollars"和"Then-Year Dollars"。

Escalation　调价　利用价格指数将过去的价格调整为当前的价格,或将当前的价格调整为未来价格。武器装备价格的上升是由于采购的装备及其有关的原材料、零部件或劳务费用上升或通货膨胀引起的。

Estimated Cost at Completion　完成时的估算费用　它等于实际直接费用加间接费用或可分配给合同的费用,再加已核准的剩余工作的估算费用(包括直接与间接费用)。

Evaluation Criteria　鉴定标准　用以评估是否达到所要求的技术和作战效果或适应性特点,或对作战问题的解决方案进行评估的标准。见"Source Selection Plan"。

Event-Based Contracting　按事项签约　将具体的合同事项与采办阶段的"放行标准"或采办策略确定的中间发展事件联系起来,以支持"事件驱动的采办策略"的一种签约方法。

Event Driven Acquisition Strategy　事件驱动的采办策略　将计划决策与在研制、试验和生产中已证实的成就联系起来的一种采办策略。

Evolutionary Acquisition　渐进采办法　一种采办策略,其特点是利用现有的技术条件来设计、研制、部署一种初步能力,待需求进一步明确和技术成熟时再逐渐增加进一些新的能力。

Evolutionary Requirements Definition　逐渐确定需求　任务需求首先用概括性的作战能力语言表述,然后再逐步明确到系统的具体性能要求(见"Mission Need Statement"和"Operational Requirements Document")。

Exclusive(Non-Exclusive)License 专用(非专用)许可证 由一家企业给予某外国企业或政府的一种许可证,它涉及到专利、技术或有专利权的数据资料、技术援助、技术秘诀或其中的任何一种方式的组合,据以在不受任何其他许可证或许可证颁发者竞争的情况下,在指定的销售地区生产、合作生产或销售某一国防产品或劳务。非专用许可证指上面所说的许可证,所不同的是,它允许其他许可证持有者或许可证颁发者与之竞争。

Executable Program 可执行计划 若计划主任拥有足够的近期批准的资金,则计划就可执行计划。

Execution 执行 指实现目前业经批准的预算中列项的计划。通常称之为"预算的执行"。

Executive Branch 行政机构(部门) 指行政机构(部门)内的主要采办参与者。美国的行政机构,包括总统、国防部、行政管理与预算局、国务院以及国家安全委员会。他们的作用是制定、指导和执行国家的安全政策。

Executive Direction 行政指令 由行政机构(部门)以总统的行政命令和国家安全指令,以及内阁级政府部门和其他联邦机构制定的条例形式规定的国防采办权限和指南。

Exit Criteria 放行标准 指采办计划在这一阶段继续推进或过渡到下一阶段之前必须满意地证实的具体成就。所选定的放行标准通常用来跟踪重要的技术、进度或管理风险方面的进展情况。放行标准将起到关口作用,当成功地通过或出去时,表明该计划未偏离达到其最终计划目标的轨道,应该允许继续进行某一采办阶段内的其他工作,或可考虑继续进入下一个采办阶段。放行标准是表明该计划某一方面的进展已达到了令人满意的程度,诸如性能结果的满意程度(例如发动机的推力水平)、某一过程以某种效率的完成情况(如产量)、或某一事项是否成功地完成(如首飞),或某些其他的标准(如培训计划的制定或某项条款是否已列进了后续合同)等。放行标准须在采办决策备忘录中明确规定。

Expenditure 开支,支出 现有资金的支出费用,以主管部门批准的票据、索赔单或其他单据为凭据。开支代表实际支付的资金。

Expense Limitation 费用限额 指由债权人向中级部门签发的财务权限。限额内的金额可用来向各责任中心发布营业预算。

Expense 费用 指某个时期产生营业收入所消耗的资产成本,是一项消耗了的资产,因而不应与支出(Expenditure)相混淆。以营业收入减去费用,即为净收入。费用也称已耗用成本或已耗用的资产成本,未耗用的或添置资产的成本为资产。

ExpiredAccount orAppropriation 过期拨款 由于借这类债务的时间已过,不能再用于新债务的拨款。在美国,过期拨款可以保留在同一个五年的财年内使用。在这五年期间,如果这些账户里有别的正当的支出,可以对债务作出调整,非保留的余额可以不从过期账户中撤消。这五年结束后,所有保留余额和非保留余额均被取消,过期账户封存。

Exploratory Development 探索性发展 为解决某一军事问题而进行的一切发展活动,但不包括重要的研制项目。在美国国防部资金分类中,属6.2类资金。

Ex Post Forecast 事后预测 在对解释性的、附带条件的变数值有一定了解时,对过去某个时期有可能出现的情况所作的定量估计。

Extrapolation from Actual Costs 根据实际成本外推法 根据所考虑系统的样机或试生产成本估计系统硬件生产成本的一种方法。外推法需要有系统样机或试生产的实际成本数据,而且要假定在样机和生产装置的费用之间存在着某种关系。见"Cost Estimating Methodologies"。

F

Fabrication 制造 用原材料制成一个部件;开发软件编码。

Facilities 设施 使用和保障武器装备所需要的永久、半永久或临时的固定资产。它是后勤保障的传统要素之一。

Failure 故障 一个项目的任何部分不按其性能规范要求运行的情况。故障可能在超过规范要求的极大或极小值时发生,即超过了设计限值或安全界限。

Failure-Free Warranty 无故障担保 一种采购方法,其目的是把制造商或设计控制部门纳入不断提高指定装备战场可靠性的工作,确保装备无故障。

Family of Weapons 武器族 指在某一军事任务方面相关的和具有互补性的一系列武器系统。

Fast Track Program "快轨"计划 也称突击计划,指由于时间限制,要求对设计、研制、生产、试验和保障等采办过程加以压缩或重叠进行的一种采办计划。

Fatigue 疲劳 因体力或脑力消耗过多而使工作能力下降的现象,或材料由于老化、应力或振动而使实际强度降低的现象。

Fatigue Allowance 疲劳允许量 指包含在生产标准内的一部分时间,以允许可能由于工人疲劳而引起的产量减少或损失(通常用平均时间、标准时间或调整后时间的百分比来表示)。

Feasibility Study 可行性研究 对指定的任务能否用可利用的资源来完成的研究;或者在任何给定的情况下,从利弊的对比角度对任何管理系统或程序系统的适用性或可取性所作的研究。

Federal Acquisition Computer Network 联邦采办计算机网络 是美国政府用于采办事务的计算机网络。联邦采办计算机网络可在私营部门和联邦政府之间以及各联邦机构之间用电子手段相互交换采购信息,还可以使联邦机构使用电子手段提供合同招标消息,接收承包商对招标的答复和与此相关的信息要求,提供有关签定合同的公开启事,向承包商付款,储存与各项采办活动有关的数据资料。

Federal Acquisition Regulation(FAR) 《联邦采办条例》 美国联邦政府行政部门在动用拨款采办供应品和劳务时使用的实施条例,它是由美国联邦勤务总署、国防部和国家航宇局于1984年共同制定的,其后曾经多次修订。其内容包括合同签订规程、采办计划安排、产品定价、质量保证和竞争原则等。对于国防采办,国防部还对《联邦采办条例》进行补充,称为《联邦采办条例国防部补充条例》。

Federal Acquisition Streamlining Act of 1994 《1994年联邦采办精简法》 该法是美国国会于1994年10月通过的,它总结了冷战结束以来美国采办改革的经验,大大简化了采办程序，对建立军民一体化的国防工业基础和提高采办工作效率产生了重大影响。

Fenced Funding 限定资金 作为一个独立整体进行审查、批准和管理的各种资金的总额。拟议中的计划项目必须在限定的资源限度内展开，已批准的计划项目必须在规定的资源范围内实施。

Fences 警戒线 警戒线或称资源限度，是为特定的计划项目确定的，它为武器装备主管部门或军种部提供了一种可据以对项目施加职能性影响的手段。更确切地说，警戒线应称为用以保护资源的最高限额和最低限额。

Figure of Merit 品质因数 作为某种分析、综合或估算结果，用来衡量系统效率、参数或其他系数的数值，如仪器的灵敏度、装甲的侵彻系数、系统的质量指标或安全系数等。

Final Assembly 总装 把各主要部分组装在一起成为完整的装置。

Firm Fixed Price Contract 固定不变价格合同 有时简称为固定价格合同，系指约定某种固定价格的合同。按此合同，承包商依照约定的价格提供指定的物品或劳务，不因履约成本的变化而改变。这种合同对承包商具有较大的风险，但也有可能获得最大的利润。

Firmware 固件 硬件设备和驻留在硬件设备上作为只读软件的计算机指令或数据的组合。在程序控制下，该软件不能被随意更改。

First Article 初始产品 包括试生产样品、初生产样品、试验样品、首批产品、试验模型、试验产品；认可初始产品必须在生产前和生产开始阶段按照合同对初始产品是否符合合同要求进行试验和鉴定。

First Article Testing(FAT) 初始产品试验 是由装备研制部门安排、实施和监控的生产试验。初始产品试验包括试生产和初生产试验，以确保承包商能提供符合规定技术标准的产品。

First Unit Equipped(FUE)Date 部队首次装备日期 指系统或最终产品及其规定的保障装备发到指定的最初具有作战能力的部队，而且新型装备训练计划中规定的训练业已完成的预定日期。

Fiscal Guidance 财政指南 美国国防部长依据国防规划指南每年发布的有关财政的指南，它提出了国防部各部门在拟订部队兵力结构和国防部长办公厅及参谋长联席会议在审查这些部门提交的计划时必须遵守的财政约束条件。

Fiscal Year(FY) 财政年度/财年 政府进行财政预决算的年度。美国政府的财政年度为10月1日至次年的9月30日(共12个月)。

Fitness for Use 适用性 交付在所有预期作战条件下都能满足作战要求的系统的设计、制造和保障过程的有效性。

Five-Year Defense Program 五年国防计划 美国国防部过去的一种官方文件，归纳了国防部长批准的部队数量以及各项计划的资源要求。内容共分三个部分：有关组织、拨款金额以及11大类计划(战略力量、空运/海运、研究与发展等，其中研究与发展计划为第6类计划)。在每年一次周而复始的规划、计划和预算系统中，五年国防计划通常修订发布三次，时间分别为10月、1月和5月。自1988年起，已改为六年国防计划(规划、计划和预算改为两年滚动)，为保持原五年国防计划的缩写词FYDP习惯不变，称为

"未来年份国防计划"。见"Future Years Defense Program"。

Fixed Cost 固定费用 指不因营业额的多少而变化的费用,如资产税、保险费、折旧费、保证金、最低水费和最低公用事业费等。

Fixed Price Contracts 固定价格合同 通常指确定一固定价格完成规定工作的一类合同。包括①固定不变价格合同。②随经济价格调整的固定价格合同。③可重新确定的固定价格合同。④附有奖励金条款的固定价格合同等。

Fixed Price Incentive Fee Contracts 固定价格加奖励金合同 系指约定固定价格加奖励金的合同。此种合同,对完成整个合同的总价格规定一个最高限价,并且规定,将根据最终成本与开始商定的目标成本间的关系式来调整利润和确定最终价格(但不得超过最高限价)。假如最终成本低于目标成本,根据上述关系式就可得到比目标利润大的利润。反之,实得利润就要小于目标利润。

Flexible Sustainment(FS) 灵活持续保障 这是一种提供过程自由的管理概念。它通过在最初或随后的采办期间所作的各种权衡比较,使全寿命费用达到最优化。灵活持续保障的基本要素是以可靠性为基础的后勤技术和触发式项目管理。这两种方法都要设法最大限度地利用民用工业能力和商业惯例。见"Reliability Based Logistics"和"Trigger Based Management"。

Float 浮动时间 一项作业可以延迟但又不会成瓶颈作业的时间。

Flowchart 流程图 说明某一特定过程的图表。对生产过程来说,通常包括能识别出操作、检验、贮存等的符号。

Flow Diagram 生产路线图 在表示生产工作区的图上加印有工人或材料运动路线的图。

Flow process Chart 生产流程图 表示生产过程或程序中进行所有操作、运输、检验、停留和贮存等活动次序的图表。

Flow Time 作业时间 完成规定工作量所需的时间。

Flyaway Costs 出厂价 与生产一件可用的军事装备相关的全部费用。包括制造基本部件(机体、船体、底盘等)的费用,更改费,推进装置费,电子装置费,武备费,安装政府提供的设备的费用,以及非经常性的生产"起动"费等。与 Rollaway cost 和 Sailaway cost 同义,但有时 Flyaway Cost 特指飞机出产价,Rollaway Cost 特指车辆出产价,Sailaway Cost 特指舰船出产价。

Focal Point 联络点 在某一采办组织中(如装备司令部总部),负责协调和交流有关"成本/进度控制系统准则"贯彻或监督信息的主要联系点。

Follow-On Operational Test and Evaluation(FOT&E) 后续作战试验鉴定 在批准武器装备进入生产和部署阶段后,可能需要进行的试验鉴定,旨在进一步完善作战试验鉴定期间所作的估计,评定变更情况和重新鉴定该系统,以便确保系统仍能符合作战需求,而且在新的环境中或对付新的威胁时仍然有效。

Follow-On Production Test 后续生产试验 在批准进入全面生产阶段后进行的一种技术试验,以确定生产合质量保证要求。

Force Levels 力量水平 指完成指定任务所需的飞机、舰船、部队及其他力量数目。通常用特定的飞机型号、舰船类型、陆军师等来表示。

Forces 兵力 一般而言,指整个国防结构中的各种战斗单元,包括部队和装备等。

Force Structure 兵力结构 由一个军种或所有军种按照主要战斗和保障单位的数量以及他们之间的相互关系编成的结构。

Foreign Comparative Testing 国外比较试验 美国国防部的一项试验和鉴定计划。该计划由试验、系统工程与鉴定局局长统一管理,其目的是,当选定的某些盟国研制的装备项目和技术被认为确有可能满足美国国防部需求的良好潜力时,为美国对这些装备和技术项目进行试验鉴定提供资金。

Foreign Military Sales(FMS) 对外军品销售 向国外出售国防产品和劳务。美国指根据《1961年对外援助法》和《武器出口控制法》批准的美国"安全援助计划"中的军品外销工作,它通过正式协议向外国政府或国际组织出售美国的军用装备或劳务项目,这是美国军备合作的主要做法。接受援助的国家或组织要为美国转让的国防产品和劳务提供补偿。对外军品销售包括美国国防部进行的现货销售(包括库存物资、劳务和训练)。

Foreign Weapons 外国武器 指外国制造的武器、武器系统或其他军事装备。在美国的"国外比较试验计划"中,外国武器是指由友好或中立国家制造的、美国政府可以或即将可以采购的任何常规军事装备、系统、子系统、弹药或重要部件。

Form, Fit, and Function(F3) Data 外形、装配与功能数据 指与项目、部件或工艺过程有关的技术数据,用以确定其货源、大小、技术状态、配件和附件特性、功能特性和性能要求。简称F3数据。

Formal Agreement 正式协议 代表政府或政府组织(包括国防部),与外国政府、政府组织或国际组织正式签定的协议,包括谅解备忘录、协议备忘录或类似性质的文件。

Formal Qualification Review 正式性能规格审查 系统试验结束后对系统技术状态的一种审查,以确保达到系统规格中的性能要求。

Forum for Armaments cooperation 军备合作论坛 由两个或两个以上国家授权的国家一级的代表组成的一个正式机构。它有确定的成员和章程,定期举行会议,为参与方提供会议文件或进行信息交流和开展讨论,以协调使用原理、教范和程序;使装备要求标准化;探索合作研究、发展和采办的可能性;或就具体的合作项目达成一致意见。

Forward Financing 资金跨年度使用 一种将某年的资金(主要指研究、发展、试验鉴定资金)用于次年的作法。见"Forward Funding"资金跨年留拨。

Forward Funding 资金跨年留拨 将研究、发展、试验鉴定资金(预算授权)转入第2个拨款年度中使用。资金跨年留拨必须得到上级主管部门的同意。

Forward Pricing 前向定价 对间接费和人工费的预期定价。

Four Pillars of Sound Defense 防务四支柱 是指战略、持久能力、兵力结构和现代化。

Front End/Up Front 前期工作 在研制过程的开始阶段制定的计划和投入的资源,以预计以后的需求和减少将来的问题。见"Early on"。

Full and Open Competition(FOC) 完全公开竞争 签定合同的一种竞争标准,即所有负责任的供货厂商均有资格参与的竞争。

Full Funding/Fully Funded 充分拨款 对交付给定数量的某种最终产品,根据所需的全部费用估算按年度拨给必要资金。它适用于采购拨款和军事建筑拨款。

Full Operational Capability(FOC)　全面作战能力　指由一支经训练、装备和保障的部队或军事单位操纵和使用,完全达到有效地利用具有规定特性的武器、装备项目或系统的能力。

Full Scale Development　全面研制　美国国防部采办过程中,系统/装备及其保障所必须的项目均进入全面研制、设计、加工、制造、试验和鉴定的阶段。其预定成果是要搞出一个酷似最终产品的试制系统,并提出转入生产阶段所必须的文件资料,以及可以证明生产的产品将能达到规定要求的试验结果。目前,美国已将这个阶段改为"工程与制造发展"阶段。

Full Rate Production(FRP)　全速生产　在系统设计稳定和生产工艺得到确认之后,按经济生产批量签定合同进行的批量生产。

Functional Analysis/Allocation(FA/A)　功能分析/分配　对一项功能的审查,以确定为实现该功能必须具备的所有子功能,并确定功能的相互关系和接口,以及在一个功能体系中把握它们的相互关系。对功能要求的顺序是从顶层的性能要求直至较底层的子功能。

Functional Baseline　功能基线　描述系统或系统各部分的功能特性以及为验证达到这些规定功能特性所要进行鉴定的文件。功能基线按系统或系统各部分的规范来确定。见"System Specification"。

Functional Configuration Audit(FCA)　功能技术状态审核　在验收前,对技术状态按其试验数据所展示的功能特性进行的正式审查,以验证该技术状态项目是否已达到了技术状态文件所规定的性能和功能特性或分配技术状态中所规定的性能。

Functional Configuration Identification(FCI)　功能技术状态标识　对系统或技术状态,按功能规范和相应参考文件提出的要求,业已批准或有定条件地批准的技术文件。

Functional Management　职能管理　在一个组织内,根据要完成工作的类型,将职责分组而进行的计划、组织、协调、控制和指导工作的过程。

Functional Specialists　职能专家　对较低层次的管理活动提供帮助和实施监督的专家(如后勤专家、试验和鉴定专家等)。

Functional Support　职能保障　应用于各种装备采办计划的系统化方法和程序,或一套公用的标准,包括(但不限于)人员、技术要求、保密、自动数据处理、费用分析、训练、安全、审计、后勤、产品质量保证、可靠性、就业机会均等、责任计划和报告、工业准备、价值工程、试验、公众事务、法律、总监察、动员、签订合同、国际合作和小企业计划等职能保障。

Functional(Traditional) Organization　职能(传统)组织　是一种传统的组织形式。一项服务或一种产品生产的组织结构是典型的职能组织,它在各种职能领域有明确的指挥线,最后要向一个领导报告。军事部门都是职能组织。见"Hierarchical Organization"。

Functional/Formal Qualification Review　功能/正式性能规格审查　见"System verification Review"。

Fund Availability　资金可用性　债务授权的状况。

Fund Subdivision　资金分段划拨　在投资工作中,作为控制某部门的债务和开支的一种行政管理手段,将某项拨款或其他资金分段划拨的方法。

Funding Profile 投资剖面 通常按年份以柱条格式表示的计划投资情况。一般从上一年度开始,然后是当年,直到以后各年份的投资情况。

Funding Wedge 投资估计 用来使一个计划项目五年(或六年)国防计划中得到认可的初步资金估算。

Future Years Defense Program(FYDP) 未来年份(六年)国防计划 美国国防部原采用每年滚动一次的规划-计划-预算制定五年国防计划,1988年起改为两年滚动一次制定六年国防计划,为保持原习惯的缩写词不变,将六年国防计划称为未来年份国防计划。它是汇总了未来六年内国防部长批准的兵力结构和与各项计划有关的资源情况的国防部官方文件。它通常包括3个部分:①有关的组织机构。②拨款帐户(如研究、发展、试验鉴定、使用和维护等)3.11项重要力量计划(战略力量、空运/海运、研究和发展等)。未来年份国防计划中主要的数据单元是计划单元。

G

Gantt Chart 甘特图 一种按工期比例用水平线表示待完成工作及其完成时间的工程进度图。有些甘特图能显示工程活动的实施情况。

General Accounting Office 总审计署 美国国会的一个机构,只对国会负责,其职能是审计商定的所有政府机关的合同,调查有关公款的收支及使用的一切事宜,判定公款是否按国会拨款法规定支用。

General and Administrative(G&A) Costs 管理费用 指一个业务单位(或企业)作为一个整体用于一般管理和行政所发生的或分配给它的任何管理、财务或其他费用,即整个业务单位(或企业)的行政管理支出。它包括管理人员的薪金、房屋租金和其他管理费。

General Provision 通用条款 是指所有国防采购类合同根据法律或条例规定必须具备的条款,有时称为"标准条款"。专门为某项采购制定的条款称为特别条款。

General Purpose Test Equipment 通用试验设备 是指勿需改进或改变即具有多种用途,而且不限定于某种特殊或专门研究、发展、生产、维修或试验用的机械、液压、电气、电子或其他试验设备。

General Specification 通用规范 指适用于两个以上类型、级别、等级或风格的产品、劳务或装备共同要求的一般规范,以避免在具体规范中重复共同的要求。它还允许对易受影响的共同要求进行修改。通用规范还可用于武器系统和子系统的共同要求。

Get Well 顺利解决 指解决某个计划问题。通常意味着要求或找到了额外的资金。

Given 给定条件 通常在开始阶段被广泛接受的一种前提、事实或假定。

Goldwater-Nichols 《戈德华特-尼科尔斯法》 美国国会1986年通过的一项国防部改组法案,全称为《1986年戈德华特-尼科尔斯国防部改组法》,又称《国防部改组法》,它对美国国防部的某些管理作了改组。它以法案的两个起草人参议员巴里·戈德华特和众议员比尔·尼科尔的名字命名。

Go No Go 决择 对一项计划是否继续进行的决定。

Goods 物品 任何成品、器材、供应品、工业产品和试验设备等的总称。这一术语不包括技术数据。

Government Acquisition Quality Assurance（GAQA） 政府采办质量保证 政府判定承包商是否保质保量完成其合同责任的职能。

Government Furnished Equipment（GFE） 政府提供的设备 见"Government Furnished Property"。

Government Furnished Material（GFM） 政府提供的材料 该材料属于政府资产，它可用于按合同交付的最终产品上，也可在合同实施过程中消耗掉。它包括（但不限于）原料和经加工的材料、零件、部件、组件以及小型工具和供应品。

Government Furnished Property（GFP） 政府提供的资产 政府拥有或直接采购交付或提供给承包商使用的资产。

Government-owned Contractor-Operated（GOCO） 政府所有承包商经营，国有私营 是指由政府（国家）所有、由签定合同的民间机构经营的制造厂。

Government-owned Government-Operated（GOGO） 政府所有政府经营，国有国营 指由政府（国家）所有、政府（国家）经营的制造厂。

Government Purpose License Rights 政府专用许可权 指仅为政府用途而使用、复制或透露技术数据资料的权利，以及仅为政府用途让别人或允许别人这样做的权利。政府用途包括竞争性采购，但不包括容许别人把技术数据资料用于商业目的的权利。

Grass Roots Cost Estimate 基本费用估算 见"Engineering Cost Estimate"。

H

Handling 装运 协调和统一包括包装、保护和用现有设备对装备作短距离运输等的所有各项作业。

Hardness 抗核加固，抗核能力 见 Nuclear, Biological and Chemical Hardness。

Hardware 硬件 ①计算机系统中的实际装置的总称。它可以是电子的、电的、磁的、机械的、光的元件或装置或由它们组成的计算机部件或计算机。与程序软件相对。②武器、作战装备和保障装备。

Harmonization 协调一致 指协调同盟国和其他友好国家在基本军事要求方面存在的差别和分歧的过程或结果，使装备的重要特征意见一致，以便根据合作的总体目标取得尽可能大的利益，如提高资源利用率，实现装备的标准化和兼容性等。

Head of Agency 机构首脑 某一行政机构中职务最高的官员。在美国国防部，国防部长和陆、海、空军部长均是机构首脑。隶属国防部长领导的负责采办和技术的国防部副部长、国防采购局局长和国防部各业务局局长都被委任为他们各自机构行使权力的首脑，他们除了根据法律规定或授权的行动外，必须在国防部长办公厅的权限范围内发挥其作用。特种作战司令部司令具有类似军种部长的机构首脑职权。

Head of Contracting Activity（HCA） 合同签定部门首脑 授权签定供应品和劳务合同的部门首脑。见"Contracting Activity"。

Heartburn Appeal 不满意申诉 指美国政府部门为寻求推翻或修改国会某个委员会作出的对预算产生不利影响的决定的申诉提案。特别是国防部长重点关注的申诉提案,他将致函下一个审议委员会主席争取国防部的预算申请得到满意解决。另外,也指对某一建议作出某种消极反应。

Hierarchical Organization 等级组织 由一个人(如计划主任)负责管理若干职能领域(如预算、工程、后勤等)的一种传统的组织类型。这种组织可以进一步分解成许多等级。如在美国采办系统内,计划主任在等级的最底层,计划主任向上一层的计划执行官报告工作;计划执行官往上向军种采办执行官报告工作;军种采办执行官向处于该系统组织结构最上层的国防部采办执行官(即负责采办、技术与后勤的国防部副部长)报告工作。

Highly Sensitive Classified Program 高度敏感的保密计划 指美国国防部根据国防部 5200.1-R"信息安全计划条例"确定,并按照国防部 O-5205.7 号指令"特许计划政策"和国防部 5000.1 号指令"国防采办"管理的采办特许计划。

Hit 折扣 财务主管部门为减少劳务或活动预算所采取的减扣行动,通常按全部债权或一定数额的百分比计算。

Horizontal Technology Integration(HTI) 横向技术集成 在多个系统之间应用共同可行的新兴技术,以提高系统协同作战能力。

Host Nation Support(HNS) 东道国援助 在平时、平战转换时期和战争时期,由东道国向盟国部队和组织提供的非军事和军事援助。

Human Factors 人的因素 系统地应用有关人的能力、性格、行为、动机和表现的信息。它包括人机工程学、人体测量学、人员选择、训练、生活保障、工作援助和人的行为评估等领域的基本原则和应用。

Human Factors Engineering 人机工程学 指将有关人体和心理的科学原理应用于装备的设计的学科,以达到人与装备的有效结合和人对装备的有效应用,简化操作,减轻疲劳,最大限度地提高装备的利用和维修保养效率,提高战斗力。

Human Performance 人的能力 在系统被使用的各种环境情况下,实际使用人员和维修保养人员满足系统性能标准(包括可靠性和可维护性)的能力。

Human Systems Integration(HSI) 人员系统一体化 将人的因素考虑进系统设计中的一种规范的、统一的和相互影响的方法,其目的是提高整个系统的性能,降低用户的费用。有关人的因素主要包括人力、人事、训练、人机工程、安全和健康等。

I

Idle Time 停工时间 指工人、设备或两者均不做有用工作的时间。

Implementation 实施 为执行上级的政策或程序,颁布各种指令、指示、条例和有关文件,确定必要的责任和权限以及建立内部管理程序等。

Implemented Project 已实施的计划 指经有关部门批准和拨款,业已开始执行的计划。美国主要指已经实施的国际合作计划,即经国防部的部门或国防部长办公厅批准,与一个或多个盟国或友好国家已经签定协议,且部门资金或合作研究和发展资金已经批准和发放并开始实施的合作计划。

Implementing Command 实施部门 负责系统的采办或改装的部门。

Impoundment 扣押 国家最高当局或权力部门(如总统)为阻止预算授权的债务

偿付或开支依法采取的一种行动。"递延"和"撤消"是扣押的两种主要类型。

Impoundment Resolution　扣押决议　美国国会的一种决议案。按规定,只要国会规定的任何预算授权的全部或部分被递延时,总统必须向国会提交陈述递延原因的咨文。无论何时,只要参议院或众议院有一个通过了不同意递延预算授权的决议,就要求必须将该资金用于债务。如果国会没有采取行动,递延将继续有效,直到(但不能超过)该财年结束。如果这笔资金在该财年年底以后仍然可用,而且希望对其使用继续递延,总统必须向国会提交新的特别咨文。见"Deferral of Budget Authority"和"Impoundment"。

Incentive　激励　以一定数额的奖金刺激承包商生产出性能非常先进的产品、加快合同(包括最终交付)进度、大大地减少工作费用,或者是将这些目的部分或全部有重点地结合起来完成该项计划。

Incremental Funding　增量拨款　根据一个财年内估计要发生的债务拨付(或记录)一个计划或项目的预算资源,这种预算资源只占完成该项计划或项目预计债务的一部分。这种拨款不同于充分拨款,后者在提供资金的头一年,就要对计划或项目的总的估计债提供(或记录)预算资源(见"Full Funding")。增量拨款常用于研究和发展计划,而生产计划则必须充分拨款。

Indefinite Quantity Contract(IQC)　不定量合同　在规定的合同期和规定的限度内提供不定量的特定供应品或劳务的合同。由专门或按种类指定的机构,适时地向承包商发送订单,安排交付计划。

Independent Cost Analysis(ICA)　独立费用分析　指由与项目管理部门无关的公正机构对项目公室或部门的项目全寿命费用估算所进行的分析。

Independent Cost Estimate(ICE)　独立费用估算　指由不受直接负责完成某项采办计划的部门监督、指导或控制的某个机构或其他实体所进行的全寿命费用估算。

Independent Evaluation Report　独立评估报告　在项目或系统研制过程中,由专门机构对项目或系统的作战效能和作战适用性与关键问题以及试验的适当性进行独立评估的报告。

Independent Government Cost Estimate(IGCE)　政府独立费用估算　由政府人员(不依赖于承包商)对按合同采购的物品费用或劳务费用进行的估算。

Independent Operational Test Agency　独立作战试验机构　军方专门从事武器装备作战试验,独立进行性能检验的机构。美国的独立作战试验机构包括陆军作战试验鉴定局、海军作战试验鉴定部队、空军作战试验鉴定中心和海军陆战队作战试验鉴定局。

Independent Research and Development(IR&D)　独立研究与发展　由工业部门进行的一种不是受某项合同资助或履行某项合同所要求的技术活动,它包括基础研究、应用研究、技术开发以及系统和其他方案形成研究方面的一些项目。另外,也指工业部门能分配给这些项目的可自由支配资金。

Independent Verification And Validation(IV&V)　独立核实与验证　一种对产品功能有效性和技术充分性的独立审查。

Indirect Cost　间接成本(费用)　指不易与所生产的某种产品或劳务相联系的产品成本(费用),如管理人员的薪金、取暖和照明费、房屋和机器维修费等。这种成本(费用)不随产品生产数量的变动而变动,需采用某种方法向产品或部门分配。

Indirect Cost Pool　间接费用归集　将各项间接费用归类相加,求其总和,然后采用既定的分配率,向产品或部门分配。

Individual Acceptance Test　个别验收试验　对预先确定的关键项目进行的试验,以验证这些项目在组装到分系统前的使用特性是否合格。

Industrial Base(IB)　工业基础　常指国防工业基础,它是工业部门为满足平时和战时国家安全需要,所拥有的研制、生产和维修各种武器和保障设备的人员、研制生产系统、技术知识和设备的综合体。国防工业基础往往被作为一个独立的整体,其实它与国家的民用技术和工业基础紧密相连,而且与全球的经济、科技联系日趋紧密。

Industrial Base(IB) Factors Analysis　工业基础因素分析　工业基础因素分析是评估人材培养、科技增长、技术能力、管理体制乃至国际协议对国防工业基础的近期和远期影响。这种分析既涉及马上进行的工作,又涉及到对预期的研制、生产及任何拟议中的后续计划的保障工作。对主要和次要的工业部门的影响都被考虑进去。所有拟议中的国防装备的研究、发展和生产以及国际性有关协议,均需进行这类分析。

Industrial Capability　工业能力　工业部门为满足平时和战时国家安全需要,研制、生产和维修各种武器装备和保障设备的能力。

Industry Capability Analysis　工业能力分析　为设计、研究、保障以及在适当的情况下为重新开始一项采办计划而进行的一种工业能力的分析。它是制定重要采办计划的采办策略必不可少的组成部分。

Industrial Engineering/Detailed Estimate　工业工程/详细估算　为在规定时间内以最低费用达到所需的产量,对人员、设备和材料进行利用和协调的一种艺术和科学的方法。这可能包括收集、分析有关建筑、设施、布局、人员组织、操作程序、方法、工艺规程、进度安排、时间标准、工资率、工资支付计划、费用和系统实际情况,并按实际情况办事,以控制产品和服务的质量和数量。

Industrial Facilities　工业设施　常指国防工业设施,系指用于研究、发展、试验、生产和维修军事装备的工业资产(材料、特种工装、军事资产和专用试验设备除外),其中包括不动产及其产权、建筑物、构筑物、改建物以及厂房设备等。

Industrial Fund(IF)　工业基金　指美国国防部的工业类型单位为向外部用户提供产品和劳务而建立的一种周转基金。建立工业基金的目的是为了提供一种更有效地控制费用的方法;建立一种灵活的财务、预算和会计手段;鼓励建立买方-卖方的相互关系;鼓励在军事部门间进行横向服务。支付的基金是用来采购材料、劳务和人工,并通过产品和劳务的出售来偿还该基金。

Industrial Mobilization　工业动员　在国内或国家紧急状态下,为保障军事行动和民用部门的需求,安排工业部门提供所需物资和服务(包括建筑)进行战争准备的过程。它包括对物资、人力、资金、设施、辅助物资及劳务的动员。动员可能会扰乱国民经济的发展。

Industrial Modernization Incentives Program　工业现代化鼓励计划　政府对承包商实施鼓励,促使它们用自己的资金投资以改进生产,达到降低采办费用的目的。

Industrial Plant Equipment(IPE)　工业厂房设备　在制造、维修、供应、处理、组装,或研制工作中,用于切、研、磨、成形、接合、试验、测量、加热、处理或改变材料、部件或最终产品的物理、电气或化学性质的设备。在美国国防采办工作中,专指超过规定采办费用限额的那部分计划设备。

Industrial Preparedness 工业准备 工业部门为生产必要的装备保障达成国家军事目标的准备状态。

Industrial Resource Analysis 工业资源分析 对工业基础能力进行的独立分析,以确定能否获得为保障某一重要系统的生产计划所需的生产资源。

Industry 工业 在国防采办用语中,指国防工业,它包括所有向国防部提供物资和服务的大小工业组织。在美国主要指私营承包商,他们代表着所有者或股东的利益。

Information Assurance(IA) 信息保证 通过确保信息和信息系统的可得性、完整性、可靠性、机密性和认可性来保护和保卫信息和信息系统的信息活动,包括把保护、检测和反应能力结合起来恢复信息系统。

Information Gathering and Analysis 信息搜集和分析 在认识水平不足以就其他各种风险处理方案面作出明智决定的情况下,为获取某一系统单元或关键采办过程的信息所采取的具体信息收集和分析行动。

Information Operations(IO) 信息战 破坏敌方的信息和信息系统,而同时又要保护己方的信息和信息系统所采取的行动。

Information System 信息系统 指将互不关联的一套信息资源(如人员、数据、软件、计算机、通信设备等)组织起来,用于信息的收集、处理、维护、使用、共享、分发或处置的系统。

Information Technology(IT) 信息技术 由某一执行机构用来对数据或信息进行自动获取、储存、操作、管理、传输、控制、显示、转换、互换、发送或接收的设备、互联系统或分系统。信息技术包括计算机、辅助设备、软件、固件和类似的程序、服务及相关资源。

Information Technology Management Strategic Plan 信息技术管理战略规划 指为信息资源的使用和管理提供全面指导和方针的规划。

Information Technology System 信息技术系统 有时也简称为信息系统。美国信息系统包括国家安全系统和自动信息系统两大类。国家安全系统用于情报和密码方面的活动,同时用于指挥与控制部队,或作为武器系统的组成部分,它们对于直接完成军事或情报任务非常重要。自动信息系统通常用于日常管理与业务活动。

Information Warfare 信息战 为获取信息优势所采取的行动,即在破坏敌方的信息、信息处理过程、信息系统和计算机网络的同时,保护好己方的信息、信息处理过程、信息系统和计算机网络。

Infrastructure 基础设施 通常指对军事力量起保障和控制作用的所有固定和永久性的设施、建造物或设备。

Inherent Availability 固有有效利用时间 指系统仅与运行时间和校正性维修有关的时间。它不考虑与预防性修理有关的等待和延迟时间以及管理和后勤的停机时间。

Inherent Reliability and Maintenance(R&M) Value 固有可靠性和可维修性值 对可靠性和可维护性的一项度量值,它只包括项目设计和安装的影响,并假定是在一种理想的工作和保障环境下运行。

Initial Operational Capability(IOC) 初始作战能力 利用合适的数量、类型,配以

系统运行、维修与保障所必需的经过训练和装备的人员,首次达到有效地使用已验明具有特定性能的武器、装备项目或系统的能力。它通常在作战要求文件中确定。

Initial Operational Test and Evaluation(IOT&E)　初始作战试验鉴定　对产品或生产的代表性产品进行的作战试验鉴定,以决定系统是否有效、适用,据以帮助决定是否进入低速度初始生产的下一阶段。

Initial Provisioning　初期供应　在某一装备服役的初期阶段,决定其保障和维修所需项目(如备件、零部件、专用工具及试验和保障设备)的范围和数量的过程。它包括以下几个阶段:确定供应项目,建立目录数据,编写技术手册和允许误差表,编写使用说明书,以确保交付所必需的保障项目及有关的最终产品。

Initial Spares　初始备件　在一个系统的最初使用期间内为其后勤保障所采购的物品。

In Process Inventory Control　在制品库存控制　指对材料和零部件进行有效的计划与控制,以保证它们在规定的生产阶段能及时供给。

In-Process Review/Interim Program Review(IPR)　过程中审查/中间期计划审查　在生产或研制过程中的关键点对一个计划或项目进行审查,以评估其进展状况,并向决策当局提出建议。

Inspection　检查　指不使用特殊的试验室设备或方法,对产品(硬件和软件)及有关的说明性文件进行的直观考查,把相应的特性与预定的标准作比较,以确定是否符合要求。

Installation　设施　指固定或相对固定的场所连同其不动产、建筑物、构筑物、公用设施及改建物等。它通常与现有的或今后可能有的组织机构和任务或职能密切相关。

Integrated Baseline Review(IBR)　一体化基线审查　指计划主任对承包商的履约考核基线的审查。它是在合同签定后6个月之内,由计划主任及其技术人员或一体化产品小组,对必须按收益值管理系统准则或成本/进度状况报告要求行事的合同进行的一种审查。

Integrated Concept Team　一体化方案小组　由代表相应的军种和国防部机关、民事部门、工业界和学术界的人组成的多学科小组,从作战原则、训练、主要技术发展、组织、装备、士兵结构的角度进行考查,提出满足军事需求的解决办法。

Integrated Diagnostics　一体化诊断　指将诊断设备组合到整个武器系统中进行故障诊断,以便能以较少的测试设备和维修人员方便地对武器系统进行维修,提高维修质量和保障组织的生存能力,减少后勤任务量,增强军事能力。

Integrated Logistic Support(ILS)　一体化后勤保障　为确保对系统进行经济有效的全寿命保障所必须考虑的一种综合保障措施。它要求在系统研制、生产和使用各个阶段都必须考虑可保障问题,是各个方面工作的有机组成。一体化后勤保障的特点,是后勤各部分必须协调一致和相互关联,其主要方面包括:①维修保养规划。②供应保障。③技术资料④设施。⑤人力与人员。⑥训练与训练保障。⑦保障设备。⑧计算机资源保障。⑨包装、处理、贮存与运输。⑩设计接口。

Integrated Logistic Support Management Plan　一体化后勤保障管理计划　指武器系统采办初期制定的后勤计划,它要明确后勤保障管理组织的权限与职责,提出总的后勤保障策略、起码指标和维修保养方案等。

Integrated Logistic Support Plan 一体化后勤保障计划 为保证在武器系统全寿命周期内对其进行经济有效的保障而制定的详细计划。一体化后勤保障计划应综合考虑项目后勤方面的有关问题,其内容包括:使用方案,部署要求(包括可运输性),保障方案和保障计划,战备完好性和保障的初定目标,一体化后勤保障要素要求,进度、资金要求,以及项目每个阶段计划进行的一体化后勤保障活动的职责分工等。对于军种联合项目来说,还应包括各参与军种的保障要求。一体化后勤保障计划应在项目经过方案探索阶段批准开始新的采办计划之前制定,并在计划寿命期内不断地进行修订。同时项目主任还应向承包商提供相应的数据资料,如初始的使用方案和维修方案、系统战备完好性初定目标值和现有系统的保障费用等,作为承包商制定计划的分析基础。

Integrated Product and Process Development(IPPD) 一体化产品与过程开发 通过采用多部门小组的形式同时将所有重要的采办活动结合起来,以优化设计、制造和可保障性过程的一种管理方法。这种管理方法易于达到从产品方案设计到生产直到作战保障的费用和性能目标。一体化产品与过程开发的关键原则之一,是通过一体化产品小组进行多部门协同工作。这种管理方法最初起源于民用生产部门,1991年美国陆军装备司令部把它作为系统工程方法,用以防止军品科研与生产脱节。后来,美国国防部根据国防采办改革办公室程序工作组的建议在国防采办管理中推广,并且纳入1996年修订的国防部5000.1号指令《国防采办》,作为进行有效组织管理的政策和原则之一。

Integrated Product Team(IPT) 一体化产品小组 一体化产品小组是实施一体化产品与过程开发的主要组织形式,它由来自有关职能部门的代表组成,以便共同制定计划,确定和解决有关问题,并及时提出有助于决策的合理化建议。通常,一体化产品小组有3种类型:顶层一体化产品小组,着重于战略指导、计划评估和解决重大问题;工作层一体化产品小组,确定并解决计划项目问题,确定计划状况,寻求进行采办改革的可能性;项目层一体化产品小组,集中于计划项目的执行,它可由来自政府和承包商的代表组成。美国根据国防部5000.2R条例规定,对于每一项重要国防采办计划都要成立一个顶层一体化小组、一个综合一体化小组和若干工作层一体化产品小组。顶层一体化产品小组,负责在采办寿命期对项目进行监督、审查和帮助。组长根据项目不同由国防部长办公厅不同官员担任,如发展战略与战术系统主任、负责航天与采办管理的国防部副部长助理帮办或负责C^3I采办的助理部长帮办等,成员包括项目主任、计划执行官以及军种部、参联部和办公厅的有关参谋人员。综合一体化产品小组,由项目主任领导,成员包括各职能部门的代表,负责协助项目主任制定采办和合同策略,进行费用估算和费用-性能权衡,评估各种可供选择的方案,协调工作层一体化产品小组的工作和解决它们提出的问题等。工作层一体化产品小组由项目主任或其代理人领导,负责协助项目主任制定采办策略和采办计划,拟订阶段审查要求和文件,协调与顶层一体化小组成员的工作,及时解决或提出工作中存在的问题等。

Integration 一体化 在采办计划办公室内,运用一体化产品与过程开发方法所采取的行动,目的是确保在武器系统的设计、研制和生产期间,充分发挥各种职能部门在系统采办管理中的作用。

Integration/Integrator 总装/总装人 将系统的各个部件组装成最终产品的过程。

总装人是系统主承包商。

Intellectual Property 知识产权 指发明、商标、专利、工业设计、版权和技术信息等的专有权,其中包括软件、数据设计、技术秘决、制造信息和秘决、工艺方法、技术数据包、制造数据包和商业秘密等。

Interchangeability 可互换性 指两个或两个以上产品具备的功能和物理特性在性能和耐用性方面相当,可以在不改变产品本身或相连产品的情况下进行互换,且不用考虑配合和性能问题。

Interconnection 互联 将可相互操作的系统连接在一起。

Interface 接口 人与人、系统与系统、或人与系统之间,在一个共同的边界或连接点处要求具有的功能和物理特性。

Interference Time 干扰时间 一台或多台机器因操作它们的工人正忙于操作其他机器或忙于修理、清洗机器或检查完成的工作而不能运行的一段时间。

Interim Contractor Support(ICS) 承包商暂时保障 指由承包商进行的暂时性保障工作,使军方在安排编制内的保障能力时,可以推迟对所有或部分保障资源(备用品、技术数据、保障设备、训练装备等)的投资。

Intermediate Level Maintenance(ILM) 中级维修 是指本单位无法维修而又不必送到后方维修站进行大修的维修。

Internal Audit 内部审计 在一个组织内部,为审查账目、财务和有关工作而进行的独立评估活动。

Internal Control 内部控制 由部门领导规定的内部审查和内部检查,其目的是保护财产和资金安全;检查帐目数据的精确性、可靠性和时间性,以提高工作效率;确保遵守规定的管理政策和程序。

Internal Replanning 内部重新计划 由承包商在认可的预算分配总额内对剩下的工作进行重新计划的活动。

Inventory Control 物资控制 指作战物资的管理、分类、采购、分配等的后勤工作。

Inventory Control Point(ICP) 物资控制站 物资分配系统指定负责系统范围内对装备进行指导和控制的基层组织,其管理职能包括计算需求、进行采购或处置、编制库存数量和经费数据、确定和调整装备存放地点等。

Inventory Objective (战备)库存指标 指某种装备项目在规定的动员条件下能满足军事要求的数量。其根据是对威胁的分析、批准的部队投入量、作战使用量、动员训练使用量以及生产能力。它不包括和平时期需要用来替换消耗、丢失或损坏的那些装备项目数量,后者被列入计划采购指目标,而不是战备库存指标。

Investments/Investment cost 投资额/投资费用 指某一系统的研究、发展、试验鉴定费和生产费。

Invitation for Bid(IFB) 招标书 密封投标时采用的征求文件。

Issue Cycle 问题审议过程 指对有争议或待作出决定的事情进行审议的过程。美国指国防部长办公厅审查《计划目标备忘录》期间的一个审议过程,它始于5月或6月,止于7月或8月。

Issue Papers 问题书 美国国防部长办公厅在审查《计划目标备忘录》期间确定提

出的或有待作出决定的问题的文件。

Items of Intrinsic Military Utility 内在军事效用项目 指除控制转让的"关键军事技术清单"规定的产品项目之外,还要控制向潜在对手转让的最终产品项目。这种产品,或因技术含量,或因其出售数量,可能会大大增强受让国的军事能力或制造战争的能力;或者对这个产品进行分析后会暴露本国武器系统的特性,从而有助于它们研制出对付本国同类装备的武器装备。

Iteration 重复,迭代 ①指重复的要求。例如,对某个文件多次重复起草,或者对某一资金分配方案多次修改,以使每个参与者满意。②指对原始资料的某一样本,多次连续地运用某一统计方法,以消去各种极端的观察数据,导出非线性的不宜直接求解的参数估计值。

J

Job 工作 由一人或多人,或者用一台或多台机器所完成的某一单项作业,通常可作为计算成本或支付工资的对象。

Job Analysis 工作分析,职务分析 对某项工作或职务所作的仔细研究,以确定完成此项工作或履行职务应所尽的义务、责任和特定要求;或指对工人的操作过程和操作方法进行的仔细研究,以提高工作效率和赢利能力。

Job Lot 单件小批量 指一次生产的数量较少的某型部件或产品,应与批量(Lot)和大批量(Lots)相区别。

Job Order(JO) 工作单 ①按规格或估计等完成某项工作的正式通知单。②生产一定数量产品的通知单。工作单可作为考查工作或计算费用的依据。

Job Shop 加工车间,加工厂 专门加工、制造或定做某些部件的场所或企业。

Joint Acquisition Program 联合采办计划 指两个以上军种和部门联合研制和采购某些系统、子系统、装备、软件或弹药以及保障装备或保障系统的计划,目的是提供一种新的或经改进的能力以满足已经批准的联合需求。某些改进计划如果对于参与军种或部门具有重要意义或作用,也可作为联合采办计划。联合采办计划通常由一个军种或部门牵头,并负责组织联合计划项目办公室,其他有关军种或部门参与。联合项目办公室应最大限度地加强各有关军种或部门的统一协调和安排。

Joint Development Tests 联合研制试验 指由两个或两个以上军种联合进行的研制性试验,其目的是向参与军种提供有关武器装备要求、性能、通用性、技术方案、技术改进以及改进试验方法或开发试验资源等方面的信息。

Joint Forces Memorandum 联合兵力备忘录 指美国参谋长联席会议每年编制并呈交给国防部长的有关兵力计划的文件,它依据国防部长发布的财政指南所确定的联合兵力计划提出建设性意见。

Joint Logistics Commanders 联合后勤指挥官 指美国陆、海、空军、海军陆战队和国防后勤局的高级后勤官员,其中包括陆军装备司令部司令、负责后勤的海军作战部副部长、负责设施与后勤的海军陆战队副参谋长、空军装备司令部司令和国防后勤局局长。

Joint Mission Need Statement 联合任务需求书 适用于两个或多个军种并得到它们支持的任务需求文件。见 Mission Need Statement。

Joint Operating Procedures 联合工作规程 指确定和说明为完成联合计划在一些重要方面所必需的具体规程和相互关系的文件,其内容主要包括系统工程、人员配备、可靠性、生存能力、易损性、可维修性、生产、管理控制与报告(包括采办报告选)、财务管理、试验鉴定、训练、后勤保障、采购和部署等。联合工作规程由计划主任和参与军种共同研究和商订。

Joint Operational Tests 联合作战试验 联合作战试验是在演习或作战环境中,使用实际部署的装备、模拟器或替代装备来获得有关军种间作战条令、战术或程序的数据。

Joint Program 联合计划 在系统寿命周期的任一阶段,由两个或两个以上军种或部门进行正式管理或提供资金的任何国防系统、子系统、部件或技术的采办计划。

Joint Requirements Oversight Council(JROC) 联合需求监督委员会 指美国国防部协助参谋长联席会议主席确定和评估联合军事需求的重点项目(包括现有的系统和装备),以满足国家军事战略的一个高级委员会。该委员会负责在国防采办委员会审查前,对处于各阶段决策点的由国防部直接抓的重要国防采办计划和重要自动化信息系统采办计划先进行一次审查,并负责对批准进入方案研究阶段的包括各军种抓的所有重要国防采办计划进行审查,其审查重点是军事需求和实施基线。该委员会由参谋长联席会议副主席任主席,常任委员包括美国陆军和空军副参谋长、海军作战部副部长和海军陆战队副司令。该委员会通过在采办开始阶段和以后各阶段阶段决策审查之前的审查,或者应负责采办和技术的国防部副部长要求,对关键的费用、进度和性能参数进行的审查,直接支持国防采办委员会的工作。

Joint Technical Architecture 联合技术体系结构 指包括先期概念技术演示在内的所有现有系统和系统改型使用的一套通用的、强制性的信息技术标准和指南。联合技术体系结构适用于 C^4I 系统和自动信息系统以及其他关键设备(例如武器系统、传感器)与 C^4I 系统的接口。

Joint Test and Evaluation 联合试验鉴定 指对两个或两个以上军种采办的系统,或对与其他军种的装备有接口要求的某军种的系统,由两个或两个以上军种共同开展的试验鉴定,其目的是为了审议有关军种共同的战术和作战原则。这种试验既包括联合研制试验,也包括联合作战试验。

Joint Test and Evaluation Program 联合试验鉴定计划 由有关军种或装备主管部门制定的关于联合试验鉴定的计划,旨在提供或评价有关系统性能、技术方案、系统要求或系统改进、系统互用性、改进或拟订试验方法,或者力量结构规划、作战原则等的信息。

Joint Working Group(JWG) 联合工作组 由作战和装备研制人员以及相应的有关专家的代表组成的协作小组。其主要目的是提供一个直接联系的场所,以便于协调各种需求文件。

Justification and Approval(J&A) 证明与批准 美国《联邦采办条例》所要求的一种文件,据以证明采用不同于完全公开竞争的合同征询方式是合适算的,并使之获得批准。

Just-in-Time(JIT) 适时制生产方式 一种按实际需要"供货"的制度。目的是准时为下一道工序生产或提供部件,减少库存,却不使进度出现误差。这既是一个库存制度,也是一种管理哲学。

K

Key Performance Parameters(KPPs)　关键性能参数　指非常重要的性能或特性参数,如果没有达到其性能的限值,就可能要对选定的方案或系统进行重新评估,或对采办计划进行重新评估甚或终止计划。关键性能参数是作战要求文件内所有性能参数中最关键的一部分,列在采办计划基线的性能部分。美国重要国防采办(Ⅰ类)计划的关键性能参数由联合需求监督委员会审核批准。对重要自动化信息系统(IA类)采办计划,关键性能参数由联合需求监督委员会或有管辖权的主要参谋助理审核批准。

Know-how　实际知识,专门技能,诀窍　指设计和制造的实际知识、专门技能或诀窍,也指为达到重要的研制、生产或使用所需要的实际知识、专门知识、诀窍和有关的技术信息。它包括劳务、工艺规程、程序、规范、设计数据、标准和试验技术等。

Known-Unkowns　半知半不知　指只能部分地进行计划或预测的未来情况。如进度肯定会发生变化,但变化程度尚不清楚。

L

Labor Productivity　劳动生产率　一名工人或一组工人在单位时间内的生产量,通常与某一规定的标准或预期的生产率相比较。

Labor Standards　劳动标准　通常指为职工制定的工时和工资方面的标准,有时也专指劳动标准时间,后者是通过对劳动时间的研究编出的某类工作的每项作业的标准时间。

Lead Component/Service　牵头部门/军种　在涉及两个或两个以上部门或军种的联合计划中,负责系统采办管理的部门或军种。

Leader-Follower Concept　主-从方案,先后合同方案　指政府通过主合同或子合同关系,或通过先已有合同的公司向另一家公司提供帮助的方式,交付某种最终产品的合同关系。主要有3种情况:①将主合同签订给原有的承包商(先行承包商),由它负责分包给另一家承包商(后行承包商)并向其提供帮助。②签定合同时,要求先行承包商帮助已有生产主合同的后行承包商。③把主合同签订给负责生产的后行承包商,由它与原已指定的先行承包商(可能正在按另一个合同进行生产)签订分包合同以求得帮助。

Learning/Improvement Curve　学习/改进曲线　反映产品产量与工作经验时数关系的一种数学曲线。在图表中,以X轴表示累积增加的产品数量,Y轴表示每单位产品耗用的工时数。累积生产的产品越多,生产技术越熟练,生产效率就越高,单位产品成本就越低。这种理论和图表曲线广泛用于武器装备采办和军工企业,其实际应用包括:①预计人工成本和制定价格政策。②制定奖励工资制度。③制定人工需要量计划④评价投资项目的成本和效益等。

Legislative Affairs/Liaison(LA/LL)　立法事务/联络　指与立法部门之间的联络事务。例如在美国国防部,指国防部长办公厅、各军种和国防业务局与国会之间的联络事务,包括回复询问、准备报告、出席听证等。通常都是通过国防部长办公厅、军种部或各业务局的立法联络办公室进行协调和执行。

Legislative Branch 立法部门 有立法权的部门。美国与国防采办有关的立法部门,指参议院武装部队委员会、众议院国家安全委员会、参众两院拨款委员会、参众两院预算委员会以及其他对国防活动进行法律监督的委员会。此外,还包括负有立法和监督责任的国会预算办公室、总审计署等。

Lessons Learned 吸取的教训 吸取过去判断错误、用材不当、计时差错或其他失误的教训,最终达到改善状况或系统的目的。

Lethality 破坏效率 武器效应摧毁目标或使之无效的概率。

Letter Contract 书面合同意向合同 见"Undefinitized Contractual Action"。

Leveled Time 平均时间 考虑到操作者表现上的差别(诸如技能、努力程度和条件)后,加以调整的平均时间。

Level of Effort(LOE) 保障性工作 指不产生确定的最终产品或成果的一般性或辅助性工作,通常采用工时合同。

Level of Openness 开放层次 接口符合开放标准的层次(系统、子系统或部件)。开放层次决定一个系统可以利用多个供应商、插入新技术和依靠承包商/供应商对设计、接口、修理和器具进行控制的程度。

Level of Repair/Analysis(LOR/A) 修理/分析等级 见"Optimum Repair Level Analysis"。

Leverage 杠杆作用 为达到目标或取得利益的作用力或影响力。还指放大作用。

Licensed Production 许可证生产 经政府批准或经产权所有者同意(或达成商业协议),允许外国政府或厂商按协议生产本国或本厂生产的产品。对于国防产品和受控制的高技术产品,需由政府发放出口生产许可证。

Life Cycle(Weapon System) 全寿命周期(武器系统) 指武器系统寿命周期的各个阶段,包括研究、发展、试验鉴定,生产,部署(库存),使用与保障,以及退役处置,即"从生到死"的全过程。

Life Cycle Cost(LCC) 全寿命费用 政府采办和拥有的某系统在其全寿命期内所承担的全部费用。包括研制费、采办费、使用费、保障费(包括人力)和适当的处置费。

Life Cycle Cost Goals 全寿命费用目标值 批准的系统寿命周期费用数值,它可用金额表示,也可用其他能度量的因数表示。全寿命费用包括与系统有关的所有费用,如研究与发展费、生产费、部署费用和退役处理费用。

Life Cycle Cost Management(LCM) 全寿命费用管理 指对采办计划全寿命周期内所有费用进行综合分析、跟踪和控制的工作与活动,是采办管理工作的重要组成部分,贯穿于系统全寿命过程。寿命周期费用管理的作用是使决策者在确定备选方案和进行权衡比较时能了解费用细节,目的是使全寿命费用减到最少,并且将费用保持在规定的可承受的限制条件以内,它是所有计划决策的基本依据。

Life Cycle Management 全寿命管理 对系统"从生到死"进行管理的一种方法,它把所有的计划决策都建立在系统寿命期内预期的作战效用和经济效益基础之上。

Life Units 寿命单位 产品使用期的一种计量标准,如使用时数、周期数、行程或航程、射击次数、作战攻击次数等。

Limited Production 有限生产 指某种系统的初始少量生产,也称"初始低速生产"或"试生产"。它是采办策略的一部分,生产出的产品供作战试验和鉴定用,以核证系统设计和生产工程的成熟程度,并为作出投产决定前建立生产基地。投产决定通常在工程与制造发展阶段将近结束或在批准进入生产和部署使用阶段的决策点作出。

Limited Rights 有限权利 在提供技术数据的一方书面同意向政府之外公开技术数据的情况下,由政府或者代表政府全部或部分地使用、复制、披露技术数据的权利。

Line Authority 直线职权,垂直领导 指自上而下直线管辖或命令的权力。在美国武器装备采办过程中,指任职于从国防部长到计划项目主任这一垂直指挥线中的国防部官员(不包括参谋人员),他们可以以自己的名义下达命令。

Line Item Budget 分项预算,明细预算 按可单列或分列的最终项目编制的预算。每个最终项目称为明细项目或册列项目。按这种方法编制的预算经审批后,每个明细项目的费用均不得超过其预算。这种传统的预算方法有利于通过明细项目控制整个计划的预算费用,但它不能反映各分项目之间的相互调剂使用,使整个计划费用最低。现代预算制度趋于按计划的成本-效益进行预算,称为计划预算。

Line of Balance(LOB) 平衡路线法,生产线平衡图示法 按某一天的一组给定的关键进度控制点画出预定生产单位和实际生产单位相互对照的图示方法。

Line Production 流水作业法 工厂布局的一种方法,即机器及其他所需设备按其在生产过程(根据产品设计)中使用的顺序布局,而不管他们所要完成的作业。

Line Replaceable Unit(LRU) 现场可更换部件 指可在现场进行拆除和更换的重要保障部件,它能使装备恢复到战备状态。有时也称武器置换组件和模块置换部件。

Line Stock 基本库存品 实际上是如同产品一样的零件或部件(如螺丝、垫片(圈)、焊料、普通电阻器等),但其价值很小,因此无需使用通常的逐项成本计算方法。

Live Fire Test and Evaluation(LFT&E) 实弹试验鉴定 通常指武器装备采办计划进入初始低速生产(试生产)后,利用试产品进行的实弹试验,以检验初步建立的试生产线能否生产出符合规定战术技术性能的武器,以便为批准进入批量生产提供依据。根据《美国法典》规定,对有掩蔽的系统、重要弹药项目、导弹项目或它们的改进项目,在进入初始低速生产之后必须进行这种试验。其中,有掩蔽的系统系指任何车辆、武器平台,或在战斗中具有向使用人员提供某种程度保护特性的重要常规武器系统。

Live Fire Test and Evaluation Plan 实弹试验鉴定计划 见"Detailed Live Fire Test and Evaluation Plan"。

Live Fire Test and Evaluation Report 实弹试验鉴定报告 关于武器装备生存能力和杀伤力的试验报告。对于有掩蔽的系统,要在初始低速生产后决定进入批生产之前提交。

Living Specification 活动规范 其要求注重于形状、装配和功能的一种规范。制定这类要求要易于插入新的技术产品和先进的生产工艺。这种规范鼓励在不经重大修改或更新的情况下,通过敏感的反馈系统使质量不断得到提高。

Local Purchase 当地购买 指经有关部门批准从当地的商业渠道购买材料、物品和劳务。

Logistic Interoperability 后勤互操作性 互操作性一种形式,其中被更换的是组件、部件、备用品或修理部件。后勤互操作性通常通过使组件、部件、备用品或修理部件可以互换而获得。但是,当降低性能或某些限制在作战上可以接受时,后勤互操作性有时可能是次于可互换性的一种能力。

Logistics and Readiness Capabilities　后勤与战备能力　指从既考虑战时又考虑平时后勤保障任务要求的角度提出的一系列能力参数,其中包括计量任务的可能速度、作战利用率和频率以及预防性维修或定期维修期限。它还包括许多作战保障要求,如战斗毁坏的修复能力、机动要求、预期维修等级以及应急动员的目标和能力等。

Logistics Funding Profile(LFP)　后勤资金部分　执行采办后勤计划所必需的那部分计划预算资金。

Logistics Management Information(LMI)　后勤管理信息　与可保障性分析有关的文件资料。

Logistics Reliability　后勤可靠性　在不要求对后勤保障结构进行修改或调整的情况下,对一个项目运行能力的度量。后勤可靠性只考虑对后勤保障结构提出要求的各种事变的影响,而不考虑对任务或功能的影响。

Logistics Support　后勤保障　应用综合的一体化方法,为部队武器系统的正常工作供应、维修和保养必需的物资器材。

Logistics Supportability　后勤可保障性　系统的设计特点和计划的后勤资源(包括后勤保障的各种要素)能满足系统有效性和战时使用要求的容易程度。

Logistics Support Analysis　后勤保障分析　应用系统工程原理,采用定性与定量相结合的方法,分析和确定后勤保障需求的过程。其目的是:①使设计一开始就考虑保障问题。②确定相应设计的保障要求。③获得所需的保障。④在使用期间以最低的费用提供所需的保障。

Logistic Support Elements　后勤保障要素　结合在一起构成后勤保障的基本项目,包括维修保养计划,人力和人员,供应保障,保障装备,技术资料,训练和训练保障,计算机资源保障,各种设施,包装、处理、储存和运输,以及设计接口等。

Logistics Support, Supplies and Services　后勤保障、供应与服务　这些术语系指下列事物中的任何一项或全部:货物、设营、运输、石油、油料、润滑剂、被服、通信服务、医疗服务、弹药、基地运营保障及有关建筑、储存服务、公共设施利用、训练服务、备用零件和部件、维修保养服务以及港口服务等。

Logistic Time　后勤时间　对维修而言,指由于需等待备件或其他子系统而耽误了修理的那部分时间。

Long-Lead Items/Long-lead-Time Materials　研制时间长的产品/器材　是指系统或设备中设计和制造时间最长,因而需要提前投入所需资金才能尽可能早地完成系统的那些部件。为了赶上生产开始时间,可在工程研制阶段进行订货。

Long Range Investment Plans　长期投资规划　根据对未来主要财政资源的最佳估计制定的总体规划,它是对各种采办计划的长期经济承受能力进行评估的基础。

Lot　批量　在同一条件下制造并指定一个批号以便使用、制造、生产和供应的某种物资的特定数量。

Lot Acceptance Test　批量验收试验　为确保产品保持其质量而按抽样程序进行的试验。在这种批量验收试验圆满完成前,产品不得接收或安装。

Low-Rate Initial Production　初始低速生产　为提供生产的代表性产品供作战试验鉴定使用和建立初始生产基地,并能在圆满完成作战试验后有条不紊地提高生产速度达到全速生产而生产最低数量的系统(舰艇和卫星除外)。美国国会规定,对于重要的国防采办计划,其初始低速生产数量超过采办目标10%的,必须在采办报告中报告。对于舰艇和卫星,初始低速生产即是保持动员的最低数量和生产速度。

M

M-Day　动员日　是开始动员的日期。

Machine Controlled Time　机器控制时间　工作周期中完全由机器控制而不受工人技能或努力影响的那一部分时间。

Machine Element　机器作业部分　工作周期中完全由机器控制,因而不受工人技能或努力影响的部分。

Maintainability　可维修性　产品在各个规定的维修级别经有特定技术水平的人员采用规定的程序和资源进行维修后,可保持或恢复到规定状态的能力。见"Mean Time to Repair"。

Maintenance　维修　为保持和恢复资产(包括各种装备和设施)有效工作状态而采取的维修措施。①资产因久用磨损或被损坏而必须进行维修,这种维修不增加资产的永久性价值,不会明显延长其原定使用寿命。维修通常包括"修理",但对固定资产,维修不同于修理,它仅限于进行一些必要的周期性、经常性或定期性的工作,使固定资产设施保持或恢复到按设计目的有效使用的状态。②指防止发生故障而进行的预防性维修,或恢复正常状态进行的校正性维修。

Maintenance Concept　维修方案　简要说明在研系统/装备的作战保障在维修方面的考虑、制约因素和计划。对于每一种可供选择的系统方案,其初步维修方案要作为初步系统使用方案的一部分通常由作战部门在保障部门的协助下制定和提出。这是推动系统/装备设计及其保障工作的重要因素。

Maintenance Plan　维修计划　在系统工作分解结构中,对每一种可维修的备选产品较详细地说明其维修决定。通常对于每一种重要的分系统,如雷达分系统、液压分系统等,都有一套维修计划。维修计划是建立在维修分析水平基础上的,而且是每一种传统后勤保障要素的基础。

Maintenance Planning　制定维修计划　研究制定装备系统全寿命期内维修方案和维修要求的过程。

Major Automated Information System (MAIS) Acquisition Program　重要自动化信息系统采办计划　指对国家安全或军事行动具有重要影响和费用较高的自动化信息系统采办计划。在美国国防部,重要的自动信息系统采办计划是指:①由负责指挥、控制、通信与情报的助理国防部长指定的;或者②估计其任何一财年所需的计划费用超过3千万美元(按1996财年定值美元,下同),或计划总费用超过1.2亿美元,或全寿命费用超过3.6亿美元的自动信息系统采办计划。美国重要的自动信息系统不包括需由国防部长决定的高度敏感的保密计划。为了确定一个自动信息系统是不是重要的自动信息系统,可以将下列情况合计为一个自动化信息系统来考虑:①构成一个多元项目的独立的系统;②组成一个不断发展项目的独立的系统;或者③构成一个多部门自动信息系统项目的独立的系统。

Major Automated Information System Review Council 重要的自动信息系统审查委员会 美国国防部负责审查重要的自动信息系统采办计划(IAM类计划)的高级委员会,由负责C^3I的助理国防部长任主席。该委员会在对各项重要的自动信息系统采办计划的重大决策问题上,特别是有关自动信息系统的采办政策和采办程序上,对负责C^3I的国防部助理部长起咨询作用。负责C^3I的助理国防部长负责签署IAM类采办计划的采办决策备忘录。

Major Defense Acquisition Program(MDAP) 重要的国防采办计划 指对军事能力具有重要影响和费用较高的国防采办计划。美国重要的国防采办计划是指:1. 由负责采办与技术的国防部副部长指定的,或者2. 估计用于研究、发展、试验鉴定的实际总开支超过3.55亿美元(1996财年定值美元——下同)或用于采购的费用超过2.135亿美元的计划。美国重要的国防采办计划不包括需由国防部长指定的高度敏感的保密计划。

Major Force Program(MFP) 主要兵力计划 是许多计划项目的集合,它反映了武装部队的宏观兵力任务和保障任务,并且包含为实现军事战略目标或计划所必需的资源。同时反映了完成任务目标的财政时间期限和为完成任务目标提出的各种措施。美国主要兵力计划体现于其六年国防计划,它由6个面向作战、5个面向保障的11个主要兵力计划项目组成:

项目1——战略力量;

项目2——常规力量;

项目3——情报与通信;

项目4——空运与海运力量;

项目5——国民警卫与预备役部队;

项目6——研究与发展;

项目7——集中供应与维修;

项目8——训练、医疗和其他一般人员保障活动;

项目9——管理与有关活动;

项目10——外援;

项目11——特种作战部队。

Major Range and Test Facility Base 大型靶场与试验设施基地 为武器装备的研制或作战使用提供试验鉴定保障的大型综合性基地,通常由军方管理和使用,必要时也可供民用部门使用。美国国防部的大型靶场与试验设施基地,是指根据国防部第3200.11号指令,由试验、系统工程与鉴定局局长统一协调管理的大型靶场与试验设施,其中包括陆军的白沙导弹靶场、夸贾林岛试验场、高能激光系统试验设施、尤马试验场、杜格威试验场和阿伯丁试验中心;海军的大西洋水下试验鉴定中心、大西洋舰队武器训练设施以及位于穆古角和中国湖的海军航空兵作战试验中心武器分部和位于帕图逊河和特伦顿的飞机分部;空军的第30和第45航天试验联队、阿诺德工程发展中心、空战试验中心、飞行试验中心、犹他试验与训练靶场和空军研制试验中心;以及国防信息系统局的联合互操作性试验中心。

Major System　**重要系统**　许多组成部分结合起来共同发挥作用以形成完成任务所需要的各种能力的系统,它包括硬件、设备、软件或任何有关的结合,但不包括建筑物或其他固定资产的改进。在美国,一个系统如果由负责采办与技术的国防部副部长估计用于研究、发展、试验鉴定的实际总费用超过 1.35 亿美元(1996 财年定值美元——下同),或者采购费超过 6.4 亿美元,将被认为是重要系统。

Make-or-Buy Program　**自制或外购计划**　承包商研制或生产某种最终产品的书面计划的部分内容,它概述承包商拟自己制造、试验或组装的分系统、主要部件、组件、分组件或零件(自制),以及拟向其他承包商购置的项目(外购)。

Management Control Objectives　**管理控制目标**　管理人员为充分保证资源不被浪费、欺诈和管理不善而制定的控制目标、条件或等级。对于重要国防采办计划,基本的控制目标涉及维持武器系统的成本、进度和性能基线参数的能力。

Management Control Techniques　**管理控制方法**　赖以达到控制目标的任何组织形式、审批程序或文件传递方法。美国国防部对于重要国防采办计划的管理控制,主要按国防部 50000.2-R 号条例"重要国防采办计划与重要自动化信息系统采办计划规定程序"规定的阶段决策审查信息和定期的计划状况报告进行。

Management Information System(MIS)　**管理信息系统**　指一套规范和科学的统计与报告方法,通常用计算机完成,它提供精确的数据记录,并及时地归纳和传输决策过程中使用的管理信息。

Management Reserve(MR)　**管理准备金**　在分配的总预算中扣留作管理控制用的金额,而不是指定用于完成某项或某几项特定任务的金额。它不属履约考核基线部分,与准备金同义。

Man Hour/Month/Year　**人工时/月/年**　等于一个人在一小时/一月/一年内所做的工作。

Manpower and Personnel(M&P)　**招收人力与人员**　以平时和战时的相应比例,确定和招收具有在装备系统寿命期内操作和保障它们所需技能和文化程度的军职和文职人员的过程。

Manpower Estimate　**人力估计**　根据全面作战部署的采办要求,估计操作、维修、保障和训练所需人员的数量。美国对于所有重要国防采办计划,都要求进行人力估计。

Manpower Scheduling and Loading　**人力安排**　对现有人力按其技能进行有效利用和安排,以保证所需要的作业能真正协调进行。

Manual Element　**手工作业部分**　指工作周期或作业中,由一人或多人不受程序或机械控制完成的有明显区别、可以描述和计量的部分。

Manufacturing　**制造**　用手工特别是用机械以大规模和劳动分工的形式制作产品的过程。

Manufacturing Engineering　**制造工程**　应用于具体工程项目的产前规划和操作分析。其他类似的功能包括持续(正在进行的)工程、生产工程和生产规划。

Manufacturing Management Production/Capability Review　**制造管理生产/能力评审**　计划项目办公室在选择承包商时,为确定每一家参加竞争的承包商现有的和计划的制造管理系统和生产能力能否满足预定系统的所有已知要求而进行的审查,审查工作要考虑到目前所有成熟的和预计的业务情况。

Manufacturing Technology(MANTECH)　制造技术　及时确定或改进为支持现有和预计的计划所需的制造方法、工艺或设备,以及确保能进行生产、缩短生产准备时间、保证最终产品的经济性、降低成本、提高效率、改进可靠性、加强安全和防止污染的措施等。

Market Investigation　市场调查　针对某一特定装备需求或劳务需求而进行市场研究的一个阶段。

Market Research　市场研究　收集产品特性、供应商能力及其经营方法方面的数据资料并对之加以分析,以便进行采办决策的过程。市场研究分两个阶段:市场监视和市场调查。

Market Surveillance　市场监视　市场研究的一个阶段,包括采办人员在其专业领域不断掌握技术和产品发展所进行的一切活动。

Material　物资/器材　用以构成或可制成某种物品的各种元件、组件或材料。它包括(但不限于)原材料和加工材料、零件、部件、组件、油料和其他在合同执行过程中制成更完美形式的物品。

Material Management　器材(物资)管理　管理和控制后勤工作中有关器材(物资)方面的事务,包括检验、编目、标准化、需求确定、采购、检查、质量控制、包装、储存、分发、处置、维修、动员计划、工业战备计划和项目管理分类等;同时还包括器材控制、库存控制、库存管理和供应管理等。

Material Specification　材料规格　适用于产品制造过程中所用的原材料(化合物)、混合物(清洁剂、涂料)或半成品材料的规格。通常,材料规格用于生产,但也可以制定出来控制材料(电缆、钢管)的研制。

Materiel　装备　军队用以实施和保障军事行动的武器、武器系统和某其他军事技术器材的统称,或指某个组织或机构使用的设备、仪器或供应品。

Materiel Developer　装备研制部门　负责武器装备或某种物品的研究、发展和生产验证的部门。

Materiel Fielding and Training　装备现场检验与培训　装备生产出来后交给使用部门前,检验装备功能和对操作与维修人员进行培训的活动。

Materiel Fielding Plan(MFP)　装备部署计划　确保系统由研制部门顺利交付给使用部门的计划。

Materiel System　装备系统　对分系统、部件、零件和器材进行最后组装,构成在进攻或防御作战或其保障中使用的一种实体,用以摧毁、挫伤、击败或威胁敌人。它包括基本的装备项目和所有操作与维护系统所需要的有关设备、保障设施和劳务。

Matrix Organization　矩阵组织　将纯职能结构和产品组织结构的优点结合起来的组织。计划项目主任对项目成功负全部责任。职能管理人员从计划项目办公室外部对计划项目主任提供技术和业务援助。

Mean Time between Failures(MTBF)　故障平均间隔时间　就一特定的间隔时间而言,指项目总体的整个功能的使用期限除以总体范围内故障的总次数。这个定义适用于时间、次数、距离、事项或其他寿命度量单位。是可靠性的基本技术衡量标准。

Mean Time to Repair(MTTR)　平均修理时间　在给定的一段时间内,故障检修所用的全部时间(小时)除以故障检修活动的总次数。是可维修性的基本技术衡量标准。

Measures of Effectiveness(MOE)　有效性测量,效果衡量　作战效果的一种度量,它必须与正在评估的任务或作战的目的紧密相联系。例如,如果作战目的是摧毁敌人的潜艇或坦克,那么击沉或击毁这类武器系统的数量就是满意的有效性测量。不过,如果真正的目的是保护船运或步兵营,那么最好的作战行为可能是使我方实际被击毁的潜艇或坦克数量最少。在方案分析、作战要求文件和试验鉴定总体规划中预示的有效性测量必须一致。有意义的有效性测量必须是可量化的,而且要能测量出达到实际目标的程度。

Measures of Performance(MOP)　性能指标　系统的性能指标可表示为速度、有效载荷、射程、抵达阵位时间、频率或其他可明显度量的性能特征。某些性能指标可能与达到某一特定的有效性测量有关。

Memorandum of Agreement(MOA)　协议备忘录　在采办管理中,通常指:1. 针对某一具体合同或计划项目,有计划项目主任与合同管理部门达成的协议,旨在根据收益价值管理系统的标准监督职能及目标或其他合同管理职能,确定合同管理部门的职责范围。2. 有关如何管理计划项目的任何书面原则性协议。

Memorandum of Understanding(MOU)　谅解备忘录　一种双边或多边的国际协议。即使不能根据参加协议的各方规定的权利和义务提出法律诉讼,但所有参加方一般也认为具有约束力的事实上的协议。

Methods Engineering　方法工程学　对于给定工作的每一项作业都进行严密分析的方法,目的是为了去掉任何不必要的工序或作业,同时也是为了寻求完成每一项必要工序或作业的最快、最好的方法。它包括对各种方法、设备和工作条件的改进和标准化,操作人员的培训,标准时间的确定,有时还包括制定和实施各种鼓励性计划。

Methods Study　方法研究　系统地记录和分析一种工作或工作岗位的所有活动,包括完成工作的标准时间。在研究期间要写出书面工作要点。

Micromanagement　微观管理　指上级机关对下级负责的一项计划的各种活动进行严格、详细的检查。这种管理常常形成对计划的事后批评、重审、更改或进一步论证,从某种意义上说,它是一种侵权或干扰职责的管理方法。

Midpoint Pricing　平均定价　利用一组在未来一段时期平均定价的价格代替日益上涨的价格,作出上涨价格的估计。

Midyear Review　年中审查　①由行政管理与预算部门对原来的预算建议进行修订。②在每年年中,由审计长对预算的特定部分进行的审核,主要审核作战与维修拨款。同时也用于发放或加快资金的拨付。

Milestone(MS)　阶段决策点　建议批准开始一项采办计划或使其继续进入下一阶段的时间点。就美国国防部的重要采办计划而言,其阶段决策点有4个:阶段决策点0—批准进行方案研究;阶段决策点Ⅰ—批准开始一项新的采办计划;阶段决策点Ⅱ—批准进入工程与制造发展阶段;阶段决策点Ⅲ—批准生产或交付部队/部署与作战保障。

Milestone Decision Authority(MDA)　阶段决策当局　指阶段决策点的决策人员。美国是指按照国防部负责采办与技术的副部长制定的准则指定的负责批准一项采办计划进入下一阶段的官员。对于自动信息系统的采办计划,则按照负责 C^3I 的助理国防部长制定的准则指定。

Milestone Reference File 阶段决策点参考文件 在各阶段决策点提供给采办审查委员会参考的工作文件。

Military Assistance Program(MAP) 军事援助计划 依据国内法和双边或多边国际协议向盟国或友好国家提供军事援助的计划。美国指根据修订的《1961 年对外援助法》和《1968 年对外军品销售法》向国外提供军事援助的计划。

Military Operational Requirements(MOR) 军事作战要求 正式提出的某种军事作战需要,据此提出对项目、装备或系统的研制或采购要求。见"Operational Requirements Document"。

Military Property 军用财产 指定作为军事行动用的政府财产。它包括军用武器系统的最终产品和组成部件,以及有关的难以作为商品项目获得的特殊保障设备。它不包括政府的物资、特殊试验设备、专用工具或设施。

Military Utility 军事效用 系统在军事斗争中完成其使命的军事价值,包括系统的多用性(或潜在的效用)。它是根据作战方案、作战效能、安全性、保密性和成本/价值来衡量的。军事效用的估计是管理决策的合理依据。

Minimum Buy 最低限度购买量 即使合同要求少于标准量也按标准批量购买器材。这是价格不随低于标准量的购买量相应增加时的做法。

Mission 任务 目的明确的目标或工作,它清楚地表示要采取的行动。在军事上,是指目的明确的军事行动目标和所有采取的军事行动。

Mission Area 任务范围 ①指由统帅部或上级领导机关指定所属部门担负的职责,如海军负责海上作战和反潜作战,陆军负责地面作战和地面防空,空军负责空中作战等。②指某种武器装备担负的作战使命,如用于低空还是高空拦截、近程还是远程攻击等。

Mission Area Analysis 任务范围分析 在采办工作中,指确定作战能力缺陷、评估提高系统作战效能或降低成本的技术可能性以及确定任务需求的过程。

Mission Critical Computer Resources 执行任务的关键计算机资源 指其功能、运行或使用涉及有关国家安全的情报活动、密码活动、军队的指挥与控制、武器系统的关键设备或者对直接完成军事或情报活动等任务至关重要的计算机资源。

Mission Critical System 执行任务的关键系统 其作战效能和作战适应性对于成功地完成作战任务或集中其余作战能力至关重要的系统。如果这种系统失败,就不可能完成任务。这种系统既可能是主要任务系统,也可能是辅助系统或保障系统。

Mission Element 任务要素 对实现任务范围的目标至关重要和符合有关使用部门对某种重要系统能力建议的部分。

Mission Equipment 任务装备 泛指系统或分系统的功能部分和为完成任务所要求的任何装备项目。

Mission Need 任务需求 说明为完成指定的某项任务或弥补现有能力缺陷以完成该项任务所需要的作战能力。

Mission Need Analysis 任务需求分析 评估作战方面各种可供选择的方案,确定按照其中的任何一个方案可能获得(或放弃)什么样的部队能力;评估在某一特定的战场环境或某些环境下(如兵力结构、地理位置和各种环境条件),当面临想定的威胁时,军事力量的强点和弱点。

Mission Need Determination　任务需求确定　确定现有能力缺陷和按照非装备解决办法或装备解决办法提供新能力的可能性的过程。经该过程提出任务需求书。

Mission Need Statement　任务需求书　有作战使用部门提出的作战任务需求文件。美国是指按照参谋长联席会议主席第3170.01号指示起草的关于作战能力需求的特别说明书,它由国防部各部门制定并提交作战论证当局审核批准。批准后的任务需求书送交武器装备采办阶段决策当局,决定是否召开批准进行方案研究的"0决策点"审查会审议。任务需求书在呈交《计划目标备忘录》前上交,其主要内容包括作战任务、威胁或需求依据、完成任务现有的和计划发展的能力、对需求的评价和制约因素等。

Mission Reliability　任务可靠性　某一系统根据有关任务文件规定的条件,在某一时期完成所要求的任务关键功能的概率。

Mission Sponsor　任务提出者　负责就特定的作战任务范围制定总目标,提出理论依据、论证意见和资源需求的责任人。美国海军用语,特指海军陆战队司令或海军作战部副部长。

Mobilization Base　动员基础　满足可预见的战时需要的已有或可能获得的所有资源的总和。

Mock up　全尺寸模型　按机器、设备或武器的实际尺寸制造的模型。常用于审核建造或关键的公差,检验新的发展项目,或培训人员如何操作或维修实际的机器、设备或武器。

Model　模型　模型是代表某种包含数学、逻辑表达式或计算机模拟的现实或虚拟系统,可用于预测在各种条件或不利环境下系统如何运行或生存。

Modification　修改　对于某种已生产的技术状态项目进行的技术状态更改。对于费用高和复杂的修改,必须考虑作为一项独立的采办计划。

Module　模块　一种由一个或多个程序、子程序或程序与子程序组合构成的可独立编辑的软件块。

Modular Contracting　积木式合同　以不断采办一些可互操作的增加部分满足某一种系统需求的方式签订合同的方法。每一个增加的部分都符合适用于信息技术的通用或商业公认的标准,因而增加的部分与构成系统的其他信息技术的增加部分能兼容。

Multiservice Test and Evaluation(T&E)　多军种试验鉴定　由两个以上部门为一个以上军种(部门)采办的系统,或者为一个部门与其他部门的装备有接口关系的系统进行的试验鉴定。

Multiyear Appropriation　多年制拨款　可在超过一个财年的规定期限内(如两年或两年以上)用来支付债务的拨款方式。

Multiyear Procurement(MYP)　多年制采购　是一种竞争性采购方法,一项合同可满足长达5年的供货需求,按拨款允许资金以年度拨给。如果在任何一年需要取消剩余的订购数量,需向承包商支付商定的部分未摊销的临时性生产准备成本。多年制采购须经有关当局批准。在美国,须经国会批准。

N

National Disclosure Policy(NDP) 国家解密政策 以有必要解除美国保密信息的部门所要求的各种具体解密标准和限制、名词定义、解密安排和其他指南的形式颁布的国家政策和程序。此外,它还建立和提供了为有效实施该政策所需要的跨部门机构和各种程序的管理方法。

National Military Strategy(NMS) 国家军事战略 分配和运用军事力量达成平时和战时国家目标的艺术和科学。美国国家军事战略阐述于由联合参谋部制定的联合战略规划系统文件。该文件就国家军事战略问题,向总统、国家安全委员会和国防部长提供参谋长联席会议主席与参谋长联席会议其他成员和战区司令协商的意见,旨在帮助国防部长制定国防规划指南。

National Security System(NSS) 国家安全系统 由政府运营的其功能、操作或使用涉及情报活动、有关国家安全的密码活动、军队的指挥与控制、武器系统的构成设备、或对直接完成军事或情报任务至关重要的任何通信或信息系统。如果此类系统用于日常行政管理或业务工作(包括发放工资、财务、后勤和人员管理等),则不属国家安全系统。

Negligible Contamination Level 轻度沾染水平 在以前未暴露和未加防护的操作或维修核、生、化系统的人员中,未产生军事上有效应的核、生、化沾染水平。

Negotiated Contract 协商达成的合同 通过与承包商直接协商而不是通过密封投标达成的合同。

Negotiated Contract Cost(NCC) 协商达成的合同成本 在成本加定酬合同中协商达成的估计成本;或者在固定价格加奖励金合同或成本加奖励金合同中协商达成的合同目标成本。

Negotiation 协商 指通过竞争或非竞争方式投标和讨论签订合同。任何不用密封投标程序签订的合同,均是协商达成的合同。

New Start 新上项目 包括在国家预算中第一次出现的项目或计划;以前由基础研究或应用研究拨给资金而现在转为先期技术发展或工程发展的项目或计划;或者在投资方面,在国家预算中第一次出现的转为采购的项目或计划。它常常与计划项目的开始相混淆,后者是说明阶段决策决定开始一项采办计划项目的采办用语。

Nomenclature 器材名称汇编 对各种器材或设备给定的正式名字或名称的汇集。

Nonappropriated Funds(NAF) 非拨款资金 从正常拨款渠道之外获得的资金,主要来源于向军职和文职人员及其家属销售货物和提供劳务所得,用以提供或维持必要的士气、福利、娱乐以及某些教育计划。这些资金的另一个显著特点是,它在国家财政档案中不列项。

Nondevelopmental Item(NDI) 非研制项目 指非专门开展研制活动的项目。美国是指任何以前研制的由联邦机构、州或地方政府、或与美国有防务合作协议的外国政府专用于政府目的的供应项目;或指上述项目中只需要进行少量修改或对通常在商品市场可以买到的产品型号进行修改即可满足修改部门需要的任何项目。

Nonmajor Defense Acquisition Program 非重要国防采办计划 重要国防采办计

划或高度敏感的保密计划以外的计划。就美国国防采办而言,指其Ⅱ、Ⅲ、Ⅳ类采办计划。

Nonmateriel Solution　非装备解决办法　无需提供新装备而通过改变作战原则、战术、作战方案、训练或组织编制等来满足任务需要或克服作战能力缺陷的解决办法。

Nonrecurring Costs(NRCs)　偶生成本,非经常性成本　①与生产的数量无比例关系的成本。②同一组织间歇性发生的一次性成本,包括初步设计、设计工程和部分完成制造供试验用的所有代表性原器件的成本。③教员培训费用等。

Nuclear, Biological and Chemical Compatibility　核、生、化适应能力　在系统设计的各种核、生、化和气候条件下,在作战需求文件规定的时间范围内,携带全副个人防护装备的人员操作、维修和补给系统的能力。

Nuclear, Biological and Chemical Contamination　核、生、化沾染　剩余放射性物质或生物、化学战剂在建筑物、地面、人员或目标上的沉积或吸收。核沾染物质是核爆炸产生的放射性沉降或放射性雨的剩余放射性物质和系统产生的剩余核辐射(如核间接 γ 放射性),而且在爆炸后持续1分钟以上。生物沾染物质是在人、植物或动物中引起疾病或使装备变质的微生物和病毒。化学沾染物质是在军事行动中通过其生物效应杀死、严重致伤、致残人员,或使人暂时不适或失能的化学物质。

Nuclear, Biological and Chemical Contamination Survivability　核、生、化沾染生存能力　指系统及其操作人员经受核、生、化沾染环境和有关洗消措施而不丧失其完成指定任务的能力。

Nuclear, Biological and Chemical Decontamination　核、生、化洗消　通过吸收、破坏、中和、无害化或消除沾在人员和装备上或其周围的化学、生物战剂或放射性物质,保障使人员和装备安全的过程。

Nuclear, Biological and Chemical Hardness　抗核、生、化能力　指装备经受核、生、化沾染及洗消措施破坏效应的能力。

Nuclear Hardness　抗核加固能力　定量描述系统或部件抵抗核爆炸环境导致暂时或永久丧失功能或使性能下降的能力。这种能力以按抵抗诸如超压、峰值电压、吸收的能量和电应力等物理量来测量。通过坚持适当的设计规格可以获得抗核加固,并可通过一种或多种试验分析技术进行验证。

Nuclear Survivability　核生存能力　系统暴露于核环境期间或之后仍能进行作战的能力。通过疏散、备份、规避、重建、伪装和加固等许多方法可以提高核生存能力。

Nuclear Survivability Characteristics　核生存特性　定量描述系统满足其核生存要求的各种特性。这些系统特性包括:用以限制或回避不利环境的设计、性能和作战能力,最大限度减少局部损坏对于更大的战时任务影响的系统结构,以及用其他办法不能降低环境恶劣水平的物理加固等。

Numerical Control　数控　能高度重复多道工序的带控机床作业。

O

Objective　目标值　使用部门希望得到和计划项目主任力图达到的性能值。目标值表示每项计划参数均在性能阈值以上,意味着在作战效用和费效比方面有所增加,在研制时间方面有所减少。

Obligated Balance 保留余额 承诺用于特定项目但实际尚未支付的预算授权金额。

Obligation 债务 日后要付钱的义务。只要一旦订货或签定供货和劳务合同,便有了这种义务。有订单就足够了。在法律上,债务是使之负有一定数量的、要求今后支出或开支的货币额。

Obligation Authority(OA) 债务授权 ①立法部门(如国会)通过拨款法案或其他授权方式,授权购买一定数量的货物或劳务。②这种授权的行政延伸,如按比例分配资金或支付资金。③按上述方式授权的金额。

Offer 报价 对征求书的反映。报价如被接受,报价人应履行所达成的合同。

Office of the Secretary of Defense(OSD) Principal Staff Assistants 国防部长办公厅主要参谋助理人员 见"Principal Staff Assistants"。

Office of the Under Secretary of Defense(Acquisition and Technology) 负责采办与技术的国防部副部长办公室 指美国国防部负责采办与技术的国防部副部长办公室。该办公室是围绕服务、研究与发展和装备采办方面的业务工作建立的。以下几个部门直接向负责采办与技术的国防部副部长报告工作:负责采办与技术的国防部副部长首席帮办、国防研究与工程署署长、负责国际和商务计划的国防部副部长帮办、负责工业事务与设施的国防部副部长帮办、负责环境安全的国防部副部长帮办、负责后勤的国防部副部长帮办、负责采办改革的国防部副部长帮办、弹道导弹防御局局长、国防后勤局局长以及国防合同管理局局长。

Offset Agreement 补偿协议 在政府与政府或直接的商品销售中,外国政府作为一项购买国防产品或劳务的条件,要求国防承包商采取的各种工业和商业补偿办法之一。谈判补偿协议的责任属有关的厂商。

Off-the-Shelf 现成项目 无需研究、发展、试验鉴定就能买到或者只需稍加发展就能满足国防需要的武器或装备。它可能是民用系统/设备,也可能是军用库存中的产品。

One Year Appropriations 一年拨款 通常用于当年管理、维修与作战使用项目的拨款,包括采购列为"消耗品"的项目。这些拨款可用于支付一个财政年度的债务。

Open Standards 公开标准 由公认的标准组织制定或市场形成的被广泛接受和支持的标准。这些标准保障了互用性、方便性和可变性,而且公众无需付费或只需付适当专利使用费即可同样使用。

Open System 开放式系统 在接口、服务和支援格式方面执行由公开、公认程序制定的规格的系统。它能使制造好的部件稍经改动即可应用于各种系统,能与当地和远程系统的其他部件互操作,而且能以方便的方式适用于各种用户。

Open Systems Acquisition of Weapons Systems 武器系统的开放式系统采办 一种技术与商业相结合的采办策略。这种策略按照正式承认的团体(公认的工业标准团体)采纳的规格和标准或事实上作为共同接受的标准(公司专用和非专用)来确定一个系统(或一件在研装备)的关键接口,只要这些接口便于多家供应商利用。

Open Systems Environment(OSE) 开放式系统环境 按照信息技术的各种标准和规范概要确定的一整套接口、服务和支持格式以及互用性问题。开放式系统环境可使信息系统的开发、操作和维修不依赖于应用的具体技术方案或卖主的产品。

Operating Budget(OB) 工作预算,营业预算 为计划和控制各项工作或经营活动而编制的年度预算,或指根据预算分类编号、职能/子职能和费用帐户所说明的某项活动的年度预算。它包括完成该项活动任务所需的全部经费估计,其中包括费用帐户确定的所有工作单元可收回的费用。

Operating Costs 运行费,维持费 运行和保持某种作战能力的那些计划项目的费用,包括军事人员费及使用和维修费。

Operating Time 作业时间 系统以操作人员能接受的方式工作的时间。

Operation 作战,作业 ①利用已部署的部队进行军事行动;②部件或物体的装配、拆卸,或为其他作业、运输、检测或储存目的作准备。

Operation and Support Cost Parameters 使用与保障费用参数 凡采用有限费用最佳设计的重要项目计划,均须提出使用与保障费目标,以一些可衡量的参数表示,可在使用及试验鉴定期间加以控制。这些使用与保障费参数应由计划项目主任确定,其是否适当须经审查,据以影响设计和控制使用与保障费。这些参数是承包商要达到的合同目标。

Operation and Support Design To Cost Parameters 使用与保障定费用设计参数 针对选定的使用与保障要素批准的数值,它或是以费用表示,或是以其他能度量的因子表示,如维修人员数、备件、燃料或其他资源消耗、平均故障间隔时间、维修工时、飞行小时、平均修理时间等。

Operation Process Chart 工作流程图 说明按所要求的顺序安排一系列连续作业生产某种产品(或部件)的图表。

Operational Assessment(OA) 作战评估 由独立的作战试验单位(必要时在使用部门支援下)在非生产系统上进行的作战有效性和作战适应性评估。作战评估的重点是研制工作中注意到的重要动向、计划上的空白、技术风险领域、需求的充分性以及该项目支持适当的作战试验的能力。作战评估在任何时候都可以利用技术演示样机、设计样机、全尺寸模型、工程发展模型或计算机仿真来进行,但不能代替它们为支持全面生产决定而必须进行的独立的作战试验评估。

Operational Availability 作战利用率 某种装备或武器系统在作战需要使用时能正常工作的程度,最高用1或100%来表示。其表达式为正常工作时间除以正常工作时间与维修时间之和。它是战备目标与保障能力之间的数量关系。

Operational and Organizational Plan 作战与组织计划 用以说明如何将武器系统纳入到部队的组织结构之中,包括在平时和战时的部署、使用和保障。

Operational Capability 作战能力 执行任务期间,在给定的系统条件下,对任务完成结果的衡量。

Operational Constraints 作战限制 最初在任务需求书中规定的限制。这些限制至少要考虑到预期的威胁和自然环境,运往预期作战地域可能的运输方式,预计的电子战环境,作战人员配备的限制,以及现有基础设施的保障能力等。

Operational Effectiveness(OE) 作战效能 指某一系统由部队在计划或预期的系统作战使用环境中(如自然、电子、威胁等)使用,并在考虑编制、作战原则、战术、生存能力、易损性和威胁(包括对抗措施、初始核武器效应、核生化沾染威胁)情况下,完成任务的总体能力。

Operational Reliability and Maintainability　作战可靠性和可维修性　指对可靠性和可维修性的任何衡量值,可靠性是在规定条件下完成规定功能的能力,可维修性是保持或恢复其功能的量度。其中包括产品设计、质量、安装、环境、操作、保养和修理的综合影响。

Operational Requirements　作战要求　由使用部门或使用部门的代表提出的经过论证的要求,旨在弥补任务领域存在的不足、对付正在发展变化的威胁、应付正在出现的新技术或者降低武器系统的费用等。作战要求是武器系统特定规范和合同要求的基本依据。

Operational Requirements Document　作战要求文件　就所提出的某一方案或系统的作战性能,阐明使用部门要求达到或希望达到的目标和最低可接受的限值的文件。

Operational Suitability(OS)　作战适应性　指某一系统置于战场使用的满意程度,其中考虑到可利用率、兼容性、可运输性、可互操作性、可靠性、战时使用率、可维修性、安全性、人的因素、人力保障能力、后勤保障能力、自然环境的影响与作用、文件提供和训练要求等。

Operational System Development　作战系统发展　针对业已批准生产和部署的武器系统、保障项目和车辆的发展、工程和试验进行的研究与发展工作。在美军预算中属研究、发展、试验鉴定(科研)类活动,其预算编号为6.6。

Operational Test Ⅰ　作战试验Ⅰ　美国国防部规定的对系统或其部件的硬件结构进行的作战试验,用以向用户演示其军事效用和价值。通过试验应进一步明确存在的关键问题,提出日后的试验中应致力于解决的方面,并确定进一步试验需解决的新的关键问题。在演示与验证阶段,作战试验Ⅰ可通过模型结构、实验样机或代用品来进行,据以提供为进入工程与研制发展进行决策所需的数据资料。

Operational Test Ⅱ　作战试验Ⅱ　美国国防部规定的在作出初始生产决策前,对工程研制发展阶段原型装备进行的试验,其目的是尽可能按作战使用的环境对项目的军事效用、作战效能和作战适应能力作出评估。提出试验目标的依据是装备在作战环境中最易暴露的关键问题。

Operational Test Ⅲ　作战试验Ⅲ　美国国防部规定的在生产开始后进行的作战试验。

Operational Test Activities　作战试验机构　负责进行作战试验的独立机构。美军每个军种在编制上都有一个负责本军种作战试验及鉴定的机构。

Operational Test and Evaluation(OT&E)　作战试验鉴定　对武器、装备或弹药的任何项目(或关键部件)在真实条件下进行的现场试验和对试验结果的评估。这种试验的目的在于确定武器、装备或弹药由一般军事使用人员在战斗中使用时的有效性和适应性。

Operational Test Plan(OTP)　作战试验计划　规定具体作战试验方案、目的、有效性考核方法、威胁仿真、详细资源、已知试验限制条件和数据收集、归纳及分析方法的文件。

Operational Utility Evaluation 作战效用评估 对系统如何能很好地满足用户要求所作的评估。这种评估通常由作战试验鉴定中心在系统发展初期进行,以便帮助采办决策人员确保系统按作战效用取得良好效益。

Operational Validation Authority 作战需求批准当局 负责批准使用部门提出的需要或要求的权威机构(或人),它根据计划项目采办类别的不同而有所不同。美国重要国防采办计划(ID类)的作战需求批准当局是由参谋长联席会议副主席任主席联合需求监督委员会。

Operations and Support(O&S) Cost 作战使用与保障费用 在使用寿命期内使用和保障某一系统、分系统或主要部件所需要的费用,其中包括数据资料、培训、维修与人员保障费。作战使用与保障费用从第一件装备或设备装备部队作为作战装备或作为训练设备开始累计,并持续到整个服役期结束。

Operations Security 作战保密,行动安全 确定易招致敌对行动的标志,然后消除或控制这些标志,以保护军事行动和活动的安全。

Optimum Repair Level Analysis(ORLA) 最佳修理等级分析 承包商作为系统或装备工程分析过程的一部分而进行的一种常规研究,并在此研究的基础上,与设计和发展过程同时提出最佳的修理建议。这种研究又称修理等级分析。

Option 增购权 允许在原规定的订货量外增加供应数量或者允许延长计时劳务时间的一种合同条款。

Ordering Activity 订货单位 提出申请或订单由另一个单位完成采购、生产、工作或劳务的单位。

Organizational Level Maintenance 本单位维修保养 由使用单位在其能力范围内进行的维修和保养。

Original Budget 原始预算 在签订或即将签订合同时,根据协商达成的合同成本确定的预算。

Outlays 支出 实际的开支额,包括发放的支票、公债利息,或其他支付款项、偿还款项和赔偿净额。预算总开支,即是从预算内拨款和资金中支出的总数减去收入部分。

Outlays Actual Expenditures 支付实际开支 支付现金还清债务。

Out-of-Court Settlement 会外解决 会外解决问题。美国指在计划评审期间,对《计划目标备忘录》中的某项建议提出一种替代方案。之所以称为会外解决,是因为这种问题是在国防资源委员会之外解决的。这种解决办法表现为各军种与国防部长办公厅成员之间通过协商达成的协议。

Output 产出,输出 ①在签订合同中,指希望从承包商那里得到的结果;②在自动数据处理方面,指启用计算机时,要它计算出的结果。

Output Standard 产出标准 规定在一定时间内,用一定的方法,应该生产出的产品数量或完成的劳务量。

Output Year 今后五年 在制定即将到来的计划目标备忘录/预算中通常是指正在编制的这一年之后的五年。如1987财年的计划目标备忘录正在制定,则今后五年系指1988到1992财年。

Overarching Integrated Product Team(OIPT) 顶层一体化产品小组 顶层一体

化产品小组是一体化产品小组中最高一层。美国国防部每项个重要国防采办采办计划（ID类）项目都有一个顶层一体化产品小组进行监督管理。顶层一体化产品小组的基本职能是，在计划的全寿命周期内，及早地提出战略指南和帮助解决有关问题。武器系统的顶层一体化产品小组由战略战术武器系统局局长领导，而 C^3I 系统的顶层一体化产品小组则由负责 C^3I 的助理国防部办公室内的计划分析与综合局局长领导。顶层一体化产品小组成员包括计划项目主任、计划执行官、部局参谋人员、负责采办与技术的国防部副部长办公室人员、联合参谋部和使用部门的代表以及国防部长办公厅有关人员，如国防部主计长、计划分析与鉴定局局长、作战试验鉴定局局长等。

Oversight 监督，审查 由立法部门或上级领导机关对采办项目进行的审查或监督活动，以确定项目进展情况，评估是否依法或按要求办事，或者发现问题为立法提供依据。美国对国防部计划项目实施监督或审查的机构主要是国会各有关委员会、国防部长办公厅和各部门主管机关。

Ownership Cost 所有权费用 指武器装备装备部队后的所有使用与保障费用，包括武器装备保障系统的使用、改型、维修、供应、退役处理和其他与保障有关的费用，技能培训、人员调动、备件补充、零件修理费用，以及与使用和维修、军事人员、采购、设施有关的费用和其他费用，如库存费等。

P

Packaging 包装 用来保护物资的过程和程序，包括清洗、干燥处理、防护、包装、标记和利用。

Packard Commission 帕卡德委员会 美国于1986年组建的总统关于国防管理的蓝绶带委员会。它提出了一系列关于改组参谋长联席会议、国防指挥结构和国防采办过程的建议。其中很多建议被制定为法律或在国防部内付诸实施。

Packing, handling, Storage and Transportation 包装、装卸、储存和运输 为保证所有系统、装备和保障项目得到适当的保管、包装、装卸和运输需考虑的资源、步骤、程序、安排和方法。其中包括对环境条件的考虑，装备作短期和长期储存的防护要求以及可运输性。是传统的后勤保障要素之一。

Parameter 参数 决定性的因素或特性。在系统的发展中通常与性能有关。

Parametric Cost Estimate 参数成本估计法 运用历史成本数据和其他计划变量，诸如系统的物理或性能特性、承包商的产量测定或人力投入等之间的统计关系进行成本估计的一种方法。

Participating Service 参与军种 参与联合采办计划并以其人员或资金支持牵头军种的军种。

Performance 性能 系统在一定的时间内能有效地完成所分配任务的作战和保障特性。系统的保障特性既包括设计的可保障性，又包括系统运行必需的保障要素。

Performance Measurement Baseline(PMB) 履约考核基线 见"Budgeted Cost of WorkScheduled"。

PERT Chart 计划评审方法图 对阶段决策点、各种工作和它们对其他要完成的工作的依赖关系以及关键路径的图形描述。

Physical Configuration Audit(PCA)　物理技术状态审核　为验证技术状态项目的生产技术状态是否符合其产品技术状态文件所进行的正式检查。在政府的计划项目办公室批准该技术状态项目产品规范和满意地通过这种审核后,便可确定产品基线。这种审核可在全面生产或初始低速生产的第一个产品上进行。

Pilot Line and Tooling Costs　试生产线和工装费用　①与建立初试生产线以便生产有限数量的代表性产品进行试验有关的费用,其中包括试验品的费用。这种费用由研究、发展、试验鉴定费拨款。所有超过作战验收试验用的数量及其费用由其他拨款提供。②当研制中的项目已批准采购、作战使用和列入力量结构时,研制和采购阶段共同需要的硬件工装需求由采购拨款提供资金。当研制中的项目尚未被批准采购、作战使用和列入力量结构时,即使该项目以后被批准采购、作战使用和列入力量结构而将这些工装用于采购,那么为试验和鉴定而生产实际研制硬件所需要的工装和其他初始生产设施仍由研究、发展、试验鉴定拨款提供资金。

Pilot Line Items　试生产项目　为确定生产可行性而制造的产品。

Pilot Production　试生产　通常指在工程与制造发展阶段建立起来用以试验新的制造方法和工艺规程的生产线。其资金通常由研究、发展、试验鉴定拨款提供,直到生产线被通过为止。

Planning Package　计划包　成本控制账户内工作的逻辑集成,通常为远期工作,它在基线计划的早期就能确定并作出预算,但尚不能定为工作包。

Planning, Programming, and Budgeting System　规划、计划与预算系统　美国国防部主要的资源分配过程,是其国防采办的3个重要决策保障系统之一。它是制定政策、战略和发展兵力与能力完成预期军事任务的的一个正式的体系结构。规划、计划和预算系统是一个循环过程,它包括3个有明显区别而又相互联系的阶段:规划阶段,产生国防规划指南;计划阶段,产生各军种部和国防部各局业经批准的计划目标备忘录;预算阶段,产生总统的国家预算中的国防部预算。

Postproduction Support(PPS)　产后保障　在最终项目(武器系统或装备)生产终止之后,保证能在经济的后勤保障条件下继续达到系统的备用目标所必需的系统管理和保障活动。

Postproduction Support Plan(PPSP)　产后保障计划　在最终项目的生产终止之后,为确保继续进行经济的后勤保障和系统管理的计划。

Preliminary Design Review(PDR)　初步设计审查　对每一个技术状态项目的审查,以评估选定的设计方法的进展、技术充分性和风险消除情况;确定其与发展规范的性能和工程要求的适应性;并确定这一项目装备、设施、计算机程序和人员与其他项目间的物理和功能接口的情况和兼容性。通常在工程与制造发展阶段的早期进行。

Preplanned Product Improvement(P^3I)　预先计划的产品改进　在研制计划早期就筹划其日后的改进,为此,在研制期间就考虑其设计方面问题,以增强其今后对预定技术的应用。它包括为正在进行的系统的改进,以使其超过当前的性能范围,达到一种所需的作战能力。一般简称为P^3I计划法。

Preproduction Prototype　试生产样机　用标准零部件按最终式样组装的产品,是随后在生产线上投产的样品。

Preproduction Qualification Test(PPQT)　试生产合格试验　是正式的按合同要求进行的试验,以确保在规定的作战和环境范围内设计的完整性。这些试验通常使用按照建议的生产设计规范和设计图纸制造的样机或试生产硬件进行。这样的试验包括生产开始之前需要进行的合同规定的可靠性和可维修性演示试验。

Preproduction Test　试生产试验　对采用生产实战装备的生产工具和程序制造的合格产品进行的试验。在这种试验达到完全令人满意之前,不得接收所生产的产品。试验目的包括要确信所生产的产品确能进行工作,是可靠的,用户能进行维修和保障,并且设计上无过分要求。

Preproposal Conference　投标前的会议　协商采购中,采购部门在发出建议征求书后数天与潜在的承包商进行的会议,旨在促使所有预期的承包商对任务书和规范有统一的解释。

President's Budget(PB)　总统预算　由总统依据1992年的《预算执行法》在不迟于二月份的第一个星期一向国会提交的特定财年的联邦政府预算。它包括了行政、立法和司法部门的所有部门和机构的预算。

Presolicitation Conference　征求前会议　采购部门在正式征求书发出前与潜在的承包商进行的会议,目的在于讨论与拟议中的采购工作有关的技术和其他问题,还可利用这种会议引起预期承包商对承担这一任务的兴趣。

Preventive Maintenance　预防性保养　通过系统的检查、检测和防止初发故障,努力使一个项目保持其预定的状态所做的一切工作。

Price　价格　政府为某项系统或采购某装备支付的金额。对于固定价格加鼓励金合同,则是将任何低于或超过限度的目标价格调到商定的最高价。

Price Level Index　价格水平指数　将不变币值(如定值美元)由一个基年转换成另一个基年使用的系数。

Prime Contract　主合同　由一个承包商与政府采办部门签订的某种合同协议或购货定单。

Prime Contractor　主承包商　为获得任何一种供应品、物资、装备或劳务,政府机构与之签订一项主合同的那个实体。

Principal Staff Assistants(PSAs)　主要参谋助理人员　指美国国防部长或常务副部长的主要助理人员。美国国防部长办公厅的主要参谋助理人员是国防部各副部长、国防研究与工程署署长、助理国防部长、作战试验鉴定局局长、国防部法律总顾问、总监察长和国防部长办公厅主任或同等级别的官员,他们直接向国防部长或常务副部长报告工作。对自动化信息系统来说,主要参谋助理人员在职能领域代表用户团体,指导采办和需求事务。

Probability of Kill(PK)　杀伤概率　通常是指武器(如导弹、火炮等)在距目标足够近处爆炸,造成足以使目标瘫痪的效果的统计概率。它是衡量武器或武器系统作战效能的一个重要指标。

Process　过程,加工方法　①将人员、设备、器材、方法和环境结合起来产生产出(如某种产品或劳务)的过程。一个过程可能涉及企业的任何一个方面。②管理过程的一种重要工具是统计过程控制,即使材料或工艺规程由一个阶段的完成进到另一个阶段的一系列有计划的作业行为。③一种有计划、有控制的加工处理,即使材料按要求的时间经受一种或多种能量作用以为取得所希望的反应或结果。

Process Layout 工艺布局 工厂布局的一种方法,据此把完成相同或类似作业的机器、设备或区域安排在一起,即按功能布置。

Process Sheet 工艺过程卡 一种凭证,由制造工艺部门提出,送生产车间,用以描述和说明具体零部件或组件在制造和装配时所用的方法和工具。

Process Specification 工艺规范 指适用于在产品或材料上进行的操作规范,如热处理、焊接、电镀、包装、缩微、标记等。工艺规范涉及要求某种特定规程的许多制造技术,以便能取得满意的结果。

Procurement 采购 为政府购买货物和获取劳务的行为,是采办过程的一部分。

Procurement Data Package(PDP) 采购数据包 专门为确定、说明和核查将要购买、检验、包装、封装、供应或交付用户的物品、材料和劳务所准备的文件资料。

Procurement Plan 采购计划 一种用以说明重要采购计划全寿命周期过程的重要长期采购计划文件,是五年或六年国防计划所必不可少的内容。

Procurement Lead-time(PLT) 采购间隔期 指自采购行动开始至作为这类采购行动的结果-验收产品并将生产型号(不包括样机)纳入供应系统之间的间隔月数,它由生产间隔期和管理间隔期两部分组成。

Procurement (Local)采购(当地) 通过当地供应站或其附属机构或更小的供应站采购装备或劳务。在海外,这样的采购由当地的军事司令部负责,供其辖区消费。当地采购区别于统一采购。

Procurement Request(PR) 采购申请书说明所需采购的物品或劳务,据以着手采购的文件。有些采购机构采用这一名称,而另一些采购机构则使用"采购指令"之类的名称。若将此文件与技术规范、任务书和合同数据资料需求编在一起,则称为"采购申请文件集",是建议征求书(或招标书)的文件依据。

Procuring Activity 采购单位 与合同签定单位同义,除非本部门另有规定。

Procuring Contracting Officer(PCO) 采购合同官 被委任代表政府通过密封投标或谈判签定供应品或劳务合同的人,他负责该项合同的全部采购活动。

Producibility 可生产性 指相对容易地制造某种产品或系统。所谓相对容易是根据设计的特性和特点确定的,要能采用可用的制造方法经济地进行制造、装配、检测及试验。

Producibility Engineering and Planning(PEP) 可生产性工程和计划 应用于生产工程任务的一种系统和计划工程方法,旨在确保研制工作顺利过渡到生产。这种方法在于保证一个项目能按照所要求的数量和规定的期限有效而经济地进行生产,并且能满足在其设计和技术规范限制条件内的必要的性能指标。它作为所有工程设计的一个重要部分,旨在确定可能出现的制造问题,并提出设计和生产上的变更或进度上的权衡意见,以改进生产过程。

Producibility Review 可生产性审查 对一个具体的硬件项目或系统的设计进行检查,以确定在考虑到制造、组装、检查和试验等要素的情况下,运用可用的生产技术进行生产的相对难易程度。

Product 成果,产品 ①关于正在生产或制造的硬件或软件的研究、发展、试验鉴定结果,也称为最终成品。②按照合同要交付的合同规定的产品(即劳务、研究报告、硬件等)。

Product Assurance Plan 产品质量保证计划 为保证用户满意,取得完成任务和作战使用的效果,并使性能达到预定要求而实施产品质量保证计划,其中包括保证产品的可靠性、可用性与可维修性,提供优质的硬件与软件,和对系统进行评估。

Product Baseline 产品基线 指最初批准的描述产品基本要求的文件,说明技术状态项目所有必要的功能和物理特性;任何所要求的联合和组合作业;为产品验收试验所选定的功能特性和物理特性;对技术状态项目的部署、安装、保障、训练和处置必需进行的试验。产品基线通常开始于关键设计审查,结束于物理技术状态审核,通常包括产品、工艺过程、材料规范、工程图纸和其他有关数据资料。

ProductCenters 产品中心 负责某类产品或装备科研、生产的单位。如美国空军装备司令部所属的主要机构:航空系统中心,电子系统中心,空间和导弹系统中心,人-机关系研究中心。

ProductConfiguration Identification 产品技术状态标识 经批准的、确定技术状态项目在其全寿命周期的生产、使用、维修与保障阶段技术状态的技术文件,它就构形问题对以下方面作了必要的规定:①技术状态项目的外形、装配和功能特性;②为生产验收试验确定的功能特性;③生产验收试验。

Product Improvement(PI) 产品改进 为改变最终产品和库存可维修部件的技术状态而进行的工作,包括工程更改和试验工作,或是为提高系统性能或作战效能或延长其军事使用寿命,对研制项目之外的产品所作的改进。通常是根据用户的反馈进行。

Product Manager(PM) 产品经理,产品管理人员 指经授权负责对不宜作为项目管理的发展或采办计划进行集中统一管理的人员。美国军方产品经理的职位通常是中校级或联邦政府职员级别14级的文职人员。

Product Manufacturing Breakdown 产品制造分解 提出产品的物理说明,并将它分解为对具体制造能力的要求。这种分解建立了确定所需人员和制造设备类型的基线。它还可在拟定所要求的进度关系时,作为确定各个制造工序时间要求的依据。

Product Organization 产品组织 注重于管理产品或重要系统部件的组织机构,其产品管理人员向计划项目主任或其他主管当局报告工作。

Product Specification 产品规范产品规范 适用于系统级以下的任何项目,可以通过主要的功能(性能)要求规范或主要的制造(详细设计)要求规范指导产品采购。产品规范旨在用来采购包括计算机程序在内的各种项目。

Production Capacity Review 生产能力审查 对某一承包商当前的以及计划的生产能力或生产资源进行的审查,以便确定它能投入某一计划项目的资源和预期的设施的利用水平。

Production Center 生产中心 安装工人操作的机器以及机器旁贮存物料和装卸物料的区域。

Production Control 生产控制 在工厂,系指从材料到制成品,以有序和有效的方式对材料、零件、部件、组件进行计划、安排生产程序、制定日程安排、进行运输调度和发送的过程。

Production Engineering 生产工程 将各种设计和分析技术用于生产指定的产品。它包括如下职能:计划、规定和协调所需资源的应用;分析可生产性、生产作业、生产过程和生产系统;应用新的制造方法、工装和设备;控制工程变化;以及利用各种成本控制技术。

Production Equipment Maintenance 生产设备保养 检查、维修和调试制造设备,使之尽可能减少中断制造流程。

Production Feasibility 生产可行性 利用现有生产技术,同时又满足产品质量、生产速度和成本要求,实现某系统设计方案的可能性。

Production Feasibility Review 生产可行性审查 对系统设计方案进行的审查,以评估利用现有生产技术而同时又满足产品质量、生产速度和成本要求实现该系统设计方案的可能性。

Production, Fielding/Deployment, and Operational Support 生产、部署与使用保障 采办过程中批准进入生产和部署后的一个阶段。在这一阶段,作战系统和保障系统的采购、项目的制造、使用单位的培训,以及系统的部署均已就绪。

Production Line Balancing 生产线平衡平衡生产线 是指规划其作业,以便使流经所有工位的物料流量尽可能接近均衡。

Production Management 生产管理 有效地利用各种资源,按进度生产出所需数量的符合规定质量、性能和成本的最终产品。它包括(但不限于)工业资源分析、可生产性评估、可生产性设计和规划、生产工程、工业准备计划、后期生产计划和提高生产率。

Production Management Techniques 生产管理方法 承包商用以确定生产计划进展情况的方法。

Production Plan 生产计划 说明在成本范围内利用各种制造资源按时生产所需产品或系统的文件。

Production Plan Review 生产计划审查 为批准或否决承包商编制和提交的生产计划所进行的审查。

Production Planning 生产规划 从采办过程初期开始并持续到作出生产决定所进行的广泛活动,以确保从研制阶段有序地转到经济有效的生产或建造阶段。

Production Proveout 生产验证 在用样机进行生产试验前,为确定最合适的设计方案所进行的技术试验。这种试验还可以提供有关安全、获得关键系统技术特性的可能性、改进和增强硬件结构以及确定技术风险方面的数据资料。

Production Qualification Test(PQT) 生产合格试验 在作出全速生产决定前,为确保制造工艺、设备和规程的有效性而进行的技术试验。这种试验还用来为装备发放所要求的独立鉴定提供数据,以便鉴定人员能证明装备充分满足规定的各种要求。这些试验是在从第一批生产批量中随机抽取的许多样品上进行的,如果生产过程或设计方式发生重大变化和当采用第二个或替代的来源时,还需重做这种试验。

Production Readiness 生产准备系统 进入生产的准备状态或情况。当生产设计完成可以投入生产,而且对于开始和保持有效生产所必需的管理和物质准备已保证能进行生产而不致发生打破生产进度、性能、费用或其他规定指标限度的不可接受的风险时,系统就算做好了生产的准备。

Production Readiness Review（PRR） 生产准备审查 对计划项目所做的一种正式审查,以确定设计是否作好生产准备,生产工程问题是否已经解决,生产者是否已对生产阶段作好了充分规划。通常要在接近工程与管理发展阶段结束时完成一系列审查。

Production Representative/Production Configuration 生产样品/生产技术状态 指可用于工程与制造发展阶段初始作战试验鉴定的系统。它是符合生产规格和图纸的一种成熟的工程发展模型,或具有最后技术状态的低速生产的系统。这时应当完成系统级的关键设计审查、合格性试验和功能技术状态审查。这种样品或模型不一定要用生产模具或工艺流程制造。

Production Schedules 生产进度表 管理用的时序控制,旨在有效和经济地控制生产的作业程序。

Productivity 生产率 实际的产出率,或单位工作时间的产量。

Productivity Enhancement 生产率提高办法 利用各种合同奖励措施或其他提供环境激励和管理保证的方法,提高生产效率。

Products 产品 在国防采办工作中,旨由军方生产、采购、研制或使用的所有物品、装备、器材、数据、软件、供应品、系统、组件、部件或相应部分。

Profit 利润 在某一交易中或经过某一时期,货物销售金额超过成本的部分。

Profit Center 利润中心 公司中在组织上独立而在管理上负有盈亏责任的机构。

Profit(Excess) 超额利润 超过规定金额或百分比限制的利润。

Program 计划,项目。 程序①国防部的采办计划。②作为动词,系指安排资金满足各种需求和计划要求。③软件系统的重要独立组成部分。④旨在表示达到某一确定目标或规划的各种计划项目的组合。

Program(Acquisition) 采办计划 由研究、发展、试验鉴定拨款或采购拨款提供经费,旨在针对任务需要或缺陷提供某种新能力或改进能力的工作计划。

Program Acquisition Cost 计划采办费 为获得采办防务系统所必需的科研（研究、发展、试验鉴定）、采购和系统专用军事建筑的估算费用。其中,研究、发展、试验鉴定费,从采办计划被列为计划项目或其中的重要工程项目时开始累计;军事建筑费只包括直接保障和专门指定用于该系统的费用。

Program Acquisition Quantity 计划采办量 在整个计划寿命期内计划购买的完全成型的最终产品（包括研究与发展装置）的总数量。在美国,是指经负责采办与技术的国防部副部长批准计划购买的最终产品总数。这一数量可以超出六年计划的年限,但必须符合目前已批准的计划。

Program Acquisition Unit Cost(PAUC) 计划采办单位成本 用计划采办成本除以计划采办量计算。计划采办单位成本和采办计划单位成本是单位成本报告的主要内容。在美国,对于计划采办单位成本或采办计划单位成本的现有估计超过目前已批准的采办计划基线15%以上的计划,必须向国会各国防委员会提出单位成本被突破的报告。

Program Budget Decision(PBD) 计划预算决策 美国国防部长的决策文件,它对军种概算建议中提出的金额或人力限额加以确认或提出更改意见。

Program Change Decision 计划变更决定 美国国防部长以规定的格式发布的批

准更改六年国防计划结构的决定意见。

Program Change Request(PCR)　计划变更申请　按规定格式拟制的在计划制定周期外对已批准的六年国防计划记录的数据提出更改的建议。

Program Cost　计划费用　直接与自动化信息系统的确定、设计、研制与部署，以及从方案探索阶段开始直到部署在每个站点发生的所有以任何拨款和基金形式开支的总和。对于递增式和渐进式的计划策略，计划费用包括所有增加部分的费用，但不包括个别站点开通任何增加部分后该站点发生的作战和保障费用，即使这时还有其他许多站点尚未完成部署。

Program Cost Categories　计划费用分类　按用途不同而进行的费用分类。在美国年度国防预算中，通常将计划费用分为5类：①研究、发展、试验鉴定拨款，用于对承包商和政府部门完成的有关工作提供经费，包括采购为发展装备、器材、计算机软件及其研制性和初始作战性试验鉴定所需的最终产品、武器、设备、部件、器材和劳务的费用。该项拨款还为进行研究与发展计划所需的专门致力于研究与发展设施的单位的运营提供经费；②采购拨款，用于对已经批准生产（包括采办目标数量中的低速初始生产）的采办计划和交付有实用价值的最终产品进行作战使用或库存所必需的所有费用提供经费；③作战使用和维修拨款，用于诸如文职人员薪金、差旅、小型建筑工程、部队管理、训练与教育、后方维修、库存基金和基地工作保障等的开支提供经费；④军事人员拨款，根据最终实力，用于为现役和退役军事人员以及预备役部队的薪金和其他报酬提供经费；⑤军事建筑拨款，用于为重大军事工程，如基地、学校、导弹贮存设施、维修设施、医疗/牙科医院、图书馆和军队家属住房等费用提供经费。其中，作战使用与维修和军事人员拨款方面的预算费用被认为是"消费性"的；采购和军事建筑拨款方面的预算费用被认为是"投资性"的；而研究、发展、试验鉴定和家庭住房拨款方面的预算费用既有消费性也有投资性。

Program Cost Reporting　计划费用报告　按规定的要求报告计划费用，旨在提供研究与发展活动和硬件项目可比较的计划费用和有关的数据，用于计划费用审核和计划进度及状态分析。

Program Decision Meeting(PDM)　计划决策会议　指美国海军或海军陆战队的审查会议，旨在向海军采办执行官就各级的采办计划提供决策咨询。

Program Decision Memorandum(PDM)　计划决策备忘录　指美国国防部长对各军种或国防业务局提交的计划目标备忘录的批件。它在国防资源委员会对计划目标备忘录进行详细审查后发布。

Program Definition and Risk Reduction　确定计划和降低风险阶段　在美国武器装备采办过程中，批准开始一项新的采办计划（阶段决策点Ⅰ）后的一个发展阶段（Ⅰ阶段）。它由下列必要步骤组成：审核初步设计和工程，制造样机，完成必要的计划工作和全面分析各种权衡建议。这一阶段的目的是要论证各种方案的选择，为决定是否进入工程与制造发展阶段提供依据。

Program Deviation Reports(PDR)　计划偏差报告　一种计划管理文件，其内容是向国防部和军种采办执行官报告突破计划基线的情况，有时还需向国会报告。

Program Element(PE)　计划项目，计划单元　指美国构成11大类军事力量的项目。计划项目是美国六年国防计划的基本编制单元。它被定义为"人员、装备和设施的统一体,共同构成某种军事能力或保障活动"。它确定了要承当的任务和完成该任务的组织机构。项目可包括相应的兵力、人力、器材、劳务和有关的费用。计划项目的编号由7位数字组成,末尾的字母表示相应的军种。

Program Element Monitor(PEM)　计划项目监督员　领导机关中负责跟踪监视某项计划项目的人员,尤指美国空军司令部办公室内直接负责某项计划以及有关协调计划预算所需各种种项文件的主要责任人员。

Program Evaluation Review Technique(PERT)　计划评审法　一种计划管理方法,它通过将综合的活动和事件建成网络模型并定期对计划进展的时间/成本情况作出评价,以便对计划进行全过程管理。

Program Executive Officer(PEO)　计划执行官　在部门采办执行官和上级领导下,负责若干个计划项目,审查这些项目的工作计划和执行情况,协调和解决项目主任提出的问题,审批部门采办执行官授权审批的合同官员。美国计划执行官的职位与职能是根据1986年帕卡德委员会的报告确立的,他们一般是比较高级的军官或文职官员。如美国陆军的计划执行官通常为准将级,在陆军装备司令部各系统司令部领导下工作;海军和空军的各系统司令部司令即为计划执行官。他们对于负责的Ⅰ类、ⅠA类重要采办计划和高度敏感的保密计划或部门采办执行官确定的其他计划,通常直接向部门采办执行官/首席信息官报告工作。

Program Instability　计划不稳定性　由于作战要求、技术和资金方面存在问题或发生变化而对计划产生影响的情况。

Program Management　计划管理　指某一领导者在系统的整个全寿命过程中,为管理一项或多项具体的国防采办计划,全权负责对参与或指定从事该计划的文职和军职人员及组织机构的所有各项工作进行安排、组织、协调、控制和领导的过程。

Program Management Course　计划管理课程　为国防采办人员开设的培训课程。目前,美国国防采办大学为培训采办人员,每年开设约85门课程,其中属计划(项目)管理类的有6门,包括执行项目主任课、高级计划管理课、项目主任工作技巧、多国计划管理、国际安全和技术转让与控制、以及高级国际管理研讨会,课时为5天至14周不等。其中,高级计划管理课为14周,内容包括国防采办政策、承包商财务、收益值管理、合同管理、经费管理、后勤保障管理、管理发展、制造发展、计划管理原理、系统工程管理、试验鉴定、软件管理以及国际合作等。

Program Management Directive(PMD)　计划管理指令　用以规定有关部门、计划执行官或指定的采办指挥官对某项采办计划采办职责的文件。美国空军所有采办计划都需颁发计划管理指令。

Program Management Document(s)　计划管理文件　指用来阐述在整个采办过程中如何满足作战需求/技术要求的文件或文件汇编。计划管理文件汇集了特定计划必备的全部信息。

Program Management Plan　项目管理计划　由项目主任拟订和发布的用以说明完成该项任务所需的按时段划分的各项活动和资源的计划。

Program Manager　计划主任,项目主任　负责通过一体化产品小组管理一项采办计划的军官或文职官员。

Program Managers' Support System 计划主任保障系统 决策保障系统技术在国防采办上的应用,是协助计划管理办公室的一种管理工具。它包括在许多方面可以协助计划主任完成职责的功能组件(软件程序),如编制计划目标备忘录、安排进度、进行成本估算等,并能帮助处理"假如……又该怎么办?"等不规范的问题。

Program Memorandum 计划备忘录 美国国防部长办公厅的文件,其编排格式、内容和协调作用与决策协调书类似,但它记载了那些不须采取具体决策协调书行动的重要发展计划的计划准则和限值。

Program Objectives Memorandum(POM) 计划目标备忘录 美国国防部部门首脑按规定格式向国防部长提交的年度备忘录。它在国防部长财政指南确定的参数范围内提出资源需求的总额度和计划建议,是规划、计划与预算系统中的一项重要文件,也是各部门预算估计的依据。计划目标备忘录是制定计划的主要文件,它详细说明了一个部门如何按照国防规划指南中规定的任务制定计划,以及如何实现六年国防计划中指定的职能。计划目标备忘录表明了今后 5 或 6 年的计划需求,如在 1994 财年提交 1996—2001 年的计划目标备忘录;在 1995 财年提交 1997—2001 年的计划目标备忘录,其内容包括人力、部队规模、采购、设施以及研究和发展。

Program Office Estimate(POE) 计划办公室估算 通常为高层决策提供的有关采办费用和所有权费用的的详细估算。这种估算必须在计划初期完成,并把它作为以后进行不断跟踪与审核的基点。

Program Protection 计划保护 指采办过程中保护好国防系统和技术数据,包括正在开发的技术、保障系统(如试验与仿真设备)和具有军事用途的研究数据。

Programmatic 计划特性 指有关某项采办计划的成本、进度和性能特性。

Programming 制定计划 ①预先估计未来某一时期(通常为五年或六年)所要完成的工作和所需的资源。②为一项计划的资源作出估算和提出申请的过程,尤其是要根据计划项目办公室运作所需的人力、装备和设施,以及国防系统的设计、研制和生产的数量需求要提出估算和申请。

Program Stability 计划稳定性 一项计划在成本、进度、性能、保障以及其他有关的事项或技术问题方面,即使有任何变动,变动也是很小的情况。

Program Work Breakdown Structure(PWBS) 计划工作分解结构 指包含整个计划的工作分解结构。它至少由计划的 3 个层次组成,军方计划主任和承包商可据以拟定合同工作分解结构。各种国防装备产品工作分解结构的例子,可参阅美国第 881 号军用手册。

Program Year 计划年 在 5 年国防计划中,系指本历年之后(不含本历年)第二年结束前开始的那个财年。例如,若本历年为 1999 年,则第一个计划年便是 2001 财年。

Progress Payment 分期付款 在执行固定价格类合同时,根据主承包商的实际总费用或全部直接人工和材料费用的百分数,分期向其支付款额。

Project 项目,计划 ①一般情况下,与"计划"(program)一词同义;②特定情况下,指有计划和有始、有终的某项任务,包括对重要武器系统或武器保障系统的论证、研制、生产和后勤保障。一个项目(Project)可以是一项计划(Program)的全部或部分。

Project Definition 项目确定 比较彻底地探讨所提项目的所有方面的问题,并认真研究所要求的性能、研制时间和成本之间关系的过程。要分析技术上的不确定性因素并尽可能进行权衡比较,以便在性能、研制时间和成本之间达到令人满意的平衡。

Project Summary Work Breakdown Structure 项目总成工作分解结构 通过从一个或多个总成工作分解结构中选择合适的单元或是加上项目特有的相似单元,使总成工作分解结构适合特定的国防装备项目。

Proprietary Right(PV) 专有权 承包商广泛用以说明属于承包商的数据的一个用语。这些数据可能是知识产权、财务数据等。它通常是在提交建议书时为防止承包商的敏感信息泄露而使用的一个术语,并不是一种适用于所有合同的技术数据的权利。

Protest 拒付,声明 ①指对支票或期票的拒付。②指提交给政府会计局或采购合同办公室的声明,对某项合同的签订表示关切。

Proto type 样机 以后的系统或产品据以进行设计或作为依据的原型或模型。早期的样机可以在计划确定与降低风险阶段制造,并在批准进入工程与制造发展阶段(决策点 II)前进行试验。选定的样机制造工作可在工程与制造发展阶段内继续进行,以确定和解决该阶段初期的具体设计与制造风险,或支持预定的产品改进或渐进式采办策略。

Provisioning 物资 供应物资企业和供应网点向部队或需用单位供应物资的过程。主要包括:确定器材装备在投入服役初期所需要的供使用和维修用的零备件,以及保障和试验设备的范围和数量。在美军,通常指配给一艘舰船、一项装备或系统的第一批备用品。

Public-Private Partnering(PPP) 公共-私人合伙 指在一个邮寄产品保障供应商与一个或多个私营部门实体之间的一个合作安排,目的是为了履行国防相关的工作、使用国防部设施和设备,或两者都有。其他政府组织如计划办公室(POs),存货控制点(ICPs)以及维护命令也可以是该协议的协议方。该术语也可用来指公共-私人合伙协议(PPP)。

Purchase Order(PO) 订购单 契约式的采购文件,主要用于采购一次交易中总金额较小的供应品和劳务。美国指不超过 2.5 万美元的交易。

Q

Qualification Test(QT) 合格试验 试验中模拟规定的作战环境条件并预先规定一定安全系数,通过试验表明给定的设计能否在所模拟的系统作战环境中实现其功能。

Qualified Manufacturers List(QML) 合格制造商清单 在对样品进行试验和认可,以及样本符合适用的规范要求的基础上,经评价并确定为合格的制造商清单。合格制造商清单包括:①合适的产品、工艺过程或技术标识;②试验或鉴定基线;③制造商或销售商名称及工厂地址。

Qualified Products List(QPL) 合格产品目录 实际采购前经过预先检验的产品目录,目的在于确定哪些供应商真正能满足产品的规格要求。由于对采购产品进行试验和鉴定所需的时间较长,通常都要采用这种合格产品目录的作法。

Qualitative and Quantitative Personnel Requirements Information(QQPRI) 定性

和定量的人员需求信息 编制"装备拨发基数计划"所用的有关组织编制、作战原则、军事训练、岗位和人员的信息。

Qualitative Operational Requirement 定性作战要求 美国空军总部发至下属作战司令部要求对拟议中的系统具体提出期望能力的文件。

Quality Assurance(QA) 质量保证 指有计划有系统地采取各种必要的行动,以确定适当的产品技术性能和统一的要求,并使所交付的产品和劳务符合这些技术要求。

Quality Audit 质量审查 对与质量有关的活动及决策进行系统的检查,以便独立地验证或评定产品或劳务的质量计划或规范的使用要求或合同要求。

Quality Control(QC) 质量控制 在整个采办过程中,为确保产品质量达到规定的标准,用以检查产品质量的控制制度或程序。

Quality Function Deployment(QFD) 质量功能配置图 用图形表明系统要求与所提的各种设计解决方案间关系的一种方法。它能确定各种折衷方案,显示出各种设计解决方案在哪些方面可能会发生矛盾或所提的解决方案在哪些方面不满足要求。

Quality of Conformance 适应性质量 在满足某类产品的公差、过程控制限度和目标产量的情况下,设计和制造职能在执行产品制造要求和工艺规程方面的效能。

Quality of Design 设计质量 设计方法在满足作战要求并将其转化为能以一致的方式来制造(或编码)的具体设计要求的效能。

Quality Program 质量计划 在从方案研究开始直至验证、全面研制、生产、部署以及最终处理的全过程中,为经济有效地完成所有实现装备或服务质量的工作而编制、规划和管理的计划。

Quick Reaction Capability 快速反应能力 在采办工作中,指迅速解决与作战需求特别是与电子战有关的研究、发展、采购、试验、鉴定、安装、修改和后勤保障的能力。

R

Ramp Up 斜坡上升 通常指产量较小的初始低速生产,随着生产线的确立和获得额外的采购费用,产量逐步增加的过程。

Rate Cost 生产率成本 用以解释和衡量生产率变化对于计划总成本影响的数学方法。

Raw Materials 原材料 包括在式样和形态上需作进一步加工的原料和半加工的材料。

Realistic Test Environment 逼真试验环境 试验时的环境条件类似于预计系统在使用和维修时可能会遇到的环境条件,其中包括自然气候和天气条件、地形影响、战场干扰以及敌方的威胁等。

Realization Factor 完成系数 实际完成时间与标准完成时间之比,通常用小数来表示。

Real Time 实时 ①指计算机的数据处理满足外界过程对它的时间要求。②指对外部激励立即作出反应。

Real World 真实世界 使事物真正处于不受控制的、实际的或是没有经过组织的环境之下。

Reapportionment 重新分配 对某个拨款或资金账户原来的预算分配方案进行修改。这种修改通常涉及原方案涵盖的时间、项目或工作。

Reasonable Price 合理价格 由买卖双方共同达成的商业决定,是受双方讨价还价能力影响的判断力和受市场决定的经济现实这两者的产物。

Reclama 复议要求 就上级对于本部门的初步预算决定提出进行复议的正式要求。

Reconciliation 调整 ①两个相关账户的金额发生差异,通过调整使之一致。②指包含在美国国会预算决议案中下达给有关常设委员会的指令,要求节省一定资金和报告实现资金节省的立法的最后期限。包含有这些变更的综合调整议案,要在参、众两院内提出并使之生效。

Reconstitution 重组 指组建、训练和部署新的战斗部队。它包括初步形成骨干部队和筹建军用资产;动员以前受过训练的或新的人力;以及大规模启动工业基础。此外,为在具有决定性的潜在军事竞争领域保持竞争优势,它还涉及保持必要的技术、作原则、训练、有经验的军事人员和创新精神。

Recurring Effort 经常性工作 在合同期限内反复进行的工作。

Redundancy 冗余度 为确保在原有的(最初的)零部件或分系统发生故障的情况下仍能使用,准备了零部件或分系统的备份。

Reimbursable Expenditure 可偿还支出 为其他部门、基金或拨款或为某个私人、私营企业或公司提供的随后可以收回的支出。

Reimbursements 偿还款项 某部门因向其他部门提供物资、工作或服务支付的费用,作为某项拨款或其他的资金账户的信贷,得到偿还的金额。

Reliability 可靠性 装备项目的一个基本特性。指①在指定条件下于规定时间内,系统发挥其预定功能的概率。②系统或其零部件在无故障、不降低指标的情况下,完成其任务的能力。见"Mean Time Between Failures"。

Reliability and Maintenance(R&M) Accounting 可靠性与可维修性计算 指用以确定和分配可靠性与可维修性的定量要求,并预计和考核可靠性与可维修性的定量效果的一组数学作业。

Reliability and Maintenance(R&M) Engineering 可靠性与可维修性工程 据以实现可靠性与可维修性的有关设计、研制和制造活动。

Reliability Based Logistics 基于可靠性的后勤保障 强调系统可靠性设计的重要性,是用于确定系统、分系统或部件保障方案过程的延伸。基于可靠性的后勤保障涉及到提高可靠性设计方法的一系列决策,如是消耗性的还是可修理的,是商业维修还是建制维修,是否需要保修、技术插入以及采用外形-安装-功能接口规范等。

Reliability, Availability, and Maintainability(RAM) 可靠性、可用性与可维修性 对采办的系统来说,要确保该系统在需要时能投入使用,能成功地发挥其功能,并能在通常的后勤概念和政策范围内经济地使用和维修。可靠性、可用性与可维修性计划,适用于研制、生产、维修、采购或改进后供使用的装备系统、试验测试和诊断设备、训练装备和各种设施。(见"可靠性、可用性和可维修性"的各自单独解释。)

Reliability Mission 可靠性任务 在特定的任务范围期间,系统项目完成规定要求功能的能力。

Repair 修理 由于磨损、损坏、零件故障或诸如此类的原因,需要对不动产或装备的零件或部件进行修复或替换,以使其保持有效的使用状态。

Repair Parts 修配件 对备用零件或重要的最终产品进行修理所必需的消耗性零部件,即单独的零件或不可修复的组件。

Repairability 可修复性(率) 在规定的实际修理时间内,使发生故障的系统恢复至可工作状态的可能性(或概率)。

Repairable Item 可修复的产品 通过正常的修理程序就可恢复至可用状态的产品。从应用工程、经济和其他因素来说,这类产品属耐用性产品。

Reprogramming 计划调整 指某一拨款范围内的计划项目或册列项目之间的经费进行调整。美国国防部的计划调整,如果超过不同拨款范围(即采购、军事建筑、使用与维修、军事人员和研究、发展、试验鉴定)规定的限值,需报国会有关委员会协商和批准。

Request for Proposal(RFP) 建议征求书,招标书 在协商采购中,向意向承包商表达政府要求并征求建议,要求承包商提出技术途径、造价和完成日期的文书。建议经政府同意后,才能签定有约束力的合同。

Request for Quotation(RFQ) 报价征求书 在协商采购中,向意向承包商表达政府要求并征求报价的文书。对报价征求书的反应并不就是开价,但能表明相应的信息。

Request for Technical Proposal(RTP) 技术建议征求书 两步密封投标中使用的征求文书。通常是函件的形式,只询问技术情况,不允许涉及价格和成本分解。

Required Operational Capability 所需作战能力 陈述需要某种特定作战能力的文件,用于提出新的计划项目要求。

Required Operational Characteristics 所需作战性能 一组系统参数,是系统能用于完成所要求的任务功能并得到保障的主要指标。

Required Technical Characteristics 所需技术特性 选定的一组系统参数,是设计目标完成情况的主要指标。这些参数虽不能直接衡量系统执行所要求的任务功能并得到保障的能力,但往往与此能力有关。

Requirement 需求 ①在特定时期或指定时间内,对人员、装备、设施、其他资源或劳务提出的具体数量上的需要或要求;②在编制预算中使用时,项目需求要按各个项目的优先次序进行筛选,并根据所能获得的全部预算资源加以批准。

Requirement Baseline 需求基线 初步认可或有条件地认可的产品技术状态。

Research 研究 对某个学科进行系统的探讨,以便①对事实、理论等有新的发现或修正。②开发有可能用于国防系统的新技术。

Research and Development Cost 研究与发展费用 主要和研究与发展工作有关的那些计划费用,包括发展新的或改进的作战能力,以达到相应的作战使用要求。这类费用按研究、发展、试验鉴定拨款提供资金。

Research(Basic) (基础)研究 指在与明确阐明的国家长远安全需求直接有关的领域,为增加知识和了解而进行的科学研究和试验。美国国防部基础研究计划的目标是进行下列领域的研究:生物与医学科学、大气与航天科学、化学、认知与神经科学、计算机科学、电子学、材料科学、数学、力学、海洋科学、物理学和大地学。

Research, Development, Test, and Evaluation (RDT&E)　研究、发展、试验鉴定　①指发展新系统的各项活动,其中包括基础与应用研究、先期技术开发、演示与验证、工程研制、研制与作战使用试验以及对试验结果的鉴定。此外,还包括提高已部署系统性能的活动。②一种拨款类别,它包括基础研究、应用研究、先期技术开发、演示与验证、工程与制造发展、研究、发展、试验鉴定的管理和保障,以及作战系统发展的预算活动。

Research, Development, Test, and Evaluation Activities　研究、发展、试验鉴定活动　指用研究、发展、试验鉴定类拨款开展的所有各项工作。

Research, Development, Test, and Evaluation Program Categories　研究、发展、试验鉴定计划分类　美国国防部对研究、发展、试验鉴定计划的分类,共有5类,合在一起构成年度计划中的第6大类计划。这五类是:研究(6.1)、探索性发展(6.2)、先期开发(6.3)、工程发展(6.4)、管理与保障(6.5)。作战系统发展不属于这一类目,之所以把它看作是研究、发展、试验鉴定计划内的一部分,是因为其经费也是以研究、发展、试验鉴定的名义拨款,但不属于第6类的计划。

Rescission　取消　在预算已经拨出但尚未支付或花掉之前,取消预算授权的一种行动。在美国,如果国会两院在45天内不同意总统提出的"取消"建议,总统仍必须按国会确定的预算授权承担义务。

Rescission Bill　取消议案　美国国会提出的全部或部分取消先前批准的预算资源的提案或联合决议。美国根据1974年《扣押控制法》第1012节,除非国会在收到提案后的45天的连续会期内批准取消议案,否则必须使责任方得到这笔预算资源。

Residual Value　残值　装备在其经济寿命完结时的残余价值。

Resource Allocation Process (RAP)　资源分配过程　指包括规划、计划与预算(PPBS)、预算立法过程、拨款分配及预算执行的整个过程。

Resource Leveling　资源平衡　对各项任务和活动的资源进行分类整理的过程,以确定和避免进度安排与可完成性之间的矛盾。

Resource Manager　资源经理　负责管理指定拨款或其分项、周转基金,或管理整个人力资源审定的部门负责人。资源经理可能冠以"主计长"、"拨款"主任、"预算计划"主任或"预算工作"主任的头衔。

Responsible Organisation　责任机构　组织机构内(尤指承包商)规定负责完成具体工作任务的单位。

Revolution in Business Affairs　业务革命　冷战结束后,美国国防部提出的一个口号,其义是指重新设计国防部的经营方法,精简国防部的保障基础设施,并使其余基础设施更有效所做的努力。它不仅包括减少管理费和精简基础设施,而且要最大限度地利用采办改革,当具备必要的竞争条件时,从外部采购并使大量的保障活动私营化,充分利用民用技术、两用技术和开放系统,减少不必要的军用规范和标准,利用一体化产品与过程开发,以及增加与盟国的合作计划等。

Revolution in Military Affairs　军事革命　由于技术的迅猛发展,促使在作战手段上发生巨大的变化。军事革命,不只意味着要获得具有先进技术的新型系统,而且在某种意义上要制定出能充分利用新技术的各种作战方案、条令和组织编制,以便在战场上拥有绝对优势。

Revolving Fund 周转基金 为维持经营周转而建立的基金。在美国国防部内,这类基金包括库存基金和工业基金,以及其他运转基金等。

Rights in Technical Data(TD) 技术资料权 政府获得技术资料的权利。即如果政府对某个项目、部件或加工工艺的发展提供了或将要提供部分或全部经费,政府就可在技术资料方面拥有不受限制的权利。但是,如果上述发展工作完全是由承包商或子承包商独自出资进行的,则政府获取技术资料的权利就要受到限制。这类资料不得公布,并且被定为有限权资料。(见"Limited Rights, Government Purpose License Rights, and Unlimited Rights")

Risk 风险 对规定的成本和进度限制条件内不能完成计划目标的可能性的度量。风险与计划的各个方面都有关系,如威胁、技术、设计方法、工作分解结构单元等。风险有两个组成部分:不能实现特定结果的可能性,以及不能实现该结果的后果。

Risk Analysis 风险分析 对每一项指定的计划风险进行详细研究,以改进对风险的描述,查出其产生的原因,并根据其发生的概率、后果以及与其他风险领域或过程的关系,确定该计划风险的影响。

Risk Areas 风险领域 指计划风险主要来源的领域。风险领域包括但不一定限于威胁与需求、技术、设计与工程、制造、保障、成本和进度。

Risk Assessment 风险评估 指在风险领域和关键的技术过程内确定计划风险、分析其后果和发生概率并提出处理它们的优先次序的过程。

Risk Assumption 风险承担 一种风险处理的方法。按照这种方法,可接受选定的计划风险。

Risk Control 风险控制 一种风险处理的方法。对已知的风险进行监督,然后采取具体措施以使这种风险发生的可能性降至最小或降低后果的严重性。

Risk Documentation 风险文件 记录、保存和报告所有风险评估结果、风险处理分析和风险监督结果的文件。

Risk Handling 风险处理 指确定、评估、选择和实施风险处理方法,以便以最优的费效比将风险降低至可接受程度的过程。

Risk Identification 风险确定 指对每个计划领域和关键技术工艺进行研究,以确定有关的风险的过程。

Risk Management 风险管理 用以确定、评估、缓解、连续跟踪、控制和记录计划风险的所有各项计划和行动。

Risk Management Plan 风险管理计划 记录风险管理计划过程结果的文件。

Risk Monitoring 风险监督 指在整个采办过程中根据规定的标准,系统地跟踪和评估风险产品的实施情况,并进一步研究降低风险的处理方法的过程。

Risk Planning 风险规划 指建立有组织的、综合性的和反复进行的用以确定、评估、缓解、连续跟踪、控制和记录风险的方法的过程。这种方法必须适合每个计划项目,并与采办管理相一致。

Risk Rating Scheme 风险定级计划 指对一种系统、系统单元或关键采办过程,根据其不能实现预定结果的发生概率和后果,规定各种风险水平的方法。这种方法必须是合理的、可控制的、有文件依据和可检验的。

Risk Transfer **风险转移** 一种风险处理的方法。主要指：①在不同的系统单元之间重新分配系统要求或设计规范，以降低整个系统、系统单元或生产过程的风险；②通过各种合同上的安排，在政府和主要的系统承包商之间分担确定的计划风险；③通过谅解备忘录或类似协议，在与采办过程有关的各政府机构间分担选定的计划风险。

S

Sailaway Costs **出厂成本** 见"Flyaway Costs"。

Schedule **进度，时间表** 在给定的期限内，按事项的先后次序做一系列的事情。

Schedule Risk **进度风险** 指计划有可能达不到其采办策略确定的进度目标或由采办决策当局规定的重要阶段决策点的风险。

Schedule Variance(SV) **进度差异** 在收益值管理中，指完成工作的预算成本与计划工作的预算成本之差(进度差异=完成工作的预算成本-计划工作的预算成本)。

Scheduling **进度安排** 规定出制一种产品所需的每一工序的时间和地点。

Science and Technology(S&T) Program **科学技术计划** 包括基础研究、应用研究和先期技术发展的计划。美国国防部的"科学技术计划"，实质上就是美军的预研计划，是整个科研计划的前沿部分。

Sealed Bidding **密封投标** 一种投标方式。投标者以密封信件投送标价。在这种投标方式下，投标企业不仅要考虑本企业的成本，而且还必须考虑竞争者可能投送的价格，以争取合同。

Second Source **第二来源** 按照既定的采办策略，由两家厂商来承担部件或系统的生产。有时也称作双重来源。

Secretary of Defense Performance Review **国防部长计划进展情况审查** 指美国国防部长对某些高层关注的计划进行的一系列连续审查，每周一次在国防部长办公厅各部间轮流进行。审查的重点是系统的实际或预期的性能、最近采取的措施、遇到的问题、各阶段情况及目标。

Security Assistance **安全援助** 指与国家安全有关的援助。在美国，指按照国会规定，由美国向符合条件的盟国提供物资和服务，包括《1961年援外法案》及其修订案授权的军事援助计划及对外军事销售计划。

Segment **技术状态段** 指密切相关且有实际接口的许多技术状态单元的组合。它由几家承包商分别生产并由一家承包商进行集成的若干技术状态项目组成。

Selected Acquisition Reports(SAR) **采办报告选** 美国国会要求国防部定期向国会提交的、有关重要国防采办计划(I类采办)的综合性的现状概要报告。其内容包括成本、进度和技术的主要信息。

Senior Procurement Executive(SPE) **高级采购执行官** 负责管理指导国防采购系统的高级官员。在美国，具体指负责管理指导军种采购系统的高级官员，实施军种特殊的采购政策、条例和标准。除军种外，所有国防部其他各部门的高级采购执行官，是负责采办与技术的国防部副部长。

Serviceability **可维护性** 使一项产品在给定的时间内于规定条件下完成维护到可

适用程度的衡量标准。

Service Acquisition Executive(SAE) 军种采办执行官 见"DoD Component Acquisition Executive"。

Service Contract 服务合同 指直接需要承包商的时间和工作、而不是有形的最终产品的合同。

Service Life 使用寿命,使用期限 对产品平均寿命的量化。现在还没有一个通用的计算公式。就武器系统而言,是指在两次大修间的平均寿命、规定的更换时间或产品的整个使用期限,即从该武器首次投入使用至最终停止使用的期限。

Service Life Extension Program(SLEP) 使用期限延长计划 对已部署的系统进行改进,使该系统的使用期限超过原先计划的期限。

Service System Acquisition Review Council 军种系统采办审查委员会 美国各军种设立的系统采办审查委员会,它是各军种在国防系统采办方面的咨询机构。该委员会通常由军种采办执行官领导,其职能构成、职责和运行方式与国防采办委员会相似。(见"Program Decision Meeting"。)

Should-Cost Estimate 应计成本估算 对合理地反映承包商所能获得的经济和效益的合同价格的估算。它是通过由政府组织的从事采购、合同管理、审计和工程方面的代表组成的小组,在承包商和子承包商的工厂对成本进行深入的分析后取得的。其目的是制定一个供谈判使用的实际的价格目标。

Significant Variances 重大差异 指对计划和实际完成情况之间需做进一步审查、分析的差异。需作差异分析的差异幅度,应确定合适的限值。

Simulation 仿真,模拟 一种建立模型的方法。它用某种模型进行多次试验的过程,旨在了解建模系统在选定条件下的行为或评价在研制或使用准则规定的限制条件下使用系统的各种策略。仿真可以包括使用模拟或数字设备、实验室模型或"试验台站"。仿真通常都在计算机编程求解。广义地说,军事训练和军事演习也属于仿真的范畴。

Simulation Based Acquisition 基于仿真的采办 指在采办过程中设想更广泛地综合利用建模与仿真技术的一种管理观念。通过充分而有效地联合使用仿真技术,可使军方和工业界在各种采办计划和采办计划的各个阶段紧密地结合起来。

Simulator 模拟器 在研制试验、作战试验与训练中用以代表武器系统的设备。如威胁模拟器具有一种或多种特性,当用人的感觉或人工传感器进行探测时,能以预定的逼真度呈现出产生威胁的实际武器系统的表象。

Single Process Initiative 单一过程计划 美国国防部近年来实施的一项采办改革计划,它要求对一个工厂范围内现有的各种合同进行整体修改,以便工厂内通用的制造与管理系统来取代多种政府特有的制造和管理系统,其目的是在一个工厂范围内,统一这些合同的制造和管理要求。

Skunk works 特殊管理 为加速研制或因高度保密,不经正常程序而采用单独计划管理的方式。

Small and Disadvantaged Business Utilization Program 小企业和贫困企业利用计划 美国扶持和利用小企业和贫困企业的计划。它包括向贫困小企业和妇女小企业签订主合同、转包合同和预留合同,以及实施采购技术援助计划、印第安人计划、全国盲人企业和严重残疾人企业计划、波多黎各计划、扩大服务的计划和小企业创新研究计划等。

Small Purchase 小额采购 金额不大的采购。美国国防采办中,指金额不超过10万美元的采购。

"Smart" Munitions "灵巧"弹药 能够"自己判断"、自身具有搜索、探测、捕获和进攻目标能力的弹药。它们可以用枪炮、火箭筒、导弹或带有能投掷一至多种弹药的挂弹架(平台)的飞机等,将其投掷到目标区域。

Software Development Plan(SDP) 软件开发计划 指通常由开发者制定的一种用以描述软件开发工作的管理计划。

Software Domain 软件域 可用一类具有相似要求或能力的软件系统支持的截然不同的功能领域。一个域可以在有软件系统支持它之前就已存在。

Software Support 软件支持 为保证被执行和使用的软件能继续全面支持系统的作战任务所发生的所有活动的总和。软件支持包括部署前的软件支持和部署后的软件支持。

Sole Source Acquisition 单一来源采办 由某个机构向唯一厂家发出征求书并与之协商后签订或准备签订采购供应品或服务的合同。

Source Selection 来源选择 在系统或计划项目进行竞争性采购中,对与签约决定有关的需求、论据、建议和政府政策进行考查并做出决定的过程。

Source Selection Advisory Council(SSAC) 来源选择咨询委员会 由来源选择当局指定的高级军职或政府文职人员组成的委员会,作为来源选择过程中的参谋和顾问。来源选择当局通常把下述工作指派给来源选择咨询委员会,如选举和(或)批准来源选择评价委员会成员,审查评价标准,以及对这些标准进行权衡。

Source Selection Authority(SSA) 来源选择当局 受命指导来源选择工作、批准选择计划、选定来源和宣布签定合同的官员。

Source Selection Evaluation Board(SSEB) 来源选择评价委员会 由军职和政府文职人员组成的团体,代表职能和技术部门。其责任是在来源选择期间负责对投标作评价,并编写情况综述和调查结果。

Source Selection Plan(SSP) 来源选择计划 对来来源选择制定适当的计划,对于保证公平和及时地选定最实际的投标是必不可少的。主要的计划工作除来源选择计划外,还包括编制采办计划、征求书草案和正式的征求书。来源选择计划由计划项目办公室起草,然后由来源选择当局批准。来源选择计划一般包括两部分:第一部分说明来源选择班子的组成和职责;第二部分确定评价标准和详细的投标评价程序。

Spare Parts 备用件 在装备的主要最终产品中,用于维修替换的可维修部件或组件。

Spares 备用品 用于备用的零、部件。单个件称零件,若干个零件的组合称为部件。

Spares Acquisition Integrated with production(SAIP) 备用品生产一体化采办 把选定的备用品的采购同安装到主系统、分系统或装备上而生产的同一产品的采购结合起来的一种作法。

Spares Management Improvement Program(SMIP) 备用品管理改进计划 为在

备用品管理中节省费用或减少成本而进行的改革、创新和其他计划。

Special Access Program(SAP)　特许接触计划　为某些高度敏感的技术提供特别安全保护所制定的计划,其中包括反潜战技术、隐身技术、电子战等,或者把这些技术应用到具体的武器系统。

Special Test Equipment(STE)　特种试验设备　为进行某些特殊试验而设计、施工、制造或改进的单一用途或多用途的综合试验设备。

Special Time Allowance　特别工时定额　为补偿某些特殊的、临时的、或非标准的生产条件,除标准工时定额外增加的或取代标准工时定额而为某项作业临时规定的时间值。

Special Tooling(ST)　专用工装　指因其性质特殊,如不进行大的修改或改变,就很难用于特定项目开发和生产的所有夹具、模具、定位器、型板、模板、丝锥、量具、其他的设备和制造辅助装置以及上述种类的更换件。

Specialization　专业化　①指专门作业,即在产品生产过程中,根据加工工艺或工作性质的不同,而将生产分成若干专门作业的部分。②指专业分工,即在盟国内部,根据技能、地理位置或其他方面的条件,选定一个或若干个最合适的成员国对某项特定的任务或其重要部分承担起较大的责任。

Specification　技术规范(规格)　在研制和采购工作中用以阐明对项目、器材或劳务的技术要求文件,其中包括据以确定满足这些要求的程序。有的技术规范仅适用于某一特定计划(专用规范),有的可以通用若干计划(通用规范)。

Spending Committees　经费开支委员会　美国参众两院中对资金使用有立法权的常设委员会。就多数计划而言,拨款委员会就是经费开支委员会。但对某些计划来说,授权立法即可允许承担经费债务而无需拨款,故授权委员会即拥有经费开支权。有时筹资委员会(众议院筹款委员会和参议院财政委员会)也被看作是经费开支委员会,因为它们具有对许多公民权利计划(如社会安全计划)动用税收开支的立法和修改权。

Sponsor　主办部门,主管部门,赞助部门　指对某项事务进行主办、主管或提供经费支持的部门。在美国国防部,指五角大楼总部内对军事任务、作战领域、拨款或计划项目有管辖权的部门。

Staff Assistance Visit　工作人员辅助视察　由政府人员对承包商设施进行定期视察,以便依据合同管理局和国防合同审计局的要求,确定以前所认可的管理控制系统是否已得到适当应用,是否正用于具有成本与进度控制系统准则要求的新的合同管理之中。

Standard Cost　标准成本　某种作业、加工或产品通常应计的成本,其中包括人工、材料和管理费。它是依据以往的执行成本和现有估算或工作测定计算出来的。

Standard Data　标准数据　依据有关组织的数据标准化程序正式批准的数据。

Standard Deviation　标准差　统计上的一个用词。差异的平方根即为标准差;是数据点离中趋势的一种计量方法。常用于分析投资方案的风险程度。一项投资方案的标准差越小,即概率分布越紧,则该项投资方案的风险就越小。

Standard Error of Estimate　标准估算误差　独立变量的实际值偏离其回归估计的程度,又称距回归线的标准偏差。标准估算误差常用均方根差表示,它等于各次观察值距回归线偏差的平方和开根,再除以观察数。

Standard Industrial Classification Code 标准产业分类编码 用于报道价格指数变动的一种产业分类方法,对每类产业类指定一个编码。

Standard Time 标准工时 指一个合格工人在能干的监工监督下,并考虑正常的疲劳延误,以规定的方法完成规定数量和质量的工作所必需的时间。

Standard Time Data 标准工时数据 每一项工作都由若干基本工作组成,完成每一项基本工作都需要一定的工时。标准工时数据,是指完成其每项基本工作都有标准工时数值的某类工作的所有基本工作工时数据汇编。这种数据汇编可用来作为确定类似工作的时间标准的依据,而不必对每项类似的工作进行实际的工时分析研究。

Standardization 标准化 在技术、管理、经费、物资、作战等方面制定并贯彻统一的标准,以求获得最佳军事经济效益的过程。它是实现各军兵种之间最紧密合作,最有效地利用、研究、发展和生产资源,最广泛地采用通用或可兼容的作战、管理、后勤和技术方面的程序与标准,互换补给品、零部件、武器或装备,以及采用通用或可兼容的战术原则及相应组织兼容性的有效方法。

Standardization Agreement(STANAG) 标准化协定 指在同盟国成员之间签订的使用相同或类似的军事装备、弹药、给养、贮备以及作战、后勤和行政管理程序的一种协议。

Statement of Need 需求书 军队使用部门提出的有关武器装备计划的正式需求文件。文件阐明现有作战装备存在的缺陷,并提出新的或改进武器装备作战能力的需求。

Statement of Objectives(SOO) 目标说明书 合同内容的一部分,概要阐明政府要求的性能目标。

Statement of Work(SOW) 工作说明书 合同内容的一部分,对承包商的工作直接地或引用具体文件来阐述或确定所有非规范化要求。

State of the Art 技术发展水平 在任一指定的截止时间,某一产业或某类产业中所达到的科学和技术水平,如导弹的作战能力是由其投产时的技术发展水平决定的。

Statistical Process Control(SPC) 统计过程控制 利用控制图表等统计技术分析生产过程或其产出,以便采取相应措施达到或保持统计控制状态和提高生产过程的能力。

Storage 储存 将产品保留或存储在仓库、货棚或空地上加以保管。

Streamlining 精简,简化 ①在确定计划和降低风险阶段开始时仅提出需要什么功能的一种采办策略,以便允许灵活发挥承包商的专长、判断力和创造性来满足要求,确保只有效-费比高的要求才列入征求书和合同内;②泛指旨目在缩短采办过程的一切努力。

Stretch Out(a program) Procurement 拖延(计划)采购 ①在比原定期限长的时间内购买原先确定数量的最终项目,或者在原定的期限内购买不足原定的数量。如原定每年购买量为20,而现在仅为10;②从采办阶段来说,由于技术或资金上的原因,完成的期限比原定的拖长了。

Subcontract 子合同 主承包商或分承包商为获取主合同的供给品、器材、设备或劳务,而签定的合同或合同行为。

Subcontractor 子承包商 与主承包商签定合同的承包商。

Subprogram 子程序 ①可独立编程的大程序的一部分。②可成为另一程序一部分的程序。

Subsystem 子系统 在一个单元中将它们组合起来完成某种重要功能的功能组合件,如电源、姿态控制和推进系统等。

Sunk Costs 旁置成本,沉没成本 指过去已经发生而非现在的决策所能改变或不受现在决策的影响,因而在决策时可不予置理的成本,是一种无差异成本。在更新设备时,旧设备的原始成本和已提的折旧额都是旁置成本。

Supplemental Agreement 补充协定 政府和承包商双方对合同作出的书面修正,据以对基本合同规定的价格与技术性能作出调整。

Supplement Appropriation 补充(追加)拨款 作为对正常年度拨款追加的一种拨款。补充拨款提供的是超过原来计划或活动估算的额外的预算授权,由于要求太急,不允许拖到下一次正常拨款时间去考虑。

Supplementation 补充规定 指对上级规定的政策和程序进行补充、限制或修改而颁布的指令、指示、条例及其他有关文件。

Supplies 供应品 除土地或地租以外的一切财产,包括(但不限于)公共建筑、设施、船只、飞机、机床及其零件和附件,有时也仅指日常用品或军需品。

Supply 供应 指供应品的采购、分发、库存保养和废弃品处理其中,包括对供应品数量和种类的确定。生产阶段从确定采购进度直到军种接收完成的供应品。消费阶段从军队接收完成的供应品直至到分发使用或消耗。

Supply Support 供应品保障 指确定、采购、分类、接收、储存、运输、分发和处理为保障最终产品和保障性产品所必需的辅助品的过程。其中包括最初的保障和再补给的供应保障。是传统的后勤保障要素之一。

Supply System 供应系统 指向批准的用户提供供应品和装备的组织机构及所利用的设施、方法和技术,其中包括需求计算、采购、分配、贮存保养、分发和废弃品处理。

Supportability 可保障性 系统的设计特性、计划的后勤资源以及后勤保障要素容许满足系统可用性和战时应用要求的容易程度。

Supportability Analysis 可保障性分析 一种确定如何在系统全寿命期内最经济有效地对系统进行保障的分析手段,是系统工程分析的一部分。它可为列入规范的有关设计要求提供依据。

Support Equipment(SE) 定格保障装备 为保障装备系统的使用和维修所需的一切可移动的或固定的装备。保障装备包括有关的多用途保障产品、地面处理和维修设备、工具、气象和校准设备以及人工和自动测试设备。它还包括为保障装备本身所进行的后勤保障。是传统的后勤保障要素之一。

Survivability 生存能力 系统和其操作人员避免或经受住人为敌对环境,对其完成指定任务的能力不会造成中断性损伤的能力。

Susceptibility 易损伤性 装置、设备或武器系统由于一项或多项固有弱点而易遭受有效攻击的程度。易损伤性与作战战术、防范措施、敌人部署某种威胁的可能性有关。易损伤性是生存能力的一个子集。

Sustainability 持续能力 部队、设备、武器系统和装备的"持续力",通常以能持续作战的天数来衡量。

System 系统 ①指为完成指定功能以达到预定结果(如收集特定数据、进行处理并向用户提供等)的硬件、软件、器材、设施、人员、数据和劳务的组合体。②为完成某种作战功能或满足某种需要,所把两种(套)以上相关设备组合起来形成的功能组合件。

System Acquisition Process 系统采办过程 采办工作的顺序,从协调系统任务需求及其能力、轻重缓急和资源开始,直到把系统投入作战使用或成功地实现计划目标为止。

System Analysis(SA) 系统分析 一种管理规划技术,它将许多学科的科学方法用于解决重要问题或决策。这些学科包括(但不限于)传统军事规划、经济学、政治科学与社会科学、应用数学及物理学等。

System Concept Paper 系统方案报告 重要系统计划在方案拟订阶段结束时形成的一种文件。它归纳了直至方案拟订阶段的研究成果,陈述了采办策略,其中包括明确列入演示与验证阶段的各种方案以及说明取消其他方案的理由。它是批准开始一项新的采办计划(阶段决策点I)的主要决策依据。

System Deployment 系统部署 把生产出来的系统交付使用部门使用。

System Design Concept 系统设计方案 用满足某种任务需要而作为一个整体使用的硬件和软件的总体性能、能力和特点表达的一种设想。

System Design Review(SDR) 系统设计审查 对与既定技术要求有关的系统设计的最优化、相关性、完备性和风险问题进行的审查。

System Engineering Management Plan 系统工程管理计划 指对某一采办项目进行系统工程管理的计划,其中包括对系统需求进行的论证计划、减少风险计划、分析计划和模拟计划等。

System Functional Review(SFR) 系统功能审查 为验证系统能否达到其功能要求和是否可以开始初步设计所进行的审查。一般需在确定计划和降低风险阶段完成。

System of Systems(SoS) 由多系统组成的系统,系统体系 指若干独立的计划项目,当它们组合到一起时,形成一个满足大范围任务需要(如导弹防御)的系统。构成系统体系的各计划项目的性能要求,由各自的作战要求文件规定;而系统体系的顶层要求则由顶层要求文件规定。(见"Capstone Requirements Document")。

System Operational Concept 系统使用方案 阐明一个系统的既定目的、使用、部署和保障的正式文件。

System Program Office(SPO) 系统项目办公室 指项目主任办公室,它是与参与系统采办过程的企业、政府机构及其他单位进行交往的唯一联系点。

System Readiness Objective(SRO) 系统战备目标 按照平时和战时计划的利用率,对一个系统承担和维持一系列规定任务的能力的评价标准。评定系统的战备指标时,显然要考虑系统设计的可靠性和可维修性,保障系统的特点和性能,以及保障资源的数量和布局的影响。系统战备指标的具体例子有:规定时间内参战出动率、平时的执行任务率、作战利用率及装备完好率。

System Reliability and Maintainability(R&M) Parameter 系统可靠性和可维修性

参数 对系统可靠性和可维修性的一种测量,测量单位直接与战备状态、任务成功率、维修人力费用或后勤保障费用有关。

System Requirements Review(SRR) 系统要求审查 为查明在确定系统技术要求方面的进展情况而进行的审查。通过审查,确定系统工程的方向和进程。这种审查通常在概念和探索阶段进行,但为了摸清承包商对重新确定的或新的用户要求的掌握情况,也可以在确定计划和降低风险阶段开始后重复进行。

System Safety 系统安全 在系统寿命期的各阶段能和在使用效能、时间和成本的限制范围内,应用各种工程和管理原则、标准和方法使系统的安全性达到最大程度。

System Specification 系统规范 依据技术性能和任务要求,阐明对系统使用必须的功能要求,包括为确保达到所有要求的试验规定。此外,还包括必要的限制条件。系统规范阐述了把系统作为一个整体的技术和任务要求。

System Support Manager 系统保障主任 美军装备发展部门中一个重要的下属司令部司令,其职责是在装备寿命期的某个或几个特定阶段为系统/计划/型号主任提供基本保障。系统保障主任充当与后勤保障部门进行联络的角色。

System Threat Assessment Report(STAR) 系统威胁评估报告 由情报部门编制的旨在确定威胁的书面报告,它是考虑现有任务能力不足和提出新的计划项目的依据。在系统发展期间,报告要定期修订,重新确认威胁,供计划主任使用。

Systems Effectiveness 系统效能 对一个系统预期能达到一组特定任务要求程度的衡量,它与系统的可用性、可靠性、强度和能力有关。

Systems Engineering(SE) 系统工程 一种综合性的、反复进行的技术管理过程,包括把作战需求转变成技术状态系统,综合整个设计小组的技术投入,管理各种接口,确定和管理技术风险,把技术从技术基础变成计划项目的具体技术,并证实设计满足作战要求。它是贯穿于整个寿命周期的要求对产品发展和过程发展都同时进行的一项工作。

System/Subsystem Specification 系统/子系统规范 阐述下列各种要求的文件:系统要求、各种接口、适应性要求、安全保密要求、计算机资源要求、设计限制(软件结构,数据标准,程序语言)以及软件开发项目中的软件保障和程序要求等。对于自动化信息系统而言,系统和子系统规范代表功能基线,它类似于非自动化信息系统计划的系统规范。在非自动化信息系统计划中,系统和子系统规范并不代表功能基线,而且是工作分解结构中较低层次的规范。

System Threat Assessment 系统威胁评估 阐明系统受到的威胁和预期的威胁环境。在美国,对于由国防采办委员会审查的计划,威胁信息须经国防情报局确认。

System verification Review 系统鉴定审查 为确保系统已达到系统规范中的性能要求而进行的审查工作。它将验证系统满足功能基线和分配基线要求的情况,确认已完成了系统审核的所有工作(如对技术状态项目的功能技术状态审查),并确认已作好了进行生产的准备。系统检验审查通常在工程与制造发展阶段的后期进行。

T

Tailoring 剪裁,修订计划以适应要求 用以处理特定计划中某些核心问题(计划确定、计划结构、计划设计、计划评估及定期报告)的方法。阶段决策当局要按照一般常识,明智的业务管理方法,适用的法律和条例,以及需求的紧迫性,尽快满足某种既定的需求。为此,只要符合有关法律规定,可将剪裁方法应用于采办过程的各个方面,包括计划文件,采办阶段,决策审查的时间和范围,可保障性分析,以及决策层次等。

Tailoring(Joint Program)　剪裁(联合计划)　评价参与军种的潜在要求,以确定某一特定系统或装备联合采办的恰当性和成本效率,并修改这些要求,以确保每项要求都有助于使参与军种的需要和成本之间保持最佳的平衡。

Target Cost　目标成本　由承包商和政府双方商定的合同成本,以确定一个据以衡量计划成本实效的基线。

Target Price　目标价格　目标成本加目标利润。

Target Profit　目标利润　在实际成本等于目标成本时支付给承包商的报酬,通常按目标成本的一定比率付给。

Teaming　合作协议　由两个或多个公司为合伙或组成联合企业来充当潜在的主承包商所达成的协议;或由一个潜在的主承包商为充当一个特定采办计划的子承包商而达成的协议;或由主承包商与子承包商、许可证接受公司与发放公司为提出联合建议所达成的协议。

Technical Data(TD)　技术资料　操作和维修防务系统所必要的、以任何形式或媒体(如手册或图纸)记录的科学或技术信息。计算机程序和有关软件方面的文献属技术资料,但计算机程序和有关软件不属技术资料。财务数据或其他有关合同管理的信息也不属于技术资料。技术资料是后勤保障的传统构成要素之一。

Technical Data Package(TDP)　成套技术资料,技术资料包　对某一项目足以支持采办策略、生产、工程以及后勤保障的技术说明。这种技术说明确定了所需要的设计技术状态和程序,以确保项目达到适当的性能。它由各种可应用的技术资料构成,如图纸、相关表格、规范、标准、性能要求、质量保障条款以及包装细节等。它是传统的后勤保障要素之一。

Technical Data Rights(TDR)　技术资料权　见"Rights in Technical Data"。

Technical Development Plan　技术发展规划　系指为实现先期发展目标书中提出的要求而编制的所需资源、进度、成本以及研究与发展规划。

Technical Evaluation　技术鉴定　由武器装备发展部门进行的研究、调查或试验鉴定,以确定器材、装备或系统供军兵种使用的技术适用性。(见"Development Test and Evaluation")。

Technical Information　技术信息　在采办管理中,系指武器装备、弹药和其他军事供应品的研究、开发、工程、试验、鉴定、生产、作战、使用和维修方面的科学信息。

Technical Management(TM)　技术管理　一个范围很广的用语,它包括系统寿命周期内对工程设计(软件和硬件)、试验鉴定、生产和后勤保障等总体工作的管理。其目的是及时部署一种有效的系统,并维持它,同时要以能承受得起的费用满足这种需要。技术管理包括(但不限于)系统或产品的确定过程(建立基线);设计工程;系统工程(把各部分综合到一起);计算机资源;软件管理;研制试验鉴定;作战试验鉴定;可靠性、可用性和可维修性;产品改进;从研制过渡到生产;全面质量管理;标准化和规范化;技术状态管理;可生产性;制造过程与控制;系统或产品的处置;预预先计划的产品改进等。技术管理还涉及对系统成本、进度、效能和可保障性的权衡比较。

Technical Management Plan(TMP)　技术管理计划　指对技术工作进行管理的计划,尤指承包商为落实建议征求书、合同进度、工作目标书和规范所要求的工作而制定的管理计划。

Technical Manual(TM)　技术手册　详细说明武器系统、部件和保障设备的安装、使用、维修、训练和保障的出版物。技术手册的信息可以用任何形式或特定载体提供,其中包括(但不限于)硬拷贝、音象制品、磁带、磁盘以及其他电子手段。技术手册通常包括使用和维修说明,部件清单或部件分类,以及有关的技术信息或程序(行政管理程序除外)。技术指令只要符合本定义的标准,也可归为技术手册。

Technical Performance Measurement(TPM)　技术性能测定　指项目办公室除处理进度和费用问题的工作外,为了解产品设计状况所开展的一切工作。技术性能测定管理人员的职责是,通过试验来估计按工作分解结构分解的产品项目现有设计的主要性能参数值,以便对产品设计作出评价。他要预测出通过预定的技术计划所能达到的参数值,测定出已取得的参数值和通过系统工程分析分配给产品项目的参数值之间的差异,并确定这些差异对系统效能的影响。

Technical Risk　技术风险　指由与技术、设计、工程、制造以及试验、生产和后勤的关键技术过程有关的各种活动产生的风险。

Technology Assessment Annex　技术评价附录　技术评价报告的一部分,用以说明系统计划中尚存在的技术风险以及克服这些风险的计划。

Technology Base　技术基础　指基础研究和应用研究的发展成果。

Technology Modernization　技术现代化　在采办过程中,指鼓励承包商和转包商进行投资,尽可能采用先进制造技术,不断实现技术现代化。

Test　试验　指为评估研究与发展成果(不包括实验室实验)、发展工作的进展情况或系统、分系统、部件或装备项目的性能和作战能力而获取得、验证或提供所需数据所进行的任何计划或行动。

Test and Evaluation(T&E)　试验鉴定　指通过试验对系统或分系统按照设计要求和技术规范进行比较,并对比较结果作出鉴定,以评价设计、性能和保障性等方面所取得的进展的过程。在整个采办过程中,通常有3种类型的试验鉴定:研制试验鉴定、作战试验鉴定系统和生产试验鉴定。研制试验鉴定,目的在于促进工程设计和发展过程,验证达到的技术性能规格和指标。作战试验鉴定,旨在评估系统的作战适用效能和适应性,确定需要作出的改进,以及提供有关战术、作战原则、组织和人员需求方面的信息。生产鉴定与试验,是针对生产项目进行的,以证实哪些项目符合采购合同或协议规定的要求和技术规格。其中,作战试验鉴定又可细分为两个阶段,即初始作战试验鉴定和后续作战试验鉴定。初始作战试验鉴定须在决定投入生产前进行,以便对即将生产的系统的作战适用效能和适应性作出可靠的估计,因此其试验鉴定必须尽可能接近生产技术状态,并且要由使用者在逼真的作战使用环境下进行。后续作战试验鉴定,是针对已部署的系统进行的,其目的在于确定系统是否实际达到了它的作战使用效能和适应能力。见"Operation Test and Evaluation""Initial Operational Test and Evaluation"和" Development Test and Evaluation"。

Test and Evaluation Master Plan(TEMP)　试验鉴定总体计划　规划试验鉴定计划的总体结构和目标的文件。它为制定详细的试验鉴定计划提供了一个框架,并阐述了有关试验鉴定计划的进度和资源的问题。试验鉴定总体计划确定了必要的研制试验鉴定、作战试验和鉴定以及实弹试验鉴定活动,并将计划进度、试验管理策略及组织、以及所需要的资源与关键作战使用问题、关键技术参数、作战要求文件中确定的目标和阈值、鉴定标准以及阶段决策点紧密联系起来。对于多军种或联合计划来说,需要有一个综合的试验鉴定总体计划。各军种对系统的特殊要求,特别是与关键作战使用问题有关的鉴定标准,可由军种起草作为基本试验鉴定总体计划的附录加以阐述。

Test Criteria　试验标准　用以判断定试验结果的标准。

Test Integration Working(TIWG)(Army)/Test Planning Work Group(TPWG)(Air Force)　试验一体化工作组/试验规划工作组　指通过装备发展部门、作战使用发展部门、后勤人员及研制与作战试验部门的密切协作,统一试验要求,以尽量缩短研制时间和降低成本并避免研制和作战试验的重复而建立的一体化产品小组。该小组负责为计划主任制定试验和鉴定总体计划。

Test Report　试验报告　记录研制试验或作战试验各阶段的结果、结论或建议的正式文件。

Then-Year Dollars　当年美元　见"Current-Year Dollars"或"Escalated Dollars"。

Theory of Constraints　约束理论　由伊莱·戈德拉特博士提出的一种工厂进度和库存控制理论,该理论旨在通过认识相互依赖的工作站的随机性质来提高工厂的物资流动和降低库存。

Threat　威胁　指能限制或妨碍军事任务完成或能降低兵力、系统及装备效能的任何敌人的潜在实力、能力及战略目的的总和。

Threshold　限值　按用户判断,能满足其需要的最低可接受值。对于采办计划而言,如果达不到限值,计划的实施就会严重下降,计划可能出现超支或推迟进度。对于美国的重要采办计划,如果不另外规定限值,性能限值将即为目标值,进度限值是目标值加上6个月(Ⅰ类采办计划)和目标值加上3个月(ⅠA类计划),而成本限值是目标值再加目标值的10%。

Tolerance　公差,容限(容许度)　①在制造工程中,指对机器或零部件的尺寸或电器设备的电性能特性可容许的误差,是精确度的一种测量。②在采购工作中,指根据买卖双方协议,允许卖主交付产品的质量与协议规格之间的差异或抽样检查中的品质差异。

Tooling Costs　工装成本　承包商为生产最终产品而建立某些制造功能所花费的成本。

Top Line　最高线,最高限额　在采办工作中,指①预计产品性能可能达到的最高水平。②在财务规划中,某个项目或某个部门可能预期得到的最高金额。

Total Allocated Budget(TAB)　分配的总预算　在合同管理中,指分配给合同的各项预算之和。它由履约考核基线确定的金额和所有管理储备金两部分组成。

Total Asset Visibility(TAV)　总资产透明度　指在后勤保障系统中,任何时候都能获得任何地方有关武器装备或其他军用资产的数量、位置及状态信息的能力。

Total Obligation Authority(TOA)　总支付授权　指美国国会在某一财政年度批准供联政府机构或某一计划项目使用的预算授权额度,它包括当年度新增的以及上几年度接转的期限未满和未支付的预算授权额度。而美国国防部则用以表示某一财年为某一计划项目提供的经费总额,它包括国会批准的计划预算授权和加减其他财务调整额。

Total Ownership cost(TOC)　所有权总费用　近几年美国国防部为确定武器系统设计、研制、生产、拥有和保障的实际成本而使用的一个新概念。对国防部而言,所有权总费用由3部分构成:①国防系统、其他装备及不动产的研究、发展、购置、拥有、使用和处置的费用。②招募、留用、退伍及其他负责保障工作的军职和文职人员的费用。③国防部业务运转的其他所有费用。对于各个计划项目而言,所有权总费用即为系统的全寿命费用。

Total Quality Management(TQM)　全面质量管理　保证全体员工都参与不断改进产品和服务的一种管理方法。

Total Risk Assessing Cost Estimate(TRACE)　全面风险评估基础上的成本估算　在制定研究、发展、试验鉴定计划和预算需求中所使用的一种建立在科学方法、既定程序和有效控制基础上的一种管理系统,以便使成本估算更接近于最终的实际系统费用。

Trade-Off　权衡　在诸多方案中进行选择,以求得系统的最佳平衡。为了能制定出切实可行的计划(即有充足资金),往往决定取某个参数较低值。

Training and Training Support　训练和训练保障　用以训练操作使用和保障装备系统的现役、预备役军职和文职人员的方法、程序、技术、训练装置和设备,其中包括单兵训练和集体训练;新装备的训练;初步训练、正规训练和在职训练;以及制定有关训练设备和训练装置采办及安装的后勤保障计划。是后勤保障的一个传统要素。

Transition to Production　向生产过渡　指计划项目由研制转向生产的时期。它不是一个精确时间点,而是由严格的工程和后勤管理组成的一个过程,以确保系统作好生产准备。

Transportability　可运输性　装备通过任何手段,如铁路、公路、水路、海洋、航路或管线等,依靠牵引、自行或运输工具进行调运的能力。为了获得这种能力,必须充分考虑现有的和已计划的运输资产、运输计划和运输时刻表,以及武器装备和保障装备对作战部队战略机动的影响。

Trigger Based Item Management(TBIM)　触发式项目管理　指依靠预定的指标(即触发器),在情况尚未恶化到危机点前,便提醒管理部门及时采取纠正措施的一种管理方法。

Turn Around Time(TAT)　换向时间,周转时间　设备在两次任务之间或使用结束后恢复到待使用状态所需的时间。

Two-Step Sealed bids　两步密封投标法　在没有适当的规范可用的情况下,为取得密封投标的好处,而将多种竞争程序合并在一起的一种采购方法。①让企业先提交满足要求的技术(非价格)建议书;②让持有令人满意的技术途径的每个企业提交密封投标书(价格),该投标书要将其技术途径作为合同的规范。中标书发给报价低的负责任的投标者。这种方法以前称作两步正式公告法。

Two-way Street　双向贸易　指鼓励向盟国销售军事装备的同时,也向盟国购买装备的做法,尤指美国与北约国家的军火贸易。

Two-Year budget 两年制预算 两年制定一次预算的制度。美国国防部自1988财年起实行这种预算制度,目的在于使国会每两年对国防部进行一次授权和拨款,以便保持计划的稳定。偶数年为预算制定年,奇数年为非制定年。但迄今为止,美国国会仍然对国防部实行每年一次预算授权和拨款。

Type Classification(TC) 类型划分 ①指型号分类,装备系统在决定投产后赋予的一种类型划分标志,以确定其在寿命周期中所处状态,并记录下装备系统相对其全寿命发展过程的状态,作为采购、授权、后勤保障、资产和备用状态报告的索引。②指规范分类,见 Type A—TypeE。

Type A—System Specification A类规范—系统规范 从性能角度阐述各种必要的要求,包括为确保实现这些要求的试验条件,以及必要的具体约束条件。A类规范陈述系统总体的技术和任务要求。

Type B—Development Specification B类规格—研制规范 从性能角度阐述各种必要的要求,包括必要的具体约束条件。B类规范陈述项目(而不是整个系统)的研制要求,具体确定出项目的全部功能特性和为验证是否达到这些特性所要进行的各种试验。

Type C—Product Specification C类规范—产品规范 这类规范适用于系统级以下的何项目,可主要通过功能(性能)要求规范或制造(详细设计)要求规范来采购产品。

Type D—Process Specification D类规范—加工规范 这类规范适用于对产品或材料加工,如:热处理、焊接、电渡、拼装、缩微、打标记等。加工规格包括为了达到满意结果所需要的专门工序在内的制造技术。

Type E—Material Specification E类规范—材料规范 这类规范适用于产品制造中使用的原材料(化合物)、混合物(清洁剂、涂料)或半成品材料(电缆、铜管)。一般说来,材料规范用于生产,但也可以为控制材料的研制而编写。

U

Unavoidable Delay 不可避免的拖延 经营者无法防止的拖延。

Uncertainty 不确定性 系指对其程度、价值或后果无法预见的状态、事件、结局或环境;或指在事先不能确定各种可能性的决策中,对结果的认识状况。处理这种不确定性问题的方法是进行推断性分析(即通过另外的合理结论或认可的事实推断出结论)、可能性分析或敏感性分析。

Unavoidable Delay Allowance 不可避免的延时留量 纳入生产标准时间内留作工人无法控制的实际损失时间,例如由于规程检查、等待吊装设备或对机器或工具进行小调整造成的停顿等,通常以平均、正常或调整时间的百分数表示。

Undefinitized Contractual Action(UCA) 尚待确定的合同行为 指政府部门已采取的新采购行为,但在履约开始前,其合同条款、规范或价格尚未达成一致意见。这种行为诸如签定意向合同和签发的合同修改命令等,它们往往有待商定价格。

Undelivered Orders 未交付的订单 指符合合同债务准则订购材料或劳务,但订购方尚未收到货物的单据。包括适用于从由材料基金仓库交付材料而签发的有偿定单,以及动用年度拨款而签发的订单。

Under Secretary of Defense for Acquisition, Technology and Logistics(USD(AT&L))　负责采办、技术和后勤的国防部副部长　具有为国防采办系统制定政策和程序的权限,是国防部主要的采办官员,并且是国防部长(SECDEF)的采办顾问。负责采办、技术和后勤的国防部副部长有能力担任国防采办执行官(DAE)、国防高级采购执行官(SPE)和国家军备主任(NAD)、国家军备主人负责关于北大西洋军事组织的事务。负责采办、技术和后勤的国防部副部长就采办事务优先于军事部门的秘书,但在国防部长(SECDEF)和国防部副部长(DEPSECDEF)之后。负责采办、技术和后勤的国防部副部长的权限范围从指导军种和国防机构的采办事务到监督《美国国防联邦采购条例补充规定》((DF-ARS))以及为重要国防采办计划(MDAPs)和重要自动化信息系统(MAISs)制定里程碑决策。见" Office of the Under Secretary of Defense forAcquisition,Technology and Logistics(OUSD(AT&L))"。

Undistributed Budget　未分配预算　指合同工作中尚未列入成本账目的预算。

Unexpended Balance　未用余额　指以前拨给某机构,但尚未花掉且可供今后使用的预算授权金额。未用余额等于待付款的保留余额与未承付余额之和。

Unfilled Order　未发货定单　指已接受订货,但尚未发货的定单。

Uniform Procurement System　统一采购系统　指由美国联邦政府高级采购官员组成的一个部际小组,称为统一采购委员会,该委员会由联邦采购政策局局长任主席。

Unit Cost Curve　单位成本曲线　指给定数量下每单件的成本曲线。给定数量的总成本,系各单件成本之和。

Unit Production Cost Goal　单位生产成本目标值　在产品研制前预定的单位成本,用于指导设计和控制项目费用。它是政府依据预定的生产水平和生产率采购一个生产产品花费的费用。平均单位生产成本是根据预定的生产率和生产数量进行生产时单位成本的平均估算值。

United Stated Code(U. S. C.)　《美国法典》　美国一般性和永久性法律的汇编。按照主题字母顺序分为50篇。它不断修订以反映目前的法律状况。第10篇是关于武装部队的。

Unlimited rights　无限权利　指以任何方式和为任何目的,全部或部分地使用、修改、复制、显示、透露或公布技术资料并允许别人这样做的权利。

Unobligated Balance　未承付余额　指以前拨给某机构、但尚未承诺可供以后继续使用的预算授权金额。

Unplanned Stimuli　非计划的刺激源　指武器弹药的设计应能承受的热、冲击或震动。

Unscheduled Maintenance　计划外维修　物品状况要求进行的校正性维修。

Unsolicited Proposal　主动建议　不是应正式或非正式请求而是主动向某机构提出的书面建议,或者是提交人为获得政府合同而主动提出的倡议。

Utility　效用,有效性　指在军事或作战上有用的状态或品质。通常,效用或有效性是针对多种用途,而不是指某已特定用途。

V

Validation　验证　①由承包商或采购部门指定的其他单位对出版物或技术手册的

技术准确性进行检验的过程。②把投入和产出对照编辑的文档进行比较,并利用作为标准用的决策表对比较结果进行评估的过程。

Value Engineering(VE)　价值工程　为设计、材料、工艺、系统或计划文件确定和选择最优价值方案的一种功能分析方法。它应用于硬件和软件;研制、生产和制造;规范、标准、合同要求及其他采办计划文件;设施的设计和建造;管理或组织系统和改善产品的加工过程。

Value Engineering Change Proposal(VECP)　价值工程更改建议　由承包商提出供政府审查的关于其价值工程适用性的建议。若为政府所接受,通常承包商将因替政府节省了费用而得到报酬。

Variable Cost(VC)　可变成本　随生产数量或劳务完成情况而变动的成本。它与不随生产数量或劳务完成情况而变动的固定成本相对照。

Variance(Statistical)　方差(统计学)　一组数值离散程度的计量,或各数值离平均值趋势的计量。其计算方法是:用每一数值减平均值,将每一差数进行平方,再将各个平方值相加除以数值的个数,便求得这些方差的算术平均值。

Vulnerability　易损性　由于系统在人为的敌对环境下受到一定程度的影响,而使其遭到明显损坏,失去或降低了执行指定任务的能力的系统特性。易损性被认为是可生存能力的一个组成部分。

W

Waiver　豁免　①在规程方面,指一种授权书,允许接受某种技术状态项目或其他指定的项目,而这类项目在生产期间或是提交检查后发现不符所规定的要求,但经批准认为"照这样"或返工后仍是合适的。②出于某些原因(如国家安全),决定不要求某些必须满足的标准。

Warrant　授权证书　①由财政部长签发并经总审计长会签的正式文件,据以授权从财政部提取现金,又称支付命令。美国授权证书是在国会拨款法案及类似的授权生效之后签发。②任命某人为合同官员的正式文件。授权证书将作为合同官员权限的依据。

Warranty　保单　系指由承包商对于按合同完成的服务情况或有关供应品的性质、用途或条件向政府做出的一种承诺或确认。

Weapon System　武器系统　指武装部队可直接用来遂行作战任务的装备。

Weapon System Master Plan　武器系统总计划　阐明计划管理责任移交后勤部门后,武器系统寿命期的系统保障要求的计划。该总计划要在全面研制阶段期间提出,并在批准和部署的"阶段决策点Ⅲ"之前批准,随之提交给后勤部门接管该计划的计划办公室。

Weighted Guideline　加权准则　政府为提出费用和利润的谈判目标而采用的方法。加权的百分比不得超出有关条例的规定。

Wholesale Price Index(WPI)　批发价格指数　系指一组有代表性的商品的综合批发价格指数。

Win-Win　各有所得,双赢　一种思想,系指参与国防采办工作的所有各方,都在达到了他们想要达到的部分或大部分理想的结果之后才罢休(即每方都"达到"了某种目的,尽管不可能达到 100%)。

Withdrawal　退出　指参加联合计划的某个军种在计划完成之前便将其资源(人员和资金)撤走的做法。

Wooden Round　木弹　比喻在装填发射之前无须维修或准备时间的那一种弹(炮弹、导弹等)。

Work Aid　工作辅助装置　指用以提高工人学习和有效地完成任务的能力的模型、样板或示意图之类的装置。

Workaround　逐步解决,变通处理　考虑一项计划的缺陷或其他问题,并提出可行的解决办法逐步解决这些问题的一种工作方法。

Work breakdown Structure(WBS)　工作分解结构　①把一个计划项目越来越细地分解成若干合乎逻辑的部分或子项目进行工作的组织方法,这对于组织计划项目是十分有用的。②一种以硬件、软件、劳务和其他工作任务表示的产品分解结构图,据以组织、确定和用图解方法表示待生产的产品,以及为生产该产品须做的工作。

Work Packages　工作包　指承包商为完成合同所进行的工作而确定的若干短期具体工作或实际项目。工作单元的特点是:①表示出在不同工作层次的工作量。②各工作单元间有明显区别。③可以由一个独立组织承担;④有预定的开始和完成日期,必要时中间还可以分为若干阶段,所有这些都表示实际的完成情况。

Work Package Budgets　工作包预算　承包商正式指定用于完成某一工作单元的资源,以金额、小时、工作标准或其他限定的单位来表示。

Work Performed　已完成的工作　包括已完成的工作包和已开始但尚未全部完成的工作包中已完成的部分。

Work Sampling Study　工作抽样研究　用来确定延误或其他类型活动在整个工作周期中所占比例的一种统计抽样方法。

Work-Level Integrated Product Team(WIPT)　工作层一体化产品小组　由来自于各相应职能部门的代表为制定成功和平衡的计划,确定和解决问题,以及有效和及时地作出决策而在一起工作的小组。一体化工作小组的成员主要是由政府和工业界的成员组成,其中包括主承包商和子承包商。

Worst Case Scenario　最坏情况预案　指在计划中,认真分析可能出现的最坏情况及其影响,评估所产生结果,并围绕这些结果制定下一步的措施。

Worth　价值　以耗费的资源为代价所获得的军事价值的度量。它与敌人付出的代价(受到破坏、压制、欺骗或反击)成正比,而与系统费用成间接比例关系。

Worth/Utility　价值/效用　是衡量满足系统目标的效能测定水平值。举例说,若效能测定是攻占防线所花的时间和我军的伤亡数,则要计算完成任务的时间和伤亡数。效用必须由决策者确定。

(翻译:张玉华　海碧　周磊　王阳　董齐光)